Handbuch Kinder und häusliche Gewalt

Barbara Kavemann • Ulrike Kreyssig (Hrsg.)

Handbuch Kinder und häusliche Gewalt

3., aktualisierte und überarbeitete Auflage

Springer VS

Herausgeber
Prof. Dr. Barbara Kavemann
Katholische Hochschule für Sozialwesen
Berlin, Deutschland

Ulrike Kreyssig
Berlin, Deutschland

ISBN 978-3-531-18096-0
ISBN 978-3-531-18960-4 (eBook)
DOI 10.1007/978-3-531-18960-4

Die Deutsche Nationalbibliothek verzeichnet diese Publikation in der Deutschen Nationalbibliografie; detaillierte bibliografische Daten sind im Internet über http://dnb.d-nb.de abrufbar.

Springer VS

Gedruckt auf säurefreiem und chlorfrei gebleichtem Papier

Springer VS ist eine Marke von Springer DE. Springer DE ist Teil der Fachverlagsgruppe Springer Science+Business Media.
www.springer-vs.de

Wir widmen diesen Band unseren viel zu früh gestorbenen Kolleginnen

Corinna Seith und Philomena Strasser.

Inhalt

VIII. Konsequenzen und Perspektiven

Vorwort der Herausgeberinnen zur Aktualisierung des Handbuchs Kinder und häusliche Gewalt

Eine Aktualisierung des Handbuchs war überfällig! Seit der zweiten Auflage der ersten Fassung hat sich viel getan: Neue Forschungsergebnisse werfen ein Licht auf die Komplexität der Situation, der Töchter und Söhne ausgesetzt sind, wenn Gewalt in der Beziehung der Eltern herrscht. In der Praxis ist eine dynamische Entwicklung zu beobachten: modellhafte Unterstützung und Präventionsangebote entstehen an vielen Orten. Die Situation der Mädchen und Jungen wird inzwischen als Querschnittsthema im Feld der Arbeit gegen Gewalt im Geschlechterverhältnis behandelt. Auch wenn die veränderte Praxis immer noch nicht in der Breite eingeführt werden konnte, zeigen sich doch große Fortschritte.

Die neue Fassung unseres Handbuchs will wieder ihren Beitrag leisten, die Entwicklung voranzubringen. Wir haben uns an die Arbeit gemacht und alle Autorinnen und Autoren gebeten, ihre Beiträge zu aktualisieren. Auf einige Kapitel haben wir verzichtet, denn der Inhalt schien uns inzwischen ausreichend bekannt. Dafür konnten wir viele neue Beiträge gewinnen.

Einen gänzlich aktualisierten Forschungsüberblick gibt Heinz Kindler. In den letzten Jahren wurden viele Studien publiziert, die bisherige Erkenntnisse bestätigten bzw. vertieften und ausdifferenzierten. Er hat sie gelesen und ihre Ergebnisse systematisch zusammengestellt.

Barbara Kavemann geht in ihrem Beitrag dezidiert auf die aktuelle Forschungssituation im deutschsprachigen Raum ein, insbesondere auf die Situation von Mädchen und Jungen in Frauenhäusern und deren Unterstützungsbedarf. Sie fasst darüber hinaus die sehr interessanten Ergebnisse ihrer wissenschaftlichen Begleitung von spezifischen Beratungs- und Unterstützungsangeboten zusammen.

Erstmals kann die spezifische Situation von Jugendlichen beschrieben werden, deren Problematik in der Regel hinter dem Begriff „Kinder und häusliche Gewalt" verschwindet: Cornelia Helfferich stellt Ergebnisse der Befragung von Jugendlichen vor.

Auch die kleinen und kleinsten Kinder werden stärker in den Blick genommen. Der Beitrag von Karl Heinz Brisch erläutert die Auswirkungen häuslicher Gewalt auf die Entwicklung von Säuglingen und Kleinkindern und geht auf Befunde aus der neurobiologischen Forschung ein. Ulrike Kreyssig stellt den Bezug von häuslicher Gewalt zu den Frühen Hilfen her. Henrike Krüsmann berichtet von Präventionsarbeit in einer Kindertagesstätte, Susanne Heynen prüfte ihr Kapitel zur Zeugung durch Vergewaltigung auf erforderliche Aktualisierung.

Die Risiken häuslicher Gewalt für Kinder werden nicht selten unterschätzt: Tötungsdelikte im Kontext von Gewalt in Paarbeziehungen waren bislang kaum Thema. Hierzu hat Susanne Heynen recherchiert und ein Kapitel zusammengestellt, das den Blick auf diese Problematik lenkt. Lore Tatge thematisiert die Situation von Mädchen und Jungen im Polizeieinsatz aus Sicht der Praxis, Christina Fröhlich bringt dazu sowohl Praxiserfahrung als auch neue Forschungsergebnisse ein.

Die Relevanz des Themas häusliche Gewalt und Folgen für Kinder für das Studium der Sozialen Arbeit zeigt Petra Focks auf, die ebenfalls neue Erkenntnisse in ihren Beitrag aufgenommen hat.

Beide Kapitel zur Täterschaft – Margrit Brückner zur Kindesmisshandlung durch Frauen, die selbst Gewalt erleiden, sowie Sigurd Hainbach und Christoph Liel zur Täterarbeit – wurden aktualisiert.

Aus der Schutz- und Unterstützungspraxis für Frauen bei Gewalt durch den Partner kommen zwei neue Beiträge: Heike Herold beleuchtet die Hilfen für Kinder im Frauenunterstützungssystem, Ingrid Hafenbrak gibt Einblick in das innovative Angebot aufsuchender Arbeit mit Kindern nach häuslicher Gewalt.

Neue modellhafte Praxis in Deutschland war Gegenstand von Evaluationsstudien. Diese werden in mehreren Kapiteln präsentiert. Barbara Kavemann hat unterschiedliche Präventionsprojekte evaluiert.

Insa Evers stellt die wissenschaftliche Begleitung des Modellprojekts „Kinder- und Jugendberatung in Fällen häuslicher Gewalt" der Interventionsstellen Rostock und Schwerin vor. Kati Voß berichtet aus der Praxis.

Im Kinderschutzbereich gibt es interessante Entwicklungen: Klaus Ganser vom Kinderschutzzentrum Hannover stellt die dortige Praxis der Kindergruppen vor. Neu ist auch Henrike Krüsmanns Kapitel zu den Hilfen zur Erziehung, konkret zu der Herausforderung, die sich für die Sozialpädagogische Familienhilfe stellt, wenn sie in Familien mit häuslicher Gewalt eingesetzt wird. Ebenfalls neu der Beitrag von Birgit Meixner aus der Perspektive einer psychologischen Beratungsstelle, die Unterstützung und Prävention bei häuslicher Gewalt anbietet. Marion Wurdak-Swenson hat ihren Beitrag zur therapeutischen Arbeit mit Kindern und Jugendlichen überarbeitet, ebenso Astrid Schüler das Kapitel zu einem heftig umstrittenen Thema, dem begleiteten Umgang.

Hilde Hellbernd und Petra Brzank haben neue Entwicklungen und Modellprojekte bei häuslicher Gewalt im Kontext von Schwangerschaft unter die wissenschaftliche Lupe genommen.

Thomas Meysen und Carol Hagemann-White richten in ihrem Beitrag den Blick auf verlässliche und Erfolg versprechende europäische Strategien im Kontext von Partnerschaftsgewalt und familiärer Gewalt gegen Kinder. Erstmals werden Gemeinsamkeiten und Unterschiede von guter Praxis und rechtlichen Voraussetzungen diskutiert, sowohl im Hinblick auf die beiden Gewaltformen als auch im Rahmen der rechtlichen und institutionellen Entwicklungen in den verschiedenen europäischen Ländern.

Mit Tanja Fauth-Engel konnte eine erfahrene Familienrichterin gewonnen werden, aktuelle Entwicklungen beim rechtlichen Schutz für Kinder vor häuslicher Gewalt und rechtlichen Nachbesserungsbedarf zu analysieren. Ein weiterer neuer Beitrag kommt von Susanne Heynen, die aus eigener Erfahrung als Jugendamtsleiterin den Auftrag und die Handlungsmöglichkeiten der Jugendhilfe beschreibt. Jörg Fegert aktualisierte sein Kapitel zu Fragen des Kindeswohls nach Trennung der Eltern wegen häuslicher Gewalt aus Sicht der Kinderpsychiatrie und Norbert Struck prüfte seinen Beitrag zur Absicherung von Unterstützungsangeboten für Kinder und Jugendliche auf neue Entwicklungen.

Interkulturelle Aspekte spielen eine wichtige Rolle bei adäquater Unterstützung bei häuslicher Gewalt. Zu Dorothea Zimmermanns aktualisiertem Text über die Beratung von Müttern aus anderen Kulturen kommt neu das Kapitel von Nadja Lehmann hinzu, die aus der Erfahrung im Interkulturellen Frauenhaus über die Situation von Mädchen und Jungen mit Migrationshintergrund berichtet.

Prävention ist und bleibt ein zentrales Thema: Kinder und Jugendliche sind die nächste Generation, die Partnerschaften eingeht und die durch ihr Erleben häuslicher Gewalt belastet das Risiko tragen, Gewaltverhältnisse fortzuführen. Heinz Kindler und Adelheid Unterstaller haben für die Aktualisierung ihres Kapitels neue Forschung gesichtet und aufgenommen. Es gibt dazu neue Beiträge: Andrea Buskotte setzt sich mit Prävention von häuslicher Gewalt im schulischen Bereich auseinander und formuliert Forderungen für die Bundesebene. Ulrike Kreyssig berichtet auf dem Hintergrund ihrer Erfahrung bei BIG Prävention über Präventionsarbeit in Grundschulen. Den polizeilichen Präventionsauftrag bei häuslicher Gewalt führt Ute Nöthen-Schürmann in ihrem aktualisiertem Kapitel aus.

Wir danken allen Autorinnen und Autoren ganz herzlich, dass sie sich neben ihrer alltäglichen Arbeitsbelastung die Zeit für ihre Beiträge genommen haben.

Zwei Beiträge sind vollkommen unverändert übernommen worden: Die von Philomena Strasser und Corinna Seith. Beide sind viel zu früh gestorben. Philomena Strasser hat bereits das Erscheinen der ersten Ausgabe des Handbuchs nicht mehr erlebt, Corinna Seith konnte ihre neuen Studienergebnisse nicht mehr in die Überarbeitung einbringen. Beiden wollen wir dieses neue Handbuch widmen, ihre Forschung hat die Auseinandersetzung mit Mädchen und Jungen im Kontext von Gewalt in Paarbeziehungen maßgeblich bestimmt und den Kindern eine Stimme gegeben.

Wir freuen uns, dass das Interesse an der Situation von Mädchen und Jungen, die der Gewalt in der Partnerschaft ihrer Eltern ausgesetzt sind, anhaltend groß ist und hoffen, dass unser Handbuch mit seiner Fülle an neuen Erkenntnissen, Erfahrungen und Informationen vielen Fachleuten in ihrer Praxis nutzen, Studierenden in ihrer Ausbildung Orientierung geben und Wissenschaftler/-innen zu weiterem Denken und Forschen anregen wird.

Berlin, März 2013 *Barbara Kavemann und Ulrike Kreyssig*

I. Zusammenhänge zwischen Gewalt gegen Frauen und Gewalt gegen Kinder - Der Blick der Forschung

Barbara Kavemann

Häusliche Gewalt gegen die Mutter und die Situation der Töchter und Söhne – Ergebnisse deutscher Untersuchungen

Das Interesse an der Situation von Mädchen und Jungen im Kontext häuslicher Gewalt ist seit Ende der 1990er Jahre in Deutschland kontinuierlich gestiegen. Neuere Forschung hat dabei eine große Rolle gespielt und maßgeblich Einfluss auf die fachliche und politische Diskussion genommen. Einerseits führte die Rezeption von Forschungsergebnissen aus dem Ausland zu einer Intensivierung fachlicher Auseinandersetzung (Kavemann 2000; Kindler 2002 und 2004) und motivierte, Brücken zwischen den Bereichen von Forschung und Praxis zu schlagen, die jeweils spezifisch und voneinander getrennt die Belange von Frauen, Männern und Kindern verhandeln (Hagemann-White 2005). Andererseits trugen Praxisevaluationen und neue Kooperationserfahrungen im deutschen Sprachraum dazu bei, dass das Problem der Kinder, die mit der Gewalt in der Beziehung ihrer Eltern leben müssen, in seiner Dringlichkeit erkannt und ernst genommen wurde (vgl. erste Ausgabe dieses Handbuchs). Die Verschränkung von Diskussionen und Interventionskonzepten in den Bereichen, die den jeweils Beteiligten an Verhältnissen häuslicher Gewalt zugeordnet werden können, ist aber weiterhin entwicklungsbedürftig: (1) Schutz und Unterstützung von (überwiegend) Frauen bei Gewalt in der Partnerschaft, (2) Kinderschutz und Sicherung des Kindeswohls sowie (3) Umsetzung der Rechte von Vätern nach Trennung und Scheidung. Die Kommunikation zwischen diesen Bereichen gestaltet sich weiterhin konflikthaft, häufig zum Nachteil der von Gewalt Betroffenen. Die Stärkung der Rechte leiblicher und unverheirateter Väter hat zu Irritationen und teilweise zu Rückschlägen bei der Anerkennung der Belastung und Bedrohung von Kindern geführt, die häuslicher Gewalt ausgesetzt sind oder waren.

Die Aktivität von Interventionsprojekten gegen häusliche Gewalt – wie sich in Deutschland interinstitutionelle Kooperationsbündnisse nennen (Kavemann et al. 2001) – legte den Schwerpunkt auf Gewalt gegen Frauen, hat aber intensiv in den Bereich der Jugendhilfe und des Kinderschutzes ausgestrahlt.[1] Unter Titeln wie „Wenn der Papa die Mama haut...", „Zwischen

1 Ergebnisse und Materialien z. B. unter www.big-koordinierung.de oder www.rigg-rlp.de

allen Stühlen" oder „Zu Hause ist die Hölle los"[2] wurden vielerorts Fortbildungen und Fachtagungen organisiert und zahlreich von interessierten Fachkräften aus Frauenhäusern, Erziehungs- und Familienberatungsstellen, Jugendämtern und anderen Einrichtungen der Jugendhilfe, Kinderschutzzentren sowie Beamtinnen und Beamten der Polizei besucht. Das vorrangige Ziel dieser Informations- und Bildungsarbeit, stärker darauf aufmerksam zu machen, dass Kinder leiden, wenn die Mutter von ihrem Partner misshandelt, bedroht, gedemütigt wird, kann inzwischen als erreicht angesehen werden. Die Aufmerksamkeit der Fachöffentlichkeit wurde gewonnen. Das Ziel der Interventionsprojekte, mehr Kooperation zwischen den Beratungs- und Schutzeinrichtungen für Frauen einerseits und denen für Kinder andererseits sowie den verantwortlichen Behörden zu etablieren bzw. zu institutionalisieren, konnte vielerorts erreicht werden. Die sensibilisierte Aufmerksamkeit für Mädchen und Jungen bestätigte, dass Kinder und Jugendliche jeden Alters in allen Phasen der Gewalt zugegen sind – auch in hochgradig eskalierten Situationen – und auch immer anzutreffen sind, wenn Staatsgewalt schützend interveniert oder Beratung und Unterstützung angeboten werden. Eine Differenzierung zwischen Fällen von Hochstrittigkeit in Trennungssituationen von Elternpaaren und Fällen von häuslicher Gewalt beginnt sich durchzusetzen.

Eine Leerstelle in der Forschung und Praxis stellen immer noch die – statistisch selteneren – Fälle häuslicher Gewalt dar, in denen Männer von relevanter Gewalt durch die Partnerin betroffen sind (eine Übersicht in GIG-net 2008). Spezifische Erkenntnisse dazu, wie Gewalt der Mutter gegen den Vater sich auf die Kinder auswirkt, liegen nicht vor. Es ist jedoch nicht anzunehmen, dass es für die Kinder einer Familie bezüglich der Auswirkungen des Miterlebens einen fundamentalen Unterschied macht, ob Vater oder Mutter gewalttätig sind. Für die Sozialisation hat jedoch das Geschlecht des gewalttätigen Elternteils und des Gewalt erleidenden Elternteils für Töchter und Söhne in dem Sinne Bedeutung, wie sie auf dem Hintergrund der eigenen Verortung auf dem Kontinuum von Männlichkeit und Weiblichkeit das Erlebte verarbeiten können. Sind beide Eltern gegeneinander gewalttätig, kann auch dies eine Beeinträchtigung des Kindeswohls bedeuten.

In der deutschen Forschung der letzten Jahre zum Thema Gewalt im Geschlechterverhältnis (eine Übersicht in GIG-net 2008) wird inzwischen die Situation von Mädchen und Jungen im Kontext der Gewalt in der Partnerschaft der Eltern als Querschnittsthema thematisiert. Es gibt jedoch noch kaum systematische oder einheitliche Dokumentation der Anwesenheit von Kindern und Jugendlichen im Kontext der Gewalt, der Intervention und der Unterstützungsangebote.

Im Folgenden werden ausgewählte Ergebnisse und Erkenntnisse der letzten Jahre im Überblick vorgestellt, damit sie Praktikerinnen und Praktikern als

2 siehe http://www.kinderschutz-zentren.org/buchshop

Argumentationshilfe zur Verfügung stehen. Es wird weiterhin der Versuch unternommen, einerseits die Annäherung, andererseits die weiterbestehende Spaltung der Diskussionen und deren Konsequenzen darzustellen. Die Darstellung von Gemeinsamkeiten und Konflikten soll anregen, weiterhin auf fachlichen Austausch, Kooperation und Vernetzung zu setzen, unterschiedliche Arbeitsaufträge und rechtliche Rahmenbedingungen und Verpflichtungen zu respektieren, existierende Widersprüche jedoch zu bearbeiten und zu verhindern, dass sie sich zu Lasten der Gewaltbetroffenen und ihrer Kinder auswirken.

Kinder in Gewaltsituationen und Gewaltverhältnissen

Die Untersuchung zu „Lebenssituation, Sicherheit und Gesundheit von Frauen in Deutschland" (im weiteren kurz Prävalenzstudie genannt) legte für Deutschland erstmals repräsentative Ergebnisse u. a. zu Gewalt gegen Frauen in Partnerschaften vor (Schröttle/Müller 2004). Diese Untersuchung befragte rund 10.000 Frauen nach ihren Gewalterlebnissen. 25 % gaben an, seit ihrem 16. Lebensjahr mindestens einmal eine Form der Gewalt durch einen männlichen Beziehungspartner erlebt zu haben, davon zwei Drittel mehr als einmal.

Die Eingebundenheit von Töchtern und Söhnen – teilweise vom Beginn ihres Lebens an – in das Gewaltgeschehen wird in dieser Studie gut sichtbar. So gaben etwa 20 % derjenigen Frauen, die in der letzten gewaltbelasteten Partnerschaft wiederholt Gewalt erlitten hatten (N=799), die Geburt eines Kindes als das Lebensereignis an, das sie als Auslöser für den Beginn der Gewalt ansahen (ebd.: 261), weitere 10 % nannten die Schwangerschaft als Auslöser. Aber auch die Vorbereitung einer Familiengründung wie das Beziehen einer gemeinsamen Wohnung (14 %) oder die Eheschließung (38 %) können solche Lebensereignisse sein. Sie werden als Auslöser für Gewalt öfter genannt als unerwartete Einbrüche in die Lebensplanung wie z. B. Arbeitslosigkeit.

Über die Hälfte der befragten Frauen, die über ihre letzte gewaltbelastete Paarbeziehung sprachen, hatten zu dieser Zeit mit Kindern zusammengelebt. Sie berichteten mehrheitlich, dass die Kinder die Gewaltausbrüche miterlebt hatten. Die Kinder hätten gehört (57 %) bzw. mit angesehen (50 %), was passierte. Nicht selten gerieten sie in die Auseinandersetzungen mit hinein (21 %) und würden manchmal selbst körperlich angegriffen (10 %). Ein Viertel der Kinder habe versucht, die Mutter aktiv zu verteidigen, wohingegen deutlich weniger Kinder (2 %) sich nach Aussage der Frauen auf die Seite des gewalttätigen Partners stellten. Etwas weniger als ein Viertel der Frauen vertrat die Ansicht, dass ihre Kinder nichts mitbekommen hätten, andere (11 %) waren sich nicht sicher, ob die Kinder von der Gewalt wussten (ebd.: 277). Bei der Betrachtung dieser Ergebnisse muss berücksichtigt werden, dass es sich um die Einschätzung der Mütter handelt und Kinder nicht befragt wurden. Es ist jedoch z. B. aus der pädagogischen Arbeit mit Mädchen und Jungen in Frauenhäusern seit langem bekannt, dass die Annahme von Müttern, die Kinder wären aus dem Gewaltgeschehen herausgehalten worden, sich im Gespräch mit den Kindern selbst als Illusion erweist (vgl. Hagemann-White et al. 1981: 175 ff.).

Im Rahmen der Prävalenzstudie wurde eine Clusteranalyse mit 756 Fällen durchgeführt. Sie zeigte drei Typen von Gewaltbetroffenheit von Frauen in Paarbeziehungen auf:

(0+1) Einmalige oder geringe Häufigkeit/Intensität der Gewalt,[3] (2) mäßige bzw. hohe Häufigkeit/Intensität, (3) sehr hohe Häufigkeit/Intensität (Schröttle/Müller 2004, Anhang: 42). Die Häufigkeit bzw. Intensität der Gewalt gegen die Mutter stand im Zusammenhang mit Familiengründung und Kindern. Bei Cluster 3 – hier kann von Misshandlungsverhältnissen gesprochen werden – war die Häufigkeit und Intensität der Gewalt am höchsten. Sie begann oft auf, nachdem das Paar geheiratet hatte und zusammengezogen war und zudem deutlich häufiger im Kontext von Schwangerschaft und Geburt der Kinder. Sie dauerte länger an, als in den anderen Clustern und nahm im Laufe der Zeit an Häufigkeit und Intensität zu. Schließlich wurde die Gewalt überwiegend durch Trennung und Scheidung beendet (76 % Cluster 3 im Unterschied zu 49 % Cluster 2 und 18 % Cluster 1) und konnte fast nie innerhalb der bestehenden Paarbeziehung (3 % vs. 14 % vs. 30 %) beendet werden (ebd.: 45).

Der traditionelle familiäre Rahmen – Zusammenleben, Eheschließung, Kinder – bedeutet offenbar eine starke Bindung an den gewalttätigen Partner, ein Risiko und ein Hindernis, die Gewalt zu beenden. Gewalt eskaliert in diesem Muster bis Trennung und Scheidung der einzige Ausweg sind, der allerdings keinesfalls immer zu der erhofften Beendigung der Gewalt führt. Die Töchter und Söhne in diesen Familien leben somit verhältnismäßig lange Zeit mit der Gewalt, sind öfter selbst unmittelbar von Gewalt betroffen und haben zusätzlich sehr oft die Trennung vom Vater zu verkraften. Darüber hinaus zeigen die Daten, dass Alkohol in Cluster 3 eine größere Rolle spielt als in den anderen beiden Gruppen. Dies gibt einen Hinweis auf die Gefährlichkeit der in diesen Fällen oft unter Alkoholeinfluss unkontrollierten Gewalt, weist gleichzeitig aber auch auf eine Mehrfachbelastung der Kinder hin (vgl. Helfferich et al. 2004). Die Frauen dieses Clusters hatten jedoch überwiegend Konsequenzen gezogen und den Partner verlassen, d.h. ihre Kinder hatten sie letztendlich als handlungsfähig und entschlossen erlebt (ebd.: 47).

Eine Sekundäranalyse der Daten der Prävalenzstudie arbeitete sechs Muster von Gewaltverhältnissen heraus (BMFSFJ 2012).

Muster 1 wurden „38 Prozent der von Gewalt und Übergriffen in irgendeiner Form betroffenen Frauen (N=2417)" zugeordnet. Sie „erlebten geringe Ausprägungen psychischer Gewalt ohne körperliche und sexuelle Gewalt. Es

3 Der Index für die Schweregrade wurde aus folgenden Aspekten gebildet: Waffengewalt, Verletzungsfolgen, Kontrollverlust, Angst vor ernsthafter Verletzung.

handelte sich dabei zumeist um leichte Eifersucht und Kontrolle" (ebd.: 22). Dieses Verhalten wird von vielen Frauen innerhalb eines hierarchisch konstruierten Geschlechterverhältnisses nicht als Gewalt verstanden. Auch die Kinder dieser Familien dürften hier mehrheitlich keine Gewalt erkennen, aber sicherlich situative Konflikte und Auseinandersetzungen miterleben. Ähnliches kann von Muster 3 und 4 angenommen werden. Diese Muster erfassen zusammen knapp 16 Prozent der Betroffenen und „beschreiben Formen von körperlicher Gewalt, die weniger gravierend sind, weil sie keine sehr schweren oder häufig auftretenden Gewalthandlungen einschließen und auch nicht mit erhöhten Ausprägungen von psychischer Gewalt verbunden sind. Es handelt sich einmal um einmalige leichtere körperliche Übergriffe in der Paarbeziehung" (ebd.: 22). Einmalige Übergriffe können durchaus passieren, ohne dass Kinder diese miterleben.

Muster 2 hingegen, zu dem 29 % der befragten Frauen gehören, hat für die in den Familien lebenden Kinder durchaus Auswirkungen, auch wenn es ausschließlich um psychische Gewalt geht. Sie war stärker ausgeprägt und ging mit intensiverer Eifersucht und erhöhter psychisch-verbaler Gewalt und mit Drohungen einher. Wenn Kinder diese Szenen miterleben, kann das große Ängste auslösen. Auch die Tatsache, dass diese Form der Gewalt „mit erheblichen gesundheitlichen Belastungen verbunden (war), die sich in einer deutlich erhöhten Anzahl psychischer und körperlicher Beschwerden der Frauen in den letzten 12 Monaten widerspiegelte, welche gravierender ausfielen als bei Betroffenen von leichten bis tendenziell schweren körperlichen Übergriffen ohne ausgeprägte psychische Gewalt" (ebd.: 22), ist von Bedeutung für die Kinder: da die Mutter gesundheitlich deutlich beeinträchtigt ist, steht sie ihnen physisch und psychisch nicht so zur Verfügung, wie es wünschenswert wäre.

Muster 5 und 6 erfassen zusammen 16 % der Betroffenen und 6 % der aktuell in Paarbeziehungen lebenden Frauen. Sie beschreiben schwere bis sehr schwere Formen von Gewalt, die als Misshandlungsmuster verstanden werden können. Es geht um „erhöhte psychische Gewalt in Verbindung mit unterschiedlich schweren Ausprägungen von körperlicher und auch sexueller Gewalt mit einschließen" (ebd.: 23). In Muster 5 findet sich sowohl leichte/mäßige als auch tendenziell schwere körperliche Gewalt in Verbindung mit erhöhter psychischer Gewalt. Die Frauen des Musters 6 waren „sehr schweren und lebensbedrohlichen Formen körperlicher Gewalt in Verbindung mit erhöhter psychischer Gewalt ausgesetzt. Wenn Gewalt- und Morddrohungen sowie sexuelle Gewalt auftraten, dann war das überwiegend bei Betroffenen von Muster 6" (ebd.: 23). Die Kinder dieser Familien erleben bedrohliche und traumatische Situationen, die eindeutig als Gewalt erkennbar und spürbar sind. Ihre Mütter sind stärker gesundheitlich belastet und die Folgen für sie selbst als gravierend anzusehen.

Ein weiteres Ergebnis der hier zitierten Studie ist, dass sehr junge Frauen doppelt so oft von schwerer Gewalt durch den Partner betroffen sind (Muster

5 und 6) als ältere. Zudem ist ein Risiko für schwere Gewalt in einer prekären sozialen Lage und geringer Bildung bei jungen Paaren zu sehen (ebd.: 31). Frauen in dieser Situation haben häufiger Kinder: 27 % der Mütter mit niedriger Bildung hatten in 2011 drei oder mehr Kinder (Statistisches Bundesamt, Geburten in Deutschland, 2012: 32). Es kann davon ausgegangen werden, dass Kinder in armen Familien und von jungen Eltern mit geringer Bildung vergleichsweise häufiger der Belastung durch schwere Gewalt zwischen den Eltern ausgesetzt sind.

Kinder mit ihren Müttern auf der Flucht vor häuslicher Gewalt

Dass Kinder mit ihren Müttern in großer Zahl in Frauenhäuser flüchten, ist keine Neuigkeit. In allen Frauenhäusern Deutschlands werden Kinder aufgenommen.

Die Statistik der deutschen Frauenhäuser über ihre Bewohnerinnen im Jahre 2010 enthält Angaben zu 7.565 Frauen und 7.332 Kindern, die in ein Frauenhaus flüchteten. 70 % der Frauen waren Mütter und etwa drei Viertel ihrer Kinder lebten während des Aufenthaltes mit der Mutter im Frauenhaus. Das bedeutete, dass 65 % aller Frauen mit mindestens einem Kind ins Frauenhaus kamen (Frauenhauskoordinierung 2011: 25). 27 % dieser Mütter hatten ein, 22 % hatten zwei Kinder, 10 % hatten drei und 6 % mehr als drei Kinder. Ein Viertel bis ein Drittel der Kinder war selbst unmittelbarer Gewalt ausgesetzt gewesen. 55,5 % waren unter 6 Jahren alt und 85 % waren jünger als zwölf Jahre und damit in einem betreuungsbedürftigen Alter.

Mädchen und Jungen werden in Frauenhäusern inzwischen mehrheitlich mit ihrem eigenständigen Unterstützungsbedarf gesehen: In einer Befragung der Frauenhauskoordinierung (2012) gaben 93 Frauenhäuser (54 %, N=174) an, Aufnahmegespräche mit Kindern und Jugendlichen zu führen. In vielen Frauenhäusern werden diese Gespräche dokumentiert (85 Frauenhäuser = 49 %). 103 Frauenhäuser gaben an, dass Aufnahmegespräche mit Kindern konzeptionell verankert seien (79 %). Dieser Widerspruch erklärte sich in einer Diskussion im Werkstattgespräch der Frauenhäuser dahingehend, dass es an Personal zur Umsetzung der Konzeption fehlt (s. u.).

Mädchen werden in jedem Alter aufgenommen, für Jungen gibt es in 84,5 % der befragten Frauenhäuser der Erhebung Altersgrenzen, die konzeptionell von jedem Frauenhaus individuell festgelegt werden. 15,5 % (28 Frauenhäuser) nehmen Jungen ohne Altersbegrenzung auf. 21 Frauenhäuser geben zwar eine Altersgrenze „in der Regel" an, sie relativieren diese Aussage jedoch durch zusätzliche Bemerkungen: „Je nach Entwicklungsstand" der Jungen oder „nach Rücksprache" oder „nach Einzelfall" wird über die Aufnahme entschieden oder: „wir machen viele Ausnahmen".

Dass ältere Jungen nicht aufgenommen werden, begründen die Frauenhäuser mit ihren ungünstigen baulichen Gegebenheiten. Die Bewohnerinnen leben auf engem Raum, oft teilen sie sich ein Zimmer, sehr häufig gibt es gemeinsam genutzte sanitäre Anlagen. Sowohl für dort wohnende Frauen als auch für männliche Jugendliche sind dies keine zumutbaren Bedingungen. Überwiegend wird die Altersgrenze bei 14 Jahren und höher gezogen. Eine Altersgrenze bei 12 Jahren bedarf allerdings einer anderen Begründung. Sie weist eher darauf hin, dass das Frauenhaus als „Frauenwelt“ verstanden wird. Für männliche Kinder fehlt es häufig an angemessener Versorgung und eine Trennung von der Familie wird ihnen nicht selten zugemutet.

Trotz der großen Anzahl von Kindern in Frauenhäusern fehlt es vielerorts – ganz besonders in den stark unterfinanzierten Einrichtungen der neuen Bundesländer – an ausreichendem pädagogischem Personal. Im Rahmen der „Bestandsaufnahme des Unterstützungssystems bei Gewalt gegen Frauen in Deutschland“ (Helfferich/Kavemann 2012) wurde die Ausstattung der Frauenhäuser erhoben (N=222). In 18 % der Frauenhäuser gibt es keine speziellen Mitarbeiterinnen für die Unterstützung der Kinder und Jugendlichen, diese Arbeit wird von den Mitarbeiterinnen des Frauenbereichs mitgeleistet. In 32 % der Häuser gibt es zwar spezielle Mitarbeiterinnen, trotzdem werden zusätzlich Mitarbeiterinnen des Frauenbereichs für die Betreuung bzw. Unterstützung der Mädchen und Jungen gebraucht. Die Mehrheit der Frauenhäuser hat ein bis zwei Mitarbeiterinnen für diesen Arbeitsbereich zur Verfügung. Mehrheitlich haben diese Teilzeitstellen, wenn es bezahlte Stellen sind. Für die Kinderbetreuung werden sehr oft Ehrenamtliche eingesetzt, die tageweise oder stundenweise arbeiten. Nur ein Viertel der Häuser verfügt über mindestens eine Vollzeitstelle im Kinderbereich.

Alle Frauenhäuser halten – in sehr unterschiedlichem Umfang – ein Angebot für Kinder vor. Das bedeutet allerdings nicht immer, dass es eigenständige Unterstützungsangebote gibt, diese sind eindeutig eine Ressourcenfrage. In ca. 20 % der Häuser gibt es keine Angebote für Kinder unter 4 oder über 14 Jahren. In vielen Häusern gibt es Zeiten der Kinderbetreuung oder Freizeitaktivitäten für Kinder, aber keine Angebote der Beratung oder Aufarbeitung von Gewalterlebnissen. Unterstützungsangebote im Sinne einer Zuwendung an die Mädchen und Jungen, die über Betreuung hinausgeht – Beratungsgespräche, sozialpädagogische Gruppenarbeit zu den Problemen der Kinder und Jugendlichen, Angebote zur Bestärkung und zum Aufbau von Sicherheitsgefühl und Selbstwertgefühl, Informationen zu Kinderrechten – können oft nicht vorgehalten werden.

Zu ihrem Aufgabenkanon zählen viele Frauenhäuser nicht nur die Beratung der Frauen und die Betreuung der Kinder, sondern auch die Arbeit mit Müttern und die Auseinandersetzung mit ihnen in Fragen des Kindeswohls und der Erziehung. Die Befragung der Frauenhauskoordinierung (2012) legt dazu Ergebnisse vor: In 97 % der Frauenhäuser gibt es spezifische Angebote für Mütter zur Stärkung ihrer Versorgungs- und Erziehungskompetenz. Weil auch dies wieder eine Frage der kritischen Personalausstattung ist, sind einige Frauenhäuser Kooperationen mit Fachberatungsstellen oder

Erziehungsberatungsstellen eingegangen und holen externe Fachkräfte in die Einrichtung: In 29 % der Frauenhäusern gibt es externe Fachkräfte für die Kinder- und Jugendarbeit, in 42 Frauenhäusern (25 %) für die Angebote für Mütter und in 14 % für beide Bereiche (N=174).

Laut Befragung der Frauenhauskoordinierung (2012) haben 84 % der Frauenhäuser den Kinderschutz in ihr Konzept eingebunden. Dies kann auf unterschiedliche Weise vorgenommen werden. Frauenhäuser können entsprechende Ausführungen in ihrer Konzeption festschreiben oder sich in einem zusätzlichen Dokument dazu verpflichten; sie können sich auf die Konzeption des Trägers beziehen, wenn dieser entsprechende Beschlüsse gefasst hat. Ein verankertes Bekenntnis zum Kinderschutz trägt dazu bei, dass die Belange der Kinder ebenso ernst genommen werden, wie die Belange der Frauen. Darüber hinaus zeigt diese Verantwortungsübernahme für die Kinder Wirkung in der Kooperation mit Jugendämtern und Beratungseinrichtungen zum Kinderschutz, die wichtige Partner der Frauenhäuser sind. Öffentliche Gelder für die Unterstützung von Mädchen und Jungen während ihres Aufenthaltes im Frauenhaus können auf diesem Wege begründet werden.

Unterstützung von Mädchen und Jungen, die mit ihren Müttern in Frauenhäuser flüchten, ist aus mehr als einem Grund von großer Bedeutung. Zum einen sind sie nahezu immer belastet und oft in ihrer Entwicklung geschädigt, wenn sie dieser Gewalt ausgesetzt waren. Alle benötigen Unterstützung, einige brauchen therapeutische Hilfe bei der Bewältigung traumatischer Erlebnisse (vgl. Dürmeyer/Maier in diesem Band). Frauenhäuser müssen personell in der Lage sein, eine Krisenintervention und eine altersgerechte Information und Beratung für Kinder und Jugendliche zu bieten und diese noch während ihres Aufenthaltes im Frauenhaus an geeignete externe Unterstützungsangebote anzubinden. Diese spezifischen Angebote (s. u.) gibt es noch deutlich zu wenig. Die Unterstützung der Mädchen und Jungen ist darüber hinaus eine zentrale präventive Maßnahme. Studien zeigen, dass das Miterleben von Gewalt in der Beziehung der Eltern ein starker Risikofaktor für späteres Gewalterleben in der eigenen Partnerschaft ist (vgl. Schröttle/Khelaifat in: BMFSFJ 2008 sowie Hornberg/Schröttle/Bohne et al. 2008).

Der Anteil der Kinder und Jugendlichen in Frauenhäusern, die einer besonderen Hilfe bedürfen, wird von den Mitarbeiterinnen auf 70 % bis 80 % geschätzt (Frauenhauskoordinierung 2003a). Beobachtet werden Entwicklungsverzögerungen, ein gestörtes Selbstbild, Aggressivität, Konzentrations- und Schlafprobleme, extreme Fixierung auf die Mutter und Schulprobleme. Gleichzeitig werden eine Reduzierung der körperlichen Widerstandskräfte und eine hohe Belastung durch Erkältungs- oder andere Infektionskrankheiten gesehen. All diese Symptome werden als Resultat der schwierigen Situation, in der die Mädchen und Jungen gelebt haben, gewertet. Ihre Situation wird durch den Frauenhausaufenthalt sicherer, jedoch vorerst nicht viel einfacher (siehe Dürmeier/Maier in diesem Band). Die Mitarbeiterinnen sehen sich stark gefordert, angesichts der hohen Fluktuation in der Einrichtung und der begrenzten personellen Ressourcen ausreichend Zeit und Gelegenheit zu finden, um die Kinder soweit kennen zu lernen, dass ihre spezifischen Belastungen erkannt und Lösungswege gefunden werden konnten. Dies geschieht in der Regel in Kooperation mit Einrichtungen der Jugendhilfe. Der Bedarf an einer besonderen Form der Jugendhilfe, die den äußerst belastenden familiären Erlebnissen gerecht wird, sowie Fortbildungsbedarf für die Mitarbeiterinnen wird betont (FHK 2003a).

Spezifische Beratungs- und Unterstützungsangebote für Kinder bei Gewalt zwischen den Eltern

In Baden-Württemberg wurden von 2005 bis 2006 insgesamt 14 Pilotprojekte zur Unterstützung von Mädchen und Jungen bei Gewalt in der Partnerschaft der Eltern umgesetzt und wissenschaftlich begleitet (Kavemann/Seith 2010). Befragt wurden – qualitativ und quantitativ – die Mitarbeiterinnen und Mitarbeiter der Einrichtungen, die Modellprojekte durchführten, von Gewalt betroffene Mütter und Väter sowie Mädchen und Jungen, die an Gruppenangeboten teilnahmen. Aus diesen unterschiedlichen Perspektiven konnte ein gutes Bild des Bedarfs an Unterstützung, des Erfolgs der Pilotprojekte sowie der erforderlichen Rahmenbedingungen erstellt werden. Es bestätigten sich auch hier Erkenntnisse anderer Untersuchungen: Die Mädchen und Jungen hatten alle Gewalt in der Beziehung der Eltern miterlebt, sie waren mehrheitlich am eigenen Leibe von Gewalt betroffen und sie hatten einen großen Unterstützungsbedarf, der die Auseinandersetzung mit der erlebten Gewalt, in vielen Fällen mit der Trennung von einem Elternteil sowie bei teilweise gravierenden Auswirkungen der destruktiven Familiensituation – wie Konzentrations- und Schulschwierigkeiten, psychischen Auffälligkeiten, Angstproblematik usw. – umfasste.

Die wissenschaftliche Begleitung konnte trotz der kurzen Projektlaufzeiten und begrenzten Ressourcen eine weitgehend positive Bilanz ziehen. In einigen wichtigen Aspekten zeigte sich, dass der Ansatz der Unterstützungsangebote für Kinder bei häuslicher Gewalt individuelle Lebenslagen positiv verändert und das lokale bzw. regionale Spektrum an Hilfe sinnvoll ergänzt hat.

Wird ein neues Unterstützungsangebot in der Praxis erprobt, stellt sich zuallererst die Frage des Zugangs. Die Studie stellt hier sowohl Erfolg als auch dringenden Entwicklungsbedarf fest. Die Pilotprojekte erreichten ihre Zielgruppe, die Angebote wurden von Kindern und Eltern angenommen und geschätzt, doch sie kamen bislang weniger Kindern und Eltern zugute, als möglich gewesen wäre. Vermittlung seitens Polizei und des ASD fand noch zu selten statt. Um die Zuweisungspraxis zu verbessern, sollte mehrspurig vorgegangen und auf gute persönliche Kontakte, aktive Vernetzungsgremien und verbindliche Verfahrensabsprachen gesetzt werden.

Die Unterstützungsangebote trugen dazu bei, die Befindlichkeit von Kindern zu verbessern. Das Aufkommen der Gewalt gegen Kinder konnte deutlich gesenkt und ihre Lebenssituation stabilisiert werden. Kindesmisshandlung und -vernachlässigung wurden zum Ende der Gruppen und Beratungen erheblich seltener beobachtet als zu Beginn. Unregelmäßiger Umgang mit dem getrennt lebenden gewalttätigen Elternteil wurde zugunsten regelmäßiger Lösungen reduziert. Diese Ergebnisse zeigen, dass die Unterstützungsprojekte einen deutlichen Beitrag zur Sicherung des Kindeswohls leisten. Die Intensität, mit der sie sich einzelnen Kindern bei aufsuchender Einzelberatung zuwenden können, die Bearbeitungsmöglichkeiten in themenspezifischen Gruppen oder therapeutischen Angeboten können von anderen Institutionen vergleichsweise nicht geleistet werden. Sie stellen daher eine Ergänzung bisheriger Maßnahmen zur Sicherung des Kindeswohls dar, die ASD bzw. Jugendamt entlasten und diesen zuarbeiten kann.

Die Pilotprojekte standen vor der Herausforderung, die Angebote für die Kinder eng mit Unterstützung für Eltern zu verknüpfen. Gelingt dies, scheint durchaus ein maßgeblicher Beitrag zur Bearbeitung von Gewalterleben und zur Gewaltprävention zu erfolgen.

Die wissenschaftliche Begleitung konnte zeigen, dass das Spektrum an fachlichen Anforderungen und Kompetenzen, das diese Arbeit verlangt, vielfältig ist. Neben spezifischen Kenntnissen ist zudem auch Erfahrung vonnöten, vor allem, wenn es um neuartige Praxis geht, die noch wenig Vorbilder hat und für die noch wenig an Konzeption vorliegt, wie es bei aufsuchender Arbeit für Kinder der Fall ist. Je nach Art des Angebots werden fachlich unterschiedliche Anforderungen gestellt: In der Einzelarbeit bspw. werden Kompetenzen in Diagnostik und Gefährdungsabklärung verlangt, in der Gruppenarbeit Kompetenzen in kindgerechten Methoden und Teamteaching, in der aufsuchenden Arbeit Kompetenzen in der Abklärung des gesamten familiären Unterstützungsbedarfs und in Abgrenzung gegenüber vielfältigen Erwartungen der Familienmitglieder. Grundsätzlich bedarf es Kompetenzen im Sprechen mit Kindern unterschiedlichen Alters über Gewalt sowie in begleitender Elternarbeit. Unverzichtbar sind in jedem Fall Vernetzungskompetenzen. Ein solches Spektrum von Anforderungen kann von den Einrichtungen nicht „nebenbei" und nicht mit kurzfristig beschäftigten Honorarkräften erfüllt werden, sondern bedarf erfahrener Mitarbeiter/-innen, der Einbettung in ein Team, einer Fallsupervision und der Unterstützung durch ein aktives Netzwerk. Mitarbeiter/-innen, die Vergleiche mit Gruppen für Trennungs- und Scheidungskinder ziehen konnten, schätzten die Arbeit mit dieser Zielgruppe um einiges anspruchsvoller ein. Für sie sei erkennbar geworden, welchen Unterschied es mache, ob Kinder einzig den Verlust einer Trennung verarbeiten müssen oder ob darüber hinaus ihre Kindheit von Gewalt in der Elternbeziehung überschattet war.

Hinweise auf die Bedeutung von Intervention und Unterstützung für die Prävention

Frühzeitige Information, Unterstützung und Intervention können hilfreich sein, wenn Gewalt in Partnerschaften beginnt und es darum geht, zu verhindern, dass sie sich als Mittel der Auseinandersetzung etabliert bzw. Gewalt- und Unterdrückungsverhältnisse sich chronifizieren. Gewalt in Beziehungen eskaliert nicht nur in bestimmten Lebensphasen oder Situationen, wie Schwangerschaft und Geburt bzw. Trennung und Scheidung, sondern nimmt in vielen Fällen im Laufe der Jahre kontinuierlich an Häufigkeit und Intensität zu. Eine solche Entwicklung gilt es auch im Sinne der Töchter und Söhne in diesen Familien zu unterbrechen. Die Prävalenzstudie (Schöttle/Müller 2004) bestätigt die international diskutierte These vom engen Zusammenhang zwischen Gewalt in der Kindheit und im späteren Leben. Frauen, die im Erwachsenenleben selbst der Gewalt durch den Partner ausgesetzt waren, berichteten viel häufiger, von Gewalt in der Herkunftsfamilie. Diese Gruppe war in der Kindheit in erheblich größerem Ausmaß körperlich misshandelt und/oder sexuell missbraucht worden bzw. hatte Gewalt in der Beziehung der Eltern miterlebt. Frauen, die in ihrer Kindheit und Jugend körperliche Gewalt zwischen den Eltern erlebt hatten, waren später doppelt so oft von Partnergewalt betroffen als Frauen, die keine solchen Erlebnisse schilderten. Frauen, die in Kindheit und Jugend selbst mehr als vereinzelte Gewalt durch Erziehungspersonen erlitten hatten, berichteten dreimal so oft Gewalt in ihren Paarbeziehungen. Frauen, die vor ihrem 16. Lebensjahr Opfer von sexuellem Missbrauch wurden, waren später doppelt so oft von Gewalt durch den Partner und – unabhängig vom Täter-Opfer-Kontext – viermal häufiger von sexueller Gewalt betroffen (ebd.).

Die Notwendigkeit von Schutz und Intervention mit dem Ziel der Prävention wiederholter und langjähriger Gewaltgeschichten – Gewalterleiden und Gewalthandeln – im Leben von Mädchen und Jungen ist bekannt und die Wirksamkeit eines geschlechtssensiblen Ansatzes begründet. Maliken und Katz (2012) stellen fest, dass Väter, die Gewalt gegen ihre Partnerin ausüben, Gefühle von Angst bei ihren Söhnen abwerten oder bestrafen. Die Jungen reagieren auf diese negative emotionale Erziehung mit Verhaltensauffälligkeiten und reduzierter Entwicklung von Empathie. Damit werden sie dem Risiko ausgesetzt, selbst gewalttätig zu werden. Frühe Unterstützung und positive Reaktionen auf ihre berechtigten Angstgefühle müssen von außerhalb der Familie kommen, um dem vorzubeugen.

In Zukunft wird es darum gehen, wie intervenierende und schützende Aktivitäten einerseits sowie unterstützende und präventive Aktivitäten andererseits noch besser aufeinander abgestimmt, an den unterschiedlichen individuellen Unterstützungsbedarf angepasst und damit wirkungsvoller gestaltet werden können. Diese Arbeit wurde bereits begonnen. Erste Ansätze, Mädchen und Jungen im Kontext häuslicher Gewalt nicht mehr als homogene

Gruppe zu sehen, sondern ihre teilweise sehr unterschiedliche Lebenssituation, Bedürfnisse und Ressourcen zu berücksichtigen (Kavemann 2002) sollten weiter verfolgt, Elemente guter Praxis, wie sie im Kontext der Interventionsprojekte gegen häusliche Gewalt entwickelt wurden (WiBIG 2004) sollten vielerorts aufgegriffen und umgesetzt werden.

Dazu gehört eine staatliche Investition in die Ausstattung von Einrichtungen, die Unterstützung und Prävention für Kinder und Jugendliche anbieten und die Entwicklung einer gesellschaftlichen Strategie, wie Gewalt im Geschlechterverhältnis und im Generationenverhältnis reduziert werden kann, ohne dass immer nur einzelne Fragmente der Gesamtproblematik aufgegriffen werden.

Des Weiteren stellt die Stärkung von Väterrechten eine Herausforderung dar: einerseits ist es zu begrüßen, dass Väter stärker als bisher elterliche Verantwortung übernehmen sollen und können, andererseits wird der Schutz der Partnerin und der Kinder im Sonderfall eines Gewaltverhältnisses bei der Regelung der neuen Rechte vernachlässigt. Hier besteht rechtlicher Nachbesserungsbedarf.

An der Universität Osnabrück entwickelte Carol Hagemann-White mit einem internationalen Team eine strukturierte, forschungsbasierte Übersicht der Faktoren, die zum Entstehen von Gewalt gegen Frauen und Gewalt gegen Kinder beitragen: Erkenntnisse der Forschung wurden nach ihrer Wirkung auf der Makro-, Meso- und Mikroebene sowie auf der ontogenetischen Ebene zusammengestellt und in der Stärke ihrer Wirkung bewertet. Hier legt ein Instrument für weitere sozialpolitische Planung vor, das genutzt werden kann.[4] Im Rahmen der „Bestandsaufnahme zur Situation der Frauenhäuser, der Fachberatungsstellen und anderer Unterstützungsangebote für gewaltbetroffene Frauen und ihre Kinder" (Helfferich/Kavemann 2012) wurde die Notwendigkeit von Bedarfserhebungen begründet und konkrete Schritte zur Verbesserung des Status quo formuliert. Nun ist die Politik gefordert.

4 http://ec.europa.eu/justice/funding/daphne3/multi-level_interactive_model/understanding_perpetration_start_uinix.html

Heinz Kindler

Partnergewalt und Beeinträchtigungen kindlicher Entwicklung: Ein aktualisierter Forschungsüberblick

> „Die Mama hat so geweint. Das hab ich durch die Wand gehört. Wir Kinder haben uns unter der Bettdecke versteckt. Das war ganz schlimm." (Mädchen, 9 Jahre)

> „Die Mama hat geblutet. Dann hab ich solche Angst gehabt, dass sie sterben muss. Aber ich konnte gar nix machen". (Junge, 7 Jahre)

Auf die zitierte Weise beschreiben zwei im Rahmen von familiengerichtlichen Begutachtungen befragte Kinder ihr unmittelbares Erleben von Situationen, in denen ihre Mutter Partnergewalt erleben musste. Viele Fachkräfte werden solche oder ähnliche Schilderungen in ihrer Arbeit schon gehört haben. In der Forschung haben eine Reihe von Befragungsstudien Stimmen betroffener Kinder dokumentiert (z. B. Ericksen/Henderson 1992; Mullender et al. 2001; Strasser 2001). Gerade in den letzten Jahren wurde diese Literatur durch eine Vielzahl weiterer Beiträge bereichert (z. B. Överlien/Hydén 2009; Georgsson et al., 2011; DeBoard-Lucas & Grych, 2011). Generell werden dabei von Kindern bezogen auf Situationen von Partnergewalt ausgeprägte Gefühle von Angst, und Mitleid, teilweise auch innerer Erstarrung , ohnmächtiger Wut oder Traurigkeit, angegeben. Viele Kinder beschreiben darüber hinaus Versuche, sich innerlich vom Geschehen zu distanzieren und sich selbst abzulenken bzw. zu beruhigen, manche versuchen schlichtend oder schützend einzugreifen oder zumindest im Nachhinein zu trösten bzw. zu helfen. Da in den vorliegenden Studien nur kleine Gruppen von Kindern befragt werden konnten, lässt sich über die Häufigkeit verschiedener Erlebensweisen wenig sagen. Unter anderem Georgsson et al. (2011) haben aber herausgearbeitet, wie schwer es vielen Kindern fällt, Worte für ihre Erfahrungen zu finden. Insofern psychische Bewältigung durch die Fähigkeit, eigene Erfahrungen sprachlich fassen, verstehen und mitteilen zu können, befördert wird, liegt hier ein wesentlicher Grund für eine Gruppenarbeit mit betroffenen Kindern, die auch in Deutschland zunehmend erprobt wird (z.B. Seith et al. 2010). Zudem betonen Stanley et al. (2012), gestützt auf rückblickende Fokusgruppen, wie sehr zuhörende und dabei überstützende Erwachsene von vielen betroffenen Kindern geschätzt werden.

In der Regel erscheint die von Kindern empfundene Belastung, Verunsicherung und Überforderung angesichts miterlebter oder in ihren Folgen sichtbarer Gewalt Fachkräften und Laien gleichermaßen gut nachzuempfinden. Entsprechend ergeben sich hieraus kaum Kontroversen. Weit weniger einheitlich ist die Einschätzung von Öffentlichkeit und Fachkräften hingegen, wenn es um die Frage geht, inwieweit Partnergewalt über das belastende unmittelbare Erleben hinaus eine Gefahr für das Kindeswohl darstellen kann, also geeignet ist, die Entwicklung betroffener Kinder in erheblichem Ausmaß zu beeinträchtigen. Da genau diese Frage aber wesentlich dafür ist, welche gesellschaftlichen Ressourcen für betroffene Kinder eingesetzt werden sollten und inwieweit unter Umständen Eingriffe in Rechte Dritter gerechtfertigt sein können, steht sie im Mittelpunkt des vorliegenden Beitrags.

In einem ersten Abschnitt wird erörtert, inwieweit bei Kindern, die Partnergewalt miterleben müssen, Beeinträchtigungen in verschiedenen Entwicklungsbereichen beobachtet werden. Daran anschließend beschäftigt sich ein Abschnitt mit der Frage, auf welche Weise miterlebte Partnergewalt eigentlich zu Entwicklungsbeeinträchtigungen bei betroffenen Kindern führen kann. Der Forschungsstand hierzu wird zusammen mit Folgerungen für die Jugendhilfe und Familiengerichtsbarkeit erörtert.

Zum Sprachgebrauch und der Befundgrundlage muss zunächst Folgendes angemerkt werden: Partnergewalt bezeichnet allgemein alle Formen körperlicher, sexueller und psychischer Gewalt zwischen Erwachsenen (manchmal auch Jugendlichen), die sich durch eine Partnerschaft miteinander verbunden fühlen oder gefühlt haben. Solche Gewalt tritt in verschiedenen Mustern auf (für eine Forschungsübersicht siehe Dixon/Browne 2003). Ein Muster seltener, wenig verletzungsträchtiger und oft wechselseitiger körperlicher Auseinandersetzungen scheint hierbei in allen westlichen Gesellschaften relativ weit verbreitet (für Übersichten siehe Archer 2000a; Esquivel-Santoveña/Dixon 2012). Wiederholte, verletzungsträchtige Gewalttaten in Partnerschaften, die zudem in ein Muster von Kontrolle und Abwertung der Partnerin oder des Partners eingebunden sind, sind dagegen seltener und werden überwiegend, wenngleich nicht ausschließlich, von Männern ausgeübt (z. B. Archer 2000b; Johnson 2001;Caldwell et al. 2012). Die vorliegende Forschungsübersicht über Entwicklungsbeeinträchtigungen bei Kindern, die Partnergewalt miterleben mussten, bezieht sich vor allem auf die zuletzt genannte Form von Partnergewalt, da diese Form im Mittelpunkt der meisten vorliegenden Studien steht. Es wurden also vor allem Kinder untersucht, die wiederholt schwere körperliche Gewalt und anhaltende psychische Gewalt des (sozialen) Vaters gegen die Mutter erlebt hatten. Soweit Befunde zu Folgen „leichterer" Formen von Partnergewalt vorliegen, was aufgrund einer zunehmenden Anzahl an Stichproben aus der Bevölkerung teilweise der Fall ist, wird dies ausdrücklich erwähnt.

Der mittlerweile erreichte Forschungsstand stützt sich auf weltweit deutlich mehr als fünfhundert empirische Untersuchungen mit einem mehr als zwanzigfachen Anstieg der Anzahl vorliegender Studien seit 1990 (Jaffe et al. 2012). In die bislang umfassendste Meta-Analyse zur Frage, wie eng die Zusammenhänge zwischen miterlebter Partnergewalt und Verhaltensproblemen bei Kindern im Mittel der Studien sind, konnten denn auch vor mittlerweile bereits 10 Jahren Ergebnisse zu mehr als 5.000 Kindern einbezogen werden (Kitzman et al. 2003). Im Verhältnis zu den ersten Arbeiten, die im angloamerikanischen Raum in den 1970er und 1980er Jahren (z. B. Levine 1975; Moore 1975; Rosenbaum/O'Leary 1981), in Deutschland in den 1990er Jahren (z. B.

Winkels/Nawrath 1990; Bingel/Selg 1998) erschienen sind, kann sicher von großen Fortschritten gesprochen werden. Hierfür ist weniger die bloße Anzahl veröffentlichter Studien ausschlaggebend, auch wenn dadurch manche Ergebnisse als sehr gut abgesichert gelten können, sondern vielmehr die Diversifizierung der Befunde und Weiterentwicklungen in der Forschungsmethodologie. Zwar stammt die Mehrzahl der vorliegenden Untersuchungen nach wie vor aus den USA, Kanada, Neuseeland, Australien und Großbritannien, jedoch mischen sich hierunter zunehmend Studien aus Skandinavien (z. B. Olofsson et al. 2011), Frankreich (z. B. Roustit et al. 2009), Italien (z. B. Baldry 2007), Spanien (z. B. Calvete/Orue 2011) und Israel (Perel/Peled 2008; Perel/Gil 2011), die ähnliche Belastungseffekte miterlebter Partnergewalt in einer wachsenden Bandbreite westlicher Demokratien verdeutlichen. Der deutschsprachige Raum und Osteuropa tragen hingegen, von wenigen Ausnahmen abgesehen (z. B. Enzmann/Wetzels 2001), bislang kaum zum internationalen Forschungsdiskurs bei.

Die Diversifizierung der Befundlage bezieht sich allerdings nicht nur auf die Anzahl der Länder, aus denen Studien vorliegen, sondern ebenso auf die Bandbreite untersuchter Gewaltformen und in den Blick genommener Folgen. Bei den Gewaltformen wurden beispielsweise auf der einen Seite verstärkt Auswirkungen psychischer Misshandlungen zwischen Eltern auf Kinder (z. B. Chang et al. 2008; El-Sheikh et al. 2008), auf der anderen Seite aber auch Folgen miterlebter sexueller Gewalt (Spiller et al. 2012) sowie tödlicher Gewalt gegen die Mutter (Dubé 2011) untersucht. Im Bereich möglicher Folgen miterlebter Partnergewalt sind vor allem Effekte bei Säuglingen und Kleinkindern (Carpenter/Stacks 2009), Zusammenhänge zu psychosomatischen Erkrankungen (z. B. Olofsson et al. 2011) und physiologische Veränderungen bei betroffenen Kindern (z. B. Radke et al. 2011) neu bzw. verstärkt in den Fokus der Aufmerksamkeit geraten. Fortschritte in den eingesetzten Forschungsmethoden betreffen unter anderem den vermehrten Einsatz längsschnittlicher Designs, bei denen Kinder und ihre Entwicklung über einige Jahre wissenschaftlich begleitet wird (z. B. Levendosky et al. 2011; Katz/Rigterink 2012). Mehrere der mittlerweile vorliegenden Studien reichen sogar über fünf oder mehr Jahre (z. B. Moylan et al. 2010; Bosquet Enlow et al. 2012). Hinzu kommt die vielfach wesentlich genauere Beschreibung der von Kindern miterlebten Gewalt, etwa durch den Einbezug verschiedener Informationsquellen (Lewis et al. 2010, 2012) oder die Unterscheidung nach väterlicher bzw. mütterlicher Partnergewalt (Harding et al. in press). Vor allem aber ist die zunehmende Anzahl sogenannter Mediationsanalysen hervorzuheben, die empirisch prüfen, wie eigentlich die beobachteten Zusammenhänge zwischen Partnergewalt und Beeinträchtigungen kindlicher Entwicklung zustande kommen (für eine vertiefende Erörterung methodischer Fortschritte siehe Hungerford et al. 2012). Leserinnen und Leser, die neben der hier vorgelegten Forschungsübersicht gerne weitere aktuelle Übersichtsarbeiten konsultieren möchten, könnten Arbeiten von Graham-Bermann/Levendosky (2011), Stanley (2011), Hungerford et al. (2012) sowie Jafee et al. (2012) heranziehen.

Entwicklungsbeeinträchtigungen bei Kindern nach Partnergewalt

Als unbestimmter und umfassender Begriff können Entwicklungsbeeinträchtigungen in sehr unterschiedlicher Weise gefasst werden. Schwerpunkte der Forschung bei Kindern nach Partnergewalt waren bisher die Untersuchung der globalen Verhaltensanpassung und der kognitiven, sowie sozialen Entwicklung. Weiterhin haben sich mehrere Studien mit diagnostizierten krankheitswertigen Beeinträchtigungen der psychischen Gesundheit beschäftigt. Hierzu zählen auch posttraumatische Belastungsstörungen, auf die in diesem Beitrag aber nur am Rande eingegangen wird, da sie an anderer Stelle im Handbuch eingehend erörtert werden (Strasser in diesem Band). Schließlich haben einige Studien physiologische Veränderungen und psychosomatische Erkrankungen bei Kindern nach miterlebter Partnergewalt in den Blick genommen.

In den ersten hierzu vorliegenden Untersuchungen wurde die globale Verhaltensanpassung von Kindern nach Partnergewalt mittels halbstandardisierter Befragungen von Frauenhausmitarbeiterinnen oder Müttern erhoben. Hierbei wurde beispielsweise nach schwerwiegenden Verhaltensproblemen gefragt. Im Ergebnis beschrieben Fachkräfte aus Frauenhäusern bei 30 bis 60 % der von ihnen betreuten Kinder deutliche Verhaltensauffälligkeiten, während weniger als ein Fünftel der einbezogenen Kinder unbelastet erschien (z. B. Jaffe et al. 1990; für eine Einschätzung aus Deutschland siehe Wurdak/Rahn 2001). In der größten vorliegenden Studie mit mehr als 40.000 einbezogenen Kindern waren für die Fachkräfte bei etwa 40 % der betreuten Kleinkinder (1-2 Jahre) emotionale Probleme erkennbar, gleiches galt für mehr als 50 % der älteren Kinder, die zu einem ähnlich hohen Anteil auch Probleme im sozialen Verhalten zeigten (Lundy/Grossman 2005).

Zunehmend abgelöst wurden diese Untersuchungen im Lauf der Zeit durch Studien, in denen standardisierte Fragebögen zu kindlichen Verhaltensauffälligkeiten zum Einsatz kamen, beispielsweise der auch in Deutschland verbreitete „Verhaltensfragebogen für Kinder und Jugendliche (CBCL)". Mit dem Einsatz solcher Fragebögen stieg die Aussagekraft der Studien, da für diese Fragebögen repräsentative Erhebungen und Normierungen zur Verfügung stehen, die globale Einschätzung der Verhaltensanpassung auf der Grundlage vieler Einzelangaben ermittelt wird und damit zuverlässiger ist und Kontrollgruppen von Kindern, die keine Partnergewalt erlebt hatten, leichter einbezogen werden können. In der Regel wurden Zusammenhänge zwischen miterlebter Partnergewalt und zwei übergeordneten Aspekten der globalen Verhaltensanpassung berichtet: Zum einen Zusammenhänge zu Verhaltensauffälligkeiten, die in Form von Unruhe oder Aggressivität nach Außen gerichtet sind, und zum anderen Zusammenhänge zu Verhaltensauffälligkeiten, die in Form einer ausgeprägten Niedergeschlagenheit oder Ängstlichkeit nach Innen gerichtet sind. Nach außen gerichtete Auffälligkeiten werden meist als „Externalisierung", nach innen gerichtete Auffälligkeiten als „Internalisierung" bezeichnet. Im Ergebnis zeigen die mittlerweile vorliegenden Studien mit Kontrollgruppe für den Bereich der Internalisierung im Mittel moderat ungünstige Effekte eines Miterlebens von Partnergewalt, ebenso für den Bereich der Externalisierung. Tabelle 1 zeigt die Ergebnisse verfügbarer quantitativer Zusammenfassungen der Befundlage zum Zusammenhang zwischen miterlebter Partnergewalt und Internalisierung bzw. Externalisierung im Überblick.

Tabelle 1: Meta-Analysen zum Zusammenhang zwischen Partnergewalt und Internalisierung bzw. Externalisierung

Meta-Analyse	Grundlage	Internalisierung	Externalisierung
Kitzmann et al. (2003)	47 Studien für Internalisierung, 45 für Externalisierung, 1978-2000	Mittlerer ungünstiger Effekt (d=-.50)	Mittlerer ungünstiger Effekte (d=-.43)
Wolfe et al. (2003)	31 Studien, 1980-2003	Schwacher ungünstiger Effekt (d=-.39)*	Mittlerer ungünstiger Effekt (d=-.49)*
Evans et al. (2008)	58 Studien für Internalisierung, 53 für Externalisierung, 1990-2006	Mittlerer ungünstiger Effekt (d=-.48)	Mittlerer ungünstiger Effekt (d=-.47)
Chan & Yeung (2009)	29 Studien für Internalisierung, 28 für Externalisierung, 1995-2006	Mittlerer ungünstiger Effekt (d=-.45)*	Mittlerer ungünstiger Effekte (d=-.43)*

* In der Untersuchung wurde ein anderes Maß für die Effektstärke verwandt, Umrechnung nach einer Formel von Friedman (1968); Bewertung der Effektstärken entsprechend Cohen (1969) d=0.8 stark, d=0.5 mittel, d=0.2 schwach.

Um die Befunde besser interpretieren zu können, ist es sinnvoll zum Vergleich methodisch ähnliche Untersuchungen mit Kindern, die anderen Belastungen ausgesetzt waren, heranzuziehen (Kindler 2002). Dabei fanden sich für ein Aufwachsen in relativer Armut oder das Miterleben einer Scheidung der Eltern im Mittel schwächere Zusammenhänge zu kindlichen Verhaltensauffälligkeiten, während das Erleben körperlicher Kindesmisshandlungen sich im Mittel stärker negativ auswirkte. Von der Stärke der Effekte her in etwa vergleichbar war ein Aufwachsen mit einem oder zwei alkoholkranken Elternteilen. Dies ist unter anderem deshalb bemerkenswert, weil in unserer Gesellschaft bei der Alkoholabhängigkeit eines Elternteils Maßnahmen der Jugendhilfe oder des Familiengerichtes zum Schutz betroffener Kinder regelhaft als gerechtfertigt angesehen werden (z. B. Harnach 2011), während dies bei Kindern, die Partnergewalt miterleben müssen, nicht mit gleicher Regelmäßigkeit der Fall ist.

Die praktische Bedeutsamkeit dieser Befunde kann auf zwei verschiedene Arten noch einmal deutlicher herausgestellt werden. Zum einen kann die Anzahl derjenigen Kinder gesondert betrachtet werden, bei denen aufgrund von Anzahl und Intensität der berichteten Verhaltensauffälligkeiten eine klinisch relevante, behandlungsbedürftige Störung vermutet werden muss. In einer Analyse von Sternberg et al. (2006) mit mehr als 1.800 einbezogenen Kindern zwischen 4 und 14 Jahren zeigten, je nach Altersgruppe, zwischen 20 und 44 % der von Partnergewalt betroffenen Kinder klinisch bedeutsame Verhaltensauffälligkeiten im Bereich Internalisierung sowie 24 und 43 % der Kinder im Bereich Externalisierung. In einer Zusammenschau von 8 Studien trugen von Partnergewalt betroffene Kinder gegenüber Kontrollgruppen ein drei- bis sechsfach erhöhtes Risiko behandlungsbedürftiger Auffälligkeiten (Kindler 2002). Wird der Blick auf spezifische Diagnosen psychiatrischer Erkrankungen gelenkt, so können mittlerweile eine Reihe großer Stichproben von Kindern (z. B. Spilsbury et al. 2007; Meltzer et al. 2009; Fisher et al. 2012), Jugendlichen (Zinzow et al. 2009; Benjet et al. 2011) sowie Erwachsenen (z. B. Roustit et al. 2009) herangezogen werden, um Zusammenhänge zu überprüfen. Die Grundhypothese besteht dabei stets darin, miterlebte Partnerschaftsgewalt als beitragenden Belastungsfaktor in der kindlichen Umwelt, nicht hingegen als alleinige Erkrankungsursache zu sehen. In einer der größten vorliegenden Studien an Jugendlichen ging miterlebte Partnergewalt beispielsweise mit einer verdoppelten Rate an posttraumatischen Belastungsstörungen einher, wobei eine von dem oder der Jugendlichen berichtete Angst um das Leben des geschlagenen Elternteils den Effekt bis zu einer fünffach erhöhten Rate steigerte (Zinzow et al. 2009). Deutlich geringer, wenngleich immer noch statistisch nachweisbar war der Effekt auf depressive Erkrankungen. Bei Erwachsenen wurde im methodisch sehr sorgfältigen und in vielen Ländern der Erde durchgeführten WHO World Mental Health Survey (Kessler et al. 2010) im Zusammenhang mit Partnerschaftsgewalt eine Erhöhung der Wahrscheinlichkeit, eine psychische Erkrankung auszubilden, um den Faktor 1,7 festgestellt, während mit körperlicher Kindesmisshandlung und sexuellem Missbrauch assoziierten Werte mit einem Erhöhungsfaktor von 1,9 erwartungsgemäß etwas deutlicher ausfielen.

Ein zweiter Weg um die Nachhaltigkeit von Belastungseffekten nach miterlebter Partnergewalt zu verdeutlichen, besteht darin, Zusammenhänge zu Verhaltensproblemen über mehrere Jahre hinweg zu betrachten. Über längere Zeit nachweisbare Effekte sprechen für die Bedeutung miterlebter Partnergewalt, auch wenn die Qualität der vom Kind zwischenzeitlich erfahrenen Fürsorge zweifellos ebenfalls von Bedeutung ist. Tabelle 2 gibt einen Überblick über entsprechende Studien. Erkennbar zeigen sich in der großen Mehrheit der Untersuchungen Effekte auch über die Zeit hinweg.

Tabelle 2: Längsschnittstudien zu Zusammenhängen zwischen miterlebter Partnergewalt und Verhaltensproblemen

Quelle	**Laufzeit**	**Stichprobe**	**Ergebnis**
Davies et al. 2012	1 Jahr	Kleinkinder N=201	Effekte im Bericht der Mutter (erhöhte Aggressivität) und in Verhaltensbeobachtungen (erhöhte Anhänglichkeit) nachweisbar
Mrug & Windle 2010	16 Monate	Jugendliche N=603	Effekte im Selbstbericht der Jugendlichen (erhöhte Aggressivität und/oder Ängstlichkeit) nachweisbar
Whitaker et al. 2006	2 Jahre	Kleinkinder N=2756	Auffällig aggressives und auffällig ängstliches Verhalten im Bericht durch Mutter nach Partnergewalt häufiger
Fagan & Wright 2011	3 Jahre	Jugendliche N=1315	Zusammenhang zu selbst berichteten Suchtmittelgebrauch bei Mädchen, keine Zusammenhänge für Jungen
Huang et al. 2010	4 Jahre	Geburt bis Kindergarten (N=4139)	Zusammenhänge zu Internalisierung und Externalisierung (Bericht der Mutter) nachweisbar
Ireland & Smith 2009	7 Jahre	Anfang Jugendalter bis Erwachsenenalter (N=846)	Zusammenhänge zu selbst berichteter Delinquenz und Elternbericht zu Externalisierung sind im späten Jugendalter noch deutlich, werden im Erwachsenenalter schwächer, schwere miterlebte Partnergewalt geht aber mit erhöhter Wahrscheinlichkeit für Partnergewalt im Erwachsenenalter einher
Moylan et al. 2010	14 Jahre	Kindergarten bis Jugendalter (N=457)	Langzeiteffekte auf selbst berichtete Verhaltensprobleme nur wenn Kinder Partnergewalt miterlebt hatten und auch geschlagen worden waren
Yates et al. 2003	16 Jahre	Geburt bis Jugendalter (N=155)	Miterlebte Partnergewalt stand auch dann noch mit Externalisierung im Jugendalter (Jungen) bzw. Internalisierung (Mädchen) in Zusammenhang, wenn Effekte von Misshandlung und Lebensereignissen statistisch kontrolliert wurden

In einer Reihe von Untersuchungen wurde danach gefragt, ob Jungen oder Mädchen stärker belastet auf ein Miterleben von Partnergewalt reagieren. Nach gegenwärtigem Wissensstand lässt sich diese Frage dahingehend beantworten, dass auf der Ebene globaler Verhaltensauffälligkeit Jungen und Mädchen ähnlich belastet reagieren. Zwar konnte eine der Meta-Analysen bei Jungen im Verhältnis zu Mädchen einen etwas stärkeren Zusammenhang zwischen miterlebter Partnergewalt und ausagierendem, aggressiven Verhalten entdecken (Evans 2008), aber der Geschlechtsunterschied war nicht stark und erreichte in den anderen vorliegenden Meta-Analysen nicht die Schwelle statistischer Bedeutsamkeit (Kitzman et al. 2003; Wolfe et al. 2003; Chan/Yeung 2009). Diese grundlegende Geschlechterähnlichkeit bedeutet, dass auch sehr viele Jungen nach innen gerichtete Auffälligkeiten (z. B. Ängste) zeigen, während eine erhöhte Unruhe oder Aggressivität auch bei Mädchen auftreten kann. Darüber hinaus gibt es allerdings auch einige Hinweise auf sehr spezifische Geschlechtsunterschiede. So neigten in einer Untersuchung etwa besonders Mädchen dazu, sich für die Gewalt (mit-)verantwortlich zu fühlen, während Jungen den Bedrohungsaspekt der Gewalt intensiver zu erleben schienen (Kerig 1998). Weiterhin scheinen Mädchen externalisierende Auffälligkeiten stärker im sozialen Nahfeld zu zeigen, während bei Jungen die Gefahr einer Chronifizierung externalisierender Auffälligkeiten höher ist. Selbst bei einer grundlegenden Geschlechterähnlichkeit in den Belastungsreaktionen von Mädchen und Jungen auf miterlebte Partnergewalt ist es denkbar, dass in der Auseinandersetzung mit geschlechtsabhängig unterschiedlichen Lebens- und Erfahrungsbereichen (z. B. Vater- und Mutterschaft) im weiteren Fortgang der Entwicklung noch geschlechtsbezogen unterschiedliche Effekte auftreten. Um solche Effekte sichtbar zu machen, bedarf es aber einer noch größeren Anzahl an Langzeituntersuchungen.

Eine andere Frage, die Fachkräfte bzw. Eltern unter Umständen beschäftigt, betrifft die Reaktionen von Säuglingen und Kleinkindern auf miterlebte Partnergewalt. Auf der einen Seite wird in der Praxis teilweise vermutet, Säuglinge und Kleinkinder seien noch zu jung um die Bedrohlichkeit der Gewalt zu erfassen und dadurch in gewisser Weise „geschützt". Auf der anderen Seite wird in den Medien häufig betont, in den ersten Lebensjahren würden besondere Weichenstellungen vorgenommen, was auf ein erhöhtes Störpotenzial von Belastungsereignissen in dieser Zeit hindeuten könnte. Die Untersuchung eventueller Belastungsreaktionen von Säuglingen und Kleinkindern erfordert spezifische Methoden, so dass ausreichende Befundgrundlagen, um auf diese Fragen eingehen zu können, erst in der letzten Dekade verfügbar geworden sind. Generell hat sich dabei gezeigt, dass auch bei Säuglingen und Kleinkindern traumatische Reaktionen auftreten können, auch wenn sich diese etwas anders äußern als bei älteren Kindern (für eine Forschungsübersicht siehe Chu/Lieberman 2010). Miterlebte Partnergewalt, auch das ist klar geworden, zählt zu den Ereignissen, die potenziell auch in der frühen Kindheit traumatische Reaktionen auslösen können (z. B. Bogat et al. 2006). Allerdings scheinen diese etwas seltener aufzutreten als bei älteren Kindern, Ähnlich wie bei älteren Kindern ist jedoch zu beobachten, dass miterlebte Partnergewalt Verhaltensprobleme wahrscheinlicher macht, und zwar auch über mehrere

Jahre hinweg gesehen (Whitaker et al. 2006; Huang et al. 2010; Towe-Goodman et al. 2011). Zudem scheinen Kinder, die in den ersten Lebensjahren Partnergewalt miterleben mussten, weniger innere Ressourcen aufbauen zu können, so dass sie weniger in der Lage sind, spätere Belastungen und Herausforderungen gut bewältigen zu können (Grasso et al. in press). Obwohl im Hinblick auf Wirkungen miterlebter Partnergewalt in der frühen Kindheit noch viele Fragen offen sind und Spekulationen leicht ins Kraut schießen (für eine Übersicht siehe Carpenter/Stacks 2009), lässt sich die These, miterlebte Partnergewalt sei in der frühen Kindheit noch kein Entwicklungsrisiko, mittlerweile doch klar zurückweisen.

Eine andere Wissenslücke, die zumindest begonnen hat, sich zu schließen, findet sich bei Effekten miterlebter Partnergewalt auf die körperliche Gesundheit von Kindern. Starke Anhaltspunkte für hier bestehende Zusammenhänge ergeben sich aus Zahlen, wonach kinderärztliche Kontakte in den Jahren nach miterlebter Partnergewalt deutlich häufiger sind als bei Kindern aus einer Kontrollgruppe (Bair-Merrit et al. 2008). Genauere Analysen haben nunmehr gezeigt, dass von Partnergewalt betroffene Kinder häufiger Regulationsprobleme (z. B. Schlaf- oder Essprobleme) aufweisen und über psychosomatische Beschwerden (z. B. Kopf- und Bauchschmerzen) klagen (Olofsson et al. 2011; Lamers-Winkelman et al. 2012). Möglicherweise handelt es sich hier um Folgewirkungen chronischer Aktivierung bzw. Überforderung des physiologischen Stressverarbeitungssystems betroffener Kinder. Solche Effekte wurden jedenfalls bei misshandelten und vernachlässigten Kindern gefunden (für eine Forschungsübersicht siehe Kindler et al. 2011: 191) und deuten sich auch bei Kindern nach Partnergewalt an (z. B. Sturge-Apple et al. 2012), obgleich die Anzahl vorliegender Studien hier noch gering ist. Die vielleicht überraschendsten Befunde zu physiologischen Wirkungen miterlebter Partnergewalt betreffen jedoch langfristige Veränderungen, die unter den Stichworten Epigenetik und Telomerverkürzung diskutiert werden. Epigentik bezeichnet erfahrungsgesteuerte chemische Veränderungen im menschlichen Erbgut, die darauf Einfluss nehmen, welche Gene aktiviert und abgelesen werden. Eine deutsche Forschungsgruppe (Radtke et al. 2011) hat hier Veränderungen bei Kindern nach miterlebter Partnergewalt festgestellt. Telomere wiederum bezeichnen die Enden von Chromosomen, deren Stabilität und Teilungsfähigkeit sie beeinflussen. Verkürzungen der Telomere im Lauf des Lebens werden als Teil des Alterungsprozesses und seiner Folgen angesehen. Umweltbelastungen können hier beschleunigend wirken, was auch für miterlebte Partnergewalt gilt (Shalev et al. in press). Auch wenn die praktische Bedeutung dieser Befunde alles andere als klar ist, zeigen sie doch, auf welch vielfältigen Ebenen Belastungen wie Partnergewalt Einfluss nehmen kann.

Belastungen kindlicher Entwicklung lassen sich aber nicht auf Verhaltensauffälligkeiten und psychosomatische Erkrankungen reduzieren. Vielmehr müssen auch Prozesse bedacht werden, die die Entwicklung von Kindern kumulativ und langfristig beeinträchtigen können, dabei aber (zumindest zunächst) unterhalb der Schwelle zur klinisch bedeutsamen Verhaltensauffälligkeit bleiben. So ist es etwa möglich, dass Gewalterfahrungen Kinder auf „Risikopfaden" (vgl. z. B. Rutter 1995) platzieren, die mit größerer Wahrscheinlichkeit in ungünstigen Entwicklungsergebnissen resultieren. Im Hinblick auf miterlebte Partnergewalt befinden sich vor allem zwei Risikopfade in der Diskussion. Zum einen wird vermutet, dass ein wiederholtes Miterleben von Partnergewalt die Lernbereitschaft bzw. Konzentrationsfähigkeit von Kindern untergräbt, so dass Rückstände in der kognitiven Entwicklung entstehen können, die dann über die Schuljahre hinweg den Schulerfolg beeinträchtigen können (z. B. Huth-Bocks et al. 2001). Zum anderen wird vermutet, von Partnerschaftsgewalt betroffene Kinder könnten im Hinblick auf Gleichaltrigenbeziehungen im Kindesalter, romantische Beziehungen im Jugendalter und Partnerschaftsbeziehungen im Erwachsenenalter weniger Fähigkeiten zu einer konstruktiven Konfliktbewältigung und eine höhere Bereitschaft zum Einsatz oder zum Erdulden von Gewalt erlernen und dadurch in ihrer Lebensqualität beeinträchtigt werden (z. B. Graham-Bermann/Hughes 1998).

Bezüglich des angesprochenen kognitiv-schulischen Risikopfades liegen mittlerweile Ergebnisse einer Längsschnittstudie vor, die über den Zeitraum von acht Jahren – von der frühen Kindheit bis ans Ende der Grundschulzeit – einen moderat starken negativen Einfluss früh miterlebter Gewalt auf wiederholte Messungen der intellektuellen Leistungsfähigkeit zeigt (Bosquet Enlow et al. 2012). Die Zusammenhänge blieben auch dann bestehen, wenn Geburtsgewicht, Intelligenz der Mutter und kognitiver Anregungsgehalt der häuslichen Umgebung in Rechnung gestellt, also statistisch kontrolliert wurden. Allerdings waren viele der Kinder auch selbst geschlagen worden und die Untersuchungsgruppe war für eine detailliertere Analyse nicht groß genug. Daher ist es wichtig, ergänzend weitere Untersuchungen heranzuziehen, die nur Kinder nach Partnergewalt in den Blick genommen haben, auch wenn dort keine längsschnittlichen Analysen vorgelegt wurden. In mindestens drei solcher Studien konnten gleichfalls negative Zusammenhänge zwischen miterlebter Partnergewalt und Intelligenztestergebnissen gefunden werden (Huth-Bocks et al. 2001; Koenen et al. 2003; Ybarra et al. 2007). Hinzu kommen Studien, die in der frühen Kindheit den globalen kognitiven Entwicklungsstand oder später den schulischen Leistungsstand erhoben haben (z. B. Wildin et al. 1991; Peek-Asa et al. 2007). Negative Effekte traten bei globalen Maßen für die intellektuelle Leistungsfähigkeit (z. B. globaler kognitiver Entwicklungsstand, Gesamt-IQ) und bei Maßen für die Sprachfähigkeit (z. B. Verbal-IQ) deutlicher zu Tage als bei speziellen Aspekten der abstrakten Denkfähigkeit (z. B. räumliches Vorstellungsvermögen). Eine englische Studie (Koenen et al. 2003) konnte zeigen, dass das Miterleben von Partnergewalt unabhängig von genetischen Einflüssen auf die Intelligenz zu einer Unterdrückung des intellektuellen Potenzials von Kindern führt, die umso stärker ausfällt, je häufiger Partnergewalt miterlebt wird. Der mittlere Unterdrückungseffekt von miterlebter Partnerschaftsgewalt auf die Intelligenz lag in dieser

Studie bei 8 IQ-Punkten und damit in einer Größenordnung, die umgekehrt durch Fördermaßnahmen nicht leicht zu erreichen ist. Wie miterlebte Partnerschaftsgewalt ihren Einfluss auf die kognitive Entwicklung entfaltet, ist noch unklar. Möglicherweise spielen dabei Beeinträchtigungen der Konzentrationsfähigkeit und der Gedächtnisleistung eine Rolle, die in mehreren Untersuchungen belegt werden konnten (z. B. Becker/McCloskey 2002; Jouriles et al. 2008; Towe-Goodman et al. 2011). Wenig überraschend bewirken die dokumentierten Zusammenhänge zwischen miterlebter Partnergewalt und kognitiver Entwicklung einen im Mittel geringeren Schulerfolg betroffener Kinder und erhöhen die Wahrscheinlichkeit von Lernschwierigkeiten. Die Beeinträchtigungen können ein lebenspraktisch bedeutsames Ausmaß erreichen. So fanden etwa Wildin et al. (1991) bei knapp 40 Prozent betroffener Kinder ernsthafte Entwicklungsrückstände oder bedeutsame Schulschwierigkeiten. In einer Studie von Mathias et al. (1995) wiesen über 40 Prozent der untersuchten Kinder in einem standardisierten Lesetest einen Fähigkeitsrückstand von einem oder mehreren Jahren auf.

Noch etwas aussagekräftiger ist die Befundlage zu Zusammenhängen zwischen miterlebter Partnergewalt und Beeinträchtigungen der sozialen Entwicklung, also dem zweiten angesprochenen Risikopfad. In diesem Bereich liegt beispielsweise eine Längsschnittstudie über sechs Jahre vor und zwar zwischen Kindergartenalter (5 Jahre) und mittlerer Kindheit (11 Jahre). Im Rahmen dieser Studie zeigten sich negative Zusammenhänge zwischen miterlebter Partnergewalt und gelingenden Gleichaltrigenbeziehungen (Katz et al. 2007). Die Zusammenhänge blieben auch dann bestehen, wenn spätere Gewalterfahrungen und bereits zum ersten Untersuchungszeitpunkt bestehende Verhaltensprobleme statistisch kontrolliert wurden. Einschränkungen, negative Gefühle wahrzunehmen und angemessen auszudrücken, waren bei betroffenen Kindern ein wichtiger Vermittlungsmechanismus um die Zusammenhänge zu erklären. Zwei weitere Längsschnittstudien, die sogar von der Kindheit bis ins Jugendalter bzw. junge Erwachsenenalter reichten, konnten einen Zusammenhang zwischen dem Miterleben von Partnergewalt gegen die Mutter in der Kindheit und dem späteren Erdulden bzw. Ausüben von Beziehungsgewalt im jungen Erwachsenenalter aufzeigen (Ehrensaft et al. 2003, Linder/Collins 2005). Eine weitere Längsschnittstudie konnte den Zusammenhang nur für schwere miterlebte Partnergewalt in der Kindheit, nicht aber für seltene oder wenig verletzungsträchtige körperliche Auseinandersetzungen zwischen den Eltern zeigen (Ireland/Smith 2009). Weitere Hinweise auf Einschränkungen der sozialen Entwicklung nach miterlebter Partnergewalt ergeben sich aus Untersuchungen, wonach einige Kinder nach Partnergewalt stereotypere Geschlechtsrollenbilder entwickeln (Graham-Bermann/Brescoll 2000), sich einen aggressiven Verhaltensstil aneignen (Graham-Bermann/Levendosky 1997), größere Schwierigkeiten beim Aufbau positiver Freundschaftsbeziehen haben (Moore/Pepler 1998, McCloskey/Stuewig 2001) und Einschränkungen in der Fähigkeit zur konstruktiven Konfliktbewältigung aufweisen (Ballif-Spanvill et al. 2003). Mehrere Studien konnten zudem zeigen, dass Kinder nach miterlebter Partnergewalt zwar nicht mehrheitlich, aber doch vermehrt Opfer von Bullying unter Gleichaltrigen werden oder selbst andere schikanieren (für eine Forschungsübersicht siehe Voisin/Hong 2012). Bestätigt wird dies durch eine aktuelle, in der angesprochenen Forschungsübersicht noch nicht enthaltene Längsschnittstudie, die miterlebte Partnerschaftsgewalt in der mittleren Kindheit mit Bullying im späten Jugendalter in Verbindung bringen konnte (Knous-Westfall et al. 2012). Insgesamt liegen damit gute Hinweise dafür vor, dass miterlebte Partnergewalt in der Kindheit das Erlernen von Beziehungsfähigkeiten und damit einen für das Lebensglück zentralen Bereich beeinträchtigen kann und über eine Tendenz zur Wiederholung der Gewalt in späteren Partnerschaften auch das Leben anderer Menschen und der nachfolgenden Generation negativ beeinflussen kann.

Ein Teil der Kinder, die Partnergewalt miterleben müssen, erfährt in der Familie auch noch weitere Belastungen, etwa Kindesmisshandlung oder die Suchterkrankung mindestens eines Elternteils. Beispielsweise waren in mehreren Untersuchungen an Kindern in Frauenhäusern 30 bis 60 % der Kinder vom Vater bzw. dem Partner der Mutter auch selbst misshandelt worden (für eine Forschungsübersicht siehe Kindler 2002). Ebenso zeigten Untersuchungen, die nicht in Frauenhäusern, sondern an Stichproben aus der allgemeinen Wohnbevölkerung durchgeführt wurden, dass Partnergewalt und Kindesmisshandlung auch hier häufig miteinander einhergehen. So fanden etwa Hamby et al. (2010) in einer repräsentativen amerikanischen Stichprobe von Kindern bis zu 17 Jahren, dass bei miterlebter Partnergewalt mehr als ein Drittel betroffener Kinder im vergangenen Jahr auch selbst körperlich misshandelt worden war. In einer anderen Studie wuchs das Risiko einer Kindesmisshandlung umso mehr, je häufiger ein Mann Gewalt gegen die Partnerin ausgeübt hatte (Ross 1996). Von etwa 5 % bei einem gewalttätigen Ereignis pro Jahr stieg dieses Risiko auf nahezu 100 % bei Männern, die fast wöchentlich gegen die Partnerin zu Gewalt griffen. In ähnlicher Weise müssen Kinder, die Partnergewalt miterleben, auch häufiger als andere Kinder die Suchterkrankung eines oder beider Elternteile bewältigen (z. B. Dong et al. 2004). Um also ein umfassendes Bild von Entwicklungsbeeinträchtigungen bei Kindern nach Partnergewalt zu bekommen, ist es notwendig, auch auf Gruppen von Kindern einzugehen, die sich mit einem Zusammenwirken mehrerer Belastungsfaktoren in ihrem Leben auseinandersetzen müssen. Hierzu wurden in den letzten Jahren vermehrt Studien vorgelegt (z. B. Ritter et al. 2002, Maughan/Cicchetti 2002, Yates et al. 2003). Die bisherigen Befunde zeigen dabei dreierlei. (1) Kinder, die Partnergewalt und Misshandlung ausgesetzt sind, sind im Mittel in ihrer Entwicklung schwerer beeinträchtigt als Kinder, die Partnergewalt miterleben, aber selbst keine Misshandlung erfahren. (2) Kinder, die eine elterliche Suchterkrankung und Partnergewalt erleben, weisen im Mittel mehr und intensivere Beeinträchtigungen auf verglichen mit Kindern, die eine von beiden Belastungen erleben müssen. (3) Ohne hilfreiche

Intervention von außen kann sich die ganz überwiegende Mehrzahl der von zwei oder mehr dieser Belastungen betroffenen Kinder nicht positiv entwickeln.

Bei all diesen beschreibenden Befunden zu Entwicklungsbeeinträchtigungen von Kindern nach Partnergewalt darf nicht vergessen werden, dass alle berichteten Untersuchungen in Ländern mit entwickelter Jugendhilfe und Gesetzen zum Schutz von Kindern durchgeführt wurden. Natürlich bestand für die beteiligten Wissenschaftlerinnen und Wissenschaftler auch stets die ethische Verpflichtung, in neu bekannt werden Fällen von Kindeswohlgefährdung für die Vermittlung angemessener Hilfe zu sorgen. Dies bedeutet: Die beobachteten Entwicklungsbeeinträchtigungen traten trotz der Angebote und Maßnahmen von Jugendhilfe und Familiengerichtsbarkeit auf. Allerdings befindet sich die Praxis der Jugendhilfe und Familiengerichtsbarkeit natürlich im Wandel und es kann sein, dass bei einer Verbesserung dieser Praxis andere Ergebnisse erzielt würden. Insofern ist die berichtete Befundlage zu Zusammenhängen zwischen miterlebter Partnergewalt und Beeinträchtigungen kindlicher Entwicklung auch eine Aufforderung, nach neuen Wegen in der Jugendhilfe und Familiengerichtsbarkeit zu suchen. Neben Maßnahmen zur Beendigung von Gewalt und dem Schutz von Opfern stellt sich hierbei die Frage nach Unterstützungsangeboten für betroffene Kinder. Solche Unterstützungsangebote sollten auf einem gut begründeten Verständnis davon aufbauen, auf welchen Wegen miterlebte Partnergewalt eigentlich negative Wirkungen im Leben von Kindern entfaltet.

Auf welchen Wegen wirkt sich miterlebte Partnergewalt auf die Entwicklung von Kindern aus?

Sechs mögliche Wege, auf denen die berichteten Zusammenhänge zwischen miterlebter Partnergewalt und Entwicklungsbeeinträchtigungen von Kindern zustande kommen könnten, wurden in der Forschung bislang erörtert: (1) Eine Vermittlung über weitere Belastungsfaktoren. Wenn Kinder, die Partnergewalt miterleben, auch selbst häufiger als andere Kinder misshandelt werden, könnte es etwa sein, dass Kindesmisshandlung und nicht Partnergewalt für beobachtbare Entwicklungsbeeinträchtigungen bei betroffenen Kindern verantwortlich ist. (2) Eine Vermittlung über geteilte genetische Merkmale. Aufgrund vorliegender Hinweise auf eine Beteiligung genetischer Faktoren bei der Entstehung von Aggression allgemein (z. B. Rutter 1997) und bei Partnergewalt (Hines/Saudino 2004) könnte es sein, dass manche genetischen Faktoren (z. B. eine genetisch beeinflusste erhöhte Irritierbarkeit) auf der Elternebene das Ausüben von Partnergewalt und auf der Kindebene die Entstehung von Verhaltensauffälligkeiten begünstigen. (3) Eine Vermittlung über biologische Mechanismen. Beispielsweise könnte es sein, dass die mit dem Erleben von Partnergewalt verbundenen Belastungen bei betroffenen Kindern vorübergehend oder dauerhaft zu einem Entgleisen des Stresshormonsystems führen, wodurch mittelbar auch andere Bereiche der kindlichen Entwicklung beeinträchtigt werden könnten. (4) Eine Vermittlung durch eingeschränkte Erziehungsfähigkeiten von Elternteilen, die Partnergewalt ausüben. Da beispielsweise Väter, die Partnergewalt ausüben, möglicherweise auch darüber hinausgehende Einschränkungen in ihren Beziehungsfähigkeiten (z. B. im Einfühlungsvermögen) aufweisen, könnte es sein, dass diese Einschränkungen eine Ursache von Entwicklungsbeeinträchtigungen bei ihren Kindern sind. (5) Eine Vermittlung durch (zeitweise) eingeschränkte Erziehungsfähigkeiten von Elternteilen, die Opfer von Partnergewalt werden. Aufgrund der erheblichen Belastungswirkung von Partnergewalt ist es vorstellbar, dass etwa Mütter, die wiederholt Opfer von Partnergewalt werden, sich (zumindest zeitweise) nur noch eingeschränkt um die Versorgung und Erziehung ihrer Kinder kümmern können, wodurch dann Beeinträchtigungen kindlicher Entwicklung begünstigt werden könnten. (6) Eine Vermittlung durch die direkte innerpsychische Verarbeitung miterlebter Gewalt bei betroffenen Kindern. Partnergewalt könnte so direkt für kindliche Entwicklungsbeeinträchtigungen verantwortlich sein, wobei unter Umstände bestimmte günstige oder ungünstige kindliche Bewältigungsformen (z. B. das Ausmaß an Schuldgefühlen) zu einer höheren oder geringeren Belastung beitragen. In den nachfolgenden Absätzen wird der Wissensstand zu jedem dieser möglichen Vermittlungswege kurz erörtert und im Hinblick auf eventuelle Folgen für Öffentlichkeit und Fachpraxis diskutiert.

Andere Belastungen, die häufig mit Partnergewalt einhergehen, tragen erkennbar vielfach zu beobachtbaren Entwicklungsbeeinträchtigungen im Leben betroffener Kinder bei, sind insgesamt gesehen aber nur eine Teilerklärung, d. h. miterlebte Partnergewalt stellt auch dann einen bedeutsamen Belastungsfaktor für Kinder dar, wenn keine anderen Entwicklungsrisiken beobachtbar sind. Zu den Belastungen, die bei Kindern, die Partnergewalt ausgesetzt sind, mit erhöhter Wahrscheinlichkeit beobachtet werden, zählen etwa Misshandlung oder Vernachlässigung, die Suchtkrankheit eines Elternteils oder wiederholte Trennungserfahrungen (für eine Forschungsübersicht siehe Stanley 2011; Kindler 2002). Für fast jeden dieser Faktoren existiert eine umfangreiche Forschung, die Hinweise auf eine ursächliche Belastungswirkung im Hinblick auf kindliche Entwicklung zusammengetragen hat (z. B. Kindler 2006a, 2006b, 2006c). In vergleichenden Studien waren Kinder, die neben Partnergewalt noch weitere Belastungen erleben mussten, im Mittel belasteter als Kinder, die zwar Partnergewalt sonst aber keine andere Belastungen erlebt hatten. Auch miterlebte Partnergewalt als einziger oder gesondert betrachteter Belastungsfaktor ging jedoch im Mittel mit bedeutsamen Beeinträchtigungen kindlicher Entwicklung einher (z. B. Yates et al. 2003; Maikovich et al. 2008). Dies bedeutet, dass miterlebte Partnergewalt für die Jugendhilfe und Familiengerichtsbarkeit, die beide dem Kindeswohl verpflichtet sind, als eigenständig beachtenswerter Belastungsfaktor von Bedeutung ist. Darüber hinaus kann es aber sein, dass Kinder, die Partnergewalt erleben mussten, auch aufgrund weiterer Belastungserfahrungen der Hilfe und Unterstützung bedürfen.

Eine Erörterung möglicher genetischer Einflüsse wird in der sozialen Arbeit häufig mit Misstrauen betrachtet, weil manche Vertreter der Verhaltensgenetik einen genetischen Reduktionismus vertreten haben (für eine Kritik siehe Maccoby 2000) und aus dem Nachweis genetischer Einflüsse manchmal fälschlich auf eine Sinnlosigkeit sozialpädagogischer oder psychologischer Hilfe geschlossen worden ist (zur Begründung warum dies nicht der Fall ist siehe Gottesman/Hanson 2005). Auf der anderen Seite stellt die Verhaltensgenetik die seit langer Zeit wissenschaftlich ernsthafteste Herausforderung für gesellschaftlich verbreitete Annahmen über die Wirkung ungünstiger Umstände des Aufwachsens dar (z. B. Plomin 1994), bietet zugleich aber auch die Chance auf einer besser abgesicherten Grundlage empirische Argumente für eine ursächliche Wirkung belastender Erfahrungen zu finden (Rutter et al. 2001). Im Hinblick auf die Wirkung von Kindesmisshandlung ist dies etwa gelungen (z. B. Jaffee et al. 2004). Im Hinblick auf die Wirkung von miterlebter Partnergewalt liegen erst wenige verhaltengenetisch orientierte Studien vor, die aber ebenfalls darauf hindeuten, dass Belastungswirkungen miterlebter Partnergewalt auch unabhängig von genetischen Faktoren bestehen (Jaffee et al. 2002; Koenen et al. 2003). Zudem fanden sich auch in einer Studie mit Adoptivfamilien Zusammenhänge zwischen kindlichen Verhaltensauffälligkeiten und der Aggressivität zwischen den Adoptiveltern, die nicht über gemeinsame genetische Merkmale vermittelt sein können (Stover et al. 2012). Diese Befunde sollten den gesellschaftlichen Konsens über Partnergewalt als ernstzunehmenden Belastungsfaktor im Leben von Kindern stärken.

Schwer belastende Erfahrungen können einen Niederschlag in (zeitweiligen oder dauerhaften) Veränderungen in der Physiologie und Gehirnentwicklung finden (für Forschungsübersichten siehe McCroy et al. 2012). Hinzu kommen epigenetische Veränderungen, die die Aktivitätsmuster von Genen in verschiedenen Teilen des Körpers verändern können (für eine Forschungsübersicht siehe Meaney 2010). Im Fall von Kindern, die bereits in der frühen Kindheit wiederholt Partnergewalt miterleben mussten, wurden bislang Veränderungen im Stresshormonsystem, in der Selbstregulation des autonomen Nervensystems und im Bereich der Epigenetik nachgewiesen (z. B. El-Sheikh et al. 2001; Saltzman et al. 2005; Radtke et al. 2011; Sturge-Appel et al. 2012). Erste Längsschnittstudien zeigen zudem, dass solche Veränderungen bei einem Teil der Kinder zumindest über moderate Zeiträume von einigen Jahren fortbestehen (Hibel et al. 2011; Katz/Rigterink 2012). Zugleich verdeutlichen diese Studien aber auch die nachträgliche Beeinflussbarkeit solcher Veränderungen, etwa durch eine feinfühlige Fürsorge (Hibel et al. 2011) oder elterliche Unterstützung beim Verständnis und Umgang mit Gefühlen (Katz/Rigterink 2012). Angesichts dem in unserer Gesellschaft üblichen Verständnis, wonach die psychische Entwicklung ein gewisses Maß an Entsprechung in physiologischen Prozessen hat, ist es nicht prinzipiell erstaunlich, dass neurophysiologische Effekte nachgewiesen werden können. Ob der Einbezug dieser Ebene auch für die Entwicklung oder Prüfung von Unterstützungsangeboten für betroffene Kinder von Nutzen sein kann, ist dagegen noch weitgehend offen. Jenseits dieser Frage können die vorliegenden Befunde zu nicht nur kurzzeitigen neurophysiologischen Veränderungen bei Kindern nach miterlebter Partnergewalt aber bereits jetzt bei einem Teil der Öffentlichkeit dem Anliegen einer größeren Aufmerksamkeit für betroffene Kinder zusätzliche Glaubwürdigkeit verleihen.

Das Ausüben von Partnergewalt kann auf mehrere Weisen mit bedeutsamen Einschränkungen der Erziehungsfähigkeit in Zusammenhang stehen. Zunächst bestätigen mehr als ein Dutzend Studien eine erhöhte Häufigkeit an Kindesmisshandlungen bei Elternteilen, die gegen den Partner Gewalt anwenden (für eine Forschungsübersicht siehe Appel/Holden 1998). Auch ohne bereits belegte Kindesmisshandlung fanden Salisbury et al. (2009) bei 50 % der in Partnerschaften gewalttätigen Männer erhöhte Werte im „Child Abuse Potential Inventory (CAPI), einem Fragebogen der das Risiko von Kindesmisshandlung misst. In der ersten hierzu vorliegenden Längsschnittstudien wurde Gewalt des Vaters gegen ein Kind nach einem Frauenhausaufenthalt durch Ausmaß und Häufigkeit früherer Gewalt gegen Kind und Mutter sowie die Vater-Kind Kontakthäufigkeit vorhergesagt (McDonald et al. 2011). Weiterhin zeigen mehrere Untersuchungen, dass sich Väter (Mütter wurden in diesem Bereich noch nicht untersucht), die gegenüber der Partnerin Gewalt ausüben, vielfach durch eine ausgeprägte Selbstbezogenheit, geringe erzieherische Konstanz oder übermäßig autoritäre Erziehungsvorstellungen auszeichnen, wodurch eine positive Erziehung und Beziehungsgestaltung sehr erschwert wird (für eine Forschungsübersicht siehe Schwabe-Höllein/Kindler 2006). Schließlich finden sich Beeinträchtigungen auch im Bereich der Bindungstoleranz, d. h. in der Partnerschaft Gewalt ausübende Väter scheinen nur schlecht in der Lage, Wertschätzung im Hinblick auf die Beziehung des Kindes zur Mutter vermitteln zu können (für eine Forschungsübersicht siehe Bancroft/Silverman 2002). Die Erfahrungen mit Vätern führen bei einem Teil betroffener Kinder dazu, dass die Erwartungen an ein positives Fürsorgeverhalten des Vaters sehr gering sind und das Unterlassen von Gewalt bereits als „gut genug" empfunden wird (Cater/Forssell in press). Bislang zwei Studien deuten daraufhin, dass positive väterliche Fürsorgemerkmale, wenn sie nicht mit einer deutlichen Abkehr von der Gewalt verbunden sind, Belastungsreaktionen von Kindern eher verstärken, denn abmildern, möglicherweise weil betroffene Kinder sich innerlich in einem stärkeren Konflikt befinden (Skopp et al. 2007; Maliken/Katz in press). Eine deutliche Abkehr von der Gewalt gelingt aber nur einem Teil der Väter, die zumindest in einer Befragungsstudie mehrheitlich keine Belastungseffekte infolge der Gewalt bei ihren Kindern erkennen konnten (Salisbury et al. 2009) und in einer anderen Studie selbst bei wahrgenommenen Belastungsfolgen der Gewalt weniger bei sich selbst, als vielmehr bei der Partnerin Veränderungen erwarteten (Rothman et al. 2007).

Zumindest kleinere qualitative Untersuchungen deuten aber auch darauf hin, dass der Wunsch, ein guter Vater zu sein, manchmal auch eine wichtige Rolle bei der Inanspruchnahme von Hilfe darstellt (Perel/Peled 2008; Harne 2011). Befunde zu Einschränkungen der Erziehungsfähigkeit bei Elternteilen, die Partnergewalt ausüben, haben eine hohe Praxisrelevanz, deuten sie doch darauf hin, dass es eine ganze Reihe an Fällen gibt, in denen eine Beendigung der Partnergewalt (z. B. durch eine Trennung der Eltern und einen nachfolgend eingerichteten Umgangskontakt) zum Schutz beteiligter Kinder allein nicht ausreichend ist. Vielmehr ist in diesen Fällen eine genauere Analyse der Erziehungsfähigkeiten des zuvor Gewalt ausübenden Elternteils erforderlich um angemessene Hilfen bzw. Schutzmaßnahmen einleiten zu können.

Zu Auswirkungen erfahrener Partnergewalt auf das Fürsorge- und Erziehungsverhalten von Müttern liegen mittlerweile mehr als zwei Dutzend Studien vor (für eine Forschungsübersicht siehe Hungerford et al. 2012). Ein Ergebnis dabei ist, dass eine erstaunlich hohe Anzahl der von Partnergewalt betroffenen Mütter noch die Stärke zu einem weitgehend unauffälligen Fürsorge- und Erziehungsverhalten aufbringt, d. h. deutliche Beeinträchtigungen des Erziehungsverhaltens fehlen vielfach (z. B. Tailor/Letourneau 2012). In einigen Untersuchungen ist sogar eine Gruppe von Müttern erkennbar, die sich bemüht, Belastungseffekte der Gewalt durch ein überdurchschnittlich feinfühliges oder unterstützendes Verhalten auszugleichen (z. B. Letourneau et al. 2007; Katz et al. 2008). Wenn sich trotzdem in den hierzu vorliegenden Studien nach Partnergewalt überdurchschnittlich hohe Anteile an unsicheren oder desorganisierten Mutter-Kind Bindungsmustern finden (Zeanah et al. 1999; Posada/Pratt 2008; Perkoski et al. 2009; Bureau et al. 2009), so deutet dies darauf hin, dass viele von Gewalt betroffene Mütter eine hohe Feinfühligkeit nicht auf Dauer aufrecht erhalten können oder die emotionale Verunsicherung und Bedürftigkeit der Kinder teilweise ein Ausmaß erreicht, dass dadurch nicht mehr aufgefangen werden kann. Die Einschätzung von Bindungsmustern erfolgt mittels etablierter Beobachtungsverfahren, bei älteren Kindern stehen auch Interviewverfahren zur Verfügung (für eine Einführung siehe Solomon/George 2008). Eingeschätzt wird, in welchem Ausmaß erkennbar wird, dass ein Kind gegenüber der Bindungsperson emotionale Offenheit zeigt und emotionale Sicherheit aus deren Verhalten und Nähe ziehen kann, wobei unsichere und desorganisierte Bindungsmuster auf ein eher geringes Maß an emotionaler Sicherheit hindeuten. Bei desorganisierten Bindungsmustern kommt es teilweise auch zu einer bestimmten Form von Rollenumkehr, d. h. bei Kindern wird ein fürsorglich-kontrollierendes Verhalten sichtbar, das dazu dienen soll, die Mutter emotional zu stabilisieren. Stimmig zu diesen Befunden dokumentieren mehrere Untersuchungen, dass der mit Partnergewalt zwangsläufig verbundene Stress und sich teilweise ausbildende Belastungsreaktionen (z. B. Depressionen, posttraumatische Belastungsstörungen) bei einem Teil der Mütter zu Einschränkungen in Fürsorge und Erziehung führen. Beschrieben wurden etwa eine erhöhte Feindseligkeit und

Ungeduld gegenüber Kindern, vermehrte erzieherische Inkonsequenz oder eine erhöhte Aggressivität im Umgang mit Kindern bei einem Teil der Mütter (z. B. Moore/Pepler 1998; Silverstein et al. 2009; Knous-Westfall et al. 2012; Sturge-Appel et al. 2012).

Mehrere Untersuchungen haben mittlerweile empirisch geprüft, inwieweit Zusammenhänge zwischen miterlebter Partnergewalt und kindlicher Belastung durch Einschränkungen im mütterlichen Fürsorge- und Erziehungsverhalten vermittelt oder durch eine positive Gestaltung der Beziehung zum Kind verhindert bzw. abgemildert werden können. Tabelle 3 gibt einen Überblick über derartige Analysen.

Tabelle 3: Studien zu mütterlichem Fürsorge- und Erziehungsverhalten als Vermittlungsmechanismus oder Einflussgröße auf kindliche Verhaltensprobleme nach miterlebter Partnergewalt

Studie	Studienanlage	Ergebnis
Lieberman et al. 2005	Kleinkinder, Querschnitt, Mutter-Kind Beziehung beobachtet	Partnergewalt war Teil mütterlichen Stressniveaus, positive Mutter-Kind Beziehung konnte Auswirkungen, Stress abpuffern
Johnson & Lieberman 2007	Kindergartenkinder, Querschnitt, Beobachtung	Positive Mutter-Kind Beziehung hatte auch bei schwerer Partnergewalt günstigen Einfluss
Levendosky et al. 2003	Kindergartenkinder, Querschnitt, Beobachtung	Positive Anleitung des Kindes hatte günstigen Einfluss auf beobachtetes, nicht aber von der Mutter berichtetes Problemverhalten
Skopp et al. 2007	Mittlere Kindheit, Querschnitt, Fürsorge über Fragebogen erhoben	Zusammenhang Partnergewalt und Verhaltensprobleme nur bei geringer berichteter emotionaler Wärme der Mutter
Sturge-Appel et al. 2010	Kleinkinder, Querschnitt, Beobachtung	Zusammenhang Partnergewalt – Verhaltensprobleme wird durch fehlende mütterliche Responsivität und Disengagement der Mutter vermittelt
Gerwitz et al. 2011	Mittlere Kindheit, Längsschnitt (Monate nach Gewaltvorfall), Beobachtung	Positive Fürsorge hatte günstigen Einfluss auf die Erholung von Kindern
Huang et al. 2010	Geburt bis Kindergarten, Längsschnit (4 Jahre), Beobachtung und Interview	Zusammenhänge zwischen Partnergewalt und Verhaltensproblemen wurden teilweise durch geringe mütterliche Responsivität und den Einsatz von Körperstrafen vermittelt
Knous-Westfall et al. 2012; Ehrensaft & Cohen 2012	Mittlere Kindheit bis Jugendalter, Längsschnitt (6-7 Jahre), Fragebogen	Zusammenhänge Partnergewalt und Bullying bzw. ausagierendes Problemverhalten werden nicht durch berichtetes mütterliches Verhalten vermittelt

Wie aus der Tabelle zu entnehmen ist, konnten eine Reihe von Studien zeigen, dass das mütterliche Fürsorge- und Erziehungsverhalten nach Partnergewalt positiv wie negativ für das Ausmaß kindlicher Belastungsreaktionen und Verhaltensprobleme von Bedeutung ist. Die Zusammenhänge sind stark genug um die Unterstützung mütterlicher Fürsorge zu einem möglichen Ansatzpunkt für die Unterstützung betroffener Kinder zu machen, wie erfolgreiche Interventionsstudien bestätigen (Minze et al. 2011). Die Effekte sind aber nicht so umfassend, dass mütterliches Verhalten als alleiniger Ansatzpunkt erscheinen würde. In einer interessanten Detailstudie sind McDonald et al. (2012) der Frage nachgegangen, inwieweit mütterliche Reaktionen auf Fragen der Kinder zur Gewalt von Bedeutung sind. Im Rahmen einer Längsschnittstudie an Kindern in der mittleren Kindheit (7-10 Jahre) zeigte sich dabei, dass ein Ausweichen oder Ignorieren der Fragen eher schädlich war, ein Ergebnis das vor dem Hintergrund der Wohlverhaltensvorschrift des § 1684 Abs. 2 BGB sicherlich zum Nachdenken anregt und verdeutlicht, dass diese Vorschrift nicht so ausgelegt werden kann, dass für die Kinder spürbare Probleme nicht ernsthaft besprochen werden dürfen.

Verlaufsstudien zur psychischen Verfassung von Müttern und ihrer Erziehungsfähigkeit nach einem Ende von Partnergewalt deuten auf häufig auftretende Erholungseffekte hin, d. h. dass posttraumatische Belastungsanzeichen vielfach wieder abklingen (z. B. Holden 1998, Taft et al. 2005) und zeitweise bestehende Einschränkungen der Erziehungsfähigkeit abgebaut werden können (z. B. Jouriles et al., 2001; Levendosky et al. 2011) . Hilfen zur Erziehung können hier unter Umständen unterstützend wirken und sind manchmal auch deshalb notwendig, weil Kinder während sie Partnergewalt miterleben mussten Verhaltensstörungen ausgebildet haben, die die von ihnen gestellten Erziehungsanforderungen wesentlich erhöhen und die Gefahr einer Chronifizierung bergen (z. B. Ware et al. 2001) Insgesamt bieten die vorliegenden Befunde aber keine Grundlage für eine generelle Defizitperspektive auf das Fürsorge- und Erziehungsverhalten von Müttern, die Partnergewalt erfahren mussten, auch wenn Einschränkungen der Erziehungsfähigkeit teilweise auftreten und zu Beeinträchtigungen kindlicher Entwicklung beitragen.

In mehr als einem Dutzend Studien wurden schließlich direkte Auswirkungen eines Miterlebens von Partnergewalt auf die Befindlichkeit und Entwicklung von Kindern untersucht. Zunächst zeigte sich hierbei, dass die (wahrgenommene) Bedrohung oder Verletzung einer engen Bezugsperson bei Kindern nahezu durchgängig erheblichen Stress erzeugt. Dies wird unter einer bindungstheoretischen Perspektive verständlich, nach der die Zugänglichkeit ihrer Bindungspersonen für Kinder ein zentrales Merkmal ihrer erlebten inneren emotionalen Sicherheit ausmacht. Einschränkungen oder Bedrohungen einer Bindungsbeziehung rufen entsprechend massive Gefühle hervor, wobei heftige Streitigkeiten der Eltern oder Gewalt gegen Mutter bzw. Vater als Bedrohung der Bindungsbeziehungen erlebt werden, die ein Kind mit seinen Möglichkeiten kaum abwehren kann. Kinder „gewöhnen“

sich auch nicht an solche Belastungssituationen. Im Gegenteil wurden bei Kindern, die in der Realität bereits Partnergewalt miterlebt hatten, im Vergleich zu Kontrollgruppen intensivere (auch physiologische) Alarm- und Belastungsreaktion auf simulierte milde Bedrohungssituationen gegenüber der Mutter sichtbar (z. B. Martin/Clements 2002, Dejonghe et al. 2005; Davies et al. 2012). Der mit Partnergewalt einhergehende Verlust an innerer emotionaler Sicherheit erwies sich in den hierzu vorliegenden Studien (z. B. Davies/Cummings 1998; El-Sheik et al. 2008) als Teilerklärung für die bei den betroffenen Kindern beobachtbaren Entwicklungsbeeinträchtigungen.

Jenseits des Kleinkindalters lässt sich zudem auch zeigen, dass die an Gewaltereignisse anknüpfenden Gedanken und Erklärungsversuche von Kindern zu ihrer Belastung beitragen können (für eine Forschungsübersicht siehe Fosco et al. 2007; Hungerford et al. 2012). Dies gilt besonders wenn sich Kinder, etwa weil der Partnergewalt ein Streit der Eltern über die Erziehung vorausgegangen ist, für das Geschehene (mit-)verantwortlich fühlen (z. B. Grych et al. 2000). Generell machen sich Kinder aufgrund miterlebter Partnergewalt berechtigte Sorgen um die eigene Sicherheit, die Sicherheit der Mutter und um die Familie. Manchen Kindern gelingt es im Lauf der Zeit zunehmend schlechter diese Sorgen zumindest zeitweise auch wieder beiseite zu rücken, so dass ausgeprägte ständige Gefühle der Bedrohung über die Gewalt hinaus zur kindlichen Belastung beitragen. Die Bedeutung kindlicher Gedanken und Gefühle im Zusammenhang mit Partnergewalt zeigt sich unter anderem in einer Studie, in der Geschwister miteinander verglichen wurden und die Art der Verarbeitung als Erklärung für Geschwisterunterschieden in der Verhaltensanpassung aufschien (Skopp et al. 2005). Für die Praxis enthalten diese Befunde zwei Hauptbotschaften: Zum einen gibt es Fälle, in denen Kinder über die Beendigung der Gewalt und die Unterstützung ihrer Betreuungspersonen hinaus Hilfe bei der Bewältigung ihrer Erfahrungen benötigen. Zum anderen kommt der emotionalen Sicherheit von Kindern eine zentrale Rolle für ihre Befindlichkeit zu. Dies ist im familienrechtlichen Verständnis des Kindeswohls als Bindungskriterium auch verankert. In der Regel wird bei Familienkonflikten und Trennung der Eltern versucht, die emotionale Sicherheit betroffener Kinder durch Konfliktminderung und Aufrechterhaltung des Kontakts zwischen Kind und allen Bindungspersonen möglichst weitgehend zu bewahren. Dies ist eine gut begründete Praxis. In Fällen von Partnergewalt kann es aber sein, dass die Stabilisierung der Beziehung des Kindes zum hauptsächlich betreuenden Elternteil in den Mittelpunkt gerückt werden muss, da das Kind ansonsten bei keinem der Elternteile emotionale Sicherheit empfinden kann. Eine solche Situation kann etwa nach einer Trennung entstehen, wenn Umgangskontakte immer wieder zu (für das Kind) beängstigenden Konflikten führen oder wenn der hauptsächlich betreuende Elternteil bzw. das Kind durch die Gewalt vor der Trennung sehr massiv belastet sind (Kindler et al. 2004).

Zusammenfassung und Ausblick

Die mittlerweile gut entwickelte Befundlage zeigt deutliche negative Auswirkungen eines Miterlebens von Partnergewalt auf die Entwicklung von Kindern. Bei einem Teil betroffener Kinder ergeben sich hieraus bedeutsame Beeinträchtigungen in wichtigen Entwicklungsbereichen. Die Forschung hat mehrere Mechanismen aufgezeigt über die Partnergewalt, die Entwicklung von Kindern belasten kann. Die vorliegenden Ergebnisse verweisen insgesamt auf eine Handlungsverpflichtung von Jugendhilfe, Familiengerichtsbarkeit und Gesellschaft allgemein zum Schutz und zur Förderung des Wohls betroffener Kinder. Zentral ist hierfür zunächst jeweils die Beendigung der Gewalt. Über die Beendigung der Gewalt hinaus können aber weitere Maßnahmen erforderlich werden, die Fragen der Diagnostik (z. B. Einschätzung von Erziehungsfähigkeiten und Misshandlungsrisiken in strittigen Umgangsangelegenheiten nach Partnergewalt) oder der Hilfe (z. B. kindbezogene Hilfen zur Förderung der Belastungsbewältigung) betreffen. Die sich in Deutschland weiter entfaltende Diskussion über diese Fragen kann erheblich von den international bereits vorliegenden Befunden aus der Grundlagen- und Praxisforschung profitieren.

Philomena Strasser

„In meinem Bauch zitterte alles." Traumatisierung von Kindern durch Gewalt gegen die Mutter

Häusliche Gewalt gegen Frauen stellt eine Form psychischer Gewalt gegen Kinder dar, die erst langsam im Bewusstsein der Öffentlichkeit wahrgenommen wird. Kinder misshandelter Frauen waren in den Institutionen unserer Gesellschaft lange Zeit die vernachlässigten und vergessenen Opfer häuslicher Gewalt. Doch Kinder werden nicht nur als Opfer vergessen - sie werden auch als Subjekte, als gleichwertige Persönlichkeiten mit eigenen Rechten, Bedürfnissen und Ansprüchen, einer eigenen Sprache und Ausdrucksfähigkeit, mit eigenen Gedanken und Perspektiven vergessen und unzureichend wahrgenommen. In dieser mangelnden Wahrnehmung und Wertschätzung von Kindern als Betroffene häuslicher Gewalt ist die Familie ein Spiegel der Gesellschaft.

Um Kindern eine Sprache zu geben und die Folgen der ZeugInnenschaft häuslicher Gewalt aufzuzeigen, habe ich in den Jahren 1997 und 98 eine qualitative Studie mit Kindern und Müttern aus österreichischen Frauenhäusern durchgeführt. Im Folgenden werde ich anhand exemplarisch ausgewählter

Interviewtexte aus meiner Studie „Kinder legen Zeugnis ab“[5] das traumatische Erleben von Kindern als ZeugInnen physischer, psychischer und sexualisierter Gewalt gegen ihre Mutter darstellen.

Die interviewten Kinder und Jugendlichen schilderten Zustände intensiver Angst und Bedrohung, die sie meist über Jahre in ihrer Familie ertragen mussten. Sie erinnerten sich an Szenen, in denen die Väter ihre Mütter schlugen, traten, zur Wand warfen, würgten, mit Gegenständen angriffen, demütigten und mit dem Umbringen bedrohten. Häufig hörten sie die väterlichen Gewaltausbrüche und die Schreie der Mutter aus einem anderen Zimmer mit.[6] Die Angstzustände der Kinder waren von Zittern, Herzklopfen, Schwäche- und Lähmungsgefühlen, Krämpfen, Kribbeln und unangenehmen Gefühlen im Bauch begleitet: *„Es hat mir auch wehgetan, wie er sie geschlagen hat, in meinem Bauch zitterte alles“*, so beschrieb Sabina (11 Jahre alt) ihr Gefühl überwältigender Hilflosigkeit.

Ich möchte nun die zwölfjährige Amela zu Wort kommen lassen, um ihr traumatisches Erleben und damit einhergehende unkontrollierbare Körperempfindungen während der Misshandlung ihrer Mutter sichtbar zu machen. Erschwert wurde bei Amela die Bewältigung ihrer ohnmächtigen familiären Situation durch die Verlusterfahrungen im Prozess der Migration.

Amelas Familie war aus wirtschaftlicher Not aus dem ehemaligen Jugoslawien nach Österreich emigriert. Bald nach der Emigration begann Amelas Vater, ihre Mutter zu misshandeln. Im Alter zwischen 6 und 8 musste Amela mehrmals die Misshandlungen ihrer Mutter miterleben. Amelas Mutter erzählt:

> „Früher haben wir so gut gelebt, und dann plötzlich, immer nur Streit. ... Ich bin wie eine Hure für meinen Mann. ... Ich hatte Angst, dass er mich allein lässt mit den Kindern. Was soll ich machen mit zwei Kindern alleine? Alleine ohne Familie. Ich kannte niemanden. Nur wegen der Kinder bin ich bei ihm geblieben.“

Amela sei während der Misshandlungen auf dem Bett gesessen und habe immer laut geschrieen *„Bitte lass' meine Mama in Ruhe, bitte bitte!“*.

Amela erzählt:

> „Mein Vater hat sie öfters geschlagen und auch an den Haaren gezogen ... und ich hab immer geweint, weil mir das auch wehtat,... und da hat er immer zu ihr gesagt, ‚du Hure, und so, du schläfst mit anderen‘ und dabei hat es gar nicht gestimmt. Ich hab immer gesagt, hört auf,

5 Insgesamt habe ich 39 Kinder und Jugendliche ab der Altersstufe von 10 Jahren, ihre erwachsenen Geschwister und ihre Mütter interviewt. Zeichnungen ergänzten die Interviews und erleichterten den Kindern ihren Zugang zur Sprache. 2001 wurde die Studie in überarbeiteter Form mit dem Titel „Kinder legen Zeugnis ab. Gewalt gegen Frauen als Trauma für Kinder“ veröffentlicht und 2005 wiederaufgelegt.

6 In einer nordamerikanischen Studie wurde festgestellt, dass sich die Kinder in 90 % der Fälle im Raum, in dem die Gewalt stattfand, oder im nächsten Raum befanden, vgl. Hughes 1992. Jaffe u. a. 1990: 20 kamen in ihrer Untersuchung zum Ergebnis, dass die meisten Kinder Details der Gewalthandlungen beschreiben konnten, von denen die Eltern nicht wussten, dass sie sie miterlebt hatten.

> aber ich hab nichts getan, weil ich hatte Angst, ich weiß nicht, ich hatte sehr viel Angst. Ich hatte da keine Kraft, oder ich war dann eigentlich nicht ich selber, sondern da war ich irgendwie ganz verändert, immer wenn sie gestritten haben. Weil da hatte ich keine Kraft, oder hatte ich alles vergessen, also ich wusste nicht, was ich tue, … ich spürte mich fast nicht mehr. … Es ist viel schrecklicher als ich es hier erzähle … das war halt schrecklich irgendwie, wie er meine Mama gehaut hat … und da lag sie einmal am Boden halt, am Bauch halt, und er hat sie dann an den Haaren gezogen und das tat ihr am meisten weh, ich kann mich nur an das erinnern. Ich war auf dem Bett halt und habe da geweint, die [Mama] hat eigentlich immer geschrieen … ich wollte ihr, glaub ich, schon helfen, aber ich konnte das nicht."

Amela wird von Gefühlen der Angst und Hilflosigkeit überschwemmt, die sie körperlich als Lähmungszustand empfindet. Sie erleidet dabei einen Ichverlust, der sich in einem Gefühl der Selbstentfremdung äußert, die traumatische Situation erschüttert ihr Empfinden, ein konstantes Selbst zu haben. Die Erniedrigung ihrer Mutter empfindet sie ebenso verletzend wie die Misshandlung. Amela beschreibt, wie sie die Kontrolle über ihre Gefühle und ihren Körper verliert:

> „Mir ging es ganz anders als sonst. Mein Bauch hatte ständig andere Gefühle. Mir kamen die Tränen von selbst heraus, sie kamen einfach von selbst."

Die Misshandlung der Mutter spürt sie im eigenen Körper:

> „Die Schläge, die meine Mama bekam, spürte ich in meinem Bauch von einem hin und her Zerren ... das machte mich traurig, und [ich] bekam Angst. Mein Bauch hatte Angst, manchmal hatte er um meine Mama Angst, manchmal sogar hatte ich um meinen Vater Angst. Dass er nicht weiß, was er tut".

Abb.1

Das Miterleben der Schläge, die ihre Mutter bekam, symbolisiert Amela auf ihrer Zeichnung (Abb.1) mit Zick-Zack-Strichen im Bauch. Dieses „Hin- und Herzerren", wie sie ihren Zustand im Bauch beschreibt, bringt die körperliche Reizüberflutung durch Angst zum Ausdruck, zugleich verweist es auf Ambivalenzgefühle, zwischen Mutter und Vater hin- und hergerissen zu sein, denn Amela hatte ihren Vater auch gern gehabt. In der Folge fühlte sich Amela isoliert und erlebte das Wiederkehren traumatischer Angst:

> „...also ich fühlte mich zu schwach, weil immer wenn ich daran denke, habe ich immer angefangen zu weinen, dann war alles wieder da, die Angst im Bauch und so ... und ich hatte halt in der Schule auch Angst, hab ich dann wieder alles falsch gemacht oder ich hab immer so gezittert oder so was halt ... und am Abend, da konnte ich nie schlafen, da hatte ich immer Albträume, ... von anderen Männern, die Kinder stehlen ... oder schlagen, ... und von Gespenstern: ... das kam eh immer vom Vater" erklärt sie.

Ihrer Mutter erzählte sie nichts von den Albträumen. Amela tröstete sie oft, denn die Mutter war in anhaltende Trauer über das Zerbrechen der Familie versunken.[7] Sie hatte alles verloren, ihre Heimat, ihren Mann und hatte Angst, ob sie mit den Kindern alleine in Österreich überleben konnte. Auch Amela empfand tiefe Trauer über den Verlust der Heimat, ihres großen Familien- und Verwandtschaftsnetzes und das Auseinanderbrechen der Ehe ihrer Eltern. Das Frauenhaus war der einzige sichere Ort in der Fremde. Ebenso wie Amela erzählte auch ihr 17-jähriger Bruder Kemal, wie schwierig es für ihn war, das Zerbrechen der Familie zu ertragen. Obwohl er versucht hatte, die Ehe seiner Eltern zu retten, konnte er die Trennung nicht verhindern. *„Ich hab sie immer beschützt, meine Mutter"* sagt Kemal, der am Beginn der Misshandlungen 11 Jahre alt war. *„Kemal hat mich ins Schlafzimmer gebracht und die Türe zugesperrt"*, erzählt seine Mutter. Deshalb habe ihr Mann Kemal auch zunehmend bedroht. *„Es war ein Schock, dass meine Familie zerbrach"*, erinnert sich Kemal, *„es ist nicht so gut, wenn man sich als Moslem scheiden lässt"*, fügt er hinzu. Durch die Migration und anschließende Erfahrung von Gewalt und Trennung erlitten Amela und Kemal einen doppelten Verlust. Im Frauenhaus konnten sie ihre Isolation überwinden und einen neuen Anfang ohne Vater finden.

So wie Amela, die vor Angst gelähmt war und Kemal, der seine Mutter beschützte, waren die Kinder zwischen Ohnmachtsgefühlen und dem Wunsch, der Mutter zu helfen, hin- und hergerissen. Etwa ein Drittel der interviewten Kinder erinnerten sich an Misshandlungsszenen, bei denen sie sich zwischen die Eltern gestellt hatten. Sie versuchten, Hilfe zu organisieren, riefen die Polizei oder leisteten Erste Hilfe. Viele Kinder wurden vom Vater bedroht, manche selbst misshandelt, wenn sie ihrer Mutter helfen wollten.

Psychische Gewalt gegen die Mutter wurde von den Kindern ebenso verletzend wie körperliche Misshandlung erlebt. So meinte die zwölfjährige Nora:

---

7 Zur Problematik der Parentifizierung von MigrantInnenkindern vgl. Kalifa-Schor 2002: 207 ff.

„...und ich wollte noch sagen, manchmal also denke ich mir, dass es für mich ärger ist, dass er mit der Mama schreit, als wenn er sie schlägt. Also dass mich das eher berührt und fertig macht". Sie fühlte dann, dass „beide mich kaputtmachen". „Und was macht dich da kaputt an dem Schreien?" frage ich. „Dass wir keine normale Familie mehr sind", antwortet Nora. Ich: „Was meinst du mit normale Familie" Nora: „Einfach reden." Nora weint. Gewalt ist immer auch Gewalt an der Sprache, setzt sich an Stelle von Dialog und Kommunikation.

Nora stellt ihre Hilflosigkeit gegenüber der sprachlichen Gewalt des Vaters in der Zeichnung *„Worte können schlimmer sein als Schläge"* dar.[8] Sie zeichnet sich ganz an den Rand, so als würde sie gar nicht da sein, und ohne Hände – also handlungsunfähig. Nora zeichnet sich jedoch gleich groß wie ihre Eltern, was auf ihre Parentifizierung verweist. Wenn der Vater so schrie, fühlte sich Nora „als wäre er der Größte und zertrampelt uns". Die sprachliche Gewalt des Vaters war in der Familie allgegenwärtig. Nora zeichnet, wie ihr Vater ihr Ich zertritt,[9] und symbolisiert damit die Erfahrung von Ohnmacht, Erniedrigung und Demütigung durch die Gewalt der Sprache, die bis zur Angst vor Vernichtung ihres Ichs geht. In der Zeichnung „Tropfen" (Abb. 2) stellt Nora ihre Schutzlosigkeit gegenüber dem Miterleben der sprachlichen Gewalt im Symbol eines bunten Tropfens dar und erklärt dazu:

„Draußen ist die Wut, da streiten Mutter und Vater. Das Kind wird zornig, weil sie das tun. Draußen ist sie rot vor Zorn und grün vor Wut, weiter drinnen ist sie traurig (blau), noch weiter innen versucht sie, dagegen anzukämpfen, die Traurigkeit und der Zorn vermischen sich (blau, rot und grün vermischen sich zu lila), das Kind ist ganz nervös, noch weiter innen ist es rosa, da wird es ruhiger, und ganz innen ist es gelb, da kann es gar nichts dagegen machen, weil es ganz klein, zart und weich ist. Das zarte Innere kann verletzt werden, so wie das Baby in der Gebärmutter, da kann auch über die Mutter Gift hineinkommen, es hat keinen Schutz."

Abb. 2

8 Abbildung der Zeichnung siehe Strasser 2001: 70.

9 Abbildung der Zeichnung siehe Strasser 2001: 177.

Nora beschreibt mit dem Tropfen ihre widersprüchlichen Gefühle als von außen nach innen nuanciertes Schichtenmodell - auch wenn sie nach außen versucht, sich zu wehren, ist sie doch im Innersten schutzlos und verletzbar. Sie kann die Gewalt nicht beeinflussen, ihre Gefühle sind im Tropfen eingeschlossen. Mit diesem Bild symbolisiert Nora die traumatische Hilflosigkeit, die während des Miterlebens der Gewalt stattfindet. Nora hat keinen Schutz durch die Mutter, stattdessen muss sie sich um ihre Mutter kümmern. „Das wird schon wieder" habe sie oft zu ihr gesagt. Ihre eigene Traurigkeit habe sie vor der Mutter verborgen.

Kinder werden in einer gewalttätigen Familiendynamik nicht in ihren Bedürfnissen wahrgenommen, sie müssen erwachsene, schützende und sorgende Rollen einnehmen, die Rollen von Eltern und Kinder kehren sich um, sie werden parentifiziert. Manche Kinder, insbesondere Mädchen, hatten einen großen Teil ihrer eigenen Kindheit oder Jugend ihren Müttern geopfert, um sie zu schützen, einige übernahmen auch den Schutz und die Versorgung ihrer jüngeren Geschwister. Dieser Verlust der eigenen Kindheit ist als eine Form „seelischer Verwaisung" anzusehen, da er einem Verlust der guten Eltern gleichkommt. Doch wenn sich Kinder noch so sehr für den Schutz der Mutter opfern, können sie nie genügen, da sie nicht über die Macht verfügen, die Gewalt des Vaters zu beenden.

Viele Kinder waren zudem schweren Loyalitätskonflikten zwischen den Eltern ausgesetzt. Die gewalttätigen Väter suchten in ihren Kindern Verbündete gegen die Mutter und setzten sie psychisch unter Druck. Sie stellten sich den Kindern gegenüber als Opfer dar, beschuldigten die Mutter, weinten sogar vor den Kindern oder drohten mit Suizid. Die Kinder litten in der Folge an starken Ambivalenz- und Schuldgefühlskonflikten. Zwischen Liebe und Hass, zwischen Vater und Mutter hin- und hergerissen, konnten manche Kinder die Trennung der Eltern und das Zerbrechen der Familie kaum ertragen, auch wenn sie selbst vom Vater misshandelt wurden.

So sträubte sich der elfjährige Johann mit aller Kraft gegen die Trennung von seinem Vater, obwohl er bereits als Kind von ihm schwer misshandelt wurde und ständig die Gewalt gegen die Mutter miterlebte.

> „Ich hab sie immer auseinander getan, weil ich Angst gehabt habe, dass sie sich vielleicht gegenseitig umbringen," erzählt Johann. „Er ist immer dazwischen gegangen und dann hat der Bub wieder [Schläge] gekriegt," ergänzt seine Mutter.

Abb. 3

Johann zeichnet sich, wie auch die Mutter, ohne Füße, während sein Vater lachend mit Riesenfüßen am Boden steht (Abb. 3). Das eigene Gesicht zeichnet er ohne Mund, die Augen deutet er mittels Punkten an. Johann wurde nicht wahrgenommen, nicht gehört und nicht gesehen - und kann selbst nicht wahrnehmen, was mit ihm passiert ist. Die Zeichnung mit seinen Eltern rahmt er wie ein Erinnerungsbild ein, der Rest des Blattes bleibt weiß, was auf die Leerstelle in seinem Leben nach der Trennung verweist. Trotz der Misshandlungen will Johann unbedingt zu seinem Vater zurück. Wenn er nicht zum Vater darf, dann *„drehe ich durch"*, dann werde er *„fortlaufen und nicht mehr kommen"* versichert er mir.

Abb. 4

Johann zeichnet sich auf der Flucht ins Ungewisse, ohne Füße, Hände und Gesicht, ohne eigene, kindliche Identität (Abb. 4). Das Haus, aus dem er wegläuft, wirkt leer, unbewohnt, ohne Dach, ohne Schutz, die Tür zum Inneren ist geschlossen. Als Symbol für das Ich verweist das Haus auf innere Verlassenheit, die nach außen verborgen wird. Johann sucht einen Vater, der ihm Schutz und Orientierung gibt, doch in der Realität existiert dieser Vater nicht. Der reale Vater ist fern und gewalttätig, Johann erreicht ihn nicht.

Die Enttäuschung durch den Vater hinterlässt eine Leerstelle in der männlichen Identität der Buben, die gefüllt wird mit Größen- und Allmachtsphantasien von Unverwundbarkeit. Boxer, Ringer, Catcher, Filmhelden traten als Leitbilder an die Stelle des Vaters, um die unerträglichen Gefühle von Kleinheit, Verletzbarkeit und Hilflosigkeit abzuwehren.

Besonders intensive Ohnmachtsgefühle entstanden bei den Kindern, wenn sie sexualisierte Gewalt gegen die Mutter miterleben mussten. Sexualisierte Partnergewalt gegen Frauen basiert auf der Missachtung des Selbstbestimmungsrechtes von Frauen über ihren Körper und ihre Sexualität und beinhaltet alle Versuche, sexuelle Handlungen im Kontext von Gewalt, Zwang und Drohung auszuführen, sowie sexistische Beschimpfungen und Erniedrigungen. In einem umfassenden Sinne schließt beinahe jede Misshandlungsbeziehung sexualisierte Gewalt ein, Misshandlung und Sexualität waren in den Erfahrungen der meisten interviewten Frauen eng miteinander verbunden.[10]

Durch Einbeziehung in die sexualisierte Partnergewalt erzeugten die Väter intensive Gefühle der Verwirrung bei den Kindern: So beschwerten sie sich bei den Kindern, dass die Mutter nicht mit ihnen schlafe, erzählten ihnen, dass sie einen Freund habe und mit anderen Männern schlafe, beschimpften die Mutter in Gegenwart der Kinder als Hure, oder bedrohten sie mit dem Umbringen vor den Kindern, wenn sie ihnen Sexualität verweigerten.

Manche Männer vergewaltigten die Frauen sogar in Gegenwart ihrer Kinder, andere Kinder hörten die Vergewaltigung aus einem anderen Zimmer mit. Die Verdichtung von Intimität und Gewalt, von tabuisierter elterlicher Sexualität, intensiven Gefühlen von Scham, Verwirrung und Schmerz, von Einschluss und Ausschluss aus der sexuellen Gewalt machte das Sprechen über die mütterliche Vergewaltigung für die Kinder unmöglich, es war mit einer dichten Mauer des Schweigens umgeben. Auch die Mütter schwiegen aus Scham- und Schuldgefühlen. Das Schweigen verhindert jedoch Möglichkeiten der Bearbeitung. Je stärker die Sprachlosigkeit bei den Kindern war,

10 Ich beziehe mich bei diesem weitgefassten Verständnis sexualisierter Gewalt auf eine Definition von Hagemann-White u. a. 1997. Die Autorinnen verstehen unter sexualisierter Gewalt „die Befriedigung sexueller Wünsche auf Kosten eines Opfers (...), wie auch alle Verletzungen, die aufgrund einer vorhandenen geschlechtlichen Beziehung (oder zwecks Durchsetzung einer solchen) zugefügt werden“ (ebd.: 28). Da Gewalt in einer Partnerschaft meistens im Zusammenhang der Durchsetzung oder Aufrechterhaltung einer sexuellen Beziehung steht, kann sie auch grundsätzlich als „sexualisierte Gewalt“ bezeichnet werden. Auch die zunächst nicht-sexuelle Partnergewalt sexualisiert sich, wenn in ihrem Kontext bruchlos Sexualität gelebt wird. Zum Zusammenhang von Misshandlung und Vergewaltigung vgl. auch Hagemann-White u.a. 1981: 89, 95; sowie Heynen 2000: 140 ff., 228.

desto weniger konnten sie ihre Gefühle wahrnehmen. Bernhard war beim Interview 13 Jahre alt. Bis zu seinem 5. Lebensjahr musste er die Vergewaltigungen seiner Mutter miterleben. Bernhards Mutter suchte im Kinderzimmer Schutz vor ihrem Mann:

> „... wenn [mein Mann] abends nicht heimgekommen ist, hab ich schon gewusst, dass er betrunken heimkommt, hab ich mich oft zum Bernhard gelegt. Da hat er mich an den Haaren herausgezogen und mich vergewaltigt", erzählt sie.

Sie habe sich dabei wie ein „Stück Dreck" gefühlt. Bernhard kann nicht darüber sprechen, er spricht überhaupt kaum, ist sehr zurückgezogen. Er zeichnet jedoch die Szene der Vergewaltigung und gibt mir die Zeichnung wortlos.

Abb. 5

Auf seiner Zeichnung (Abb. 5) stellt Bernhard den vergewaltigenden Vater mit lachendem Mund und leeren Augen dar, während das Gesicht der Mutter stummes Entsetzen widerspiegelt. Den Körper von Mutter und Vater bemalt er mit roter Farbe und symbolisiert damit Verletzung, Gewalt und Sexualität. Die linke Seite des Blattes bleibt leer und verweist damit auf die Leerstelle, die Bernhard einnimmt, er wurde nicht als Person wahrgenommen, seine Existenz wurde symbolisch vernichtet. Bernhards Schwester Susanne ist beim Interview bereits 20 Jahre alt. Sie erinnert sich, wie sie als Kind die Vergewaltigung ihrer Mutter aus ihrem Zimmer mitanhören musste, ihre Mutter habe den Vater angefleht, ihr nicht wehzutun:

> „Da bin ich im Zimmer gelegen und ich habe sie schreien, weinen gehört und ich habe nichts machen können. Weil da habe ich mich nicht mehr ins Zimmer getraut, ich bin innerlich fast verblutet vor Schmerz. Es war furchtbar. Ich habe mir dann meistens einen Polster über den Kopf gegeben, dass ich es nicht höre."

Hatte Susanne ihre Mutter in Extremsituationen der Gewalt beschützt, mit ihrem ganzen Mut, so wurde sie durch die Vergewaltigung der Mutter völlig handlungsunfähig und von einer tieferen Verletzung und Ohnmacht erfasst als durch das Miterleben der körperlichen Misshandlungen, sie wurde psychisch beinahe vernichtet, was Susanne im Bild des „inneren Verblutens" zum Ausdruck bringt.

Susanne erinnert sich auch, dass ihre Mutter bereits misshandelt wurde, als sie mit ihrem Bruder Bernhard schwanger war, als sie selbst 7 Jahre alt war:

> „Das Ärgste für mich war damals, da war die Mutti im achten Monat mit dem Bernhard schwanger und da hat er sie so geschlagen. Da ist er in die Küche und hat oben vom Fenster den Store heruntergerissen, die Befestigung für den Vorhang halt, und hat ihr das auf den schwangeren Bauch gedrückt, dass es direkt hineingegangen ist in den Bauch. Ich bin hinter der Türe gestanden und habe halt geschaut und habe das gesehen."

Der Zusammenhang zwischen der Gewalt gegen Frauen und Kinder begann oft schon bei der Zeugung, wenn die Frau in der Misshandlungsbeziehung oder sogar durch eine Vergewaltigung schwanger wurde.[11] Misshandlung dauert während der Schwangerschaft häufig an und kann durch Schwangerschaft und Geburt ausgelöst werden.[12] Viele Frauen hatten als Folge seelischer und körperlicher Misshandlungen während der Schwangerschaft Fehlgeburten und Geburtsprobleme, manche Kinder kamen krank auf die Welt und auch plötzlicher Kindestod konnte eintreten. Gewalterfahrungen in Schwangerschaft und präverbaler Lebenszeit, sowie traumatische Geburtserfahrungen können zu schweren Beeinträchtigungen der kindlichen Entwicklung führen.

Häusliche Gewalt gegen Frauen und Kinder ist eng miteinander verbunden. So wurden die meisten Kinder auch selbst vom Vater bedroht, vernachlässigt oder misshandelt, manche auch sexuell missbraucht, andere von der Mutter schwer misshandelt. Insbesondere im Trennungsprozess nahm die Bedrohung und Misshandlung von Frauen und ihren Kindern zu. Auch nach der Trennung aus Gewaltbeziehungen werden Kinder im Rahmen der Ausübung des Besuchsrechtes häufig bedroht und emotional missbraucht.[13] Empirische

11 Eine Zeugung durch Vergewaltigung hat schwerwiegende Auswirkungen auf Mutter und Kind und führt meistens zur Ablehnung des Kindes und massiven Schuldgefühlskonflikten, vgl. auch Heynen 2001: 84-86; Heynen 2000: 141.

12 Studien aus dem angloamerikanischen Raum kamen zum Ergebnis, dass 40-60 % der misshandelten Frauen während der Schwangerschaft misshandelt wurden, vgl. McFarlane 1998: 136-138. Winkels/Nawrath (1990) kamen in einer Studie in Deutschland zu ähnlichen Zahlen. Nach einer Recherche von Heise (1994) gaben insgesamt 3,9 – 15,2 % der befragten Frauen Misshandlungserfahrungen in der Schwangerschaft an; vgl. auch Heynen 2001: 86.

13 Eine empirische Untersuchung in Kanada kam zum Ergebnis, dass Frauen in der Zeit der Trennung oder Scheidung vom Misshandler einem fünfmal höheren Risiko, umgebracht oder schwer verletzt zu werden, ausgesetzt sind als während der Gewaltbeziehung, vgl. dazu Crawford, M./ Gartner, R. 1992. Der Trennungsprozess in gewalttätigen Partnerbeziehungen stellt auch für die Kinder ein erhöhtes Misshandlungsrisiko dar. Zum väterlichen Missbrauch des Besuchsrechtes nach der Trennung aus Gewaltbeziehungen vgl. Hester/ Radford 1996.

Untersuchungen legen einen engen Zusammenhang zwischen männlicher Gewalt gegen Frauen und Kinder nahe.[14] Dieser Zusammenhang wurzelt in einem patriarchalen Familienverständnis, in dem sich der Mann als Herr über Frau und Kinder fühlt. Frauen sind als Mütter jedoch nicht nur Opfer von Männergewalt, sondern werden häufig zu Mittäterinnen, manchmal auch zu offenen Täterinnen ihren Kindern gegenüber und geben die selbsterlittene Gewalt in vielfacher Form an die Kinder weiter, *„...weil sie jemand braucht, der nach ihr kommt"*, wie es die 13-jährige Patricia formulierte.

Die häuslichen Gewalterfahrungen hinterließen tiefe Verletzungen, Gefühle von Ohnmacht und Schuld, Wut und Hass bei den Kindern. Das Verschweigen der Gewalt führte zu sozialer Isolation, bis zum Aufenthalt im Frauenhaus hatten die meisten Kinder niemandem davon erzählt. Sie lebten in Angst und Anspannung, vermieden nahe Kontakte und zogen sich zurück. Häufig führten die gewalttätigen Männer ein unbescholtenes Leben in der Öffentlichkeit, während Frauen und Kinder aus Scham- und Schuldgefühlen schwiegen. Auch innerhalb der eigenen Familie wurde geschwiegen, meistens verleugneten auch die Mütter die erlittene Gewalt vor den Kindern. Dieser Ausschluss von Kindern verweist auf ein Kindheitsbild, das auch Mütter verinnerlicht haben: Kinder sollen von der Welt der Erwachsenen ferngehalten werden, auch wenn sie unentrinnbar darin eingeschlossen sind. So wird es Kindern schwer gemacht, sich offen mit dem Erlebten auseinanderzusetzen. Durch den Kreislauf von Schweigen und Isolation entsteht ein jahrelanges äußeres und inneres Gefangensein in häuslichen Gewaltverhältnissen.

Die Folgen des Schweigens und Ausharrens in Gewaltbeziehungen sind schwerwiegend, die Kinder leiden unter Ängsten, Albträumen, Schlafstörungen, Einnässen, Einkoten, Sprach- und Lernschwierigkeiten, destruktivem und selbstschädigendem Verhalten, um nur einige Auswirkungen zu nennen. Langdauernde immer wiederkehrende Gewalt in der Familie hinterlässt tiefe Spuren in der seelischen Entwicklung der Kinder, die nicht einfach wiedergutzumachen sind. Wenn der persönlichste Lebensbereich, der ein Ort von Geborgenheit und Schutz sein sollte, von Gewalt und Willkür beherrscht und zu einer Quelle permanenter Angst wird, werden die Kinder in ihrem Vertrauen grundlegend erschüttert und in ihrer Entwicklung und Entfaltung massiv beeinträchtigt.

Die Familie als Ort alltäglicher Gewalt gegen Frauen und Kinder zeigt jedoch nach außen hin häufig ein lächelndes Gesicht, eine Maske, eine zur Schau gestellte Fassade, wie es die zwölfjährige Nora in einer Zeichnung ihres Elternhauses zum Ausdruck brachte: *„Das Haus lacht, die Menschen drinnen weinen. Die Tür ist zu"*, erklärt sie.[15] Das Haus hat nur zwei verschlossene

14 Zahlreiche empirische Untersuchungen aus dem angloamerikanischen Raum verweisen auf einen engen Zusammenhang zwischen Misshandlung und Missbrauch von Frauen und Kindern, vgl. Morley, Rebecca/ Mullender, Audrey 1996.

15 Abbildung der Zeichnung siehe Strasser 2001: 73.

Fenster, niemand kann hineinsehen. Was sich nach innen verbirgt, die Gewalt, die Angst, die Ohnmacht, wird nach außen nicht sichtbar, das lachende Haus verweist auf die äußere Fassade der Familie. Nora symbolisiert damit den Doppelcharakter der gewalttätigen bürgerlichen Familienstruktur. Als Symbol für das Ich drückt das Haus auch die innere Gespaltenheit Noras aus: Innen weinte Nora, nach außen lachte sie. Die äußere Fassade fungiert auch als Schutz vor der Kränkung durch die Mitmenschen, denn *„wenn man weint, sind alle Augen zu"*, stellt Nora fest, und *„wenn man verheiratet ist und traurig ist, schaut niemand und hilft niemand"* (Abb. 6)

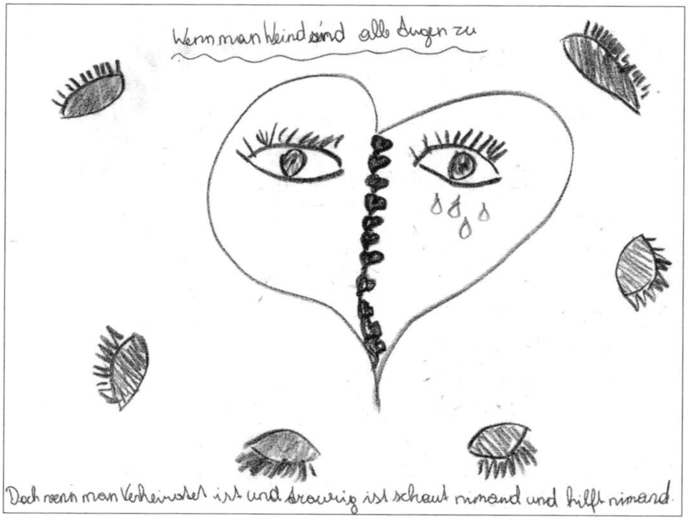

Abb. 6

So erzählten die Frauen vom häufigen Wegsehen, von Schuldzuweisungen und Bagatellisierung der Gewalt durch die Umwelt, NachbarInnen, VermieterInnen oder ArbeitskollegInnen, aber auch durch Institutionen wie Polizei und Gericht. Noch immer werden Opfer beschämt und Täter geschützt.

Das Frauenhaus zeichnet Nora als fröhliches Haus mit vielen Fenstern, in deren Eingang eine Frau steht und *„hinaus!"* ruft. Nora konnte im Frauenhaus schützende Vertrauensbeziehungen und eine Enttabuisierung ihrer Gewalterfahrungen erleben. Das wichtigste für sie war, *„dass jemand an meiner Seite war, … dass ich mich ausreden hab können und dass die [Betreuerinnen] es aus dem Herzen gemacht haben und die mich auch wirklich verstanden haben,"* meint Nora.

Erst durch das Aufdecken und Beenden der Gewalt, durch die Herstellung eines sicheren Ortes und neuer Vertrauensbeziehungen können Kinder beginnen, ihre Gewalterfahrungen zu bearbeiten. Gewalt, die das Kind erlebt, sieht oder hört, muss es benennen können, um der Ohnmacht einen Namen zu geben, um das Geschehen einzuordnen und nicht davon überwältigt zu werden.

Je schneller eine hilfreiche Intervention nach Gewalterfahrungen einsetzt und mit den Kindern über das Erlebte gesprochen wird, desto eher besteht die Chance, dass sie ihre traumatischen Erlebnisse bewältigen können.[16]

Hilfreiche Interventionen nach traumatischen Gewalterfahrungen müssen sowohl auf der individuellen als auch auf der sozialpolitischen Ebene ansetzen, denn ökonomische Abhängigkeit und Familienideologien hindern Frauen noch immer daran, sich aus Gewaltbeziehungen zu lösen. Viele misshandelte Frauen bleiben aufgrund von Existenzängsten, als Alleinerzieherin nicht überleben zu können, lange in der Gewaltbeziehung. Migrantinnen aus Nicht-EU-Ländern sind in besonderem Maße von existenzieller Abhängigkeit vom Misshandler betroffen.[17] Die Familie ist keine Insel in der Gesellschaft. Das Ineinandergreifen struktureller und personaler Gewalt lässt Kreisläufe der Misshandlung über Generationen fortdauern, die schwer zu durchbrechen sind. Auswege und Ausbrüche sind möglich, wenn der Staat vermehrt Ressourcen zur Verfügung stellt, um Frauen ökonomische und aufenthaltsrechtliche Unabhängigkeit zu ermöglichen und ausreichende Hilfsmaßnahmen auch für die betroffenen Kinder fördert.

Kinder wollen gehört werden, wenn sie Zeugnis ablegen über ihre Gewalterfahrungen. Dazu benötigen sie mehr Rechte und Partizipation an der Gesellschaft. Noch erdrückt das Vaterrecht das Kinder- und Mutterrecht. Rechte, wie sie in der UN-Kinderrechtskonvention festgelegt wurden, sind noch weit von ihrer Umsetzung entfernt.[18] Doch erst wenn Kinder in ihren Bedürfnissen, ihren Interessen und Ansprüchen wahrgenommen und gehört werden und Mitbestimmungsrechte erhalten, können sie ausreichend vor Gewalt geschützt werden.

---

16 Vgl. Peled u. a. 1995; Strasser 2001: 241 ff.

17 Zur Situation von Migrantinnen in Österreich, die häuslicher Gewalt ausgesetzt sind, vgl. Strasser 2003b sowie Arbeitsgruppe Migrantinnen und Gewalt 2003.

18 So hat zwar Österreich am 6. August 1992 die UN-Konvention über die Rechte des Kindes unterzeichnet, die sowohl Schutz- als auch Mitbestimmungsrechte von Kindern in der Gesellschaft festlegt, diese Kinderrechte sind jedoch noch nicht in der Verfassung verankert, vgl. Sax/Hainzl 1999. In der Praxis haben Kinder noch immer wenig Rechte. Damit Kinder und Jugendliche ihr Recht auf Gewaltfreiheit geltend machen könnten, müsste ihnen auch der Zugang zur Anklage und zum Gericht erleichtert werden.

Susanne Heynen

Zeugung durch Vergewaltigung – Folgen für Mütter und Kinder

Während in den Medien[19] über Einzelfälle, meist unter dem Schlagwort „Inzest-Vater" ausführlich berichtet wird, gibt es nach wie vor in Deutschland keine wissenschaftlichen Untersuchungen über die Auswirkungen einer durch eine Vergewaltigung erzwungenen Schwangerschaft. Dies hat sich in den letzten Jahren auch nicht geändert durch die hohe Relevanz, die die so genannten Frühen Hilfen im Bereich des Kinderschutzes erhalten haben (s. Kreyssig in diesem Band, sowie Heynen&Zahradnik 2009). Dabei zeigen Erfahrungen aus der Praxis (Schwangerschaftskonfliktberatung, Geburtsvorbereitung, Beratung bei häuslicher Gewalt und Erziehungsberatung, Therapie sowie Fort- und Weiterbildung) die großen Belastungen, die damit für Frau und Kind verbunden sind.

Im Beitrag werden die Folgen der Zeugung durch eine Vergewaltigung ausgehend von Gewalt durch den (Ehe-)Partner analysiert. Zusammenfassend wird die Auseinandersetzung mit dem Kind im Laufe der erzwungenen Schwangerschaft und Geburt sowie der sich entwickelnden Mutter-Kind-Beziehung beschrieben. Es werden Schlussfolgerungen für die psychosoziale und medizinische Praxis gezogen.[20]

Die vom Bundesministerium für Familie, Senioren, Frauen und Jugend in Auftrag gegebene repräsentative Prävalenzstudie (BMFSFJ, 2005) weist nach, dass 5,5 % der befragten Frauen ab dem 16. Lebensjahr (N=10.264) Opfer einer Vergewaltigung wurden. Bezogen auf Gewalt durch den Partner gaben 7 % der Befragten an, durch diesen sexuelle Gewalt erlitten zu haben. Als besonders bedeutsam ist herauszustreichen, dass Frauen, die durch eine Vergewaltigung schwanger werden, in der Regel unter einem durch die Gewalttat ausgelösten psychischen Trauma leiden. Die posttraumatischen Reaktionen können dazu führen, dass eine Auseinandersetzung mit der aufgezwungenen Schwangerschaft sehr belastend ist und dass

> „der Fetus zu einem ständigen Auslöser für die traumatische Erfahrung mit den dazugehörigen Affekten von Hilflosigkeit, Ohnmacht, Ausgeliefertsein, Scham und pathologischen Schuldgefühlen sowie mörderischer Wut [wird]. Durch die Schwangerschaft wird es nicht mehr möglich, (...) durch Vermeidung die traumatischen Affekte zu verhindern. Dies gilt ebenso für die Interaktion mit dem Säugling nach der Geburt. (...) Dieses [das Kind] erlebt bereits intrauterin emotionale Ablehnung sowie eine hohe affektive Erregung der Mutter." (Brisch 2003: 115)

19 S. hierzu z. B. www.stern.de/panorama/inzest-vater-90513647t.html, aufgerufen am 09.04.2012.

20 Der vollständige Text steht als Zeitschriftenbeitrag zur Verfügung: Heynen, S. (2003): Erzwungene Schwangerschaft und Mutterschaft durch eine Vergewaltigung. Kindesmisshandlung und -vernachlässigung, Jg. 6, Heft 1/2, 98-125 oder ist nachzulesen im Internet: http://www.schwanger-und-gewalt.de/pdf/ErzwungeneSchwangerschaft.pdf.

Nach Brisch kann ein negativer Kreislauf ausgelöst werden. Das Neugeborene ist aufgrund der Belastungen während der Schwangerschaft nach der Geburt irritabler und in der Selbstregulationsfähigkeit instabiler. Für die Mutter wird es daraufhin schwieriger, auf entsprechend widersprüchliche Signale des Kindes angemessen zu reagieren.

Besondere Gefährdungen ergeben sich, wenn die Beziehung zu dem Gewalttäter weiter bestehen bleibt und immer wieder Gewalthandlungen verübt werden. Diese können zu weiteren Traumatisierungen der Mutter, einer anhaltenden Bedrohung der Familie und Belastungen der Kinder durch den Einbezug in die Gewaltdynamik führen.

Vergewaltigte Frauen setzen sich auf unterschiedliche Art und Weise mit der erzwungenen Schwangerschaft auseinander. Ausgehend von einer Untersuchung über die Bedeutung subjektiver Theorien für Bewältigungsprozesse nach einer Vergewaltigung (Heynen 2000), für die unter anderem Frauen interviewt wurden, die aufgrund einer Vergewaltigung schwanger wurden, zeigt sich, dass diese überwiegend – trotz der erlittenen Traumatisierung – versuchen, das aufgezwungene Dilemma zwischen dem Lebensrecht des Kindes und ihrem eigenen Selbstbestimmungsrecht mit Verantwortung zu lösen.

Aus den Interviews lassen sich vier Muster, diese schwierige Lebenssituation zu bewältigen, erkennen. Diese können anhand von Zitaten wie folgt beschrieben werden:

> „Heute würde ich abtreiben!" - Identifikation des Kindes als Kind des Vergewaltigers: Reinszenierung des traumatischen Konfliktes und Ablehnung

Die Beziehung zum Kind ist gekennzeichnet durch starke Ambivalenzen, die trotz großer Anstrengungen nicht aufgelöst werden können. Kindliche Verhaltensweisen erinnern immer wieder, auch nach der Trennung von dem gewalttätigen Partner, an Vergewaltigungen und Misshandlungen. Sie lösen als „Trigger" starke Gefühle der Hilflosigkeit und Wut bei der Mutter aus, wodurch ihre Handlungsfähigkeit und Erziehungskompetenz gegenüber dem Sohn oder der Tochter eingeschränkt wird.

> „Ich hab' mit ihm wirklich eine ganz besondere Beziehung!" - Identifikation des Kindes als Kind der Vergewaltigten: Solidarisierung

Die Ambivalenz gegenüber der Schwangerschaft löst sich auf, indem die Frau sich mit dem Ungeborenen identifiziert. Es findet eine bewusste Entscheidung für das Kind statt und eine wechselseitige Beziehungsaufnahme, ein gegenseitiges „Einschwingen" (Bowlby 1995: 20) wird möglich. Auf dieser Grundlage kann sich die Mutter-Kind-Beziehung positiv entwickeln. Von großer Bedeutung ist die Trennung vom Gewalttäter, so dass Schwangerschaft, Geburt und das weitere Familienleben nicht durch Misshandlungen gefährdet werden.

„Da war klar, dass ich mich auf jeden Fall von dem Typen trennen werde, weil ich gedacht habe, mit dem Typen ein Kind ...!" - Identifikation des Kindes als eigenständige Persönlichkeit: Annahme der Mutterrolle und der Verantwortung für eine biographische Wende

Die Schwangerschaft löst einen Perspektivwechsel aus. In den Vordergrund rückt die Verantwortung, die die Frau durch die Schwangerschaft gegenüber dem Kind annimmt und die aus ihrer Sicht ein eindeutiges Verhalten gegenüber dem gewalttätigen Partner fordert.

Eine weitere Möglichkeit ist die der „Fremdsteuerung", indem andere Personen über die Schwangerschaft entscheiden. Dies ist dann der Fall, wenn es sich bei der Vergewaltigten zum Beispiel um eine Jugendliche in einer Abhängigkeitssituation handelt.

Wie der Schwangerschaftskonflikt bewältigt wird, hängt von verschiedenen Bedingungen ab. Dies sind neben den Folgen der Gewalt und wiederholten Traumatisierungen der Zeitpunkt der Realisierung der Schwangerschaft, die Einstellung der Frau zu einem Schwangerschaftsabbruch, die Fähigkeit der Frau, ein Kind subjektiv und objektiv in ihr Leben zu integrieren und die vorhandenen Unterstützungsangebote.

Findet weder eine Identifikation mit dem Ungeborenen oder mit der zukünftigen Mutterrolle, noch eine Entscheidung für ein Leben ohne Kind statt, kann gegebenenfalls das moralische Dilemma nur indirekt gelöst werden. Um nicht zu „töten", womit aus Sicht einzelner Frauen ein bewusster Schwangerschaftsabbruch gemeint ist, versuchen die Betreffenden, ihn indirekt durch starke körperliche Belastungen auszulösen. Bleibt die Schwangerschaft dennoch bestehen, wird sie unter Umständen in den folgenden Monaten nicht wahrgenommen. Eine Vorbereitung auf Geburt und Mutterschaft findet nicht statt. In zwei der Interviews von Frauen, die durch eine Vergewaltigung schwanger wurden, gibt es Hinweise für eine starke Ablehnung bis hin zur phantasierten Kindstötung durch eine Infektion sowie entsprechende Schuldgefühle, die abgewehrt werden.

So wäre denkbar, dass hinter den vereinzelten getöteten und ausgesetzten Neugeborenen unter anderem verzweifelte Frauen stecken, die sich nicht in der Lage sehen, ihr durch eine Vergewaltigung gezeugtes Kind anzunehmen.

Eine bewusste Entscheidung für die Fortsetzung der Schwangerschaft ergibt sich aus der Identifikation mit dem Ungeborenen oder der bewussten Übernahme der normativ vorgegebenen Mutterrolle. Im Vordergrund steht nicht mehr der Vergewaltiger, sondern das Kind, welches „anklopft" und an seine eigenständige Existenz erinnert. Die Mutter verbindet sich in ihrer Vorstellung mit dem Kind gegen den Täter, um das gemeinsame Überleben zu sichern.

Unterschiede in der Auseinandersetzung mit der Schwangerschaft setzen sich in der Mutter-Kind-Beziehung fort. Entscheidend ist, ob das Kind als eigenständige Persönlichkeit, als Kind der Frau oder als Kind einer Vergewaltigung und des Täters gesehen wird. Die ungelösten Konflikte können die Beziehung zum Kind nach der Geburt weiterhin belasten. Unter Umständen fällt es der Mutter schwer, das Kind anzunehmen und zu lieben oder ihrem Kind, aus Angst vor den eigenen Aggressionen, Grenzen zu setzen. Zwei der Interviewpartnerinnen, die eine Ähnlichkeit zwischen den schon jugendlichen Söhnen und dem Gewalttäter wahrnahmen, sahen eine – bisher nicht realisierte Lösung – in einer Trennung vom Kind.

Zum Teil suchen die Mütter professionelle Beratung. Werden die Hintergründe der problematischen Mutter-Kind-Beziehung nicht aufgedeckt, läuft diese Unterstützung ins Leere (Heynen 2002).

Schlussfolgerungen

Voraussetzung für professionelle Hilfe während aller Phasen der Mutter-Kind-Beziehung ist eine Qualifizierung der relevanten Berufsgruppen, insbesondere im psychosozialen und medizinischen Bereich und damit im Rahmen der Frühen Hilfen. Dazu gehören Informationen über die Realität sexualisierter Gewalt im Kontext von Gewalt in Paarbeziehungen und über die Auswirkungen auf die Mutter-Kind-Beziehung.

Für Vergewaltigungsopfer, die zur Schwangerschaft gezwungen werden, muss die Möglichkeit geschaffen werden, ihr Schweigen zu brechen, ohne dass sie mit moralischen Erwartungen konfrontiert werden, die sich primär an einem Lebensrecht des Ungeborenen orientieren. Hilfreich wäre es, wenn im Rahmen von Schwangerschaftskonfliktberatung, Geburtsvorbereitung und Geburt, aber auch in der Elternbildung und –beratung sensibel nach sexualisierten Gewalterlebnissen gefragt würde und entsprechende Informationsbroschüren über Rechte, Hilfsangebote und Maßnahmen zum Schutz vor Gewalt sowie über Fachberatungsstellen zu sexualisierter Gewalt zur Verfügung stünden.

In der Geburtsvorbereitung und während der Geburt sollte berücksichtigt werden, dass Veränderungen des Körpers und Interventionen seitens der Fachleute als retraumatisierend erlebt werden können. Das notwendige Vorgehen muss mit den Frauen abgesprochen werden.

Nach der Geburt brauchen die Frauen Zeit, um ohne Druck zwischen verschiedenen Alternativen wählen zu können. Sowohl Adoption oder Pflege, als auch ein Leben mit dem Kind sind verantwortlich getroffene Entscheidungen. Vor allem Hebammen und Fachleute, die Eltern Neugeborener beraten, können Betroffene schon frühzeitig entsprechend unterstützen.

Beim Weiterbestehen der Mutter-Kind-Beziehung sind Schritte zu ihrer Stärkung von großer Bedeutung. Dazu gehört insbesondere, Mutter und Kind vor erneuten Gewalterlebnissen zu schützen und sie zu unterstützen. Die Rechte des Täters, die sich aus der Vaterschaft ergeben, müssen gegenüber dem Schutz der Kinder und der Frau sowie dem Selbstbestimmungsrecht der Frau in den Hintergrund treten. Einem Vergewaltigungsopfer kann nicht zugemutet werden, sich gegen seinen Willen immer wieder mit dem Täter zu konfrontieren. Sollte der Kontakt aus Sicht des Kindes sinnvoll sein, zum

Beispiel wenn die Paarbeziehung über mehrere Jahre aufrechterhalten wurde und eine sichere und vertrauensvolle Vater-Kind-Beziehung entstanden ist, müssen Wege gefunden werden, die die Mutter nicht belasten beziehungsweise gefährden (zur Rolle des Jugendamtes siehe auch Heynen in diesem Band).

Einer besonderen Sensibilität bedarf es bei einer zukünftigen Gesetzesänderung zum gemeinsamen elterlichen Sorgerecht für nicht miteinander verheiratete Eltern. Zwar wird in der Debatte (s. hierzu z. B. den stenografischen Bericht der 163. Sitzung des Bundestages vom 2. März 2012) ausgeführt, dass nicht beabsichtigt sei, einer, durch eine Vergewaltigung schwangeren Frau, das gemeinsame Sorgerecht mit dem Täter zuzumuten. Offen bleibt aber, wie Vergewaltigungsopfer im Konkreten geschützt werden können, insbesondere wenn es sich bei Tätern um Ex-/Partner handelt oder die Frauen sehr jung sind und über wenig Ressourcen und Unterstützung verfügen.

Mütter brauchen Angebote, die ihnen zum einen die Bearbeitung der traumatischen Erlebnisse und ihre Integration in ihre Biographie ermöglichen und zum zweiten, bei anhaltenden Ambivalenzen und ablehnenden Gefühlen dem Kind gegenüber, bei der Entwicklung einer positiven Beziehung oder der Realisierung einer, das Kind schonenden, Trennung helfen.

Kinder, die im Klima häuslicher Gewalt aufwachsen, brauchen eigenständige Unterstützungsangebote. Dies gilt insbesondere für Mädchen und Jungen, die verstrickt sind in die besondere Dynamik, wie sie aufgrund der Zeugung durch eine Vergewaltigung entstehen kann.

Susanne Heynen

Das tabuisierte Risiko: Tötungsdelikte im Kontext häuslicher Gewalt

> „Ein Mann hat in Berlin seine Ehefrau geköpft und zerstückelt. Den Kopf der Frau warf er von der Dachterrasse. Die sechs Kinder der Familie mussten alles mit ansehen." (04.06.2012 www.augsburger-allgemeine.de)

> „Ilsede (dpa) - Erschütterndes Ende eines Trennungsstreits: Ein Vater aus Niedersachsen soll seine vier Kinder im Schlaf getötet haben." (15.06.2012, http://nachrichten.t-online.de).

> „Familiendrama in Schäftlarn - Rechtsanwalt ersticht Ehefrau (...) Das jüngste Kind, ein vierjähriges Mädchen, soll bei dem Verbrechen im Haus gewesen sein und auch die tote Mutter gesehen haben." (26.06.2012, www.sueddeutsche.de).

Regelmäßig berichtet die Presse über Tötungsdelikte an Frauen, Kindern[21] und dem Gewalttäter selbst. Als Auslöser für so genannte „Familien-, Beziehungs- oder Ehedramen" und „Familientragödien"[22] werden in der Regel Eifersucht, Trennung und Sorgerechtsstreitigkeiten genannt. Gewaltverhältnisse zwischen Geschlechtern und Generationen werden selten reflektiert und es wird nicht, wie in anderen tödlichen Kinderschutzfällen, nach Kontakten zum Jugendamt und dem Hilfsangebot der Jugendhilfe, beispielsweise bei häuslicher Gewalt, Trennung und Scheidung, gefragt.

Dabei hat in den letzten Jahren die Sensibilität gegenüber spezifischen Gefährdungen von Kindern kontinuierlich zugenommen. Wurden zunächst vor allem Misshandlungen mit Todesfolge sowie so genannte Sexualmorde wahrgenommen, rücken zunehmend auch Gefahren aufgrund von sexuellem Missbrauch, Vernachlässigung, psychischer Erkrankung sowie Suchtmittelabhängigkeit der Eltern in den Vordergrund. Entsprechend konzentrieren sich in Deutschland die Analysen und Entwicklungen im Kinderschutz vor allem auf Gewalthandlungen, die unmittelbar gegen das Kind gerichtet sind und nicht im Zusammenhang mit Trennung und Scheidung stehen. Bisher ausgespart aus der öffentlichen und fachlichen Debatte bleibt das Risiko für Kinder, im Verlauf von Trennungsprozessen der Eltern getötet zu werden, ihre Mutter, Geschwister und/oder den Vater zu verlieren. Auch wird der, durch die Forschung nachgewiesene Zusammenhang zwischen häuslicher Gewalt auf der einen Seite und Kindesmisshandlung, Vernachlässigung und sexualisierter Gewalt auf der anderen Seite nur begrenzt in Risikoanalysen einbezogen. So wurde im Todesfall Kevin K. in Bremen, einem der Ausgangspunkte für die Weiterentwicklung des Kinderschutzes, laut Dokumentation über die Abläufe und Zusammenhänge (Mäurer 2006) keine Gefährdung des Kindes durch den Ziehvater vermutet, obwohl dieser bekanntermaßen die Mutter geohrfeigt hatte, sie eine Totgeburt erlitt und ein Fremdverschulden bei ihrem Tod nicht ausgeschlossen werden konnte.

Gomolla (2005) nennt ihren Beitrag zur Unterstützung von Kindern, die Zeugen und Hinterbliebene innerfamiliärer Tötungsdelikte werden, zu Recht „Vergessene Opfer". Höynck (2010a) schlussfolgert in einer Studie zu Tötungsdelikten an Kindern (s. u.), dass es nur rudimentäres Wissen über Prädiktoren und Risikofaktoren gibt und verweist darauf, dass Strafverfahren dokumentiere „keine umfassende Rekonstruktion des Geschehenen, sondern die Bemühungen um die Aufklärung einer Straftat und die Findung einer angemessenen Rechtsfolge" (ebd.: 31). Wichtig sei die Unterscheidung von Fallgruppen.

In Großbritannien werden, anders als in Deutschland, mittels so genannter Serious Case Reviews alle Tötungsdelikte analysiert. Local Safeguarding Children Boards müssen Fehleranalysen nach einem landesweit einheitlichen

21 Im Folgenden wird der Ausdruck Kinder im Verhältnis zu Eltern sowohl für Kinder, Jugendliche, als auch Kinder im Erwachsenenalter verwendet.

22 z. B. http://themen.t-online.de/news/familiendrama (aufgerufen am 28.06.2012)

Vorgehen bei Tod eines Kindes bei vermuteter Misshandlung/Vernachlässigung, bei Suizid, Tötung eines Elternteils und einem Tötungsdelikt durch ein anderes Kind oder durch eine Jugendliche beziehungsweise einen Jugendlichen durchführen. Hierfür werden Familienmitglieder befragt, Berichte der beteiligten Institutionen und durch unabhängige Professionelle für die Regierung erstellt und die Ergebnisse im Internet veröffentlicht.[23] Die Ergebnisse belegen die Unterschätzung des Zusammenhangs zwischen Tötungsdelikten und häuslicher Gewalt. Laut Fegert et al. (2008) zeigen die Erfahrungen aus Großbritannien bei tödlich endenden Kinderschutzfällen vor allem folgende Praxisprobleme: Unzureichender Informationsaustausch, wenig aussagekräftige Diagnostik, ineffektive Entscheidungsprozesse, fehlende Zusammenarbeit zwischen Institutionen, unzureichende Dokumentation relevanter Informationen sowie fehlende Informationen über wichtige männliche Haushaltsmitglieder (s. auch Nationales Zentrum Frühe Hilfen 2010).

Bisher ist wenig bekannt über die professionelle Bearbeitung von Tötungen im sozialen Nahraum. Gloor und Meier (2009) zeigen, dass in der polizeilichen Ermittlung in der Schweiz die Bereitschaft besteht, die Perspektive des Täters und das bilaterale Verstehenskonzept der ‚schlechten Beziehung' zu verwenden. Es werden die Tatperson, meist der (Ehe-)Mann, ebenso wie das Opfer, meist die (Ehe-)Frau, als verantwortlich angenommen. Die Autorinnen streichen heraus, dass das Konzept der häuslichen Gewalt in den Polizeiberichten keine Anwendung findet und dass nicht genauer untersucht und dokumentiert wird, ob im Vorfeld der Tötung eine von Gewalt und Kontrolle geprägte Beziehung bestanden hat.

Mit wenigen Ausnahmen wird auch weder in fachlichen Diskursen zur Verbesserung des Kinderschutzes, bei gesetzlichen Veränderungen (z. B. Bundeskinderschutzgesetz, Gesetz zur Änderung des Vormundschafts- und Betreuungsrechts), noch beim Ausbau der Infrastruktur (vor allem Kindertageseinrichtungen, Frühe Hilfen, Allgemeiner Sozialer Dienst und Hilfen zu Erziehung) die Konsequenzen des Zusammenhangs zwischen häuslicher Gewalt, Trennungskonflikten und Gewalt gegen Kinder berücksichtigt. Dabei lässt die, wenn auch dürftige Forschungslage erkennen, dass zumindest in einem Teil der Tötungsdelikte das Risiko einer Gewalteskalation hätte bemerkt werden können. Wenige Kenntnisse gibt es hinsichtlich des Unterstützungsbedarfs überlebender Kinder (vgl. Heynen 2005).

Der folgende Beitrag stellt im ersten Teil den Forschungsstand zur Prävalenz von Tötungsdelikten an Kindern und im Zusammenhang mit häuslicher Gewalt, Trennung und Scheidung dar. Außerdem werden Erkenntnisse im Hinblick auf Täter und Täterinnen und weitere Formen existenziell bedrohlicher Erfahrungen von Kindern zusammengefasst. Im zweiten Abschnitt werden die Belastungen der Kinder und Jugendlichen und im dritten Strategien zur Verbesserung des Kinderschutzes in diesem Bereich erörtert. In den

23 www.nspcc.org.uk/inform/research/questions/serious_case_reviews_wda70252.html (aufgerufen am 28.06.2012)

Schlussfolgerungen werden weitergehende Ansätze und Forschungsfragen diskutiert.

Ausgangslage

Insgesamt unterliegt die Anzahl der bekannt gewordenen Tötungsdelikte an Kindern in Deutschland Schwankungen. Für die vergangenen Jahre weist die Kriminalstatistik folgende Zahlen für kindliche Tötungsopfer nach:

- 2010: 183 getötete Kinder unter 14 Jahren, darunter 129 unter 6 Jahren;
- 2009: 152 getötete Kinder unter 14 Jahren, darunter 123 unter 6 Jahren;
- 2008: 186 getötete Kinder unter 14 Jahren, darunter 137 unter 6 Jahren.

Laut der Studie Kindeswohlgefährdung des Ministeriums für Generationen, Familie, Frauen und Integration NRW (2010: 25) beträgt bundesweit die Wahrscheinlichkeit, Opfer eines Tötungsdelikts zu werden, für Kinder unter sechs Jahren etwa 0.29 je 10.000 Altersgleiche (1997-2007). Für die Sechs- bis Vierzehnjährigen reduziert sie sich von 0.14 je 10.000 Altersgleiche (1997) auf 0.08 (2006). In den meisten Fällen gibt es eine Vorbeziehung zwischen Opfer und Täter beziehungsweise Täterin. 231 von 357 minderjährigen Todesopfern (64,7 %) in der Zeit von 1985-1990 wurden von Eltern getötet (Schlang 2006). Bei 27 Fällen innerhalb des Zeitraums von 2000-2005 getöteter Kinder in Brandenburg handelte es sich in sechs Fällen explizit um Tötungsdelikte im Kontext von Beziehungsdramen und Sorgerechtsstreitigkeiten (Leitner & Troschet 2008).

In den Jahren von 1997 bis 2006 wurden laut Höynck (2010b: 42) 911 Kinder unter sechs Jahren Opfer vollendeter vorsätzlicher Tötungsdelikte (jährlich durchschnittlich 90 Fälle). Das größte Risiko besteht nach Analyse von 336 Akten (358 Opfer) aus diesem Zeitraum (laut polizeilichem Tatverdacht eines vollendeten, vorsätzlichen Tötungsdelikts) für Neugeborene und Kinder in den ersten Monaten nach der Geburt (ebd.: 47). Betrachtet man einen längeren Zeitraum, dann sind Neonatizide insgesamt stark zurückgegangen. Nach der Zusammenstellung der gesicherten Mindestzahlen von Terre des Hommes spielen hierfür vor allem gesellschaftliche Bedingungen wie Krieg, Armut, Stellung Alleinerziehender und der § 218 StGB eine wichtige Rolle. Wurden 1938 noch 360 Neonatizide bekannt, sank die Zahl bis 1954 auf 153 und bis 1971 auf 55. Seit 1977 nach Inkrafttreten des § 218 StGB schwanken die Zahlen der jährlich tot aufgefundenen Neugeborenen zwischen 32 und 17. Die Zahlen wurden nicht von der Einrichtung von Babyklappen oder der Möglichkeit der anonymen Geburt seit dem Jahr 2000 beeinflusst.[24] (vgl. auch Höynck/Zähringer/Behnsen 2011).

24 http://www.tdh.de/was-wir-tun/themen-a-z/babyklappe-und-anonyme-geburt/statistik.html (aufgerufen am 28.06.2012)

Bei den Täterinnen und Tätern dominieren bei Neugeborenentötungen die biologischen Mütter mit über 50 % vor den biologischen Vätern mit leicht über 30 % (Höynck 2010b: 49). Ohne Betrachtung der Neonatizide übersteigen bei den Tätern und Täterinnen die biologischen Väter (knapp über 40 %) leicht die biologischen Mütter (knapp unter 40 %). Eine weitere relevante Gruppe sind soziale Väter (12 %) und Sonstige (6 %) (ebd.: 49). Die der Studie zu Grunde liegende Differenzierung von Falltypen (Neonatizid, Misshandlung, Vernachlässigung, psychische Erkrankung, Mitnahmesuizid, gezielte Tötung, natürlicher Tod/Unfall, Sonstige) lässt nicht erkennen, inwieweit häusliche Gewalt, Partnerschaftskonflikte, Trennung und Scheidung und der Wunsch nach Rache eine Rolle spielen (im Sinne geschlechtsspezifischer Beziehungsgewalt s. WAVE 2010; als Medea-Komplex unter Männern s. McCloskey 2001).

Abgesehen von der Tötung des Kindes bestehen weitere existenzielle Risiken für Kinder. Ihr Leben kann mit einer Gewalttat, ihrer *Zeugung durch eine Vergewaltigung* der Mutter, beginnen. Der Versuch der Schwangeren, die mit dem traumatischen Ereignis einhergehenden Folgen, zum Beispiel durch Alkohol- und Medikamentenkonsum zu bewältigen, kann zu intrauterinen Belastungen des Ungeborenen führen (Heynen 2003; Heynen in diesem Band).

Misshandlungen während der Schwangerschaft gelten als der wichtigste Risikofaktor für Komplikationen während der Schwangerschaft und Fehlgeburten. (u. a. Heynen 2000; Janssen et al. 2003; Martin et al. 2004; Bacchus, Mezey&Bewley 2006) und treten vergleichsweise häufig auf. Laut der bundesdeutschen repräsentativen Prävalenzstudie (Schröttle et al. 2004) trat bei 10 % der Frauen, die Gewalt durch den Partner erlitten, die Gewalt zum ersten Mal während der Schwangerschaft auf, bei 20 % mit der Geburt des Kindes. In seltenen Fällen kommt es auch zur *Tötung der Schwangeren* und *ihres ungeborenen Kindes* (vgl. Decker, Martin&Moracco 2004).

Ein weiteres Risiko für Kinder ergibt sich aus dem Verlust der Mutter aufgrund eines Tötungsdelikts (*Femizid*). 2011 wurden in Deutschland 313 Frauen Opfer von Mord und Totschlag. Bei 154 Fällen waren die Tatverdächtigen der Ehemann, Freund oder Ex-Partner (Süddeutsche, 23.05.2012[25]). Die Anzahl der betroffenen Kinder ist nicht bekannt.

Steck (2005a und 2005b) befragte mittels teilstrukturierter Interviews Beziehungstäter und -täterinnen und stellte sie zwei Kontrollgruppen (strafrechtlich auffällige und strafrechtlich unauffällige Personen) gegenüber. Dabei zeigte sich, dass es qualitative Besonderheiten tödlich endender Beziehungskonflikte gibt. Ein erhöhtes Tötungsrisiko besteht, wenn sich Kognitionen und Verhaltensspielraum einengen, der Partner heftig eine klärende Aussprache begehrt oder den Konflikt auf andere Art und Weise beenden will, ohne dass es die Option der Trennung gibt. Zurückliegende grenzüberschreitende Aggression und ein dissozialer Lebensstil weisen auf eine erhöhte Gefahr hin. Außerdem fielen biographische Faktoren auf, wie Belastungen in

25 www.sueddeutsche.de/panorama/frauenmorde-sind-haeufig-beziehungstaten-toedliche-zweisamkeit-1.1365223 (aufgerufen am 28.06.2012)

der Herkunftsfamilie, Entwicklungsauffälligkeiten, Zeichen sozialer Deklassierung in Jugend und frühem Erwachsenenalter sowie Zeichen sozialer Desintegration. Im Gegensatz zu anderen Straftätern mit ähnlichen psychosozialen Vorbelastungen, kennzeichnet die Beziehungstäter eine relative Isolation innerhalb des eigenen Milieus und ein geschwächtes Selbstbewusstsein. Eine besondere Häufung bei tödlich endenden Partnerschaftskonflikten gab es im Hinblick auf folgende Faktoren:

- Konfliktverschärfende Vorgänge und Ereignisse in den letzten Tagen oder Wochen (bis vier Wochen) vor der Tat,
- Gewaltanwendung und Drohung gegen die Partnerin, einschließlich Suiziddrohung,
- Selbstwertbelastende Ereignisse in der Trennungsszene,
- wenig gewaltfreie Bewältigungsversuche (wie Gewährung größerer Freiräume, Versöhnungsgespräche, Geschenke),
- Gefühl der starken emotionalen und wirtschaftlichen Abhängigkeit von der Partnerin und subjektiver Kontrollverlust.

Im Gegensatz zu den Tätern zeigten Täterinnen ein stärker beeinträchtigtes Selbstbild im Bezug zum anderen Geschlecht, kein deutliches Profil bezüglich biographischer Besonderheiten und hinsichtlich der Dramatik der Tatanlaufzeit. Die Partnertötung der Frauen kann als Akt der Befreiung gedeutet werden. Während Männer mit der Gewalteskalation auf eine drohende Trennung reagieren, bedeutet die Tötung für die Frauen eine Abkehr vom Ziel einer legalen Trennung (Steck 2005; vgl. auch Oberlies 1995).

Zwei weitere Studien (vgl. Jarchow 2009; Rabitz-Suhr 2010) ergänzen die Erkenntnisse und zeigen im Hinblick auf die Dynamik von Eskalationsprozessen im Kontext von Beziehungsgewalt, dass es sich bei den Tätern in der Mehrzahl um Männer handelt, das Täterbild heterogen ist, Alkohol- und Drogenkonsum eine Rolle spielen kann, das Bildungsniveau nicht ausschlaggebend ist und ein Teil der tödlich endenden Beziehungskonflikte der Polizei unbekannt ist.

Eine weitere Risikogruppe beziehungsweise Untergruppe der Femizide und Infantizide umfasst *innerfamiliäre Tötungsdelikte gefolgt von Suizid.* Hierbei kann es sich bei den Opfern sowohl um Partnerinnen handeln, als auch um Kinder, andere Familienangehörige und nahestehende Personen. Ausgehend von dem National Violent Death Reporting System in den Vereinigten Staaten (s. Centers for Disease Control and Prevention[26]) wurden die Daten von sieben Bundesstaaten 2003 und dreizehn Bundesstaaten 2004 im Hinblick auf Tätermerkmale bei Homizid gefolgt von Suizid untersucht. Die Vergleichstudie für Deutschland des Max-Planck-Instituts für ausländisches und internationales Strafrecht[27] wird 2012 abgeschlossen sein. Insgesamt handelt es

26 www.cdc.gov/ViolencePrevention/NVDRS/ (aufgerufen am 28.06.2012)

27 www.mpicc.de/ww/de/pub/forschung/forschungsarbeit/kriminologie/familiale_toetungsdelikte.htm (aufgerufen am 28.06.2012)

sich um ein seltenes Phänomen. In den Vereinigten Staaten beträgt die Auftretenshäufigkeit von 0,2-0,38 pro 100.000 Personen jährlich. Die Ergebnisse der Studie zeigen, dass Alkohol- und Drogeneinfluss nicht signifikant sind und es sich bei der Tatwaffe in den meisten Fällen um ein Gewehr oder eine Pistole handelte. Die Täter waren zu 91,9 % männlich, die Opfer zu 77,7 % ihre Partnerinnen. Bei 13,7 % handelte es sich bei den Opfern um die Kinder der Täter. 10 % der Täter befanden sich in psychiatrischer Behandlung. Häusliche Gewalt hatte den höchsten Vorhersagewert. Die Taten wurden häufig während eines laufenden familiengerichtlichen Verfahrens verübt. Einige der Täter hatten einstweilige Verfügungen (vgl. Bossarte, Simon&Barker 2006; Logan et al. 2008; Eliason 2009).

Daneben gibt es noch Fälle, in denen es bei einem Suizidversuch bleibt und wie viele Eltern sich aufgrund von Beziehungskonflikten und Trennung ohne weitere Tötungsdelikte das Leben nehmen.

Eine besondere Gruppe bilden die so genannten Ehrenmorde, denen vor allem junge Frauen, aber auch ihre von der Familie nicht anerkannten Freunde und Partner zum Opfer fallen (vgl. Oberwittler&Kasselt 2011).

Daneben erleben Kinder existenziell bedrohliche Gewalt gegen einen Elternteil oder sich selbst in Form eines versuchten Tötungsdelikts. Zum Teil sind es Kinder, die die Tat verhindern. Nach einer Studie des Kriminologischen Forschungsinstituts (Wetzels 1997) waren 3,7 % von 1.067 Befragten zwischen 16 und 29 anwesend, als ein Elternteil den anderen mit einer Waffe verletzte. Außerdem erleben Kinder und Jugendliche, wie die Mutter auch ohne Waffengewalt lebensbedrohlich verletzt, gewürgt oder misshandelt wird. Kinder hören, dass der Vater oder Partner der Mutter droht, sie oder die Kinder im Falle einer Trennung zu töten. Gleichermaßen erschreckend sind Tierquälerei und die Tötung von Haustieren. Nicolaidis et al. (2003) konnten anhand von 30 Interviews mit weiblichen Überlebenden eines Tötungsversuchs zeigen, dass Risikohinweise in Bezug auf die lebensbedrohliche Gefahr nicht erkannt wurden. 14 Frauen waren komplett überrascht über den Angriff. Bei vorhergehender Gewalt hatten sie und ihr Umfeld die Gewalt normalisiert („gehen" oder „nicht mehr jammern"). Bei 22 (73 %) ereignete sich die Tat im Zusammenhang mit einer Trennung, die in den meisten Fällen von den Frauen ausging oder letztendlich von ihnen vollzogen wurde. Glass et al. (2008) weisen darauf hin, dass Frauen, die schon mal Opfer einer lebensbedrohlichen Attacke auf ihr Leben geworden waren, ein erhöhtes Risiko haben, getötet zu werden

Zusammenfassend kann man feststellen, dass nicht nur die Tötung eines Kindes im Rahmen von Veränderungen in der Beziehung der Eltern ein wichtiges Gewalt- und Kinderschutzthema ist. Die Aufmerksamkeit muss auch auf Kinder gerichtet werden, die durch Tötung ihre Mutter, Geschwister, den Vater verlieren oder miterleben, wie Unterstützungspersonen der Familie getötet werden. Wichtig ist es auch, das Augenmerk darauf zu lenken, dass es sich bei tödlicher Gewalt in Beziehungen auch um junge Menschen handeln kann.

Belastungen der Kinder und Jugendlichen

Internationale Studien weisen daraufhin, dass über die Hälfte der Frauen, die von ihrem Ex-/Partner getötet werden, minderjährige Kinder haben. Barbara Parker und Richard Steeves von der University of Virginia schätzen, dass von der Tötung eines Elternteils durch den anderen jährlich in den Vereinigten Staaten 3.000 Kinder betroffen sind, und zwar mit einer höheren Wahrscheinlichkeit, als an Leukämie zu erkranken (zitiert in Liepold 2005).

Lewandowski et al. (2004) untersuchten in einer 10-Städte-Studie 1994-1999 geschlossene Polizeiakten und befragten persönlich oder telefonisch Mutter oder Schwester der Ermordeten, überlebende Opfer (Kriterienliste für versuchten Mord) und andere Expertinnen und Experten. Dabei zeigte sich, dass 2/3 der getöteten Opfer Kinder hatten (86 % eigene Kinder, 7 % andere Verwandte, 5 % Stiefkinder und biologische Kinder des Täters, 1 % Nichtverwandte im Haushalt). Die Altersspanne der Kinder ging von unter einem Jahr (10 %) bis 15–18 Jahre (10 %). Ein Teil der Kinder litt vor der Tat unter Belastungen durch sexuellen Missbrauch, häusliche Gewalt, Kindesmisshandlungen und Drohungen. In 35 % der Familien bezeugten Kinder die Tötung, in 37 % der Fälle fanden Kinder das tote Opfer. 87 % der Kinder zogen nach der Tat von zu Hause weg, 47 % in die mütterliche Familie, 12 % in die Familie des Täters. In 10 % der Fälle wurden die Geschwister aufgeteilt und 9 % kamen in Pflegefamilien. Nicht alle Kinder erhielten Beratung, in 22 % nur einige der Kinder, in weiteren 22 % kein Kind. Überlebten die Opfer, dann zeigten sich vor allem Unterschiede zur ersten Gruppe im Hinblick auf die Anwesenheit der Kinder: 62 % der Kinder waren Zeuginnen oder Zeugen, 28 % fanden die Mutter. In 41 % der Fälle erhielten die Kinder keine professionelle Unterstützung. Auch hier zogen die meisten Kindern nach der Tat um.

Im Hinblick auf Beratung für Kinder ist zu berücksichtigen, dass diese zunächst die Gewissheit haben müssen, dass sie in Sicherheit und vor weiteren Belastungen weitgehend geschützt sind, dass ihre Bedürfnisse und ihr individueller Verarbeitungsprozess berücksichtigt werden und Beratung und Therapien zum richtigen Zeitpunkt und in einer angemessenen Qualität zur Verfügung stehen (s. auch Gomolla 2005).

Verschiedene internationale Studien (z. B. Robertson&Donaldson o. A.[28]; Malmquist 1986; Eth & Pynoos 1994; Harris-Hendriks 2000; Bancroft&Silverman 2002; zum Überblick s. Gomolla 2005; Steeves et al. 2007, Laughon et al. 2008) zeigen gleichermaßen, dass die Kinder während der Gewalttat unmittelbar einbezogen sind. Ein Teil der Kinder ist anwesend während der Tat, versucht unter Umständen, die Tat zu verhindern und wird dabei selbst verletzt. Möglichweise werden Kinder gezwungen, dem Täter zu helfen, die Tatspuren zu entfernen. Andere Kinder finden ihre tote Mutter oder bleiben völlig im Unklaren, wenn sie verschwunden bleibt. Nach der Tat

28 www.csvr.org.za/wits/articles/artfamur.htm (aufgerufen am 28.06.2012)

erleiden die Kinder schwere Verluste und Veränderungen. Sie verlieren nicht nur die getötete Mutter, sondern möglicherweise auch getötete Geschwister oder den Vater durch Suizid. In der Regel wird die Tat aufgeklärt und der Täter zu einer mehrjährigen Haftstrafe verurteilt. Die Kinder erleben vielfältige Belastungen aufgrund der sich einer Gewalttat anschließenden chaotischen Ereignisse und des polizeilichen Vorgehens. Sie verlieren ihr Zuhause und ziehen in die Familie des Opfers oder des Täters, in eine Pflegefamilie oder ein Heim. Häufig kommt es zu einem Schulwechsel, dem Verlust von Freundschaften und dem sozialen Umfeld und zu belastenden Kontakten zum Täter. Die Kinder müssen unter Umständen vor Gericht aussagen. Ein Teil versucht, die Belastungen zu verbergen und sieht sich aufgrund der Reaktionen im sozialen Umfeld wie Betroffenheit und Stigmatisierungen bestätigt, dass sie andere überfordern. Ein besonderes Problem ist die Ambivalenz gegenüber dem Täter, da es schwierig ist, jemanden, den man liebt, zu beschuldigen und ärgerlich gegenüber zu treten. Einige Kinder fühlen sich verantwortlich, weil sie den Mord nicht verhindern konnten.

Ein Großteil der Kinder leidet unter Folgekrankheiten und Identitätsproblemen, nur 15 % bleiben unauffällig (s. Laughon et al. 2008). Insgesamt sind die Belastungen für die Kinder am geringsten, wenn sie nach der Tat in der Familie des Opfers aufwachsen, gefolgt von Pflegefamilien. Am schwierigsten erfolgt der Bewältigungsprozess, wenn sie in der Familie des Täters leben. Dabei zeigen die Studien aber auch, dass Opferfamilien überfordert sein können, wenn sie in ihrem eigenen Schmerz gefangen sind. Besonders belastend ist die Situation, wenn der Gewalttäter relativ schnell aus der Haft entlassen wird und die Kinder möglicherweise zu ihm ziehen. So berichtet Diane Yates[29], deren Mutter vom Vater getötet wurde, dass ihre Großeltern, bei denen sie als Kind lebte, die Vorstellung nicht ertragen konnten, dass der Täter Kontakt zu ihnen aufnehmen könnte. Daraufhin zog sie zur Schwester des Vaters.

Die Aufrechterhaltung der familiären Bindungen kann mit einer Prädisposition für Gewalt einhergehen. Die Töchter leben mit dem Risiko, selbst Gewalt durch den Partner zu erleben, die Söhne Gewalt anzuwenden. Trotz der vielfältigen Belastungen entwickeln sich einige der Kinder zu erfolgreichen und gesunden Erwachsenen. Wichtig für eine positive Entwicklung ist die Begleitung durch eine vertrauensvolle Bezugsperson (vgl. Harris-Hendriks 2000).

Die Heterogenität der Auseinandersetzung der Kinder mit dem Gewalttäter zeigen folgende Studien. Steeves et al. (2007) hatten 21 Männer interviewt, die mindestens 18 Jahre alt waren. Von ihnen hatten 19 ihre biologische Mutter, einer den biologischen Vater und einer den Stiefvater durch innerfamiliäre Tötungsdelikte verloren, als sie unter 19 Jahre alt waren. Die meisten schwiegen über die Gewalttat und die damit verbundenen Gefühle, die sie als unbenanntes Ding „it" oder beispielsweise „a little ball inside" bezeichneten. Gründe für ihr Schweigen lagen vor allem in dem Wunsch, andere zu

29 www.guardian.co.uk/lifeandstyle/2009/apr/10/domestic-violence-experience (aufgerufen am 28.06.2012)

schonen, im Verhalten der Familie, in schlechten Erfahrungen beim Versuch zu sprechen oder auf Druck von außen hin sprechen zu müssen. Einige entschlossen sich erst aufgrund von Schwierigkeiten in der Partnerschaft, sich zu öffnen und Beratung und Therapie in Anspruch zu nehmen.

In einer Parallelstudie wurden 31 Frauen interviewt, die einen Elternteil, in der Regel die Mutter, durch ein innerfamiliäres Tötungsdelikt verloren hatten (s. Laughon et al. 2008). Für die Frauen standen zwei Themen im Vordergrund: Verständnis zu suchen (sich selbst verstehen) und ihrem Vater, zum Teil vor einem religiösen Hintergrund, vergeben zu können. Zum Teil blieb dieser Wunsch unerfüllt, da die Väter nicht sprechen wollten (einige sagten, sie hätten keine Erinnerung). Erkannte der Vater seine Schuld an, ermöglichte dies einigen Töchtern, dem Vater zu vergeben und eine Lösung aus der familiären Verstrickung zu finden. Zum Teil halfen Diagnosen dabei, die Tat zu erklären und die Schuld der Krankheit zuzuschreiben. Einige der Interviewten wurden als Kind gezwungen, den Vater zu sehen und sich anzuhören, was für eine schreckliche Person die Mutter gewesen sei. Für andere war der Besuch im Gefängnis eine positive Erfahrung. Dabei beinhaltete die Selbstwahrnehmung der Töchter sowohl die Identifikation als Tochter eines ‚Killers', als auch die positive Gewissheit, keine Vollwaise zu sein. Einige kümmerten sich um ihren Vater im Alter, im Einzelfall auch, wenn sie selbst fast getötet worden waren. Diejenigen, für die Vaterrolle und das gemeinsame Blut nicht im Vordergrund standen, konnten freien Ärger fühlen, den Kontakt zum Vater vermeiden und klar Stellung beziehen. Einige empfanden Hass und Angst. Insgesamt zeigten die Interviews ganz unterschiedliche Lösungen im Umgang und im Verhältnis zum Vater. Die Autoren und Autorinnen empfehlen demzufolge vor der Kontaktaufnahme zum Vater die Beachtung von Idealisierungen, eine Vorbereitung auf die Begegnung und Ermutigung des Kindes, den eigenen Weg zu finden.

Harris-Hendriks (2000) dokumentierte in einer britischen Studie mit 95 erwachsenen Kindern, deren Mütter durch den Vater getötet wurde, dass die meisten die Verbindung zum Vater wieder herstellen wollten. Dabei waren drei Überzeugungen von Bedeutung:

- Religion verlangt Vergebung,
- Alkoholismus oder eine psychische Erkrankung reduzieren die Schuld.
- Die Familie muss zusammenhalten.

Die Anstrengungen der Kinder richteten sich darauf, ihren Ärger zu unterdrücken, die Gewalt zu rationalisieren und zu normalisieren, um ein normales Leben weiterführen zu können. Für Bewältigungsprozesse sollten die Kinder unter anderem bei der Ärgerbewältigung unterstützt und von Schuldgefühlen entlastet werden. Ihnen sollten Gesprächsgelegenheiten gegeben und eine konstante Bezugsperson gefunden werden. Besondere Sensibilität verlangt das Verhalten von Richtern und Richterinnen. Kinder sollten nicht als Zeugen aufgerufen werden, damit sie unabhängig von der Verhandlung frei sprechen können. Sollten sie aussagen müssen, müssten ihre Rechte respektiert, wiederholte Aussagen vermieden sowie ihnen Details der Tat erspart werden. Pädagogischen Fachkräften empfiehlt Harris-Hendriks (2000) einen sorgfältigen Umgang mit den Kindern direkt nach der Tat, die Schaffung einer positiven Gleichaltrigenkultur durch die Vorbereitung von Klassenkameradinnen und Kameraden sowie die Ermöglichung einer Therapie.

Strategien zur Verbesserung des Kinderschutzes

Aus den internationalen Studien kann geschlossen werden, dass in manchen Fällen die Belastungen in der Familie öffentlichen Institutionen wie Polizei, Jugendamt und Familiengericht bekannt sind, zum Beispiel aufgrund eines Platzverweises oder eines Antrags nach dem Gewaltschutzgesetz. In anderen Fällen kommt die Jugendhilfe erst über Inobhutnahmen in Pflegefamilien oder Jugendhilfeeinrichtungen, Vormundschaften, Vermittlung in eine Adoptionsfamilie und sich anschließende Beratungen und Hilfen zur Erziehung mit den überlebenden Familienmitgliedern, zum Teil über viele Jahre im Kontakt. Wichtig zu wissen ist, dass das Jugendamt nicht automatisch von einem Tötungsdelikt erfährt, wenn das Opfer überlebt und keinen Antrag auf Hilfen zur Erziehung, das alleinige Sorgerecht oder Ausschluss des Umgangs stellt. Dies gilt auch, wenn der Täter verurteilt wird.

Sowohl die deutsche wie die britische Entwicklung im Kinderschutz ringt um das richtige Maß von sich zum Teil widersprechenden Strategien (vgl. auch Biesel 2012). Neben der Qualifizierung der Fachleute, der Möglichkeit zur Fallreflexion und Supervision stehen im Moment Strategien im Vordergrund, die auf Ausbau der Personalkapazitäten sowie Verregelung, Druck und Kontrolle setzen (s. auch Munro 2009).

Neben diesen primär formalen Wegen der Qualitätsentwicklung im Kinderschutz sind es kommunikative Strategien, die zu einer kritischen Reflexion der Praxis beitragen können. Hierzu gehören Teambesprechung, Supervision, interdisziplinäre, institutionenübergreifende Fallkonferenzen, abschließende Fallbetrachtungen im Team und mit Vorgesetzten und strafrechtliche Aufarbeitung. Dies ist umso wichtiger, als es sich um sehr unterschiedliche Fallkonstellationen handelt. Hinzu kommt, dass damit zu rechnen ist, dass sich Fachleute bei bekannter Gewalttätigkeit von Klienten und Klientinnen unter Umständen auch von eigenen Ängsten vor Gewalt leiten lassen (Littlechild 2008).

Von großer Bedeutung ist es, Strategieentwicklungen zur Verbesserung der Prävention, die von Seiten der Polizei (z. B. das Projekt „Optimierung von Interventionsstrategien im Vorfeld von Tötungsdelikten im sozialen Nahraum, insbesondere von Partnertötungen" der Universität Greifswald in Kooperation mit der Deutschen Hochschule der Polizei) entwickelt werden, mit denen des Kinderschutzes zu verbinden.

Gleichermaßen fehlen in Deutschland spezifische Hilfsangebote für Kinder, die von innerfamiliären Tötungsdelikten betroffen sind. Erste Ansätze gibt es in Projekten für Kinder, deren Eltern inhaftiert sind wie das Eltern-Kind-Projekt Chance[30] in Baden-Württemberg oder das Projekt Freiräume in Bielefeld[31], bei denen im Einzelfall Hilfen für die Kinder angeboten werden können. Deutschsprachige Fachliteratur für die Arbeit mit Kindern (z. B. Malchiodi&Goldmann 1997; Boychuk-Spears 2002).) fehlt genauso wie Internetseiten[32], über die sich die Überlebenden selbst informieren können.

Schlussfolgerungen

Wichtig ist eine größere Sensibilisierung für die Gefährdungen von Kindern, von Mütter und Vätern im Zusammenhang mit Trennung und Scheidung, um weiterführende Strategien entwickeln zu können. Dabei soll nicht der Druck auf die Fachleute erhöht, sondern diese ermutigt werden, in Ruhe das bisher Erreichte (Ausbau der Infrastruktur, Bündelung der Netzwerke; Qualifizierung der Haupt-, Neben- und Ehrenamtlichen im Kinderschutz; Formen der Reflexion und des „Fallverstehens") zu reflektieren und weitere Schritte zu planen. Hierzu gehören neben der konsequenten Umsetzung des Bundeskinderschutzgesetzes auch im Zusammenhang mit häuslicher Gewalt sowie von Kindeswohlgefährdungen bei Trennung und Scheidung folgende Strategien:

- Ernstnehmen von Drohungen und Hinweisen auf Gewalteskalationen zur Verbesserung der Prävention; so wird in Karlsruhe bei jeder Meldung häuslicher Gewalt die Überprüfung einer Kindeswohlgefährdung eingeleitet,
- Information an den Sozialen Dienst (Jugendamt) bei Verurteilungen von innerfamiliären Gewalttaten und versuchten Tötungsdelikten,
- Stärkung der frühen Hilfen im Hinblick auf die Risiken im Zusammenhang mit häuslicher Gewalt durch Qualifizierung und Vernetzung,
- Verbindung aller relevanten Netzwerke zu den Themen Häusliche Gewalt, Kinderschutz, Sexuelle Gewalt, Frühe Hilfen unter Berücksichtigung verschiedener Risikokonstellationen (Sucht, psychische Erkrankung) mit denen zu Trennung und Scheidung zur Stärkung der Prävention,
- Schulung aller Fachkräfte (Sozialer Dienst, Vormundschaften, Jugendgerichtshilfe, Familiengericht, Verfahrensbeistand, Umgangspflege, Sachverständige, Umgangsbegleitung, Psychologische Beratung, Mediation) unter Einbezug der Expertise der Frauenhäuser und Frauenberatungsstellen und der Polizei,

30 www.projekt-chance.de (aufgerufen am 28.06.2012)

31 http://johanneswerk.de/de/einrichtungen/diakonie-fuer-bielefeld/paedagogik/hilfen-in-krisensituationen/freiraeume-fuer-kinder-inhaftierter-elternteile.html (aufgerufen am 28.06.2012)

32 www.griefspeaks.com/id82.html (aufgerufen am 28.06.2012)
www.survivorsofhomicide.com/Website/Home.htm (aufgerufen am 28.06.2012)

- Verbesserung der Datenlagen, um bessere Ansätze für die Prävention aufdecken zu können: Laut dem Deutschen Bundestag (2011: 50) wird sich diese mit der Polizeilichen Kriminalstatistik ab dem Berichtsjahr 2011 verbessern. Gewalt in engen sozialen Beziehungen soll dann mit der neuen Standardtabelle zur Opfer-Tatverdächtigen-Beziehung abgebildet werden.

Über die Prävention hinaus bedarf es erheblicher Forschungsanstrengungen im Hinblick auf Tötungsdelikte bei Beziehungskonflikten, Trennung und Scheidung sowie auf die Belastungen der Kinder. Bisher gibt es kaum Erkenntnisse darüber, wie die Überlebenden die tödliche Gewalt verarbeiten und welche langfristigen Auswirkungen die Erfahrungen für sie haben. Auch wurde die Expertise von Pflegeeltern, Vormündern, Fachleuten in Jugendhilfeeinrichtungen und in Projekten für Kinder, deren Eltern inhaftiert sind, bisher nicht genutzt, um die Unterstützung und Begleitung der Kinder und Jugendlichen zu verbessern. Wünschenswert wären Erkenntnisse über den langfristigen Entwicklungsprozess der Kinder und die Beziehung zwischen gewalttätigem Elternteil und Kind, um Rückschlüsse auf Fragen des Umgangs, des Sorgerechts und der Rückführung in den Haushalt des Täters nach seiner Freilassung ziehen zu können.

Corinna Seith

„Weil sie dann vielleicht etwas Falsches tun" – Zur Rolle von Schule und Verwandten für von häuslicher Gewalt betroffene Kinder aus Sicht von 9- bis 17-Jährigen

Einleitung

Die Überwindung von Zugangsbarrieren zu Hilfe und Unterstützung gehört zu den Kernproblemen des gesellschaftlichen Umgangs mit häuslicher Gewalt. Seit Mitte der 1990er Jahre ist eine erneute intensivierte öffentliche Auseinandersetzung in Gang gekommen, die, gestützt auf mittlerweile auch im deutschsprachigen Raum vorgelegte Untersuchungen zu Interventionspraktiken bei häuslicher Gewalt, die Verantwortung staatlicher Institutionen für den Schutz von Individuen einmal mehr in den Mittelpunkt rücken. Mittlerweile sind ansehnliche, wenn auch längst überfällige Veränderungen zu verzeichnen. Zu den Meilensteinen gehören die Einführung von Gewaltschutzgesetzen, die Offizialisierung von Gewalt in Ehe und Partnerschaft, die

Optimierung staatlicher Interventionen und die verbesserte Abstimmung interinstitutioneller Kooperationen (Seith 2003, 2004; WiBIG 2004; Kelly 2005). Mit der UN-Menschenrechtskonvention zu Gewalt an Frauen wurde global die Notwendigkeit einer normativen Wende bestätigt und fixiert. Diese Schritte sollten jedoch nicht darüber hinwegtäuschen, dass der derzeitige Kulturwandel nach wie vor widersprüchlich verläuft. Während die Enttabuisierung und Entprivatisierung von häuslicher Gewalt seit Jahrzehnten zu den zentralen Zielen der feministischen Gewaltdiskussion gehört, verweisen Widersprüche und Blockaden auf die Persistenz des Deutungsmusters vom Schutz der Privatsphäre vor staatlichen Eingriffen, das im Zuge der Entwicklung der bürgerlichen Gesellschaft auch verfassungsmäßig abgesichert wurde (Nave-Herz 2004, Berghahn 1998). Bis heute durchdringt es in vielfältiger Weise Alltagspraxen und untergräbt dadurch verschiedene Anstrengungen zur Sanktionierung von Gewalt in Ehe und Partnerschaft. Dass diese bürgerlichen Freiheiten für Frauen und Männer nicht das Gleiche bedeuten, wies die Frauen- und Geschlechterforschung mit zahlreichen theoretischen und empirischen Studien nach. Die so genannten bürgerlichen Freiheiten dienten sowohl zur Absicherung von Herrschaftsstrukturen im Geschlechterverhältnis als auch im Generationenverhältnis (Alanen 1997).

Für Kinder und Jugendliche sind die Möglichkeiten an Hilfe und Unterstützung zu gelangen maßgeblich durch die gesellschaftliche Strukturierung von Kindheit und durch den gesellschaftlichen Umgang mit häuslicher Gewalt bestimmt. Den noch so divergierenden Kindheitskonzeptionen liegt als gemeinsames Strukturmerkmal zu Grunde, dass Kinder und Jugendliche in westlichen Gesellschaften in großem Masse von Erwachsenen abhängig sind. Ihr Radius ist begrenzt und vergrößert sich entwicklungslogisch erst mit zunehmendem Alter. Im Hinblick auf die Entwicklung von kulturellen Vorstellungen über den gesellschaftlichen Umgang mit häuslicher Gewalt kommt – neben der Familie, den Verwandten und der Peer – den öffentlichen Erziehungs- und Bildungsinstitutionen eine wichtige Bedeutung im Akkulturationsprozess zukommt. Wie die partizipativen Möglichkeiten von Kindern und Jugendlichen ausgestaltet sind und inwieweit sie nicht nur als Adressaten, sondern auch als eigenständige soziale Akteure wahrgenommen und in gesellschaftlichen Prozessen und Institutionalisierungen berücksichtigt werden, kann je nach gesellschaftlichen Verhältnissen stark variieren.[33] Im deutschsprachigen Raum fällt auf, dass eine theoretische Perspektive, die Kinder und Jugendliche im Kontext von häuslicher Gewalt als eigenständige Akteure, als Personen mit eigenem Recht, konzipiert, sowohl in Praxis als auch in Forschung bislang wenig präsent ist.

In Baden-Württemberg wurde aus diesem Grund erstmals im deutschsprachigen Raum ein Aktionsprogramm lanciert zur Entwicklung von psychosozialen Angeboten für Kinder, die im Kontext von häuslicher Gewalt

33 Vgl. die internationale Konferenz „Childhoods 2005. Children and Youth in Emerging and Transforming Societies", Oslo, 29.6.-3.7.2005.

aufwachsen und die von der Ausweisung des gewalttätigen Elternteils aus der Wohnung auf der Grundlage des Gewaltschutzgesetzes betroffen sind.[34] Die bisherigen Erfahrungen zeigen, dass Opfer von häuslicher Gewalt das Gewaltschutzgesetz intensiv nutzen und das Instrument bei der Polizei auf relativ große Akzeptanz stößt. Der Vorteil des Gewaltschutzgesetzes besteht in der beträchtlichen Belastungsreduzierung für die Opfer, indem den betroffenen Frauen, Müttern und Kindern nicht mehr das Verlassen der vertrauten Umgebung zugemutet wird. Doch während ambulante Beratungssysteme für die Frauen zugänglich sind – auch wenn diese nicht immer optimal ausgestattet sind, so steht die Entwicklung und Institutionalisierung von psychosozialen Angeboten für die „Platzverweiskinder" noch aus. Das Aktionsprogramm versteht sich als Ergänzung zum Repertoire der Frauenhäuser, die aus strukturellen Gründen nur den kleinen Kreis der stationär aufgenommenen Kinder erreichen können.

Das Forschungsfeld „Kinder und häusliche Gewalt" muss im deutschsprachigen Raum als eigentliche terra incognita bezeichnet werden. Bisher liegen nur vereinzelte Studien zur Situation von Kindern, die im Kontext von häuslicher Gewalt aufwachsen, vor, wie etwa die traumatheoretische Untersuchung von Strasser (2001). Bislang gänzlich vernachlässigt blieben die Sichtweisen der allgemeinen Population von Kindern und Jugendlichen, in welcher Weise sie Diskurse über häusliche Gewalt rezipieren und welche Schlüsse sie daraus ziehen. Beiden Fragestellungen widmet sich eine laufende Untersuchung mit dem Titel „Häusliche Gewalt aus Sicht von Kindern und Jugendlichen", die vom Schweizerischen Nationalfonds im Rahmen des Nationalen Forschungsprogramms 52 „Kindheit, Jugend und Generationenbeziehungen im gesellschaftlichen Wandel" und von der Zentralstelle für Familienfragen im Bundesamt für Sozialversicherungen finanziert wird.[35] Der folgende Beitrag wird erste Ergebnisse dieser groß angelegten Untersuchung vorstellen. Indem sowohl die Perspektive von betroffenen Kinder und Jugendlichen als auch die Vorstellungen von 1400 SchülerInnen im Alter zwischen 9 und 17 Jahren erfasst wurden, ist die Studie in ihrer Anlage für den deutschsprachigen Raum bisher einzigartig. Der Darstellung ausgewählter Ergebnisse zu antizipierten Möglichkeiten und Barrieren im Zugang zu Hilfe und Unterstützung für betroffene Kinder und Jugendliche stelle ich

34 Mit der wissenschaftlichen Begleitung des Aktionsprogramms „Kinder als Zeugen und Opfer von häuslicher Gewalt" wurde die Autorin dieses Beitrags zusammen mit Prof. Dr. Barbara Kavemann beauftragt. Das von der Landesstiftung Baden-Württemberg aufgelegte Programm führt der Paritätische Wohlfahrtsverband Baden-Württemberg durch (www.paritaet-bw.de/lgst/projekte/kinder_gewalt, Laufzeit bis August 2006).

35 „Häusliche Gewalt aus Sicht von Kindern und Jugendlichen", NFP 52, Nr. 405240-68971 (www.nfp52.ch), Leitung: Dr. Corinna Seith, wissenschaftliche Mitarbeiterin: lic. phil. Irene Böckmann, Laufzeit: Juli 2003 – März 2006. Interessierte Leser/-innen mögen sich für weitere Publikationen über die Homepage des Schweizerischen Nationalfonds auf dem Laufenden halten oder sich direkt an die Autorin wenden. Dr. Corinna Seith, Universität Zürich, Freiestr. 36, 8032 Zürich, Tel. 0041 (0)44 634 27 47, Email: cseith@paed.unizh.ch.

einen kurzen Forschungsüberblick über Ausmass und Folgen der Mitbetroffenheit von Kindern und Jugendlichen sowie einige Ausführungen zum methodischen Vorgehen voran.

Aufwachsen im Kontext von häuslicher Gewalt – Prävalenz und Folgen

Da es sich bei häuslicher Gewalt um ein Dunkelfeldphänomen handelt, sind die quantitative Bestimmung der Verbreitung dieses Phänomens und die Messung der Mitbetroffenheit von Kindern und Jugendlichen mit besonderen Schwierigkeiten verbunden. Hinweise können sowohl Prävalenzstudien als auch Institutionendaten geben. Prävalenzstudien zu Folge werden zwischen 10 und 30 Prozent aller Kinder und Jugendlichen im Verlauf ihrer Kindheit Zeugen von häuslicher Gewalt (Baldry 2002; Dauvergne & Johnson 2001; Pfeiffer et al. 1999; Young People and Domestic Violence 2001). Legt man einen Zeitraum von 12 Monaten zugrunde, dann wissen zwischen 10 und 16 Prozent der Kinder im schulpflichtigen Alter von Gewalttätigkeiten, die ihre Mütter von Seiten des Vaters, Freundes oder Expartners erleiden. Institutionenanalysen, die auf im Hellfeld sichtbar gewordene Fälle von häuslicher Gewalt basieren, belegen, dass Mütter mit minderjährigen Kindern zur Kerngruppe der Nutzerinnen gehören. Eine Studie von 300 aktenkundigen Fällen schlüsselte die Inanspruchnahme von Polizei, Sozialdienst und Frauenhaus wie folgt auf: 70 Prozent der Frauenhausklientel und 80 Prozent der gewaltbetroffenen Sozialhilfeempfängerinnen waren Mütter mit minderjährigen Kindern; bei den Polizeifällen waren in mindestens der Hälfte der Fälle auch Kinder involviert (Seith 2003).

Während ein enger Zusammenhang zwischen dem Schutzbedarf von Müttern und Kindern an sich auf der Hand liegt, zeigt die Geschichte der Frauenhausbewegung und Kinderschutzbewegung in verschiedenen Ländern, dass ideologische Abgrenzungen und der Kampf um gesellschaftliche Anerkennung wie auch um Ressourcen die Entwicklung von Vorgehensweisen, die den Bedürfnissen beider gerecht werden, erschwerten (vgl. Kavemann 2000 für Deutschland). Bereits Anfang der 1990er Jahre wies Kelly (1994) in einem Beitrag mit dem Titel „The interconnectedness of domestic violence and child abuse" auf dieses Problem hin und bemerkte kritisch, dass Kinderschutz- und Frauenschutzanliegen nicht genügend hinsichtlich bestehender Verbindungen analysiert werden und institutionelle Interventionen oftmals fehlschlagen, weil Professionelle verkennen, dass der Schutz der Mütter vor weiterer Gewalt von Seiten des Partners oder Expartners die entscheidende Voraussetzung zur Sicherung des Kindeswohls ist. Während die damalige Forschungslage eine empirische Abstützung der Kritik noch nicht erlaubte, liegen mittlerweile aus dem angloamerikanischen Raum und von Skandinavien eine Reihe von Studien vor (Hester et al. 2000; Humphreys & Mullender 2000). Neuere Forschungen gehen von einer engen Verknüpfung zwischen Gewalt an Müttern und Misshandlung von Kindern aus, wobei Art und Schwere der Mitbetroffenheit variieren und von verschiedensten Faktoren abhängen kann. Edleson (2001) analysierte 36 Studien und kommt zum Ergebnis, dass zwischen 30 und 60 Prozent der Kinder, deren Mütter Gewalt von Seiten des Ehemannes/(Ex-)Partners erfahren, selbst auch misshandelt werden. Kinder können in verschiedenster Weise von der Gewalt des Vaters/ Ex-Partners betroffen bzw. mitbetroffen sein (Hester et al. 2000; Mullender et al. 2002; Seith 2003). Der Lebensbeginn eines Kindes kann durch dessen gewaltsame Zeugung überschattet sein, für einen Teil der Mütter beginnt die Misshandlung bereits während der Schwangerschaft. Während die Schläge mancher Männer allein auf die Mutter abzielen, treffen diese zuweilen auch die Kinder selbst. Ein Teil der Kinder wächst in einem äusserst gewalttätigen Kontext auf, in dem sich die Gewalt sowohl gegen die Mutter als auch gegen die Kinder richtet. Auch wenn die Mütter in der Regel vieles unternehmen, um die Kinder vor Schlägen oder massiven Szenen zu schützen, so ist das Familienleben meist durch verschiedene Macht- und Kontrollmuster bestimmt, die zur Etablierung von Geschlechterhierarchien dienen.

Es kann nicht oft genug daran erinnert werden, dass nicht nur die Phase des Zusammenlebens für Mütter und Kinder belastend ist, sondern auch der Trennungsprozess potentiell große Gefahren birgt. Aus diesem Grund ist der Schutz vor Trennungsgewalt/Stalking unbedingt gesetzlich zu regeln, sollen die Opfer durch alle Stadien der Gewaltbeziehung hindurch, einschliesslich der Trennungsphase, effizient geschützt werden können. Untersuchungen belegen, dass in einem Drittel der Fälle, die der Polizei und Sozialdiensten bekannt werden, weitere Übergriffe sich während der Trennung ereignen und der Tatbestand des Stalking zutrifft (Seith 2000, 2003). Kinder können in der Phase der Trennung auf belastende Weise involviert werden, etwa wenn die gewaltbereiten Väter versuchen, die Kindsmutter an der Trennung zu hindern, sie die Familie mit Telefonterror belegen, in die Wohnung einsteigen, den Kindern auflauern, mit Kindsentführung drohen, sich nicht an die Besuchsrechtsregelungen halten und auch nicht davor zurückschrecken, der Mutter vor den Augen der Kinder massivste Gewalt zuzufügen.

Obwohl Kinder und Jugendliche, die im Kontext von häuslicher Gewalt aufwachsen, besonderen Belastungen ausgesetzt sind, wurde dieses Problem von der deutschsprachigen Forschungsgemeinschaft bislang sträflich vernachlässigt. Die hauptsächlich in den USA durchgeführten Studien und Metaanalysen legen den Schluss nahe, dass zwischen 35 und 45 Prozent der Kinder, die Zeugen und/oder Opfer von häuslicher Gewalt werden, klinische Auffälligkeiten zeigen (Hughes et al. 2001). Umgekehrt bedeutet dies, dass ein beträchtlicher Teil dieser Kinder eine gewisse Resilienz entwickelt, womit die Frage nach den protektiv wirkenden Faktoren angesprochen wäre. Auch wenn in diesem Gebiet noch grosse Forschungslücken festzustellen sind, zeichnet sich ab, dass frühzeitige staatliche Interventionen, die geeignet sind, Schutz und Sicherheit zu Hause zu gewährleisten, sowie Unterstützung durch informelle Netzwerke wie auch psychosoziale Angebote zur Bearbeitung des Erlebten von zentraler Bedeutung sind. Im Folgenden werde ich auf der Basis der bereits erwähnten Studie den Aspekt der informellen und formellen Unterstützung aus Sicht der befragten Kinder und Jugendlichen entfalten.

Forschungsdesign und Methode

Im deutschsprachigen Raum ist – wie gezeigt wurde – noch wenig über die Situation von Kindern und Jugendlichen bekannt, die im Kontext von häuslicher Gewalt aufwachsen. Noch weniger erforscht ist die Sichtweise der allgemeinen Population von Kindern und Jugendlichen zu diesem Thema. Das im Folgenden vorgestellte Forschungsprojekt ist also in doppelter Hinsicht innovativ, nicht nur greift es das Thema aus Kindersicht auf, es ergänzt die mehrheitlich viktimologisch und klinisch orientierten Studien und untersucht häusliche Gewalt aus soziologischer Perspektive. Während sich die meisten Untersuchungen zum Zusammenhang von häuslicher Gewalt und Kindheit bislang auf Einschätzungen von Erwachsenen stützen, werden Kinder und Jugendliche in unserer Studie als kompetente Informanten und Experten/Expertinnen in Sachen „Aufwachsen im Kontext von häuslicher Gewalt" betrachtet. Im Unterschied zur in Forschung und Praxis verbreiteten Konzeption, Kinder seien „unwissende" und „passive" Opfer, positioniert diese Studie Kinder als aktiv handelnde Subjekte oder, um den Ausdruck von Hurrelmann zu gebrauchen, „als produktive Verarbeiter von Realität" (Hurrelmann & Bründel 2003). Nicht nur in der Forschung zu häuslicher Gewalt, sondern auch in der sozialwissenschaftlichen Kindheitsforschung ist dies eine relativ neue Perspektive, die darüber hinaus Anschlussmöglichkeiten an die Kinderrechtsbewegung bietet. Nicht ganz neu ist die Entdeckung von Kindern und Jugendlichen durch die Surveyforschung, wie etwa die Tradition der deutschen Kindheitssurveys zeigt (Zinnecker 1996), jedoch legte diese bislang keine Ergebnisse zu häuslicher Gewalt vor.

Im Folgenden werde ich erste Ergebnisse einer noch laufenden Untersuchung vorstellen, die zum Ziel hat, auf der Basis von quantitativen und qualitativen Daten neue Erkenntnisse zum Verständnis von Kindern und Jugendlichen zu häuslicher Gewalt zu generieren, die Bedürfnislage von Kindern und Jugendlichen zu eruieren und Klarheit darüber zu gewinnen, inwieweit soziale Netze und Professionelle als Hilfsmöglichkeiten oder als Barrieren wahrgenommen werden. Das Forschungsdesign knüpft an eine englische Studie an, die Mullender, Hague, Imam, Kelly, Malos & Regan (2002) durchführten und die erstmals die allgemeine Population von Schülern und Schülerinnen zu häuslicher Gewalt befragten. Für die schriftliche Befragung der 9- bis 17-Jährigen wurden zwei altersangepasste Fragebogen eingesetzt, die auf dem englischen Instrument basieren, aber für den Einsatz in der Schweiz nicht nur adaptiert, sondern auch um einige Fragen erweitert wurden. Erste komparative Analysen liegen bereits vor (Seith et al. 2005).

Wie Abbildung 1 zeigt, wurden für den quantitativen Teil im Kanton Zürich insgesamt 1400 Kinder und Jugendliche im Alter zwischen 9 und 17 Jahren schriftlich befragt (Datenerhebung Frühsommer 2004). Für den qualitativen Teil wurden 30 Kinder und Jugendliche im Alter zwischen 8 und 18 Jahren sowie deren Mütter (N=20) interviewt, die über Frauenhäuser und Frauenberatungsstellen in den Kantonen Bern, Luzern und Zürich angefragt wurden; hinzu kommen Expertinnengespräche mit Mitarbeiterinnen von Frauenhäusern und Frauenberatungsstellen in den genannten drei Kantonen. Die in diesem Beitrag vorgestellten Ergebnisse beziehen sich ausschließlich auf die neu entwickelten Fragen, die im Rahmen des Surveys erhoben wurden. Der Fokus liegt auf der Bedeutung sozialer Netzwerke und professioneller Hilfsangebote sowie antizipierter Zugangsbarrieren aus Sicht von Kinder und Jugendlichen.

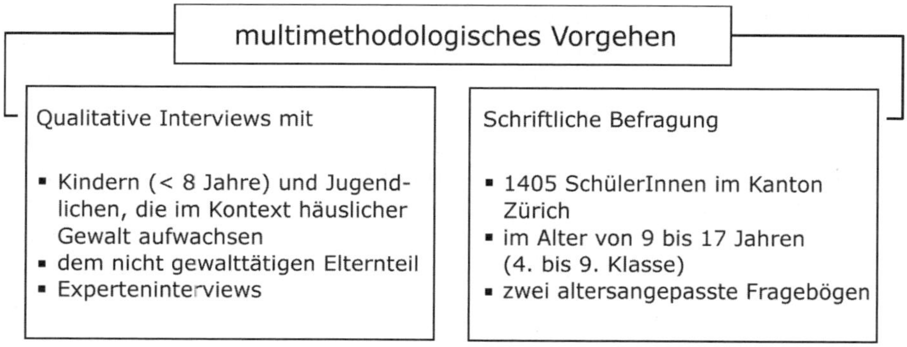

Abb. 1 Design

Durchführung der schriftlichen Befragung und forschungsethische Fragen

Die Durchführung eines Surveys verlangt immer die Berücksichtigung der Interessen verschiedener Akteure. Der Vergleich mit anderen Ländern und Kantonen zeigt, dass die Anforderungen an das Zustimmungsverfahren sehr unterschiedlich ausfallen können. Im Kanton Zürich war die Bewilligung der Bildungsdirektion erforderlich, die ein Vorgehen festlegte, das einem Kaskadenprinzip folgte und zahlreiche Auflagen umfasste. Die Auflagen betrafen (a) die Genehmigung der Fragebogen, (b) das Zustimmungsverfahren und das Prozedere zum Schutz von Schülern und Schülerinnen, die nicht an der Studie teilnehmen dürfen, (c) das Vorgehen beim Pretest und (d) den Zeitplan. Nach der Zustimmung der Bildungsdirektion Ende März 2004 wurden in einem rollenden Verfahren die Schulgemeinden, die Lehrpersonen, die

Eltern und die Schüler und Schülerinnen um ihre Teilnahmebereitschaft angefragt (vgl. Abbildung 2).

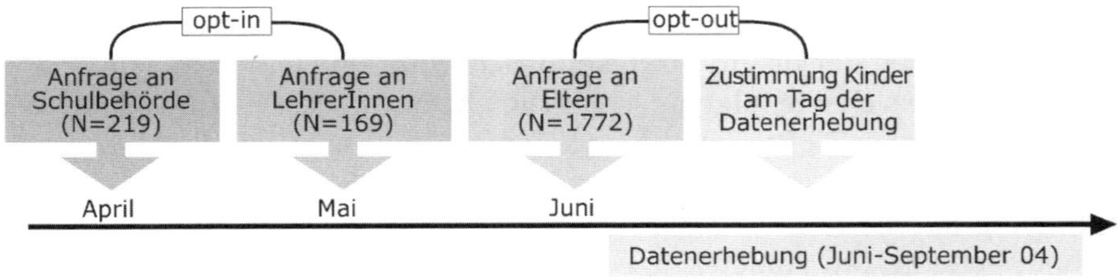

Abb. 2 Zustimmungsverfahren

Das Zustimmungsverfahren für die Schulgemeinden und Lehrpersonen entspricht dem „Opt-in"-Modell, das heißt, dass sich diese Instanzen auf der Basis der zugesandten Unterlagen aktiv für die Teilnahme entscheiden mussten. Als Zustimmungsverfahren für die Eltern wurde das „Opt-out"-Modell gewählt: Die Eltern bestätigten formlos der Lehrperson den Erhalt des Informationsbriefes; Eltern, die der Teilnahme ihres Kindes nicht zustimmten, schickten den Talon direkt an die Projektverantwortlichen. Dadurch sollte verfahrensmäßig sichergestellt werden, dass die Lehrpersonen nicht erfahren, welche Eltern die Teilnahme ihres Kindes ablehnen.

Zum Schutz von Kindern, deren Eltern sich gegen die Teilnahme ihres Kindes entschieden, wurde ein spezifisches Verfahren entwickelt: Bei Nicht-Zustimmung von Eltern wurden standardmäßig nur 80 Prozent der Schüler/-innen befragt. In jenen Klassen wählten die Forscherinnen die weiteren von der Teilnahme auszuschließenden Kinder nach dem Zufallsprinzip aus. Um einen „informed consent" der Kinder und Jugendlichen zu ermöglichen, erläuterten die Forscherinnen in altersgerechter Weise das Forschungsprojekt und wie Anonymität sowie Vertraulichkeit gewährleistet werden.

Die Schüler und Schülerinnen füllten den Fragebogen im Klassenverband während einer Schulstunde aus. Für die Durchführung der Datenerhebung in den Klassen wurde ein standardisiertes Vorgehen festgelegt, um das Setting in allen Klassen möglichst identisch zu gestalten. Um die Vertraulichkeit und Freiwilligkeit der Teilnahme zu gewährleisten, wurden die Lehrer/-innen gebeten, während der Befragung das Klassenzimmer zu verlassen. In der Regel führten zwei Erhebungsleiterinnen die Befragung mit der Klasse durch.

Ergebnis der Datenerhebung

Insgesamt wurden 1427 Schüler/-innen (767 Primar- und 660 Oberstufenschüler/-innen) befragt, die sich auf 94 Schulklassen (51 Primar- und 43

Oberstufenklassen) in 31 Schulhäusern und 24 Schulgemeinden verteilten. Die Analyse der Ausschöpfungsquote zeigt, dass die Untersuchung auf relativ große Akzeptanz stieß (vgl. Abbildung 3). Von den 1772 Schülern/Schülerinnen der Brutto-Stichprobe nahmen 1427 an der Befragung teil. Insgesamt besteht zwischen der Brutto- und Nettostichprobe eine Differenz von knapp 20 Prozent, die sich wie folgt aufschlüsselt: Die Nicht-Zustimmungsquote der Eltern liegt nur bei 7,2 Prozent; hinzu kommen 4,3 Prozent zufällig Ausgesampelte; 4,6 Prozent gehen auf Drop-outs von Schülern/Schülerinnen am Tag der Befragung zurück und 3,4 Prozent waren am Tag der Befragung abwesend (Schnupperlehre, Stützunterricht, Logopädie, Krankheit, Arztbesuch etc.).

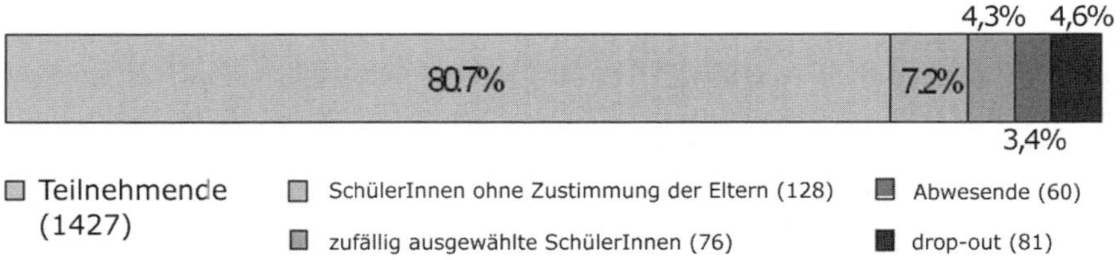

Abb. 3 Ausschöpfungsquote Schüler/-innen (N=1772)

Die Daten wurden systematisch nach Geschlecht, kultureller/nationaler Herkunft sowie nach Alter und Schulstufen ausgewertet. Wo Unterschiede relevant sind, werden diese erwähnt, andernfalls gilt die Aussage für das Gesamt der befragten Schüler/-innen.

Thematisierung von häuslicher Gewalt

Bisher unbeantwortet blieb die Frage, in welcher Weise Kinder und Jugendliche öffentliche und private Diskurse zu häuslicher Gewalt rezipieren und wie sich der in der Einleitung skizzierte Kulturwandel im Bewusstsein von Schülern und Schülerinnen manifestiert. Hinweise auf Widersprüche, Wandel und Persistenzen können Explorationen liefern, die der Frage nachgehen, wie Kinder und Jugendliche über die Thematisierung von häuslicher Gewalt denken und wie heikel, schwierig oder selbstverständlich sie diesen Schritt für Betroffene erachten. Mit anderen über das Gewaltproblem der Eltern sprechen zu können, ist ein wichtiger Schritt im Prozess der Enttabuisierung und gehört zu den Grundsätzen informeller und formeller sozialer Unterstützung. Die Thematisierung der familiären Probleme sollte den Betroffenen helfen, die Situation einzuordnen und den Umgang mit den Belastungen erleichtern sowie Möglichkeiten für Hilfe und Unterstützung klären. Es ist davon auszugehen, dass manche Kinder und Jugendliche bereits über Erfahrungen mit der Suche nach sozialer Unterstützung verfügen und sie Diskurse über Grenzziehungen zwischen privat und öffentlich wahrnehmen und inkorporieren. Die Entwicklung von Vorstellungen darüber, was als privat gilt und deshalb nicht nach außen dringen soll und darf, lernen Kinder spätestens mit dem Eintritt in die Schule.

Die Befragung der 1400 Kinder und Jugendlichen im Alter zwischen 9 und 17 Jahren zeigt, dass sie der Frage, ob betroffene Kinder über ihre familiäre Situation reden sollten, ambivalent gegenüber stehen. Fast die Hälfte ist unsicher (46,7 %), hat Bedenken und knüpft eine positive Antwort an gewisse Bedingungen, die erfüllt sein müssten. Jedes 7. Kind spricht sich eindeutig dagegen aus (14,7 %). Nur vier von zehn sind der Meinung, dass Kinder und Jugendliche, die Zeugen und/oder Opfer von Gewalt in der Elternbeziehung werden, sich jemandem anvertrauen sollten. Die Primarschüler/-innen (bis 6. Klasse) scheinen im Vergleich zu den Oberstufenschülern/-schülerinnen stärker dem Privatisierungsgebot zu unterliegen und haben auch größere Vorbehalte. Über alle Altersgruppen hinweg vertreten deutlich mehr Mädchen als Jungen die Ansicht, dass betroffene Kinder darüber reden sollten (Abbildung 4). Die Unterschiede zwischen den Geschlechtern waren für alle Altersgruppen signifikant.

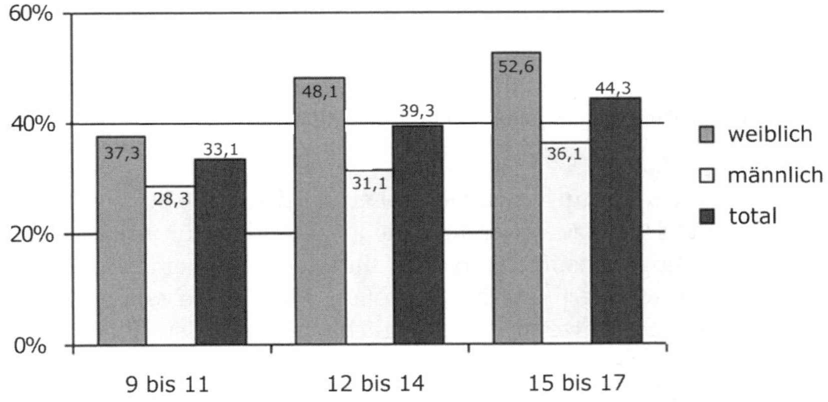

Abb. 4 Kinder und Jugendliche sollten über die Gewalt zwischen den Eltern sprechen (nach Geschlecht und Alter, N=539)

Unterstützung für Kinder, die im Kontext von häuslicher Gewalt aufwachsen

Im Folgenden werden die antizipierten Möglichkeiten und Hindernisse hinsichtlich Hilfe und Unterstützung für von häuslicher Gewalt betroffene Kinder und Jugendliche genauer beleuchtet. Die Studie erlaubt eine genauere Erkundung der Rolle der Verwandten und Lehrpersonen, unter anderem weil zwei offene Fragen die Schüler/-innen dazu ermunterten, ihre persönlichen Überlegungen niederzuschreiben. Wie Abbildung 5 und 6 zeigen, schätzen die befragten SchülerInnen den Zugang zu informellen Netzwerken am einfachsten ein. Geschwister und Freunde/Freundinnen sind in ihren Augen die wichtigsten Bezugspersonen für Kinder und Jugendliche mit familiären Problemen. Mädchen allen Alters finden es einfacher als Jungen mit Freunden/ Freundinnen zu sprechen. Mit zunehmendem Alter nimmt die Bedeutung der Freunde und Freundinnen bei beiden Geschlechtern zu.

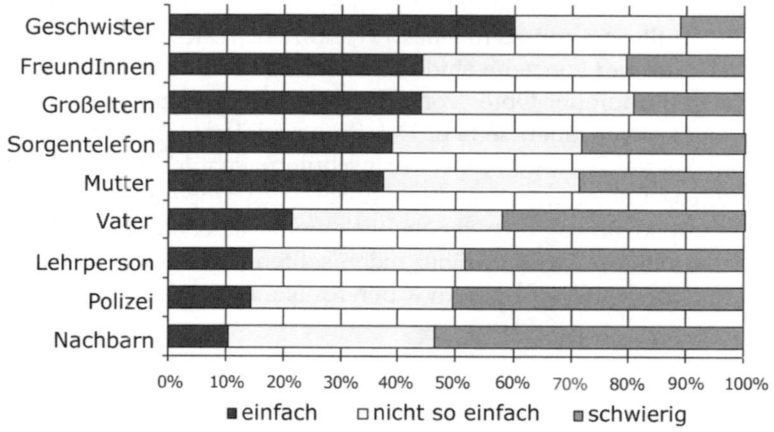

Abb. 5 Mit wem könnten Kinder und Jugendliche über Gewalt zwischen Eltern reden?

Gleich auf die Peer-Group folgen die Großeltern, denen die Befragten den prominenten dritten Platz zuweisen und die insbesondere für jüngere Schüler/-innen sehr wichtige Ansprechpersonen sind. Jedoch scheinen Mädchen bezogen auf die Großeltern durchweg größere Hürden zu sehen als Jungen. Erwartungsgemäß schätzen sie die Möglichkeiten, mit den Eltern zu reden, schwieriger ein, wobei die Hürden bei der Mutter (Rang 5) niedriger zu sein scheinen als beim Vater (Rang 6).

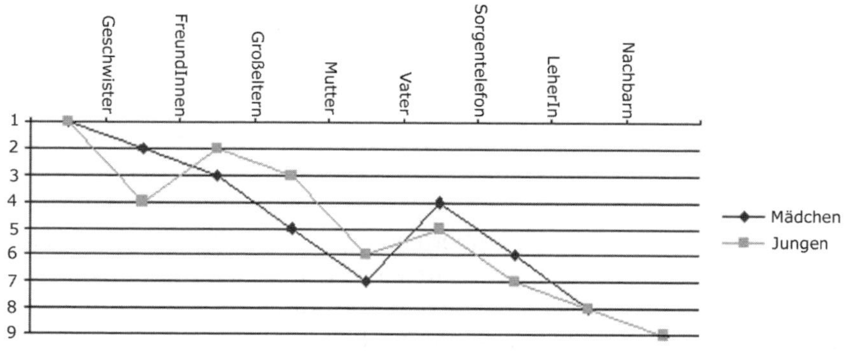

Abb. 6 Mit wem könnten Kinder und Jugendliche über Gewalt zwischen Eltern reden? (Rangreihenfolge nach Geschlecht)

Detailauswertungen nach Geschlecht und Alter fördern weitere interessante Unterschiede zu Tage. Im Vergleich zu den Jüngeren halten die 15- bis 17-Jährigen Gesprächsmöglichkeiten mit der Mutter eindeutig für einfacher, wobei Mädchen der Mutter gegenüber skeptischer sind als Jungen. Der Vater ist in den Augen der Mädchen klar keine Ansprechperson. Wieder nehmen Jungen über alle Altersgruppen hinweg geringere Hürden wahr.

Des Weiteren weist die Auswertung nach kultureller Herkunft und Geschlecht interessante Ähnlichkeiten und Unterschiede auf. Die Geschwister sind aus Sicht der Befragten für alle Kinder und Jugendlichen – unabhängig von Geschlecht und Herkunft – am wichtigsten. Für die Zugewanderten hat die Mutter eine ausgesprochen hohe Bedeutung und erhält den zweiten Platz. Für Jungen – unabhängig, ob zugewandert oder nicht – sind die Mütter und die Grosseltern die bevorzugten Ansprechpersonen.

Im Bereich der formellen Unterstützungsmöglichkeiten wird das Sorgentelefon, das eine anonyme Telefonhilfe bietet, als vergleichsweise niederschwellig wahrgenommen – dies lässt sich an der Belegung des vierten Ranges ablesen. Die Option, mit Lehrern/Lehrerinnen über die familiären Probleme zu sprechen, betrachtet die Mehrheit mit großer Skepsis: nur 12 Prozent halten es für einfach, hingegen würde es die Hälfte schwierig finden und jede/-r Vierte hat eher Bedenken (Rang 8).

Barrieren und Ambivalenzen im Zugang zu Hilfe und Unterstützung

Wie die Ergebnisse zeigen, ziehen die befragten Schüler/-innen Ansprechpersonen sozialer Netzwerke und formeller Stellen nicht in gleicher Weise in Betracht. Weitere Fragen erlaubten, mögliche Hindernisse für betroffene Kinder und Jugendliche, mit jemandem über die Gewalt in der Elternbeziehung zu sprechen, zu eruieren. Aus einer Liste von sieben Items sollten die Befragten die zwei wichtigsten Gründe wählen, die ihrer Meinung nach die Thematisierung erschweren könnten. Es bestand auch die Möglichkeit, die Liste durch einen weiteren Grund zu ergänzen.

Zweifel an der vertraulichen Behandlung der Informationen, Sorge um das Image der Familie und die Vorstellung, dass es sich bei häuslicher Gewalt um ein privates Problem handelt, sind die vordringlichsten Gründe, die aus Sicht der Schüler/-innen die Betroffenen davon abhalten könnten, über die familiären Gewaltverhältnisse zu sprechen (Tabelle 1). Auch wenn sich beide Geschlechter über die wichtigsten Hinderungsgründe einig sind, zeigt die Auswertung nach Geschlecht interessante Unterschiede. Jungen befürchten eindeutig häufiger als Mädchen einen Imageverlust der Familie, sollte die Gewaltproblematik nach außen dringen, auch betrachten sie das Problem stärker als familieninterne Angelegenheit, die „niemand etwas angeht". Für Mädchen stehen deutlich häufiger Ängste vor der Unberechenbarkeit der Reaktionen Dritter im Vordergrund, dass die ins Vertrauen gezogene Person das

Problem nicht versteht und/oder dem Kind nicht geglaubt würde. Einige wenige thematisieren auch die Befürchtung, selbst geschlagen zu werden, wenn die Eltern davon erführen.

Tabelle 1 Warum glaubst du, möchten manche Kinder und Jugendliche nicht darüber sprechen? (nach Geschlecht)

	weiblich N=646		männlich N=656		Total N=1302	
	n	in %	n	in %	n	in %
Angst, dass es weitererzählt wird	349	54.0	365	55.6	714	54.8
dann schlecht über Familie denken	266	41.2	322	49.1	588	45.2
geht niemanden etwas an	251	38.9	324	49.4	575	44.2
etwas tun, das Kinder/Jugendliche nicht möchten	143	22.1	105	16.0	248	19.0
Problem nicht verstehen	96	14.9	59	9.0	155	11.9
nicht helfen	45	7.0	51	7.8	96	7.4
es nicht glauben	63	9.8	27	4.1	90	6.9
Angst, selbst geschlagen zu werden	25	3.9	14	2.1	39	3.0
sich schämen	10	1.5	11	1.7	21	1.6
Total	1248	193.2	1278	194.8	2526	194.0

Bemerkungen: Mehrfachnennungen möglich, missing: 103

Warum könnte es schwierig sein, mit Verwandten darüber zu sprechen?

Verwandte sind neben der Kernfamilie für Kinder und Jugendliche einerseits die nächsten vertrauten Personen, andererseits können geteilte Loyalitäten die Verwandtschaftsverhältnisse in komplizierter Weise strukturieren. Ferner kann Migration die Erreichbarkeit der Großeltern und Verwandten erschweren und je nachdem, wie die Migration verläuft, kann sich der Zusammenhalt intensivieren oder der Druck zur internen Regelung der Probleme wachsen.

In einer offenen Frage hatten die Schüler/-innen die Möglichkeit, die spezifischen Gründe zu erläutern, weshalb es schwierig sein könnte, mit Verwandten über Gewalt in der Elternbeziehung zu sprechen. Die Ergebnisse zeigen, dass die antizipierten Hindernisse innerhalb und außerhalb des Familienkreises unterschiedlich gelagert sind (vgl. Tabelle 2 im Anhang). Bei den Verwandten stehen drei Fragen im Vordergrund: Was werden sie tun? Was werden sie über meine Familie denken? Was wird das in der Verwandtschaft auslösen?

Die Äußerungen der Schüler/-innen lassen eine klare Diskrepanz zwischen der Notwendigkeit der Thematisierung der Probleme und der Ängste vor der Ungewissheit der Reaktion der Verwandten erkennen, dass sie etwas tun könnten, das nicht der Intention des Kindes entspricht, wie zum Beispiel Dritte informieren oder die Eltern auf das Problem ansprechen oder wie es ein 12-jähriger Junge auf den Punkt bringt:

> „ Weil sie dann die Eltern fragen, ob das stimmt, dann wissen die Eltern, dass das Kind das erzählt hat, vielleicht wollen die Eltern das nicht, dass das andere wissen! (M, 12)

Den Befragten ist durchaus bewusst, dass Kinder familiäre Schwierigkeiten nicht nach außen tragen sollten, von ihnen die Einhaltung des Schweigegebots erwartet wird und die Verletzung dieser kulturellen Normen das Verhältnis zur Muter oder zu den Eltern beeinträchtigen könnte.

> „Es könnte sein, dass z. B. plötzlich die Mutter es raus bekommt, dass der Sohn diese Tatsache weiter erzählt und dann der Sohn darunter noch mehr leidet." (J, 16)

> „Sie könnten es unseren Eltern sagen und dann gibt es Krach mit mir, denn sie sagen bestimmt, die anderen brauchen es nicht zu wissen." (M, 14)

Auch Ängste, dass „man die Kinder in ein Heim steckt" (J, 14) treiben die Befragten um. Manche machen sich Gedanken, wer die richtige Adresse für solche Probleme wäre und äußern generelle Zweifel, ob Verwandte überhaupt die notwendigen Kompetenzen besitzen,

> „weil sie dann vielleicht etwas Falsches tun würden und somit alles schlimmer machen würden. Der Polizist oder ein Sorgentelefon kennen sich mit solchen Sachen besser aus." (M, 16)

Geradezu leitmotivisch taucht auch bei dieser Frage wiederum die Sorge um das Image der Familie auf. „Weil man die Eltern nicht gerne schlecht macht vor andern Leuten, gerade auch bei Verwandten." (M, 16) und weil die Verwandtschaftsverhältnisse durch schwierige Loyalitätskonflikte belastet würden, wenn die Verwandten erführen, dass der Vater die Mutter schlägt, stellt sich aus Sicht der befragten Schüler/-innen das Problem, dass individuelle Bedürfnisse der betroffenen Kinder und Jugendlichen gegenüber Familieninteressen abzuwägen wären. Noch komplizierter oder aussichtsloser kann sich die Lage darstellen bei bereits bestehenden Spannungen, die sich wiederum als Barriere für das Kind auswirken können, wie die Einschätzung eines 12-Jährigen zeigt:

> „weil meine Mutter meint von der Verwandtschaft meines Vaters, sie sei gegen sie und sie würden lachen. Mit der anderen Verwandtschaft könnte ich sehr gut darüber sprechen." (J, 12)

Einige Befragte geben auch zu Bedenken, dass betroffene Kinder und Jugendliche aus Scham und weil solche Probleme gewöhnlich nicht thematisiert werden, darüber schweigen würden:

> „Weil sie einem ziemlich nahe sind und es einem peinlich sein könnte, seine Gefühle und Gedanken zu erzählen." (M, 15) und

> „weil es nicht üblich ist, darüber zu reden." (J, 14)

Weitere Befürchtungen kreisen um die Frage, ob die Verwandten den betroffenen Kindern und Jugendlichen glauben würden, und ob sie das Problem verstehen würden. Dabei fällt auf, dass das Problem der Glaubwürdigkeit vor allem von Mädchen geäußert wird.

Auch vorgefasste gesellschaftliche Meinungen, wonach häusliche Gewalt „nur bei den anderen vorkommt", können aus Sicht der SchülerInnen für die Betroffenen zu einem Hindernis werden, das Gespräch mit den Verwandten zu suchen. Diese Resistenzen fassen die Befragten in Aussagen wie

> „da die Verwandten glauben, dass sie die Eltern kennen und es sich nicht vorstellen können, dass diese Person ‚gewalttätig' ist" (M, 15) oder

> „weil sie es nicht wahrhaben wollen, dass so etwas in ihrer Familie passiert, dass ihr Kind/ Bruder/Schwester so was tut."(M, 13)

Angesichts der vielfältigen Schwierigkeiten, die die Befragten für von häuslicher Gewalt betroffene Kinder sehen im Hinblick auf die Thematisierung ihrer familiären Situation mit den Verwandten, stellt sich die Frage, ob die Vorbehalte gegenüber LehrerInnen gleich gelagert sind und was Schule im Hinblick auf die psychosoziale Unterstützung dieser Kinder beachten sollte.

Warum könnte es schwierig sein, mit Lehrpersonen darüber zu sprechen?

Mit Lehrern/Lehrerinnen verbringen Schüler/-innen einen beträchtlichen Teil ihrer Zeit. Als Pädagogen und Pädagoginnen haben sie nicht nur einen Auftrag, Wissen zu vermitteln, sondern tragen auch Verantwortung für das Kindeswohl. Wie bereits gezeigt wurde, nehmen sie auf der Skala der Ansprechpersonen für von häuslicher Gewalt betroffene Kinder einen der letzten Ränge ein. Die überwiegende Mehrheit der 9-17-Jährigen sieht vor allem Schwierigkeiten: 37 % der Befragten sind der Meinung, dass es für betroffene Kinder nicht einfach wäre, mit Lehrpersonen über die Situation zu Hause zu reden und fast die Hälfte (48 %) findet es schwierig. Nur jede/r 7. Schüler/-in sieht wenige Probleme. Interessanterweise verläuft die Kurve über die Altersgruppen abnehmend. Während jedes 5. Primarschulkind im Alter zwischen 9 und 11 Jahren die Lehrperson ins Vertrauen ziehen würde, findet es nur noch jede/r 10. Schüler/-in im Alter zwischen 15 und 17 Jahren einfach.

Die Befragten betrachten Lehrpersonen in erster Linie als für die Wissensvermittlung zuständig und nicht als Vertrauenspersonen, an die man sich mit einem familiären Problem wenden würde. Wie auch bei den Verwandten wird wiederum argumentativ ins Feld geführt, dass häusliche Gewalt eine Privatsache ist und deshalb nicht in die Schule gehört.

> „Der Lehrer unterrichtet das Kind nur… er bringt uns etwas bei. Aber für familiäre Sachen ist er nicht zuständig.“ (M, 14)

> „Für viele Schüler sind Lehrer ja keine persönlichen Gesprächspartner. Sie sind einfach Lehrer und somit "Quälpersonen". Man will nicht, dass sie wissen was zu Hause abgeht.“ (M, 15)

Manche befürchten, dass die Thematisierung von häuslicher Gewalt die Eltern in ein schlechtes Bild rücken könnte und dies soziale und schulische Konsequenzen nach sich ziehen würde. Auch Zweifel, ob die Lehrperson das Problem verstehen würde und ob man Lehrern/Lehrerinnen vertrauen kann, beschäftigt einen Teil der Befragten. Die Älteren thematisieren zudem die soziale Distanz, die in der Oberstufe mit dem Fachlehrersystem zunimmt und bringen auch das Geschlecht der Lehrperson als entscheidungsrelevante Größe ins Spiel.

> „Es kommt immer darauf an, ob man Vertrauen in den Lehrer hat, ob es den Lehrer interessiert. Weil man zu Lehrern oft einen "Sicherheitsabstand" braucht. Also, finden manche sicher, dass das den Lehrer nichts angeht.“ (M, 15)

> „Weil man meist in der Oberstufe nicht so einen intensiven Beug zum Lehrer hat, aber noch eher zur Lehrerin als zum Lehrer.“ (M, 15)

Auch plötzlich ins Zentrum der Aufmerksamkeit zu geraten, selbst wenn dies gut gemeint ist und zur Lösung der misslichen Lage des Kindes beitragen soll, kann ambivalente Gefühle auslösen. Keine Rückzugsmöglichkeiten mehr zu haben, sich nicht mehr verstecken zu können, weil in der Schule der tägliche Kontakt unausweichlich ist, aber auch Angst vor positiver Diskriminierung durch Bevorzugung liegen den genannten Ambivalenzen zugrunde.

> „Weil sie einen großen Aufwand machen würden und es dann große Gespräche geben würde und man gar nicht gerne mit dem Lehrer spricht.“ (M, 17)

> „Weil man sie eigentlich fast immer vor Augen hat und ich persönlich möchte Schule und Privatleben trennen.“ (M, 13)

> „Weil die vielleicht dich dann bevorzugen. Das ist für dich nicht schlimm, aber mit der Zeit merken das die Mitschüler und dann könnten sie ihn/sie ausschließen.“ (J, 13)

Während die Befragten starke Zweifel äußerten, ob die Verwandten einem Kind oder Jugendlichen glauben würden, setzen sie in Lehrer und Lehrerinnen vergleichsweise größeres Vertrauen und befürchten seltener, um die Glaubwürdigkeit ihrer Aussage kämpfen zu müssen. Jedoch beschäftigt sie die Frage sehr, wie die Lehrperson mit den Informationen umgehen würde und welche Konsequenzen dies für sie selbst und für die Eltern hätte. Das Spektrum umfasst Befürchtungen, die Lehrperson würde die Informationen weitererzählen und Straf- sowie Kindesschutzbehörden würden eingeschaltet, mit der Folge, dass die Kinder möglicherweise von den Eltern getrennt werden.

> „Weil man dann vielleicht Angst hat, dass man von den Eltern weggenommen wird oder was dann mit den Eltern passiert." (M, 15)

> „Die würden evt. dem Jugendamt Bescheid sagen und die Kinder von den Eltern wegholen." (M, 13)

> „Weil die Eltern dann vielleicht das Sorgerecht verlieren." (M, 14)

> „Weil die dann zur Polizei gehen würden und man will dem Vater bzw. Mutter nichts Schlechtes tun." (M, 13)

> „Weil man Angst hat, dass es dann Konsequenzen haben wird, wie Scheidung oder Gefängnis." (J, 13)

Kinder und Jugendliche haben, so wird deutlich, große Angst davor, dass über ihren Kopf hinweg entschieden wird, sie nicht in Entscheidungsprozesse einbezogen werden und Dinge geschehen, die das betroffene Kind nicht möchte.

Schlussfolgerungen

Die Thematisierung von Gewalt in der Elternbeziehung sowie der Zugang zu Hilfe und Unterstützung ist – so zeigt die Befragung der 1400 SchülerInnen – für von häuslicher Gewalt betroffene Kinder und Jugendliche mit zahlreichen Bedenken belegt. Verschiedene Strukturprobleme des gesellschaftlichen Umgangs mit häuslicher Gewalt spiegeln sich auch in der Wahrnehmung der befragten Kinder und Jugendlichen wider. Die Frage der Thematisierung der zu Hause erlebten Situation scheint nicht mehr durchgängig mit massiven Tabus belegt zu sein, was auf einen aufgebrochenen Privatisierungsdruck verweist, aber die antizipierten Bedenken und Ambivalenzen sind immer noch beträchtlich. Die größten kulturellen Barrieren stellen Zweifel an der vertraulichen Behandlung der Informationen, Sorge um das Image der Familie und die Vorstellung, dass es sich bei häuslicher Gewalt um ein privates Problem handelt, dar.

Interessanterweise sind diese Bedenken bei Jungen und Mädchen nicht immer gleich gelagert. Während Jungen eindeutig häufiger einen Imageverlust der Familie befürchten, sollte die Gewaltproblematik nach außen dringen und sie das Problem stärker als familieninterne Angelegenheit betrachten, stehen bei Mädchen deutlich häufiger Ängste vor der Unberechenbarkeit der Reaktionen Dritter im Vordergrund, dass die ins Vertrauen gezogene Person das Problem nicht versteht oder dem Kind nicht geglaubt würde. Es zeigt sich, dass Mädchen deutlich skeptischer sind als Jungen. Warum dies der Fall ist, müsste in weiteren Studien eruiert werden, eine mögliche Erklärung wäre, dass Jungen die Komplexität des Problems unterschätzen, während Mädchen sich stärker des Bedrohungsproblems und der Loyalitätskonflikte bewusst sind und diese eher reflektieren.

Insgesamt bietet die Untersuchung aufschlussreiche Einblicke, wie Kinder und Jugendliche von Gewaltbereitschaft überlagerte Geschlechter- und Generationenverhältnissen sehen, die auch Kinder vor anspruchvolle Aushandlungsaufgaben stellen. Während für Kinder und Jugendliche Bedürfnisse nach Schutz, Sicherheit, sich einer vertrauten Person mitteilen zu können im Vordergrund stehen, verweisen die artikulierten Vorbehalte auf komplexe Reflexionsprozesse, die die Abwägung individueller Bedürfnisse gegenüber Familien- und Verwandtschaftsinteressen verlangen. Die Frage, welche Konsequenzen die Thematisierung der familiären Probleme haben könnte, wiegt schwer; Entscheidungen zur Thematisierung der misslichen Lage würden die meisten Kinder und Jugendlichen an verschiedene Bedingungen knüpfen. Die Tatsache, dass sie Lehrpersonen eigentlich vertrauen würden, aber bislang keine Erwartungssicherheit besteht und sie drastische, aber wenig realistische Konsequenzen befürchten (wie Heimunterbringung, Entzug des Sorgerechts der Eltern, Gefängnis für den Vater), denn in der Regel kommt es nicht zu solchen Maßnahmen, unter anderem, weil Instrumente wie das Gewaltschutzgesetzt auch eine frühzeitige Interventionen abzielen, verweist auf notwendige Präventionsanstrengungen. Diese Unsicherheiten könnten durch fachgerechte Informationen über häusliche Gewalt und Interventionsmöglichkeiten sowie durch die Entwicklung von klaren Vorgehensweisen und deren transparente Kommunizierung ausgeräumt werden. Wie die Untersuchung zeigt, würden es immerhin sechs von zehn der befragten SchülerInnen begrüßen, wenn sie in der Schule über die Problematik umfassend aufgeklärt würden.

Anhang

Tabelle 2: Warum könnte es schwierig sein, mit Verwandten darüber zu sprechen? (nach Geschlecht)

	weiblich N=558		männlich N=479		Total N=1037	
	n	in %	n	in %	n	in %
Unberechenbarkeit der Reaktion (würden es weitererzählen, die Eltern würden es erfahren)	157	28.1	140	29.2	297	28.6
würden schlecht über Familie denken, Scham	119	21.3	103	21.5	222	21.4
Wissen um Loyalitäten in der Familie	134	24.0	83	17.3	217	20.9
würden es nicht glauben	108	19.4	53	11.1	161	15.5
würden Problem nicht verstehen	68	12.2	61	12.7	129	12.4
würden nicht helfen	33	5.9	23	4.8	56	5.4
geht sie nicht an	22	3.9	19	4.0	41	4.0
Nicht-Verfügbarkeit (zeitlich, geograpisch)	11	2.0	21	4.4	32	3.1
haben das gleiche Problem	20	3.6	10	2.1	30	2.9
unerwünschtes Mitleid	6	1.1	6	1.3	12	1.2
Total	678		519		1197	

Bemerkungen: Mehrfachnennungen möglich, missing: 368

Tabelle 3: Warum könnte es schwierig sein, mit der Lehrperson darüber zu sprechen? (nach Geschlecht)

	weiblich N=577		männlich N=505		Total N=1082	
	n	in %	n	in %	n	in %
Rolle der Lehrperson (keine Vertrauensperson, ist WissensvermittlerIn)	189	32.8	144	28.5	333	30.8
ist Privatsache, geht Lehrperson nichts an	157	27.2	158	31.3	315	29.1
Unberechenbarkeit der Reaktion, würde es weitererzählen	132	22.9	79	15.6	211	19.5
würde schlecht über Familie denken, Scham	77	13.3	64	12.7	141	13.0
würde Problem nicht verstehen	54	9.4	55	10.9	109	10.1
Lehrperson kann keine Hilfe bieten	30	5.2	22	4.4	52	4.8
Angst Lehrperson verändert Verhalten gegenüber SchülerIn	20	3.5	15	3.0	35	3.2
würde es nicht glauben	13	2.3	6	1.2	19	1.8
Total	672		543		1215	

Bemerkungen: Mehrfachnennungen möglich, missing: 323

Barbara Kavemann

Gewalt in der Beziehung der Eltern - Information und Prävention für Kinder und Jugendliche

Ergebnisse der Evaluation unterschiedlicher Präventionsstrategien: Schulische Präventionsworkshops und eine interaktive Ausstellung[36]

Einleitung

Die Mitbetroffenheit von Kindern bei Gewalt in der Beziehung der Eltern – häuslicher Gewalt – konnte in den vergangenen zehn Jahren als ein Thema des Kinderschutzes etabliert werden. Neben einer Vielzahl an internationalen Forschungsarbeiten (vgl. Kindler 2002, 2006e) wurden in Deutschland vereinzelt Unterstützungsangebote erprobt (Seith/Kavemann 2010; GIG-net 2008) und Initiativen der Prävention entwickelt. Um möglichst viele Kinder und Jugendliche zu erreichen, wurde Prävention im schulischen Kontext angeboten.

Das Thema Gewaltprävention hat längst Einzug in die Institution Schule gehalten. Es ist verankert in Leitbildern, Lehrplänen und wird von Schulleitungen, Lehrkräften sowie Eltern, Schülerinnen und Schülern für wichtig erachtet. Es gibt Publikationen und Internetportale, an vielen Schulen gehören Streitschlichter, Anti-Gewalt-Trainings, Mobbing-Sprechstunden und Schulprojekte gegen Gewalt zum pädagogischen Alltag.

Während Schule einerseits damit befasst ist, Gewalt innerhalb der Schule zu bearbeiten, treten die Präventionsfachleute mit dem Thema häusliche Gewalt von außen an die Schule heran und fordern sie auf, auch die Folgen einer Form der Gewalt in den Blick zu nehmen, der Kinder und Jugendliche zuhause ausgesetzt sind und die – vergleichbar der Kindesmisshandlung und dem sexuellen Missbrauch – Belastungen mit sich bringt, die die Konzentrations- und Lernfähigkeit sowie das Sozialverhalten stark beeinträchtigen können und somit Lehrkräfte und die Institution Schule herausfordert. Eine enge Kooperation mit der Jugendhilfe und dem lokalen Unterstützungsnetzwerk sowie Basiskenntnisse bei Schulleitung und Kollegium sind Voraussetzung dafür, dass Probleme nicht isoliert betrachtet oder Auswirkungen von Gewalt individualisiert und den Kindern und Jugendlichen angelastet werden.

Die folgenden drei in den letzten Jahren evaluierten schulischen Präventionsvorhaben zum Thema häusliche Gewalt haben zum Ziel, Barrieren im Zugang von Kindern und Jugendlichen zu Hilfe und Unterstützung abzubauen und „zur Enttabuisierung und zur Schärfung des Unrechtsbewusstseins gegen häusliche Gewalt" (Köberlein 2009) beizutragen, indem diese Gewalt zum Thema schulischer Bildungsmaßnahmen gemacht wird. Konzeptionell

36 Dieser Text wurde in Kindesmisshandlung und Vernachlässigung Heft 2/2012 veröffentlicht

wählten sie eine jeweils eigene Form: Workshops mit unterschiedlicher thematischer Gewichtung und eine interaktive Ausstellung.

Präventionsprojekt der Berliner Initiative gegen Gewalt an Frauen e.V., BIG

Das BIG-Präventionsprojekt[37] bietet Präventionsworkshops in vierten, fünften Klassen von Berliner Grundschulen an vier Schulvormittagen an. Das thematische Spektrum geht vom alltäglichen Erleben von Streit und Gewalt in der Schule aus, greift weitere Aspekte von Gewalt und Hilfesuche auf – und konzentriert sich am letzten Tag ganz auf Gewalt in der Beziehung der Eltern. Das Konzept sieht in der Vorbereitung der Präventionsworkshops eine Fortbildung für Lehrkräfte unter Einbezug des zuständigen Jugendamtes vor, die die Kooperation von Schule und Jugendhilfe fördern soll. Weiterhin wird ein Elternabend durchgeführt, in dem Informationen zu häuslicher Gewalt und Unterstützungsangeboten gegeben und die Eltern über die Arbeit mit den Kindern informiert werden. Eine Evaluation wurde während der Modellphase von 2006 bis 2008 durchgeführt. Die Perspektive und Einschätzung aller Beteiligter wurde eingeholt: Lehrkräfte, Jugendamtsmitarbeiter/-innen, Mütter und Väter, Mädchen und Jungen. Das Konzept wurde durch eine breite Akzeptanz aller Beteiligter bestätigt.

Mädchen und Jungen zeigten nachhaltige Lernerfolge auf die relativ kurze Frist von vier bis elf Wochen zur nachgehenden Befragung. Wichtig waren ihnen vor allem die Informationen über Unterstützungsangebote für Kinder und Jugendliche. Der Zugang zu Hilfe wurde durch die Kindersprechstunde am Ende der Workshops noch zusätzlich erleichtert. Kritisch zu sehen waren signifikante Unterschiede in der Einschätzung der Workshops und der gewählten Rollenspielbeispiele nach Alter und Geschlecht. Modifikationen wurden zur Erhöhung der Akzeptanz bei Jungen vorgeschlagen sowie eine Anpassung an die Bedürfnisse der Fünftklässler.

Geschätzt wurden von Mädchen und Jungen die geschlechtsgetrennten Arbeitseinheiten:

> **Mädchen:** „Das ist besser, sonst lachen die Jungen." „Gut, denn die Jungs können über die Gefühle der Mädchen lachen und das finde ich bescheuert." „Gut, weil Mädchen und Jungs andere Probleme haben." „Ich fand es gut, weil man sich sicher fühlt." „Ich fand das gut, denn wenn wir eine Gruppe wären, dann würden viele Mädchen nicht so viel zugeben."

> **Jungen:** „Sehr gut, weil man sich nicht so schämt." „Sehr gut, weil Jungszeit war." „Sehr gut, weil wir unter uns waren." „Es war perfekt! Keine Mädchen in der Klasse hätte bestimmt mehr Spaß gemacht, weil es kein Gelabere gibt."

37 Informationen zum Projekt und eine Dokumentation unter http://www.big-praevention.de/sites/default/files/bak/veroeffentlichungen/broschueren/pdfs/BIG-PraevProjekt2008.pdf

Eine Besonderheit dieses Konzeptes war auch die Kindersprechstunde nach dem letzten Workshop. Hier hatten Mädchen und Jungen die Möglichkeit, unter vier Augen mit den Workshopleiter/-innen zu sprechen. In einigen Fällen wurde daraufhin Kinderschutz eingeleitet.

„Empowering Youth – Kinder-Stärken" gegen häusliche Gewalt im Kontext von Schule und Jugendarbeit in Deutschland, Österreich und Ungarn

Das Projekt wurde über das europäische Daphne-Programm gefördert. Partnerländer waren Deutschland, Österreich und Ungarn.[38] Der Deutsche Partner war der Paritätische Landesverband Baden-Württemberg. Das Präventionsangebot in Form von Workshops richtete sich an Schulklassen und Jugendgruppen der Altersgruppe von zwölf bis 16 Jahren. Ausgehend von der vorliegenden Erkenntnis, dass Kinder und Jugendliche sich zuallererst ihren Freundinnen und Freunden anvertrauen, wurden die teilnehmenden Mädchen und Jungen als peer confidants angesprochen. Mit einem Fragebogen wurden sie anonym befragt und ihre Akzeptanz sowie ihre Handlungsoptionen erhoben. Projektpartner waren: TIMA e. V. – Tübinger Initiative für Mädchenarbeit; PfunzKerle e. V. – Initiative für Jungen- und Männerarbeit, Tübingen; NANE – Frauenrechtsorganisation, Budapest; AÖF – Informationsstelle gegen Gewalt, Wien.

Zur Evaluation der Präventionsworkshops wurde in allen drei Ländern eine anonyme und freiwillige Fragebogenerhebung unter den Kindern und Jugendlichen durchgeführt (N=794). Sie zeigte, dass häusliche Gewalt ein Thema ist, das fast der Hälfte der Kinder/Jugendlichen aus dem eigenen Freundes- und Bekanntenkreis bekannt war. Mehr als drei Viertel der Befragten – insbesondere Mädchen – fanden es gut, dass Workshops zum Thema häusliche Gewalt an der Schule bzw. in der Jugendgruppe durchgeführt wurden. Mit Abstand am häufigsten würden sich die Befragten mit diesem Familienproblem an Freunde und Freundinnen wenden (81 %). Fast alle Befragten zeigten nach den Workshops eine hohe Bereitschaft, betroffene Freundinnen und Freunde emotional zu unterstützen. Fast alle gaben an, dass man sich bei diesem Problem Hilfe holen solle und viele würden dabei behilflich sein. Die Bereitschaft der Mädchen zu Peer-Unterstützung war tendenziell höher als die der Jungen und die Bereitschaft, sich mit einem derartigen Problem an Behörden zu wenden, war länderspezifisch unterschiedlich ausgeprägt (Köberlein 2009: 11).

---

38 Informationen zum Projekt und ein Abschlussbericht unter: http://www.empowering-youth.de

„Endlich kommt jemand und tut etwas" – Für mehr Kinderschutz bei häuslicher Gewalt in Baden-Württemberg

Bereits 2004 startete die Baden-Württemberg Stiftung das Programm „Kinder als Zeugen und Opfer häuslicher Gewalt". Mit fachlich qualifizierten Angeboten wurden Kinder bei der Aufarbeitung ihrer Gewalterfahrungen unterstützt: durch aufsuchende Krisenintervention und Krisenbegleitung, Einzeltherapie, sozialpädagogische oder psychologische Gruppenangebote für Kinder sowie begleitende Mütterarbeit. 2006 wurde das Nachfolgeprogramm „Gegen Gewalt an Kindern – gemeinsam für mehr Kinderschutz bei häuslicher Gewalt" aufgelegt.[39] Landesweit wurden elf Modellprojekte für die konzeptionelle und inhaltliche Entwicklung und Durchführung von niedrigschwelligen Präventions- und Informationsangeboten zum Thema häusliche Gewalt gefördert.

Die Auswertungen der Vorher-Befragung und Nachher-Befragung von 200 Schülerinnen und Schülern dritter und vierter Klassen sowie der Vergleich der Ergebnisse beider Befragungen zeigten überwiegend einen Erfolg der evaluierten Präventionsprojekte. Die Schülerinnen und Schüler hatten in erheblichem Maße gelernt. Sie hatten mehrheitlich ein Verständnis von häuslicher Gewalt als einer Gewalt in intimen Beziehungen Erwachsener erworben und wissen, dass diese Gewalt Unrecht und strafbar ist. Mehrheitlich haben sie die Haltung angenommen, diese Gewalt nicht als reine Privatsache oder als Familiengeheimnis anzusehen, sondern sie wussten, dass sie andere Personen oder Institutionen ansprechen und sich Hilfe holen dürfen. Im Rahmen einiger Projekte wurden ihnen institutionelle Anlaufstellen und Unterstützungsangebote vorgestellt oder sie hatten sie in ihrer Stadt im Rahmen von Info-Rallyes besucht. Sie haben Kenntnisse über das Hilfesystem erworben und Informationen in Form von Scheckkarten mit Telefonnummern oder Informationsbroschüren bekommen. Die Kinder haben auf diesem Weg an Handlungsmöglichkeiten bezogen auf hypothetische Situationen häuslicher Gewalt gewonnen.

Die große Mehrheit der Mädchen und Jungen konnte sagen, an wen sie sich selbst in einer Situation häuslicher Gewalt wenden würden. Überwiegend würden sie Personen ihrer Familie und ihres näheren sozialen Bezugsrahmens ansprechen. Institutionen wie Polizei, Jugendamt oder Schulsozialarbeit stiegen nach den Workshops in der Rangfolge der möglichen Ansprechpartner aber an. Lehrpersonen hatten an Akzeptanz bei den Kindern als Ansprechpartner gewonnen. Hier kann weiter angesetzt werden. Der Einbezug von Lehrkräften und Schulsozialarbeit in die Präventionsworkshops sowie Aufklärung für Schulpersonal und Eltern sind Initiativen, die den präventiven Ansatz über die Zielgruppe der Kinder hinaus in ihr soziales Umfeld und in die Institution tragen.

39 Abschlussbericht unter: http://www.bwstiftung.de/uploads/tx_ffbwspub/Gegen_Gewalt_an_Kindern.pdf

Einer kritische Betrachtung der Zielsetzung der begleiteten Präventionsprojekte zeigte: Sind Ziele nicht auf die Vermittlung von Kenntnissen zu häuslicher Gewalt und den Möglichkeiten der Hilfesuche zugespitzt, dann bleibt das Thema häusliche Gewalt diffus, es fehlt an konkreter Wissensvermittlung. Das Gleiche kann passieren, wenn das Thema so in allgemeine Gewaltprävention eingebettet ist, dass es kein eigenes Profil bekommt (vgl. Seith/Kavemann 2010: 213).

Neue Ergebnisse: Evaluation der interaktiven Ausstellung „Echt Fair"

Die Ausstellung wurde von BIG – Koordinierung bei häuslicher Gewalt Berlin gemeinsam mit PETZE - Präventionsbüro e. V. Kiel konzipiert. Sie ist die dritte in einer Reihe von Ausstellungen zur Gewaltprävention. Ihre Vorgängerinnen waren „Echt Klasse" und „Echt stark" zum Thema sexueller Missbrauch.[40]

Die Ausstellung wird in Berlin und bundesweit von BIG Prävention – Präventionsarbeit zum Thema häusliche Gewalt an Grundschulen für Kinder, deren Eltern und Pädagog(inn)en[41] eingesetzt und verliehen. PETZE e. V. übernimmt dies für Schleswig-Holstein.

„Die Ausstellung will bei Kindern und Jugendlichen ein Bewusstsein dafür schaffen, dass sie ein Recht auf eine gewaltfreie Erziehung und auf freie Entfaltung ihrer Persönlichkeit haben. Dies gilt nach dem Gesetz für alle Jungen oder Mädchen – unabhängig von ihrer Kultur oder Religion. Werden Kinder und Jugendliche Zeugen oder Opfer von Gewalt, zeigt die Ausstellung Wege auf, wie und wo sie Hilfe, Unterstützung und Schutz erhalten."[42]

Sie ist konzipiert für Schülerinnen und Schüler ab der fünften Klasse und richtet sich damit an Ältere als andere Präventionsinitiativen. Sie stellt für Schulleitung, Lehrkräfte, Eltern und Kinder umfangreiches Begleitmaterial zur Verfügung.

Die Ausstellung besteht aus sechs Stationen, an denen in spielerischer Form wie Quizfragen oder Möglichkeiten zum Anhören bzw. zum Ausprobieren Information geben. Die Stationen thematisieren Gewalt, Streit, Gefühle, Beziehung, Hilfsangebote und Kinderrechte.[43]

---

40 http://www.petze-kiel.de/ausstellungen.htm

41 http://www.big-berlin.info/medien/echt-fair

42 http://www.petze-kiel.de/fair.htm

43 http://www.petze-kiel.de/pdf/fair/Infos_Ausstellung/2011_11_01_%20Konzept_zur_Ausstellung_ECHT_FAIR.pdf und http://www.big-berlin.info/medien/echt-fair

Datenerhebung

Kindern und Jugendlichen, die mit ihrer Klasse oder Jugendgruppe die interaktive Ausstellung besuchten, wurden Fragebögen ausgehändigt, die von ihnen anonym ausgefüllt und dann eingeworfen wurden. Ausgewertet wurden 1227 Fragebögen. Die Geschlechterverteilung war sehr ausgewogen: 592 Fragebögen wurden von Mädchen und 581 von Jungen ausgefüllt, in 54 Bögen wurden keine Angaben zur Geschlechtszugehörigkeit gemacht.[44]

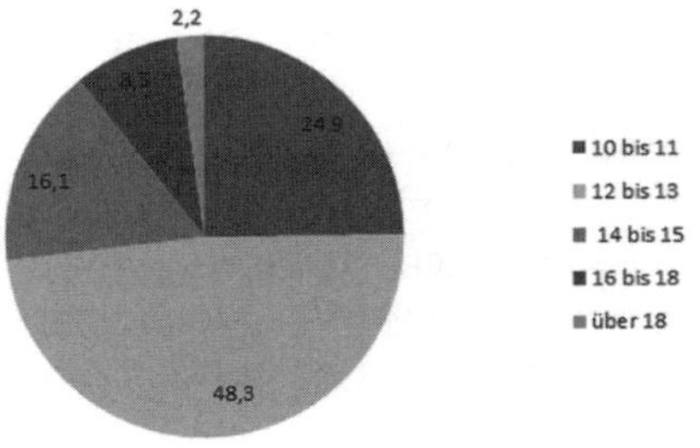

Abb. 1 Altersverteilung, in %, n=1096
Quelle: Kavemann 2012, Auswertung der Befragung von Besucherinnen und Besuchern der Ausstellung „Echt Fair"

Die Verteilung nach Klassen entsprach der avisierten Zielgruppe der älteren Schulkinder. Mehrheitlich handelte es sich um Schülerinnen und Schüler der 5. bis 7. Klassen.

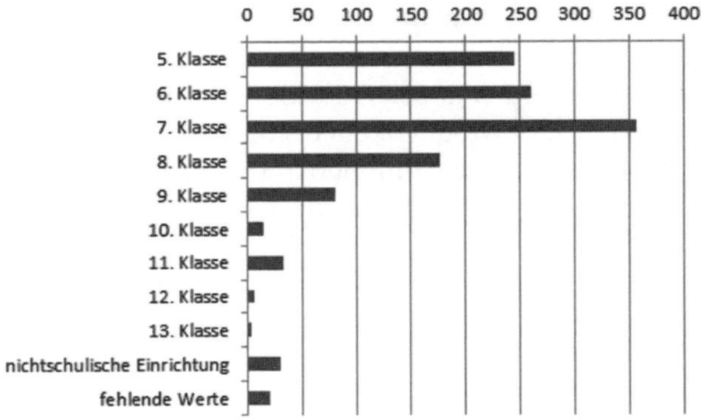

Abb. 2 Klassenstufen, n=1217
Quelle: Kavemann 2012, Auswertung der Befragung von Besucherinnen und Besuchern der Ausstellung „Echt Fair", in abs. Zahlen

44 Eine Alternative zu den beiden Geschlechterkategorien war nicht angeboten worden.

Die Schülerinnen und Schüler kamen mehrheitlich von Gesamtschulen (45,9 %) und Realschulen (15,9 %). Hauptschulen waren mit 7,8 % deutlich seltener vertreten und Förderschulen 3,1 % noch weniger. Die kleinste Gruppe kam mit nur vier Schülern/Schülerinnen aus Gymnasien. Obwohl die Ausstellung für weiterführende Schulen konzipiert und angeboten wurde, besuchten sie auch Grundschulen zu 19,6 %.

Unter den älteren Besucher/-innen waren auch Schüler/-innen aus dem Berufskolleg, der Berufsschule sowie von Fachschulen oder Fachoberschulen.

Wie erlebten die Mädchen und Jungen die Ausstellung

Die Mädchen und Jungen wurde danach gefragt, wie sie die Ausstellung fanden und wie sie sie bewerten würden. Hierbei wurde sowohl die emotionale Ebene einer Aktivität außerhalb des regulären Unterrichts angesprochen (Es hat Spaß gemacht), als auch der Lerneffekt einer von der Schule organisierten Aktivität (Ich bekam neue Informationen/ich konnte was lernen).

Der Lerneffekt überwog den Spaßfaktor (59 % im Unterschied zu 49 %). Nur ein gutes Drittel (34,8 %) gab an, dass sie die Ausstellung spannend fanden, aber nur wenige (13,6 %) sagten, sie habe sie nicht interessiert und 19,6 % fanden sie langweilig. Offenbar muss ein solches Angebot nicht spannend sein, um auf ausreichendes Interesse zu stoßen. Die generelle Ablehnung der Thematik ist kaum als Grund zu sehen für eine ablehnende Haltung. Nur 10 % kreuzten an: ich mag solche Themen nicht.

Bei einigen Fragen hinsichtlich des Erlebens zeigten sich signifikante Unterschiede zwischen Jungen und Mädchen: [45]

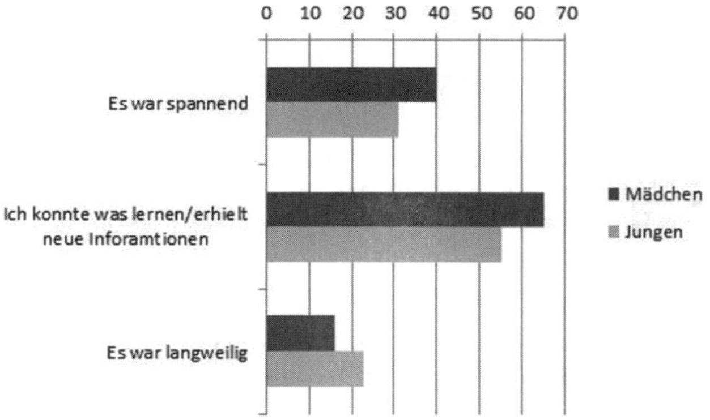

Abb. 3 Signifikante Unterschiede nach Geschlecht beim Erleben der Ausstellung (in %, n=1173)
Quelle: Kavemann 2012, Auswertung der Befragung von Besucherinnen und Besuchern der Ausstellung „Echt Fair“

45 P<,005

Interessant ist eine Differenzierung nach Altersgruppen. Je älter die Besucherinnen und Besucher der Ausstellung waren, desto seltener fanden sie die Ausstellung spannend, hatten den Eindruck, etwas Neues zu erfahren bzw. lernen zu können oder hatten Spaß.[46] Allerdings sieht es für die jungen Erwachsenen anders aus: Sie fanden den Besuch der Ausstellung spannender als die Jüngeren und sie hatten auch mehr Spaß daran als die 14- bis 16-Jährigen. Sie fanden sie seltener langweilig oder uninteressant als die Jüngeren. Offenbar sehen sie die Ausstellung für Kinder und Jugendliche aus einer eher erwachsenen Perspektive und hatten weniger den Eindruck, sich gegen die Zumutung einer kindlichen Präsentation wehren zu müssen, als manche Jugendliche.

„War blöd" – „War cool" – Wie bewerten Mädchen und Jungen die Ausstellung?

Die Bewertung der Ausstellung wurde sowohl in einer offenen Frage als auch in einer formalen Skala erhoben.

165 Schülerinnen und Schüler trugen ihre Einschätzung der Ausstellung in die offene Antwortmöglichkeit ein. 65 Antworten fielen positiv aus, 51 negativ und 45 Antworten wurden einer „ja-aber"-Kategorie zugeordnet.

Beispiele für die Bewertung der Mädchen und Jungen.

Positiv Kommentare
Bei den positiven Bewertungen finden sich die beiden oben bereits angesprochenen Seiten der Ausstellung wieder: Der Spaßfaktor und der Lerneffekt.

„Es hat Spaß gemacht", „Es war cool", „Es war lustig", „Es waren tolle Sachen zu sehen", „Man konnte sich selbst testen und etwas ausprobieren".

„Es hat mich interessiert", „Ich weiß jetzt, wann ich die Polizei rufen darf", „Ich fand es gut, dass es so viele Gesetze gegen Gewalt gibt" oder *„Ich habe gelernt, dass Gewalt keine Lösung ist".*

Bei einigen Mädchen und Jungen reichte die Aufmerksamkeitsspanne offenbar nicht für die ganze Zeit, sie beklagten, dass es am Ende langweilig wurde.

Negative Kommentare
Es gab Statements genereller Ablehnung wie *„Es war Scheiße und langweilig", „Es war blöd und Schrott"* oder *„Es war langweilig"*. Daneben aber auch differenzierte Kritik. Einige Schülerinnen und Schüler beklagten die Rahmenbedingungen:

- Sie konnten sich nicht konzentrieren oder die Sprachaufzeichnungen an den Spielstationen nicht hören, weil es zu laut war,

46 p=,000 bzw. p= ,002

- der Raum war zu klein, sodass einige gar nicht alles sehen oder ausprobieren konnten,
- es gab keine ausreichenden Erklärungen,
- die Zeit war zu kurz.

Andere Kritik machte sich daran fest, dass die Darstellungen zu kindisch und dem Alter der Besucherinnen und Besucher nicht angemessen waren.

Unentschiedene Kommentare
Andere Anmerkungen auf den Fragebögen lauteten: *„Ich fand es nicht schlecht, aber auch nicht gut", „so la la".*

Die restlichen vier Antworten waren Kommentare, die keinen bewertenden Charakter hatten. Hier wiesen zwei Mädchen – 11 bzw. 19 Jahre alt – darauf hin, dass sie Gewalt (mit)erlebt hatten: *„Ich habe eine ähnliche Erfahrung." „Paar Dinge, die da vorkamen, kenne ich zu gut."*

Die Bewertung der Ausstellung sollte anhand der Schulnotenskala vorgenommen werden. Sie wurden sehr unterschiedlich vergeben. Nur knapp zwei Drittel der Schülerinnen und Schüler beantworteten diese Frage. Jugendliche gaben tendenziell schlechtere Noten als Kinder.

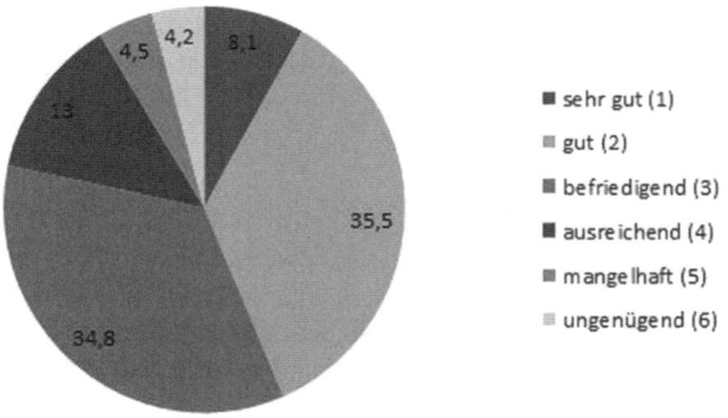

Abb. 4 Wie hat dir die Ausstellung gefallen? (in %, n=782)
Quelle: Kavemann 2012, Auswertung der Befragung von Besucherinnen und Besuchern der Ausstellung „Echt Fair".

Die Frage nach dem Gefallen ist von ihrer Bedeutung her eine Frage nach der Zufriedenheit. Einen Vormittag mit Spaß und Anregung verbracht zu haben, ist bei dieser Ausstellung zwar mit eingeplant, denn die Mädchen und Jungen sollen Bereitschaft entwickeln und sich auf die schwierige Thematik einlassen. Wichtiger aber als die Freude an der Veranstaltung ist die Information, die vermittelt wird. Bereits die hohe Anzahl derer, die angaben, sie hätten Neues erfahren und etwas gelernt, zeigt, dass dieses Ziel mit der Ausstellung erreicht wird. Der Fragebogen gab die Möglichkeit, anzugeben, welche der Informationen für die jugendlichen Besucher/-innen von besonderer Wichtigkeit waren und welche nicht. Die Frage wurde an den thematischen Spielstationen der Ausstellung festgemacht.

Abb. 5 Welche der verschiedenen Stationen findest du wichtig? (in %, N=1227)
Quelle: Kavemann 2012, Auswertung der Befragung von Besucherinnen und Besuchern der Ausstellung „Echt fair"

Die Gewichtung der Inhalte der Ausstellung zeigt signifikante Unterschiede nach Geschlecht. Während Mädchen alle Inhalte häufiger nennen als Jungen, ist den Jungen die Auseinandersetzung mit Gewalt und Verantwortung wichtiger.

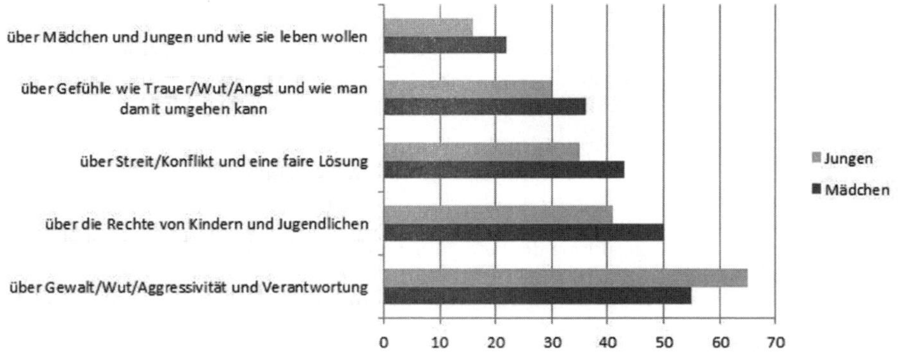

Abb. 6 Signifikante Unterschiede nach Geschlecht bei der Gewichtung der Inhalte (in %, N=1227)
Quelle: Kavemann 2012, Auswertung der Befragung von Besucherinnen und Besuchern der Ausstellung „Echt Fair"

Die Differenzierung nach Altersgruppen zeigt folgendes Bild:

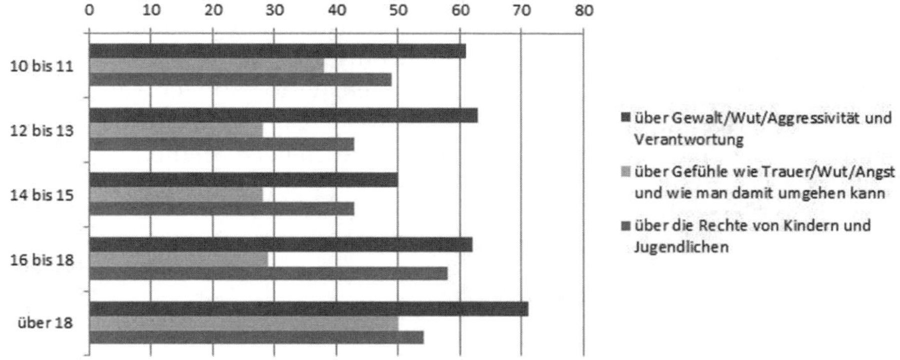

Abb. 7 Signifikante Unterschiede nach Alter bei der Gewichtung der Inhalte (in %, N=1227)
Quelle: Kavemann 2012, Auswertung der Befragung von Besucherinnen und Besuchern der Ausstellung „Echt Fair"

Es zeigt sich, dass Gefühle eine komplizierte Angelegenheit sind, die nicht ohne weiteres in dieser Situation im Klassenverband thematisiert werden können. Dafür dürfte das Setting einer geschlechtsgetrennten Gruppenarbeit sehr viel geeigneter sein (vgl. Kavemann 2008c). Wenn Gefühle wie Wut jedoch im Kontext von Gewalt und Verantwortung verortet werden, verlieren sie offenbar die abgelehnte „gefühlige" Qualität. Die jungen Erwachsenen fanden diese Inhalte für sich von mehr Interesse als die Jüngeren.

Was haben die Mädchen und Jungen gelernt?

Um den Effekt der Informationsvermittlung zu überprüfen, wurde nach den Formen der Gewalt gefragt, die in der Ausstellung angesprochen worden waren. Hintergrund dafür ist die häufige Beobachtung, dass das Miterleben von Gewalt in der Beziehung der Eltern nicht als Thema wahrgenommen wird, sondern hinter der Gewalt von Eltern gegen Kinder verschwindet. Die Ausstellung setzte Gewalt zwischen den Eltern als Schwerpunkt und rahmte das Thema durch andere für Kinder und Jugendliche relevante Aspekte.

Gewalt zwischen den Eltern wurde von 70 % der Schülerinnen und Schüler als ein Thema der Ausstellung benannt. Mit 62,2 % lag Gewalt von Eltern gegen Kinder an zweiter Stelle, Gewalt zwischen Kindern und Jugendlichen folgte mit 47,5 %. Das Thema der Befragung wurde offenbar im breiteren Spektrum der Ausstellungsthemen wahrgenommen.

Gefragt danach, welche Formen der Gewalt sie in der Ausstellung abgebildet bzw. thematisiert gesehen haben, benennen die Mädchen und Jungen vor allem körperliche Gewalt (74,8 %). Verbale Gewalt wird von gut der Hälfte erinnert (53,3 %). Sexuelle Gewalt (36.9 %) und psychische Gewalt (24,4 %) weniger oft. Je älter die Besucherinnen und Besucher waren, desto eher nahmen sie die Themen sexuelle Gewalt und psychische Gewalt wahr.

Eine Vorbereitung in der Klasse hatte es für über die Hälfte der Schülerinnen und Schüler gegeben. Je jünger sie waren, desto häufiger war der Ausstellungsbesuch in der Klasse vorbereitet worden.[47] Signifikante Unterschiede zeigten sich hier nicht nur nach Alter, sondern auch nach Schultyp:

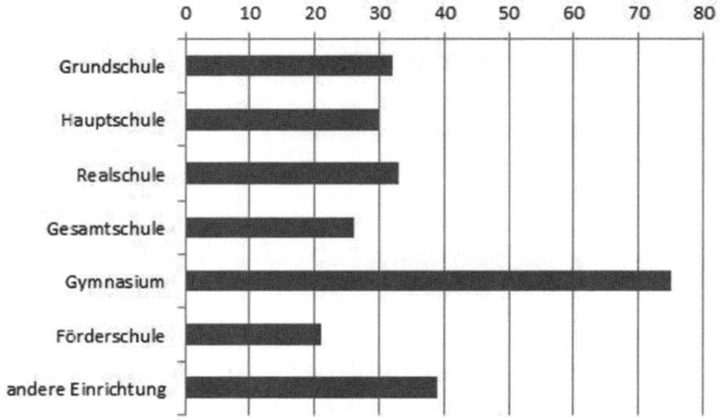

Abb. 8: Vorbereitung auf den Ausstellungsbesuch nach Schultyp (in %, n=1217)
Quelle: Kavemann 2012, Auswertung der Befragung von Besucherinnen und Besuchern der Ausstellung „Echt Fair"

Kennen die Mädchen und Jungen Fälle von Gewalt?

Die Problematik von Gewalt in Familien ist vielen der Schülerinnen und Schüler bekannt und sie nehmen sie in ihrem Umfeld wahr. Wenn die Antworten „ja" und „vielleicht" zusammengezählt werden – also die Gewissheit und die Vermutung, dass diese Gewalt stattfindet –, dann kennen 43 % der Befragten Fälle von Gewalt zwischen Eltern und 50 % Fälle von Gewalt gegen Kinder in ihrer Umgebung. Je älter die Mädchen und Jungen waren, desto eher wissen sie von Gewalt in ihrem sozialen Nahraum. Kinder sind oft noch unsicher und geben eher „vielleicht" an, Ältere sind deutlich sicherer in ihren Wahrnehmungen.[48]

47 p=,010

48 p=,000 bzw. ,001

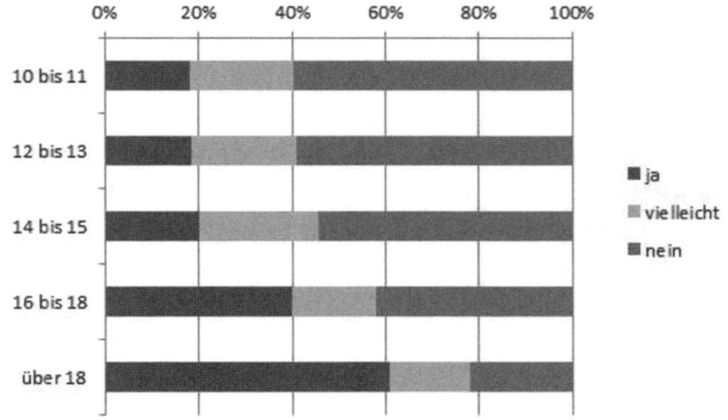

Abb. 9 Kenntnisstand zu häuslicher Gewalt im eigenen Umfeld nach Altersgruppen (in %, N=127)
Quelle: Kavemann 2012, Auswertung der Befragung von Besucherinnen und Besuchern der Ausstellung „Echt Fair"

Ganz ähnlich ist der Kenntnisstand zu Gewalt von Eltern gegen Kinder.

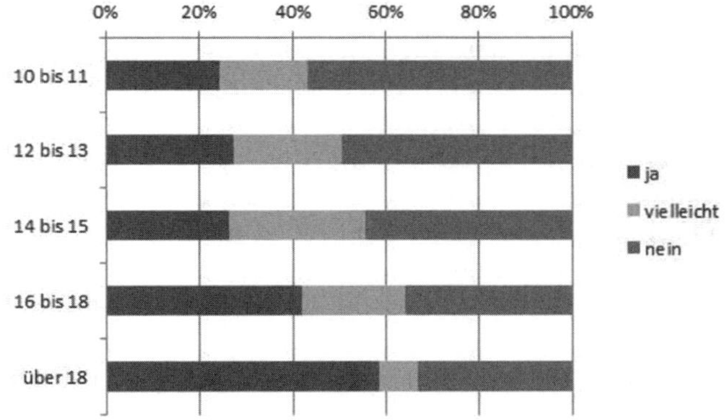

Abb. 10 Kenntnisstand zu Gewalt von Eltern gegen Kinder im eigenen Umfeld nach Altersgruppen (in %, N=127)
Quelle: Kavemann 2012, Auswertung der Befragung von Besucherinnen und Besuchern der Ausstellung „Echt Fair"

Schülerinnen und Schüler aus Gymnasien gaben an, keine Fälle von Gewalt zwischen Eltern zu kennen, die aus Förderschulen hingegen bejahten die Frage zu 30 %, weitere 23 % hatten eine dahingehende Vermutung, womit diesen Mädchen und Jungen das Problem mehrheitlich nahe ist.[49] Bei der Frage nach Gewalt gegen Kinder waren die Unterschiede nicht so ausgeprägt.

49 p=,000

Was sollen / was können Kinder und Jugendliche tun bei Gewalt zwischen den Eltern?

Die Frage nach den Handlungsoptionen der Mädchen und Jungen und ihrer Einschätzung der Thematik Gewalt zwischen den Eltern ist von großer Bedeutung. Informationen über Gewalt sind ein Teil der Prävention. Sie allein greifen zu kurz, wenn keine Handlungsoptionen deutlich werden. Gefühle von Ohnmacht und Hilflosigkeit sollen nicht verstärkt, sondern durch das Aufzeigen von Wegen der Hilfesuche gemindert werden. Sich als handlungsmächtig zu erleben, ist ein zentrales Element wirksamer Prävention.

Sollen Mädchen und Jungen darüber reden?

Zuerst stellt sich die Frage nach der Offenbarungsbereitschaft: Reden Kinder und Jugendliche nicht über die Probleme zuhause, können sie keine Unterstützung finden.
Studien aus der Schweiz, Großbritannien und Deutschland haben Schülerinnen und Schüler befragt, ob Kinder und Jugendliche mit anderen darüber reden sollten, wenn es zwischen den Eltern Gewalt gibt. Alle Studien kommen zu dem gleichen Ergebnis, dass die Antworten mehrheitlich nicht eindeutig dafür oder dagegen sind, sondern die Entscheidung für oder gegen das darüber reden an bestimmte Bedingungen knüpfen: „Es kommt darauf an." Die Evaluationsbögen von „Echt Fair" stellten die Fragen im selben Wortlaut.

Das Ergebnis entspricht den bereits vorliegenden: Zwar sagen 39 % der Mädchen und Jungen, dass man darüber reden solle und nur 10,6 % sprechen sich dagegen aus, aber die Mehrheit (49 %) sagt, es komme darauf an. Mädchen sind signifikant stärker der Ansicht, dass man darüber reden solle.[50]

Diese gut empirisch bestätigte Haltung von Kindern und Jugendlichen zu Gewalt zwischen den Eltern zeigt, welche Bedeutung der öffentlichen Präsenz der Problematik zukommt. Wird gesellschaftlich nicht stärker dagegen gearbeitet, dass Gewalt in Paarbeziehungen nach wie vor überwiegend als Privatangelegenheit verstanden wird, bleiben die Mädchen und Jungen mit dieser familiären Belastung alleine.

50 p=,000

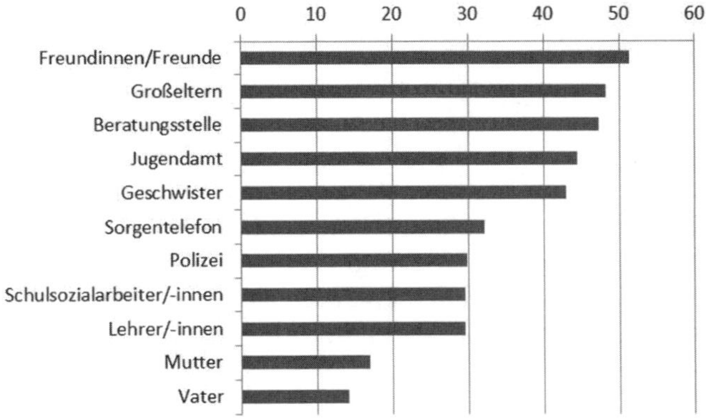

Abb. 11 Mit wem können Mädchen und Jungen über Gewalt zwischen den Eltern reden? (Rangfolge der Antworten in %, N= 1227)
Quelle: Kavemann 2012, Auswertung der Befragung von Besucherinnen und Besuchern der Ausstellung „Echt Fair"

Auch in dieser Befragung bestätigte sich, dass Mädchen und Jungen sich zuerst an Gleichaltrige wenden würden, wenn sie ein Problem wie die Gewalt in der Beziehung der Eltern ansprechen wollen.[51] Andere Kinder und Jugendliche – besonders die „beste Freundin" oder der „beste Freund" – sind für sie vertrauenswürdige Ansprechpartnerinnen und Ansprechpartner und dies umso öfter, je älter die Mädchen und Jungen sind. Die jungen Erwachsenen erreichten hier den höchsten Wert. Offenbar sind hier die Offenbarungshürden niedrig bzw. es geht von diesen Gesprächen nichts Bedrohliches aus. Fraglich ist jedoch, ob neben einer Entlastung durch die Aussprache, die Gleichaltrigen die notwendige Unterstützung geben können. Ein zentrales Ziel von Präventionsarbeit muss daher immer die Information von Kindern und Jugendlichen in der Breite sein, damit Freundinnen und Freunde über Hilfsmöglichkeiten informiert sind, wenn sie angesprochen werden.

Die wichtige Rolle von Großeltern zeigt sich wieder. Innerhalb einer Familie werden sie als Unterstützende bei Problemen erlebt.

Der Beratungsbereich wird in dieser Befragung sehr positiv positioniert: die Beratungsstellen für Kinder und Jugendliche stehen auf Platz drei noch vor dem anonymen Sorgentelefon auf Platz sechs. Erstaunlich – und erfreulich – positiv wird das Jugendamt gesehen. Es rangiert auf Platz vier. Bei dieser Einstufung sollte hinterfragt werden, was die Mädchen und Jungen über diese Einrichtung wussten. Es ist aber ein deutlicher Hinweis darauf, dass „das Jugendamt" für Kinder und Jugendliche kein Schreckensszenario darstellt, solange ihnen nicht damit gedroht wird.

Schulsozialarbeit und Lehrkräfte nehmen hintere Plätze ein. Schulsozialarbeit ist nicht flächendeckend vorhanden und damit vielen Schülerinnen und

51 p=,000

Schülern nicht vertraut. Lehrkräfte können Ansprechpersonen sein, wenn sie sich ernsthaft für das Leben und die Belastungen der ihnen anvertrauten Mädchen und Jungen interessieren und mehr wollen als Leistungsoptimierung.

Ob Lehrkräfte als Ansprechpersonen gesehen werden, hängt vom Schultyp ab.[52] Schülerinnen und Schüler der Förderschulen nennen sie mit 21 % an seltensten, die des Gymnasiums mit 75 % am häufigsten.

Die Eltern selbst, die ja als Gewalttätige und Gewalterleidende das Problem repräsentieren, kommen dementsprechend nur selten als Ansprechpersonen für ihre Töchter und Söhne in Frage.

Was sollen Mädchen und Jungen tun?

In der offenen Antwortmöglichkeit, was Kinder und Jugendliche tun sollten, trugen 89 Schülerinnen und Schüler ihre Kommentare ein.

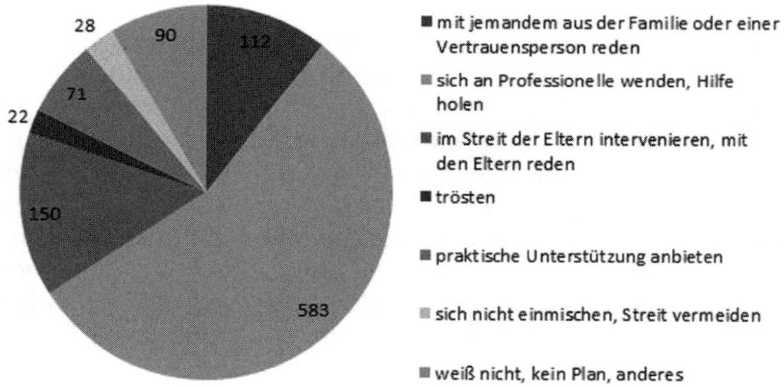

Abb. 12: Was sollten Mädchen und Jungen dann tun? Antwortmöglichkeit: anderes (in %, n=89)
Quelle: Kavemann 2012, Auswertung der Befragung von Besucherinnen und Besuchern der Ausstellung „Echt Fair"

Vorschläge Hilfe zu holen werden am häufigsten genannt, aber es fällt auf, dass 28 % der Ansicht sind, man solle eingreifen, dazwischen gehen. Weitere 10 % – meist Jungen – gaben an, dem gewalttätigen Vater eigene Gewalt entgegensetzen zu wollen, um ihn zu hindern und die Mutter zu schützen.

„Ich würde natürlich meine Mutter schützen und zwar meinen Vater schlagen."

Auch wenn diese Angaben nicht alle ernst gemeint sein sollten, so zeigt sich doch bei diesen 38 % der befragten Kinder und Jugendlichen die Tendenz

52 P=,029

zur Übernahme von Verantwortung für die Situation der Eltern eine nicht altersangemessene Belastung, die Mädchen und Jungen in akuten Situationen selbst in Gefahr bringen kann.

Was empfehlen die Mädchen und Jungen?

Der Fragebogen erhob in einer offenen Frage, was die Mädchen und Jungen einer Freundin oder einem Freund raten würden, wenn er oder sie erzählt, dass es Gewalt in der Beziehung der Eltern gibt. Die Antworten wurden transkribiert und thematisch geordnet.

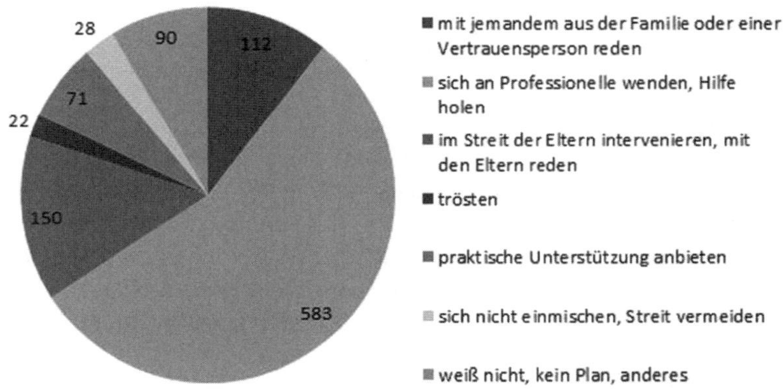

Abb. 13 Was würdest du einem Freund oder einer Freundin raten?
Quelle: Kavemann 2012, Auswertung der Befragung von Besucherinnen und Besuchern der Ausstellung „Echt Fair", in abs. Zahlen, N=1146 Nennungen

Die Schülerinnen und Schüler nutzten diese offene Frage in großer Zahl. Bis auf Ausnahmen – wie z. B. *„den Vater totboxen", „doof", „eine rauchen gehen"* – wurden ernst zu nehmende Kommentare eingetragen. Die Mehrheit (52 %) empfiehlt Freundinnen und Freunden, sich Hilfe zu holen und weitere 10 %, mit einer Vertrauensperson oder einem Familienmitglied zu reden.

Als konkrete Ansprechpartner für professionelle Hilfe werden zu gleichen Teilen das Jugendamt (174 Nennungen) und die Polizei (171 Nennungen) genannt. Beide werden meist ohne weitere Kommentare empfohlen – *„Polizei rufen", „beim Jugendamt melden"* – oder sie werden als ultima ratio gesehen: *„wenn' s ganz schlimm ist", „im Notfall auch das Jugendamt", „ganz schnell die Polizei rufen", „wenn reden nicht hilft, dann zum Jugendamt", „zur Not die Polizei einschalten, wenn Verletzungen da sind", „wenn sich der Streit nicht stoppen lässt zur Polizei gehen".*

Beide Institutionen werden aber auch als eine positive Empfehlung gegeben: *„Geh doch zum Jugendamt, das wird schon", „ich würde sagen: geh zur Polizei, die regeln das schon", „sprich mit der Polizei, die haben mehr Erfahrung".*

Ein dritter wichtiger Unterstützungsbereich sind Beratungsstellen bzw. der Kindernotdienst und das Sorgentelefon (136 Nennungen). Einige Berliner Kinder und Jugendliche schrieben gleich die Telefonnummer des Kindernotdienstes auf: *„ich würde sagen: ruf 610061 an".* Das Sorgentelefon wird als konkrete Hilfe gesehen und als Aussprachemöglichkeit.

Auch Lehrkräfte und Schulsozialarbeiter/-innen sind Ansprechpersonen (56 Nennungen). In vier Fällen wird das Frauenhaus als Ausweg benannt.

Allerdings schlagen 13 % vor, dass die/der Betreffende sich in den Streit der Eltern einmischen bzw. in der Gewaltsituation intervenieren solle. Dabei wird den Mädchen und Jungen die Rolle der Streitschlichter zugesprochen und die Rolle der Vernünftigen – und somit der Erwachsenen –, die eine Situation klären. Hier finden sich teilweise Kommentare, die, in ihrer Formulierung denen entsprechen, die Kindern und Jugendlichen im Kontext fairer Streitschlichtung bei Konflikten untereinander vermittelt werden.

„Den Streit schlichten", „dass sie sich beruhigen, und er soll fragen, wie der Streit angefangen hat und darüber reden", „dass sie sich mit den Eltern an einem Tisch setzen und darüber reden", „fragen, ob es sehr schlimm ist oder ob man das auch lösen kann und sagen, dass man ruhig darüber reden kann", „gehe nach Hause und sprich mit deinen Eltern, wie es dazu gekommen ist", „holt euch Hilfe, es gibt so viele Beratungsstellen, und wenn wirklich nichts mehr geht, scheiden lassen", „Ich würde sagen: versucht in Liebe wieder zusammen zu kommen".

Andere Kinder und Jugendliche schlagen ein eher intervenierendes bzw. konfrontatives Vorgehen vor.

„Dazwischen gehen", „versuche den Streit zu stoppen", „stoppen und klären", „fragen, ob es wirklich nötig ist, dass sie sich schlagen oder beschimpfen müssen," „den Eltern sagen, dass er nicht will, dass sie sich streiten", „er/sie soll mit ihnen reden, dass er es nicht gut findet", „zwischen den Streit gehen und sagen: warum streitet ich euch?"

Die Empfehlung, sich nicht einzumischen, wird eher selten genannt. Hier changieren die Kommentare in den Fragebögen zwischen einer Haltung des Vermeidens, des Ausweichens bzw. Selbstschutzes und der konkreten Sorge, was passieren könnte, wenn man sich einmischt.

„er oder sie sollte dann den Streit vermeiden", „dem Streit aus dem Weg gehen", „sich raushalten." „sich auf jeden Fall nicht in den Streit einmischen",

„geh in dein Zimmer und warte, bis es zu Ende ist", „ich würde sagen: hör nicht zu", „ich würde sagen: beachte das nicht und geh mit Freunden raus", „still im Zimmer sein und lesen", „eine Weile zu den Großeltern ziehen", „bei einem Freund übernachten", „wenn du redest, könntest du Schläge kriegen", „er sollte sich raushalten, denn es kann schnell passieren, dass er auf einmal der Sündenbock ist", „sich da raushalten, sonst kommt man selbst auch noch in den Streit."

Einige Mädchen und Jungen sehen eine Zuwendung zu den Betroffenen als ersten wichtigen Schritt, dem dann Hilfsangebote folgen können. Sie notierten, dass sie den Freund oder die Freundin trösten würden:

„ich weiß, dass es schwer ist", „ihn trösten", „das wird schon", „dass es bald besser wird", „das ich jederzeit für sie da bin", „dass es mir leid tut", „nach ein paar Tagen vertragen sich deine Eltern", „ich würde ihr sagen, dass sie nicht schuld ist", „ich würde zu ihr halten", „ich würde zu meiner Freundin stehen", „ihr beistehen", „Mut geben", „versuchen sie zu beruhigen".

Interessant ist, dass Kinder und Jugendliche ihren Freundinnen und Freunden in Not zum Teil ganz praktische Hilfe anbieten würden:

- sie könnten bei ihnen schlafen, eine Weile dort bleiben;
- sie würden Telefonnummern und Adressen heraussuchen;
- sie würden sie zur Beratungsstelle, zum Jugendamt oder zur Polizei begleiten;
- sie würden mit ihren Eltern reden, weil diese vielleicht wissen, was zu tun ist;
- sie bieten an, mitzukommen und mit den Eltern des Freundes oder der Freundin zu reden.

„dass sie zu mir kommt und meine Mutter mit ihrer Mutter redet", „denjenigen fragen, ob er erst mal für ein paar Tage bei mir schlafen möchte und dass er sich bei mir melden kann, wenn irgendwas ist", „ruf lieber die Kindernotdienstnummer an, ich geb' sie dir", „ich kann dir helfen eine Nummer zu finden", „ich würde ihr vorschlagen, dass wir gemeinsam zum Jugendamt gehen oder zur Polizei", „ich würde immer auf sie aufpassen und überlegen, wie ich helfen kann", „komm, wir gehen zum Jugendamt", „lass uns am besten mal zu zweit zur Schulsozialarbeiterin gehen", „du bleibst jetzt erst mal eine Weile bei mir", „alles tun, was in meiner Macht steht".

Die Antworten zeigen, welche Ressource Gleichaltrige sein können, wenn Mädchen und Jungen sich ihnen bei häuslicher Gewalt anvertrauen. Voraussetzung ist, dass sie informiert sind, um an geeignete Orte vermitteln zu können. Aber bereits Ermutigung und Begleitung sind wertvolle Unterstützung.

Offenbarungshürden

Um zu erreichen, dass Mädchen und Jungen sich nach außen wenden und Hilfe suchen, muss bekannt sein, was sie davon abhalten kann. Sehr oft wird davon ausgegangen, dass es die Sorge ist, dass ihnen nicht geglaubt und sie nicht ernst genommen werden. Die Befragungen von Schülerinnen und Schülern weisen auf andere Barrieren hin: mehrheitlich wird befürchtet, dass durch die Offenbarung der Probleme die Familie in Verruf geraten könnte.

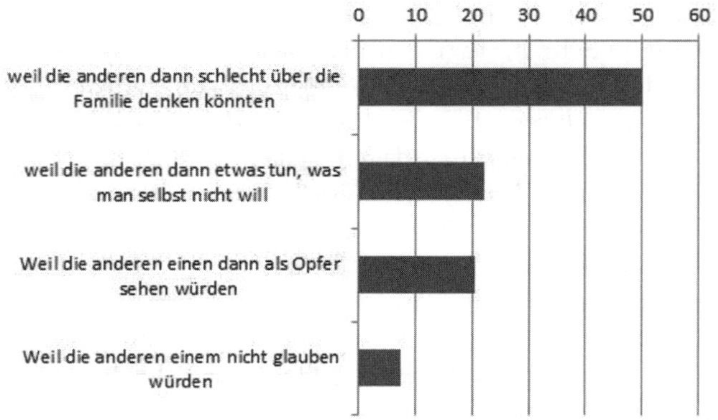

Abb. 14: Manche Mädchen und Jungen finden es schwierig, mit anderen über Gewalt zwischen den Eltern zu reden. Was glaubst du, wieso? (in % der Antworten, N=1983).
Quelle: Kavemann 2012, Auswertung der Befragung von Besucherinnen und Besuchern der Ausstellung „Echt Fair"

Mädchen und Jungen beurteilen die Schwierigkeit der Mitteilung weitgehend gleich. Wichtigstes Hindernis ist die Angst vor sozialer Stigmatisierung. Die Frage nach der Glaubwürdigkeit wird jedoch signifikant anders gesehen: Mädchen nehmen deutlich häufiger an, dass ihnen nicht geglaubt werden könnte, als Jungen.[53] Kinder haben weniger Sorge, dass nicht geglaubt wird, als Jugendliche und junge Erwachsene. Schülerinnen und Schüler der Gesamtschulen und Förderschulen befürchten eher, dass nicht geglaubt wird als die aus anderen Schultypen.[54]

Bei der Befürchtung, dass andere einen als Opfer sehen könnten – eine Variante der sozialen Stigmatisierung – gibt es keine Geschlechtsunterschiede, aber signifikante Unterschiede hinsichtlich der Altersgruppen. Kinder sehen weniger ein Problem, bei den älteren Jugendlichen steigt die Zustimmung zu dieser These bereits auf bis zur Hälfte der Befragten und bei den jungen Erwachsenen auf über die Hälfte.

53 p=,007

54 P=,000

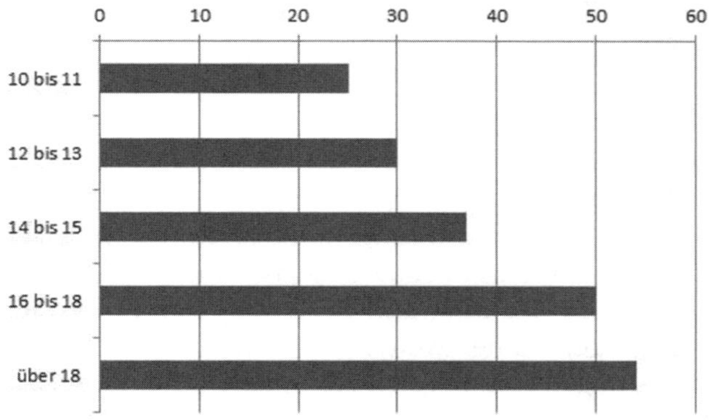

Abb. 15 ...weil die anderen einen dann als Opfer sehen könnten, nach Altersgruppen (in % der Antworten, N=1983)
Quelle: Kavemann 2012, Auswertung der Befragung von Besucherinnen und Besuchern der Ausstellung „Echt Fair"

In den Kommentaren, die in die offenen Antwortmöglichkeiten eingetragen wurden, zeigt sich die Sorge vor Stigmatisierung erneut: *„ausgelacht und gemobbt zu werden", „die könnten dann Lügen erzählen", „weil die anderen einen dann ausgrenzen würden", „weil die anderen einen dann kaum noch beachten", „weil man gehänselt wird", „weil sei einen auslachen oder es anderen erzählen, die sich darüber lustig machen", „weil dann vielleicht die Freunde nicht mehr mit einem spielen".*

Das Sprechen über Gewalt zwischen den Eltern stellen sich die befragten Mädchen und Jungen unterschiedlich schwierig oder belastend vor. Viele wählten die Antwortmöglichkeit „geht so", aber nur 4,3 % stellen es sich leicht vor, wohingegen ein Drittel (33,2 %) meint, es sei schwer und 18 % sogar sehr schwer. Hierbei gab es keine signifikanten Unterschiede nach Alter oder Geschlecht.

Die befragten Kinder und Jugendlichen (75 %) sind zuversichtlich, dass sie Unterstützung finden würden, wenn es ihnen passieren würde, dass sie Gewalt zwischen ihren Eltern erleben. Drei Viertel geben an, sie wüssten, wer ihnen dann helfen könne (18 % sind unsicher und 6 % wüssten niemanden). Noch etwas mehr der Befragten sagen, sie wüssten in einem solchen Fall jemand, mit dem sie reden könnten (78 %), aber nur etwas über die Hälfte würden dann auch definitiv mit jemandem reden (54 %). Ein gutes Drittel mach die Offenbarung dieses Problems von den Umständen abhängig (34,5 %: es kommt darauf an). Schülerinnen und Schüler aus Förderschulen tun dies sehr viel öfter als die aus anderen Schultypen.[55] Mädchen sind signifikant

55 p=,014

entschiedener der Meinung, dass sie dann mit jemand reden würden[56] und wissen auch häufiger, mit wem das möglich wäre.[57]

Diskussion der Ergebnisse

Die Befragung der Mädchen und Jungen, die an Präventionsworkshops teilgenommen bzw. Präventionsangebote besucht haben, weist auf zwei zentrale Themen hin, die bei der Planung und Gestaltung von Prävention häuslicher Gewalt in den Blick genommen werden müssen.

- Mädchen und Jungen wenden sich bei Gewalt in der Beziehung der Eltern vor allem an Gleichaltrige – die beste Freundin bzw. den besten Freund –, wenn sie sich aussprechen wollen.
- Das stärkste Hindernis, sich wegen häuslicher Gewalt an andere zu wenden, um Hilfe zu suchen, sehen Mädchen und Jungen in der befürchteten sozialen Stigmatisierung.

Eine öffentliche Thematisierung der Problematik häuslicher Gewalt, die deutlich macht, dass es sich um ein verbreitetes Problem handelt, für das es Hilfsangebote gibt, vor allem die selbstverständliche Thematisierung in der Schule, kann dazu beitragen, Offenbarungsbereitschaft zu fördern und Angst vor Stigmatisierung zu reduzieren.

Gewalt in der Beziehung der Eltern sollte als spezifisches Problem kenntlich gemacht, aber nicht isoliert bearbeitet werden. Zu einem präventiven Konzept, das einer Ausgrenzung von Betroffenen entgegen wirkt, gehört die Auseinandersetzung mit Fairness und Respekt versus Unterdrückung, Ausgrenzung und Gewalt. Dies muss auch in der Partizipation von Mädchen und Jungen im Schulalltag und in einem respektvollen Umgang der Lehrkräfte mit der Schülerschaft Ausdruck finden, um glaubwürdig zu sein. Es macht wenig Sinn, wenn im Rahmen von Präventionsworkshops Offenheit in der Diskussion und im Umgang miteinander möglich gemacht werden, die sonst in der Schule nicht vorkommen.

Bei der Bearbeitung von Themen wie Fairness und Respekt, die im Alltag der Mädchen und Jungen miteinander eine große Rolle spielen und mit denen Gewalt, Mobbing und sexueller Belästigung unter Schülern und Schülerinnen entgegen getreten werden soll, steht die Auseinandersetzung unter Gleichaltrigen im Mittelpunkt. Es geht um Streitschlichtung – die an einigen Schulen auch trainiert und institutionalisiert wird – und um konstruktives Austragen von Konflikten im Alltag. Kinder und Jugendliche übernehmen Verantwortung für ihre Handlungsweisen. Häusliche Gewalt ist Gewalt zwischen Erwachsenen in Paarbeziehungen und

56 p=,000

57 p=,000

damit Gewalt, für die Töchter und Söhne keine Verantwortung tragen. Die Befragung von Schülerinnen und Schülern zeigt, dass ein nicht unerheblicher Anteil der Meinung ist, dass sie sich einmischen sollten, wenn ihre Eltern Konflikte gewaltförmig austragen, die Auseinandersetzung stoppen und für Sicherheit sorgen sollten. Dies ist nicht ungefährlich, drängt Kinder und Jugendliche in die Erwachsenenrolle und lässt sie eine Verantwortung übernehmen, die nicht ihre ist und die sie überfordert. Präventionsangebote – vor allem solche, die nicht nur das Thema häusliche Gewalt bearbeiten, sondern es in ein breiteres Themenspektrum einbetten –, müssen sorgfältig darauf achten, die jeweilige Frage der Verantwortung zu klären.

Präventionsangebote sollen altersgemäß gestaltet sein. Wirkt die Aufbereitung der Thematik kindlich, wird sie als kindisch und nicht angemessen wahrgenommen. So werden bei älteren Jugendlichen eher Widerstände hervorgerufen als Offenheit geweckt. Junge Erwachsene gehen gelassener mit Angeboten für Jüngere um und können durchaus davon profitieren.

Mädchen und Jungen äußern sich nach den Workshops bzw. der interaktiven Ausstellung sehr ähnlich. Einige signifikante Unterschiede sollten jedoch gesehen werden: Jungen stehen vor größeren Barrieren, wenn es darum geht, mit anderen über Probleme in der Familie zu sprechen und Hilfe zu suchen. Auch das Verhältnis von Spaßfaktor und Lerninhalten wird von Jungen anders bewertet. Deshalb ist es wichtig, dass in Workshops Phasen geschlechtshomogener Gruppenarbeit vorgesehen werden, damit sich Jungen eher öffnen können. Für die interaktive Ausstellung ist es erforderlich, dass die Gruppe nicht zu groß ist und ausreichend Zeit eingeplant ist, damit alle Zugang zu den interaktiven Spielstationen bekommen. Gerade bei Kindern und Jugendlichen mit geringer Aufmerksamkeitsspanne kommt es sonst schnell zu Frustration und Langeweile, was der Vermittlung der Thematik schädlich ist.

Optimal kann eine Kombination von Präventionsworkshops mit einem Event wie Ausstellung oder Film sein.

Cornelia Helfferich

Die Adoleszenz als „zweite Chance"– Handlungsspielräume für Geschlechtervorstellungen bei Töchtern und Söhnen aus gewaltbelasteten Familien

Einleitung

Wer Partnergewalt gegen die Mutter miterlebt hat, hat ein höheres Risiko, in den eigenen intimen Beziehungen Täter oder Opfer zu werden (vgl. Kindler in diesem Band). Diese Weitergabe von Gewalterfahrungen über die Generationen hinweg ist aber kein Automatismus und insbesondere ist das Jugendalter eine sensible Phase, um Weichen neu zu stellen und einen anderen Weg einzuschlagen. Die Adoleszenz ist eine „zweite Chance" (Erdheim 1982), das heißt: in der Adoleszenz werden kindliche, insbesondere familiale Bindungen umgestaltet und Neues kann entstehen (King 2002: 35) – und dies gilt auch dann, wenn die jungen Menschen vorher über Jahre hinweg bei ihren Eltern Partnergewalt miterlebt haben. Die „zweite Chance" sollte in der Arbeit mit heranwachsenden Söhnen und Töchtern aus gewaltbelasteten Familien[58] genutzt werden, um die Kreisläufe zu durchbrechen. Es gibt eine Reihe von Besonderheiten der Adoleszenz im Unterschied zur Lebensphase der Kindheit bis etwa 12 Jahre, die diese zweite Chance ausmachen: Erstens sind die Entwicklungsaufgaben in der Jugend andere. Spezifisch für die Adoleszenz sind Entwicklungsaspekte wie die Herausbildung einer erwachsenen Geschlechtsidentität, die auch eine andere sein kann als die von den Eltern vorgelebte Männlichkeit und Weiblichkeit, die Erprobung dieser Entwürfe in neuen, intimen Zweierbeziehungen sowie die Verselbständigung und emotionale Ablösung von der Herkunftsfamilie. Zweitens ist die Psychodynamik der Bewältigung von Ohnmacht und Bedrohungen eine andere. Sind in der Kindheit Introjektion, also Aufnahme des Bedrohlichen in die eigene Person, und Identifikation mit den bedrohenden Eltern eine Bewältigungsform, muss für Jugendliche die Bewältigung von Bedrohung durch den Elternteil aus der Familie herausführen. Loyalitätskonflikte, Angst vor Gewaltausbrüchen und ambivalenten Gefühle gegenüber den Eltern in dem, was diese vorleben, werden von 16-Jährige anderes erlebt als von 12-Jährigen. Und drittens bekommen die Gleichaltrigen als Sozialisationsfeld eine neue Bedeutung als Chance für neue Lernprozesse und Beziehungserfahrungen. Jugendliche entwickeln einen eigenen Blick auf die Gewalt in der Familie. Anders als Kinder können sie selbst Entscheidungen treffen, eigenständig handeln und sich zu der Gewalt verhalten, z. B. aus dem Elternhaus ausziehen oder unabhängig von den Eltern Hilfe suchen. In diesem Sinn sind in der Arbeit mit Jugendlichen

58 Wenn dieser Begriff im Weiteren verwendet wird, dann jeweils im Zusammenhang mit häuslicher Gewalt.

die Geschlechteraspekte in den Familienkonflikten und die Frage alternativer Männlichkeits- und Weiblichkeitsentwürfe ein wichtiges Thema.

Doch sind Jugendliche aus Familien mit Partnergewalt wenig im Blick der Unterstützungsangebote und der Forschung. Der Fokus der Arbeit von Frauenhäusern und Frauenberatungsstellen, die mit häuslicher Gewalt befasst sind, liegt bei Frauen und ihren Kindern („Frauen- und Kinder-Schutzhäuser“). Die Kinder werden den Müttern zugerechnet, das heißt es wird davon ausgegangen, dass Kinder zusammen mit den Müttern Opfer sind und dass die Mütter für ihre Kinder Sorge tragen. Doch jugendliche Töchter und Söhne wollen und sollten nicht mehr einfach als „Mitbetroffene“ „mitgemeint“ sein.

Es gibt zwar einige wenige Projekte, die sich an eine Zielgruppe ab 14 Jahren richten. In dem Europäischen Kooperationsprojekt „Kinder und Jugendliche gegen häusliche Gewalt“ (in Deutschland: Tübinger Initiative für Mädchenarbeit TIMA / PfunzKerle Tübingen) werden z. B. Workshops mit Schulklassen und Jugendgruppen im Alter von 12 bis 16 Jahren durchgeführt. Aber es finden sich in den Materialien keine Hinweise auf eine Altersdifferenzierung. Kinder und Jugendliche werden in einem Atemzug genannt und es wird wenig auf die Besonderheiten des Jugendalters eingegangen (Köberlein 2008: 13; vgl. auch Kavemann in diesem Band). Auch in der Forschung findet die Situation von Jugendlichen in gewaltbelasteten Familien wenig Beachtung. Es gibt drei mögliche Gründe, warum von häuslicher Gewalt betroffene Jugendliche mit ihren jugendspezifischen Fragen so wenig beachtet werden:

- *Eigene, konkurrierende Hilfeanforderungen*: Jugendliche entwickeln eigene Ansprüche an Hilfe, die Hilfen für die Mütter betrachten sie nicht unbedingt als Hilfen für die eigene Person. Sie wollen ihre Erfahrungen mit Gewalt in der Erziehung oder unter Geschwistern – Themen, die über häusliche Gewalt zwischen den Eltern hinausgehen – berücksichtigt wissen.
- *Jugendliche als Opfer und Täter*: Jugendliche, die selbst Opfer oder Zeugen häuslicher Gewalt waren, können – anders als kleine Kinder – im Jugendalter selbst als Täter auftreten. Diese Täterschaft kann gerade ein Versuch sein, mit eigener, selbst ausgeübter Gewalt, die leidvollen Erfahrungen zu bewältigen. Dies ist eine große und unangenehme Herausforderung für die parteiliche Arbeit mit Opfern häuslicher Gewalt.
- *Disparate Zuständigkeiten*: Für Jugendliche gibt es spezifische Angebote der Jugendhilfe. Die Kinder- und Jugendhilfe hat eigene Anlässe, auf die hin sie tätig wird. Ihre Einrichtungen sind nur teilweise eingebunden in Kooperationsnetze gegen häusliche Gewalt.

Fragen und Ansätze

Jugendliche Entwicklung wird hier als aktive Gestaltung des eigenen Lebens verstanden. Junge Frauen und Männer stellen (vielfältige!) Formen von Weiblichkeit und Männlichkeit her und verarbeiten dabei ihre Erfahrungen mit häuslicher Gewalt. Dieser Ansatz geht über eine einfache Annahme des Modelllernens hinaus, der zufolge die heranwachsenden Töchter und Söhne eine erniedrigte Weiblichkeit der Mutter und eine gewalttätige Männlichkeit des Vaters übernehmen. Im Folgenden sollen Aspekte zur adoleszenten Entwicklung von Töchtern und Söhnen aus gewaltbelasteten Familien zusammengetragen werden, mit einem besonderen Fokus auf der Herausbildung von Entwürfen von erwachsener Männlichkeit und Weiblichkeit. Im Mittelpunkt stehen dabei die Möglichkeiten und Handlungsspielräume, das eigene Leben und das eigene Verhältnis zum gewalttätigen Vater und zur geschlagenen Mutter (aktiv) zu gestalten und alternative Geschlechterbilder auszubilden. Die Frage für die Jugendlichen ist: Kann ich später eine andere Männlichkeit als mein Vater, eine andere Weiblichkeit als meine Mutter leben und wie gelingt mir das?

Dafür spielen – und das ist der zweite Akzent – in der Jugendphase die Gleichaltrigen als Sozialisationsinstanz eine wichtige Rolle. Sie entwickeln eigene Regeln, welche Männlichkeit und Weiblichkeit Anerkennung erfährt und ob und wie über das Thema „Gewalt zuhause" gesprochen werden kann. Diese Regeln haben einen Einfluss auf die Geschlechterbilder der Jugendlichen generell. Hier ist die Frage für die Jugendlichen: Erkennt mein Umfeld eine andere Männlichkeit an als die meines Vaters, und eine andere Weiblichkeit als die meiner Mutter?

Bislang gibt es kaum Forschungsergebnisse zur Situation und Entwicklung speziell von in gewaltbelasteten Familien heranwachsenden Töchtern und Söhnen, daher muss sich der Beitrag auf eine Skizze beschränken. Zwei Forschungsprojekte zu häuslicher Gewalt, in denen Jugendliche mit oder ohne Erfahrung mit Partnergewalt im Elternhaus befragt wurden, liefern Material in Form vor allem von Gruppendiskussionen mit Jugendlichen. In einem Projekt wurde zudem ein kurzer Fragebogen eingesetzt.

1. Evaluation der Ausstellung „Rosenstraße 76" zu häuslicher Gewalt (im Auftrag der Freiburger Interventionsstelle gegen Häusliche Gewalt, 2006; FRIG/SoFFI K 2007) Die Ausstellung „Rosenstraße 76" zeigt eine begehbare Wohnung; es gibt in den Räumen Hinweise auf Gewaltgeschehen und Informationstafeln. Schul- und Ausbildungsklassen aus Freiburger Ausbildungseinrichtungen wurden durch die Ausstellung geführt und füllten direkt im Anschluss einen Fragebogen aus. Die Fragen bezogen sich auf die Thematik häuslicher Gewalt allgemein und speziell auf die Ausstellung. Insgesamt antworteten 764 Schüler und Schülerinnen bzw. Auszubildende aus 16 Ausbildungseinrichtungen.

70 % der Jugendlichen waren zwischen 15 und 21 Jahre und 13 % zwischen 22 und 25 Jahren alt.[59]

Zeitnah wurden fünf Gruppendiskussionen durchgeführt: zwei mit weiblichen Auszubildenden, (A, Metzgereifachverkäuferinnen: 18-22 Jahre; C, Friseurinnen: 15-20 Jahre), eine mit männlichen Auszubildenden (D, Metzger: 18-22 Jahre), eine mit Schülerinnen an einem Gymnasium (B: 16-18 Jahre) sowie eine weitere mit einer gemischten Gruppe am Gymnasium (E: 17 Jahre; zitiert als RA, RB etc.). Die Gruppendiskussionen fanden nach einem gemeinsamen Besuch der Ausstellung statt.

2. Forschungsprojekt „Was kann ich, was will ich, was werde ich –Bildungschancen und Geschlechterverständigung" (ein Projekt der Baden-Württemberg-Stiftung, 2007-2010; Helfferich/Pfeiffer/Rissler 2009) Es wurden Diskussionen mit elf geschlechtshomogen zusammengesetzten Gruppen 13- bis 16-jähriger Jungen und Mädchen, mehrheitlich aus Förder- und Hauptschulen, durchgeführt. Mit jeder Gruppe wurden drei Diskussionen zu vier Themen(Rechte und Pflichten von Frauen und Männern, Kommunikation zwischen Geschlechtern, die beruflichen Zukunftsaussichten und -pläne und Gewalt). In den Diskussionen zu Gewalt mit den Jungen erwies es sich als schwierig, häusliche Gewalt als Thema zu setzen. Einige Jungen boykottierten das Thema. Daher wurde dann allgemeiner über das Thema Gewalt gesprochen. Die Mädchen ließen sich auf das Thema „häusliche Gewalt" ein (zitiert als wwwCode-w für Mädchen, wwwCode-m für Jungen etc.).

Ergänzt wird das Material aus einem dritten Forschungsprojekt:

3. Forschungsprojekt „Platzverweis – Beratung und Hilfen" (im Auftrag des Sozialministeriums Baden-Württemberg, 2002-2004, Helfferich/Kavemann/Lehmann/Rabe 2004). Es wurden Frauen mit der Erfahrung häuslicher Gewalt befragt. Hier wird die Perspektive der Mütter, die über Kinder im Jugendalter und häusliche Gewalt sprachen, aufgegriffen und gezeigt, wie sie die Beziehung Vater – Mutter – Sohn/Tochter sahen.[60]

Zunächst wird Aussagen von Jugendlichen allgemein nachgegangen, warum es schwer ist, über häusliche Gewalt zu sprechen und welche Rolle dabei die Freunde und Freundinnen spielen. In einem zweiten Schritt wird die Situation von männlichen und in einem dritten die von weiblichen Jugendlichen betrachtet – und zwar insbesondere derjenigen mit einem niedrigen Schulabschluss, weil diese als besondere Problemgruppe gelten müssen: Sie erfahren

59 101 der Schüler und Schülerinnen kamen aus den Programmen BVB (Berufsvorbereitende Bildungsmaßnahme) und BVJ (Berufsvorbereitungsjahr), von einer Förderschule oder aus dem Förderprogramm „Leben, Lernen, Arbeiten" (zusammengefasst unter „Gesonderte Programme"); 276 der Jugendlichen besuchten eine Hauptschule oder waren in einer Berufsausbildung, für die ein Hauptschulabschluss erforderlich ist; 222 Schüler und Schülerinnen besuchten eine Realschule oder waren in einer Berufsausbildung, für die ein Realschulabschluss erforderlich ist; 101 Jugendliche waren in einer Technikoberstufe, auf einem Gymnasium, einer Wirtschaftsoberschule oder erwarben die Fachhochschulreife (der Rest konnte nicht zugeordnet werden).

60 Alle Zitate wurden der Lesbarkeit wegen und weil keine entsprechende gesprächsanalytische Auswertung angestrebt ist, sprachlich geglättet.

häufiger Partnergewalt in der Herkunftsfamilie und haben eine größere Distanz zu Unterstützungsangeboten (s. u.).

Sprechen über Gewalt in der eigenen Familie

43,4 % der befragten Jugendlichen, die die Ausstellung Rosenstraße 76 besucht hatten, kannten Fälle von häuslicher Gewalt aus ihrer näheren oder weiteren Umgebung.[61] 39,3 % der Jugendlichen kannten keine solchen Fälle, 17,3 % antworteten mit „vielleicht". Je niedriger das Ausbildungsniveau war, desto häufiger kannten die Jugendlichen Fälle von häuslicher Gewalt. Von den jungen Frauen aus den gesonderten Programmen (56,1 %) und jungen Männern auf Hauptschulebene (53,6 %) kannten mehr als jede bzw. jeder Zweite solche Fälle, von den Mädchen aus der Gymnasiumgruppe war es nur jede Vierte (25,5 %).

8,1 % der befragten Jugendlichen fanden es sehr schwer und 12,1 % schwer, über häusliche Gewalt zu sprechen. Fast die Hälfte wählte die mittlere Kategorie „es geht so" (47 %) und 32,8 % fanden es „leicht", das Gespräch darüber zu suchen. Mädchen fanden es leichter, ebenso fanden es diejenigen mit einem höheren Schulabschluss leichter, über häusliche Gewalt zu sprechen.

Denjenigen, die das Sprechen über häusliche Gewalt „schwer" oder „es geht so" fanden, wurde eine offene Zusatzfrage nach den Gründen dafür gestellt. In der Auswertung wurden die Antworten zu Kategorien gebündelt. Die meisten Antworten fielen in die drei Kategorien: Unsicherheit (30,1 %), Tabu/Peinlich/Privat (23,2 %) und Angst (17,3 %).[62]

- In die Kategorie „Unsicherheit" fielen Angaben, dass die Jugendlichen nicht wussten, wie sie sich gegenüber Opfern verhalten sollen, z. B. wie man mit diesen Personen ein Gespräch darüber anfängt, oder Bedenken, jemanden irrtümlich als Opfer anzusprechen. *„Es ist ein Thema, bei dem man nie weiß, ob andere Personen in der Runde schon häusliche Gewalt erleben mussten. Man möchte sie nicht verletzen oder alte Geschichten wieder in das Gedächtnis rufen."*
- Die Kategorie Tabu" beinhaltete Aussagen wie: Die Jugendlichen wollten von anderen nicht als ein Opfer gesehen werden, das *„so etwas mit sich machen lässt"*, und trugen Sorge um das Image der Familie (*„Es ist einem peinlich, wenn so was bei sich zu Hause passiert"*).
- „Angst" konnte sich auf eine erneute Gewaltanwendung des Täters beziehen (*„Man hat Angst, dass der <Täter> das mitbekommt und noch gewalttätiger wird als vorher, aus Wut"*) oder darauf, nicht verstanden oder ausgelacht zu werden, mit der Familie nicht mehr auszukommen oder, noch schlimmer, von der Familie entfernt zu werden.

61 Frage „Kennst Du Fälle von Häuslicher Gewalt aus deiner näheren oder weiteren Umgebung?"

62 Prozentuiert auf die n= 427 Befragten, die auf die Frage geantwortet haben.

Diese Ergebnisse stimmen gut mit denen von Seith (in diesem Band) für 9- bis 17-Jährige überein. Bezweifelt wurde auch, ob das Sprechen hilft: „Wenn man jemanden gefunden hat mit dem man reden kann, hilft es auch nicht weiter. Es erleichtert oder löst in dem Moment, und was macht man danach?" In den nächsten Abschnitten werden diese allgemeinen Angaben geschlechterbezogen diskutiert.

In dem Fragebogen wurde offen weiter gefragt: „Was oder wer kann Jugendlichen, die mit häuslicher Gewalt leben, unterstützen oder helfen?" An erster Stelle der Nennungen standen mit 35,1 % die Freunde, gefolgt von sozialpädagogischen Einrichtungen mit 29,1 % und von der Polizei mit 24,5 %. Verwandte (15,4 %) und das Jugendamt (15,3 %) wurden ebenfalls genannt. 9,2 % nannten von sich aus Schule bzw. Lehrer (Mehrfachnennungen möglich).

Jungen Frauen fielen generell mehr Hilfsmöglichkeiten ein, insbesondere würden sie sich unabhängig von der Ausbildungsebene häufiger einem Freund/einer Freundin anvertrauen als junge Männer. Auch in den Gruppendiskussionen fielen die Bedeutung der „besten Freundin" für junge Frauen und das „Schweigegebot" unter jungen Männern auf (s. u.). Junge Männer aus den gesonderten Programmen (s. Fußnote 2) waren mit Abstand am weitesten entfernt von Hilfen. Bei ihnen konnte sich nur jeder Sechste (16 %) vorstellen, dass Freunde eine Hilfe wären, und nur 6,5 % nannten eine soziale oder sozialpädagogische Einrichtung.

Damit kannten gerade diejenigen weniger Hilfeangebote, die gleichzeitig am häufigsten Fälle von häuslicher Gewalt in ihrer Umgebung kannten. Dieser Zusammenhang gilt allgemein: Wer Kenntnis von häuslicher Gewalt hat, findet es schwieriger, darüber zu sprechen.

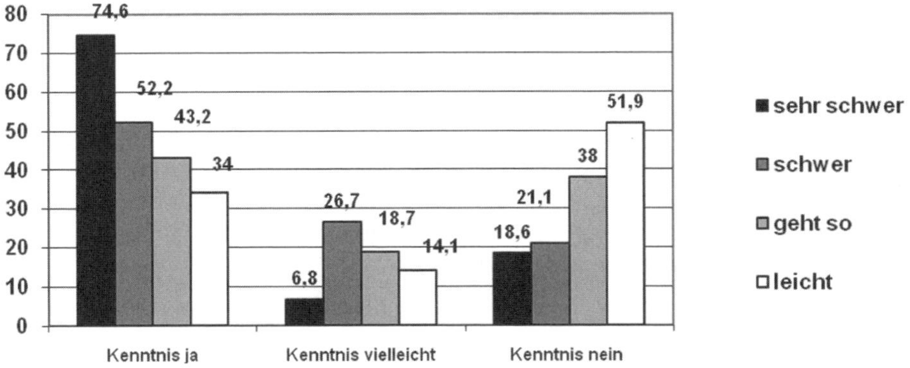

Abb. 1: Schwierigkeit, über häusliche Gewalt zu sprechen 2006 (nach Kenntnis häuslicher Gewalt; in Prozent; N=764 Jugendliche aus Freiburger Ausbildungseinrichtungen und Schulen, 15 bis 25 Jahre)

Männlichkeit, die Figur des Vaters und der Umgang mit Gewalterfahrungen unter Gleichaltrigen – junge Männer mit einer niedrigen Qualifikation

Weil nicht nur das Geschlecht, sondern auch der Bildungshintergrund der Herkunftsfamilie und die eigenen Bildungschancen eine Bedeutung für die Spielräume bei der Entwicklung von Männlichkeitsvorstellungen in der Jugend haben, wird hier speziell auf eine besondere Problemgruppe eingegangen: auf junge Männer mit einem Haupt- oder Förderschulabschluss, teilweise mit einem Migrationshintergrund, die häufiger häusliche Gewalt in ihrem Umfeld kennen, zugleich am weitesten von möglichen Hilfen entfernt sind und denen der Zugang zu einer statushohen Männlichkeit verwehrt ist (Helfferich/Pfeiffer/Rissler 2009). In den Gruppendiskussionen mit diesen Jugendlichen war entsprechend zu erkennen, dass die männlichen Beteiligten (ebenso wie im nächsten Abschnitt die weiblichen Beteiligten) persönliche Erfahrungen als Zeugen häuslicher Gewalt oder als Opfer der Gewalt des Vaters haben.

Generell ist noch anzumerken, dass insbesondere in den Gruppendiskussionen mit den jungen Männern aus Haupt- und Förderschulen der Fokus auf körperlicher Gewalt lag. Die jungen Frauen und die, die ein Gymnasium besuchten, griffen eher auch psychische Gewalt auf.

Der heranwachsende Sohn und die öffentliche Beschädigung der Männlichkeit des Vaters

In den Gruppendiskussionen insbesondere in dem Projekt zu Bildungschancen und Geschlechterverständigung[63] wurde explizit und vehement die Ansicht vertreten, dass man nicht über häusliche Gewalt spricht. Es gibt einen Codex, private Dinge nicht an die Öffentlichkeit zu tragen, der zunächst einmal nichts mit Männlichkeit zu tun hat.

> „Es ist halt einfach zu privat. (...) Wenn ich einen gut kenne, der kriegt es ja dann mit und mit dem rede ich dann auch drüber, aber ansonsten: was gehen die drei <Mitdiskutierenden C.H.> zum Beispiel meine familiären Verhältnisse an? Geht ja niemand was an." (RD)

Die Jugendlichen beschäftigte dabei die Frage, was mit den Eltern passiert, wenn häusliche Gewalt bekannt wird.

> „Ja, es kann auf jeden Fall schwer sein. Ich meine, okay, weil man hat eher erstens Schiss, dass die Eltern irgendwo was abkriegen, man will nicht unbedingt, dass man einen Elternteil verliert andererseits." (RD)

In einer Diskussion wird diese allgemeine Aussage direkt auf den Vater bezogen:

63 In der Evaluation der Ausstellung „Rosenstraße 76" war die Bereitschaft, über häusliche Gewalt zu sprechen, Voraussetzung für die Teilnahme an der Gruppendiskussion.

B: Wenn man zum Jugendamt oder so geht, kann man auch nicht sagen: mein Vater schlägt mich. Dann sagen die gleich: Ja, okay, mach eine Anzeige. Es bringt auch nicht viel. Würde mein Vater mich halb totschlagen, ich würde ihn nicht anzeigen.
D: Man will doch nicht sehen, wie sein Vater in Knast geht, wie er von hinten genommen wird. Das will
C: ((lachen))
D: doch kein Mensch sehen, oder?(www2A3-m)

Diese Passage spielt darauf an, dass der Vater im Gefängnis vergewaltigt und somit auf eine brutale Weise entehrt werden könnte.[64]

In keiner Diskussion wurde häusliche Gewalt legitimiert, im Gegenteil: sie gilt nicht als männlich. Das heißt aber nicht, dass man nach außen hin darüber sprechen kann. Auch wenn Schläge gegen die Mutter nicht akzeptabel sind, so gibt es doch eine Familiensolidarität, die einer patriarchalen Logik folgt: Nach außen hin darf man die Männlichkeit und die Ehre des Vaters nicht beschädigen und der Ehrverlust tritt mit der Veröffentlichung ein. Der Vater und der heranwachsende Sohn sind in einer patriarchalen Loyalität miteinander verbunden. Männlichkeitstheoretisch lässt sich das so interpretieren, dass die doppelt beschädigte –weil er Gewalt gegen eine Frau ausübt und weil das öffentlich bekannt wurde – Männlichkeit des Vaters auf den Sohn zurückfällt: Er ist der Sohn eines Vaters, der seine Frau schlägt, eines „unnormalen" Vaters und das ist peinlich.[65]

„Die Angst davor wird wahrscheinlich da sein. Ich meine, dass man irgendwo sich da abgegrenzt fühlt von seine- dass das also unnormal ist. Ich meine, okay, wer erzählt schon: Ah, meine Mutter wird wieder vom Vater zusammengeschlagen oder so?" (RD)

Der heranwachsende Sohn als Beschützer der Mutter und Rebell gegen den Vater

In den Interviews mit Müttern werden insbesondere heranwachsende Söhne als diejenigen beschrieben, die sich „dazwischen stellen" und die Mutter beschützen. Drei Beispiele zeigen diese Zuschreibung:

„Mein Sohn war in seinem Zimmer, da hat er natürlich gehört, wie es geknallt hat (…). Da hab ich dann mein Handy genommen, bin zu meinem Sohn ins Zimmer und hab dann angerufen." (Frau mit 20-jährigem Sohn)

„Mein Kleiner stand immer in der Mitte und hat gesagt: ‚Lass meine Mama in Ruhe, lass sie jetzt in Ruhe!' Der ist elf. Und der hat mich immer verteidigt. Aber da hat er ihn auf die Seite geschuckt und hat er mir eine geknallt. Beim letzten Mal, wo er ausgeflippt ist (...), da ist mein Kleiner mit einem Küchenmesser gekommen. Wenn meine Freundin nicht da gewesen wäre, ich glaube, mein Kleiner hätte ihm das Messer in den Rücken rein." (Frau mit 11-jährigem Sohn)

64 Männer, die Gewalt gegen Frauen ausüben, haben im Gefängnis eine inferiore Stellung; eine Vergewaltigung entwertet ihre Männlichkeit, weil sie als „gefickte Männer" den Status einer Frau haben.

65 Die Angst, selbst Schläge zu bekommen, wenn man häusliche Gewalt nach außen trägt, wurde in den Diskussionen eher kleineren Kindern, aber nicht Jungen der eigenen Altersgruppe zugeordnet. Ein kleines Kind „weiß sich da weniger zu helfen, wie jetzt unsre Altersklasse (…) und spricht weniger drüber." (RD)

> „Ich war auf der Toilette, da hat er mich abgepasst. Ich sag: Ich mach den Jungen wach, wenn Du mich nicht in Ruhe lässt." (Frau mit 18-jährigem Sohn)

Wechselt man die Perspektive, dann sieht man den heranwachsenden Sohn, von dem diese Zuschreibung verlangt, sich gegen den Vater zu stellen. Entsprechend wird in den Gruppendiskussionen mit den jungen Männern verhandelt, ob ein Sohn seinen Vater schlagen kann, darf oder sogar muss.

> „Ich denke, ich für mich wüsste mich jetzt zu wehren, wenn mein Vater auf meine Mutter losgehen würde. Ich würde ihm eine latschen, dass er drei Tage in der Ecke liegt und nimmer aufsteht, also von dem her wüsste ich mir schon zu helfen." (RD)

„C: ... wenn mein Vater auf meine Mutter geht, dann geh ich auf meinen Vater
[A:] ((lachen und kichern))
C: nein, ich beschütz halt meine Mutter, als mein Vater-
[?:] ë so was hab ich noch nie erlebt
C: weil meine Mutter ist deutlich schwächer als mein Vater
B: ich würde da auch dazwischen gehen (...)
D: ja, man- ja, okay, ich könnt meinen Vater nicht <lachend> schlagen
A: ich schon
[?:] ((prustet))
D: <lachend> geht irgendwie nicht
B: wenn er deine Mutter schlägt?
C: ich mein von Kraft her, allein von der Kraft
B: nimmst eine Stange oder so und haust drauf
D: <prustend> kann doch nicht meinen Vater mit einer Stange auf den Kopf hauen. (www2D3-m)

„B: na okay, es kann ja mal vorkommen, dass der Vater dem Sohn einen Klatscher gibt oder so. Aber sobald es halt jeden Tag ist wegen dem Alkohol oder so, dann würde ich dem Vater sagen zum Beispiel: entscheide dich zwischen mir und dem Alkohol, zum Beispiel würde ich sagen: er soll sich zwischen Alkohol und der Familie entscheiden
C: der wär schneller im Edeka oder Treff als du <lachend> denkst. (www2D3-m)

Im letzten Beispiel verscherzt der Vater seine Autoritätsposition in der (muslimischen) Familie, weil er trinkt. B entwirft sich hier als einer, der dem Vater etwas zu sagen hat, also über ihm steht, und der eine höhere Männlichkeit in der Verantwortung für die Familie behauptet. C nimmt das in seinem Kommentar ernst, bezweifelt aber den Effekt: der Vater würde sich für den Alkohol entscheiden (bei Edeka und bei Treff kann man günstig Alkohol kaufen).

Die Frage ist, ob der junge Mann die männliche Rolle des Beschützers der Familie übernehmen kann, indem er zurückschlägt, oder ob die Hierarchie zwischen Vater und Sohn gewahrt bleiben muss. Die Folie, der diese Verhandlungen folgen, ist die des rebellischen Sohnes, der eines Tages stärker ist als der Vater und der den Vater in die Schranken weist. Es handelt sich um eine Auseinandersetzung unter Männern und sie spielt sich in einem männlichen Medium ab, nämlich im Medium der körperlichen Gewalt und damit in einer Sprache, die der Vater versteht. Männlichkeitstheoretisch bleiben bei dieser patriarchalen Logik der Nachfolge des Sohnes auf den Vater die Regeln der Männlichkeit erhalten.

Die Rolle der Gleichaltrigen jungen Männer

Die Gruppe der Gleichaltrigen jungen Männer inszeniert gemeinsam Männlichkeit – das zeigen sehr gut die Gruppendiskussionen mit jungen Männern mit eingeschränkten Bildungschancen in dem Forschungsprojekt „Was kann ich, was will ich, was werde ich“. Ein richtiger Mann lässt Beleidigungen nicht auf sich sitzen, steckt Härten weg, stellt Ordnung notfalls auch mit Gewalt her, schlägt keine Schwächeren und ist nie Opfer (Helfferich 2012). Wer sich an diesen Inszenierungen nicht beteiligen kann, gehört nicht zur Gruppe und ist kein Mann. Wie kann aber die Erfahrung, dass der Vater zuhause gewalttätig ist, unter Gleichaltrigen verhandelt werden? Verlangt die Gleichaltrigengruppe eine Männlichkeit, zu der gehört, Gewalt ausüben und zuschlagen zu können?

Die Diskussionen zeigen: Eigentlich ist der Spielraum gering. Wer als Mann von den Gleichaltrigen anerkannt werden will, darf nicht zu erkennen geben, dass er unter den Verhältnissen leidet. Anerkannte Strategien sind das Wegstecken und „Vergessen“ oder aber die Rebellion. Dennoch gibt es positive Ansatzpunkt, denn der Ehrencodex besagt, dass ein Mann keine Schwächeren schlägt. Heikel für die Männlichkeitspräsentation ist es aber, sich auf die Erfahrungen von Opfern einzulassen.

Weiblichkeit, die Figur der Mutter und der Umgang mit Gewalterfahrungen unter Gleichaltrigen – junge Frauen mit einer niedrigen Qualifikation

Die jungen Frauen sprechen wie die jungen Männer die Scham und das Tabu an, Privates in die Öffentlichkeit zu tragen: *„Manche sprechen nicht darüber, weil sie sich schämen“, „sie wollen nicht, dass alle es wissen/man es weiß“, „Du machst dich selbst zum Außenseiter“, „weil es peinlich ist“, „deine Freunde sehen dann deine Familie, deinen Vater und deine Mutter schlecht an“. Für junge Frauen ist es wie für die jungen Männer auch keine Option, die Polizei zu holen. Das ist „nicht akzeptabel“, „Verrat“ und „Bullshit“; jemand, der die Polizei holt, ist ein „falscher Freund“* (Zitate aus verschiedenen Gruppendiskussionen des Projektes zu Bildungschancen und Geschlechterverständigung).

Die heranwachsende Tochter und die Angst vor dem Vater

Thema der jungen Frauen[66] ist die Angst vor einer Eskalation der Gewalt, wenn herauskommt, dass man mit jemandem darüber gesprochen hat (*„Wenn sie versucht, der Mutter zu helfen, wird sie selbst geschlagen“: www2B3-w*). Gegen

66 Für die jungen Männer war „Angst“ eher unmännlich – Kinder haben ihrer Meinung nach Angst vor dem Vater. Aber er wird als derjenige gesehen, der stärker ist und mit dessen körperlicher Überlegenheit – solange er eben körperlich überlegen ist, man umgehen muss.

eine Anzeige gegen den Vater spricht weniger die Sorge, dass im Gefängnis seine Männlichkeit beschädigt wird, sondern es nützt nichts, weil sich nichts ändert. Und wenn er dann nach Jahren zurück kommt, dann wird es noch schlimmer, weil er seine Tochter, die ihn ins Gefängnis gebracht hat, noch mehr hasst.

> „A: Wenn er auch zum Beispiel, sagen wir, einmal in den Knast geht für ein Jahr oder so
> C: und wenn er raus geht, hab ich den gleichen Stress. Es hat
> A: des hilft doch nix
> C: einfach keine-
> A: dann ist es sogar noch schlimmer
> C: das ist sogar noch schlimmer, weil dann hat er einen Hass auf dich, sagt: Hey, ich bin ein Jahr wegen dir im Knast geblieben." (www1A3-w)

In der Gruppendiskussion mit den zur Friseurin Auszubildenden geht es gar nicht mehr um häusliche Gewalt unter den Eltern, sondern um die eigene Beziehung und eine Identifikation mit der geschlagenen Frau:

> „Als ich würd's auch nicht sagen, wenn MEIN Mann oder so mich verprügeln würde. Ich würde auch nichts drüber sagen, weil wenn der rauskriegt, dass du am Reden bist oder leck mich am Arsch, dann kassierst du ja noch mehr." (RC, Sprecherin ist 19 Jahre)

Die Angst vor dem Vater geht mit einem Gefühl einher, recht- und schutzlos und ohne Einflussmöglichkeiten zu sein. Angesichts der Asymmetrie der physischen Kräfte werden diskursive Strategien der Beendigung häuslicher Gewalt mit Entwürfen einer friedlichen Konfliktlösung für die Eltern diskutiert, z. B. mit dem Vater zu reden. Die Grenzen dieser Möglichkeit sind aber auch klar.

> „A: Oder mit den Eltern selbst reden, so sagen wie man sich fühlt oder so dadurch
> B: Ja jetzt zum Beispiel würde es dir passieren, ja würdest du mit jemanden
> A: Ja, mit meiner besten Freundin (...)
> B: Es kann auch sein, dass sie dir nicht helfen kann, weil, wie soll sie dir auch helfen, sie kann ja nicht schlecht zu dir nach Hause gehen und sagen: Hey, hör mal zu, deine Tochter fühlt sich so und so." (RB)

Die heranwachsende Tochter und die Weiblichkeit der Mutter

In den Interviews mit Müttern, die häusliche Gewalt erfahren haben, werden die heranwachsenden Töchter in zwei Zusammenhängen erwähnt: Zum einen als diejenigen, die zusammen mit der Mutter Strategien entwickelten, um mit der Gewalt des Vaters umzugehen, z. B. indem sie ihn besänftigten:

> „Meine Tochter ist eigentlich diejenige gewesen, die äh sehr viel abgeschirmt hat, die sehr viel versucht hat abzuschirmen. (Ahmt Tonfall von Tochter nach:) Mhh, Vati, aber du tust der Mutti nicht weh? (Tonfall Mann) Nee, nee mach ich nicht, mach ich nicht, <Name der Tochter> (Tonfall Tochter) Komm ich massier dich. Ja. Sie hat ihm dann den Rücken massiert, egal wo, dann schlief er auch. Aber dann, wenn er wach wurde, war er dann meistens nüchtern. Meistens." (Frau mit 12-jähriger Tochter)

Zum anderen werden Töchter erwähnt, die damit drohten oder sich entschieden hatten, zu gehen:

> „Dann war es so schlecht und meine Tochter hat schon gesagt, sie geht irgendwohin (lacht). Sie will nicht mehr zuhause bleiben, weil das war zuerst- war großer Stress bei uns an diesem Weihnachten. Weil er zwei Wochen zuhause war und das ganze Zeit betrunken, es war kein normales Weihnachten, keine normalen Wochenenden, Feiertage, das ist- alles war sehr schrecklich (…). Und in dieser Zeit hat sie geweint, hat die Jacke genommen und hat gesagt: jetzt sie geht irgendwohin und kommt nicht zurück nach Hause. Und dann ich habe Angst gekriegt. Ich habe gedacht, na ja, wenn meine Kinder weggehen, dann kann ich nicht weiter so leben.“ (Frau mit 16-jähriger Tochter)

In den Gruppendiskussionen mit den jugendlichen Mädchen ging es um die Frage, ob bzw. wann junge Frauen die Familie verlassen können. Familiäre Verpflichtungen wurden betont. Während die Söhne imaginierten, gegen den Vater aufzustehen, erwähnten Mädchen eher Gründe zu bleiben und Gewalt auszuhalten, zumindest so lange, bis sie verheiratet sind und/oder eigenes Geld verdienen. Vor allem in einer Gruppendiskussion machten Mädchen die Nähe zur Mutter und die Verpflichtung gegenüber der Mutter zum Thema. Wenn die Tochter die Familie verlässt, würde sie die Mutter in der Gewaltsituation im Stich lassen.

> „Ich als Mutter würde sagen: Hey, all die Jahre hab ich dir Essen gegeben, hey, ich hab geguckt, dass es dir gut geht. Und jetzt lässt du mich im Stich, gehst einfach.“ (www1A3-w)

Auf der anderen Seite wurde in den Gruppendiskussionen Weiblichkeit für die Mutter als stark und wehrhaft entworfen. Die Mutter könne doch eingreifen und Hilfe holen – oder die Mutter kann sich von dem gewalttätigen Vater trennen und weggehen. Das wäre (theoretisch) eine Alternative.

> „D: Ja, ich würd' sagen, soll sie sich sofort trennen
> E: oder sie sollen erst reden, warum er des macht
> E: und dass er dann aufhören soll und so
> E: und wenn's dann nochmal passiert
> B: man kann ja zweimal auch so ermahnen und wenn er dann nichts kapiert und trotzdem weiter schlägt (…), dann
> A: soll sie sich trennen
> B: ja dann soll sie sich trennen oder (…) Schluss machen (…)
> ?: zurückschlagen
> [M:] (lachen) (…)
> D: oder sich wehren können <lacht>.“ (www3B3-w)

Die Rolle der Gleichaltrigen

Während die jungen Männer meinen, man solle mit niemandem über die Gewalt sprechen, diskutieren die jungen Frauen Kriterien, wem sie sich anvertrauen würden. Sie sehen dies als eine Frage von Vertrauen, Loyalität, Treue, Verstehen, Zuhören, Ernst nehmen und für jemanden da sein. Sie fühlen sich in die Perspektive der Opfer häuslicher Gewalt bzw. der Kinder aus gewaltbelasteten Familien ein. Beispielzitate aus drei Diskussionen mit den 13- bis 16-jährigen Mädchen mit eingeschränkten Bildungschancen lauten: „Ich würde es niemandem erzählen, aber jemandem, dem ich vertraue, erzähle ich alles. Aber nicht mit jedem darüber reden" (www1A3-w), „zu jemandem gehen, von dem man weiß, der erzählt das nicht weiter und würde mich nicht auslachen" (www2B3-w)und aus einer Diskussion der als Metzgereifachverkäuferinnen Auszubildenden:

> „Man vertraut der Person. Und man kennt es ja schon, dass man ihr alles erzählt oder ihm halt immer alles erzählt. Und dann also jetzt zum Beispiel bei mir, wenn das mir jetzt mal passieren würde, ich könnte auch mit meiner besten Freundin darüber reden." (RA)

Vertrauen heißt hier vor allem Vertrauen, dass es nicht weitererzählt wird. Der Schutzbedarf des Privaten bezieht sich darauf, dass es „peinlich ist" und der Mutter „wehtun" könnte, wenn über sie öffentlich gesprochen wird.

> „C: Wenn ich auch über meine Mutter hören würde, dass sie mal früher so was erlebt hat und so, dann würde ich das einfach nicht sagen. <Leiser> Ich meine, ich weiß nicht
> F: ja, dann ist man verletzt
> C: meine Mutter würde mir leid tun, ich liebe sie doch
> F: man ist halt verletzt und so, das tut halt weh, es zu sagen
> A: manche aber reden auch nicht da drüber, weil sie sich schämen das zu sagen (...). Das ist doch voll Blamage." (www1A3-w)

Die Sorge gilt hier dem Opfer, der Mutter, die nicht bloßgestellt werden soll; die Scham, geschlagen worden zu sein, fällt auf die zurück und nicht darüber zu sprechen, schützt sie.

Schlussfolgerungen

Die zusammengetragenen und systematisierten Beobachtungen ermöglichen in aller Begrenztheit erste Schlussfolgerungen für Angebote für heranwachsende Söhne und Töchter aus gewaltbelasteten Familie, insbesondere für die, die aus Elternhäusern mit eingeschränkten Bildungschancen kommen.

Zuvor sind noch zwei Anmerkungen notwendig: Junge Frauen und Männer, die das Gymnasium besuchten, diskutierten anders als die jungen Menschen mit eingeschränkten Bildungschancen, auf die hier näher eingegangen wurde. Die Auszubildenden und die Haupt- und Förderschüler und -schülerinnen diskutierten direkter über häusliche Gewalt. Sie brachten persönliche Betroffenheit aus den eigenen Familien oder Beziehungen in die Gruppendiskussionen ein. Verhandelt wurde die Normalität und die Legitimität (bzw. deren Grenzen) von (Partner-)Gewalt. Teilweise lassen sich ihre Äußerungen vor dem Hintergrund verstehen, dass die Jugendlichen in einem gewaltgeprägten Umfeld aufwuchsen. In den Gruppen von Gymnasiasten und

Gymnasiastinnen wurde häusliche Gewalt grundsätzlich aus der Sicht der Zeugen und mit Distanz zu einer persönlichen Betroffenheit diskutiert. Der Sprachstil war vorsichtig und Thema war vor allem, ob und wie man den Betroffenen (also den Anderen) helfen kann. Die Argumentationen waren stärker psychosozial ausgerichtet.

> „A: Also ich würd' auf jeden Fall drüber reden
> B: Ja
> A: weil ich meine, das mit sich rumzuschleppen oder so, was das bringt? Denke ich: nix. Weil das frisst einen vielleicht von innen auch immer mehr auf (...). Wenn jemand so was erlebt hat und dann versucht, irgendwie mit sich selber damit klarzukommen, also jetzt ein Schüler oder so was, der wird schlechter in der Schule oder er zieht sich vielleicht von seinen Mitschülern zurück oder isoliert sich.“ (Gymnasiastin in www2 B3-w)

Zum zweiten kamen die diskutierenden Jugendlichen immer wieder vom Thema „häusliche Gewalt unter den Eltern“ zum Thema „Gewalt (auch der Mutter) gegen die Kinder“ und „Gewalt unter Geschwistern“. Sie konnten und wollten die Perspektiven nicht trennen und nicht nur über das sprechen, was der Mutter widerfuhr oder widerfährt, sondern über das, was ihren eigenen Erfahrungshorizont ausmachte.

> „A: Nur in vielen Fällen ist es halt so: wenn die Mutter von dem Alten kriegt, dass sie das dann auf die Kinder überträgt und dann übt sie Macht und Gewalt, denke ich mal, auch auf die Kinder aus. Dass sie dann- wie soll ich sagen
> B: ja, Stress
> A: dass sie wieder Herr der Lage wird, dass sie für sich wieder- ja, dass sie <stottert etwas> den Kopf frei kriegt oder was weiß ich was.“ (RD)

Die Arbeit mit Jugendlichen aus gewaltbelasteten Familien sollte somit sowohl den Bildungshintergrund und patriarchale Familienverhältnisse als auch Gewalt, die Jugendliche selbst erfahren, berücksichtigen. Auch die Rolle der Geschwister ist mit einzubeziehen.

Bezogen auf Spielräume, alternative Vorstellungen von Männlichkeit und Weiblichkeit herauszubilden, zeichnet sich ein Spannungsverhältnis ab, in dem sich die heranwachsenden Söhne und Töchter in der Konfrontation mit der Gewalt in der Familie orientieren müssen. Einerseits wird die Männlichkeit des Vaters, der patriarchale Macht missbraucht, abgelehnt, aber ebenso auch die Weiblichkeit der Mutter, die diese Gewalt erduldet und nicht geht. Die Männlichkeit und Weiblichkeit, wie sie die Eltern vorleben, ist kein positiver Bezugspunkt, sondern schambesetzt und nicht akzeptabel, wie gerade die Vermeidung des Bekanntwerdens zeigt. Aber gleichzeitig befinden sich die Töchter und Söhne gefangen in einer familialen Loyalität und Solidarität –

die Söhne vor allem mit dem Vater[67], die Töchter mit der Mutter, gespeist auch von Gefühlen der Unterlegenheit der Söhne gegenüber dem Vater bzw. der Angst der Töchter vor ihm und zugleich mit dem expliziten oder impliziten Auftrag, die Mutter (und kleinere Geschwister) zu schützen und Verantwortung für etwas zu übernehmen, für das sie eigentlich keine Verantwortung übernehmen können. Die altersspezifische Ablösung von der Familie steht daher unter einem besonderen Vorzeichen.

Es stellt sich die Frage, welche Optionen Söhne und Töchter aus gewaltbelasteten Familien haben, in diesem Konflikt eine Männlichkeit zu entwerfen, die ohne Gewalt auskommt, bzw. eine Weiblichkeit, die sich Gewalt nicht gefallen lassen braucht. Jungen scheinen dabei in ihren Handlungsmöglichkeiten stärker darauf verwiesen, sich in ihrem Umgang mit häuslicher Gewalt als männlich zu beweisen. Als „männlich" gilt das Wegstecken von Härten oder aber, herausgefordert als „Beschützer" der Mutter, die Sprache der Gewalt gegenüber dem Vater. Die Männlichkeitsinszenierungen der Gleichaltrigengruppe lässt wenig Raum dafür, diese heiklen Themen zu bearbeiten.

Für Mädchen ergeben sich zwei Positionen: die recht- und schutzlose Tochter, die mit weiblichen Strategien – reden, besänftigen etc. – versucht, zu vermitteln bzw. die Situation für die Mutter aufzufangen und die Härten zu mildern, sowie die Position der starken, wehrhaften Tochter, die die Mutter ermuntert, Konsequenzen zu ziehen und den Vater zu verlassen. Damit würden Mutter und Tochter ihre Würde wahren. Wenn die Mutter dies nicht tut, dann steht die Tochter vor der Entscheidung, die Familie, die Mutter, Geschwister als undankbare Tochter im Stich zu lassen. Hier zeichnet sich aber ein neues Konzept einer „wehrhaften Weiblichkeit" und eine positive Bewertung von Selbstbehauptung ab, das aufgegriffen werden kann. Junge Frauen können zumindest mit der besten Freundin über die Gewalt unter den Eltern sprechen, doch dieses Reden scheint angesichts eines Regimes des physischen Terrors zuhause wenig Abhilfe zu versprechen.

Zu berücksichtigen ist, dass Jugendliche aus gewaltbelasteten Familien überwiegend miterlebt haben, dass die Familie nach außen hin die Fassade aufrechterhielt und sich eher abschottete und dass keine Erfahrungen mit Schutz und Veränderungen durch Interventionen von außen gemacht wurden, die die Gewalt hätten beenden können. Die Jugendlichen haben nicht nur chronisch Gewalt erlebt, sondern auch, dass niemand den Vater stoppen konnte. Die Evaluation der Ausstellung „Rosenstraße 76" und die Gruppendiskussionen in dem Forschungsprojekt der Baden-Württemberg-Stiftung zeigten, dass jungen Menschen häufig Informationen fehlen (z. B. über

67 Dieser Konflikt ist für Jungen nicht spezifisch für gewaltbelastete Familien. Durch Marginalisierung entwertete Männlichkeit in Migrantenfamilien erzeugt, wie King (2005) zeigte, bei den Söhnen auch ohne einen Bezug zu Partnergewalt den Konflikt zwischen den Wünschen, einerseits die Männlichkeitsentwürfe der Väter zu überwinden, andererseits den Erwartungen des Vaters zu genügen und nicht aus der familiären Gemeinsamkeit herauszutreten. Neue Männlichkeiten wurden von den Migrantensöhnen entworfen wie der „trotzige Außenseiter", der fürsorgliche „Familienmann" und der erfolgreich assimilierte „Intellektuelle" (a.a.O.: 73).

Wegweisungen und Anzeigeerstattung) und die Handlungsmöglichkeiten der Polizei entweder überschätzt (der Vater kommt in Haft) oder unterschätzt (die Polizei kann nichts ausrichten) werden. Dass Hilfen und Veränderungen möglich sind, muss den Jugendlichen erst vermittelt werden.

Das Material, das durch weitere systematische Forschung ergänzt werden sollte, lässt einige Ansatzpunkte für die Praxis erkennen. Die Adoleszenz als eine zweite Chance, die familialen Beziehungen neu zu ordnen und alternative Männlichkeits- und Weiblichkeitsentwürfe zu ermöglichen, mit neuen Lösungen, die aus der Familie heraus führen, sollte stärker beachtet werden. Geschlechterbeziehungen ohne Gewalt sind ein wichtiges Thema für junge Menschen, auf das sie sich gut einlassen können. Jugendspezifische Ablösung fördert den Wunsch, sich kritisch mit den Eltern auseinanderzusetzen und es anders zu machen als die Eltern. Vermittelt und unterstützt werden sollten Möglichkeiten, wie dies geschehen kann unter Berücksichtigung der gleichzeitig vorhandenen Solidarität mit der und Verantwortung für die Familie. Der Geschlechteraspekt und eine Differenzierung nach Bildungshintergrund sind hier unerlässlich.

Informationen, dass und wie Hilfen von außen möglich sind, sind ebenfalls wichtig. Im Einzelnen ist in der Arbeit mit von häuslicher Gewalt betroffenen Jugendlichen abzuwägen zwischen Maßnahmen, die Jugendlichen ermöglichen, die Familie zu verlassen (z. B. Angebote des unabhängigen Lebens), und Maßnahmen für Jugendliche, die die Familie (noch) nicht verlassen können. Voraussetzung ist in jedem Fall, die heranwachsenden Töchter und Söhne als eigenständige Personen zu sehen und nicht nur als die Kinder geschlagener Mütter und die über das Thema „Gewalt gegen die Mutter" hinausgehende Konfrontation mit Gewalt aus Sicht der Jugendlichen einzubeziehen.

Insa Evers

Das Modellprojekt „Kinder- und Jugendberatung in Fällen häuslicher Gewalt" der Interventionsstellen Rostock und Schwerin - Ergebnisse und Schlussfolgerungen der Evaluation

Im Jahr 2001 wurden in Mecklenburg-Vorpommern fünf Interventionsstellen eingerichtet, die seither (neben den Änderungen im Sicherheits- und Ordnungsgesetz M-V und der Einführung des Gewaltschutzgesetzes) ein fester Bestandteil des Maßnahmenkataloges bei häuslicher Gewalt sind. Sie fungieren als Bindeglied zwischen den polizei- und zivilrechtlichen Schutzmöglichkeiten (vgl. Interventionsstelle gegen häusliche Gewalt in Rostock 2004).

Zwar sollten die Interessen von Kindern in der Arbeit der Interventionsstellen immer mitberücksichtigt werden, eine eigenständige Unterstützung und Begleitung der Kinder wurde jedoch nicht angeboten. Dennoch konnten sich die Beraterinnen der Interventionsstellen durch die neuartige proaktive[68], aufsuchende Beratung zunehmend ein Bild der Situation der Kinder und Jugendlichen in den betroffenen Familien machen. Hierbei wurde ein eigenständiger Unterstützungsbedarf offensichtlich.

Die Interventionsstellen Schwerin und Rostock entwickelten daraufhin das Modellprojekt „Kinder- und Jugendberatung in Fällen häuslicher Gewalt" – gefördert durch die „Aktion Mensch" sowie die „Stiftung Deutsche Jugendmarke". Im Modellprojekt wurde der proaktive Beratungsansatz durch je eine eigens hierfür eingestellte Sozialpädagogin erstmals auch auf die Arbeit mit Kindern und Jugendlichen ausgedehnt. Das Modellprojekt nahm am 01.05.2005 seine Arbeit auf und endete am 30.04.2008. Danach gelang es, eine weitergehende Förderung der Kinder- und Jugendberatung aus Landesmitteln in allen fünf Interventionsstellen im Bundesland zu erwirken.

Das Modellprojekt Kinder- und Jugendberatung in Fällen häuslicher Gewalt der Interventionsstellen Rostock und Schwerin arbeitete wie folgt:

Nach einem Polizeieinsatz zu häuslicher Gewalt war die Interventionsstelle (per Fax) gehalten - wenn Kinder oder Jugendliche am Einsatzort anwesend waren, auch das Jugendamt - zu informieren. Das Jugendamt wurde in diesen Fällen im Rahmen seiner Möglichkeiten tätig. Nach der Information durch die Polizei nahm die Interventionsstelle Kontakt zu dem erwachsenen Opfer auf und bot psychosoziale und rechtliche Unterstützungsarbeit in Form von Krisenintervention an. Ziel war hierbei der bestmögliche Schutz vor weiterer Gewalt. Lebten Kinder und Jugendliche im Haushalt der Klientin, wurde das Angebot der Kinder- und Jugendberatung von den Interventionsstellenmitarbeiterinnen (z. T. gemeinsam mit der Kinder- und Jugendberaterin) vorgestellt und das Einverständnis des sorgeberechtigten Opfers zur Kontaktanbahnung zu den Kindern eingeholt. Lag dieses vor, nahm die Kinder- und Jugendberaterin Kontakt auf. Die Kinder- und Jugendberatung war dabei in der Regel eher als kurzfristiges Angebot geplant. Bei Bedarf sollten weiterführende Hilfsangebote initiiert werden. Das Beratungsangebot diente in erster Linie einer eigenständigen Interessenvertretung der von häuslicher Gewalt mitbetroffenen Kinder und Jugendlichen mit den Zielen der psychosozialen Unterstützung und des Schutzes vor weiterer Gewalt. Eine Beratung der Eltern zu kindbezogenen Fragen war jedoch ebenfalls Bestandteil der Konzeption (z. B. Stärkung der Erziehungskompetenz, Thematisierung der Auswirkungen der Gewalt auf Kinder, Sensibilisierung für die Bedürfnisse der Kinder, Klären eines weiterführenden Hilfebedarfes). Flankierend sollte

68 Der proaktive Ansatz greift die Erfahrung auf, dass Frauen in Gewaltbeziehungen häufig den Weg nicht von alleine in Hilfseinrichtungen finden. Daher geht in diesem Ansatz die Initiative zur Kontaktaufnahme von den Beratungsstellen selbst aus (vgl. Kavemann et. al. 2001; Logar 1999).

das Modellprojekt die Kooperation mit in benachbarten Gebieten arbeitenden Einrichtungen fördern und Aufklärungsarbeit leisten (vgl. Interventionsstelle gegen häusliche Gewalt in Rostock 2004). Eine detailliertere Beschreibung der Beratungsarbeit der Kinder- und Jugendberatung ist dem Artikel von Kati Voss in diesem Band zu entnehmen.

Das Modellprojekt wurde während der gesamten Modellphase unter der Leitung von Prof. Dr. Thomas Coelen (Universität Siegen) extern und prozessbegleitend evaluiert. Die im Folgenden dargestellten Evaluationsergebnisse beziehen sich daher ausschließlich auf die Arbeit in den Kinder- und Jugendberatungen der Interventionsstellen Rostock und Schwerin im Zeitraum 01.05.2005 bis 30.04.2008.

Anlage und Methoden der Evaluation

Die Evaluation des Modellprojektes „Kinder- und Jugendberatung in Fällen häuslicher Gewalt“ zielte auf drei Hauptbereiche ab:

1. *Untersuchung und Optimierung der Wirksamkeit des Modellprojektes*: Hierbei ging es darum, zu klären, wie betroffene Kinder und Jugendliche mittels des proaktiven Ansatzes erreicht werden. Dies beinhaltete zum einen eine quantitative Betrachtung der Fälle der Kinder- und Jugendberatung sowie der Zugangswege zur Beratung. Zum anderen umfasste dieser Bereich die qualitative Untersuchung der einzelnen Interventionsschritte, des Beratungsverlaufes und seiner Ergebnisse.

2. *Analyse des Netzwerkes an Hilfsangeboten für betroffene Kinder- und Jugendliche*: Ziele dieses Bereiches waren einerseits eine Bedarfsanalyse und die Ermittlung von Lücken im Hilfesystem im Arbeitsgebiet der Interventionsstellen. Andererseits stand die Analyse der Kooperationsstrukturen und -prozesse des Modellprojektes mit dem Jugendamt, freien Trägern der Jugendhilfe bzw. des Kinderschutzes sowie anderen weiterführenden Hilfsangeboten und involvierten Institutionen im Mittelpunkt.

3. *Praxisforschung*: Durch die Evaluation wurde angestrebt, einen Beitrag zur – in Deutschland noch in den Anfängen stehenden – Praxisforschung zu den Auswirkungen häuslicher Gewalt auf Kinder sowie zur Familienstruktur in betroffenen Familien zu leisten.

Die genannten Bereiche der Evaluation wurden mittels folgender Untersuchungsmethoden erhoben:

- Es wurden 17 leitfadengestützte, diskursive Experten-/Expertinneninterviews mit 19 verschiedenen Personen geführt und ausgewertet.[69] Um den Prozess der Entwicklung des Modellprojektes erfassen und ggf. optimieren zu können, wurden z. T. dieselben Personen mehrfach in der Projektlaufzeit befragt (zu Beginn, zur Halbzeit und am Ende). Folgende drei Personengruppen wurden interviewt: die Kinder- und Jugendberaterinnen, die Leiterinnen beider Interventionsstellen und wichtige Kooperationspartner/-innen (Mitarbeitende aus drei verschiedenen Jugendämtern und eines freien Trägers der Jugendhilfe, Polizeibeamte aus zwei verschiedenen Polizeirevieren, eine Mitarbeiterin einer Beratungsstelle für von Gewalt betroffene Frauen).
- Es wurde eine Sekundäranalyse der Statistiken der Kinder- und Jugendberatung in Schwerin und Rostock von Mai 2005 bis Dezember 2007 vorgenommen.
- 117 Kurzreflexionsbögen, die von den Kinder- und Jugendberaterinnen zum Beratungsende ausgefüllt wurden, wurden ausgewertet. Diese erfassten Informationen zur Familiensituation und einzelne für Kinder und Jugendliche mit häuslicher Gewalt verbundene Belastungsfaktoren sowie Auswirkungen. Zudem dokumentierten sie den Verlauf und Besonderheiten der Beratungsgespräche.
- Es wurde eine telefonische Feedbackbefragung mittels eines halbstandardisierten Fragebogens mit 18 durch das Modellprojekt beratenen Müttern sowie neun Kindern und Jugendlichen durchgeführt und ausgewertet.[70]

Im Folgenden sollen die Ergebnisse der Evaluation unter folgenden Fragestellungen zusammengefasst werden:

- Wie wurde die Kinder- und Jugendberatung von den Betroffenen angenommen?

---

69 Diskursive Interviews sind problematisierende Gespräche, die sinnerfassend transkribiert, anschließend den Gesprächspartnern/-partnerinnen zum Gegenlesen zugesandt und von ihnen in Hinblick auf eine öffentliche Verwendung validiert werden. Durch ihre intensive Form erlauben die Gespräche eine Reflexion über die Gelingensbedingungen des Projektes und seine Übertragbarkeit und Weiterentwicklung. Anschließend werden die Interviews in anonymisierter Form ausgewertet (vgl. Richter/Coelen/Peters/Mohr 2003). Die Auswertung der Interviews geschah in Form einer Extraktion und kommentierenden Verdichtung der Argumente.

70 Forschungsmethodisch betrachtet, war die telefonische Befragung von Kindern und Jugendlichen nicht unproblematisch. So konnte kaum sichergestellt werden, dass das Gespräch in einer ruhigen Atmosphäre und in Abwesenheit der Eltern oder Geschwister stattfand. Eine gewisse Beeinflussung oder Antworten im Sinne der sozialen Erwünschtheit (oder der Erwünschtheit der Mutter) konnten somit nicht gänzlich ausgeschlossen werden. Da eine Befragung in Form persönlicher Interviews aufgrund des weitflächigen Arbeitsgebietes beider Interventionsstellen langfristig durch die Evaluation nicht leistbar war, wäre eine schriftliche Befragung der Kinder- und Jugendlichen die einzige mögliche Alternative zur telefonischen Befragung gewesen. Die Gefahr der Beeinflussung durch Eltern oder Geschwister hätte jedoch bei der schriftlichen Variante in noch stärkerem Maße bestanden; hinzu wären Probleme des Rücklaufs der Fragebögen gekommen. Zudem stellt sich grundsätzlich die Frage, ob sich möglicherweise gerade diejenigen Mütter und Kinder zu einem Gespräch bereiterklärten, die besonders zufrieden mit der Beratung waren. Schon aufgrund der geringen Anzahl der Interviews können die Ergebnisse nicht als repräsentativ oder statistisch signifikant eingeordnet werden; wohl aber spiegeln sie die Sicht der Befragten auf das Beratungsangebot wider.

- Lässt sich aus den Untersuchungsergebnissen ein eigenständiger Beratungsbedarf betroffener Kinder und Jugendlicher bestätigen?
- Welche positiven Ergebnisse und Erfolgsfaktoren der Arbeit des Modellprojektes lassen sich festhalten?
- Welche Stolpersteine und Entwicklungsbedarfe sind feststellbar?

Annahme des Beratungsangebotes

Die Auswertung der Statistik des Modellprojektes zeigt, dass die Anzahl der von häuslicher Gewalt betroffenen Kinder und Jugendlichen sehr hoch ist: Im Zeitraum von Mai 2005 bis Dezember 2007 wurden den Interventionsstellen Rostock und Schwerin 917 Fälle häuslicher Gewalt bekannt, in denen insgesamt 1.588 Kinder und Jugendliche mit im Haushalt lebten.

Knapp die Hälfte (48,8 %) der Klientinnen mit im Haushalt lebenden Kindern wurde von den Beraterinnen der Interventionsstelle über das Angebot der Kinder- und Jugendberatung informiert. Hauptsächlich lässt sich eine nicht erfolgte Information der Mütter auf Schwierigkeiten der Kontaktaufnahme zur Familie oder auf die Tatsache, dass es sich um Wiederholungsfälle der Interventionsstellen oder um Frauen, die in Frauenhäuser zogen, handelt, zurückführen und wird somit plausibel. Eine Kinder- und Jugendberatung kam letztlich in 178 (19,4 %) der 917 Fällen mit Kindern zustande. In den beratenen Familien lebten insgesamt 347 Kinder und Jugendliche.

Etwa 41 % derjenigen Frauen, denen das Modellprojekt vorgestellt wurde, wünschten die Beratung ihrer Kinder. Hierbei zeigte sich, dass die Quote derjenigen Frauen, die der Beratung zustimmten, über die drei Jahre hinweg stark anstieg, was auf eine wachsende Akzeptanz durch Klientinnen und auf eine Professionalisierung in der Vorstellung des Angebotes durch die Interventionsstellenmitarbeiterinnen hindeutet.[71]

In 97,8 % der Familien, in denen die Mutter dem Beratungsangebot zustimmte, kam die Kinder- und Jugendberatung zustande, d. h. es wurden entweder die Kinder und Jugendlichen selbst und/oder ihre Mütter durch die Kinder- und Jugendberaterin unterstützt.

In denjenigen Fällen, in denen lediglich eine Beratung des erwachsenen Opfers nicht aber der Kinder zustande kam, lagen die Gründe hierfür laut Statistik überwiegend nicht in einer direkten Ablehnung des Angebotes durch die Kinder. Vielmehr spielten organisatorische und strukturelle Faktoren (Kontakt zur Familie gelingt nicht mehr, Kind lebt nicht im Haushalt, Kind wird bereits durch andere Hilfen versorgt, eine ablehnende Reaktion der Mutter nach dem Erstkontakt oder ein zu junges Alter des Kindes) eine Rolle.

71 Aufgrund des Modellcharakters erwies es sich als nötig, verschiedene Formen der Kontaktaufnahme zu erproben.

Insgesamt wurde im Erhebungszeitraum mit 225 Kindern und Jugendlichen zwischen 0 und 17 Jahren direkt gearbeitet. Das sind 64,8 % aller Kinder aus denjenigen Familien, in denen die Mutter Unterstützung durch die Kinder- und Jugendberatung wünschte.

Hierbei lag der Schwerpunkt auf der Beratung von Kindern und Jugendlichen zwischen zwei und neun Jahren.[72] Das zahlenmäßige Verhältnis an Jungen und Mädchen in den durch die Kinder und Jugendberatung erreichten Familien ist ausgeglichen.

Die Auswertung der Statistik lässt einen erhöhten Beratungsbedarf in kinderreichen Familien vermuten, da in der Kinder- und Jugendberatung prozentual deutlich weniger Familien mit einem Kind und mehr Familien mit mehr als zwei Kindern vertreten sind, als unter den Familien, die keine solche Beratung annahmen.

Die Evaluationsergebnisse zeigen, dass die Gespräche mit Müttern den mengenmäßig größten Anteil der Beratungsarbeit im Modellprojekt ausmachen[73], wobei es sich jedoch häufig um begleitende Vor- und Nachgespräche zu einer zeitlich intensiveren Beratung des Kindes zu handeln scheint. Dies erscheint zweckmäßig, da das Wohl des Kindes entscheidend vom Verhalten und vom Wohl der Mutter abhängt. Inhaltlich wird eine große Bandbreite an Themen abgedeckt. Ziele der Beratung sind v. a. die Analyse der neuen Familiensituation, eine Aufklärung über die Folgen der Gewalt für die Kinder, die Unterstützung bei der Thematisierung der Gewalt mit den Kindern, die Stärkung der Erziehungskompetenz der Mutter und ihre Sensibilisierung für die Bedürfnisse der Kinder, aber auch eine Vermittlung in weiterführende Hilfen sowie die Klärung von Fragen bezüglich des Umgangs der Kinder mit dem gewalttätigen Vater/Partner der Mutter .

Ein überraschendes Ergebnis der Auswertung der Statistik war, dass Familien mit Migrationshintergrund sowohl in den Interventionsstellen als auch in der Kinder- und Jugendberatung, proportional zum Migranten-/Migrantinnenanteil im Bundesland sowie in Schwerin und Rostock, relativ häufig vertreten waren[74] So betrug der Migranten-/Migrantinnenanteil der Interventionsstellen bei denjenigen Klienten/Klientinnen, welche die Kinder- und Jugendberatung nicht annahmen ca. 12,5 % und bei den Kinder- und

---

72 51,3 % aller beratenen Kinder waren in dieser Altersgruppe. Für 20,9 % der Kinder wurde das Alter nicht erfasst bzw. war unbekannt.

73 In den 178 Fällen der Kinder- und Jugendberatung Schwerin und Rostock im Modellzeitraum fanden 514 Gespräche mit 178 sorgeberechtigten Opfern statt. 345 Mal wurde direkt mit insgesamt 225 Kindern und Jugendlichen gearbeitet.

74 Die Frage eines Migrationshintergrundes der Klientinnen der Kinder- und Jugendberatung konnte nur anhand der Nationalität des erwachsenen Opfers untersucht werden, da die Nationalität des Täters/der Täterin und der mitbetroffenen Kinder und Jugendlichen in der Statistik des Modellprojektes nicht erfasst wurde.

Jugendberatungsklienten/-klientinnen 9,3 %.[75] Dieses Ergebnis steht im Widerspruch dazu, dass alle Interviewpartner/-innen im Rahmen der Evaluation von Schwierigkeiten bei der Erreichbarkeit dieser Familien durch Beratungsangebote berichteten. Insofern lässt sich dieses Ergebnis entweder durch eine Fehleinschätzung der Interviewpartnerinnen (möglicherweise aufgrund gesellschaftlicher Vorurteile) oder als Hinweis darauf werten, dass Familien mit Migrationshintergrund überdurchschnittlich häufig von häuslicher Gewalt betroffen sind.

Insgesamt zeigen die dargestellten Fallzahlen aus Sicht des Evaluationsteams einen eindeutigen Beratungsbedarf und eine gute Annahme des Modellprojektes. Zudem weisen die Evaluationsergebnisse darauf hin, dass in einem Großteil der Kinder- und Jugendberatungen (48,3 %) – aus Sicht der Beraterinnen selbst – keine besonderen Schwierigkeiten auftauchen.[76]

Zur Notwendigkeit des Angebotes

Allein die Fahlzahlen im Modellprojekt deuten auf einen eindeutigen Bedarf an einer Unterstützung der von häuslicher Gewalt betroffenen Mädchen und Jungen hin. Darüber hinaus sind es aber vor allem die den Beraterinnen bekannt gewordenen Formen der direkten Mitbetroffenheit von der Gewalt gegen die Mutter und deren Folgen, die diesen Beratungsbedarf untermauern.

Die Kinder- und Jugendberaterinnen wurden gebeten, in der Statistik zu erfassen, ob ihnen bekannt sei, dass die beratenen Mädchen und Jungen die Gewalt gegen die Mutter direkt bezeugten und/oder anderweitig von der Gewalt mitbetroffen wären.[77] Für die überwiegende Mehrzahl der Fälle wurden hier konkrete Formen des Bezeugens oder eigene Gewalterfahrungen angegeben: Bei ca. 80 % der 347 beratenen Kinder und Jugendlichen war den Beraterinnen bekannt, dass sie die Gewalt gegen ihre Mutter entweder in einer Form miterlebt hatten und/oder zusätzlich selbst von verbaler oder körperlicher Gewalt betroffen waren. Lediglich für 2 % der Kinder wurde angegeben, dass

75 Zum Vergleich: Der Ausländeranteil betrug zum 31.12.2007 für das gesamte Bundesland 1,8 %, für Schwerin 4,0 % und für Rostock 3,9 % (vgl. Statistisches Amt Mecklenburg-Vorpommern 2008). Hinzu kommen Spätaussiedler/-innen. Letztere wurden in der Statistik der Kinder- und Jugendberatung als Migrantinnen mitgezählt.

76 Genannte Schwierigkeiten in der Beratung bezogen sich vor allem auf häufige Terminabsagen durch Mütter bzw. Beratungsabbrüche und weniger auf Probleme, die mit einem ablehnenden Verhalten des Kindes zu tun hatten. Für 13,5 % aller Familien wurde die Frage nach Schwierigkeiten im Beratungsverlauf nicht statistisch erfasst.

77 Es sollten die drei aus Sicht der Beraterinnen jeweils gravierendsten Formen der Mitbetroffenheit angegeben werden. Es handelt sich hier um Informationen, die den Beraterinnen im Laufe ihrer Arbeit entweder durch die Kinder oder die Mütter mitgeteilt wurden. Da weder die Kinder noch die Mütter in der Kinder- und Jugendberatung standardmäßig nach dem Miterleben der Gewalt befragt wurden, liegt die Quote derjenigen Mädchen und Jungen, welche die Gewalt direkt bezeugten möglicherweise noch höher als hier erfasst.

sie die Gewalt in keiner Weise miterlebt hatten.[78] 41,9 % der Kinder und Jugendlichen hatte die Gewalt gegen die Mutter direkt gesehen, 51,9 % hatten sie zumindest gehört. 12,4 % der Kinder wurden verbal bedroht und 11,3 % waren selbst körperlicher Gewalt ausgesetzt. 2,3 % der Kinder wurden bei der Gewalt gegen die Mutter unabsichtlich mitverletzt. Ferner waren sehr viele Kinder dieser Gewalt nicht nur sehr regelmäßig ausgesetzt, sondern auch über Jahre hinweg – häufig schon vorgeburtlich oder auch noch nach vollzogener Trennung der Eltern.

Zudem zeigt die Auswertung der Statistik, dass es sich bei der miterlebten Gewalt gegen die Mutter häufig um sehr massive Gewaltformen handelte (u. a. schwere Stöße, Schläge oder Tritte, Gewalt oder Bedrohung mit Waffen und sexuelle Gewalt). Dies wurde ebenfalls in den Experten-/Expertinneninterviews und der Feedbackbefragung deutlich, wie folgende Beispiele zeigen:

- Eine betroffene Mutter berichtete, ihr Mann habe mehrfach gedroht, erst die Familie und dann sich umzubringen. Den Kindern drohte er direkt, sie mit Steinen zu erschlagen (FB 9/1).
- Eine andere Mutter berichtete von extremer Gewalt (Ohrfeigen, Zähne ausschlagen, Einsperren in der Wohnung, Zertrümmern der Einrichtung), die ihre Kinder regelmäßig miterlebten (FB 5/1).
- In zwei Fällen berichteten die befragten Experten/Expertinnen von Kindern, die in der Wohnung anwesend waren, während der Vater die Mutter tötete (IR 2, Ex 4/IR 2; Ex 5).
- Eine Expertin berichtete von einem Kind, dass zunächst bezeugte, wie seine Mutter nach einem Gewaltübergriff von einem Krankenwagen abgeholt wurde. Der Junge blieb dann mit dem Vater alleine in der Wohnung: *„Und dann hat er das Kind am Stuhl festgebunden. Das Kind hatte eigentlich nur einen Partner in der Familie und das war seine Katze. Und da hat der Vater die Katze solange an die Wand geschmissen, im Beisein des Kindes, bis die Katze tot war. Und das dauert ja eine Weile, bis so eine Katze stirbt"* (IR 2/Ex 2).

In den Experten-/Expertinnengesprächen, Feedbackinterviews sowie Teilen der Statistik wurde deutlich, dass das Aufwachsen in einem Umfeld häuslicher Gewalt zahlreiche Belastungsfaktoren umfasst, die über das Bezeugen der Gewalt und die eigene Bedrohung durch Gewalt hinausgehen. Folgende weitere Belastungsfaktoren wurden beschrieben, die an dieser Stelle nur stichpunktartig genannt werden können:

- Gewalt wird von den Kindern und Jugendlichen als Normalität erlebt;
- die Kinder und Jugendlichen werden zu Hütern/Hüterinnen eines Familiengeheimnisses;
- die Kinder und Jugendlichen wachsen in sozialer Isolation auf;
- die Kinder und Jugendlichen sind häufig der Auslöser für Streit zwischen den Eltern;

78 Für 18,2 % der Kinder und Jugendlichen wurde diese Frage nicht statistisch erfasst oder mit unbekannt beantwortet.

- die Kinder und Jugendlichen müssen Erwachsenenrollen übernehmen;
- in gewaltbelasteten Familien ist die Erziehungskompetenz der Eltern häufig eingeschränkt;
- die Kinder und Jugendlichen erleben die polizeiliche Sanktionierung des Vaters mit;
- häufig kommt es zu Zusatzbelastungen durch die Trennung der Eltern.

Hinzu kommen mögliche weitere, nicht zwangsläufig mit der Gewalt in Zusammenhang stehende Belastungsfaktoren, wie Alkoholsucht oder Arbeitslosigkeit der Eltern und Migrations- oder Fluchthintergründe.

Ferner wird in den im Rahmen der Evaluation geführten Experten-/Expertinnengesprächen deutlich, dass gerade jüngere Kinder keine Möglichkeiten haben, sich der Gewalt zu entziehen bzw. sich Bezugspersonen anzuvertrauen.

Geht man davon aus, dass die Wahrscheinlichkeit traumatischer Auswirkungen durch belastende Erlebnisse weniger von der Intensität der einzelnen Erlebnisse abhängt, als von deren Anzahl und Wechselwirkung (vgl. Fischer/Riedesser 1998; Ulich 1988) erscheint es wenig überraschend, dass die Kinder- und Jugendberaterinnen bei ihren Klienten/Klientinnen eine Vielzahl an Verhaltensauffälligkeiten beobachteten. Nach Einschätzung der Beraterinnen zeigten nur 15 von 284 statistisch erfassten Kindern und Jugendlichen keine Auffälligkeiten. Bei 195 Kindern wurden hingegen durchschnittlich 3,1 Auffälligkeiten beobachtet (von Schlafstörungen über ein niedriges Selbstbewusstsein, Ängstlichkeit, Bettnässen und Schulschwierigkeiten bis hin zum Suizidversuch).[79]

Diese Ergebnisse lassen aus Sicht des Evaluationsteams eine eigenständige psychosoziale Unterstützung für von häuslicher Gewalt betroffene Kinder und Jugendliche unabdingbar erscheinen. Die Ergebnisse zeigen aber gleichzeitig, dass die Beratung und Unterstützung der sorgeberechtigten Mutter weiterhin ein wichtiger Bestandteil der Kinder- und Jugendberatung bleiben muss

---

79 Eine detaillierte Beschreibung der von den Beraterinnen festgestellten Auffälligkeiten findet sich im Evaluationsbericht (vgl. Coelen/Evers 2008).

(Beratung in Erziehungsfragen, Unterstützung bei der Thematisierung der Gewalt, Sensibilisierung für die Auswirkungen der Gewalt auf die Kinder).[80]

Positive Ergebnisse des Modellprojektes

Die Bewertung der Kinder- und Jugendberatung durch die im Rahmen der Evaluation befragten Adressaten/Adressatinnen und kooperierenden Expertinnen und Experten ist insgesamt sehr positiv. Vor allem wird die Beratung als ein unterstützendes und entlastendes Angebot erlebt. Adressaten/Adressatinnen und Kooperationspartner/-innen berichten von positiven Verhaltens- und Einstellungsänderungen sowie einer Steigerung des Sicherheitsempfindens, sowohl bei Müttern als auch bei Kindern, die durch die Kinder- und Jugendberatung bewirkt wurden. Hier die Zitate einiger Mütter und Kinder aus den Feedbackgesprächen:

> „Die Beratung hat bewirkt, dass mein Sohn nun darüber sprechen kann, was passiert ist. Das hat er vorher nicht getan, sondern seine Angst und Unsicherheit durch Albernheit überspielt" (Mutter, 10/1).

> „Die Beraterin hat mir die Augen dafür geöffnet, dass meine Kinder unter der Situation leiden. Hätte ich das vorher so klar gesehen, hätte ich viel eher einen Schlussstrich gezogen" (Mutter, 14/1).

> „Mein Sohn hat durch die Beratung wieder lachen gelernt. Er ist weniger aggressiv und aus dem Kindergarten höre ich, dass sich sein Sozialverhalten gebessert hat. Das ist Wahnsinn, dass sie das in so kurzer Zeit geschafft hat. (…) Ich habe meinen Sohn durch die Beratung wieder lieben gelernt" (Mutter, 18/1).

> „Die Beraterin war die erste Person, mit der ich über die Gewalt gesprochen habe" (Mädchen, 13 Jahre , 0/1).

> „Am wichtigsten (…) war, zu sehen, wie sich andere Familien bei Gewalt fühlen, und dass wir keine Ausnahme sind. Ich habe das vorher nicht gewusst, denn man ist ja kein Geist, der einfach in anderen Wohnungen rumfliegen kann" (Mädchen, 14 Jahre, 17/2).

---

80 In den Kurzreflexionsbögen zum Beratungsende wurden die Kinder- und Jugendberaterinnen aufgefordert, den Grad der negativen Auswirkungen der Gewalt für jede beratene Familie zusammenfassend einzuschätzen. Zudem sollte eingeschätzt werden, wie die Mütter die negativen Auswirkungen bewerten. Hier zeigen sich große Diskrepanzen in der Selbsteinschätzung der Kinder- und Jugendberaterinnen und ihrer Beurteilung der mütterlichen Sicht der Dinge. Aus Sicht der Beraterinnen selbst, sind die Auswirkungen in den 117 Familien, für die Reflexionsbögen ausgefüllt wurden, überwiegend sehr groß bis eher groß oder konnten gar nicht eingeschätzt werden. In keinem Fall wurden die negativen Auswirkungen als klein oder nicht vorhanden eingeschätzt. Für die Mütter hingegen wurde überwiegend angegeben, dass die Auswirkungen groß bis klein, in sechs Fällen auch sehr klein und nicht vorhanden wären. Ausgehend von der fachlich geschulten Wahrnehmung der Kinder- und Jugendberaterinnen und der Erfahrung, dass von häuslicher Gewalt betroffene Mütter die Auswirkungen der Gewalt auf ihre Kinder häufig unterschätzen bzw. bagatellisieren, muss demnach die Sensibilisierung für die Folgen der Gewalt ein wichtiger Bestandteil der Elternarbeit im Rahmen der Kinder- und Jugendberatung sein.

Die in den Feedbackgesprächen befragten Mütter beschrieben, neben der Möglichkeit für die Kinder, über ihre Sorgen zu sprechen, als wichtigste Leistung der Kinder- und Jugendberatung, dass sie selbst für die Auswirkungen der Gewalt auf ihre Kinder und die Konsequenzen der Gewalt für die Mutter-Kind-Beziehung sensibilisiert wurden. Konkret wurden hier beispielsweise folgende Punkte genannt:

- Die Kinder konnten mit einer außenstehenden Person über die Gewalt, ihre Gefühle und Probleme sprechen (12 Nennungen).
- Der Mutter wurde deutlich, welche Auswirkungen die Gewalt auf die Kinder hat (6 Nennungen).
- Die Mutter wurde für das Verhalten des Kindes und eigenes problematische Verhaltensmuster sensibilisiert (6 Nennungen).
- Die Mutter konnte mit jemanden über Erziehungsprobleme sprechen (4 Nennungen).
- Die Beraterin fungierte für die Mutter als Vorbild im Umgang mit den Kindern (4 Nennungen).
- Die Mutter konnte mit jemanden über die Probleme der Kinder sprechen (3 Nennungen).
- Die Mutter wurde durch die Beratung entlastet und hatte etwas Zeit für sich (3 Nennungen).
- Die Beratung hat dem Kind gut getan und geholfen (3 Nennungen).

Insbesondere die Auswertung der Experten-/Expertinneninterviews zeigt, dass es eine weitere Leistung des Modellprojektes war, *effektive Kooperationsstrukturen* mit anderen Institutionen auf- und ausgebaut zu haben. Hier ist insbesondere hervorzuheben, dass die Kinder- und Jugendberatung nach Aussage der befragten Kooperationspartner/-innen stark zu einer *Sensibilisierung für die Belange der von häuslicher Gewalt betroffenen Kinder und Jugendlichen in anderen Institutionen* beigetragen hat (z. B. Polizei und Jugendamt). Mitarbeitende der Polizei, der Jugendämter und freier Träger beschrieben die Kinder- und Jugendberatung als kompetente *fachliche Ergänzung*, Bereicherung, Unterstützung und *inhaltliche Erleichterung* in der eigenen Arbeit. Die wichtigste Wirkung wurde in der *intensiven Betreuung der Kinder und Jugendlichen* gesehen, die vor Einrichtung des Modellprojektes in den verschiedenen Institutionen nicht im Fokus, sondern nur am Rande der Arbeit mit von häuslicher Gewalt betroffenen Familien gestanden hätte. Somit wäre durch das Modellprojekt *eine Lücke im Interventionsnetz geschlossen* worden. Die meisten befragten Kooperationspartner/-innen beschreiben die Kinder- und Jugendberatung sowie den fachlichen Austausch mit den Beraterinnen in diesem Zusammenhang als eine *hochgradig spezialisierte Ergänzung* und Entlastung in der eigenen Arbeit.[81]

81 So äußerten z. B. zwei Jugendamtsmitarbeitende in den Interviews, die Kinder- und Jugendberatung sei fachlich wesentlich spezialisierter als sie selbst und könnte sich somit viel intensiver um die Kinder kümmern (Ex 6/IR2; Ex 6/IR 7).

Erfolgsfaktoren des Modellprojektes

Aus Sicht des Evaluationsteams haben folgende organisatorisch-strukturelle Faktoren maßgeblich zum Erfolg des Modellprojektes beigetragen:

- Die strukturelle Anbindung des Modellprojektes an die Interventionsstellen hat sich (aufgrund der Möglichkeit der Datenweitergabe, der Beratungszugänge, der entstehenden Synergieeffekte sowie des gegenseitigen Fach- und Informationsaustausches) bewährt.
- Letztlich auch durch diese Anbindung wurde es möglich, die Beratung in einer Akutsituation im Rahmen von Krisenintervention anzubieten. Dies war von Bedeutung, da eine schnelle, hilfreiche Intervention und psychosoziale Unterstützung nach traumatischen Ereignissen bei Kindern und Jugendlichen maßgeblich für die erfolgreiche Bewältigung von Traumata sind (vgl. Fischer/Riedesser 1998; Strasser 2001).
- Der Ansatz, die Beratung der Kinder und Jugendlichen durch eine flankierende Beratung der Mütter zu ergänzen, hat sich in der Praxis als effektiv und sinnvoll erwiesen.
- Da das Vorhandensein klarer, effektiver Kooperationsstrukturen zwischen Jugendamt, Polizei, weiterführenden Hilfsangeboten und Interventionsstelle eine entscheidende Grundlage für eine effektive Umsetzung des Modellprojektes ist, lag ein weiterer Erfolgsfaktor in der innerhalb der Modellphase intensiv betriebenen Netzwerkarbeit. Hierfür erwies sich eine Modellphase von drei Jahren als günstig.

Bezogen auf die konkrete Beratungsarbeit kristallisierten sich drei Faktoren heraus, die immer wieder positiv von Kooperationspartnern/-partnerinnen und Klienten/Klientinnen hervorgehoben wurden:

- *Aufsuchende Arbeitsweise bei gleichzeitiger Flexibilität des Beratungsortes*: In der absoluten Mehrzahl der im Erhebungszeitraum durchgeführten Beratungen handelte es sich um aufsuchende Beratungen im Haushalt der Klientinnen (80,8 %). 11,7 % der Beratungen wurden jedoch auch in der Interventionsstelle geführt.[82] Laut Aussage der Kinder- und Jugendberaterinnen sowie einiger befragter Jugendlicher selbst, wurden die Beratungen bei Bedarf (z. B. um in kinderreichen Familien Ruhe herstellen zu können, oder weil der gewalttätige Partner wieder in der Wohnung lebte) auch auf ungewöhnliche Orte gelegt. So wurde z. B. von Beratungen an Bushaltestellen, in Eisdielen, Jugendclubs und bei Spaziergängen am Strand berichtet – Orte, die aus Sicht der Beraterinnen eine ungezwungene Atmosphäre mit sich bringen und somit

82 In der Kinder- und Jugendberatung Rostock war der Anteil der Beratungen in der Interventionsstelle mit 18,6 % auffällig höher als in der Schweriner Kinder- und Jugendberatung (6,1 %). Dies erklärt sich vermutlich durch das dortige, weitflächige, ländlich geprägte Arbeitsgebiet. Des Weiteren wiesen die Kinder- und Jugendberaterinnen darauf hin, dass die Frage nach einem geeigneten Beratungsort nach Altersstufen variiere. Während man mit Kindern bis zu etwa elf Jahren besonders gut in der vertrauten Umgebung der eigenen Häuslichkeit arbeiten könne, sei es bei Jugendlichen oft positiv, aus dem engen Familienkreis herauszugehen.

den Vertrauensaufbau erleichterten. Für einige Kinder sei dies – sowie die Beratung in der Interventionsstelle – auch deshalb von Vorteil, weil das eigene Zuhause eng mit der Gewalt verknüpft sei. In den Feedbackinterviews äußerten mehrere Mütter, die Beratung in der gewohnten Umgebung habe stark dazu beigetragen, dass sich die Kinder schneller geöffnet hätten. Eine Mutter äußerte explizit, sie bezweifle, dass sie die Beratung auch in Anspruch genommen hätte, wenn sie ihr Kind regelmäßig an einen anderen Ort hätte fahren müssen.

- *Unbürokratische, unkomplizierte, und flexible Arbeitsweise*: Häufig wurde diese Arbeitsweise von den befragten Experten/Expertinnen als Schlüssel zum Erfolg des Projektes beschrieben. Sie bewirke nicht nur einen niedrigschwelligen Zugang für Adressaten/Adressatinnen, sondern auch für Kooperationspartner/-innen: *„Ja, also total toll ist, dass ich bei der Kinder- und Jugendberatung anrufen kann, und relativ zeitnah ein Termin da ist, dass es so unbürokratisch geht, (…). Das ist einfach. Und das ist für ganz viele wichtig, dass man da nicht erst zu irgendwem hinrennen muss, sondern dass die kommen. Wenn die jetzt sagen würden: „Ich hab da am Dienstag um zehn Uhr einen Termin, kommen Sie einfach ins Büro", da würde die Hälfte kommen. Wenn überhaupt." (Ex 7/IR 3).* Dieses unbürokratische Hilfsangebot wurde häufig gerade im Vergleich zur Arbeit des Jugendamtes hervorgehoben, wie im Folgenden dargestellt wird.
- *Strukturelle Unabhängigkeit vom Jugendamt:* Dieser Faktor wurde nicht nur von einigen befragten Müttern, sondern einstimmig von allen befragten Experten/Expertinnen – und interessanterweise gerade auch von den Mitarbeitern/Mitarbeiterinnen des Jugendamtes selbst – als ein maßgeblicher Faktor des Erfolges des Modellprojektes hervorgehoben. So äußerte z. B. eine Jugendamtsmitarbeiterin: *„Wir sind eine eingreifende Behörde. Und die Kinder- und Jugendberatung ist so etwas wie ein Verein. (...) Das Amt ist bedrohlich. Und die Kinder- und Jugendberatung ist nicht das Amt. Die kommen besser an die Leute ran. (...) Die Leute sind uns gegenüber doch verhaltener. Nach dem Motto: Was erzähle ich und was darf ich nicht erzählen? Und bei der Kinder- und Jugendberaterin haben die Leute mehr Vertrauen (…). Wenn ich so sehe, wie der Kontakt zwischen ihr und den Familien ist, das ist anders als bei mir. Ich bin eben eine Amtsperson." (Ex 6/IR 3)*

Offene Fragen

Bisher wurde aufgezeigt, dass das Modellprojekt auf einen vorhandenen Bedarf an eigenständiger Unterstützung für von häuslicher Gewalt betroffene Kinder reagiert und eine Lücke im bis dato bestehenden Interventionsnetz geschlossen hat. Die zeitnah zum Gewalterleben einsetzende, aufsuchende psychosoziale Unterstützung wurde sowohl von Müttern als auch von den befragten Kooperationspartnern/-partnerinnen als Beitrag zur eigenen Sensibiliesierung für die Thematik beschrieben. Ferner wird das Angebot von ihnen und von den befragten Kindern und Jugendlichen selbst als große

Unterstützung und Entlastung gewertet. Insofern kann das Modellprojekt aus Sicht des Evaluationsteams insgesamt als Erfolgsmodell bewertet werden, was sich nicht zuletzt auch in der Überführung des Projektes in alle Interventionsstellen des Landes und in die finanzielle Förderung durch das Land widerspiegelt. Die Leistungen des Modellprojektes sind auch deshalb besonders zu würdigen, da es sich bei der proaktiven Beratung um einen in Deutschland gänzlich neuartigen Beratungsansatz in der Arbeit mit Mädchen und Jungen, die von häuslicher Gewalt betroffen sind, handelte. Auch anderweitige Unterstützungsangebote für diese Zielgruppe sind – außerhalb der Angebote in Frauenhäusern – immer noch rar gesät. Insofern waren die Mitarbeiterinnen des Modellprojektes zu Beginn ihrer Tätigkeit also in der Situation, auf keinerlei Erfahrungswerte zurückgreifen zu können, sondern sie mussten sich alle Beratungsangebote und Arbeitsmaterialien gänzlich neu erarbeiten.

Dennoch lassen sich einige offene Fragen und Entwicklungsbedarfe ausmachen, die zu lösen jedoch nicht alleinige Sache der Kinder- und Jugendberatungen sein kann, sondern eine Mitarbeit aller am Interventionsnetz beteiligten (und zukünftig zu beteiligenden) Institutionen erfordert. Einige, ausgewählte dieser Fragen sollen im Folgenden skizziert werden:

Die Frage nach der Beratungsdauer und der Weitervermittlung

Konzeptionell war die Beratung der Kinder und Jugendlichen im Modellprojekt als möglichst zeitnah zum Gewalterleben einsetzende Krisenintervention und Kurzzeitberatung vorgesehen, wobei der Begriff der Kurzzeitberatung nicht näher definiert wurde. Bei längerfristigem Unterstützungsbedarf sollte an weiterführende Institutionen vermittelt werden. Die Auswertung der Statistik machte deutlich, dass ein Großteil der Kinder- und Jugendberatungen tatsächlich nach ein bis vier Wochen abgeschlossen war. Hierin enthalten waren jedoch auch abgebrochene Beratungen. Allerdings zeigte sich ebenfalls, dass auch über Monate gehende Beratungsverläufe keine Ausnahme waren.

Die Anzahl der durch die Kinder- und Jugendberatungen erfolgten Weitervermittlungen erschien zunächst überraschend gering. Insgesamt wurden lediglich 19 % der in den beratenen Familien lebenden Kinder weitervermittelt. Laut Aussage der befragten Expertinnen spiegelt sich hier eine Lücke im Interventionsnetz wider: Speziell in den ländlichen Arbeitsgebieten, aber auch in den Städten seien geeignete Angebote oftmals nicht vorhanden bzw. würden bestimmte Hilfeleistungen (Sozialpädagogische Familienhilfe) nicht in ausreichendem Maße gewährt. Gerade therapeutische Angebote seien zudem mit extrem langen Wartezeiten verbunden.

Vor diesem Hintergrund erscheint aus Sicht des Evaluationsteams eine Abkehr vom Konzept der Kurzzeitberatung sinnvoll. Hierfür sprechen auch folgende im Modellprojekt gemachte Erfahrungen, die in den Experten-/Expertinnengesprächen offensichtlich wurden: 1). In vielen Fällen scheint sich bei einer etwas länger angelegten Beratung die Situation in den Familien so stabilisieren zu lassen, dass kein weiterführender Beratungsbedarf mehr besteht. 2). Aufgrund der häufigen Tabuisierung der Gewalt und der sozialen Isolation der Kinder und Jugendlichen sind stabile Vertrauensbeziehungen von besonderer Bedeutung. Durch eine längerfristig angelegte Beratung können Wechsel bei den Bezugspersonen gemindert werden. 3). Gerade in Fällen, in denen eine Trennung vom gewalttätigen Vater/Partner der Mutter vollzogen wurde, kann durch langwierige Umgangsverfahren und oftmals problematische Umgangsregelungen ein langandauernder, aber eher sporadischer Beratungsbedarf entstehen.

Darüber hinaus wurde die Kurzfristigkeit der Beratung auch von den im Rahmen der Evaluation befragten Müttern und ihren Kindern ambivalent erlebt. So gaben zehn der achtzehn befragten Mütter an, sie hätten sich gewünscht, das Angebot wäre längerfristiger gewesen. Zwei Mütter äußerten explizit, sie hätten die Überführung in andere Hilfsangebote als eine erneute große Umstellung für ihre Kinder erlebt, die sich doch eben erst gegenüber der Kinder- und Jugendberaterin geöffnet hätten.

Auch das bereits dargestellte Ausmaß der Mitbetroffenheit von der Gewalt gegen die Mutter sowie die hieraus resultierenden lang- und kurzfristigen Folgen für die Kinder lassen in vielen Fällen einen längerfristigen Unterstützungsbedarf vermuten. Insofern wäre u. U. die Einrichtung einer weiteren Personalstelle mit psychologischer/therapeutischer Zusatzqualifikation sinnvoll.

Die Frage nach den Zugangswegen zur Kinder- und Jugendberatung

Die Evaluationsergebnisse zeigen, dass der häufigste Zugangsweg zur Kinder- und Jugendberatung derjenige über die Interventionsstelle ist. Dies ist insofern nicht zu kritisieren, als dass dieser Zugangsweg ja der konzeptionell festgeschriebene „Standardweg“ ist, der sich schon in der institutionellen Angliederung des Modellprojektes an die Interventionsstelle ausdrückt. Auch hat dieses Vorgehen mit Sicherheit maßgeblich dazu beigetragen, dass in der Projektzeit eine große Zahl an Kindern und Jugendlichen beraten werden konnte. In eher seltenen Fällen fand auch eine Vermittlung über Frauenhäuser, Beratungsstellen, Kindertagesstätten o. ä. statt. Trotz der betriebenen Öffentlichkeits- und Präventionsarbeit wurden in der Statistik in der gesamten Modellphase lediglich vier Jungen und ein Mädchen im Alter zwischen sechs und vierzehn Jahren als Selbstmelder/-innen erfasst. Auch hier handelt es sich um Kinder, die von erwachsenen Personen (Sozialarbeiterin, private Bezugsperson etc.) an das Projekt vermittelt wurden.

Aus Sicht des Evaluationsteams wäre ein Ausbau weiterer Zugangswege erforderlich, um auch diejenigen Kinder zu erreichen, in deren Familien es (noch) keine Polizeieinsätze aufgrund der vorliegenden häuslichen Gewalt gegeben hat. Naheliegend – und teilweise im Modellprojekt schon praktiziert

– ist eine direkte Ansprache von Kinder und Jugendlichen über Präventions- und Öffentlichkeitsarbeit sowie die Sensibilisierung von Fachpersonal in Schulen, Kitas, Freizeit- und Beratungseinrichtungen. Zudem wäre eine kind- und jugendgerechte Internetpräsentation sinnvoll. Denkbar und zu erproben wäre auch eine verstärkte Einbindung des unmittelbaren Wohn- und Lebensumfeldes in Präventions- und Öffentlichkeitsbemühungen. Dies gilt insbesondere vor dem Hintergrund des wenig flächendeckenden Netzes an Unterstützungsangeboten in ländlichen Gebieten Mecklenburg-Vorpommerns. Hinzu kommt, dass bisherige Präventions- und Interventionsstrategien bei häuslicher Gewalt sowohl die gewaltstabilisierenden als auch die gewaltreduzierenden Möglichkeiten, die auf der Ebene des Gemeinwesens und besonders im Bereich informeller Strukturen liegen, fast vollständig vernachlässigen (vgl. Stövesand 2007). Da Beziehungsgewalt überwiegend zuhause stattfindet, wäre die Einbindung der Gemeinde jedoch naheliegend. Gerade die Thematisierung der Mitbetroffenheit von Kindern könnte sich eignen, ein verstärktes Problembewusstsein in der Öffentlichkeit zu schaffen, da die Einmischungsbereitschaft im Wohnumfeld möglicherweise größer ist, wenn es um den Schutz und die Unterstützung von Kindern geht, als bei „Ehestreitigkeiten". Eine verstärkte Öffentlichkeitsarbeit und Aktivierung des Gemeinwesens mit dem Ziel, betroffene Kinder und Jugendliche direkt anzusprechen, erscheint aus Sicht des Evaluationsteams auch deshalb sinnvoll, da es ein strukturelles Problem des proaktiven Zugangs über die Interventionsstellen ist, dass Kinder und Jugendliche hier nur über die Zustimmung ihrer Personensorgeberechtigten zu erreichen sind, nach § 8, Abs. 3, SGB VIII jedoch einen eigenen Anspruch auf Beratung haben.

Die Frage nach der sozialen Isoliertheit betroffener Kinder und Jugendlicher

Eine verstärkte Einbeziehung des Gemeinwesens erscheint insbesondere vor dem Hintergrund der häufig festzustellenden sozialen Isolation der betroffenen Mädchen und Jungen sinnvoll. Diese Isolation wurde sowohl in den Expertinneninterviews thematisiert, als auch sehr offensichtlich in der Auswertung der Statistik der Kinder- und Jugendberatung. Hier wurden die Beraterinnen gebeten, zu erfassen, ob die Kinder in den beratenen Familien Unterstützungspersonen haben, mit denen sie über die Gewalt sprechen können (3 Nennungen möglich).[83] Folgendes wird deutlich: 1). Ein Teil der beratenen Kinder und Jugendlichen (11,7 %) verfügt nach Ansicht der Beraterinnen über keine Unterstützungspersonen, mit denen sie über die Gewalt sprechen können. 2). Bei einem Großteil der aufgeführten Unterstützungspersonen handelt es sich um Familienmitglieder und hier an erster Stelle um Großeltern

83 Dieser Punkt wurde erst ab 2006 statistisch erfasst. Insofern liegt hier eine Gesamtzahl von 281 Kindern zugrunde.

(21,7 %). An zweiter und dritter Stelle der innerfamiliären Unterstützerpersonen stehen Geschwisterkinder (16,7 %) und die Mutter (14,9 %) – zwei Personengruppen, die ebenfalls von der Gewalt betroffen und in die Familiendynamik involviert sind. Für 16,4 % der Mädchen und Jungen wurden auch Personen außerhalb der Familie angegeben. Hierbei handelt es sich in erster Linie um Freunde der Kinder, gefolgt von Pädagogen/Pädagoginnen, Trainer/-innen und Lehrer/-innen. 3). Auffällig ist, dass für gut ein Drittel der beratenen Kinder angegeben wurde, es sei unbekannt, ob diese Unterstützungspersonen hätten. Bei diesen Ergebnissen ist jedoch zu berücksichtigen, dass sich unter den Kindern mehrere sehr junge Kinder befanden.

Ausgehend von diesen Ergebnissen sollte erwogen werden, inwieweit der Aufbau eines Netzwerkes sowohl an formellen (professionellen) als auch besonders an informellen Unterstützungspersonen im sozialen Umfeld Bestandteil der Arbeit sein und gelingen kann. Möglicherweise müssten hierzu die sozialen Netze der Kinder und Jugendlichen sowie die Ebene des unmittelbaren Wohn- und Lebensumfeldes stärker als bisher in den Blick genommen werden. Dies gilt auch und gerade in Bezug auf die Entwicklung von Sicherheitsplänen.

Die Frage nach dem Umgang mit im Beratungsverlauf anwesenden gewalttätigen Vätern/Partnern der Mütter

Die Statistik der Kinder- und Jugendberatung zeigte, dass sich 17,4 % derjenigen Mütter, die dem Beratungsangebot für ihre Kinder zugestimmt hatten, zum Beratungszeitpunk nicht vom gewalttätigen Partner getrennt hatten. Das bedeutet, dass 28,5 % aller Kinder in den beratenen Familien zum Beratungszeitpunkt noch mit diesen Männern in einem Haushalt lebten. Zudem bestand in 56,3 % der getrennt lebenden Familien noch Kontakt zwischen Opfer und Täter. Dies legt eine noch bestehende Gefährdung der Kinder nahe, zumal wissenschaftliche Untersuchungen zeigen, dass Trennungssituationen mit besonderer Gefahr für von häuslicher Gewalt betroffene Frauen und ihre Kinder verbunden und Gewaltübergriffe im Kontext von Umgangsregelungen keine Ausnahme sind (vgl. Hester/Radford 1996; Heynen 2001; Kavemann 2000). Insofern sollte die Erarbeitung von Sicherheitsstrategien für die Kinder und Jugendlichen innerhalb der Beratung eine große Rolle spielen.

Da das Ausüben häuslicher Gewalt als eingeschränkte Erziehungskompetenz des Vaters gewertet werden kann, ist es darüberhinaus aber auch nötig, in denjenigen Fällen, in denen Mädchen und Jungen nach einer polizeilichen Intervention noch mit dem gewalttätigen Vater/Partner der Mutter zusammenleben bzw. engen Kontakt zu ihm haben, Möglichkeiten zu finden, mit ihm an seiner Erziehungsverantwortung zu arbeiten. Die Kinder- und Jugendberatung stellt theoretisch eine solche Möglichkeit dar.

Kontakte mit gewalttätigen Partnern der Mütter ließen sich in der Arbeit der Kinder- und Jugendberaterinnen schon praktisch nicht vermeiden, da die Beratung im Gegensatz zur herkömmlichen Arbeit der Interventionsstellen nicht als reine Krisenintervention geleistet wurde und zudem meist im Haushalt der Familie stattfand. Zudem waren Täterkontakte und -gespräche auch konzeptionell nicht ausgeschlossen, sofern sie den Interessen des Kindes dienten und keine Gefährdung der Mutter und der Beraterinnen selbst darstellten. Insgesamt zeigte die Analyse der Statistik jedoch, dass die Täterkontakte in der täglichen Praxis im Modellprojekt eine untergeordnete Rolle gespielt haben. In der gesamten Modellphase gab es Gespräche mit elf gewalttätigen Vätern/Partnern der Mütter. Nach Einschätzung einer Kinder- und Jugendberaterin ist dies auch auf eine geringe Bereitschaft zur Kooperation seitens dieser Männer zurückzuführen.

Jedoch berichteten die Kinder- und Jugendberaterinnen auch davon, bei diesen Gesprächen Probleme damit gehabt zu haben, der Argumentation der Männer standzuhalten und auf ihr aggressives Verhalten zu reagieren. Zudem hatte die Anwesenheit des gewalttätigen Partners der Mutter in einigen Fällen negative Auswirkungen auf den Beratungsverlauf.[84] Beides deutet auf einen Bedarf an Sicherheitsstrategien für die Beraterinnen in solchen Familien sowie an Strategien zur Einbindung von gewalttätigen Vätern/Stiefvätern in den Beratungsprozess hin.

Innerhalb der Modellphase gab es noch keine verbindliche Vorgehensweise für die Beratung in Familien, in denen der gewalttätige Partner der Mutter im Haushalt lebt. Zudem gab es auch innerhalb der Interventionsstellen unterschiedliche Standpunkte zu der Arbeit in diesen Fällen und auch zu der Frage danach, inwieweit die Kinder- und Jugendberaterin überhaupt Gespräche mit diesen Männern führen sollte. Aus Sicht des Evaluationsteams wäre es perspektivisch zum Schutz aller Beteiligten und zur Profilierung der Arbeit dringend erforderlich, klare Handlungsleitlinien, Ziele und Methoden für diese Fälle zu erarbeiten und sich im Vorfeld darüber klar zu werden, ob und in welcher Weise die Arbeit mit gewalttätigen Vätern/Partnern der Mutterweiterhin Bestandteil der Kinder- und Jugendberatung bleiben soll. Dabei sollte ausdrücklich zwischen einer Weiterführung der Beratung in Familien, in denen der gewalttätige Mann zurückgekehrt ist und direkten Beratungsgesprächen mit diesen Männern unterschieden werden.

Die Weiterführung der Beratung im Falle der Anwesenheit des Täters in der Familie erscheint sinnvoll, solange hierdurch keine Gefahr für die Frauen und Kinder und die Beraterin selbst entsteht, denn gerade in diesen Fällen, sind die Kinder ja häufig noch weiterhin von Gewalt betroffen. Hier kann die

84 In einem Fall wurde davon berichtet, dass die Stimmung bei den Kindern und der Mutter abrupt umgeschlagen sei, als der Vater während einer Beratung nach Hause kam und ein offenes Gespräch dann nicht mehr möglich gewesen wäre. Desweiteren wurden Fälle beschrieben, in denen der gewalttätige Vater gegenüber der Beraterin die Erziehungskompetenz der Mutter in Frage stellte. In einigen Fällen wurde die Beratung der Kinder- und Jugendlichen aufgrund solcher aufgetretener Schwierigkeiten abgebrochen.

Kinder- und Jugendberatung als Vertrauensperson und z. B. durch die Erarbeitung von Sicherheitsplänen einen entscheidenden Beitrag zur Sicherheit der Kinder und zur Minimierung von Ohnmachtsgefühlen leisten.

Da die Kinder- und Jugendberatung in erster Linie als eigenständige Interessenvertretung der Kinder und Jugendlichen fungieren soll, ist es wichtig, eine möglichst neutrale und für alle Beteiligten sichere Gesprächsführung anzustreben. Insofern ist zu prüfen, inwieweit Gespräche mit gewalttätigen Vätern/Stiefvätern in Kooperation mit anderen Institutionen (Jugendamt, freie Träger) und in einem gemischtgeschlechtlichen Zweierteam bzw. durch eine gesonderte Person (z. B. Mitarbeiter einer Männerberatungsstelle) geführt werden können. Unabhängig davon, wären aus Sicht des Evaluationsteams, Gespräche mit Tätern, in denen klar auf deren Fehlverhalten, ihre Erziehungsverantwortung, die Auswirkungen häuslicher Gewalt auf Kinder sowie die Konsequenzen weiterer Gewalteinwirkung hingewiesen wird, eine notwendige und im Rahmen der Sicherung des Kindeswohls standardmäßig durchzuführende Aufgabe der Jugendämter.

Die Frage nach dem Umgang mit Beratungsabbrüchen

Eine im Modellprojekt aufgetretene Schwierigkeit war, dass z. T. Beratungen durch Klienten/Klientinnen abgebrochen bzw. Termine wiederholt nicht eingehalten wurden. Dies geschah teilweise durch die Mütter auch gegen den Willen der Kinder.

Diesbezüglich erscheint es sinnvoll, Strategien zu entwickeln um „beratungsvermeidendem" Verhalten präventiv gegenzusteuern. Diese sollten sich sowohl auf die Erstvorstellung des Angebotes, als auch auf Maßnahmen im Beratungsverlauf beziehen. Zudem ist die Information des Jugendamtes in diesen Fällen – als Maßnahme zur Sicherung des Kindeswohls – dringend beizubehalten. Möglich wäre auch die Entwicklung weiterer Handlungsstrategien in diesen Fällen in Kooperation mit dem Jugendamt (z. B. Durchführung gemeinsamer Hausbesuche). Darüber hinaus ist gerade in den ländlichen Gebieten darüber nachzudenken, wie Kinder und Jugendliche ihren Beratungsanspruch eigenständig wahrnehmen können – auch wenn sie keine Möglichkeit haben, selbstständig in die Interventionsstelle zu kommen.

Die Frage nach den Zuständigkeiten

In der täglichen Arbeit des Modellprojektes spielten Kooperationskontakte und Überschneidungen in der Arbeit zwischen der Kinder- und Jugendberatung und Jugendämtern eine große Rolle: Die Auswertung der Statistik zeigt, dass 34,5 % der durch das Modellprojekt beratenen Kinder und Jugendlichen schon vor dem Polizeieinsatz Kontakte zum Jugendamt hatten. Insgesamt wurden 22 Kinder und Jugendliche aus den 178 durch das Modellprojekt beratenen Familien an Jugendämter weitervermittelt. Darüber hinaus informierten die Kinder- und Jugendberaterinnen in etwa einem Achtel aller Fälle das Jugendamt über dringenden Handlungsbedarf aufgrund einer Kindeswohlgefährdung. Durchschnittlich gab es in der Kinder- und Jugendberatung 0,7 Gespräche mit Jugendämtern pro Beratungsfall. Zusätzlich gab es regelmäßige Gespräche, die von den Frauenberaterinnen der Interventionsstelle geführt wurden.

Aus der Sicht des Evaluationsteams wurden in der Modellphase mit Erfolg wesentliche Schritte zum Aufbau effektiver Kooperationsstrukturen zwischen der Kinder- und Jugendberatung und dem Jugendamt gegangen. Dies erwies sich als unbedingt erforderlich, da die Institutionen Interventionsstelle und Jugendamt fester Bestandteil des Maßnahmenkataloges bei häuslicher Gewalt in Mecklenburg- Vorpommern sind. Beide Institutionen sind von der Polizei zu informieren, wenn Kinder oder Jugendliche am Einsatzort anwesend sind. Da nicht eindeutig festgelegt wurde, welche Institution welche Aufgaben in Bezug auf eine Unterstützung der Kinder und Jugendlichen sowie die Sicherung des Kindeswohls zu übernehmen hat, erscheint es dringend notwendig, die Frage der jeweiligen Zuständigkeiten auszuhandeln und in feste – möglichst landesweit einheitliche – Kooperationsstrukturen zu integrieren. Auf der Grundlage der Experten-/Expertinnengespräche kristallisierten sich folgende Fragestellungen heraus, die immer wieder neu zwischen den Jugendämtern und der Kinder- und Jugendberatung ausgehandelt und letztlich verbindlich geregelt werden müssen:

- *Seitens der Jugendämter*: Wie ist die Vorgehensweise nach Erhalt der Information durch die Polizei in den einzelnen Jugendämtern? (Wie) nehmen die Jugendämter nach der Information durch die Polizei Kontakt zu den Familien auf? Wer nimmt Kontakt auf? Welche Maßnahmen werden dann eingeleitet? Wie kann/soll die Rückmeldung dieser Handlungsschritte an die Interventionsstelle sichergestellt werden? Wann nimmt das Jugendamt seinerseits Kontakt zum Modellprojekt auf? Wer ist Ansprechpartner/-in für die Kinder- und Jugendberaterin in den einzelnen Jugendämtern?
- *Seitens der Kinder- und Jugendberatung/Interventionsstellen*: Wann, worüber und in welcher Form wird das Jugendamt in denjenigen Fällen informiert, in denen eine Kinder- und Jugendberatung zustande gekommen ist (Beratungsanfang, Beratungsende, Beratungsergebnisse, Gefährdungsprognose)? Was sind die exakten Kriterien dafür, das Jugendamt – bei Zustandekommen der Kinder- und Jugendberatung – auch gegen den Willen der Frau zu informieren? (Wie) soll eine Rückmeldung an das Jugendamt in solchen Fällen erfolgen, in denen eine Kinder- und Jugendberatung durch Mütter abgelehnt, abgebrochen oder Termine nicht eingehalten bzw. die Mutter nicht erreicht wurde?

- *Gegenseitig*: Kann/soll durch eine der beiden Institutionen in einigem zeitlichen Abstand zur Erstintervention ein Follow-up (Überprüfung des Kindeswohls/der Wegweisung des Täters) geleistet werden? Werden die Begriffe „Verdacht auf Kindeswohlgefährdung", „Kindeswohlgefährdung" und „akute Kindeswohlgefährdung" in den einzelnen Institutionen in Bezug auf häusliche Gewalt einheitlich verwendet? Lassen sich klare Handlungsschritte festlegen? Gibt es Möglichkeiten und Notwendigkeiten einer standardmäßigen Mitnahme von Mitarbeiterinnen der Kinder- und Jugendberatung oder des Jugendamtes zu Polizeieinsätzen in denjenigen Fällen, in denen Kinder am Einsatzort sind?

Das Modellprojekt Kinder- und Jugendberatung der Interventionsstellen Rostock und Schwerin kann als wegweisendes Erfolgsmodell auf dem Weg zu einer Optimierung des Schutzes von Kindern und Jugendlichen vor häuslicher Gewalt gewertet werden. So wurden mit Erfolg geeignete Wege der proaktiven Kontaktaufnahme zu Kindern und Jugendlichen, die von häuslicher Gewalt betroffen sind, sowie verschiedene Methoden und Materialien für die Beratung der verschiedenen Ziel- und Altersgruppen sowie zur Präventions- und Öffentlichkeitsarbeitentwickelt gesammelt und erprobt. Dies ist als notwenige Pionierleistung zu werten. Insgesamt war innerhalb der drei Modelljahre eine stete Professionalisierung und Optimierung im Projekt bei der Präsentation des Projektes vor Klientinnen, in der Beratung selbst sowie in der Netzwerkarbeit feststellbar.

Aus Sicht des Evaluationsteams stellt die Kinder- und Jugendberatung der Interventionsstellen eine dringend notwendige Ergänzung zum bis dato bestehenden Interventionsnetz bei häuslicher Gewalt dar. Letztlich kann eine optimale Versorgung betroffener Mädchen und Jungen jedoch nie durch ein Beratungsangebot allein gewährleistet werden, sondern erfordert eine gut koordinierte Vernetzung aller beteiligten und zukünftig zu beteiligenden Institutionen. Insofern wird der Austausch über ähnliche wie die oben genannten Fragen eine fortlaufende Aufgabe der verschiedenen Institutionen für die Zukunft bleiben.

Hildegard Hellbernd / Petra Brzank

Häusliche Gewalt im Kontext von Schwangerschaft und Geburt: Interventions- und Präventionsmöglichkeiten für Gesundheitsfachkräfte

Schwangerschaft und Geburt sind eine Lebensphase, in der die schwangeren Frauen und das Neugeborene einer besonderen Beachtung und Fürsorge sowie Respekt bedürfen. Diese Zeit ist für viele Frauen jedoch nicht immer mit Glück und Hoffnung verbunden, denn in dieser Zeit besteht für sie weltweit ein erhöhtes Risiko für körperliche, sexuelle und psychische Gewalt durch den (Ehe-)Partner. Häusliche Gewalt während Schwangerschaft und Geburt wird innerhalb der Gesundheitsversorgung auch hierzulande in den letzten Jahren verstärkt berücksichtigt. Vor allem internationale Forschungsergebnisse verdeutlichen die Auswirkungen von häuslicher Gewalt auf Schwangerschafts- und Geburtserleben und verweisen auf einen vielschichtigen Zusammenhang. Mit der Schwangerschaft kann Gewalt durch den Partner erstmalig beginnen. Ebenso kann die Beziehung seit langem durch die Gewalt des Partners bestimmt oder die Schwangerschaft selbst die Folge von sexueller Gewalt in der Paarbeziehung sein. Häusliche Gewalt wirkt sich direkt und indirekt auf die schwangere Frau und ihr Kind aus. Eine direkte Folge sind Verletzungen, die zu Fehlgeburten bis hin zu tödlichen Konsequenzen für die Frau führen können. Indirekt beeinflusst häusliche Gewalt das Gesundheits- und Vorsorgeverhalten der schwangeren Frauen.

Angesichts der gravierenden gesundheitlichen Folgen von sexueller oder körperlicher Gewalt für schwangere Frauen sowie neugeborene Kinder besteht ein dringender Handlungsbedarf. Da eine Schwangerschaft in der Regel zu einem vermehrten Aufsuchen von Gesundheitsversorgungseinrichtungen führt, bestehen für Hebammen, Pflegekräfte, Ärzte und Ärztinnen besondere Interventionsmöglichkeiten gegen Gewalt. Sie können die Chance nutzen, frühzeitig zu erkennen, ob eine Frau von Gewalt betroffen ist, und präventiv und unterstützend tätig zu werden. Während der Schwangerenvorsorge, unter und nach der Geburt ist eine besondere Sensibilität gegenüber gewaltbetroffenen Frauen nötig, um eine Retraumatisierung zu vermeiden. Darüber hinaus besteht die Möglichkeit einer engen Kooperation mit weiteren sozialen Einrichtungen, um gewaltpräventiv für Frauen und Kinder wirken zu können. Im Folgenden werden zunächst Erkenntnisse zur Prävalenz von Gewalt während der Schwangerschaft und zu gesundheitlichen Auswirkungen auf Frauen und ihre Kinder vorgestellt. Im Kontext von Kindesvernachlässigung und Angeboten Früher Hilfe haben in den letzten Jahren die Ressourcenstärkung der Mütter während der ersten Lebensmonate, die Förderung der Mutter/Vater-Kind-Beziehung und die Stärkung der Elternkompetenz zunehmend an Bedeutung gewonnen. Mit dieser Entwicklung wurden die Erwartungen und Anforderungen an die Präventions- und Interventionskompetenzen von Gesundheitsfachkräften ausgeweitet. Bestehende

Unterstützungsmöglichkeiten für schwangere Frauen werden am Beispiel des S.I.G.N.A.L. - Programms vorgestellt.

Erkenntnisse zum Ausmaß von Gewalt

Gewalt durch den Beziehungspartner beginnt nicht selten mit einer Schwangerschaft oder Geburt. In der für Deutschland ersten repräsentativen Studie (N=10.264) zum Ausmaß von Gewalt gegen Frauen wurde eine Schwangerschaft von 10 % und die Geburt des Kindes von 20 % der betroffenen Frauen als lebenszeitliches Ereignis angegeben, bei dem Gewalt durch den Partner zum ersten Mal auftrat (Schröttle et al. 2004: 262). Eine Sekundäranalyse der deutschen Repräsentativstudie stellt eine Prävalenz von 2 % körperlicher und/oder sexueller Partnergewalt während der Schwangerschaft unter allen Befragten fest (Stöckl 2009). Dabei ist eher von einer Unterschätzung auszugehen, da im Rahmen der Prävalenzstudie explizite Aussagen zu Schwangerschaft und Geburt nur begrenzt erhoben wurden.

Bei einer Befragung unter 806 Patientinnen der Ersten Hilfe Abteilung, die 2002 im Rahmen des S.I.G.N.A.L. - Interventionsprojekts an der Charité Campus Benjamin Franklin durchgeführt wurde, hatten 13,5 % der von häuslicher Gewalt betroffenen Frauen angegeben, während der Schwangerschaft körperliche Gewalt erlitten zu haben (Hellbernd/Brzank et al. 2004).

Eine Befragung unter Patientinnen in Berliner allgemeinmedizinischen und gynäkologischen Praxen (N=496) ermittelte eine Partnergewalt-Prävalenz von 6,6 % während einer Schwangerschaft: 5 % der Frauen erlitten körperliche und 3 % sexualisierte Gewalt (Bitzker 2009: 49).

Weitere Erkenntnisse liegen aus dem internationalen Raum vor. Einer schwedischen Studie zufolge erlebten 11 % der Frauen Gewalt während der Schwangerschaft (Hedin/Grimstad et al. 1999). US-amerikanische Untersuchungen im Rahmen der Vorsorge benennen Prävalenzen von körperlicher und/oder sexueller Gewalt zwischen 0,9 % und 20 % während der Schwangerschaft, mehrheitlich lagen die Prävalenzen bei 4 % bis 8 % (McFarlane/Parker et al. 1992 und 1996; Gazmararian/Lazorick et al. 1996; Muhajarine/D'Arcy 1999). Die Differenzen sind unter anderem auf verschiedene Erhebungsmethoden und –instrumente zurückzuführen. So zeigte sich, dass Studien, die mehrmalige Befragungen nach Gewalterfahrungen zu unterschiedlichen Zeitpunkten und vor allem auch während der fortgeschrittenen Schwangerschaft vorsehen, in der Regel zu höheren Prävalenzraten kommen (McFarlane/Parker et al. 1992; Gazmararian/Lazorick et al. 1996). Die Mehrheit der betroffenen Frauen berichtete von mehreren Gewalthandlungen während der Schwangerschaft. Waren Frauen schweren Gewalttätigkeiten ausgesetzt, so dauerte die Misshandlung in der Regel auch nach der Geburt des Kindes an (McFarlane/Parker et al. 1992).

In einer Befragung von 892 Patientinnen eines Krankenhauses in Süd-London, die von geschulten Hebammen als Routinebefragung (Abuse Assessment Screening)[85] durchgeführt wurde, betrug die Prävalenz häuslicher Gewalt bei dem erstmaligen Kontakt 1,8 % und in der 34. Schwangerschaftswoche 5,8 %. Bei einer Follow-up Befragung zehn Tage nach der Geburt berichteten 5 % der Frauen von Gewalthandlungen (Bacchus/Mezey et al. 2004).

In anglo-amerikanischen Untersuchungen wurde festgestellt, dass Frauen besonders gefährdet waren, Gewalt durch den Beziehungspartner in der Schwangerschaft zu erleiden, die jünger waren, geschieden oder vom Partner getrennt lebten, Nikotin, Alkohol und Substanzmittel während der Schwangerschaft konsumierten oder früher bereits mehrfach schwanger waren (Holmes/Mayer 2003; Bacchus/Mezey et al. 2004).

Qualitative Interviews mit Betroffenen zeigen, warum für schwangere Frauen eine besondere Gefährdung besteht (Bacchus/Mezey et al. 2006):

- Gewalttätige Partner versuchen Macht und Kontrolle zu (re-)stabilisieren, denn einerseits symbolisiert eine Schwangerschaft die autonome Kontrolle der Frau über ihren Körper und damit ihre Unabhängigkeit von ihrem Partner. Andererseits erfahren Frauen in dieser Zeit häufig mehr Aufmerksamkeit von Freunden, Familie und Gesundheitskräften, so dass der Partner befürchten muss, die Gewalttätigkeiten könnten aufgedeckt werden.
- Eine Schwangerschaft geht immer mit größeren finanziellen Belastungen einher. Gewaltepisoden ereigneten sich nach Auskunft der Befragten häufig in Folge von erhöhten finanziellen Bedürfnissen der Schwangeren verbunden mit der Bitte um Geld.
- Ist die Schwangerschaft vom Partner nicht gewollt, kann das der Auslöser für Gewalt sein.
- Gewalttätige Partner werden oft als emotional unsicher und unzulänglich beschrieben. Diese Männer brauchen die Partnerin für den emotionalen Rückhalt und reagieren sensibel auf Zurückweisungen. Eifersucht auf das ungeborene Baby kann zu Gewalt führen. Es kann vom Mann als direkte Bedrohung und Rivale um die Aufmerksamkeit und Versorgung der Frau angesehen werden.
- Einige Frauen berichteten, dass sie wegen der physischen Erschöpfung (?) und reduzierten Mobilität während und nach der Schwangerschaft nicht wie gewohnt den Haushalt führen konnten, was regelmäßig zu Gewalt durch den Partner führte.

Ungeplante und ungewollte Schwangerschaften im Kontext häuslicher Gewalt

Ein evidenter Zusammenhang liegt für ungeplante Schwangerschaften und körperliche bzw. sexuelle Gewalt vor. So zeigte eine bevölkerungsbezogene

85 Vgl. Parker/McFarlane 1991.

US-amerikanische Studie unter 12.000 Müttern von Neugeborenen, dass unerwünscht oder ungeplant schwangere Frauen viermal häufiger körperlicher Gewalt ausgesetzt waren, als Frauen, die ihre Schwangerschaft geplant hatten (Gazmararian/Adams et al. 1995).

Ungewollte Schwangerschaften werden häufig im Zusammenhang mit Teenager-Schwangerschaften konstatiert. Eine Befragung von adoleszenten Müttern in den USA zeigte, dass 23 % dieser Mutterschaften auf eine Vergewaltigung zurückzuführen war (Gershenson/Musick et al. 1989).

Im Zusammenhang mit häuslicher Gewalt kann eine Schwangerschaft auch die direkte Folge von sexueller Gewalt sein (Holmes/Resnick et al. 1996; Heynen 2003 und 2004). Vergewaltigung in der Ehe ist hierzulande noch immer ein stark tabuisiertes Thema. Das Ausmaß sexueller Gewalt in Paarbeziehungen verdeutlicht die bundesweite Repräsentativbefragung von Frauen: knapp die Hälfte aller Frauen (49 %), die nach dem 16. Lebensjahr sexuelle Gewalt erlebt hatte, gab als Täter den (Ex-)Partner an. Der Ort, an dem die sexuelle Gewalt überwiegend stattgefunden hatte, war die eigene Wohnung (70 %) (Müller&Schröttle 2004: 77). In einer Untersuchung von Heynen waren alle Frauen, die Kinder mit einem körperlich und sexuell misshandelnden Partner hatten, auch als Folge einer Vergewaltigung schwanger geworden (Heynen 2000). Weiter kann Gewalt in der Paarbeziehung die Verhütungsmöglichkeiten von Frauen einschränken, indem z. B. der Partner versucht, den Zugang zu Verhütungsmitteln zu kontrollieren oder Frauen zeigen aufgrund früherer sexueller Gewalterfahrungen ein risikoreicheres Sexualverhalten (Holmes&Mayer 2003).

Gesundheitliche Folgen

Generell wirken sich Gewalterfahrungen auf den jetzigen und zukünftigen Gesundheitszustand, das Gesundheitsverhalten der Betroffenen und deren Gesundheitschancen aus. Die Folgen können direkt und indirekt, kurzfristig oder langfristig sein und sie können sich chronifizieren. Sie reichen von Hämatomen bis hin zu tödlichen Konsequenzen (vgl. Hellbernd/Brzank et al. 2004). Körperliche und sexuelle Gewalt während der Schwangerschaft haben negative gesundheitliche Auswirkungen sowohl auf die Frau wie auch auf das Neugeborene. Eine schwangere Frau, die Gewalthandlungen oder Drohungen erleidet, ist einer direkten Gefährdung und hohem Belastungsstress ausgesetzt. Gewaltbetroffene schwangere Frauen leiden unter Ängsten, Teilnahmslosigkeit, Ess- und Schlafstörungen, Depressionen und psychischem Stress (Stöckl/Hertlein et al. 2010). Über vermehrte Komplikationen bei Schwangerschaft und Geburt berichteten in der bundesdeutschen Repräsentativbefragung ein Drittel der von sexueller bzw. häuslicher Gewalt betroffenen Frauen (Schröttle/Müller 2004: 153). Ein stärkeres Erbrechen während der Schwangerschaft und ein niedriges Geburtsgewicht wurde bei den Befragten der Berliner Patientinnenstudie ermittelt (Bitzker 2009).

In einem Review fassen Boy und Salihu (2004) 30 Studienergebnisse zu den gesundheitlichen Auswirkungen von Gewalt während der Schwangerschaft vergleichend zusammen und verdeutlichen das Ausmaß und die Bandbreite der mit Gewalt signifikant assoziierten Gesundheitsfolgen.

Körperliche Verletzungen während der Schwangerschaft sind vor allem im Brust-, Unterleib und Genitalbereich zu finden (Boy/Salihu 2004). Zu den spezifischen Folgen gehören Plazentalösungen, Uterusrupturen und Frakturen beim Fötus (Holmes/Mayer 2003; Boy/Salihu 2004).

Eine nordamerikanische Studie kommt zu dem alarmierenden Ergebnis, dass die Müttersterblichkeit aufgrund von medizinischen Komplikationen zurückgeht – jedoch aufgrund von gewaltverursachten Verletzungen zunimmt (McFarlane/Campbell et al. 2002). Verletzungen mit tödlichen Folgen sind während aller drei Schwangerschaftstrimester sowie unmittelbar nach der Geburt zu beobachten (McFarlane/Parker et al. 1995). Mehr als die Hälfte der während der Schwangerschaft verstorbenen Frauen waren durch den Partner getötet worden (Boy/Salihu 2004).

Studienergebnisse zu gesundheitlichen Auswirkungen von Gewalt auf schwangere Frauen sind nicht konsistent. Mehrere Studien fanden höhere Raten von Vaginalblutungen im ersten und zweiten Schwangerschaftstrimester und eine geringere Gewichtszunahme bei Schwangeren (Campbell 2002; Holmes/Mayer 2003). Hohe Evidenz liegt auch für die Assoziation von Gewalt und Niereninfektionen sowie Kaiserschnittentbindung und einem niedrigen Geburtsgewicht vor (Campbell 1998; Cokkinides/Coker et al. 1999).

Häusliche Gewalt während der Schwangerschaft führt vielfach zu indirekten gesundheitlichen Auswirkungen. Belastende Lebensbedingungen der Frauen aufgrund von Angst, Bedrohung, Stress etc. können ein Gesundheitsverhalten zur Folge haben, mit dem sich schwierige Situationen zunächst scheinbar besser ertragen lassen. Studien belegen risikoreiche Lebensweisen von Frauen, die während der Schwangerschaft Gewalt erlitten: Betroffene Frauen konsumieren im Vergleich zu nicht betroffenen Frauen häufiger Nikotin, Alkohol oder andere Drogen (Bacchus/Mezey et al. 2004a). Zu diesem Ergebnis kommt auch die bundesdeutsche Repräsentativbefragung (Schröttle et al. 2004: 262).

Auswirkungen auf das Neugeborene

Studien zeigen, dass gewaltbetroffene Patientinnen in geringerem Umfang präventive Maßnahmen in Anspruch nehmen wie z. B. die regulären Termine zur Schwangerschaftsvorsorge (McFarlane/Parker et al. 1996). Eine späte Inanspruchnahme der Vorsorge korreliert mit negativen Auswirkungen für das Neugeborene. Früh- und Fehlgeburten sowie ein geringes Geburtsgewicht gehören zu den evidenten Folgen häuslicher Gewalt (ebenda 1996; Curry/Harvey 1998), die in jüngeren Studien bestätigt wurden (Bailey 2010). Ernährungsweisen und geringe Gewichtszunahme können sich dabei ebenso auf das Geburtsgewicht der Neugeborenen auswirken (Kearny et al. 2004; Shapiro et al. 2000) wie Befindlichkeitsstörungen und Depressionen als psychische Folgen von Partnergewalt (Bailey 2010)

Im Vergleich zu Frauen ohne Gewalterfahrungen zeigt sich ein um das vierfach erhöhte Risiko einer Frühgeburt (Schmuel/Schenker 1998). Bei der bundesweiten Repräsentativuntersuchung gaben 3 % der befragten Frauen an, aufgrund körperlicher (3,3 %) und sexueller Gewalt (3,4 %) Fehlgeburten erlitten zu haben (Müller & Schröttle 2004: 56).

Stressfaktoren, Depressionen und Angststörungen während der Schwangerschaft bedeuten für das Neugeborene ebenfalls ein Risiko (Smith/Roseneck et al. 2004). Neurobiologische Studien verweisen nicht nur auf mögliche hirnorganische Schäden sondern auf Änderungen im neurophysiologischen System bis hin zu einer höheren Anfälligkeit für Stress und psychische Erkrankungen der Kinder (Perry 2001; Brisch/Helbrügge 2008; Radtke et al. 2011).

Aspekte nach der Geburt

In der Literatur wird die Zeit nach der Geburt häufig mit postnatalen Depressionen, Steigerung von Gewalt und Kindesmisshandlung in Zusammenhang gebracht. Eine Assoziation zwischen Partnergewalt und Schwangerschaftsdepression sowie posttraumatischen Belastungsstörungen ist belegt (Campbell 1998; Leeners/Richter-Appelt et al. 2003; Boy/Salihu 2004; Mezey/Bacchus et al. 2005). Bindungstheorien geben Aufschluss über die Bedeutung einer positiven Beziehung zwischen Eltern und Neugeborenem. Sie können durch Belastungen wie z. B. durch Gewalt dauerhaft beeinträchtigt werden (Brisch 2011 und 2010e).

Eine Studie unter 36 schwangeren Frauen, die körperliche Gewalt erlitten, stellte eine Zunahme von Misshandlungen nach der Geburt fest (Stewart 1994).

Die Geburt eines Kindes ist grundsätzlich mit großen Veränderungen für die Beziehung und die Lebenssituation der Eltern verbunden: Das Neugeborene kann Stress, Schlafmangel und finanzielle Veränderungen bedeuten. Langzeitstudien über die Veränderung der Partnerschaft nach der Geburt eines Kindes weisen auf eine Zunahme von Streit und Konflikten hin (Gloger-Tippelt zit. in Wimmer-Puchinger/Baldaszti 2001). In einer Misshandlungsbeziehung kann die Gewalttätigkeit des Partners bzw. das vorherrschende Muster von Gewalt beeinflusst werden (Holmes/Mayer 2003). Ein eifersüchtiger, dominanter Partner kann sich durch die hohe Aufmerksamkeit, die das Neugeborene von der Mutter erhält, „bedroht" fühlen und sich extrem besitzergreifend verhalten, so dass die Mutter am Stillen des Neugeborenen gehindert, zum Sex gezwungen oder beschuldigt wird, Verhältnisse mit anderen Männer zu haben. Das Infragestellen der Vaterschaft gilt als ein Risikofaktor für schwerwiegende Gewalt (Holmes/Mayer 2003). Zur Dynamik von Beziehungsgewalt während Schwangerschaft und Geburt liegen insgesamt allerdings erst wenige Erkenntnisse vor (Campbell 1998).

Ein enger Zusammenhang besteht zwischen Gewalt gegen Mütter und Gewalt gegen Kinder. Das US Department of Health&Human Services geht aufgrund von Studienergebnissen davon aus, dass die Überschneidung von häuslicher Gewalt und Kindesmisshandlung je nach Studiendesign 30 % bis 60 % beträgt (DHHS 2003). In medizinischen Versorgungseinrichtungen wurde festgestellt, dass 45 % bis 59 % der Mütter von misshandelten Kindern gleichfalls von Gewalt betroffen sind (ebd.). Kinder können sowohl direkt von körperlicher Gewalt durch den Partner der Mutter sowie indirekt als Zeugen von häuslicher Gewalt betroffen sein.

Partnergewalt gegen die Mutter in den sechs Monaten nach der Geburt erhöht das Risiko von Vernachlässigung und körperlicher Misshandlung des Kindes um das dreifache und von psychischer Gewalt um das zweifache (McGuigan/Pratt 2001). Casanueva und Martin (2007) berichten in ihrer Studie „Intimate Partner Violence and Mother's Child Abuse Potential" über ein dreifach höheres Risiko von Gewalt seitens der Mutter gegen ihr Kind, wenn Frauen während der Schwangerschaft Gewalt durch den Partner erlitten. Es wurde kein Unterschied zwischen gewaltbetroffenen und nicht betroffenen Frauen in der Einstellung gegenüber ihren Kindern festgestellt, sondern hinsichtlich des Ausmaßes von Stress und Problemen, mit denen sie konfrontiert waren.

Das Miterleben von Gewalt gegen Mütter bleibt kurz- wie auch langfristig nicht ohne negative Auswirkungen und gesundheitliche Folgen für die Kinder (Kavemann 2000; Heynen 2004, Kavemann/Seith 2007). Die Bedeutung von Prävention zeigt sich nicht nur aufgrund der kurzfristigen sondern insbesondere auch angesichts der langfristigen gesundheitlichen Auswirkungen. Die US-amerikanische „Adverse Childhood Experiences"-Studie (ACE-study) unter 9508 Erwachsenen zeigt einen hochsignifikanten Zusammenhang zwischen traumatisierenden Kindheitserfahrungen – wie körperliche Gewalt gegen die Mutter – und einem risikoreichen Gesundheitsverhalten sowie einer erhöhten Morbidität im Erwachsenenalter. Psychische und somatische Beschwerden und Erkrankungen wie Depression, Suizid, Schlaganfall, koronare Herzerkrankung, Diabetes, Hepatitis, Lungenerkrankungen etc. korrelierten mit hohen Kindheitsbelastungen (Felitti/Anda et al. 1998).

Angesichts der großen Überschneidung ist ein Zusammenhang von Kindesmisshandlung und Gewalt gegen Frauen in der medizinischen Versorgung stärker zu beachten, um eine potentielle Gefährdung von Mutter und Kind durch häusliche Gewalt frühzeitig zu erkennen Nach den Ergebnissen der bundesweiten Prävalenzstudie zu Gewalt gegen Frauen führt Gewalterleben in der Kindheit zu einem erhöhten Risiko, im Erwachsenenalter erneut von Gewalt betroffen zu sein sowie zu einer schlechteren Gesundheit (Brzank 2011).

Der bestehende Handlungsauftrag zur Abwendung von Kindeswohlgefährdung (BGH FamRZ 1956, 350 / NJW 1956, 1434) sowie das Anfang 2012 verabschiedete neue Kinderschutzgesetz[86] erfordern auch vom Gesundheitswesen stärkere Aktivitäten bei Schwangerschaft und Geburt zum Schutz für Kleinkinder und dem Ausbau Früher Hilfen.

Interventions- und Präventionschancen in der Gesundheitsversorgung nutzen

Gesundheitsfachkräfte können Präventions- sowie Interventionsmöglichkeiten aktiv nutzen und sensibel auf eine Gewaltgefährdung von Frauen und ihren Kindern reagieren. Internationale ärztliche, pflegerische und geburtshilfliche Fachgesellschaften[87] empfehlen, die Frage nach Gewalt als festen Bestandteil in die Sozialanamnese bei schwangerer Frauen aufzunehmen (Hellbernd/Brzank et al. 2004, Taft/Hegarty/Feder 2006).

Vielfach beanspruchen misshandelte Frauen für eigene Verletzungen keine medizinische Hilfe, suchen aber regelmäßig Gesundheitsversorgungseinrichtungen zu Untersuchungsvorsorgeterminen ihrer Kinder auf. Kinderärztinnen und –ärzten sowie pädiatrischen Kliniken kommt daher eine besondere Rolle bei der Intervention zu. So wurde in der pädiatrischen Klinik der Universität Arizona während einer zweijährigen Studie zur Sicherheit der Kinder festgestellt, dass die Chance zur Aufdeckung von häuslicher Gewalt und Gewalt gegen Kinder durch die aktive Befragung von Müttern signifikant stieg. Ohne ein direktes Nachfragen wären viele Fälle häuslicher Gewalt unerkannt geblieben. Das Erkennen von Gewalthintergründen führte auch zu einer höheren Inanspruchnahme sozialer Dienste, was daraufhin deutet, dass sich die gewaltbetroffenen Mütter über Unterstützung informierten und so für eine größere Sicherheit für sich und das Kind sorgten (Wahl/Sisk et al. 2004).

Während Gestationsdiabetes (sog. Schwangerschaftsdiabetes) und Präeklampsie (sog. Schwangerschaftsbluthochdruck), die beide mit einem geringeren Risiko für Schwangerschaftskomplikationen assoziiert sind als häusliche Gewalt, routinemäßig bei schwangeren Frauen erfragt werden (Holmes/Mayer 2003), gehört eine systematische Berücksichtigung von körperlicher und sexueller Gewalt bislang nicht zu den gesundheitlichen Versorgungsstandards.

Angesichts der vielfältigen negativen Auswirkungen von häuslicher Gewalt für schwangere Frauen und ihre Kinder ist eine besondere Aufmerksamkeit von Gesundheitsfachkräften erforderlich.

Seit der Konstatierung von häuslicher Gewalt als Risiko für eine Kindeswohlgefährdung im Jahr 2005 (§ 1666 Abs. 1 BGB) und der Einführung des Nationalen Zentrums Frühe Hilfe in 2007[88] wird die Gefährdung von Kindern

86 http://www.bundesregierung.de/Content/DE/Artikel/2012/01/2012-01-03-kinderschutz.html

87 www.futureswithout violence.org

88 http://www.fruehehilfen.de/

bei häuslicher Gewalt in der Partnerschaft innerhalb der Gesundheitsversorgung zunehmend thematisiert (May 2010; Schäfer et al. 2010). Die Qualitätskriterien für „Frühe Hilfen und Soziale Frühwarnsysteme" (Sann 2007) beinhalten u. a.:

- Umfassend und systematisch Zugang zur Zielgruppe finden,
- Risken frühzeitig, systematisch und objektiviert erkennen,
- Familien zur Inanspruchnahme von Hilfen motivieren

und verweisen damit dringend auf Intervention und Prävention in der gesundheitlichen Versorgung.

Internationale Leitlinien, die ein generelles Ansprechen auf mögliche Gewaltereignisse während der Schwangerschaftsversorgung empfehlen, sind in Empfehlungen von Fachgesellschaften aufgenommen (DGGG 2010) Hinweise für eine kompetente Vorgehensweise in der medizinischen Versorgung bei häuslicher Gewalt sind Thema in Fachpublikationen (Neises 2010). Im Rahmen des Modellprojekts „Medizinische Intervention gegen Gewalt" (MIGG) konnten praktikable Interventionsschritte in gynäkologischen und allgemeinmedizinischen Arztpraxen erprobt werden (Mark/Hellbernd 2011).

Sensible Begleitung von gewaltbetroffenen Frauen während der Schwangerschaft und Geburt

Fachfrauen geburtshilflicher, ärztlicher und pflegerischer Berufsgruppen weisen seit vielen Jahren auf die Notwendigkeit einer besseren und sensibleren Unterstützung und Betreuung bei der Geburtsvorbereitung, –begleitung und –nachbetreuung für Frauen, die sexualisierte Gewalt in der Kindheit und/ oder im Erwachsenenalter erlebt haben (Erfmann 1998; Schönfeld 2001a und 2001b; Leeners/Richter-Appelt et al. 2003, Beckermann 2007).[89] Sie machen darauf aufmerksam, dass sexuelle Gewalt jegliche Form der Beziehung zu anderen, zur eigenen Person und auch zum eigenen Körper beeinträchtigt – was insbesondere während einer Schwangerschaft deutlich werden kann. So ist bei körperlichen Untersuchungen während der Schwangerschaft, Geburt und postpartum Phase mit einem hohen Risiko zu rechnen, dass sog. Trigger ausgelöst werden können (vgl. Leeners/Richter-Appelt et al. 2003). Triggerreize können Flashbacks hervorrufen und bewirken, dass sich Frauen wie in der erlebten Gewaltsituation fühlen und entsprechend reagieren. Flashbacks treten häufiger in der Phase der Schwangerschaft und Geburt auf als in anderen Lebensphasen, da das Körpergedächtnis aktiviert wird und eine Reaktualisierung von Gewalt eher erlebt werden kann (Erfmann 1998; Leeners/ Richter-Appelt et al. 2003; Olbricht 2004).

89 Vgl. auch www.geburtskanal.de

Die körperlichen Veränderungen der Schwangerschaft können von Frauen als kritisch erfahren werden, da sie diese nicht beeinflussen und kontrollieren können. Die Auseinandersetzung mit der zukünftigen Mutterrolle kann Erinnerungen an die eigene Kindheit lebendig werden lassen und eine Reihe von zwiespältigen Gefühlen hervorrufen, insbesondere dann, wenn Frauen in ihrer Kindheit sexueller Gewalt ausgesetzt waren (Olbricht 2004).

In der Schwangerenvorsorge können bewusste und unbewusste Triggerreize dazu führen, dass Vorsorgetermine nicht wahrgenommen und Untersuchungen abgelehnt werden, um belastenden Situationen zu entgehen (Leeners/Richter-Appelt et al. 2003). Bereits ein Krankenhausaufenthalt kann für gewaltbetroffene Frauen als traumatisierend erlebt werden, da das Gefühl der Eigenständigkeit eingeschränkt ist und ein routinierter, wenig beeinflussbarer Tagesablauf als Kontrollverlust wahrgenommen werden kann. Bei ärztlichen Untersuchungen und medizinischen Eingriffen kann z. B. das Liegen auf einem gynäkologischen Untersuchungsstuhl zu Panikattacken führen.

Um zusätzliche Traumatisierungen und weitere Gefährdungen für schwangere Frauen und ihre neugeborenen Kinder zu verhindern, bedarf es einer besonderen Sensibilität des Krankenhauspersonals, dem sich die Frau anvertraut. Konkrete Absprachen und das Mitgestaltungsrecht bei der Geburt können helfen, eine Retraumatisierung vergangener Gefühle und Körperreaktionen zu vermeiden. Entscheidend ist, dass eine Frau während der Untersuchungen und der Geburt soweit wie möglich die Kontrolle über ihre Situation behält. Schwangerschaft und Geburt bieten für gewaltbetroffene Frauen aber auch die Möglichkeit, den eigenen Körper durch die Fähigkeit, ein Kind aus eigener Kraft zu gebären, (wieder) positiv zu erleben. Die Sensibilität der begleitenden Fachfrauen gewinnt vor diesem Hintergrund eine große Bedeutung.

Um schwangere Frauen kompetent zu begleiten und ihr sowie ihrem Kind Schutz und Unterstützung bieten zu können, ist ein Fachwissen über sexualisierte und häusliche Gewalt und ihrem Einfluss auf Schwangerschaftsverläufe und Geburtsvorgänge erforderlich. Eine entsprechende Sensibilität seitens der begleitenden Fachpersonen kann Frauen in der Schwangerschaft, während und nach der Geburt ermutigen, über Gewalterfahrungen zu berichten und Hilfe in Anspruch zu nehmen.

Proaktive Interventionsansätze im Gesundheitsbereich

Interventionsmodelle gegen Gewalt an Frauen – wie das S.I.G.N.A.L. Interventionsprogramm[90] – zielen auf eine bewusste Versorgung gewaltbetroffener Patientinnen und basieren auf folgenden Interventionsschritten:

90 Zum S.I.G.N.A.L.-Projekt liegt eine Veröffentlichung in Form eines praxisorientierten Handbuches und eines wissenschaftlichen Berichtes vor: (Hellbernd/Brzank et al. 2004).

Wahrnehmen von Gewalt

Gewaltverursachte Verletzungen oder Beschwerden sind für Gesundheitsfachkräfte oft nicht eindeutig zu erkennen. Zu den Alarmzeichen, bei denen Fachkräfte auf jeden Fall aufmerksam reagieren sollten, gehören neben den für Anamnese und Diagnostik relevanten Indikatoren ebenfalls Verhaltensweisen von Patientinnen und Begleitpersonen, die einen Gewalthintergrund vermuten lassen.

Das Auftreten von gewaltbetroffenen Patientinnen kann sehr unterschiedlich sein: Patientinnen können depressiv, unsicher und eingeschüchtert wirken oder auch abwehrend und aggressiv reagieren. Ähnliches gilt für die Begleitperson: Der misshandelnde Partner entspricht entgegen verbreiteten Stereotypen häufig nicht dem Bild eines gewalttätigen oder dominanten Partners, sondern kann sehr besorgt und fürsorglich seiner Partnerin gegenüber auftreten.

Folgende Merkmale deuten auf einen Gewaltzusammenhang (vgl. Hellbernd/Brzank et al. 2004, DGGG 2010):

- Verletzungen von Brust, Unterleib und Genitalbereich,
- Versäumen von Vorsorgeuntersuchungen,
- Blutungen im ersten und zweiten Trimester,
- „Spontanabort", Frühgeburt, Fehlgeburt,
- Alkohol-, Drogen- oder Tablettenmissbrauch,
- Fetale Retardierung.

Da jede Frau von häuslicher Gewalt betroffen sein, Gewalt zu vielfältigen Verletzungen oder Beschwerden führen kann und sich nicht auf hochsignifikante Prädiktoren eingrenzen lässt, empfehlen internationale Interventionsprogramme, Patientinnen grundsätzlich im Rahmen der Anamnese nach möglichen Gewalterfahrungen zu fragen.

Aktiv werden: auf Gewalterfahrungen ansprechen

Frauen sprechen aufgrund von Scham und Ängsten in der Regel nicht von sich aus über Gewalterfahrungen. Daher sollten Ärztinnen, Ärzte, Hebammen oder Pflegekräften initiativ werden und sie auf mögliche Gewalthintergründe ansprechen. Untersuchungen zeigen, dass medizinisches Personal für gewaltbetroffene Frauen bedeutende Ansprechpersonen sind und Frauen das Erfragen von Gewalterfahrungen innerhalb der Anamnese wünschen (Hellbernd/Brzank et al. 2004; Schröttle et al. 2004). Voraussetzung ist eine ruhige, geschützte und vorurteilsfreie Atmosphäre. Ein offenes Gespräch kann nicht im Beisein des Partners erfolgen. Für eine Verständigung mit Frauen, die über geringe Deutschkenntnisse verfügen, sollten aus Sicherheitsgründen weder Partner noch Verwandte in die Sprachvermittlung einbezogen werden.

Dolmetschende müssen neutrale Personen sein. Es empfiehlt sich, die Gesprächsbereitschaft deutlich zu signalisieren. Ob die Frau das Gesprächsangebot annehmen möchte, bleibt ihrer Entscheidung überlassen.

Im Gespräch mit Frauen sind Begriffe wie „häusliche Gewalt" und „Misshandlung" wenig geeignet. In der Praxis bewährt haben sich einfache und konkrete Fragen, die genau benennen, was passiert ist: *„Sind Sie verletzt worden?" „Wurden Sie geschlagen, geschubst, gestoßen?"* Es ist wichtig, den Betroffenen zu vermitteln, dass viele Frauen Gewalt erleiden und dass sie keinerlei Schuld an der Misshandlung tragen. Ein Hinweis auf die Bedeutung emotionaler und praktischer Unterstützung in der Schwangerschaft kann helfen, Vertrauen zu fördern.

Mittlerweile gibt es eine Vielzahl von evaluierten Frageinstrumenten bei Gewalt in Partnerschaften, die u. a. in der Geburtshilfe erprobt wurden (Brzank/Blättner 2010) sowie Studienerkenntnisse wie hilfreich eine sensible Gesprächsführung in der Geburtshilfe sein kann (Bacchus et al. 2007).

Dokumentieren der Verletzungen und Beschwerden

Die meisten Frauen, die Gewalt erlebt haben, verfügen über keine oder nur unzureichende Nachweise über die erlittenen Misshandlungen. Wollen sie rechtliche Schritte gegen den Täter einleiten, sind jedoch Belege wie (Foto-) Dokumentationen von Verletzungen und Beschwerden von großer Bedeutung. Ohne sie kommt es gerade in Fällen häuslicher Gewalt häufig zu Freisprüchen oder Verfahrenseinstellungen mangels objektiver Beweise.

Eine Ganzkörperuntersuchung ist wünschenswert, um Misshandlungsspuren an bedeckten Körperzonen sowie alte und neue Verletzungen festzustellen. Die Patientin sollte jedoch nicht zu Untersuchungen gedrängt werden, mit denen sie nicht einverstanden ist. Vor allem im Fall von sexuellen Gewalterfahrungen ist zu berücksichtigen, dass eine Untersuchungssituation mit dem hohen Risiko einer Re-Traumatisierung verbunden ist (Leeners/ Richter-Appelt et al. 2003).

Bei der Anamnese der körperlichen und psychischen Symptome und der Untersuchungsbefunde ist auf detaillierte Angaben und eine leserliche Dokumentation zu achten. Die Angaben zu Verletzungsursachen sowie zum Tathergang (Zeit, Ort, Verursacher, ggf. Zeugen) sollten möglichst in den Worten der Patientin beschrieben werden. Wird Gewalt im Zusammenhang mit Verletzungen vermutet, so ist es zu vermerken, wenn die Erklärung nicht zum Verletzungsmuster passt. Eine Körperskizze kann zum Lokalisationsvermerk von Verletzungen nützlich sein. Mit dem Einverständnis der Frau können Fotos aufgenommen werden, die die Verletzungen besonders gut dokumentieren (Wieners et al. 2012). Alle Informationen müssen vertraulich behandelt werden. Aus Sicherheitsgründen sollte im Mutterpass keinerlei Hinweis auf erlittene Gewalt notiert werden.

Klärung der Gefährdung der Frau - Gewährleistung von Schutz und Sicherheit

Für Frauen, die von Gewalt durch den Partner betroffen sind, können Schwangerschaft und Wochenbett – wie gezeigt wurde – eine Zeit besonderer Gefährdung bedeuten. Wissenschaftlich belegt ist die besondere Gefährdungssituation bei Offenlegung der Gewalterfahrung bzw. während der Trennungsphase. Professionelle Hilfe muss einerseits so früh wie möglich einsetzen und die Frau unterstützen, die Dynamik von Misshandlungsbeziehungen zu durchbrechen, andererseits muss das Gefahrenpotential und das notwendige Schutzbedürfnis der Frau in bzw. nach der Trennung beachtet werden.

Vermittlung von Informationen über weiterführende Behandlungs-, Beratungs-, und Zufluchtseinrichtungen

Viele Frauen sind nicht über spezifische Hilfeangebote informiert. Die Vermittlung dieser Informationen und eine Unterstützung bei der Kontaktaufnahme können für die Frauen von entscheidender Bedeutung sein. Vielfach bestehen Unklarheit über die Arbeitsweise in Beratungsstellen und falsche Vorstellungen, wann und wofür eine Beratung in Anspruch genommen werden kann (GiGnet 2008).

Neben der Behandlung akuter Symptome, steht die Sicherheit der Patientin im Mittelpunkt. Die Patientin sollte daher direkt gefragt werden, ob es für sie sicher ist, nach Hause zu gehen oder ob sie Angst vor weiterer Gewalttätigkeit hat. Mit folgenden Fragen können Gefährdungen eingeschätzt werden: *„Sind die Gewalttätigkeiten in der letzten Zeit häufiger oder schwerwiegender geworden?" „Hat Ihr (Ehe-)Partner gedroht, Ihnen, den Kindern, sich selbst etwas anzutun?" „Gibt es Waffen in Ihrem Haushalt?"*

Möchte sie Schritte hin zu einer Trennung unternehmen, kann gemeinsam mit ihr nach Wegen gesucht werden, wie ihre Sicherheit am besten zu gewährleisten ist. Kann sie zu einer Freundin, zu Verwandten gehen oder benötigt sie einen geschützten Platz in einem Frauenhaus? Möchte sie Kontakt mit der Polizei aufnehmen? Das Gewaltschutzgesetz bietet die Möglichkeit, den Täter aus der Wohnung zu weisen. Die Ängste der Patientin dürfen nicht bagatellisiert werden, Stalking nach einer Trennung ist ein verbreitetes Phänomen. Ein ausführliches Abklären der Gefährdung kann in Kooperation mit Fachberatungsstellen stattfinden.

Informationsmaterialien über Beratungs- und Zufluchtsangebote können persönlich ausgehändigt und/oder sichtbar ausgelegt werden, so dass sie auch anonym mitgenommen werden können. Erfahrungen zeigen, dass betroffene Frauen zu einem für sie passenden Zeitpunkt von diesen Informationen Gebrauch machen.

Für Mitarbeiter/-innen im Gesundheitsbereich ist es darüber hinaus wichtig, die Kooperation mit anderen Fachkräften zu suchen wie Mitarbeiterinnen von Beratungs- und Zufluchtseinrichtungen sowie psychotherapeutisch geschulte Fachkräfte.

Die zentralen Handlungsschritte und -ziele der Intervention vermitteln die einzelnen Buchstaben des S.I.G.N.A.L.-Programms.

S	Sprechen Sie die Patientin an, signalisieren Sie ihre Bereitschaft. Frauen öffnen sich, wenn sie spüren, dass ihre Situation verstanden wird.
I	Interview mit konkreten einfachen Fragen. Hören Sie zu, ohne zu urteilen. Den meisten Frauen fällt es schwer, über Gewalterlebnisse zu sprechen.
G	Gründliche Untersuchung alter und neuer Verletzungen. Verletzungen in unterschiedlichen Heilungsstadien können Hinweise auf häusliche Gewalt sein.
N	Notieren und dokumentieren Sie alle Befunde und Angaben, so dass sie gerichtsverwertbar sind.
A	Abklären des aktuellen Schutzbedürfnisses. Schutz und Sicherheit für die Patientin sind Grundlage und Ziel jeder Intervention.
L	Leitfaden mit Notrufnummern und Unterstützungsangeboten anbieten. Frauen werden zu einem für sie richtigen Zeitpunkt von ihnen Gebrauch machen.

Um eine adäquate Gesundheitsversorgung für gewaltbetroffene Frauen zu gewährleisten, sind neben den konkreten Handlungsanweisungen weitere Maßnahmen innerhalb eines Krankenhauses erforderlich, um eine institutionelle Berücksichtigung der Gewaltproblematik zu erzielen (Hellbernd/ Brzank et al. 2004). Zu den zentralen Bestandteilen gehören Fortbildungen für Gesundheitsfachkräfte, um Sensibilität, Sicherheit und Kompetenz im Umgang mit gewaltbetroffenen Frauen zu erlangen und Kinder zu schützen.[91]

Unterstützung bieten des Weiteren regionale Netzwerke wie „Gewalt in der Schwangerschaft. Schwanger nach Gewalt“[92] oder das GESINE Netzwerk bei häuslicher Gewalt.[93]

91 Zur Implementation von spezifischen Interventionsprogrammen liegen Arbeitsmaterialien vor (vgl. Brzank 2005). www.signal-intervention.de

92 http://www.schwanger-und-gewalt.de/

93 http://www.gesine-intervention.de/

Ausblick

Schwangerschaft und Geburt sind generell Zeiten besonderer Veränderung. Erkenntnisse aus Ländern, in denen seit längerem Interventionsprojekte gegen häusliche Gewalt in Gesundheitseinrichtungen etabliert sind, zeigen, dass mit Gewalt konfrontierte Frauen den Wunsch haben, das neugeborene Kind zu schützen und offen sind für Veränderungen (Holmes/Mayer 2003). Während der Schwangerschaft und Geburt besteht aufgrund des häufigen Kontakts mit medizinischen Einrichtungen die besondere Möglichkeit, dass sich eine vertrauensvolle Beziehung zwischen Gesundheitsfachkräften und der Patientin entwickelt. Eine stärkere Einbeziehung sozialer Dienste und gesundheitlicher Einrichtungen kann zu einer verbesserten Unterstützung für gewaltbetroffene Frauen führen. Der Umgang mit Frauen nach Gewalterfahrung erfordert neben Fachwissen und Einfühlungsvermögen ebenfalls ein hohes Maß an interdisziplinärem Austausch und einer Koordination der Fachpersonen im Betreuungs- und Behandlungsbereich. Die Zeit vor und nach der Geburt kann zu einer engen Zusammenarbeit von Kinderärzten/-ärztinnen, Allgemein- und Hausärzten/-ärztinnen, Gynäkologen/Gynäkologinnen und Hebammen führen, um Interventions- und Präventionschancen verstärkt zu nutzen. Eine adäquate Unterstützung im Interesse der Patientin bedarf weiter einer stärkeren Kooperation und Vernetzung mit sozialen Unterstützungsangeboten. Regional bietet sich an, mit Netzwerken gegen häusliche Gewalt und Akteuren/Akteurinnen der Frühen Hilfen zusammenzuarbeiten.

Ein erster zentraler Schritt bleibt die Sensibilisierung der Fachpersonen für Gewaltereignisse im Zusammenhang mit Schwangerschaft und Geburt. In vielen Bundesländern liegen mittlerweile Leitfäden für Gesundheitsfachkräfte vor, die Interventionsschritte im Fall von körperlicher, sexueller und psychischer Gewalt gegenüber Frauen und den respektvollen Umgang mit ihnen beschreiben.[94] Es ist zu wünschen, dass diese Empfehlungen zukünftig eine stärkere Beachtung finden und als neue Versorgungsstandards etabliert werden. Gemeinsames Ziel der Interventionsmaßnahmen ist es, den Schutz für Frauen und ihre Kinder zu erhöhen. Gesundheitsfachkräfte können Frauen unterstützen und stärken, um Wege für ein Leben ohne Gewalt zu finden.

94 www.frauengesundheit-nrw.de

Karl Heinz Brisch

Auswirkungen häuslicher Gewalt auf die Entwicklung von Säuglingen und Kleinkindern – Befunde aus der neurobiologischen Forschung[95]

Einleitung

Nach einer Einführung in die Konzepte der Bindungstheorie werden die neurobiologischen Forschungsergebnisse über den Einfluss von traumatischen Erfahrungen auf die Entstehung von Bindungsstörungen vorgestellt. Das Miterleben (Zeugenschaft) von häuslicher Gewalt zwischen Bindungspersonen, Trennungs- und Verlusttraumata, schwerwiegende emotionale Deprivation sowie Misshandlungs- und Missbrauchserfahrungen haben einen entwicklungshemmenden Einfluss auf zerebrale Reifungsprozesse und sind eine bedeutende Ursache für die Entstehung von desorganisierten Bindungsmustern sowie von Bindungsstörungen. Die Notwendigkeit einer frühzeitigen Diagnostik und psychotherapeutischen Behandlung von Kindern mit Bindungsstörungen sowie die begleitende Behandlung der Eltern, die traumatisiert sind, stellt eine notwendige Voraussetzung für die Verhinderung von Chronifizierung dar. So kann die Entwicklung von kohärenten Bindungsmustern ermöglicht werden.

Die Bindungstheorie

Der englische Psychiater und Psychoanalytiker John Bowlby gründete in den 1950er Jahren die Bindungstheorie (Bowlby 1958). Diese besagt, dass der Säugling im Laufe des ersten Lebensjahres auf der Grundlage eines biologisch angelegten Verhaltenssystems eine starke emotionale Bindung zu einer Hauptbindungsperson entwickelt. Erlebt der Säugling oder das Kleinkind Angst, wie etwas bei Trennung von der Hauptbindungsperson, bei Schmerz oder äußerer oder innerer Bedrohung, wird sein „Bindungssystem“ als innere Verhaltensbereitschaft aktiviert. Je nach Bindungsmuster zeigt der Säugling hieraufhin verschiedene Bindungsverhaltensweisen: Diese sind dadurch gekennzeichnet, dass der Säuglings nach der Bindungsperson sucht, ihr nachläuft und sich an ihr festklammert. Durch Weinen und ärgerlichen Protest bringt er zum Ausdruck, dass er die Trennung von der Bindungsperson verhindern möchte oder dass er ihre Nähe dringend benötigt. Ist die primäre Bindungsperson nicht

95 Anmerkung: Dieser Beitrag beruht auf einem umfassenderen Artikel, der erstmals veröffentlich wurde in Brisch, K. H. (2009): Auswirkungen häuslicher Gewalt auf die Entwicklung von Säuglingen und Kleinkindern - Befunde aus der neurobiologischen Forschung. In: R. Schäfer, S. Nothhafft und R. Derr (Hrsg.), Tagungsdokumentation. Materialien zu Frühen Hilfen (NZFH), S. 19-38. Wir danken dem Nationalen Zentrum Frühe Hilfen für die freundliche Genehmigung des Abdrucks.

erreichbar, so können auch andere sekundäre Bindungspersonen anstelle dieser ersatzweise aufgesucht werden, wie etwa der Vater, die Großmutter oder die Tagesmutter. Das Bindungsverhalten hat sich evolutionsbiologisch zur Arterhaltung entwickelt. Diejenigen Säuglinge, die durch Bindungsverhalten Nähe und Schutz durch ihre Bindungsperson sicherstellen konnten, hatten vermutlich eine höhere Überlebenswahrscheinlichkeit, so dass sich dieses Verhalten in der Phylogenese durchsetzte. Für das unselbständige menschliche Neugeborene und Kleinkind ist die Schutzfunktion durch eine Bindungsperson von absolut lebenserhaltender Bedeutung. Ohne diese Schutzfunktion wäre der Säugling verloren (Bowlby 1975, 1976, 1983, 1988). Das Bindungssystem, das sich im ersten Lebensjahr entwickelt, bleibt während des gesamten Lebens aktiv. Auch Erwachsene suchen in Gefahrensituationen die Nähe zu anderen Personen auf, von denen sie sich Hilfe und Unterstützung erwarten (Parkes/Stevenson-Hinde/Marris 1991). Werden diese Bedürfnisse nach Bindungssicherheit befriedigt, so wird das Bindungssystem beruhigt und es kann als Ergänzung zum Bindungssystem das System der „Exploration“ aktiviert werden. Ohne sichere emotionale Bindung ist keine offene uneingeschränkte Exploration möglich (Ainsworth/Bell 1970).

Werden die Bindungsbedürfnisse oder auch die Explorationswünsche nicht befriedigt, missachtet oder nur in sehr unzuverlässiger und unvorhersehbarer Weise beantwortet, so führt dies zu ambivalenten Gefühlen gegenüber der Bindungsperson, aber auch zu Wut und Enttäuschung sowie aggressiven Verhaltensweisen (vgl. auch Parens 1993; Parens et al. 1995).

Die Konzepte der Bindungsforschung

Durch intensive entwicklungspsychologische Forschungsarbeiten und Längsschnittstudien konnten verschiedene Konzepte der Bindungstheorie empirisch validiert werden (für einen umfassenderen Überblick siehe Spangler 1995; Brisch 1999 und 2002)

Konzept der Feinfühligkeit

Als Mitarbeiterin von John Bowlby untersuchte Mary Ainsworth die Bedeutung des feinfühligen Pflegeverhaltens der Bindungsperson (Ainsworth 1977). Sie fand heraus, dass Säuglinge sich an diejenige Pflegeperson binden, die ihre Bedürfnisse in einer feinfühligen Weise beantworten. Dies bedeutet, dass die Pflegeperson die Signale des Säuglings richtig wahrnimmt und sie ohne Verzerrungen durch eigene Bedürfnisse und Wünsche auch richtig interpretiert. Weiterhin muss die Pflegeperson die Bedürfnisse angemessen und prompt – entsprechend dem jeweiligen Alter des Säuglings – beantworten. Je älter der Säugling wird, um so länger können auch die Zeiten sein, die ihm bis zur Bedürfnisbefriedigung zugemutet werden.

Der Sensibilität der Mutter für die Signale ihres Säuglings sowie ihre emotionale Verfügbarkeit entspricht eine intrapsychische Repräsentation, die von George (1989; 1999) auch als „internal model of caregiving" bezeichnet wird. Wenn Mütter in Interviews über ihr potentielles Verhalten in bindungsrelevanten Situationen befragt werden, so schildern sie – abhängig von ihrer eigenen Bindungshaltung – wie sie in solchen Situationen voraussichtlich gegenüber ihrem Kind reagieren würden. In der täglichen Pflege- und Spielerfahrung einer Mutter mit ihrem Kind werden aber auch Erinnerungen und Gefühle aus der eigenen mütterlichen Kindheit und den Bindungserfahrungen mit den eigenen Eltern wachgerufen. Die damit verbundenen angenehmen sowie emotional belastenden Gefühle und Bilder können durch Projektionen die Feinfühligkeit und das Verhalten gegenüber dem eigenen Kind bereichern oder auch erheblich behindern. Im schlimmsten Fall werden wiedererlebte Erinnerungen – etwa eine Missbrauchs- oder eine Verlassenheitserfahrung – mit dem eigenen Kind wiederholt (Fraiberg/Adelson/Shapiro 1980; Lieberman/Pawl 1993).

Forschungen aus jüngerer Zeit haben das Konzept der elterlichen Feinfühligkeit in der Interaktion mit dem Säugling um die Bedeutung der Sprache ergänzt sowie auch auf den Einfluss des Rhythmus und der Zeit in der Interaktion hingewiesen.

Die Ergebnisse von Jaffe et al. (2001) weisen daraufhin, dass ein mittleres Maß an rhythmischer Koordination in der zeitlichen Abfolge von Interaktionen zwischen Mutter und Säugling besonders förderlich für die sichere Bindungsentwicklung ist. Bemerkenswert ist, dass das Ziel nicht eine perfekt synchrone Kommunikation ist, die offensichtlich nicht so entwicklungsfördernd für die emotionale Entwicklung ist, sondern im Gegenteil: Wahrgenommene und korrigierte Missverständnisse könnten sich geradezu beziehungsfördernd auf die Bindungsentwicklung auswirken, sofern sie nicht so ausgeprägt sind, dass die Interaktion vollständig abbricht oder auseinanderdriftet. Analysen der sprachlichen Interaktion zwischen Mutter und Säugling konnten eine sichere Bindungsentwicklung des Kindes vorhersagen, wenn die Mutter aufgrund ihrer Empathie in der Lage war, die affektiven Zustände ihres Säuglings angemessen zu verbalisieren (Meins 1997). Diese Ergebnisse sind bemerkenswert, weil sie darauf hinweisen, wie die Säuglinge nicht nur auf einer Verhaltensebene in der konkreten Pflege die Feinfühligkeit ihrer Bezugspersonen wahrnehmen und sich an diese sicher binden, sondern sich auch durch die empathische Verbalisation von Affektzuständen verstanden fühlen, auch wenn sie entwicklungsbedingt den deklarativen Inhalt der Worte der Mutter noch gar nicht verstehen können. Es muss also mehr um die Aufnahme von prosodischen Inhalten (etwa Tonfall, Melodie, Rhythmus, Lautstärke) in der mütterlichen Sprache gehen, die den inneren und äußeren Zustand des Säuglings erfassen und diesem widerspiegeln, so dass sich der

Säugling feinfühlig verstanden fühlt. In diesem Zusammenhang weisen die Forschungsergebnisse von Fonagy et al. (1991; Steele et al. 1991) daraufhin, dass eine sichere Bindungsentwicklung auch die Fähigkeit des Säuglings zu einer selbstreflexiven mentalen Funktion fördert. Diese Fähigkeit ermöglicht dem Kind in zunehmendem Ausmaß, über sich, andere und die Welt in einer empathischen Weise nachzudenken und nachzuspüren. Darin könnte nach Fonagy ein wesentlicher Vorteil einer sicheren Bindung liegen.

Bindungsqualität des Kindes

Werden die Bedürfnisse des Säuglings in dieser von Ainsworth geforderten feinfühligen Art und Weise von einer Pflegeperson beantwortet, so besteht eine relativ große Wahrscheinlichkeit, dass der Säugling zu dieser Person im Laufe des ersten Lebensjahres eine sichere Bindung (Typ B) entwickelt. Dies bedeutet, dass er diese spezifische Person bei Bedrohung und Gefahr als „sicheren Hort" und mit der Erwartung von Schutz und Geborgenheit aufsuchen wird.

Wird die Pflegeperson eher mit Zurückweisung auf seine Bindungsbedürfnisse reagieren, so besteht eine höhere Wahrscheinlichkeit, dass der Säugling sich an diese Pflegeperson mit einer unsicher-vermeidenden Bindungshaltung (Typ A) bindet. Ein unsicher-vermeidend gebundenes Kind wird etwa nach einer Trennungserfahrung die Bindungsperson eher meiden oder nur wenig von seinen Bindungsbedürfnissen äußern. Es hat eine Anpassung an die Verhaltensbereitschaften seiner Bindungsperson gefunden. Nähewünsche werden vom Säugling erst gar nicht so intensiv geäußert, da er weiß, dass diese von seiner Bindungsperson auch nicht so intensiv mit Bindungsverhalten im Sinne von Nähe, Schutz und Geborgenheit beantwortet werden. Dies führt aber zu einer erhöhten inneren Stressbelastung des Säuglings, die an erhöhten Kortisolwerten gemessen werden kann (Spangler/Schieche 1998). Allerdings reagieren diese unsicher-vermeidend gebundenen Kinder bei extremer Aktivierung ihres Bindungssystem, wie etwa durch einen schweren Unfall, indem sie ihre Bindungsvermeidung aufgeben und sich hilfe- und schutzsuchend an ihre Mütter wenden. Auch die Mütter können in diesen Situationen großer Bedrohung und Angst ihre Säuglinge schützen. Das Beispiel soll verdeutlichen, dass bei diesen „vermeidenden" Mutter-Kind-Paaren die „Schwelle" für Bindungsverhalten sowohl bei den Kindern als auch bei ihren Müttern höher liegt als bei Mutter-Kind-Paaren, die auf einer sicheren Bindungsbasis interagieren.

Werden die Signale manchmal zuverlässig und feinfühlig, ein anderes Mal aber eher mit Zurückweisung und Ablehnung beantwortet, so entwickelt sich eine unsicher-ambivalente Bindungsqualität (Typ C) zur Bindungsperson, zum Beispiel zur Mutter. Diese Säuglinge mit einer unsicher-ambivalenten Bindung reagieren auf Trennungen von ihrer Hauptbindungsperson mit einer intensiven Aktivierung ihres Bindungssystems, indem sie lautstark weinen und sich intensiv an die Bindungsperson klammern. Über lange Zeit sind sie kaum zu beruhigen und können nicht mehr zum Spiel in einer ausgeglichenen emotionalen Verfassung zurückkehren. Während sie sich einerseits an die Mutter klammern, zeigen sie andererseits aber auch aggressives Verhalten. Wenn sie etwa bei der Mutter auf dem Arm sind, strampeln sie und treten nach der Mutter mit den Füßchen, während sie gleichzeitig mit ihren Ärmchen klammern und Nähe suchen. Dieses Verhalten wird als Ausdruck ihrer Bindungsambivalenz interpretiert. Erst später wurde noch ein weiteres Bindungsmuster gefunden, das als desorganisiertes und desorientiertes Muster (Typ D) bezeichnet wurde (Main/Solomon 1986).

Diese desorganisierten Bindungsverhaltensweisen, wie sie bereits bei 12 Monate alten Säuglingen beobachtet werden können (Main/Hesse 1990a), sind insbesondere durch motorische Sequenzen von stereotypen Verhaltensweisen gekennzeichnet oder die Kinder halten im Ablauf ihrer Bewegungen inne und erstarren für die Dauer von einigen Sekunden, was auch als „Einfrieren" bezeichnet wird. Diese tranceartigen Zustände erinnern an dissoziative Phänomene. Nach einer Trennung von der Mutter laufen manche desorganisierten Kinder bei der Wiederbegegnung mit der Mutter auf diese zu, halten auf halbem Weg inne, drehen sich plötzlich um, laufen von der Mutter weg und oszillieren so in ihrem motorischen Verhalten „vor und zurück". Wieder andere bringen vorwiegend non-verbal deutliche Zeichen von Angst und Erregung zum Ausdruck, wenn sie mit ihrer Bindungsperson wieder zusammen kommen (Main/Hesse 1990a).

Die Aktivierung von emotional sich widersprechenden Bindungserfahrungen könnte sich in den desorientierten Bindungsverhaltensweisen des Kindes widerspiegeln und Ausdruck eines desorganisierten „inneren Arbeitsmodells" der Bindung zur spezifischen Bindungsperson sein (Main/Solomon 1986). Die Mutter wurde etwa für diese Kinder nicht nur zu einem sicheren emotionalen Hafen, sondern auch manchmal zu einer Quelle der Angst und Bedrohung, weil sie sich etwa den Kindern gegenüber in Bindungssituationen aggressiv und damit ängstigend oder auch selbst sehr ängstlich gegenüber ihren Kindern verhielten (Schuengel et al. 1997, 1999; Hesse/Main 2002). Ein solches ängstliches Verhalten der Mutter kommt in ihrer Gestik und Mimik zum Ausdruck. Es könnte von den Kindern in der Interaktion registriert werden und wiederum deren Verhalten gegenüber der Mutter beeinflussen.

Vorteile einer sicheren Bindung

Aus vielen Längsschnittstudien ist bekannt, dass ein sicheres Bindungsmuster ein Schutzfaktor für die weitere kindliche Entwicklung ist (Bohleber 2000; Werner/Smith 2001; Grossmann 2003). Diese Kinder reagieren mit einer größeren psychischen Widerstandskraft („resilience") auf emotionale Belastungen, wie etwa eine Scheidung der Eltern. Eine unsichere Bindungsentwicklung dagegen ist ein Risikofaktor, so dass bei Belastungen häufiger eine psychische Dekompensation droht oder Konflikte weniger sozial kompetent in einer Beziehung geklärt werden. So zeigen etwa Kinder mit unsicheren Bindungsmustern schon im Kindergartenalter in Konfliktsituationen weniger prosoziale Verhaltensweisen und eher aggressive Interpretationen des Verhaltens ihrer Spielkameraden (Suess/Grossmann/Sroufe 1992). Im Jugendalter sind sie eher isoliert, haben weniger Freundschaftsbeziehungen und schätzen Beziehungen insgesamt weniger bedeutungsvoll für ihr Leben ein.

Bindungsrepräsentation (Bindungshaltung) der Bezugsperson

Durch ein spezifisches, halbstrukturiertes Erwachsenen-Bindungs-Interview (Main/Goldwyn 1982) gelang es, auch einen Aufschluss über die Bindungshaltung der Erwachsenen zu gewinnen. Es fanden sich ähnliche Bindungsstile wie bei den Kindern.

Erwachsene mit einer sicheren Bindungshaltung (Typ „free-autonomous") können im Interview frei und in einem kohärenten Sprachfluss über ihre Erfahrungen von Bindung, Verlust und Trauer sprechen, die sie mit ihren Eltern und wichtigen Bezugspersonen erlebt haben.

Erwachsene mit einer unsicher-distanzierten Bindungshaltung (Typ „dismissive") weisen zwischenmenschlichen Beziehungen und emotionalen Bindungen wenig Bedeutung zu. Erwachsene mit einer unsicher-verstrickten Bindungshaltung (Typ „preoccupied") zeigen im Interview durch eine langatmige, oft inkohärente Geschichte und Beschreibung ihrer vielfältigen Beziehungen, wie emotional verstrickt sie zum Beispiel mit ihren Eltern und anderen Beziehungen bis zum Erwachsenenalter noch sind.

Es wurde später noch ein weiteres Bindungsmuster in Zusammenhang mit ungelösten, traumatischen Erlebnissen gefunden, wie etwa nach unverarbeiteten Verlusten sowie nach Missbrauchs- und Misshandlungserfahrungen (Typ „unresolved loss and trauma") (Main/Hesse 1990b; Hesse/Main 1999).

Bindungskontinuität zwischen den Generationen

Durch verschiedene Längsschnittstudien sowohl in Deutschland als auch in den USA und in England konnte nachgewiesen werden, dass mit einer 75 % Übereinstimmung sicher gebundene Mütter häufiger auch sicher gebundene Kinder haben beziehungsweise Mütter mit einer unsicheren Bindungshaltung auch häufiger Kinder, die mit einem Jahr unsicher gebunden sind. Ähnliche Zusammenhänge, wenn auch nicht mit gleicher Intensität (nur 65 % Übereinstimmung), fanden sich für die Beziehung zwischen der Bindungshaltung der Väter und der Bindungsqualität ihrer Kinder (van IJzendoorn/Sagi 1999).

Diese Studien weisen auf eine Weitergabe von Bindungsstilen und -mustern zwischen Generationen hin. Die eigene Bindungshaltung der Mutter (bzw. des Vaters) beeinflusst ihr Verhalten gegenüber ihrem Säugling. Es konnte nachgewiesen werden, dass sicher gebundene Mütter sich auch in der Pflegeinteraktion mit ihren Kindern feinfühliger verhielten, als dies unsicher gebundene Mütter taten. Die Mutter-Kind-Interaktion scheint einer der wichtigen Prädiktoren zu sein, aus dem heraus sich in Teilbereichen die Ausbildung der Bindungsqualität des Säuglings im ersten Lebensjahr erklären lässt (van IJzendoorn/Bakermans-Kranenburg 1997).

Bindungsstörungen

In klinischen Stichproben von Patienten finden sich darüber hinaus verschiedene Bindungsstörungen, die auf tiefgreifendere Veränderungen und Deformierungen in der Bindungsentwicklung zurückzuführen sind (Zeanah/Emde 1994; Brisch 1999). Grundlegend bei allen Bindungsstörungen ist, dass frühe Bedürfnisse nach Nähe und Schutz in Bedrohungssituationen und bei ängstlicher Aktivierung der Bindungsbedürfnisse in einem extremen Ausmaß nicht adäquat, unzureichend oder widersprüchlich beantwortet wurden. Dies kann insbesondere bei vielfältigen abrupten Trennungserfahrungen des Kindes durch Wechsel der Betreuungssysteme, wie etwa bei Kindern, die in Heimen aufwuchsen, bei psychisch kranken Eltern oder bei erheblicher chronischer sozialer Belastung und Überforderung der Eltern entstehen (etwa durch Krankheit, Armut, Verlust des Arbeitsplatzes).

Bindungsstörungen weisen mit den oben skizzierten Mustern der Bindungssicherheit beziehungsweise –unsicherheit kaum mehr Ähnlichkeiten auf. In bindungsrelevanten Situationen sind die Störungen in ihrem Bindungsverhalten so ausgeprägt, dass diese als Psychopathologie diagnostiziert werden können. Zwei extreme Formen der reaktiven Bindungsstörung können auch nach ICD 10 klassifiziert und diagnostiziert werden: Eine Form mit Hemmung (F 94.1) und eine mit Enthemmung (F 94.2) des Bindungsverhaltens (Dilling/Mombour/Schmidt 1991).

Eine Bindungsstörung sollte allerdings nicht vor dem 8. Lebensmonat wegen der in diesem Alter bekannten „Fremdenangst" diagnostiziert werden. Diese ist eine entwicklungsbedingte Durchgangsphase mit Angst des Säuglings gegenüber Fremden. Die psychopathologischen Auffälligkeiten sollten mindestens über einen Zeitraum von 6 Monaten und in verschiedenen Beziehungssystemen beobachtet worden sein.

Zusätzlich zu den in den internationalen Klassifikationssystemen bisher erfassten Formen von Bindungsstörungen können weitere klinisch klassifizierbare Typen von Bindungsstörungen diagnostiziert werden (Brisch 1999). Diese äußern sich klinisch darin, dass Kinder kein Bindungsverhalten (Typ I) zeigen. Auch in Bedrohungssituationen wenden sie sich an keine Bezugsperson, in Trennungssituationen zeigen sie keinen Trennungsprotest.

Eine weitere Form ist durch undifferenziertes Bindungsverhalten(Typ II a) gekennzeichnet. Solche Kinder zeigen eine soziale Promiskuität: Sie zeichnen sich durch undifferenzierte Freundlichkeit gegenüber allen Personen aus. Sie suchen in stressvollen Situationen zwar Trost, aber ohne die Bevorzugung einer bestimmten Bindungsperson. Sie erlauben jeder fremden Person, die sich in ihrer Nähe aufhält, sie auf den Arm zu nehmen und sie zu trösten.

Andere Kinder neigen zu einem deutlichen Unfallrisikoverhalten (Typ II b): In Gefahrensituationen suchen sie nicht eine sichernde Bindungsperson auf, sondern begeben sich vielmehr durch zusätzliches Risikoverhalten in unfallträchtige Situationen. Auf diese Weise mobilisieren sie das Fürsorgeverhalten etwa ihrer Eltern, die nur angesichts der massiven Unfallbedrohung oder realen Verletzung ihres Kindes adäquates Bindungsverhalten zeigen.

Eine weitere Form der Bindungsstörung drückt sich durch übermäßiges Klammern (Typ III) aus. Diese Kinder, obwohl schon im Vorschulalter oder sogar im Schulalter, sind nur in absoluter, fast körperlicher Nähe zu ihrer Bezugs- und Bindungsperson wirklich ruhig und zufrieden. Sie sind aber dadurch in ihrem freien Spiel und in ihrer Erkundung der Umgebung entsprechend eingeschränkt, weil sie fast immer auf die Anwesenheit der Bindungsperson angewiesen sind. Sie wirken insgesamt sehr ängstlich und können sich kaum von ihrer Bindungsperson trennen, so dass sie in der Regel weder den Kindergarten noch die Schule besuchen oder außerhalb des familiären Rahmens mit anderen Kindern spielen können. Sie haben somit selten Freunde und wachsen von Gleichaltrigen sozial isoliert auf. Unvermeidlichen Trennungen setzen sie massiven Widerstand entgegen und reagieren mit größtem Stress und panikartigem Verhalten.

Andere Kinder wiederum sind im Beisein ihrer Bindungsperson übermäßig angepasst und in ihrem Bindungsverhalten gehemmt (Typ IV). Sie reagieren in Abwesenheit der Bezugsperson weniger ängstlich als in deren Gegenwart und können in der Obhut von fremden Personen besser ihre Umwelt erkunden als in Anwesenheit ihrer vertrauten Bindungs- und Bezugsperson. Besonders Kinder etwa nach körperlicher Misshandlung und bei Erziehungsstilen mit körperlicher Gewaltanwendung oder -androhung reagieren auf diese Art und Weise.

Bei einem weiteren Stil der Bindungsstörung verhalten sich Kinder oft aggressiv (Typ V) als Form der Bindungs- und Kontaktaufnahme. Solche Kinder haben zwar eine mehr oder weniger bevorzugte Bindungsperson, aber sowohl mit dieser als auch mit anderen Menschen nehmen sie über aggressive Interaktionsformen sowohl körperlicher als auch verbaler Art Kontakt auf, wenn sie Bindungsnähe suchen. Dies führt aber in der Regel zur Zurückweisung, da der versteckte Bindungswunsch nicht gesehen wird. Auf diese Weise entsteht schnell ein Teufelskreis, der die zugrundeliegenden emotionalen Bedürfnisse verdeckt.

Manchmal ist die Bindungsstörung dadurch gekennzeichnet, dass es zu einer Rollenumkehr (Typ VI) kommt. Diese Kinder müssen dann für ihre Eltern, die zum Beispiel körperlich erkrankt sind oder an Depressionen mit Suizidabsichten und Ängsten leiden, als sichere Basis dienen. Diese Kinder können ihre Eltern nicht als Hort der Sicherheit benutzen, vielmehr müssen sie selbst diesen die notwendige emotionale Sicherheit geben. Dies hat zur Folge, dass die Ablösungsentwicklung der Kinder gehemmt und verzögert wird und eine große emotionale Verunsicherung besteht. Diese Kinder wenden sich in eigenen Gefahrensituationen und psychischer Not etwa nicht an ihre Bindungspersonen, da sie dort keine Hilfe erwarten, weil diese mit sich und ihren Bedürfnissen ganz beschäftigt sind und den Kindern vielmehr Grund zur Sorge geben.

Im Rahmen von Bindungsstörungen kommt es manchmal auch zur Ausbildung von psychosomatischen Störungen, wie etwa mit Schrei-, Schlaf- und Essproblemen im Säuglingsalter Auch ausgeprägte psychosomatische Reaktionen im Kleinkindalter, wie etwa die psychogene Wachstumsretardierung bei emotionaler Deprivation, sind bekannt (Typ VII).

Bindung und Trauma

Forschungsergebnisse weisen darauf hin, dass es einen Zusammenhang zwischen desorganisiertem Bindungsmuster bei Kindern und ungelösten Traumata der Eltern gibt (Lyons-Ruth/Jacobvitz 1999). Diese Eltern haben in der eigenen Kindheit Vernachlässigung, Missbrauch und Misshandlung erlebt, mussten Verluste wichtiger Bezugspersonen erleiden oder andere schwere Traumata. Das Verhalten des eigenen Kindes, etwa das Schreien eines Säuglings, triggert das einst erlebte Trauma, da es etwa an das eigene Weinen und den eigenen Schmerz erinnert. Dadurch können dissoziative oder auch traumaspezifische und das Kind ängstigende Verhaltensweisen bei der Mutter oder dem Vater ausgelöst werden (Liotti 1992; Lyons-Ruth/Bronfman/Parsons 1999; Brisch/Hellbrügge 2003).

Das Kind befindet sich so in der Lage, dass es dieselbe Person, die es ängstigt, gleichzeitig als Trostspender braucht. Auf dieser Basis wird das rasch wechselnde, desorganisierte Annäherungs- und Vermeidungsverhalten der desorganisierten Bindung gut nachvollziehbar (Lyons-Ruth 1996).

Eine Metaanalyse aus 80 Studien mit 6282 Eltern-Kind Dyaden und 1285 als desorganisiert gebunden klassifizierten Kindern ergab folgende Ergebnisse (van IJzendoorn/Schuengel/Bakermans-Kranenburg 1999): In nichtklinischen Stichproben beträgt der Anteil an Kindern mit desorganisiertem Bindungsmuster 15 %, wobei er in niedrigeren sozialen Schichten je nach Messinstrument zwischen 25-34 % variiert. In klinischen Stichproben zeigen Kinder mit neurologischen Auffälligkeiten zu 35 % desorganisierte Bindungsmuster und Kinder von alkohol- oder drogenabhängigen Müttern zu 43 %. Den höchsten

Anteil desorganisiert gebundener Kinder, nämlich 48-77 %, hatten misshandelnde Eltern.

Faktoren wie etwa Konstitution und Temperament sowie das Geschlecht ergaben keinen signifikanten Einfluss auf die Entwicklung eines desorganisierten Bindungsmusters. Der stärkste Prädiktor für eine desorganisierte Bindung ist die Kindesmisshandlung (siehe auch Lyons-Ruth/Block 1996).

Der zweitstärkste Effekt auf die Entwicklung desorganisierter Bindung des Kindes besteht in erlebten Traumata der Eltern. Traumatisierungen und damit einhergehendes dissoziatives, ängstigendes Verhalten der Erziehungsperson beeinflussen die Entwicklung einer desorganisierten Bindung mehr als Scheidung der Eltern oder Depression (Lyons-Ruth et al. 1986; Lyons-Ruth/Connell/Grunebaum 1990; Lyons-Ruth/Jacobvitz 1999). Als Folge desorganisierter Bindung ergaben sich signifikant häufig dissoziative Symptome und externalisierende Verhaltensstörungen (Carlson/Putnam 1993; Lyons-Ruth 1996; Green/Goldwyn 2002).

Es gibt Studien, die einen Zusammenhang zwischen frühen Verhaltensproblemen – besonders bei Jungen – und unsicher-desorganisierter Bindung feststellen konnten (Lyons-Ruth/Alpern/Repacholi 1993; Speltz/DeKlyen/Greenberg 1999). Es wurde eine Verbindung zwischen ungelösten Traumata der Eltern bzw. desorganisierten Bindungsmustern der Kinder und aggressiven Verhaltensproblemen und Defiziten sprachlicher Fertigkeiten dieser Kinder gefunden (Lyons-Ruth 1996). Wenn traumatische Erfahrungen der Eltern und/oder der Kinder Prädiktoren für die Entwicklung einer desorganisierten Bindung sind und desorganisierte Bindung wiederum ein Prädiktor für externalisierende Verhaltensstörungen ist, wozu Aufmerksamkeits- und Hyperaktivitätsstörungen gehören, liegt die Hypothese nahe, dass Traumata des Kindes oder der Eltern in einem Zusammenhang mit der Entstehung der Aufmerksamkeitsdefizit- /Hyperaktivitätsstörung (ADHS) stehen könnten. Dieser Zusammenhang wurde allerdings bisher nicht ausreichend untersucht. Das Bindungsmuster fungiert möglicherweise als vermittelnde Variable, wobei desorganisierte Bindung als Vulnerabilitätsfaktor und sichere Bindung als Schutzfaktor angenommen werden könnten (Kreppner et al. 2001; Brisch 2003, 2005; Hüther/Leuzinger-Bohleber/Brandl 2006; Brisch 2010a, c; Brisch Baum/Formichella 2010; Brisch/Vuksanovic/Kern 2010; Werner/Lätzer/Leuzinger-Bohleber 2010).

Die Längsschnittstudien über die emotionale Entwicklung von Säuglingen und Vorschulkindern, die unter den Bedingungen schwerer früher Deprivation in rumänischen Heimen aufgewachsen waren und dann von englischen und kanadischen Familien adoptiert wurden, sind für das Verständnis der Entwicklung von Bindungsstörungen von großer Bedeutung. Diese Kinder litten teilweise auch Jahre nach der Adoption noch an den Symptomen von ausgeprägten reaktiven Bindunsstörungen mit zusätzlichen Störungen in der Aufmerksamkeit, Überaktivität und solchen Verhaltensstörungen, die den Symptomen von Störungen aus dem autistischen Erkrankungsspektrum ähnelten (O´Conner/Bredenkamp/Rutter 1999; Rutter et al. 2001). Obwohl sich bei 20 % der Kinder eine Tendenz zur emotionalen Normalisierung im weiteren Entwicklungsverlauf zeigte, fand sich insgesamt eine hohe Stabilität für die pathologische Symptomatik des ADHS auch unter den emotional günstigeren Adoptionsbedingungen (O›Connor/Bredenkamp/Rutter 1999). Je länger die Erfahrung der frühen Deprivation unter Heimbedingungen gewesen war, desto ausgeprägter waren die Symptome des ADHS. Es bestand ein deutlicher Zusammenhang zwischen der Ausprägung der ADHS-Störung und den Symptomen einer Bindungsstörung. Die gefundenen Effekte konnten nicht durch schlechte Ernährung, niedriges Geburtsgewicht oder kognitive Defizite der Kinder erklärt werden (Kreppner et al. 2001). Diesen Befunden entspricht auch die klinische Erfahrung, dass Kinder mit Bindungsstörungen gehäuft traumatische Erfahrungen durchgemacht haben, häufig desorganisierte Verhaltensweisen in Beziehungen zeigen, die in der Summe den Symptomen eines ausgeprägten ADHS-Syndrom vergleichbar sein können.

Wenn pathogene Faktoren wie Deprivation, Misshandlung, schwerwiegende Störungen in der Eltern-Kind-Interaktion nur vorübergehend oder phasenweise auftreten, können sie häufig mit desorganisiertem Bindungsverhalten assoziiert sein. Sind sie dagegen das vorherrschende frühe Interaktionsmuster und wurden die pathogenen Bindungserfahrungen über mehrere Jahre gemacht, können hieraus Bindungsstörungen resultieren, die selbst nach Milieuwechsel, etwa durch Adoption, unter besseren emotionalen familiären Bedingungen weiter bestehen bleiben und eine hohe Belastung für die neue Adoptiveltern-Kind-Beziehung darstellen (Steele et al. 2002). Bindungsstörungen lassen oftmals wegen der extremen Verzerrungen im Verhaltensausdruck die verborgenen Bindungsbedürfnisse der Kinder nicht mehr erkennen und können sich im schlimmsten Fall zu überdauernden psychopathologischen Mustern einer schweren Persönlichkeitsstörung verfestigen (Brisch/Hellbrügge 2003).

Bindung, Genetik und Neurobiologie

An einer nichtklinischen Stichprobe ergab sich ein Zusammenhang zwischen desorganisierter Bindung und einer strukturellen Auffälligkeit des D4-Dopamin-Rezeptors (Lakatos et al. 2000, 2002, 2003). Dabei wurde eine Interaktion zwischen dem Polymorphismus im Dopamin D4 Rezeptor-Gen DRD4 (regulatorische Einheit des Rezeptors) beobachtet, welche das Risiko für die Entwicklung einer desorganisierten Bindung um das 10-fache erhöht (Lakatos et al. 2002).

Es wurden auch Untersuchungen durchgeführt, welche einen direkten Zusammenhang zwischen desorganisierter Bindung und ADHS sowie zwischen dopaminergen Auffälligkeiten und ADHS fanden.

Im Rattenversuch schlugen sich Unterschiede mütterlicher Fürsorge bei den Jungen im Verhalten und in der endokrinen Antwort auf Stress nieder. Fürsorgliche Rattenmütter hatten weniger ängstlichen Nachwuchs, der in Stresssituationen angemessenere Reaktionen der hormonellen Regulation zwischen Hypothalamus, Hyophyse und Nebennierenrinde (HPA-Achse) zeigte. Zudem zeigte sich der gut umsorgte weibliche Rattennachwuchs seinen eigenen Jungen gegenüber ebenfalls fürsorglich. Die Studie zeigte, dass die Art der Aufzucht und nicht die Abstammung das spätere Fürsorgeverhalten der weiblichen Ratte und die Stressregulation determiniert. Die Effekte blieben über drei Generationen hinweg beobachtbar (Francis et al. 1999).

Es wurde beobachtet, dass eine „Behandlung" (kurzes Streicheln der Tiere) das Fürsorgeverhalten der weniger fürsorglichen Rattenmütter positiv beeinflusste (Meaney et al. 1990).

Sogar die molekulargenetischen Strukturen der behandelten Nachkommen haben sich während der Behandlung so stark verändert, dass sie sich von denen der nicht behandelten Nachkommen der stark fürsorglichen Rattenmütter nicht mehr signifikant unterscheiden ließen (Francis et al. 1999).

Die Autoren interpretieren diese Ergebnisse auch so, dass das Fürsorgeverhalten sowie die Stressregulation auf die nächste Generation durch einen Interaktionseffekt aus genetischer Vulnerabilität und unterschiedlicher Fürsorge (Umweltfaktor) vererbt wird (Lyons-Ruth et al. 2010; Spangler 2010)

Bisherige Studien an Menschen legen auch offen, dass frühe Erfahrungen der weiblichen Säuglinge mit ihren Müttern einen großen Einfluss auf ihr späteres Fürsorgeverhalten gegenüber ihrem Nachwuchs haben. Sie stellen fest, dass dieser psychobiologische Mechanismus für die intergenerationelle Übertragung des Fürsorgeverhaltens und der Feinfühligkeit der Mutter auf die Töchter verantwortlich ist (Fleming/O'Day/Kraemer 1999; Silverman/Lieberman 1999; Spangler et al. 2009; Fraedrich/Lakatos/Spangler 2010; Reiner/Spangler 2010).

Die Interaktion zwischen 'nature' und 'nurture' findet auf der Bindungsebene statt (Lehtonen 1994), wobei die primäre Bindungsperson als psychobiologischer Regulator bzw. Dysregulator der Hormone des Kindes wirkt, welche die direkte Gentranskription steuern. Der Spiegel des Kortisols im Säuglingsgehirn, das für die Stressbereitschaft verantwortlich ist, wird signifikant durch die Mutter-Kind-Interaktion beeinflusst (Meaney et al. 1988; Schore 1997). Aus all diesem geht hervor, dass Neurotransmitterstörungen nicht angeboren sein müssen, sondern durch Einflüsse psychologischer Variablen auf die frühe Entwicklung beeinflusst werden können (Braun 1996; Braun et al. 2000).

Der Einfluss von traumatischen Erfahrungen auf Funktion und Struktur des Gehirns

Forschungsergebnisse der vergangenen Jahre öffnen die Tür zu einem Denken, welches das Erleben eines seelischen Traumas mit der Entwicklung von Struktur und Funktion des menschlichen Gehirns verknüpft. Teicher (2010) kam in seinen Studien an der Harvard Medical School zu neuen Forschungsergebnissen: Opfer von Missbrauch und Vernachlässigung in der Kindheit wiesen im Erwachsenenalter im Vergleich mit nicht missbrauchten Kontrollprobanden strukturelle Veränderungen mit Volumenverminderungen im Hippocampus, dem Corpus Callosum und der Amygdala auf. Perry et al. (1995) stellten bei der Schilderung ihrer Untersuchungen die gebrauchsabhängige Entwicklung des Gehirns dar. Das sich entwickelnde Gehirn organisiert und internalisiert neue Informationen in einer gebrauchsabhängigen Art und Weise. Je mehr das Kind sich in einem Zustand des Hyperarousal oder der Dissoziation befindet, umso mehr wird es nach einer Traumaerfahrung neuropsychiatrische Symptome in Richtung einer posttraumatischen Belastungsstörung (posttraumatic stress disorder - PTSD) entwickeln. Der momentane Zustand der neuronalen Aktivierung und der humoralen Stressreaktion kann als Anpassung an die überfordernden traumatisierenden Situationen persistieren und in eine Eigenschaft der Fehlanpassung übergehen. Als Folge kann das Individuum auf spezifische Erfordernisse der sozialen Umwelt nicht adäquat reagieren. Im sich entwickelnden Gehirn hängen die noch undifferenzierten neuronalen Systeme von Schlüsselreizen der Umwelt und der Mikroumwelt ab (etwa von Neurotransmittern und Neurohormonen, zu denen auch das Kortisol und das neuronale Wachstumshormon zählen), um sich von ihren undifferenzierten, unreifen Formen zu ihren vorgesehenen Funktionen zu entwickeln. Das Fehlen oder eine Störung innerhalb dieser sensiblen Phasen oder dieser kritischen Schlüsselreize kann etwa zu anormalen neuronalen Teilungen und Synapsenentwicklungen führen. Nach Perry et al. (1995) ist die Wirkung früher kindlicher Interaktionserfahrungen in einem Entwicklungsmodell der gebrauchsabhängigen Ausformung neuronaler und organischer Hirnstrukturen zu konzeptualisieren (vgl. auch Meaney et al. 1988, 1990; Hüther 1996, 1998, 1999; Liu et al. 1997; Spitzer 2000). Ein ähnlicher Einfluss insbesondere auf die Reifung der orbito-frontalen Hirnregion, die für die Steuerung, Integration und Modulation von Affekten zuständig ist, kann auch für andere traumatische Erfahrungen im Kindesalter während der Reifungszeit des kindlichen Gehirns angenommen werden (Schore 1996, 1997; Schore 2001a, b). Misshandlung bzw. Trauma in der frühen Kindheit verändern auch stark die Entwicklung der rechten nonverbalen Gehirnhälfte, die für verschiedene Aspekte der Bindung und Affektregulation verantwortlich ist (Schore 2001a).

Eine umfangreiche Literatur stützt den Gedanken, dass frühe schädliche Erfahrungen von Kindern wie sexueller Missbrauch, körperliche Misshandlung und die Konfrontation mit häuslicher Gewalt erhebliche Risikofaktoren sind, die zu einer nachfolgenden Psychopathologie führen können. Zu den beeindruckensten Studien zählt die Adverse Childhood Experiences (ACE) Study (Felitti 2002; Edwards et al. 2003). Erwachsene Mitglieder eines privaten Krankenversicherungsunternehmens in San Diego wurden aufgefordert, sich an einer Untersuchung der Zusammenhänge zwischen Kindheitserlebnissen und dem späteren Gesundheitszustand zu beteiligen. Insgesamt 17.337 Personen machten dazu umfassende Angaben. Es wurden drei Kategorien der frühen Misshandlung erfasst: emotionale Misshandlung, körperliche Misshandlung und sexuellen Missbrauch mit Körperkontakt. Darüber hinaus wurden fünf Kategorien einer dysfunktionalen häuslichen Umgebung erfasst: Drogenmissbrauch, psychische Krankheit, Gewalt von Seiten der Mutter oder Stiefmutter, Kriminalität, Trennung oder Scheidung der Eltern. Die Teilnehmer wurden als einer oder mehreren dieser Kategorien ausgesetzt definiert, wenn sie jeweils eine oder mehrere Fragen aus den entsprechenden Kategorien mit Ja beantworteten. Aus der Summe der als zutreffend genannten Kategorien (0–8) wurde der ACE-Score ermittelt. Das erwies sich als einfaches, aber sehr wirksames Verfahren zur Gewinnung eines Kriteriums, mit dem sich das Ausmaß, in dem Menschen zu einem frühen Zeitpunkt in ihrem Leben schädlichen Erfahrungen ausgesetzt waren, erfassen lässt.

ACE-Scores haben sich als höchst brauchbare Bestimmungsfaktoren für das Risiko von Alkoholismus, Drogenmissbrauch, Depression, Suizidalität und psychotroper Medikation erwiesen. Individuen mit 5 oder mehr ACE-Scores hatten (verglichen mit solchen ohne ACE) ein 3,7- bis 5-mal größeres Risiko einer lebenslänglichen Geschichte von Depressionen, und die Wahrscheinlichkeit einer kurzfristig zurückliegenden depressiven Episode erwies sich in diesen Fällen als 4,4- bis 6,4-mal größer. Die sogenannte bevölkerungsbezogene, mit ACEs von 1 und mehr einhergehende Risikofraktion betrug 67 % für lebenslängliche Suizidalität, 64 % für die Suizidalität der erwachsenen Probanden und 80 % für die Suizidalität der kindlichen bzw. jugendlichen Probanden. Dieser gestufte Zusammenhang zwischen ACE-Score und Psychopathologie spiegelt sich auch im dokumentierten Bezug von Medikamenten. Insgesamt waren schädliche Kindheitserfahrungen für 50–75 % des bevölkerungsbezogenen Risikos für Depressionen, Suizidversuche, Drogenmissbrauch und Alkoholismus verantwortlich.

Es gibt inzwischen vielen Studien die zeigen, dass das kindliche Gehirn in sehr unterschiedlichen Entwicklungsphasen sehr spezifisch in seiner Reifung geschädigt wird, je nachdem, welche Form von Gewalt das Kind in welchem Alter erfährt. Die traumatisch bedingten Gehirnveränderungen in der Morphologie haben langfristige Auswirkungen auf ganz spezifische Funktionen des Gehirns, etwa im Bereich der Stressregulation, der Affektsteuerung, der Gedächtnisfunktion, der Verarbeitung von visuellen Reizen, der Zusammenarbeit und Integration zwischen rechter und linker Gehirnhemisphäre (Lyons-Ruth et al. 2010; Teicher 2010).

Primäre Prävention von häuslicher Gewalt und Traumatisierung

Ziele der primären Prävention

Eine primäre Prävention im psychischen Bereich sollte die Förderung der psychischen Gesundheit von Eltern und Kind zum Ziel haben. Die Entwicklung eines sicheren Bindungsverhaltens ist hierbei eine grundlegende Zielsetzung, die mit erheblichen Vorteilen für die Entwicklung von Kindern verbunden ist. Kinder mit einer sicheren Bindungsentwicklung sind in der Lage, sich in Notsituationen Hilfe zu holen, sie haben mehr freundschaftliche Beziehungen, ein ausgeprägtes und differenziertes Bewältigungsverhalten, sie können auf verschiedenste Bewältigungsstrategien zurückgreifen, können partnerschaftliche Beziehungen eingehen, die eine gewisse emotionale Verfügbarkeit für den Partner beinhalten und für beide Seiten befriedigend sind. In ihren kognitiven Funktionen sind Kinder mit einer sicheren Bindung kreativer, ausdauernder und differenzierter. Ihre Gedächtnisleistungen und ihr Lernverhalten sind besser. Sie lösen Konflikte konstruktiver und sozialer und zeigen in Konfliktsituationen weniger aggressives Verhalten. Auch die Sprachentwicklung von Kleinkindern ist besser und weist weniger Störungen auf. Alle diese positiven Effekte sind bei Kindern mit unsicherer Bindungsentwicklung verlangsamt oder weniger ausgeprägt; Kinder mit Bindungsstörungen dagegen zeigen in all diesen Entwicklungsbereichen sogar erhebliche Irritationen und psychopathologische Auffälligkeiten.

Das Ziel einer primären Prävention sollte daher darin bestehen, die Eltern möglichst bereits vor der Geburt für die emotionalen Bedürfnisse und Signale ihrer Kinder zu sensibilisieren. Feinfühlige Eltern, die emotional für die Signale ihrer Kinder verfügbar sind, fördern eine sichere Bindungsentwicklung ihrer Kinder. Wenn die Eltern dagegen traumatisierend auf ihre Kinder einwirken, indem sie ihnen gegenüber körperliche, emotionale oder sexuelle Gewalt ausüben, können bei den Kindern aus diesen Erfahrungskontexten Bindungsstörungen mit verschiedensten Mustern entstehen (Brisch 1999). In der Prävention sollten die Eltern daher für die Signale ihrer Kinder mit Videofeedback sensibilisiert und sollte feinfühliges Interaktionsverhalten der Eltern mit ihrem Säugling eingeübt werden. Gerade die Videodemonstration von Interaktionsverhaltensweisen zwischen Eltern und Kind erweist sich als hervorragendes Instrument und Hilfsmittel, um die Eltern für die Signale ihrer Säuglinge zu sensibilisieren und ihnen eine angemessene Interpretation der Signale zu ermöglichen.

Aus der klinischen Arbeit ist bekannt, dass Eltern mit eigenen unverarbeiteten traumatischen Erfahrungen dazu neigen, diese Erfahrungen mit den Kindern zu inszenieren, und sie so zu Mitakteuren in einem alten Theaterstück machen. Genau dies sind die klassischen Situationen, in denen die Eltern durch Reaktivierung von alten Traumata vielfältige heftige Affekte wie Wut,

Scham und Angst wiedererleben und – unbewusst, ungewollt und mit eingeschränkter Fähigkeit zur Handlungssteuerung – ihre Kinder zu Opfern von körperlichen, emotionalen oder sexuellen Gewalttaten machen. Genau diese Verhaltensweisen der Eltern aber führen zur Entwicklung von Bindungsstörungen bei ihren Kindern. Es entsteht auf diese Weise ein Teufelskreis von traumatischen Erfahrungen, die von der Eltern- auf die Kindergeneration übertragen werden, so dass wir aufgrund der Traumatisierung Bindungsstörungen über Generationen diagnostizieren können. Man könnte annehmen, dass solche Weitergaben von Entwicklungsstörungen genetisch bedingt wären; eine Familienanamnese zeigt aber, dass die „Familiengeschichten" von Gewalt seit Generationen durch unfeinfühlige bis gewalttätige Verhaltensweisen der Eltern gegenüber ihren Kindern weitergegeben werden.

Zielgruppe für eine Prävention

Die Zielgruppe für eine primäre Prävention zur Förderung einer sicheren Bindungsentwicklung sind insbesondere werdende Eltern – sowohl Erst- wie auch Mehrgebärende –, damit diese schon mit Beginn der Schwangerschaft in ihren Kompetenzen und Fähigkeiten geschult und für die Bedürfnisse ihres Kindes emotional und auch kognitiv sensibilisiert werden. Grundsätzlich sollten die Eltern die Motivation mitbringen, sich auf die emotionale Entwicklung ihres Kindes einzulassen und hierfür als unterstützende Maßnahme ein Präventionsprogramm in Anspruch zu nehmen. Die klinische Erfahrung zeigt, dass Eltern gerade während der Schwangerschaft sehr mit ihren eigenen traumatischen Erfahrungen aus ihrer Kindheit beschäftigt sind. Gerade die Beziehung zu den eigenen Eltern – sowohl mit den positiven Bindungserfahrungen wie auch mit traumatischen Erfahrungen – wird wieder aus der Erinnerung wachgerufen und ist den Eltern während der Schwangerschaft, mit allen affektiven Erinnerungen von Freude, Angst, Wut und Enttäuschung, oftmals sehr nahe. Die Eltern überlegen sich, ob sie im Entwurf einer eigenen Mutterschaft oder Vaterschaft so werden möchten wie ihre Eltern oder ob sie auf gar keinen Fall die eigenen Erfahrungen mit ihren Eltern in der neuen eigenen Elternschaft wiederholen möchten.

Gerade während der Schwangerschaft sind die Eltern aufgrund der eigendynamischen Prozesse bei der Beschäftigung mit ihrer Kindheit und Vergangenheit sehr motiviert und bereit, sich mit den selbst erlebten Erfahrungen nochmals auseinanderzusetzen. Ist ein Baby erst einmal geboren, sind die Eltern mit vielen dynamischen Prozessen beschäftigt, die aus den täglichen Anforderungen – wie Füttern, Wickeln und Schlaf des Babys – entstehen. Daher treten nach der Geburt Erfahrungen und Gefühle aus der eigenen Kindheit – positive wie schmerzliche – wieder in den Hintergrund.

In dieser Phase nach der Geburt benötigen die Eltern während des ersten Lebensjahres zusätzliche Hilfestellungen, da viele Fragen erst in dem Moment auftauchen, wenn sie konkret durch das Baby damit konfrontiert sind. Oft sehen wir Eltern in der psychosomatischen Ambulanz erst dann, wenn viele interaktionelle Schwierigkeiten mit Füttern, Schlafen, Beziehungsaufbau sich bereits chronifiziert haben, ein Baby also etwa bereits über mehrere Wochen täglich für viele Stunden weint und sich nicht beruhigen lässt. Die Eltern suchen unsere Ambulanz oftmals erst zu einem Zeitpunkt auf, wenn sie bereits im Stadium der psychischen Dekompensation sind. Um solche Zustände möglichst frühzeitig abzufangen und den Eltern unmittelbar bei den ersten Irritationen und Schwierigkeiten eine Hilfestellung anzubieten, sollte ein Präventionsprogramm Eltern mit einem Säugling möglichst während des ersten Lebensjahres in der Adaptationsphase nach der Geburt unterstützen (Brisch/ Erhardt 2010; Brisch/Erhardt/Kern 2010; Brisch/Kern/Erhardt 2010 Erhardt/ Brisch 2010; vgl. Brisch 2010d, das primäre Präventionsprogramm SAFE – Sichere Ausbildung von Eltern, www.safe-programm.de).

Zusammenfassung und Ausblick

Aufgrund der bis jetzt gefundenen Zusammenhänge kann angenommen werden, dass ein ungelöstes Trauma der Mutter und/oder des Vaters und/oder des Kindes selbst zu entsprechenden Störungen in der ganz frühen Interaktion zwischen Eltern und Säugling führt. Diese Störung in der Interaktion könnte die Ausbildung eines desorganisierten Bindungsverhaltensmusters sowie eines desorganisierten „inneren" Arbeitsmodells der Bindung beim Säugling zur Folge haben. Falls es zu wiederholten traumatischen Trennungserfahrungen kommt, könnte sich nicht nur eine desorganisierte Bindung, sondern – quasi als psychopathologische Steigerung – eine Bindungsstörung entwickeln. Kinder nach Misshandlungen, Missbrauch und Vernachlässigung durch häusliche Gewalt sind eine besondere Risikogruppe für Bindungsstörungen. Auch nach plötzlichem unerwartetem Verlust der Hauptbindungsperson, etwa durch einen Suizid eines Elternteils – eine besondere Form der Gewalterfahrung für Kinder – , sind Kinder in ihrer Bindungsentwicklung besonders von Störungen bedroht. Eine weitere Risikogruppe stellen Kinder aus Heimen oder aus Pflegestellen dar, die mehrfach in ihrem Leben – in der Regel unfreiwillig – ihr Betreuungssystem und ihre Bindungspersonen wechseln mussten. Bei frühzeitiger Diagnostik und intensiver psychotherapeutischer Behandlung des Kindes sowie einer begleitenden Beratung der Eltern besteht eine gute Chance, dass das Kind wieder eine adaptive sichere Bindungsentwicklung finden kann (Brisch 2010b). Durch in der Schwangerschaft beginnende Prävention mit Hilfe z. B. des Programms „SAFE® – Sichere Ausbildung für Eltern" ist es möglich, die sichere Bindungsentwicklung von Eltern und Kindern zu fördern.

II. Fortschritt und Stagnation – Ein kritischer Blick auf die (familien-)rechtlichen Rahmenbedingungen

Tanja Fauth-Engel

Das Verfahren in Kindschaftssachen in Fällen häuslicher Gewalt

Das FamFG - (Gesetz über das Verfahren in Familiensachen und in den Angelegenheiten der freiwilligen Gerichtsbarkeit)

Die Novellierung des Verfahrensrechts in Familiensachen und den Angelegenheiten der freiwilligen Gerichtsbarkeit im Jahr 2009 ist mit dem Ziel an den Start gegangen, die zuvor nur lückenhaften Verfahrensregeln zu einer zusammenhängenden, bürgernahen und unformalistischen Verfahrensordnung auszubauen und das so genannte große Familiengericht zu schaffen.[1]

Neben der weit reichenden Kodifizierung der (bis dahin nur zum Teil in Gesetze gegossenen und in erheblichem Maße auf der Rechtsfortbildung durch die Gerichte bestehenden) Verfahrensregeln hat der Gesetzgeber mit der Neufassung aber auch das Ziel verfolgt, in Familiensachen konfliktlösende Elemente verstärkt in das Verfahren einzubringen und einvernehmliche (auch außergerichtlich getroffene) Regelungen zur Streitbeilegung noch mehr als bisher zu fördern.

Beleuchtet man das Gesetzeswerk mit Blick auf häusliche Gewalt und hier insbesondere Fragen des Sorge- und Umgangsrechts, so ist es wichtig, sich dabei zu vergegenwärtigen, dass es sich bei den Regelungen des FamFG um eine reine Verfahrensordnung handelt. Die materiellgesetzlichen Regelungen (also die Frage des Anspruchs und dessen konkreter Ausgestaltung an sich, der sich aus den Regelungen des Grundgesetzes und bspw. des Bürgerlichen Gesetzbuchs ergibt) sind von den verfahrensrechtlichen Neuerungen unberührt geblieben.

---

1 Dazu zählt bspw. auch die Konzentration der Zuständigkeit für alle Verfahren nach dem Gewaltschutzgesetz bei den Familiengerichten.

Bei der Ausgestaltung des gerichtlichen Verfahrens bei Streitigkeiten über den Aufenthalt eines Kindes und das Umgangsrecht hat sich der Gesetzgeber maßgeblich von den Ideen der so genannten „Cochemer Praxis" leiten lassen.[2]

Angestrebt wurde damit eine rasche, konfliktvermeidende und auf das Erzielen einvernehmlicher Lösungen ausgerichteten Vorgehensweise der Gerichte. Eine Differenzierung im Hinblick auf unterschiedliche Problemkonstellationen und Konfliktstadien erfolgte dabei nicht.

Die Regelungen weisen daher, nach meinem Dafürhalten, insbesondere im Kontext häuslicher Gewalt, aber auch Kindesmisshandlung und –missbrauch sowie von hochstreitigen Elternkonflikten teils problematische Arbeitsaufträge an die beteiligten Professionen auf. Insgesamt ist festzustellen, dass der Gesetzgeber sich in der Gesetzesbegründung punktuell auch mit der Problematik der häuslichen Gewalt auseinandersetzt. In den Gesetzestext selbst hat dies jedoch kaum Eingang gefunden.

Diese Vorgehensweise lässt dem Gesetzesanwender erheblichen Spielraum, ob und in welchem Maße er von den möglichen Ausnahmen Gebrauch macht, da insoweit keine Verbindlichkeit besteht.

Als Konsequenz daraus hängt in der Rechtspraxis für die Betroffenen viel davon ab, welches Wissen die am Verfahren Beteiligten über die Mechanismen und Auswirkungen häuslicher Gewalt haben und wie groß deren Problembewusst sein ist.

Eine kritische Betrachtung der relevanten Vorschriften

Für die hier relevanten Kindschaftssachen (elterliche Sorge bei Trennung und Scheidung, Aufenthalt des Kindes, Umgangsrecht, Herausgabe des Kindes) sind die Regelungen der §§ 155, 156 FamFG die zentralen Vorschriften.

Sie sollen daher hier einer genaueren Betrachtung unterzogen werden:

§ 155 FamFG ,Vorrang- und Beschleunigungsgebot
Absatz 1 normiert ein umfassendes Vorrang- und Beschleunigungsgebot für Verfahren, die Aufenthalt, Umgangsrecht und Herausgabe eines Kindes betreffen.

2 Das Cochemer Modell oder die Cochemer Praxis, wie die Vorgehensweise des Arbeitskreis(es) Trennung und Scheidung Cochem-Zell genannt wird, wird in diesem Gerichtsbezirk bereits seit 1993 praktiziert. Grundlage des Arbeitsbündnisses zwischen Gericht, Rechtsanwälten, Jugendamt, Beratungsstellen und Sachverständigen ist das entwickelte Konzept zur „unbürokratischen gerichtsnahen Beratung bzw. einer verordneten Kooperation im Familienkonflikt". Dieses hat zum Ziel, durch vereintes Vorgehen aller am Verfahren beteiligter Professionen, Eltern in Sorge- und Umgangsstreitigkeiten konsequent auf ihre gemeinsame Elternverantwortung zu verweisen und deren Konflikte einer einvernehmlichen Lösung zuzuführen. Ein Interview mit dem Initiator Richter am AG a.D. Jürgen Rudoph ist zu finden in FF 05, 2005: 167 ff „ Cochemer Praxis – ein Handlungsmodell zur interdisziplinären Zusammenarbeit im Familienkonflikt".

Damit soll im Interesse des Kindeswohls eine Verkürzung der Verfahrensdauer bewirkt werden, die im Zweifelsfall auch auf Kosten anderer anhängiger Sachen erfolgen soll. Soweit bei Inkrafttreten des Gesetzes die Sorge laut wurde, dass dies auch zur Verzögerung von Gewaltschutzverfahren führen würde, da auch diese nach dem Gesetzeswortlaut im Verhältnis zu den Kindschaftssachen zurückzustehen haben, dürften sich diese in den allermeisten Gerichtsbezirken als unbegründet erwiesen haben. Es kann davon ausgegangen werden, dass den Gewaltschutzverfahren durch die Gerichte die gleiche Priorität eingeräumt wird.

Absatz 2 Satz 1 und 2 sehen vor, dass ein erster Erörterungstermin spätestens einen Monat nach Beginn des Verfahrens stattfinden soll. Es handelt sich nach der Gesetzesbegründung dabei um eine verpflichtende Zeitvorgabe, die nur in Ausnahmefällen überschritten werden darf. Die rasche Terminierung soll dabei eine Eskalation des Elternkonflikts vermeiden helfen.

Allerdings soll das Beschleunigungsgebot nicht schematisch gehandhabt werden. In Einzelfällen soll – jedenfalls in Hauptsacheverfahren oder dort, wo das Kindeswohl es offensichtlich nicht erfordert – auch ein Zuwarten mit dem Abschluss des Verfahrens möglich sein. Fälle häuslicher Gewalt werden dabei nicht explizit in den Kreis der Einzelfälle einbezogen, in denen von einer frühen Terminierung abgesehen werden kann. Häufig wird sich aus dem Sachverhalt wohl gerade kein Ausnahmefall herauslesen lassen können; im Gegenteil dürfte nach den allgemeinen Kindeswohlkriterien hier wohl immer ein Fall für die beschleunigte Handhabung vorliegen.

Absatz 2 Satz 3 bestimmt, dass in diesem Termin auch das Jugendamt gehört wird. Ein schriftlicher Bericht des Jugendamtes ist insoweit nicht erforderlich.

Diese Vorgehensweise soll es den Jugendamtsmitarbeitern und –mitarbeiterinnen ermöglichen, in die Verhandlung einen aktuellen Eindruck von der Situation der Familie – die zuvor aufgesucht wurde - einzubringen und konfliktvermeidend wirken. So könne sich, nimmt der Gesetzgeber an, kein Elternteil durch einen schriftlichen Bericht benachteiligt oder zu Unrecht in ein schlechtes Licht gerückt fühlen und sich als Reaktion darauf aus der Elternverantwortung zurückziehen.

Probleme entstehen hier aufgrund des knappen Zeitfensters zwischen Antragseingang bei Gericht, Übermittlung an das Jugendamt und Anhörungstermin. Sollte dem Jugendamt eine Familie noch nicht bekannt sein, so stellt die Monatsfrist die Mitarbeiterinnen und Mitarbeiter vor eine große Herausforderung. Idealerweise sollte in dieser Zeit ein Gesprächstermin mit den Kindeseltern und ggf. auch mit den Kindern stattfinden und die Jugendamtsmitarbeiterin/der Jugendamtsmitarbeiter sollte die Möglichkeit haben auch Dritte (Schulen, Kindergärten etc.) in den Informationssammelprozess einzubeziehen.

Für das Gericht entsteht die Situation, dass die Richterin oder der Richter häufig ohne jede verlässliche Information in den ersten Termin geht und damit in der Anhörung nur noch auf die gegebene Situation reagieren kann, statt den Prozess aktiv gestalten zu können.

Absatz 3 sieht vor, dass das Gericht das persönliche Erscheinen der verfahrensfähigen Beteiligten zum Termin anordnet.

Dies soll sowohl der besseren Sachverhaltsaufklärung dienen, als auch dem Gericht die Möglichkeit geben, die dem Fall zugrunde liegende Problematik bereits zu diesem frühen Zeitpunkt, mit allen Beteiligten zu erörtern. Die Gesetzesbegründung führt ausdrücklich aus, dass insoweit besonderen Fallkonstellationen, wie dem Vorliegen häuslicher Gewalt, Rechnung getragen werden soll. Dies soll z. B. durch eine getrennte Anhörung oder eine Anhörung unter besonderen Sicherheitsvorkehrungen erfolgen. Allerdings ist auch hier problematisch, dass zum einen zu dem frühen Zeitpunkt der Terminierung in der Regel gar keine geeigneten Informationen vorliegen und zum anderen in dem gesetzlich vorgegebenen Zeitfenster eine getrennte Anhörung kaum durchführbar ist.

§ 156 FamFG, Hinwirken auf Einvernehmen

Absatz 1 lautet: *„Das Gericht soll (…) in jeder Lage des Verfahrens auf ein Einvernehmen der Beteiligten hinwirken, wenn dies dem Kindeswohl nicht widerspricht."*

In diesem Sinn sollen die Beteiligten auch auf die Möglichkeiten der Beratung durch Träger der Kinder- und Jugendhilfe hingewiesen werden. Wobei das besondere Augenmerk insoweit auf der Entwicklung eines einvernehmlichen Konzepts für die Wahrnehmung der elterlichen Sorge und der elterlichen Verantwortung liegen soll.

Auch auf außergerichtliche Streitbeilegung soll hingewiesen werden.

Darüber hinaus erhält das Gericht jedoch die Möglichkeit, die Teilnahme der Eltern an einer Beratung durch die Beratungsstellen und –dienste der Träger der Jugendhilfe anzuordnen (nicht Mediation!).

Der Gesetzesbegründung ist zu entnehmen, dass das Gericht im Einvernehmen mit dem Jugendamt in der Anordnung festlegen soll, bei welcher Beratungsstelle oder -einrichtung die Beratung stattfinden und binnen welcher Frist diese begonnen werden soll. Diese Anordnung ist als Zwischenentscheidung nicht anfechtbar. Allerdings ist sie nicht mit Zwangsmitteln[3] durchsetzbar. Im Falle der Weigerung eines Elternteils oder der erkennbaren Verzögerung der Beratung kann jedoch ein Kostennachteil (§ 83 II Nr. 5 FamFG: die Kosten des Verfahrens können ganz oder teilweise auferlegt werden) entstehen.

Positiv bei dieser Regelung ist zu bemerken, dass sie als „Soll-Vorschrift" ausgestaltet ist und in der Gesetzesbegründung ausgeführt ist, dass ein Hinwirken auf ein Einvernehmen insbesondere in den Fällen nicht in Betracht kommt, in denen dies dem Kindeswohl nicht entsprechen würde, z. B. in Fällen häuslicher Gewalt.

3 Geldzahlung oder Haft zur Durchsetzung einer gerichtlichen Anordnung.

Problematisch ist allerdings, dass in den meisten Kommunen zu wenige – insbesondere auf Fälle häuslicher Gewalt spezialisierte - Beratungsmöglichkeiten zur Verfügung stehen und die Wartezeiten viel zu lang sind.

Zudem ist es aus meiner Sicht bedenklich, wenn Richterinnen und Richter zugleich mit der entsprechenden Anordnung auch festlegen sollen, bei welcher Beratungsstelle bzw. –einrichtung diese erfolgen soll. Hier gilt es zu bedenken, dass Beratungsstellen verschiedener Träger auch mit unterschiedlichen Konzepten und Ideologien arbeiten, so dass die Wahl hier unbedingt bei den Betroffenen liegen muss, um deren Selbstbestimmungsrechte nicht unverhältnismäßig einzuschränken.

Absatz 2 regelt die Möglichkeit, in Umgangsverfahren einen sog. gerichtlich gebilligten Vergleich zu schließen, der dann wie eine gerichtliche Entscheidung vollstreckbar ist. Voraussetzung dafür ist, dass die getroffene Vereinbarung dem Kindeswohl nicht widerspricht und alle Verfahrensbeteiligten zustimmen.

Absatz 3 begründet eine Verpflichtung des Familiengerichts in den Fällen, in denen im Erörterungstermin keine einvernehmliche Lösung gefunden werden kann, mit den Beteiligten und dem Jugendamt den Erlass einer einstweiligen Anordnung zu erörtern. Ziel des Gesetzgebers ist es hier, negative Auswirkungen für das Kind durch Verfahrensverzögerungen (aufgrund von Beratung oder Gutachteneinholung) zu vermeiden, wobei als solche vornämlich die Entfremdung zwischen Kind und umgangsbegehrendem Elternteil gesehen wird.

Während im Gesetzesentwurf noch lediglich in der Gesetzesbegründung explizit auch die Möglichkeit des vorläufigen Umgangsausschlusses angesprochen wurde, ist dies im Gesetzgebungsverfahren, nicht zuletzt auf Initiative von zahlreichen mit dem Kampf gegen häusliche Gewalt befassten Institutionen und Organisationen, noch in den Gesetzestext hinein gekommen.

Neben den §§ 155, 156 FamFG enthält aber auch *§ 163 FamFG* Regelungen, die das Ziel der Verfahrensbeschleunigung unterstützen und dem Erzielen einer einvernehmlichen Lösung dienen sollen:

Gemäß *Absatz 1* hat das Gericht bei Anordnung einer schriftlichen Begutachtung sogleich eine Frist zur Erstellung des Sachverständigengutachtens zu setzen. Dies soll es dem/der Sachverständigen ermöglichen, sogleich bei Auftragseingang entscheiden zu können, ob ihm/ihr eine Erledigung innerhalb der gesetzten Frist möglich ist, um ggf. den Auftrag ablehnen oder das Gericht frühzeitig über die voraussichtliche Dauer informieren zu können.

In der Praxis scheitert die hier mögliche Beschleunigung des Verfahrens jedoch regelmäßig am Mangel geeigneter Sachverständiger, insbesondere wenn es um die Frage der Beeinträchtigung von Kindern durch das Miterleben häuslicher Gewalt geht.

Absatz 2 sieht eine Erweiterung des Arbeitsauftrages an den Sachverständigen/die Sachverständige vor. Danach kann das Gericht anordnen, dass der/die Sachverständige bei der Erfüllung des Gutachtenauftrags auch auf die

Herstellung des Einvernehmens zwischen den Beteiligten hinwirken soll. Nach der Gesetzesbegründung soll dies den Sachverständigen/die Sachverständige in die Lage versetzen, die Eltern zunächst über die negativen psychologischen Auswirkungen einer Trennung auf alle Familienmitglieder aufzuklären und sodann zu versuchen, bei den Eltern Verständnis und Feinfühligkeit für die Bedürfnisse und für die psychische Lage des Kindes zu wecken und ggf. mit den Eltern ein einvernehmliches Konzept zur zukünftigen Sorge- und Umgangsgestaltung zu entwickeln.

Diese Aufgabenerweiterung trägt jedoch nicht nur eine erhöhte Gefahr der Befangenheit der/des Sachverständigen, so eine gütliche Einigung nicht herbeigeführt werden kann, sondern stellt darüber hinaus eine Rollenkonfusion her, die dem Verfahren nicht dienlich sein dürfte.
Dem Ziel des kooperativen Zusammenwirkens aller Beteiligten zur Erreichung einer einvernehmlichen Lösung dient auch der erweiterte Auftrag des Verfahrensbeistands.

§ 158 Abs. 4 S.3 FamFG normiert, dass das Gericht, sofern nach den Umständen des Einzelfalls dafür eine Erfordernis besteht, dem Verfahrensbeistand den so erweiterten Aufgabenkreis übertragen kann. Art und Umfang der Beauftragung sind dabei konkret festzulegen und zu begründen.

Die besonderen Bedürfnisse der gewaltbetroffenen Elternteile und Kinder im gerichtlichen Verfahren

Die Regelungen im neuen Kindschaftsrecht bieten in vielen Fällen, in denen Eltern in der Trennungs- oder Scheidungssituation in erhebliche Paarkonflikte verstrickt sind und diese Paarebene nicht von der Elternebene trennen können oder wollen und so den Konflikt über die Kinder austragen, einen guten Ansatz.

Allerdings ist es wichtig und notwendig, zwischen den unterschiedlichen Situationen, in denen sich trennungswillige Eltern befinden können, zu differenzieren und nach Möglichkeit eine Anpassung der Vorgehensweise vorzunehmen. Dies berücksichtigt das Gesetz jedoch, meiner Ansicht nach, zu wenig. Zum einen ist bereits zu diskutieren, ob die beschleunigte und auf Einvernehmen ausgerichtete Verfahrensweise auch für hochstreitige Fälle Anwendung finden sollte. Es ist durchaus vorstellbar, dass bereits für diese Fälle die Durchsetzung der Beibehaltung des gemeinsamen Sorgerechts durch die Ausübung von Druck auf die Eltern nicht zu einer langfristig konfliktfreien Eltern- und somit auch Eltern-Kind-Beziehung führen wird.

Noch deutlicher wird dies bei der Betrachtung von Fällen in denen vor dem Hintergrund von Partnerschaftsgewalt um Sorge- und Umgangsrecht gestritten wird.

Man kann durchaus sagen, dass die vom Gesetz vorgesehene Verfahrensweise in Fällen von Partnerschaftsgewalt nicht nur als nicht geeignet, sondern sogar als kontraindiziert, da letztlich eskalationsfördernd anzusehen ist.

Sie bedarf insoweit einer kritischen Betrachtung: Mütter oder Väter und insbesondere auch Kinder mit Gewalterfahrungen haben besondere Voraussetzungen und Regelungsbedürfnisse, wenn es um Fragen der elterlichen Sorge und des Umgangs geht. Schutz und Sicherheit sind hier das primäre Anliegen. Und dies nicht nur für diejenigen Gewaltbetroffenen, die sich im Frauenhaus aufhalten.[4] Die Gefährdung für Frauen und Kinder steigt in der Trennungsphase erheblich, und es kommt nicht selten gerade dann zu massiven Übergriffen – auch bei der Übergabe von Kindern im Rahmen von Umgangskontakten.

Vor dem Hintergrund von Partnerschaftsgewalt stellt sich daher bereits die Frage, ob das Beschleunigen des Verfahrens in jedem Fall sinnvoll ist.

Zur Klärung der Situation und zur Stabilisierung der Betroffenen ist es i. d. R. wichtig, dass ein eingeleitetes Verfahren auch zügig betrieben wird. Allerdings darf der Beschleunigungsgedanke nicht dazu führen, dass die Beteiligten Gefahr laufen, übereilte Regelungen zu treffen oder gar auf eine Einigung der Eltern hinzuwirken, ohne die Hintergründe und die Situation der Familie wirklich beleuchtet zu haben.

Wo nötig, muss dem gewaltbetroffenen Elternteil und den Kindern die notwendige Zeit zur Erholung, Regeneration und Orientierung gegeben werden, bevor dem Gewalttäter erneut gegenüber getreten werden muss. Beraterinnen und Berater, ebenso wie Mitarbeiterinnen und Mitarbeiter des Jugendamtes brauchen Zeit, um mit dem/der Gewaltbetroffenen zu arbeiten, diese ggf. zu stabilisieren und Handlungsoptionen auszuloten. In jedem Stadium des Verfahrens muss sichergestellt sein, dass Einschüchterungen und Einflussnahmen auf einen Elternteil durch den Gewaltausübenden ausgeschlossen sind.

Zu bedenken ist, dass die Erarbeitung tragfähiger Lösungen im Interesse des Kindes durchaus auch Zeit erfordern kann und in Fällen von Partnerschaftsgewalt i. d. R.keiner einvernehmlichen Regelung zugänglich sein wird. Das dem gesamten neuen Kindschaftsrecht und der Cochemer Praxis zugrunde liegende Leitbild der gemeinsamen, kooperativen Elternschaft auch über eine Trennung hinaus, entspricht nicht den Mechanismen, die in einer gewaltgeprägten Beziehung und Familie vorherrschen. Die Maxime von

4 Die folgenden Ausführungen gehen von der durch Forschung belegten und in der Praxis weithäufiger erlebten Konstellation aus, dass Männer Gewalt gegen Frauen ausüben. Selbstverständlich wird in Paarbeziehungen auch Gewalt von Frauen gegen Männer verübt, allerdings in weit geringerem Maße als umgekehrt. Die Erkenntnisse über die Beeinträchtigungen und Folgewirkungen von mittlerer und schwerer physischer Gewalt in Paarbeziehungen stützen sich jedoch auf die umgekehrte Konstellation, da insoweit eine eindeutige geschlechtsspezifische Verteilung festzustellen ist. Zur Erfahrung von männlichen Opfern häuslicher Gewalt liegen keine repräsentativen Studien und somit aussagekräftigen Erkenntnisse vor.

Einigung und Mediation passt hier schlicht nicht.[5] In vielen Fällen kann es gerade verantwortungsvoll sein, den Kontakt zum Gewalttäter/zur Gewalttäterin (zunächst) zu unterbrechen oder auf ein Minimum zu reduzieren, um dem gewaltbetroffenen Elternteil und vor allem auch den Kindern die Möglichkeit zu geben, das Erlebte zu verarbeiten und weitere Eskalationen zu vermeiden.

Darüber hinaus vermindern i. d. R. das Machtgefälle zwischen den Partnern, die Selbstwertbeeinträchtigungen, Bagatellisierungstendenzen, Schuld- und Schamgefühle des Gewaltopfers sowie die fortbestehende Gefährdungslage die Fähigkeiten und Möglichkeiten des Opfers dem Täter auf gleicher Augenhöhe entgegenzutreten und eine einvernehmliche Lösung zu erarbeiten. Wird insoweit Druck auf die Betroffenen ausgeübt, so kann dies zu Einigungen führen, die keineswegs im Interesse des Kindes liegen. Die Ausübung des gemeinsamen Sorgerechts und die Durchführung des Umgangs können sogar konfliktverschärfend wirken und sich damit – auch deshalb – negativ auf Kinder auswirken. Eine Kooperationsfähigkeit als Voraussetzung für die Beibehaltung der gemeinsamen Sorge kann in gewaltgeprägter Elternschaft nicht ohne weiteres verlangt oder erreicht werden.

Zur Sicherstellung des angemessenen Schutzes von Kindern und gewaltbetroffenen Elternteilen im familiengerichtlichen Verfahren sind mithin zwei Dinge unverzichtbar:

Ein sensibler Umgang mit der Thematik durch alle beteiligten Professionen und eine möglichst frühzeitige und umfassende Information des Gerichts über die Hintergründe der familienrechtlichen Auseinandersetzung. Wie eingangs bereits angesprochen, ist es bei der Ausgestaltung des gerichtlichen Verfahrens unter Anwendung der Vorschriften des FamFG von entscheidender Bedeutung, in welchem Maß die am Verfahren Beteiligten für die Thematik häusliche Gewalt – und hier insbesondere auch der Beeinträchtigung von Kindern durch das Miterleben – sensibilisiert sind. Und in welchem Maße die Bereitschaft dazu besteht, das eigene Handeln an dem Wissen um die Vielschichtigkeit der Problemstellungen auszurichten.

Genauso wichtig ist es jedoch, dass das gerichtliche Verfahren und die hierin eröffneten Möglichkeiten durch entsprechende flankierende und nachfolgende Maßnahmen unterstützt werden. Ein noch so umsichtig geführtes Verfahren und eine noch so problembewusste Entscheidung können den notwendigen Schutz nicht gewährleisten, wenn spezialisierte Täterprogramme, beratende und begleitende Unterstützung für Kinder und Eltern und/oder fachlich kompetente Umgangsbegleitung nicht zur Verfügung stehen.

5 Die folgenden Ausführungen gehen von der durch Forschung belegten und in der Praxis weithäufiger erlebten Konstellation aus, dass Männer Gewalt gegen Frauen ausüben. Selbstverständlich wird in Paarbeziehungen auch Gewalt von Frauen gegen Männer verübt, allerdings in weit geringerem Maße als umgekehrt. Die Erkenntnisse über die Beeinträchtigungen und Folgewirkungen von mittlerer und schwerer physischer Gewalt in Paarbeziehungen stützen sich jedoch auf die umgekehrte Konstellation, da insoweit eine eindeutige geschlechtsspezifische Verteilung festzustellen ist. Zur Erfahrung von männlichen Opfern häuslicher Gewalt liegen keine repräsentativen Studien und somit aussagekräftigen Erkenntnisse vor.

Jörg M. Fegert

Die Frage des Kindeswohls und der Ausgestaltung des Umgangsrechts nach Trennung der Eltern in Fällen häuslicher Gewalt aus kinder- und jugendpsychiatrischer Sicht

Einleitung

Viele Situationen häuslicher Gewalt sind lang dauernde Belastungen für Kinder und Jugendliche mit häufig chronifizierenden, sehr starken psychischen Störungen und Beeinträchtigungen. Insofern ist die Trennung eines Elternpaares in einer Situation häuslicher Gewalt für die Kinder oft ein erster wichtiger Schritt zur Reetablierung von Verhältnissen, die besser mit dem Kindeswohl vereinbar sind. Zwar stellen Trennungen an sich auch schon eine psychische Belastung dar, doch zeigen zahlreiche Studien, dass das Aushalten von jahrelangen Streitbeziehungen oder gar Gewaltbeziehungen der Eltern für Kinder bei Weitem schwerere psychische Folgen hat als die Trennung. Verschiedene Übersichten zu dieser Thematik finden sich in Fegert 2001 bzw. aktualisiert in Lehmkuhl und Huss 2011.

Aus kinder- und jugendpsychiatrischer Sicht sind Grundbedingungen für ein Aufwachsen, welches dem Kindeswohl entspricht, empirisch gut untersucht. Die UN-Kinderrechtskonvention (UN-KRK) beschreibt solche Basisbedürfnisse als quasi weltweit anerkannte Grundsätze. Zu diesen gehören:

- Liebe und Akzeptanz (Präambel, Art. 6, Art. 12, 13 und 14 der UN-KRK),
- eine hinreichende physische Versorgung und Ernährung von Kindern (Art. 26, 27, 32 UN-KRK),
- insbesondere Unversehrtheit, Schutz vor Gefahren, vor materieller, emotionaler und sexueller Ausbeutung (Art. 16, 19, 34, 35, 36, 37, 38, 39 und 40 UN-KRK), die hier von besonderer Relevanz sind,
- der Respekt von Bindungen und sozialen Beziehungen (Art. 8, 9, 10, 11, 20, 21, 22 UN-KRK),
- die Sicherstellung von Gesundheitsbedürfnissen (Art. 23, 24, 25 und 33)
- sowie die Sicherstellung von Förderung von Wissen und Bildung (Art. 17, 28, 29, 30 und 31 UN-KRK).

Gerade die Trennungssituationen sind deshalb für viele Kinder besonders belastend, weil die Gefahr auch für die körperliche Unversehrtheit in den emotional belastenden Trennungsphasen in Beziehungen mit häuslicher Gewalt oft noch einmal stark eskaliert. Für eine aktuelle Übersicht vgl. Becker und Büchse (2011). In Situationen nach Trennung der Eltern in Fällen häuslicher Gewalt stellt sich deshalb oft die Frage, wo dem Kind bzw. den Kindern am ehesten eine hinreichende Sicherstellung dieser Grundbedürfnisse garantiert werden kann. In der häufigeren Konstellation war meist der männliche

Elternteil der, welcher die Gewalt ausübte, während die Mutter als ohnmächtig und auch als nicht in der Lage, die Kinder zu schützen, erlebt wurde. Häusliche Gewalt kommt vermehrt in Familien vor, in denen ein Elternteil oder beide Elternteile an einer psychischen und/oder Suchterkrankung leiden. Diese elterlichen Ausgangsbedingungen können ebenfalls zu einer eingeschränkten Möglichkeit, Basisbedürfnisse von Kindern zu sichern, beitragen und sollten in Trennungssituationen evaluiert werden. In diesem Beitrag sollen, ohne Anspruch auf Vollständigkeit, einige typische Konstellationen besprochen und einige grundsätzliche Empfehlungen aus Sicht des Kindeswohls gegeben werden. Häufig sind Auseinandersetzungen um das Sorgerecht, oder wenn dies geklärt ist, um das Umgangsrecht, eine Weiterführung des Paarkonfliktes mit anderen Mitteln. Die rechtlichen Schritte werden dann von den Kindern und/oder einem oder beiden Elternteilen in bedrohlicher Weise mit den erlebten Gewaltsituationen assoziiert. Es entsteht das Gefühl, dass nie Ruhe einkehren kann. Generell ist es wichtig, vorauszuschicken, dass selten bis nie ideale Lösungen getroffen werden können, sondern dass es um Güterabwägungen geht, welche getroffen werden müssen, so dass es sich in schwierigen Entscheidungssituationen durchaus lohnt, positive und negative Argumente zu dokumentieren und zu bilanzieren. Ganz besonders gilt dies für Umgangsentscheidungen, die viele Familiengerichte mit Nachdruck treffen und die altersspezifische Auswirkungen haben. Auf die altersspezifischen Konsequenzen für die Ausgestaltung von Umgangsrechten in Fällen vorausgegangener häuslicher Gewalt soll deshalb in diesem Beitrag ausführlich eingegangen werden.

Gemeinsame Sorge kann kein „Regelfall" bei vorausgegangener häuslicher Gewalt sein.

Die einschlägige Rechtstatsachenforschung zeigt, dass die gemeinsame elterliche Sorge seit der Kindschaftsrechtsreform wenigstens statistisch zum Regelfall (75,54 %) geworden ist (vgl. Proksch 2002).

Aus kinder- und jugendpsychiatrischer Sicht stellt die gemeinsame elterliche Sorge in der Regel eine Chance dar, wenn eine gemeinsame weitere Erziehung gewünscht ist und in zentralen Punkten Übereinstimmung zwischen den Eltern besteht, so dass kindliche Basisbedürfnisse in Übereinstimmung zu den Eltern gesichert werden können. Gemeinsame elterliche Sorge ist ein Risiko für Kinder, wenn sie als einfachstes oder Verlegenheitsmodell oder bei fortgesetzten massiven Streitigkeiten und nach wie vor drohender Gewalt, zu praktizieren versucht wird. Bei sehr wechselnder Intensität der Elternpräsenz und Erreichbarkeit kann auch in medizinischen Behandlungssituationen, welche häufiger Entscheidungen erfordern, die gemeinsame elterliche Sorge durchaus hinderlich sein.

Akzeptiert man die Tatsache, dass in der Regel die gemeinsame Sorge wohl dem Kindeswohl am besten entspricht, sind Situationen alleiniger elterlicher Sorge Spezialfälle, die ihre Begründung vor allem in extrem belastenden Konfliktsituationen und/oder vorausgegangener häuslicher Gewalt finden. Aus kinder- und jugendpsychiatrischer Sicht (vgl. Kölch/Fegert 2008) wird seit der Kindschaftsrechtsreform die alleinige elterliche Sorge nur noch im begründeten Extremfällen angestrebt, und zwar mit dem Ziel, den Kindern weitere massive Belastungen und weitere Gefährdungen des Kindeswohls zu ersparen. Typische Konstellationen sind: Elternteile mit schweren psychischen Erkrankungen, Persönlichkeitsstörungen, Suchterkrankungen und/oder bei vorausgegangener häuslicher Gewalt, Vernachlässigung, sexuellem Missbrauch, Kindesmisshandlung. Das Recht auf Umgang wird gegenüber anderen Kindesrechten in fast schon grotesker Weise derzeit überidealisiert und als eine quasi unveränderliche Grundkonstante einziger Indikator für das Kindeswohl propagiert. Belastungen, selbst des begleiteten Umgangs werden demgegenüber bagatellisiert. Im folgenden Beitrag soll deshalb neben der Betrachtung der Elternsituation und der Kindsituation in Bezug auf das Kindeswohl, auch insbesondere eine entwicklungsabhängige Einschätzung der Konsequenzen für die Ausgestaltung von Elternrechten und Umgangsrechten in Familien nach häuslicher Gewalt getroffen werden. Für den begleiteten Umgang zeigte die offizielle Begleitforschung des Bundes (Friedrich et al. 2004 sowie Fthenakis 2008), dass in einem Drittel der Fälle eine Verschlechterung oder sogar eine deutliche Verschlechterung der Interaktion während des begleiteten Umgangs festgestellt werden musste (gemessen an den Parametern Wertschätzung und Spielfeinfühligkeit). Wahrnehmbare Belastungen zwischen Kind und Elternteil sowie die Ablehnung des Kontakts durch das Kind zeigten sich als wesentliche Prädiktoren für den schlechteren Verlauf. Umgang an sich ist deshalb noch keine Lösung. Vielmehr kommt es in Bezug auf die kindliche Entwicklung und letztendlich das Kindeswohl darauf an, ob die Umgangssituation das Kind emotional überfordert oder nicht. Aus kinder- und jugendpsychiatrischer Sicht gibt es verschiedene Anknüpfungspunkte die dazu führen können, dass eine alleinige elterliche Sorge dem Kindeswohl am besten entspricht und eine Entwicklungschance für die Kinder darstellt. Dies ist z. B. in der Regel so bei Kindern, die Opfer von Misshandlung oder Missbrauch wurden, zumal wenn sich der selbst von häuslicher Gewalt betroffene Elternteil zum Schutz der Kinder und zum eigenen Schutz getrennt hat und damit aktiv zur Wiederherstellung einer Situation beigetragen hat, die dem Kindeswohl eher entspricht. Wenn Kinder aufgrund psychischer Störungen oder aufgrund von Entwicklungsdefiziten besonders wenig belastbar sind, oder sie durch körperliche Erkrankungen zusätzlich besonders belastet sind, können auch sonst noch tolerable, massive Loyalitätskonflikte oder Angst auslösende Situationen durch elterliche Konflikte eine zu starke Belastung und damit eine Beeinträchtigung des Kindeswohls darstellen. Insofern müssen mit Blick auf das Kindeswohl nicht nur die elterlichen Ressourcen, sondern auch die kindlichen Ausgangsbedingungen individuell evaluiert werden.

Risikosituationen für das Kindeswohl nach Trennung der Eltern, mit Blick auf den primär verantwortlichen Elternteil

Gerade weil nach Situationen häuslicher Gewalt oft eine Trennung erforderlich ist und es vorher über längere Zeit einem Elternteil auch nicht gelungen ist, die Kinder hinreichend zu schützen bzw. es zu Parentifizierungen und Rollenumkehr älterer Kinder in manchen Familien kommt, erscheint es mir wichtig, wegen der klaren Positionierung für den betroffenen Elternteil bei der weiteren Wahrnehmung des Sorgerechts auch persönliche Voraussetzungen dieser sorgeberechtigten Eltern, die sich primär um die Kinder kümmern, in den Blick zu nehmen. Insgesamt zeigen verschiedene Studien, dass sehr junge, allein erziehende Mütter ein deutlich erhöhtes Risiko haben, Kinder mit Störungen des Sozialverhaltens, Kinder mit Bindungsstörungen etc. zu haben. Farrington (1999) betont dabei die Bedeutung des elterlichen Verhaltensvorbildes, meist des väterlichen Gewaltvorbildes bzw. diverse Gewaltvorbilder durch sich wiederholende, gewalttätige Partner. Elterliche Streitbeziehungen, häufiger Wechsel primärer Bezugspersonen als wesentliche Faktoren für die Entstehung von aggressivem und delinquentem Verhalten. Dabei wird allzu deutlich, dass die eigene Belastung der Mütter durch häusliche Gewalt und die oft fatale Art sich wiederholt in gewalttätige oder übergriffige Beziehungen zu verstricken, auch zu einem erhöhten Risiko für die Kinder führt. Deshalb brauchen solche allein erziehenden Mütter nach Erfahrungen häuslicher Gewalt besondere Unterstützung und Begleitung auch durch Maßnahmen der Jugendhilfe, um einerseits ihre Kinder adäquat fördern zu können und andererseits der Falle repetitiver ausbeuterischer Beziehungen entgehen zu können. Die neuseeländischen Langzeitstudien, insbesondere die Dunedin study zeigen auch eindeutige Zusammenhänge zwischen kindlicher Belastung und mütterlicher Depression (vgl. Williams et al. 1990). Auch unsere eigene Untersuchung zu sexuell missbrauchten Kindern (Fegert et al. 2001) zeigt, dass Depressionen und andere psychische Belastungen der Mutter einen zentralen Verlaufsprädiktor für die psychische Entwicklung und Belastung sexuell missbrauchter Kinder darstellt. Häufig führen Suchtprobleme von Eltern zu Verhaltensauffälligkeiten, hyperkinetischen Störungen, emotionalen Störungen und auch zu Substanzkonsum und Delinquenz in der Generation der Kinder. Gerade beim Alkohol- und Drogenkonsum muss für die kindliche Entwicklung eine Mischung biologischer und sozialer Risiken betrachtet werden, wobei gerade bei suchtkranken Müttern, die ihre Suchtproblematik im Rahmen einer häuslichen Gewaltbeziehung entwickelt haben, die Prognose oft extrem schwierig ist. Manche dieser Mütter haben stark wechselnde Phasen unterschiedlicher Erziehungsfähigkeit und Präsenz in Abhängigkeit der Entwicklung ihrer Suchterkrankung. Im nüchternen Zustand, z. B. nach einer stationären Behandlung oder Kur, können sie scheinbar hervorragend für ihre Kinder sorgen, während es in anderen Situationen zu einer totalen Überforderung der Kinder kommen kann. Viele schwere psychische Folgen bei den Kindern sind durch immer wieder notwendige Wechsel der primären Betreuungsperson aufgrund der elterlichen Suchterkrankung bedingt. Teilweise sind so genannte Patenschaftsmodelle als Lösungsversuche kontinuierlicherer Übergänge mit wechselnder Intensität zwischen Pflegefamilie und Versorgung durch die kranke Mutter beschrieben worden (vgl. Fegert und Ziegenhain 2003, Schreiner et al. 2010). McCloskey und Bailey (2000) identifizierten bei einer Untersuchung von 179 Mädchen, im Durchschnittsalter von 9 Jahren, die aus einer Stichprobe von Familien stammten, die wegen bekannter häuslicher Gewalt als Hochrisikofamilien ausgewählt worden waren, bei getrennten Interviews mit Müttern und Töchtern, 18 % Mädchen, welche sexuell missbraucht worden waren. Mädchen, deren Mütter selbst Opfer von Missbrauch gewesen waren, hatten ein 3,6-fach erhöhtes Risiko, auch missbraucht zu werden. Besonders schockierend war ein Ergebnis dieser Studie zum intergenerationalen Missbrauch und häuslicher Gewalt. Hatten die Mütter selbst Missbrauchserfahrung und ein Substanzkonsumproblem, insbesondere Drogenkonsum, dann hatten die Mädchen ein 23,7-fach erhöhtes Risiko, selbst missbraucht zu werden. D. h. 83 % der Töchter aus dieser Untergruppe wurden sexuell missbraucht. Dies zeigt, wie wichtig es ist, bei der Frage des Kindeswohls in Fällen häuslicher Gewalt unterschiedliche prognostische Faktoren zu gewichten und in einer Gesamtsicht zusammenzufassen. Pears und Capaldi (2001) zeigten bei der Untersuchung von 109 Eltern und ihren männlichen Kindern, dass die Eltern, welche selbst misshandelt worden waren, doppelt so häufig misshandelten wie Eltern, die ohne Gewalterfahrung aufgewachsen sind. Eltern, die in verschiedener Weise misshandelt und missbraucht worden waren und dabei körperliche Gewalt erfahren hatten, zeigten das höchste Risiko, selbst zu misshandeln. Die Autoren entwickelten aufgrund ihrer multiplen Variablen ein transgenerationales Modell zur Entstehung von Gewalt, bei dem die elterliche Misshandlungs- und Missbrauchsvorgeschichte statistisch Einfluss auf drei Variablen hatte: frühe Elternschaft, elterliche Psychopathologie und elterliches inkonsequentes Erziehungsverhalten. Diese drei Faktoren waren wiederum statistisch signifikant mit der eigenen Bereitschaft, ihre Kinder zu misshandeln, wobei eine wichtige Moderatorvariable frühe Entwicklungsprobleme der Kinder selbst darstellt.

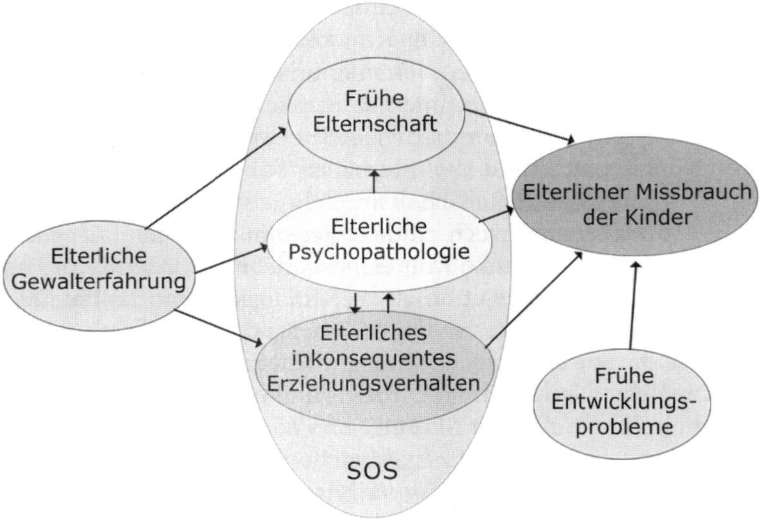

Grafik 1: Der Zusammenhang zwischen elterlicher Gewalterfahrung und Gewalt in der Erziehung der Kinder. Modifiziert nach Pears und Capaldi 2001

Logischerweise versuchen Personen, die Gewalt in der Herkunftsfamilie erleben, früh diesem Milieu zu entkommen und haben deshalb auch ein Risiko, besonders früh Eltern zu werden. Aufgrund der eigenen Gewalterfahrung und der schwierigen Aufwachsensbedingungen, haben sie häufig eine stärker ausgeprägte Psychopathologie, psychische Erkrankungen oder Persönlichkeitsstörungen. Da sie selbst keine adäquaten Erziehungsvorbilder hatten, stellt ihr inkonsequentes Erziehungsverhalten und die Nichtwahrnehmung kindlicher Bedürfnisse ein Hochrisiko für das Wohl ihrer Kinder dar. Faktoren wie frühe Elternschaft oder elterliche Psychopathologie lassen sich, wenn überhaupt, nur bedingt beeinflussen. Verschiedene Ansätze zeigen aber, dass Feinfühligkeit, Wahrnehmung kindlicher Bedürfnisse und das Erziehungsverhalten sehr wohl effektiv, vor allem im Videofeedback beeinflusst werden können. Deshalb gehört neben der Erfassung der elterlichen Psychopathologie und Belastung als relevanter Faktor bei der Frage nach dem Kindeswohl nach Trennung der Eltern in Fällen häuslicher Gewalt auch die Wahrnehmung des elterlichen Erziehungsverhaltens zu den wesentlichen Variablen, die aus kinder- und jugendpsychiatrischer und psychotherapeutischer Sicht evaluiert werden müssen. Hier können auch konkrete Unterstützungen empfohlen und häufig über Maßnahmen der Jugendhilfe umgesetzt werden. Die Studie von Pears und Capaldi zeigte, wenn Eltern ein stabiles Erziehungsverhalten aufwiesen, das Misshandlungsrisiko deutlich geringer war, selbst wenn sie selber massiv misshandelt worden waren. Das höchste Risiko für die Kinder bestand, wenn ein chaotischer Erziehungsstil mit ständig wechselnden

Toleranzschwellen, wahrgenommene kindliche Erziehungsschwierigkeiten und schwere Misshandlungsvorgeschichte zusammenkamen. Deshalb sind in den letzten Jahren bundesweit zahlreiche Modelle Früher Hilfen umgesetzt worden, welche früh, insbesondere bei entsprechenden Belastungsfaktoren wie gewalttätige Elternbeziehung etc. psychosoziale Hilfen anbieten sollen (vgl. Fegert et al. 2010). Einen Überblick gibt die Homepage des Nationalen Zentrums Frühe Hilfen (NZFH, www.fruehehilfen.de). In dem von Ute Ziegenhain und mir durchgeführten Vierländerprojekt mit Bundesförderung „Guter Start ins Kinderleben", welches in den Ländern Baden-Württemberg, Bayern, Rheinland-Pfalz und Thüringen umgesetzt wurde, sind auch verschiedene Einschätzungsinstrumente entwickelt und die Bedeutung der frühen interdisziplinären Zusammenarbeit der Helfer aus dem medizinischen Förderbereich und der Jugendhilfe betont worden (vgl. Vernetzungshandbuch Ziegenhain et al. 2010). Gerade weil sich die Wahrnehmung der kindlichen Belastung oder des kindlichen Wohlbefindens bei Kleinkindern ohne eine Interaktionsbeobachtung nur sehr schwer realisieren lässt, haben wir in der Folge dieser Versorgungsprojekte webbasierte Materialien entwickelt, um in der Interaktion mit Videos und im fallbasierten Lernen hier Kompetenzen für verschiedene Fachkräfte auszubilden. Für Fachkräfte in der Arbeit mit Kindern und Jugendlichen, mit Fachkräftenachweis der Arbeitsstelle, ist die Teilnahme am E-Learning-Programm Frühe Hilfen (www.fruehehilfen-bw.de/login/index.php) kostenfrei möglich.

Die Einschätzung der Kindeswohlperspektive mit Blick auf die psychische Belastung der Kinder

Neben den elterlichen Einschränkungen und Ressourcen ist es wichtig, die spezifischen Ausgangsbedingungen beim Kind zu evaluieren, um Fragen mit Bezug auf das Kindeswohl im Einzelfall adäquat beantworten zu können. In der Kinder- und Jugendpsychiatrie wird die Diagnostik üblicherweise auf mehreren diagnostischen Achsen nach dem so genannten Multiaxialen Klassifikationsschema nach Remschmidt, Schmidt und Poustka (2001) erfolgen. Auf der ersten Achse wird, wenn vorhanden, eine diagnostizierbare psychische Störung nach ICD-10 festgestellt. Die ICD-10 ist die internationale Klassifikation von Krankheiten der Weltgesundheitsorganisation (vgl. Remschmidt et al. 2001). Diese diagnostische Einordnung ist im Rahmen der Krankenversorgung (vgl. SGB V) die derzeit geforderte Klassifikation und stellt auch für die Verwirklichung von Eingliederungshilfen nach der Einführung des Sozialgesetzbuches IX die verbindliche Grundlage für die Beschreibung des Vorliegens psychischer Störungen als erster Feststellungsschritt, in Bezug auf einen Rechtsanspruch nach § 35 a KJHG, dar (vgl. Fegert 2011).

Auf der zweiten Achse werden spezifische Entwicklungsstörungen wie Teilleistungsstörungen beschrieben. Die dritte Achse beschreibt das

Intelligenzniveau, die vierte Achse körperliche Grund- und Begleiterkrankungen und die fünfte Achse psychosoziale Belastungen. Die sechste Achse trifft eine Entscheidung für das Zurechtkommen im Alltag (global assessment of functioning) und hat sich international in verschiedenen Settings als reliabler Parameter für das Ausmaß des Unterstützungs- und Hilfebedarfs bewährt. Gerade in Situationen vorausgegangener häuslicher Gewalt finden sich oft Kinder, die auf mehreren Achsen prognostische Risiken und bemerkenswerte Situationen aufweisen. So haben Kinder, bei denen die Diagnose einer Bindungsstörung des Kindesalters mit oder ohne Enthemmung festgestellt wird, häufig in den ersten fünf Lebensjahren einen extremen Mangel an Kontinuität der Betreuungspersonen erfahren. Sie haben ein oft wahllos freundliches, aufmerksamkeitssuchendes Verhalten, bis hin zur Distanzlosigkeit, Schwierigkeiten beim Aufbau vertrauensvoller Beziehungen zu Gleichaltrigen und zu Erwachsenen und dazu nicht selten eine Fülle emotionaler und Verhaltensstörungen. Solche Kinder können mit Blick auf das Kindeswohl nicht den gleichen Belastungen ausgesetzt werden wie Kinder, die gerade in der frühen Kindheit in einem stabilen Schutzraum aufgewachsen sind. Insofern ist die Einschätzung des Kindeswohls auch sehr abhängig davon, wie lange die Situation häuslicher Gewalt auf die Kinder einwirkt und mit welcher Entwicklungsphase es zu Beeinträchtigungen kam (vgl. Ziegenhain und Fegert 2011). Kinder mit frühkindlichem Autismus oder mit Asperger Autismus oder anderen atypischen Autismusformen sind in der Regel durch eine extreme Veränderungsangst und Irritabilität durch Konflikte gekennzeichnet. Sie bedürfen besonders konstanter Rahmenbedingungen und können sich besonders schwer auf das Hin und Her zwischen zwei zwar Sorgeberechtigten, aber hoch konflikthaft verstrickten Elternteilen einstellen. Auch hier besteht aus der Sicht der Kinder eine starke Notwendigkeit nach einer klaren Sorgerechtsregelung im Sinne der alleinigen elterlichen Sorge beim nicht gewalttätigen Elternteil.

Entwicklungsabhängige Ausgestaltung eines dem Kindeswohl entsprechenden Umgangsrechts

In der Praxis stellt sich, trotz aller Verzweiflung, Resignation und Empörung der primär betreuenden, früher von häuslicher Gewalt betroffenen Elternteile, selbst bei alleiniger elterlichen Sorge oder heute auch bei früher nie verheirateten Paaren, regelmäßig die Frage nach der Ausgestaltung eines Umgangsrechts, und die Wahrnehmung eines solchen Umgangsrechts wird in der Regel von den Gerichten als eine elementare Konstituente des Kindeswohls angesehen (zur Kritik hierzu und zur Notwendigkeit der Einzelfallüberprüfung und altersabhängigen, individuellen Betrachtung vgl. Kölch und Fegert 2008).

Im *Kleinkindalter* sind die primären Betreuungspersonen die einzig relevante Lebensumwelt für ein Kind. In den ersten drei Lebensjahren kommt es deshalb ganz zentral auf das Verhältnis zu den Bezugspersonen an, denn alle sozialen Erfahrungen des Kindes werden überwiegend in der Interaktion mit primären Bezugspersonen oder in früher Fremdbetreuung gemacht. Beobachtungsmerkmale zur individuellen Einschätzung sind deshalb Qualität der Fürsorge, Bindungsqualität, Synchronizität der Interaktion, Passung der Beziehung. Ein wichtiges Merkmal zur Einschätzung von Umgangssituationen ist die emotionale Befindlichkeit, aber auch mehr genetisch determinierte Voraussetzungen wie das Temperament des Kindes oder sein allgemeiner Entwicklungsstand. Für das Kleinkindalter bis zum Alter von drei Jahren gilt es festzuhalten, dass zentraler Maßstab für die Nichtschädlichkeit einer Umgangssituation die situative Befindlichkeit des Kindes ist. Trennungsangst ist in diesem Alter ebenso wie die Fremdenangst eine alterstypische Entwicklung und muss berücksichtigt werden, darf aber nicht überbewertet werden. In der Regel ist es schwierig, solche Kontakte zu erzwingen, wenn der betreuende Elternteil von der Schädlichkeit dieser Kontakte überzeugt ist.

Im *Kindergartenalter*, 3-6/7 Jahre, machen Kinder regelmäßig riesige Entwicklungsschritte in der motorischen und körperlichen Entwicklung, in der kognitiven Entwicklung, der sprachlichen Entwicklung und ihrer emotionalen und sozialen Entwicklung. Ein erstes Selbstkonzept und Selbstwertgefühl beginnt zu entstehen. Umgangssituationen können z. B. im Bereich der motorischen Entwicklung genutzt werden, um die neue Bewegungsvielfalt zu fördern. In Umgangssituationen kann z. B. Dreiradfahren, Fahrradfahren etc. geübt werden. Dies bietet eine klare Strukturierung von Umgangssituationen und kann die emotionale Belastung reduzieren und den früher im häuslichen Rahmen gewalttätigen Elternteil evtl. auch bei einer eigenen Stärke abholen. Kinder in dieser Altersgruppe haben noch kein klares Kausalitätsverständnis. Sie haben im Alter von 3-4 Jahren vorherrschend magische Vorstellungen und adribuieren Unverstandenes auf äußere Einflüsse, Feen, Zauberer, Räuber. Erst allmählich etabliert sich im Vorschulalter ein Grundverständnis von Kausalität. Insofern ist es für die Kinder auch schwierig nachzuvollziehen, weshalb eine Mutter aufgrund von vergangenen Ereignissen einen Umgang nicht wünscht. Der Wortschatz der Kinder entwickelt sich enorm. Ende des 4. Lebensjahres haben Kinder im Durchschnitt einen passiven Wortschatz von 3.000 Wörtern und aktiv von etwas über 1.000 Wörtern. Ende des 7. Lebensjahres hat sich der passive Wortschatz verzehnfacht und der aktive hat sich vervierfacht bis verfünffacht. Kinder dieser Altersgruppe kennen zunehmend Strategien, wie negative Gefühle abgemildert werden können, z. B. durch Geschenke und Zärtlichkeit, und setzen solche Strategien auch in der Umgangssituation ein. Das Vorschulalter ist insgesamt aber auch eine vulnerable Phase für die Angstentstehung. Strategien der Emotionsregulation werden vor allem durch die Beobachtung von Erwachsenen entwickelt. Beispiele von nicht kontrollierter Aggression und Ärger Erwachsener lösen häufig auch bei den Kindern Anpassungsprobleme in diesem Bereich aus, ebenso wie Vorbilder besonders ängstlichen Verhaltens. Insofern sind Spannungen, Gewalt und Streit in Umgangssituationen quasi unausweichlich mit Belastungen der aufgezählten Entwicklungsdimensionen verbunden. Eltern sind in diesem Alter noch klare „Gate Keeper“ zu Gleichaltrigenkontakten und Modell zur Knüpfung von Kontakten. Insofern hat der familiäre Erziehungsstil und auch der Umgang der Eltern während des Umgangs miteinander eine zentrale Bedeutung. In diesem Alter ist Anregung im Spiel wichtig. Die Freizeitgestaltung in den Umgangssituationen sollte deshalb nicht alleine aus Unterhaltungsmedien wie Fernsehen, Video, DV-Rekorder, Videospiele etc. bestehen. Wenn elektronische Medien konsumiert werden, sollte der umgangsberechtigte Elternteil dies mit den Kindern gemeinsam ansehen und das Geschehene besprechen. Zentral ist die Förderung von Selbständigkeit in dieser Altersgruppe. Kinder haben hier eine steigende Kompetenz bei der Selbstpflege. Auch der umgangsberechtigte Elternteil muss eigenständiges Anziehen, Essen, Zähneputzen etc. als wichtige Entwicklungsfaktoren mit unterstützen. Für die Ausgestaltung vom Umgangsrecht im Kindergarten- und Vorschulalter heißt dies, dass der umgangsberechtigte Elternteil häufig Aufsichtsfunktionen beim Spiel übernehmen kann, wo auch durch die Anwesenheit anderer Eltern, z. B. am Spielplatz, im Verein etc., eine gewisse Situation sozialer Kontrolle herrscht. Gelingt es, den umgangsberechtigten Elternteil in organisierte Kinderfreundschaften mit einzubeziehen und ihn davon zu überzeugen, dass dies dem Kind mehr nützt als ein alleiniger Bezug auf ihn als Erwachsenen, hat er auch eine Chance, an Normalität teilzuhaben und sein Kind in einer unbelasteten Atmosphäre zu erleben. Darüber hinaus sind Aktivitäten, auch wenn sie beim betreuenden Elternteil häufig Neid und Ärger auslösen, wie Zoobesuche etc., für die Kinder und die umgangsberechtigten Elternteile oft erfreuliche und klar definierte Situationen.

Mit dem *Grundschulalter*, ca. 7 Jahre bis 11-12 Jahre, schreitet die motorische, körperliche, die Schriftsprachentwicklung und generell die kognitive Entwicklung rasant fort. Kinder lernen Gesprächsstrategien zur Durchsetzung eigener Bedürfnisse. Sie verändern ihr Selbstkonzept durch multiple neue Erfahrungen in verschiedenen Lebensumwelten und in der Interaktion mit einer Vielzahl von Personen wie Lehrern, Gruppenpädagogen in Vereinen und natürlich Gleichaltrigen. In dieser Altersgruppe ist es wichtig, Kontaktmöglichkeiten, die bei diesen Kindern rasant zunehmen, nicht durch zu umfassende Umgangsregelungen, insbesondere durch das Blockieren ganzer Wochenenden einzuschränken. Für viele Kinder ist eine Vereinszugehörigkeit ein protektiver Faktor, Fußballspiele finden dann oft am Wochenende statt. Wenn ein Kind wegen 14-tägigem Umgang jeweils nicht am Fußballspiel teilnehmen kann, wir er/sie schnell in der Mannschaft zum/zur Außenseiter/-in. Um solche konkreten Fragestellungen geht es bei der verträglichen Ausgestaltung eines emotional nicht belastenden Umgangs, trotz einer bestehenden Vorgeschichte mit häuslicher Gewalt. Kinder in dieser Altersgruppe vergleichen sich ständig mit Gleichaltrigen, vor allem in den zentralen Selbstkonzeptbereichen akademisches (lesen, rechnen, Schulfächer), soziales (Beziehungen zu Gleichaltrigen, wie viele Freunde habe ich, zu Eltern, wie angesehen ist meine Familie, Achtung: Beginn von Bullying, Mobbing und Ausgrenzung) und physisches Selbstkonzept (Sportlichkeit, Aussehen etc.). Ab der Grundschulzeit können Kinder realisieren, dass sie mehr als ein Gefühl gleichzeitig haben können. Es wird gelernt, einen anderen Gefühlsausdruck zu zeigen, der nicht unbedingt den real empfundenen Gefühlen entspricht sondern sozialen Erwartungen. Gleichzeitig steigt die Fähigkeit, Gefühle bei anderen zu interpretieren, nicht nur durch Gesagtes und Gesichtsausdruck, sondern auch durch Kontext. Ab dem 10. Lebensjahr gibt es noch einmal eine deutliche Verbesserung der Strategien zur Emotionsregulation durch konkrete funktionale Problemlösungsstrategien, Problemvermeidungsstrategien und Strategien sozialer Unterstützung. Wichtig ist hier, dass Kinder in dieser Altersgruppe ein Gefühl emotionaler Selbstwirksamkeit entwickeln können. Insofern müssen sie dann sehr viel stärker in umgangsbezogene Entscheidungen in dieser Altersgruppe eingebunden werden. Sie haben ein höheres Ausmaß an Perspektivübernahmefähigkeiten, sie können verstehen, dass beide Eltern unterschiedliche Sichtweisen haben (sozialinformationale Perspektivenübernahme). Sie können sich sogar in unterschiedliche Elternstandpunkte hineinversetzen und Gedanken und Gefühle und Verhaltensweisen aus der jeweiligen Sicht betrachten.

Abhängig von der sozialen Entwicklung und der Emotionsregulation sind sie also durchaus sehr viel mehr in der Lage, die Spannung, die in der Umgangssituation liegt, zu verarbeiten und damit positiv umzugehen. Allerdings haben impulsiv aggressive Kinder größere Schwierigkeiten, sich in Gedanken und Gefühle anderer hinein zu versetzen. Kinder haben in dieser Altersgruppe sehr viel höhere moralische Ansprüche, empfinden es oft auch als gerecht, dass der andere Elternteil auch etwas an ihnen hat, sie haben eine höhere Absprachefähigkeit etc. Kinder können also im familiären Kontext unter Aufsicht alltäglich anfallende Entscheidungen selbst treffen und müssen dabei, um eine Gefühl von Selbstwirksamkeit zu entwickeln, unterstützt werden.

Gerechtigkeit, vor allem als distributive Gerechtigkeit ist für das normative Verständnis von Gerechtigkeit wichtig. Fragen wie *„Wer bekommt wie viel Taschengeld?“*, *„Wer muss wann ins Bett gehen?“*, *„Warum darf ich bei Papa länger aufbleiben?“*, *„Wer darf was wo im Fernsehen sehen?“*, *„Andere Kinder müssen nicht jedes Wochenende zu ihrem Vater“* etc. bestimmen dann oft die Auseinandersetzung. Peer-Beziehungen haben eine zunehmend größere Bedeutung. Die neuere Scheidungsforschung zeigt, dass nach der Trennung in der Regel eine Anpassungszeit von ca. zwei Jahren mit deutlichen Belastungen bei den Kindern zu beobachten ist. Wenn dann noch weiterhin erhebliche Schwierigkeiten festzustellen sind, werden sich diese bis ins frühe Erwachsenenalter zeigen. (Übersicht hierzu in Lehmkuhl und Huss 2011 sowie in Amato 1991). Im Grundschulalter erleben Kinder gemischte Gefühle und können mit gemischten Gefühlen auch in der Umgangssituation besser umgehen. Dennoch bleibt die Gefahr von Ambivalenzkonflikten und zu früher

Verantwortungsübernahme, die bis zu einer Parentifizierung reichen kann. Wichtig ist, dass in der Umgangssituation das Selbstwertgefühl und das Gefühl selbst etwas bestimmen zu können beim Kind unterstützt wird. Dies wird oft durch all zu rigide gerichtliche Regelungen in völlig unnatürlicher Weise außer Kraft gesetzt. So werden oft auch notwendige Entwicklungen von Peer-Beziehungen in entwicklungsschädlicher Weise unterbunden.

Im *Jugendalter*, mit Beginn der Pubertät, stellen sich weitere Entwicklungssprünge in allen genannten Bereichen ein. Oft wird die Beziehung zum ständig betreuenden Elternteil problematisch und umgangsbegehrende Elternteile bekommen eine erste/neue Chance. Im Jugendalter kann Umgang nur bei einer zunehmend stärkeren Berücksichtigung des Willens des Jugendlichen gelingen. Manchmal führt pubertätsbedingter Frust über primäre Erziehungspersonen zu gefährlichen und falschen Allianzen. Hier muss in der Beratung bisweilen auch vor zu schnellen Betreuungswechseln etc. angesichts unrealistischer Betreuungsangebote gewarnt werden.

Kein Umgang um jeden Preis

Auch wenn hier im Sinne einer Lösungsorientierung mit sehr konkreten Beispielen entwicklungsabhängig Tipps für eine sinnvolle Ausgestaltung des Umgangsrechts, selbst nach Situationen häuslicher Gewalt, dargestellt wurden, bleibt zu betonen, dass für manche Kinder ein solcher Umgang wirklich ein starkes emotionales Entwicklungsrisiko, bisweilen auch ein vitales Risiko darstellt. Salgo (2008a) hat auf solche Grenzen der Staatsintervention zur Durchsetzung des Umgangsrechts mit Nachdruck hingewiesen. Aus kinder- und jugendpsychiatrisch/psychotherapeutischer Sicht offensichtlich ist das Schutzbedürfnis von Kindern mit schweren Anpassungsstörungen und posttraumatischen Belastungsstörungen, welche aus der häuslichen Gewaltsituation resultieren. Hier ist es durch eine pauschale Überbewertung des Kontakterhalts zu auch misshandelnden, Gewalt ausübenden oder gar missbrauchenden Elternteilen in den letzten Jahren zu schweren, sekundären Traumatisierungen von Kindern gekommen. Das Kindeswohl ist immer ein zu Recht unbestimmter, mehrdimensionaler Begriff, der nicht allein auf eine Formel wie *„Kontakt und Umgang mit beiden leiblichen Eltern entspricht immer dem Kindeswohl“* reduziert werden kann. Gerade weil ehemalige Gewaltbeziehungen sich häufig in juristischen Auseinandersetzungen fortsetzen und schon das fantasierte Wiederauftauchen des gewalttätigen Elternteils erneute Aktualisierungen der posttraumatischen Belastungen, wie Albträume, Schlafstörungen etc., mit sich bringen kann, sollte hier eine differenzierte Erwägung aller möglichen Einflussfaktoren erfolgen. Wallerstein (2002) zeigte in ihrer Nachuntersuchung, dass alle Kinder aus ihrer Untersuchung, die zum Umgang gegen ihren Willen gezwungen wurden, im Erwachsenenalter den Kontakt zum Umgang erzwingenden Elternteil abgebrochen hatten. Erstaunlich ist, wie vielerorts der Wille der Kinder und ihre massive Angst kaum Berücksichtigung findet. Kinder werden bisweilen in diesen für sie schwerwiegenden Entscheidungen nicht einmal angehört, sondern es wird allein vorausgesetzt, dass z. B. die gemeinsame Sorge oder ein regelmäßiger Umgang dem Kindeswohl am besten entspricht. Bei allen Kindern, die ICD-10 Diagnosen im Kapitel F 4, d. h. Anpassungsstörungen oder traumatisch bedingte Belastungsstörungen aufweisen, ist eine erneute, wiederholte Exposition der betroffenen Kinder gegenüber dem Verursacher des Traumas aus psychiatrischer Sicht stets kritisch zu sehen. Es braucht sehr viele gute Argumente, eine solche Exposition im Sinne einer Ausnahme dennoch zu befürworten. Die häufigste Unterstellung in Bezug auf reale Ängste von durch häusliche Gewaltsituationen traumatisierten Kindern ist die manipulative Beeinflussung der Kinder durch den schützenden Elternteil. Hier hat das so genannte, empirisch in keiner Weise abgesicherte, Parental Alienation Syndrom (PAS) auch in Deutschland eine traurige Rolle gespielt (vgl. Fegert 2001a + b). In jüngster Zeit sind durch intendierte Fehlinformationen, gerade in juristischen Kreisen, in Deutschland wieder Gerüchte aufgekommen bei der anstehenden Revision des amerikanischen Klassifikationsschemas zum DSM-5 würde eine Diagnose „Parental Alienation Syndrom" eingeführt werden. Das DSM-5 Komitee der amerikanischen psychiatrischen Fachgesellschaft, welches auf Anfragen direkt Bezug nimmt, hat eine Anfrage des Vereins alleinerziehender Mütter 2011 klar dahingehend beantwortet, dass eine Aufnahme einer solchen Diagnose nicht beabsichtigt ist. Es gibt nach wie vor hierzu auch keine empirische Grundlage, dabei soll aber nicht bestritten werden, dass es in extrem seltenen Fällen zu so genannten „folie a deux" ähnlichen Zuständen kommt, die nach ICD-10 als induzierte wahnhafte Störungen zu bezeichnen sind, wo auch vor dem Hintergrund von langjähriger massiver Gewalterfahrung eine nicht korrigierbare wahnhafte Überzeugung besteht, permanent bedroht zu werden, obwohl eine reale Gefahr nicht mehr vorhanden ist. Kinder, die die wahnhaften Vorstellungen ihrer primären Beziehungspersonen teilen, sind behandlungsbedürftig krank und können oft nur in einem neutralen, meist stationären Behandlungssetting dahingehend eingeschätzt werden, ob sie in diesem anderen Milieu sich von den Wahninhalten distanzieren können oder ob sie selbst an einer psychotischen Symptomatik leiden. Es muss aber noch einmal betont werden, dass es sich hierbei um extreme Einzelfälle handelt, bei denen die kurative Trennung von dem erkrankten Elternteil zur Sicherung des Kindeswohles beiträgt und erst eine Behandlung des Kindes und des Elternteils ermöglicht. Wichtig ist es aber festzustellen, dass die meisten Ängste, die Mütter und Kinder, die ehemals in häuslicher Gewalt gelebt haben, teilen, einen realen Bezug haben und durchaus begründet sind. Es ist wichtig, diese Ängste zu explorieren und auch die Symptomatik unter Belastung, z. B. bei einem drohenden Zusammentreffen mit dem ehemals gewalttätigen Elternteil, zu erfassen.

Schluss

Zusammenfassend kann festgestellt werden, dass die Betrachtung des Kindeswohls in Situationen nach Trennung wegen häuslicher Gewalt nie eindimensional erfolgen darf. Sie hat prognostische Faktoren, die in der Person des nun hauptsächlich erziehenden Elternteils liegen genauso zu berücksichtigen wie die multiaxial erfasste Belastung der Kinder. Pauschale Grundsätze und Regeln erscheinen wenig hilfreich. Es ist wichtig, altersspezifische und entwicklungsspezifische Faktoren mit zu bedenken. So ist es z. B. selbst bei stärker beeinträchtigten Jugendlichen durchaus möglich, eine gewisse Dissonanz von Elternansichten zu ertragen und können Umgangskontakte etc. vorteilhaft sein, während sie für kleine Kinder zu unerträglichen Spannungen und Bedrohung führen. Gerade die Tatsache, dass viele Mütter, die Opfer häuslicher Gewalt wurden, selbst jahrelange Gewalterfahrung aus der Kindheit und auch früheren Beziehungen in neue Beziehungen mitbringen, kann dazu führen, dass es ihnen immer wieder nur eingeschränkt möglich ist, für sich und für den Schutz ihrer Kinder zu sorgen. Insofern muss eine verantwortliche Einschätzung verschiedener Aspekte des Kindeswohls auch diesen Faktor mit einbeziehen. Prognosen im Kindes- und Jugendalter sind stets mit Unsicherheiten behaftet. Dies ist insgesamt auch erfreulich, da viele Entwicklungen noch sehr flexibel sind. Insofern ist es wichtig, im Laufe der Entwicklung der Kinder auch zu Reevaluationen der Sicherung der Basisbedürfnisse in verschiedenen Altersstufen zu kommen, um nicht einmal getroffene vernünftige Regelungen über den ursprünglich sinnvollen Zeitraum hinweg quasi auf Dauer zu zementieren.

Astrid Schüler

Begleiteter Umgang bei häuslicher Gewalt – Chance oder Verlegenheitslösung?

Beginnen möchte ich meinen Beitrag mit einer Geschichte von Astrid Lindgren (aus der Rede anlässlich der Verleihung des Friedenspreises des Deutschen Buchhandels 1978), um meine Haltung zum Thema Gewalt und Kinderschutz zu verdeutlichen und von der ich denke, dass sie unser aller Handeln prägen sollte.

> Astrid Lindgren: Jetzt werde ich eine kleine Geschichte erzählen. Ich hörte sie selbst vor langer Zeit, eine Dame erzählte sie mir, und ich habe sie niemals vergessen. Sie ging so – wenn ich mich recht erinnere: „Ich war jung zu jener Zeit, als fast alle Kinder oft geschlagen wurden. Man hielt es für nötig, sie zu schlagen, denn sie sollten artig und gehorsam werden.

Alle Mütter und Väter sollten ihre Kinder schlagen, sobald sie etwas getan hatten, von dem Mütter und Väter meinten, dass Kinder es nicht tun sollten. Mein kleiner Junge Johan war ein artiger und fröhlicher kleiner Kerl, und ich wollte ihn nicht schlagen. Aber eines Tages kam die Nachbarin zu mir herein und sagte, Johan sei in ihrem Erdbeerbeet gewesen und habe Erdbeeren geklaut, und bekäme er jetzt nicht seine Schläge, würde er wohl ein Dieb bleiben, sein Leben lang. Mit Müttern ist es nun einmal so, dass ihnen Angst und Bange wird, wenn jemand kommt und sich über ihre Kinder beschwert. Und ich dachte: Vielleicht hat sie recht, jetzt muss ich Johan wohl eine Tracht Prügel verpassen.
Johan saß da und spielte mit seinen Bausteinen – er war ja damals erst fünf Jahre alt -, als ich kam und sagte, dass er nun Prügel bekäme, und dass er selbst hinaus gehen solle, um eine Rute abzuschneiden.
Johan weinte, als er ging. Ich saß in der Küche und wartete. Es dauerte lange, bis er kam, und weinen tat er noch immer, als er zur Tür herein schlich. Aber eine Rute hatte er keine bei sich. ‚Mama', sagte er schluchzend, ‚ich konnte keine Rute finden, aber hier hast du einen Stein', der größte, der in seiner kleinen Hand Platz fand.
Da begann auch ich zu weinen, denn ich verstand auf einmal, was er sich gedacht hatte: Meine Mama will mir also wehtun, und das kann sie noch besser mit einem Stein. Ich schämte mich. Und ich nahm ihn in die Arme, wir weinten beide, so viel wir konnten, und ich dachte bei mir, dass ich niemals, niemals mein Kind schlagen würde. Und damit ich es ja nicht vergessen würde, nahm ich den Stein und legte ihn in ein Küchenregal, wo ich ihn jeden Tag sehen konnte, und da lag er so lange, bis Johan groß war. Ein Dieb wurde keiner aus ihm. Das hätte ich gerne meiner Nachbarin erzählen mögen, aber sie war schon lange fortgezogen".
Ja, so sprach die alte Dame, die mir dies alles erzählte, als ich noch sehr jung war. Und ich weiß noch, dass ich mir dachte: Ich werde meine Kinder auch nicht schlagen, sollte ich welche bekommen. Ich bekam zwei Kinder, und ich schlug sie niemals. Trotzdem wurden gute Menschen aus ihnen. Und auch sie schlagen ihre Kinder nicht.
Warum erzähle ich das alles? Es sollte ja vom Frieden die Rede sein. Ich glaube, das tut es auch. In gewisser Weise. Immer noch gibt es viele Mütter und Väter auf dieser Welt, die ihre Kinder schlagen und glauben, das sei gut. Sie meinen, Kinder würden artig und gehorsam durch Schläge. Aber stattdessen werden sie zu solchen Menschen, die gerne selber andere schlagen und glauben, das sei gut. Sie meinen, Kinder würden artig und gehorsam durch Schläge. Aber stattdessen werden sie zu solchen Menschen, die gerne selber andere schlagen und weiter machen damit, wenn sie groß sind. Denn wie sollte einer, der sich als Kind an die Gewalt gewöhnt hat, zu einem friedlichen Menschen heranwachsen?
Und wie soll es Frieden geben in der Welt, wenn es keine friedfertigen Menschen gibt? Zu Hause, in den Wohnungen, da muss der Friede beginnen. Ich glaube, es wäre gut, wenn ein Stein in den Küchenregalen läge, fast überall auf der Welt, als Erinnerung:
Schluss mit der Gewalt! Ich kenne eine Menge Staatsmänner und Politiker, die einen solchen Stein auf dem Küchenregal haben sollten. Aber dann würden sie vielleicht bloß die Steine nehmen und hinausgehen und einander die Schädel damit einschlagen. Denn glaubt man an Gewalt, dann handelt man auch so!"

Einleitung

Mit Inkrafttreten der Kindschaftsrechtsreform am 01. Juli 1998 vor nunmehr 14 Jahren erfolgte eine ausdrückliche Hervorhebung der Bedeutung des Umgangs der Kinder mit dem Elternteil, mit dem sie nicht zusammenleben oder mit anderen wichtigen Bezugspersonen, zu denen Bindungen aufgebaut worden sind, und deren Aufrechterhaltung für die Entwicklung der Kinder förderlich sind. Nach der gesetzlichen Definition zum Kindeswohl gemäß § 1626 Abs. 3 Satz 1 BGB gehört zum Kindeswohl *„in der Regel der Umgang mit beiden Elternteilen"*, nach Satz 2 auch *„der Umgang mit anderen Bezugspersonen, sofern die Aufrechterhaltung solcher Bindungen der Kindesentwicklung förderlich* *ist".* In § 1684 Abs. 1 BGB heißt es auch: *„Das Kind hat das Recht auf Umgang mit jedem Elternteil; jeder Elternteil ist zum Umgang mit dem Kind verpflichtet und berechtigt."*

Die gesetzlichen Regelungen gelten für ehelich geborene Kinder ebenso wie für nichtehelich geborene Kinder. Eltern (und alle Umgangsberechtigten) sind nunmehr verpflichtet, alles zu unterlassen, was im Erleben des Kindes das Verhältnis und die Beziehungsgestaltung zum jeweils anderen Elternteil belasten, beeinträchtigen oder erschweren könnte. Das setzt voraus, dass Mutter und Vater nach einer Trennung in der Lage und willens sind, einvernehmlich oder mindestens kompromissbereit zum Wohle für ihr/-e Kind/-er zusammenzuwirken. Ist nach einer Trennung ein so hohes Konfliktniveau vorhanden, dass die Eltern keine einvernehmliche Lösung im Interesse ihre Kinder finden können, so kann das Familiengericht auf Antrag eines Elternteils dessen Befugnis zum Umgang regeln (§ 1628 BGB). Ebenso ist für sämtliche Beschränkungen des Umgangsrechts das Familiengericht zuständig. Eine Umgangseinschränkung auf kurze oder längere Zeit ist jedoch zulässig, wenn das Wohl des Kindes gefährdet ist (z. B. bei sexuellem Missbrauch, früheren Entführungen oder deren Androhungen, Androhung von Gewalt und/oder Gewalthandlungen).

Eine Einschränkung (für den Umgangssuchenden) ist u. a. der „Begleitete Umgang". Hier findet der Kontakt von Kindern und umgangssuchendem Elternteil in Anwesenheit eines mitwirkungsbereiten Dritten (§ 1684 Abs. 4 BGB) – entweder auf familiengerichtliche Anordnung oder auf Antrag eines Elternteils als Pflichtleistung der Jugendhilfe (§ 18 Abs. 3 SGB VIII) - statt.

„Begleiteter Umgang" ist ein rechtlich kodifiziertes und zeitlich begrenztes Beratungs- und Unterstützungsangebot der Jugendhilfe für Familienkonstellationen, in denen die Eltern getrennt sind, weiterhin den Kontakt und die persönliche Beziehung zu ihren Kindern aufrechterhalten wollen, dies aber aus eigenen Kräften allein nicht umsetzen können. Der Begleitete Umgang ist ein zeitlich begrenztes Angebot der Jugendhilfe, in dem notwendige Absprachen im Interesse des Kindes getroffen und Möglichkeiten der Begegnung erprobt werden können. Der Begleitete Umgang bietet die Chance, dass in der Zusammenarbeit mit kompetenten Beraterinnen und Beratern Ängste, Sorgen, Wut und Hass in einem anderen Licht erscheinen und Kontakte zum Kind in Begleitung Dritter gepflegt werden können. Neue Möglichkeiten der einvernehmlichen Wahrnehmung der elterlichen Verantwortung werden durch den „Begleiteten Umgang" eröffnet (Friedhelm Güthoff, Deutscher Kinderschutzbund Landesverband NRW e. V.).[6]

Das Ziel des Begleiteten Umgangs ist die Weiterführung, Wiederherstellung oder Anbahnung des Kontaktes zwischen einem Kind und dem Elternteil, der umgangsberechtigt ist und bei dem das Kind nicht lebt. Zielsetzung des Begleiteten Umgangs ist es immer, die Eltern zu einer selbständigen und

6 vgl. Deutsche Standards für den begleiteten Umgang; Staatsinstitut für Frühpädagogik; BMFSFJ (Hrsg.)

eigenverantwortlichen Gestaltung der Umgangskontakte hinzuführen und zu unterstützen.

Die Maßnahmeträger – in Berlin entweder das Jugendamt, die Erziehungsberatungsstellen oder ein Freier Träger – stellen die Rahmenbedingungen für die Durchführung des Begleiteten Umgangs bereit. Der/die Umgangsbegleiter/-in „moderiert" die Umgänge im Hinblick auf die Ziele der Maßnahme. Die Umgangsbegleitung wird in den meisten Fällen von einer Beratung der Eltern (und evtl. der Kinder und weiterer für das Kind wichtiger Bezugspersonen) flankiert.

Der Begleitete Umgang hat sich in dieser Form in den letzten Jahren als Jugendhilfemaßnahme zunehmend etabliert. Die Problemkonstellationen, in denen ein begleiteter Umgang eingerichtet wird, sind weit gefächert. Das Leistungsangebot der Maßnahmeträger hat sich entsprechend den Anforderungen so entwickelt, dass es Vorgehensweisen anbietet, die entweder mehr begleitenden, beratenden oder kontrollierenden Charakter haben. Wobei es in Einzelfällen auch „Mischangebote" gibt.

Auch in Fällen von häuslicher Gewalt wird nach der Trennung der Eltern der Kontakt zwischen dem Kind und dem gewalttätigen Elternteil oft in Form begleiteter Umgangskontakte hergestellt.

Häusliche Gewalt bezeichnet allgemein alle Formen körperlicher, sexueller und psychischer Gewalt zwischen Erwachsenen, die sich durch eine Partnerschaft miteinander verbunden fühlen oder gefühlt haben. Solche Gewalt tritt in verschiedenen Mustern auf. Ein Muster gelegentlicher, wenig verletzungsträchtiger und oft wechselseitiger körperlicher Auseinandersetzungen scheint hierbei in allen westlichen Gesellschaften relativ weit verbreitet. Wiederholte, verletzungsträchtige Gewalttaten in Partnerschaften, die zudem häufig in ein Muster von Kontrolle und Abwertung der Partnerin oder des Partners eingebunden sind, sind dagegen seltener und werden überwiegend, wenngleich nicht ausschließlich, von Männern gegenüber Frauen ausgeübt.[7] Die nachfolgenden Überlegungen, unter welchen Bedingungen der Begleitete Umgang nach häuslicher Gewalt eine Chance ist oder doch nur eine Verlegenheitslösung, beziehen sich vor allem auf die zuletzt genannte Form von Gewalt. Diese Form steht im Mittelpunkt nahezu aller hierzu vorliegenden Studien. Gewalt gegen Kinder ist ein Phänomen, das vorwiegend im häuslichen Bereich auftritt. Kinder sind dabei auf verschiedene Weise betroffen. Sie erfahren direkte Gewalt durch ihre Eltern und sie sind auch häuslicher Gewalt ausgesetzt, indem sie Gewalthandlungen unter den Eltern, überwiegend ihres Vaters an ihrer Mutter, miterleben und in einer Atmosphäre von Gewalt und Demütigung aufwachsen. In inländischen und internationalen Forschungen wurden vor allem Kinder untersucht, die wiederholt schwere körperliche Gewalt und anhaltende psychische Gewalt des (sozialen) Vaters gegen die Mutter erlebt hatten.

7 Im folgenden Text spreche ich daher beim gewaltausübenden Elternteil vom Vater und von der Mutter, die Gewalt erfahren hat.

Mit Inkrafttreten des Gesetzes über das Verfahren in Familiensachen und in den Angelegenheiten der freiwilligen Gerichtsbarkeit (FamFG) am 1. September 2009 ist neben der weitreichenderen Kodifizierung auch das Ziel verfolgt worden, in Familiensachen konfliktlösende Elemente verstärkt in das Verfahren einzubringen und einvernehmliche (auch durch außergerichtliche Beilegung getroffene) Regelungen noch mehr als bisher zu fördern. Neben den Regelungen zum Verfahren in Gewaltschutzsachen hat das FamFG auch Änderungen für Verfahren in Kindschaftssachen gebracht. In Verfahren, die den Aufenthalt eines Kindes, die Herausgabe oder das Umgangsrecht betreffen, sollte eine raschere, konfliktvermeidende Verfahrensweise eingeführt werden. Die Regelungen der §§ 155,156 FamFG sind für die Kindschaftssachen hier die zentralen Vorschriften. Das Gericht soll spätestens einen Monat nach Beginn des Verfahrens einen Erörterungstermin mit den Beteiligten durchführen. Die vorgesehene Verfahrensbeschleunigung gilt in Umgangsverfahren mit dem Ziel, Kontaktabbrüche zu vermeiden und nach der Trennung der Eltern möglichst bald dem Kind Zugang zu dem nicht betreuenden Elternteil zu ermöglichen. Das Beschleunigungsgebot soll jedoch nicht schematisch gehandhabt werden.

Neben dem Recht auf Umgang mit beiden Elternteilen gibt § 1631 Abs. 2 Satz 1 BGB den Kindern ausdrücklich „ein Recht auf gewaltfreie Erziehung". Satz 2 erklärte schon früher „körperliche Bestrafungen, seelische Verletzungen und andere entwürdigende Maßnahmen" für unzulässig". Bei einer am Grundsatz des Kindeswohls i. S. von § 1697 a BGB orientierten Auslegung kann dies nur das Recht des Kindes auf ein Aufwachsen in einem gewaltfreien Familienklima bedeuten, in dem weder das Kind selbst Gewalt erdulden noch gegen einen Elternteil gerichtete Gewalthandlungen erleben muss.

Bei der Entscheidung über den Ausschluss oder eine Beschränkung des Umgangs wird das kindliche Miterleben von häuslicher Gewalt jedoch in der Regel nicht hinreichend berücksichtigt. In der Praxis des Kinderschutzes erweist sich die Durchsetzung dieser Rechtsnorm als schwierig, da das Recht des Kindes auf gewaltfreie Erziehung strafrechtlich nicht zu verfolgen ist.

Was also ist dabei zu beachten? Wie ist nun der Begleitete Umgang bei häuslicher Gewalt vorzubereiten und umzusetzen, damit er tatsächlich dazu beiträgt, dass Kinder eine reelle Chance auf einen gefahrenfreien und entwicklungsfördernden Kontakt zum umgangsberechtigtem Elternteil haben?

Ich werde mich den Antworten bezüglich der formulierten Fragen aus unterschiedlichen Erfahrungen und Perspektiven nähern: auf der Grundlage der umfangreichen Ergebnisse und deren Schlussfolgerungen aus europäischen und internationalen Forschungen zum Thema „Kinder und häusliche Gewalt" und aus der Perspektive meines beruflichen Hintergrundes und Erfahrungswissens als ehemalige Frauenhausmitarbeiterin, Fortbildnerin für Polizei, Richterschaft (Familien- und Strafsachen), Jugendämter, Koordinatorin eines Jugendhilfeträgers, der Begleiteten Umgang konzeptioniert und angeboten hat, Umgangsbegleiterin mit u. a. dem Schwerpunkt häusliche Gewalt, Trennungs- und Scheidungsberaterin, Gruppenleiterin für Trennungskinder, die u. a. auch häusliche Gewalt erfahren haben, Fortbildnerin für Umgangsbegleiter/-innen, Supervisorin für Teams, die Begleitete Umgänge anbieten und Fortbildnerin für die insoweit erfahrenen Fachkräfte nach § 8a SGB VIII.

Differenzierung von strittigen Fällen und Fällen häuslicher Gewalt

Die in diesem Buch dargestellten Formen von Gewalt gegen Kinder machen deutlich, dass der Begleitete Umgang als Maßnahme der Jugendhilfe in Fällen häuslicher Gewalt von strittigen Fällen unterschieden werden muss.

Bei strittigen, schwierigen Trennungsfällen existieren bei den Eltern häufig lang anhaltende Paarkonflikte und tiefe gegenseitige Enttäuschung und Verbitterung sowie Drohungen und eventuell erstmalige oder einmalige gewalttätige Übergriffe. Strittige Paare sind nach einer Trennung oftmals nicht in der Lage, ihre negativen Dynamiken auf der Paarebene aus der Gestaltung des Umgangs mit den Kindern herauszuhalten. Die Streitereien gehen nach der Trennung weiter, die Kinder werden funktionalisiert und in die Konflikte miteinbezogen. Alte und bekannte Eskalationsmuster werden aktualisiert und weiter verfolgt. Absprachen werden nicht eingehalten, Umgangsregelungen boykottiert und juristische Kämpfe gehen unter Umständen jahrelang weiter. Da in strittigen Fällen zumeist von einem wechselnden Machtgefälle innerhalb der Paar- und Elternbeziehung auszugehen ist, hat der Begleitete Umgang meiner Erfahrung nach eine gute Chance, wenn in der Zusammenarbeit mit kompetenten Beraterinnen und Beratern Verletzungen, Ängste, Sorgen, Wut und Hass in einem anderen Licht erscheinen können. Wichtig ist ein Kontext, in dem Kontakte zum Kind in Begleitung Dritter gepflegt werden können, notwendige Absprachen für das Kind und im Interesse des Kindes getroffen werden, sowie Möglichkeiten der Begegnung erprobt werden können. Dabei sind Bedingungen zu schaffen, die positive Erfahrungen und Interaktionen zwischen Kind und Umgangsberechtigten ermöglichen, wie z.B. eine möglichst spannungsarme Situation und eine Orientierung, die sich vor allem nach den Bedürfnissen und Möglichkeiten des Kindes richtet und die Möglichkeiten und Grenzen der beteiligten Erwachsenen einbezieht.

Fallkonstellation Häusliche Gewalt

Mit Blick auf die Machtverhältnisse innerhalb der Beziehung der Eltern ist bei häuslicher Gewalt festzustellen, dass diese nicht gleichberechtigt oder wechselnd sind, sondern sich häufig über Jahre hinweg in aller Regel zu Ungunsten der Frauen und der Kinder verschoben haben. Bei häuslicher Gewalt hat sich ein Elternteil über einen langen Zeitraum und in gewalttätiger Art und Weise über die Grenzen des anderen Elternteils hinweggesetzt. Das Ausüben von

Gewalt in Partnerschaften weist häufig, wenngleich nicht in jedem Einzelfall, deutliche Zusammenhänge zu Einschränkungen der Erziehungs- und Kontaktfähigkeit, fehlender Kompetenz wie Liebe, Verantwortungsbewusstsein und Empathie auf, die sich insbesondere in einer erhöhten Wahrscheinlichkeit von Kindesmisshandlungen, einem selbstbezogenen und wechselhaften Interaktionsstil und einer fehlenden Wertschätzung für die Erziehungsleistung des hauptsächlich betreuenden Elternteils äußern können.[8] Der zuletzt genannte Grund ist auch maßgeblich dafür, dass die Anordnung begleiteter Umgangskontakte in manchen Fällen keine dem Kindeswohl entsprechende Lösung darstellt, denn die Gefahr weiterer Gewalt ist damit nicht gebannt. Haben Vater oder Mutter das Kind misshandelt und damit sein Recht auf gewaltfreie Erziehung verletzt, kommt nur der Ausschluss bzw. die zeitweise Aussetzung des Umgangs nach § 1684 Abs. 4 Sätze 1 und 2 BGB in Betracht, bis eine weitere Gefährdung ausgeschlossen werden kann. Das Miterleben der Gewalt zwischen den Erwachsenen ist in seinen Auswirkungen gleichbedeutend mit Gewalttaten gegen das Kind selbst (siehe weiter unten). Das Kindeswohl ist somit ebenso beeinträchtigt und gefährdet. Hier kann eigentlich nichts anderes gelten. Es ist in beiden Fallgestaltungen eindeutig und klar von einer Kindeswohlgefährdung auszugehen, was erst einmal den Ausschluss oder die Aussetzung des Umgangs zur Folge haben muss.[9]

Der intensive Kontakt und die enge Zusammenarbeit, die eine gemeinsame Erarbeitung zur Regelung in Umgangsfragen nach einer Trennung erfordern, stellen auf der Elternebene in Gewaltbeziehungen häufig eine Überforderung der Mutter, möglicherweise sogar eine Gefährdung dar. Der Vater kann diese „Zwangskontakte" weiterhin nutzen, um seine ehemalige Partnerin zu bedrohen und einzuschüchtern. Eine Untersuchung des BMFSFJ aus dem Jahr 2002 zum Sorge- und Umgangsrecht bei häuslicher Gewalt ergab, dass 70 % der Frauen, deren Kinder Kontakt zum Vater hatten, während der Besuche oder der Übergabe erneut misshandelt wurden. 58 % der Kinder erlitten Gewalt während der Umgangszeit mit dem nicht-sorgeberechtigten Elternteil.

„Widerstand" und „Fluchtversuche" von Seiten der Müttern werden u. U. als unkooperatives und unzuverlässiges Verhalten ausgelegt und nicht als Versuch, sich und ihre Kinder zu schützen. „Unter Umständen erleidet die Frau mehr Gewalttaten als während des Zusammenlebens mit dem Täter" (Heynen 2005). Das Risiko der Eskalation von Gewalttaten bis hin zu Tötungen steigt bei geäußerten Trennungsabsichten um das Fünffache (vgl. Crawford/ Gartner 1992, zit. in Egger et al. 1995). Auch die sekundäranalytische Auswertung „Gewalt gegen Frauen in Paarbeziehungen" der Bundesstudie kommt zu ähnlichen Resultaten: „Unter dem Gesichtspunkt von Hochrisikosituationen stellt die Trennungs- und Scheidungssituation mit die höchste Gefährdung für Frauen dar, Opfer von körperlicher und/oder sexueller Gewalt

8 Für eine Forschungsübersicht siehe Kindler/Schwabe-Höllein 2006

9 Begleiteter Umgang bei häuslicher Gewalt, BIG e. V., 5. aktualisierte Auflage, Juli 2010

durch Partner zu werden" (BMFSFJ 2009) und ein Teil dieser Tötungsdelikte findet gerade bei der Übergabe der Kinder statt (Schweikert/Schirrmacher 2002). Die Erzwingung von Umgang in zeitlicher Nähe zur Trennung erhöht damit die Gefahr schwerer Gewalttaten gegen Mutter und Kinder. Der partnerschaftliche Ansatz des reformierten Kindschaftsrechts in Fällen von häuslicher Gewalt greift hier nicht (Fegert/Rabe 2006) und die „Regelvermutung der Kindeswohldienlichkeit von Umgang" kann in Fällen von häuslicher Gewalt und/oder bei fortwährendem hohem elterlichem Konfliktniveau keine Geltung beanspruchen (Salgo 2008b). Denn auch aus der Sicht der Kinder ist die Fallkonstellation häusliche Gewalt im Vergleich zu anderen Trennungssituationen eine gravierend andere. Das Miterleben von Gewalt, also die Bedrohung oder Verletzung der engsten Bezugsperson, ist für Kinder und Jugendliche mit Angst und Hilflosigkeit, Verlust der inneren Sicherheit, mit der Desorganisation der Vertrauensbeziehungen und oft mit Schuldgefühlen und Loyalitätskonflikten verbunden. Dieses ohnmächtige Miterleben führt vielfach zu langfristigen und gravierenden Störungen der emotionalen, sozialen und kognitiven Entwicklung und stellt dadurch eine erhebliche psychische Belastung bis hin zur Gefahr der Traumatisierung dar.[10] Es ist in seinen Auswirkungen gleichbedeutend mit Gewalttaten gegen das Kind selbst. Angesichts tief greifender Auswirkungen kindlicher Gewalterfahrungen müssen Kinder als eigenständige Opfer wahrgenommen werden. Sie brauchen Schutz und eine auf sie zugeschnittene Unterstützung. Die Trennung kann zwar zunächst eine gewisse Beruhigung schaffen, aber die Nachwirkungen des Erlebten bleiben und die eingetretenen Schäden werden damit nicht beseitigt.

Generalisierungen der berichteten Befunde auf Kinder, die nur bei einer oder bei sehr wenigen Gelegenheiten eine nicht verletzungsträchtige Gewalt in Abwesenheit eines Musters psychischer Misshandlung erlebt haben, sind nicht ohne weiteres möglich (Kindler 2006).

Das Recht auf Umgang mit beiden Elternteilen, das in der Regel den Bedürfnissen und der Förderung seiner Entwicklung (Kindeswohl) nach einer Trennung der Eltern entspricht, empirisch belegbar vor allem bei positiver Eltern-Kind Beziehung, einigermaßen verantwortungsvollem Erziehungsverhalten und wenn das Konfliktniveau begrenzt werden kann (Friedrich/Reinhold/Kindler 2004), ist demnach in Fällen häuslicher Gewalt zu hinterfragen und bedarf einer mehrdimensionalen Betrachtungsweise. Sie hat prognostische Faktoren zu berücksichtigen, die in der Person liegen, die Gewalt ausgeübt hat, der Person, bei der das Kind nun hauptsächlich lebt, sowie die besonderen Belastungen des Kindes.

Damit der Begleitete Umgang bei häuslicher Gewalt überhaupt eine Chance hat, das „Entweder-oder" in ein „Sowohl-als-auch" zu integrieren, nämlich die Erhaltung von für die Kinder wichtigen Beziehungen bei optimalem Schutz des Kindes (und der Mutter) vor weiteren schädigenden Handlungen

10 Kavemann, Kindler, Heynen, Strasser im vorliegenden Band.

und Äußerungen (Klinghammer 2011), wird für die Betroffenen viel davon abhängen, welches Wissen die am Verfahren Beteiligten zu den Auswirkungen von häuslicher Gewalt haben und wie groß ihr Problembewusstsein ist. Dafür müssen sich alle Beteiligten der unterschiedlichen Interventionsebenen (Jugendamt, Familiengericht, Verfahrensbeistände, Umgangspflegschaft und Maßnahmeträger), die dem Kindeswohl verpflichtet sind, spezifischer Kenntnisse über das Themenfeld häusliche Gewalt mit seinen Dynamiken und Auswirkungen aneignen, um jeden Einzelfall im Vorfeld eines Begleiteten Umgangs zu überprüfen, ob dieser nach den spezifischen Anforderungen (sind die Kontakte dem Wohl eines Kindes zu- oder abträglich) geeignet erscheint.

Dafür möchte ich erstens im Folgenden die Bedürfnisse und Gefühle der Einzelnen noch einmal genauer betrachten, um nachvollziehbar zu machen wie wichtig es ist, in Fällen häuslicher Gewalt, das Verfahren zu entschleunigen. Und zweitens die notwendigen Handlungen der Verfahrensgestalter (Jugendamt und Familiengericht) sowie die Voraussetzungen und Rahmenbedingungen darstellen, um einen Begleiteten Umgang bei häuslicher Gewalt anzubahnen.

Die (Sicherheits- und Schutz) Bedürfnisse der Kinder in den Mittelpunkt stellen

Schutz und Sicherheit müssen gewährleistet sein, sowohl emotional vor weiterer Traumatisierung wie räumlich vor neuen Übergriffen. Und Kinder und Jugendliche benötigen Zeit zur Verarbeitung der Gewalthandlungen. Das heißt, dass Kinder nicht zum Kontakt/Umgang gedrängt werden und sorgfältig eruiert wird, ihre eigenen Wünsche und Bedürfnisse in Erfahrung zu bringen. Zu beachten ist, dass Kinder mit häuslicher Gewalterfahrung häufig noch niemals zuvor mit einer fremden Person über ihre Familiensituation gesprochen haben. In diesem Prozess brauchen Kinder Zeit, ein hohes Maß an Verlässlichkeit und das Gefühl, ernst genommen zu werden. Dies ist durch eigene Ansprechpartner/-innen und Unterstützungsangebote im unmittelbaren Gespräch mit den Kindern zu gewährleisten und darf nicht ausschließlich über die Einschätzung der Eltern oder Dritter zustande kommen. In diesem Rahmen können sie ihre Gewalterfahrung altersgerecht besprechen und ihre Gefühle, Ambivalenzen, Wünsche und Befürchtungen bezüglich des abwesenden Elternteils (meist des Vaters) ausdrücken.

Damit überhaupt ein angstfreier Raum für eine Begegnung mit dem Vater entstehen kann, muss dem Kind zumindest erst einmal eine sichere und positive Bindung zu dem versorgenden Elternteil (meist die Mutter) ermöglicht werden (Kindler 2008). Zweitens muss es sicher sein können, dass die Person, bei der sie leben, geschützt und in Sicherheit ist, sowie das Versprechen, dass weitere Gewalttaten ausbleiben.

Kinder brauchen eine Bestätigung ihrer Wahrnehmung und die Verantwortungsübernahme für die Gewaltausübung, in Form einer klaren Aussage des Vaters, dass die Gewalt stattgefunden hat und diese nicht in Ordnung war, sowie eine Entschuldigung bei der Mutter und dem Kind. Dazu gehört ein u. a. ein sicherer Ort, das kann der Raum im Begleiteten Umgang mit dem/der Umgangsbegleiter/-in sein, klare Regeln, klare Absprachen, Ernstnehmen möglicher Ängste des Kindes und der Mutter. Hier liegt eine wichtige Schwelle in der Beziehungsklärung zwischen Vater und Kind. Falls diese Schwelle nicht überschritten werden kann und weiterhin die von ihm (ihr) ausgeübte Gewalt verleugnet wird, stellt sich die Frage, ob das eine Grundlage sein kann für einen guten Kontakt, verlässliche Absprachen und Vertrauensaufbau.

Kinder müssen im Weiteren vor Funktionalisierung geschützt sein. Sie dürfen nicht benutzt werden, um Kontakt mit der Mutter herzustellen oder dieser Botschaften zu übermitteln. Erste sichere Kontakte könnten z. B. auch brieflich über das Jugendamt hergestellt werden. Kinder können darüber u. a. in Ruhe herausfinden, ob der Vater überhaupt an ihnen interessiert ist und dies als vertrauensbildende Maßnahme aufgreift und respektiert. In einer Verlässlichkeit in den Absprachen mit dem Vater muss ein Kind wiederholt erleben, dass er Verabredungen einhält, Grenzen respektiert und seine Bedürfnisse ernst nimmt. Das Kind spürt dann, dass es dem Vater wichtig ist, tatsächlich einen guten Kontakt herzustellen, dass er bereit ist, Kompromisse zu machen, sich um Geduld bemüht, ehrlich ist, die Ambivalenz und Loyalitätskonflikte versteht und die Sicherheitsbedürfnisse des Kindes akzeptiert. Er macht damit deutlich, dass er nicht nur daran interessiert ist, seine Rechte einzufordern und das Kind als Streitobjekt zwischen sich und der ehemaligen Partnerin/Mutter zu benutzen. Kinder brauchen vor allem in der Anbahnung eines Umgangskontaktes das Gefühl, selbst über das Tempo und das Maß an Nähe bestimmen zu können. Kinder wollen dabei nicht unter Druck gesetzt werden.

Die Mutter im Begleiteten Umgang unterstützen

Opfer körperlicher oder psychischer Gewalt zu werden, ist in aller Regel eine traumatische Erfahrung, die Ängste und Verunsicherungen bezüglich der eigenen Handlungsfähigkeiten, dass oft sogar ein Infragestellen der eigenen Identität nach sich zieht. Für Opfer von Übergriffen auf offener Straße und für Gewalttaten durch Fremde ist dies allgemein anerkannt. Umso mehr gilt dies für Übergriffe im sozialen Nahbereich und in engen Beziehungen. Menschen mit traumatischen Erfahrungen benötigen zur Stabilisierung zunächst eine Erholungsphase, in der sie sich nicht mit den überwältigenden Erfahrungen und Emotionen auseinandersetzen müssen. Der Übergang von einer Gewaltbeziehung zum einigermaßen friedlichen Zusammenleben ist ein Prozess, der persönliches Wachstum und Geduld erfordert. Der Rahmen dafür sollte ein verlässliches und kontinuierliches Beziehungsangebot sein. Für die Mutter kann es deshalb erforderlich sein, für eine gewisse Zeit keinerlei Kontakt zu ihrem Mann zu unterhalten. Zu bedenken ist auch, dass Mütter häufig

Schuldgefühle gegenüber ihren (Ex-) Mann und den Kindern empfinden; sie glauben, sie seien eine schlechte Mutter, da sie die Kinder nicht geschützt haben oder ihnen die gewohnte Umgebung bzw. den Vater genommen haben. Frauen, die Opfer von Gewalt wurden, leiden häufig an einem Verlust des Vertrauens in die eigenen Fähigkeiten und fürchten, dass ihnen die Kinder entzogen werden. Auch wenn die Mütter es geschafft haben, trotz der eigenen Misshandlungserfahrung ein zugewandtes Erziehungsverhalten gegenüber ihren Kindern zu zeigen, bedeutet das noch nicht, dass sie die besonderen Belastungen der Kinder durch das Miterleben von Gewalt allein und ohne Hilfe ausgleichen können. Kind- und Elternrolle können sich verschieben oder umkehren. Viele Frauen berichten dem Jugendamt und dem Gericht nicht von den erfahrenen Gewalttaten und ihren daraus resultierenden Bedenken bezüglich den herkömmlichen Umgangsregelungen, da sie befürchten, dass es im Gerichtsverfahren gegen sie benutzt wird. Darum ist es umso wichtiger, wenn die Mitarbeiter/-innen des Jugendamtes das Thema häusliche Gewalt im Verfahren zur Sprache bringen und dazu im Vorfeld möglichst genau die Gewaltgeschichte der Paarbeziehung und ihre Auswirkungen auf die Kinder recherchiert haben. Dann ist die Stellungnahme des Jugendamtes im Grunde die wichtigste Quelle für das Gericht, Einblick in familiäre Gewaltverhältnisse zu bekommen.

Den gewalttätigen Vater in die Verantwortung nehmen und unterstützen

Der verlassene Vater, der gewalttätige Mann muss verkraften und akzeptieren, dass seine Frau ihn mit den gemeinsamen Kindern verlassen hat. Er muss feststellen, dass seine gewalttätigen Verhaltensmuster, evtl. auch durch staatliche Intervention, sanktioniert werden und seine Macht und Kontrollversuche Grenzen im Recht auf Unversehrtheit und Selbstbestimmung haben. Er muss (müsste) sich damit auseinandersetzen, dass er den Menschen, die ihm am nächsten stehen, Gewalt angetan hat, Schmerzen, Verletzungen und Schaden zugefügt hat und seinen Kindern kein gutes Vorbild war. Er hat zu akzeptieren, dass die Menschen, die er liebt oder meint zu lieben, vor ihm geschützt werden müssen oder sich selbst schützen, indem sie weggehen. Es ist möglicherweise hart für den Mann zu erkennen, dass er durch sein eigenes Verhalten den Verlust seiner Familie verschuldet hat. Viele Männer reflektieren ihr Verhalten nicht und stellen sich diesen Erkenntnissen nicht. Eher entwickeln sie Strategien und Erklärungen für sich selbst und ihr Umfeld, um ihre Gewalt zu leugnen, zu bagatellisieren, zu legitimieren oder sogar die „Schuld" ausschließlich bei der Partnerin zu suchen. Häufig setzen Männer in der Trennungsphase eher alle Energien ein, um sich nicht ihrer Verantwortung zu stellen und Frau und Kinder „zurückzugewinnen", mindestens aber allen Einfluss geltend zu machen, z. B. über einen Kontakt zu den Kindern wieder Zugriff auf die Frau/Partnerin zu bekommen (Kreyssig 2003). Einige

Männer nutzen die Chance, hier einen Entwicklungsprozess zu durchlaufen und sich ihrer Verantwortung zu stellen.

Fachkräfte stehen somit vor speziellen Herausforderungen und Aufgaben die Gewalthandlungen als solche zu erkennen und zu benennen. Es muss eine klare Unterscheidung und Abgrenzung zwischen Konflikt und Gewalt erfolgen. Bei Entscheidungen über die Rechte von gewalttätigen Vätern hinsichtlich Sorge- und Umgangsrecht muss grundsätzlich geprüft werden, ob sie die Sicherheit sowie körperliche und seelische Integrität der Kinder, aber auch der Mütter, gefährden. Damit ein Umgangskontakt für das Kind tatsächlich positiv wirken und Vertrauen für die Zukunft entstehen kann, ist es notwendig, dass der Vater unterstützt wird, gegenüber seinem gewalttätigen Verhalten in der Vergangenheit selbstkritisch Stellung zu beziehen, die Verantwortung für die von ihm ausgehende Gewalt zu übernehmen und damit das Kind zu entlasten. Zeichnen sich hier Defizite ab, ist zu prüfen, ob und gegebenenfalls durch welche Maßnahmen (Täterkurse, Therapie, Erziehungsberatung etc.) Einschränkungen elterlicher Umgangsrechte vermieden oder möglichst rasch überwunden werden können.

Nimmt ein Vater die Angebote nicht wahr, stellt sich die kritische Frage, ob das Verhalten eine Grundlage für einen positiven Kontakt sein kann und eine Gefährdung des Kindeswohls zukünftig auszuschließen ist.

Im Unterschied zu begleiteten Umgängen mit anderen Ausgangslagen halte ich es in Fällen von häuslicher Gewalt für unabdingbar, dass die Sicherheit und die Bedürfnisse der Kinder (neben denen der Mutter) sowie das Vorliegen einer positive Prognose für einen Umgang mit dem umgangssuchenden Elternteil, im Vordergrund stehen. Bei der notwendigen Risikoeinschätzung zu dieser Frage ist zu klären:

- Besteht für das Kind ein Entwicklungsrisiko bei Abbruch des Kontakts?
- Gibt es Anzeichen einer Gefährdung, die durch Aufrechterhaltung des Kontakts entstehen?
- Welches Schadensrisiko für das Kind ist das geringere?

Aus Erfahrungen in der Therapie mit von häuslicher Gewalt betroffenen Kindern in der Kinder- und Jugendpsychiatrie, ist es wichtig, dass Sozialarbeiter und Sozialarbeiterinnen der Jugendämter, Richter und Richterinnen und Umgangsbegleiter und Umgangsbegleiterinnen verstehen und anerkennen, dass eine sichere Bindungsentwicklung zwischen Eltern und Kind – besonders nach einer Traumatisierung oder nachdem das Kind Zeuge traumatischer Geschehnisse war – nicht über Zwangsmaßnahmen herbeigeführt werden kann. Es könnte geradezu zu einer »Bindungstraumatisierung« des Kindes kommen, wenn der Umgang durch die Androhung oder die Durchsetzung von Zwangsmaßnahmen forciert wird.

Kommt die vorauszugehende kritische Prüfung der Maßnahme zu kurz und wird vorschnell Begleiteter Umgang angeordnet, ist die Chance auf Aufarbeitung der Gewalterfahrung, der Sicherung und Wahrung der kindlichen

Grenzen, die Beachtung des primären Bedürfnisses nach Sicherheit und Geborgenheit in ihren elterlichen Beziehungen, die Bestätigung ihrer Wahrnehmung zur Förderung von Vertrauen vertan und verkommt zur Verlegenheitslösung. Ausschlaggebend für die positive Entwicklung von Kindern nach Elterntrennung ist nicht der Umgang selbst, sondern das Entscheidende ist vielmehr seine Art und Qualität.

Empfehlung für die Arbeit der Jugendämter (Allgemeiner Sozialer Dienst)

Den Mitarbeitern und Mitarbeiterinnen der Jugendämter kommt in der familiengerichtlichen Praxis eine große Bedeutung zu. Durch ihre Beteiligung an den Verfahren haben die Jugendämter die Möglichkeit, auf die besondere Situation und die besonderen Bedürfnisse der von häuslicher Gewalt betroffenen Kinder und Familien aufmerksam zu machen. Das Jugendamt hat auf Grund seines gesetzlichen Auftrages die Aufgabe, bei häuslicher Gewalt das Gefährdungsrisiko für die im Haushalt lebenden Kinder und Jugendlichen zu prüfen, eine gegebenenfalls erforderliche Intervention einzuleiten und Unterstützung für Kinder, Jugendliche und deren Eltern anzubieten.

Damit das Jugendamt dieser Verantwortung gerecht werden kann, müssen die Informationswege entsprechend gestaltet werden. Dazu sind Vereinbarungen mit Polizei, Frauenhäusern, Interventionsstellen und ggf. mit Beratungsstellen zu treffen. Wird dem Jugendamt/Allgemeiner Sozialer Dienst (ASD) ein Fall von häuslicher Gewalt in einer Familie mit Kindern oder Jugendlichen bekannt, ist im Sinne des § 8a SGB VIII eine Gefährdungsanalyse (Risikoeinschätzung zur Kindeswohlgefährdung) nach den entsprechenden Richtlinien/Checklisten vorzunehmen, um anschließend zur Abwendung der Gefährdung adäquate Hilfe und Unterstützung anzubieten bzw. erforderliche Interventionsmaßnahmen bis hin zur Anrufung des Familiengerichts einzuleiten. Dieses Beratungs- bzw. Interventionskonzept sollte das Kindeswohl mehrdimensional betrachten. Unerlässlich ist hierbei fachliches Wissen über die kindliche Entwicklung und deren Beeinträchtigungen durch das Miterleben häuslicher Gewalt, wobei die Erkenntnisse der Bindungs-, Trauma- und Resilienzforschung als Grundlage dienen. Faktoren wie Stärke und Dauer der Gewalt, was für reale Erfahrungen das jeweilige Kind kurzzeitig oder andauernd in welchem Alter und Entwicklungsstand mit dem Vater gemacht hat, ob es chronische Gewalt war, die es miterleben musste, wie seine Bindung zum Vater war bzw. ist (eine positive oder Angstbindung) und aus welchen Motiven heraus es Kontakt wünscht bzw. ablehnt. Will das Kind aufgrund seiner beängstigenden Erfahrungen mit dem Vater keinen Umgang, ist zur Wahrung des Kindeswohls stets eine Aussetzung bzw. Ausschluss des Kontakts geboten. Stimmt die positive Einstellung des Kindes zum Vater mit seinen negativen Erfahrungen nicht überein, ist an eine emotionale Verstrickung zu denken (Angstbindung, Identifikation mit dem Aggressor) und seine

Distanzierungsmöglichkeit vom gewalttätigen Geschehen zu hinterfragen, Und selbst dann, wenn ältere Kinder einen Umgang wünschen, stellt sich hier zumindest die Frage, ob der Kontakt zum Vater zu befürworten ist, weil der normative Wert eines gewaltfreien Umganges besonders schützenswert ist und der emotionale Wert eines Umgangs mit dem Vater für das Kind erkennbar sein muss. Ist eine positive emotionale Entwicklung des Kindes gefährdet und/oder die Verarbeitung von traumatischen Erfahrungen wie Angst und Panik nicht möglich, spricht vieles dafür in solchen Fällen den Umgang mit dem Gewalt ausübenden Elternteil auszusetzen und keinen Kontakt zum gewaltausübenden Vater zuzulassen. Gerade bei jüngeren Kindern ist im Rahmen eines Gutachtens zu überprüfen, ob die Retraumatisierungsgefahr durch Kontakte als unverhältnismäßig hoch eingeschätzt wird. Eine adäquate Regelung der Umgangsgestaltung ist in diesem Fall die Beziehung zu wenigstens einem Elternteil zu stabilisieren (Kindler 2007). Sollte das Gericht einen Umgangsausschluss ablehnen, ist es empfehlenswert, auf die zeitweilige Aussetzung der vom Gericht verfügten Umgangsregelung hinzuwirken; zumindest für die Zeit einer Traumatherapie für Kinder, Therapien für die Eltern oder einer erfolgreichen Teilnahme an einem Trainingsprogramm (z. B. Anti-Gewalt-Training) oder einem Gruppenprogramm (z. B. Münchener Modell). Eventuell müssten mehrere Entscheidungs- und andere Interventionsprozesse sowie befristete Hilfe neben- oder nacheinander ablaufen.[11] Nur unter dieser Bedingung kann sich das Kind in einem ruhigeren emotionalen Milieu auf die Verarbeitung der erlebten stressvollen Ereignisse einlassen. Für das Jugendamt, insbesondere den ASD, ist es in diesem Zusammenhang eine große Herausforderung, den grundsätzlich familienorientierten Schutzauftrag zum Wohle des Kindes mit dem Primat des Gewaltschutzes in Einklang zu bringen. Der Schutz vor neuerlicher Gewalt, die Möglichkeit zur Aufarbeitung der Folgen von Gewalt, sowohl für die Kinder und Jugendlichen als auch für den Gewalt erleidenden Elternteil, muss vorrangiges Handlungsziel sein.[12]

Empfehlung für die Arbeit der Familiengerichte

Das Leitbild der gemeinsamen, kooperativen Elternschaft auch über eine Trennung hinaus entspricht, wie dargelegt, schlicht nicht den Mechanismen, die in einer gewaltgeprägten Beziehung und Familie vorherrschen. Der Grundsatz des Kindeswohls prägt und begrenzt zugleich das Beschleunigungsgebot. Die Anforderungen, die aus dieser Situation für den Schutz der Betroffenen und die Vermeidung von Retraumatisierung erwachsen, sind

11 Friedhelm Güthoff, Deutscher Kinderschutzbund Landesverband NRW e. V.; Standards im Begleiteten Umgang: Eine fachliche Orientierung zum Schutz von Kindern

12 Eine ausführliche Darstellung von Handlungsleitlinien und Standards zum begleiteten Umgang bei häuslicher Gewalt hat die Berliner Initiative gegen Gewalt an Frauen (BIG e. V.) herausgegeben. 5. aktualisierte Auflage, Juli 2010

vielfältig und erfordern geradezu eine gewisse „Entschleunigung“, um ein angemessenes Verfahren durchzuführen, bei dem jeder Schritt in Richtung Umgangskontakt sorgfältig geprüft wird und bei dem sichergestellt wird, die Situation der Familie wirklich zu beleuchten.[13] Wo nötig, muss dem gewaltbetroffenen Elternteil und den Kindern die notwendige Zeit zur Erholung, Regeneration und Orientierung gegeben werden, bevor dem gewalttätigen Elternteil erneut gegenüber getreten werden muss. Auch Beraterinnen und Berater, ebenso wie Mitarbeiterinnen und Mitarbeiter des Jugendamtes und Verfahrensbeistände brauchen Zeit, um mit dem/der Gewaltbetroffenen zu arbeiten, diese ggf. zu stabilisieren und Handlungsoptionen auszuloten. Mit dem Gewalt ausübenden Elternteil ist zu klären, welcher Unterstützung es bedarf, um im Rahmen eines Umgangskontaktes positiv interagieren zu können bzw. seine Erziehungsfähigkeit grundlegend zu verbessern. Hier muss die Qualität der Beziehung zwischen Elternteil und Kind und deren Bindung genau betrachtet werden.

In jedem Stadium des Verfahrens muss sichergestellt sein, dass Einschüchterungen und Einflussnahmen auf einen Elternteil und/oder die Kinder durch den gewaltausübenden Elternteil ausgeschlossen sind. Bei hoher Schutzverantwortung für das Kindeswohl, wie bei häuslichen Gewalterfahrungen, empfiehlt sich ein gestuftes Verfahren im Verbund mit Täterprogrammen und/oder beraterischen Interventionen. In einem ersten Schritt sollte:

- der Umgang für 3-6 Monate ausgeschlossen werden[14]; das sollte sich vor allem an der Beratungs- und Therapiebereitschaft sowie später vom Erfolg einer solchen Intervention bemessen,
- in dieser Zeit den Opfern die Möglichkeit geschaffen werden, um Abstand zu gewinnen und ihre Gewalterlebnisse zu verarbeiten (Therapie, Beratung),
- dem Täter die Chance eingeräumt werden, sein Fehlverhalten zu reflektieren und eine Verhaltensänderung herbeizuführen (Täterkurse, Therapie, Beratung).

In einem zweiten Schritt sollte:

- nach Fristablauf geprüft werden, ob eine Einstellungs- und Verhaltensänderung beim gewalttätigen Elternteil zu beobachten ist. Ist dies nicht der Fall, sollte der Umgang auch weiterhin ausgeschlossen bleiben;

13 Vgl. dazu auch die Stellungnahme des Deutschen Richterbundes im Juni 2007 zum Entwurf eines Gesetzes zur Erleichterung familiengerichtlicher Maßnahmen bei Gefährdung des Kindeswohls, Anmerkungen zu § 50e FGG-E1; http://www.drb.de/cms/index.php?id=93.

14 Der (zeitweise) Umgang ist m. E. auszuschließen bei
- anhaltender Weigerung des Kindes, den umgangsberechtigten Elternteil zu sehen,
- offenkundiger psychischer Belastung des Kindes durch den Umgang,
- psychischer Erkrankung des Kindes, die sich durch die Belastung, die mit dem Umgang verbunden ist, verschlechtern kann,
- nachgewiesenem sexuellen Missbrauch,
- nachgewiesener häuslicher Gewalt, die sich gegen Mutter und Kind oder nur gegen das Kind richten oder richteten.

- nach Fristablauf sollte im Rahmen eines Gutachtens überprüft werden, wie hoch die Retraumatisierungsgefahr des Kindes, vor allem bei Kleinkindern,durch Kontakte eingeschätzt wird und von einem Verfahrenspfleger mitgetragen wird
- oder ob das Kind den Umgang nachdrücklich ablehnt.

Anordnungen nach dem Gewaltschutzgesetz und die Regelungen zum Umgangsrecht sind aufeinander abzustimmen. Sind die Rückmeldungen positiv, kann der begleitete Umgang ein Instrument sein, das einem veränderungswilligen und selbstkritischen Vater Chancen und Möglichkeiten für seine Entwicklung und seinen stabilisierten Kindern einen positiveren Kontakt zu ihm bietet.

Die Humanwissenschaftler Jaffe/Geffner (2002) haben besondere Merkposten für Umgangsstreitigkeiten beim Vorwurf „Häuslicher Gewalt" entwickelt[15]:

Merkposten	Normaler Umgangsstreit	Umgangsstreit beim Vorwurf häuslicher Gewalt
Hauptziel	Verbesserung der Beziehung des Kindes zum besuchenden Elternteil; elterliches Zusammen-Wirken	Sicherheit für Mutter und Kind
Ziel der gerichtlichen Anhörung	Reduzierung des Konfliktniveaus; Vereinbarungen zum Umgang	Einschätzung der lebensgefährlichen Risiken und des Ausmaßes von Gewalt; Schutzmaßnahmen
Gegenstand der Einschätzung	Entwicklungsstand des Kindes, dessen Bedürfnisse und Präferenzen; elterliche Fähigkeiten	Auswirkungen der Gewalt auf Mutter und Kind; elterliche Fähigkeiten Entwicklungsbedarf; Väterliche Bereitschaft zur Übernahme der Verantwortung; Sicherheitspläne für Mutter und Kind
Zukunftsplanung	Umgangsregelung, die den Bedürfnissen des Kindes entspricht	Prüfung der Aufhebung, Aussetzung des Umgangs; u. U. Begleiteter Umgang
Benötigte Unterstützung	Mediation	Besondere Hilfs- und Einschätzungssysteme mit Spezialkenntnissen auf dem Gebiet häuslicher Gewalt
	Beratungsdienste für Geschiedene und ihre Kinder; unabhängige Untersuchung	Überwachte Besuchsmöglichkeiten; Absprache zwischen Gericht und Sozialdiensten vor Ort
		Besonders geschulte Rechtsanwälte, Richter, psychologische und psychiatrische Mitarbeiter, Sozialarbeiter

15 Jaffe/Geffner (2002) in: Holden/Geffner/Jouriles (Hrsg.), Children Exposed to Marital Violence. Washington

Eine vielleicht hilfreiche Perspektive aus der Forschung zu Gestaltung von Umgangskontakten möchte ich nicht unerwähnt lassen. Das Nichtbestehen von Umgang muss nicht zwangsläufig zu Fehlentwicklungen führen. Weder in der Befindlichkeit noch in der Sozialentwicklung der Kinder und Jugendlichen lassen sich Nachteile derer aufzeigen, die nur seltene oder keine Kontakte zum getrennt lebenden Vater hatten (Walper 2003). Indes ist durch die Forschung zu den Auswirkungen von Gewalt gegen ein Elternteil erwiesen, dass bei Misshandlung, Vernachlässigung, bei Konfrontation des Kindes mit häuslicher Gewalt sowie bei fortwährenden schweren Konflikten der Eltern untereinander der Umgang für das Kind zu schwerwiegenden Schädigungen führen kann (ausführlich in diesem Band). Und diese Erkenntnis muss meiner Meinung nach bei der Entscheidung über Sorge- und Umgangsrecht viel mehr, regelmäßig und zwingend von den Verfahrensbeteiligten berücksichtigt werden.

Begleiteter Umgang im Kontext eines nicht eindeutig bestimmbaren Gewaltpotentials ist nur dann zu verantworten, wenn folgende Punkte sichergestellt sind:

- Die Umgangsbegleiter/-innen (zwei Personen) sind zur Begleitung solcher Fälle bereit und fachlich hierzu auch in der Lage,
- der Maßnahmenträger verfügt über strenge Sicherheitsregeln und Kooperationen (z. B. Polizei), die das Begleiten, Überwachen und Intervenieren bei Störungen sicherstellen,
- die beteiligten Mitarbeiter/-innen verfügen über die Möglichkeit, kollegiale Beratung und Supervision in Anspruch zu nehmen,
- das Kind verweigert nicht den Kontakt zum anderen Elternteil im Rahmen eines Begleiteten Umgangs.[16]

Planung und Durchführung des Begleiteten Umgangs bei häuslicher Gewalt

Aufgrund der Komplexität und des hohen Anspruchsniveaus dieser Aufgabe erfordert der Begleitete Umgang eine sorgfältige Planung, adäquate strukturelle Rahmenbedingungen und (hoch-) qualifiziertes Personal, das neben hinreichender beruflicher Erfahrung und Fachwissen auch über spezifische Kenntnisse zu den Wirkmechanismen häuslicher Gewalt verfügt.[17]

In der praktischen Umsetzung des Begleiteten Umgangs haben Integrität, Sicherheit und Schutz des Kindes und seiner Bezugsperson absolute Priorität. Erforderlich sind in diesen Fällen eine lückenlose Überwachung der Eltern-Kind-Interaktion und der Eltern-Interaktion und Kommunikation. Jegliche

16 Friedhelm Güthoff, Deutscher Kinderschutzbund Landesverband NRW e.V.; Standards im Begleiteten Umgang: Eine fachliche Orientierung zum Schutz von Kindern

17 Zur umfassenden Orientierung: „Standards zur Durchführung von begleitetem Umgang bei häuslicher Gewalt" (BIG e. V., DKSB, AWO, Saarland, Hessen u. a.)

Gewalt, ob verbal, nonverbal oder körperlich zum Ausdruck gebracht, darf in dem Begleiteten Umgang keinen Platz haben. Interventionen, letztendlich zum Schutz aller Beteiligten, aber auch als unmissverständliches Zeichen einer nicht tolerierbaren Grenzüberschreitung müssen unmittelbar während des Kontaktes oder während der Elternberatung erfolgen und weitere Sanktionen nach sich ziehen (Abbruch der Kontakte, Ausschluss des Umgangsrechtes).

In jedem Fall müssen im Vorfeld klare Absprachen mit beiden Elternteilen hinsichtlich Zielsetzung, Umfang und Ausgestaltung der Umgangskontakte getroffen werden. Auch empfiehlt es sich, grundlegende Verhaltensregeln, die bei einer Übertretung zum Abbruch führen, genau zu bestimmen und Verhaltensregeln zu erarbeiten, die zu einem positiven Kontakt beitragen. Zudem ist es ratsam, flankierende Beratung anzubieten und die Kontakte – getrennt voneinander – mit den Elternteilen und dem Kind vor- und nachzubereiten.

Bei der eigentlichen Umgangsbegleitung ist in aller Regel eine Beaufsichtigung in Sicht- und Hörweite unerlässlich. Es gilt, die Kommunikation differenziert zu betrachten, die kindlichen Signale richtig zu deuten, gegebenenfalls manipulative Strategien oder die kindlichen Bedürfnisse missachtende Verhaltensweisen zu erkennen und Einhalt zu gebieten.

Zentrale Arbeitsprinzipien bei der Durchführung des Begleiteten Umgangs in Fällen häuslicher Gewalt sind:

- Parteilichkeit für das Kind,
- Ressourcenorientierung,
- eindeutige und unmissverständliche Haltung und Handlungen gegen jegliche Form von häuslicher Gewalt, wie körperliche und psychische Gewalt, Terrorisieren, Abwerten, Ignorieren,
- Neutralität im Familienstreit,
- Lösungs- und Zukunftsorientierung,
- Genaue Vereinbarungen und Regeln mit allen Beteiligten,
- Klare Konsequenzen bei Nichteinhaltung der Regeln,
- Berichte an Jugendämter und Gerichte mit hoher Transparenz für die beteiligten Erwachsenen,

In der Praxis der Träger hat sich folgendes *Phasenmodell* bewährt.

Vorbereitungsphase

- Prüfung über die Annahme des Falles, Klärung der Modalitäten mit den beteiligten Institutionen und Personen,
- Gespräche mit den Beteiligten in denen ein tragfähiges und kooperatives Arbeitsbündnis herzustellen ist und ein von allen Beteiligten mitgetragenes Vorgehen bzw. Vereinbarung, in der u. a. Verhaltensregeln im Begleiteten Umgang festgelegt werden,
- Klärung der Motivation des Umgangssuchenden, Leistungserbringung konkret, Zeitablauf,

- Eine wechselseitige Schweigepflichtsentbindung zwischen dem Träger eines Begleiteten Umgangs und allen anderen beteiligten Einrichtungen/ Institutionen/Personen,
- Entscheidungsfindung für die Durchführung,
- Die Umgangsbegleiter/-innen üben eine eindeutige Kontrollfunktion aus, die im Vorgespräch benannt und im Vertrag schriftlich fixiert wird. Nur bei Einhaltung dieser eindeutigen Regeln kann der begleitete Umgang stattfinden,
- Bekanntmachen des Kindes mit der Umgebung und Kontaktaufbau einer professionellen Beziehung zum Kind, insbesondere dann, wenn Ängste oder Vorbehalte erkennbar sind.

Durchführungsphase:
- Entsprechend den Vereinbarungen finden die Kontakte statt; der Schutz und die Belastung des Kindes bestimmen ganz eindeutig das Handeln. Stehen diese nicht im angemessenen Verhältnis zum Nutzen, muss auch der ausdrücklich geäußerte Wunsch des Kindes, die Umgangskontakte nicht weiterzuführen, eine zentrale Bedeutung beigemessen werden.
- Die durchgängige Anwesenheit des/der Umgangsbegleiters/Umgangsbegleiterin ist Garantie für das Wohl des Kindes.
- Die Mitarbeiterinnen besitzen bei der Ausgestaltung des begleiteten Umgangs die Handlungshoheit. Nach ihrer fachlichen Einschätzung können sie Handlungsabläufe zum Wohle des Kindes verändern bzw. untersagen. Sie haben abzuwägen worin der geringere Schaden besteht.
- Sofortiges Einschreiten und Ansprechen während des begleiteten Umgangs bei Handlungen des Umgangsberechtigten, die eine Gefährdung des Kindes darstellen, Information an den betreuenden Elternteil, dem Familiengericht sowie dem Jugendamt. Über die Fortführung oder ein mögliches Ende des Begleiteten Umgangs muss dann eine erneute Entscheidung erfolgen.
- Parallel zu den Umgangsterminen haben die Beteiligten Zwischengespräche mit den Fachkräften, in denen erarbeitet wird, nicht über die Kinder, sondern für die gemeinsamen Kinder zu verhandeln. D. h., dass die eigenen Interessen nicht in den Vordergrund gestellt werden oder den Interessen der Kinder zuwiderlaufen.
- Der Begleitete Umgang ist eine begleitende und beratende Maßnahme. Begleiteter Umgang und mögliche therapeutische Hilfen für das Kind und/ oder der Eltern sollten nicht im selben Haus, auf keinen Fall in den gleichen Räumen und mit denselben Personen stattfinden.

Abschlussphase:
- Bei einem positiven Verlauf können nach und nach Schritte zu weniger Begleitung erarbeitet werden, bis schließlich die Unterstützung nicht mehr nötig ist. Im Idealfall wird in der Abschlussphase eine eigenständige Regelung für den weiteren Fortgang des Umgangs erarbeitet.

- Im Falle eines Abbruchs der Umgangsbegleitung ist ein Abschlussgespräch anzustreben, um den Verlauf zu reflektieren.

Besondere Anforderungen an die Umgangsbegleiter/-innen bei häuslicher Gewalt:

- Die Umgangsbegleiter/-innen haben eine besondere Schutzfunktion für das Kind. Sie müssen aus diesem Grund auf die genaue Einhaltung der vereinbarten Regelungen achten.
- In Konfliktsituationen fordern die Umgangsbegleiter/-innen von der umgangsberechtigten Person die Einhaltung der vereinbarten Regeln, ohne Verhandlungsspielraum und können dies auch durchsetzen.
- Das bedeutet, dass sie für die gesamte Dauer des Begleiteten Umgangs den Kontakt zu dem Kind aufrechterhalten und anwesend sein müssen.
- Der Rahmen für einen körperlichen Kontakt wird von den Umgangsbegleiter/-innen (nach vorheriger Erarbeitung mit dem Kind, oder Empfehlungen der Verfahrensbeistände, Gutachter/-innen) festgelegt und klar ausgesprochen. Die Umgangsbegleiter/-innen sorgen für die Einhaltung.
- Wenn sich ein Kind während des Umgangs zu seinen Erfahrungen mit Gewalt äußert, verhalten sich die Umgangsbegleiter/-innen emphatisch dazu, ohne therapeutische oder ermittlungsorientierte Zielsetzung. Das Kind ist in seinen Äußerungen ernst zu nehmen und in der Situation zu entlasten.
- Die Umgangsbegleiter/-innen vereinbaren mit dem umgangsberechtigten Elternteil, Aussagen des Kindes, welche die ihm gegenüber erhobenen Anschuldigungen betreffen, nicht von selbst anzusprechen; außer er nutzt die Möglichkeit, sein Kind zu entlasten (Verantwortungsübernahme, Entschuldigung, Zusicherung, das keine weiteren Gewalttaten geschehen).
- Vom Kind formulierte Grenzen werden von den Umgangsbegleiter/-innen unterstützt bzw. verstärkt und, wenn es die Situation erfordert, abgewehrt.

Zum Schluss möchte ich noch zusammenfassend und aus der Erfahrung der Berliner Träger, der Zusammenarbeit und den Kooperationen mit Mitarbeiterinnen und Mitarbeitern der Jugendämter und der Zusammenarbeit mit Familienrichtern und Familienrichterinnen Anregungen für eine einzelfallübergreifende Zusammenarbeit[18] der beteiligten Institutionen ans Herz legen, die für die Umsetzung eines Begleiteten Umgangs in Fällen von häuslicher Gewalt notwendig und hilfreich sind:

- Eine Voraussetzung für ein fach- und sachgerechtes Handeln ist die Sensibilisierung und Fortbildung aller Beteiligten (Richterschaft, Jugendamt, Maßnahmeträger) zum Thema häusliche Gewalt, ihrer Dynamik und ihre Auswirkungen auf Kinder und ihre Mütter.

18 Einige dieser Gedanken wurden schon von Kreyssig (2003) formuliert.

- Die Zusammenarbeit der beteiligten Institutionen muss im Interesse des Kindeswohls flexibel, ernsthaft, fehlerfreundlich und effizient funktionieren. D. h., es muss eine Bereitschaft vorhanden sein, sich mit den Arbeitsabläufen und Handlungsaufträgen der jeweiligen anderen Institutionen vertraut zu machen, um eine bessere Koordination und Kooperation zu erreichen.
- Die Familiengerichte sollten in Sorge- oder Umgangsrechtsfällen, in denen Gewaltanwendung eine Rolle spielt, die vom Täter geleugnet wird, zur Vorbereitung des Anhörungstermins entweder bei der Polizei nachfragen, ob Polizeieinsätze wegen häuslicher Gewalt oder anderer Gewaltanwendungen stattgefunden haben.
- Die Einholung eines Strafregisterauszuges kann für die Erstellung einer Gefährdungsanalyse sinnvoll sein.
- Ein Erziehungsfähigkeitsgutachten und ein Gutachten zur Überprüfung des Belastungsgrades von Kindern sollten beim Vorliegen wiederholter, verletzungsträchtiger Gewalttaten in Partnerschaften, die zudem häufig in ein Muster von Kontrolle und Abwertung der Partnerin oder des Partners eingebunden sind, eingeholt werden.
- Der Begleitete Umgang ist eine eigenständige Leistung nach dem SGB VIII. Dazu sind bundesweit gültige Standards entwickelt worden (Staatsinstitut für Frühpädagogik, BIG e. V., DKSB), die bestimmte Qualitätsmerkmale und Prozesse festschreiben. Dieses Angebot darf nicht durch die Verknappung der finanziellen Mittel ad absurdum geführt werden. D. h. in Fällen häuslicher Gewalt müssen Träger damit betraut werden, die sich anerkanntermaßen und nachprüfbar in dem Feld „häusliche Gewalt" auskennen und entsprechende Verfahrensweisen anwenden.
- Vorhandene Handlungsempfehlungen für Jugendämter sollten verbindlich genutzt werden.

Was am Ende bleibt: Das sich Befassen mit dem Thema Umgang(-sregelungen) in Fällen häuslicher Gewalt und die Entscheidung, einen Begleiteten Umgang zu befürworten, einzusetzen und umzusetzen nötigt allen Beteiligten ein hohes Maß an Wissen, Kompetenz, Vorbereitung, Engagement und Kooperationswillen ab. Ich hoffe und wünsche, dass sich alle im Sinne der betroffenen Kinder, Frauen und Männer auf das vorhandene Wissen, die zahlreichen Erkenntnisse der Forschung, den daraus entwickelten Empfehlungen und Standards stützen und sich auf Kooperationsformen einigen, damit der Begleitete Umgang eine Chance ist.

> „Denn wie sollte einer, der sich als Kind an die Gewalt gewöhnt hat, zu einem friedlichen Menschen heranwachsen? Und wie soll es Frieden geben in der Welt, wenn es keine friedfertigen Menschen gibt? Zu Hause, in den Wohnungen, da muss der Friede beginnen."

Susanne Heynen

Auftrag und Handlungsmöglichkeiten der Jugendhilfe bei häuslicher Gewalt

„Kinder haben ein Recht auf gewaltfreie Erziehung" (§ 1631, Abs. 2, Bürgerliches Gesetzbuch (BGB) Inhalt und Grenzen der Personensorge). Sie haben ein Recht darauf, nicht nur vor Kindesmisshandlung, Vernachlässigung und sexualisierter Gewalt geschützt zu werden, sondern auch vor dem Miterleben von Gewalt gegenüber wichtigen Bezugspersonen. Gewalt entwürdigt, nicht nur Gewalttäter und Opfer, sondern auch hilflose und instrumentalisierte Beteiligte, und kann die Entwicklung junger Menschen schwer beeinträchtigen.

Zunächst wird die Ausgangslage für Auftrag und Handlungsmöglichkeiten der Jugendhilfe bei häuslicher Gewalt beschrieben. Gewalttätigkeiten in Paarbeziehungen, führen – abhängig von Art, Intensität und Häufigkeit – zu Belastungen von Kindern und Jugendlichen und zu negativen Wechselwirkungen in der Familie. Diese können durch Interventionen von außen unterbrochen, aber auch verstärkt werden. Die Jugendhilfe und ihre wichtigsten Kooperationspartnerinnen und -partner sind mit ihren Möglichkeiten und Grenzen Gegenstand des zweiten Teils. Im dritten Abschnitt werden die Aufgaben des Allgemeinen Sozialen Dienstes (ASD) im Rahmen der Hilfeplanung, des Kinderschutzes und im vierten Abschnitt bei häuslicher Gewalt im Zusammenhang mit Trennung und Scheidung hervorgehoben. Der Beitrag endet mit Schlussfolgerungen für die Weiterentwicklung der Praxis.

Ausgangslage: Häusliche Gewalt und ihre Auswirkungen in der Familie

In der ersten repräsentativen Prävalenzstudie des Bundesministeriums für Familie, Senioren, Frauen und Jugend (Schröttle et al. 2004) hatten 25 % der befragten Frauen[19] angegeben, Gewalt durch den Partner und 13 % durch den aktuellen Partner erlebt zu haben. Als besonders hoch erwies sich das Risiko im Zusammenhang mit so genannten kritischen Lebensereignissen. 10 % der betroffenen Frauen gaben an, dass das lebenszeitliche Ereignis, bei dem Gewalt durch den Partner zum ersten Mal auftrat, ihre Schwangerschaft gewesen sei. 20 % nannten die Geburt des Kindes. Gleichzeitig waren die Misshandlungen intensiver und häufiger, wenn die Frauen schwanger waren oder kleine Kinder hatten Außerdem ergab sich eine größere Gefährdung bei Trennung und Scheidung. 10 % aller befragten Frauen, die sich aus Beziehungen mit gemeinsamen Kindern gelöst hatten, berichteten von Gewalttätigkeiten und Drohungen bei der Realisierung des Umgangsrechts.

19 Da nur in seltenen Fällen von Frauen Gewalt gegenüber ihrem Partner oder ihrer Partnerin ausgeht, beschränkt sich der Beitrag auf die weitaus häufigere Konstellation des gegenüber seiner Partnerin gewalttätigen Mannes bzw. Vaters gemeinsamer Kinder.

Gewalt durch den Partner wird in allen sozialen Schichten verübt (s. BMFSFJ 2009). Allerdings werden bestimmte Personengruppen überdurchschnittlich häufig Opfer von Beziehungsgewalt. Hierzu gehören unter anderem weibliche Jugendliche und junge Frauen sowie Menschen, die in ihrer Herkunftsfamilie häusliche Gewalt miterlebt haben. Daneben kann eine ungleiche Macht- und Rollenverteilung in der Beziehung Gewalt begünstigen. Als eher situative Faktoren wirken Alkoholkonsum des Partners sowie die soziale Isolation des Paares oder der Familie (vgl. u. a. Schröttle et al. 2004).

Bezogen auf Kinder und Jugendliche konnte das Kriminologische Forschungsinstitut schon 1997 zeigen, dass Kinder unmittelbar von häuslicher Gewalt betroffen sind. So gaben 21,3 % von 1.067 Befragten zwischen 16 und 29 Jahre an, dass sie bereits einmal elterliche Beziehungsgewalt miterlebt hatten. 3,7 % waren anwesend, als ein Elternteil den anderen mit einer Waffe verletzte. Dabei stieg das eigene Misshandlungsrisiko bei wiederholten Gewalttätigkeiten auf das Achtfache im Verhältnis zu Kindern, die nicht von häuslicher Gewalt betroffen waren. Auch waren die Befragten, die Angaben zu häuslicher Gewalt machten, häufiger Opfer sexualisierter Gewalt geworden (Wetzels/Pfeiffer 1997).

Hinter dem Begriff „Miterleben von Gewalt" verbirgt sich eine Vielzahl von spezifischen Gefährdungen. So können Kinder durch eine Vergewaltigung gezeugt werden. Dies kann schon intrauterin aufgrund von Reaktionen der Schwangeren auf das traumatische Ereignis zu erheblichen Belastungen des Ungeborenen führen (s. hierzu Heynen in diesem Band; Brisch 2003; Heynen 2003). Eine weitere Gefährdung für das Ungeborene geht von Gewalttätigkeiten gegen die Schwangere aus. Daneben werden Kinder mitgeschlagen, etwa auf dem Arm der Mutter, oder wenn sie schützend eingreifen wollen. Nachhaltig belastet werden Kinder auch, die in einer familiären Atmosphäre aufwachsen, die von der Gewalt und ihren Auswirkungen auf Mutter, Vater und die Kinder selbst geprägt ist.

Partnerschaftskonflikte und Gewalt in Beziehungen führen zu differenzierten Wechselwirkungen in der Familie, wie sie beispielsweise von Enzmann und Wetzels (2001) und im Rahmen der Bindungsforschung (Brisch/Hellbrügge 2006) beschriebenen wurden. Einwirkungen auf die Kinder selbst zeigen sich ganz unterschiedlich, abhängig von Alter und Ressourcen. Neugeborene äußern sich beispielsweise durch häufiges Schreien und Fütterstörungen, Kinder durch eine destruktive Konfliktbewältigung in der Auseinandersetzung mit Gleichaltrigen sowie durch Konzentrationsstörungen und Lernschwierigkeiten. Sie können ihr intellektuelles Potential nicht ausschöpfen und werden bezüglich ihres Schul- und Ausbildungserfolgs behindert. Verhaltensauffälligkeiten der Kinder, emotionale Störungen und ein erhöhtes Zuwendungsbedürfnis können Partnerschaftskonflikte, zum Beispiel hinsichtlich der Erziehung der Kinder, verschärfen. Gleichzeitig stören Gewalttätigkeiten und Gewalterfahrungen die Einnahme der Vater- und Mutterrolle, da sie die Sensibilität gegenüber kindlichen Bedürfnissen und die Kompetenzen zur

Gestaltung einer vertrauensvollen und kindgerechten Beziehung und Erziehung behindern. Dies führt wiederum zu Belastungen der Kinder und zu einem erhöhten Konfliktniveau zwischen Mutter beziehungsweise Vater und Kind.

Mütter, die von ihrem Partner misshandelt werden, befinden sich häufig in einer paradoxen Situation bezüglich ihrer Verantwortung für das Wohl ihrer Kinder (Heynen 2007). Zum einen fühlen sie sich dem Erhalt der Vater-Kind-Beziehung verpflichtet. Sie glauben, sie könnten den Partner nicht verlassen, nachdem nun „ein Kind da sei", und sie müssten den Zusammenhalt der Familie sichern. Zum anderen lastet auf ihnen die Verantwortung, ihre Kinder vor Gefährdungen durch den Vater oder ihren Partner zu schützen. Aus diesem Dilemma heraus erfolgt eine endgültige Trennung bei einem Teil der Frauen erst nach mehreren Trennungsversuchen und einem längeren Entscheidungsprozess (s. auch Helfferich&Kavemann 2004). Dabei werden verschiedene Konsequenzen für die Kinder, den Partner und die Frau selbst abgewogen. Neben der emotionalen Bindung an den Gewalttäter sind dies Prognosen bezüglich möglicher Gewalteskalationen, zukünftigen Umgangsregelungen, wirtschaftlichen Konsequenzen und der eigenen Handlungskompetenz, zum Beispiel in der Erziehung der Kinder. Wichtig für die Bewertung von Zukunftsperspektiven sind auch Informationen und konkrete Hilfsangebote, die zu einer realen Entlastung führen. In vielen Fällen ergibt sich der letztendliche Auslöser für eine Trennung aus der wahrgenommenen Belastung der Kinder (Heynen 2007a).

Kommt es zur Trennung der Eltern, erleben alle Beteiligten, dass sich in der Regel die familiären Beziehungen nicht automatisch verbessern. Bedrohliche Situationen können zum Beispiel im Zusammenhang mit Umgangskontakten entstehen, wenn diese dazu genutzt werden, die Mutter weiterhin zu kontrollieren, zu bedrohen, zu schlagen und die Kinder zu instrumentalisieren. Auch eine verschlechterte ökonomische Situation kann zu erheblichen Belastungen führen, wenn Unterhaltszahlungen nicht geleistet werden oder die Vereinbarkeit von beruflichen und familiären Anforderungen als Alleinerziehende nicht gelingt. Die von Wetzels und Enzmann (2001) beschriebenen Wechselwirkungen in der Familie setzen sich in vielen Fällen auch nach der Trennung fort.

In seltenen Fällen führen Gewalteskalationen zur Tötung von Familienmitgliedern (Heynen in diesem Band; Heynen 2005). Dabei kann sich die tödliche Gewalt gegen das Kind selbst, Geschwister, die Mutter, Unterstützerinnen und Unterstützer, aber auch den Gewalttäter richten, wobei es dann meist bei einer nicht tödlichen Selbstverletzung des Täters bleibt.

Möglichkeiten und Grenzen der Jugendhilfe

Im Laufe der letzten Jahre hat sich in weiten Teilen der öffentlichen Jugendhilfe die Erkenntnis durchgesetzt, dass es sich bei häuslicher Gewalt aufgrund der unmittelbaren Belastungen der Kinder durch die verschiedenen Formen indirekter und direkter physischer, psychischer und sexualisierter Gewalt um eine Kindeswohlgefährdung handelt. Es wird zunehmend wahrgenommen, dass den Kindern und Jugendlichen ein verlässlicher und vertrauenswürdiger Vater fehlt und auch die Beziehung zur Mutter gefährdet sein kann, wenn diese aufgrund von Misshandlungen und Demütigungen oder aufgrund der Probleme nach einer Trennung in ihrer Feinfühligkeiten gegenüber den Bedürfnissen ihrer Kinder eingeschränkt ist. Allerdings gelingt es vielen Müttern, Beziehungs- und Erziehungskompetenz immer wieder herzustellen.

Die Zugänge zur Jugendhilfe sind vielfältig und korrespondieren mit den Veränderungsprozessen der Mütter, dem Verhalten der Kinder und in seltenen Fällen mit der Bereitschaft der Väter, Unterstützung anzunehmen. Entsprechend differenziert ist auch die Resonanz auf Hilfsangebote. Der Kontakt zum Jugendamt kommt nicht nur als direkte Reaktion auf die häuslichen Gewalt (z. B. über die Polizei als Folge eines Wohnungsverweises oder Näherungsverbots oder über Frauenhäuser und Frauenberatungsstellen), sondern auch über die Eltern aufgrund von Erziehungsschwierigkeiten, in Beratungen im Zusammenhang mit Trennung und Scheidung oder auf Initiative von Kindertageseinrichtung und Schule zustande. Hier spielen Präventions- und Interventionsangebote in Kindertageseinrichtungen (z. B. Arbeiterwohlfahrt Bundesverband e. V. 2004) oder Schulen (BMFSFJ 2008a; Seith/Kavemann 2010) eine wichtige Rolle. In anderen Fällen erhält das Jugendamt Kenntnis über Gewalt in einer Familie durch den Kontakt zur Unterhaltsvorschusskasse oder über eine Beistandschaft. Die Jugendhilfe ist aber auch konfrontiert mit Gewalt in Partnerschaften durch die Arbeit mit jungen Menschen, die selbst Gewalt durch Freunde und Partner oder Partnerinnen erleben.

Häusliche Gewalt ist ein Querschnittsthema, welches allen Professionellen in der Jugendhilfe begegnet. Sensibilität bedarf es bei pädagogischen Angeboten für Kinder und Jugendliche, Hilfen für Eltern und Kinderschutzmaßnahmen. Besonders berührt sind folgende Arbeitsbereiche:

- Frühe Hilfen insbesondere im Zusammenhang mit Vergewaltigung und Schwangerschaft sowie Misshandlungen während der Schwangerschaft und kurz nach der Geburt (vgl. Heynen/Zahradnik 2009; Heynen 2005; Herold, Kreyssig und Heynen in diesem Band);
- Kindertageseinrichtungen und Tagespflege als Orte, in denen Kinder kompensatorische Erfahrungen machen;
- Ambulante Hilfen sowie Kinder- und Jugendberatung und Therapie;
- Pflegekinderwesen, beispielsweise bei Inobhutnahmen in Bereitschaftspflegefamilien sowie bei Hilfen zur Erziehung in Form von Vollzeitpflege;
- Teilstationäre und stationäre Hilfen zur Erziehung, die maßgeblich dazu beitragen, die Kinder in der Bewältigung der Folgen der Gewalt zu unterstützen;
- Wirtschaftliche Jugendhilfe, zuständig für die Übernahme von Kosten erzieherischer Hilfen und für Zuschüsse zu den Kosten von Kindertageseinrichtungen und Tagespflegestellen;

- Jugendarbeit, Jugendsozialarbeit, Schulsozialarbeit mit Blick auf Kinder und Jugendliche als Betroffene von Gewalt in der Herkunftsfamilie und durch Gleichaltrige;
- Jugendgerichtshilfe, da straffällige Kinder und Jugendliche überdurchschnittlich häufig Gewalt in der eigenen Familien erfahren haben (vgl. Hallenser Gewaltstudie, Bannenberg/Rössner 2000);
- Jugendschutz sowie politische Vertretungen von Kindern- und Jugendlichen zur Minimierung von strukturell bedingten Belastungen.

Die zentrale Rolle kommt aber dem Allgemeinen Sozialen Dienst (ASD) beziehungsweise der Bezirkssozialarbeit zu, insbesondere, wenn es um Beratungen, Hilfen zur Erziehung, Gefährdungseinschätzungen und Maßnahmen zum Kinderschutz sowie die Mitwirkung im familiengerichtlichen Verfahren geht.

Die Arbeit des Sozialen Dienstes

Die Organisationsform des Jugendamtes und des Allgemeinen Sozialen Dienstes als Teil der öffentlichen Jugendhilfe ist von Kommune zu Kommune, von Landkreis zu Landkreis unterschiedlich. Auch variieren die internen Strukturen. Während beispielsweise in Karlsruhe der Pflegekinderdienst mit Bereitschafts-, Vollzeit- und Tagespflege eine Abteilung einer vom Sozialen Dienst getrennten Hauptabteilung ist, geht in anderen Jugendämtern der Pflegekinderdienst im Team der Bezirkssozialarbeit auf oder es werden Teile des Aufgabengebiets an freie Träger delegiert. Während bei vielen öffentlichen Träger die Kinderschutzarbeit in die Bezirkssozialarbeit integriert ist, haben andere wiederum Dienste geschaffen, die nur auf die Bearbeitung von Meldungen über Kindeswohlgefährdungen spezialisiert sind.

In der Regel hat der Soziale Dienst ein umfangreiches Leistungsspektrum. Dazu gehören nicht nur Aufgaben der Jugendhilfe, sondern (meist in Großstädten) auch die psychosoziale Grundversorgung von Menschen, die keine Kinder zu versorgen haben (psychisch Kranke, unversorgte alte Menschen). Der ASD ist organisatorisch in Bezirke aufgeteilt (deshalb auch Bezirkssozialarbeit), die Zuständigkeit ergibt sich aus der Wohnadresse. Im Bereich der Jugendhilfe beraten und unterstützen die Mitarbeiterinnen und Mitarbeiter Eltern bei Fragen der Erziehung, in schwierigen familiären Situationen, im Bereich Trennung und Scheidung, bei der Regelung von Umgang und Sorgerecht. Sie sind verantwortlich für die Hilfeplanung bei Hilfen zur Erziehung (z. B. sozialpädagogische Familienhilfe, Tagesgruppe, Pflegefamilie, betreutes Jugendwohnen, Heimerziehung) und vermitteln weitere Hilfen. Auch Kinder und Jugendliche erhalten Beratung und Hilfen in den Bereichen Schule und Ausbildung, Familie und Freundschaften, Freizeit, Verselbstständigung sowie Schutz in Notsituationen. Darüber hinaus kann der Soziale Dienst angesprochen werden bei finanziellen Problemen, Fragen zum Anspruch auf

Sozialleistungen und Kontakt zu anderen Behörden oder Institutionen, bei Pflegebedürftigkeit, Mietrückständen und Räumungsklagen sowie persönlichen Schwierigkeiten.

Die Arbeit des Sozialen Dienstes ist kostenfrei, vertraulich, orientiert an den Lebenslagen der Hilfesuchenden und schließt Hausbesuche mit ein. Bei einem Verdacht auf Gefährdung des Kindeswohls (Vernachlässigung, Misshandlung, sexuellem Missbrauch und Häuslicher Gewalt) ist es Aufgabe des ASDs, das Gefährdungsrisiko abzuschätzen und notwendige Schritte zum Schutz einzuleiten. Ergänzt wird die Arbeit in vielen Städten und Landkreisen seit einigen Jahren durch eine Rufbereitschaft, die außerhalb der regulären Sprechzeiten zu erreichen ist und es zum Beispiel der Polizei ermöglicht, jemanden Fachkundigen in kritischen Situationen auch nachts und am Wochenende einzubeziehen. Die Grundlagen der Arbeit ergeben sich vor allem aus dem Achten Buch Sozialgesetzbuch (SGB VIII) und im Bereich des Kinderschutzes aus dem § 8a SGB VIII Schutzauftrag bei Kindeswohlgefährdung), dem Bundeskinderschutzgesetz (BKiSchG), welches zum 1. Januar 2012 in Kraft trat, aus fachlichen Standards und Rahmenbedingungen, die von kommunalen Verantwortlichen (z. B. im Jugendhilfeausschuss als Teil des Jugendamtes sowie im Gemeinderat) vorgegeben werden.

Die Mitarbeitenden kooperieren sowohl mit Abteilungen der öffentlichen Jugendhilfe, als auch mit Einrichtungen der Jugendhilfe in freier Trägerschaft, mit Schulen und Kindertageseinrichtungen, Bürgervereinen, Selbsthilfegruppen und Kirchen. Sie sind vernetzt mit Behörden und Institutionen wie dem Familiengericht, dem Gesundheitswesen und der Polizei und engagieren sich für die Entwicklung von Stadtteilen. Dabei sind im Bereich des Kinderschutzes nicht nur der Soziale Dienst, sondern auch ihre Partner und Partnerinnen für eine wirkungsvolle Zusammenarbeit verantwortlich. Nehmen Eltern zum Beispiel trotz einer Gefährdung ihrer Kinder angebotene Hilfen eines freien Trägers, zu dem sie im Kontakt stehen, nicht in Anspruch und kann die Gefährdung nicht abgewendet werden, ist dieser nicht nur verpflichtet, auf die Leistungen der Jugendhilfe aufmerksam zu machen, sondern auch das Jugendamt beziehungsweise den Sozialen Dienst zu informieren. Nur dann ist der Soziale Dienst in der Lage, umgehend Kontakt zur Familien aufzunehmen.

Ein weiterer wichtiger Partner ist das Familiengericht. Dieses hört in Verfahren, die die Person des Kindes betreffen, das Jugendamt an (siehe § 162 Gesetz über das Verfahren in Familiensachen und in den Angelegenheiten der freiwilligen Gerichtsbarkeit - FamFG - Mitwirkung des Jugendamtes). Dies gilt insbesondere bei Kindschaftssachen (Aufenthalt, Umgangsrecht, Herausgabe des Kindes s. § 155 FamFG Vorrang und Beschleunigungsgebot), bei Erörterung der Kindeswohlgefährdung (§ 157 FamFG) und in Ehewohnungssachen (siehe § 205 FamFG sowie § 212 und § 213 FamFG in Bezug auf das Gewaltschutzgesetz).

Die konkrete Vorgehensweise der im Kinderschutz beteiligten Institutionen regeln nicht nur gesetzliche Vorgaben. Darüber hinaus gibt es in vielen

Kommunen und Ländern Standards und Kooperationsvereinbarungen, die zu einer Verbesserung der Praxis und der Zusammenarbeit zwischen den verschiedenen Akteuren und Akteurinnen beitragen (vgl. z. B. Stadt Karlsruhe 2009, derzeit in Überarbeitung; Der Paritätische Wohlfahrtsverband Hamburg e. V. 2008; Saarland Ministerium der Justiz 2011). Bei jeder Meldung, welche objektive Anhaltspunkte für eine mögliche Gefährdung beinhaltet, ist der Soziale Dienst verpflichtet einen unmittelbaren Kontakt zum Kind herzustellen und das persönliche Umfeld in Augenschein zu nehmen. Ausnahmen von dieser Regel sind fachlich zu begründen.

Zusammen mit den Personensorgeberechtigten und den Kindern und Jugendlichen sind die Fachleute des ASDs dafür verantwortlich, nach geeigneten Maßnahmen zur Entlastung der Familien und zur Beendigung der Gewalt zu suchen. Dabei muss berücksichtigt werden, dass die Gewalt in der Partnerschaft nicht immer sofort angesprochen, sondern auch geleugnet oder bagatellisiert wird. Welche Hilfsmöglichkeiten zur Verfügung stehen, gibt zum einen das SGB VIII vor, hängt zum anderen aber auch von der Qualität der Jugendhilfeplanung nach § 80 SGB VIII, der kommunalen Infrastruktur und den so genannten freiwilligen Leistungen ab. Dazu gehören in der Regel gewaltspezifische Hilfen wie Beratungsangebote für Gewalttäter oder psychoedukative und pädagogische Angebote für Kinder (Seith/Kavemann 2010). Sind die entsprechenden Fachkräfte nicht bei einem Träger der Jugendhilfe, wie es bei Frauenhäusern und Frauenberatungsstellen häufig der Fall ist, angestellt, bleiben sie unter Umständen beim Zusammenwirken des Jugendamtes mit mehreren Fachkräften zur Einschätzung des Gefährdungsrisikos (§ 8a SGB VIII Abs. 1) außen vor.

Trotz aller gesetzlichen Grundlagen, Kooperationsvereinbarungen und Handlungsempfehlungen darf nicht übersehen werden, dass die konkrete Hilfe- und Interventionsplanung zwischen den einzelnen Familienmitgliedern mit ihren Möglichkeiten und Grenzen auf der einen Seite und Fachleuten verschiedener Aus- und Weiterbildungen sowie unterschiedlicher institutioneller Zugehörigkeit auf der anderen Seite ausgehandelt wird. Dies geschieht auf der Grundlage sich stark widersprechender Interessen innerhalb der Familie, zum Teil mehrdeutiger Informationen, unsicherer Prognosen und wechselnder Loyalitäten sowie eigener Ängste vor einer Gefährdung (zu Gewalttätigkeiten von Klienten gegenüber Fachkräften in der Sozialen Arbeit vgl. Littlechild 2008). Liegt keine objektivierbare Kindeswohlgefährdung oder kein Sorge- oder Umgangsrechtsverfahren vor, handelt es sich darüber hinaus um ein freiwilliges Angebot, welches von den Eltern abgelehnt werden kann. Es gehört zu den anspruchsvollen Aufgaben der Jugendhilfe, das Wohl der, durch die häusliche Gewalt belasteten Kinder und Jugendlichen nicht aus dem Auge zu verlieren und die Erwartungen, die Kinder zu schützen und zu unterstützen, nicht nur an die, einer Beratung zugänglichen Mutter zu richten, sondern auch den Vater in die Verantwortung zu nehmen.

Häusliche Gewalt im Zusammenhang mit Trennung und Scheidung

Allgemein wird im Trennungs- und Scheidungsverfahren der Schwerpunkt darauf gelegt, Eltern in ihrer gemeinsamen Elternrolle zu stärken. Die positiven Erwartungen, die – ausgehend vom Cochemer Modell in den 90er Jahren (http://www.ak-cochem.de) – in ganz Deutschland Verbreitung fanden, haben auch die Inhalte des am 01.09.2009 in Kraft getretenen FamFG beeinflusst. Gestärkt wird die biologisch begründete Elternschaft, unabhängig von dem Familienstatus der Eltern, der Intensität und Qualität ihrer, unter Umständen nur sexuellen oder durch Gewalt geprägten Beziehung sowie den Lebenslagen der Kinder. Auch die geplante Gesetzesänderung bezüglich eines gemeinsamen Sorgerechts nicht miteinander verheirateter Eltern, die unter Umständen nach kurzer Beziehung nur die gemeinsame Elternschaft verbindet, stärkt die Position biologischer Väter.

Dieser Entwicklung gegenüber stehen die aus Forschung und Praxis erworbenen Erkenntnisse zum Gewaltschutz und zu Trennung und Scheidung. Erwartet werden muss eine Gewaltprävalenz von mehr als 13 % (nachgewiesene Rate durch den aktuellen Partner laut BMFSFJ 2004). Dieses Risiko wird in der Fachöffentlichkeit nach wir vor vergleichsweise wenig beachtet und findet in der Kinderschutzdebatte kaum Resonanz. Während Kindesmisshandlung und Vernachlässigung mit Todesfolge zu bundesweiten Diskussionen führen und Gesetzesänderungen nach sich ziehen, werden auch so genannte Familientragödien in der Öffentlichkeit nicht skandalisiert und (im Gegensatz zu Großbritannien im Rahmen der ‚serious case reviews'[20]) nicht systematisch untersucht (vgl. hierzu auch Heynen 2005; Heynen in diesem Band).

Auch die optimistische Erwartung, dass Eltern bei entsprechenden gesetzlichen Rahmenbedingungen die Elternschaft regelhaft, zumindest was Sorge- und Umgangsrecht betrifft, zum Wohle des Kindes ausüben, wird aufgrund von Forschungsergebnissen in Zweifel gezogen. Nach Walper (2010: 11) sind es vor allem die zuverlässige Zahlung des Unterhalts und die Qualität des väterlichen Erziehungsverhaltens, die für das Kindeswohl entscheidend sind, nicht der Abbruch des Kontaktes zum Vater. Auch Fichtner (2010: 16) stellt den Optimismus des deutschen Kindschaftsrechts in Frage:

> „Langdauernde Elternstreitigkeiten und dadurch bei den Kindern entstehende Loyalitätskonflikte sind so belastend, dass eine der grundlegenden Überzeugungen des deutschen Kindschaftsrechts in diesen Fällen fraglich zu sein scheint: dass der Umgang mit beiden Eltern dem kindlichen Wohl nach der Elterntrennung dienlich ist."

Entsprechend fordert Fichtner (2010: 17), dass vor gemeinsamen, meist als belastend erlebten Gesprächen Einzelgespräche geführt werden, in denen die Eltern Verständnis erfahren und ihre Vorwürfe und Bedenken in

20 http://www.education.gov.uk/childrenandyoungpeople/healthandwellbeing/safeguardingchildren/a0068869/serious-case-reviews-scrs

nachvollziehbare Anliegen umformuliert werden. Kindler (2008a: 22) führt im selben Heft in Bezug auf Kinder mit Gewalterfahrungen aus, dass diese vor einer Wiederholung solcher Erlebnisse geschützt werden müssen und kindzentrierten Angeboten in Frauenhäusern und der Zusammenarbeit von Jugendhilfe und Frauenhäusern eine noch größere Bedeutung zugemessen werden muss.

Es bedarf einer hohen fachlichen Qualifikation von Fachleuten im Sozialen Dienst, aber auch im familiengerichtlichen Verfahren, um die Situation der Kinder sowie die Möglichkeiten und Grenzen der Eltern zu erfassen. Dies gilt vor allem in den Familien, in denen auch der von der Gewalt betroffene Elternteil aus Angst eine mögliche Gefährdung nicht anspricht, in der Hoffnung, eine Eskalation zu vermeiden. Unter Umständen führt die Erwartung an die Eltern, ein Einvernehmen zu erzielen (vgl. § 156 FamFG Hinwirken auf Einvernehmen), zu einer möglichen Gefährdung des Kindes, weil Gewalttätigkeiten tabuisiert und Risiken nicht erkannt werden (vgl. auch BMFSFJ 2011).

Das Jugendamt trägt im familiengerichtlichen Verfahren maßgeblich zur Aufklärung des Sachverhalts bei, weist auf Möglichkeiten der Hilfe hin und unterbreitet Beratungsangebote. In den Stellungnahmen des ASDs zur Regelung von Sorge- und Umgangsrecht müssen fundierte Aussagen getroffen werden, welche Belastungen das Kind durch die Gewalt erfahren hat, wie sein möglicherweise geäußerter Widerstand gegen den (persönlichen) Kontakt mit dem gewalttätigen Vater oder im Einzelfall der gewalttätigen Mutter zu werten ist und ob ein erzwungener Umgang zu Beeinträchtigungen des Kindes führen kann (vgl. auch BMFSFJ 2011). In die Stellungnahme muss auch eingehen, inwieweit der gewalttätige Elternteil in der Lage ist, sein Verhalten zu reflektieren, Verantwortung zu übernehmen und tatsächlich für einen kindgerechten Umgang zu sorgen. Auch in Bezug auf den Elternteil, der täglich für das Kind sorgt (in der Regel die Mutter), muss bezüglich der Belastungsfähigkeit eine Aussage getroffen werden. Bleibt die Angst der Mutter um das Wohl des Kindes bestehen, können weitere Auseinandersetzungen im Rahmen von Umgangsregelungen und Sorgerechtsentscheidungen zu einer Destabilisierung der ansonsten vielleicht sicheren Bindung zwischen Mutter und Kind führen.

Die vom BMFSFJ (2011) herausgegebene Arbeitshilfe zum FamFG stellt die adäquate Ausgestaltung des Verfahrens differenziert dar und weist auf die Wichtigkeit hin, im gerichtlichen Verfahren frühzeitig Gewaltvorkommnisse bekannt zu machen, damit gegebenenfalls notwendige verfahrensrechtliche Vorkehrungen zum Schutz (z. B. getrennte Anhörung) getroffen werden können. Zur Sachaufklärung kann es auch bedeutsam sein, dass ein Berater oder eine Beraterin aus einer Hilfeeinrichtung Gewaltopfer begleitet (§ 12 Satz 3 FamFG). Anregungen für die Praxis bietet zum Beispiel das Münchener Modell (Familiengericht München 2009).

Bei häuslicher Gewalt sind zwingend die Möglichkeiten, die FamFG und Gewaltschutzgesetz zum Schutz der Kinder bieten, auszuschöpfen. Das heißt gegebenenfalls, die Sorge dem Elternteil alleine zu übertragen, der vom anderen Elternteil Gewalt erfahren hat, sowie alle Maßnahmen nach den §§ 1666, 1666a BGB zu treffen, die zur Anwendung der Gefahr für das Kinder erforderlich sind.

> „Falls nötig, kann z. B. einem Elternteil vorübergehend oder auf unbestimmte Zeit die Nutzung der Familienwohnung untersagt werden (vgl. § 1666 Absatz 3 Nummer 3, § 1666a Absatz 1 Satz 2 BGB). Das Gesetz zur Erleichterung familiengerichtlicher Maßnahmen bei Gefährdung des Kindeswohls hat damit in § 1666 BGB ausdrücklich klargestellt, dass das Familiengericht die für den Gewaltschutz typischen Aufenthalts- und Kontaktverbote treffen kann." (Deutscher Bundestag 2011: 29).

Außerdem müssen langfristige Entwicklungsprozesse und die besonderen Belastungen allein erziehender Mütter und ihrer Kinder berücksichtigt werden (vgl. Heynen 2010). Diese spiegeln sich in der Inanspruchnahme von Jugendhilfeleistungen. Zum Stichtag am 31.12.2008 meldeten Jugendämter 343.000 Erziehungshilfen für minderjährige Kinder und ihre Familien. 46 % dieser Hilfen erreichte einen alleinerziehenden Elternteil und damit etwa jede zehnte alleinerziehende Familie. So nahmen zu 56 % Alleinerziehende stationäre Hilfen in Form der Vollzeitpflege und zu 52 % ambulante Unterstützung durch Sozialpädagogische Familienhilfe in Anspruch (BMFSFJ 2009). Dies betrifft vor allem Alleinerziehende, die schon Transferleistungen wie zum Beispiel Hartz IV, Sozialgeld oder Sozialhilfe beziehen. In Baden-Württemberg erhöht sich nach Angaben des Kommunalverbands für Jugend und Soziales (KVJS, s. auch Bürger, 2010) die Wahrscheinlichkeit von Minderjährigen, stationäre Jugendhilfe nach §§ 33, 34 (N=12.400) zu erhalten um den Faktor 20 bei Alleinerziehenden (1 von 37 Kindern) beziehungsweise um den Faktor 49 bei Stiefelternkonstellationen (1 von 15 Kindern) im Vergleich zu Kindern aus vollständigen Familien (1 von 750 Kindern).

Wird der Hilfebedarf, der auch von der Öffentlichkeit wahrgenommen wird, primär den allein erziehenden Müttern ohne Berücksichtigung ihrer Lebensbedingungen angelastet, besteht die Gefahr einer zusätzlichen Stigmatisierung und Entmutigung. Gesellschaftliche Rahmenbedingungen dürfen nicht nur analysiert werden, es müssen daraus Entlastungen für Familien erfolgen, die nicht der typischen Kleinfamilie entsprechen und die Alleinerziehenden bessere Handlungsoptionen verschaffen (vgl. hierzu auch Deutscher Verein 2011; Schwab/Vaskovics 2011).

Schlussfolgerungen

Trotz jahrzehntelanger fachlicher und politischer Diskussion über die Auswirkungen häuslicher Gewalt auf Kinder, neuen Gesetzen und Gesetzesänderungen sowie Qualitätsentwicklungen im Kinderschutz, gibt es nach wie vor Konstellationen, in denen der Kinderschutz nicht gewährleistet ist und Kindern erhebliche Belastungen und Risiken zugemutet werden.

Diese ergeben sich zum einen aus erzwungenen Umgangskontakten und fehlenden Möglichkeiten zur Distanzierung vom gewalttätigen Vater. Jahrelange Auseinandersetzungen um den Kontakt zwischen gewalttätigem Elternteil und Kind führen in der Regel nicht zu einer gelingenden Beziehung, sondern zu einem Kontaktabbruch seitens der Söhne und Töchter, sobald ihnen diese Möglichkeit zugestanden wird (vgl. Wallerstein&Lewis 2001). Gelingt es im Rahmen der Jugendhilfe nicht, einen Zugang zu dem gewalttätigen Elternteil zu bekommen und ihm Hilfe anzubieten, damit er sich mit seinem Konfliktverhalten, seiner Gewalttätigkeit, und der Einstellung zu Frauen und Kindern auseinander setzen kann, bleibt der Weg zu einer vertrauensvollen Beziehung zu den Kindern versperrt.

Auch im Hinblick auf die Kernfamilie bedarf es weiterer fachlicher Überlegungen, wie eine lebensweltbezogene Unterstützung aussehen und wie die materielle Basis der Familie gesichert werden kann. Dazu gehören nicht nur eine qualifizierte Infrastruktur im Kinderschutz, sondern auch allgemeine Angebote zur Förderung von Kindern und Jugendlichen sowie materielle Entlastungen. Diese müssen leicht und nicht erst über bürokratische Hürden wie die Leistungen des Bildungs- und Teilhabepaketes zugänglich sein.

Bezogen auf Fragen des Kinderschutzes bei Trennung und Scheidung ist es dringend nötig, in Ansätze, die auf das Einvernehmen der Eltern abzielen (wie z. B. das Projekt Elternkonsens in Baden-Württemberg oder die lokalen Bündnisse im Sinne des Cochemer Modells), das Thema Kinderschutz aufzunehmen. Während in den letzten Jahren die Diskussion zur Verbesserung des Kinderschutzes vor allem zu einer quantitativen Ausweitung der Verantwortlichen geführt hat (z. B. Verfahrensbeistand, Umgangspflegschaft, Sachverständige, Beratung, Frühe Hilfen), muss es nun darum gehen, in Netzwerken die Zuständigkeiten zu konkretisieren und die Qualifizierung der Fachleute zu sichern. Dem Jugendamt beziehungsweise dem Allgemeinen Sozialen Dienst kommt dabei eine zentrale Rolle zu. So kann er zur Verbesserung des Kinderschutzes, auch bei Trennung und Scheidung, durch die Nutzung vorhandener rechtlicher Möglichkeiten (z. B. § 1666a BGB Grundsatz der Verhältnismäßigkeit; Vorrang öffentlicher Hilfen) oder als Verfahrensbeteiligter (§ 162 Abs. 1 und 2 FamFG) zur Weiterentwicklung der familiengerichtlichen Praxis beitragen.

Weitere zukünftige Aufgaben betreffen die

- Verbesserung der Beteiligung von Kindern und Jugendlichen an sie betreffenden Entscheidungen in der Hilfeplanung und im familiengerichtlichen Verfahren,
- Verankerung der Ergebnisse der Bindungs- und Scheidungsforschung bei familiengerichtlichen Entscheidungen (vgl. u. a. Brisch 2008),
- Aufbau und Weiterentwicklung von Netzwerken im Kinderschutz (vgl. auch BKiSchG), unter anderem durch verbindliche Kooperationen zwischen ASD und Frauenhäusern, Frauen- und Gewaltberatungsstellen,

- Forschung zu Entwicklungsprozessen von Kindern und Jugendlichen und zu Hilfeverläufen im Hinblick auf die langfristigen Wirkungen erlittener häuslicher Gewalt,
- Verbindliche Verankerung des Themas Häusliche Gewalt in der Aus- und Weiterbildung aller beteiligten Professionen und Institutionen.

Außerdem muss regelmäßig reflektiert werden, wie sich Gesetzesänderungen auf den Kinderschutz bei häuslicher Gewalt auswirken. So liegt derzeit das Gesetz zur Förderung der Mediation und anderer Verfahren der außergerichtlichen Konfliktbeilegung[21] als Entwurf vor. Es zielt drauf ab, die Mediation und andere Verfahren der außergerichtlichen Konfliktbeilegung zu fördern (zu den Möglichkeiten und Grenzen von Mediation bei Beziehungsgewalt vgl. Gläßer 2008; vgl. auch Fichtner 2012).

21 http://www.education.gov.uk/childrenandyoungpeople/healthandwellbeing/safeguarding-children/a0068869/serious-case-reviews-scrs

III. Herausforderungen an die soziale und pädagogische Arbeit

Petra Focks

Häusliche Gewalt und die Folgen für Kinder als Thema der Ausbildung in der Sozialen Arbeit - Menschenrechte haben (k)ein Geschlecht und (k)ein Alter

> „Soziale Arbeit ist eine Profession, die sozialen Wandel, Problemlösungen in menschlichen Beziehungen sowie die Ermächtigung und Befreiung von Menschen fördert, um ihr Wohlbefinden zu verbessern. Indem sie sich auf Theorien menschlichen Verhaltens sowie sozialer Systeme als Erklärungsbasis stützt, interveniert Soziale Arbeit im Schnittpunkt zwischen Individuum und Umwelt/Gesellschaft. Dabei sind die Prinzipien der Menschenrechte und sozialer Gerechtigkeit für die Soziale Arbeit von fundamentaler Bedeutung."(IFSW und IASSW 2001)[1]

Die Themen häusliche Gewalt und Gewalt gegen Kinder wirken zwar auf den ersten Blick verwandt, werden jedoch im Studium der Sozialen Arbeit häufig sehr getrennt voneinander betrachtet. Es gibt eine Parteilichkeit für unterschiedliche Zielgruppen, eine Orientierung an unterschiedlichen Arbeitsfeldern (Soziale Arbeit mit Frauen und Männern bzw. Kinder- und Jugendhilfe), unterschiedliche politische Zugänge zum Thema Gewalt (Gewalt in den Geschlechterverhältnissen bzw. Gewalt in der Familie), unterschiedliche analytische Betrachtungsweisen (eher gesellschaftlich strukturell bzw. eher individuen- bzw. familienorientiert) und dementsprechend unterschiedliche Theoriegrundlagen und Handlungsansätze Sozialer Arbeit.

Diese getrennte Betrachtungsweise spiegelt sich auch in der Praxis der Sozialen Arbeit wider. So ist vielen Sozialarbeitern/-arbeiterinnen die häufige Gleichzeitigkeit von Gewalt in der Partnerschaft der Eltern und Gewalt gegen Kinder nicht bekannt. Auch fehlen ihnen für ihre Berufspraxis Hinweise darauf, wie häufig häusliche Gewalt den Hintergrund für die beobachteten Probleme der Kinder und Jugendlichen bildet und was sie Mädchen und Jungen an Unterstützung anbieten können. Zudem braucht es fachlichen Austausch und Kooperation zwischen speziellen Zufluchts- oder Beratungsstellen für Frauen bzw. Männer und den Regeleinrichtungen der Kinder- und Jugendhilfe.

---

1 Definition der Federation of Social Workers (IFSW in Genf) und der International Association of Schools of Social Work (IASSW in Wien)

Um den von häuslicher Gewalt betroffenen Erwachsenen und Kindern individuelle Unterstützung anbieten zu können und zugleich gesellschaftliche Interventionsansätze gegen häusliche Gewalt zu entwickeln, ist es notwendig bereits im Studium der Sozialen Arbeit die Themen Gewalt gegen Frauen und gegen Kinder verbunden und in ihren gesellschaftlichen Zusammenhängen zu betrachten.[2]

Diese häufig vernachlässigte Verschränkung der Geschlechter- mit den Generationsverhältnissen in Praxis, Theorie und Studium wird im ersten Kapitel näher beleuchtet.

Im zweiten Kapitel werde ich zeigen, dass hier das Konzept der Menschenrechte gute Anknüpfungsmöglichkeiten bietet, um diese Verschränkung zu ermöglichen und das Thema häusliche Gewalt stärker in das Studium der Sozialen Arbeit integrieren zu können. Denn der Kern der Menschenrechte ist die prinzipielle Achtung menschlicher Würde und fundamentaler Rechtsansprüche, unabhängig von kulturellen und individuellen Unterschieden wie beispielsweise Geschlechts- oder Generationszugehörigkeit. Wenn die International Federation of Social Workers (IFSW in Genf) und die International Association of Schools of Social Work (IASSW in Wien)) also die Anforderung formulieren, die Frage der Menschenrechte zu ihrem Oberbegriff zu machen, liegt hier auch eine Chance, das Thema häusliche Gewalt stärker als Lehrinhalt curricular zu verankern. Auch ist häusliche Gewalt und der Schutz von Kindern vor Gewalt zu einem gesellschaftlich anerkannten Thema geworden, somit setzen das Gesetz zum Recht von Kindern auf Gewaltfreiheit und das Gesetz zur Verbesserung des Schutzes bei häuslicher Gewalt wichtige neue Akzente auch in der Ausbildung.

Abschließend werden im dritten Kapitel Möglichkeiten der Integration des Themas „Gewalt in den Geschlechter- und den Generationsverhältnissen als Menschenrechtsverletzung“ in das Studium der Sozialen Arbeit vorgestellt.

---

2 Die statistisch gesehen wesentlich selteneren Fälle häuslicher Gewalt, in denen Männer von Gewalt durch die Partnerin betroffen sind, werden nach wie vor in Forschung und Praxis weniger betrachtet (vgl. Tjaden/Thoennes 2000; BMFSFJ 2004). Neben der Verschränkung der Geschlechter- mit der Generationenperspektive sind hier weitere mögliche Formen sozialer Ungleichheit und verschiedene soziale Identitäts- und Differenzkategorien einzubeziehen und zu untersuchen wie diese verwoben sind und sich gegenseitig beeinflussen u. a. soziales Milieu, Behinderung (intersektionale Forschung).

Mangelnde Verschränkung der Geschlechterverhältnisse mit den Generationsverhältnissen[3]

Es ist vor allem ein Verdienst der Frauenbewegung, dass soziale Probleme wie beispielsweise häusliche Gewalt oder auch sexueller Missbrauch von Mädchen und Jungen enttabuisiert und im Zusammenhang mit Gewalt in den Geschlechterverhältnissen aufgedeckt wurden. Geschlechtstypische Diskriminierungen und häusliche Gewalt gegen Frauen wurden als Verletzungen von Menschenrechten definiert.

Dabei ermöglichte es vor allem diese Erweiterung des Blicks von Frauen auf Geschlechterverhältnisse, die individuelle Unterstützung der betroffenen Frauen zu erweitern, um gesellschaftliche Interventionsstrategien zur Vorbeugung und Verhinderung von Gewalt in den Geschlechterverhältnissen zu entwickeln. Über Praxisentwicklung, Forschung, Fort- und Weiterbildung, Öffentlichkeitsarbeit und Ausbildung wirkt(e) die Frauenbewegung auf diese Weise innovativ auf die Entwicklung von Theorie und Praxis in der Sozialen Arbeit. Aufgrund der geleisteten Öffentlichkeits- und Forschungsarbeit ist der Arbeitsbereich „Gewalt gegen Frauen und Mädchen" inzwischen in Deutschland gut verbreitet (Frauen- und Mädchenhäuser, Notrufe, Zufluchtswohnungen, zahlreiche Beratungsstellen für Frauen und Mädchen, die misshandelt, vergewaltigt, sexuell missbraucht oder Opfer des weltweiten Frauenhandels oder der Zwangsprostitution wurden) (vgl. Brückner 2005: 372) .

Doch obwohl viele der Einrichtungen wie z. B. Frauenhäuser ihre Konzeptionen von Anfang an darauf einstellen mussten, dass die Frauen mehrheitlich mit ihren Kindern kommen, gab es wenig fachlichen Austausch mit den Arbeitsbereichen der Jugendhilfe, z. B. der Jugendämter oder der Familien- und Erziehungsberatung.

Auch im Bereich der Männerarbeit gibt es inzwischen eine Reihe etablierter Einrichtungen Sozialer Arbeit, die im Bereich der häuslichen Gewalt tätig werden und sogenannte Täterprogramme entwickeln und umsetzen. Dabei wurde insbesondere durch die Geschlechterforschung aufgedeckt, dass die derzeitige Konstruktion von Männlichkeit Gewaltbereitschaft verstärkt bzw. sogar verursacht.

> „Hier ist nicht zu übersehen, dass hegemoniale bzw. zumindest hoch einflussreiche Festlegungen legitimer und anzustrebender Männlichkeit Gewaltfähigkeit und Gewaltbereitschaft sowie eine Haltung der aktiven sexuellen Eroberung von Frauen als positive Definitionsmerkmale umfassen." (Scherr 2005: 382)

---

3 Analog zur Frauen- und Geschlechterforschung, dass es nicht „die" Frau oder „den" Mann gibt, sondern sich auch Frauen und Männer nach Alter, Ethnie, sozialer Herkunft etc. unterscheiden, und sich dementsprechend durchgesetzt hat, von Geschlechterverhältnissen zu sprechen, wird im Folgenden auch von Generationsverhältnissen gesprochen. Denn es gibt auch nicht „das" Kind oder „die" Kindheit, sondern Mädchen und Jungen, die sich u. a. aufgrund ihres Alters, ihrer Geschlechtszugehörigkeit, ihrer ethnischen und sozialen Herkunft, ihrer Bedürfnisse und Ressourcen unterscheiden. Zudem sind sowohl Weiblichkeit und Männlichkeit als auch Kindheit immer auch soziale Konstruktionen in einen bestimmten kulturhistorischen Diskurs.

Auch wenn deutlich wird, dass viele der Männer, die ihre Partnerin misshandelt haben, auch Väter sind, wird im Rahmen der Täterprogramme die Frage der Qualität von Väterlichkeit und der väterlichen Verantwortung nicht immer bearbeitet. Da zudem viele gewalttätige Männer den Umgang mit ihren Kindern dazu nutzen, die Mütter, aber auch die Kinder, erneut zu bedrohen und zu misshandeln, ist es notwendig, hier Empfehlungen für die Arbeit mit Gewalttätern zu entwickeln, die u. a. dazu dienen, die Verantwortung der Väter zu stärken und die Sicherheit der Kinder und ihrer Mütter zu erhöhen (vgl. Heynen 2003: 18).[4]

Die – statistisch deutlich selteneren – Fälle häuslicher Gewalt, in denen Männer von Gewalt durch die Partnerin betroffen sind, werden nach wie vor in Forschung und Praxis weniger betrachtet (vgl. Tjaden/Thoennes 2000; BMFSFJ 2004). Gründe dafür liegen sicher darin begründet, dass diese Fälle seltener sind, aber auch an der vorherrschenden Konstruktion von Männlichkeit in unserer Gesellschaft.

Dagegen wird die Situation von Mädchen und Jungen im Kontext der Gewalt in der Partnerschaft der Eltern in der neuen Forschung zum Thema Gewalt in den Geschlechterverhältnissen in Deutschland inzwischen fast selbstverständlich auch thematisiert. Eine intersektionale Betrachtung der Kinder, die Gewalt in der Partnerschaft ihrer Eltern ausgesetzt sind, steckt jedoch noch in den Anfängen.[5] Denn auch Kinder im Kontext häuslicher Gewalt sind keine homogene Gruppe, sondern unterscheiden sich u. a. nach der Geschlechts- und Milieuzugehörigkeit, dem kulturellem Hintergrund, der gesundheitlichen Verfassung (vgl. Focks 2011a).

An Hochschulen für Soziale Arbeit ist das Thema häusliche Gewalt mehr oder weniger stark in das Curriculum integriert und mehr oder weniger deutlich als integraler Bestandteil des Studiums in den Studien- und Prüfungsordnungen verankert.[6] Vor allem im Bereich der Gender- und Queer Studies und geschlechtsbewusster Sozialer Arbeit wird häusliche Gewalt im Zusammenhang mit der derzeitigen Konstruktion der Geschlechterverhältnisse analysiert und werden Kompetenzen zu (nationalen und internationalen)

4 Susanne Heynen verweist hier auf Empfehlungen, die sie im Rahmen der Interventionen am Beispiel der Stadt Karlsruhe aufzeigt: http://www.karlsruhe.de/Jugend/Kinderbuero/Download/anford.pdf

5 Intersektionalität steht für das Zusammendenken verschiedener Formen sozialer Ungleichheit, wie sie entlang der Kategorien Geschlecht, Kultur, Schicht/Milieu, sexuelle Orientierung etc. erzeugt werden. Die verschiedenen sozialen Identitäts- und Differenzkategorien stehen hier nicht einfach nebeneinander, sondern sind eng miteinander verwoben und beeinflussen sich je nach Kontext gegenseitig (vgl. u. a. Winker/Degele 2009; Lutz/Herrera/Maria/Supik 2010) Eine intersektionale Haltung zielt m. E. auf den Abbau von Ungleichheiten und Dominanzstrukturen und die Förderung der Vielfalt der Kinder. Der Diskurs um Intersektionalität wurde bisher kaum auf den Elementarbereich bzw. die Analyse der Lebenswelten von Kindern bezogen (vgl. Focks 2011a).

6 Die institutionelle Verankerung in Studien-, Prüfungs- und Praxisordnungen der Hochschulen ist notwendig, damit die Integration solcher Studieninhalte nicht von jeweils engagierten Lehrenden abhängt und rein fakultativ bleibt, sondern zum Pflichtteil des Studiums gehört.

Interventionsstrategien gegen Gewalt in den Geschlechterverhältnissen erworben.

Auch Gewalt gegen Kinder wurde vor allem durch eine soziale Bewegung thematisiert. Mit der Kinderschutzbewegung fand der „moderne Kinderschutz" und die Orientierung am Kindeswohl Eingang in die Praxis von Jugendämtern und Beratungsstellen. Dabei vollzog vor allem die internationale Kinderrechtsbewegung den Wandel vom Kinderschutz hin zu genuinen Kinderrechten. Einen Meilenstein stellt dabei das UN-Übereinkommen über die Rechte des Kindes dar (Kinderrechtskonvention).[7][8][9]

Das Thema Gewalt gegen Kinder und Kindeswohl ist ein wesentlicher und selbstverständlicher Baustein des Studiums der Sozialen Arbeit. Vor allem im Zusammenhang mit der Sozialisations- und Kindheitsforschung und dem Bereich der Kinder- und Jugendhilfe ist das Thema Gewalt gegen Kinder ein integraler Bestandteil der Ausbildung, der im Zusammenhang mit Kinderschutz und Kindeswohl thematisiert wird. Die Lehrinhalte Kinder, Kindheit und Kinderschutz werden jedoch häufig unter das Thema Familie untergeordnet. Dies liegt vermutlich auch an der starken familienorientierten Ausrichtung des Kinder- und Jugendhilfegesetzes *„..., d. h. tatsächlich stehen in vielen Fällen nicht die Leistungen für Kinder und Jugendliche als eigenständige Zielgruppe im Mittelpunkt, sondern das Recht auf Förderung der Entwicklung und auf Erziehung im Kontext familialer Lebensorganisation"*. (Bock 2002: 304)

Hier wird sehr deutlich, wie wichtig auch in der Ausbildung eine Perspektivverschiebung ist im Sinne einer „konzeptuellen Befreiung" (Qvortrup 1994) von Kindern aus ihrer ökonomischen, politischen und rechtlichen Subsumtion unter die Familie.

In der Wissenschaft vollzog sich dieser Perspektiv- bzw. Paradigmenwechsel in den letzten beiden Jahrzehnten und führte dazu, dass man Kinder als eigenständige Persönlichkeiten mit individuellen Bedürfnissen und Rechten betrachtete (Butterwegs et al. 2004: 290).

Die Kritik der Kindheitsforschung an der Unterordnung von Kindern unter die Familie, am immer nur „mitgedacht" und in ihrer Eigenständigkeit nicht wahrgenommen werden, an der Sonder- bzw. Opferrolle erinnert nicht von ungefähr an die Kritik der Frauenforschung. Auch bei der Frage nach der Bewertung des Status Kind in der Gesellschaft und den aus den historisch-gesellschaftlich unterschiedlichen Generationsverhältnissen resultierenden

7 Das Übereinkommen über die Rechte des Kindes (UN-Konvention über die Rechte des Kindes) wurde von der UNO-Generalversammlung am 20.11.1989 angenommen und ist für die Bundesrepublik Deutschland am 5.04.1992 in Kraft getreten.

8 Auch der Deutsche Kinderschutzbund hat die Kinderrechtskonvention zur entscheidenden Grundlage seiner Arbeit gemacht (Mitgliederversammlung am 8.05.1993)

9 So beinhaltet der Artikel 19 der Kinderrechtskonvention den Schutz von Kindern vor jeder Form der Gewalt und verpflichtet die Vertragsstaaten dazu, alle geeigneten Maßnahmen, so z. B. die Entwicklung von Sozialprogrammen zu ergreifen.

Merkmalszuschreibungen werden Analogien zwischen Frauen- bzw. Geschlechterforschung und Kindheitsforschung sichtbar.

Insgesamt lässt sich also feststellen, dass häusliche Gewalt inzwischen ein integraler Bestandteil im Rahmen des Studiums der Sozialen Arbeit ist. Die Situation von Mädchen und Jungen, die der Gewalt in der Partnerschaft ihrer Eltern ausgesetzt sind, wird als Lehrinhalt jedoch häufig noch vernachlässigt. Dies liegt vor allem darin begründet, dass eine verschränkte Betrachtungsweise von Geschlechter- und Generationsverhältnissen noch keine Selbstverständlichkeit ist. Hier bietet das Konzept der Menschenrechte, wie im folgenden zu zeigen sein wird, vielfältige Integrationsmöglichkeiten im Studium der Sozialen Arbeit.

In der Professions- und Theoriegeschichte der Sozialen Arbeit sind Menschenrechte als zentraler Bezugspunkt keineswegs neu, sondern vielfach vorfindbar (z. B. Jane Addams 1860-1935). Vor allem auf Initiative des UNO-Zentrums für Menschenrechte wurde 1992 (in Zusammenarbeit mit der International Federation of Social Workers (IFSW in Genf) und der International Association of Schools of Social Work (IASSW in Wien)) die Anforderung formuliert, die Frage der Menschenrechte nicht nur als eines unter vielen wichtigen Themen zu betrachten, sondern sie zu ihrem Überbegriff zu machen.

Frauenrechte und Kinderrechte als Menschenrechte

Die derzeitige Konstruktion der Geschlechter- und der Generationsverhältnisse birgt in vielen Kulturen dieser Welt soziale Ungleichheiten und verstärkt bzw. verursacht Gewalt. Gewalt gegen die Mutter ist dabei immer auch eine Form der Gewalt gegen das Kind. Auch dann, wenn das Kind nicht unmittelbar Gewalt erleidet, sondern „nur" als Zeuge die Gewalthandlungen in der Partnerschaft der Eltern miterlebt.

Häusliche Gewalt ist eine Menschenrechtsverletzung, die durch die herrschende Konstruktion der Geschlechter- und der Generationsverhältnisse verstärkt bzw. verursacht wird.[10] Denn die Konstruktion der Geschlechterverhältnisse basiert in den meisten Ländern dieser Welt auf einer Dominanz des „männlichen" über das „weibliche" Geschlecht.

10 Menschenrechte haben (k)ein Geschlecht. Mit dieser Formulierung wird der Anspruch auf Universalität der Menschenrechte und zugleich ihr Androzentrismus hervorgehoben. Dieser drückt sich in einem Menschenrechtsverständnis aus, das geschlechtsbezogene Diskriminierungen, die Diskriminierung von Menschen, die nicht den dominanten Vorgaben der Kultur der Zweigeschlechtlichkeit entsprechen (z. B. queere Lebensweisen) und außerdem kulturell legitimierte sowie sexualisierte Gewalt gegen Frauen (z. B. Beschneidung, Menschenhandel, Massenvergewaltigungen) lange nicht als Verletzungen von Menschenrechten definiert hat.
Dies hat sich u. a. mit dem „Internationalen Übereinkommen gegen jede Form der Diskriminierung der Frau" von 1979 (CEDAW), ferner als Ergebnis der Wiener Menschenrechtskonferenz von 1993 geändert. So wurde inzwischen z. B. Gewalt im privaten Raum als Menschenrechtsthema verankert (vgl. Focks 2011b).

> „Dominanz des einen – männlichen – Geschlechts über das andere ist dabei auf vielfältige Weise (juristisch, politisch, ökonomisch, sozial und kulturell) in die derzeitige Konstruktion des Geschlechterverhältnisses in den meisten Ländern der Welt mehr oder weniger offen, mehr oder weniger Frauen benachteiligend eingelassen.“ (Brückner/Böhnisch 2001: 130)

Und auch die derzeitige Konstruktion der Generationsverhältnisse beinhaltet eine Dominanz, nämlich jene von Erwachsenen über Kinder. Das damit verbundene Machtungleichgewicht im Geschlechter- und Generationsverhältnis ermöglicht Machtmissbrauch und Gewalt, wie sie sich in häuslicher Gewalt oder auch in sexuellem Missbrauch von Mädchen und Jungen äußern.

Es zeigt sich also, dass durch die derzeitige Konstruktion der Geschlechter- und Generationsverhältnisse nicht nur individuelle Entfaltungsmöglichkeiten eingeschränkt, sondern auch Menschenrechtsverletzungen, wie z. B. häusliche Gewalt gegen Frauen und Kinder verstärkt und sogar verursacht werden.

Hier bietet das Konzept der Menschenrechte daher vielfältige Anknüpfungspunkte. Vor allem nationale und internationale NGOs haben im vergangenen Jahrzehnt wichtige Impulse aus dem Menschenrechtsdiskurs bezogen. Denn der Kern der Menschenrechte ist die prinzipielle Achtung menschlicher Würde und fundamentaler Rechtsansprüche, unabhängig von individuellen und kulturellen Unterschieden, wie z. B. ethnische Zugehörigkeit oder Generationszugehörigkeit oder Geschlechtszugehörigkeit. Mit dem Slogan „Frauenrechte sind Menschenrechte“ gelang es, das Stigma zu beseitigen, dass Frauen soziale Sonderfälle und ihre Rechte Sonderrechte seien (vgl. u. a. Wichterich 1996; Bielfeld 2009; Dackweiler 2009)[11]. Und mit dem Paradigmenwechsel vom Kindeswohl und Kinderschutz hin zu den Kinderrechten gelang es der Kinderrechtsbewegung, genuine Kinderrechte einzufordern (vgl. u. a. Liebel 2007; 2011). Damit verändert sich das Selbstverständnis ebenso wie die Wahrnehmung von außen: Sie treten nun als Träger eines allgemeinen Rechtsanspruchs auf, als Rechtssubjekte. Auf diese Weise wird es möglich, Unrecht in den Geschlechter- und Generationsverhältnissen und auch den Opferstatus bei häuslicher Gewalt sichtbar zu machen, gleichzeitig aber politische und rechtliche Subjekte zu sein.

Dadurch kann es auch gelingen, Themen, die weltweit vor allem Frauen und/oder Kinder betreffen, wie z. B. die verschiedenen Formen von sexualisierter Gewalt, die stets als privat (z. B. häusliche Gewalt, sexueller Missbrauch von Mädchen und Jungen) oder kulturspezifisch (z. B. Verstümmelung der Genitalien) tabuisiert worden waren, in den allgemein akzeptierten staatlichen und UN-Diskurs als eine zentrale Kategorie zur Erfassung der Geschlechter- und Generationsverhältnisse zu verorten.

---

11 Regina-Maria Dackweiler beschreibt in ihrem Artikel die Instrumente der Kontrolle und Verfolgung von Menschenrechtsverletzungen an Frauen und beleuchtet Frauenrechte als Menschenrechte im Rahmen transnationaler Frauenbewegungspolitik. Zeitschrift für Menschenrechte, Frauenrechte. Jahrgang 3, 2009, Nr.1, 37-54.

Dieses Selbstverständnis als Rechtssubjekte verändert auch die Handlungskonzepte der Sozialen Arbeit. Nicht mehr nur das Bitten um Hilfe für die Opfer dominiert, sondern Forderungen auf die politische Einlösung von Rechtsansprüchen und auf Partizipation beim Aushandeln gesellschaftlicher Bedingungen und politischer Strategien. Es handelt sich hierbei um einen zentralen Paradigmenwechsel im Selbstverständnis der Sozialen Arbeit; es geht nicht mehr vorrangig um Fürsorge und Schutz für marginalisierte soziale Gruppen der Gesellschaft, sondern um die Durchsetzung von Menschenrechten und sozialer Gerechtigkeit, um Beteiligung und Teilhabe an allen gesellschaftlichen Ressourcen.

Häusliche Gewalt als Thema im Studium der Sozialen Arbeit

Häusliche Gewalt ist eine Menschenrechtsverletzung mit der Sozial Arbeitende in den unterschiedlichsten Feldern der Sozialen Arbeit konfrontiert werden, und zwar nicht nur in speziellen Zufluchts- oder Beratungsstellen, sondern auch in Regeleinrichtungen der Kinder- und Jugendhilfe und vielen weiteren Arbeitsfeldern der Sozialen Arbeit. Fachwissen zu häuslicher Gewalt und deren Auswirkungen auf Mädchen und Jungen sind daher ebenso wie die Kenntnis von Interventions- und Präventionsansätzen eine Querschnittsaufgabe der Sozialen Arbeit.

Im Zuge der Umsetzung von Diplom- in Bachelor- und Masterstudiengänge und von Gender Mainstreaming wurden in vielen Hochschulen Gender- und Queer-Themen in die Modulbeschreibungen in den Studiengängen aufgenommen und so zu einem integralen Bestandteil des Studiums der Sozialen Arbeit gemacht.

Mit der Verkürzung und der starken Modularisierung des Studiums wird jedoch in der Praxis häufig deutlich, dass es personenabhängig ist, ob diese Themen integriert werden und wie. Denn viele Modulbeschreibungen sind sehr allgemein gehalten oder enthalten eine solche Fülle von Lerninhalten und Qualifikationszielen, dass Lehrende auswählen müssen. Durch die Fülle an Modulen, die Studierende absolvieren müssen, bleibt auch weniger Raum für Wahlfreiheit oder eine weitere Vertiefung der Inhalte im Sinne einer intersektionalen Analyse, wie beispielsweise einer Verknüpfung von Faktoren der Ungleichheit wie Geschlechter- und Generationenverhältnisse.

Auch sind häusliche Gewalt und die Auswirkungen von Gewalt in der Partnerschaft der Eltern auf Kinder Themen, die auch in anderen Studiengängen des Sozialwesens berücksichtigt werden müssen, wie beispielsweise in den Studiengängen Heilpädagogik oder Bildung und Erziehung. So weist Maywald (2011) nach, dass es nach wie vor eine mangelnde Berücksichtigung des Themas Kinderschutz in den Ausbildungsgängen der Frühpädagogik gibt.[12] Hier wäre eine Verknüpfung der Module in den einzelnen Studiengängen sinnvoll und beispielsweise über den Menschenrechtsbezug möglich.

An der Katholischen Hochschule für Sozialwesen Berlin (KHSB) wird das Thema häusliche Gewalt im Bachelorstudiengang Soziale Arbeit in den ersten Semestern des Studiums in seminaristischer Form in das Studium integriert.[13] Darauf aufbauend wird nach dem Praktischen Studiensemester im Rahmen des Studienschwerpunkts „Geschlechterbewusste Soziale Arbeit" ein Seminar zum Thema Gewalt im Geschlechterverhältnis für die Studenten/Studentinnen verpflichtend angeboten, die diesen Studienschwerpunkt gewählt haben. Da es in den ersten Semestern aber viele Seminare im Bereich Handlungskonzepte gibt und auch nur ein Teil der Studierenden den Studienschwerpunkt Geschlechterbewusste Soziale Arbeit in den höheren Semestern wählt, gibt es Studenten/Studentinnen, die nach Absolvierung ihres Studiums kaum Kompetenzen in diesem Bereich erworben haben, weder auf der Theorie- und Analyseebene noch auf der Ebene der Handlungskonzepte und -methoden.

Auch im Masterstudiengang „Master of Social Work" ist das Thema „Häusliche Gewalt" im Rahmen des Moduls Menschenrechte und Geschlechterverhältnisse ein integraler Baustein des Studiums. Eine Vertiefung findet jedoch nur für jene statt, die sich für diesen Bereich entscheiden.

Die Thematik wird von den Studenten/Studentinnen an der Hochschule vor allem dann gut angenommen, wenn das Thema häusliche Gewalt in einen Genderkontext eingebettet ist. Dabei wird auf der Analyseebene verdeutlicht, dass die derzeitige Konstruktion der Geschlechterverhältnisse und der Generationsverhältnisse soziale Probleme und Menschenrechtsverletzungen verstärkt bzw. sogar verursacht. Auf der Veränderungsebene werden vorhandene Handlungsansätze Sozialer Arbeit und Politikstrategien zur Umsetzung sozialer Gerechtigkeit und zur Durchsetzung der Menschenrechte erarbeitet und diskutiert; außerdem werden eigene Projekte konzeptionell entwickelt und praktisch umgesetzt, die auf Empowerment und Kooperation basieren.

Ausgehend von den bisherigen Erfahrungen im Zuge der Modularisierung und auch der Verkürzung der Studiengänge in der Sozialen Arbeit zeigt es sich, dass es notwendig ist, die Themen häusliche Gewalt und deren Auswirkungen auf Kinder strukturell in einzelnen Modulen zu verankern, so dass diese Inhalte verpflichtend für alle Studierenden in den Studiengängen des Sozialwesens sind (vor allem Soziale Arbeit, Erziehung und Bildung, Heilpädagogik).

Abschließend werden im folgenden einige allgemeine und spezielle Qualifikationsziele benannt:

---

12 Maywald (2011: 19 f.) zeigt unterschiedliche Kompetenzkategorien und notwendige Grundkompetenzen für die Weiterbildung von Kindheitspädagogen/-pädagoginnen auf.

13 Dabei ist das Seminar im ersten Semester meist arbeitsfeldbezogen (z. B. Frauenhausarbeit) und jenes im zweiten Semester beinhaltet neue Strategien gegen Gewalt im Geschlechter- und Generationsverhältnis.

Allgemeine Qualifikationsziele
Die Studenten/Studentinnen:
- haben ein fundiertes Fachwissen über Ungleichheiten und Gewalt in den Generations- und den Geschlechterverhältnissen,
- können häusliche Gewalt als Menschenrechtsverletzung einordnen,
- kennen Theorien zur Entstehung von häuslicher Gewalt und können diese kritisch reflektieren,
- kennen die Auswirkungen von häuslicher Gewalt auf Kinder,
- erkennen Bewältigungsstrategien von Kindern und wissen, wie häufig häusliche Gewalt den Hintergrund für Probleme von Mädchen und Jungen bildet,
- kennen (gesellschaftliche) Interventionsstrategien und neue Interventionsprojekte gegen häusliche Gewalt, die auf interinstitutioneller Kooperation und Inverantwortungsnahme basieren (good-practice Beispiele),
- können Eltern mit Gewalterfahrungen und deren Kindern geeignete Unterstützung anbieten,
- kennen für Täter geeignete Programme,
- haben sich selbstreflexiv mit dem Thema auseinandergesetzt und eine eigene professionelle Haltung entwickelt.

Speziellere Qualifikationsziele
Die Studenten/Studentinnen:
- kennen die rechtlichen Grundlagen und können diese anwenden,
- können einen Verdacht auf häusliche Gewalt abklären,
- haben Wissen über die Familiendynamik bei häuslicher Gewalt,
- wissen um die geschlechtstypischen Auswirkungen und Bewältigungsstrategien von Mädchen und Jungen bei häuslicher Gewalt,
- kennen die eigene Rolle und Aufgabe im Hilfesystem,
- kennen Interventionsregeln und können diese anwenden,
- kennen die Auswirkungen des Themas häusliche Gewalt auf die Akteure im Hilfesystem,
- können eine multidisziplinäre Zusammenarbeit und eine Vernetzung vor allem auch zwischen speziellen Zufluchts- und Beratungsstellen sowie Regeleinrichtungen der Kinder- und Jugendhilfe anregen und herstellen,
- beziehen häusliche Gewalt in alle Überlegungen und Handlungsansätze zum Kindeswohl, Kinderschutz und zu den Kinderrechten ein,
- beziehen die Unterstützung von Mädchen und Jungen in die Interventionsansätze gegen häusliche Gewalt ein,
- wissen um den Vorrang des Kindeswohls und der Kinderrechte vor den Rechten der Eltern,
- kennen neue Handlungsstrategien (Politikstrategien und Handlungsansätze der Sozialen Arbeit) gegen soziale Ungleichheiten und Gewalt in den Generations- und Geschlechterverhältnissen,

- kennen Richtlinien für die Arbeit mit Kindern, die von häuslicher Gewalt betroffen sind, und können diese anwenden.

Richtlinien für die Arbeit mit Kindern: Qualifikationsziele
Die Studenten/Studentinnen:
- wissen, dass Gewalt in der Partnerschaft der Eltern immer auch Gewalt gegen das Kind bedeutet und eine Menschenrechtsverletzung darstellt,
- erkennen die häufig geschlechtstypischen Bewältigungsstrategien von Mädchen und Jungen, die von häuslicher Gewalt betroffen sind, und können die darin liegenden Stärken erkennen,
- können Angebote für Kinder machen, um durch Reden, Spielen oder Zeichnen ihre häufig verdrängten Erlebnisse zu verarbeiten,
- können die Kinder, die sich häufig selbst die Verantwortung für die Gewalt zuschreiben, von ihren Schuld- und Schamgefühlen entlasten,
- wissen um alternative Unterstützungsmöglichkeiten für Kinder, ihre traumatischen Erlebnisse zu verarbeiten, und arbeiten mit verschiedenen Institutionen und Professionen zusammen,
- kennen die Kinderrechtskonvention und können Kinder unterstützen, ihre Rechte wahrzunehmen,
- wissen darum, dass der Schutz der Mutter eine Entlastung für die Kinder ist, da sie von der Verantwortung für die Mutter befreit werden,
- können Eltern die „Wirklichkeit“ des Kindes und die Folgen der Gewalt für Kinder verdeutlichen,
- kennen Täterprogramme und können Täter darin unterstützen, die Verantwortung für ihre Gewalttaten und die Folgen für die Kinder zu übernehmen,
- wissen darum, dass die Kinder die Bestätigung ihrer Wirklichkeit durch den Vater brauchen und dass der Umgang mit dem Vater sich in erster Linie an den Bedürfnissen und Rechten der Kinder orientieren muss,
- wissen darum, dass auch Väter Opfer von häuslicher Gewalt sein können und kennen entsprechende Unterstützungsmöglichkeiten,
- wissen darum, dass Kinder, die im Umfeld familialer Gewalt aufgewachsen sind, in Sorgerechtsfällen einen eigenen Vertreter bzw. eine eigene Vertreterin brauchen (Verfahrenspfleger/-in).

Margrit Brückner

Wenn misshandelte Frauen ihre Kinder misshandeln

Prolog

Das Thema Misshandlung von Frauen durch ihre Partner wurde in den späten 1970er Jahren im Zuge der Auseinandersetzung mit Gewalt gegen Frauen durch die internationale Frauenbewegung erfolgreich in die Öffentlichkeit gebracht und in Form von Frauenhäusern und anderen Schutzeinrichtungen für gewaltbetroffene Frauen und ihre Kinder praktisch umgesetzt (Lenz 2008).

Erst durch zähen Kampf gelang es, die Angebote auszuweiten, soziale und staatliche Institutionen für das Problem zu interessieren, Forschungsmittel zum Thema zu akquirieren sowie gesetzliche und polizeiliche Regelungen zu verbessern.

Seit den 1990er Jahren hat sich der Blick auf Gewalt gegen Frauen zu einer Auseinandersetzung mit Gewalt im Geschlechterverhältnis (GiG-net 2008) erweitert und differenziertere Perspektiven unter einbeziehen neuer Bündnispartner ermöglicht. Vor allem nach der Jahrtausendwende bildeten sich neue Auseinandersetzungen um die Gewalttätigkeit beider Geschlechter und deren Unterschiede heraus (Schröttle 2010), indem zunehmend sowohl über Gewalterfahrungen von Männern als auch über gewalttätige (junge) Frauen (Heitmeyer/Schröttle 2006) und in neuester Zeit zudem über Gewalt in lesbischen und schwulen Beziehungen kontrovers diskutiert und geforscht wird.

Doch zu dem hier behandelten Aspekt der Gewalttätigkeit von Müttern, die als Frauen selbst Gewalt durch ihren Partner erlitten haben, liegen meines Wissens weiterhin keine neueren empirischen Ergebnisse vor, und es gibt auch kaum eine Auseinandersetzung darüber, weder im wissenschaftlichen Bereich, noch unter Professionellen in Frauenschutzeinrichtungen, was mir jedoch notwendig scheint, um zugrunde liegende Annahmen zum Umgang von Gewaltopfern mit Gewalt differenzieren und Hilfeangebote für Frauen und ihre Kinder verbessern zu können. Bekannt ist aus der Familienforschung, dass Mütter und Väter gegenüber ihren Kindern etwa in gleichem Maße gewalttätig sind, wobei zu berücksichtigen ist, dass Frauen viel stärker die Erziehung der Kinder obliegt (GiG-net 2008: 46).

Zu Recht verweist Carol Hagemann-White schon 2005 auf die Notwendigkeit einer „Verzahnung der Geschlechter- und Generationenperspektive" in der Anti-Gewalt-Diskussion, die es weiterhin zu führen gilt, ohne unterschiedliche Gewaltformen gegeneinander auszuspielen (Hagemann-White 2005: 8).

Einführung: Tabuisiertes Gewalthandeln und Reaktion von Professionellen

In diesem Beitrag will ich das Verhältnis misshandelter Frauen zu Gewalt in einem besonders problematischen Bereich beleuchten: wenn einerseits Frauen von ihren Männern Gewalt erleiden, andererseits dieselben Frauen als Mütter ihren Kindern Gewalt antun. Aktive und passive Gewalterfahrungen in Familienbeziehungen sind vielfältig erlebbar und münden in unterschiedliche soziale Praxen, die für Außenstehende manchmal schwer nachvollziehbar – und insbesondere bei mitbetroffenen Kindern – schwer aushaltbar sind. Daher ist es auch für Professionelle keineswegs einfach, sich den jeweiligen Dynamiken innerlich zu stellen und in das eigene methodische Handeln einzubeziehen; das gilt umso mehr, je tabuisierter das jeweilige Gewalthandeln ist. So suchen Frauen mit ihren Kindern in Frauenhäusern Zuflucht, weil sie Gewalt von ihrem Mann erlitten haben, manchmal explizit auch deshalb, weil die Kinder indirekt oder direkt der Gewalt des Mannes ausgesetzt waren, nicht aber weil sie darunter leiden, dass sie selbst ihrerseits gewalttätig sind. Diese Seite der Gewalterfahrungen bleibt daher in Frauenhilfseinrichtungen oft unthematisiert, bis – vor allem im Frauenhauskontext – die eigene gewalttätige Seite mancher Frauen, sei es gegenüber ihren Kindern, sei es gegenüber anderen Frauen sichtbar wird. Frauenhilfseinrichtungen stellen sich nicht öffentlich als Einrichtungen dar, die Frauen und ihren Kindern Schutz vor männlicher Gewalt anbieten und die ein Auseinandersetzungsforum für mögliches, eigenes Gewalthandeln von Frauen sein wollen. Zugegebenermaßen wäre das auch eine schwierige, schwer zu vermittelnde Doppelaufgabe. Möglicherweise würden Frauen, die männliche Gewalt erlitten haben, dann nicht in Beratungseinrichtungen und in Frauenhäuser kommen, oder es würden andere Frauen kommen, die ihre eigene gewalttätige Seite mit reflektieren wollen und können.

Der Effekt dieser Leerstelle ist jedoch, dass die Frauenhilfseinrichtungen (von Beratungsstellen bis Frauenhäusern) selbst – jenseits des jeweiligen Grades der Offenheit von Mitarbeiterinnen für diese Problematik mancher Frauen - zur Ausblendung dieses Aspektes familialer Gewalt als Institution beitragen. In die dadurch systematisch entstehende „Lücke" treten andere Institutionen – Kinderschutzeinrichtungen (von Jugendamt bis Kinderschutzbund) –, die dann „die Seite" der Kinder übernehmen, indem sie deren vermutete oder geäußerte Interessen gegenüber der Mutter vertreten, was nicht selten bedeutet, sich explizit oder implizit auf die Seite von Vätern, die ihre Rechte gegenüber ihren Kindern geltend machen, zu stellen oder sich dort wiederzufinden. Das ist ein Dilemma für Professionelle, dem schwer zu entkommen ist, denn die Spaltungsdynamik einer Familie, in der Gewalt stattfindet, spiegelt sich wider in den gespaltenen Hilfseinrichtungen für Frauen einerseits und für Kinder andererseits, die jeweils parteilicher Hilfe bedürfen (Brückner 2004).

Gewalterfahrungen stellen *einen* Aspekt des Familiengeschehens dar, einen allerdings sehr leidvollen, der aber so nicht den jeweiligen Lebenszusammenhang abbildet, sondern einen Ausschnitt darstellt, in dem die anderen Ereignisse, die zwischen diesen Situationen liegen fehlen (Brückner 2009). Das gilt noch mehr, wenn diese leidvollen und Leid verursachenden Erfahrungen im Kontext einer ethnischen Minderheitssituation stattfinden, da der Minderheitsgruppe eine wesentliche soziale Funktion angesichts der Exklusionsmechanismen der ethnischen Mehrheitsgruppe zukommt. In der Sozialen Arbeit mit Frauen, die Gewalt erlitten haben und die teilweise selbst gewalttätig sind, sollte es daher thematisch nicht nur um die Gewaltakte, sondern auch um den partnerschaftlichen und familialen Kontext gehen, in den die unterschiedlichen Formen von Beziehungsgewalt eingebettet sind. Da aber zumeist die Gewaltakte Anlass für sozialpädagogische Interventionen (z. B. Kinderschutzeinrichtungen) respektive für Hilfesuche (z. B. Frauenschutzeinrichtungen) sind, ist in die professionelle Arbeit die Gefahr einseitiger Wahrnehmungen von Gewaltprozessen und damit einhergehender einseitiger Auflösungen von Ambivalenzen eingebaut: Ambivalenzen der Frauen gegenüber ihren Männern ebenso wie der Mütter gegenüber ihren Kindern und vice versa. Eine derartig einseitige Auflösung von komplexen Handlungen und Gefühlsambivalenzen (sei es bezogen auf den Ehepartner oder einen bzw. beide Elternteil/-e) erleichtert zwar zunächst die Arbeit und ist zunächst im Interesse der Adressaten/Adressatinnen, weil ihr klare Bilder von Opfern und Tätern zugrunde liegen, die eindeutige Hilfen ermöglichen. Aber diese Vereindeutigungen verstellen leicht den Blick auf die Komplexität des Familiengeschehens zwischen Frau und Mann, zwischen Mutter, Vater und Kindern, da sie die Bandbreite familialen Handelns und der Bindungen aneinander nur schwer mit reflektieren. Daher scheint mir das Kunststück notwendig, einerseits in Gewaltsituationen, wo es immer um Recht und Unrecht geht, eindeutig zwischen Täter und Opfer zu differenzieren, andererseits dort, wo es für den Hilfeprozess erforderlich ist, das gesamte Beziehungsgeschehen einschließlich der Gewaltformen, die vom Opfer ausgehen, sowie die Ambivalenzen der zu betreuenden Beteiligten in das eigene Verstehen einzubeziehen. Hierfür einen feministischen Rahmen zu finden, der den Intentionen der internationalen Frauenbewegung und ihrer Kampagne gegen Gewalt an Frauen entspricht, ist eine Aufgabe, die auch im zweiten Jahrzehnt des 21. Jahrhunderts noch aussteht.

Von der Vielschichtigkeit des Seins und der Konstruktion von Eindeutigkeiten

Zunächst will ich anhand eines Fallbeispiels die Vielschichtigkeit der Handlungsebenen und die psychische Dynamik von familialen Gewaltstrukturen – aus der Perspektive der Frau – aufzeigen, wo die Frau durch ihren Mann, die Kinder durch ihre Mutter und indirekt als Zeugen durch den Vater (ob auch direkt bleibt offen) Gewalt erleiden. Während in diesem – von der Frau berichteten - Fallbeispiel der Mann Täter und das beschriebene Kind Opfer sind, sieht sich die Frau sowohl in der Opferrolle als auch in der Täterrolle, Begriffe, die sie – ebenso wie den Gewaltbegriff – sicher selbst nicht benutzen würde, sondern die schon Teil der parteilich-professionellen Perspektive und feministisch-politischen Auseinandersetzung sind. Das Beispiel beruht auf Interviewausschnitten aus einem narrativen Interview[14] im Rahmen eines Forschungsprojektes zur Lebenssituation von Frauen in Frauenhäusern und stammt aus Mitte der 1980er Jahre, hat aber meines Erachtens in seiner Dynamik nichts an Aktualität verloren, zumal mir kein anderes Beispiel bekannt ist, in dem eine Frau so offen über ihre passiven und aktiven Gewalterfahrungen spricht (Brückner 1987):

Frau A. hat ihren Mann Franz sehr jung kennen gelernt und nicht zuletzt ihm zu Liebe ihre Friseurlehre abgebrochen. Ihrer Mutter nimmt sie heute übel, diesen Ausbildungsabbruch nicht verhindert zu haben:

> „Ich hab' die Lehr' abgebrochen, weil ich das gewollt hab', ohne dass da meine Mutter mal gesagt hätte ..., auch wegen dem Franz, ne, weil der gesagt hat: hier du verdienst nix und stehst da bis Gott weiß wann im Geschäft. (...) Da hätt' meine Mutter sagen müssen: Hör mal zu Fräulein, so nicht. Ich war damals minderjährig gewesen, also die hätte schon was sagen können. Also ich würd' bei meine Söhn' und meine Tochter schon sagen, 'hier wird fertig gelernt!', ne. Aber wirklich, da tät' ich auch dahinter stehen, da gäb' es aber auch nichts. (...) Klar, damals hat mir das gefallen, ne."

Die wachsende Gewalttätigkeit ihres Mannes nach der Heirat führt zu vielen Fluchtbewegungen von Frau Anger. Von ihren drei Kindern lässt sie die ältere Tochter bei den Schwiegereltern, wo sie ein unauffälliges Leben führt, die beiden jüngeren nimmt sie mit auf ihre Odyssee zwischen Ehe, kurzen Episoden des Alleinerziehens und Frauenhausaufenthalten. Ihren Mann hat sie sehr geliebt und trotz später schwerer Gewalttätigkeit und durch ihn verursachten sozialen Abstieg der Familie immer wieder bei sich aufgenommen. Eine Frauenhausmitarbeiterin beschreibt den Mann als ganz nett und gut aussehend, eher klein, aber muskulös durch Bodybuilding. Seine Gewalttätigkeit eskaliert, nachdem die junge Familie bei ihren Schwiegereltern ausgezogen ist, vorher haben sowohl ihre Schwiegermutter als auch ihr Schwager eingegriffen, wenn es zu Gewaltausbrüchen kam. Zu Beginn der Ehe, im Schutz der Schwiegerfamilie, traut sich Frau Anger noch zurückzuschlagen:

> „Ich wollte nicht, dass er trinkt, und nur weil ich ihm kein Glas eingeschenkt habe, da hat er mir da Ohrfeigen gegeben. Und einmal habe ich zurück gehauen, da haben wir voreinander gestanden, und da ging das dann also hin und her, hin und her, er eine, ich eine, bis dann meine Schwiegermutter ..., die ist dann bald durchgedreht, und da ist auch dann sein Bruder dazwischen."

14 Alle Namen und Sozialdaten sind – analog zur Realsituation - anonymisiert.

Frau Anger sieht sich selbst als jemand, der „ausrastet" und „hitzblitzig" ist, wofür sie nichts könne, was ihr aber dann Schuldgefühle macht, wenn sie ihre Kinder schlägt, daher entschuldige sie sich anschließend bei ihnen:

> „...und mit meinem schlechten Gewissen (...), und was soll ich denn machen, ich klinke halt aus, ich kann nichts dafür, da drehe ich durch und dann knallt es nur noch."

Als sie mit ihrer jüngsten Tochter und ihrem Sohn, die beide unter Entwicklungs-, Sprach-, und Verhaltensstörungen litten, für längere Zeit im Frauenhaus ist, schildert sie folgende Szene:

> „Ich hab' den (den Sohn, der besonders viel Schläge bekommt und dem sie sich besonders nahe fühlt, M.B.) einmal so verdroschen. Da hab' ich ihn weggeschickt Kuchen zu holen, und da hab' ich gesagt, guck, dass du schönen frischen Kuchen kriegst, mit Sahne oder so, ne. Der kommt und bringt mir einen total ausgedörrten Kuchen. Der Kuchen ist geflogen (d. h. sie hat ihn auf den Boden geworfen, M.B.) und da hab' ich gemeint, mach das weg, ist er halt mit dem Schrubber gekommen, weil kein Besen da war und reicht den Schrubber und da hab' ich den mit dem Schrubber geschlagen (...). Ja, meinst du, da wäre eine Frau dazwischen! (...) Ich hätte der Frau den Schrubber abgenommen, ne. Ich hätte gesagt, 'ich glaub', du hast se net mehr all,' (...). Aber da hat sich keine gewagt, mir den Schrubber aus der Hand zu nehmen. (...) Die hatten ein riesen Regatt vor mir, ich weiß net warum, ich hab' noch nie 'ne Frau im Frauenhaus angegriffen, noch nie. Gebrüllt wie ein Löwe, aber dass ich die irgendwie tätlich angegriffen habe, nix, nix."

Nach einigen Sitzungen beim Kindertherapeuten ihrer Tochter und ihres Sohnes „schwört" sie sich, ihre Kinder nicht mehr zu schlagen, was sie bisher durchgehalten habe. Später rutscht der Sohn für lange Zeit ins kleinkriminelle Milieu des Vaters ab, auch die Tochter geht zunächst schwierige Lebenswege, im mittleren Alter scheinen beide, laut späterem Bericht[15] von Frau Anger, den Weg in eine mehr oder weniger bürgerliche Existenz zu schaffen. Frau Anger selbst ist zum Zeitpunkt des Interviews, d. h. in der Endphase ihrer mehrfachen Frauenhausaufenthalte, eine gut aussehende, aufgeweckte, lebhafte und sympathische Frau, die den Eindruck erweckt, mit beiden Füßen auf der Erde zu stehen und die weiß, was sie will. Heute arbeitet sie seit vielen Jahren engagiert in einem Pflegeheim und hat immer noch Kontakt zu ihrem seit einiger Zeit invaliden Mann und betreut ihn auch.

Frau Anger steht sicher nicht für alle Frauen, die Partnergewalt erlitten haben, sondern nur für eine spezifische Gruppe: misshandelte Frauen, die ihren Mann sehr geliebt haben und eventuell auch weiter lieben, die selbst gewalttätig sind und ihr eigenes Handeln vor allem gegenüber ihren Kindern in Grenzen sehen können und die ein hohes Maß an Lebensstärke und Alltagsfähigkeiten aufweisen, solange diese nicht durch fortschreitende Selbstaufgabe in Beziehungen ausgehöhlt werden.

15 Mündlicher Bericht gegenüber einer an der Studie beteiligten Frauenhausmitarbeiterin, zu der sie noch Kontakt hat.

Gewalttätigkeit in Partnerschaften und in Eltern-Kind-Beziehungen: Interpretation des Fallbeispiels

In Frau Angers Lebensgeschichte gibt es ein wiederkehrendes Motiv: Die Notwendigkeit von und das Bedürfnis nach äußerer Kontrolle vor eigenen impulsiven und aggressiven Handlungen sowie Schutz vor eben solchen Handlungen ihres Mannes. Heute wünscht sie sich, dass ihre Mutter ihr verboten hätte, die Lehre abzubrechen, wogegen sie sich zweifelsohne vehement gewehrt hätte. Das ist vielleicht der Grund, weshalb die gewünschte damalige Intervention der Mutter, die sie sich ausmalt, weniger von Überzeugungsversuchen geprägt ist als verbietenden bis drohenden Charakter hat *„Hör mal zu Fräulein, so nicht!"*. Hätte nur das bei ihr geholfen oder sind andere Wege, etwas bei einem anderen Familienmitglied durchzusetzen, kein Teil der Familienkultur? Dennoch sieht sie ihren eigenen Anteil am Abbruch der Lehre sehr wohl und beschönigt nichts. Von sich selbst hat sie das Bild einer Mutter, die bei ihren Kindern auf die gleiche vehemente Weise im Kommando Ton eingreifen würde: *„Hier wird fertig gelernt!"* Damit tradiert sie möglicherweise die Kommunikationsstruktur ihrer Herkunftsfamilie, entweder man sagt nichts und lässt den anderen gewähren, solange man es aushält, oder man greift zu Drohungen, um etwas durchzusetzen. Als es so weit ist, erreicht sie ihr Ziel, dass die bei ihr lebenden Kinder eine Berufsausbildung abschließen, jedoch ebenso wenig wie ihre Mutter vorher bei ihr selbst.

Solange sie als junge Frau mit ihrem Mann bei den Schwiegereltern lebt, gelingt es den Verwandten, die Gewalttätigkeit ihres Mannes einigermaßen in Grenzen zu halten. In dieser Phase fühlt sie sich auch stark genug, seiner Gewalttätigkeit etwas entgegenzusetzen, später nicht mehr, da ist sie ihm zunehmend ausgeliefert. Das Schreckliche der geschilderten Gewaltsituation beschreibt sie nicht anhand ihrer eigenen Gefühle, sondern anhand der Reaktion der Schwiegermutter, die *„bald durchgedreht"* ist, während sie selbst eher die Erinnerung an die eigene Gegenwehr und die darin enthaltene Kraft vor Augen hat *„und da ging das dann also hin und her, hin und her, er eine, ich eine"*. Wäre es nicht so traurig, wäre es fast schon komisch, sozusagen filmreif, denn die Szene strahlt etwas von der Faszination grenzüberschreitenden Machismo aus – auch von ihrer Seite. Noch sieht sie sich als eine Frau, die auch ihr Mann nicht so schnell unterbuttern kann, sie hat ihm etwas entgegen zu setzen, auch physisch. Der Anlass für den Gewaltausbruch war Frau Angers Weigerung ihm noch mehr Bier zu bringen, da er zunehmend Alkoholprobleme hatte. Damit frustriert sie aus kontrollierender Fürsorglichkeit seine oralen Wünsche, was bei ihm keineswegs als Fürsorglichkeit ankommt, sondern Wut auslöst. Ihre Weigerung veranlasst ihn auch nicht dazu, sich notfalls sein Bier selbst zu holen, sondern er besteht darauf, von ihr versorgt zu werden, so wie sie später von ihrem Sohn. „Ausrasten" tun offenbar beide Ehepartner, nur ihr verursacht ihre eigene Gewalttätigkeit Schuldgefühle und sie setzt sich – bestärkt durch die Beratung des Frauenhauses – später damit auseinander.

Trotz ihrer Schuldgefühle sieht sie sich aber ohne Schuld: *„Und was soll ich denn machen, ich klinke halt aus, ich kann nichts dafür"*. Vermutlich gesteht sie dieses „Nichtsdafürkönnen" auch ihrem Mann zu, da sie auch nach jahrelangen Unterbrechungen immer wieder mit ihm zusammenkommt und er heute als invalider Mann möglicherweise auch nicht mehr gewalttätig ist. Dennoch gibt es lange Phasen der Beziehung, in denen sie seine Gewalttätigkeit nicht mehr aushält und vor ihm flieht, vielleicht sogar ausreichend lange, um den Gewaltzyklus nicht zuletzt aufgrund seiner Krankheit zu durchbrechen.

Frau Anger beschreibt in der obigen Szene eine Situation, in der sie ihren Mann versorgen soll, der seinerseits zunehmend weniger und alsbald gar nicht mehr für sie und die Kinder sorgt. Später richtet sie ihrerseits Wünsche nach Versorgung an ihren Sohn, der sie – wie auch schon sein Vater – enttäuscht. Während sie ihren Mann aus seiner Versorgerpflicht als Ehemann und Vater sukzessive entlässt, delegiert sie einen Teil dieser Rolle nach ihrer Flucht ins Frauenhaus an ihren Sohn und zwar auch wieder bezogen auf die Erfüllung oraler, d. h. sehr früher Bedürfnisse. Sie schildert eine Episode, in der sie einmal mehr gegenüber ihrem Lieblingssohn „ausrastet" und ihn „verdrischt"; ein Wort, das den Grad der Gewalt nicht ganz so schlimm erscheinen lässt (immerhin mit einem Schrubber), ohne dem Ereignis von seiner Vehemenz und seiner wiederum fast regiereifen Inszenierung zu nehmen. Weil ihr Sohn nicht *„schönen, frischen"* Kuchen *„mit Sahne oder so"* bringt, schlägt sie ihn mit dem Gegenstand, den er pflichtgemäß geholt hat, um den von ihr auf den Boden geworfenen Kuchen zu beseitigen. Sie versteht nicht, warum keine der anwesenden Frauen eingreift; sie hätte es getan, was gut vorstellbar ist, denn zum einen hat sie keine Angst davor, sich mit anderen anzulegen und zum anderen weiß sie, wie das ist, wenn man einfach *„ausrastet"* und *„se dann nicht mehr alle hat"*. Dann tut man etwas, wofür man ein schlechtes Gewissen hat, aber vor allem ist man hilflos sich selbst ausgeliefert und braucht Hilfe. Wie sie tatsächlich auf solch einen Eingriff reagiert hätte, ist offen, dass die Reaktion vermutlich sehr heftig gewesen wäre und deshalb die Frauen *„ein riesen Regatt"* vor ihr haben, scheint ihr einerseits unheimlich, andererseits zu gefallen. Hier schwingt wieder die Faszination mit angesichts der Fähigkeit, sich notfalls auch physisch durchzusetzen, sich nicht zu unterwerfen, sondern stark zu sein. In dieser Dynamik zwischen sich Durchsetzen und sich Unterwerfen in nahen Beziehungen bleibt kaum Spielraum für Aushandeln, Kompromisse und gemeinsame Lösungssuche.

Als Mutter sieht Frau Anger dagegen ihren Gewaltausbruch sehr wohl als Fehlverhalten gegenüber ihrem Sohn an. Doch wie schwierig es für ihren Sohn und ihre Tochter ist, aufgrund der Gewalttätigkeit des Mannes mehrfach umzuziehen, wobei dieser letztlich immer wieder nachzieht, und später zu erleben, dass die Mutter mehrere Male – mal mit, mal ohne sie ins Frauenhaus geht, erwähnt sie nicht. Da ist ihre eigene Bedürftigkeit, die dazu führt, die ihr verbliebenen Kinder bei sich zu haben respektive schnell nachzuholen, wahrscheinlich so groß, dass die Bedürfnisse der Kinder dahinter verschwinden; wenn denn die Familienbeziehungen je so waren, dass den Bedürfnissen einzelner – vielleicht bis auf diejenigen des Mannes – Bedeutung zugemessen wurde.

Eine unbeherrschbare Wut ergreift nach Frau Angers Schilderungen zunächst ihren Mann, später sie selbst, wenn der jeweils andere mit dem sich das Ich symbiotisch verbunden fühlt, aus welchem Grund auch immer nicht das tut, was das Ich von ihm erwartet und braucht. Die Frustrationstoleranz ist ebenso klein wie die Bedürftigkeit groß, so dass Nichtbefriedigung nicht aushaltbar ist, sondern in ungebremste, narzisstische Wut umschlägt, die ausagiert wird, wenn es niemand Drittes verhindert. In Frau Angers geschlechter- und generationshierarchischen Familienbeziehungen werden die nach grenzenloser Aufgehobenheit geweckten Bedürfnisse bodenlos enttäuscht, insbesondere durch die Nichterfüllung oraler Wünsche – in Form von nicht gebrachtem Bier und von Kuchen mit Sahne. Existenziellen Charakter gewinnt die darin enthaltene Kränkung, wenn die Grenze zwischen dem Ich und dem Anderen wenig gefestigt ist, da Objekt und Subjekt nicht ausreichend von einander getrennt sind und die prekäre Ich-Struktur in einer regressionsfördernden Beziehungsdynamik zusammenbricht. Entlastung gibt es dann nur noch von außen, indem Gewaltfreiheit erzwungen wird – durch den Schwager oder durch Mitbewohnerinnen – oder indem über eine bisher nicht gekannte, auf gegenseitiger Anerkennung beruhende, stabilisierende Beziehungserfahrung neue emotionale Erfahrungen gemacht und Hilfe angenommen und umgesetzt werden kann, wie es bei Frau Anger durch ihre Frauenhausaufenthalte und die Erziehungsberatungsstelle der Fall ist.

Kulturelle Einbettung von Gewalt in das Geschlechter- und Generationenverhältnis

In der vornehmlich von Frauen geführten Auseinandersetzung mit Gewalt gegen Frauen spielte immer die Hoffnung eine Rolle, dass Frauen nicht aktiv in Gewalt verstrickt sind (Kavemann 1995). Aber gerade in Frauenhäusern wird sichtbar, dass auch misshandelte Frauen nicht frei davon sind, ihre Kinder wie ihren Privatbesitz zu behandeln, sie zu vernachlässigen oder zu schlagen (Henschel 1993). Diese Erfahrung ist schwer aushaltbar, muss aber in das Bild von misshandelten Frauen und ihren Kindern und in die professionelle Arbeit – als Möglichkeit – integriert werden, damit soziale Hilfeansätze auch diese Frauen und ihre Kinder erreichen.

Wenn Opfer männlicher Gewalt ihrerseits Gewalt gegen Schwächere – zumeist Kinder – ausüben, verunmöglicht die eigene Gewalttätigkeit eine eindeutige Haltung gegenüber Gewaltanwendung in intimen Beziehungen. Weibliche Gewalttätigkeit gegenüber Kindern, ob in Form des „Ausrastens" oder als vorgeblich „rational" eingesetztes Mittel, kann dazu führen, dass Mütter männliche Gewalt über lange Zeit oder auf Dauer ertragen, wenn nämlich Gewalthandlungen als erwartbarer Ausdruck von Wut und/oder als

Steuerungsmöglichkeit in familialen Beziehungen angesehen werden. Gewalt in engen Beziehungen (Mann/Frau, Mutter/Kind) erhält vor allem dann einen Grad von „Normalität", wenn entsprechende Kindheitserfahrungen gemacht wurden und zu einem gewissen Grad normativ als „Erziehungsmittel" abgedeckt werden. Sexuelle männliche Übergriffe (oder in selteneren Fällen auch weibliche) können ebenfalls auf einer mangelnden Differenzierung zwischen eigenen und fremden Bedürfnissen verbunden mit hierarchischen Besitzvorstellungen vom Mann gegenüber der Frau und Eltern gegenüber den Kindern beruhen.

Der innere Zusammenhang zwischen dem Erdulden männlicher und dem Ausüben eigener Gewalt besteht sowohl auf der Ebene psychodynamischer Verstrickungen, als auch auf der Ebene kultureller Konzepte hierarchisch organisierten Familienlebens. Gewalterfahrungen in der Herkunftsfamilie erhöhen das Risiko, selbst Opfer respektive Täter zu werden, wenn väterliche und mütterliche Verhaltensweisen qua Identifikation übernommen werden. Eine repräsentative Schweizer Studie ergab, dass in gewalttätigen Partnerschaften die gewalterleidenden Frauen deutlich häufiger Opfer elterlicher Gewalt waren (durch Vater und Mutter) als bei nicht gewalttätigen Paaren (Gillioz et al. 1997). Nach der für Deutschland repräsentativen Untersuchung von Christian Pfeiffer und Peter Wetzels (1996) geht schwerwiegendere Partnergewalt einher mit erhöhter elterlicher Gewalt (einschließlich der Erziehungspraktiken misshandelter Frauen), und Kinder aus stark konflikt- und gewaltbelasteten Familien tragen ein größeres Risiko, auch Opfer sexueller Ausbeutung zu werden. „Die höchste Rate aktiver Gewalt gegen die eigenen Kinder ist bei Müttern zu finden, die in ihrer Kindheit Opfer elterlicher körperlicher Misshandlung waren und zugleich als Erwachsene durch schwere innerfamiliäre Gewalt reviktimisiert wurden. Viktimisierung durch schwere innerfamiliäre Gewalt im Erwachsenenalter und Viktimisierungserfahrungen in der Kindheit erhöhen unabhängig voneinander bei Müttern kumulativ die Wahrscheinlichkeit, dass sie auch physische Gewalt gegen ihre Kinder angeben" (Wetzels 1997: 237). Neben diesen Zusammenhängen gilt es aber auch gerade Lebensläufe solcher Frauen und Männer, Mütter und Väter zu untersuchen, die Gewalterfahrungen nicht weitergeben und die nicht gewalttätig geworden sind, weder in der Partnerschaft noch in der Elternrolle. Denn dann würde deutlich, welche Möglichkeiten es braucht, um derart traumatisierende Erfahrungen zu verarbeiten, zumindest aber nicht weiterzugeben respektive nicht in die Opferposition zu geraten.

Wenn Gewalt im Geschlechter- und im Generationenverhältnis zusammen untersucht wird, werden Frauen und Männer in einem doppelten Handlungs- und Beziehungskontext sichtbar: als Paar und als Eltern. Damit wird der Blick frei für das soziale Problem, dass Frauen im Kontext des Geschlechterverhältnisses Opfer männlicher Gewalt sein können, im Kontext des Generationenverhältnisses hingegen selbst gewalttätig zu handeln vermögen, wenngleich nach vorliegenden Untersuchungen in geringerem Maße, als es ihrem Anteil in der Versorgung entspricht (Godenzi 1993). Das heißt nicht, dass beide Gewaltformen gegeneinander aufgerechnet werden, sondern dass die Problemlagen sehr komplex sein können.

Sowohl geschlechts- als auch generationsspezifische Gewalt verweist auf die Nähe von Intimität und Konflikt, von Fürsorge und Zwang unter den Bedingungen geschlechter- und generationenhierarchischer Abhängigkeitsverhältnisse (Honig 1992). Die Botschaft familialer Gewalt ist, dass sich Liebe und Gewalt nicht ausschließen, sondern miteinander verbunden sein können und dass Zuwendung und Zwang in Familien in besonderer Weise zusammengehen. So erscheinen im häuslichen Kontext gewalttätige Handlungsweisen als legitim, die es gegenüber Fremden nicht wären: Sexuelle Übergriffe werden maskiert als Zuwendung, Schläge erscheinen als Fürsorge, Brutalität vermischt sich mit Bedürftigkeit. Diese Vermischungen ermöglichen Tätern, ihre Tat zu negieren und bewirken bei Opfern Verhaltens- und Gefühlsverunsicherungen bis hin zu Traumatisierungen. Doch ein solchermaßen gestaltetes Verhältnis von Liebe und Gewalt ist keineswegs ein Naturgesetz, sondern historisch und kulturell sehr unterschiedlich ausgeprägt (Levinson 1988) und die Frage ist, welcher gesellschaftlichen Veränderungen es bedarf, um Liebe und Fürsorglichkeit möglichst gewaltfrei zu konstruieren.

Dass Frauen prinzipiell ebenso wie Männer zu Gewalt fähig und in ihren Dominanzbereichen auch gewalttätig sind, sollte weder dazu verleiten, diese gewalttätige Seite von Frauen zu verharmlosen, noch dazu, daraus eine Relativierung männlicher Gewalt gegen Frauen abzuleiten. Gewalt ist nie gerechtfertigt, sondern in jedem Falle der falsche Weg zu dem es immer Alternativen gibt, auch wenn diese subjektiv nicht verfügbar scheinen. Individuelle und soziale Voraussetzungen für verantwortliches, gewaltfreies zwischenmenschliches Handeln sind:

- Einsicht in die Unrechtmäßigkeit eigenen Handelns bei gewalttätigen Übergriffen,
- eine Kultur der Gewaltlosigkeit einschließlich sozialer Strukturen, die Teilhabe und einen ausreichenden Lebensstandard ermöglichen und
- erreichbare gesellschaftliche Hilfsangebote.

Für Professionelle im psychosozialen Bereich gehört zu einem verantwortungsvollen Umgang mit der Gewaltproblematik in familialen Kontexten auch Bewusstheit über die Grenzen des institutionellen Gewaltschutzes, d. h. Bewusstheit über die Relativität des eigenen Schutzangebotes. Gewaltvorkommnisse z. B. in Frauenhäusern (von Müttern gegenüber Kindern, unter den Frauen) machen diese Einrichtungen keineswegs überflüssig, sollten jedoch zur Nachdenklichkeit gegenüber einer zu schnellen, scharfen Konstruktion von Gegensätzen – Gewalt hier und Gewaltfreiheit dort – anregen.

Integrierende Funktion von Institutionen

Frau Angers Erfahrungen sind in ihrer Dramatik sicher nicht typisch für misshandelte Frauen und Mütter allgemein, ebenso wenig ihre Offenheit bezogen auf ihre eigene Gewalttätigkeit. Doch gerade deshalb lässt sich anhand ihrer Selbstdarstellung die Komplexität häuslicher Gewalt aufzeigen: das vielfältige Scheitern von Beziehungswünschen, das Ausleben männlicher und mütterlicher Dominanz und das Festhalten an Beziehungen. Ebenso wird an ihrem Beispiel der Nutzen sozialer Institutionen deutlich, hier des Frauenhauses und des Kindertherapeuten, die konkrete Hilfen anbieten und die Norm der Gewaltlosigkeit repräsentieren und für ein Leben ohne Gewalt stehen. Die Vielschichtigkeit der Ehe- und Familiensituation von Frau Anger, die wir nur aus ihrer Perspektive kennen, sperrt sich gegen einfache Erklärungs- und Verstehensmuster. Auf der Handlungsebene geht es kurzfristig um die Beendigung der Gewalthandlungen, langfristig um eine Neuordnung der Beziehungsmuster zwischen Mutter (Vater) und Kindern und zwischen den Partnern, ob in der alten oder möglichen neuen Beziehungen.

Während das Leben in Frau Angers Familie gekennzeichnet ist durch Partner- und Eltern-Kind-Beziehungen, in denen sich Liebeswünsche und gewalttätig ausagierte Wut zu einem Ganzen verwoben haben, setzen dem die sozialen Institutionen die Klarheit von Gewalthandeln und Nicht-Gewalthandeln gegenüber. Soziale Institutionen, ob Frauen- oder Kinderhilfseinrichtungen, bieten Schutz in Situationen gewalttätigen Scheiterns von Beziehungen, ob Paar- oder Eltern-Kind-Beziehungen oder beidem. Sie zwingen aber auch zu klaren Entscheidungen oder treffen ihrerseits klare Entscheidungen (z. B. bei Inobhutnahmen). Die Grenzen ihrer Handlungsmöglichkeiten werden den jeweiligen Professionellen insbesondere dann schmerzhaft bewusst, wenn z. B. die Frauen bei ihrem Partner bleiben wollen, dieser aber seine Gewalttätigkeit einstellen soll oder Kinder bei ihren Eltern – nicht selten auch beim Vater – diese aber weder untereinander noch ihnen gegenüber Gewalt ausüben sollen.

Gewalt macht Angst und fordert Schutz, sei es vor sich selbst oder anderen und bedarf einer eindeutigen Stellungnahme. Doch die darin enthaltene Konstruktion von gut und böse, richtig und falsch trifft nur einen Aspekt des Lebenszusammenhangs der Beteiligten, da sie die anderen Seiten der familialen Beziehungen notwendigerweise ausblendet. Wenn soziale Institutionen derartige Aufspaltungen vermeiden wollen, bedeutet das:

- Frauenhilfseinrichtungen müssen den Frauen und Kindern zuliebe sowohl einen konkreten Ort darstellen, der physisch vor Gewalt schützt als auch einen intermediären Raum, d. h. einen gedanklichen Zwischenraum, in dem die Vielschichtigkeit der Beziehungen der Frauen zum Mann und der Kinder zu Mutter und Vater Platz hat.
- Kinderhilfseinrichtungen müssen einen Ort darstellen, der auf das Kindeswohl zentriert ist, gleichwohl aber einen intermediären Raum schaffen für

die Vielschichtigkeit der Beziehungen der Kinder zu Mutter und Vater und vice versa, so dass die Kinder sich in ihren Ambivalenzen dort aufgehoben fühlen.

Gewalterfahrungen in Familien sind Teil von Beziehungskontexten, die von Professionellen in der Arbeit mit Betroffenen ein inneres Halten (holding function, Winnicott) erfordern, denn der gewalttätige Mann war für die meisten Frauen eben nicht nur ein „Misshandler", sondern ihr Partner, gewalttätige Eltern sind für ihre Kinder nicht nur „Gewalttäter" sondern zentrale Bezugspersonen. Das bedeutet nicht, irgend jemanden zu entschuldigen, der oder die Gewalt ausgeübt hat, sondern zunächst einmal nur, alle Facetten des vielschichtigen Beziehungsdramas zusammen zu sehen: „Ambivalenzen sensibler wahrzunehmen und die Einheit von Widersprüchen ins Kalkül zu ziehen, statt in Alternativen zu denken – auch wenn sich angesichts des Leidens zunächst alles gegen diesen vordergründig kontrafaktischen Blick sträuben mag" (Honig 1987: 98). Möglicherweise kehrt damit auch ein Stück Unklarheit über eine Lösung, die als „gut genug" (good enough, Winnicott) empfunden wird zurück. Möglicherweise gibt es auch keine Lösungen, die für alle Beteiligten „gut genug" sind, wenn sich Widersprüche nicht auflösen lassen, z. B. zwischen Bedürfnissen der Mutter und der Kinder. Aber ein bewusster Umgang mit Zweifeln, sozusagen den „unerwünschten Nebenwirkungen" möglicher Lösungen, stellt einen fruchtbaren Boden für verantwortete professionelle Entscheidungen dar.

Zusammenfassend lässt sich festhalten: Die sozialen Institutionen in der Anti-Gewaltarbeit legen durch ihre Arbeitsteilung entlang der Konfliktlinien der betroffenen Familien, in denen geschlechts- und/oder generationsspezifische Gewalt ausgeübt wird, eine Tendenz zu psychischen Spaltungsprozessen von gut und böse, richtig und falsch nahe, die auch diese Familien schon kennzeichnen. Ziel dieser Aufspaltung ist die Leugnung eigener aggressiver Anteile und deren alleinige Zuschreibung der anderen Seite (ob dem anderen Familienmitglied oder der anderen Institution) (Bauer/Gröning 1995). Erst eine eigene, dritte Perspektive erlaubt die Wahrnehmung von Ambivalenzen und Widersprüchen und kann einen intermediären Raum schaffen, der aus der Totalität des dyadischen „Entweder-Oder" heraushilft. Dann gibt es nicht mehr nur das „reine" Opfer und keine soziale Institution, aus der das Böse herausgehalten werden kann und die immer schon Recht hat, weil sie prinzipiell auf der richtigen Seite steht. Für Professionelle ermöglicht das, in der Verschiedenheit der Arbeitsaufträge für unterschiedliche Familienmitglieder, sowohl Gemeinsames als auch Konflikthaftes zu entdecken. Die Wahrnehmung sowohl des Gemeinsamen als auch des Konflikthaften ermöglicht von einem Trauerprozess begleitete Trennungen – im Gegensatz zu Aufspaltungen – und erlaubt neue Sichtweisen, ohne die eigene Position aufzugeben. Da insbesondere bei Gewalttätigkeit und damit auch in der Anti-Gewaltarbeit Spaltungsprozesse (gut/böse, schuldig/unschuldig) eine große Rolle spielen, kommt dem Aushalten von Ambivalenzen durch die Professionellen in sozialen Institutionen eine große Bedeutung zu. Denn so werden Bindungen wie auch Trennungen möglich und Beziehungsverläufe nachvollziehbar und gestatten Reflexionen über passive und aktive Gewalterfahrungen.

Epilog

Hilfreich für eine Differenzierung des Blicks auf Gewalt im Geschlechter- und Generationenverhältnis ist die von Cornelia Helfferich und Barbara Kavemann (2006) begonnene Auseinandersetzung mit der vorherrschenden Konstruktion von Opfern und Tätern bei häuslicher Gewalt unter Einbeziehung ethischer Fragen, die bis heute auch in der Fachöffentlichkeit nicht breit aufgegriffen wurde. Ihre Überlegungen bauen auf einem Perspektivenwechsel im Umgang mit häuslicher Gewalt auf: Sie ist zu einer Angelegenheit des öffentlichen Interesses mit entsprechenden rechtlichen Konsequenzen geworden, die Dynamik von Gewaltbeziehungen wird viel differenzierter betrachtet und für feststehende Bilder vom unschuldigen, weiblichen Opfer konnte eine negative Wirkung bezogen auf Hilfesuche und Hilfeangebote nachgewiesen werden (Helfferich/Kavemann/Lehmann 2005). Deutlich wurde auch, dass dichotome Konstruktionen von Täter/Opfer-Bildern jenseits der Beschreibung von „Positionen in einer Gewaltsituation" (Helfferich/Kavemann 2006: 550) zu kurz greifen, da aus kindlichen Opfern erwachsene Täter und erwachsene Opfer gegenüber Kindern zu Tätern werden können, wie im Beispiel dieses Aufsatzes. Für die weitere Arbeit gegen Gewalt im Geschlechter- und Generationenverhältnis zentral scheinen mir drei auch von den Autorinnen hervorgehobene Aspekte:

- Das Herstellen eines Zusammenhangs zu den Menschenrechten, die für Opfer und Täter Gültigkeit haben,
- der Ansatz an einer aktiven Verantwortungsübernahme für das eigene Tun,
- die Vermittlung der aus den jeweiligen Arbeitsaufträgen hervorgehenden Perspektiven auf Gewalt und Gerechtigkeit zwischen allen bei Gewalt im Geschlechter- und Generationenverhältnis kooperierenden Institutionen zugunsten der Beendigung von Gewalt und Übergriffen.

Andrea Buskotte / Ulrike Kreyssig

Kooperation von Kinderschutz und Frauenunterstützung: Rahmenbedingungen, Konzepte und Erfahrungen

Institutionelle Kooperation zwischen Frauenunterstützungs- und Kinderschutzeinrichtungen im Zusammenhang mit häuslicher Gewalt soll die Weichen dafür stellen, dass betroffene Kinder und Jugendliche bei der Verarbeitung ihrer Gewalterfahrungen begleitet werden und angemessene Hilfen erhalten, die sie in ihrer Entwicklung unterstützen. Eine wichtige Grundlage für diese Zusammenarbeit bildet das 2012 in Kraft getretene „Gesetz zur Stärkung eines aktiven Schutzes von Kindern und Jugendlichen (Bundeskinderschutzgesetz – BkiSchG)", das Rahmenbedingungen zum Aufbau verbindlicher Netzwerkstrukturen formuliert: *„In das Netzwerk sollen insbesondere Einrichtungen und Dienste der öffentlichen und freien Jugendhilfe (…), Gesundheitsämter, Sozialämter (...), Schulen, Polizei und Ordnungsbehörden, Agenturen für Arbeit, Krankenhäuser, Frühförderstellen, Beratungsstellen für soziale Problemlagen (…), Einrichtungen und Dienste zur Müttergenesung sowie zum Schutz gegen Gewalt in engen sozialen Beziehungen, Familienbildungsstätten, Familiengerichte und sowie Angehörige der Heilberufe einbezogen werden."*[16] Eine institutionelle Zusammenarbeit ist also gesetzlich verpflichtend, wenn das Kindeswohl gefährdet ist – davon ist in der Regel auszugehen, wenn es zu Gewalt gegen die Mutter gekommen ist.

Vor diesem Hintergrund und auf der Basis von bisherigen Kooperationserfahrungen fasst dieser Artikel zusammen, welche Rahmenbedingungen in Bezug auf Kooperation gegeben sein müssen und mit welchen strukturellen und fachlichen Einflussgrößen sich insbesondere die Bereiche Frauenunterstützung und Kinderschutz in Bezug auf ihre Zusammenarbeit auseinandersetzen mussten und müssen. Dieser Blick auf Strukturen, auf Gelingens- und Hemmnisfaktoren soll eine bewusstere Gestaltung von Kooperationsprozessen ermöglichen und dazu beitragen, Probleme in der Zusammenarbeit nicht primär zu personalisieren. Und die Praxis zeigt: Es gibt positive Entwicklungen und Beispiele, aus denen sich Anregungen und Empfehlungen für den Ausbau der Kooperation von Frauenunterstützung und Kinderschutz ableiten lassen.

Rahmenbedingungen

Die zunehmende Differenzierung und Spezialisierung führen in vielen sozialen Arbeitsfeldern dazu, dass von einzelnen Professionen und Institutionen jeweils Themensegmente besetzt und Teilprozesse gestaltet werden. Das

16 §3, Abs. 2 Bundeskinderschutzgesetz

fördert einerseits die Effizienz, andererseits geht damit häufig jedoch der Blick auf Hintergründe und Kontexte einer Situation verloren, möglicherweise auch die Übernahme von Gesamtverantwortung für die Ergebnisse und die Konsequenzen bei den Betroffenen. Gleichzeitig entstehen dabei Definitionslinien für die Zuständigkeit bzw. Nicht-Zuständigkeit der handelnden Institutionen (vgl. Thimm 2004) sowie ein Bedarf an Abstimmung. Denn die in der Regel komplexen Problemlagen, die Thema der sozialen Arbeit sind, erfordern eine Verknüpfung und einen Abgleich zwischen den Spezialkenntnissen und -kompetenzen, sie erfordern Kooperation. Diese Notwendigkeit hat sich in den letzten Jahren sowohl im Bereich des Kinderschutzes als auch im Bereich Gewaltschutz für Frauen gezeigt, jeweils basierend auf der Erkenntnis, dass der Schutz vor Gewalt nicht von einer Institution allein geleistet werden kann, sondern ein abgestimmtes Zusammenwirken mehrerer Behörden und Einrichtungen erfordert. Vor diesem Hintergrund sind Interventionsprojekte (Runde Tische u. ä.) gegen häusliche Gewalt und Netzwerke zu den Themen „Frühe Hilfen" und „Kinderschutz" entstanden.

Kooperation ist in diesem Verständnis ein planvolles interdisziplinäres oder interinstitutionelles Vorgehen, bei dem es um die gemeinsame Entwicklung von Abläufen für Fallbearbeitungen, um Strukturentwicklungen und Prozessgestaltung zwischen unterschiedlichen Institutionen geht. Das gelingt nicht automatisch: Kooperation ist eine fachliche Strategie, die entsprechendes professionelles Know-how und angemessene Rahmenbedingungen voraussetzt.

In einem Kooperationsprozess treffen in der Regel divergierende Interessen der Akteure und ein unterschiedliches Verständnis über die Kooperationsverbindlichkeit aufeinander, die es zu benennen, auszuloten und zu balancieren gilt. Denn Kooperation knüpft einerseits an Unterschiede (z. B. in Bezug auf die Zuständigkeiten und den institutionellen Auftrag der Partner) an, ohne diese Voraussetzung bestünde kein Ergänzungsinteresse bzw. keine Ergänzungsnotwendigkeit. Kooperationen benötigen andererseits ein gewisses Quantum an Übereinstimmung der Partner, zum Beispiel im Hinblick auf die Ziele der Kooperation. Zu Beginn muss also mit allen Beteiligten geklärt werden, was die Kooperation bewirken soll. Wenn das nicht geschieht, sind Enttäuschungen über geringe Erfolge, fehlende Kompromissbereitschaft oder schwaches Engagement der Kooperationspartner wahrscheinlich. Solche Probleme haben zwangsläufig Folgen für die Motivation: Nicht selten wird Kooperation dann nur halbherzig betrieben, weil Risiken und Nebenwirkungen wie Autonomieverlust, Ressourcenbedrohung oder Verlust von Klientel befürchtet werden.

Für eine gelingende Kooperation in der interdisziplinären Intervention bei häuslicher Gewalt hat die wissenschaftliche Begleitung mehrerer Projekte z. B. in Berlin und in Mecklenburg-Vorpommern (WiBIG) drei wesentliche Voraussetzungen identifiziert:

- Klarheit und Einigkeit über das anzustrebende Ziel;

- die gegenseitige Anerkennung und Wertschätzung des Experten-/Expertinnenstatus der Beteiligten;
- Entscheidungsbefugnisse der Teilnehmer/-innen eines Kooperationszusammenhangs (vgl. WiBIG 2001:145).

1. Es hat sich gezeigt: Die Formulierung gemeinsamer Intentionen stellt auf unterschiedlichen Ebenen die Weichen für das Gelingen der Kooperation: Zielformulierungen strukturieren den Arbeitsprozess. Je konkreter die Ziele benannt sind, desto besser lassen sich einzelne Arbeitsschritte klären und desto eindeutiger lassen sich Erfolge und Fortschritte erkennen und darstellen. Die Wahrnehmung und Markierung von (Teil-)Zielen ist wiederum ein wichtiger Stimulus für die Motivation der Beteiligten.

2. In der Perspektive der beteiligten Personen und Institutionen ist die gegenseitige Akzeptanz der Kooperationspartner/-innen ebenfalls ein wichtiger Faktor. Sie kann dadurch gefördert werden, dass die Kooperationspartner/-innen ihre jeweiligen (gesetzlichen) Aufträge, Aufgaben und Organisationsprinzipien transparent machen und den Expertenstatus für Themenbereiche bzw. Teilaufgaben gegenseitig anerkennen und würdigen.

3. Darüber hinaus ist die institutionelle Verankerung von Inhalten und Zielen der Kooperation von zentraler Bedeutung: Die Kooperationspartner/-innen benötigen das Mandat ihrer eigenen Institutionen und Entscheidungsbefugnisse für den Kooperationskontext. Außerdem müssen sie in der Lage sein, Kooperationsergebnisse in der eigenen Institution zu vermitteln und zu implementieren. Auch die Schaffung entsprechender Rahmenbedingungen innerhalb der beteiligten Organisationen ist notwendig. Es muss geklärt sein, welchen Stellenwert Kooperation erhält – wird sie als zentraler Bestandteil der Arbeit begriffen oder als nachrangige „Nebentätigkeit"?

Konkret heißt das: Kooperation benötigt Verbindlichkeit und Kontinuität. Idealerweise beauftragt jede Einrichtung einen Mitarbeiter/eine Mitarbeiterin mit der kontinuierlichen Teilnahme an Kooperationsgremien, fordert Berichte über den Sachstand ein und stellt dafür ausreichend Ressourcen (Arbeitszeit, Informationen, finanzielle Mittel) zur Verfügung. Insbesondere die Leitung übernimmt hier Verantwortung, indem sie deutlich macht, dass sie hinter dem Kooperationsauftrag steht und die Ergebnisimplementierung in die Organisation aktiv stützt.

Aller Anfang ist schwer: Ansatzpunkte für Annäherungen

Seit circa 20 Jahren werden auf unterschiedlichen Ebenen Fachgremien für die Intervention bei häuslicher Gewalt eingerichtet. Diese Gremien – Runde Tische, Aktionsbündnisse gegen häusliche Gewalt etc. – sind interdisziplinär und interinstitutionell besetzt mit Vertretern/Vertreterinnen der politischen Ebene, der Frauenhäuser, der Zufluchtswohnungen und Frauenberatungsstellen, der

Jugendhilfe, des Kinder- und Jugendgesundheitsdienstes, der Polizei und mit Juristinnen/Juristen. Zunächst ging und geht es in solchen Gremien um das Kennenlernen der jeweiligen Arbeitsfelder und Arbeitsaufträge. In Bezug auf die Betroffenheit von Kindern durch das Miterleben der Partnerschaftsgewalt zwischen den Eltern stand der Versuch im Mittelpunkt, sich über die Frage zu verständigen: Von welcher Zielgruppe sprechen wir hier? Über Kinder, die ausschließlich die Misshandlung der Mutter miterlebt haben? Über Kinder, die die Misshandlung miterlebt haben und gleichzeitig selbst misshandelt wurden? Vom Vater? Oder (auch) von der Mutter? Was ist mit den Kindern, deren Vater von der Mutter misshandelt wurde? Im Hintergrund dieser Diskussionen wurden unterschiedliche Problemverständnisse, Wahrnehmungs- und Deutungsmuster sowie methodische Herangehensweisen offensichtlich.

> „Das Arbeitsfeld der Unterstützung von Frauen bei häuslicher Gewalt stellt die Frauen als Gewaltopfer in den Mittelpunkt, definiert Gewalt auf dem Hintergrund der Analyse des Geschlechterverhältnisses als Männergewalt und sieht Kinder und Jugendliche als Mitbetroffene in diesem Kontext. Das Arbeitsfeld des Kinderschutzes und der Jugendhilfe stellt Kinder und Jugendliche beiderlei Geschlechts als Gewaltopfer in den Mittelpunkt, definiert Gewalt vor dem Hintergrund des Generationenverhältnisses als Gewalt durch Erwachsene und sieht Frauen als potenzielle Täterinnen in diesem Kontext." (WiBIG, Bd. IV 2004: 39-40).

Frauenunterstützungseinrichtungen und Interventionsprojekte bekennen sich in ihren Zielen eindeutig zu einer Inverantwortungnahme und Sanktionierung der Täter (BIG 1996: 5).

Das Grundverständnis in der Kinder- und Jugendhilfe fußt dagegen auf dem Prinzip „Hilfe statt Strafe". Der Kinderschutz setzt auf Arbeit mit dem gesamten Familiensystem, auf Ressourcensuche und Erkundung von (latentem) Leidensdruck bei allen Beteiligten. Eine strafrechtliche Sanktionierung spielt dabei in der Regel keine Rolle. Um Mädchen und Jungen vor Gewalt durch ihre Eltern zu schützen, geht es im Kinderschutz primär darum, familiäre Belastungen frühzeitig zu erkennen und ihnen durch eine Begleitung, Entlastung und die Förderung von Erziehungskompetenzen entgegenzuwirken.

Damit stehen sich zwei grundsätzlich unterschiedliche Handlungslogiken gegenüber, die gegenseitig transparent gemacht und verstanden werden müssen, wenn gemeinsame Ziele und konkrete Handlungsabläufe in der Intervention entwickelt werden sollen.

Ihre Wurzeln haben diese unterschiedlichen Handlungslogiken zu einem Teil in der Historie der Frauen(schutz)bewegung und der Kinderschutzbewegung. Die Frauenbewegung hat viele Jahre darum gerungen, dass Gewalt gegen Frauen und sexueller Missbrauch enttabuisiert wurden, gesellschaftliche Aufmerksamkeit erfuhren und fachlich sowie politisch ernst genommen wurden. Heute gelten diese Themen als gesellschaftlich anerkannt, was z. B. auch zu geschlechterdifferenzierten Ansätzen und Angeboten in der Kinder- und Jugendarbeit oder in den erzieherischen Hilfen führte. Aufgrund der nach wie vor existierenden benachteiligenden Machtverhältnisse zwischen den

Geschlechtern wird allerdings befürchtet, dass bei der Formulierung gemeinsamer Ziele die Belange von Frauen schnell „wieder unter den Tisch fallen".

Die Kinderschutzbewegung blickt ebenfalls auf dynamische Entwicklungen zurück, die in der gesetzlichen Verankerung des Rechtes von Kindern auf gewaltfreie Erziehung mündete. Die Jugendhilfe arbeitete in den letzten zwanzig Jahren hartnäckig an ihrem Paradigmenwechsel: Weniger Eingriffe von staatlicher Seite, stärkere Beteiligung der Eltern an den sie betreffenden Entscheidungen und Unterstützung des gesamten Familiensystems in problematischen Situationen. Dieses Grundverständnis in der Intervention bei häuslicher Gewalt aufzugeben, mindestens aber zu modifizieren, ließ auch hier die Sorge wachsen, die eigenen Wurzeln zu kappen, die dialogische und systemische Identität aufs Spiel zu setzen und in einen neuen Sog von Eingriffsorientierung zu geraten.

Unterschiedliche Deutungsmuster

Ein weiterer Unterschied in der Arbeit im Gewaltschutz und im Kinderschutz sind die jeweils handlungsleitenden theoretischen Konzepte. In der Kinder- und Jugendhilfe wird der systemische Ansatz mit Betonung der Allparteilichkeit favorisiert, in der Frauenberatungs- und Frauenhausarbeit dagegen der parteiliche Ansatz. Die Kinder- und Jugendhilfe richtet den Blick auf Wechselwirkungen von Einflüssen auf Familiensysteme und die Konstruktion von „Wirklichkeiten" durch die jeweiligen Familienmitglieder. Aus diesem systemischem Verständnis heraus gilt es in der Betrachtung von familialen Systemen, in denen ein Familienmitglied auffällig (alkoholabhängig, schizophren oder eben gewalttätig) wird, herauszufinden, welchen subjektiven Sinn und welche intersubjektive Funktion die Symptomatik für den Gesamtzusammenhang hat bzw. wie die einzelnen Familienmitglieder zur Entstehung bzw. Aufrechterhaltung der Störung beitragen. Wird dieses Grundverständnis auf das Thema häusliche Gewalt angewendet, stellt sich sofort die Frage, welchen Anteil eine betroffene Frau an der Entstehung und/oder Aufrechterhaltung der Gewaltdynamik hat. Der systemische Ansatz, der in vielen therapeutischen und beraterischen Zusammenhängen hilfreich ist, kann im Kontext häuslicher Gewalt (wie bei sexuellem Missbrauch oder Kindesmisshandlung) eher kontraproduktiv wirken und dazu führen, dass Kinder nicht oder zu spät geschützt werden und Frauen eine Verantwortung übertragen wird, die sie aufgrund der langjährigen Gewaltsituation überfordert.

Macht als Organisationsprinzip innerhalb der Familie und insbesondere in Familien, in denen häusliche Gewalt herrscht, wurde in der systemischen Theorie und Praxis als bestimmendes Prinzip des Geschlechterverhältnisses weitgehend ignoriert. Voraussetzung für die Kooperation zwischen Frauenunterstützungs- und Kinderschutzinstitutionen ist deshalb auch ein fachlicher Konsens: Wenn es um häusliche Gewalt bzw. um jede Form von

Gewaltausübung geht, muss zunächst eine eindeutige Parteilichkeit für das Opfer eingenommen werden. Opfer und Täter müssen klar benannt und die Verantwortlichkeit für die Tat(en) eindeutig zugeordnet werden. Das Opfer bzw. die Opfer müssen geschützt werden, Unterstützung und Bestärkung erfahren bei gleichzeitiger Konfrontation bzw. Sanktion des Täters für sein Handeln. Hier können der parteiliche und der systemische Ansatz verknüpft werden: Erst durch eine parteiliche Unterstützung und Stärkung der gewaltbetroffenen Frauen und Kinder, durch eine Beendigung der Gewalt sowie die Verantwortungsübernahme des Mannes für sein gewalttätiges Handeln gegenüber Frauen und Kindern kann möglicherweise eine Macht- und Rechtebalance zwischen den betroffenen Familienmitgliedern hergestellt werden und ein neues Beziehungsverhältnis entstehen.

Gewaltschutz und Kinderschutz: Kooperationserfolge

Gewaltschutz als Synonym für den Schutz von Frauen vor Gewalt in Paarbeziehungen bezieht sich auf die Interventionsmöglichkeiten auf der Basis des Gewaltschutzgesetzes, der Sicherheits- und Ordnungsgesetze der Länder, des Strafrechts und auf die Unterstützung durch spezialisierte Frauenberatungsstellen und Frauenhäuser. Gewalt gegen Kinder ist ebenfalls strafrechtlich bewehrt, Kinderschutz wird aber vorwiegend als Hilfebedarf der Eltern und Kinder aufgefasst, der mit entsprechenden Unterstützungsmaßnahmen der Kinder- und Jugendhilfe bearbeitet wird. Beide Hilfesysteme beruhen wesentlich auf den Kooperations- und Vernetzungsstrukturen zwischen staatlichen Behörden und freien Trägern – mit einer jeweils spezifischen Ausrichtung. Bei der Weiterentwicklung der Kooperation zwischen Frauenunterstützung und Kinderschutz geht es deshalb vor allem darum, wie die Verzahnung dieser beiden Netzwerke gelingt (Buskotte 2010).

Als wichtiges Ergebnis der Entwicklungen der letzten Jahre ist festzuhalten: Trotz aller Unterschiede in den Organisationsstrukturen, Problemdefinitionen, Handlungslogiken und gesetzlichen Aufträge der beteiligten Institutionen und Behörden ist es inzwischen gelungen, ein von vielen Professionen geteiltes Problemverständnis im Hinblick auf die Folgen von Partnergewalt für Kinder und ihren Unterstützungsbedarf zu entwickeln. Dieses gemeinsame Problemverständnis basiert auf folgenden Kernaussagen: Häusliche Gewalt gegen die Mutter ist eine Form von Gewalt gegen Kinder. Kinder sind nicht nur unbeteiligte Zeugen, sondern können durch das Miterleben erheblich verstört und belastet werden. Häusliche Gewalt gegen Frauen muss deshalb immer als Anhaltspunkt für eine Kindeswohlgefährdung gewertet werden. Dieser Zusammenhang muss bei der Organisation von Hilfen für Mütter und Kinder berücksichtigt werden und hat Konsequenzen für das Interventionssystem Häusliche Gewalt und für das Interventionssystem Kinderschutz.

Inzwischen hat die Praxis vielerorts gezeigt, dass es möglich ist, auf Basis dieses Problemverständnisses konstruktiv zusammenzuarbeiten. In allen Bundesländern sind Vereinbarungen über Verfahrensabläufe, z. B. die Information des Jugendamtes, Sozialpädagogischer Dienst, durch die Polizei nach einem Platzverweis getroffen worden. Es gibt spezielle Angebote für Kinder, Frauen und Männer sowie verbindlich kooperierende Netzwerke. In einzelnen Bundesländern wurden auch konkrete Vereinbarungen bzw. Handlungsleitlinien zwischen Frauenschutz und Kinderschutz[17] entwickelt.[18]

Beispiele und Erfahrungen

Niedersachsen: Im Rahmen des Landesaktionsplans zur Bekämpfung häuslicher Gewalt hat eine interdisziplinär zusammengesetzte Arbeitsgruppe 2005 konzeptionelle Eckpunkte für den Umgang mit Kindern misshandelter Mütter nach einem Polizeieinsatz ausgearbeitet, die als Empfehlungen für die Fachpraxis vom Landespräventionsrat in Zusammenarbeit mit dem Sozial-, dem Innen- und dem Justizministerium veröffentlicht wurden.[19] Kernpunkt der Empfehlungen war ein Handlungsrahmen für die Zusammenarbeit zwischen Polizei, Frauenunterstützungseinrichtungen und Kinderschutz. Im Hinblick auf diese Zielsetzung wurde per Erlass geregelt, dass die Polizei bei einem Einsatz wegen häuslicher Gewalt gleichzeitig die proaktiv arbeitende Beratungsstelle (BISS) und das Jugendamt informiert, wenn Minderjährige betroffen sind. Im Anschluss daran sollen die Mitarbeiter/-innen des Jugendamtes Kontakt zur Familie aufnehmen, um eine Kindeswohlgefährdung abzuklären und weitergehende Hilfen für Kinder und Eltern anzubieten.

Neben rechtlichen Hinweisen und Verfahrensvorschlägen zur Zusammenarbeit im Interventionsprozess enthalten die Empfehlungen Anregungen

- für die Einrichtung von spezifischen Informations- und Beratungsangeboten für von Partnergewalt betroffene Mädchen und Jungen,
- zu Umgangsregelungen im Kontext häuslicher Gewalt und
- Hinweise auf die Mitwirkung von Jugendämtern und Frauenunterstützungseinrichtungen an kommunalen Vernetzungsgremien zur Intervention.

Die per Erlass geregelte Informationsweitergabe der Polizei an die BISS und an das zuständige Jugendamt hat sich als Standard etabliert und wird

17 Vgl. Kinder- und Jugendberatung in Mecklenburg-Vorpommern, siehe Beitrag Voss und Evers in diesem Band; Kooperationsvereinbarung ASD-Frauenhaus im Werra-Meissner-Kreis

18 Eine Übersicht über diese Materialien bietet die „Synopse Kindeswohlgefährdung, Kinderschutz und Frühe Hilfen" der Konferenz der Landeskoordinierungsstellen (KLK): www.saarland.de/71367.htm

19 Landespräventionsrat Niedersachsen (2005): Kinder misshandelter Mütter – Handlungsorientierungen für die Praxis, Hannover (www.lpr.niedersachsen.de)

flächendeckend umgesetzt. Zusätzlich nehmen die Interventionsstellen von sich aus Kontakt zum Jugendamt auf, wenn in dem Polizeiprotokoll Hinweise auf eine Gefährdung von Kindern zu ersehen sind bzw. wenn es der Interventionsstelle nicht gelingt, Kontakt zur betroffenen Frau herzustellen und es deswegen unklar ist, ob die betroffene Frau und ihre Kinder über bestehende Hilfeangebote informiert sind. Einige Jugendämter haben spezifische Handlungsleitfäden für das Vorgehen in Fällen häuslicher Gewalt entwickelt und berücksichtigen dabei explizit die Schnittstellen zu Frauenunterstützungseinrichtungen.[20]

Insgesamt zeigt die Entwicklung, dass Empfehlungen auf Landesebene Anregungen und Handlungsorientierungen an die Fachpraxis vermitteln können, sie ersetzen jedoch nicht die konkrete Kooperation und Koordination der vor Ort agierenden Institutionen und Behörden. Die an der Intervention beteiligten Ämter und Unterstützungseinrichtungen müssen das eigene Hilfe- und Unterstützungssystem und die institutionellen Schnittstellen analysieren und konkrete Kooperationswege klären. Sinnvoll sind zum Beispiel verbindliche Regelungen für die Zusammenarbeit zwischen Polizei und Jugendamt. Dies gilt für die Festlegung eines Kommunikationswegs und die Benennung von Ansprechpartner/-innen in beiden Behörden sowie im Hinblick auf Rückmeldungen über die Kenntnisnahme eines Falls im Jugendamt. Auch zwischen Jugendamt und Interventionsstellen/Frauenunterstützungseinrichtungen sind Absprachen und Rückmeldungen zweckmäßig, um die jeweiligen Vorgehensweisen und Beratungsziele der Kooperationspartner abzuklären und Missverständnisse und Fehleinschätzungen zu vermeiden.

Auf der Basis der Empfehlungen haben viele der vor Ort tätigen Interventionsprojekte und Vernetzungsgremien inzwischen verschiedene Unterstützungsangebote und Hilfeleistungen für Kinder misshandelter Mütter organisiert. An einigen Orten wurden Infoflyer erarbeitet, die Mädchen und Jungen über häusliche Gewalt und die örtlichen Hilfsangebote für Kinder informieren. Diese Materialien werden Kindern und Jugendlichen beispielsweise bei einem Polizeieinsatz von den Beamten/Beamtinnen ausgehändigt, sie werden aber auch über Schulen und Jugendtreffs verteilt, um Mädchen und Jungen zu motivieren, sich selbständig Unterstützung zu suchen. Zusätzlich wurden in einigen Kommunen spezielle telefonische und Online-Beratungsangebote sowie Gruppenangebote für Kinder und Jugendliche zur Bewältigung der Gewalterfahrungen entwickelt (siehe Ganser in diesem Band).[21]

20 Vgl. „Begleiteter Umgang nach Partnerschaftsgewalt", Arbeitshilfe des Fachdienst Familie / Sozialer Dienst, Fachbereich für Kinder, Jugendliche und Familien Osnabrück, 2011, http://www.lpr.niedersachsen.de/Landespraeventionsrat//Module/Publikationen/Dokumente/Begl-Umgang-nach-Partnerschaftsgewalt_899.pdf

21 Beispiele für Informationsangebote für Kinder und Jugendliche finden sich in: Landespräventionsrat Niedersachsen (2005): Kinder misshandelter Mütter – Handlungsorientierungen für die Praxis, Hannover. Ein Beispiel für ein Beratungsangebot für Kinder beim Frauennotruf Göttingen: www.frauen-notruf-goettingen.de

Einschätzungen aus der Praxis zur Entwicklung der Zusammenarbeit zeigen einerseits, dass die Empfehlungen wahrgenommen, in Fachgremien diskutiert und als Handlungsorientierung für die Weiterentwicklung des Hilfeangebots vor Ort genutzt werden. Andererseits bringen die Rückmeldungen von Praktikern/Praktikerinnen auch zum Ausdruck, wie stark die Zusammenarbeit vielerorts von Personen, also vom Engagement Einzelner abhängt – sowohl im Hinblick auf eine fallunabhängige Vernetzung als auch im Hinblick auf eine fallbezogene Zusammenarbeit zwischen Frauenunterstützungseinrichtungen und Jugendämtern.

Berlin. In Berlin wurde BIG (Berliner Initiative gegen Gewalt an Frauen)[22] 1995 als erstes bundesweites Modellprojekt im Bereich der Intervention bei häuslicher Gewalt gegründet. Ziel war und ist, umfangreiche Maßnahmenpakete und Einzelstrategien zum Schutz der betroffenen Frauen und ihrer Kinder zu entwickeln, gewalttätig handelnde Männer konsequent in Verantwortung zu nehmen, einen breiten gesellschaftlichen Konsens und ein abgestimmtes Handeln aller beteiligten Berufsgruppen zu erreichen.

BIG Koordinierung

Bei BIG wurde speziell zur Bearbeitung der thematischen Verschränkung „gewaltbetroffene Frauen – Auswirkungen auf Kinder“ ein eigenes Fachgremium eingerichtet, das insbesondere die Kooperation zwischen den Bereichen Frauenschutz und Kinderschutz verbessern soll und seit nunmehr fünfzehn Jahren erfolgreich arbeitet.

Die positive Entwicklung des Gremiums Kinder/Jugendliche wurde durch verschiedene Bedingungen beeinflusst. Zuständigkeiten in den beteiligten Institutionen konnten geklärt und verbindlich festgelegt werden. In Berlin existieren verschiedene Gremien zur Verbesserung des Kinderschutzes auf überbezirklicher Ebene. So gibt es ein Gremium „Reaktiver Kinderschutz“, in dem alle zwölf Berliner Bezirke durch Mitarbeiter/-innen des Sozialpädagogischen Dienstes, i. d. R. die Kinderschutzkoordinatoren/-koordinatorinnen, repräsentiert sind. Aus diesem Gremium ist für die Mitarbeit bei BIG eine Vertreterin benannt worden, die sowohl den wechselseitigen Informationsfluss gewährleistet, als auch in den jeweiligen Gremien die relevanten Themen und Fragestellungen zu häuslicher Gewalt einbringt.

Die kontinuierliche Begleitung und die positiven Rückmeldungen in Bezug auf Arbeitsergebnisse durch die wissenschaftliche Begleitung von BIG bestärkten das Kooperationsbündnis enorm. Die Verknüpfung der Arbeitsbereiche Frauenschutz und Kinderschutz wurde auf wissenschaftlicher Ebene befördert durch die Rezeption von Forschungsergebnissen (Kavemann; Kindler; Heynen), die einen deutlichen empirischen Zusammenhang zwischen der

22 Siehe Homepage www.big-koordinierung.de

Misshandlung von Frauen und der Gewalt gegen Kinder belegten, und durch die Entwicklung innovativer Praxisprojekte[23] in anderen Bundesländern. Die Veränderung gesellschaftlicher Normen durch gesetzliche Neuerungen wie die Einführung des Gewaltschutzgesetzes (2002), die polizeiliche Wegweisung (ASOG), die europaweite Proklamation des Rechtes von Kindern auf gewaltfreie Erziehung (§ 1361 II BGB) sowie das Kinderrechteverbesserungsgesetz (§ 1666a I BGB), brachte die Diskussion entscheidend voran: Wie muss wirksamer Schutz vor Gewalt für Frauen und Kinder gestaltet sein? BIG entwickelte zahlreiche Materialien, die im Fachgremium inhaltlich begleitet wurden. Eine interdisziplinäre Fachtagung „Schutz des Kindeswohls in der Partnerschaft der Eltern", die in Kooperation mit dem BMFSFJ und der Konrad-Adenauer-Stiftung im September 2007 durchgeführt wurde, verdeutlichte sowohl die Bedeutung des Themas als auch der Kooperationsaktivitäten. Sogar ein neues Projekt im Bereich Prävention von häuslicher Gewalt in Schulen ist im Rahmen der Fachgruppe unterstützt und begleitet worden (siehe Kreyssig in diesem Band).

Die zunehmende Beschäftigung mit dem Thema „Kinder und häusliche Gewalt" in der Fachöffentlichkeit, die große und positive Resonanz, teilweise über Berlin hinaus, sorgte im weiteren Verlauf der Kooperation für viele produktive Arbeitsergebnisse und einen gewissen „Produzentenstolz" der Teilnehmer/-innen. Öffentlichkeitswirksame Anerkennung mit Reputationsgewinn und persönlicher Zurechnung der Wirkungen konnten als weitere Faktoren im Ensemble der Gelingensfaktoren von Kooperation validiert werden.

Konkrete Ergebnisse

Verschiedene Broschüren zur Information über Kinder, die von häuslicher Gewalt betroffen sind, und Handlungsempfehlungen für diverse Berufsgruppen wurden erarbeitet und publiziert.[24]

Die Leitlinien, die der Berliner Polizei als Grundlage ihrer Einsätze dienen, enthalten Empfehlungen, die die besondere Situation der Kinder berücksichtigen. Seit März 2005 benachrichtigt die Polizei per Faxvordruck das zuständige Jugendamt, wenn sie bei einem Einsatz häuslicher Gewalt Kinder antrifft bzw. feststellt, dass Kinder im Haushalt leben. In Folge wurden in enger Kooperation zwischen Polizei und Jugendamt in einigen Bezirken Handlungsleitlinien oder Kooperationsvereinbarungen entwickelt.[25] Grundlage ist die Definition des Jugendamtes, das Miterleben von häuslicher Gewalt als mögliche

23 Unterstützungsangebote für Kinder bei häuslicher Gewalt in Baden-Württemberg, in Mecklenburg-Vorpommern in Zusammenhang mit Interventionsstellen u. v. m.

24 Siehe http/www.big-koordinierung.de

25 Siehe Beitrag von Nöthen-Schürmann in diesem Band.

Gefährdung des Kindeswohls einzustufen und entsprechende Maßnahmen einzuleiten.

Die Verantwortung von Vätern/männlichen Bezugspersonen, die Gewalt in der Partnerschaft ausüben, ist wesentlich stärker in den Fokus der Jugendhilfe geraten als noch vor einigen Jahren. Hier gibt es Bemühungen zur Verstärkung der Kooperation zwischen Einrichtungen der Täterarbeit, Frauenschutzeinrichtungen und Jugendämtern.

In allen Jugendämtern wurden Kinderschutzkoordinatoren/-koordinatorinnen benannt, die auch Ansprechpartner/-innen für das Thema häusliche Gewalt sind. In einzelnen Berliner Bezirken werden aktuell auf Initiative der Kinderschutzkoordinatoren/-koordinatorinnen interdisziplinäre Fachtagungen zur Verbesserung des Kinderschutzes bei häuslicher Gewalt durchgeführt.

Eine gegenseitige Anerkennung im Sinne von Expertenstatus zwischen Frauenschutz und Kinderschutz findet zunehmend statt. In den Jugendämtern ist die Befassung mit dem Thema Häusliche Gewalt - Auswirkungen auf Kinder selbstverständlicher geworden, genauso wie von Seiten der Frauenschutzeinrichtungen stärker das Kindeswohl in den Blick genommen und damit ggf. auch das Jugendamt einbezogen wird bzw. Mütter darin unterstützt werden, sich im Bedarfsfall an das Jugendamt zu wenden.

Fazit und Perspektiven

Zweifellos ist es bundesweit gelungen, die mühsamen Anfänge und schwierigen Voraussetzungen im Bereich „Kinder und häusliche Gewalt" aufzunehmen, zu gestalten und in eine erfolgreiche Vernetzungspraxis der verschiedenen spezialisierten Handlungsfelder zu überführen. Die Schnittstellen zwischen den Netzwerken zum Gewaltschutz und zu Kindeswohlgefährdung werden wahrgenommen und bearbeitet. Das zeigt sich vielerorts

- durch die Berücksichtigung der besonderen Situation von Kindern in der Interventionspraxis bei Partnergewalt,
- in der Erarbeitung von interdisziplinär ausgerichteten Handlungsleitlinien und Fachbroschüren,
- durch den Aufbau von Unterstützungsangeboten für betroffene Kinder und
- in der Implementierung des Themas häusliche Gewalt in die Arbeit der Jugendämter.

Konkrete Kooperationsvereinbarungen zwischen Frauenschutz und Kinderschutz, die verbindliche Handlungsabläufe und -strategien festschreiben, sind allerdings bislang kein Standard in der Intervention. Häufig ist es nach wie vor vom Engagement einzelner Personen(gruppen) abhängig, ob, wie und in welchem Umfang gemeinsam agiert wird. In den Ländern oder Städten, in denen es ein Reglement für die konkrete Zusammenarbeit gibt, z. B. in Mecklenburg-Vorpommern, in Saarbrücken, in Köln durch die an Interventionsstellen angebundene Kinder- und Jugendberatung, erfahren die Betroffenen einen unmittelbaren Nutzen und die Agierenden sowohl Entlastung als auch Erfolge.

Eine stärkere Kooperation zwischen Frauen- und Kinderschutz ist mit Blick auf die Umsetzung der Vorgaben des Bundeskinderschutzgesetzes zu erwarten. Die Zusammenarbeit könnte auch darüber implementiert werden, dass Frauen- (und Kinderschutz)häuser sich als Jugendhilfeträger anerkennen ließen und die Arbeit mit Mädchen und Jungen über Leistungsvereinbarungen mit den Jugendämtern finanziert, d. h. fachlich abgesichert und damit auch qualitativ verstetigt würde.

Multiprofessionelle Ansätze und eine gute Kooperation der an der Intervention beteiligten Berufsgruppen verbessern die Chancen für Kinder, für ihre Mütter und letztlich auch für gewalttätige Männer, den Kreislauf von Gewalt zu durchbrechen. Wünschenswert wäre in den kommenden Jahren, verstärkt das gewachsene Selbstverständnis und die Bereitschaft zur Kooperation in konkrete Vereinbarungen und Verfahren zu überführen. Die Praxis des Kinderschutzes in Fällen häuslicher Gewalt muss laufend überprüft und Fehler analysiert werden, ebenso, wie Kindertagesstätten, Schulen und die Netzwerke im Bereich Gesundheit/Frühe Hilfen verstärkt in die Kooperation einbezogen werden sollten.

Heike Herold

Hilfen für Kinder im Frauenunterstützungssystem bei häuslicher Gewalt

Frauenhäuser, Frauenberatungsstellen, Interventionsstellen bei häuslicher Gewalt und Frauennotrufe sind aus ihrer Entstehungsgeschichte und in ihrer Zielstellung auf die Unterstützung gewaltbetroffener Frauen bei der Überwindung der Gewalt gerichtet. Der überwiegende Teil gewaltbetroffener Frauen hat Kinder, die ebenfalls den Schutz und adäquate Unterstützung brauchen. Die Gewalt, welche Frauen in Partnerschaften erleben, hat immer auch schädigende Auswirkungen auf deren Kinder. Anders als z. B. in Einrichtungen der Wohnungslosenhilfe war und ist es in Frauenhäusern ausdrücklich vorgesehen, dass die Frauen mit ihren Kindern hier Zuflucht finden. Das wird augenscheinlich in der Feststellung: ‚Frauenhäuser sind immer auch Kinderhäuser'. Es sind wichtige Verdienste der Mitarbeiterinnen des Frauenunterstützungssystems bei Gewalt den spezifischen Unterstützungsbedarf der mitbetroffenen Kinder thematisiert, Konzepte und Praxis dazu weiterentwickelt und die dazu erforderlichen Ressourcen eingefordert zu haben.

Über das Frauenunterstützungssystem hinaus gab es wichtige Entwicklungen der Rahmenbedingungen der Unterstützung und des Schutzes der mitbetroffenen Kinder: so die gesetzlichen Verbesserungen des Schutzes von Kindern wie mit dem Kinderrechteverbesserungsgesetz von 2002, die Bemühungen um eine verbindliche Kooperation zwischen Frauenunterstützungseinrichtungen und den Jugendämtern vor Ort oder um die Berücksichtigung der Auswirkung von Partnerschaftsgewalt auf Kinder in den Überlegungen zu den Frühen Hilfen.

In den Überlegungen zum frühen Erkennen und zielgerichtetem Handel bei potentiellen Kindeswohlgefährdungen hatte das Nationale Zentrum Frühe Hilfen (NZFH) einen Schwerpunkt auf das Thema Frühe Hilfen und Häusliche Gewalt gelegt. In diesem Rahmen unterstützte das NZFH die Erstellung vom Empfehlungen und einer Handreichung „Frühe Hilfen im Kontext des Frauenunterstützungssystems bei häuslicher Gewalt"[26]. Beide Materialien wurden in einer Arbeitsgruppe unter Federführung der Frauenhauskoordinierung e. V. mit dem Bundesverband Frauenberatungsstellen und Frauennotrufe e. V. erstellt und im September 2010 vorgelegt. Beteiligt waren an der Arbeitsgruppe "Frühe Hilfen" Vertreterinnen der Frauenhauskoordinierung e. V., des Bundesverbandes Frauenberatungsstellen und Frauennotrufe e. V., Praktikerinnen aus den Frauenhäusern, Frauenberatungsstellen, Frauennotrufen und Interventionsstellen sowie aus dem NZFH. Eine wichtige Arbeitsgrundlage für die Erstellung der Handreichung und der Empfehlungen waren durch das NZFH geförderte Arbeitsvorlagen von Ulrike Kreyssig, Heike Herold, Ursula Scheele und Lydia Schönecker. Ein zentrales Verdienst der Handreichung ist die hier erfolgte erste Zusammenstellung der unterschiedlichen Strukturen, Aufgaben und Arbeitsweisen des Frauenunterstützungssystems insbesondere mit dem Fokus auf die Arbeit mit den Kindern und Müttern. Beide Materialien haben ein breites Echo in der Fachöffentlichkeit gefunden und Mitarbeiterinnen im Frauenunterstützungssystem angeregt, sich intensiver mit den Frühen Hilfen und der Ausdifferenzierung der Angebote für die mitbetroffenen Kinder zu befassen. Die bundesweite Frauenhauskoordinierung e. V. hat nach der Veröffentlichung der Handreichung das Thema erneut aufgegriffen und die Frauenhäuser bundesweit nach der Arbeit mit den Kindern im Frauenhaus befragt (Kavemann 2011). Die Beweggründe für diese Befragung lagen in der Tatsache, dass es keinen differenzierten Überblick über die Angebote für die Kinder und Jugendlichen in den rund 350 Frauenhäusern und ca. 30 Zufluchtswohnungen in Deutschland gab. An der Abfrage beteiligten sich bundesweit 174 Frauenhäuser und Zufluchtswohnungen (von 388) und machten Angaben zu den Angeboten für die Kinder und Jugendlichen im Frauenhaus, differenziert nach Betreuungsangeboten, spezifischen

26 Frauenhauskoordinierung e.V., Bundesverband Frauenberatungsstellen und Frauennotrufe e. V. 2010

Angeboten zur Aufarbeitung der Gewalterfahrung und Freizeitangeboten, zu den Angeboten für die Mütter zur Unterstützung ihrer Versorgungs- und Erziehungskompetenzen, zu Instrumenten des Kinderschutzes, zur personellen Ausstattung des Kinder- und Jugendbereiches und zu den Konzepten. Sowohl die „Handreichung Frühe Hilfen im Kontext des Frauenunterstützungssystems bei häuslicher Gewalt", als auch die noch unveröffentlichte Auswertung der Befragung der Frauenhäuser in Deutschland 2011 bilden die Grundlage der folgende Ausführungen zu den Strukturen der Unterstützung von Kindern und Jugendlichen als Mitbetroffene der Gewalt gegen ihre Mütter, die Frauenhäuser, Frauenberatungsstellen und Interventionsstellen aufsuchen.

Differenziertes System von Unterstützungseinrichtungen bei Gewalt an Frauen

Im Unterstützungssystem für gewaltbetroffene Frauen und deren Kinder hat sich seit der Gründung erster Frauenhäuser 1976 und der ersten Frauennotrufe für vergewaltigte Mädchen und Frauen in der Wahrnehmung von Gewalt an Frauen in unserer Gesellschaft und in den Schutzmöglichkeiten einiges verändert: neue Gesetze zum Schutz der Frauen vor Gewalt sind in Kraft getreten, Forschungsergebnisse zu Gewalt gegen Frauen wurden veröffentlicht, das Unterstützungssystem wurde mit neuen Angeboten und Konzepten ausdifferenziert. Diese Veränderungen sind ein wesentliches Verdienst der Frauenbewegung und der Mitarbeiterinnen der Frauenunterstützungseinrichtungen.

Ein wesentliches Ergebnis der Prävalenzstudie „Lebenssituation, Sicherheit und Gesundheit von Frauen in Deutschland" (Schröttle 2004) ist die Erkenntnis, dass Frauen aller sozialen und ethnischen sowie Bildungs- und Altersgruppen von verschiedenen Formen geschlechtsbezogener Gewalt betroffen sind. Und so wird folgerichtig im Aktionsplan II der Bundesregierung festgestellt, dass die Bedarfe von gewaltbetroffenen Frauen an Hilfe, Unterstützung und Schutz sehr individuell sind und ein breit gefächertes Unterstützungssystem erforderlich ist, um dem Rechnung zu tragen. In Deutschland ist ein Hilfesystem entstanden, welches versucht, den spezifischen Lebenslagen betroffener Frauen gerecht zu werden. Dieses Hilfesystem umfasst Frauenhäuser unterschiedlicher Größe, Zufluchtswohnungen, Frauenberatungsstellen und Frauennotrufe, Interventionsstellen bei häuslicher Gewalt, sowie eine Reihe spezieller Angebote wie zum Beispiel für Opfer von Menschenhandel, Zwangsprostitution oder Zwangsheirat. Ein erster bundesweiter Überblick zum gesamten Hilfesystem in den Bundesländern und über deren Finanzierung ist mit dem „Bericht der Bundesregierung zur Lage der Frauenhäuser und der darüber hinausgehenden Hilfeinfrastruktur für gewaltbetroffene Frauen und deren Kinder" Ende 2011 zu erwarten.

Gemeinsame Arbeitsprinzipien der Frauenunterstützungseinrichtungen

Die Mitarbeiterinnen im Frauenunterstützungssystem arbeiten in ihrem Selbstverständnis parteilich. Unter Parteilichkeit wird hier verstanden, dass die einzelne Frau mit ihrer Biografie und ihrer Misshandlungsgeschichte im Mittelpunkt der Arbeit steht. Ziel dieser parteilichen Unterstützung ist es, die Handlungsfähigkeit und Selbstbestimmung der Frauen zu stärken. Den gewaltbetroffenen Frau wird Wertschätzung und Akzeptanz entgegengebracht. Die Mitarbeiterinnen verstehen ihre Angebote als Unterstützung und akzeptieren die Entscheidungen der Betroffenen über die Annahme, den Umfang und die Dauer der Unterstützung.

Ebenso arbeiten die Kolleginnen im Kinderbereich der Frauenhäuser und in der Kinder- und Jugendberatung bei häuslicher Gewalt der Interventionsstellen parteilich für die Kinder. Hier kann es zu Konflikten in Bezug auf unterschiedliche Interessenlagen der Frauen und deren Kinder kommen. In den Frauenunterstützungs-einrichtungen ist daher eine enge Abstimmung im Team unter den beteiligten Fachkräften erforderlich.

Die Mitarbeiterinnen des Hilfesystems unterliegen der Schweigepflicht. Ihnen durch die Frauen oder deren Kinder anvertraute Informationen werden vertraulich behandelt und die Belange des Datenschutzes beachtet. Eine Weitergabe von Informationen erfolgt nur mit Zustimmung der Betroffenen. Eine Ausnahme bildet ein bekanntes hohes Risiko von Kindeswohlgefährdung. Sind die durch die Frauenunterstützungseinrichtung angebotenen Hilfen nicht ausreichend, wird, möglichst mit Zustimmung, zumindest aber mit Wissen der Mutter, das zuständige Jugendamt[27] hinzugezogen, um weitergehende Angebote oder notwendige Maßnahmen zur Sicherung des Kindeswohls einzuleiten.

Angebote für Kinder und Jugendliche im Frauenunterstützungssystem

Frauenhaus

Struktur und Finanzierung

Das Frauenhaus ist ein anonymer und sicherer Schutzraum für gewaltbetroffene Frauen und deren Kinder. Die Arbeit der Frauenhäuser hat nach wie vor einen hohen Stellenwert und ist ein wichtiger Baustein in der praktischen Arbeit gegen Gewalt an Frauen und deren Kinder. Das hat sich auch nicht durch die verbesserte Interventionspraxis von Polizei und Justiz und durch neue

27 Frauenhauskoordinierung e.V., Bundesverband Frauenberatungsstellen und Frauennotrufe e. V. 2010

Gesetze wie das Gewaltschutzgesetz verändert. Derzeit gibt es in Deutschland 346 Frauenhäuser und 42 Frauenschutzwohnungen (Kavemann 2011), davon sind etwa zwei Drittel in den Wohlfahrtsverbänden organisiert. Ein weiteres Drittel befindet sich in Trägerschaft von politisch und konfessionell unabhängigen Vereinen, ein Teil dieser Frauenhäuser verstehen sich als „autonom". Einige wenige befinden sich in kommunaler Trägerschaft.

In fast allen Städten und Landkreisen sind Frauenhäuser vorhanden.[28] Die regionale Verteilung der Frauenhäuser lässt aber Konzentrationen in den Großstädten und Ballungsräumen erkennen. Ebenso weist das Netz dieser wichtigen Schutzeinrichtungen für gewaltbetroffene Frauen Lücken auf. So halten 125 Kommunen (DPA RegioData 2010) in Deutschland kein Frauenhaus vor.

Aus Schutzgründen ist es in vielen Fällen erforderlich, dass Frauen mit ihren Kindern in andere Kommunen oder auch andere Bundesländer flüchten können. Daher sind Frauenhäuser in der Regel für alle schutzsuchenden Frauen unabhängig von ihrer Herkunftskommune offen. Problematisch wirken sich für den erforderlichen niederschwelligen Zugang der misshandelten Frauen Zugangsschwellen aus, die in der Finanzierungsart begründet sind, wie zum Beispiel bei Tagessatzfinanzierungen nach dem SGB II.

Für die Bereitstellung und die Förderung von Frauenhäusern, Frauenberatungsstellen und Interventionsstellen sind im föderalen System der Bundesrepublik Deutschland die Länder und Kommunen zuständig. Die Finanzierungsgrundlage von Frauenhäusern[29] stellt sich sehr unterschiedlich dar. Die Finanzierung setzt sich in der Regel aus kommunalen Zuschüssen und Landeszuwendungen, Eigenanteilen der Träger und Benutzungsgebühren der Bewohnerinnen in unterschiedlichen Anteilen zusammen. Die Fördergrundlagen und Anforderungen an die Ausstattung und die Angebote der Frauenhäuser sind in den entsprechenden Förderrichtlinien der Länder und von Kommunen festgehalten, auch sie unterscheiden sich von Land zu Land und zwischen den Kommunen. Da die staatlichen Förderungen hier in der Regel als freiwillige Leistungen erbracht werden, setzen Kommunen und Länder bei schwierigen Haushaltslagen hier Mittelkürzungen an. So sind immer wieder Träger von Frauenunterstützungseinrichtungen massiv von Kürzungen betroffen. Hier wirkt sich ein fehlender Rechtsanspruch gewaltbetroffener Frauen und ihrer Kinder auf Schutz und Hilfe besonders negativ auf die Hilfestrukturen aus.

Die unterschiedliche finanzielle Ausstattung der Frauenhäuser spiegelt sich in der sehr heterogenen personellen und sächlichen Ausstattung wider. In allen Frauenhäusern sind Fachkräfte (Sozialpädagoginnen, Sozialarbeiterinnen) für die Beratung und Begleitung der gewaltbetroffenen Frauen beschäftigt. Bundeseinheitliche Richtwerte oder Standards für die Ausstattung

28 L. Schönecker (2010), Deutsches Institut für Jugend- und Familienrecht „Exkurs: Datenschutzrechtliche Grundlagen der Frauenunterstützungssysteme bei häuslicher Gewalt", in Handreichung „Frühe Hilfen" im Kontext des Frauenunterstützungssystems bei häuslicher Gewalt.

29 Bundesweite Frauenhaussuche unter: www.frauenhauskoordinierung.de

von Frauenhäusern gibt es auf Grund der Zuständigkeit der Länder und Kommunen bisher nicht. Konzeptionell wird in allen Frauenhäusern angestrebt, auch für die Kinder und Jugendlichen entsprechend qualifizierte Mitarbeiterinnen zu beschäftigen. In einer bundesweiten Befragung der Frauenhäuser 2011 zu ihren Angeboten für die Kinder (Frauenhauskoordinierung e. V. 2011) gaben 83 % der Frauenhäuser an, die Angebote für die Kinder und Jugendbereich im Haus mit speziellen Mitarbeiterinnen umzusetzen.

Angebote und Zielgruppen

Frauenhäuser sind Zufluchtsstätten für körperlich oder psychisch misshandelte Frauen und deren Kinder, unabhängig von sozialer Herkunft, Einkommen sowie ethnischem und kulturellem Hintergrund. Im Frauenhaus finden sie Schutz vor weiterer Misshandlung und eine vorübergehende Unterkunft. Zudem erhalten sie professionelle Beratung und Unterstützung. In den Frauenhäusern werden sie bestärkt und unterstützt, sich aus der Gewaltsituation zu befreien, ihre Gewalterfahrungen zu überwinden, ihr Selbstwertgefühl und ihre Handlungsfähigkeit wiederzugewinnen und sich ein selbstbestimmtes Leben aufzubauen.

In der Krisenintervention und in der längerfristigen praktischen Arbeit mit den Bewohnerinnen sind neben der individuellen psychosozialen Beratung vor allem Informationen und Hilfen zur wirtschaftlichen und rechtlichen Absicherung der Frauen (einschließlich Begleitung zu Ämtern und Gerichten) wesentlich. Weitere Schwerpunkte stellen die Beratung der Mütter bei der Erziehung und Betreuung der Kinder sowie die Unterstützung in Fragen des Umgangs- und Sorgerechtes dar. So gaben 2011 in der Befragung von Frauenhauskoordinierung e. V. 81 % der Frauenhäuser Angebote für die Mütter zur Stärkung ihrer Versorgungs- und Erziehungskompetenzen an.

An Bedeutung gewonnen hat die vorausgehende und nachgehende Beratung von Frauen, die (noch) nicht oder nicht mehr im Frauenhaus leben oder Alternativen zum Frauenhausaufenthalt suchen. Viele Frauenhäuser bieten in einer dem Frauenhaus angegliederten Beratungsstelle ambulante Unterstützung für gewaltbetroffene Frauen unabhängig vom Frauenhausaufenthalt an. Hier wird oft auch die vorausgehende und nachgehende Beratung im Zusammenhang mit dem Frauenhausaufenthalt geleistet.

Über die Einzelhilfe hinaus hat sich – neben der Öffentlichkeits-, Präventions- und Aufklärungsarbeit – die fallübergreifende Kooperation in Form von Mitwirkung an Runden Tischen, Arbeitskreisen gegen häusliche Gewalt und Interventionsprojekten zu einem weiteren Handlungsfeld der Frauenhäuser entwickelt. Ziel dieser Kooperation zwischen Polizei, Justiz, Behörden und Ämtern sowie den Hilfeeinrichtungen ist, durch die Abstimmung von Interventionen und Maßnahmen Schutz und Hilfe für die Opfer häuslicher Gewalt zu effektivieren und Gewalttäter zur Verantwortung zu ziehen.

Bereits seit 2000 erhebt die Frauenhauskoordinierung e. V. eine bundesweite Frauenhausbewohnerinnenstatistik und wertet diese aus. An dieser Erfassung beteiligen sich derzeit ca. 160 Frauenhäuser bundesweit (von ca. 350 Frauenhäusern bundesweit). Im Jahr 2009 war der größte Teil (ca. 70 %) der Frauenhausbewohnerinnen im Alter zwischen 20 und 40 Jahren. 63 % der Frauen hatte Kinder, davon hatten 9,87 % der Frauen Kinder, die jünger als ein Jahr waren; 21,4 % hatten Kinder im Alter ein bis unter drei Jahre. Ca. 50 % der Frauen, die vor häuslicher Gewalt ins Frauenhaus flohen, hatten einen Migrationshintergrund. Der Anteil Zuflucht suchender Migrantinnen ist in den letzten Jahren gestiegen und liegt je nach Bevölkerungsstruktur der Region teilweise über 50 %. Der unterschiedliche kulturelle und sprachliche Hintergrund der Bewohnerinnen und ihr z. T. ungesicherter Aufenthaltsstatus stellen an die Mitarbeiterinnen besondere Anforderungen in der Beratung und bei der Gestaltung des Zusammenlebens im Haus.

Die Mehrzahl der Bewohnerinnen verlässt das Frauenhaus spätestens nach einem Monat. Die Aufenthaltsdauer im Frauenhaus lag im Jahr 2009 für 35,9 % der Bewohnerinnen bei bis zu einer Woche, bei 24,8 % bei einer Woche bis einem Monat. 34,2 % der Frauen blieben bis zu 6 Monaten, 4,3 % bis zu einem Jahr und 0,8 % suchten mehr als 1 Jahr Schutz und Unterstützung in einem Frauenhaus. 27 % der Frauen kehrten in ihre vorherigen Lebensbezüge zurück(Frauenhauskoordinierung e. V. 2010).

Kinder und Jugendliche im Kontext der Arbeit

Wenn Kinder und Jugendliche mit ihren Müttern ins Frauenhaus flüchten, haben sie in der Regel bereits viele Gewaltsituationen miterlebt und sind häufig selbst von Gewalt durch den Vater oder Lebensgefährten der Mutter betroffen. Einige der Kinder und Jugendlichen haben auch Gewalt durch die Mutter erfahren. Jungen und Mädchen im Frauenhaus sind mittelbar und unmittelbar Zeugen und Opfer von Partnerschaftsgewalt der Erwachsenen in der Familie. Angekommen im Frauenhaus müssen sie sich zudem mit einer Umbruchsituation und dem Verlust ihres vertrauten Lebensumfeldes auseinandersetzen. Reaktionen auf diese Lebenssituationen können sein: Ängste, Misstrauen, distanzlose oder aggressive Verhaltensweisen, Spielunlust, Antriebsschwäche und eine Vielzahl unterschiedlicher psychosomatischer Auffälligkeiten. Insbesondere Säuglinge und Kleinkinder zeigen ggf. unspezifische Auswirkungen wie Unruhe, Schlafstörungen, sind angespannt, klammern sich an die Mutter, weinen, schreien viel, weisen Anzeichen einer unsicheren Bindung auf.

Frauenhäuser sind keine Einrichtungen der Kinder- und Jugendhilfe. Kinderschutz und Einschätzungen der Kindeswohlgefährdung haben in der praktischen Arbeit jedoch eine hohe Bedeutung. Der Aufenthalt wird genutzt, um die unmittelbare Belastung durch die erlebte Gewalt mit ihren Folgen und

Auswirkungen wahrzunehmen sowie Gefährdungsaspekte in den Blick zu nehmen, dabei werden insbesondere folgende Aspekte berücksichtigt:

- die aktuelle Lebenssituation des Kindes und seine persönliche Sicherheit,
- die aktuelle Belastung und seine individuellen Möglichkeiten der Verarbeitung,
- unterstützendes oder gefährdendes Verhalten von Sorgeberechtigten,
- der Unterstützungsbedarf der Mutter sowie
- andere Probleme z. B. in der Schule.

Eine eigenständige Unterstützung der Kinder ist fester Bestandteil der Angebotsstruktur eines Frauenhauses. Als Ziele werden in den Konzeptionen für die Arbeit mit Kindern folgende Themenkomplexe benannt: die Auswirkungen häuslicher Gewalt zu bearbeiten und Bewältigungsstrategien aufzuzeigen. Vielfältige Methoden kommen zum Einsatz, um auf die große Altersspanne, den kulturellen Hintergrund und die individuellen Bedürfnisse der Kinder angemessen eingehen und deren vorhandene Ressourcen stärken zu können.

Die meisten Frauenhäuser bieten intern Betreuungsangebote für die Kinder bis zur Altersgruppe 14 Jahre an (85-90 % je nach Altersgruppe) an. Meist sind es flexible, anlassabhängige Betreuungszeiten (82 %). In 96 % der Frauenhäuser können Kinder und Jugendlichen Freizeitangebote nutzen. Das sind Ausflüge, Ferienaktivitäten, Hausaufgabehilfen, aber auch regelmäßige angeleitete Angebote.

Je nach personellen und räumlichen Voraussetzungen der Frauenhäuser können den Mädchen, Jungen und Müttern entsprechend niederschwellige Angebote zur Stabilisierung und Beruhigung ihrer Situation unterbreitet werden: Alters- sowie geschlechtsdifferenzierte Einzelbegleitungen, Klein- oder Gesamtgruppenangebote, das Gemeinschaftsleben oder spezielle Mutter-Kind-Aktionen bieten den Rahmen, um zu beobachten, diagnostisch abzuklären, Risiken abzuwägen sowie weitere Handlungsschritte und Hilfen einzuleiten.

Zu den zentralen Anliegen und Aufgaben bei den jeweiligen Interaktionen zählen die Enttabuisierung der häuslichen Gewalterfahrungen, das Kennenlernen von Schutzstrategien und neuen Rollenmustern, die Stärkung des Selbstbewusstseins, die Förderung in der Entwicklung, Hilfen in der Orientierung für die zukünftige Lebenswelt, Vermittlung positiver Erlebnisse und Erfahrungen durch die Kindergruppe und Hausgemeinschaft.

Kinder profitieren von

- der Beziehungsgestaltung und der Anerkennung, Wertschätzung und Aufmerksamkeit, die ihnen entgegen gebracht werden,
- Personen, die ein anderes Rollen- und Werteverständnis vorleben und für sie und ihre Bedürfnisse und Wünsche da sind,
- der altersgerechten Gestaltungen der Angebote im geschützten Rahmen,
- Informationen,
- der Offenheit, das Erlebte zum Ausdruck zu bringen,

- Kontakten und dem Austausch mit anderen Kindern, die Ähnliches erlebt haben,
- kreativen Angeboten, Spiel, Bewegung und positiven Erlebnissen, Lob, Bestätigungen, Zuwendung und Spaß,
- der Erfahrung, dass es Verlässlichkeiten und Orientierung gibt. (Seith/Kavemann 2007: 75-90)

Die Begleitung der Kinder und deren Unterstützung bei der Verarbeitung der erlebten Gewalt erfordern bei den Mitarbeiterinnen in den Frauenunterstützungseinrichtungen Kenntnisse und Erfahrungen in der Entwicklungsdiagnostik, im Erkennen von traumatischen Symptomen, zur Dynamik von Gewaltbeziehungen. Des Weiteren sind entwickelte Fähigkeiten in der Krisenintervention, das Beherrschen des Know-hows der Gefahreneinschätzung, Vernetzungskompetenzen sowie gute Kenntnisse über das lokale Hilfesystem für gelingende Hilfen unabdingbar.

Je jünger das Kind (Säugling, Kleinkind) und je geringer die Selbsthilfekompetenz ist, desto intensiver gestaltet sich die begleitende Beratung der Mütter zu Themen wie erzieherische Fähigkeiten, Erziehungsziele und -verhalten gegenüber den Kindern (Meja/Winkler-Thie 2006: 246) und zu Angeboten zur Bindungs- und Entwicklungsförderung, Gesundheitsvorsorge, Auseinandersetzung mit der Rolle als (Allein-)Sorgeberechtigte. Alltagspraktische Hilfen zur Grundversorgung des Kindes können notwendig und die Unterstützung bei der Suche nach Krippen- und KITA- Plätzen entlastend sein.

Die Erfahrungen der Mitarbeiterinnen in Frauenhäusern zeigen, dass sich die Beziehung zwischen Mutter und Kindern positiv ändert, wenn eine Beruhigung der Situation nach der Gewalterfahrung eintritt.

Frauenberatungsstellen und Frauennotrufe

Struktur und Finanzierung

Im Frauenunterstützungssystem leisten die Frauennotrufe und Frauenberatungsstellen einen wichtigen Anteil an der ambulanten Beratung bei körperlicher, sexualisierter und psychischer Gewalt. Die Einrichtungen unterscheiden sich aufgrund verschiedener historischer Entwicklungen und vorhandener Ressourcen in ihrer Organisationsform und ihren Arbeitsschwerpunkten: Frauennotrufe legen den Schwerpunkt auf die Beratung bei sexualisierter Gewalt. Frauenberatungsstellen unterstützen Betroffene von sexualisierter und häuslicher Gewalt.

Die regionale Verteilung der Frauennotrufe und Frauenberatungsstellen ist bundesweit unterschiedlich, ebenso wie die finanzielle Förderung durch Länder und Kommunen. Hier wird auf die Ausführungen zur Finanzierung der Frauenhäuser durch Länder und Kommunen unter 1.1. und auf den erwarteten Bericht der Bundesregierung zur Lage der Frauenhäuser und des darüber hinausgehenden Unterstützungssystems bei Gewalt an Frauen verwiesen.

Die Träger der Frauenberatungsstellen und Frauennotrufe sind Wohlfahrtsverbände, sie sind als freie Träger in Wohlfahrtsverbänden vertreten oder freie Träger, von den sich ein Teil als „autonom“ verstehen, daher politisch und konfessionell unabhängig sind. Auf den Websites der Frauenhauskoordinierung e. V.[30] und des Bundesverbandes Frauenberatungsstellen und Frauennotrufe (bff e.V.)[31] finden sich Möglichkeiten zur bundesweiten Beratungsstellensuche.

Angebote und Zielgruppen[32]

Allen Frauenberatungseinrichtungen gemeinsam ist das Ziel, gewaltbetroffenen Frauen und Mädchen Beratung und Unterstützung bei der Überwindung der psychischen, körperlichen, sozialen und ökonomischen Gewaltfolgen bieten, Gewalt gegen Frauen und Mädchen zu reduzieren, sowie das Recht auf Selbstbestimmung von Mädchen und Frauen zu fördern. Das Angebot der Frauennotrufe und Frauenberatungsstellen richtet sich an Mädchen und Frauen mit Gewalterfahrungen – unabhängig von ihrem Alter, Bildungsgrad, ihrer sexuellen Ausrichtung, ihrem sozialen Status oder kultureller Herkunft und unabhängig von Zeitpunkt und Art der erlebten Gewalt – sowie an Angehörige und Fachkräfte.

In den Beratungsstellen wird Beratung bei häuslicher Gewalt und Stalking sowie bei sexualisierter Gewalt (Vergewaltigung, sexueller Nötigung oder bei sexuellem Missbrauch in der Kindheit und Jugend, sexuelle Belästigung) geleistet. Darüber hinaus werden Frauen unterstützt und beraten, welche von Zwangsheirat und organisierter Kriminalität (Frauenhandel, Zwangsprostitution, ritueller Missbrauch in Sekten und Kulten)[33] betroffen sind.

Das breite, nicht allein auf Gewalt ausgerichtete, Angebot vieler Fachberatungsstellen ermöglicht den Frauen und Mädchen einen niedrigschwelligen Zugang in das Hilfesystem. So können sich die Frauen mit Themen an die Frauenberatungsstellen wenden, die nicht unmittelbar mit Gewalterfahrungen zusammenhängen, z. B. in Lebenskrisen und schwierigen Entscheidungssituationen, in sozialen und finanziellen Notlagen, in psychischen Belastungssituationen wie Trennung, Scheidung und Beziehungsschwierigkeiten oder bei Problemlagen in der Schwangerschaft. Die konkreten Angebote der

30 Beratungsstellensuche unter: www.frauenhauskoordinierung.de

31 Beratungsstellensuche unter: www.frauen-gegen-gewalt.de

32 Bundesverband Frauenberatungsstellen und Frauennotrufe e. V. (Hrsg.) 2007: Handreichung zur Qualitätsentwicklung und Qualitätssicherung in der Beratungsarbeit

33 Beratungsstellensuche unter: http://www.kok-buero.de

Beratungsstellen unterscheiden sich nach den Konzepten und der personellen sowie finanziellen Ausstattung mit Fördermitteln. Die Beratungsleistungen umfassen telefonische Beratungen (auf Wunsch anonym), Krisenintervention, persönliche Beratungen (kurz-, mittel-, langfristig), Email-Beratungen, zum Teil auch therapeutische Angebote, Selbsthilfegruppen, angeleitete Gruppen, Begleitungen (z. B. zu Behörden), Prozessbegleitungen im Straf- und Zivilverfahren sowie die Vermittlung weiterführender Hilfen und die Kliniknachsorge.

Weitere Leistungen der Frauennotrufe und Frauenberatungsstellen sind Gewaltprävention, Kooperation, Netzwerk- und Gremienarbeit, Öffentlichkeitsarbeit und Fortbildungen für relevante Berufsgruppen. Eine bundesweite Zusammenfassung und Auswertung von statistischen Erhebungen zu den Leistungen der Frauenberatungsstellen und Frauennotrufe liegt bisher nicht vor.

Kinder und Mütter im Kontext der Arbeit

In aller Regel leisten die Frauennotrufe und Frauenberatungsstellen keine direkte praktische Arbeit mit Kindern. In der Beratung von Schwangeren und Müttern werden jedoch Belange des Kindes mit berücksichtigt. Grundsätzlich ist das Ziel der Beratung und Begleitung, die betroffene Frau so zu stabilisieren, dass sie selbst die elementaren Schutzinteressen und Belange ihrer Kinder wahrnehmen und umsetzen kann.

Im Folgenden werden unterschiedliche Beratungskonstellationen, in denen Frauen in ihrer Rolle als Mütter unterstützt werden, beleuchtet:

Aktuell von Gewalt betroffene Frauen als Mütter
In Beratungen mit aktuell gewaltbetroffenen Müttern stehen die Einschätzung der Gefährdungssituation, der Schutz der Mutter und deren Kinder im Vordergrund. Hier erfolgen häufig eine Vermittlung in ein Frauenhaus oder die Suche nach einer alternativen, sicheren Unterbringung bzw. Informationen über rechtliche Schutzmöglichkeiten. Darüber hinaus werden die Mütter für die Folgen häuslicher Gewalt für Kinder sensibilisiert, über Angebote der Jugendhilfe informiert und ermutigt, diese in Anspruch zu nehmen. In geeigneten Fällen und auf Wunsch der Frauen kann der gewalttätige Partner an Gesprächen in der Beratungsstelle teilnehmen und/oder in eine geeignete Beratungsstelle für gewalttätige Männer oder in eine Therapie vermittelt werden.

In vielen Fällen nimmt die Beratung zu schwierigen Trennungsprozessen vom gewalttätigen Partner die damit verbundenen Befürchtungen der Frauen in den Fokus. Hier erfolgen in der Regel längerfristige psychosoziale und psychologische Beratungen, in denen die Belange und die Situation des Kindes kontinuierlich reflektiert werden. Vielerorts werden auch Gruppen zum Thema Trennung und Scheidung angeboten.

Psychisch belastete Frauen als Mütter
Viele Frauen mit psychischen Störungen wenden sich an Frauennotrufe und Beratungsstellen. Die Störungen sind häufig dysfunktionale Bewältigungsstrategien erlittener körperlicher, sexueller und psychischer Gewalt in der Kindheit und Jugend oder durch einen Beziehungspartner. Für die meisten Mütter mit psychischen Störungen sind die Probleme mit ihren Kindern sehr schambesetzt und sie befürchten, dass ihr Kind aufgrund ihrer psychischen Erkrankung untergebracht oder dem Vater zugesprochen wird. Gerade für kleine Kinder kann das Miterleben psychischer Probleme der Mütter mit erheblichen Belastungen verbunden sein, zu Entwicklungsstörungen oder zur Entwicklung einer eigenen psychischen Störung führen (Lenz 2007: 1-20). In akuten Krisen der Mutter sind die Kinder unter Umständen durch einen „erweiterten Suizid" gefährdet. In längerfristigen Beratungsprozessen stehen der Abbau von Ängsten bezüglich der Zusammenarbeit mit der Jugendhilfe und die Ermutigung zur Annahme entsprechender weiterer Hilfen sowie die Suche nach geeigneten Lösungen im Vordergrund. In der Beratung und Unterstützung von Frauen in psychischen Krisensituationen bestehen vielfache Kontakte zum Gesundheitssystem. Wenn nötig, werden die Frauen ermutigt, sich psychiatrisch vorzustellen, bzw. bei der stationären Aufnahme in eine geeignete Klinik unterstützt. Es gibt nur sehr wenige Kliniken, in denen Kleinkinder mit aufgenommen werden können, das stellt ein Hindernis für die Mütter dar. Die Vermittlung in eine ambulante Psychotherapie ist aufgrund der defizitären Versorgung und der langen Wartezeiten schwierig. Hinzu kommt, dass viele niedergelassene Therapeutinnen und Therapeuten sich im Hinblick auf Gewalterfahrungen und Traumatisierung nicht kompetent fühlen. Die Frauennotrufe und Beratungsstellen überbrücken diese Wartezeiten mit Beratungen. Einige Einrichtungen halten selbst Therapieplätze vor, die jedoch bei weitem nicht bedarfsdeckend sind.

Unter Gewalt gezeugte Kinder
Die Frauennotrufe und Frauenberatungsstellen sind mit Frauen konfrontiert, deren Kinder durch Vergewaltigung gezeugt wurden. Das kann durch sexuellen Missbrauch in der Jugend, durch erzwungenen Geschlechtsverkehr im Kontext häuslicher Gewalt, durch Vergewaltigung durch einen Fremden oder flüchtigen Bekannten oder durch Vergewaltigungen im Kontext von Krieg, Flucht und Folter oder Menschenhandel geschehen sein.

Betroffene Frauen können sich an solche Frauenberatungsstellen wenden, die auch Schwangerschaftskonfliktberatung anbieten. Diese Frauen stehen in dem Konflikt „Schwangerschaftsabbruch versus Fortsetzung" bzw. nach Geburt des Kindes „Ablehnung oder Annahme", „Zurückweisung oder Aufbau einer angemessenen Mutter-Kind-Beziehung" (Heynen 2003: 98-125).

Kinder als Opfer von sexuellem Missbrauch
Sexueller Missbrauch trifft auch sehr kleine Kinder und sogar Säuglinge. Die Frauennotrufe und Frauenberatungsstellen sind auf Grund Fachlichkeit und ihrer Unabhängigkeit gegenüber Behörden und Ämtern gute Anlaufstellen für Mütter, die sich um die sexuelle Unversehrtheit ihrer Kinder sorgen. Die Fälle, in denen sich Frauen wegen des Verdachts auf sexuellen Missbrauch oder bei bereits festgestelltem Missbrauch ihrer Kinder an die Frauennotrufe und Frauenberatungsstellen wenden, sind sehr unterschiedlich. Je nach individuellem Fall werden die Mütter hinsichtlich möglicher Verdachtsabklärungen, Schutzmöglichkeiten des Kindes, weiterführender Hilfen, geeigneter Kliniken oder juristischer Möglichkeiten beraten.

Beratungen im Zusammenhang mit Sorge- und Umgangsrecht
Im Zusammenhang mit häuslicher Gewalt und problematischen Trennungen steht bei Müttern häufig die Frage nach dem Sorge- und Umgangsrecht für die Kinder im Zentrum. Regelungen im Rahmen von Umgangs- und Sorgerecht erfordern eine Zusammenarbeit mit dem Jugendamt. Oft lassen sich Frauen dazu in den Frauennotrufen und Frauenberatungsstellen beraten. Noch zu selten findet vielerorts eine engere fallbezogene Kooperation der ambulanten Beratungseinrichtungen mit den Jugendämtern statt.

Interventionsstellen

Struktur und Finanzierung

Interventionsstellen gegen häusliche Gewalt[34] sind fachspezifische Beratungsstellen für Opfer häuslicher Gewalt, daher also Partnerschaftsgewalt. Viele der Interventionsstellen beraten Frauen und Männer als Betroffene häuslicher Gewalt. Sie werden vorrangig nach Polizeieinsätzen bzw. Anzeigen bei der Polizei tätig, nehmen auf Grundlage einer Datenübermittlung durch die Polizei pro-aktiv Kontakt zu den Opfern auf und unterbreiten ein Unterstützungsangebot. Sie sind meist in regionale oder landesweite interdisziplinäre Kooperationsbündnisse[35] gegen häusliche Gewalt eingebunden. Interventionsstellen gegen häusliche Gewalt gibt es in Deutschland noch nicht flächendeckend.

34 Konferenz der Landeskoordinierungsstellen 2006: Bundesweite Standards für Interventionsstellen

35 Anmerkung: Diese werden häufig als Interventionsprojekte bezeichnet. Es sind regionale oder landesweite Kooperationsprojekte, welche auf struktureller Ebene an der Entwicklung und Verbesserung von Maßnahmen und Strategien gegen häusliche Gewalt arbeiten. Wichtige Akteure sind die Frauenunterstützungseinrichtungen, die Polizei, Justiz, Jugendämter, Täterarbeitseinrichtungen und das Gesundheitswesen. Viele Bundesländer halten zur Koordination dieser Gremien Koordinierungsstellen vor.

Derzeit sind in der Bundesrepublik Deutschland 158 Stellen[36] bekannt, die pro-aktive Unterstützung bei häuslicher Gewalt leisten. Diese Stellen werden in fast allen Bundesländern vorgehalten[37], lediglich aus den Bundesländern Bremen und Brandenburg sind bisher keine Interventionsstellen bekannt. Die Interventionsstellen setzen ihre Unterstützungsarbeit in den Bundesländern im Rahmen unterschiedlicher Strukturen um: Es sind Interventionsstellen, die ausschließlich die Unterstützung der Betroffenen von häuslicher Gewalt leisten, es gibt Frauenhäuser, Frauenberatungsstellen, Frauennotrufe und andere Beratungsstellen, die dieses Arbeitsfeld mit einem entsprechenden Auftrag zusätzlich anbieten. In anderen Bundesländern realisiert der Allgemeine Soziale Dienst diese Aufgaben oder Interventionsstellen sind in die sozialen Dienste der Gerichte integriert. Wie bei den Beratungsstellen und Frauenhäuser liegt die Trägerschaft in Wohlfahrtsverbänden oder bei freien Trägern, wovon einige sich die Träger als „autonom" im Sinne von politisch und konfessionell ungebunden definieren.

Spezialisierte Angebote der Interventionsstellen für die mitbetroffenen Kinder und Jugendlichen sind derzeit aus vier Bundesländern bekannt. In den fünf Interventionsstellen in Mecklenburg-Vorpommern wurde 2008 jeweils eine eigenständige Kinder- und Jugendberatung eingerichtet. Vorausgegangen war dem ein dreijähriges Modellprojekt in zwei der Interventionsstellen (Coelen/Evers 2008). In der Interventionsstelle des Saarlandes in Trägerschaft des Sozialdienstes Katholischer Frauen ist ebenfalls eine Kinder- und Jugendberatung installiert worden. In Niedersachsen gibt es in der Interventionsstelle des Frauennotrufes Göttingen ein Modellprojekt für ein Unterstützungsangebot für Kinder und Jugendliche, die häusliche Gewalt in der Familie erleben. In München wird bei der Initiative Münchener Mädchenarbeit eine spezialisierte Unterstützung von Mädchen, die zu Hause häusliche Gewalt erleben, angeboten.

Für die Finanzierung der Interventionsstellenarbeit werden in vielen Bundesländern Landesmittel bereitgestellt (z. B. in Hamburg, Niedersachsen, Sachsen-Anhalt, Sachsen, Hessen), welche mit kommunalen Mitteln und zum Teil auch durch Eigenmittel der Träger ergänzt werden. Einige der Interventionsstellen werden ausschließlich aus kommunalen Mitteln finanziert, in Mecklenburg-Vorpommern und zum Teil in Thüringen werden Interventionsstellen ausschließlich vom Land finanziert. In anderen Interventionsstellen wie in Hessen wird die Arbeit ohne eine zusätzliche Förderung geleistet. Die Finanzierung erfolgt pauschal oder wird wie in Hamburg oder z. T. in Rheinland-Pfalz nach Einzelfallpauschalen erstattet. Auch hier wird wieder auf die Ausführungen zur Finanzierung der Frauenhäuser unter Punkt 1.1 sowie auf den erwarteten

36 Konferenz der Koordinierungsstellen 2008

37 Beratungsstellensuche unter: www.frauenhauskoordinierung.de und unter www.frauen-gegen-gewalt.de

Bericht der Bundesregierung zur Lage der Frauenhäuser und des darüber hinausgehenden Hilfesystems bei Gewalt gegen Frauen verwiesen.

Eine bundesweite Gesamtschau der Fallzahlen der Interventionsstellen liegt nicht vor. In einigen Bundesländern werden die Fallzahlen der Interventionsstellen zusammengefasst und ausgewertet wie z. B. in Sachsen-Anhalt oder in Mecklenburg-Vorpommern. Exemplarisch wird hier auf die Daten der fünf Interventionsstellen in Mecklenburg-Vorpommern (ca. 1,68 Mill. EW) für das Jahr 2009 verwiesen: In 2009 wurde in insgesamt 2097 Fällen von häuslicher Gewalt und Stalking unterstützt, davon übermittelte die Polizei 1551 Fälle an die Interventionsstellen. In 1918 Fällen waren Frauen die Opfer der Gewalt. Es waren 1626 Kinder und Jugendliche mitbetroffen, davon 507 Kinder bis zum 3. Lebensjahr. Von 72 Kindern wurde bekannt, dass sie selbst im Kontext der häuslichen Gewalt körperliche Gewalt erlitten, 383 Kinder waren bei Partnerschaftsgewalt anwesend. In 224 Fällen unterstützte die Kinder- und Jugendberatung nach Zustimmung des misshandelten Elternteils die Kinder bzw. Jugendlichen. Mit dem Angebot wurden 417 Kinder und Jugendliche erreicht, 88 Kinder waren jünger als 3 Jahre.

Angebote und Zielgruppen

Die Kernaufgabe der Interventionsstellen ist die pro-aktive Beratung für die erwachsenen Betroffenen häuslicher Gewalt, insbesondere nach Polizeieinsätzen, z. T. auch nach der Anzeigenerstattung. In der überwiegenden Zahl der Fälle sind das Frauen, welche durch ihre Partner bzw. Ex-Partner misshandelt wurden. In Einzelfällen sind auch Männer die Opfer häuslicher Gewalt, diese erfahren aber in vielen Fällen Gewalt durch männliche Personen im sozialen Nahraum (Stiefväter, erwachsene Söhne etc.). Einige Interventionsstellen haben den zusätzlichen Auftrag, Betroffene von Stalking zu unterstützen. Der pro-aktive Beratungsansatz der Interventionsstellen ist eine zugehende Form der Kontaktaufnahme. Sie beinhaltet, dass die Beraterin telefonischen, persönlichen oder schriftlichen Kontakt zu den Betroffenen häuslicher Gewalt aufnimmt und ein Beratungsangebot unterbreitet. Grundlage dafür ist die Datenübermittlung durch die Polizei an die Interventionsstelle zu den Kontaktdaten der Gewaltbetroffenen, besonders nach Polizeieinsätzen in Fällen von häuslicher Gewalt. Damit werden Betroffene häuslicher Gewalt erreicht, die von sich aus nicht den Weg in das Hilfenetz bei häuslicher Gewalt finden. Über die Annahme des Unterstützungsangebotes und dessen Umfang entscheiden die Betroffenen selbst.

Das Beratungsangebot wird auch für Betroffene häuslicher Gewalt vorgehalten, die durch andere Institutionen, das soziale Umfeld oder Unterstützungseinrichtungen an die Interventionsstelle vermittelt wurden oder von sich aus die Interventionsstelle kontaktieren. Nach der pro-aktiven Kontaktaufnahme wird ein Beratungsangebot unterbreitet. Dabei geht es um den

Schutz der Betroffenen vor weiterer häuslicher Gewalt, um das Management der Sicherheit der Betroffenen und deren Kinder, die Information über und Unterstützung bei der Erlangung von rechtlichem Schutz, die psychosoziale Stabilisierung der Betroffenen und die Weitervermittlung in spezialisierte und/oder längerfristige Unterstützungsangebote. Diese Beratung wird telefonisch, persönlich und in einigen Interventionsstellen auch aufsuchend angeboten. In den meisten Interventionsstellen wird die Beratung als Kurzzeitberatung und Krisenintervention umgesetzt.

Die Kinder sind im Rahmen der Beratung für gewaltbetroffene Mütter ein wichtiges Thema. Es geht um deren Sicherheit und um die der Mütter, aber auch um gewaltfreie Lebensperspektiven für die Frauen und Kinder, um die Auswirkungen der Partnerschaftsgewalt auf die Kinder, um Fragen des Aufenthalts und zu Umgangsregelungen. Im Rahmen der Krisenintervention sind mit den Frauen an erster Stelle Schutzinteressen zu klären. Es ist notwendig, die Frauen zu stabilisieren, rechtliche Schutzmöglichkeiten einzuleiten und weiterführende Unterstützungsangebote zu finden. Dabei werden auch die Schutzbedürfnisse der Kinder mit berücksichtigt.

Die Voraussetzung für die pro-aktive Kontaktaufnahme zu den Betroffenen ist eine entsprechende Datenübermittlung durch die Polizei. Dazu gibt es in den Bundesländern unterschiedliche Regelungen. In den meisten Bundesländern werden die personenbezogenen Daten der Betroffenen nur mit deren ausdrücklicher Zustimmung (schriftlich oder mündlich) an die Interventionsstelle weitergeleitet. In wenigen Ländern gibt es Regelungen in Polizeigesetzen (z. B. Mecklenburg-Vorpommern)[38], die eine Datenweitergabe im Rahmen der Gefahrenabwehr an die Interventionsstellen ermöglichen. Hier kann allen polizeilich bekannt gewordenen Betroffenen häuslicher Gewalt ein entsprechendes Beratungsangebot unterbreitet werden, über deren Annahme die Opfer selbst entscheiden.

Weitere Aufgaben der Interventionsstellen sind die Teilnahme an oder die verantwortliche Gestaltung von interdisziplinärer Kooperation zum Thema, die Öffentlichkeitsarbeit zur häuslichen Gewalt und in vielen Interventionsstellen auch die Fortbildung für relevante Berufsgruppen. Für die Unterstützung von Kindern und Jugendlichen als Mitbetroffene der Partnerschaftsgewalt liegen in Interventionsstellen mit einem solchen Angebot entsprechende Konzepte vor.

Kinder im Kontext der Arbeit

In den Konzepten der Kinder- und Jugendberatungen sind die Verbesserung des Schutzes der Kinder und Jugendlichen vor weiterer Gewalt und das Unterstützungsangebot zur Bewältigung der Gewalterfahrungen zentrale Ziele.

38 SOG- M-V 2001

Die frühzeitig nach dem Gewalterleben einsetzende Unterstützung trägt dazu bei, Spätfolgen bei den Kindern und Jugendlichen zu minimieren und gewalttätige oder gewaltakzeptierende Rollenmuster zu verhindern. Es geht darum, vorhandene Schwellen zur Nutzung des Hilfesystems bei den misshandelten Müttern, aber auch bei den Kindern und Jugendlichen abzubauen. Das Angebot übernimmt die Funktion eines Lotsen im Hilfesystem und vermittelt in weiterführende Hilfen. Durch die Einbindung der Kinder- und Jugendberatung in die Interventionsstelle können der Schutz der erwachsenen Opfer und der von den Kindern und Jugendlichen gut im Team auf einander abgestimmt werden.

Umgesetzt werden die Ziele in der praktischen Arbeit durch die psychosoziale Beratung und Begleitung der Kinder und Jugendlichen und durch die Beratung des gewaltbetroffenen Elternteils, im Regelfall der Mutter. Dazu stellt die Beraterin für die erwachsenen Opfer häuslicher Gewalt das Angebot der Kinder- und Jugendberatung vor. Das Einverständnis des gewaltbetroffenen Elternteils und der Kinder bzw. Jugendlichen ist Voraussetzung für den weiteren Beratungsprozess. Die Kinder- und Jugendberaterin nimmt zeitnah Kontakt mit dem misshandelten Elternteil (in der Regel die Mutter) auf und beginnt den Beratungsprozess mit den Kindern und der Mutter. Im Erstgespräch mit der Mutter wird der Auftrag konkretisiert und entschieden, mit welchen Kindern gearbeitet wird. Das Angebot ist besonders niedrigschwellig durch die pro-aktive Kontaktaufnahme zu den Frauen und durch die Möglichkeit der aufsuchenden Unterstützung am Wohnort. Die Unterstützung der Kinder- und Jugendberatung nutzen in Mecklenburg-Vorpommern etwa 25 % der Frauen mit Kindern[39], welche durch die Interventionsstelle unterstützt wurden. Damit werden 28 % der betroffenen Kinder und Jugendlichen mit diesem Angebot erreicht.

Im Beratungsprozess der Kinder und Jugendlichen geht es um altersgerechte Informationen zum Polizeieinsatz, über weitere Veränderungen z. B. durch gerichtliche Maßnahmen, um eigene Schutzmöglichkeiten in Gewaltsituationen, die Enttabuisierung der häuslichen Gewalt innerhalb und außerhalb der Familie, um gewaltfreie Problemlösungs- und Konfliktlösungsstrategien, das Erfassen der Ressourcen im familiären und sozialen Unterstützungssystem und um die Auseinandersetzung mit eigenen Gefühlen und Bedürfnissen der Kinder. Bei entsprechendem Hilfebedarf wird gezielt in weiterführende Hilfsangebote vermittelt und es werden Kontakte angebahnt. Für sehr junge Kinder, also Säuglinge und Kleinkinder, hat es sich in der Kinder- und Jugendberatung bewährt, den Fokus auf die Beratung und Unterstützung des gewaltbetroffenen Elternteils zu legen. In diesen Fällen wird eine besonders enge Zusammenarbeit mit der Frühförderung, Familienhebammen und dem Jugendamt umgesetzt, um die besonderen Belange dieser Kinder im Blick zu behalten. Die Unterstützung des gewaltbetroffenen Elternteils stellt das

39 Interventionsstelle Rostock 2008

Aufklären über die Folgen und Auswirkungen der häuslichen Gewalt für die Kinder, die Sensibilisierung für die Belange und Bedürfnisse der Kinder, die Stärkung bzw. Rehabilitation der Erziehungskompetenzen, die Abstimmung über Schutz- und Unterstützungsmöglichkeiten für die Kinder und die Abklärung und ggf. Vermittlung bei weiterführendem Hilfebedarf in den Mittelpunkt. Die Kinder- und Jugendberatung unterstützt die gewaltbetroffenen Mütter bei Gesprächen mit dem Jugendamt z. B. bei der Beantragung von Hilfen zur Erziehung oder bei der Klärung von Umgangsregelungen.

Wie auch in der Beratung der erwachsenen Opfer häuslicher Gewalt nimmt die Kinder- und Jugendberatung in einem „Follow-Up-Kontakt“ nach der Beendigung des Beratungsprozesses erneut Kontakt zu den gewaltbetroffenen Müttern auf, um eventuelle erneute Gefährdungen und entsprechenden Unterstützungsbedarf, auch bei den Kindern, abzuklären. Zu dieser erneuten Kontaktaufnahme wird im letzten Beratungsgespräch die Zustimmung eingeholt.

Neben der Beratungsarbeit leisten die Kinder- und Jugendberatungen Vernetzungs- und Kooperationsarbeit insbesondere mit der Jugendhilfe, dem Gesundheitsbereich, Schulen und Kindertagesstätten. Sie sind entsprechend ihren Ressourcen in den Bereichen Prävention, Fortbildung und Öffentlichkeitsarbeit zum Thema häusliche Gewalt als Kindeswohlgefährdung aktiv.

Anforderungen und Herausforderungen für die Unterstützung der Kinder und Jugendlichen

Die fachlichen und gesellschaftlichen Auseinandersetzungen um die Verbesserung des Kinderschutzes haben bereits wichtige Impulse für viele Frauenunterstützungseinrichtungen gegeben, die eigene Praxis zu überprüfen und ggf. zu verändern. Das wird beispielsweise durch das große fachliche Interesse von Mitarbeiterinnen des Frauenunterstützungssystems an Fachveranstaltungen zum Thema Kinder und häusliche Gewalt deutlich oder durch die rege Beteiligung von Frauenhäusern an der Abfrage der Frauenhauskoordinierung e. V. zu den Angeboten für Kinder im Jahr 2011 (Frauenhauskoordinierung e. V. 2010). In einer ersten Gesamtschau der Ergebnisse der Befragung ist erkennbar, dass die meisten Frauenhäuser Beratung und Bestärkung für die Kinder und Jugendlichen im Haus anbieten, nur 20 % bieten keine spezifische Unterstützung der Kinder und Jugendlichen an. Mehr als die Hälfte (53 %) der befragten Frauenhäuser führt ein gesondertes Aufnahmegespräch mit den Kindern und Jugendlichen. In fast allen Frauenhäusern gibt es Betreuungsangebote für die Kinder, meist sind es flexible, anlassabhängige Betreuungsangebote. In fast allen befragten Frauenhäusern werden für die Kinder und Jugendlichen Freizeitangebote, besonders häufig Ausflüge und Ferienaktivitäten angeboten. Die meisten dieser spezifischen Unterstützungsangebote der Frauenhäuser sind in den Konzepten verankert. In fast allen befragten Frauenhäusern (96 %) werden Angebote zur Stärkung der Mütter in ihrer Erziehungs- und Versorgungskompetenz gemacht. Die meisten der Frauenhäuser in dieser Befragung setzen diese Unterstützungsangebote für die Kinder und Mütter mit entsprechend dafür angestellten Fachkräften um. Das Thema der Unterstützung der Kinder und Jugendlichen als Mitbetroffene der Gewalt gegen die Mütter ist sehr wohl in den Frauenhäusern, Beratungsstellen und Interventionsstellen präsent, das große fachliche Interesse der Kolleginnen aus den Frauenunterstützungseinrichtungen lässt vermuten, dass in den Frauenhäusern selbst noch Potential zur Verbesserung der Angebote gesehen wird.

Es ist für Frauenunterstützungseinrichtungen eine wichtige Herausforderung, den spezifischen Unterstützungsbedürfnissen der Kinder gewaltbetroffener Frauen gerecht zu werden. Diese Herausforderungen betreffen verschiedene Arbeitsgrundlagen; es geht um eine bedarfsgerechte Bereitstellung von geeigneten und geschützten Räumen, von ausreichenden personellen Ressourcen, um die Qualifikation der Mitarbeiterinnen für die spezifische Arbeit (siehe 1.3. Kenntnisse, Fähigkeiten und Kompetenzen der Mitarbeiterinnen), um passende Konzepte der Unterstützung und des Schutzes der mitbetroffenen Kinder, um die Anwendung geeigneter Instrumente zur Gefährdungseinschätzungen[40]:

- Wichtige Fragestellungen zu Sicherheitsfragen sind dabei: Wie wird eine Einschätzung möglicher Gefährdungen von Kindern vorgenommen? Wie wird gehandelt, wenn Kinder als gefährdet eingeschätzt werden? Wie werden Hilfen zur Beseitigung der Gefährdung eingeleitet und wie bzw. unter welchen Umständen erfolgt eine Einbeziehung des Jugendamtes? (Der Paritätische Hamburg 2008)
- Auch den Belangen von Säuglingen und Kleinkindern im Kontext häuslicher Gewalt muss in den Konzepten der Einrichtungen des Frauenunterstützungssystems angemessen Rechnung getragen werden.
- Insbesondere in der ambulanten Beratung sollten mehr als bisher die Kinder der betroffenen Frauen berücksichtigt werden.
- Spezialisierte Angebote für die Kinder und deren Mütter in den Frauenunterstützungseinrichtungen, auch für die Kinder von null bis drei Jahren, sind eine wichtige Verbesserung des Angebotes für die Zielgruppe.
- Die besondere Fachexpertise der Mitarbeiterinnen in diesen spezifischen Angeboten für die Kinder erleichtert die Kooperation mit Jugendämtern, dem Netz der freien Jugendhilfe und den Gesundheitseinrichtungen.

40 Vgl. Frauenhauskoordinierung, Bundesverband Frauenberatungsstellen und Frauen Notrufe 2010

- Die standardisierte nachgehende Beratung der Frauenhäuser für Frauen kann eine weitere Stabilisierung in der neuen Lebenssituation bieten. „Die vertrauensvolle Hilfebeziehung aus der Frauenhauszeit kann als Anknüpfungspunkt und Bestärkung für eine weitere Entwicklungsförderung eine bedeutsame Unterstützung darstellen"(Der Paritätische Hamburg 2008). Die nachgehende Beratung ersetzt andere spezifische Hilfeangebote nicht, kann aber den Weg in weitere Hilfen ebnen.
- Das Frauenunterstützungssystem hat über die gewaltbetroffenen Mütter einen niedrigschwelligen Zugang zu den mitbetroffenen sehr jungen Kindern. Dieser Zugang sollte durch das Frauenunterstützungssystem bewusst und systematisch sowohl für die Frühen Hilfen und als auch für den Kinderschutz genutzt werden.
- Gewaltbetroffene Frauen und deren Kinder brauchen zur Überwindung der gewaltgeprägten Lebensverhältnisse einen Rechtsanspruch auf die Gewährung von Schutz und Hilfe. Die Hilfen für gewaltbetroffene schwangere Frauen sowie Mütter und deren Kinder im Frauenunterstützungssystem müssen dazu ausreichend und verlässlich finanziert und im Regelsystem verankert werden.
- Entsprechend ihrer derzeitigen Ressourcen leisten die Frauenunterstützungseinrichtungen einen wichtigen Beitrag zum Kinderschutz im Kontext von häuslicher bzw. sexualisierter Gewalt und sind aktiv im Rahmen der Prävention. Hingegen gibt es auf Grund ungenügender finanzieller Ausstattung in vielen Frauenhäusern, Frauenberatungsstellen, Frauennotrufen und Interventionsstellen keine ausreichenden spezifischen Angebote für die betroffenen Kinder. Bedarfsgerechte Strukturen der Angebote sind nicht nur in Ballungszentren, sondern auch in ländlichen Bereichen vorzuhalten. Es sind spezifische Angebote im Frauenunterstützungssystem zu fördern, wie eigenständige Angebote für Mütter und Kinder in Frauenhäusern, die Kinder- und Jugendberatung in den Interventionsstellen und spezifische Angebote in Frauenberatungsstellen und Frauennotrufen.
- Dem hohen Anteil von Frauen und deren Kindern mit Migrationshintergrund sollte durch den Einsatz kultursensibler Mittlerinnen und Dolmetscherinnen Rechnung getragen werden.
- In den Frauenunterstützungseinrichtungen müssen zeitliche Ressourcen für Gefährdungseinschätzungen und Fallbesprechungen im Team oder mit Fachkräften aus anderen Institutionen vorhanden sein. Auch die fallübergreifende Kooperation mit anderen Institutionen und die Mitwirkung in Netzwerken erfordern ausreichende Kapazitäten.
- Empfehlenswert ist die Entwicklung von Verfahrensstandards zur Risikoeinschätzung von Kindeswohlgefährdung in Frauenunterstützungseinrichtungen als Arbeitsgrundlage für den Kinderschutz. Diese können im fachlichen Austausch mit den Fachkräften des Jugendamtes entwickelt werden und Bestandteil von örtlichen Vereinbarungen zur Zusammenarbeit mit den Jugendämtern sein.

Ulrike Kreyssig

Die Verknüpfung von häuslicher Gewalt und Frühen Hilfen – ein bedeutsames Thema für den Kinderschutz

In den letzten Jahren sind die Themen „Auswirkungen von häuslicher Gewalt/Gewalt in der Partnerschaft der Eltern auf Kinder" und „Verbesserung des Kinderschutzes" auf verschiedenen Ebenen – gesetzliche Veränderungen wie die Einführung des § 8a SGB VIII, Verabschiedung des Bundeskinderschutzgesetzes (BKiSchG 2012), die enge Zusammenarbeit zwischen den Jugendämtern und freien Trägern, Schaffung von Fachdiensten und professionsverbindenden Netzwerken, stärkere Berücksichtigung der Kinder in der Intervention bei häuslicher Gewalt – in der Fachöffentlichkeit diskutiert und weiterentwickelt worden.

In vielfacher Weise ist es inzwischen gelungen, getrennte Konzepte und Interventionsansätze im Bereich häuslicher Gewalt und im Bereich Kinderschutz besser miteinander zu verzahnen und die Kooperation im Sinne eines effektiveren Schutzes und Unterstützungsangebotes für betroffene Kinder zu intensivieren (vgl. Buskotte/Kreyssig und Kavemann in diesem Band).

Parallel dazu wurde in den letzten Jahren eine Vielzahl von Projekten und Initiativen auf kommunaler, Länder- und Bundesebene auf den Weg gebracht, die durch eine bessere Vernetzung der Professionen und Hilfesysteme frühzeitiger und adressatengerechter Familien mit Säuglingen und Kleinkindern (0 bis 3 Jahre) erreichen sollen – die sogenannten Frühen Hilfen.

Eine besonders gefährdete Gruppe im Kontext von häuslicher Gewalt sind Säuglinge und Kleinkinder im Alter bis zu drei Jahren. Forschungsergebnisse (vgl. Hellbernd/Brzank und Heynen in diesem Band) zeigen, dass es bei entsprechenden Risikogruppen während der Schwangerschaft und rund um die Geburt eines Kindes zum ersten Mal zu häuslicher Gewalt kommen kann. Wenn es bereits vorher Gewalttätigkeit in der Partnerschaft gab, steigt die Häufigkeit der Misshandlungen signifikant. Damit besteht eine verstärkte Gefährdung sowohl der betroffenen Mutter als auch des Kindes.

Viele misshandelte Frauen suchen mit ihren Kindern Zuflucht in Frauenhäusern. Von diesen Kindern ist circa ein Drittel unter drei Jahren alt. Andere Frauen bleiben in der Gewaltbeziehung, nehmen aber Angebote des Kinder- und Jugendgesundheitsdienstes oder/und von Familienhebammen wahr.[41]

Eine enge Verzahnung von Gesundheitssystem, Kinder- und Jugendhilfe und Frauenunterstützungseinrichtungen zum besseren Schutz von kleinen Kindern vor den Auswirkungen häuslicher Gewalt ist somit dringend geboten. Wie die Korrespondenz zwischen den Themen häusliche Gewalt und Frühe Hilfen sich darstellt, wo mögliche Schnittstellen zu verzeichnen sind, welche Ansätze es bereits für eine konstruktive Zusammenarbeit zwischen

41 vgl. Frauenhauskoordinierung e. V., Bundesverband der Frauenberatungsstellen und Frauennotrufe e. V., 2010.

den verschiedenen Akteuren gibt (zu Hilfen für Kinder in Frauenunterstützungseinrichtungen vgl. Herold in diesem Band) und welche Probleme auftreten, soll im Folgenden aufgezeigt werden. Im letzten Abschnitt werden Schlussfolgerungen gezogen und einige Empfehlungen formuliert.

Aktuelle Forschungsergebnisse zu Auswirkungen häuslicher Gewalt auf Kinder

Nach wie vor gibt es in Deutschland keine verlässliche Datenlage bezüglich der Kinder, die häusliche Gewalt/Partnerschaftsgewalt miterleben. Die Repräsentativstudie „Lebenssituation, Sicherheit und Gesundheit von Frauen in Deutschland“[42] im Auftrag des Bundesministeriums für Familie, Senioren, Frauen und Kinder belegt, dass jede vierte Frau in Deutschland in ihrem Leben mindestens einmal körperliche und/oder sexuelle Gewalt durch ihren Mann/Lebenspartner erfahren hat (Schröttle/Müller/Glammeier 2004: 9). 60 % der befragten Frauen, die über die letzte gewaltbelastete Beziehung berichteten, gaben an, in dieser Paarbeziehung auch mit Kindern zusammengelebt zu haben.

57 % der Befragten gaben an, die Kinder hätten die Situationen gehört und 50 % äußerten, sie hätten sie gesehen. Etwa 21 % bis 25 % der befragten Frauen gaben an, die Kinder seien in die Auseinandersetzungen mit hinein geraten oder hätten die Befragten zu verteidigen versucht. Jedes zehnte Kind wurde dabei selbst körperlich angegriffen (Schröttle/Müller/Glammeier 2004a: 287 f.). Das Miterleben der Gewalt ist nachweislich ein Risikofaktor für die Reinszenierung von Gewalterfahrung als Opfer in eigenen Partnerschaften:

> „Der Studie nach waren gewaltsame Kindheitserfahrungen der stärkste Risikofaktor für schwere Gewalt in Paarbeziehungen. Bei Frauen, die Gewalt in Kindheit und Jugend erlebt haben, war das Risiko für spätere Partnergewalt 2- bis 3-mal höher.“ (Schröttle 2008: 14)

Auswirkungen häuslicher Gewalt auf Kinder

Aufgrund des erreichten Forschungsstandes ist unstrittig, dass das Miterleben von häuslicher Gewalt, die sich in der Regel gegen die Mutter richtet, gravierende und nachhaltige Auswirkungen auf die Entwicklung der Kinder hat. In einer Befragung von Mitarbeiterinnen in Frauenhäusern wurden für 30 bis 60 % der Kinder deutliche Verhaltensauffälligkeiten beschrieben, während nur ein Fünftel der Kinder als unbelastet wahrgenommen wurden (Jaffe et al. 1990 in Kindler 2006e: 38).

Kinder sind von häuslicher Gewalt in unterschiedlicher Weise betroffen. Sie werden zum Beispiel im Kontext einer gewaltgeprägten Beziehung durch

42 Die Ergebnisse der Hauptuntersuchung basieren auf 10.264 Interviews, die mit Frauen im Alter zwischen 16 und 85 Jahren durchgeführt wurden.

eine Vergewaltigung gezeugt (vgl. Heynen in diesem Band). In der o. g. Prävalenzstudie (Schröttle/Müller/Glammeier, 2004) haben von den 25 % der von Gewalt betroffenen Frauen ein Zehntel Schwangerschaft und ein Fünftel die Geburt eines Kindes als lebenszeitliches Ereignis benannt, bei dem die Gewalt durch den Partner zum ersten Mal auftrat (vgl. Heynen 2007a).

Zwischen ungeplanten Schwangerschaften und körperlicher bzw. sexueller Gewalt besteht ein evidenter Zusammenhang (vgl. Hellbernd/Brzank in diesem Band). Die sekundäranalytische Auswertung „Gewalt gegen Frauen in Paarbeziehungen" zeigt ebenfalls auf, dass „etwa jede vierte bis fünfte von Partnergewalt betroffene Frau[43] mit Formen erzwungener sexualisierter Gewalt durch Partner konfrontiert war, welche zumeist in Kombination mit körperlicher Gewalt und nur selten ohne diese auftraten" (Schröttle 2008: 14). Das bedeutet, dass ungewollt Kinder im Kontext von häuslicher Gewalt gezeugt werden, was den Aufbau einer schützenden und versorgenden Mutter-Kind-Beziehung erheblich erschweren kann.

Die Veränderungen, die die Geburt eines Kindes mit sich bringt – etwa Aufmerksamkeit, die sich auf das Kind konzentriert, Schlafmangel, Umstellung des Lebensrhythmus, finanzielle Belastungen etc. – können ebenfalls die Gefahr von Beziehungsgewalt signifikant erhöhen. Das Kind erlebt ggf. bereits als Fötus die Misshandlungen während der Schwangerschaft; Kinder werden selbst Opfer der Misshandlung (z. B. als kleines Kind auf dem Arm der Mutter) oder werden Opfer von Trennungsmorden (vgl. Heynen in diesem Band). Insgesamt wachsen Mädchen und Jungen in Fällen von häuslicher Gewalt häufig in einer Atmosphäre auf, die geprägt ist von Angst, Isolation, Vernachlässigung und Überforderung.

> „Gewaltsame Kindheitserfahrungen in Form von selbst erlebter körperlicher, sexueller und psychischer Gewalt, aber auch in Form der Zeugenschaft elterlicher Gewalt bildeten im Rahmen der Untersuchung den mit Abstand stärksten Prädiktor für die Betroffenheit der Frauen durch schwere Gewalt und Misshandlung im späteren Erwachsenenleben" (Schröttle, 2008: 43). Die sekundäranalytische Quellenauswertung verdeutlicht, dass „gewaltsame Kindheitserfahrungen vor allem schwere psychische körperliche und/oder sexuelle Gewalt in Paarbeziehungen begünstigen und weniger assoziiert sind mit leichten bis mäßig schweren Ausprägungen" (ebd.).

Aber auch der Zusammenhang von häuslicher Gewalt und Gefährdung von kleinen Kindern ist durch die Forschung belegt: „Häusliche Gewalt gegen die Kindesmutter während der ersten sechs Lebensmonate des Kindes verdreifacht das Risiko von Kindesmisshandlung und verdoppelt das Risiko von psychischer Gewalt und Vernachlässigung" (McGuigan/Pratt 2001 in Kavemann 2008a).

Das Miterleben von häuslicher Gewalt führt bei Kindern z. T. nachweislich zu erheblichen Beeinträchtigungen ihrer körperlichen, kognitiven, emotionalen und sozialen Entwicklung (vgl. u. a. Kavemann 2000; Heynen 2001;

43 Von insgesamt 2.143 Frauen, die körperliche/sexuelle Gewalt durch aktuelle/frühere Partner erlebt und detaillierte Angaben zu den Handlungen gemacht haben.

Kindler 2006e). Bei Kindern, die in der frühen Kindheit bereits wiederholt Partnergewalt miterlebt haben, wurden Forschungen zufolge Veränderungen im Stresshormonsystem und in der Selbstregulation des autonomen Nervensystems nachgewiesen (El-sheikh et al. 2001; Saltzmann et al. 2005 in Kindler 2006e: 44). Die Reifung des kindlichen Gehirns kann in seinen verschiedenen Entwicklungsphasen durch Gewalterfahrungen geschädigt werden (vgl. Brisch 2010g: 28). Untersuchungen (Turner et al. 2010; Bogat et al. 2006 in Kindler 2010b) zeigen auf , dass es zu einer erhöhten Unruhe und Irritierbarkeit des Säuglings bzw. Kleinkindes nach miterlebter Gewalt kommt, die sich in Schlafstörungen, heftigem Weinen bis zur Erschöpfung, sowie Anpassungsschwierigkeiten an alltägliche Veränderungen ausdrücken. Weitere Belastungsfaktoren kommen hinzu, wenn ein Elternteil alkoholabhängig oder psychisch erkrankt ist, was im Kontext gewaltgeprägter Beziehungen häufig der Fall ist. Grundsätzlich gilt, dass Kinder sich nicht an Gewalt „gewöhnen", sondern eher eine Sensitivierung eintritt, so dass durch das fortgesetzte Miterleben von Mal zu Mal schwerere Schädigungen bewirkt werden.

Nicht immer muss in der Folge des Miterlebens von häuslicher Gewalt mit erheblichen bzw. posttraumatischen Belastungsstörungen gerechnet werden. Diese sind abhängig vom Ausmaß der miterlebten Gewalt, der Dauer und der erlebten Hilflosigkeit. Je jünger ein Kind ist, desto weniger verfügt es über Bewältigungsmechanismen und desto geringer kann es auf positive Erfahrungen zurückgreifen. „Schon Säuglinge können traumatisiert werden. Sie reagieren äußerlich sichtbar, z. B. mit Fütterstörungen und Schreien. Bereits erlernte Selbstberuhigungsmechanismen (Autostimulationen wie Selbstberührungen, Daumenlutschen etc.) oder Trost von emotional relevanten Bezugspersonen reichen nicht mehr aus, um die psychobiologischen Spannungszustände zu kompensieren. Die primäre Bezugsperson ist für den Säugling ein ‚emotionales Sprachrohr' für äußere Bedrohung. Die zunächst von der Elternperson erlebte Angst überträgt sich auf das Baby. Es erlebt die Welt noch wie im Spiegel des elterlichen Antlitzes, die primäre Bezugsperson baut sozusagen eine Affektbrücke zum Säugling, sie ist Teil seines Affektregulationssystems. Entsprechend traumatisch-überflutend können bedrohliche emotionale wie physische Einschläge auf dieses labile dyadische System einwirken" (Krüger 2008: 29). Mindestens aber zeigt sich, dass aufgrund der Bedrohung oder Verletzung einer engen Bezugsperson bei Kindern nahezu durchgehend erheblicher Stress ausgelöst wird und keine innere emotionale Sicherheit und Stabilität entstehen können.[44]

Besonders problematisch werden inzwischen auch belastende kindliche Bindungserfahrungen aufgrund des Miterlebens von häuslicher Gewalt gesehen (vgl. Bowlby 1995; zum Überblick siehe Brisch/Hellbrügge 2003; Gloger-Tippelt 2001). Bindung, basierend auf dem Vertrauen in die Eltern-Kind-Beziehung, entwickelt sich in der zweiten Hälfte des ersten Lebensjahres. Wird

44 Siehe hierzu auch „Eine Handlungsorientierung für Jugendämter. Kinderschutz und Kindeswohl bei elterlicher Partnerschaftsgewalt", Saarland, 2008.

der Aufbau und v. a. die Qualität dieses emotionalen Bandes beeinträchtigt, weil sich die engsten Bezugspersonen in einer für das Kleinkind verstörenden, irritierenden und ängstigenden Art und Weise verhalten und keine Konstanz in der Zuwendung zu erkennen ist, kann sich eine Bindungsstörung/Bindungsdesorganisation bzw. ein desorientiertes Bindungsmuster entwickeln.

Die Bindungsstörung eines Kindes, das ggf. in den ersten Lebensjahren traumatisierenden Erfahrungen ausgesetzt ist, äußert sich auch z. B. darin, dass keine Bevorzugung einer Bezugsperson zu erkennen ist (Michalak 2008: 51). Unsichere Bindung ist ein Risikofaktor für die weitere Entwicklung. „So zeigen etwa Kinder mit unsicheren Bindungsmustern schon im Kindergartenalter in Konfliktsituationen weniger prosoziale Verhaltensweisen und eher aggressive Interpretationen des Verhaltens ihrer Spielkameraden (Suess, Grossmann/ Sroufe 1992). Im Jugendalter sind sie eher isoliert, haben weniger Freundschaftsbeziehungen und schätzen Beziehungen insgesamt als weniger bedeutungsvoll für ihr Leben ein" (Brisch 2010g: 23).

Viele Fachkräfte aus der Jugendhilfe oder dem Gesundheitsbereich sind jedoch unsicher, „wenn es darum geht einzuschätzen, inwieweit Partnerschaftsgewalt auf eine erhöhte Gefährdung durch Misshandlung bzw. Vernachlässigung hindeutet und ob bzw. wie sich miterlebte Partnerschaftsgewalt auf Säuglinge bzw. Kleinkinder auswirkt" (Kindler 2010b).

Erziehungsfähigkeit und -kompetenz der Eltern

Die Frage nach der Erziehungsfähigkeit und -kompetenz von Eltern im Kontext häuslicher Gewalt muss bei den Frühen Hilfen in den Fokus genommen werden. Laut Kindler betrifft ein in Studien durchgängig bestätigter Befund „das erhöhte Risiko für Kindesmisshandlungen bei Vätern, die gegen die Partnerin Gewalt ausgeübt haben" (Kindler 2010: 43 ff.). Andere Studien (vgl. ebd.: 44) weisen nach, dass die Wahrscheinlichkeit von Kindesmisshandlungen mit der Häufigkeit und dem Schweregrad von Partnerschaftsgewalt korrespondiert. Außerdem zeigen mehrere Untersuchungen (vgl. Kindler 2006e), dass Väter, die gegenüber der Partnerin gewalttätig sind, häufig wenig tolerant sind, einen eher autoritären Erziehungsstil – auch orientiert an Geschlechterklischees – und eine ausgeprägte Selbstbezogenheit aufweisen.

Eltern sind häufig derart in der Dynamik von Gewalt gefangen, dass sie sich um die (Grund-) Bedürfnisse ihrer Kinder nicht angemessen kümmern können. „Zum indirekten Klima der Gewalt gehörten die eingeschränkte mütterliche Kompetenz aufgrund der Misshandlungen und deren Folgen sowie die Vernachlässigung der Kinder im Zusammenhang mit der fehlenden Bereitschaft des Vaters, Verantwortung innerhalb der Familie zu übernehmen" (Heynen 2007: 72).

Die meisten Mütter schaffen es, trotz ihrer eigenen Belastung ein weitgehend tragfähiges Fürsorge- und Erziehungsverhalten aufzubringen oder sogar positive Erfahrungsbereiche zu schaffen, aber sie können häufig nicht die Belastungen der Kinder auffangen und negative Entwicklungsdynamiken, wie erhöhte Aggressivität oder sozialer Rückzug durchbrechen. Manche Frauen, insbesondere jene, die aufgrund der Gewalt eine posttraumatische Belastungsstörung entwickeln, können aggressive und ungeduldige Tendenzen gegenüber ihren Kindern zeigen und ihre Aufmerksamkeit gegenüber deren emotionalen Bedürfnissen ist nicht selten herabgesetzt.

Wird die Gewalt jedoch beendet und erfährt die Mutter entsprechende fachliche Unterstützung, kann die eingeschränkte Erziehungsfähigkeit häufig wieder ausgeglichen werden (Kindler et al. 2006), außer bei psychischen Erkrankungen oder einer Suchtmittelabhängigkeit.

Häusliche Gewalt wird in fachlichen Diskursen inzwischen als ernstzunehmender Indikator für eine Gefährdung des Kindeswohls anerkannt. „Aufgrund der mit Partnerschaftsgewalt im Mittel einhergehenden Belastung kindlicher Entwicklung ist bei betroffenen Kindern meist ein Hilfebedarf anzunehmen" (Kindler in Struck 2008: 66). Frühe Hilfen sind also unweigerlich mit häuslicher Gewalt konfrontiert.

Frühe Hilfen – was bedeutet das eigentlich?

Die Bundesregierung, insbesondere das Bundesministerium für Familie, Senioren, Frauen und Jugend (BMFSFJ), hat es sich zur Aufgabe gemacht, ein professionsübergreifendes Hilfesystem zum Schutz von Kindern zu etablieren. Ab Beginn der Schwangerschaft und in den ersten Lebensjahren (0- bis 3-Jährige) sollen lokale und regionale Unterstützungssysteme mit koordinierten Hilfsangeboten für Eltern und Kinder deren Entwicklungsmöglichkeiten frühzeitig und nachhaltig verbessern (Gerber 2011). Als Ziele werden die Verbesserung des Schutzes von Kindern vor Gefährdungen und der Rechte auf Förderung und Teilhabe genannt, und zwar durch das Erkennen von Risiken und durch soziale Frühwarnsysteme mit effektiven Kooperationsstrukturen.

Bei den Frühen Hilfen werden insbesondere zwei Zielgruppen in den Blick genommen: a) Kinder vom vorgeburtlichen Alter bis zu ca. drei Jahren aufgrund ihrer besonderen Gefährdung; b) Schwangere und junge Mütter/Väter mit Risiken und in belastenden Lebenssituationen.

Als empirisch belegte Risikofaktoren für die Vernachlässigung und Misshandlung von Kindern gelten neben psychischen Problemen der Eltern wie Depression, Sucht, fehlendes Erziehungswissen und unrealistische Erwartungen an das Kind, eine belastete Biografie der Eltern durch Gewalt in der eigenen Kindheit, eigene erfahrene Vernachlässigung, Beziehungsabbrüche und Partnerschaftsgewalt (vgl. Meysen/Schönecker/Kindler 2009). Die Kumulation mehrerer Risikofaktoren birgt einen sprunghaften Anstieg der Gefahr von Vernachlässigung, insbesondere in den ersten drei Lebensjahren (vgl. Helming et al. 2007: 21).

Bestehende Modelle im Bereich Früher Hilfen wurden hinsichtlich ihrer Wirksamkeit evaluiert (vgl. Bundeszentrale für gesundheitliche Aufklärung 2007; Deutsches Jugendinstitut 2007), neue Ansätze werden gefördert und Kooperationsbemühungen unterstützt.

Unter Frühen Hilfen sind konkret folgende vier Bereiche zu fassen:

- frühkindliche Entwicklungsförderung,
- Frühförderung für Kinder, die eine Behinderung aufweisen oder von Behinderung bedroht sind,
- Familienbildung/frühkindliche Bildung,
- Beratung/Hilfen zur Erziehung.

Dabei wird von folgenden Prämissen ausgegangen:

- Kinder im Alter von 0 bis 3 Jahren (ab Schwangerschaft) sind besonders verletzlich und abhängig von Versorgung und Zuwendung,
- Eltern sind rund um die Geburt eines Kindes gut ansprechbar,
- Risiken für eine gesunde Entwicklung sollen möglichst frühzeitig erkannt werden,
- Entwicklungen können von Anfang an günstig beeinflusst werden, bevor sich negative Interaktionen verfestigen,
- möglichen Fehlentwicklungen/Schädigungen von Säuglingen/Kleinkindern soll auf diese Weise vorgebeugt werden (vgl. Sann 2007).

Als Qualitätskriterien für frühe Hilfen aus dem Aktionsprogramm für „Frühe Hilfen" und „Soziale Frühwarnsysteme" werden folgende genannt:

1. Umfassend und systematisch Zugang zur Zielgruppe finden;
2. Risiken frühzeitig, systematisch und objektiviert erkennen;
3. Familien zur Inanspruchnahme von Hilfen motivieren;
4. Hilfen an den Bedarf von Familien anpassen;
5. Monitoring des Verlaufs der Hilfeerbringung und Verbesserung der Situation des Kindes;
6. Möglichkeit der Implementation der Hilfen ins Regelsystem (Sann 2007).

Politische Weichen

Bereits 2006 wurde ein entsprechendes Aktionsprogramm durch das Bundesministerium für Familie, Senioren, Frauen und Jugend installiert und ab 2012 stärkt das Bundesministerium mit einer Bundesinitiative vier Jahre lang den Aus- und Aufbau von Netzwerken Früher Hilfen sowie den Einsatz von Familienhebammen in Ländern und Kommunen. Hierfür werden in dem gesamten Zeitraum 177 Millionen Euro zur Verfügung gestellt. Auch über das Ende des Modellprogramms hinaus verpflichtet sich der Bund, weiter im Bereich der Frühen Hilfen und der psychosozialen Unterstützung von Familien mit Säuglingen und Kleinkindern Länder und Kommunen mit jährlich

51 Millionen Euro komplementär zu finanzieren. Durch das Bundeskinderschutzgesetz vom 1. Januar 2012 (BKiSchG) werden die Frühen Hilfen außerdem gesetzlich verankert und mehr Handlungs- und Rechtssicherheit im Kinderschutz geschaffen.

Hier ist erstmals auch die Rede von Einbindung der Frauenunterstützungseinrichtungen in die verbindliche Vernetzung zwischen Gesundheitswesen, Kinder- und Jugendhilfe, Schwangerschaftsberatungsstellen, weiteren Institutionen für Familien und Kinder sowie der Justiz und der Polizei.[45]

Außerdem hat die Bundesregierung weitere Schritte auf rechtlicher Ebene unternommen, um den Kinderschutz zu verbessern. Das Bundeskinderschutzgesetz schafft eine eindeutige Rechtsgrundlage für den Austausch von Informationen bei einer vermuteten Kindeswohlgefährdung und fasst die Anforderungen an eine Gefährdungseinschätzung (Hausbesuch) durch das Jugendamt im Rahmen einer Novellierung des § 8a SGB VIII konkreter. Im Falle eines Wohnortwechsels werden dem dann zuständigen Jugendamt alle notwendigen Informationen zur Gefährdungseinschätzung einer Familie zeitnah übermittelt. Der Hausbesuch zur Einschätzung der Lebenssituation eines Kindes ist verpflichtend, allerdings nur, „wenn dadurch der Schutz des Kindes nicht in Frage gestellt wird und seine Durchführung nach fachlicher Einschätzung erforderlich ist" (BMFSFJ 2012). Auch die notwendigen Vorsorgeuntersuchungen bei Säuglingen/Kleinkindern sollen engmaschiger kontrolliert und Eltern sollen bei Versäumnissen angesprochen werden.

Das Nationale Zentrum für Frühe Hilfen (NZFH) wurde beauftragt, alle Erfahrungen zusammenzutragen, zu bündeln und auszuwerten. Schwerpunkte der Arbeit sind Forschung, Transfer, Qualifizierung, Kommunikation und Kooperation.

Im Auftrag des Nationalen Zentrums für Frühe Hilfen wurden in den letzten Jahren bundesweite Bestandsaufnahmen zum Ausbau der Frühen Hilfe für gefährdete Kinder durchgeführt. Dabei äußerten 89 % der teilnehmenden Ämter, bereits im Bereich Früher Hilfen aktiv zu sein. Viele gaben an, dass zwischen verschiedenen Institutionen wie Jugendämtern und Trägern der Familienhilfe, Erziehungs- und Familienberatungsstellen, Kinderschutzzentren und Polizei, Gesundheitsämtern und Schwangerenberatungsstellen, Frühförderzentren, Kitas und Sozialpsychiatrischen Diensten bereits gute Kooperationsbeziehungen im Interesse der betroffenen Familien existieren. Auch die Kommunikation insgesamt zwischen den beteiligten Institutionen verbessere sich im Rahmen der Arbeit in Netzwerken entscheidend. Allerdings waren die Institutionen zum Schutz vor häuslicher Gewalt bis dato kaum eingebunden.

45 vgl. http://www.bmfsfj.de/BMFSFJ/Service/themen-lotse, 9.3.2011

Bedeutung von häuslicher Gewalt in Frühen Hilfen

Gewalt in der Partnerschaft, i. d. R. gegenüber der Partnerin ist für Außenstehende häufig nicht sichtbar. Sie ist deswegen unsichtbar, weil sie von den betroffenen Frauen aus Scham verschwiegen und von den gewaltausübenden Männern negiert wird, und weil immer wieder die Hoffnung besteht, es wird sich alles zum Besseren wenden, und es durchaus Phasen in der Beziehung gibt, die diese Hoffnung nähren.

„Jede übergriffige Handlung erscheint für sich genommen „nicht so schlimm", als dass Konsequenzen gezogen werden müssten. Zudem gewinnt die Bindung an Bedeutung. In der Schwangerschaft knüpfen viele Paare erneut an traditionellen Rollen an. Die Differenz der Geschlechter tritt in den Vordergrund. Zwar steigert die Schwangerschaft die empfundene Gebundenheit des Paares, sie steigert aber auch nicht selten das Gewaltpotential auf der Seite des Mannes" (Hagemann-White 2010: 15). Aber es gibt in dieser Lebensphase auch positive Aspekte. Rund um Schwangerschaft und Geburt haben Frauen, die von Partnerschaftsgewalt betroffen sind, den Wunsch, das neugeborene Kind zu schützen und sind für Ansprache und Veränderungen offen (Holmes/Meyer 2003 in Hellbernd 2006). Der Übergang zur Mutterschaft ist eine Entwicklungsphase, die Gefahr und gleichzeitig Chancen in sich trägt.

> „Denn es handelt sich um ein ganzheitliches körperlich-sinnlich fundiertes Erleben von Wandel und Verwandlung, bei dem auch frühere Fixierungen und gewohnte Problemlösungen verflüssigt werden können" (Hagemann-White 2010: 15).

Das bedeutet für die Frühen Hilfen, dass sie im Kontext von häuslicher Gewalt möglicherweise auf Mütter treffen, die selbst Gewalt in der Kindheit erfahren haben und unter unbewältigten Traumata leiden.

> „Aber wie die Adoleszenz sind Schwangerschaft und Geburt (...) auch eine ‚zweite Chance' zur psychischen Neuorganisation. Denn sie bieten die Möglichkeit, erlittene Vernachlässigung oder fehlende frühe Geborgenheit dadurch ‚auszugleichen', dass das Fehlende dem werdenden Kind geschenkt werden kann. Die belastende Vergangenheit kann in der Form zumindest teilweise wieder zugänglich gemacht und ihr eine neue Bedeutung verliehen werden" (Hagemann-White 2010: 16).

Das heißt, durch frühe Hilfen kann dieses Chancenfenster genutzt werden, um vorhandene Ressourcen der „frisch gebackenen" Mütter und Väter im Umgang mit dem Säugling und in der Partnerschaft zu aktivieren und stärken. Gleichzeitig gilt es, für (erneut) auftretende Gewaltvorkommnisse wachsam zu sein. Das ist – ähnlich wie in der Familienhilfe – häufig ein schwieriger Balanceakt zwischen stabilem Kontaktaufbau, Vertrauen schenken und mit Blick auf das Wohl des Kindes auszuübende Kontrollfunktion. Um der gesundheitlichen Versorgung und den Frühen Hilfen den Zugang zu Familien, in denen häusliche Gewalt als Risikofaktor vermutet oder erkannt wurde, weiterhin zu ermöglichen, ist nicht nur Fachwissen, sondern auch eine Vielzahl an Kompetenzen gefragt. Neben den Kenntnissen über Auswirkungen und Dynamiken von häuslicher Gewalt und Verfahren der Gefährlichkeitseinschätzung braucht es eine hohe Sensibilität, die Fähigkeit, auch kleine Erfolge anzuerkennen und zu verstärken, „aktiv" zuzuhören und die Bereitschaft zu wecken, ggf. weitergehende Unterstützung und Hilfen anzunehmen.

In verschiedenen Modellprojekten wie S.I.G.N.A.L. und MIGG[46] sind grundlegende Standards für die gesundheitliche Versorgung gewaltbetroffener Frauen (vgl. Hagemann-White/Bohne 2009 und Hellbernd/Brzank in diesem Band) entwickelt worden:

- Offenheit für das Thema signalisieren
- Anzeichen wahrnehmen,
- das Thema ruhig ansprechen,
- adäquat reagieren,
- informieren.

Der Umgang mit Frauen und Kindern, die von häuslicher Gewalt betroffen sind, erfordert auch eine klare Haltung gegenüber Gewalt und ggf. den Mut, das Thema anzusprechen. Daher sind in diesem Bereich, d. h. für Kinder- und Jugendgesundheitsdienste, Schwangerenberatungsstellen, Gynäkologinnen/Gynäkologen, Hebammen und für Kinderärzte/Kinderärztinnen Fortbildungen unerlässlich. Insbesondere für Familienhebammen, die bis zu einem Jahr den Kontakt zu so genannten Risiko-Familien halten sollen, sollten Kenntnisse über Partnerschaftsgewalt, Auswirkungen auf Kinder und Möglichkeiten zur Vermittlung in Frauenschutzeinrichtungen zum Basiswissen gehören.

Multiprofessionelle Fortbildung[47] kann neben der notwendigen Vernetzung ein hilfreiches Instrument sein, denn in der Regel kann niemand alleine häusliche Gewalt beenden und mit den Folgen arbeiten, sondern es braucht ein Zusammenwirken von verschiedenen Fachkräften und Institutionen.

Perspektivwechsel und Horizonterweiterung im Austausch verschiedener Berufe zeigen Möglichkeiten auf, entlasten aber auch. Wenn eine Fachkraft weiß, wohin und an wen sie abgeben und wo sie sich selbst als Mitwirkende im Kontext Früher Hilfen durch Austausch mit Kollegen/Kolleginnen neue Perspektiven erarbeiten und Entlastung finden kann, sieht sie auch genauer hin und reagiert anders auf das Thema häusliche Gewalt.

46 S.I.G.N.A.L. steht für die einzelnen Buchstaben der zentralen Handlungsschritte und –ziele der Intervention (vgl. Hellbernd/Brzank et al. 2004) und MIGG für Medizinische Intervention gegen Gewalt.

47 siehe http://www.pro-train.uni-osnabrueck.de

Zusammenarbeit verschiedener Institutionen im Kontext Früher Hilfen

In den vergangenen Jahren hat sich die Zusammenarbeit zwischen den Frauenunterstützungseinrichtungen und der Jugendhilfe wesentlich verbessert. Die Einrichtung von Runden Tischen, interdisziplinäre Fortbildungen zum Thema Kinder und häusliche Gewalt, diverse wissenschaftliche Veröffentlichungen und Handreichungen haben den teilweise mühsamen Prozess befördert, das Miterleben von Partnergewalt als eine bedeutsame Gefährdung des Kindeswohls wahrzunehmen. Mitarbeiterinnen der Frauenhäuser werden zunehmend als Expertinnen im Hinblick auf Fragen des Kinderschutzes bei häuslicher Gewalt gesehen und ihre Fachlichkeit wird geschätzt. Auch auf Seiten des Frauenschutzes hat ein Umdenkungsprozess stattgefunden. Jugendämter werden nicht mehr in erster Linie als „Erfüllungsgehilfen" für gewalttätige Väter und damit schädigende Instanz für Frauen und Kinder wahrgenommen, sondern als Institution mit hoher Fachlichkeit im Hinblick auf die Verbesserung der Situation von Kindern (und Eltern). Es gibt ein Mehr an Wissen und damit erhöhtes Verständnis über die jeweiligen Arbeitsaufträge und Handlungsmöglichkeiten. In vielen Fällen gelingt die Zusammenarbeit. Auch gewaltbetroffene Frauen selbst nehmen die Unterstützung der Jugendhilfe für sich und ihre Kinder eher in Anspruch und begreifen Jugendämter nicht ausschließlich als kontrollierende und eingreifende Institution. Die Schnittstelle „Kindeswohl" zwischen Frauenschutzeinrichtungen und Jugendhilfe hat dazu geführt bzw. führt nach und nach dazu, dass eine Öffnung gegenüber den Angeboten und Möglichkeiten der jeweils anderen Institution erfolgt. Jugendämter erhalten mitunter wertvolle Berichte der Frauenhausmitarbeiterinnen. Einige Frauenhäuser haben gute Erfahrungen damit gemacht, eine „Feedback-Kultur" zu etablieren, indem sie, wenn ein Fall an das Jugendamt übergeben wurde, nachfragen, „was daraus geworden ist", welche Hilfen eingeleitet wurden etc.[48]

Im Gegensatz zu den Frauenunterstützungseinrichtungen können die Jugendämter Kontakt zu den gewalttätigen Männern/Vätern der Kinder aufnehmen, können Ansprüche im Hinblick auf ihre Erziehungskompetenz formulieren und ihre väterliche Verantwortung thematisieren. Diese Aufgabe wird auch verstärkt in den Jugendämtern wahrgenommen; allerdings fehlt es häufig an entsprechenden Gesprächsangeboten bzw. Auflagen wie die Teilnahme an einem Täterprogramm.

Nach wie vor gibt es jedoch auch Probleme, die eine Zusammenarbeit erschweren. Die Kooperation zwischen Jugendhilfe und Frauenhilfeeinrichtungen ist bislang nicht verbindlich geregelt (vgl. Buskotte/Kreyssig in diesem

48 S.I.G.N.A.L. steht für die einzelnen Buchstaben der zentralen Handlungsschritte und –ziele der Intervention (vgl. Hellbernd/Brzank et al. 2004) und MIGG für Medizinische Intervention gegen Gewalt.

Band).[49] Bis auf wenige Ausnahmen (z. B. Werra-Meißner-Kreis in Hessen) existieren nicht einmal Minimalstandards[50] für die Zusammenarbeit, die damit immer noch zu sehr vom „zufälligen" Engagement und vom „Good will" einzelner Mitarbeiter/-innen auf beiden Seiten abhängig ist. In wenigen Jugendämtern gibt es beispielsweise analog zu den polizeilichen Koordinatoren/ Koordinatorinnen ausgewiesene Fachkräfte und Ansprechpartner/-innen für die Mitarbeiterinnen der Frauenschutzeinrichtungen mit einer Spezialzuständigkeit für das Thema häusliche Gewalt. Obwohl Kinder, wenn sie mit ihren Müttern ins Frauenhaus flüchten, in einer akuten Krise sind, fühlt sich das Jugendamt (zunächst) nicht zuständig.

Ein äußerst schwieriges Thema in der Kooperation stellen immer wieder Umgangsregelungen dar. Vielfach wird das Recht des Vaters auf Umgang mit dem Kind höher bewertet als das Schutzbedürfnis und die Angst des Kindes (und die Angst und Gefährdung der Mutter im Umgangskontakt). Insbesondere bei sehr kleinen Kindern muss die Bindung an die hauptsächlich versorgende Person, das ist in der Regel die Mutter, Vorrang haben gegenüber Ansprüchen, die der (gewalttätige) Vater des Kindes formuliert. Da als empirisch belegter Risikofaktor für Vernachlässigung und Misshandlung u. a. Partnerschaftsgewalt gilt und betroffene Kinder ganz überwiegend nicht nur Kinder misshandelter Mütter, sondern auch misshandelnder Väter sind, muss das Jugendamt (und das Familiengericht) stärker den Zugang zu diesen suchen. Es ist als Aufgabe von Jugendämtern zu sehen, sich an der Entwicklung von Konzepten für täterorientierte Interventionsstrategien zu beteiligen, gewalttätige Väter mit ihrer Verantwortung gegenüber den Kindern (und der Partnerin) zu konfrontieren und mit ihnen an ihrer Erziehungsfähigkeit und -kompetenz zu arbeiten bzw. entsprechende Schritte einzuleiten.

Grundsätzlich nehmen die meisten Frauenhäuser für sich zu Recht in Anspruch, das Wohl der Kinder im Blick zu haben, frühe Hilfen anzubieten bzw. die Mutter dabei zu unterstützen, weitergehende Hilfen einzuleiten. Auch die Stärkung der Erziehungskompetenz der Mütter ist ein zentrales Thema in der Frauenhausarbeit (vgl. Herold in diesem Band).

Der Aufbau bzw. die Inanspruchnahme von Hilfs- und Unterstützungsangeboten außerhalb des Frauenhauses wird zum Teil in die Arbeit integriert. Das können enge Kooperationen mit einzelnen Kinderärzten/-ärztinnen, Kitas und Schulen, die in der Nähe liegen, sein, mit Erziehungs- und Familienberatungsstellen oder mit dem Kinder- und Jugendgesundheitsdienst. Diese Formen der Zusammenarbeit entstehen jedoch eher nach Bedarf und werden nicht systematisch Strukturen entwickelnd angelegt. Betrachtet man die Qualitätsstandards, die Frühe Hilfen kennzeichnen (sollen), dann treffen einige auf die Arbeit in Frauenhäusern zu. Es wird sowohl umfassend und

49 siehe http://www.pro-train.uni-osnabrueck.de

50 Zur konkreten Arbeit mit gewaltbetroffenen Kindern im Frauenunterstützungssystem vgl. Herold in diesem Band.

organisiert Zugang zur Zielgruppe hergestellt, als auch versucht, Risiken frühzeitig und objektiv zu erkennen. Allerdings fehlt hier die Systematik, weil es häufig dazu keine Standards bzw. geregelten Verfahrensabläufe gibt. Die Mütter (anstatt Familien) werden zur Inanspruchnahme von Hilfen motiviert und es wird ggf. in Zusammenarbeit mit der Jugendhilfe oder anderen Institutionen die Hilfe an den Bedarf der Kinder und Mütter angepasst. Insbesondere für gewaltbetroffene Frauen mit Migrationshintergrund, zu denen im Rahmen regulärer Angebote der Zugang teilweise schwierig ist, können im Rahmen der Frauenhausarbeit Kontakte zu anderen Institutionen hergestellt und Brücken gebaut werden. In Ansätzen und in einigen Frauenhäusern erfolgt eine Beobachtung/Monitoring des Verlaufs der Hilfeerbringung und des Kindeswohls über Rückkoppelungsschleifen mit dem zuständigen Jugendamt. Eine regelhafte Nachbetreuung nach Beendigung des Aufenthaltes im Frauenhaus steht noch aus. Auch eine systematische Einbeziehung des Gesundheitssystems im Rahmen einer Zusammenarbeit mit Schwangerenberatungsstellen, (Familien-)Hebammen, Kinderärzten/-ärztinnen, Ernährungsberaterinnen, Logopädinnen, Ergotherapeutinnen etc. gilt als unabdingbar, um den Kinderschutz weiter zu stärken.

Allerdings fehlt es häufig an Ressourcen, um den in den Frühen Hilfen festgelegten Ansprüchen an Vernetzungsarbeit gerecht zu werden. Politische Maßnahmen und Finanzierungslogiken greifen entschieden zu kurz und Strukturen sind mitunter praxisfern, wenn z. B. eine Familienhebamme in Berlin nur innerhalb der Bezirksgrenzen arbeiten darf (pro Bezirk wird eine Familienhebamme finanziert!). Das bedeutet, falls eine Mutter mit Säugling bereits im Frauenhaus durch eine Familienhebamme begleitet wird, kann diese Frühe Hilfe nach Auszug in einen anderen Bezirk nicht fortgesetzt und eine bereits entstandene vertrauensvolle Zusammenarbeit muss beendet werden.

Frauenhäuser/Frauenschutzeinrichtungen nehmen im Kontext Früher Hilfen bereits eine zentrale Stellung ein und leisten einen wichtigen Beitrag im Rahmen der Primär- und Sekundärprävention.

Hingegen fehlen eine verbindliche Ausgestaltung der Arbeit des Kinderschutzes in der Frauenhausarbeit und die personellen Ressourcen, um eine regelhafte Einbeziehung der Frauenhäuser in Netzwerkstrukturen, die im Rahmen früher Hilfen aufgebaut werden, zu gewährleisten.

Die Akteure im Kontext Früher Hilfen, z. B. im Gesundheitssystem und in der Jugendhilfe, verfügen nur teilweise über ausreichende Kenntnisse zu Ausmaß und Folgen häuslicher Gewalt, um adäquat darauf reagieren zu können und um Familien, in denen Partnerschaftsgewalt vorliegt, entsprechend zu unterstützen oder zu intervenieren. Hier könnten durch Mitarbeiterinnen der Frauenunterstützungseinrichtungen bzw. von Interventionsprojekten/Koordinierungsstellen, selbstverständlich mit entsprechender Finanzierung, wertvolle Unterstützung und Qualifizierung durch Wissensvermittlung, d. h. durch Fortbildungen, Fachveranstaltungen, Einbezug in Fallbesprechungen etc. geleistet werden.

Daraus ergeben sich nachstehende Schlussfolgerungen für die Schnittstelle Häusliche Gewalt – Frühe Hilfen:

- Qualifizierte Mitarbeiterinnen der Frauenunterstützungseinrichtungen sollten neben einer fundierten pädagogischen Grundausbildung Kenntnisse mitbringen zu kindlichen Entwicklungsdimensionen, Regelverläufen (die immer Streuung beinhalten) und möglichen erheblichen Abweichungen. Sie müssen um die Zusammenhänge von belastenden Lebensereignissen/-erfahrungen und Auswirkungen auf die kindliche Entwicklung wissen, um mögliche psychische Verarbeitungsstrategien und Auffälligkeiten zu erkennen. Mitarbeiterinnen können aber auch Risiken der möglichen Gefährdung eines Kindes nur angemessen einschätzen, wenn sie zeitliche Ressourcen haben. Diese Ressourcen werden benötigt, um sich mit Kolleginnen in Fallbesprechungen auszutauschen oder/und mit Fachkräften aus anderen Institutionen in Fallteams, damit ein differenzierter und umfassender Gesamteindruck bezüglich der Situation des Kindes (und der Mutter) hergestellt werden kann. Auch die Kooperation mit anderen Institutionen und die Mitwirkung in Netzwerken erfordern ausreichend Zeit und Arbeitskapazitäten.
- Die Debatte um frühe Hilfen und um die Verbesserung des Kinderschutzes insgesamt sollte in allen Frauenhäusern/Frauenschutzeinrichtungen zum Anlass genommen werden, die eigene Praxis zu überprüfen und ggf. zu verändern bzw. zu erweitern. Dabei sollten Fragen im Mittelpunkt stehen, wie eine Einschätzung möglicher Gefährdung von Säuglingen und Kleinkindern vorgenommen wird, wie gehandelt wird, wenn Kinder als gefährdet eingeschätzt werden, wie Hilfen zur Beseitigung der Gefährdung eingeleitet werden und wie bzw. unter welchen Umständen eine Einbeziehung des Jugendamtes erfolgt (vgl. Der Paritätische Hamburg 2008). Empfehlenswert wäre, flächendeckend für alle Frauenhäuser verbindliche Verfahrensstandards zur Risikoeinschätzung von Kindeswohlgefährdung[51] zu entwickeln. Diese könnten gleichzeitig als Arbeitsgrundlage für die Entwicklung von Vereinbarungen zur Zusammenarbeit mit den Jugendämtern dienen (s. u.).
- Die Kooperation zwischen Hilfen für Frauen und der öffentlichen Jugendhilfe muss konsolidiert, ausgebaut und auf eine verlässliche Basis gestellt werden. Verbindliche Vereinbarungen zur Zusammenarbeit zwischen Frauenschutzeinrichtungen und Jugendämtern im Kontext häuslicher Gewalt zum Schutz von Kindern, wie sie z. B. zwischen Polizei und Jugendämtern bereits vielerorts bestehen, sind notwendig. Auch das erfordert Zeit und Energie, denn der Aufbau einer konstruktiven, vertrauensvollen Form der Zusammenarbeit zwischen diesen beiden Bereichen bedeutet, die enge Verflochtenheit von Kinderschutz und Frauenschutz in den Mittelpunkt zu stellen, die punktuelle Begrenztheit des eigenen Handelns und die Angewiesenheit auf die Expertise der jeweils anderen Institution zu akzeptieren.

---

51 Eindeutige Regelungen für die Zusammenarbeit bei vermuteten Kindeswohlgefährdungen gibt es für die wenigen Frauenhäuser, deren Kinderbereiche anerkannte Jugendhilfeeinrichtungen sind und nach § 8a SGB VIII arbeiten.

- Darüber hinaus sollte eine engere Verzahnung zwischen Gesundheitssystem und Unterstützungseinrichtungen bei häuslicher Gewalt erfolgen. Würden (Familien-)Hebammen in die Frauenhausarbeit einbezogen, wenn es um Neugeborene geht, könnten diese nicht nur Müttern im Frauenhaus wertvolle Anregungen geben, sondern auch nach Verlassen des Frauenhauses eine engmaschige Betreuung von Mutter und Kind gewährleisten. Den Blick im Frauenhaus auf die besondere Situation von Kindern, die von häuslicher Gewalt betroffen sind, zu erweitern und den Kinderschutz zu intensivieren, könnte auch über enge Kontakt zu Kinderärzten/-ärztinnen gelingen, die sich im Rahmen von Untersuchungen ein genaueres Bild über den gesundheitlichen Zustand und die Entwicklung eines Kindes machen. Eine Unterstützung der fachlichen Arbeit mit den Müttern wäre denkbar über den Kontakt zu einer Mitarbeiterin des Kinder- und Jugendgesundheitsdienstes, die z. B. in der wöchentlich stattfindenden Müttergruppe ein Video zu den verschiedenen Entwicklungsphasen von Kindern zeigt und auftretende Fragen bespricht. Damit könnten Hemmschwellen bei den Frauen gesenkt werden, sich in schwierigen Situationen an eine Fachkraft zu wenden. Vor allem in der Zeit nach dem Aufenthalt im Frauenhaus können bereits dort geknüpfte Kontakte hilfreich sein, Mütter und Kinder zu stabilisieren und auftretende Risiken rechtzeitig zu erkennen.
- Grundsätzlich gilt auch für den Bereich der Jugendhilfe und des KJGD, dass es vielfach an personellen Ressourcen mangelt, um den Anforderungen an eine ausreichende und sinnvolle Mitarbeit in Kooperationsbündnissen gerecht zu werden. Gleichwohl ist dies i. d. R. sinnvoll investierte Zeit, denn perspektivisch wird die Arbeit erleichtert und qualitativ verbessert. Die Zusammenarbeit mit Frauenhäusern muss im Sinne der Verbesserung des Kinderschutzes und des Ausbaus Früher Hilfen von Seiten der Jugendhilfe intensiviert und offensiv angegangen werden. Es ist als Aufgabe der Jugendamtsleitungen zu sehen, darauf hinzuwirken, dass zum einen (s. o.) verbindliche Vereinbarungen zur Zusammenarbeit zwischen Frauenschutzeinrichtungen und Jugendämtern entwickelt werden, zum anderen flankierend ausgewiesene Fachkräfte in den Allgemeinen Sozialen Diensten als Ansprechpartner/-innen zum Thema häusliche Gewalt für die Frauenhäuser fungieren – analog zu den Koordinatoren/Koordinatorinnen bei der Polizei.
- Systematisch sollten alle Mitarbeiter/-innen in Frühen Hilfen, zum Thema „Häusliche Gewalt – Auswirkungen auf Kinder" in angemessenen Zeitintervallen fortgebildet[52] werden.

Eine stärkere Vernetzung zwischen Einrichtungen des Gesundheitsbereichs, Institutionen zum Schutz vor häuslicher Gewalt und der Jugendhilfe kann insgesamt zu einer verbesserten Unterstützung für gewaltbetroffene Frauen und deren Kinder führen. Bei Forschungsvorhaben, die im Rahmen

52 In Berlin arbeitet im Rahmen des Fachgremiums Kinder/Jugendliche bei BIG Koordinierung eine Arbeitsgruppe zur Verbesserung der Kooperation zwischen Frauenschutzeinrichtungen und Jugendämtern.

der Arbeitsaufgaben des NZFH realisiert werden, sollte das Thema häusliche Gewalt ebenso relevant sein wie in dem Arbeitsschwerpunkt „Qualifizierung". Viele produktive Einzelaktivitäten können jedoch nur Wirkung und Synergieeffekte entfalten, wenn sie gebündelt, gesteuert und mit einer langfristigen Perspektive versehen werden. Daher wäre notwendig zu klären, wie die Verknüpfung von Frauen- und Kinderschutz in die bestehenden oder noch zu entwickelnden Maßnahmepakete Frühe Hilfen sinnvoll integriert werden kann. Verschiedene Regelkreise/Hilfesysteme sollen nicht unverbunden nebeneinander stehen, sondern sich im Interesse der betroffenen Kinder (und deren Eltern) sinnvoll miteinander verzahnen.

IV. Unterstützung für Mädchen und Jungen bei häuslicher Gewalt

Ingrid Hafenbrak

Aufsuchende Krisenintervention für Kinder nach häuslichem Gewaltvorfall

Gewalt in der Familie trifft Kinder hart und belastet ihre Zukunft. Das Aufwachsen im Umfeld von häuslicher Gewalt wirkt nach heutigem Forschungsstand[1] gravierend auf ihre Entwicklung und ist ein relevanter Risikofaktor für Kindeswohlgefährdung. Kinder als Zeugen und Opfer sind verängstigt und verletzt. Mit ihren Erfahrungen dürfen sie nicht alleine gelassen werden. Erreichen fachlich qualifizierte Hilfen frühzeitig nach dem Gewalterleben die Kinder, können Stressreaktionen aufgefangen, abgemildert und bearbeitet werden. Seit Januar 2005 wird im Raum Ravensburg ein spezifisches Unterstützungsangebot aufsuchend für Kinder umgesetzt, die häusliche Gewalt erfahren und aktuell eine Intervention der Polizei miterlebt haben. Die örtliche Frauenunterstützungseinrichtung hält diese zusätzliche Leistung vor. Wie bewährt sich das Konzept für die mitbetroffenen Mädchen und Jungen? Sind mit einer engen Verknüpfung zur Unterstützung der Frauen ein Zugang zu Kindern und erste Hilfen eher möglich? Wer kann überhaupt erreicht werden? Wie gelingt die Zusammenarbeit mit Kooperationseinrichtungen und welche Herausforderungen ergeben sich im Begleitprozess? Unter welchem Setting gearbeitet wird, worin dabei die Chancen liegen, aber auch die Grenzen der Unterstützung zu sehen sind, wird im Folgenden nachgespürt.

Vorgeschichte einer Entwicklung

Im Rahmen des Aktionsprogrammes „Gegen Gewalt an Kindern" wurde Ende 2004 von der Landesstiftung Baden-Württemberg[2] das Pilotprojekt „Kinder als Zeugen und Opfer häuslicher Gewalt" auf den Weg gebracht. Auftrag war, notwendige Unterstützungsangebote für die von häuslicher Gewalt betroffenen Kindern zu entwickeln und diese vor Ort umzusetzen. Des

1 Kindler 2006; Schröttle 2008; Baier/Pfeiffer/Simonson/Rabold 2009

2 Die gemeinnützige Landesstiftung B-W unterstützt innovative Modelle zeitbegrenzt mit Anschubfinanzierungen.

Weiteren ging es um den Ausbau und die Optimierung von Vernetzungskonzepten und gut abgestimmten Interventionsabläufen. Anfang 2005 nahmen 14 Projekte an 11 verschiedenen Standorten die Arbeit auf. Die lokalen Kontexte in Bezug auf die Umsetzung nach Polizeieinsätzen, die Strukturen vor Ort, die finanziellen und personellen Ausstattungen waren recht unterschiedlich und sind es wohl auch geblieben. Bis zum Ende des Projektes (2006) konnte ein breites Spektrum an Hilfen umgesetzt werden. Eine Gesamtübersicht und erste zusammenfassende Ergebnisse daraus können in der wissenschaftlichen Begleitschrift zur Pilotphase nachgelesen werden Seith/Kavemann 2007).

Strukturelle, professionelle und konzeptionelle Aspekte

Der Verein „Frauen und Kinder in Not e. V." ist Träger des Ravensburger Frauen- und Kinderschutzhauses und der Beratungsstelle für Frauen und Mädchen mit einer angegliederten Interventionsstelle.[3] Das Personal hat Erfahrungen im Umgang mit und Zugang zu gewaltbetroffenen Frauen, Müttern und deren Kindern. Das Thema Gewalt liegt offen und wird somit bearbeitbar. Die Einrichtungen haben die Fachkompetenz zum Schutz und zur Unterstützung von gewaltbetroffenen Frauen und in diesem Kontext auch zum Schutz der Kinder.[4] Das qualifizierte Personal verfügt über entsprechende Diagnose-, Beratungs-, Methoden- und Vernetzungskompetenzen. In unterschiedlichen Arbeitsfeldern innerhalb des Vereins sind hauptamtliche, freiwillige Mitarbeiterinnen und Honorarkräfte (m/w) im Einsatz. Die Rahmenbedingungen gewährleisten Psychohygiene, Fortbildung und Supervision. Die Finanzierungsgrundlage setzte sich bisher zusammen aus öffentlichen Mitteln (ca. 60 %) und Eigenmitteln (ca. 40 %). Im Jahr 2012 wird auf 30 Jahre professionelle Arbeit bei Gewalt und Krisen geblickt.

Der Verein erweiterte 2004 seine Angebotsstruktur um ein Interventionsangebot zur proaktiven Erstberatung gewaltbetroffener Frauen im Zuständigkeitsbereich der Polizeireviere Ravensburg und Weingarten. Die Polizei, bzw. Ortspolizeibehörde übermittelt seither nach ihren Einsätzen oder einer Wohnungsverweisung des Täters eine Einverständniserklärung des Gewaltopfers zur Kontaktaufnahme an die Frauenberaterin. Umgehend wird telefonisch der Kontakt aufgenommen und ein Erstberatungsgespräch angeboten. Die Erstberatung selbst findet überwiegend im persönlichen oder im telefonischen Einzelgespräch in der Beratungsstelle oder vereinzelt auch bei der Frau zu Hause

3 Siehe ausführlich auf der Homepage unter www.frauen-und-kinder-in-not.de
Im Juli 2011 wird der Verein durch den Sozialausschuss des Kreistages beauftragt, eine Interventionsstelle für den gesamten Landkreis einzurichten. Finanziert wird diese zunächst für die Dauer von zwei Jahren.

4 Siehe dazu ebenso unter Homepage, Rubrik für Fachpersonen: Konzeption zur Arbeit mit Kindern, Positionierung des Vereins und freiwillige Vereinbarung zur Wahrung des Hilfe- und Schutzauftrages analog zu § 8a SGBVIII Abs.2

statt. Für Migrantinnen stehen Dolmetscherinnen zur Verfügung. In der Beratung geht es um den Schutz vor weiterer häuslicher Gewalt, die Stabilisierung in der Krisenzeit, die Abklärung der akuten Gefahrensituation durch Fremd- und Selbstgefährdung, Sicherheitsplanung der Betroffenen und deren Kinder. Geboten werden Informationen über und Unterstützung bei rechtlichen Fragen und die Weitervermittlung in spezialisierte und längerfristige Hilfeangebote.

In enger Anbindung an dieses Beratungsangebot wurde etwa zeitgleich ein spezialisiertes Unterstützungsangebot für die Kinder entwickelt und modellhaft umgesetzt. Die aufsuchende kurzzeitige Krisenintervention für Mädchen und Jungen nach aktuellem häuslichem Gewaltvorfall hat zum Ziel, sie rasch und ohne große Hürden zu erreichen, um ihnen ein eigenständiges Angebot zur ihrer Stabilisierung und Bewältigung der Gewalterfahrung und zum Schutz vor weiteren Übergriffen zu gewähren. Das Angebot übernimmt auch eine wichtige Lotsenfunktion im sozialen Netz und versteht sich als „Brückenbauer" zu mittel- und langfristigen Hilfemaßnahmen. Es ist in seiner Form auf ca. fünf Besuche begrenzt, das Einverständnis einer sorgeberechtigen Person vorausgesetzt. Es erweist sich über die Jahre hinweg als wichtiger Beitrag zur Ergänzung des regionalen Netzwerkangebotes.

Damit konnte eine Lücke in der Angebotsstruktur vor Ort geschlossen werden. Wann und wie die Not der indirekt und direkt betroffenen Mädchen und Jungen gesehen wird, hängt auch vom Problembewusstsein der Akteure und den Verfahrensabläufen, sowie von der Infrastruktur ab. In den Fachkreisen vor Ort wurde ein Handlungsbedarf zur Verbesserung im Interventionsablauf und zur Fokussierung der mitbetroffenen Kinder bei häuslicher Gewalt gesehen. Die Notwendigkeit ergab sich aus den Erfahrungen im Wegweisungsverfahren, das im Jahre 2002 flächendeckend in Baden-Württemberg eingeführt worden war.

Mit einem behördenunabhängigen Zugang und einer parteilichen Haltung gegenüber Opfern steigen die Hilfeakzeptanz von Frauen, Müttern und deren Kindern. Durch die zugehende und aufsuchende Form der Kontaktaufnahme werden zudem Familien erreicht, die von sich aus nicht den Weg ins Hilfenetz finden oder nicht mehr suchen. Die Entscheidungen über Annahme, Umfang und Dauer der Unterstützungen entscheiden die Betroffenen selbst. So lässt sich gut eine vertrauensvolle Beziehung mit ihnen herstellen, um in enger Abstimmung weitere notwendige Schritte zur Hilfe und zum Schutz zu entwickeln bzw. einzuleiten.

Wissenschaftliche Erkenntnisse, die einen engen Zusammenhang von Partnerschaftsgewalt und Kinderschutzproblemen aufzeigen und die Erfahrungen aus der Frauenhaustätigkeit bestätigen, wie eng das Thema Frauenschutz und Kinderschutz miteinander verbunden und nicht getrennt zu betrachten bzw. zu bearbeiten ist. Wenn die Tür zum erwachsenen Opfer geöffnet ist und Kinder mit im Haushalt leben[5], muss dieses Zeitfenster genutzt werden, um auch Zugang zu ihnen zu bekommen. Frauenberaterinnen

5 In unserem Einzugsgebiet bis zu 50 %.

sind sehr nahe dran und Kinder sind im Rahmen der Krisenintervention für gewaltbetroffene Mütter immer ein wichtiges Thema. Fragen zu Aufenthalts- und Umgangsregelungen, Auswirkungen von Partnerschaftsgewalt auf die Kinder oder Erfahrungen mit staatlichen Behörden u. v. m. werden angesprochen. Den Anstoß für eine Vermittlung zur Unterstützung der Kinder geht überwiegend von ihnen aus. Bereits im ersten Gespräch mit der Mutter wird auch auf das Unterstützungsangebot für mitbetroffene Kinder, das aufsuchend ermöglicht wird, hingewiesen. Häufig müssen sie jedoch erst einmal „gewonnen" werden. Dies setzt Vertrauen voraus und es zeigt sich, dass die grundsätzliche Bereitschaft eine Unterstützung anzunehmen am größten ist, wenn sie kurz nach dem Gewaltgeschehen geboten wird. Werden vereinzelt Kinder z. B. zur Erstberatung mitgebracht, kann bestenfalls gleich parallel dazu der direkte Erstkontakt mit der Kinderberaterin stattfinden. Üblicherweise wird sich aber erst einmal in einem telefonischen Erstgespräch bei der Mutter vorgestellt und Inhalt, Umfang, Art und Weise des Vorgehens bei der Kinderintervention mit ihr abgesprochen. Wird ein Auftrag erteilt, beginnt die Unterstützung mit dem Kind im Anschluss. Das Treffen findet überwiegend auf Wunsch der Betroffenen zu Hause statt.

Spezifische Überlegungen und Erfahrungen mit der aufsuchenden Krisenintervention

Die Zielgruppe

Der Schwerpunkt liegt in der Einzelarbeit mit Töchtern und Söhnen (2-18 Jahre) gewaltbetroffener Mütter. Erreicht werden mittel- und unmittelbar Betroffene, mit unterschiedlichen Erfahrungen hinsichtlich Dauer und Intensität miterlebter Gewalt. Ein- oder mehrmalige Erlebnisse von Polizeieinsätzen, mit und ohne Folgen von Platzverweisen ist fast die Regel. Viele von ihnen könnten oder würden von sich aus keine Beratungsstelle aufsuchen. Das Alter, die Loyalitätskonflikte und Geheimhaltungsgebote der Kinder, die finanziellen Einschränkungen, ein ländlicher Wohnort, mangelnde Kenntnisse über lokal erreichbare Hilfen erschweren zudem die nötigen Schritte, um für sich Beratung einholen und Entlastung finden zu können. In manchen Familien wurden aber bereits eingeleitete Maßnahmen zur Hilfe wieder unter- bzw. abgebrochen. Liegt der Auftrag für die Unterstützung eines Kindes vor, erhöht sich durch das aufsuchende Angebot auch die Möglichkeit in Kontakt mit den Geschwisterkindern zu kommen. Erfreulicherweise gab es dadurch auch Zugang zu älteren Söhnen, die bei Besuchen des Geschwisters die Gelegenheit nutzten und Mut fassten, sich selbst ebenso mitzuteilen. Jeweils die kulturellen, biografischen Hintergründe berücksichtigend konnten Wege aufgezeigt werden, die annehmbar waren und zur Stabilität im Familienverbund beitrugen.

Kleinstkinder können zu Hause zudem verstärkt mit in den Blick genommen werden. Dadurch gestalten sich die Müttergespräche intensiver. Insgesamt gesehen eignet sich eine Geh-Struktur für schwer erreichbare Zielgruppen besonders gut. Während der Interventionszeit bleibt selbstverständlich in aller Regel eine enge Zusammenarbeit mit der Mutter bestehen. Das ist ein wichtiger Garant dafür, wie ein Prozess der Veränderung angestoßen, erhalten und weitergeführt werden kann. In einigen wenigen Ausnahmefällen gibt es Begegnungen mit den Vätern, wenn z. B. Arbeitsaufträge mit dem Kind noch nicht abgeschlossen sind und sie (bereits wieder) zu Hause leben. Angetroffen werden Familien mit sehr schwierigen Lebensumständen. Zusatzbelastungen sind sprachliche Barrieren, Armut, manifeste Gewalt, verschiedene Erkrankungen, häufige Trennungsversuche und Wechsel des Sozialraumes. Manchmal besteht oder droht Arbeitslosigkeit. Ein vielfältiger Unterstützungsbedarf wird wahrgenommen. Im engen Rahmen des Einsatzes bleiben viele ungelöste Probleme.

Anforderungsprofil der Anbieterin

Das Setting einer Geh-Struktur erfordert von der anbietenden Person Professionalität. Es handelt sich um eine sehr anspruchsvolle Tätigkeit. Fundiertes Wissen, spezifische Kenntnisse und Erfahrungen über häusliche Gewalt und mit dem Helfernetzwerk werden vorausgesetzt, um den hohen Anforderungen dieser Arbeit zu genügen. Es braucht:

- Kenntnisse in der Dynamik von Gewaltbeziehungen und dem Verlauf von Krisen, insbesondere von Auswirkungen auf Kinder als Zeugen und Opfer,
- Know-how zur Krisenintervention, Gefahreneinschätzung und Sicherheits-Planung,
- Grundlegendes Fachwissen zur Entwicklungspsychologie und gute diagnostische Fähigkeiten um traumatische Symptome von Kindern zu erkennen,
- Kompetenz zur Abklärung des gesamten familiären Unterstützungsbedarfes,
- Einsatz von verschiedenen Kommunikationsformen für unterschiedliche Kulturkreise zur Aktivierung von Selbsthilfepotentialen,
- Vernetzungskompetenzen mit den unterschiedlichsten Arbeitsfeldern für fallbezogene/übergreifende Kooperation,
- Bereitschaft zu Mobilität, Flexibilität, Kreativität und Mut,
- klare Haltung – Gewalt ist nie ok – und parteiliche Positionierung für das Kind.

Wirkungsziele im Beratungsprozess

Wichtigstes Ziel in der hoch belastenden Situation kurz nach einem (oder wiederholtem) Gewaltvorfall ist, den Kindern zeitbegrenzt Ansprechperson zu sein und „Erste Hilfen" anzubieten. Die Gefährdung bzw. die Belastung wird so im unmittelbaren Kontakt mit dem Kind abgeklärt und kommt nicht ausschließlich über Einschätzung der Eltern oder Dritter zustande. Das Angebot sorgt für Beruhigung, Stabilisierung und Entlastung! Kinder spüren und erfahren, da ist eine Person,

- die sich gut in der Thematik auskennt und Ruhe bewahrt,
- die sie wahr und ernst nimmt, und sich für sie interessiert,
- die sich für eine schrittweise Aufhebung des Schweigegebotes und der Isolation einsetzt,
- die sich Zeit nimmt für ihre Fragen, Nöte und Sorgen und diese altersgemäß aufgreift und weiteren Unterstützungsbedarf feststellt,
- die nicht nur die Sorgenecke im Blick hat, sondern auch Stärken sieht,
- die Zuversicht gibt, trotz der Schwere,
- die Wege aufzeigt und Mut macht,
- die gemeinsam mit ihnen selbst und auch mit der Mutter „maßgeschneidert" einen Notfallplan erstellt,
- die ein sicheres Netz im Wohnumfeld aufzeigt und die Übergänge dazu vorbereitet.

Beratungsprozess

Überraschenderweise finden fast alle Beratungen auf Wunsch zu Hause statt und somit wird auf die räumlichen und zeitlichen Bedürfnisse der Ratsuchenden Acht gegeben.[6] Das Setting hat dadurch für die Beraterin im Vorfeld noch viele Unklarheiten. Das Angebot orientiert sich stark am Lebensalltag. Anzahl und Dauer der Besuche werden klar vorgegeben. Für die eigene Sicherheit sorgen im Hintergrund Absprachen mit dem Kollegium, die bereits dicht dran sind (Frauenberatung, Polizeibehörden). Sie geben Informationen zum Gewaltgeschehen und zur aktuellen Lebenssituation. Das Paar ist eben erst getrennt und nicht bei allen Anfragen wurde gegenüber Gewaltausübenden ein Platzverweis[7] ausgesprochen. In der Regel ist das Gewaltempfinden jedoch nicht davon abhängig, ob nun ein Platzverweis ausgesprochen wurde oder nicht. Bekannt ist ebenso,

6 Ebenso wird die Option gegeben, die Beratung in den Räumen der Beratungsstelle durchzuführen. Für manche Jugendliche wird dies alternativ auch angenommen.

7 In unserem Fachkreis sprechen wir weiterhin von Platzverweisen und nicht von Wohnungsverweisungen.

„... dass Kinder sich nicht an Gewalt gewöhnen, sondern eher eine Sensitivierung eintritt, so dass durch das fortgesetzte Miterleben von Mal zu Mal schwerere Schädigungen bewirkt werden. Nicht immer muss in der Folge mit posttraumatischen Belastungs- oder Bindungsstörungen gerechnet werden. Diese sind z. B. abhängig von Ausmaß und Dauer der miterlebten Gewalt, der erlebten Hilflosigkeit bzw. der Ressourcen der Kinder und des sozialen Umfeldes sowie der erhaltenen Unterstützung."[8]

Beim ersten Besuch ist der Vater nie in der Familie angetroffen worden. Die vorgesehenen verbindlichen Erst-, Zwischen- und Abschlussgespräche mit der Mutter können, wenn nötig und gewünscht, mit einer Übersetzerin stattfinden. Das Kind ist beim Erstkontakt mit im Raum und erlebt die Gespräche von Mutter und Beraterin mit, und erhält die Erlaubnis über das Geschehene zu sprechen. Auf die aktuelle vorgefundene Situation (Stimmung, Bereitschaft und Bedürfnis des Kindes) wird besonders geachtet. Die Themeninhalte im Begleitprozess umfassen Bereiche zur Information, Sicherheit, Versorgung, Unterstützung und Kooperation. In der Regel liegt eine Besuchsdauer bei ca. zwei Stunden.

In der aufsuchenden Arbeit wird stark situativ agiert und ein breites Methodenrepertoire ist von Bedeutung. Es sind Kinder unterschiedlichen Alters und viele mit Migrationshintergründen. Es gibt keine Hinweise, welche Lebenswelt vorgefunden wird. Gibt es ein eigenes Zimmer, ist Spielmaterial vorhanden, ist ein Geschwister dabei, wie kann das Kind sich ausdrücken etc.? Bei Vor- und Grundschulkindern hat sich in der Praxis für den Zugang ein kleiner „Reisekoffer" bewährt. Mit verschiedenem Material gefüllt, kommt er zum Einsatz. Je nach Alter und Interesse des Kindes ist der Inhalt auch austauschbar. „Belastendes" kann in den Koffer abgelegt und damit an einem sicheren Ort verwahrt werden.

Beispiele aus meiner Praxis:[9]

„...Zum Standardinhalt des Koffers gehören Buntpapiere und Stifte. Sie werden bevorzugt für gemalte Familienbilder benützt, die wiederum einen guten Gesprächseinstieg in die veränderte Familiensituation bieten. Eine „Erste Hilfe Ausstattung" hat ebenso großen Aufforderungscharakter (symbolisch werden gleich die wichtigen „Weggefährten" – Schmusetiere – versorgt) wie Biegepüppchen, Gefühlekärtchen, Matchboxautos. Sie regen die Kinder zum Spielen und Mitteilen an. Eine „Spezialbrille" ist im Koffer, durch die das Kind eigene „Wunschbilder" sehen und mitteilen kann. Erlebniskärtchen, auf denen allerlei Aktivitäten abgebildet sind, ermuntern das Kind zu erzählen, was es gerne unternimmt oder unternommen hat und mit wem es diese Aktivitäten gerne tut oder tun würde. Dies ermöglicht den Kindern leichter mit mir als noch fremder Person in Beziehung zu treten und sich dann den Themen, die sie bewegen und ihnen geschehen sind, behutsam zu nähern. Später kommen noch weitere Utensilien dazu, wenn das Thema der zukünftigen Sicherheit im Vordergrund steht. Es ist eine Realität, dass Kinder häufig eine aktive Rolle als Schützende einnehmen. Je

8 Handreichung „Frühe Hilfen" im Kontext des Frauenunterstützungssystems bei häuslicher Gewalt": 7.

9 Auszug aus Hafenbrak 2007 in: Unsere Jugend - Fachzeitschrift für Studium und Praxis der Sozialpädagogik, 59. Jg.

nach Alter und Fähigkeiten müssen sie auch aktiv in eine Sicherheitsplanung einbezogen werden. Da gibt es Trillerpfeifen als kleines Geschenk, um eventuell in erneuten Krisensituationen den unterstützenden Nachbarn rufen zu können, Info-Büchlein „Wenn der Papa die Mama haut", eine Liste, wohin sich das Kind wenden kann, oder ein Handy, an dem spielerisch geübt wird, wie wichtige Nummern eingegeben oder gespeichert werden können, um Hilfe zu holen.
Schnell fällt auf, welch großes Bedürfnis die Kinder gleich welchen Alters haben, sich auf ihre individuelle Weise auszudrücken. Die Kinder sind zwar beim ersten Kontakt unterschiedlich mitteilsam. Allen gemein ist aber, dass sie ein weiteres Treffen bei sich zu Hause wünschen. Sie signalisieren deutlich, dass sie nicht übersehen werden wollen, sie haben mitzuteilen, wie sie ihren momentanen Zustand erleben. Sie spüren, sie werden ernst genommen, und hören, dass ich auch zu anderen Kindern gehe, die Ähnliches erlebt haben. Sie sind jetzt wichtig! Gewisse Erleichterung zeigt sich, wenn sie auch erfahren, dass sie nicht die einzigen sind, die ich besuche. Ich höre ihnen zu, kenne mich aus und nehme mir verlässlich Zeit für sie. Ihre Geschichte, ihre Nöte – aber auch ihre Stärken, interessieren mich. Sie spüren, ihre Fragen dürfen im Mittelpunkt stehen. Teilweise werden sehr differenziert die eigenen Wahrnehmungen der Vorfälle geschildert. Sie fragen, wie es wohl weitergeht, erzählen, was sie getan haben, zeigen, wo sie sich versteckt, wie sie sich in angstvollen Situationen geschützt haben, wohin sie sich schon einmal gewandt haben. Die Kinder kennen sich zu Hause bestens aus und geben aufschlussreiche Informationen am Ort des Geschehens. So können ergänzende Sicherheitsaspekte vor Ort mit den Kindern durchgespielt oder -gesprochen werden und weitere Überlegungen eines individuellen Notfallplanes entstehen. Sie bekommen vermittelt, dass es bei akuten Gewaltsituationen nicht ihre Verantwortung und zu gefährlich ist, selbst dazwischen zu gehen. Sie erfahren aber eine Wertschätzung der Besorgnis und aller Handlungen, die sie zum Schutz unternommen haben. Überlegt wird, wohin geflüchtet, wer zu Hilfe geholt werden kann und wo sie eventuell unterkommen. Kinder sind sehr aufmerksam, wenn es um altersgemäße Erklärungen zum Platzverweis, Näherungsverbot oder Begriffe wie Wohnungszuweisungen geht. Einzelne bringen dabei deutlich zum Ausdruck, dass sie den Vater vermissen, dass sie ihn sehen wollen, dass sie wünschen, wieder zusammen zu sein. Ihre Loyalitätskonflikte kommen zur Sprache, ebenso (vielleicht zum ersten Mal) eine Stellungnahme zur Gewalt. Sie hören, dass sie keine Schuld trifft.
Es sind Kinder darunter, die bereits selbst unmittelbar von Gewalt (Schläge, Bedrohungen, Isolierungen) betroffen waren. Oder ältere Kinder, die wieder einmal die Polizei riefen und das jüngere Geschwister in Schutz nahmen. Deutlich ist, in welcher ambivalenten Gefühlslage sich die Kinder befinden: Einerseits spüren sie Erleichterung, dass mit dem Einsatz der Polizei erst einmal Ruhe eingekehrt ist, andererseits ängstigt sie die momentane Situation und die nahe Zukunft.
Eine Ersteinschätzung erfolgt zum physischen/psychischen Zustand. Es wird geprüft, ob die Grundversorgung momentan ausreichend gewährleistet ist, ob medizinische Hilfen sofort nötig sind. Bei fast allen Kindern fallen starke Extreme im Nahrungs- und Schlafverhalten auf. Sind Auffälligkeiten in der Entwicklung zu beobachten? Welche Beeinträchtigungen sind zu erwarten? Kann die Schule/der Kindergarten besucht werden und wer sollte notwendigerweise über die (aktuellen) Vorfälle benachrichtigt werden? Mitunter sind bereits viele Fehltage in Schule und Kindergarten festzustellen. Selten sind die Einrichtungen über die häuslichen Probleme informiert. Gemeinsam wird erörtert, welche sozialen Netze das Kind bereits kennt und nutzt. In einigen Familien sind Nachbarn eingeweiht (bzw. haben selbst schon Polizei gerufen) und manche unterstützen die Kinder bei den Hausaufgaben. Wie kann dazu hilfreich ergänzt werden? Wo braucht es mittel- bzw. langfristige Maßnahmen?" (Hafenbrak 2007)

Die aufsuchende Krisenberatung scheint besonders geeignet zu sein, den vielfältigen Unterstützungsbedarf abzuklären. Wege werden aufgezeigt und Brücken zu notwendigen Hilfemaßnahmen gelingen eher. In enger Anbindung an die Unterstützung durch die Frauenberaterin können der gemeinsame Schutz und Hilfe besser aufeinander abgestimmt werden. Durch eine im Anschluss nachfolgende Unterstützung z. B. der Schulsozialarbeiterin oder einer

Familienhelferin können angefangene Schritte weitergeführt werden, gleich ob die Familie die Zukunft mit oder ohne den Vater sieht. Eine nachhaltige Veränderung erreichen nur Unterstützungen, die über einen längeren Zeitraum mit dem vor Ort zur Verfügung stehendem Hilfenetz geplant werden. Kooperation mit der öffentlichen Jugendhilfe und mit freien Trägern der Jugendhilfe erfolgt fallbezogen aber auch fallübergreifend.

Netzwerkarbeit

Dank der Sensibilisierung und Qualifizierung bezüglich der Thematik in den letzten Jahren kann mittlerweile auf eine Weiterentwicklung geblickt und Verbesserungen feststellt werden. Mit den gesetzlichen Veränderungen durch die Einführung des §8a SGB VIII und dem Bundeskinderschutzgesetz §8b wurden Verbesserungen im Kinderschutz voran gebracht und Handlungsabläufe verbindlich festgeschrieben. Nach Einsätzen bzw. Anzeigen zu häuslicher Gewalt verpflichten sich z. B. die Polizeibehörden, wenn Kinder mit im Haushalt leben, auch das jeweilig zuständige Jugendamt zu informieren. Das Jugendamt überprüft seinerseits mit seinen Instrumentarien das Wohl der Kinder.[10] Es ist die Regel geworden, mit den zuständigen Behörden, Ämtern und verschiedenen Einrichtungen zu kooperieren. Sinnvolle Umsetzung neuer Rechtsgrundlagen erfordert stets einen begleitenden Dialog mit den betroffenen Berufsgruppen. Die Praxis bzw. Handhabung des neuen FamFG ist kritisch zu bemerken. Druck entsteht, da an schnellen Regelungen zum Umgang oder zur gemeinsamen Sorge grundsätzlich festgehalten wird. Es fehlt Ruhe und Zeit zur Kindeswohleinschätzung bei Mitbetroffenheit von häuslicher Gewalt und bei der Güterabwägung unterschiedlicher (Rechts-) Ansprüche. Häusliche Gewalt scheint mehrheitlich die Bindungsbeziehung zu beiden Elternteilen beobachtbar zu beeinträchtigen. Wenigstens eine sichere Bindung ist für eine gesunde psychische Entwicklung der Kinder bedeutsam. Umgang unter belastenden Bindungen wirkt desorganisierend. Das Konfliktniveau muss begrenzt werden. Häufig fehlt die Verantwortungsübernahme für die Gewalttätigkeit und Gewaltfreiheit sowie die Bewältigung eigener starker Emotionen. Gewaltspezifische Hilfen werden von Tätern kaum angenommen.

Einen niederschwelligen Zugang für gewaltbetroffene Frauen und deren Kinder gewährleistet unser behördenunabhängiger Verein und ist deswegen unverzichtbare Anlaufstelle insbesondere für eine Erstberatung geblieben. Unterstützung, Entlastung und Vermeidung neuerlicher Gewaltübergriffe kann erfahrungsgemäß nur im Verbund gelingen. Der verbindlichen Kooperations- und Netzwerkarbeit wird ein hoher Stellenwert eingeräumt. Mit den am Platzverweisverfahren beteiligten Institutionen wird sehr eng zusammen gearbeitet und Handlungsschritte abgesprochen. Unser Verein hat sich

10 Gesetzlich geregelter Handlungsablauf mit entsprechendem Handlungsleitfaden.

freiwillig zu §8a positioniert.[11] Ergeben sich in der Arbeit Anhaltspunkte, dass die Kindeswohlgefährdung durch eigene Mittel nicht abgewendet werden kann, wird das Jugendamt auch entgegen dem Willen – wohl aber mit dem Wissen – der Sorgeberechtigten einbezogen. In der Regel erfolgt aber eine Kontaktaufnahme zum Kollegium des Allgemeinen Sozialen Dienstes (ASD) wegen erforderlicher Hilfen. Ebenso bewährt und als notwendig erachtet hat sich eine „Feedbackkultur" in Kinderschutzfällen. Intensivierungen in der Kooperations- und Netzwerkarbeit der letzten Jahre zeigen positive Wirkungen: Ergebnisse sind besser abgestimmte Interventionsabläufe und der Ausbau (sekundär)präventiver Maßnahmen z. B. an Beratungsstellen und Schulen. Hiermit sind sicher die Chancen gestiegen, Betroffene zu erreichen und sie in der Komplexität ihrer Gewaltsituation besser wahrzunehmen und dabei Perspektiven zu entwickeln, um dauerhaft ein gewaltfreies Leben zu ermöglichen! Die Vorgehensweisen und Angebotsinhalte müssen jedoch ständig überprüft und weiter optimiert werden. Anstrengungen zur Verbesserung dürfen nicht ausbleiben und sind natürlich weiter zu entwickeln, so u. a. bedarfsgerechte Strukturen insbesondere im ländlichen Bereich.

Finanzierung

Den Mitarbeiterinnen der Ravensburger Schutz- und Beratungseinrichtung ermöglichten Projektgelder aus Landesmitteln für Opferschutz und der Landesstiftung den Einstieg in die Interventionstätigkeiten für Frauen mit deren Kindern. Spenden und Stiftungsgelder gaben die Basis für weitere Jahre! Seit Mitte 2011 konnte der Stellenumfang für die Beratung der Frauen auf eine 50 % Stelle ausgeweitet werden. Der Auftrag, landkreisweit das Angebot vorzuhalten, finanziert sich seither auf einer sicheren Basis öffentlicher Mittel für die nächsten zwei Jahre. Eine Weiterführung der Arbeit mit den Kindern im Rahmen der bisherigen Zuständigkeiten der Polizeireviere Ravensburg und Weingarten ermöglichen Stiftungs- und Spendengelder. Darüber hinaus bieten wir spezifische Angebote im Rahmen sekundärer Präventionsmaßnahmen für Gewalterfahrene Mütter, die über das Jugendamt gefördert sind. Somit sind die Gruppenangebote zur Stärkung der Erziehungskompetenz und Förderung der Mutter Kind Beziehung und die damit u. U. verbundenen weiterführenden, zeitlich begrenzten Hausbesuche, finanziert.

11 Siehe ausführlich unter Homepage Frauen und Kinder in Not e. V.

Kati Voß

PRO AKTIVE Kinder- und Jugendberatung in Fällen häuslicher Gewalt - ein Praxisbericht

In den fünf Interventionsstellen des Landes Mecklenburg-Vorpommern gibt es seit Mai 2008 zusätzlich zu den zwei Beraterinnen für die erwachsenen Opfer (unter ihnen befinden sich stets auch ausgebildete Juristinnen) jeweils eine Kinder- und Jugendberaterin. Die Kinder- und Jugendberatung selbst ist aus einem dreijährigen Modellprojekt (2005-2008) an den Interventionsstellen Schwerin und Rostock hervorgegangen. Seit 2008 gibt es diese Form der Unterstützung, für von häuslicher Gewalt (mit)betroffene Kinder, an allen fünf Interventionsstellen in Mecklenburg-Vorpommern (M-V). Sowohl eine Finanzierung zu 100 % durch das Land als auch die Angliederung an die jeweiligen Interventionsstellen vor Ort (und eben nicht an ansässige Einrichtungen der Jugendhilfe), sind aus meiner Sicht zwei unverzichtbare Grundlagen für eine erfolgreiche Arbeit mit den Klienten/Klientinnen. Zum einen bedarf es (durch die Art der Finanzierung) keiner Antragstellung um Hilfe zu erhalten, zum anderen ist der parteiliche Ansatz für die von Gewalt betroffenen Familienmitglieder überaus wichtig um der Dynamik der Partnerschaftsgewalt auch im Sinne des Kinderschutzes entgegen wirken zu können. Vor allem die dadurch mögliche Autonomie des Beratungsangebotes von den Jugendämtern hat einen nicht zu unterschätzenden Effekt hinsichtlich der Annahme der Kinder- und Jugendberatung seitens der von häuslicher Gewalt betroffenen Elternteile und deren Kindern.

Die Interventionsstellen in M-V werden umgehend im Zuge der Gefahrenabwehr (Dokumentationsbogen per FAX) durch die Polizei über jeden Einsatz bei häuslicher Gewalt informiert. Die Grundlage hierfür findet sich im § 41 des Sicherheits- und Ordnungsgesetzes M-V. Die Beraterinnen für das erwachsene Opfer sind somit in der Lage, den Kontakt zu den Betroffenen zeitnah herzustellen. Die Art der proaktiven Kontaktaufnahme, sei es telefonisch, aufsuchend oder schriftlich. Mit diesem Arbeitsansatz konnten in der Rostocker Interventionsstelle durchschnittlich zwischen 75-80 %[12] der von der Polizei übermittelten Fälle kontaktiert werden. Die Datenübermittlung durch die Polizei und der proaktive Arbeitsansatz der Interventionsstelle stellen kurze Wege sicher und eröffnen dadurch die Möglichkeit schnellstmöglich Hilfe anzubieten. Somit wird die Lücke zwischen den polizeilichen Maßnahmen und den nachgehenden Schutzmöglichkeiten über das Gewaltschutzgesetz geschlossen. Die Niederschwelligkeit des Angebotes, proaktiv Hilfsmaßnahmen zu den Betroffenen zu bringen, hat sich als Weg bewährt, die Kinder dieser Familien ebenfalls gut erreichen zu können.

Mit dem proaktiven Beratungsangebot der Interventionsstellen in M-V gelingt es schon seit 10 Jahren, viele von häuslicher Gewalt Betroffene zu

12 Die Grundlage für die in diesem Artikel aufgeführten Daten sind die Statistiken der Interventionsstelle Rostock (2008-2010) und der Interventionsstellen in M-V (2010).

erreichen, und seit drei Jahren haben auch die Kinder flächendeckend eine größere Chance auf Unterstützung. Die Mehrzahl der Familien die durch meine Tätigkeit bisher erreicht wurden, hatten noch keinen Kontakt zum Hilfesystem. Somit versteht sich die Tätigkeit der KJB auch als Türöffner für die Annahme von Unterstützungsangeboten in dieser Krisensituation. Schon seit dem Modellprojekt der Kinder- und Jugendberatung erfolgt die Beratung der von Gewalt betroffenen Familienmitglieder überwiegend aufsuchend in der häuslichen Umgebung. Es werden sowohl das von Gewalt betroffene Elternteil als auch die Kinder beraten.

Inhalt der Beratungsarbeit mit dem von Gewalt betroffenen Elternteil sind häufig die Aufklärung über die Folgen und Auswirkungen der Gewalt auf Seiten der (mit)betroffenen Kinder und die Unterstützung im Umgang mit den vorhandenen Verhaltensauffälligkeiten der Kinder. In einigen Familien erlebe ich, dass die Gewalt auch in der Erziehung eine tragende Rolle spielt. Hier gewaltfreie Handlungsmodelle anzubieten und zu besprechen, Kommunikation und Vertrauen wiederherzustellen und ein Verständnis zwischen den Generationen zu ermöglichen, erachte ich als Grundvoraussetzung, um schließlich Ressourcen für ein nachhaltig gesundes Familienklima aktivieren zu können.

Das Hauptaugenmerk der Kinder- und Jugendberatung liegt darauf, die Kinder zu unterstützen. Oftmals spielt die elterliche Partnerschaftsgewalt schon lange eine gravierende Rolle in dem Leben dieser Kinder. In meiner fünfjährigen Beratungstätigkeit sind mir folgende Verhaltensweisen an den Kindern aufgefallen: Sie haben massive Angst und trauen ihren Gefühlen nicht mehr. Das Verleugnen des Erlebten, das Normalisieren der Gewalt, das „Lösen" der eigenen Probleme mit den erlernten Verhaltensmustern sind weitere kindliche Reaktionen und Bewältigungsstrategien. Neben Kindern, die überangepasst sind (ich nenne sie die Unsichtbaren) gibt es Kinder, die auf Frust und Grenzen mit zerstörerischen Wutausbrüchen reagieren.

Hier bekommt der generationsübergreifende Gewaltkreislauf, der mir aus der Theorie natürlich schon länger bekannt ist, ein Gesicht. Für mich ist heute noch erschreckend, wie wenige betroffene Kinder eine Chance haben, diesem zu entkommen. Wenn (mit)betroffene Kinder sich vertrauten Personen gegenüber öffnen, heißt das nicht automatisch, dass sie Unterstützung erfahren. Sie erleben nicht selten Hilflosigkeit, Abwehr, Ignoranz oder gar Verständnis für den Täter. Nach wie vor scheint es eine verbreitete Ansicht zu sein, dass Dinge, die sich hinter der Haustür zutragen, Privatangelegenheit sind.

Für die Beratungsarbeit haben die Kinder- und Jugendberaterinnen geeignetes pädagogisches Material zusammengetragen. Diese Hilfsmittel sollen die Kinder ermutigen, eigene Gefühle zu benennen und eigene Bedürfnisse zu erkennen. Hier stehen zum Beispiel selbstgebastelte Gefühle-Uhren, Kärtchen mit Gefühlen, die nach angenehmen und unangenehmen Emotionen sortiert werden, zur Verfügung. Auch die begleitenden Gespräche über hierzu passende Lebenssituationen der Kinder haben sich für mich als außerordentlich hilfreich erwiesen. So haben Kinder die Möglichkeit, Erlebtes zu erzählen, neu zu bewerten und gemeinsam mit der Kinder- und Jugendberaterin für zukünftige Situationen andere Strategien zu entwickeln. Auch selbst gestaltete Namensschilder unterstützen die Beratungsarbeit. Sie ermöglichen den Kindern, den Blick wieder auf sich selbst zu lenken und sich ihrer Identität neu bewusst zu werden. Die auf dem Namensschild festgehaltenen Fähig- und Fertigkeiten der Kinder, sollen als positive Verstärker mit dazu beitragen. Zum Thema Trennung, gute und schlechte Geheimnisse und soziales Verhalten haben wir verschiedenfarbige thematische Fragekärtchen. Je nach Alter, persönlicher Situation, aktuellen Ereignissen gestalte ich die Beratung. Die Dauer ist auf Grund der bisherigen Erfahrungen auf eine Stunde festgelegt.

Als wichtig für die Arbeit mit den Kindern hat sich ein positiver Blick des von Gewalt betroffenen Elternteils auf die Beratung erwiesen. Deshalb führe ich, in der Regel mit dem betroffenen Elternteil, das erste Gespräch im Beratungsprozess. Danach folgt das Kennenlernen der Kinder und nach deren Zustimmung werden, wenn möglich, drei Beratungstermine vereinbart. Diese konkreten und die Kinder einbeziehenden Absprachen geben den Kindern Sicherheit durch einen für sie überschaubaren und kalkulierbaren Rahmen. Während des Beratungsverlaufes mit den von Gewalt betroffenen Familienmitgliedern gibt es regelmäßig eine Einschätzung der derzeitigen und zukünftigen Gefährdung für die Kinder. Hier mögliche Handlungsabläufe in Notsituationen gemeinsam zu erarbeiten, kann zur Wiedererlangung von Sicherheit beitragen. Das Beratungsangebot wird in dem Bereich der Interventionsstelle Rostock fast ausschließlich von Familien in denen sich das gewaltbetroffene Elternteil getrennt hat genutzt.

Am Ende der dritten Beratung wird mit den Kindern und dem von Gewalt betroffenen Elternteil besprochen, ob und vor allem aber wie die Beratung weiter verläuft. Entweder werden noch weitere Termine verabredet oder es wird ein Abschlussberatungstermin festgelegt. In einem solchen Abschlussgespräch werden mit Hilfe eines gemeinsam gestalteten Händeplakates Wünsche der Familienmitglieder niedergeschrieben/-gemalt und positive Familienerlebnisse festgehalten. Dieses Plakat verbleibt wie die Gefühle-Uhr, das Namensschild, der Kummerstein und der Traumfänger bei den Kindern und kann weitergenutzt und -gestaltet werden. Ist ein weiterer längerfristiger Bedarf sichtbar, werden mögliche Hilfsangebote besprochen und in diese aktiv weitervermittelt.

Im Jahr 2010 waren 53,6 % der in der Interventionsstelle in Rostock erfassten Kinder im Alter zwischen 0 bis 6 Jahren. Auch in den anderen vier Interventionsstellen in M-V ist diese Altersgruppe im Durchschnitt mit etwa 50 % vertreten. Besonders Kinder dieser Altersklassen erleben die Gewalt als Bedrohung ihrer gesamten Existenz. Sie haben kaum Möglichkeiten, sich selbst zu schützen und Hilfe einzuholen.

Kinder im Alter zwischen null und drei Jahren werden von mir jedoch nicht eigenständig beraten. Hier liegt der Schwerpunkt auf die Unterstützung des von Gewalt betroffenen Elternteils. Mit meiner Arbeit erreiche ich zwischen 20-25 % der in der Interventionsstelle erfassten Fälle mit Kindern. Dies sind jährlich circa 50-65 gewaltbetroffene Elternteile mit etwa 90-120 Kindern. Diese Zahlen zeigen, dass Kinder auch auf andere Unterstützung und Hilfe angewiesen sind.

Leider kommen Kinder, die häusliche Gewalt miterlebt haben, häufig im Hilfenetz nicht an. Es gibt für sie nur wenige sensibilisierte und leicht zugängliche Beratungsangebote. Häusliche Gewalt ist ein Familiengeheimnis und wird vom sozialen Lebensumfeld der betroffenen Kinder selten erkannt und gesehen. Kinder schweigen aus Angst, aus Loyalität zu den Eltern, auf Grund von Redeverboten, aber auch aus Scham und Schuldgefühlen. Durch diese Hülle des Schweigens leben Kinder oftmals über lange Zeiträume in einem Klima von Gewalt und Demütigung.

Kinder können durch die wiederkehrenden Gewalterlebnisse traumatisiert werden, so dass sie Unterstützung über sozialpädagogische Maßnahmen wie die der Kinder- und Jugendberatung benötigen. Besonders im ländlichen Bereich in M-V sind die Möglichkeiten einer längerfristigen psychologischen Betreuung begrenzt. Gelingt eine Weitervermittlung, ist bis zum Therapiebeginn sehr häufig mit längeren Wartezeiten zu rechnen. Aus meiner Sicht sind diese Versorgungszustände für die betroffenen Kinder unzumutbar. Ebenso ist es für das von derartigen Gewaltereignissen gleichermaßen traumatisierte Elternteil schwierig therapeutische Unterstützung zu erhalten.

Mit dem Einrichten der Kinder- und Jugendberatung hat sich für (mit) betroffene Kinder die Lage entscheidend verbessert. Doch benötigen wir für unsere Arbeit die auf Kurzfristigkeit hin angelegt und konzipiert ist, ein sensibilisiertes Netzwerk an Helfenden. Überwiegend um die Kinder mit längerfristigem sozialpädagogischen Hilfebedarf adäquat weitervermitteln zu können.

Dies übernehmen in dem Bereich der Interventionsstelle Rostock überwiegend vom Jugendamt beauftragte Familienhelfer/-innen, die bei freien Trägern angestellt sind. Allzu oft erlebe ich, dass gerade in diesem Bereich der Kinder- und Jugendhilfe nur wenig Wissen über die Dynamik sowie Schutz- und Handlungsmöglichkeiten bei häuslicher Gewalt vorhanden ist.

Was aber benötigen Kinder, die Gewalt in der Ehe oder Partnerschaft ihrer Eltern erlebt haben? Aus meiner Sicht bedürfen sie zugehende Hilfsangebote von handlungssicheren Erwachsenen, welche die Kinder einerseits über Schutzmöglichkeiten informieren, ihnen andererseits Einblick in mögliche Auswirkungen ihrer Gewalterfahrung eröffnen und Hilfe bei der Ein- und Neuordnung des Lebensalltages gewähren. Diese Personen sollten eine eindeutige Haltung gegen Gewalt haben und diese auch kenntlich machen. Sie sollten die Fähigkeit mitbringen, den Kindern Wege aus tradierten Mustern – hin zu einer gewaltfreien Kommunikation – aufzuzeigen. Ein familien-erhaltender Ansatz wie er in der Jugendhilfe häufig zu finden ist, kollidiert jedoch zumeist mit der Maßgabe einer Beendigung der Gewalt innerhalb der Familie.

Doch auch in den Bereichen des den Hilfeauftrag erteilenden Jugendamtes habe ich eher erlebt, dass auf Grund rechtlicher Bedenken und Vorwände (Stichwort Sorge- und Umgangsrecht) der von Gewalt betroffene Elternteil zur Kooperation mit dem Gewalttäter gedrängt wird. Selbst dann, wenn es

Schutzanordnungen via Gewaltschutzgesetz gibt. Insbesondere von häuslicher Gewalt betroffenen Müttern wird auf Grund traditionaler Denkweisen die Schuld für das Scheitern der Beziehung als auch für schon vorhandene Entwicklungsstörungen der Kinder gegeben. Das hat auch massive Auswirkungen auf die Arbeit der beauftragten Familienhelfer der freien Träger. Durch die finanzielle und inhaltliche Hoheit des Amtes über die Vergabe, den Inhalt und den Verlauf der Hilfen, entsteht eine Abhängigkeit welche ich mit dem Zitat: „Wessen Brot ich ess', dessen Lied ich pfeif" gleich setze. Dies alles spielt meiner Ansicht nach dem gewaltausübenden Elternteil in die Hände, so dass er sein kontrollierendes, Macht und Gewalt ausübendes und manipulierendes Verhalten weiterhin aufrechterhalten kann. Viele der von Gewalt betroffenen Elternteile fühlen sich von derartiger Hilfe im Stich gelassen und das führt aus meiner Sicht dazu, dass sie weiterhin im Gewaltkreislauf verharren. Von Familien, die nach Partnerschaftsgewalt weiterhin zusammenleben, wird das freiwillige Angebot der KJB sehr selten genutzt. Häufig wird die Beratung abgebrochen, vermutlich um das Familiengeheimnis wieder zu wahren. Doch ist aus meiner Sicht und Erfahrung die Hilfe in dieser gewaltgeprägten Familienkonstellation durch eine einzelne Person wenig Erfolg führend. Hier ist es dringend notwendig Unterstützungsmodelle zu finden, die zum Einen den gewaltbetroffenen Elternteil und die Kinder zu unterstützen und zum Andern konfrontativ mit dem Elternteil arbeitet, der gewalttätig ist.

Auch gibt es derzeit meines Wissens in keinem der Jugendämtern des Einzugsbereiches der Interventionsstelle Rostock eine Regelung für den Umgang mit Elternteilen, die sich in punkto häuslicher Gewalt schuldig gemacht haben. Wiederholt habe ich Angehörige unterschiedlicher sozialer und juristischer Berufe erlebt, die Gewalt zwar verurteilen, den gewaltausübenden Elternteilen jedoch in ihrem Verantwortungsbereich und entsprechend ihrer Möglichkeiten keine klaren Grenzen setzen. Deshalb bin ich geneigt, hier von einer entwickelten Kultur des Nicht-Reagierens zu sprechen. Diese Kultur sendet Signale der Belanglosigkeit von häuslicher Gewalt nach Außen.

Wenn betroffene Elternteile ein gewaltfreies Leben anstreben, bleibt vielen nur die Trennung vom Gewalttäter. Die Betroffenen können die Beziehung beenden, das Verhalten des gewaltausübenden Elternteils verändern sie dadurch nicht. In meiner Tätigkeit habe ich das eigenständige Bemühen von Tätern, das gewalttätige Verhalten mittels professioneller Anleitung abzubauen, noch nicht erleben dürfen. Eher neigen meiner Erfahrung nach sowohl Jugendämter als auch Gerichte dazu, das Verhalten von Tätern zu bagatellisieren. So begegnete ich Mitarbeitern/Mitarbeiterinnen des Jugendamtes, welche die Tragweite bestimmter Vorkommnisse mit dem Verweis auf angeblich schlimmere Fälle und den Umstand chronischer Überlastung herunterspielten. Ich habe Gerichtsurteile gelesen, in denen zuvor bereits (per Dokumentation des Polizeieinsatzes) nachgewiesene häusliche Gewalt keinerlei Einfluss auf die Entscheidung der Richter zum Sorge- bzw. Umgangsrecht hatte. Da wird eher dem von Gewalt betroffenen Elternteil unterstellt, die Kinder zu instrumentalisieren, wenn die zum Teil stark verängstigten und traumatisierten Kinder keinen Umgang wollen. Auch der vorübergehende begleitete Umgang ist für diese Kinder eine Belastung und immer läuft der begleitete Umgang auf unbegleiteten hinaus. Es sollte zum Recht der Kinder gehören, nach miterlebten Gewalttaten aufgefangen, unterstützt und geschützt zu werden. Dieser Schutzraum bietet aus meiner Sicht erst wieder Platz für den gewaltausübenden Elternteil, wenn er Verantwortung für seine Gewalthandlungen übernommen hat und an einer Verhaltensänderung arbeitet.

Täter haben aus meiner heutigen Sicht nach wie vor vielfältige Möglichkeiten, häusliche Gewalt zu verschleiern. Wie oft genügt schon das Vortäuschen eines angepassten Sozialverhaltens, um die Umgebung in ihrem Sinne zu manipulieren! In Bezug auf Umgangsempfehlungen mit den Kindern muss nach Aussage eines Miterbeiters des Jugendamtes die Erziehungsfähigkeit des Gewalt ausübenden Elternteils keineswegs nachgewiesen werden. Doch kann es meines Erachtens nicht angehen, das zweifelsfrei gewalttätige Personen (noch dazu begünstigt durch Behörden!) Zugriff und Einfluss auf Kinder erhalten! Als häufig falsch hat sich erwiesen, zu glauben, dass übergriffige Erwachsene dieses Verhalten bei der Betreuung der eigenen Kinder ablegen. Vielmehr habe ich die Erfahrung gemacht, dass gerade nach einer Trennung der Umgang mit den Kindern vom gewaltausübenden Elternteil dazu genutzt wird, wieder Einfluss auf den anderen Elternteil zu bekommen. Kinder sind dabei oft nur Mittel zum Zweck. Überwiegend sind nach einer Trennung nach Partnerschaftsgewalt die Umgang gewährenden Elternteile Mütter. Oft wollen die Kinder und auch die sich um die Kinder sorgenden Mütter nach erlebten Übergriffen keinen Umgang mit dem Vater und wenn dann mit Einschränkungen (z. B. ohne Übernachtungen, mit Begleitung). Hier erlebe ich zunehmend, dass die beratenden Jugendämter im Bereich der Interventionsstele Rostock die Gewalt völlig ausschließen und meist den Willen der Väter folgend die Mütter und Kinder zum Umgang um jeden Preis drängen. Hier werden die Ängste und Befürchtungen der Mütter und Kinder kaum wahrgenommen, und auch die fachliche Sicht auf die Folgen und Auswirkungen der häuslichen Gewalt bleiben unberücksichtigt. So ist es sogar in einem von mir begleiteten Fall zu einer Inobhutnahme des bei der Mutter lebenden vierjährigen Kindes gekommen, weil das Gericht der Ansicht war: *„…Die durch die Inobhutnahme eintretenden Irritationen für das Kind und die Eltern sind auch eher vertretbar als eine weitere Aussetzung des Umgangs und Entfremdung des Kindes vom Kindesvater …“*. Das Kind lebt seit drei Jahren bei der Mutter und die Eltern haben das gemeinsame Sorgerecht. Es hat einen neuen sozialen Vater und ist altersgerecht entwickelt. Der Kindesvater streitet seit Jahren mit allen Mitteln um den Umgang mit dem Kind. Es besteht beschützter Umgang. In der Begründung findet sich aber kein Hinweis auf die ausgeübten Gewalttätigkeiten und die auf seinem Computer gefundenen kinderpornografischen Bilder. Der beschützte Umgang läuft zum Sommer in diesem Jahr aus und danach soll laut Aussagen aller Beteiligten (Verfahrensbeistand,

Jugendamt, Umgangsstelle, Richterin) einer normalen Umgangsregelung mit Übernachtung nichts im Wege stehen. Für mich als Begleiterin der Kindesmutter sind diese Entscheidungen nicht nachvollziehbar. Da wird ein Kind aus einer intakten familiären Situation in Obhut genommen, der Kindesmutter unterstellt, sie manipuliere das Kind und habe die Paarebene noch nicht bearbeitet. Die hohe „Einsatzbereitschaft" des Kindesvaters, um Umgang mit dem Kind zu bekommen, wird nicht hinterfragt.

Die Tatsache, dass sich häusliche Gewalt überwiegend im Verborgenen abspielt, es häufig keine Zeugen gibt, kommt jenen zu Gute, die nicht bereit und willens sind, Verantwortung für ihre Taten zu übernehmen. Deshalb ist es wichtig, eine umfassende Gefährdungseinschätzung in Zusammenarbeit aller Hilfeleistenden vorzunehmen, um die von Gewalt betroffenen Familienmitglieder auch nach den polizeilichen Maßnahmen vor weiterer Gewalt zu schützen. Bedauerlicherweise habe ich in meiner bisherigen Tätigkeit selten erlebt, dass es zu weiteren Interventionen oder Sanktionen, (einmal abgesehen von der Wegweisung und Gefährderansprache durch die Polizei) gegenüber dem gewaltausübenden Elternteil gekommen ist.

Eine Aufarbeitung des Gewalterlebens ist meines Erachtens nur möglich, wenn es einen wirksamen Schutz vor weiteren Übergriffen und Manipulationen gibt. Immer wieder habe ich erlebt, dass bei stattfindendem Umgang Kinder vom zuvor gewalttätigen Elternteil instrumentalisiert werden. Beispielsweise werden Kinder ausgefragt, um sich über die neuen Lebensumstände des andern Elternteils zu erkundigen. Nicht selten kommt es bei den Umgängen zu einer verbalen Abwertung, Diffamierung und Schuldzuweisung gegenüber dem anderen Elternteil. Retraumatisierend können auf Kinder gewalttätige Übergriffe bei den Übergaben wirken. Schlussfolgernd müssen alle am Prozess Beteiligten (in Jugendämtern, in Beratungsstellen, Rechtsanwälte/-anwältinnen, Richter/-innen etc.) im Sinne einer für die Kinder förderlichen Entscheidung im Einzelfall gründlich prüfen ob und unter welchen Umständen/Auflagen ein weiterer Kontakt der betroffenen Kinder mit dem gewalttätigen Elternteil stattfinden kann. Dabei sollte das Augenmerk besonders auf der Einschätzung der Verantwortungsübernahme und den Willen zur Verhaltensveränderung des gewaltausübenden Elternteils liegen.

Um eine Sensibilisierung für die (mit)betroffenen Kinder zu erreichen, bieten wir Fortbildungen für Netzwerkpartner (Polizei, Jugendämter, Familienhelfer/-innen, Mitarbeiter/-innen von Bildungsträgern) zum Thema (Häusliche Gewalt, Folgen und Auswirkungen für die betroffenen Kinder) an. Eine von allen Seiten aufmerksame und bedachte Haltung ist zwingend notwendig, um tragbare und nachhaltige Lösungen für ein gewaltfreies Familienleben zu finden und der strukturellen Kindeswohlgefährdung entgegenzuwirken. Vorraussetzung dafür ist, häusliche Gewalt als eine Risikosituation mit hohem zukünftigem Gefährdungspotenzial für betroffene Erwachsene und deren Kinder anzuerkennen. Weiterführend ist es aus meiner Sicht logisch und unverzichtbar, dieses auch in Handlungen sowie schlussendlich in

Entscheidungen (beispielsweise als Sachbearbeiter/-innen im Jugendamt oder als Richter/-innen) einfließen zu lassen.

Alle Kinder und Jugendlichen sollten innerhalb ihres Lebensraums regelmäßig über häusliche Gewalt informiert werden. Dadurch kann es gelingen, Kinder zu ermutigen, Hilfe zu holen. Durch meine Öffentlichkeitsarbeit im Rahmen unserer Ausstellung „Hier wohnt Familie Schäfer“ habe ich festgestellt, dass das Wissen über häusliche Gewalt auch bei Mitarbeitern/Mitarbeiterinnen von Schulen, Kindergärten und anderen Bildungs- und Betreuungseinrichtungen kaum vorhanden ist. Sie kennen keine Unterstützungsangebote und sind unsicher im Umgang mit betroffenen Familien. Deshalb halte ich es für unverzichtbar, dieses Thema im Studium und in der Ausbildung für pädagogische Berufe zu verankern. Handlungssichere Erwachsene sind eine Voraussetzung damit Kinder den Mut finden, das Familiengeheimnis zu lüften.

Schon seit längerem ist die Ausgestaltung der Kontakte mit den Tätern ein Thema für die Mitarbeiterinnen der Interventionsstelle. Hier haben wir durch einen Austausch mit den Kolleginnen der Wiener Interventionsstelle viele gute Anregungen erhalten, wie wir dieses Thema in unsere Arbeit integrieren können. Durch die Erarbeitung von Handlungsstrategien (z. B. beim Antreffen des gewaltausübenden Erwachsenen beim Beratungstermin, bei der Kontaktaufnahme durch diesen per Telefon, bei der Kontaktaufnahme durch uns für ein Normverdeutlichungsgespräch etc.) haben wir für uns eine Grundlage geschaffen, die es nun gilt, im Sinne der täterbezogenen Intervention auszubauen und weiterzuentwickeln.

Für eine umfassende Vertretung der Interessen und Bedürfnisse von betroffenen Kindern sollte auch deren Beziehung zum Gewalttäter berücksichtigt werden. In der Beratung der Kinder ist die Auseinandersetzung mit den Gefühlen gegenüber dem gewalttätigen Elternteil integriert. Manchmal wünschen sich die Kinder, dass die Kinder- und Jugendberaterin mit diesem Elternteil spricht. Sie wollen, dass der Elternteil erfährt, wie es ihnen geht, und dass er mit dem gewalttätigen Verhalten aufhört.

Diese Gespräche sollten im Vorfeld mit den gewaltbetroffenen Erwachsenen und den Kindern hinsichtlich des Zieles und der Inhalte vorbereitet werden. Die Frage der Sicherheit der Kinder- und Jugendberaterin muss in jedem Einzellfall Berücksichtigung finden. Solche Gespräche können telefonisch oder persönlich erfolgen.

Bei der persönlichen Konfrontation des gewaltausübenden Elternteils mit seinem Verhalten ist es zu empfehlen, gemeinsam mit Kooperationspartnern diese Gespräche zu führen. Deshalb wäre es dringend notwendig, dass auch die Mitarbeiter/-innen der Jugendämter eindeutige Handlungs-leitlinien für solche Gespräche haben. Da das Miterleben häuslicher Gewalt eine Kindeswohlgefährdung darstellt, besteht meines Erachtens die Notwendigkeit, mit dem gewalttätigen Elternteil Gespräche zu führen, um ihn in die Verantwortung zu nehmen. Dringend notwendig wäre es auch, Auflagen, mit denen das gewalttätige Verhalten bearbeitet wird, zu erteilen. Dies insbesondere in den

Familien, die weiterhin zusammen leben. Natürlich kann mit einem Gespräch eine Verhaltensänderung bezüglich der Gewalt kaum erreicht werden, doch eine gezielte Ansprache kann aus meiner Sicht der erste Schritt sein, bei dem gewaltausübenden Elternteil eine Verantwortungsübernahme anzuregen. Dieses würde auch die Kultur des Nicht-Reagierens durchbrechen.

Die Arbeit als Kinder- und Jugendberaterin in Fällen häuslicher Gewalt verstehe ich im Sinne der betroffenen Kinder als parteiliche Tätigkeit, die traditionale Strukturen hinterfragt, wenn nötig durchbricht und nach neuen Wegen sucht. Durch die direkte Arbeit mit den betroffenen Kindern ist es möglich, dieses problemnah und den Bedürfnissen der Kinder angepasst zu leisten.

Für die Zukunft wünsche ich mir, dass es in den Unterstützungsangeboten für von häuslicher Gewalt betroffenen Erwachsenen vermehrt Unterstützungsangebote für die Kinder gibt. Damit kann den betroffenen Kindern eine Stimme verliehen werden, so dass zukünftige Entscheidungen und Maßnahmen den Interessen der Kinder gerechter werden. Nachhaltiger Kinderschutz bei häuslicher Gewalt braucht viele Helfer, deren bundesweite Vernetzung dringend notwendig ist. Je zahlreicher dies geschieht, desto mehr kann bewegt werden.

Waltraud Dürmeier / Franziska Maier

Wieder Kind sein dürfen - Hilfen für Mädchen und Jungen im Frauenhaus

Das Frauenhaus der Frauenhilfe München bietet für 45 Frauen und ca. 60 Kinder sicheres Wohnen, Beratung und pädagogische Unterstützung. Die Größe des Hauses ermöglicht, dass der Kinderbereich mit eigenen Räumen und einer angemessenen Personalausstattung mit Erzieherinnen und Heilpädagoginnen arbeiten kann. Gleichzeitig ist seit Eröffnung des Hauses 1978 der Hilfebedarf der Kinder fachlich anerkannt und damit die pädagogische Unterstützung für die Mädchen und Jungen ein integrierter Bestandteil der Frauenhausarbeit. Im Leitbild der Frauenhilfe von 2001 sind als Selbstverpflichtung sowohl die Anerkennung der Frauenrechte als Menschenrechte wie auch die Rechte der Mädchen und Jungen entsprechend der Kinderrechtskonvention der UN verankert.

Rahmenbedingungen für die pädagogische Arbeit

Die pädagogische Arbeit ist auf die Rahmenbedingungen und Strukturmerkmale der Frauenhausarbeit konzeptionell abgestimmt. Sie werden im Folgenden kurz beschrieben.

Der Einzug und die Verweildauer eines Kindes im Haus sind von der Entscheidung der Mutter abhängig. Damit verbunden ist eine hohe Fluktuation in den Kindergruppen, unabhängig von Bedarf, Bedürfnissen und Integration der Mädchen und Jungen. Unserer Erfahrung nach hat sich der situationsorientierte Ansatz als Methode in der Gruppenarbeit bewährt.

Wohnen im Frauenhaus bedeutet für Mütter und Kinder vorübergehendes Wohnen und damit eine Übergangssituation. Ein Schwerpunkt in der Gruppenarbeit ist folglich, die Übergänge vom Ankommen zur Integration bis zum Abschied zu gestalten. Willkommens- und Abschiedsrituale erleichtern den Kindern, die oftmals überraschenden Veränderungen durch Neuaufnahmen oder Auszüge zu bewältigen.

Für die Kinder misshandelter Frauen ist das Frauenhaus ein Schutz- und Sicherheitsraum. Die individuelle Gefährdungslage wird immer abgeklärt. Pädagogische Angebote außerhalb des Hauses werden mit den erforderlichen Sicherheitsmaßnahmen durchgeführt. Mit altersgerechter Sicherheitsberatung unterstützen die Erzieherinnen und die Heilpädagoginnen die Kinder, mit ihren Ängsten umgehen zu lernen.

In unserem Haus ist der Kinderbereich im gleichen Gebäude, damit die räumliche Nähe zu Mutter immer gegeben ist. Sich von der Mutter abzulösen ist dadurch gleichzeitig erschwert und erleichtert. In jedem Fall hat diese Situation einen Einfluss darauf, wie die Kinder den Zugang zu den Gruppen finden und sich integrieren können. Mit altersgerechten Aufnahmegesprächen zeitnah nach Einzug unterstützen die Erzieherinnen die Kinder, das Haus als ihren neuen Wohnraum und den Kinderbereich als ihren Spiel- und Gestaltungsraum kennenzulernen. Die Gespräche bewirken nach unserer Erfahrung, dass die Kinder sich ernst- und wahrgenommen fühlen. Die älteren Kinder bezeichnen die für sie zuständige Erzieherin oftmals als „ihre Beraterin", während ihre Mutter Unterstützung von der Sozialpädagogin erhält. Die Kinder erleben, dass ihrer Mutter geholfen wird und fühlen sich damit teilweise aus der Überforderung entlassen.

Parteilichkeit für die Kinder als pädagogisches Prinzip bedeutet in der Gruppenarbeit und Einzelförderung, Wünsche, Bedürfnisse und den Willen der Kinder zu erforschen und ernst zu nehmen. Soweit möglich, werden ihnen Mitspracherechte eingeräumt. Gleichzeitig hat der Kinderbereich den konzeptionell verankerten Auftrag, für die Rechte und Bedürfnisse der Kinder nach innen wie nach außen einzutreten. Interessensgegensätze und damit auch -konflikte im Verhältnis zu den Rechten und Bedürfnissen der Frauen und Mütter im Haus werden bewusst wahrgenommen und ausgetragen. Der Aushandlungsprozess findet zwischen den Mitarbeiterinnen des

Kinderbereiches und der Frauenberatung statt mit dem Ziel, die fachlichen Interventionen beider Bereiche abzustimmen.

Ausgangspunkte für die pädagogischen Angebote

Wie mittlerweile auch zahlreiche Forschungsergebnisse bestätigt haben, sind Kinder insbesondere dann, wenn sie über einen längeren Zeitraum schwere Formen der Gewalt gegen ihre Mütter erlebt haben, sehr belastet. Sie zeigen oft behandlungsbedürftige Verhaltensauffälligkeiten. Sowohl im sozialen Bereich als auch in der kognitiven Entwicklung hat die häusliche Gewalt beeinträchtigende Auswirkungen auf die Kinder. In vielen Fällen lassen sich posttraumatische Belastungsstörungen beobachten (vgl. Kindler 2006).

Der enge Zusammenhang zwischen Gewalt gegen die Mutter und direkter Gewalt gegen das Kind kann als gesichert angenommen werden (vgl. Kavemann 2003a; Kindler 2006).

Die Mädchen und Jungen sind in ihrer Identität tief verunsichert (vgl. Heyne 2003) und zeigen meistens im Kontakt mit beiden Elternteilen Beziehungsstörungen (Kavemann 2003; Kindler 2006d; siehe auch Kindler in diesem Band).

Es gibt deutliche Hinweise aus der neurobiologischen und der Bindungsforschung, dass schwerwiegende Bindungsstörungen, wie sie Kinder im Frauenhaus zeigen, strukturelle Veränderungen im kindlichen Gehirn bewirken können und über Generationen weitergegeben werden (vgl. Brisch 2009).

Gleichzeitig sind viele Kinder, die häusliche Gewalt erlebt haben, erstaunlich kompetent und kreativ. Die Mädchen und Jungen haben in vielen Bereichen erhebliche Defizite, gleichzeitig jedoch schlummern in ihnen die unterschiedlichsten Potentiale. Menschen können sich „trotz oder gerade wegen widriger Bedingungen positiv" entwickeln. Sie „sind keine Marionetten des Schicksals" (Nuber 2005). Diese Erkenntnis wurde in den letzten Jahren wissenschaftlich durch die Resilienzforschung bestätigt (ebd.; siehe dazu auch „Stärkung der Resilienz in der Theater-Filmgruppe", Jahresbericht 2008).

Diese Forschungsergebnisse sind für die Weiterentwicklung und Überprüfung der pädagogischen Interventionen für betroffene Kinder sehr hilfreich. Sie bestätigen die Beobachtungen der Frauenhausmitarbeiterinnen und unterstützen die Notwendigkeit, spezifische pädagogische Hilfestellung für diese Kinder anzubieten. Lange Zeit waren die Mitarbeiterinnen in Frauenhäusern auf ihre eigenen Beobachtungen, Erkenntnisse ähnlicher Fachbereiche und kleinere Untersuchungen im angloamerikanischen Sprachraum angewiesen, weil fundierte wissenschaftliche Untersuchungen fehlten. Die in der Frauenhilfe München angebotenen Interventionen für Kinder sind auf die besonderen Bedürfnisse, Belastungen und Unterschiedlichkeiten der Kinder, die hier leben, zugeschnitten. Die Beobachtung und jahrzehntelange Erfahrung mit diesen Kindern bietet nun zusammen mit den Erkenntnissen aus der

Forschung unter den oben beschriebenen Rahmenbedingungen die Grundlage für die differenzierten Angebote.

Wie äußern die Kinder ihre Belastungen und Bedürfnisse?

In der Frauenhilfe leben überwiegend Kinder, die über einen längeren Zeitraum Gewalt gegen die Mutter miterlebt haben. Oft begann die Gewalt schon im Mutterleib, und die Kinder sind in einer Atmosphäre von Gewalt, Kontrolle und Abwertung aufgewachsen. Zudem sind sie häufig selbst körperlich, sexuell oder psychisch misshandelt worden. Wenn sie im Frauenhaus ankommen, haben sie in der Regel eine Zuspitzung der Gewalt erlebt und sind aus ihrer äußerst unsicheren, aber gewohnten Umgebung herausgerissen worden. Um die Flucht, sich selbst und die Kinder nicht zu gefährden, informieren die Mütter ihre Kinder vorab meist nicht über ihr Vorhaben. Einige Kinder werden auch eingebunden und zu strengstem Stillschweigen angehalten.

Verwirrt und orientierungslos kommen viele Kinder im Frauenhaus an. Die Mütter befinden sich in der Regel in einer krisenhaften Situation. Doch meist wird schon im Aufnahmegespräch deutlich, dass die Verwirrung der Kinder tiefer geht. Wenn sie von ihrer Ankunft im Frauenhaus oder von Alltagssituationen sprechen, ist ihren Erzählungen meist schwer zu folgen. Häufig fehlen ihnen sprachliche und auch nonverbale Verständnis- und Ausdrucksmöglichkeiten. Immer wieder scheinen Erinnerungen, insbesondere wenn sie Gewaltsituationen schildern, Lücken oder Ungereimtheiten zu enthalten. Schnell wird deutlich, dass sie sich selbst die Schuld für jeden Streit geben. So berichtet z. B. ein Zehnjähriger:

> „Ich habe ein Glas umgeschmissen, da ist der Papa ins Büro gegangen, dann hat ihm das Essen nicht mehr geschmeckt und er hat die Mama gegen die Wand geschmissen."

Immer wieder kommt er im Laufe des Gesprächs auf das umgeworfene Glas zurück.

Die meisten Mädchen und Jungen sprechen erst nach längerer Zeit und Vertrauensarbeit im Frauenhaus das erste Mal über die erlittene oder erlebte Gewalt und schämen sich. Bis dahin haben sie oft selbst innerhalb ihrer Familie nicht über das gesprochen, was sie erlebt haben.

In der genaueren Beobachtung stellen wir fest, dass es vielen Kindern in allen Lebensbereichen an altersgemäßen Erfahrungen mangelt. So gibt es Kinder, die mit 5 Jahren noch keine Sätze bilden oder nicht alleine auf eine Spielplatzleiter klettern können. Manche lernen die Funktion einer Ampel oder das Halten von Buntstiften erst bei Schulbeginn. Wir erleben Zehn- bis Elfjährige, die bei den im Frauenhaus angebotenen Erlebnisaktionen das erste Mal im Wald waren bzw. ein Feuer gesehen haben. Meistens können sie ihre eigenen Fähigkeiten nicht gut einschätzen und neigen zu Über- und Unterschätzungen.

Mehrfach haben wir erlebt, dass Kinder behaupteten, sie könnten schwimmen, im Schwimmbad ins tiefe Wasser sprangen und untergingen.

Bei vielen ist das Gefühl nichts zu können durch die erlebten Abwertungen in der Familie und die häufigen Misserfolge schon tief eingebrannt. Die häufigsten Sätze, die wir im Kinderbereich hören, sind: *„Ich kann das nicht"* oder *„Ich bin der Größte"*, aber auch *„Du bist dafür zu blöd"*. Die Kinder schwanken zwischen niedrigstem Selbstwertgefühl und Versuchen, sich daraus durch Gefühle der Allmacht zu befreien. Die eigenen Abwertungen geben sie im Kontakt mit anderen häufig und für andere verletzend weiter.

Ein großer Teil der Kinder hat Ängste, die auf den ersten Blick nicht nachvollziehbar sind. Sie versuchen diese durch Vermeiden neuer Erfahrungen, extreme Zurückgezogenheit, ängstliches Verhalten oder sehr rigides, manchmal zwanghaftes Verhalten auszugleichen. So erleben wir Kinder, die immer nur auf dem gleichen Platz sitzen können, die gleichen Wege gehen oder am Gruppengeschehen gar nicht oder nur aus sicherem Abstand teilnehmen. In Bildern oder Geschichten tauchen häufig existenzielle Bedrohungen und Todesphantasien, wie etwa Sintflut, Feuer oder ein lebensbedrohlicher Sturm auf.

Besonders auffällig ist, dass die meisten Kinder immer wieder Angst um die Mutter oder ihre Geschwister zeigen bzw. äußern, auch wenn sie genau wissen, dass die Mutter sicher in ihrem Zimmer oder in der Küche ist. Unter anderem deshalb haben viele oft noch bis ins Schulalter große Trennungsprobleme. Diese Probleme sind eng verbunden mit der Angst um die Mutter und der eigenen existenziellen Angst.

Bei vielen Mädchen und Jungen wird eine große Bedürftigkeit deutlich, die sich in der Tendenz ausdrückt, alle Spielsachen, Bastelmaterialien, Essen und insbesondere Süßigkeiten gleichzeitig und für sich alleine haben zu wollen. Ebenso wird natürlich um die Aufmerksamkeit und Zuwendung der Erwachsenen gerungen. Viele Kinder, besonders häufig Mädchen, haben dabei ein wahlloses, sehr anhängliches, oft auch körperlich distanzloses Verhalten. Eine niedrige Frustrationstoleranz und eine labile emotionale Befindlichkeit kommt bei Mädchen und Jungen hinzu. Sie können in der Regel keinerlei Kritik aushalten und reagieren verletzt, enttäuscht, beleidigt oder auch aggressiv bei den kleinsten Schwierigkeiten. An manchen Tagen sind sie immer den Tränen nahe oder kaum ansprechbar, sehr schnell wütend auf sich selber oder andere. Selten erleben wir die Kinder über einen längeren Zeitraum unbeschwert und zufrieden, ohne dass dies in Aufgedrehtsein und Konflikten endet. Viele sind anfällig für Erkältungs- und Infektionskrankheiten oder leiden unter anderen somatischen oder psychosomatischen Erkrankungen und Essstörungen.

Ein ausgeprägtes geschlechtspezifisches Verhalten fällt auf. Dabei orientieren sich die Mädchen und Jungen am patriarchalen Männerbild bzw. der entsprechend unterwürfigen, schwachen und versorgenden Frau. In der eigenen Familie wurde ihnen dieses Bild in seiner extremen Form vorgelebt.

Einige Kinder, besonders Mädchen, übernehmen schnell die Versorgerrolle für andere, auch für die Pädagoginnen, wenn man sie lässt. Doch auch viele Jungen überfordern sich in ihrem Bestreben, die Schwächeren auch mit Gewalt zu schützen und achten dabei nicht auf eigene Grenzen und Bedürfnisse.

Bei den von uns als auffällig beobachteten Verhaltensweisen wird deutlich, dass Jungen eher zu nach außen gerichteten und Mädchen eher zu nach innen gerichteten Auffälligkeiten neigen.

Besonders im sozialen Verhalten zeigen sich die meisten Kinder verunsichert oder unangepasst, häufig auch ungeübt. Viele Kinder können einfache Situationen, vor allem Körperhaltung und Mimik anderer, nicht gut einschätzen. Auch aus diesem Grund erleben viele jede Diskussion oder jedes laute Wort als bedrohlich. Einige Kinder reagieren auf jede Gefühlsschwankung anderer und versuchen nicht aufzufallen oder besänftigend auf die anderen einzuwirken. Andere agieren sehr laut und aggressiv oder haben einen extrem großen Bewegungsdrang. Die meisten können eigene Gefühle kaum wahrnehmen, geschweige denn differenzieren, und kennen auch die eigenen Grenzen nicht. Noch weniger haben sie es gelernt, die Grenzen anderer wahrzunehmen und zu respektieren.

Die wenigsten Kinder verfügen über differenziertere bzw. altersgerechte Konfliktlösungsstrategien. Oft fehlt es hier an den einfachsten Grundbegriffen und Ideen. Will zum Beispiel ein Kind ein Spielzeug haben, nimmt es sich das Spielzeug mit Gewalt. Aufgefordert, danach zu fragen, ist das Kind völlig erstaunt, wenn das Gegenüber es ihm dann überlässt.

Machtkämpfe gibt es häufiger als in anderen Gruppen, und sie werden sehr heftig ausgefochten, da durch die hohe Fluktuation immer neue Gruppenzusammensetzungen entstehen. Dabei treffen immer wieder ängstliche und zurückgezogene Kinder und solche, die ihre Verletzungen durch extremes Ausagieren gegen andere zeigen, aufeinander.

Natürlich versetzen uns die Kinder immer wieder in Erstaunen, und wir erleben sie als geniale kleine Experten, die voller versteckter oder auch sofort sichtbarer besonderer Fähigkeiten stecken. So erleben wir zum Beispiel Kinder, die innerhalb kürzester Zeit das ganze Haus und seine Angebote kennen lernen und mit großem Geschick aktiv nach den besten Möglichkeiten für sich ihre Geschwister und Mütter suchen. Auch gibt es Kinder, die außergewöhnliche motorische Fähigkeiten zeigen und kleinen Zirkusartisten ähneln.

Diese Kinder haben ihre Verhaltensweisen und Überlebensmechanismen in einer widersprüchlichen, bedrohlichen, unsicheren und nicht berechenbaren Umgebung entwickelt. Wenn es ihnen gelingt, sich im Haus, in den angebotenen Kindergruppen bzw. in den Einzelsituationen sicher zu fühlen, zeigen sie sich innerhalb kürzester Zeit hungrig nach neuen Erfahrungen und äußerst wissbegierig. Sie holen Entwicklungsrückstände auf und lernen auch, ihre sozialen und emotionalen Fähigkeiten zu erweitern.

Dieser Prozess wird allerdings immer wieder von Krisen und Rückschritten durchbrochen. Diese werden häufig ausgelöst, wenn die Mutter wegen existenzieller Sorgen oder angstmachender Gerichtstermine in eine vertiefte Krise gerät, vielleicht sogar zurück zum gewalttätigen Partner gehen möchte. Ein weiterer Auslöser ist häufig der Umgang mit dem Vater. Für die Kinder ist es oft schon an sich eine schmerzhafte Belastung, den Vater wieder zu sehen, den sie trotz Angst und Ambivalenz vermissen. Für nur wenige Kinder verläuft die Anbahnung des Umgangs und der tatsächliche Kontakt mit ihm ohne Belastungen. Einige Kinder weigern sich ohne Begründung, ihn zu sehen, andere äußern Ängste oder sprechen über ihre Verletzungen. Andere wiederum fürchten, die Mutter zu verletzen, wenn sie den Vater sehen wollen. Eine Belastung der Beziehung zur Mutter ist in fast allen Fällen erkennbar.

Kommt es zum Umgang mit dem Vater, kehren viele Kinder enttäuscht zurück. Häufig erleben sie, dass der Vater versucht, sie zu instrumentalisieren, um Kontakt zur Mutter zu bekommen. Besondere Rückschritte und Krisen beobachten wir dann, wenn sie erneut Gewalt erleben oder Androhungen von Gewalt gegen sich, die Geschwister oder die Mutter hören.

Entwicklung der pädagogischen Angebote in der Frauenhilfe München

Die pädagogische Arbeit mit Kindern in der Frauenhilfe hat seit der Gründung viele Veränderungen durchlaufen. Konzepte und Praxis werden den Bedarfslagen der Frauen und Kinder, den verschiedenen Altersstufen, der Verweildauer, den strukturellen und personellen Gegebenheiten und nicht zuletzt dem wachsenden Wissen um die Belastung der Kinder angepasst.

Bereits als die Frauenhilfe im Jahr 1978 als Modellprojekt eröffnet wurde, war fachliche Unterstützung der Kinder ein fester Bestandteil des Angebotes. Die Frauen sollten dadurch möglichst schnell entlastet werden, um sich in einem intensiven Beratungsprozess mit der erlebten Gewalt auseinanderzusetzen und eine neue Grundlage für sich und ihre Kinder zu schaffen. Alle Kinder wurden sofort in den Kinderbereich aufgenommen. Mit weniger Personal für die Kinder im Vergleich zu heute und ständig 45 bis 60 Kindern im Haus entstanden große Gruppen. Dazu kam auch damals schon eine hohe Fluktuation.

Schnell setzte sich die Erkenntnis durch, dass damit den Problemen der Kinder nicht ausreichend Rechnung getragen wurde. 1982 wurden die Gruppen verkleinert und die Bedürfnisse der Kinder mehr in den Mittelpunkt gestellt. Nicht zuletzt durch eine bis 1983 durchgeführte wissenschaftliche Untersuchung (vgl. Hürter&Hürter 1983) konnte die Unterstützung für die Kinder durch die Einstellung einer Heilpädagogin erweitert werden.

Konkrete Beschreibungen der pädagogischen Arbeit mit Kindern in der Frauenhilfe liegen uns erst ab 1991 vor. Dem Konzept von 1986 ist zu entnehmen, dass *„keine spezifisch pädagogischen Lernleistungsziele“* im Vordergrund standen, jedoch durch *„(...) feste Regeln und vorsichtige Ermutigung ein Umlernprozess in Gang“* kommen sollte. Aus Erzählungen und Rückblicken wissen wir, dass bis Juli 1991 die Kinder in geschlossenen Gruppen mit strengen Gruppenregeln gefördert wurden. Feste Anmeldung und regelmäßiges Erscheinen wurde verlangt. Aus dieser Zeit sind auch noch Materialien vorhanden, die zumindest auf die Auseinandersetzung mit Verhaltensprogrammen (z. B. Petermann&Petermann) hinweisen. Der Schwerpunkt der Arbeit lag auf dem Gruppengeschehen, die Kinder sollten über ein Gruppengefühl und damit über die Beziehung zu Anderen soziale Formen des miteinander Umgehens lernen. Der feste Rahmen sollte den Kindern Einschätzbarkeit und Sicherheit geben. Das gemeinsame Tun in den Gruppen wurde allerdings von nur wenigen Kindern angenommen. Ihre Bedürfnisse und Interessen lagen weit auseinander. Es entstand, wie die damaligen Pädagoginnen 1991 beschrieben haben, ein aggressives, vom Widerstand der Kinder geprägtes Klima. Im Juli 1991 änderten die Pädagoginnen nach reiflichen Überlegungen und Beobachtungen ihr Konzept. Bei den Vorschulgruppen wurde die feste Struktur belassen, aber die älteren Kinder konnten auch ohne Voranmeldung kommen. Für alle Gruppen galt ab diesem Zeitpunkt, dass die Bedürfnisse der einzelnen Kinder auch in der Gruppe im Vordergrund stehen sollten. Die Kinder sollten einen Ort der Geborgenheit vorfinden, sich wertgeschätzt und angenommen fühlen und ganz einfach Kind sein dürfen. Auf diesem Hintergrund ist das heutige Konzept immer differenzierter entwickelt worden.

Welche pädagogischen Angebote bietet die Frauenhilfe heute, um die Kinder zu unterstützen?

Aufnahmegespräch, individuelle Unterstützung und kindgerechte Begleitung

Möglichst bald nach dem Einzug findet ein Aufnahmegespräch mit allen Kindern ab 2½ Jahren statt. Hier erfahren die Mädchen und Jungen, an welche Erzieherin sie sich mit allen ihren Bedürfnissen und Anliegen wenden können, und welche Angebote für Kinder und Jugendliche es im Haus und außerhalb gibt. Darüber hinaus bekommen sie Informationen, was ein Frauenhaus ist, und warum sie sich hier befinden. Sie erfahren kindgerecht, welche Schutzmöglichkeiten es gibt, und wie sie sich selber Unterstützung holen können.

Von Anfang an wird den Kindern eine vertrauensvolle Beziehung angeboten. Manchmal beginnen die Mädchen und Jungen bereits über das, was sie erlebt haben, und über ihre Wünsche und Bedürfnisse zu sprechen.

Die zuständige Erzieherin begleitet sie weiterhin und führt bei Bedarf Gespräche mit der Mutter. Sie ermuntert die Kinder, über ihre Erfahrungen, Ängste, Sorgen und Loyalitätskonflikte zu sprechen und Handlungs- und Bewältigungsstrategien zu entwickeln. Ältere Kinder und Jugendliche können auch weiterhin zu Einzelgesprächen kommen und werden dabei unterstützt, die Jugendangebote außerhalb des Hauses kennen zu lernen.

Wenn es sinnvoll erscheint, können die Kinder bei familiengerichtlichen Verhandlungen von den Mitarbeiterinnen begleitet werden.

Gruppenangebot für Kinder im Kindergartenalter

In einer regelmäßig stattfindenden Gruppe, die durch eine verbindliche Teilnahme so stabil wie möglich gehalten wird, finden Kinder im Alter von 2½ - 6 Jahren Aufnahme. Sie erleben einen respekt- und liebevollen Umgang im Kontakt mit den Erzieherinnen und werden individuell in ihren Fähigkeiten und Ressourcen gefördert. So stärken sie ihr Selbstwertgefühl und können sich mit ihren Ängsten auseinandersetzen, finden altersgerechte Bewegungs- und Spielmöglichkeiten und machen neue Erfahrungen.

Motorik, Sprache und Selbständigkeit werden gezielt gefördert. Soziale Fähigkeiten, den Umgang mit Regeln und Grenzen, angemessene Konfliktlösungsstrategien sowie den Umgang mit Frustrationen lernen sie in einer geschützten Umgebung mit Verständnis für ihre individuellen Schwierigkeiten und deren Hintergründe. Besonders unterstützt werden schon die Kleinsten darin, sich als selbstwirksam zu erleben, um so ihren oft tief verwurzelten Ohnmachtsgefühlen zu begegnen. Denn dies ist laut der Resilienzforschung sehr wichtig für ihre psychische Widerstandskraft.

Offenes Gruppenangebot für Kinder im Schulalter und regelmäßige Hausaufgabenbetreuung

Es wird eine offene Gruppe für Schulkinder bis 12 Jahre angeboten. Sie umfasst tägliche Hausaufgabenbetreuung, Gesprächs-, Spiel- und Freizeitangebote. Auch hier werden die Kinder individuell unterstützt. In einer ruhigen und entspannten Atmosphäre wird bei den Hausaufgaben ihre Konzentrationsfähigkeit gefördert, sie lernen Regeln und Arbeitsweisen zur Bewältigung der schulischen Anforderungen. Sie üben ihre Frustrationstoleranz und erleben Geduld und Ausdauer am Vorbild der Erzieherinnen mit.

Nach den Hausaufgaben finden sie Gelegenheit, um sich zu begegnen und auszutauschen. Dabei werden sie von den Erzieherinnen unterstützt. So erleben sie oft zum ersten Mal, dass auch andere Kinder ähnliche Probleme in ihrem Elternhaus haben. Denn über die Gewalt außerhalb ihrer Familie zu sprechen, war ihnen in der Regel verboten und ist auch gesellschaftlich nach wie vor mit Tabus belegt. Ein weiteres wichtiges Ziel ist die Stärkung der sozialen Fähigkeiten, insbesondere das Erkennen von und der Umgang mit eigenen und fremden Gefühlen, Bedürfnissen und Grenzen und das Entwickeln von geeigneten Konfliktlösungsstrategien.

Es werden Spiel- und Freizeitangebote gemacht, die es ihnen erleichtern, Entwicklungsdefizite und Wahrnehmungsstörungen zu verringern und neue, positiv besetzte Erfahrungen zu machen. Dieses Angebot reicht von unterschiedlichen kreativen und pädagogischen Materialien, Spielen und Büchern über Gestalten, Musizieren und Rollenspielen, gemeinsames Kochen und Feiern bis hin zu kulturellen Ausflügen und erlebnispädagogischen Aktionen.

Um den unterschiedlichen Bedürfnissen der Kinder gerecht zu werden, hat es sich bewährt, die Gruppenstärke klein zu halten und die Kinder in einem nicht zu großen Altersabstand zusammen zu fördern. Die Gruppen werden, soweit möglich, zu festen, wiederkehrenden Zeiten mit den gleichen Pädagoginnen durchgeführt.

Heilpädagogische Gruppen

Heilpädagogische, thematische Gruppen oder Projekte ergänzen das Gruppenangebot in der Frauenhilfe München. Von oder in Zusammenarbeit mit den Heilpädagoginnen wurden in den letzten Jahren verschiedene Angebote, wie z. B. Trommeln und Malen, Theater-Videogruppe, Bewegte Stille (Wahrnehmungsförderung und Entspannung von Vorschulkindern), erlebnispädagogische Aktionen und eine Psychomotorikgruppe angeboten. In diesen Gruppen kann innerhalb des Gruppenprozesses noch individueller auf die Bedürfnisse und Entwicklungsstände der einzelnen Kinder eingegangen werden. Wissen aus verschiedenen Disziplinen und Forschungsgebieten und Methoden aus unterschiedlichen therapeutischen Bereichen fließen in die Förderung der Kinder ein.

Durch die jeweils gewählten heilpädagogischen Methoden können die Mädchen und Jungen neue Erfahrungen sammeln, neue Ausdrucksmöglichkeiten kennen lernen und so ihre Fähigkeiten weiter entwickeln. In der Kleingruppe und durch die enge Begleitung der Heilpädagoginnen trauen sie sich, Dinge auszuprobieren, die sie bisher vermieden haben. Sie lernen, sich und andere besser einzuschätzen, und erlangen neues Vertrauen in ihre eigenen Fähigkeiten.

Heilpädagogische Einzelförderung

In der heilpädagogischen Einzelförderung bekommen die Kinder einen eigenen Entfaltungsraum und die ungeteilte Aufmerksamkeit der Heilpädagogin. Dies allein kann für viele Kinder schon eine wesentliche Erfahrung sein. Lange standen sie bzw. stehen immer noch im Spannungsfeld ihrer Eltern. Im heilpädagogisch geschützten Raum reagieren sie oft weniger ängstlich als in der Gegenwart ihrer primären Bindungspersonen. Jetzt können sie die neue

Erfahrung machen, die zeitlich begrenzte, aber kontinuierliche Zuwendung eines Erwachsenen zu erleben, der sie nicht als Bündnispartner benützt, ihre Signale und Bindungswünsche wahrnehmen kann und sie so annimmt, wie sie sind. Sie finden fachliche Unterstützung durch gezielte Förderdiagnostik und verschiedene heilpädagogische Methoden. Die Kinder nützen den Raum, um Neues kennen zu lernen, ihrem Erlebten und ihrer inneren Welt Ausdruck zu verleihen und Traumatisches zum Teil zu bearbeiten. Sie genießen die ungeteilte Zuwendung durch die Erwachsenen. Zuweilen spielen oder sprechen sie sehr ernsthaft über ihre Themen und holen immer wieder sehr frühe Bedürfnisse nach, dann sind sie wieder einfach ausgelassen und genießen voller Freude Spiel und Bewegung. So können die Mädchen und Jungen Rückschläge und Frustrationen unter behutsamer Anleitung verkraften, Selbstwert und Frustrationstoleranz aufbauen und Entwicklungsrückstände aufholen.

Freizeitmaßnahmen

In den Schulferien finden immer wieder Freizeitmaßnahmen statt. Durch sportliche, kulturelle und naturnahe bzw. erlebnispädagogische Unternehmungen erweitern sich die Erfahrungsräume der Kinder, ihre Lebensfreude wird gestärkt, und sie erlangen Abstand vom Alltag und ihren Problemen. Auch hier erlernen sie unter Anwesenheit und dem Schutz der Pädagoginnen neue Handlungskompetenzen in sozialen Kontakten mit anderen Kindern, erlernen Regeln, Grenzen und Verbindlichkeiten und erleben sich unabhängig von ihren Eltern und deren Konflikten.

Wie gehen wir mit den Belastungen und Bedürfnissen der Kinder um?

Alle Angebote sollen dazu beitragen, dass die Kinder möglichst schnell emotionale Entlastung finden und in der Krise stabilisiert werden. Sie sollen sich so sicher wie möglich fühlen und in der neuen Umgebung und Situation leichter orientieren.

Bis heute gelten hierfür die 1991 formulierten Leitgedanken, die Bedürfnisse der einzelnen Kinder in den Mittelpunkt zu stellen und ihnen einen Ort der Geborgenheit zu bieten, an dem sie sich wertgeschätzt und angenommen fühlen und ganz einfach Kind sein dürfen.

Besonders wichtig ist dabei die Anfangszeit im Haus. Nach dem bereits beschriebenen Aufnahmegespräch werden die Kinder, wenn sie das erste Mal in die Gruppe kommen, aufmerksam und liebevoll von uns Pädagoginnen begrüßt oder auch, wenn nötig, im Zimmer abgeholt. Wir wollen jedem Kind das Gefühl vermitteln, dass es hier erwünscht ist und wichtig genommen wird. Alles wird den Mädchen und Jungen, wenn nötig, mehrfach erklärt, und wir ermuntern sie, sich einzubringen. Ebenso gehen wir in der heilpädagogischen Einzelförderung von Anfang an aufmerksam mit dem Thema Orientierung, Schutz und Sicherheit um. Die Annäherung geschieht vorsichtig im Tempo und nach dem Wunsch der Kinder. Oft ist es für sie neu, dass sie sich schon zur Begrüßung einen Platz aussuchen können, an dem sie sich wohl fühlen. Von Anfang an sagen wir ihnen, dass das, was sie hier spielen oder ausdrücken, nicht anderen, auch nicht der Mutter, erzählt wird, außer es ist etwas, das gefährlich für sie sein könnte, oder sie wünschen es sich ausdrücklich. Immer wiederkehrende Rituale zu Beginn und am Ende der Stunden sollen diese Ziele unterstützen.

Dass die meisten Angebote direkt im Haus sind, hilft den Kindern, sich sicherer zu fühlen. Denn viele leben aufgrund der miterlebten Gewalt gegen die Mutter in der ständigen Angst um sie. Jederzeit können sie sich vergewissern, dass die Mutter in Sicherheit ist. So können Mutter und Kinder die Unterstützungsangebote in einer Situation, in der sie ihr Leben völlig neu organisieren, leichter annehmen.

Besonderen Wert legen wir darauf, die Kinder dabei zu begleiten, einen eigenen kreativen Weg aus ihrer Isolation und Sprachlosigkeit finden. Bei ihren Aktivitäten gehen wir Pädagoginnen stark auf die Einzelnen ein und achten aufmerksam auf das, was ein Kind äußert oder zeigt. Wir fragen nach, ob die von uns dabei wahrgenommenen Gefühle zutreffend sind, und eventuell auch, wie sie entstanden sind. Immer wieder werden die Kinder darauf aufmerksam gemacht, was in ihnen und auch anderen vorgeht. Wir nehmen sie mit ihren Gefühlen, egal ob sie liebevoll, ambivalent, oder voller Wut auf den einen oder anderen Elternteil sind, an und ermutigen sie, ihren Erfahrungen und diesen Gefühlen auf verschiedenste kreative Weise Ausdruck zu verleihen. Themen, die sie nur andeuten oder vorsichtig streifen, greifen wir aktiv auf. Wir machen den Kindern klar, dass wir nicht auf Seiten der Mutter oder des Vaters stehen, sondern für die Bedürfnisse der Kinder da sind. Wenn wir mit den Kindern sprechen, achten wir besonders sensibel auf die Grenzen derjenigen, die erzählen, und schützen dabei auch die, die zuhören. Wir helfen den Kindern, ihre Erinnerungen und Gefühle zu ordnen und herauszufinden, was sie sich für die Zukunft wünschen.

Im ganzen Haus gelten soziale Regeln für das Zusammenleben und Miteinandersein, die Orientierung und Sicherheit bieten. Dabei ist eine wichtige Regel, dass Gewalt und Grenzverletzungen nicht toleriert werden. Diese wird nicht diskutiert, aber immer wieder erklärt und muss von uns Pädagoginnen authentisch vertreten werden.

Die Konflikte zwischen den Kindern werden aufgenommen und als Chance begriffen. Sie werden mit allen Betroffenen bearbeitet, wobei auch nicht beteiligte Kinder um Lösungsvorschläge gebeten werden.

Ein überschaubarer Rahmen an weiteren Regeln oder auch Gruppenritualen, wie z. B. gemeinsame Essenszeiten oder auch gerechtes Verteilen des Essens bzw. der Bastel- oder Spielmaterialien wird geboten.

Immer wieder versuchen Kinder in ihrer großen Bedürftigkeit, diese Regeln zu umgehen. Sie haben in ihren Familien gelernt, ihre Bedürfnisse selbst in die Hand zu nehmen und dafür auch die streitenden Erwachsenen auszuspielen. Deshalb müssen die Regeln zwischen den unterschiedlichen Angeboten abgestimmt und klar und einfach gehalten werden, damit die Kinder den Sinn verstehen können, und trotzdem flexibel genug, dass Ausnahmen zum Beispiel für traumatisierte Kinder möglich sind. So können sich die meisten Kinder nach einiger Eingewöhnung mit den eventuell ungewohnten Regeln arrangieren, wobei sie dafür in unterschiedlichem Maß Unterstützung brauchen.

In allen Aktivitäten, auch bei den meisten Regeln, haben die Kinder ein großes Mitspracherecht. Denn sie haben in ihrem Leben immer wieder erlebt, dass über sie in einer extremen Weise verfügt wurde und ihre Grenzen verletzt wurden. Die Grenzen ihrer Mitbestimmung werden ihnen jedoch auch deutlich aufgezeigt.

Alle Angebote basieren in diesem Sinne auf Freiwilligkeit. Die Kinder sollen langsam herausfinden, was sie selber wollen, und so beginnen, ihre eigenen Bedürfnisse und Grenzen kennen zu lernen. Die Kinder nützen die Chance und spielen oft Spiele, für die sie eigentlich schon viel zu groß sind. Sie zeigen ihren Nachholbedarf und suchen nach Geborgenheit, lassen sich von uns Pädagoginnen im übertragenen und im wahrsten Sinne des Wortes tragen und nachbemuttern. Sie suchen nach ihren Stärken und kreativen Potentialen und werden bei Ängsten und Rückschritten immer wieder ermutigt.

Alle Aktionen und Projekte werden kurzfristig angesetzt und auch wieder beendet. Dies ist notwendig, da die Kinder oft eine nur kurze Konzentrationsspanne haben, Durchhaltevermögen erst gefördert werden muss, die Themen der Kinder aufgrund neuer Belastungen schnell wechseln und nicht zuletzt viele von ihnen relativ überraschend ausziehen. Es wird deutlich, dass es einen großen Erklärungsbedarf auch für die einfachen Dinge des Lebens gibt. So besteht ein wesentliches Angebot in der Erklärung und Begleitung der Kinder bei alltäglichen Unternehmungen und Handlungen.

In Absprache mit den Beraterinnen, die für die Frauen zuständig sind, gibt es zu allen Angeboten für die Kinder auch begleitende Mütterarbeit im Kinderbereich. Die Angebote werden transparent gemacht und die Veränderungen der Kinder, die nicht immer nur angenehm für die Mütter sind, müssen erklärt werden. In den Mütter- oder auch Mutter-Kind-Gesprächen unterstützen wir die Frauen insbesondere dabei, das Verhalten und den Ausdruck ihres Kindes besser zu verstehen und damit die Mutter-Kind-Beziehung zu verbessern. Sie haben die Möglichkeit, ihr Erziehungsverhalten im Alltag zu reflektieren und werden beraten, wie sie ihr Kind auch im Umgehen mit der erlebten Gewalt unterstützen und ggf. weitere Hilfen finden können. Die Hauptthemen, die bearbeitet werden, sind auch hier Sicherheit, Orientierung, Bedürfnisse, Ressourcen und Grenzen der Kinder.

Großer Wert wird im Haus darauf gelegt, möglichst jeden Abschied und auch jedes Geburtstagsfest so schön wie möglich zu gestalten. Die Kinder sollen bis zum Auszug erleben, dass sie hier wertgeschätzt werden. Abschiede haben viele von ihnen schmerzhaft und plötzlich erlebt. Außerdem sollen sie sich an die Zeit im Frauenhaus und den Abschied positiv erinnern, nicht zuletzt, um sich auch in anderen Situationen ihres Lebens wieder Hilfe zu holen.

Deshalb gibt es für jedes Kind ein schönes Fest oder wahlweise einen besonderen Ausflug. Auch ein schön verpacktes Geschenk darf nicht fehlen. Spiele und Gespräche, die Visionen und gute Wünsche für die Zukunft zum Thema haben, werden von uns Pädagoginnen mit verschiedenen Methoden inszeniert. Kinder, die in der heilpädagogischen Einzelförderung sind, betreuen wir, wenn möglich, einige Wochen weiter, vermitteln sie gegebenenfalls in neue Angebote außerhalb und begleiten sie, wenn nötig, dorthin.

Zudem bekommen die älteren Kinder ein Kärtchen mit den wichtigsten Telefonnummern von Beratungsstellen für Kinder und Jugendliche.

Zusammenfassung / Ausblick

Die pädagogische Arbeit mit Mädchen und Jungen im Frauenhaus bietet die Chance, ihnen in dieser Phase zeitnah Hilfe in ihrer unmittelbaren Umgebung zu ermöglichen. Die Kinder erleben, dass sie im Mittelpunkt der Aufmerksamkeit stehen und mit ihren Bedürfnissen ernst genommen werden. Diese Chance ist nicht hoch genug einzuschätzen.

Das Frauenhaus ist in fast allen Fällen die erste Hilfeeinrichtung für die Kinder und ihre Mütter, die die notwendige fachliche Unterstützung anbietet. Nicht alle Mädchen und Jungen sind gleichermaßen von den Folgen der gewaltgeprägten Familiensituation betroffen. Um dem einzelnen Kind eine angemessene Hilfe bieten zu können, bewährt sich eine breit gefächerte Angebotsstruktur im Haus. Die Mitarbeiterinnen sind für die spezielle Anforderung der Arbeit mit Kindern im Frauenhaus geschult. Nur durch einschlägige Fortbildungen und Fachwissen ist es möglich, die Praxisphänomene fachlich einzuordnen und die Kinder angemessen zu fördern. Die Grenzen der Hilfen für die Kinder bei gleichzeitig hohem Bedarf müssen ernst genommen werden. Mit der Entscheidung der Mutter für den Auszug sind unsere Hilfen in der Regel beendet.

Die besondere Form der Hilfe für die Kinder im Frauenhaus in Verbindung mit der fachlichen Unterstützung der Mütter erfährt zunehmend Wertschätzung in der Kinder- und Jugendhilfe. Ein wesentlicher Schritt in die richtige Richtung ist die im Jahr 2011 abgeschlossene Kooperationsvereinbarung zwischen der Bezirkssozialarbeit München und den Münchner Frauenhäusern. Sie enthält neben der fachlichen Verständigung auf eine gemeinsame Definition von häuslicher Gewalt und ihren Folgen Regelungen zur Zusammenarbeit in familiengerichtlichen Verfahren und in Fällen von Kindeswohlgefährdung.

Die Grenzen der Hilfen für Kinder in unserem Haus ernst zu nehmen, bedeutet gleichzeitig, die Kooperationen mit den Einrichtungen der Jugendhilfe kontinuierlich aufzubauen und zu pflegen. Mit der Fachtagung „Gemeinsam für Schutz und Hilfe" im Jahr 2007 unter Federführung des Stadtjugendamtes München begann die systematische Vernetzung für eine effektive Hilfe für von häuslicher Gewalt betroffene Frauen und Kinder. Ambulante Gruppen- und Einzelangebote für Mädchen und Jungen stehen seit 2010 zur Verfügung. In regelmäßigen Fachgesprächen aller beteiligten Einrichtungen werden die Praxiserfahrungen ausgewertet, die Konzepte weiterentwickelt und Angebotslücken geschlossen.

Es gilt, zugunsten einer zielführenden und nachhaltigen Unterstützung für die betroffenen Kinder, diese Entwicklung zu verstetigen.

Nadja Lehmann

Jungen und Mädchen mit Migrationshintergrund in Frauenschutzeinrichtungen

In diesem Beitrag geht es darum, aufzuzeigen, dass die Situation von Jungen und Mädchen mit Migrationshintergrund[13] in Frauenschutzeinrichtungen genauer in den Blick zu nehmen ist. Erst soll die Relevanz des Themas, die spezifische Situation und der Handlungsbedarf skizziert werden. Dann wird das Interkulturelle Frauenhaus in Berlin als Praxisbeispiel vorgestellt und abschließend Überlegungen und Schlussfolgerungen für die Unterstützungsarbeit formuliert.

Relevanz des Themas

Der eigenständige Unterstützungsbedarf von Kindern, deren Mütter von häuslicher Gewalt betroffen sind, wird seit einigen Jahren thematisiert und anerkannt (vgl. exempl. Kavemann/Kreyssig 2006). Die spezifische Situation und der Bedarf von Jungen und Mädchen mit Migrationshintergrund im Kontext von häuslicher Gewalt wurde jedoch bisher im deutschsprachigen Forschungskontext, im Gegensatz zu anderen Einwanderungsländern, noch nicht genauer analysiert.

---

13 Einem Kind wird in den Statistiken dann ein Migrationshintergrund zugeschrieben, wenn mindestens ein Elternteil ausländischer Herkunft ist, das heißt Mutter und/oder Vater aus dem Ausland stammen. Die Staatsangehörigkeit der Eltern oder des Kindes spielt dabei keine Rolle (vgl. Statistisches Bundesamt Pressemitteilung Nr.121 vom 24.03.2011).

Bereits seit den 1990er Jahren ist bekannt, dass der Anteil von Migrantinnen in Frauenhäusern durchschnittlich bei ca. 50 % in Großstädten in Deutschland liegt und teilweise sogar noch deutlich höher ist (vgl. Lehmann 2001; 2008). Von einem Stand der Forschung zu „Migrantinnen und häusliche Gewalt" kann in Deutschland aber erst gesprochen werden, seit 2004 die Repräsentativuntersuchung zu Gewalt gegen Frauen in Deutschland (Schröttle/Müller 2004) und die darauf basierende vergleichende Sekundäranalyse „Gesundheit-Gewalt-Migration" (Schröttle/Khelaifat 2008) im Auftrag des Bundesministeriums für Familie, Senioren, Frauen und Jugend veröffentlicht wurde, bei der die Frage nach der Gewaltbetroffenheit von ausgewählten Migrantinnengruppen in einer Stichprobe erhoben und ausgewertet wurde.

Allgemein sind die Erfahrungen und die Lebenssituationen der Kinder, die ihre Mütter begleiten, auch im Hinblick auf eine nachhaltige Präventionsarbeit von großer Bedeutung. Die Ergebnisse der Repräsentativuntersuchung des Bundesministeriums (ebenda) zeigen, dass körperliche und sexuelle Gewalterfahrungen in Kindheit und Jugend der betroffenen Frauen und in deren Herkunftsfamilie wesentliche Risikofaktoren für eine spätere Viktimisierung als Erwachsene sind. Der Aktionsplan II zur Bekämpfung von häuslicher Gewalt der Bundesregierung (BMFSFJ 2007) stellt folgerichtig fest, dass die Prävention für die zukünftige Anti-Gewalt-Arbeit ein zentraler Fokus sein soll. Grundsätzlich zeigt sich, dass Kinder eine wichtige Rolle in der Dynamik von häuslicher Gewalt spielen. Kinder sind häufig der Grund, warum Frauen an einer Beziehung festhalten, in der sie Gewalt erfahren, und Kinder sind auch häufig der Grund, warum sich Frauen entscheiden, eine Beziehung zu beenden (vgl. z. B. Lehmann 2008). Viele Frauen kommen gemeinsam mit ihren Kindern in eine Frauenunterstützungseinrichtung. Darum sind diese faktisch auch Kinderschutzeinrichtungen.

Der Aktionsplan II der Bundesregierung zur Bekämpfung von Gewalt gegen Frauen verweist auf die Notwendigkeit, aktuelle Erkenntnisse zu Partnergewalt zielgruppenspezifisch für Familien mit Migrationshintergrund aufzubereiten (BMFSFJ 2007a: 21). Der Bedarf nach konzeptionellen Überlegungen zum Beispiel für die Kinder, die Frauenschutzeinrichtungen erreichen, ist also bereits auf der politischen Ebene formuliert, wird jedoch nur langsam in Handlungen und konkrete Konzepte umgesetzt. Dabei spielt es eine Rolle, dass Frauenschutzeinrichtungen ihr Angebot nach wie vor konzeptionell zuerst an die betroffenen Frauen richten und die fachliche Arbeit mit den betroffenen Kindern häufig unzureichend personell und finanziell ausgestattet ist.

Spezifische Situation und Handlungsbedarf

Es stellt sich die Frage, welche spezifischen Aspekte für Jungen und Mädchen mit Migrationshintergrund in Frauenschutzeinrichtungen in den Blick genommen werden sollten und welcher Handlungsbedarf sich daraus für

Frauenschutzeinrichtungen ergibt. Grundsätzlich ist zunächst davon auszugehen, dass für Mädchen und Jungen mit Migrationshintergrund die allgemein gültigen Erkenntnisse zu „Kindern und häuslicher Gewalt" zutreffen.

Die Besonderheiten und der spezifische Bedarf von „Jungen und Mädchen mit Migrationshintergrund" lassen sich zum jetzigen Zeitpunkt nur auf der Grundlage von Erfahrungen aus Frauenhäusern und Frauenberatungsstellen, aus interkulturellen Familien- und Erziehungsberatungsstellen, aus der Migrationsforschung und Veröffentlichungen in anderen Einwanderungsländern, die sich konkret auf Kinder mit Migrationshintergrund im Kontext von häuslicher Gewalt beziehen, zusammentragen.[14]

Gewaltbetroffene Migrantinnen und ihre Kinder sind keine homogene Gruppe. Wie bei allen Frauen und Kindern in Frauenschutzeinrichtungen sind Faktoren wie soziale Herkunft, Alter, religiöse und kulturelle Orientierungen, Erziehung und andere biografische Erfahrungen von Bedeutung. Die Lebenssituation in Deutschland und in anderen Einwanderungsländern ist jedoch, wie die Migrationsforschung immer wieder aufzeigt, im Wesentlichen an die rechtlichen und sozialen Lebensbedingungen im Einwanderungskontext gekoppelt. Das Spezifische der Lebenssituation vieler gewaltbetroffener Migrantinnen in Frauenschutzeinrichtungen lässt sich durch strukturelle Merkmale, wie zum Beispiel unsicherer Aufenthaltsstatus, fehlende Arbeitserlaubnis, geringe Chancen auf dem Arbeitsmarkt, fehlende Zugänge ins Bildungssystem durch institutionelle Diskriminierung und soziale Segregation, Sprachprobleme, fehlende ökonomische Ressourcen und Erfahrungen von Alltagsrassismus, beschreiben. Diese Aspekte haben grundlegende Auswirkungen bei der Bewältigung schwieriger Lebenslagen wie z. B. häuslicher Gewalt (vgl. Lehmann 2008). Diese strukturellen Bedingungen verstärken auch Abhängigkeiten von der jeweiligen Community oder dem sozialen Umfeld in der Aufnahmegesellschaft. So ist es entscheidend, wie stark eine Migrantin und ihre Kinder in sozialer Isolation in der Aufnahmegesellschaft lebt, ob sie sich sprachlich verständigen kann und ob sie ein unterstützendes soziales Umfeld hat. Die Situation von Jungen und Mädchen mit Migrationshintergrund, die ihre Mütter in eine Frauenschutzeinrichtung begleiten, ist stark durch die jeweiligen Lebensbedingungen der Mütter dominiert und verbindet sich im Erleben mit der Erfahrung von häuslicher Gewalt.

Für viele Migrantinnen mit Kindern ist es ein großer Schritt, sich zu entschließen, in einer Frauenschutzeinrichtung Zuflucht zu suchen. Viele Mütter befürchten, dass sie zwar vor der Gewalt des Mannes geschützt werden, aber gleichzeitig sich und ihre Kinder in eine unbekannte, unsichere und nicht geschützte gesellschaftliche Position bringen. So begeben sie sich zum

14 Bei einer Forschungsrecherche zu Kindern mit Migrationshintergrund und häuslicher Gewalt, die 2007 in Australien durchgeführt wurde, war festzustellen, dass es dort damals bereits einen Forschungsstand und differenziertere konzeptionelle Überlegungen gab (vgl. Jurak 2003). So wurden von Frauenunterstützungseinrichtungen bereits 1999 verbindliche Standards guter Praxis formuliert, um vorhandene Barrieren und Defizite im Unterstützungsangebot abbauen zu können (NSW Women's Refuge Resource Centre 2003).

Beispiel durch die Trennung in die Abhängigkeit einer Institution, über die sie möglicherweise keine, wenig oder falsche Informationen haben, wie es in Frauenhäusern oft geschildert wird. Viele gewaltbetroffene Migrantinnen haben bereits vorher die Erfahrung gemacht, dass ihre Bedürfnisse auf unterschiedlichen Ebenen sowohl in der Beziehung, im sozialen Umfeld, aber auch im Kontext der deutschen Aufnahmegesellschaft nicht wahrgenommen und respektiert wurden, wenn sie Hilfe suchten. Es gibt darum immer wieder Befürchtungen, sich an Institutionen wie das Jugendamt oder an Beratungsstellen zu wenden, weil Mütter nicht einschätzen können, welche Unterstützung bei häuslicher Gewalt zu erwarten ist und welche Konsequenzen es beispielsweise hat, eigene Probleme mit den Kindern zu thematisieren und einzugestehen.

Für die Gruppe der Migrantinnen, die vorher bereits einmal in einem Asylbewerberheim gelebt hat, kann der Einzug in eine Frauenunterstützungseinrichtung zudem Assoziationen an den Aufenthalt in einem „Heim" auslösen und die Befürchtung eines sozialen Abstiegs verstärken.

Die in Deutschland beim Schutz vor häuslicher Gewalt dominante Rolle von Institutionen wie der Justiz und Polizei ist für Migrantinnen häufig schwer einzuordnen, wenn sie in Gesellschaften gelebt haben, in denen Polizei und Militär ausschließlich als repressiv wahrgenommen werden. Aber auch im Kontext der Migration nach Deutschland verfügen Migrantinnen häufig über negative Erfahrungen mit staatlichen Institutionen. So müssen gewaltbetroffene Migrantinnen eventuell damit rechnen, dass ihr Aufenthaltsstatus durch die Trennung gefährdet ist und dies negative Auswirkungen auf ihre soziale und rechtliche Position in Bezug auf das Sorgerecht und eine unabhängige Existenz haben könnte.

Manchmal ist die Angst, das Sorgerecht für die gemeinsamen Kinder zu verlieren, aber auch der Grund, dass Frauen in eine Frauenunterstützungseinrichtung gehen. Dies lässt sich am Beispiel von Mirja Johannsen[15] verdeutlichen, die Angehörige der Roma aus Rumänien ist, allein mit zwei Töchtern nach Deutschland migrierte, später einen deutschen Mann heiratete, der der Vater einer in Deutschland geborenen Tochter war. Sie ging in ein Frauenhaus, weil sie die Erfahrung gemacht hatte, dass der Ehemann gezielt und mit Erfolg seinen Status als Deutscher gegen sie als Angehörige der Roma im Kontakt mit Behörden wie Sozialamt und dem Jugendamt einsetzte, obwohl er sich nie um seine Tochter gekümmert hatte. So wurde der Mutter das gemeinsame Kind, das noch gestillt wurde und nie mit dem Vater zusammengelebt hatte, an einem Freitagnachmittag mit einem polizeilichen Beschluss weggenommen. Nachdem sie ihre Tochter erst am Montag wieder mit einem weiteren Beschluss zurückholen konnte, bestand bei ihr die berechtigte Sorge, dass der Vater das Sorgerecht für die kleine Tochter tatsächlich erhalten könnte. Mirja Johannsen begründet ihre Entscheidung in ein Frauenhaus zu gehen:

15 Name geändert.

> „Weil ich Angst gehabt habe, weil ich gedacht habe: mein Gott, er ist Deutscher so, was hat er gesagt, er ist Deutscher, er lügt und alle Leute glauben das. Er hat es geschafft und da habe ich gedacht: gut lieber gehe ich in ein Frauenhaus, bis sich entscheidet was ich machen kann. Dann bin ich hierher gekommen, er hat zwei, drei Anträge geschrieben, dass ich Zigeuner bin: er hat Angst: um Elisa weil ich mich nicht um sie kümmere; er ist besser, er ist gut; er ist- / ((ironisch)) ja dann bin ich hier im Frauenhaus".[16]

Kinder mit Migrationshintergrund sind ebenso wie ihre Mütter in der deutschen Gesellschaft in unterschiedlichem Ausmaß mit institutioneller Diskriminierung konfrontiert, wie Studien insbesondere im Bildungsbereich nachdrücklich aufgezeigt haben. Dazu können Erfahrungen mit Alltagsrassismus kommen.

Diese Vorerfahrungen spielen für Jungen und Mädchen in Frauenunterstützungseinrichtungen eine wichtige Rolle, wenn es darum geht, Vertrauen aufbauen zu können und sich sicher zu fühlen. So stehen Kinder unter hohem Loyalitätsdruck, weil sie zum Beispiel befürchten, dass die Mitteilung an andere über das eigene Leiden unter der häuslichen Gewalt die gesellschaftliche Position der Eltern im Migrationskontext weiter schwächen könnte. Bereits Kinder sind darauf bedacht, gesellschaftliche Stereotype über Familien mit Migrationshintergrund mit ihrer eigenen Familiensituation nicht bestätigen zu wollen. Dabei ist es sehr entscheidend, welche Rolle Betreuerinnen der Kinder und Beraterinnen der Mütter einnehmen.

Kinder erleben besonderen Druck, wenn sie für ihre Mütter übersetzen sollen. Darum ist es mittlerweile ein Standard, dass Kinder grundsätzlich nicht im Kontext von häuslicher Gewalt übersetzen sollen, damit sie die Erfahrungen der Mutter nicht weitere Male durchleben müssen. Aber selbst, wenn sie nicht zu diesen belastenden Themen übersetzen, werden sie häufig angesprochen wegen Nachfragen und um Informationen weiterzugeben, insbesondere dann, wenn sie selbst besser Deutsch sprechen als die Mutter. Durch diese Rollenkonfusionen zwischen Kindern und Müttern entsteht eine Überverantwortlichkeit und oft auch Überforderung der Kinder. Loyalitätskonflikte mit den Eltern, der Familie und der Herkunft können sich in diesem Kontext an unterschiedlichen Themen zuspitzen. Außerdem gibt es die berechtigte Befürchtung, aus dem eigenen sozialen Umfeld, der Familie, der jeweiligen Community ausgeschlossen zu werden.

Eine formulierte Kritik und Verurteilung des Vaters als Täter kann beispielsweise von den Kindern als weitere Diskriminierung eingeordnet werden, wenn nicht deutlich wird, dass im Zusammenhang mit häuslicher Gewalt die Gewalthandlungen und das Verhalten des Vaters, aber nicht die Herkunft des Vaters verurteilt wird. So lässt sich auch die Aussage einer deutschen Frau einordnen, die mit einem Mann arabischer Herkunft verheiratet war, mehrere Kinder hatte und bewusst mit ihren Kindern in ein Frauenhaus für gewaltbetroffene Migrantinnen ging, weil sie sich davon erhoffte, dass die arabische

16 Dieses Beispiel und Zitat ist einer biografischen Falldarstellung von Mirja Johannsen entnommen (Lehmann 2008: 149).

Herkunft des Vaters hier nicht in einem diskriminierenden Sinne ihr und den Kindern gegenüber thematisiert werden würde. Die Erfahrungen der Mütter haben für die Söhne und Töchter gravierende Auswirkungen. Sie erleben oft, dass ihre Mütter nicht nur in der Beziehung, im näheren sozialen Umfeld, wie der Community, sondern auch in den Institutionen der Aufnahmegesellschaft als wichtige Bezugsperson herabgesetzt, diskriminiert und damit in ihren Augen geschwächt werden. Das ist neben der Erfahrung der Jungen und Mädchen, häusliche Gewalt mit- oder selbst erlebt zu haben, als ebenfalls bedrohlich für die eigene Integrität einzuordnen. Für alle Kinder, die von häuslicher Gewalt betroffen sind, und für Kinder mit Migrationshintergrund auf spezifische Weise, spielt es darum bei der Bewältigung der eigenen Erfahrungen eine entscheidende Rolle, welche Unterstützung ihre Mütter erhalten.[17]

Praxisbeispiel Interkulturelles Frauenhaus

Ich werde als ein Beispiel aus der Praxis das Interkulturelle Frauenhaus in Berlin vorstellen, das seinen Schwerpunkt in der Unterstützung von gewaltbetroffenen Migrantinnen und ihren Kindern hat.

Am 01.07.2001 eröffnete der Verein Interkulturelle Initiative e. V. das Interkulturelle Frauenhaus in Berlin. Das Interkulturelle Frauenhaus bietet insgesamt 50 Plätze für Frauen und Kinder und ist eines der sechs Frauenhäuser, die von der Senatsverwaltung für Arbeit, Integration und Frauen in Berlin finanziert werden. Der öffentliche Zugang zum Projekt ist über eine Beratungsstelle gewährleistet. Die Beratungsstelle ist an die BIG-Hotline in Berlin angeschlossen und wird von gewaltbetroffenen Frauen, Angehörigen und Multiplikatoren/Multiplikatorinnen genutzt. Das zweite Teilprojekt ist ein kleines Frauenhaus mit 25 Plätzen für akute Bedrohungs- und Krisensituationen. Hier können Frauen und Kinder rund um die Uhr Zuflucht finden und in der akuten Krise zur Ruhe kommen. Die Mitarbeiterinnen können sich konzentriert auf die Erstberatung und die Situation der ankommenden Frauen und Kinder einlassen. Von besonderer Bedeutung für die Lebenssituation und die Perspektiven gewaltbetroffener Migrantinnen ist das Wohnprojekt mit 25 Plätzen. Hier können Frauen und ihre Kinder nach der Vorklärung der rechtlichen und sozialen Situation in eine eigene, komplett ausgestattete

---

17 Die Frauenhausbewegung in New South Wales (Australien) hat bereits 1999 formuliert, dass ein grundlegender Standard, um Kinder und Jugendliche und ihre Mütter mit Migrationshintergrund überhaupt erreichen und unterstützen zu können, die Schaffung einer „Willkommenskultur", das heißt „an open door" in Frauenunterstützungseinrichtungen ist. Als ein Standard „guter Praxis" in der Arbeit mit gewaltbetroffenen Migrantinnen und ihren Kindern wird beschrieben, dass konzeptionelle Bedingungen in Frauenunterstützungseinrichtungen flexibel gehandhabt werden sollten. So wird dort zum Beispiel die Regel in Frage gestellt, dass Frauenhäuser nur Jungen bis zu einem gewissen Alter aufnehmen, weil viele Mütter, darunter viele Migrantinnen, nicht bereit sind, ihre Söhne zuhause zurücklassen oder sie in einer Einrichtung unterzubringen (NSW Women's Refuge Resource Centre 2003).

Wohnung innerhalb des Projektes umziehen. Sie haben hier die Möglichkeit, bis zu zwei Jahre in einer eigenen Wohnung und gleichzeitig in der Gemeinschaft mit anderen Frauen und Kindern zu leben. Es gibt hier für sie ein Beratungsangebot und ein pädagogisches Betreuungs- und Unterstützungsangebot für Mädchen und Jungen. Außerdem werden Orientierungs- und Sprachkurse angeboten und nach Möglichkeit weitere Angebote z. B. Computerkurse oder Themenabende organisiert. Sowohl im Frauenhaus als auch im Wohnprojekt gibt es einen Kinderbereich. Im Interkulturellen Frauenhaus können in Ausnahmesituationen und nach Absprache mit den anderen Bewohnerinnen für einen kurzen Zeitraum Jungen über 14 Jahre aufgenommen werden. Im Wohnprojekt können, ebenfalls nach Absprache, Mütter und ihre älteren Söhne auch für einen längeren Zeitraum gemeinsam leben. Diese Regelungen haben sich in den letzten Jahren sehr gut bewährt.

Für ehemalige Bewohnerinnen wird eine nachgehende Beratung angeboten, die sehr gut genutzt wird. Die Kinder und Jugendlichen wünschen sich häufig ebenfalls eine Anbindung an das Projekt nach ihrem Auszug, da viele ehemalige Bewohnerinnen mit Kindern ihren Lebensmittelpunkt aufgrund der Lage der Kita und Schule im Umfeld des Interkulturellen Frauenhauses behalten. Die Wünsche der Kinder und Jugendlichen nach Anbindung an das Interkulturelle Frauenhaus nach dem Auszug sind jedoch bisher aufgrund der personellen Kapazitäten nicht umsetzbar. Darum bleibt es häufig bei Besuchen und telefonischen Kontakten.

Das Team des Interkulturellen Frauenhauses besteht aus mehrsprachigen Mitarbeiterinnen mit Migrationshintergrund. Jedoch werden regelmäßig externe Dolmetscherinnen benötigt, um den großen Bedarf an Übersetzungen abzudecken. Das Projekt versteht sich sowohl als Anti-Gewalt-Projekt, als Frauenprojekt und auch als Migrantinnenprojekt. So ist das Interkulturelle Frauenhaus als überbezirkliches Projekt mit Anti-Gewalt-Projekten, Frauenprojekten und Migranten-/Migrantinnenprojekten in verschiedenen Gremien, Arbeitsgruppen und anderen Zusammenhängen in ganz Berlin vernetzt. Außerdem gibt es Kooperationen und Arbeitskontakte mit vielen anderen Trägern, Einrichtungen, Behörden, Initiativen in unterschiedlichen Bezirken in Berlin, in Deutschland und international.

Das Interkulturelle Frauenhaus hat 2010 insgesamt 115 Frauen und 90 Kinder, davon 40 Jungen und 50 Mädchen aufgenommen. Ca. 95 % der Frauen und Kinder hatten einen Migrationshintergrund. Aufgrund der interkulturellen konzeptionellen Ausrichtung melden sich viele Frauen mit geringen oder keinen Deutschkenntnissen. Diese Gruppe von Frauen benötigt intensive Begleitung und Unterstützung der Mitarbeiterinnen. Wenn sich das Angebot auch zunächst vorwiegend an die gewaltbetroffenen Frauen richtet, ist ein Frauenhaus, wie aus den Zahlen deutlich wird, auch immer ein Kinderhaus. Das Interkulturelle Frauenhaus hat deshalb konzeptionell von Beginn an einen seiner Schwerpunkte in der Arbeit mit Kindern und Jugendlichen gesehen, die ihre Mütter aus der Gewaltsituation in das Frauenhaus begleiten.

Um die konzeptionelle Ausrichtung des Interkulturellen Frauenhauses zu evaluieren und weiterzuentwickeln, wurde von der Interkulturellen Initiative e. V. von 2004-2006 das Projekt „Qualität in der Arbeit mit von Gewalt betroffenen Migrantinnen" durchgeführt.[18] Im Rahmen des Projekts zur Entwicklung von Qualitätskriterien für die Arbeit mit gewaltbetroffenen Migrantinnen und ihren Kindern wurde ein Handbuch erstellt.[19]

Im Rahmen dieses Projekts zur Entwicklung von Qualitätskriterien für die Arbeit mit gewaltbetroffenen Migrantinnen und ihren Kindern wurde unter anderem eine externe Bedarfsanalyse für die Arbeit im Kinderbereich des Interkulturellen Frauenhauses durchgeführt (Attia 2006). In der Bedarfsanalyse zum Kinderbereich wurde deutlich, dass die Kinder und Jugendlichen ein eigenständiges Hilfs- und Unterstützungsangebot unabhängig von ihren Müttern benötigen. Eine besondere Gruppe sind ältere Jungen und Mädchen, die sich häufig in besonders belastenden Loyalitätskonflikten mit ihren Müttern und/oder Vätern befinden. Ältere Jugendliche haben kaum Interesse an einer Einbeziehung in die Arbeit des Kinderbereichs, sondern wünschen sich sowohl ein eigenständiges Angebot von Freizeitgestaltung als auch ein von den Müttern unabhängiges Beratungs- und Unterstützungsangebot in der Frauenschutzeinrichtung. Diese Arbeit kann von den Mitarbeiterinnen des Kinderbereiches kaum geleistet werden. Die Mütter sind durch ihre eigene Krisensituation häufig ebenfalls nicht in der Lage, den Bedürfnissen ihrer Kinder nach Verarbeitung der Gewaltsituation gerecht zu werden. Insgesamt ist ein konkreter diagnostischer, therapeutischer und sozialpädagogischer Unterstützungsbedarf Kinder und Jugendlichen festzustellen, der durch die Erzieherinnen im Kinderbereich nicht allein abgedeckt werden kann. Bei der Weitervermittlung an andere Einrichtungen zeigt sich, dass viele Institutionen und Projekte die Arbeit mit Frauen und ihren Kindern, die keine oder nur geringe Deutschkenntnisse haben, mit dem Hinweis auf Überlastung ablehnen. Die Vermittlung von Bewohnerinnen und ihren Kindern in zusätzliche interkulturelle Beratungs- Unterstützungs- und Therapieangebote in der Muttersprache ist aufgrund des begrenzten Angebots selbst in einer Stadt wie Berlin mit vergleichsweise großen Angebot sehr schwierig.

Bei den Müttern gibt es einen großen Bedarf an Informationen, Austausch und Beratung zu Themenkomplexen, wie Erziehungsfragen, Unterstützung im Umgang mit der Beziehungsdynamik zwischen Müttern und Kindern, zur Sorgerechtsproblematik, zum Verlust des sozialen Netzes und zur Verarbeitung der Gewalterfahrung bei den Kindern, Umgang mit Institutionen und Hilfesystem wie z. B. Schule, Kita usw. Ein Ergebnis der Bedarfsanalyse ist die Notwendigkeit, Mütter in ihrem Erziehungs- und Beziehungsverhalten

---

18 Das Projekt wurde im Rahmen des Entimon-Programms des Bundesministeriums für Familie, Senioren, Frauen und Jugend gefördert.

19 Interkulturelle Initiative e. V. (Hrsg.) (2006): Handbuch „Qualitätsmanagement in der Arbeit mit von Gewalt betroffenen Migrantinnen und ihren Kindern". Berlin. (Über das Interkulturelle Frauenhaus zu beziehen).

und bei der Aufnahme externer professioneller Angebote zum Wohl des Kindes zu unterstützen. Als ein übergeordnetes Ergebnis des Entimon-Projekts (Interkulturelle Initiative e. V. 2006) lässt sich feststellen, dass der Bewältigungsprozess bei häuslicher Gewalt und die weitere Lebenssituation entscheidend dadurch beeinflusst wird, inwieweit Frauen und Kinder Möglichkeiten finden, sich mit ihren Erfahrungen aus ihren jeweiligen Perspektiven auseinanderzusetzen und ihre gemeinsame Beziehung neu zu gestalten. Eine gezielte pädagogische und psychologische Arbeit mit Kindern und Jugendlichen und eine eng damit verbundene Mütterarbeit ist darum eine wichtige und effektive Form der Gewaltprävention.

Die Interkulturelle Initiative e. V. konnte aus den Mitteln einer Erbschaft seit 2007 ein neues Projekt mit dem Titel „Empowerment gegen Gewalt" (Lehmann 2007) konzipieren und bietet aufgrund des großen Bedarfs seit 2008 eine Müttergruppe zur Stärkung von Erziehungskompetenzen bei Müttern mit Migrationshintergrund an. Es geht hier um psychoedukative Inhalte (wie z. B. frühkindliche Entwicklung, Sprachentwicklung, Sprachförderung, Gesundheit, Bedeutung des Spiels usw.), aber auch um biografische Themen (wie z. B. eigene Erfahrungen mit Erziehung in Herkunftsgesellschaft und -familie). Um Müttern, Kindern und Jugendlichen ein differenziertes und angemessenes Unterstützungsangebot anbieten zu können, fehlen dem Projekt jedoch nach wie vor die personellen Ressourcen.

Schlussfolgerungen und Überlegungen für die Unterstützungsarbeit

Für die Arbeit mit Müttern und ihren Kindern mit Migrationshintergrund in Frauenunterstützungseinrichtungen ist es sinnvoll ein Unterstützungsnetz von Migranten-/Migrantinnenorganisationen und anderen interkulturell ausgerichteten Beratungsstellen aufzubauen und zu fördern. Dabei geht es nicht darum, komplexe Beratungen an diese Stellen zu delegieren, sondern stattdessen bei Bedarf eng zu kooperieren. Es sollte Orte geben, an denen Kinder und Mütter ihre Befürchtungen und Schwierigkeiten in einem geschützten und unabhängigen Rahmen thematisieren können. Es bedarf einer klaren Situation, wie auf der einen Seite der Kinderschutz gewährleistet werden kann und auf der anderen Seite ein Raum geschaffen wird, in dem Hilfe überhaupt erst angenommen werden kann.

Für die Mütter ist es wichtig, dass es bei Sprachproblemen und wichtigen Gesprächen eine muttersprachliche Beratung oder eine kompetente Dolmetscherin gibt. Unter den Mitarbeiterinnen sollten Migrantinnen sein, weil diese, wie sich immer wieder bestätigt, eine Rolle als „Türöffnerinnen" einnehmen und eine Vertrauensbasis für den Dialog mit der jeweiligen Institution schaffen. Diese Dimension ist nicht zu unterschätzen und geht weit über Sprachmittlung hinaus. Für gewaltbetroffene Migrantinnen und ihre Kinder ist es zur Mobilisierung der eigenen Ressourcen sehr wichtig, dass sie auch auf der Expertinnenseite und nicht nur auf der Klientinnenseite repräsentiert sind.

Für Mitarbeiterinnen von Frauenschutzeinrichtungen sind die Grundlagen einer Migrationspädagogik (Mecheril 2010) und einer vorurteilsbewussten Bildung und Erziehung (Wagner 2008) für die eigene Arbeit unterstützend, da diese die Komplexität von Lebensbedingungen von Jungen und Mädchen in der Migration zum Ausgangspunkt nimmt. Eine interkulturelle Pädagogik, die sich einseitig auf vermeintliche kulturelle Unterschiede ausrichtet, läuft hingegen Gefahr, Stereotype hervorzubringen und zu verfestigen, und wird der Heterogenität von Kindern mit Migrationshintergrund nicht gerecht. Das sogenannte „Othering"[20] ist für Kinder in Frauenunterstützungseinrichtungen besonders fatal, weil diese sich in einer besonders abhängigen Position befinden. Ihre Mütter sind häufig selbst in der Krise und andere vertraute Bezugspersonen und soziale Netzwerke sind oft nicht erreichbar.

Der Schwerpunkt auf Partizipation und Ressoucenorientierung ist für die Unterstützungsarbeit von gewaltbetroffenen Müttern mit Migrationshintergrund sehr wichtig, um eigene Kompetenzen und Ressourcen (wieder-) zu entdecken oder neu zu entwickeln und die eigenen Kinder aktiv unterstützen zu können. Dabei sollten jedoch unterschiedliche Lebensentwürfe und Konzepte von Erziehung berücksichtigt werden. Elternschaft bzw. Mutterschaft in der Migration und die besonderen Anforderungen, die sich daraus ergeben, sind zu reflektieren (vgl. Herwartz Emden 2000). Bei Evaluationen von Konzepten der Elternbildungsarbeit wird darauf hingewiesen, dass es notwendig ist, niedrigschwellige Angebote zu entwickeln, damit zum Beispiel auch Eltern mit Migrationshintergrund erreicht werden (vgl. Tschöpe-Scheffler 2006). Dies trifft auch auf Frauenunterstützungseinrichtungen zu, weil sie Zugang zu Müttern haben, die nicht durch die üblichen Familienbildungsangebote erreicht werden können. Hier bewähren sich für Mütter mit Migrationshintergrund insbesondere dialogische Ansätze. Folgende Arbeitsschwerpunkte sollten zukünftig in Frauenschutzeinrichtungen stärker finanziert und konzeptionell verankert werden.

- Niedrigschwellige, migrationssensible, diversitätsbewusste Interkulturerziehungs- und Familienberatung für gewaltbetroffene Migrantinnen und ihre Kinder in den Frauenschutzeinrichtungen,
- dialogische Müttergruppen,
- professionelle Netzwerkarbeit mit migrationssensiblen, diversitätsbewussten Jugendhilfeeinrichtungen, Beratungsstellen, Kinder- und Familientherapeuten/-therapeutinnen, Migranten-/Migrantinneneinrichtungen und Selbsthilfeorganisationen,

20 „Othering" kann verkürzt als Prozess beschrieben werden, bei dem die eigene soziale Positionierung und vermeintliche Normalität dadurch positiv hervorgehoben wird, weil etwas als „anders" und damit als „fremd" klassifiziert wird. Dadurch finden stereotype Ausschlüsse von Individuen und Gruppen statt (Spivak 1985).

- Umsetzung von Best-Practice-Modellen migrationssensibler, diversitätsbewusster Familienbildung.

In der Prävalenzstudie des Bundesministeriums für Familie, Senioren, Frauen und Jugend (vgl. Schröttle et al. 2004) wird bestätigt, dass gewaltbetroffene Migrantinnen in besonderer Weise niedrigschwellige Angebote und ein sensibles Hilfesystem benötigen. Bereits bestehende Hilfsangebote sind nach wie vor nur unzureichend bekannt und werden insbesondere dann nicht genutzt, wenn Sprachbarrieren vorhanden sind. Es zeigt sich, dass nach wie vor viele gewaltbetroffene Migrantinnen und ihre Kinder nicht erreicht werden. Diese Barrieren werden sich nur abbauen lassen, wenn die Diversität der Bewohnerinnenstruktur und die sehr unterschiedlichen Bedürfnisse bei der Prävention und Intervention zum Ausgangspunkt für konzeptionelle Entwicklungen genommen werden.

Klaus Ganser

„Ich dachte sonst immer, ich bin ein Außerirdischer!" - Stabilisierungsgruppen für Kinder nach häuslicher Gewalt[21]

Das Kinderschutz-Zentrum in Hannover nimmt die Aufgabe einer Koordinationsstelle für die Unterstützung von Kindern und Jugendlichen nach häuslicher Gewalt im Rahmen des Hannoverschen Interventionsprojektes gegen Männergewalt in der Familie (HAIP) wahr. Neben beraterischen Angeboten führen wir seit 2004 auch ein Gruppenangebot für Kinder nach häuslicher Gewalt durch. Die Arbeit für Kinder nach häuslicher Gewalt ist ein inhaltlicher Schwerpunkt unser Arbeit (vgl. Kinderschutz-Zentrum in Hannover 2011). Fälle mit häuslicher Gewalt werden von uns als Querschnittsaufgabe in allen Arbeitsbereichen der Beratungsstelle bearbeitet. Darüber hinaus werden die spezifischen fachlichen Erfahrungen und Erfordernisse aus diesen Fällen von uns besonders untersucht, zusammengefasst und in Fortbildungen und Gremienarbeit zu häuslicher Gewalt eingebracht.

21 Eine frühere Fassung des Aufsatzes wurde veröffentlicht in: Bundesarbeitsgemeinschaft der Kinderschutz-Zentren (Hrsg.) (2009): „Meine Eltern schlagen sich" – Kinderschutzkonzepte bei häuslicher Gewalt, Köln.

Das Gruppenangebot des Kinderschutz-Zentrums

Seit 1997 ist in Hannover das Hannoversche Interventionsprojekt HAIP institutionalisiert. Wie in den meisten lokalen Netzwerken hat es eine Weile gedauert, bis sich das Interventionsprojekt der Situation der Kinder systematisch zuwandte. War etwa bei dem vorbereitenden Fachkongress 1994 von der Situation der Kinder als Opfer häuslicher Gewalt noch kaum die Rede, begann um das Jahr 2000 lokal und bundesweit eine sich rasch intensivierende Diskussion. Im Jahr 2001 wurde die HAIP-Arbeitsgruppe „Kinder und Jugendliche" gegründet, die seither die Interventionskette aus der Sicht der Kinder untersucht, Bedarfe feststellt und entsprechende Angebote vorantreibt.

Schon bei der ersten Bedarfserhebung der HAIP-Arbeitsgruppe Kinder wurde die Einrichtung eines speziellen Gruppenangebotes für sinnvoll gehalten. Zuvor war die Erfahrung gemacht worden, dass die spezifischen Themen von Kindern nach häuslicher Gewalt weder in den bestehenden Gruppen für Kinder nach sexueller und körperlicher Gewalterfahrungen noch in den Gruppen für Kinder nach Trennungs- und Scheidungserfahrungen ausreichend zum Tragen kamen. Inhaltliche Impulse gaben die Erfahrungen des Sozialdienstes katholischer Frauen in Karlsruhe (Traub/Gauly 2002).

Im Jahr 2004 begann das Kinderschutz-Zentrum den Aufbau des Gruppenangebotes für Kinder nach häuslicher Gewalt. Bis 2012 haben wir mittlerweile sechs Gruppen durchgeführt. Die gemischtgeschlechtlichen Gruppen mit jeweils sechs Kindern und zwei Leiter/-innen finden bei uns in der Beratungsstelle statt und umfassen Gruppentermine über zwölf Wochen mit einer Dauer von 2 Stunden. Je nach Bedarf kommen begleitende Beratungen der Bezugspersonen hinzu, stets aber Vor- und Abschlussgespräche.

Ziele unseres Gruppenangebotes sind:

die psychische Stabilisierung der Kinder, Entlastung, Ich-Stärkung, Enttabuisierung erlebter Belastungen und Stärkung der sozialen Kompetenzen

- der Schutz der Kinder (und Mütter), die durch Gruppenteilnahme für den Fall erneuter Gewaltverhältnisse präventiv gestärkt werden (u. a. Ausbildung von Schutz-Strategien)
- ein Beitrag zur psychischen Verarbeitung erlebter Gewalt, indem es Kindern ermöglicht wird, ihr Erleben auszudrücken, zu verstehen und dabei Annahme zu erfahren
- die Unterstützung von Eltern/Bezugspersonen in der Lösung aktueller Erziehungsproblematiken und die Stärkung ihrer Erziehungskompetenz. Dies ist oft mit einer Zusammenarbeit zu anderen Institutionen verbunden.

Unsere Gruppe wird von der hannoverschen analytischen Kinder- und Jugendlichenpsychotherapeutin Kristina Ulbricht und mir geleitet. Das Mann/Frau-Team kann den Kindern verschiedene Identifikations- und Themenangebote in der Übertragung bieten und ein Muster gleichberechtigter Kommunikation zwischen Männern und Frauen zeigen.

Bisher haben insgesamt 33 Kinder an der Gruppe teilgenommen: 16 Mädchen und 17 Jungen im Alter von sechs bis zwölf Jahren, der Altersdurchschnitt liegt bei acht Jahren.

Die erste Gruppe war konzipiert für Jungen und Mädchen zwischen sechs und zehn Jahren. Die weite Altersspanne erwies sich als nicht optimal, seither führen wir die Gruppen altersspezifischer durch, wobei wir im Wechsel Gruppen für Kinder im Alter von etwa sechs bis acht Jahren und von neun bis zwölf Jahren anbieten.

Die Kinder, die uns vermittelt werden, sind fast durchweg psychisch hoch belastet. In fast jeder Gruppe gibt es Kinder, die schon einmal psychiatrische Unterstützung benötigten, häufig empfehlen wir psychotherapeutische Hilfen. Dieses Belastungsniveau entspricht dem empirischen Forschungsstand über psychische Folgen häuslicher Gewalt für Kinder (Kindler 2006e). Bei dieser Zielgruppe schien uns daher die Qualifikation unumgänglich, mit psychisch erkrankten Kindern arbeiten zu können bzw. in der Vorauswahl ggf. mit externer interdiziplinärer Unterstützung die Belastung und Bedarfe einschätzen zu können.

Zugangswege für die Kinder sind vor allem Anfragen durch Jugendhilfe-Institutionen, die bereits mit der Familie arbeiten. In erster Linie sind dies Familienhilfen, das Jugendamt und anderer Beratungsstellen. Hinzu kommen Kinder aus unseren eigenen Beratungen des Kinderschutz-Zentrums und zuweilen auch Kinder, die nach Presseveröffentlichungen durch ihre Mütter angemeldet werden. Das Problem des Zugangs von Kindern als Opfer häuslicher Gewalt von Frauen gegen Männer (vgl. Bundesministerium 2006) berücksichtigen wir dabei über geschlechtsneutrale Formulierungen in der Ausschreibung und über die Kooperation mit einem lokalen Beratungsangebot für Männer nach häuslicher Gewalt (Männerbüro Hannover e. V.). Bislang hat nur ein Kind an der Gruppe teilgenommen, bei dem die häusliche Gewalt auf der Elternebene im Wesentlichen von der Mutter ausging.

Teilnahmekriterien und Vorgespräche

Unser Gruppenangebot setzt ein, wenn die Gewalt im häuslichen Zusammenleben beendet ist. Soweit die Kinder in ihren Herkunftsfamilien leben, haben sich überwiegend die Mütter von den gewalttätig gewesenen Partnern getrennt. Nur in einem Fall lebte eine Mutter noch mit einem zuvor gewalttätigen Partner zusammen.

Es gab zunächst bei institutionellen Kooperationspartnern/-partnerinnen den Wunsch, die Gruppe auch für Kinder zu öffnen, die sich noch in einer Situation häuslicher Gewalt befinden bzw. bei denen die Mutter noch ambivalent bezüglich einer Rückkehr zum gewalttätigen Partner ist. Aus unserer Sicht bedarf es für solche Kinder jedoch zunächst eines Endes der Schädigung durch häusliche Gewalt bzw. der Herstellung einer höheren Sicherheit vor ihrer Wiederholung, so dass wir in diesen Fällen nicht die Gruppenteilnahme, sondern einen Beratungs- und ggf. Interventionsprozesses anbieten.

Besonderer Abwägung bedarf es auch, wenn angenommen wird, dass es aktuell einzelne Akte körperliche Gewalt gegen die Kinder durch die Mütter oder andere Personen gibt. Wir entscheiden uns in solchen schwierigen Fällen z.B. für eine Gruppenteilnahme, wenn nur (noch) ein geringes Ausmaß von Gewalt und Verleugnung vorliegt, wenn eine Erfolg versprechende Arbeit der vermittelnde Institution an der Gewalt begonnen hat und wenn ein ausreichend gutes Arbeitsbündnis zwischen der Mutter und uns geschlossen werden kann. Erforderlich für die Teilnahme ist weiterhin eine ausreichende psychische Stabilität des Kindes und seiner Lebensverhältnisse sowie ausreichende Sprachkenntnisse. Für all dies ist in den telefonischen Erstanfragen ein regelmäßiger Schulbesuch schon ein guter Indikator.

Im Vorfeld besprechen wir die zu erwartende Bereitschaft und Möglichkeit der Mütter bzw. Bezugspersonen zur inhaltlichen und organisatorischen Mitarbeit. Es zeigt sich immer wieder, wie wesentlich es für die Möglichkeiten der Kinder ist, sich in der Gruppe zu äußern und von ihr zu profitieren, inwieweit auch die Mütter derzeit die Belastung der Kinder sehen, aushalten und ggf. mit externer Unterstützung darauf reagieren können.

Die durchgehende Teilnahme der Kinder an der Gruppe ist uns sehr wichtig. Dies verlangt zuweilen detaillierte Vereinbarungen mit den Erziehungspersonen über das Holen und Bringen der Kinder, oft unter Einbezug weiterer Institutionen. Je weniger die Mütter zur Mitarbeit in der Lage sind, desto wichtiger wird die Frage, inwiefern z. B. die vermittelnden Institutionen der Jugendhilfe hier eintreten können. In aller Regel können wir schon bei Telefonaten mit den verweisenden Institutionen und Müttern weitgehend einschätzen, ob das Gruppenangebot geeignet ist. Gibt es andere Bedarfe – etwa eine vordringliche Einzelarbeit – so wird von uns hinsichtlich der derzeit passenden Unterstützung für das Kind beraten und ggf. ein entsprechende Angebot gemacht.

Scheinen uns die Teilnahmevoraussetzungen gegeben, laden wir Kind, Bezugsperson und ggf. die vermittelnde Institution zu einem Vorgespräch ein und informieren über die Gruppenarbeit. In gemeinsamen und getrennten Gesprächen mit Kind und Bezugspersonen werden die Entwicklungsgeschichte des Kindes, die Familiengeschichte, die gegenwärtige Lebenssituation und die gewalttätigen Belastungssituationen und ihre Verarbeitung besprochen.

Die Kinder reagieren dabei oft positiv auf die Schilderungen unserer Gruppenregeln über Schweigepflicht und Freiwilligkeit. Wir als Gruppenleitung sichern den Kindern zu, den Bezugspersonen (oder weiteren Institutionen) gegenüber nicht über ihr Verhalten und ihre Äußerungen in der Gruppe zu berichten. Ausnahmen gelten nur bei konkreter Gefährdung des Kindes oder auf Wunsch bzw. mit Einverständnis des Kindes. Die Kinder selbst dürfen hingegen alles aus der Gruppe erzählen. Allerdings bitten wir die Bezugspersonen, die Kinder nicht „auszufragen", wenn diese nichts berichten möchten.

Wir versichern ferner, dass alle Übungen freiwillig sind und sie nicht in der Gruppe mit unseren Vorinformationen über ihre Biographie o. ä. konfrontiert werden. Zu Beginn der Gruppe sagen wir den Kindern über den gemeinsamen Hintergrund der Gruppe etwa: *„Ihr habt alle in Familien gelebt, in denen es viel Stress, Streit und auch Gewalt gegeben hat: Gegen Eure Mutter und bei vielen von euch auch gegen euch selber"*.

Nach den Vorgesprächen entscheiden die Kinder und ihre Mütter/Bezugspersonen über die Teilnahme – bis auf eine Ausnahme bisher stets positiv.

Die teilnehmenden Kinder

Die meisten bisher teilnehmenden Kinder haben häusliche Gewalt in der Konstellation von Gewalt gegen ihre Mutter durch ihren Vater oder deren Partner erlebt. Es gibt jedoch auch weitere Konstellationen: sei es, dass die Mutter gegen den Vater Gewalt ausübte, dass Gewalt gegen die Mutter durch deren Herkunftsfamilie erlebt wurde, mit der eine häusliche Gemeinschaft bestand oder etwa, dass die Mutter Gewalt durch eine Partnerin erlebte (die Tochter lebte in einer Pflegefamilie).

Das Spektrum häuslicher Gewalt reicht von einem Klima langjähriger Demütigung und der sozialen und ökonomischen Kontrolle bis zu Vergewaltigungen und Mordversuchen, letzteres auch in Gegenwart der Kinder.

Etwa die Hälfte der Kinder hat zusätzlich selbst körperliche Gewalt von demselben Gewalttäter erfahren – einige von ihnen über einen langen Zeitraum mit erheblichen Verletzungen. So gab es einen Tötungsversuch, Morddrohungen, eine lebensgefährliche Körperverletzung und Knochenbrüche. In mehreren Fällen war sexuelle Gewalt gegen Mädchen und Jungen bekannt oder wahrscheinlich. Etwa ein Viertel der Kinder hat ebenfalls körperliche Gewaltakte durch die Mutter erlebt. Im Ausmaß blieb diese Gewalt weit hinter der Gewalt der Partner zurück.

Die meisten Kinder wohnten bei ihren Müttern, die anderen in vollstationären Jugendhilfeeinrichtungen, wobei es Wechsel während der Gruppenphase in die eine oder andere Richtung gab.

Die Kinder lebten überwiegend in wirtschaftlich eingeschränkten Situationen, viele Eltern sind nicht oder geringfügig beschäftigt. In mehreren Herkunftsfamilien gab es seitens der Eltern Suchtmittelmissbrauch und psychische Erkrankungen. Psychische und physische Vernachlässigungen bei den Kindern sind häufig. In etwa einem Fünftel der Familien konnten die Erziehungspersonen selbst keinen ausreichend strukturierten Alltag herstellen und wurden insofern von Familienhilfen und weiteren Institutionen unterstützt.

Die kulturellen Bezüge der Eltern sind vielfältig. Ein Drittel der Kinder hatte einen nur deutschen kulturellen Bezug, etwa ein weiteres Drittel hatte einen binationalen Hintergrund, wobei überwiegend der Vater den Migrationshintergrund hatte. Bei dem weiteren Drittel hatten beide Eltern

Migrationshintergrund (incl. Aussiedler/-innen-Familien) oder der Vater war nicht benannt.

Umgang mit ihrem Vater hatte etwa die Hälfte der Kinder – unabhängig davon, ob häusliche Gewalt von ihm ausgegangen war oder nicht. Das Verhältnis der Mütter auch zu den Vätern, von denen keine Gewalt ausgegangen war, war jedoch durchgehend so angespannt, dass eine Einbindung der Väter in die Vorgespräche nicht sinnvoll oder möglich erschien. Für einige wenige Kinder bestand zum Zeitpunkt der Gruppenteilnahme eine aktuelle Bedrohungssituation mit Näherungsverbot für den Vater und/oder Ex-Partner der Mutter.

Die Gruppenarbeit

Die Treffen der Kindergruppe folgen stets demselben, in der Kindergruppenarbeit vertrauten Ablaufschema.

Zu Beginn steht ein Eingangsritual, in dem ein Kind die Gruppenkerze anzündet. In der Eingangsrunde malen die Kinder „Smilies" als Symbol für Stimmungen und teilen ihre aktuelle Befindlichkeit und Mitteilenswertes aus der letzten Woche mit. Dabei erzählen die Kinder oft aus der eigenen aktuellen Lebenssituation, von Schönem, aber auch von Sorgen und Anfeindungen in der Schule, Streit mit Geschwistern oder von Ärger, den sie mit Erwachsenen haben.

Darauf folgen eine thematische Arbeitseinheit, ein gemeinsamer Imbiss und ein entlastendes Spiel. Das Treffen endet mit einer Abschlussrunde, dem Auspusten der Kerze durch das Kind, das sie angesteckt hat und mit der Festlegung, welches Kind beim nächsten Mal die Kerze anzündet. Der vorhersehbare, klare Rahmen gibt den Kindern Struktur, Sicherheit und wirkt Angst reduzierend.

Die Themen der Arbeitseinheiten variieren von Gruppe zu Gruppe ein wenig. In der Regel werden z. B. die folgenden Themen bedient:

- Als es mir einmal richtig gut ging (in meiner Familie)
- Sichere Orte in Fantasie und in meinem Leben
- Wütend sein und mit Wut umgehen
- Wo habe ich einmal Schutz erlebt?
- Wo kann ein Kind / wo kann ich Hilfe bekommen?
- Verschiedene Gefühle (u. a. Zufriedenheit, Scham, Angst, Zärtlichkeit)
- Etwas Doofes (in meiner Familie)?
- Wie sollte ein Freund/eine Freundin sein, und wie kann ich sie finden? Wie kann ich mit anderen Kindern zusammen spielen?
- Was tun mit schlechten Erinnerungen?
- Ärger, Streit und Gewalt
- Abschiede – etwas geht zu Ende: Wann ist das gut – wann doof gewesen?

Im ersten Gruppendurchgang hatten wir zunächst ein Curriculum geplant. Es zeigte sich aber, dass es uns der vorgegebene Ablauf unnötig schwer machte, die Kinder und die Gruppenkonstellation aktuell wahrzunehmen und die gegenwärtigen Bedarfe aufzugreifen. Die Kinder reagierten auf dieses Zu-wenig-Gesehen- bzw. Berücksichtigt-Werden tendenziell stärker mit ihren bisherigen Verhaltensmustern von Anpassung, Verweigerungen, regressives Verhalten und Unruhe sowie Darstellungs- und Äußerungsproblemen. So arbeiteten wir schon bald prozessorientierter. Da die Themenauswahl dem Bedarf von Kindern nach häuslicher Gewalt recht gut entsprach, kommen wir dennoch zu den meisten Themen des ursprünglich vorgesehenen Curriculums.

Wir bearbeiten die Themen anhand von bekannten und bewährten Methoden wie des Malens, Gruppenaufgaben, Gefühlsquartett und meist zusätzlich Gesprächsrunden. Die Kinder lernen dabei sich und ihre Situation besser verstehen. Sie werden entlastet, erhalten positive Rückmeldungen und Annahme und sie erkennen neue Handlungsoptionen.

Daneben bearbeiten die Kinder ihre spezifischen Themen auch außerhalb der Arbeitseinheiten: zuweilen verbal, vor allem aber in ihrem Verhalten.

> Die 8-jährige Christa, deren Mutter wiederholt vom Vater und weiteren Partnern geschlagen wurde, äußerte etwa im Vorgespräch mit der Gruppenleiterin nur den Satz „Sie hasse Männer". Im Gruppenverlauf schwieg sie über die ersten Sitzungen fast durchgehend, kokettierte jedoch bald auch mit ihrem Sonderstatus. In Übungen bezog sie sich nur auf die Leiterin, bis sie schließlich gegenüber dem Leiter und der Gruppe kommunikativer wurde, sich beteiligte und positives Feedback suchte. Gegen Ende der Gruppe sagte sie etwas verschämt während des Imbiss, sie habe sich eigentlich eine Mädchengruppe gewünscht, aber dann hätte sie „ihn <den Gruppenleiter, Anm. d. A.> nicht kennengelernt". Sie hatte in der Gruppe vermutlich die Erfahrung gemacht, dass ihre Grenzsetzung akzeptiert wurde, hier nicht weiter nötig war und konnte ihre Sehnsucht nach einem guten väterlichen Objekt zulassen.

Wir geben den Verarbeitungswegen der Kinder ein unterstützendes Feedback, thematisieren und begrenzen nur im Hier-und-jetzt, sofern Probleme in der Gruppe dabei entstehen. Die Gruppe und ihre Leitung dienen als soziales Modell, in dem die Kinder sich bemühen, den Rahmen auszutesten und zu halten. Für Deutungen über biographische Entstehung und Funktion des Verhaltens oder Erlebens scheint uns der zeitlich sehr begrenzte Gruppenrahmen nicht geeignet.

Zu Beginn kommt dem Gruppenaufbau durch Gruppenübungen zur Kooperation, zum Vertrauensaufbau und zur gegenseitigen Verantwortungsübernahme eine wichtige Funktion zu. Die Übungen und Spiele werden so ausgewählt, dass jedes Mädchen und jeder Junge sich in seinen sozialen Stärken erleben kann. Bei der bekannten Übung „Brücke über dem Fluss" sollen die Kinder mit wenigen Stühlen den Raum durchqueren, ohne dass ein Kind den Boden berührt. Die Kinder sind mit Vorsicht, Achtsamkeit und Spaß dabei. Dabei werden Grenzen und Bedarfe ausgehandelt, wenn zuvor geklärt wird, wo jedes Kind jeweils von dem konkreten Nachbarkind zum Festhalten angefasst werden möchte.

Gegen Ende des Gruppendurchlaufes genießen die Kinder bei der Wiederholung solcher Spiele das gewachsene Beziehungserleben mit den anderen

Kindern. Dabei trauen sich in beachtlichem Umfang, neue Verhaltensweisen auszuprobieren. Einige machen dabei nach Angaben der Mütter deutlich beobachtbare Entwicklungsschritte.

In der zweiten Hälfte der Gruppe, wenn sie ausreichend Sicherheit und Beziehung zu Leitung und den anderen Kindern aufbauen konnten, äußern die Kinder sich stärker zu gravierenden familiären Belastungen. Dann wirkt die Äußerung eines Kindes typischerweise wie ein Dammbruch.

Der gemeinsame Imbiss wurde zum Beispiel in mehreren Gruppen häufig genutzt, um über die biographisch erlebte Gewalt zu sprechen, die bei den vorangegangenen Arbeitseinheiten von den Kindern erinnert aber nicht mitgeteilt wurde. Das Ritual des zusammen Essens thematisiert zusätzlich familiäre Erinnerungen, was manchem Gesprächsbeginn deutlich anzumerken ist: *„Bei uns wusste ich nie, wann es wieder was zu essen gab"*, *„Ich musste immer essen, auch wenn ich nicht wollte"*, *„Bei uns gab es immer Ärger beim Essen"*. Von einem solchen „Einstieg" aus sprechen Kinder auch über körperliche häusliche Gewalt und Gewalt gegen sie selbst, manchmal mit einer schützenden Nüchternheit und Abgeklärtheit, hinter der die Not aber durchscheint.

„Dann hat er meine Mama gewürgt und so auf ihr gesessen. <Pause> Da bin ich dann zu den Nachbarn, dass sie die Polizei rufen, aber ich konnte gar nichts sagen". In einer anderen Gruppe berichtet ein Junge, dass er aktuell wütend auf die Mutter sei, weil er erst jetzt von der Existenz eines Halbbruders erfahren habe. Ähnliche Erfahrungen steuerten mehrere Kinder spontan engagiert bei. Unter anderem gab es auch zwei Kinder in der Gruppe, die ihren Vater nicht kannten. Nahm das betroffene Mädchen dies eher als Zeichen wahr, dass ihre Mutter ihre Bedürfnisse nicht achtete, so wollte der betroffene Junge seinen Vater nicht kennenlernen, weil er – so die Mutter – sie geschlagen hatte.

Das Erlebnis, hier auf andere Kinder zu treffen, die wesentliche Teile der eigenen Problematik aus eigenem Erleben verstehen können, stellt eine zentrale Erleichterung und Mut machende neue Erfahrung für die meisten der Kinder dar. Wir haben bisher keine Abwertungen durch andere Gruppenteilnehmer/-innen erlebt, wenn Kinder von der Gewalt, Verlassenheit oder den Nöten der Fremdunterbringung berichteten. Wenn Kinder antworten *„Das kenne ich. Bei uns war das so…"*, liegt darin nicht ein „Wegschieben" des anderen Kindes, sondern – neben dem Impuls, das eigene, sich aufdrängende Erlebte mitzuteilen – auch die von dem zunächst erzählenden Kind als entlastend empfundene Information: Du wirst verstanden, ich kann das nachfühlen, du bist nicht allein.

Viele der teilnehmenden Kinder haben über Jahre in ihrer Herkunftsfamilie abgeschottet gelebt. Die Gewalt, die bedrückende Atmosphäre und vielfältige weitere Probleme durften von den Kindern nicht weitererzählt werden. Geschwisterbeziehungen sind oft durch die verschiedenen Rollen, die den Kindern in der Familie zur Verfügung standen, belastet. Der Wunsch der Kinder ist häufig spürbar, dass nun nach der weitgehenden Beendigung der Gewaltsituationen diese Vereinzelung beendet wird.

Ein Kind kam nach dem ersten Treffen zurück in seine Wohngruppe und erzählte freudig überrascht: *„Es gibt noch andere Kinder, denen es so geht wie mir!"*. Ein 10-jähriger Junge resümierte am Ende der Gruppe: *„Ich dachte sonst immer, ich bin ein Außerirdischer!"*

Zuweilen halfen sich die Kinder auch durch recht konkrete Erfahrungsweitergabe. So ließ sich ein Junge, für den eine Therapie geplant war, von einem Mädchen berichten, wie eine Therapie funktioniert. In einer anderen Konstellation erfuhr ein Kind, das in einem Prozess aussagen sollte, von einem anderen Kind, wie es ist, vor Gericht als Zeuge befragt zu werden.

Die Schweigeverpflichtung der Gruppenleitung ist Voraussetzung für dieses Gruppengeschehen. Bei einem teilnehmenden Mädchen gab es etwa einen Rechtsstreit zum Umgang mit dem gewalttätigen Vater. Alle wichtigen Informationen und Beurteilungen lagen im Verfahren unseres Ermessens ausreichend vor oder konnten anderweitig beschafft werden. Obgleich wir erklärt hatten, dass wir es als nicht notwendig ansahen, uns als Gruppenleitung auch noch zu äußern, versuchten uns nacheinander die zuständige Jugendamtsmitarbeiterin, der Rechtsanwalt der Mutter, der Richter, der Verfahrenspfleger und eine Gutachterin zu einer Stellungnahme zu bewegen. Für das Mädchen war es sehr hilfreich, dass letztlich von dem Auskunftsbegehren Abstand genommen wurde und sie in der Gruppe einen Raum behielt, in dem es sich frei mitteilen konnte.

Die Kinder haben vielfach die Erfahrung gemacht, dass sie mit ihren Äußerungen in juristischen Verfahren oder Konflikten der Eltern konfrontiert werden, was zu einer Portion Skepsis beiträgt, ob auf unserer Schweigeverpflichtung Verlass ist. Dieser Vertrauensschutz musste auch nach Beendigung der Gruppenarbeit bestehen bleiben. Eine Verletzung hätte die Erfolge der Arbeit in Frage stellen können, da die Kinder sonst einen „Verrat" erleben würden.

Eine besondere Rolle kommt Umbrüchen und Krisen zu, die im Laufe des Gruppengeschehens offenbar werden oder neu eintreten. Auch wenn die Gewalt gegen die Mutter beendet ist, zeigt sich z. B. manchmal, dass aus Sicht der Kinder noch weitere Gewaltbedrohungen bestehen, etwa bei Umgangsbegehren von Vätern, bei denen Befürchtungen von Gewalt und sexuellem Missbrauch bestehen. Umbruchsituationen ergaben sich auch durch Rückführungen in die Familie, Herausnahmen, Neuverheiratung der Mutter oder die Rückkehr eines Geschwisterkindes. Neben Einzelberatungen für Kind, Mutter oder Institutionen spielt der Konflikt in die Gruppe hinein. Ihr kommt dann einerseits die Funktion einer Unterstützung bei diesem äußeren Geschehen zu, vor allem ist es aber für die anderen Kinder aus der Gruppe wichtig, ihnen einen konstruktiven Hilfsvorgang spürbar zu machen.

Ein Beispiel:

Die 9-jährige Klara (Name geändert) war über mehrere Treffen sehr von Unruhe getrieben, da ihr häuslicher Hintergrund aktuell instabiler wurde und sie dadurch emotional stark beansprucht war. Hielt sich die Mutter im Wartebereich auf, rannte Klara unter allen möglichen Vorwänden hinaus, um mit ihr Kontakt aufzunehmen. Sie benötigte immer wieder Halt

gebende Interventionen, um überhaupt kurze Phasen der Ruhe zu finden.
Man könnte sagen, Klaras Ahnung hatte nicht getrogen: Die Mutter sah sich im Gruppenverlauf nicht mehr in der Lage, die Erziehung ihrer Kinder zu bewältigen. Überraschend kam Klara mit ihrem Bruder zunächst in eine städtische Notaufnahmestelle des Jugendamtes. Von dort wurde sie in die geschlossene Kinderpsychiatrie und schließlich in eine außerhalb Hannovers gelegene therapeutische Einrichtung verlegt, in der sie bleiben konnte.
Während dieser rasanten Veränderungen, die mit Änderungen der rechtlichen und tatsächlichen Zuständigkeiten verbunden waren, gelang es durch intensive Bemühungen, auch des Familienhelfers, Klaras wöchentliche Gruppenteilnahme bis auf zwei Termine zu ermöglichen. An den beiden Fehlterminen wurde sie noch am selben Tag mit einem Brief und guten Wünschen der Gruppe bedacht.
Diese Erfahrung des „Gehalten-Werdens" trug zu Klaras Stabilisierung und Unterstützung in der existenziellen Situation bei. Auch für die anderen Kinder waren die Veränderungen, denen Klara ausgesetzt war, ängstigend – sie sprachen eigene Erfahrungen von Trennung und Verlassenheit und Bedrohung an. Die gemeinsame konstruktive Hilfe war den Kindern insofern ein besonderes Bedürfnis. Es war eine große Erleichterung für alle Kinder, als Klara schließlich – nun aus der Fremdunterbringung heraus – die Gruppe wieder regelmäßig besuchen konnte.

Den Abschluss der Gruppe bereiten wir stets sorgsam vor. Dazu gehören Rückblick, Abschiedsrituale und einander Etwas-Mitgeben. Die Kinder bekommen das Angebot, sich bei Bedarf im Kinderschutz-Zentrum beraten zu lassen, und wir besprechen ihre möglichen Zugangswege mit ihnen. Es gibt jeweils Abschlussgespräche mit den Bezugspersonen und sozialen Fachkräften, sowie mit jedem Kind. Einige Familien nehmen anschließend weiter Beratung im Kinderschutz-Zentrum in Anspruch.

Begleitende Beratung

Die begleitende Arbeit mit den Müttern/Bezugspersonen ist ein wichtiges Angebot zur Unterstützung der Kinder. In den Beratungen werden Erziehungsprobleme der Mütter besprochen. Oft werden Familienhelfer/-innen oder weitere Institutionen einbezogen. Diese Zusammenarbeit erleichtert es, weitere Maßnahmen zu initiieren. Die Rückmeldungen der Mütter über die Einzelberatung sind sehr positiv.

Grundsätzlich sind unsere Ansprechpartner/-innen die nicht gewalttätigen Elternteile, bei denen das Kind lebt. Gespräche mit den gewalttätig gewesenen Elternteilen richten sich nach den konkreten Bedingungen in der Familie. Sie finden statt, sofern sie im Interesse des Kindes liegen und der jeweils nicht gewalttätig gewesene Elternteil einverstanden ist. Die Väter sind bei häuslicher Gewalt zwar schädigend für die Kinder gewesen, aber zuweilen auch tatsächliche oder ersehnte Bezugspersonen. Chancen für eine Entspannung und gelingende Beziehung zum gewalttätig gewesenen Elternteil als lebenslang wichtiger Bezugsperson sollten nicht übersehen werden.

Wir prüfen daher auch die Möglichkeit, Väter und männliche Bezugspersonen in Vor- oder Nachgespräche oder Beratungen unterstützend einzubeziehen. In mehreren Fällen kam es zu Beratungen von Vätern, bei denen es um das Gruppenangebot insgesamt, Probleme im Umgang oder ihre Einbeziehung in die Lösung aktueller Erziehungsprobleme ging.

Ergebnisse

Eine Auswertung der Gruppenarbeit erfolgt anhand der Rückmeldungen der Kinder, der Bezugspersonen und Fachkräfte und unsere eigenen Beobachtungen in der Gruppe und den Auswertungsgesprächen. Bei den Gruppen 1 bis 3 arbeiteten wir darüber hinaus mit einem Leitfadeninterview, in dem wir von den Bezugspersonen das Verhalten und Erleben der Kinder vor und nach der Gruppe, sowie die möglichen Einflussfaktoren außerhalb der Gruppe erfassten. In einem ersten Durchgang nahmen wir nach einem halben Jahr einen Nachkontakt mit allen Bezugspersonen auf. Aus den anderen Gruppen gibt es Kontakte zu den Familien nur in Fällen erneuter oder weiterer Beratungen.

Die beschriebenen Ziele einer Unterstützung der Stabilisierung, des Schutzes, der Verarbeitungshilfen der Kinder und der Unterstützung der Bezugspersonen werden danach im Ergebnis erreicht. Obgleich die Situationen, Themen und Verarbeitungswege der Kinder sehr unterschiedlich sind, zeigen sich auch deutlich verallgemeinerbare Entwicklungen der Kinder, die von den Bezugspersonen auf die Einflüsse der Gruppenarbeit zurückgeführt werden. Verbreitet sind demnach signifikante Zunahmen der Zufriedenheit, der Selbstsicherheit, des Sicherheitsempfindens und der Fähigkeit der Kinder, ihren Bezugspersonen mitzuteilen, wie es ihnen geht und welche Bedürfnisse sie haben. Unsere Selbstevaluation deckt sich hierin mit entsprechenden Ergebnissen vergleichbarer Gruppenangebote nach häuslicher Gewalt (vgl. Seith/Kavemann 2007).

Ingrid Schwarz / Christoph Weinmann

„Gewalt im Spiel?" - Psychodramatische Gruppentherapie für Mädchen und Jungen mit Erfahrungen von Gewalt zwischen ihren Eltern

Das Kinderschutz-Zentrum Stuttgart bietet seit April 2004 – in enger Kooperation mit der Fraueninterventionsstelle und dem Allgemeinen Sozialdienst des Jugendamtes – Kindern, die Gewalt zwischen ihren Eltern erlebt haben, eine eigene Ansprechperson an. Nach Polizeieinsatz und Platzverweis des Vaters[22] bekommen sie die Möglichkeit, mit einer unabhängigen Person zu

22 In unserem Projekt hatten wir bisher ausschließlich mit der Wegweisung von Männern zu tun.

sprechen, die sich speziell nur für die Situation der Kinder interessiert. Aus den Erfahrungen mit vielen Einzelgesprächen und Beratungen entwickelten wir eine Konzeption für ein therapeutisches Gruppenangebot.

Seitdem führt das Kinderschutz-Zentrum Stuttgart in der Regel zwei Mal im Jahr eine therapeutische, gemischtgeschlechtliche Kindergruppe durch. Das Setting, der Inhalt und die Struktur in der Arbeit mit den Kindern hat sich so gut bewährt, dass wir dabei bis heute keine großen Veränderungen vorgenommen haben.

Was wir jedoch verändert haben, ist die Einbeziehung der Mütter. Seit 2008 bieten wir den Müttern, die ihre Kinder in die Gruppenstunde bringen, einen gesonderten Raum und Rahmen an. Während die Kinder in der Spielphase sind, haben die Mütter die Möglichkeit, sich in einem für sie vorbereiteten Raum zusammenzufinden, sich zu unterhalten, Kaffee/Tee zu trinken oder einfach zu entspannen. Dabei werden sie von einer Mitarbeiterin des Kinderschutz-Zentrums aufgesucht, die je nach Bedarf sowohl Gruppengespräche als auch Einzelgespräche während dieser Zeit anbietet. So entsteht auch zwischen den Müttern ein gruppendynamischer Prozess, der eine zusätzliche Anbindung und Vertrauen in das Kinderschutz-Zentrum schafft. Dabei geht es nicht nur um den Erfahrungsaustausch der Mütter untereinander, sondern auch um die Reflexion der Wahrnehmung ihrer Kinder und um aktuelle Themen aus dem Erziehungsalltag, Dieses Angebot wird von den Müttern sehr gerne angenommen und trägt dazu bei, dass auch nach Ablauf der Gruppe eine offene Bereitschaft besteht, weitere Unterstützungsmöglichkeiten für die Kinder zu überlegen, sei es eine Hausaufgabenunterstützung, eine therapeutische Einzelhilfe, Familiengespräche o. ä.

Alle Angebote, die 2005 in Stuttgart für Kinder, die Partnerschaftsgewalt erlebt haben, entwickelt wurden (Tonfeldarbeit, Mädchengruppe, Kindergruppe, Einzeltherapie), konnten in der Zwischenzeit regelfinanziert werden. Der Bedarf für diese Angebote ist nach wie vor sehr groß.

Da es bisher insgesamt zu wenig zeitnahe therapeutische Hilfen für Kinder und Jugendliche mit Gewalterfahrung gibt, hat das Kinderschutz-Zentrum ein Konzept für ein Kindertherapie-Zentrum entwickelt, das in den kommenden Jahren umgesetzt werden soll.

Wir wollen in diesem Beitrag die Leitgedanken und Ziele für eine entsprechende Kindergruppe vorstellen, ebenso wie das methodische Vorgehen und unsere Erfahrungen mit der ersten Kindergruppe, die im Dezember 2004 begonnen hat und im Juni 2005 abgeschlossen wurde.

Zusammensetzung der Gruppe

Da Mutter und Vater in der gewalteskalierenden Krisensituation sehr mit ihren eigenen Problemen beschäftigt sind, bleibt für die Bedürfnisse und Bedürftigkeit der Kinder in dieser Phase wenig Energie und Kraft. Sie geraten leicht aus dem Blick der Eltern.

Das war der Hintergrund dafür, dass wir nur für eine kleine Anzahl von Kindern dieses Gruppenangebot durchführen wollten. Damit sie von uns ausreichend genug Zuwendung und Aufmerksamkeit erfahren konnten, wählten wir für die Gruppe vier Kinder. Mit vier „Geschwisterkindern" (zwei Mädchen, zwei Jungen) und einem „Elternpaar", den Therapeuten (Mann und Frau) wollten wir eine familienähnliche Konstellation herstellen. Die gemischtgeschlechtliche Zusammensetzung der Kindergruppe hat den Vorteil, dass beide, Mädchen wie Jungen sich jeweils vom anderen Geschlecht inspirieren und anregen lassen. In der wechselseitigen Identifikation partizipieren Jungen eher von dem Bedürfnis der Mädchen nach Nähe und Geborgenheit und die Mädchen eher vom Bedürfnis der Jungen nach Abgrenzung und Autonomie.

Das Alter der Kinder sollte eng zusammenliegen, damit die Spielbedürfnisse nicht zu sehr divergieren. Die Kinder waren zwischen 7 und 9 Jahre alt. Sie lebten bei ihren Müttern und hatten mehr oder weniger regelmäßigen Kontakt zu ihren Vätern die nicht mehr zuhause lebten.

Gruppenleitung

Als gemischtgeschlechtliches Therapeutenpaar wollten wir den Kindern „Übertragungseltern" sein, damit sie sich mit ihren inneren Mutter- und Vaterbildern auseinandersetzen konnten.

Aus den vielen Gesprächen mit Kindern wissen wir, dass sie sich in ihren Gefühlen dem Vater wie auch der Mutter gegenüber oft sehr ambivalent erleben.

Sie lehnen die Gewalttätigkeit des Vaters ab und kommen oft in die Rolle des Beschützers der Mutter, gleichzeitig fühlen sie sich mit dem Vater verbunden. Sie haben Angst vor ihm, sehnen sich aber ebenso nach Anerkennung, nach Nähe und Aufmerksamkeit. Diese Gefühle und Wünsche wirken im Übrigen auch dann, wenn kaum mehr oder gar kein Kontakt mehr zum Vater stattfindet.

Mit diesen ambivalenten Gefühlen sind Kinder häufig sehr alleingelassen. Da die Eltern in der Krisensituation oft hochverstritten sind, trauen sich die Kinder kaum, dem einen Elternteil von ihren Sehnsüchten und Wünschen zu berichten, da sie fürchten, der andere Elternteil werde dadurch verletzt.

Im Gruppengeschehen konnten sie nun dem „symbolischen Vater" gegenüber sowohl ihre Aggression und Wut als auch ihr Bedürfnis nach Zuwendung und Anerkennung zeigen, ohne zu befürchten, dass sie damit jemanden enttäuschen oder mit ihrer Rolle als Beschützer in Konflikt kommen.

Auch der Mutter gegenüber gibt es ambivalente Gefühle. Die in der häuslichen Gewaltsituation erlebte ohnmächtige Rolle der Mutter bringt die Kinder aus ganz anderen Gründen in die Ambivalenz. Sie erleben, wie wichtig sie für die Mutter als emotionale Stütze, als Beschützer, als Hilfe im Alltag sind. Umgekehrt haben sie häufig auch Angst, dass der Mutter noch mehr passieren könnte und sie dann alleine bleiben. Kinder mit Erfahrungen häuslicher Gewalt klammern sich nicht nur oft an den Elternteil, bei dem sie verbleiben, sondern fühlen sich auch sehr verantwortlich für dessen Wohlergehen. Diese Besorgnis steht der normalen Entwicklung eines Kindes entgegen, sich abzugrenzen, wegzuentwickeln, sich zu lösen.

Im Spiel konnten sie der weiblichen Therapeutin gegenüber sowohl ihre Wünsche nach Versorgtwerden zeigen und sich gleichzeitig auch abgrenzen. Die „Übertragungsmutter" ist durch die „klammernden" Kinder nicht überfordert (eine Gruppensitzung lang ist das gut auszuhalten), aber auch nicht enttäuscht, wenn diese sich abgrenzen und eigene Wege gehen. Zudem muss sie nicht beschützt werden, was für die Kinder sehr entlastend sein kann.

Als Therapeutenpaar konnten uns die Kinder zudem in einem partnerschaftlichen Miteinander erleben. Sie haben sehr darauf geachtet, wie wir damit umgehen, wenn wir nicht weiter wussten, uns nicht auf Anhieb einig waren oder wenn sie uns gereizt und genervt haben. Wir haben uns vor den Kindern ausgetauscht, verhandelt, abgesprochen und uns auf eine Linie geeinigt, um uns nicht ausspielen zu lassen. Diese positive, konstruktive Form der Zusammenarbeit sollte modellhaft eine korrigierende Erfahrung im Hinblick auf die aktuelle innerfamiliäre Gewalt sein.

Gruppensetting

Vorgespräche

Wir entschieden uns für die Durchführung von 15 Gruppensitzungen, die wöchentlich stattfanden. Von den Kindern, die wir durch Einzelgespräche kennen gelernt hatten, wählten wir vier Kinder aus, deren familiäre Situation ähnlich war und für die wir eine Gruppenerfahrung für sinnvoll und förderlich hielten.

Schnuppersitzung

Zum gegenseitigen Kennenlernen luden wir zu einer Gruppenstunde ein, in der wir die Kinder auch mit unserer Methode – dem Spielen von Geschichten auf der Symbolebene – vertraut machten. Wir wollten sehen, ob die Kinder sich darauf einlassen können. Gleichzeitig konnten sie sich selbst nach der Schnuppersitzung für oder gegen die Gruppenteilnahme entscheiden.

15 Gruppensitzungen

Die Kinder wurden von ihren Müttern ins Kinderschutz-Zentrum gebracht und wieder abgeholt. Bis alle Kinder eingetroffen waren, warteten wir alle in einem Raum, in dem die Kinder von uns mit Getränken und kleinen Naschereien versorgt wurden. Während dieser „Wartezeit" ergab sich immer auch schon ein kurzer Austausch über Alltagserlebnisse. Die eigentliche Gruppensitzung fand in einem anderen Raum statt, ausgestattet mit vielen Kissen, Matten, Tüchern und Kisten mit verschiedenen Gegenständen und Utensilien (zum Verkleiden u. ä.).

Gruppenphasen (insgesamt:1,5 Stunden)

Da für Kinder mit der Erfahrung von häuslicher Gewalt auch viel Verunsicherung, Chaos, Verlust von Orientierung und Halt verbunden ist, gaben wir einen klaren Gruppenablauf vor. Diese Struktur bei jeder Sitzung beizubehalten war für uns deshalb sinnvoll, weil sie als gleichbleibendes Ritual den Kindern Sicherheit und Klarheit vermittelt. Einmal ließen wir von dieser Struktur ab, da es schien, als ob die Kinder sich gar nicht konzentrieren konnten und gingen mit ihnen auf den Spielplatz. Das haben wir anschließend allerdings bereut, weil der therapeutische Effekt dabei zu kurz kam und die Kinder letztlich auch enttäuscht waren – zu Recht, denn auf den Spielplatz können sie schließlich auch ohne uns.

Phase 1: Rollenwahl und Kreieren der Geschichte, Förderung von Selbstbehauptung, Förderung von Kompromissbereitschaft/Konsensfindung

Jede Sitzung begann mit einer Gesprächsrunde, bei der wir gemeinsam im Kreis saßen. Nachdem die Kinder Aktuelles aus Familie, Schule, Freundeskreis berichtet haben, fragten wir, was sie heute spielen wollten. Es war klar, dass der Hauptteil unserer Gruppenstunden das Spielen einer gemeinsam kreierten Geschichte war. Dazu wählten sich die Kinder als erstes eine Rolle (Tier, Mensch) aus, die wir dann mit den Kindern genauer beschrieben, damit sie sich auch gut identifizieren konnten. Z. B.: Wie sieht der Tiger aus? Ist es noch ein junger Tiger? Welche Eigenschaften hat er? Was kann er besonders gut? In diesem Zusammenhang stellten wir auch Spielregeln und Absprachen auf. Was ist erlaubt, was nicht? Wie kann man kämpfen, sich messen, angreifen, sich verteidigen, ohne sich wirklich wehzutun. Nach der Rollenwahl wurde der Ablauf einer gemeinsamen Geschichte entwickelt (siehe auch Kapitel Kompromissbildung).

Die Kinder sollten am Anfang Tiere spielen. Wir schlüpften in menschliche Gestalten. Später übernahmen wir all jene Rollen, die für den Ablauf der Geschichte von den Kindern vorgeschlagen wurden, z. B. die Verkörperung von „bösen“ / „aggressiven“ Rollen oder auch Helferrollen.

Die Geschichte wurde in jeder Gruppensitzung neu besprochen. Dabei konnten die Kinder die Geschichte vom letzten Mal wiederholen oder weiterentwickeln. Sie konnten aber auch völlig neue Ideen einbringen und eine ganz neue Geschichte wählen. Die ersten 8-10 Sitzungen gab es den immer gleichen Rahmen, zum Ende der Gruppe hin hatten die Kinder sehr viele neue Ideen und wurden mutiger in ihren Spielentscheidungen.

Phase 2: Geschichten spielen

Ziele:

- Ausdrucksmöglichkeit von innerpsychischem Erleben auf der Symbolebene
- Ich-Stärkung
- Zugang zu den Gefühlen ermöglichen
- Ausagieren der Gefühle bei gleichzeitiger Steuerung der Affekte
- Aggression kontrollieren

Bühnenaufbau

Gemäß ihrer Rollenwahl und der geplanten Geschichte wurde mit den vorhandenen und zwischen den Kindern aufgeteilten Materialien eine Bühne gebaut, auf der das Spiel stattfinden konnte.

Verwandlung

Danach legten sich die Kinder mit geschlossenen Augen hin und wurden von uns mit einer Zauberpuppe und einem Zauberspruch in die gewählte Rolle verzaubert.

Spiel der Geschichte

Anschließend konnte das Spiel losgehen. Nahm das Spiel einen ganz anderen Verlauf als abgesprochen oder drohte das Spiel zu eskalieren, stoppten wir und wechselten in die Rolle als Gruppenleitung. Auf der Metaebene überlegten wir dann noch einmal kurz, wie es weitergehen sollte. Das war wichtig, damit das Spiel nicht aus dem Ruder lief und die Kinder auch das Gefühl entwickeln konnten, dass das Spiel steuerbar ist und von allen gemeinsam bestimmt wird.

Kurz vor Ablauf der Spielzeit erinnerten wir die Kinder an das Ende der Spielzeit, damit sie nicht abrupt abbrechen mussten. Das Beenden der als lustvoll erlebten Spielphase wurde immer sehr bedauert. Wir sind überzeugt, dass das Bedauern auch da gewesen wäre, hätten wir länger gespielt und wir fanden es letztlich besser, in einer guten Spielstimmung aufzuhören.

Phase 3: Geschichten reflektieren

Ziele:
- Reflexion des Gespielten
- Bezug zum Erleben im Alltag
- Einfühlung in die Situation der Kinder
- Bezug zur erlebten Gewaltsituation in der Familie

Nach der Rückverzauberung der (Tier-, Menschen-) Rollen in die „richtigen" Kinder saßen wir wieder im Kreis zusammen, um kurz zu reflektieren: Wie war das Spiel? Was hat mir gefallen? Mit wem habe ich gespielt? Wie ging es mir in meiner Rolle? Was habe ich da erlebt? Wie habe ich mich gefühlt? Kenne ich ähnliche Erfahrungen und Gefühle aus meinem Alltag?

Manchmal konnten wir in dieser Phase gut die Bezüge zum realen Familienleben herstellen und die Kinder fingen dann an, von der Krise und der Gewalt zu erzählen. Wir haben das aber nicht jedes Mal forciert, da die Kinder Dinge auch verarbeiten ohne eine direkte Transformation in die reale Welt.

Nach der Reflexionsrunde wechselten wir wieder in den „Warteraum" und schufen damit bis zur Abholung durch die Mütter einen Übergang von der sehr aktiven Spielphase in einen ruhigeren Zustand.

Gespräche mit den Müttern und Vätern

Zu Beginn der Gruppe informierten wir die Mütter über unser Gruppenvorgehen, über unsere Ziele und Methoden. Wir besprachen auch mit ihnen, welche Verhaltensweisen ihnen bei ihren Kindern auffielen oder Schwierigkeiten machten. So konnten wir dann im Laufe der Gruppe darauf achten und die Kinder entsprechend fördern. Jenny, ein Mädchen in unserer Gruppe, war oft unruhig und fahrig. Sie konnte den anderen schlecht zuhören. Sie wurde von uns beispielsweise immer dann sehr gestärkt, wenn es ihr gelungen war, ruhig zu sitzen und sich auf die anderen zu konzentrieren.

Während der 5-monatigen Gruppendauer hatten wir mit den Müttern regen Kontakt. Durch das Herbringen und Abholen der Kinder ergaben sich immer Gespräche, die auch Alltagsfragen in der Erziehung berührten. Dem Bedarf entsprechend haben wir zusätzlich einzelne Beratungsgespräche angeboten. In Abstimmung mit der jeweiligen Mutter hatten wir auch zu zwei Vätern Kontakt.

Nach Beendigung der 15 Gruppensitzungen gab es zur Unterstützung der familiären Alltagssituation und zur Regelung von Umgangsvereinbarungen noch weiterhin Kontakt zu den einzelnen Familien in unterschiedlichen Settings.

Alles in allem hat sich die Durchführung der Gruppe längst nicht nur auf die 15 Gruppensitzungen beschränkt. Die gründliche Vor- und Nachbereitung der Gruppenstunden und die sich daraus ergebenden Eltern- und Helferkontakte kosteten viel Zeit, führten schließlich aber zu einer umfassenden und vertrauensvollen Zusammenarbeit mit der Familie.

Kinderpsychodrama

Bedeutung der Gruppenerfahrung

Kinder können im gemeinsamen Spiel ihre Konflikte und Ressourcen aktiv und ganzheitlich ausleben. Die Gruppe erlaubt den Kindern in Rollen zu schlüpfen, die nicht durch Alter, Geschlecht oder familiäre Aufträge festgelegt sind. Das Setting einer Gruppe birgt nicht zuletzt die große Chance und Herausforderung, sich den anderen zu stellen: eigene Wünsche und Bedürfnisse zuzulassen und zu erkennen, Ansprüche zu stellen, Kompromisse auszuhandeln, Normen, Regeln und Sanktionen mitzugestalten und zu akzeptieren. (vgl. Aichinger/Holl 1997) Gruppenerfahrungen sind somit immer auch kooperative, solidarische Gemeinschaftserfahrungen, die gerade für Kinder aus Familien, die genau daran scheitern, von wesentlicher Bedeutung sind.

Gruppentherapie ist nicht nur ein Ort, in dem Szenen der Familie und der eigenen Lebenswelt reinszeniert werden, sondern stets auch neu formiert und dadurch soziale Kompetenz entwickelt werden kann (vgl. Petzold 2004).

Nach Moreno (1973), dem Begründer der Gruppenmethode „Psychodrama", geht es dabei immer um die Förderung von Spontaneität und Kreativität, um die Ausgestaltung und Entwicklung neuer Rollen und Verhaltensweisen.

Aktivierung beider Gehirnhälften

Das Spielen der Geschichten mit dem ganzheitlichen Einsatz des Körpers, der Motorik, der Bewegung, ebenso wie auch der Einsatz des Geistes, der

Kreativität und der Aktivierung aller Sinne ermöglicht Lerneffekte sowohl auf kognitiver wie auch auf intuitiv-emotionaler Ebene. Beide Hirnhälften werden dabei angesprochen, aktiviert und in Verbindung gebracht. Aus der neueren Hirnforschung wissen wir, wie wichtig es für die Entwicklung des Gehirns ist, dass die Durchlässigkeit dieser Verbindungen gefördert wird.

Beziehungsfähigkeit

Gerald Hüther (2002), einer der bekanntesten deutschen Hirnforscher, ist der Auffassung, dass das wichtigste, was Kinder lernen sollen, die Beziehungsfähigkeit ist. Alles, was dazu führt, dass sich die Beziehungsfähigkeit von Menschen verbessert, so Hüther, ist gut für das Gehirn. Alles, was die Beziehungsfähigkeit einschränkt, ist schlecht für das Gehirn.

Auch unter diesem Aspekt ist die Erfahrung, die die Kinder in einer Gruppe machen können, von großem Wert. Ist die Beziehung zum eigenen Vater oder Mutter von großer Verunsicherung geprägt, sind die Erfahrungen und das Erleben anderer, positiv besetzter Beziehungen umso heilsamer. Dies gilt in der Gruppe für die Beziehung der Kinder zu den Therapeuten wie auch die Beziehung der Kinder untereinander.

Symbolebene

Zur Verarbeitung ihrer erlebten Erfahrungen und Emotionen wählten wir nicht das Nachspielen von real erlebten Situationen in ihrer Familie. Vielmehr gingen wir davon aus, dass Kinder im symbolischen Spiel ihre Thematik konstellieren und inszenieren.

Dabei ist nicht notwendig zu erfassen, was real vorgefallen ist, sondern wie das Kind das Vorgefallene erlebt, erfahren, erfühlt und interpretiert hat. Im Spiel wird die Thematik, der Konflikt, das Problem verfremdet inszeniert und gleichzeitig auch verarbeitet. Das geschieht durch Rollenwahl, Bühnenaufbau, symbolisches Spiel, also durch eine aktive Gestaltung, so dass sich das Kind als kreativer Konstrukteur seiner eigenen Lebenswelt erlebt.

Dabei zeigen die Kinder nicht nur, wie sie den Konflikt der Trennung und die familiären Probleme, die häusliche Gewalt erleben, sondern suchen und finden auch im Spiel spontane, kreative Lösungen. So schafften sich unsere Gruppenkinder im Spiel beispielsweise die Situation, einerseits einen wilden Bären einzufangen und gefangen zu nehmen, um die Bärenkinder zu beschützen. Als er dann aber eingesperrt und angebunden war, wurde er gehätschelt, versorgt, gepflegt. Damit drückten die Kinder ihre Ambivalenz dem gewalttätigen Vater gegenüber aus. Im Spiel konnten sie ihn bändigen und gleichzeitig ihre Sehnsucht nach einer liebevollen Beziehung stillen.

„Auffangstation für verletzte Tiere in Afrika"

Zum Gruppenanfang schlugen wir den Kindern eine Rahmenhandlung vor, die ermöglichen sollte, dass sie ihre Verletzungen, ihre Angst und ihr Ausgeliefertsein in der familiären Verunsicherung über eine Rolle im Spiel auf der Symbolebene zeigen und ausgestalten konnten. Wir spielten eine „Auffangstation für verletzte Tiere in Afrika". Die Kinder sollten verletzte Tiere sein und in dieser Rolle ihre Verletzungen, aber auch ihre Wünsche nach Zuwendung und Fürsorge zum Ausdruck bringen können, was im Gespräch und mit Worten nicht möglich ist. Die Kinder griffen diese Idee begeistert auf und suchten sich jeweils selbst ein für sie passendes Tier. So gab es eine Antilope, einen Tiger, einen Adler und einen Gepard. Wir – eine weibliche und eine männliche Therapeutin – wählten zu Gruppenbeginn unsere Rollen auch selbst. Wir wollten positive „Elternrollen" repräsentieren und schlüpften in die Rolle von Tierarzt und Tierpfleger. In den ersten beiden Gruppensitzungen hatten wir dabei gut zu tun. Die unterschiedlich verletzten Tiere konnten nicht genug bekommen von unserer Fürsorge und Zuwendung. Wir schienten Flügel und Pfoten, versorgten die Wunden, legten Verbände an, sprachen Trost zu, streichelten sie liebevoll, brachten ihnen Futter, richteten ihr Lager und wiegten sie auf ihren Decken. Einmal waren die Kinder dabei so entspannt, dass sie beinahe einschliefen.

In jeder einzelnen Gruppensitzung wurde mit den Kindern eine neue Geschichte kreiert. Sie konnte an die Geschichte vom letzten Mal anknüpfen oder neu entwickelt werden. Jede Sitzung war einmalig und konnte von daher nicht im einzelnen im Voraus geplant werden. Während der ersten 8-10 Sitzungen blieben die Kinder bei der Idee der verletzten Tiere und bauten immer weitere Abenteuer in das Spiel mit ein (Auftreten von Wilderern, Tierfängern und Überfälle von wilden und gefährlichen Tieren). Die letzten Gruppenstunden entwickelten sie neue Ideen und differenzierten auch ihre Rollen (weitere Spielideen waren: Hunde-Show im Fernsehen, Zirkusaufführung, Besuch außerirdischer Wesen oder auch mal ganz einfach „Familie").

Was für uns sehr wichtig war, dass wir uns als Leiterin und Leiter der Gruppe genügend Zeit und Raum genommen haben, im Anschluss an die Gruppensitzungen das Gespielte nachzubesprechen. Was haben die Kinder entwickelt? Wie haben sie gespielt? Was drücken sie damit aus? Wie ging es ihnen in den Rollen? Was zeigen uns die Kinder mit dem Gespielten? Wo wollen wir sie bestärken, was wollen wir nochmals aufgreifen? Was lief auf der gruppendynamischen Ebene ab und wie hat sich das einzelne Kind verhalten? Gab es eine Entwicklung und wie sah diese aus? Z. B. unterstützten wir Lisa, ein zu Anfang eher ruhiges Mädchen dahingehend, dass sie sich immer häufiger traute, sich in der Gruppe zu behaupten. Die Reflexionen auf der gruppendynamischen Ebene waren wichtig, um die Symbolebene zu verstehen und sie in Zusammenhang mit dem real Erlebten in ihren Familien zu bringen. Die Reflexion des Verhaltens der einzelnen Kinder war wichtig, um

Defizite bei den Kindern zu sehen und Entwicklungsmöglichkeiten anzuregen. Und diese auch mit den Müttern zu besprechen.

Sobald das Kind für das Spiel eine Rolle gewählt hatte, war es wichtig, die Rolle mit dem Kind differenziert abzusprechen, wie das Tier/die Person aussehen soll, was es kann, wie es sich verhält etc. Fernsehen und Computerspiele führen vermehrt dazu, dass Kinder die Begrenzung, die mit jeder Rolle verbunden ist, nicht mehr wahrhaben wollen. Egal, in welcher Rolle sie dann sind, sie können dann alles. Daher schien es uns notwendig, Kinder auf die Realität und die Grenzen der Rolle hinzuweisen, z. B. dass ein Hamster ein schönes Fell hat und ganz schön schnell sein kann, aber es im Kampf nicht mit einem Bären aufnehmen kann. Lässt man zu, dass sie in der gewählten Rolle alles dürfen oder können, dann nimmt man ihnen die Erfahrung, dass jede Rolle Möglichkeiten, aber auch Begrenzungen hat. Unterschiede werden dann verwischt und es wird unwichtig, welche Rolle gewählt wird.

Therapeutische Ziele von besonderer Bedeutung

Aus der Arbeit mit dieser Kindergruppe wollen wir im Folgenden vier Ziele ausführlicher darstellen, die uns für Kinder mit der Erfahrung von häuslicher Gewalt besonders relevant erscheinen.

Regression

Das spontane Spiel auf der Symbolebene macht es den Kindern leicht, Zugang zu ihren aktuellen und auch früheren Erfahrungen zu finden, die verbal und kognitiv so nicht möglich wären. So gesehen ist das therapeutische Spiel immer auch eine zeitweilige und gewollte Regression.

Die Regression bezieht sich immer auf bestimmte Gefühlskonstellationen, meist auf fehlende Erfahrungen: auf Erfahrungen des Grundvertrauens, des Gehalten- und Genährtwerdens, des Gesehen- und Verstandenwerdens, den Wunsch und die Sehnsucht nach Geborgenheit und Sicherheit.

Im symbolischen Spiel können die Kinder ihre Regressionswünsche inszenieren und dabei auch eine heilsame Erfahrung machen, z. B. in der Auffangstation für verletzte Tiere: Der 9-jährige Gepard mit seiner verletzten Pfote, der 8-jährige Tiger mit seinem gebrochenen Bein, die 8-jährige Antilope mit ihrer Bisswunde am Rücken und das 7-jährige Adlerweibchen mit dem gebrochenen Flügel. Die Mädchen und Jungen ließen sich streicheln, trösten, tragen, wiegen, halten … wie verletzte Kleinkinder.

Sie gaben sich in ihrer Tierrolle ganz und gar der „körperlichen" und „medizinischen" Versorgung durch Tierärztin und Tierpfleger hin. Eine Zuwendung und Fürsorge, die sie sich in der realen Welt und mit Worten nie hätten holen können. Sie haben sich im Spiel auf einen Bewusstseins- und Entwicklungsstand eingelassen, in dem sie voller Hingabe (mit geschlossenen Augen) und ohne Scham (ein Junge zeigt keine Gefühle und lässt sich nicht streicheln) ihre Sehnsüchte nach Trost und Heilung zeigen konnten und eine neue konkrete Erfahrung „tanken" konnten.

Regressionserfahrungen in diesem Sinne haben somit auch den Effekt der sublimierten Bewältigung: Kinder können auf diese Weise unbewusst ihre Verletzungen, Ängste und ihre Ohnmacht ausdrücken und sich durch das kreative Spiel ihre Sehnsüchte erfüllen.

Kontrollierte Aggression

Aggression, Wut und Zorn ist in der Entwicklung von Kindern und Jugendlichen nicht wegzudenken. Es sind Gefühle, die durch Verleugnung und Verdrängung nicht aus der Welt zu schaffen sind. Kinder brauchen die Erfahrung, dass sie auch mit diesen Persönlichkeitsanteilen angenommen werden. Je jünger Kinder sind, desto intensiver werden Reibung und Meinungsverschiedenheiten auch körperlich ausgetragen. Allein mit Reflexion und sprachlichen Argumenten sind Kinder oft überfordert. Lässt man Kinder und Jugendliche mit ihren aggressiven Persönlichkeitsanteilen allein oder versucht, sie zu verbieten, bricht ihre Aggression chaotisch und ungesteuert aus. Es hilft den Kindern nicht, wenn Erwachsene Gefühle wie Wut und Aggression nur ablehnen und verteufeln.

Vielmehr müssen wir sozialakzeptable Formen finden, sie auszudrücken. In der Erziehung von Kindern bedeutet dies nicht, die Kinder gewähren zu lassen unter dem Motto "Lasst Kinder ihre Aggressionen ausleben", sondern vielmehr, Aggressionsrituale zu entwickeln mit kontrollierten Handlungsmustern, die Respekt und Achtung vor der Würde des Menschen und der körperlichen Unversehrtheit beinhalten (vgl. Röhm 1976).

Dies ist umso notwendiger bei Kindern, die zuhause immer wieder ängstigende Gewalt erfahren. Sie erleben die ungesteuerte und grenzüberschreitende Gewalt (i. d. R.) des Vaters und spüren gleichzeitig ihre eigene reaktive Wut, die der Angstabwehr dient. Sie wissen nicht, wie sie damit umgehen sollen, welche Formen von Auseinandersetzung und Konfliktlösung es gibt. Sie erleben einerseits die Angst machende Gewalt des Vaters und andererseits die ebenfalls Angst machende Ohnmacht der Mutter. Jungen haben oft Angst, genauso zu werden wie der Vater oder bewundern den Vater insgeheim, weil er ja auch als mächtig erlebt wurde. Mädchen finden im Erleben der Mutter kein adäquates Vorbild dafür, sich abzugrenzen, sich erfolgreich zur Wehr zu setzen.

Wir wissen auch von Kindern mit langanhaltenden Traumatisierungen, dass sie sich in ihrer Angst und Ohnmacht mit dem Aggressor identifizieren und in der Pubertät oft durch aggressive Verhaltensweisen auffällig werden.

Deswegen ist es so wichtig, möglichst früh und auch zeitnah zum Gewalterleben das Geschehene aufzuarbeiten und andere, gesteuerte Formen des Ausdrucks für ihre unterdrückten Aggressionen zu finden. Dies gilt im Übrigen für Jungen wie für Mädchen. Auch wenn Mädchen eher gelernt haben, sich zu beherrschen und Wut und Aggression zu unterdrücken, kommt es nicht selten bei ihnen – häufig erst in der Pubertät- zu unkontrollierten und angestauten Wutausbrüchen in Situationen, die von außen nicht nachvollziehbar sind.

Wir erleben es oft, dass Mütter, deren Partner gewalttätig waren, es stark ablehnen, dass ihre Kinder „aggressive" Spiele spielen. Sie fürchten, dass ihre Kinder durch diese Spiele erst recht aggressiv bzw. dazu angeleitet würden, gewalttätig zu werden. Nicht die Verdrängung von Aggression aus dem Alltag kann jedoch die Erziehungsperspektive für Kinder sein, vielmehr geht es darum, die konstruktive Seite von der zerstörerisch-menschenverachtenden klar abzugrenzen. Und um die destruktive Aggression zu beherrschen, ist eine Kultivierung von Aggression, d. h. die Erziehung zu einem gekonnten Umgang mit Aggression, unabdingbar. Hierfür sind Rituale und Regeln notwendig. Kann Aggression in der Realität nicht kontrolliert, regelgebunden, ritualisiert und verlässlich ausgelebt werden, so sucht sie sich andere Wege (vgl. Rogge 1995).

So war bei unserem Spielen von Geschichten auf der Symbolebene wichtig, dass es auch Raum gab für aggressive Spiele und Kämpfe. Durch das Einbinden der Aggression in eine Geschichte bekommt sie jedoch eine kontrollierte Handlungsform. Es geht hier nicht um ein wildes, unkontrolliertes Ausagieren von Wut und Aggression, sondern auch um Absprachen, Spielregeln, Vereinbarungen (z. B. nicht wirklich zu schlagen, zu beißen, mit weichen Gegenständen zu werfen, zu kämpfen etc.). Dadurch erhält sie eine Form der Beherrschung. Auf diese Spielregeln haben wir auch während des Spiels immer wieder hingewiesen. Die Kinder durften ihre aggressive Seite zeigen und ausleben, lernten dabei aber, sie zu steuern und zu kontrollieren.

Verdrängte unterdrückte Aggression bricht ungesteuert hervor. Diese Wut steuern zu lernen und die Affekte kontrollieren zu können ist für Kinder eine eminent förderliche und heilsame Erfahrung. Sie lernen im Spiel, motorisch kontrolliert zu handeln. Dadurch, dass Marco z. B. in der Rolle des Tigers seine ganze Aggression zum Ausdruck bringen konnte und gleichzeitig sein Ich in der Lage war, seinen Affekt so weit zu kontrollieren, dass er niemandem wehgetan hat, ist ihm etwas gelungen, was sein Vater zuhause nicht geschafft hat.

In der Reflexionsphase nach dem Spiel wurde von uns Therapeuten diese Fähigkeit der Steuerung und Kontrolle der kindlichen Affekte durch besondere Anerkennung bestätigt.

Ich-Stärkung und Stabilisierung

Die Integrative Therapie nach Petzold (2004) umschreibt mit den „Fünf Säulen der Identität" fünf Lebensbereiche, in denen Kinder und Jugendliche ihre Identität entwickeln: Leiblichkeit (wie fühle ich mich als Mädchen/als Junge, bin ich schön oder hässlich?), soziales Netzwerk (welche Kontakte habe ich in meiner Familie, zu meinen Freunden?), Leistung (was kann ich?), materielle Sicherheit (was gehört mir?, wie lebe ich?), Werte (wie will ich sein, woran glaube ich?).

Ziel ist die Stärkung und Stabilisierung der Identitätsentwicklung und der Ich-Strukturen, also der Förderung und Stärkung von Fähigkeiten wie: Bewusstsein der eigenen Identität, Körperbewusstsein, Kontakt- und Abgrenzungsfähigkeit, Fähigkeit zwischen Phantasie und Wirklichkeit zu unterscheiden, bewusstes und differenziertes Wahrnehmen der Umwelt und der eigenen Befindlichkeit, Wahrnehmung von Gefühlen, ausreichendes Rollenrepertoire, Entwicklung von Handlungsstrategien, realistische Selbsteinschätzung, soziale Kompetenzen (vgl. Rahm 1993).

Für Kinder stellt sich immer wieder die Frage, in welchen Bereichen der Identitätsentwicklung sie sich sicher und stabil erleben, in welchen als brüchig, unsicher, bedroht.

Kinder, die zuhause massive Gewalt miterlebt haben, erfahren eine starke Verunsicherung. Sie verlieren nicht nur Halt und Orientierung durch die Angst und den Schrecken, die sie erlebt haben. Sie verstehen oft auch nicht, was hinter dem Streit, hinter der Gewalt steckt. Sie fragen sich, ob sie selbst Schuld am Streit der Eltern sind, und fühlen sich ohnmächtig, weil sie die Eskalation nicht verhindern konnten. Ihr Selbstwertgefühl und ihre Selbstsicherheit sind stark beeinträchtigt und ihr Glaube in die Welt ist erschüttert.

Im symbolischen Spiel versuchten wir immer wieder sehr ausgeprägt, die Besonderheiten und das Einmalige der Kinder in ihren jeweiligen Rollen zu unterstützen. So wurden sie von uns beispielsweise im Spiel bei der Vorführung in einer „Fernseh-Tiershow" bewundert, gelobt, gerühmt und beklatscht. Alle vier Kinder hatten Hunderollen gewählt und konnten unterschiedliche Kunststücke vorführen. Jeder Hund war eine eigene Rasse mit einem besonderen Aussehen (schönes Fell, große Ohren etc.) und hatte sehr besondere Fähigkeiten (z. B. gute Spürnase). Bei der Tiershow zeigten sie tolle Kunststücke und wurden von der Hundebesitzerin voller Stolz vorgeführt und vom Moderator und Publikum der Tiershow mächtig bewundert. Es gab den stärksten Hund der Welt, den bravsten Hund der Welt, den Hund, der am besten tanzen konnte und einen Hund, der die elegantesten Sprünge machen konnte. So erfuhren die Kinder im Spiel, dass sie wahrgenommen, gesehen, anerkannt, gewertschätzt wurden. Durch das Aussprechen der besonderen Qualitäten der Tiere durch die Therapeuten machten die Kinder die Erfahrung narzisstischer Bewunderung und Begeisterung seitens der Übertragungseltern. Dieser real sich zeigende „Glanz in den elterlichen Augen" und der „ mitschwingende Stolz in der Stimme" der Eltern ließ die Kinder die Erfahrung machen: ich bin bedeutsam, ich bin wichtig, ich bin gewollt hier und es ist richtig und gut, dass es mich gibt.

Die direkt erfahrbare Wertschätzung der Therapeuten stärkte das kindliche Selbstvertrauen und gab ihnen Kraft, auch anderen gegenüber toleranter zu sein.

Kompromissbildung

Bei der Entwicklung der Idee für ein gemeinsames Spiel konnten sich die Kinder ihre Spielrolle ihrem eigenen aktuellen Bedürfnis entsprechend selbst auswählen. Die Rollenwahl fiel den Kindern sehr leicht und konnte schnell auf das einzelne Kind bezogen abgesprochen werden. Nun war es uns aber wichtig, in Absprache mit allen Kindern aus den einzelnen Rollen eine verbindende Linie zu entwickeln, so dass daraus auch eine gemeinsame Geschichte gespielt werden konnte. Das hieß, die jeweils unterschiedlichen Bedürfnisse zu einem gemeinsamen Ganzen unter einen Hut zu bringen waren.

Dieser Aushandlungs- und Einigungsprozess war nicht immer leicht. Er erforderte von den Erwachsenen wie von den Kindern große Geduld und Beharrlichkeit. Nur selten saßen die Kinder ruhig im Kreis. Sie rutschten unruhig hin und her, machten Quatsch oder holten sich ein Spielzeug. Sie wollten möglichst schnell in Aktion treten und spielen. Wir waren immer wieder versucht, vorschnell nachzugeben, den erstbesten Spielvorschlag anzunehmen und den Prozess der Konsensfindung abzukürzen. Lässt man jedoch diesem Einigungsprozess zu diesem Zeitpunkt, also vor dem Spiel, nicht diesen Raum, ist die Gefahr groß, dass das Spiel im Chaos endet oder die Kinder nicht zusammen, sondern einzeln oder in Grüppchen spielen.

Wir stellten fest, dass es die Kinder wenig gewohnt waren, den anderen zuzuhören, die andere Meinung gelten zu lassen, sich auf die Wünsche des anderen einzulassen. Ebenso wenig waren sie es gewohnt, sich für die eigenen Bedürfnisse einzusetzen, dafür zu werben oder zu überzeugen und Kompromisse vorzuschlagen. Dies hat sich jedoch im Verlauf der Gruppensitzungen deutlich verbessert. Die Kinder wussten genau, solange das Gemeinsame, das Verbindende der Geschichte nicht gefunden ist, wird nicht mit dem Spiel begonnen und die Zeit, die sie für das Aushandeln und für die Konsensfindung brauchen, geht von ihrer (mit großer Lust erlebten) Spielphase ab.

Sich auf ein gemeinsames Spielthema zu einigen, hieß aber nicht, dass die Kinder immer gemeinsam miteinander spielen mussten, sondern nur, dass wir die unterschiedlichen Wünsche und Vorschläge zusammenbringen mussten. So kam es häufiger vor, dass sich die Spielwünsche der Mädchen von denen der Jungen unterschieden. Gegen Gruppenende hin wollten die Mädchen beispielsweise lieber „Hunde" sein und „Familie" spielen und die Jungen „Wesen vom anderen Stern" sein und „ miteinander kämpfen". Aus unserer Sicht sollte beides Platz haben, sowohl der regressive Wunsch, die Suche nach Sicherheit und Geborgenheit, als auch die expansive Seite, die Suche nach Autonomie und Ablösung. Aber es musste eine Rahmenhandlung kreiert werden, dass beide „Welten" miteinander in Kontakt kommen und sich auch füreinander interessieren konnten. So überbrachten wir Therapeuten in der Rolle von Botschaftern der Familie die Nachricht, dass sich Wesen vom anderen Stern auf der Erde aufhielten. Es sei noch unklar, ob diese gefährlich seien oder nicht. Als die Wesen vom anderen Stern dann das Kind der Familie entführen wollten, gab es eine Auseinandersetzung zwischen beiden Lagern. Mit Hilfe eines aufmerksamen Wachhundes und unter Einsatz aller anderen Familienmitglieder konnte die Entführung dann verhindert werden.

Wenn wir diese Aushandlungs- und Einigungsprozesse auf die reale familiäre Situation übertragen, so scheint uns dies ein wichtiges Modell zu sein. Die Kinder sollten erleben, dass es in Ordnung ist, dass jedes Familienmitglied unterschiedliche Bedürfnisse und Wünsche hat, dass aber dennoch ausgehandelt werden muss, wie diese zusammengehen. Zuhause erfahren sie in der Krisensituation, dass Konflikte und eben auch unterschiedliche Meinungen und Bedürfnisse mit Gewalt, Geschrei und massivem Streit ausgetragen werden und dass sich Eltern trennen. Hier konnten sie die Erfahrung machen, dass sich die Geduld des Zuhörens, Aushandelns, Miteinandereinigens lohnt und dass die eigene Kompromissbereitschaft ein wichtiger Beitrag für das Gelingen eines gemeinsamen Ganzen ist. Sie konnten erleben, dass das gelungene gemeinsame Spiel größeren Spaß, und Reichtum bedeutet als die ausschließliche Verfolgung eigener Bedürfnisse; dass der Verzicht von Teilen eigener Vorstellungen und Ansprüche zugunsten des Gemeinsamen größere Freude bringt.

Schlussbemerkungen

Wie Kinder die häusliche Gewalt verarbeiten, hängt sehr davon ab, wie massiv und bedrohlich sie diese erlebt haben. Nicht alle Kinder, die Gewalt zwischen den Eltern erleben, sind dadurch traumatisiert. Auch wenn Kinder erst mal keine Symptome zeigen, nicht auffallen oder nicht krank werden, besteht die Gefahr, dass gewalttätiges Verhalten innerhalb von Beziehungen von Generation zu Generation weitergegeben wird. Nur durch Aufarbeitung dieser Erfahrungen kann der Gewaltkreislauf überwunden werden.

Für die weitere Entwicklung von Kindern ist daher von besonderer Bedeutung:

- Erklärungen und Zusammenhänge zu bekommen, an Stelle von Bedrohung und Überwältigung,
- mit all ihren Ängsten und Sehnsüchten wahrgenommen zu werden,
- Vertrauen in die Welt wiederzugewinnen,
- sichere und stabile Bindungs- und Beziehungserfahrungen zu machen,

- Selbstvertrauen wiederzugewinnen,
- eigene aggressive Gefühle steuern und kontrollieren zu lernen,
- Erfahrungen zu machen, wie Meinungsverschiedenheiten und Konflikte anders als durch Gewalt gelöst werden können,
- eine Wertorientierung für einen respektvollen und würdevollen Umgang zwischen den Geschlechtern zu entwickeln.

Marion Wurdak-Swenson

Therapeutische Arbeit mit Kindern und Jugendlichen, die häusliche Gewalt erlebt haben

> „Es gibt Bilder, die haben sich in meinen Kopf eingebrannt, die werde ich nie vergessen..." (18-jährige junge Frau)

Diese Worte sagte vor vielen Jahren eine ehemalige Patientin zu mir, die sich in beeindruckender Art und Weise mit ihrem bisherigen Lebensweg auseinandersetzte. Zu ihren Lebenserfahrungen als Kind gehörte es, regelmäßig Zeuge zu sein, wie ihr Vater ihre Mutter misshandelte. Irgendwann traf es dann den älteren Bruder, der versuchte, den Vater zurückzuhalten. Das Mädchen selbst wurde nie vom Vater geschlagen, sondern hatte die Aufgabe, den Vater nach seinen Ausbrüchen zu trösten, wenn er wie ein Häufchen Elend, teilweise betrunken, weinend da saß. In der späteren Psychotherapie, die sie mit 17 Jahren begann, tauchten immer wieder Bezüge zwischen ihren (mittlerweile Jahre zurückliegenden) Gewalterlebnissen, Ängsten und Schwierigkeiten in ihrem aktuellen Leben auf. Sie erlebte auch jetzt noch eine quälende emotionale Zerrissenheit in Bezug auf den Vater, pendelte zwischen Hass, Scham, Mitleid und Verantwortungsgefühl, wechselte in ihren Identifikationen zwischen Opfer und Täter, erlebte Misstrauen in all ihren heutigen Beziehungen. Immer wieder lief sie Gefahr, die erlebte elterliche Paarbeziehung in ihren eigenen Liebesbeziehungen zu reinszenieren, hatte panische Angst, so zu werden wie der Vater, wenn sie in Wutausbrüchen von scheinbar grenzenloser Destruktivität überflutet wurde. Eine Zeitlang war sie fast besessen davon, ihre Nase operieren zu lassen, bis sich herausstellte, dass die eigene Nase sie an die Nase ihres Vaters erinnert. In ihrem Grundgefühl, der erlebten Familienhölle auch in ihrem eigenen Leben niemals entrinnen zu können, wurde sie phasenweise depressiv und wollte nicht mehr leben. Teile ihrer Erinnerungen waren traumatisch verarbeitet, d. h. nur in Fragmenten vorhanden und/oder gefühlsmäßig abgetrennt mit Empfindungen von Leere oder Betäubtheit. In Alpträumen tauchten Bruchstücke wieder auf.

Diese junge Frau steht stellvertretend für viele Kinder und Jugendliche, die ich im Laufe meiner Tätigkeit zunächst als Sozialpädagogin in einem Berliner Frauenhaus und später als Kinder- und Jugendlichenpsychotherapeutin in freier Praxis in Süddeutschland kennengelernt habe. Diese Mädchen und Jungen haben im Laufe ihres noch jungen Lebens in verschiedenen Varianten miterlebt, was häusliche Gewalt bedeutet. Je früher, dauerhafter und umfassender Kinder diesen häuslichen Gewaltbedingungen ausgesetzt waren oder sind, desto tiefgreifender sind sie in ihrer psychischen Gesamtentwicklung belastet. Aus der in den letzten Jahren im pädagogisch-therapeutischen Bereich immer mehr zu Rate gezogenen Hirnforschung ist bekannt, dass länger andauernde psychische Überlastung, Übererregung und affektive Überforderung (Ängste, Panik, Stress) Auswirkungen auf die Entwicklung von Verknüpfungen und Verästelungen im Gehirn haben und dadurch die Hirnentwicklung beeinflusst wird. Kurz gesagt: wird immer wieder dieselbe Platte gespielt, brennen sich die Rillen ein und bleiben. Es ist also durchaus so, dass die Software Auswirkungen auf die Hardware hat.

Leider hat der Begriff Trauma im psychosozialen Bereich einen inflationären Gebrauch gefunden, ohne dass dies im jeweiligen Einzelfall immer differenziert abgeklärt wurde. Ich denke jedoch, dass bei den meisten Fällen von häuslicher Gewalt die betroffenen Kinder und Jugendlichen als potentiell traumatisiert betrachtet werden sollen. Fachleute im Bereich der Arbeit mit traumatisierten Kindern und Jugendlichen finden hier den Begriff der Traumabedingten Entwicklungsstörung (Developmental Trauma Disorder – DTD) oder Komplexe Entwicklungsstörung nach Frühtraumatisierung (KEF) hilfreich und angemessen. Hier werden zwischenmenschliche Traumaereignisse beschrieben, die explizit auch das Miterleben von Gewalt einschließen. Dazu später mehr.

In meinem Beitrag für dieses Handbuch möchte ich beschreiben, wie die miterlebte häusliche Gewalt innerhalb der kindlichen Persönlichkeitsentwicklung ihre Spuren hinterlässt bzw. Grundmuster prägt, die von traumatischer Stressverarbeitung, Vertrauensverlust und Bindungsunsicherheiten, Täuschungs- und Anpassungsstrategien und sich wiederholender Gewaltszenarien gekennzeichnet sein können. Weiterhin möchte ich Behandlungsansätze für traumatisierte Kinder und Jugendliche vorstellen, die ich in meiner täglichen Arbeit als immens hilfreich erlebe. Ich möchte einen Einblick in die Arbeitsweise von Dorothea Weinberg geben, die in ihrem Konzept der „Traumabezogenen Spieltherapie (tSt)“ sehr gut nutzbare und unterstützende therapeutische Vorgehensweisen entwickelt hat. Auch Luise Reddemann hat in ihrer „Psychodynamisch imaginativen Traumatherapie für Kinder und Jugendliche (PITT)“ eine gut strukturierte und begründete Vorgehensweise entwickelt.

Signale der Betroffenen – Unspezifische Auffälligkeiten bis hin zu komplexen Traumafolgestörungen

Die Auffälligkeiten und Symptome, mit denen Kinder und Jugendliche ihre innere Not und Überforderung nach außen sichtbar machen, sind sehr vielfältig: Die diagnostische Einordnung kindlicher Auffälligkeiten im Zusammenhang mit häuslicher Gewalt kann sich auf Störungsbilder erstrecken wie dem sogenannten ADS (Aufmerksamkeits-Defizitsyndrom) oder auch mit Hyperaktivität (ADHS), Schlafstörungen, Alpträumen, depressiven Rückzug, Ängste, regressive Symptomatiken wie Einnässen, Daumenlutschen sowie somatische Beschwerden (Bauchschmerzen, Kopfschmerzen, Ess-Störungen, selbstverletzendes Verhalten) einhergehen bis hin zu aggressiv-dissozialem Verhalten. Alles dies und anderes mag beobachtbar sein, wird jedoch in der Regel dem inneren Zusammenhang der Auffälligkeiten nicht gerecht und stellt keine Verbindungen her zu den belastenden Lebenserfahrungen, die diese Kinder und Jugendlichen oft schon über viele Jahre in ihrer Gesamtentwicklung geprägt und beeinträchtigt haben. Es ist leicht nachzuvollziehen, dass das kindliche, noch in seiner Entwicklung begriffene Hirn von den gleichen Stressfaktoren, die z.B. auf eine ausgereiftes, erwachsenes Gehirn nur punktuell einwirken, in völlig anderem Maße beeinträchtigt, beeinflusst und auch geschädigt werden kann. Ergebnisse aus der Hirnforschung bestätigen die *basale Bedeutung früh erworbener und häufig aktivierter Erfahrungs- und Beziehungsmuster*, die bestimmte Bahnungen im Gehirn unterstützen, andere verkümmern lassen und somit die Basis für Verarbeitungsschemata bilden, in die weitere Erfahrungen eingeordnet werden.

Eine weitere Rolle spielt die Tatsache, dass die miterlebte Gewalt in der Regel von Bindungspersonen ausgeübt wird, von denen ein Kind emotional und auch real, d.h. sein Leib und Leben, abhängig ist. Die Personen, die für seine Sicherheit im Leben sorgen sollten, die ihm Vertrauen in die Welt und die Menschen vermitteln sollen, setzen es unaushaltbarer Angst und traumatischem Stress aus, konfrontieren es mit unfassbarer Gewalt und in vielen Fällen mit Todesängsten, ohne für seinen Schutz sorgen zu können.

Im Rückblick auf all meine bisherigen Erfahrungen und auch Langzeitbeobachtungen, wie sich jahrelang miterlebte häusliche Gewalt auf ein junges Leben auswirken kann, stelle ich fest: hier werden das Fundament und die Grundmauern menschlicher Existenz und Entwicklung erschüttert und in ihrem Aufbau verändert. Was bei erwachsenen Gewaltopfern zu einer Diagnose eines posttraumatischen Belastungssyndroms führen würde, das eine Liste von Auffälligkeiten und Beschwerden in mehreren Erlebensbereichen umfasst, kann nicht in gleicher Weise für Kinder und Jugendliche übernommen werden.

Die Beeinträchtigung und Deformation der Gesamtentwicklung eines noch Heranwachsenden z. B. durch langanhaltende miterlebte Beziehungsgewalt im häuslichen Umfeld wird im PTBS nicht gesehen und erfordert eine passendere diagnostische Betrachtung. Ich orientiere mich hier an D. Weinberg bzw.

L. Reddemann, die (angelehnt an Bessel van der Kolk 2007) von einer *Traumabedingten Entwicklungsstörung* (Weinberg 2010) bzw. einer *Entwicklungsbezogenen Trauma-Folgestörung* (Reddemann/Krüger 2009) sprechen.

Um nicht falsch verstanden zu werden: ich behaupte nicht, dass jedes Kind immer eine solche Folgestörung entwickeln muss, wenn es einen häuslichen Gewalthintergrund gibt. Es muss immer mitbetrachtet werden, in welchem Zusammenhang die Gewalterfahrungen stehen, welchen Schutz ein Kind erlebt, auf welchem Entwicklungsstand es sich befindet, welche Ressourcen wirksam sind und wie lange die Erfahrung andauert und sein subjektives Weltbild bestimmt. Eine Traumabedingte Entwicklungsstörung oder, von Weinberg (2010) im Falle von frühesten Beziehungstraumata, eine Komplexe Entwicklungsstörung nach Frühtraumatisierung (KEF, entwickelt vom National Child Traumatic Stress Network in Cook et al. 2003) ist am Ende eines Kontinuums zu sehen. Die Grenze zur Traumatisierung ist fließend, miterlebte Gewalt hinterlässt immer Spuren:

- Kinder bis zu einem bestimmten Alter fühlen sich für das Familiengeschehen verantwortlich, beziehen tendenziell äußere Geschehnisse auf sich. So fühlen sie sich meist auch für die elterliche gewaltgeprägte Beziehung mitverantwortlich und schuldig für die Misshandlungen an der Mutter. Ab dem späten Grundschulalter beginnen Kinder zu begreifen, dass äußeres Geschehen auch unabhängig von ihnen selbst stattfinden kann. Erst dann können sie sich in Motivationen anderer Menschen einfühlen, eine Perspektivübernahme vornehmen und die äußere Realität angemessener wahrnehmen. Es ist daher nicht verwunderlich, dass in Psychotherapien immer wieder *Schuldgefühle* an die Oberfläche kommen. Die Überzeugung, die väterliche Gewalt selbst verursacht zu haben und die Mutter nicht genügend geschützt zu haben, kann sehr tief sitzen und mit dazu beitragen, dass aus Scham und Schuldgefühlen ein Reden über die belastenden Erfahrungen nur schwer möglich ist.
- Ausgesprochene oder atmosphärisch vermittelte *familiäre Schweigegebote und Tabuisierungstendenzen* unterstützen psychische Abwehrmechanismen wie Verleugnung, Ungeschehenmachen, Rationalisierung. Das heißt, die Erlebnisse und dazugehörigen Affekte werden möglichst aus dem Bewusstsein getilgt oder scheinbar rationale Gründe werden herangezogen, um dem Geschehen einen Pseudo-Sinn geben zu können.
- *Loyalitätskonflikte* sind wirksam, nicht nur im Hin- und Hergerissensein des Kindes zwischen Mutter und Vater, zu denen jeweils eine hochambivalente Bindung existieren kann, innerhalb der sich ein Kind wechselnd identifiziert. In der Beziehung zum gewalttätigen Vater kann es mütterlich identifiziert sein, in der Beziehung zur Mutter wiederum die Rolle des abwesenden Vaters einnehmen. Kinder bekommen in der Macht-Ohnmacht-Dynamik der elterlichen Paarbeziehung auch nach der Trennung oft eine überfordernde Funktion: sie stellen eine Brücke dar, ein Sprachrohr von einem zum anderen, erleben Abwertungen des Vaters oder der Mutter jeweils dem anderen Elternteil gegenüber oder bekommen Aufträge, die sie beim anderen Elternteil

erfüllen sollen. Deutlich wird hier, dass von außen bestimmte Realitäten für die intrapsychische Belastung eines Kindes von immenser Bedeutung sind, z. B. wenn es Umgangskontakt zum Vater gibt, obwohl die frühere Paardynamik der Eltern weiter im Hintergrund wirksam ist und psychische und körperliche Gewalt nicht sicher ausgeschlossen werden kann. Leider erlebe ich hier immer noch haarsträubend ungenügende Kenntnisse und mangelnde Auseinandersetzungsbereitschaft über die Dynamik häuslicher Gewalt bei einzelnen miteinbezogenen und Entscheidung treffenden Personen und Institutionen wie Jugendämtern, Erziehungsberatungsstellen und Familiengerichten und von ihnen bestellten Gutachtern bzw. Verfahrenspflegern. Oft wird eine weitreichende Entscheidung aufgrund oberflächlicher Bewertung vorgenommen, und immer noch (!) werden auch junge Kinder der Situation ausgesetzt, Stellung im Konflikt beziehen zu müssen oder ihr angepasst-fröhliches Verhalten missinterpretiert – ein solches *Täuschungs-Anpassungsverhalten kann eine Traumafolgereaktion* im Kontext schwerster Gewalterfahrungen sein. Ein Loyalitätskonflikt spielt oft auch eine Rolle in der Beziehung zur Therapeutin, bei der sich ein Kind zwar öffnen möchte, sich den Eltern gegenüber jedoch schuldig fühlt. Aus seiner kindlichen Sicht begeht es einen Verrat an den Eltern, wenn es die Wahrheit berichtet.

- Der *Umgang mit eigenen aggressiven Impulsen* ist für Kinder, die miterlebt haben, wie zerstörerisch und bedrohlich Aggression sein kann, oft sehr schwierig und löst Ängste aus. Dies kann dazu führen, dass mithilfe der psychischen Angstabwehrstrategie der Identifikation mit dem Aggressor ein Kind sich mit dem bedrohlichen Stärkeren identifiziert und das väterliche Rollenmuster übernimmt. Passiv miterlebte Gewalt wird zu aktiv ausgeübter Gewalt. Damit verschwindet der Schrecken und die hilflose Ohnmacht des Opfers, denn Opfer ist nun ein anderer. Eine andere Strategie, Angst vor eigenen aggressiven Impulsen zu mindern ist der Versuch, diese möglichst nicht wahrzunehmen, zu hemmen, zu unterdrücken. Der Schritt zur Wendung gegen das eigene Selbst bis hin zu selbstverletzendem Verhalten ist u.U. nicht weit.
- Insgesamt kann meiner Erfahrung nach von einer deutlichen *Verunsicherung der emotionalen Wahrnehmung* ausgegangen werden. Dies kann - wenn die Fülle an ängstigenden und irritierenden Erfahrungen zu groß geworden ist - bis hin zu einer emotionalen Abschottung führen, in der das Gefühl für sich und andere Menschen verloren geht. Aufgrund meiner beruflichen Erfahrungen kann ich sagen, dass alle Kinder und Jugendlichen, die häusliche Gewalt (mit) erleben mussten, in irgend einer Form mit den dargestellten Themen innerlich beschäftigt sind. Spätestens in der bewussteren Auseinandersetzung mit der eigenen Geschlechtsidentität, mit der Entwicklung einer Vorstellung, wie das eigene Leben als junger Mann oder junge Frau gestaltet werden könnte, und den ersten Erfahrungen in Liebesbeziehungen wird das elterliche Modell der Paarbeziehung im Inneren des Jugendlichen mehr oder weniger bewusst wieder aktiviert und erfordert eine Auseinandersetzung, wenn es nicht zu bloßer Wiederholung in der nächsten Generation kommen soll.

Bei manchen Kindern und Jugendlichen jedoch können die häufig über Jahre miterlebten *Gewalterfahrungen von traumatisierender Qualität* sein. Das heißt, das seelische Stresslevel der Kinder und Jugendlichen beim Miterleben der häuslichen Gewalt war so hoch und überwältigend, dass das Ich in der Regulation und Organisation überfordert ist und ein Zustand von Ohnmacht erlebt wird. Sollte diese Erfahrung nicht nur einmal, sondern immer wieder über einen länger andauernden Zeitraum im Zusammenhang mit Bindungspersonen gemacht werden, so muss von einer *Beeinträchtigung der Gesamtentwicklung* ausgegangen werden. Je jünger das Kind bei Beginn, desto umfassender und tiefgreifender die Schädigung verschiedener Entwicklungsbereiche.

Die Beschreibung der Komplexen Entwicklungsstörung nach Frühtraumatisierung umfasst z. B. folgende Entwicklungs- und Erlebensbereiche, die geschädigt sein können: im Bereich der Bindung und sozialer Fähigkeiten, vielfältige Störungen im biologisch-körperlichen Bereich, große Schwierigkeiten im Affekt- und Emotionsbereich, dissoziatives Erleben/Aussteigen aus der Realität, massive Auffälligkeiten im Feld der Verhaltenskontrolle und auch der Kognition sowie ein gestörtes Selbstkonzept. Auch im Bereich der Sexualität sind deutliche Auffälligkeiten zu beobachten. In jedem der genannten Bereich ließe sich eine ganze Liste möglicher Symptome, Defizite und Störungen zusammenstellen. Ess-Störungen, Bauchschmerzen, selbstverletzendes Verhalten, die ganze Palette der sog. ADS/ADHS-Störung lässt sich beim Vorliegen häuslicher Gewalt umfassend mit dem Konzept der Traumafolgestörung erklären und verstehen.

Kinder- und Jugendlichentherapeutische Behandlung: Behandlungs voraussetzungen und grundsätzliche Überlegungen

Spätestens dann, wenn ein Kind durch Symptome wie z. B. schwieriges Verhalten oder massive Trennungsängstlichkeit seine innere Not artikuliert, werden Eltern, Erzieher/-innen, Lehrer/-innen aufmerksam. Kinder, besonders jüngere, reagieren oft direkt auf belastende Lebenssituationen. Gelingt es, diese belastenden Störfaktoren (z. B. Miterleben häuslicher Gewalt) im Lebensumfeld des Kindes zu erkennen und positiv zu verändern (z. B. Trennung vom Misshandler, Entlastung des Kindes vom Miterleben elterlicher Konflikte), können sich Symptome wieder rückentwickeln. In dem Fall einer Trennung von einem die Mutter misshandelnden Vater bringt die Trennung vom Vater für ein Kind einen Verlust mit sich, der schmerzhaft ist. Mittel- bis langfristig gesehen ist es für die kindliche Entwicklung jedoch existentiell, frei von Bedrohung und Angst vor Gewaltausbrüchen in der Familie aufwachsen zu können. Ein Kind kann dann die Erfahrung machen, dass solche belastenden Situationen auch beendet werden können. Prognostisch gesehen hat ein Kind, das die Erfahrung von Schutz und Grenzsetzung hat machen können, trotz Sehnsucht nach dem guten Anteil des Vaters, m. E. eine bessere Entwicklungschance, auch was den späteren Umgang mit eigenem Gewaltpotential bzw.

Selbstschutzmöglichkeiten betrifft. Wann nun eine Psychotherapie sinnvoll ist, hängt von mehreren Faktoren ab. Zunächst muss sicher sein:

- Es darf aktuell keine weitere Gewalt miterlebt werden.
- Das Lebensumfeld und der Rahmen müssen stabil und verlässlich sein. Ein Kind, das weiterhin dauernd mit äußerlichen Belastungen und Veränderungen konfrontiert ist, kann sich nicht um seine innere Entwicklung und (Nach)Reifung kümmern geschweige denn belastende frühere Erfahrungen und/oder traumatische Erlebnisse im sicheren therapeutischen Rahmen nacherleben und integrieren.
- Die Bezugspersonen (mindestens die Person, bei der das Kind seinen Lebensmittelpunkt hat) müssen bereit sein, auch ihre eigene Haltung zu reflektieren und wenn nötig, an Umstellungen zu arbeiten.
- Es muss gewährleistet sein, dass die Stunden verlässlich stattfinden können.

Bei Vorliegen entsprechender Symptomatik haben die Kinder und Jugendlichen einen Anspruch auf Krankenbehandlung und es kann bei der zuständigen Krankenversicherung durch die therapeutisch behandelnde Person ein Antrag auf Kostenübernahme gestellt werden.

Aus der Fülle verschiedener Therapieangebote und –möglichkeiten (verhaltenstherapeutisch, analytisch, tiefenpsychologisch fundiert) ist es oft schwierig, die passende Behandlung herauszufinden. Vor Behandlungsbeginn ist es wichtig, mit der Therapeutin/dem Therapeuten zu thematisieren, inwieweit die diagnostische Annahme der Traumabedingten Entwicklungsstörung eine Grundlage der Arbeit darstellt und ein darauf abgestimmtes Behandlungsvorgehen stattfinden kann. Nicht immer kann dieses Wissen als bekannt vorausgesetzt werden und eine zwar gut gemeinte, aber nicht dem Entwicklungstrauma angepasste Behandlung findet nicht den notwendigen Ansatzpunkt.

Ich selbst arbeite analytisch und tiefenpsychologisch fundiert und orientiere mich an folgenden beiden *Behandlungskonzepten in der Arbeit mit komplex traumatisierten Kindern und Jugendlichen*:

- dem Ansatz von Dorothea Weinberg
- der PITT-KID, d.h. der Psychodynamisch Imaginativen Traumatherapie für Kinder und Jugendliche (Luise Reddemann/Andreas Krüger)

D. Weinberg, Diplom-Psychologin, Ausbildung u. a. in Personenzentrierter Psychotherapie für Kinder und Erwachsene und Psychodrama für Kinder, arbeitet in eigener Praxis in Nürnberg. Seit 1997 hat sie an der Konzeption und dem Aufbau des Kleinkinderheimes „Dom Duga“ in Bosnien gearbeitet und begleitet dieses psychologisch. Sie beobachtete, dass die spieltherapeutischen Methoden den entwicklungstraumatisierten Kindern zwar gut taten, es ihnen aber kaum ermöglichte, sich ihrer hochgradig kränkenden und beängstigenden Biografie zu stellen. Auch die Erfahrung vollkommener Ausgeliefertheit und Hilflosigkeit wurde von den Kindern radikal ausgeblendet. Dieser Abwehrprozess führte üblicherweise dazu, dass sie die therapeutische Beziehung so gestalteten, dass diese Gefühle und Erfahrungen beim Therapeuten respektive in ihr (D. Weinberg) auftauchten: Sie fühlte sich mit der beständigen Aggression der Kinder oder Lähmung oder Beziehungsunfähigkeit hilflos.

Aus dieser Grunderfahrung entwickelte sie spieltherapeutische Interventionen, die aktiv das beschriebene Interaktionsmuster aufgreifen, gestalten und dadurch aufzulösen in der Lage sind. Die kindertherapeutischen Prinzipien und Interventionen der «Traumabezogenen Spieltherapie (tSt)» stellt sie u. a. in ihrem aktuellen Buch „Psychotherapie mit komplex traumatisierten Kindern" detailliert dar.

Wesentliches Merkmal der tSt, neben anderen hier nicht ausgeführten Vorgehensweisen (Strukturierte Traumaintervention, Bindungstherapie und Arbeit an traumatischen Bindungen, Arbeit mit Spaltungen u. a.), ist das Etablieren und die sorgfältige Trennung der ersten und einer zweiten Realitätsebene. Sobald für Kinder das Hin- und Herspringen zwischen der äußeren Wirklichkeit im Hier und Jetzt und der inneren Realitätsebene der kreativen Vorstellung und des So-als-ob-Spielens sicher möglich ist, kann auf der zweiten Realitätsebene, der Spielebene im Nachspielen, Geschichten erfinden, sich zwischen Vergangenheit und Gegenwart hin- und her bewegen alles quasi „auf die Therapiebühne" gebracht werden, was bearbeitet werden möchte und im spontanen Spiel auftaucht. Durch das kreative Gestalten und das lebendige In-Szene-Setzen mit Hilfe des strukturierenden, einen sicheren Rahmen bietenden Therapeuten und unter Zuhilfenahme von Requisiten werden Kinder unmittelbar in ihrem Erleben angesprochen und machen im Spielrahmen echte emotionale Erfahrungen. Da dies eingebettet ist in die Sicherheit der vertrauensvollen Beziehung zum Therapeuten und jederzeit Distanzierung durch Spiel-Stopp möglich ist, können so auch traumatische Erfahrungen einer heilsamen Bearbeitung zugeführt werden. Kinder können im Spiel auf dieser zweiten Realitätsebene auch Lösungen, Schutz und Hilfe erleben und Wunscherfüllung möglich machen. Damit wird die innere Repräsentation der traumatischen Erfahrungen verändert und es können gute, hilfegebende und Sicherheit spendende Figuren ergänzt und aufgebaut werden.

Eine weitere gute Orientierung für die therapeutische Vorgehensweise ist die Psychodynamisch Imaginative Traumatherapie (PITT). PITT ist ein innovativer Therapieansatz, der von Dr. Luise Reddemann zur Behandlung von Traumafolgestörungen entwickelt wurde und sich daher insbesondere in der Behandlung von komplexen posttraumatischen Belastungsstörungen, dissoziativen Störungen und Persönlichkeitsstörungen klinisch bewährt hat. PITT integriert Elemente von angewandter Psychoanalyse mit solchen aus der kognitiven Verhaltenstherapie und imaginativen Verfahren sowie Prinzipien der Achtsamkeitsmeditation. Leitend ist das Konzept der Selbstregulation und Selbstheilung (vgl. Homepage von Fr. Reddemann). Luise Reddemann setzt sich seit Jahren für eine frauengerechtere Psychotherapie ein und ihr langjährig in der Praxis erprobtes Konzept überzeugt mit seinem klar strukturierten Vorgehen, unglaublich kreativer Nutzung von Ressourcen, inneren

Kraftquellen und seinem Respekt vor Selbstbestimmung und persönlicher Integrität. „Übersetzt" wurde nun PITT auf die spezielle Situation traumatisierter Kinder und Jugendliche von dem Facharzt für Kinder- und Jugendpsychiatrie und Psychotherapie Andreas Krüger. In Hamburg hat Andreas Krüger ein eigenständiges Behandlungsnetzwerk (Ankerland e. V.) für traumatisierte junge Menschen gegründet.

Wesentliche Bestandteile des Therapiekonzeptes sind u. a. langsames Vorgehen, das vor allem auf Sicherheit, Stabilisierung und Stärkung/Ressourcenentwicklung konzentriert ist. Hier werden eine Fülle von kreativ-imaginativ-stärkenden Interventionen vorgeschlagen (angeleitet gestaltete Vorstellungswelten, Imaginations-Übungen), auch kindgerechte Erklärungen und Verständnishilfen für das, was innerlich erlebt wird. Bei genauer Prüfung der notwendigen Belastungsfähigkeit werden Möglichkeiten vorgeschlagen, sich innerlich mit traumatischen Inhalten konfrontieren zu können und diese mithilfe von speziellen Bearbeitungstechniken so zu integrieren, dass künftig weniger Belastung erlebt wird.

Auch die Technik des EMDR (Eye Movement Desensation Reprocessing), entwickelt von Dr. Francis Shapiro, darf hier nicht unerwähnt bleiben. Das EMDR kann von speziell ausgebildeten und erfahrenen Psychotherapeuten in der Bearbeitung von Traumainhalten bei Kindern und Jugendlichen eingesetzt werden. Es handelt sich um eine hochwirksame Methode, deren wesentliches Merkmal die bilaterale Stimulation darstellt, also die gleichzeitige Aktivierung beider Hirnhälften während einer Traumabearbeitung.

Zusammenfassend habe ich in meinem Beitrag versucht zu verdeutlichen, wie sehr das Miterleben häuslicher Gewalt (wie auch andere Formen von länger andauerndem Gewalterleben innerhalb wichtiger Beziehungen) die Entwicklung von Kindern und Jugendlichen tiefgreifend und komplex in vielerlei Bereichen beeinträchtigen und schädigen kann. Vor allem im Zeitfenster der frühesten Entwicklung muss davon ausgegangen werden, dass umfangreiche Schädigungen im gesamten Persönlichkeitsaufbau auftauchen können, z. B. Affektregulierung und Emotionen, Vertrauen zu Menschen, Bindungs-/Beziehungsfähigkeit und Sozialverhalten, Traumatisierungen und mimikryhafte Anpassungs-und Überlebensstrategien, kognitive Fähigkeiten, Lernen und Konzentration. Es ist wichtig, Kinder und Jugendliche mit den beschriebenen Erfahrungen mit einem mehrdimensionalen Blick zu betrachten und zu verstehen, anstatt nur einzelne Symptome hervorzuheben.

In der traumazentrierten psychotherapeutischen Arbeit mit Kindern und Jugendlichen gibt es mittlerweile hilfreiche Ansätze, die für die kindlichen Zeugen häuslicher Gewalt nutzbar gemacht werden können. Obwohl die schmerzhaften, ängstigenden und traurigen Erfahrungen dieser Kinder nicht ungeschehen gemacht werden können, so bleibt doch zu hoffen, dass inneres Wachstum, Erfahrung von Sicherheit und Vertrauen sowie verlässliche Unterstützung die Bearbeitung der belastenden Gewalterfahrungen ermöglicht und Hoffnung auf eine neue, sichere Zukunft wachsen kann.

Henrike Krüsmann

PiKiTa: ein Projekt zur Prävention von häuslicher Gewalt in Kitas

Die Familie gilt als der Ort, an dem Kinder Schutz, Geborgenheit und Liebe erfahren. Sie ist gleichzeitig der Ort, an dem Kindern Werte, Orientierung und Lebenssinn vermittelt werden und somit die Grundlagen für die Entwicklung zu einer selbstbewussten, eigenverantwortlich handelnden und gemeinschaftsfähigen Persönlichkeit gelegt werden. Leider erleben nicht wenige Kinder eine andere Wirklichkeit. Sie werden Opfer und Zeugen häuslicher Gewalt, d. h. sie erleben die Gewalt mit, die in der Regel von ihrem Vater gegen ihre Mutter ausgeübt wird.[23] Eine repräsentative Studie des BMFSFJ aus dem Jahr 2004 kommt zu dem Ergebnis, dass jede vierte Frau in Deutschland im Laufe ihres Lebens einmal oder mehrmals Opfer von physischer und/oder sexueller Gewalt durch ihren Partner wird. Mehr als 60 Prozent der Frauen leben zum Zeitpunkt der Gewalt mit Kindern in einem Haushalt, so dass Kinder das gesamte Spektrum der Gewalt miterleben müssen (vgl. Schröttle et al. 2004).

BORA e. V. als Berliner Frauenprojektеträger, der ein Frauenhaus, eine Fachberatungs- und Interventionsstelle, eine Therapeutische Frauenwohngemeinschaft, Hilfen für Frauen in besonderen sozialen Schwierigkeiten sowie Hilfen zur Erziehung für von häuslicher Gewalt betroffene Familien anbietet, wird mit den Auswirkungen der Gewalt, insbesondere auf Kinder, in all ihren Facetten konfrontiert. Die Folgen der Gewalt sind für Kinder oft langfristig und traumatisierend. Der Schwerpunkt von Hilfe- und Unterstützungsangeboten für Kinder liegt bisher im Bereich der Intervention.

Um Kinder jedoch frühzeitig vor Gewalt zu schützen, sind präventive Angebote gefordert. Diese sollten so früh wie möglich einsetzen und möglichst viele Kinder erreichen, unabhängig von einer möglichen Betroffenheit. Daneben müssen natürlich Eltern und für Kinder wichtige Bezugspersonen und Fachkräfte in verschiedenen Sozialisationsinstanzen erreicht werden, denn bei ihnen liegt in erster Linie der Schutz von Kindern. Kindertagesstätten sind daher prädestinierte Orte, um Kinder, ihre Eltern und wichtige Bezugspersonen zu erreichen. Kinder, die eine Kindertagesstätte besuchen, können über einen relativ langen Zeitraum begleitet werden. Zudem besteht bei Kindern dieser Altersgruppe ein regelmäßiger und enger Kontakt zwischen den Eltern und Erziehern und Erzieherinnen.

23 Zur Vereinfachung werden die Bezeichnungen Kinder, Eltern, Mutter, Vater unabhängig davon verwendet, ob es sich um leibliche Kinder und Eltern handelt, entscheidendes Kriterium ist vielmehr, dass sie gemeinsam in einem Haushalt leben oder lebten. Zwar erleben auch Männer Gewalt durch ihre Partnerin, doch dies ist nicht vergleichbar mit dem Ausmaß und der Schwere der Gewalt gegen Frauen durch ihren Partner, so dass in diesem Beitrag Frauen als Opfer und Männer als Täter verstanden werden.

Die Idee für ein Präventionsprojekt gegen häusliche Gewalt

Kinder, die von häuslicher Gewalt betroffen sind, werden häufig erst erreicht, wenn ihre Mütter gemeinsam mit ihnen die gewalttätige Beziehung verlassen und sich an eine Schutz- und Hilfeeinrichtung für Frauen und Kinder wenden. Kinder haben mehrheitlich die Gewalt zwischen ihren Eltern in allen Facetten miterlebt und wurden oft selbst Opfer der Gewalt, ohne jedoch die für sie notwendige Hilfe, Zuwendung sowie Erklärungen und Informationen zu erhalten. Aufgrund dieser Tatsachen entstand bei den Mitarbeiterinnen des Berliner Frauenhauses BORA e. V. im Austausch mit den Mitarbeiterinnen des Berliner Frauenhauses Hestia e. V. der Wunsch, Kinder bereits im Vorfeld von Gewalt aktiv zu stärken. Der überwiegende Teil der Kinder, der seine Mutter in ein Frauenhaus begleitet, ist im Kindergartenalter. In Gesprächen mit Erziehern und Erzieherinnen von Kindertagesstätten kristallisierte sich heraus, dass Anzeichen von Veränderungen bei den Kindern, mitunter auch gewalttätiges Verhalten, wahrgenommen werden. Erzieher/-innen verfügen jedoch nach eigenen Angaben weder über das notwendige Wissen, noch über die erforderliche Handlungskompetenz, um das Thema der häuslichen Gewalt sensibel gegenüber Mutter und Kind anzusprechen (vgl. Krüsmann 2008a). Aufgrund dieser Tatsachen verstetigte sich der Wunsch der Mitarbeiterinnen der Frauenhäuser, auf diese Situation mit einem Projekt zur Prävention von häuslicher Gewalt in Kindertagesstätten zu reagieren. Die Recherche nach bereits bestehenden Programmen zeigt, dass kaum Angebote vorhanden sind.[24]

Aus dieser Notwendigkeit heraus wurde das Präventionsprojekt „PiKiTa: ein Projekt zur Prävention von häuslicher Gewalt in Kitas" entwickelt, erprobt und inzwischen in mehr als 50 Berliner Kindertagessstätten umgesetzt. 2011 wurde es mit dem Schutzbengel-Award 2011 ausgezeichnet. Im Folgenden werden Auszüge aus der Konzeption sowie Praxiserfahrungen vorgestellt.

Zielgruppen und Ziele der Präventionsarbeit

Die Präventionsarbeit erfolgt mit drei Zielgruppen:

- alle *Erzieher und Erzieherinnen* der Kita sowie das technische und hauswirtschaftliche Personal,
- alle *Mädchen und Jungen der Vorschulgruppe*, unabhängig von einer möglichen Betroffenheit von häuslicher Gewalt (Vermeidung von Stigmatisierung),
- die *Eltern* der teilnehmenden Kinder.

24 Vgl. Landgrebe,G./Borris.S. et al. (2004): Projekt PräGT. Ein Praxisleitfaden zur Prävention von häuslicher Gewalt in Kindertagesstätten. Hrsg. vom AWO Bundesverband e. V. Bonn.

Ziele für die Zielgruppe der Erzieherinnen und Erzieher

Ziele der Fortbildung von Erziehern und Erzieherinnen sind die Enttabuisierung sowie die Sensibilisierung für die Wahrnehmung von häuslicher Gewalt. Zudem geht es um die Vermittlung von grundlegenden Fakten zu häuslicher Gewalt und die Auswirkungen der Gewalt auf Kinder. Ziel ist weiterhin die Erweiterung der Handlungskompetenz von Erziehern und Erzieherinnen, verbunden mit einer höheren Handlungssicherheit bei vermuteten oder tatsächlichen Fällen von häuslicher Gewalt als mögliche Kindeswohlgefährdung. Erzieherinnen und Erzieher lernen die für den Sozialraum relevanten Hilfe- und Unterstützungsmöglichkeiten bei häuslicher Gewalt sowie wichtige rechtliche Grundlagen kennen. Sie werden befähigt, häusliche Gewalt gegenüber den Opfern zu thematisieren. Ziel ist es nicht, dass Erzieher/-innen sozialarbeiterische und psychosoziale Beratungsarbeit leisten, ihre Aufgabe ist es vielmehr, Anzeichen von häuslicher Gewalt zu erkennen und Betroffenen den Zugang zu entsprechenden Hilfeeinrichtungen aufzuzeigen.

Durch die Teilnahme von Erziehern und Erzieherinnen an den Workshops mit den Kindern werden diese gleichzeitig als Multiplikatoren/Multiplikatorinnen geschult und zur Umsetzung der Bildungsbausteine für Kinder und somit zur Präventionsarbeit zu häuslicher Gewalt mit Kindern befähigt.

Ziele für die Zielgruppe der Kinder im Vorschulalter

Ziel ist die Stärkung von Kindern gegen Gewalt im Allgemeinen und gegen häusliche Gewalt im Besonderen. Im Vordergrund stehen die Förderung der sozialen, emotionalen und Ich- Kompetenz, der Sach- und lernmethodischen Kompetenzen sowie die Stärkung des Selbstbewusstseins und Selbstwertgefühls. Kinder lernen, ihre eigenen Gefühle und die anderer wahrzunehmen und zu benennen. Dabei geht es auch um die Stärkung der Empathiefähigkeit. Weiterhin lernen Mädchen und Jungen zwischen guten und schlechten Geheimnissen zu unterscheiden und zu wissen, dass sie schlechte Geheimnisse nicht für sich behalten sollen. Kinder erlernen gewaltfreie und faire Konfliktlösungsstrategien und für eigenständige und mündige Entscheidungen einzustehen. Ihnen werden so neue Empowerment-Perspektiven eröffnet.

Es geht nicht um die Vermittlung von Informationen zu häuslicher Gewalt, da Kinder in diesem Alter weder emotional noch kognitiv in der Lage sind, die Inhalte zu verstehen und daraus Handlungs- und Verhaltensmöglichkeiten abzuleiten und diese in ihre Lebenswelt zu integrieren. Wichtig ist, Kindern zu vermitteln, dass sie nicht für das verantwortlich und schuldig sind, was ihre Eltern tun und dass sie das Recht haben, Hilfe einzufordern.

Ziele für die Zielgruppe der Eltern

Eltern werden für das Thema der häuslichen Gewalt sensibilisiert. Sie erhalten Informationen zu häuslicher Gewalt sowie zu den Auswirkungen dieser auf Kinder: Gleichzeitig lernen sie Hilfe- und Unterstützungsmöglichkeiten kennen. Eltern erkennen, dass häusliche Gewalt eine mögliche Kindeswohlgefährdung darstellen kann und sich die Entwicklungs- und Bildungschancen ihrer Kinder verschlechtern, wenn diese in einer Atmosphäre von Gewalt aufwachsen. Sie werden sich ihrer Verantwortung für die Entwicklung ihres Kindes und anderer Kinder bewusst.

Eltern erhalten Informationen zum Projekt PiKiTa mit dem Ziel, dass sie sich dem Projekt gegenüber öffnen und so die Arbeit in der Kita unterstützen. Sie werden motiviert, ihre Kinder gezielt nach den Inhalten der Workshops zu befragen und die Themen der Workshops in der Kommunikation und Beschäftigung mit ihren Kindern aufzugreifen.

Rahmenbedingungen

Die im Folgenden dargestellten Rahmenbedingungen begründen sich aus den im Projekt PiKiTa gesammelten Erfahrungen:

Umfang des Angebotes

Für Erzieher/-innen findet eine Fortbildung im Umfang von 6-8 Stunden statt. Diese kann als Eintagesveranstaltung oder in mehreren Blöcken durchgeführt werden. In der Regel findet diese vor den Workshops mit den Kindern statt.

Die Workshops für Kinder umfassen 6 Termine von jeweils einer Stunde im wöchentlichen Abstand.

Für Eltern werden Elternversammlungen, Elterncafés o. ä. mit einer Dauer von ca. 1,5 Stunden angeboten. Diese finden ebenfalls vor den Workshops mit den Kindern statt.

Anzahl der Teilnehmenden

Um den Austausch und Diskussionsprozess zu fördern, sollten nicht mehr als 16 Erzieher/-innen an einer Fortbildung teilnehmen.

Die Kindergruppe sollte acht bis maximal zwölf Kinder betragen. Bei größeren Gruppen ist eine Teilung sinnvoll.

Die Information der Eltern findet für alle Eltern einer Gruppe gemeinsam statt, unabhängig von der Zahl der Eltern.

Ort der Durchführung

In der Regel wird das gesamte Projekt in der Kita durchgeführt. Fortbildungsveranstaltungen für Erzieher/-innen können aber auch beim Träger des Projektes stattfinden, was die Teilnehmenden sehr schätzen. Somit werden Hilfeeinrichtungen erlebbar gemacht und die Hemmschwelle, sich bei einem Fall von häuslicher Gewalt an diese zu wenden ist um vieles geringer.

Referenten/Referentinnen

Alle Fortbildungen werden von mindestens zwei Referentinnen aus Frauenunterstützungseinrichtungen durchgeführt. Die Arbeit im Co-Team ist notwendig, da Erfahrungen belegen, dass unter den Teilnehmenden (Erzieher/-innen, Eltern, Kindern) Opfer häuslicher Gewalt sein können, bei denen Gewalterlebnisse reaktiviert werden, so dass eine weitere Teilnahme an der Veranstaltung nicht möglich ist. So kann eine Referentin der betroffenen Personen ein begleitendes Gespräch anbieten. Es empfiehlt sich, dass eine Referentin eine Ausbildung zur Kinderschutzfachkraft (insofern erfahrene Fachkraft nach § 8a SGB VIII) absolviert hat. Förderlich ist die Arbeit in einem gemischtgeschlechtlichen Team. Da in Frauenunterstützungseinrichtungen jedoch ausschließlich Mitarbeiterinnen tätig sind, ist die Realisierung oftmals problematisch.

Inhalte und Methoden

Erzieher/-innen

Um Kinder gegen häusliche Gewalt zu stärken, müssen Fachkräfte in Kindertagestätten über das notwendige Wissen zu häuslicher Gewalt sowie die entsprechenden Handlungskompetenzen verfügen. Hierzu gehören Kenntnisse zum Ausmaß, zu Formen, Folgen und Auswirkungen von häuslicher Gewalt sowie zur Dynamik und zum Gewaltkreislauf. Kenntnisse zu relevanten Rechtsgrundlagen sowie über Hilfe- und Unterstützungsmöglichkeiten bei häuslicher Gewalt sind ebenso notwendig. Präventive Arbeit hat auch immer aufdeckende Wirkung. Daher müssen Mitarbeiter/-innen in Kindertagesstätten in der Lage sein, Gewalt sowohl gegenüber der Mutter bzw. den Eltern, als auch gegenüber dem Kind anzusprechen. Erfolgreiche Präventionsarbeit setzt außerdem voraus, die eigene Einstellung zu Gewalt und das eigene Verhalten zu reflektieren. Aus diesen inhaltlichen Schwerpunkten ergeben sich für eine 6- bis 8-stündige Fortbildung folgende Module:

Modul 1: Allgemeine Informationen über häusliche Gewalt
Modul 2: Kinder und häusliche Gewalt
Modul 3: Rechtliche Grundlagen
Modul 4: Hilfe- und Unterstützungsmöglichkeiten
Modul 5: Selbstreflexion

Neben theoretischen Inputs werden Übungen eingesetzt, in denen die Teilnehmenden selbst aktiv sind, so dass sie die Möglichkeit erhalten, sich mit dem Thema intensiv auseinanderzusetzen und mehr Handlungssicherheit, z. B. in der Gesprächsführung oder Einschätzung einer Kindeswohlgefährdung zu gewinnen. Zum Einsatz kommen außerdem Filme[25], Fallbeispiele, Interaktionsübungen und Arbeitsblätter.

Jede Kita erhält umfangreiches Informationsmaterial, insbesondere Handlungsabläufe, Merkblätter sowie Adressen von Hilfe- und Unterstützungseinrichtungen bei häuslicher Gewalt und zum Kinderschutz.

Vorschulkinder

Mit allen Kindern der Vorschulgruppe finden 6 Workshops zu folgenden Themen statt:

Workshop 1: Gemeinsamkeiten und Unterscheide machen stark
Workshop 2: Wahrnehmen von und Umgang mit eigenen und fremden Gefühlen
Workshop 3: Gute und schlechte Geheimnisse
Workshop 4: Dürfen Kinder „Nein – sagen"?
Workshop 5: Hilfe holen, helfen und helfen lassen
Workshop 6: Konflikte gut lösen

Ab dem 2. Termin beginnen alle Workshops mit einer „Gefühlerunde", unter Einsatz des Mimürfel.[26] Auch das Ende ist ritualisiert. In jedem Workshop gestalten die Kinder eine eigene kleine Arbeit, die sie am Ende des Workshops den anderen Kindern präsentieren. Diese Arbeit wird dann in der Kita veröffentlicht oder die Kinder nehmen sie mit nach Hause. Auf diesem Wege gelingt zugleich eine gute Einbindung der Eltern in die Arbeit mit den Kindern. Zum Ende des Projektes erhält jedes Kind ein Plakat, auf dem grafisch alle Inhalte der Workshops dargestellt sind.

---

25 „Kennst du das auch?" Wahre Geschichten von zu Hause. Fünf Mädchen und Jungen erzählen über ihre Erfahrungen mit häuslicher Gewalt. BiG e. V. Bezug über www.big-koordinierung.de; „Zeit zu gehen" Ein Film über das 3. Autonome Frauenhaus Berlin. Hestia e. V.

26 Der Mimürfel ist ein ca. 15 x 15 x 15 cm großer Schaumstoffwürfel. Auf jeder Seite ist ein Piktogramm (Gesicht) abgebildet, dass ein Gefühl ausdrückt, z. B. strahlend, glücklich, fröhlich, erstaunt, erschrocken, traurig, wütend, zornig.

Die methodische Umsetzung der Inhalte erfolgt vielgestaltig, u. a. durch Rollenspiele, durch den Einsatz einer Puppe, die Situationen erzählt, die Kinder um Unterstützung bittet o. ä. und durch den Einsatz kreativer Mittel, wie z. B. malen und singen. Empfehlenswert ist es, immer wieder kurze Warmingups einzubauen, um den Kindern die Möglichkeit zur Bewegung und Entlastung zugeben.

Eltern

Eltern erhalten zum einen allgemeine Informationen über häusliche Gewalt, zum anderen werden sie über die Workshops mit den Kindern informiert. Hierzu gehört insbesondere die Erklärung der Herangehensweise an die Thematik in der Arbeit mit Kindern, um Verunsicherungen und Ängste der Eltern abzubauen. Oftmals befürchteten Eltern im Vorfeld, dass ihre Kinder über das, was zu Hause passiert, ausgefragt werden könnten. Weiterhin werden die Inhalte und Methoden der Kinder-Workshops vorgestellt und Eltern motiviert, mit ihren Kindern über das Projekt zu sprechen und Inhalte aufzugreifen. Alle Eltern erhalten einen Elternbrief mit wichtigen Informationen zum Projekt sowie Kontaktadressen für Rückfragen oder Beratungswünsche.

Erfahrungen aus der Praxis

Erzieher und Erzieherinnen aus Kindertagesstätten berichten immer wieder über ihre Hilflosigkeit im Umgang mit dem Thema häusliche Gewalt. Gleichzeitig sehen sie, dass Kinder von häuslicher Gewalt mitbetroffen sind und nehmen die Auswirkungen von dem, was zu Hause passiert, in der Kita wahr. Daher berichten die Teilnehmenden durchgängig, dass für sie die Auseinandersetzung mit der Thematik für ihren beruflichen Alltag notwendig und hilfreich ist und diese sie in ihrer Handlungskompetenz stärkt.

Der Zugang zu den Kitas erfolgt in der Regel über den jeweiligen Träger. Für den Kinderschutz verantwortliche, oftmals trägerübergreifend tätige Sozialarbeiter/-innen sehen die Notwendigkeit eines solchen Projektes und verankern dies daher in den Fortbildungsplänen der Kitas. In den Kitas selbst ist anfangs gelegentlich ein Widerstand gegen das Projekt spürbar, oftmals mit der Begründung, dass dies ein Thema sei, das in ihrer Kita keine Relevanz habe. Als Grund für diesen Widerstand kann jedoch die Hilflosigkeit im Umgang mit der Thematik ausgemacht werden (vgl. Krüsmann 2008b). Spätestens nach den ersten beiden Modulen der Fortbildung ändert sich diese Einstellung. Äußerungen wie: "Wenn ich so zurückblicke, dann hatte ich doch schon eine ganze Zahl von Familien, wo das zutreffen könnte, ich das aber nicht erkannt habe" oder „Ich habe mich nicht getraut das anzusprechen, weil es ja eine private Angelegenheit der Eltern ist" oder „Ich wusste einfach nicht, wie ich das Gespräch mit den Eltern und dem Kind führen kann" sind in der praktischen Arbeit keine Seltenheit. Es gibt natürlich auch Kitas, die offensiv mit der Thematik umgehen und die Fortbildung nutzen, um ihre bisherige Vorgehensweise zu reflektieren und zu erweitern. Es wenden sich auch Kitas an den Projektträger, die mit dem Problem der häuslichen Gewalt konfrontiert sind und adäquat mit der Thematik umgehen möchten.

Erzieher/-innen geben als die größten Hürden das Ansprechen von vermuteter oder tatsächlicher häuslicher Gewalt gegenüber den Eltern sowie das Gespräch mit dem Kind an. Sie bezeichnen es als entlastend, wenn sie Fach- und Interventionsstellen kennen, an die sie sich wenden können oder auch die Möglichkeit zu Rückfragen beim Projekteträger BORA e. V. haben, um hier im konkreten Fall Beratung in Anspruch nehmen zu können. Das Modul „Selbstreflexion" macht es den Teilnehmenden möglich, sich mit eigenen Ängsten und Befürchtungen aber auch mit Hemmnissen auseinanderzusetzen und eigene Grenzen zu erkennen, um dann professionell handeln zu können, z. B. auch in Form der Abgabe des Falls an eine Kollegin/einen Kollegen.

Die Arbeit mit den Kindern gestaltet sich sehr vielschichtig. Vor Beginn der Workshopreihe findet mit der Gruppenerzieherin/dem Gruppenerzieher ein Vorbereitungsgespräch statt. Dieses Gespräch dient dem Kennenlernen der Personen und der Gruppe sowie der Vorstellung des Arbeitsansatzes. Hilfreich ist es, in diesem Gespräch die Rolle und Aufgabe der Erzieher/-innen während der Kinderworkshops zu besprechen. Die Teilnahme der Erzieherin/des Erziehers an dem Vorbereitungsgespräch ist Voraussetzung für die Durchführung der Workshops, da sie/er einerseits die Aufgabe der Multiplikatorin/des Multiplikators übernimmt, andererseits nach dem Workshop den Kindern als Ansprechperson zur Verfügung steht. Auch erlebt sie/er die Kinder im Kontext des Projektes und kann mögliche Verhaltensauffälligkeiten feststellen. In schwierigen Situationen kann sie/er auf die Kinder unterstützend wirken. Im Vorgespräch wird von Erzieherinnen/Erziehern oftmals der Wunsch geäußert, konkrete Themen während der Workshops aufzugreifen, z. B. distanzloses Verhalten, Nichteinhalten von Grenzen, Trotzreaktionen, aggressives Verhalten bestimmten Kindern oder Gegenständen gegenüber.

In der Arbeit mit Eltern werden sehr unterschiedliche Erfahrungen gemacht. Die Elterninformationsveranstaltungen werden unterschiedlich stark besucht. Immer wieder stehen Eltern dem Projekt anfangs skeptisch gegenüber und äußern oftmals den Wunsch, dass anderen Themen bearbeitet werden sollten, z. B. Gewalt unter Kindern, Gewalt durch fremde Personen, insbesondere sexueller Missbrauch. Die Einbeziehung der Eltern gelingt hervorragend durch größtmögliche Transparenz in der Arbeit mit den Kindern. Bewährt hat sich, das Curriculum des jeweils aktuellen Workshops mit den Kindern zu veröffentlichen, so dass die Eltern Inhalte und Methoden nachvollziehen können. Auch die Anfertigung einer kleinen Arbeit durch die Kinder, die diese ihren Eltern präsentieren können, fördert deren Einbeziehung.

In einigen Kitas wird das Projekt durch BORA e. V. inzwischen jährlich mit den Vorschulkindern durchgeführt. Erzieherinnen und Erzieher, die inzwischen selbst als Mutiplikatorinnen/Multiplikatoren tätig sein könnten, berichten über die positiven und verstärkten Wirkungen der Präventionsarbeit gegen Gewalt, wenn externe Referenten/Referentinnen das Projekt in der Kita durchführen. Dadurch erhält das Projekt PiKiTa einen besonderen Stellenwert im Kita-Alltag. Erzieher/-innen berichten davon, dass sie viele Inhalte des Projektes aufnehmen und mit den Kindern vertiefend bearbeiten und Kinder sich durch den besonderen Stellenwert besonders gut an die Inhalte erinnern können.

Bildungsbausteine

Um in vielen Kindertagesstätten die Umsetzung des Projektes „PiKiTa" zu ermöglichen wurden Bildungsbausteine entwickelt. Diese liegen als CD-Rom vor.[27] Sie können sowohl für die individuelle Fortbildung von Erziehern und Erzieherinnen genutzt werden als auch für die präventive Arbeit mit Vorschulkindern. Für die Arbeit mit Kindern wurden insgesamt neun Module erarbeitet, die den o. g. sechs Workshops Übungen bereitstellen. Hinzu kommen Anregungen zur Gestaltung des Anfangs und des Endes der einzelnen Module, Entspannungsübungen und Phantasiereisen sowie Spiel- und Spaßübungen/Warming-ups. Der Einsatz der Bildungsbausteine ist in allen Bundesländern möglich, erfordert jedoch geringfügige Modifikationen, insbesondere die Hilfe- und Unterstützungseinrichtungen vor Ort betreffend. Eine umfangreiche Literaturliste, die auch Kinderbücher für die Arbeit zum Thema häusliche Gewalt enthält, gibt Anregungen zur weiteren Vertiefung in die Thematik.

Zum Abschluss

Einige Empfehlungen und Forderungen an Praxis, Politik und Forschung:

- Die präventive Arbeit gegen Gewalt, insbesondere häusliche Gewalt muss ein fester Bestandteil der Arbeit in Kindertagesstätten sein;
- die Thematik häusliche Gewalt – Auswirkungen auf Kinder muss ein obligatorischer Bestandteil der Aus- und Weiterbildung von Erziehern und Erzieherinnen sein;
- gewaltpräventive Arbeit ist als Querschnittsaufgabe in das „Berliner Bildungsprogramm für die Bildung, Erziehung und Betreuung von Kindern in Tageseinrichtungen bis zu ihrem Schuleintritt" zu verankern;

---

27 Krüsmann, Henrike (2008a): „Stark sein gegen häusliche Gewalt". Bildungsbausteine für die Präventionsarbeit zu häuslicher Gewalt in Kindertagesstätten. Ein Projekt von BORA e.V. Erhältlich bei: www.frauenprojekte-bora.de; mail: praevention@frauenprojekte-bora.de

- geschlechtsspezifische und interkulturelle Aspekte müssen stärker Berücksichtigung finden;
- die Öffnung von Kindertagesstätten gegenüber Angeboten sowie die Bereitschaft zur Kooperation mit verschiedenen Partnern sind zu verstärken.

Ulrike Kreyssig

BIG Prävention – ein innovatives Konzept zur Prävention häuslicher Gewalt an Berliner Grundschulen

> „Ich konnte mich in der Schule nie konzentrieren, ich habe immer überlegt, was gerade zu Hause passiert…"[28]

Seit sechs Jahren arbeitet der Bereich BIG Prävention (Träger Berliner Initiative gegen Gewalt an Frauen, BIG e. V.) inzwischen zum Thema Häusliche Gewalt in Grundschulen.[29] In den Jahren 2006 bis 2008 wurde BIG Prävention zunächst als Modellprojekt initiiert und wissenschaftlich begleitet[30], finanziert von der Stiftung Deutsche Jugendmarke e. V. und der Jugend- und Familienstiftung Berlin, seit 2008 finanziell unterstützt durch den Senat für Bildung, Jugend und Wissenschaft. Die Arbeit an den Schulen wird von vier festangestellten Mitarbeitern/Mitarbeiterinnen[31] (Teilzeit) geleistet, unterstützt durch eine Mitarbeiterin im Verwaltungsbereich und durch Honorarkräfte, etliche davon mit Migrationshintergrund. In den Jahren 2008 bis 2011 erreichte BIG Prävention mit den entsprechenden Angeboten 3495 Kinder, 825 Eltern und 1193 Lehrer/-innen und andere pädagogische Fachkräfte. Außerdem wurden zahlreiche Materialien und Publikationen erstellt[32], die von verschiedenen Zielgruppen genutzt werden können.

---

28 Vgl. DVD „Kennst du das auch? Wahre Geschichten von zu Hause – Fünf Mädchen und Jungen erzählen von ihren Erfahrungen mit häuslicher Gewalt, Leeds Animation Workshop, England (1999), deutschsprachige Version BIG e. V.

29 In Berlin beträgt die Regelzeit an Grundschulen sechs Jahre. Das Konzept der Arbeit von BIG Prävention richtet sich an Schüler/-innen der 4. bis 6. Klassen.

30 Vgl. Abschlussbericht BIG Präventionsprojekt (2008).

31 Für die fachliche Arbeit von BIG Prävention sind verantwortlich: Ute Paul, Sabrina Rudolph-House, Brigitte Seifert, Oliver Hagemann und als Büroassistenz Annika Larson.

32 Siehe http//:www.big-praevention.de

Im November 2010 wurde BIG Prävention von der Landeskommission Berlin gegen Gewalt für die Arbeit ausgezeichnet und erhielt den 2. Berliner Präventionspreis.

Das Thema Prävention von häuslicher Gewalt in Schulen wurde in den vergangenen Jahren auf politischer Ebene aufgegriffen (vgl. Buskotte in diesem Band) und in einzelnen Bundesländern durchaus auch be- und gefördert (vgl. Modellprojekte Baden-Württemberg, Kavemann in diesem Band). Dennoch liegt ein regelhaftes Angebot, z. B. in Form eines Spiralcurriculums, das heißt, in verschiedenen Altersgruppen wird das Thema in Schulen immer wieder altersangemessen bearbeitet, bislang nicht vor. Auch eine Verankerung in der Breite in der Lehreraus- bzw. -fortbildung (außer in Schleswig-Holstein) fehlt. Eine entsprechende Empfehlung (2010) der Ministerin für Familie, Senioren, Frauen und Jugend, Kristina Schröder, an die Kultusministerkonferenz, in der u. a. die „Einrichtung einer zentralen Internetseite/strukturierten Wissensplattform zum Thema Prävention häuslicher Gewalt für Bildungs- und Erziehungsprozesse im schulischen Bereich" vorgeschlagen wird, ist nach meiner Kenntnis bislang nur von einzelnen Bundesländern aufgegriffen und umgesetzt worden.[33] Die in dem Schreiben empfohlene Wissensplattform fehlt gänzlich.

Der folgende Beitrag skizziert die Ausgangslage und das Verständnis von Prävention, veranschaulicht die konkrete Arbeit in und mit Schulen und benennt sowohl die Erfolge als auch die Schwierigkeiten und Lücken, die sich in der praktischen Arbeit zeigen.

Ausgangslage

Wie wichtig die Prävention häuslicher Gewalt an Schulen ist, verdeutlichen Studien, die sich mit den Auswirkungen der häuslichen Gewalt auf Kinder auseinandersetzen.[34] Neben möglichen Traumatisierungen durch die Gewalterlebnisse (vgl. Strasser 2006) können Beeinträchtigungen sowohl der kognitiven als auch der emotionalen und sozialen Entwicklung der Kinder (vgl. Kindler 2006e) die Folge sein. Darüber hinaus wurde festgestellt, dass Kinder, die häusliche Gewalt miterlebt haben, als Erwachsene zu Gewalttätigkeit bzw. Viktimisierung in Paarbeziehungen neigen (vgl. Ehrensaft u. a. 2003). Dies belegen auch Ergebnisse der Prävalenzstudie des Bundesministeriums für Familie, Senioren, Frauen und Jugend: Frauen, die in ihrer Kindheit und Jugend Gewalthandlungen zwischen den Eltern miterlebt hatten, hatten mit 47 % mehr als doppelt so häufig Gewalt in ihren Paarbeziehungen erlebt wie Frauen ohne diese Erfahrungen in der Kindheit (21 %) (vgl. Schröttle 2004: 268).

33 Schreiben an den Präsidenten der Kultusministerkonferenz, Herrn Ludwig Spaenle v. 3.09.2010.

34 Vgl. verschiedene Beiträge in diesem Band, u. a. M. Wurdak, H. Hellbernd, H. Kindler.

Um diesen Gewaltkreislauf frühzeitig zu unterbrechen, müssen Mädchen und Jungen darin gestärkt werden, sich gegen Gewalt zu schützen und konfliktlösungsorientierte Handlungsmuster zu erlernen. Schule bietet sich hier als Ort der Prävention an, denn ihr Auftrag beinhaltet u. a., die Persönlichkeit von jungen Menschen zu stärken und soziale Kompetenzen zu entwickeln. Kinder besuchen trotz familiärer Schwierigkeiten i. d. R. weiter die Schule, d. h. auch Kinder und deren Mütter, die von häuslicher Gewalt betroffen sind, sind durch die allgemeine Schulpflicht erreichbar und im Bedarfsfall können entsprechende Hilfemöglichkeiten vermittelt werden. BIG Prävention bündelt erstmals verschiedene Strategien der Prävention in einem innovativen Ansatz, der Kinder, Eltern und pädagogische Fachkräfte gleichermaßen einbezieht.

Das Wissen über häusliche Gewalt wird bei allen Beteiligten vermehrt, der Zugang zum Hilfesystem erleichtert und damit eine Verbesserung des Schutzes für Mädchen und Jungen (und ggf. deren Mütter) gewährleistet.

Prävention von häuslicher Gewalt

Der Begriff der Prävention bezeichnet allgemein Strategien, *„die darauf abzielen, unerwünschte oder mit Leid verbundene Formen menschlichen Verhaltens oder Erlebens zu verhindern, möglichst rasch zu beenden oder mögliche, noch nicht eingetretene Folgewirkungen abzumildern" (vgl. Kindler/Unterstaller in diesem Band).* In Bezug auf häusliche Gewalt meint Prävention die Verhinderung des ersten Auftretens von Gewalt, die dauerhafte Beendigung von bereits aufgetretener Gewalt oder die Abwendung möglicher negativer Folgen der Gewalt. Diese letzte Form der Prävention ist vor allem für die Arbeit mit Kindern von Bedeutung. Die Trennlinie zwischen Prävention und Intervention im weitesten Sinne besonders im Bereich häuslicher Gewalt ist nur schwer zu ziehen (vgl. ebd.).

Grundsätzlich werden in der vorbeugenden Arbeit mit Kindern drei Zielgruppen und Ebenen für präventives Handeln unterschieden:

- Primäre Prävention soll alle Kinder und Jugendlichen für Gefährdungen sensibilisieren und ihnen alternative Mittel und Wege vor der Symptomverfestigung nahe bringen, z. B. ausgleichende Formen der Konfliktbewältigung an Stelle von gewaltgeprägtem Verhalten kennen zu lernen und zu üben. Die primärpräventive Arbeit setzt also ein, bevor sich unerwünschte Bewältigungsmuster ausbilden. Hier werden geschlechtsgemischte Gruppen präferiert, da das Modell- und Korrekturverhalten der Kinder untereinander meist positive Wirkung entfaltet. Es kann sich aber auch durchaus anbieten, in geschlechtshomogenen Gruppen zu arbeiten, um mehr Raum für angst- oder/ und schambesetzte Themen zu schaffen.
- Sekundäre Prävention wendet sich eher an gefährdete Mädchen und Jungen, die möglicherweise in Gewaltkontexten (Familie; benachteiligte Stadtteile; Cliquen mit erniedrigenden, unterdrückenden Kommunikationsstrukturen) groß geworden sind bzw. groß werden und die schon Anzeichen von

ungünstigem Konfliktverhalten zeigen. Hier geht es darum, z. B. Jungen mit beginnendem Gewaltverhalten zu konfrontieren und alternatives Verhalten zu erlernen.[35]

- Tertiäre Prävention richtet sich an junge Menschen, die bereits als auffällig gelten. Dabei steht im Vordergrund des Interesses, dass sich schon ausgeprägte gewaltnahe Konfliktstile nicht zu einem festen Muster ausbilden. Oft reichen Klassen- oder Gruppenangebote für diese Zielgruppe nicht mehr aus. Darüber hinaus müssen Kurse in Kleingruppen und Einzelbetreuung flankierend eingesetzt werden.

Wenn im Folgenden der Einfachheit halber allgemein von Prävention gesprochen wird, dann ist hier die Primär- und Sekundärprävention gemeint. Prävention von häuslicher Gewalt hat zwei Aspekte. Zum einen lernen Kinder frühzeitig, Konflikte gewaltfrei zu lösen. Dies erhöht die Wahrscheinlichkeit, dass sie in ihrem Leben, insbesondere in späteren Partnerschaften, keine Gewalt erdulden oder ausüben. Zum anderen erfahren Kinder, wo und wie sie für sich oder andere im Falle häuslicher Gewalt Hilfe holen können.

Weiterhin gilt es in der Prävention, Erwachsene breitflächig zu sensibilisieren und ihre Handlungskompetenz zu erweitern: Eltern, Pädagogen und Pädagoginnen und die Öffentlichkeit werden über die Dynamik und die Auswirkungen von häuslicher Gewalt aufgeklärt mit dem Ziel, häusliche Gewalt nicht hinzunehmen und Kinder frühzeitig zu schützen (vgl. Godenzi 1993: 324 ff.). Auch Blum-Maurice plädiert für ein Bausteinprinzip bei der Prävention, das die Fortbildung der beteiligten Fachkräfte, Elternarbeit und Präventionsarbeit mit den Kindern berücksichtigt. Als ebenso wichtig definiert sie die Einbindung von spezialisierten Hilfeeinrichtungen in die Prävention (vgl. Blum-Maurice 2006: 59).

Der größte Teil der existierenden Präventionskonzepte, die zum Schutz und zur Stärkung von Kindern entwickelt wurden, ist im Kontext von Kindesmisshandlung bzw. sexuellem Missbrauch entstanden und lässt sich nicht eins zu eins auf den Bereich häuslicher Gewalt übertragen. Sowohl sexuelle Gewalt als auch häusliche Gewalt beeinträchtigen die Entwicklung von Kindern substantiell und beide Gewaltformen sind mit Schuld- und Schamgefühlen bei betroffenen Kindern verbunden. Bei beiden Themen geht es um Aspekte wie Familiengeheimnis und Stigmatisierung der Opfer. Zudem zielt die Prävention hier wie dort darauf ab, betroffene Kinder zu stärken, sie zu ermutigen, sich Hilfe zu holen, sowie vorzubeugen, dass aus Kindern später Opfer oder Täter/-innen werden. Dennoch bestehen elementare Unterschiede: In der Prävention von sexueller Gewalt werden so genannte Täterstrategien

35 Hier unterscheidet sich Sekundärprävention allgemein und Sekundärprävention von häuslicher Gewalt. Häusliche Gewalt tritt in allen Gesellschaftsschichten auf. So sind, der sekundäranalytischen Auswertung zur Differenzierung von Schweregraden, Mustern, Risikofaktoren und Unterstützung nach erlebter Gewalt zufolge, 37 % der Täter häuslicher Gewalt Akademiker (vgl. Schröttle 2008).

berücksichtigt (z. B. die Strategie eines Täters, sich das Vertrauen eines Kindes manipulativ zu erschleichen, um es später zu missbrauchen), aus denen Ableitungen für eine ermutigende, Kinder stärkende Präventionsarbeit gezogen wurden (vgl. Strohhalm 2006: 19). Diese Strategien lassen sich auf die Familiendynamik bei häuslicher Gewalt nicht übertragen.[36] Dennoch bilden die Konzepte der Präventionsarbeit im Bereich sexueller Missbrauch und Kindesmisshandlung eine wichtige Basis für die Prävention bei häuslicher Gewalt.

Eine weitere wichtige Grundlage für die Entwicklung des Arbeitskonzeptes von BIG war die Studie von Corinna Seith 2006 (vgl. Beitrag von Seith in diesem Band), in der das Kommunikationsverhalten von Kindern untersucht wird, die von häuslicher Gewalt betroffen sind. Wem vertrauen sie sich an? Mit wem sprechen sie über eine solche Thematik? Diese Untersuchung zeigt, dass Mädchen und Jungen am häufigsten mit ihren Geschwistern über häusliche Gewalt reden würden. Am zweithäufigsten wurden von Mädchen die Freundinnen/Freunden als Vertrauenspersonen benannt, während Jungen eher erwägen, die Großeltern ins Vertrauen zu ziehen.

Die Studie belegt ebenfalls, dass Lehrer/-innen vergleichsweise selten als Ansprechpartner/-innen für ein familiäres Problem wie häusliche Gewalt gewählt werden (nur ca. 14 % betrachten es als einfach, mit der Lehrerin/dem Lehrer über häusliche Gewalt zu sprechen). Dabei können sich jüngere Schüler/-innen noch eher vorstellen, mit der Lehrer/-in über häusliche Gewalt zu sprechen als ältere. Das Grundbedürfnis, sich auszusprechen und zu entlasten, wird durch eine generelle Hemmung beeinträchtigt, Familieninterna nach außen zu tragen. Zudem befürchten Kinder, dass die anvertrauten Geheimnisse weitererzählt würden und damit der gute Ruf der Familie Schaden nehmen könnte. Diese Sorge hindert insbesondere Kinder aus Familien mit Migrationshintergrund, sich bei familiären Problemen Außenstehenden zuzuwenden (vgl. Seith 2006: 103 ff.).

Diese Forschungsarbeit verdeutlicht, wie wichtig es ist, auch die Freunde/Freundinnen von betroffenen Kindern zu entlasten und ihnen Möglichkeiten aufzuzeigen, wie sie andere unterstützen können, ohne sich selbst zu überfordern. Gleichzeitig vermittelt die Untersuchung Anstöße, was im Bereich Schule getan werden könnte, damit Lehrkräfte eher als Vertrauenspersonen wahrgenommen werden.

Auf Grundlage dieser Erkenntnisse hat BIG Prävention sich auf folgende *Ziele und Zielgruppen* fokussiert: BIG Prävention will für das Thema Häusliche Gewalt sensibilisieren, aufklären und vorbeugen sowie den Zugang zum Hilfesystem, insbesondere für Kinder, erleichtern. Dabei werden alle wesentlichen Akteure im Kontext Schule eingebunden und in einem integrativen Ansatz verschiedene Strategien der Prävention häuslicher Gewalt gebündelt.

36 Mit folgender Ausnahme: Ein gewalttätiger Partner und/oder Vater hat als Täter ein Interesse daran, das Kind dazu zu bringen, über die miterlebte Gewalt zu schweigen – dies stellt eine Parallele zu den o. g. Täterstrategien dar.

Ein besonderer Fokus liegt auf der Verbesserung des Kinderschutzes an Schulen in enger Zusammenarbeit mit der Jugendhilfe.

In *Fortbildungen* unterschiedlicher Länge und Intensität[37] werden Lehrer/-innen, Erzieher/-innen, Schulsozialarbeiter/-innen und Kooperationspartner/-innen der Schulen über das Thema Häusliche Gewalt und Kinderschutz informiert und qualifiziert. Ziel ist eine stärkere Sensibilisierung für Kinder, die von (häuslicher) Gewalt betroffen sind und eine größere Handlungssicherheit bei möglichen Kindeswohlgefährdungen. Lehrkräfte sollen

- mögliche Folgen und Auswirkungen bei Schülerinnen/Schülern eher erkennen und einordnen können,
- befähigt werden, diese Kinder zu unterstützen und ggf. notwendige Interventionen in enger Zusammenarbeit mit der Jugendhilfe einzuleiten, und
- dafür gewonnen werden, auch zukünftig präventiv mit ihren Schülern/Schülerinnen zu arbeiten, um die Inhalte angestoßener Entwicklungen nachhaltig zu verankern.

Im Rahmen eines Elternabends oder Elterncafés werden Eltern, deren Kinder am Kinderworkshop teilnehmen,

- über die schädlichen Auswirkungen von Partnergewalt auf Kinder informiert,
- über die Inhalte der Kinderworkshops in Kenntnis gesetzt
- ermutigt, in ihrer eigenen Erziehung präventiv zu handeln und
- erhalten Informationen über Hilfemöglichkeiten für gewaltbetroffene Frauen als auch für gewaltausübende Männer.

Mit den Schülerinnen und Schülern wird in viertägigen Workshops auf folgende Ziele hin gearbeitet:

- Sie sollen gestärkt werden, damit sie nicht selbst Opfer oder Täter von häuslicher Gewalt werden,
- sie lernen ihre Rechte kennen und sind informiert, was häusliche Gewalt bedeutet,
- sie lernen im Rahmen der Workshops Möglichkeiten und Strategien kennen, um Konflikte gewaltfrei zu löse,
- sie werden ermutigt und befähigt, sich Hilfe zu holen, wenn sie selbst von häuslicher Gewalt betroffen sind (Empowerment) oder von Freundinnen/Freunden wissen, die häusliche Gewalt erleben.

---

37 Hierzu werden derzeit sukzessive in allen zwölf Berliner Bezirken Lehrkräfte, Schulsozialarbeiter/-innen und Erzieher/-innen von Grundschulen fortgebildet. Der Handlungsleitfaden der Senatsverwaltung für Bildung, Wissenschaft und Forschung, „Zusammenarbeit zwischen Schulen und bezirklichem Jugendamt im Kinderschutz" (2008) wird in den Fortbildungen eingehend behandelt.

	Fortbildung	Studientage	Elternarbeit	Kinder-workshops
Titel	Darüber spricht man nicht? Sicherung des Kindeswohls bei häuslicher Gewalt und familiärer Suchtproblematik“	1. „Häusliche Gewalt und Kinderschutz“ 2. „Kinder und häusliche Gewalt“	1. Elternabende 2. Elterncafés 3. Infoveranstaltungen zur Ausstellung ECHT FAIR!	1. viertägige Workshops 2. einzelne Projekttage im Rahmen der Ausstellung oder innerhalb von Projektwochen
Zielgruppe	Lehrer/-innen, Erzieher/-innen, Schul-Sozialarbeiter/-innen von Grundschulen (jeweils zwei pro Schule)	- gesamtes Kollegium, Erzieher/-innen, Schulsozialarbeiter/-innen - Koop-Partner/-innen einer Grundschule	- interessierte Eltern - Eltern der am Workshop teilnehmenden Schüler/-innen	Mädchen und Jungen der 4. bis 6. Klassen an Grundschulen (und Förderschulen)
Dauer	16 Zeitstunden	3 bzw. 6 Zeitstunden	1-2 Zeitstunden	4 x 4 Unterrichtsstunden
Ergänzende Angebote	Coaching: Coaching für Lehrkräfte, z. B. in Kinderschutzfällen ECHT FAIR: Interaktive Ausstellung für Schüler/-innen zur Prävention von häuslicher Gewalt			

Die konkrete Arbeit von BIG Prävention – die einzelnen Module

Fortbildung von Lehrkräften und anderen pädagogischen Fachkräften

Seit 2010 hat BIG Prävention den expliziten Auftrag der Senatsverwaltung für Bildung, in allen Bezirken mindestens zwei Lehrkräfte bzw. eine Lehrkraft und eine Schulsozialarbeiterin/Erzieherin jeder Grundschule für die Arbeit mit dem Handlungsleitfaden zur „Zusammenarbeit zwischen Schulen und bezirklichem Jugendamt im Kinderschutz“ der Berliner Senatsverwaltung für Bildung, Wissenschaft und Forschung[38] zu qualifizieren. Den im Bereich BIG Prävention tätigen Mitarbeitern/Mitarbeiterinnen wurden für diese Fortbildungen zwei Lehrkräfte zur Seite gestellt, die mit zehn Abminderungsstunden pro Woche im Schwerpunkt Suchtprophylaxe tätig sind. Die Idee der Senatsverwaltung war, die Vorgehensweise in (möglichen) Kinderschutzfällen am Beispiel häusliche Gewalt und am Beispiel Kinder in Suchtfamilien zu vermitteln. Nur die Zustimmung zu dieser „Zwangsverheiratung“, die inhaltlich nur bedingt sinnvoll ist, ermöglichte die Weiterfinanzierung von BIG Prävention. Gemeinsam wurde zur Implementierung des Handlungsleitfadens ein Fortbildungscurriculum entwickelt. Die Fortbildungsreihe umfasst 4 Tage mit 16 Stunden, verteilt auf mehrere Wochen. Allein im Jahr 2011 wurden insgesamt 134 pädagogische Fachkräfte aus 50 Schulen von BIG Prävention zu

38 Senatsverwaltung für Bildung, Wissenschaft und Forschung (Hrsg.) (2008): Zusammenarbeit zwischen Schulen und bezirklichem Jugendamt im Kinderschutz, Handlungsleitfaden, Berlin.

sogenannten Ansprechpartnern/-partnerinnen im Kinderschutz fortgebildet, die jede Schule verpflichtend benennen muss.

Damit hat Berlin ein Novum geschaffen: In vielen Bundesländern existieren inzwischen Leitfäden zur besseren Zusammenarbeit zwischen Schule und Jugendhilfe im Kinderschutz, die selbstverständlich auch beiden Seiten zur Kenntnis gegeben werden. Die Erfahrung zeigt jedoch, dass diese Handlungsmaximen häufig in den Schubladen liegen, bei weitem nicht alle Lehrkräfte davon Kenntnis haben oder/und sie in der Praxis nur bedingt angewendet werden, weil es zu viele offene Fragen und damit einhergehend Unsicherheiten gibt. Allein die Vorgabe, dass im Falle einer Sorge um das Wohlergehen eines Kindes zunächst Gespräche mit den Eltern geführt werden sollen, um die Situation des Kindes zu eruieren bzw. eine Veränderung herbeizuführen, löst bei vielen Lehrkräften Bedenken und Verunsicherung aus. Wie führe ich ein solches Gespräch? Wie kann ich mich vorbereiten, absichern? Wann genau schalte ich das Jugendamt ein? Was geschieht, wenn ich Eltern zu Unrecht verdächtige? Hier soll durch die Arbeit von BIG Prävention der Berliner Handlungsleitfaden mit Leben gefüllt werden und mehr Handlungssicherheit entstehen. Die Akquise für die Fortbildungen erfolgt über eine abgestimmte Vorgehensweise: Zunächst wird die gesamte Produktpalette von BIG Prävention den jeweiligen Schulräten/Schulrätinnen und nachfolgend den Schulleitungen vorgestellt. Letztere haben dann im Rahmen einer Interessenbekundung die Möglichkeit, für ihre Schule die jeweils für sie interessanten und/oder für notwendig erachteten Module auszuwählen. Das kann beispielweise bedeuten, dass eine Schulleitung entscheidet, zwei Lehrkräfte im Rahmen der Fortbildung zu Ansprechpartnern/-partnerinnen im Kinderschutz fortbilden zu lassen. Eine andere Schule bucht nur einen halbtägigen Studientag, um das gesamte Kollegium zu häuslicher Gewalt zu informieren und in zwei Klassen Workshops durchzuführen. Zwei herausfordernde Fälle werden durch ein Coaching begleitet. In einer anderen Schule wird entschieden, dass das Thema Kinderschutz bereits bei einer Lehrkraft und der Schulsozialarbeiterin in guten Händen ist, dass es jedoch sinnvoll wäre, um für Rückhalt und Einbettung der Kinderschutzthematik in der gesamten Lehrerschaft zu sorgen, dazu einen Studientag durchzuführen.

In der Regel erfahren die Angebote von BIG Prävention eine sehr gute Resonanz und die Anfragen können nur sukzessive abgearbeitet werden. Dennoch werden auch immer wieder seitens der Lehrer/-innen Bedenken geäußert, dass bei dem weitgehend tabuisierten Thema der häuslichen Gewalt möglicherweise das über Jahre hinweg zum Teil mühsam aufgebaute, vertrauensvolle Verhältnis zu den Eltern gestört werden könnte. Diese Einwände müssen ernst genommen und argumentativ aufgegriffen werden. Wie können Elterngespräche so geführt werden, dass sich eine Mutter oder ein Vater nicht angegriffen fühlt, sondern eher die mögliche gemeinsame Sorge um das Kind angesprochen wird. Oder es muss deutlich auf die Verbreitung häuslicher Gewalt und die daraus resultierenden Folgen für Kinder hingewiesen werden. Als wirkungsvoll erweist sich auch das Argument, dass Freunde/Freundinnen von Kindern besonders häufig als Vertrauensperson für familiäre Probleme betrachtet werden und Lehrkräfte, wenn sie sich als Vertrauenspersonen anbieten, hier eine entlastende Funktion haben können. Diese Themen und Fragen werden selbstverständlich auch in den Fortbildungen aufgegriffen und bearbeitet. Inhaltlich umfasst die viertägige Fortbildung folgende Schwerpunkte:

- Vermittlung von Grundlagenwissen zu häuslicher Gewalt und familiärer Suchtproblematik;
- Gefährdungseinschätzung vornehmen anhand festgelegter Kriterien (Berlineinheitliche Indikatoren/Risikofaktoren und anhand des Meldebogens Kinderschutz im Rahmen der Kooperation Schule - Jugendamt);
- Vermittlung rechtlicher Grundlagen;
- Gesprächsführungstechniken kennen und üben (Elterngespräche, Gespräche mit betroffenen Schülern/Schülerinnen);
- Möglichkeiten zur Unterstützung betroffener Schüler/-innen im Schulalltag erarbeiten (Entlastung schaffen, Gesprächsmöglichkeiten anbieten, Zusammenarbeit mit Schulsozialarbeit absprechen etc.);
- didaktische Impulse für die Präventionsarbeit mit Kindern vermitteln;
- das Berliner Hilfesystem kennen, über die Aufgaben des Jugendamtes bei Kindeswohlgefährdungen informieren und Möglichkeiten der Kooperation aufzeigen;
- Durchführung einer „Zukunftswerkstatt" zu der Frage, wie an der jeweiligen Schule die Funktion einer Ansprechpartnerin/eines Ansprechpartners im Kinderschutz konkret aussehen und etabliert werden kann.

Die Kooperation zwischen Schule und Jugendamt auf der Basis verbindlicher Absprachen (vgl. Buskotte/Kreyssig in diesem Band) führt zu einem notwendigen, aber auch für beide Seiten bereichernden fachlichen Austausch und einem gemeinsamen professionellen Handeln. Für die Ansprache durch Schulen wurden in den letzten Jahren jeweils zuständige Sozialarbeiter/-innen in den Jugendämtern benannt, was eine konstruktive Zusammenarbeit entscheidend verbessert und verstetigt hat. Die Bereitschaft, aufeinander zuzugehen und trotz unterschiedlicher Aufgaben, Handlungsroutinen und -logiken nach gemeinsamen Wegen zur Unterstützung und Hilfen für gefährdete Kinder zu suchen, ist immens gewachsen. Im Rahmen der Fortbildungen, an denen Mitarbeiter/-innen des Jugendamtes grundsätzlich als Experten/Expertinnen teilnehmen, können Fragen rund um das Thema Kinderschutz geklärt, Befürchtungen benannt und (Vor)Urteile ausgeräumt werden. Diese aktive Einbeziehung der Jugendamtsmitarbeiter/-innen in alle Fortbildungen wird von beiden Seiten ausgesprochen begrüßt und wertgeschätzt.

Studientage

Die Angebote für Schulen, sich im Bereich Kinderschutz und häusliche Gewalt fortzubilden, wurden über die Jahre erheblich ausgeweitet. Je nach Interesse, zeitlichen Ressourcen und Bedarf können sowohl halbe Studientage (dreistündig) zum Thema „Kinder und häusliche Gewalt" oder ein ganztägiges Angebot (sechsstündig) „Kinderschutz und häusliche Gewalt" abgerufen werden. Ziel dieser erweiterten Produktpalette ist es, den Schulen zu ermöglichen, sowohl der Vorgabe der Berliner Senatsverwaltung für Bildung, Jugend und Wissenschaft – wonach jede Pädagogin/jeder Pädagoge einer Schule den Handlungsleitfaden „Zusammenarbeit zwischen Schulen und bezirklichem Jugendamt im Kinderschutz" kennen soll – nachzukommen als auch flexibel auf Bedarfe der Schulen zu reagieren und ihnen, je nach Stand und Vorkenntnissen, passgenaue Module anzubieten. Diese Variationsmöglichkeiten im Sinne der „Kundenorientierung" werden sehr gut von den Schulen angenommen und ermöglichen es BIG Prävention, viele Schulen zu erreichen und für das Thema häusliche Gewalt aufzuschließen. Zu den Studientagen werden außer den Mitarbeitern/Mitarbeiterinnen der regionalen Jugendämter auch andere externe Teilnehmer/-innen, z. B. Mitarbeiter/-innen von sozialen Vereinen aus dem Umfeld der jeweiligen Grundschule, der Schulpsychologie und dem Kinder- und Jugendgesundheitsdienst sowie die Koordinatoren/-innen für Häusliche Gewalt der Polizei eingeladen. Die Beiträge dieser externen Teilnehmer/-innen werden von den Lehr- und den pädagogischen Fachkräften der Grundschulen ganz überwiegend als praxisnah und hilfreich bewertet.[39] 171 pädagogische Fachkräfte aus vier Schulen haben an einem ganztägigen Studientag im Jahr 2011 teilgenommen. Sieben Schulen mit insgesamt 207 Lehrer/-innen und Erzieher/-innen entschieden sich für das halbtägige Modul „Kinder und häusliche Gewalt".

Fachveranstaltung zur pädagogischen Begleitung der interaktiven Ausstellung für Kinder und Jugendliche zur Gewaltprävention ECHT FAIR!

Im Jahr 2008 konzipierte BIG e. V. gemeinsam mit dem Präventionsprojekt PETZE, Schleswig- Holstein eine interaktive Wanderausstellung für Schüler/-innen. Flankierend zu dieser Ausstellung wurde ein weiteres Angebot entwickelt. Interessierten Pädagoginnen/Pädagogen, die Schulklassen oder Jugendgruppen durch die Ausstellung begleiten, werden innerhalb dieser Fachveranstaltung Hintergrundwissen zum Thema Kinder und häusliche Gewalt vermittelt und didaktische Hinweise gegeben. Zur weiteren Vorbereitung und Unterstützung erhalten die Lehrkräfte eine Begleitbroschüre mit Erläuterungen und Arbeitsbögen zu den einzelnen Stationen der Ausstellung.

39 Jede Fortbildung mit mündlich und schriftlich (Fragebögen) evaluiert.

Workshops mit Schülerinnen und Schülern

Das inzwischen seit vielen Jahren bewährte, aber auch fortlaufend angepasste und erweiterte Konzept der viertägigen Kinderworkshops zur Prävention von häuslicher Gewalt findet bei Lehrkräften, Schülerinnen/Schülern und Eltern großen Anklang. In die Workshops, ebenso wie in die Elternarbeit sind männliche Mitarbeiter und Honorarkräfte mit transkultureller Kompetenz eingebunden, um sicherzustellen, dass unabhängig von Geschlecht und Migrationshintergrund alle Schüler/-innen für die Thematik interessiert werden können. Voraussetzung für die Durchführung ist die grundsätzliche Bereitschaft der Schulen, an den flankierenden Angeboten, d. h. an Elternabenden und an Fortbildungen für die jeweiligen Schulkollegien teilzunehmen, um zu gewährleisten, dass die Arbeit mit den Schülern/Schülerinnen nachhaltig ist. Bevor der Kinderworkshop durchgeführt wird, findet zusätzlich mit dem/der jeweiligen Klassenlehrer/-in ein Vorgespräch statt. In diesem Gespräch wird geklärt, welche Rolle und welche Aufgaben die Lehrkraft während der Workshoptage übernimmt. Weiterhin werden organisatorische Absprachen getroffen hinsichtlich Raumorganisation, Festlegung der Termine für einen Elternabend etc.

Das Vorgespräch mit den Lehrern/Lehrerinnen dient auch dazu, sich über die Situation in der Klasse, Klassenklima oder auch über die familiäre Situation einzelner Kinder, unter Wahrung des Datenschutzes, zu informieren. Hier können Auskünfte gegeben werden über Auffälligkeiten, erwähnenswerte familiäre Besonderheiten von Kindern, ggf. auch Informationen über Schüler/-innen, die schon häusliche Gewalt oder andere Gewaltformen erlebt haben, besondere Positionen in der Klasse und Klassendynamik etc. Diese Auskünfte sind wichtig, damit sich die BIG-Mitarbeiter/-innen auf Besonderheiten der Klassenstruktur vorbereiten und auf Reaktionen einzelner Kinder im Workshop angemessen reagieren können.

Im Zentrum der Workshops steht die primäre Prävention von häuslicher Gewalt, aber auch ggf. die Intervention/sekundäre Prävention. Die teilnehmenden Schüler/-innen werden altersangemessen informiert, gestärkt und erfahren, welche Rechte sie haben, z. B. das Recht auf gewaltfreie Erziehung, und wo sie Hilfe erhalten können, wenn sie oder auch andere ihnen bekannte Kinder häusliche Gewalt erleben. Möglicherweise betroffene Kinder erhalten Entlastung und Unterstützung. Es wurden Workshops in verschiedenen Bezirken und Schulen, allein in 2011 mit 57 Klassen, durchgeführt. Thematische Schwerpunkte in den Workshops mit dem Titel: „Gewalt kriegt die rote Karte" sind folgende: Am ersten Tag geht es um das Thema „Gefühle": Welche Gefühle kennen die Kinder, wie erkennen sie bei anderen Gefühle, wie gehen sie damit um, wenn sie wütend sind? Motto: „Wir achten auf unsere Gefühle." Das Konzept dieses Tages lehnt sich ursprünglich an das „Faustlos"-Programm (Cierpka 2005) an, wurde jedoch konzeptionell eigenständig weiterentwickelt. Der zweite Tag befasst sich mit dem Thema „Streit", den Unterschieden zwischen Streit und Gewalt und es werden Strategien erprobt, konstruktiv mit Konfliktsituationen umzugehen. Als Motto gilt: „Streit ist okay - wir müssen nur fair bleiben!" Am dritten Tag steht das Thema häusliche Gewalt im Mittelpunkt. Die Schüler/-innen erhalten altersgerechte Informationen zu häuslicher Gewalt und wie es Kindern gehen kann, die das erleben. Sie erfahren aber auch, was sie selbst tun können bzw. wo sie Hilfe bekommen. In Berlin gibt es eine zentrale Anlaufstelle, den Kindernotdienst, mit dem BIG Prävention eng kooperiert und deren Mitarbeiter/-innen sich für die Fragen der Klassen bei einem Live-Anruf bereithalten. Dazu gehört folgende Information: *„Beim KND kann man anrufen, ohne seinen Namen zu sagen. Die Mitarbeiter/-innen hören gut zu und verstehen die Probleme der Kinder und Jugendlichen oder auch der Erwachsenen, die sich Sorgen um Kinder machen. Sie unterstützen die Kinder bei ihren Problemen, damit es den Kindern dann besser geht. Der/die Mitarbeiter/-in sucht gemeinsam mit dem betroffenen Kind nach einer Lösung für dessen Probleme."* Für die Schüler/-innen reduziert dieser Anruf erheblich die Angst, ggf. Hilfen durch professionelle Erwachsene in Anspruch zu nehmen. Diese Sequenz innerhalb des Workshops basiert auf dem sogenannten „disclosure", d. h. der Erkenntnis, unter welchen Bedingungen Mädchen und Jungen sich Erwachsenen anvertrauen, wenn sie von häuslicher Gewalt bzw. anderen belastenden Ereignissen betroffen sind: 1. Wenn sie Worte für das problematische Geschehen haben; 2. Wenn sie wissen, was nach einer Offenlegung geschieht, d. h. die Folgen kennen und wenn sie die Gelegenheit zu einem vertraulichen Gespräch erhalten.

Der letzte Workshoptag widmet sich dem Thema: „Peerunterstützung und Stärkung des Selbstwertgefühls", nach dem Motto: „Klar - wir kennen unsere Rechte!" An allen Tagen wird mit den Mädchen und Jungen zeitweise in geschlechtshomogenen Gruppen gearbeitet, da erfahrungsgemäß die Hemmschwelle sinkt, auch über Angst oder schambesetzte Themen zu sprechen. Der Einsatz von Rollenspielen in jeder Sequenz dient der Aktivierung der Klassen durch die Repräsentation von der dargestellten Situation, der Einschätzung und der gemeinsamen Suche nach Lösungen.

Gesprächsangebot im Rahmen der Kinderworkshops

Im Kontext der Kinderworkshops bietet BIG Prävention den teilnehmenden Kindern ein offenes Gesprächsangebot, die sogenannte Kindersprechstunde an. Die Kinder erhalten die Gelegenheit, über ihre Anliegen oder Sorgen in einem kleineren und vertraulichen Rahmen zu sprechen.

In den Sprechstunden berichten die Mädchen und Jungen von unterschiedlichen Themen, die sie belasten. Das kann das Fernsehverbot oder das reduzierte Taschengeld, den Konflikt mit der besten Freundin, aber auch physische und/oder psychische Gewalt in ihrer Familie betreffen, von der sie unmittelbar oder mittelbar betroffen sind.

In den Fällen, in denen entweder eindeutige Anzeichen oder aber Hinweise auf eine mögliche Kindeswohlgefährdung vorlagen, werden Gespräche zwischen den beteiligten Mitarbeitern/Mitarbeiterinnen von BIG Prävention und der zuständigen Lehrkraft bzw. anderen zu beteiligenden Personen (wie der Schulleitung und der Schulsozialarbeit) geführt. Gemeinsam wird beschlossen, wie weiter vorzugehen ist und ob bspw. externe Fachberatungsstellen oder das Jugendamt einzuschalten sind. In einigen Fällen ist das Jugendamt bereits involviert und erhält ggf. weitere Hinweise bzw. Informationen zur Situation und zur möglichen Gefährdung des Kindes. Falls Handlungsbedarf geboten erscheint, sollte das Kind einbezogen und informiert werden. Eine konzeptionelle Veränderung erfolgte durch die Verlegung des offenen Gesprächsangebots auf das Ende des dritten Workshoptages (vorher fand es am letzten Tag statt), um die Möglichkeit zu haben, am darauffolgenden Tag das Gespräch ggf. fortzusetzen oder auch zu schauen, wie es der betreffenden Schülerin/dem Schüler geht. Um die Effekte der Workshops zu reflektieren, findet grundsätzlich ein Nachgespräch mit den Lehrkräften (und Schulsozialarbeiter/-innen) statt, deren Klassen teilgenommen haben. Es bietet die Möglichkeit, gegenseitige Beobachtungen sowie Verbesserungsvorschläge und ggf. auch Kritik auszutauschen. Nicht selten erleben sich die Lehrkräfte im Schulalltag eher auf sich allein gestellt, sodass das Nachgespräch eine gute Möglichkeit bietet, über die Schüler/-innen, eigene Gedanken und Gefühle zu sprechen, aber auch um weitere Überlegungen für die gewaltpräventive Arbeit an der Schule anzustellen. Nach Beendigung der gesamten Arbeit durch BIG Prävention an einer Schule wird darüber hinaus ein Auswertungstermin mit der Schulleitung vereinbart, um Rückmeldungen zu geben und einzuholen sowie für die Unterstützung zu danken.

Projekttage für Schülerinnen und Schüler

Neben den Kinderworkshops bietet BIG Prävention auch Kurzprojekte zur Thematik Kinder und häusliche Gewalt an. Viele Schulen führen sogenannte Projektwochen mit thematischen Schwerpunkten zur Gewaltprävention durch, in deren Rahmen BIG Prävention eingeladen wird. Andere besuchen zunächst die interaktive Ausstellung ECHT FAIR! für Kinder und Jugendliche zur Prävention von häuslicher Gewalt[40] und buchen zu dem Ausstellungsbesuch flankierende Projekttage bzw. Kurzworkshops. Auch in diesem Rahmen kommt es immer wieder vor, dass Schüler/-innen sich öffnen und von belastenden Ereignisse im familiären Kontext berichten, so dass ggf. weiterführende Klärungsprozesse und Handlungsschritte eingeleitet werden müssen.

40 Das Ausstellungskonzept wurde von BIG e. V. in Kooperation mit dem Präventionsprojekt PETZE/Schleswig-Holstein entwickelt und durch Mittel der Stiftung Deutsche Klassenlotterie Berlin finanziert.

Projekttage können Schulen dazu anregen, im Anschluss weitere Angebote von BIG Prävention wahrzunehmen. Häufig werden im Anschluss zusätzliche Fortbildungsveranstaltungen für Lehrkräfte oder/und für einzelne Klassen der viertägige Workshop gebucht.

Für manche Kinder ist die konsequente Ablehnung von Gewalt nicht vorstellbar. Wenn es beispielsweise um die Frage geht *„Was kann ich tun, wenn ich wütend bin?"* oder *„Wie verhalte ich mich in einem Konflikt mit anderen?"*, werden Antworten geäußert, wie: *„Wenn ich wütend bin, verhaue ich meine Schwester!"* oder *„Wenn wir einen Konflikt haben, dann prügeln wir uns."* Wird dann gefragt, wie die Schwester sich dann fühlt oder ob der Konflikt so gelöst sei, kommen scheinbar lapidare Antworten: *„Das ist mir egal, wie die sich fühlt"* oder *„Nein, der Konflikt ist nicht gelöst, aber mir geht es wieder besser"*. Auch kritische Nachfragen, ob es in Ordnung ist, sich auf Kosten anderer besser zu fühlen, weisen manche Kinder von sich. *„Das machen bei uns alle so."* Die Projektmitarbeiter/-innen versuchen in diesen Fällen, die Gesamtgruppe mit in die Diskussion einzubeziehen (*„Was denken die anderen?"*) oder sie fragen das jeweilige Kind, was denn die Konsequenz wäre, wenn es sich nicht gewalttätig verhalten würde. Manche Kinder äußern dann, dass sie befürchten, als Versager zu gelten oder selbst Schläge zu beziehen. Dann besteht die Möglichkeit, über Bilder von Stärke und Schwäche zu sprechen. Nicht durchgängig gelingt es, solche Verhaltensweisen und Muster infrage zu stellen. An dieser Stelle zeigen sich deutlich Brüche und Diskrepanzen zwischen

- Vermittlung von Werten wie Gewaltfreiheit, Empathiefähigkeit, Respekt gegenüber anderen Menschen, unabhängig von Geschlecht, Kulturzugehörigkeit etc.,
- anderen Wertvorstellungen, wie z. B. Durchsetzungsvermögen, sich keine Blöße gegenüber anderen geben,
- sowie dem konkreten Erleben von Gewalt, z. B. unter Geschwistern oder in der Peergroup.

Hier gilt es immer wieder zu signalisieren: Wenn Ihr an dieser alltäglichen Gewalt etwas ändern wollt, gibt es Unterstützung. Insgesamt werden die Workshops von den Schülern/Schülerinnen gut angenommen. Die Kinder empfinden die sozialpädagogischen Methoden als abwechslungsreich. Sie sind sehr aufmerksam, da die Themen sie ansprechen. Die Übungen, in denen es um soziales Lernen geht, knüpfen an ihren Alltag in der Schule, in der Freizeit und in der Familie an. Praktische Verhaltensregeln werden vermittelt. Die Bearbeitung des Themas häusliche Gewalt zeigt einerseits Hilfemöglichkeiten auf, andererseits können Kinder sich überwiegend gut in die Situation betroffener Kinder einfühlen. Die Mädchen und Jungen fühlen sich dadurch aufgewertet, dass mit ihnen über solche ernsten und schwierigen Themen gesprochen wird. Zum Abschluss der Workshoptage erhält jede Schülerin bzw. jeder Schüler eine Mappe mit Materialien, die verschiedene Arbeitsblätter enthält, die während des Kinderworkshops eingesetzt wurden, u. a. Darstellungen von Rollenspielszenen sowie Telefonnummern von Hilfeeinrichtungen, an die sie sich im Bedarfsfall wenden können.

Elternarbeit

Die Zusammenarbeit mit Eltern findet fachöffentlich erhöhte Aufmerksamkeit. Wenn Eltern sich für Anregungen aus Schulen öffnen und mit den Schulen kooperieren, gilt das für die Entwicklung der Kinder als positiv. Im Rahmen eines Elternabends werden die Eltern, deren Kinder am Workshop teilnehmen, über die Arbeit von BIG Prävention informiert und idealerweise für eine präventive Erziehungshaltung gewonnen. Der Elternabend soll dafür genutzt werden, das Thema Kinder und häusliche Gewalt zu entprivatisieren. Möglicherweise werden manche Eltern so stärker für eine gewaltfreie Partnerschaft und Familienatmosphäre aufgeschlossen.

Für die Mitarbeiter/-innen ist es interessant, die Eltern der Kinder kennen zu lernen, mit denen sie in den Workshops arbeiten werden. Manchmal hilft ein erster Eindruck von den Eltern, ein Einblick in deren Lebenswelten und Denkweisen (sind es eher Eltern mit traditionellen Familienbildern? Gehören fast alle Eltern zum sog. Bildungsbürgertum und stehen daher Kinder womöglich sehr unter Leistungsdruck etc.?), um Reaktionen der Kinder im Workshop besser zu verstehen.

Da es sich bei häuslicher Gewalt um ein sensibles Thema handelt, sind folgende Vorüberlegungen für die Durchführung eines Elternabends bedeutsam:

- Wie wird das Thema des Elternabends in der Ankündigung benannt, um Ressentiments im Vorfeld zu vermeiden?
- Wie wird dieses tabubelastete, in jedem Fall sehr persönliche familieninterne Thema besprochen?
- Wie können alle Eltern erreicht werden – unabhängig von sozialer, ethnischer oder kultureller Herkunft? Welche transkulturellen Aspekte müssen berücksichtigt werden?

Einerseits können Männer, die Gewalt gegen ihre Partnerin ausüben, bei Elternabenden anwesend sein. Hier besteht die Chance, zum Nachdenken anzuregen und entsprechende Hilfeangebote zu kommunizieren. Ebenso könnte an einem Elternabend auch eine betroffene Frau teilnehmen. Ihr kann durch die Vermittlung von Informationen zu häuslicher Gewalt nahegebracht werden, dass es Unterstützungs- und rechtliche Möglichkeiten gibt. Die Tatsache, dass die Klassenlehrer/-innen bei Elternabenden und auch bei den Kinderworkshops anwesend sind, ermöglicht es betroffenen Frauen ggf. eher, mit der Lehrerin/dem Lehrer über häusliche Gewalt ins Gespräch zu kommen.

Die Informationen zu den tiefen, schädigenden Auswirkungen auf Kinder könnten möglicherweise als Auslöser dienen, um Wege aus der Gewalt zu suchen. Daher wird Informationsmaterial mit Adressen von Hilfeeinrichtungen verteilt.

Präventionsarbeit mit Kindern kann bei Eltern mit Ängsten verbunden sein. Mütter und Väter könnten beispielsweise befürchten, ihre Kinder würden ausgehorcht oder gegen sie aufgehetzt oder es könnte sich jemand ungebeten und mit nachteiligen Konsequenzen in ihre Privatangelegenheiten einmischen. Eltern haben möglicherweise Bedenken, dass ein heftiger Streit von Außenstehenden fälschlicherweise als häusliche Gewalt betrachtet wird. Hier gilt es, durch Aufklärung, Ängste zu minimieren und zu vermitteln, dass Prävention von häuslicher Gewalt sinnvoll ist.

Neben der reinen Information über die Arbeit von BIG Prävention besteht das Ziel des Elternabends darin, die Eltern für häusliche Gewalt zu sensibilisieren und zugleich für das gewaltpräventive Erziehung zu gewinnen. Alle Eltern der am Workshop teilnehmenden Schüler/-innen erhalten den von BIG Prävention entwickelten Elternbrief mit Kernaussagen zur Vermittlung von sozialem Miteinander und Vorbeugung häuslicher Gewalt, der auch in türkischer und arabischer Sprache vorliegt.

In Grundschulen gibt es je nach Region und Stadtteil eine unterschiedlich große Zahl von Kindern und Eltern mit Migrationshintergrund. Da alle Eltern auf den Elternabenden erreicht werden sollen, müssen auf dem Elternabend transkulturelle Aspekte berücksichtigt werden.

Entscheidend für die Zusammenarbeit mit Eltern ist die Haltung der Projektmitarbeiter/-innen, für Werte und Normen offen zu sein, die von den eigenen abweichen, und trotzdem klar Stellung gegenüber Positionen und Handlungen zu beziehen, die gegen das Kindeswohl sprechen (vgl. Reinke 2002: 152 ff.).

Eltern kann aufgrund ihrer Biografie, ihrer Herkunft, Kultur oder Religion keine homogene Haltung im Bezug auf häusliche Gewalt zugeschrieben werden. Konstitutiv ist, dass es in allen Gruppen unterschiedlichste Milieus, Kulturen, Ethnien und Erziehungsstile, gibt.

In der Zusammenarbeit mit Eltern kommt es darauf an, die Eltern in ihrer Vielfalt und die Elternschaft in ihrer heterogenen Zusammensetzung wahrzunehmen und ihnen nicht bestimmte Eigenschaften und Eigenarten als vermeintliche Kulturträger/-innen zuzuschreiben (vgl. ebd.: 149). Es gibt etliche weitere Faktoren wie Situationseinflüsse, lebensweltliche Kontexte, Sozialisation oder individuelle Erfahrungen, die die Persönlichkeit und Weltanschauung eines jeden Menschen beeinflussen.

In der transkulturellen Elternarbeit zum Thema häuslicher Gewalt sind die folgenden Überlegungen zu berücksichtigen:

- Viele Migranten/Migrantinnen verfügen über negative Erfahrungen mit öffentlichen Institutionen. Das kann dazu führen, dass von häuslicher Gewalt betroffene Migrantinnen keine Unterstützung etwa durch Polizei oder Beratungsstellen erwarten.

- Die meisten Migranten/Migrantinnen erfahren im Alltag Ausgrenzung und Ablehnung von Seiten der deutschen Mehrheitsgesellschaft. Das kann bewirken, dass sie Werten dieser Gesellschaft ablehnend oder sehr kritisch gegenüber stehen.
- In manchen Kulturen gelten Trennung und Scheidung als Versagen. Möglicherweise signalisiert die eigene Familie, dass eine geschiedene oder getrennt lebende Frau nicht akzeptiert wird. Das kann diese dazu veranlassen, in der Gewaltbeziehung auszuharren.
- Nicht wenigen Migranten/Migrantinnen fehlen ausreichende Kenntnisse der deutschen Sprache.
- Auch das Prinzip der Ehre, die Tabuisierung des Themas und Schamgefühle hemmen sowohl Erwachsene als auch Kinder, offen über häusliche Gewalt zu sprechen. Das bedeutet, dass es für Erwachsene (und deren Kinder) aus einem kollektivistischen Familiensystem schwieriger ist, sich von „schlechten Geheimnissen" zu befreien, um die Ehre der Familie nicht zu verletzen und so das Risiko einzugehen, von der Familie bzw. Community verstoßen zu werden.

Den Mitarbeiter/-innen von BIG Prävention ist es besonders wichtig, in einen ehrlichen und konstruktiven Austausch mit der Elternschaft zu kommen. Das bedeutet, das Thema häusliche Gewalt auf dem Elternabend unmissverständlich zu benennen. Um bei Eltern eine Sensibilisierung hinsichtlich der Tragweite von häuslicher Gewalt zu bewirken, sollten Fakten genannt werden, die zeigen, wie schädlich das Erleben häuslicher Gewalt für Kinder ist. Beispielsweise legen alle Eltern i. d. R. großen Wert auf die Schulleistungen ihrer Kinder. Der Hinweis, wie schwierig es von häuslicher Gewalt betroffenen Kindern fällt, sich auf den Unterricht zu konzentrieren und zu lernen, kann möglicherweise auch gewaltbereite Partner bzw. betroffene Frauen zum Nachdenken veranlassen.

Die Quote der teilnehmenden Eltern an den Elternabenden ist sehr unterschiedlich. Manchmal nehmen überhaupt keine Eltern am Elternabend teil und manchmal alle Eltern einer Klasse. Alle Eltern erhalten jedoch eine Information über die Durchführung des Workshops und den Elternbrief, der den Kindern mitgegeben wird.

Erfolge und Schwierigkeiten

BIG Prävention genießt eine hohe fachliche Akzeptanz sowohl bei der Schulaufsicht und bei Schulleitungen als auch bei Lehrkräften und anderen pädagogischen Fachkräften. Die Einladungen zu Seminaren, Vorträgen, Fachtagungen legen davon Zeugnis ab. Viele Schulen fragen die Durchführung von Kinderworkshops, von Studientagen und die Beteiligung an Elterncafés mit erheblichem Interesse nach, was jedoch aufgrund der personellen Ressourcen nur bedingt geleistet werden kann, so dass Wartelisten geführt werden müssen. Die Fortbildungen, die seit einem Jahr nach und nach in allen Bezirken Berlins zur Verbesserung des Kinderschutzes und der Zusammenarbeit zwischen Schule und Jugendhilfe durchgeführt werden, haben darüber hinaus BIG Prävention zu einem hohen Bekanntheitsgrad verholfen. Die Selbstverständlichkeit, mit der Mitarbeiter/-innen der Jugendämter an den Fortbildungen mit Lehrkräften teilnehmen und ihre Expertise zur Verfügung stellen, hat die Kooperationsbereitschaft zwischen beiden Institutionen erheblich verstärkt. Gemeinsame Ziele und thematische Schnittmengen werden deutlicher. Auf die Problematik von häuslicher Gewalt und Kinder bezogen sind dies:

- Zusammenarbeit mit Eltern und Stärkung der Erziehungskompetenz,
- Schulische Kompetenzen im Umgang mit auffälligen Schülern/Schülerinnen stärken,
- Hilfestellung bei akuten Krisen ermöglichen,
- Personale Begleitung und soziale Unterstützung in vertrauensvoller Atmosphäre bereitstellen,
- Entwicklung einer konstruktiven Konfliktkultur.

Allerdings zeigen sich auch immer wieder mögliche Konfliktfelder, vor allem, wenn Lehrer/-innen und andere Pädagogen/Pädagoginnen der Schule in der Vergangenheit bereits Meldungen an das zuständige Jugendamt gemacht haben, weil sie Gefährdungsanzeichen bei einem Kind wahrgenommen hatten. Die Familiensituation bewirkt bei ihnen einen starken Handlungsdruck und löst das Bedürfnis aus, dass das Jugendamt „sofort" handeln müsse. Reagiert der zuständige Sozialarbeiter/die zuständige Sozialarbeiterin darauf nicht unmittelbar hin und leitet ersichtlich eine Intervention ein, fühlen sich die Pädagogen/Pädagoginnen häufig nicht ernst genommen. Oder aber es erfolgen Maßnahmen durch das Jugendamt (z. B. sofortige Herausnahme des Kindes), die bei dem Pädagogen/der Pädagogin ein Gefühl von Verantwortung oder gar Schuld bewirken und die Sorge entstehen lassen, die Eltern zeigen sie womöglich wegen einer Falschaussage an. Für die Mitarbeiter/-innen von BIG Prävention zeigt sich daran, dass der Austausch zwischen Schule und Jugendhilfe über einen Fall elementar ist, um Transparenz herzustellen, warum wie gehandelt wird, um Missverständnisse auszuräumen und um Vertrauen in die Kompetenz der jeweils anderen Institutionen aufzubauen. Die Arbeit von BIG Prävention an den Schulen bleibt zeitlich begrenzt und ermöglicht somit lediglich Anstöße und Ansätze zu einer Kooperation bei häuslicher Gewalt. Durch die Handreichungen[41] der Senatsverwaltung für Bildung, Jugend und Wissenschaft sind jedoch gute Grundlagen gelegt, um für eine weitere Verbesserung der die Kooperation zu sorgen. Die relativ hohe Zahl von Kindern, die sich in Einzelgesprächen im Rahmen der Kinderworkshops den Mitarbeitern/Mitarbeiterinnen von BIG Prävention anvertrauen und über Gewaltsituationen zu Hause berichten, macht deutlich, wie wichtig es ist, mit dem

41 Vgl. http://www.berlin.de/sen/jugend/kinder_und_jugendschutz/index.html

Thema an Schulen zu gehen, um so früh wie möglich Mädchen und Jungen adäquate Unterstützungsmöglichkeiten anzubieten und ihnen Informationen an die Hand zu geben, die sie ggf. für sich selbst, aber auch auf der Peerebene nutzen können.

Ein schwieriger und bislang ungenügend gelöster Punkt in der Präventionsarbeit ist die Frage der Nachhaltigkeit. Wie bereits eingangs ausgeführt, ist im Land Berlin in der Ausbildung von Lehrkräften das Thema häusliche Gewalt und Kinderschutz nicht regelhafter Bestandteil. Auch eine Entscheidung der Senatsverwaltung für Bildung, ein Spezialcurriculum zu entwickeln, dass je nach Alter und Entwicklungsstand das Thema beleuchtet und den Schülern/Schülerinnen entsprechende Informationen an die Hand gibt, steht aus. Nicht einmal im Nachgang der durch BIG Prävention durchgeführten Fortbildung wurde durch den Senat dafür gesorgt, dass diejenigen Lehrkräfte, die sich bereit erklärt haben, an ihren Schulen als Ansprechpartner/-innen im Kinderschutz zu fungieren, auch weiterhin unterstützt werden, z. B. durch Bildung von Netzwerken oder/und regelmäßige kollegialen Fallbesprechungen, Supervision und durch Freistellungsstunden. Auch die Frage, wie bei einem Lehrerwechsel das vorhandene Wissen weitergegeben wird, ist offen.

Hinzu kommt, dass die Finanzierung von BIG Prävention jedes Jahr wieder in Frage steht und neu erkämpft werden muss. Die Resonanz, die durch die unsicheren Rahmenbedingungen im Team erzeugt wird, ist erheblich und es kostet alle Beteiligten Mühe, sich weiterhin motiviert und mit hohem fachlichen Engagement einzusetzen. Die Mitarbeiter/-innen arbeiten trotz einschränkender Strukturqualität fachlich weiter an der Konzeptentwicklung sowie der Durchführungsqualität an den Standorten, weil Prävention von häuslicher Gewalt pädagogisch im Einzelfall hilft, die Schulentwicklung befördert und gesellschaftlich unverzichtbar ist. In der Rückschau darf der Stolz auf die Entwicklung in den vergangenen sechs Jahren deutlich dominieren.

V. Modelle der Unterstützung für Familien bei häuslicher Gewalt

Henrike Krüsmann

Hilfen zur Erziehung in Familien, die häusliche Gewalt erlebt haben – eine Herausforderung

„Komm", sagte der kleine Tiger, wir finden einen Schatz" (Janosch)

Ausgangssituation

Unterstützungs- und Interventionsmaßnahmen bei häuslicher Gewalt richten sich in erster Linie an betroffene Frauen. Mehr als 60 Prozent der Frauen, die häusliche Gewalt erfahren, leben zum Zeitpunkt der Gewalt mit Kindern in einem Haushalt (vgl. Schröttle 2004). Somit erleben Kinder die Gewalt zwischen ihren Eltern immer direkt und indirekt mit. Viele Mütter und Väter meinen und hoffen indes, dass ihre Söhne und Töchter von der Gewalt nichts mitbekommen. Forschungsergebnisse widerlegen dies jedoch.

Häusliche Gewalt gilt als ein Indikator für eine Kindeswohlgefährdung. Die Kinder- und Jugendhilfe ist hier in der Pflicht, unterstützende und schützende Maßnahmen einzuleiten. Oftmals bedeutet das Verlassen der von Gewalt geprägten Beziehung nicht das Ende der Gewalt. Die Familie als solche bleibt bestehen, auch wenn die Eltern nicht mehr zusammen in einem Haushalt leben. Die neue, veränderte Situation nach der Trennung der Eltern wird von Kindern häufig erleichternd empfunden. Diese neue Situation stellt für die Mutter und für die Kinder aber auch eine besondere Herausforderung dar, die oftmals nur mit professioneller Unterstützung erfolgreich gemeistert werden kann. Die Mutter ist von ihren eigenen Problemen so stark absorbiert, dass sie die notwendigen Bewältigungs- und Anpassungsleistungen der Kinder nicht angemessen fördern und begleiten kann. Mütter und ihre Kinder, die oft über viele Jahre in einer von Gewalt geprägten Beziehung lebten, verfügen kaum über gewaltfreie Konfliktlösungsstrategien. Hinzu kommt, dass Mütter in der Regel vorübergehend in ihren erzieherischen Kompetenzen eingeschränkt sind, da ihre eigene Situation sie stark beansprucht. Oftmals kommt es bereits bei kleinen Anlässen zu einer Überforderungssituation.

Notwendige Handlungsstrategien und konfliktlösende Verhaltensmuster stehen dann nicht zur Verfügung. Daher benötigen Mütter, die sich entscheiden, die Gewaltsituation zu beenden und mit ihren Kindern ein eigenständiges Leben aufbauen wollen, in der ersten Zeit professionelle Hilfe und Unterstützung.

Ein Unterstützungsangebot des Trägers BORA e. V. für Familien, die häusliche Gewalt erlebt haben

Der Berliner Frauenprojekteträger BORA e. V. unterstützt Frauen und ihre Kinder, die häusliche Gewalt erleben oder erlebt haben in Form eines Frauenhauses, einer Fachberatungs- und Interventionsstelle bei häuslicher Gewalt, einer therapeutischen Wohngemeinschaft sowie durch den Bereich Ambulante Hilfen mit den Angeboten Wohnhilfen und Hilfen zur Erziehung. Zudem ist er präventiv mit dem Präventionsprojekt PiKiTa zur Prävention von häuslicher Gewalt in Kindertagesstätten tätig (vgl. Beitrag Krüsmann in diesem Band).

Das Angebot „Hilfe zu Erziehung" gemäß § 27 SGB VIII in Verbindung mit „Sozialpädagogischer Familienhilfe" gemäß § 31 SGB VIII ist ein langfristiges Angebot für Frauen und ihre Kinder nach dem Verlassen einer Schutzeinrichtung vor häuslicher Gewalt. Oftmals wird während des Aufenthalts in den Maßnahmen von BORA e. V. ein Hilfebedarf gemäß § 27 SGB VIII festgestellt. Daher werden Mütter motiviert, weitere Hilfen in Anspruch zu nehmen.

Personensorgeberechtigte haben einen Anspruch auf Hilfe zur Erziehung, sofern „eine dem Wohl des Kindes oder Jugendlichen entsprechende Erziehung nicht gewährleistet ist und die Hilfe für seine Entwicklung geeignet und notwendig ist" (§ 27 Abs. 1 SGB VIII). Kinder und Jugendliche selbst können jedoch keinen Anspruch geltend machen, was im Zusammenhang mit häuslicher Gewalt problematisch sein kann. Mütter stellen oftmals keinen Antrag auf Leistungen nach dem SGB VIII, da sie ihre Gewaltwiderfahrnisse nicht öffentlich machen wollen oder Angst haben, dass der andere Partner ihre Hilfebedürftigkeit gegen ihre Interessen nutzen könnte, z. B. in der Klärung um Sorge- und Umgangsrecht.

Sozialpädagogische Familienhilfe gemäß § 31 SGB VIII ist in vielen Fällen eine geeignet Hilfeform. Sozialpädagogische Familienhilfe soll durch intensive Betreuung und Begleitung Familien in ihren Erziehungsaufgaben, bei der Bewältigung von Alltagsproblemen, der Lösung von Konflikten und Krisen sowie im Kontakt mit Ämtern und Institutionen unterstützen und Hilfe zur Selbsthilfe geben. Sie ist in der Regel auf längere Dauer angelegt und erfordert die Mitarbeit der Familie. (vgl. § 31 SGB VIII). Das Hilfeplanverfahren ermöglicht ein hohes Maß der Beteiligung der Familie.

Im Folgenden werden die konzeptionellen Grundlagen der Maßnahme „Hilfe zur Erziehung – Sozialpädagogische Familienhilfe" bei häuslicher Gewalt durch den Träger BORA e. V. vorgestellt.

Art und Ziel des Leistungsangebotes

Familien erhalten Zugang zur Maßnahme Hilfe zur Erziehung über die anderen Projekte des Trägers BORA e. V., z. B. über das Frauenhaus und die Wohnhilfen gemäß §§ 67 SGB XII, durch den direkten Auftrag des Jugendamts, durch die Vermittlung anderer Institutionen und Einrichtungen (Frauenhäuser, Beratungsstellen, Sozialämter, JobCenter etc.), durch bereits betreute Familien und durch Selbstmeldung. BORA e. V. erbringt die Leistungen gemäß § 27 SGB VIII auf der Grundlage des Berliner Rahmenvertrages für Hilfen in Einrichtungen und durch Dienste der Kinder- und Jugendhilfe (BRVJug), des mit der Senatsverwaltung Berlin für Bildung, Jugend und Wissenschaft abgeschlossenen Trägervertrages sowie des mit dem örtlich zuständigen Jugendamtes und dem Hilfeberechtigten für den Einzelfall erarbeiteten Hilfeplanes. Die Leistungsangebote erfolgen entsprechend dieser Hilfeplanung, abhängig vom jeweiligen Hilfebedarf der jungen Menschen und ihrer Familien in Verknüpfung mit der fachlichen Haltung und Methodik der Sozialraumorientierung.

Grundsätzliche Zielstellung der Hilfe zur Erziehung ist die Stärkung der Erziehungskompetenz der Eltern, die oft aufgrund der erlebten Gewalterfahrungen eingeschränkt ist. Dies beinhaltet, dass auch immer die Elternarbeit Bestandteil der Leistung ist. Ziel der Hilfe ist die Förderung der individuellen und sozialen Entwicklung des jungen Menschen sowie die Hilfe zur Selbsthilfe durch Erschließung der familiären, sozialen und sozialräumlichen Ressourcen.

Bora e. V. als Frauenprojektetráger gegen häusliche Gewalt sieht seinen besonderen Schwerpunkt darüber hinaus in der Auseinandersetzung des jungen Menschen und seiner Familie mit den Gewaltwiderfahrnissen und deren Aufarbeitung sowie im Erlernen von gewaltfreien Formen des Umgangs mit Konflikten.

Hilfeschwerpunkte, Umfang und Dauer der Hilfe orientieren sich auf der Grundlage des Hilfeplanes zwischen dem Jugendamt und dem Leistungserbringer im Rahmen des vereinbarten Kontingents an Fachleistungsstunden am Bedarf des Einzelfalls und den festgelegten fachlichen Schwerpunkten.

Arbeitsansatz, Methoden und Leitgedanken

Die sozialpädagogische Arbeit ist nicht an den Aufenthalt in einem bestimmten Stadtbezirk von Berlin gebunden. Damit wird ein langfristiger und kontinuierlicher Hilfeverlauf gewährleistet. Viele Familien sind aufgrund der erlebten Gewalt wohnungslos bzw. leben vorübergehend in einer Schutzeinrichtung oder verlegen bewusst ihren Wohnsitz in einen anderen Stadtbezirk, um Täterkontakte zu vermeiden. Für viele Frauen und ihre Kinder, die vorübergehend in Schutzeinrichtungen gegen häusliche Gewalt (Frauenhaus, Zufluchtswohnungen, Therapeutische Wohngemeinschaft) Zuflucht gesucht haben, ist die Hilfeerbringung durch einen vertrauten Träger mit Erfahrungen in der Thematik der häuslichen Gewalt von großer Bedeutung (siehe § 5 SGB VIII Wunsch- und Wahlrecht).

Sozialpädagogische Familienhilfe nach § 31 SGB VIII als ein Schwerpunkt der Arbeit von BORA e. V. beinhaltet, die Familie durch intensive sozialpädagogische Betreuung und Begleitung in ihren Erziehungsaufgaben zu stärken. Oft ist es wichtig, die Rolle der Mutter und des Vaters in ihrer Verantwortung als Eltern zu thematisieren und die aufgrund der verübten und erduldeten Gewalt eingeschränkte Erziehungskompetenz zu stärken. Die Mitarbeiter/-innen von BORA e. V. verfügen über fundiertes Wissen über Gewaltdynamiken, Gewaltkreisläufe und Abhängigkeitsverhältnisse, verbunden mit der Ausübung von Macht und Kontrolle über den Partner sowie Rollen- und Beziehungsmuster und können diese Themen in der Arbeit mit den Familien thematisieren und bearbeiten. Gleichzeitig verfügen die sozialpädagogischen Fachkräfte über das notwenige Wissen und methodische Können, um das oft mit Scham und Schuld verbundene Thema der häuslichen Gewalt in den Familien sensibel anzusprechen und zu bewältigen sowie die mit häuslicher Gewalt einhergehenden Mythen und Vorurteile zu entkräften. In der Regel ist es notwendig, die erlebten Gewaltwiderfahrnisse auch an Stellen außerhalb der Familie zu thematisieren, z. B. in der Schule, im Hort und in der Kita oder in Vereinen, in denen die Kinder aktiv sind. Hier erhalten Familien die entsprechende Hilfe und Unterstützung.

Die im Bereich Hilfe zur Erziehung arbeitenden Mitarbeiter/-innen von BORA e. V. verfügen über umfangreiches Wissen zu den Ursachen, den Formen sowie über die kurz-, mittel- und langfristigen Folgen von Gewalt in der Familie für Frauen und Kinder. Sie sind in der Lage, diese Folgen durch den Einsatz verschiedener Mittel und Methoden gemeinsam mit der Familie zu bearbeiten und zu minimieren. Es wird u. a. mit Bildern und Collagen und mit Handspielpuppen gearbeitet. Rollenspiele, Geschichten und Bilderbücher sowie das Familienbrett werden genutzt.

Häufig benötigen Familien besondere Unterstützung bei der Bewältigung von Alltagsproblemen. Die oft kontinuierliche Zerstörung des Selbstwertgefühls und des Selbstvertrauens in die eigenen Fähigkeiten und Fertigkeiten durch den Täter machen es erforderlich, die Fähigkeiten der Mütter bei der Bewältigung des Alltages wieder zu aktivieren. Frauen und insbesondere größere Kinder wurden oft stark entmündigt und in alltägliche Dinge des Lebens nicht einbezogen. Dies betrifft insbesondere den Kontakt und den Umgang mit Ämtern und Behörden. Die Familien haben hier in der Regel einen sehr hohen Hilfebedarf und benötigen in der Durchsetzung ihrer Ansprüche und Interessen Begleitung und Unterstützung. Die Mitarbeiterinnen/Mitarbeiter von BORA e. V. verfügen über Kenntnisse der gesetzlichen Grundlagen, insbesondere im Zusammenhang mit dem Erleben von häuslicher Gewalt (z.B. SGB II, III, VIII, XII, BGB, Gewaltschutzgesetz, Ausländergesetz usw.).

Die mitunter jahrelangen Gewalterfahrungen bedingen, dass Mütter und Väter sowie ihre Kinder über keine Möglichkeiten des fairen und konstruktiven Umgangs mit Konflikten verfügen. Kinder haben Gewalt als die Möglichkeit der Durchsetzung von Interessen erlebt und Eltern in bestimmten Rollen wahrgenommen. Mütter sind in der Regel die Opfer und erdulden und erleiden die Gewalt. Mädchen identifizieren sich oft mit der Mutter und übernehmen ihr Verhalten. Väter sind in der Regel die Täter, die Söhne übernehmen häufig das Verhalten des Vaters. Einer der Schwerpunkte der Hilfen liegt daher in der geschlechtsspezifischen Arbeit und im Aufbrechen von herkömmlichen hierarchischen Geschlechterstrukturen sowie der Spiegelung und Auseinandersetzung mit bestehenden Rollen- und Beziehungsmustern. Bei Bedarf kann die Hilfe durch einen Mitarbeiter erfolgen, um so u. a. durch das Lernen am Modell ein positives Männerbild zu vermitteln.

Die Mitarbeiter/-innen von BORA e. V. sind im Umgang mit Krisen geschult und bieten hier den Familien die entsprechende Hilfe und Unterstützung an.

Studien belegen, dass Familien mit Migrationshintergrund oft sehr viel länger und intensiverer Gewalt ausgesetzt sind, als Familien ohne Migrationshintergrund. Daher verfügen alle Mitarbeiter/-innen von BORA e. V. über ein hohes Maß an interkultureller Kompetenz.

Die sozialpädagogische Arbeit erfolgt nach der Methode der klientenzentrierten Gesprächsführung und verfolgt dabei einen integrativen Ansatz in Methoden und Techniken auf handlungstheoretischer Grundlage der sozialen Arbeit. Der Blick und die Haltung den Hilfeberechtigten gegenüber sind ressourcenorientiert, d. h. die Angebote richten sich in erster Linie auf positive Potenziale und nicht auf die durch die psychische, physische und soziale Belastung entstandenen Schwierigkeiten und Probleme. Durch Förderung und Bestärkung, die eigenen Ressourcen und Fähigkeiten einzusetzen, werden die Hilfeberechtigten für praktische Veränderungen in ihrem Leben handlungsfähig gemacht.

Die Auswahl der Methoden und deren praktische Anwendung orientieren sich einerseits an den Bedürfnissen und Wünschen der jungen Menschen und ihrer Familie, andererseits am jeweiligen Problembereich. Nicht nur die verbale Kommunikation, sondern auch kreative, künstlerische, nonverbale und andere Formen bilden die Grundlagen der Arbeit. Diese dienen auch der Verarbeitung belastender Ereignisse, der Zukunftsplanung und der Aktivierung der Selbsthilfekräfte sowie der Stärkung der vorhandenen Ressourcen.

Die Arbeit erfolgt nach dem fachlichen Ansatz der Sozialraumorientierung unter Einbeziehung der Gemeinwesenarbeit, Lebensweltorientierung und Dienstleistungsorientierung. Leitgedanken sind vor allem:

- Anknüpfen am Willen und den Wünschen der Betroffenen,
- Aktivierung und Stärkung des Selbsthilfepotentials der Familien,
- das Erkennen, Nutzen und Erweitern der Ressourcen, über die jedes Kind und seine Familie selbst verfügen,
- das Erkennen und Nutzen der Ressourcen, die im familiären und sozialen Umfeld vorhanden sind (in den Familien, im Bekanntenkreis, in der

Nachbarschaft, in Vereinen, in Schule und Kita, im Quartiersmanagement und bei anderen Institutionen),
- Beteiligung und Partizipation.

Die beteiligten Fachkräfte setzten in ihrer Arbeit verstärkt auf Kooperation und Vernetzung. Sie verfügen über eine hohe Fachlichkeit und Professionalität, die sich insbesondere durch eine ganzheitliche Sichtweise und Wahrnehmung, prozesshaftes und konzeptionelles Denken und ein hohes Maß an Kooperationsfähigkeit auszeichnen. Die Mitarbeiterinnen und Mitarbeiter nutzen verschiedene Methoden in Abhängigkeit von der zu leistenden Hilfe:
- klientenzentrierte Gesprächsführung,
- multiperspektivische Fallarbeit,
- Ansätze des Case-Managements,
- Empowerment,
- Soziale Netzwerkarbeit,
- Einsatz von Elementen der Mediation zwischen den Familienmitgliedern,
- Familienbrett (geeignet für alle Altersstufen), Genogramm, Soziogramm, Familientagebuch, Netzwerkkarte,
- Biografische Fallarbeit (insbesondere zur Aufarbeitung der Gewaltwiderfahrnisse),
- Präventive Arbeit gegen Gewalt,
- Spielen, Malen, kreative Beschäftigung mit den Kindern; Einsatz von pädagogischen Spielmaterialien, Geschichten etc.,
- Erarbeiten von Regeln, Wünschen, Zielen, die altersgerecht visualisiert und in der Wohnung sichtbar angebracht werden,
- Teilhabe der sozialpädagogischen Fachkraft am Familiengeschehen/an Familienaktivitäten, um konkrete praktische Lebenshilfe zu ermöglichen mit dem Ziel der Hilfe zur Selbsthilfe,
- Unterstützung bei der Freizeitgestaltung,
- Spiele und Übungen, u. a. zur Körperwahrnehmung und Sinnesschulung mit den Kindern und/oder den Eltern.

Die Arbeit findet kontinuierlich und langfristig dem Hilfeplan entsprechend statt und erfordert die Mitarbeit der Familie. Das Hilfeangebot umfasst neben den o. g. Hilfen:

Hilfen für das einzelne Kind, insbesondere:
- Unterstützung bei der Erkennung und dem Ausbau eigener Stärken, Fähigkeiten und Ressourcen und der Entwicklung eines positiven Selbstkonzeptes;
- Hilfe bei der Stärkung und Erweiterung der Wahrnehmungs- und Ausdrucksfähigkeit auf kognitiver, emotionaler und körperlicher Ebene;
- Hilfe bei der Bewältigung der Anforderungen und Schwierigkeiten im schulischen Bereich, in der Kita sowie in allen anderen problemrelevanten Bereichen;

- Anregung und Förderung sowie Durchführung von Freizeitaktivitäten;
- Hilfe beim Aufbau und der Stabilisierung neuer bzw. bei der Festigung alter sozialer Beziehungen;
- Hilfe bei der Aufarbeitung der zurückliegenden Erlebnisse und Gewalterfahrungen;
- Unterstützung bei der Überprüfung alter und dem Erlernen neuer Konfliktlösungsmuster;
- Hilfe bei der Neugestaltung und/bzw. Stabilisierung der Beziehung zur Mutter und bei der Klärung und Gestaltung der Beziehung zum Vater;
- Begleitende Arbeit mit der Mutter.

Hilfen für die Mutter, insbesondere:
- Unterstützung bei der Entwicklung der Wahrnehmungsfähigkeit und der Akzeptanz hinsichtlich der Gefühle, Ambivalenzen und Bedürfnisse des Kindes;
- Unterstützung bei der Wahrnehmung der Verantwortung für das Kind und der damit verbundenen Aufgaben;
- Beratung bei Erziehungs- und Beziehungsproblemen (Hilfe bei der Reflexion der Interaktion zwischen Mutter und Kind und der Entwicklung neuer Handlungs- und Konfliktlösungsstrategien);
- Hilfe bei der Erprobung und Verankerung positiver Beziehungsmuster;
- Vermittlung von Wissen hinsichtlich der altersgemäßen und gesunden Entwicklung des Kindes und Aufzeigen von Hilfsmöglichkeiten zur Lösung entwicklungsbedingter bzw. gesundheitlicher Probleme des Kindes (z. B. Ernährungsberatung) sowie Information über Hilfsangebote;
- Hilfe bei der Herstellung bzw. Aufrechterhaltung von Kontakten, die für die Entwicklung des Kindes förderlich sind, wie z. B. Schule, Kita, Freizeiteinrichtungen, Jugendamt etc.;
- Hilfe bei der Entwicklung einer gemeinsamen Perspektive von Mutter und Kind und Aufzeigen von Hilfs- und Unterstützungsangeboten.

Um eine hochwertige Arbeit zu gewährleisten, werden die zur Verfügung stehenden Maßnahmen der Qualitätssicherung genutzt. Hierzu gehören u. a. die Weiterentwicklung der Konzeption des Trägers, die Teilnahme an Fort- und Weiterbildungen, die Teilnahme an Supervision, Fallbesprechung, kollegialer Beratung, Vernetzung und Kooperation.

Handlungsperspektiven und Empfehlungen

Kinder sind von der Gewalt zwischen ihren Eltern immer mitbetroffen. Sie benötigen daher frühzeitige, spezifische und eigenständige Hilfe und Unterstützungsangebote, auf die sie ein eigenständiges Recht haben sollten.Oftmals ist es notwendig, dass Frauen und ihre Kinder auch während ihres Aufenthaltes im Frauenhaus und anderen Schutz- und Unterstützungseinrichtungen sozialpädagogische Leistungen gemäß §§ 27 SGB VIII in Anspruch nehmen. Dies erfordert eine Vernetzung und Kooperation aller beteiligten Institutionen und Einrichtungen.

In Fällen von häuslicher Gewalt ist es notwendig, mit Trägern zu kooperieren, die sich auf dieses Thema spezialisiert haben und über langfristige Erfahrungen und Kompetenzen verfügen.

Hilfebedürftige Eltern und Kinder sind auf ihr Wunsch- und Wahlrecht gemäß § 5 SGB VIII hinzuweisen.

Gefordert sind präventive Maßnahmen und Projekte, um Kinder zu stärken und ihr Umfeld und für sie wichtige Bezugspersonen für die Thematik zu sensibilisieren und in ihrer Handlungskompetenz zu stärken.

Dorothea Zimmermann

Beratung von Müttern, die Opfer häuslicher Gewalt wurden, im Kontext einer mädchenspezifischen Krisenintervention

Fallbeispiel:

> „Als meine Tochter aus dem Haus war, hab ich mich das erste Mal wirklich von ihm frei gefühlt."

Diese Antwort einer Mutter auf die Frage, wie es ihr jetzt ginge, nachdem ihre Tochter den familiären Zusammenhang verlassen hat, berührte mich sehr. Vorher hatte ich Frau Minter zu ihrer Geschichte, ihren Beziehungen und zum Vater der Tochter befragt. Dazu gehört immer auch die Frage nach der Erfahrung von häuslicher Gewalt. Nachdem sie zunächst ganz erstaunt war, dass sie im Kontext einer Kinderschutzeinrichtung nach ihren eigenen Erfahrungen gefragt wurde, berichtete sie – auf eine Art ganz erleichtert – schreckliche Szenen:

> „Er weckte meine Tochter, als er mich schlug, damit sie sehen könne, dass er die Macht hätte, mich auch vom Balkon zu schubsen. Sarah sah mich schreiend mit großen Augen an und ich gestand ihm alles zu, nur um diese Situation zu beenden."

Frau Minter[1] hatte es immerhin nach einem relativ kurzen Zeitraum, nach vier Jahren, als die Tochter drei Jahre alt war, geschafft diese Beziehung zu beenden.

1 Name geändert.

Sie baute sich ein neues Leben auf, ging keine neue Partnerschaft ein und etablierte sich beruflich soweit, dass sie die Tochter und sich versorgen konnte.

Ihrer Tochter hatte sie die Gewaltsituationen nie erzählt. Der Vater wäre unzuverlässig gewesen, hätte nie für Sarah[2] gezahlt und kein Interesse an ihr gezeigt. Deshalb gäbe es keinen Kontakt. Sarah hat sich so ein eigenes Bild von ihrem Vater zusammenphantasiert, das von einigen Idealisierungen durchzogen ist. Jede Verteidigung des Vaters durch die Tochter, jeder Kontaktwunsch traf die Mutter zutiefst, obwohl sie rational durchaus in der Lage war, die Legitimität dieser Wünsche anzuerkennen. Frau Minter beschrieb das Gefühl, dass die Tochter Statthalterin des Vaters in der Familie wäre, der dadurch seinen Zugriff auf sie nie ganz verloren hätte. Jede Ähnlichkeit, die sie bei ihrer Tochter in Gesten oder im Äußeren feststellte, bestätigte sie in dieser Wahrnehmung.

In den Elterngesprächen konnte herausgearbeitet werden, dass Frau Minter durch Rigidität versucht hatte, die Tochter, bzw. dadurch ihren Mann, in Schach zu halten, immer die Kontrolle zu behalten. Dies traf bei Sarah auf heftigste Gegenwehr. Sie konnte die Autorität ihrer Mutter in keiner Weise annehmen und akzeptieren. Sarah hatte durch das Miterleben und Miterleiden der häuslichen Gewalt während ihrer frühkindlichen Entwicklung quasi mit der Muttermilch gelernt, dass die Mutter Opfer ist. Die Mutter wurde abgewertet, konnte sich nicht wehren und hatte der Macht und Kontrolle des Partners über sie nichts entgegenzusetzen. Diese Haltung wurde von Sarah internalisiert ohne Erinnerung an das tatsächliche Geschehen. Von daher waren alle Versuche Frau Minters, der Tochter klare Grenzen zu setzen, ihr mit rigiden Strafen einen ihrem Alter nicht mehr angemessenen Rahmen zu geben, von vornherein zum Scheitern verurteilt. Mutter und Tochter befanden sich zu dem Zeitpunkt, da Sarah (15 Jahre) um Aufnahme im Mädchennotdienst bat, in einer Spirale von Aggression und Wut, Anklage und Gegenanklage, Forderungen und offensiver Verweigerung.

Es schien Frau Minter große Erleichterung zu bringen, zugeben zu dürfen, dass es eine starke Ambivalenz in ihr gibt. Sie liebt ihre Tochter und wünscht sich gleichzeitig, dass sie geht, hasst in ihr die Anteile des gewalttätigen Vaters. In intensiven Gesprächen mit der Tochter konnte sie ihr zugestehen, zunächst in ein betreutes Wohnen zu gehen, mit der Option, nach gemeinsamer Beziehungsarbeit, aus einem räumlichen und gewissem zeitlichen Abstand heraus vielleicht wieder zusammenzuziehen. Der wichtigste Aspekt war vor allem für Sarah, dass sie ohne Schuldzuschreibungen gehen konnte.

Beschreibung der Einrichtung

Dieses Beispiel einer Krisenintervention unter Berücksichtigung der Erfahrung von häuslicher Gewalt der Mutter ist nur eines von vielen aus unserer

2 Name geändert.

täglichen Arbeit im Mädchennotdienst Berlin. Der Mädchennotdienst in der Trägerschaft von Wildwasser e. V. besteht aus einer Anlaufstelle und einer Krisenwohnung. Die Krisenwohnung des Mädchennotdienstes ist in der Trägerschaft von Wildwasser e. V. Die Anlaufstelle Mädchennotdienst ist im Notdienstesystem Berlin, örtlich beim Jugendnotdienst angesiedelt. In diesem Team arbeiten Mitarbeiterinnen der freien Träger und des öffentlichen Dienstes in enger Kooperation. In den Zeiten, zu denen die Jugendämter geschlossen sind, obliegt die Entscheidung über die Inobhutnahme eines hilfesuchenden Mädchens den Mitarbeitern/Mitarbeiterinnen des Notdienstesystems. Zum nächstmöglichen Zeitpunkt wird mit einem Mitarbeiter/einer Mitarbeiterin des Jugendamtes besprochen, ob die gefährdende Situation während einer sogenannten Cleaeringzeit außerhalb der Familie geklärt werden muss. Außerdem gilt abzuklären, ob dies in dem Schutzraum einer mädchenspezifischen Unterbringung erfolgen sollte. Während dieser Zeit kann der jeweilige konkrete Hintergrund des Mädchens mit seinen Ressourcen und Gefährdungen eingehend betrachtet und ausgewertet werden. Mit den Familien können Bedingungen erarbeitet werden, die eine Rückkehr in die Familie möglich machen, ohne dass als vorherrschendes Gefühl bleibt, einen Machtkampf gewonnen oder verloren zu haben. Wenn eine Rückkehr in die Familie aus Kinderschutzgründen nicht vertretbar erscheint, wird versucht, den Eltern jenseits von Schuldzuweisungen ein Annehmen dieser Situation zu ermöglichen.

Unserer Erfahrung nach können diese Gespräche nur erfolgreich sein, wenn das Mädchen sich in seiner ganzen Individualität gesehen fühlt. Dafür stehen in Bezug auf Gewaltdynamiken sehr erfahrene Mitarbeiterinnen mit unterschiedlichem kulturellen Hintergrund als Betreuungsteam bereit, die in der Lage sind, die mädchenspezifische Bedürfnislage, gerade auf der Basis eines intensiven Verständnisses des jeweiligen Migrationsprozesses, zu sehen und vertrauensbildende Unterstützung anzubieten (2010 kamen 69 % der Mädchen aus Familien mit Migrationshintergrund).

Die psychologische Arbeit umfasst Gespräche mit den Mädchen allein, eine psychologische Gruppe mit allen anwesenden Mädchen ein Mal in der Woche und die Arbeit mit dem familiären Umfeld. Zunächst werden Gespräche mit den Eltern ohne Anwesenheit der Tochter geführt, damit ein Vertrauensverhältnis frei von gegenseitigen Schuldzuweisungen entstehen kann. Besteht der Verdacht, dass die Mutter aktuell häuslicher Gewalt ausgesetzt ist, werden den Eltern getrennte Gesprächstermine angeboten. Auf die Umstände speziell dieser Gespräche werde ich noch genauer eingehen. Im Beisein der Bezugsbetreuerin erfolgt dann das gemeinsame Gespräch mit dem Mädchen. Dabei wird dann zunächst versucht, eine gemeinsame Geschichtsschreibung zu erarbeiten, d. h. Eltern und Tochter stellen aus ihrer Sicht den Prozess dar, wie es zu der Krise kam. Oft ist es unmöglich eine übereinstimmende Sicht zu entwickeln. Aber allein das Wissen um das Erleben der Anderen und der Versuch, dieses Erleben stehen lassen und gleichzeitig die eigenen Kränkungen benennen zu dürfen, bieten die Grundlage für den zweiten Termin. Erst dann kann es darum gehen, die Frage der gemeinsamen Perspektive zu klären. In engem Kontakt mit dem Jugendamt werden dann die Möglichkeiten der familienunterstützenden Hilfen bzw. der Fremdunterbringung geklärt.

Dabei ist es in der Arbeit mit Familien mit Migrationshintergrund extrem wichtig, darauf zu achten, dass jedes Familienmitglied sich gut verstanden fühlt und seine Gefühle vor dem Hintergrund des jeweiligen Migrationsprozesses ausdrücken kann. Es sollte auf keinen Fall ein anderes Familienmitglied für die Sprachmittlung zuständig sein. Aus diesen Gründen arbeitet die Psychologin eng mit Kolleginnen der eigenen oder einer anderen spezialisierten Einrichtung zusammen, die den jeweiligen kulturellen Hintergrund und die Sprachkompetenz haben. Ganz eindeutig steht dabei nicht die Sprachmittlung im Vordergrund, sondern das Verständnis und die Wertschätzung für die ganz spezielle Lebenssituation der Familie. Nur auf dieser Grundlage kann unserer Erfahrung nach eine Lösung erarbeitet werden, die Bestand hat.

Unterschiedliche Ausgangskonstellationen und der jeweilige Beratungsprozess

Die Mutter erlebte häusliche Gewalt durch den Vater des Mädchens, hat sich getrennt, aktuell keine Gewaltbeziehung

Diese Situation ist in dem Fallbeispiel zu Beginn ausführlich beschrieben.

Es ist immer wieder anrührend, mitzuerleben, wie erleichtert die Frauen auf die Nachfrage nach den genaueren Umständen ihrer Beziehung, der Frage der Trennung, auf die Frage nach eventuellen Gewaltsituationen reagieren. Viele kommen ja gerade mit dem Gefühl, *„alle interessieren sich nur für meine Tochter, ich habe anscheinend alles falsch gemacht, ich muss mich hier verteidigen."*

In der Frage nach ihrem eigenen Opfer-Sein in bestimmten Konstellationen fühlen sie sich gesehen und angenommen. Oft öffnen sich dann lange Zeit fest verschlossene Schleusen, ihre eigene Verletzung darf benannt werden. Dabei besteht eine wichtige Verantwortung der Psychologin darin, die Mutter darin zu stützen nicht zu weit in eine etwaige Traumaexposition, d. h. das genaue Erzählen der traumatischen Erfahrung mit den dazu gehörigen Affekten, einzusteigen. Diese Gratwanderung ist besonders schwierig, da es um die Wahrnehmung der Auswirkungen auf das eigene Leben und das Leben der Tochter bzw. der Kinder geht, während gleichzeitig zu verdeutlichen ist, dass für diesen angerissenen Prozess weitergehende professionelle Hilfe notwendig ist.

Viele dieser Mütter haben die Folgen ihrer Gewalterfahrung verdrängt oder bagatellisiert und leben mit dem Abwehrmechanismus der altruistischen Abtretung nunmehr für ihre Kinder. Jede Form der Aggression der Tochter wird als gefährlich erlebt und muss mit der Botschaft *„ich habe doch alles für dich getan, wie kannst du nur"* in Schach gehalten werden. Damit ist die Mutter als Person mit eigenen Bedürfnissen, einer eigenen Geschichte für die Tochter nicht wahrnehmbar. Der Tochter ein schlechtes Gewissen zu machen, ist dann manchmal das einzige Erziehungsmittel, das ihnen zur Verfügung steht, um Grenzen zu setzen.

Um die Kinder zu schützen wird ihnen in der Regel nichts oder nur sehr bagatellisierend über die Gewalttätigkeit des Vaters erzählt. Oft kommt auch noch hinzu, dass es für die Mutter zu beschämend ist, von der Gewalt zu sprechen, besonders wenn auch die Umstände der Zeugung in Zusammenhang mit der Gewalt standen, wie Zeugung durch Vergewaltigung (siehe Heynen in diesem Band) oder durch einen Akt der Versöhnung nach einer Gewaltsituation. Gerade in diesen Fällen ist aber andererseits die emotionale Beziehung zu den Kindern sehr von diesem Hintergrund geprägt. Die Kinder spüren eine gewisse Leere in der Zuwendung, das Unechte dieser Beziehung, das sich manchmal hinter besonders intensiver äußerlicher Hinwendung verbirgt. Von daher müssen sie für sich folgern, dass sie selbst es sind, die diese emotionale Begrenzung verursachen und entwickeln Schuldgefühle, die sich gerade in der Pubertät bis zu einem gewissen Selbsthass entwickeln können.

In der Regel ist das Vaterbild bei dieser Ausgangssituation vor allen Dingen von seiner Abwesenheit und den geringen Informationen, die der Tochter über den Vater zur Verfügung stehen, geprägt. Oft gab es zum Schutz der Mutter keinerlei Kontakt mehr, auch die Verbindung zu den Großeltern väterlicherseits ist häufig gekappt. In dieser Ausgangssituation fantasiert sich das Mädchen, besonders in Zeiten der Auseinandersetzung mit der Mutter, ein Vaterbild, das ihr die Möglichkeit einer positiven Identifikation und Ausflucht aus ihrer jetzigen Lebenssituation bietet. Nicht selten bauen sie sich mit Fotos oder Erinnerungsstücken einen Ort, an dem sie dieses Bild für sich erleben können. Die Mütter reagieren darauf – aus ihrer Geschichte verständlich – sehr verletzt und gekränkt, wobei die Wucht dieser Gefühle für die Tochter nicht einzuordnen und damit nicht einschätzbar ist. *„Richtet sie sich jetzt gegen mich oder gegen meinen Vater, den ich aber wiederum als Teil von mir definiere?"* In dieser Situation verstärkt sich die Sprachlosigkeit zwischen Mutter und Tochter, die Kommunikation kann fast vollständig zum Erliegen kommen.

In einer solchen Ausgangssituation ist es dann müßig, im Rahmen der Krisenintervention zu eruieren, wer Schuld an der Krise hat, ob die Tochter die Mutter verlassen hat, oder ob die Mutter es der Tochter verunmöglicht, weiter zu Hause zu leben.

Unserer Erfahrung nach ist es deshalb wichtig, der Mutter im Einzelgespräch zu ermöglichen, ihre jeweiligen Emotionen wahrzunehmen, die hinter der momentanen Kränkung, von der Tochter verlassen worden zu sein, liegen. Dieser Prozess kann emotional sehr belastend sein, wenn deutlich wird, wie viel Einfluss der gewalttätige Ex-Partner, von dem die Frau sich vor z. T. schon sehr langer Zeit frei gemacht hat, noch auf das Leben und vor allem auf die Beziehung zu den Kindern hatte und hat. Wut und Trauer, verbunden mit dem Schmerz der Erinnerung an den Menschen, der sich damals hat so behandeln lassen, können dabei aufkommen. Dies wird nicht in einem einmaligen Gespräch möglich sein, sondern erfordert immer wieder die Versicherung, welche Ressourcen die Mutter hat, diesen Prozess anzugehen, und welche Form von professioneller Unterstützung weitergehend angezeigt wäre.

Mit der Mutter wird vor dem gemeinsamen Gespräch mit der Tochter vereinbart, welche Informationen ihr schon vorher vermittelt werden sollen. Dies handhaben die Frauen sehr unterschiedlich. Manche wollen der Tochter alles selber erzählen, andere sehen sich nicht in der Lage dazu, und beauftragen die Psychologin, ihrer Tochter die wichtigsten Informationen im geschützten Einzelgespräch zu geben. Andere schreiben einen Brief, der vor dem Zusammentreffen gemeinsam entweder mit der Psychologin oder der Bezugsbetreuerin gelesen wird.

Im gemeinsamen Gespräch muss das Mädchen mit zum Teil sehr widersprüchlichen Gefühlen fertig werden. Zunächst gilt es, den Widerstand zu überwinden, das idealisierte Bild des Vaters wenigstens in Ansätzen erschüttern zu lassen. Gerade, wenn es heftige Auseinandersetzungen mit der Mutter gab, fällt es schwer, in diesem Moment nicht die negative Emotion auf sie zu richten, sondern mit ihr gemeinsam auf die Suche nach Erinnerungen und Fragen an die Vergangenheit zu gehen.

Dabei ist es wichtig, dem Mädchen nicht das Gefühl zu vermitteln, dass es ihre Verantwortung ist, aus dem Verständnis der Opfer-Konstellation in der Vergangenheit der Mutter diese zu stützen und ihr Ringen um Autonomie aus Gründen des Schutzes der Mutter aufzugeben. Sehr wohl geht es aber darum, die Frage des Respekts und der Autorität der Mutter zu bearbeiten und internalisierte Abwertungen bewusst zu machen.

Wenn der Mutter in den Einzelgesprächen bewusst wird, dass sie eine negative Übertragung der Gefühle für den Vater auf die Tochter gelebt hat, wird sich die Frage stellen, ob eine zumindest zeitweilige Trennung von Mutter und Tochter angezeigt ist. Aus der Distanz kann es leichter sein, mit der Unterstützung eines der jeweiligen Bedürfnisse angepassten Settings in intensiven gemeinsamen Gesprächen mittelfristig einen Raum für einen Neuanfang zu schaffen. Dies gelingt um so leichter, wenn die Mutter für sich selbst einen therapeutischen Rahmen sucht.

Häusliche Gewalt durch den leiblichen Vater, danach immer wieder gewaltförmige Partnerbeziehungen der Mutter

> „Meine Mutter, die blöde Kuh, seh ich kaum noch, ich bin fast gar nicht mehr zu Hause, da ist immer Fred, für den macht sie alles. Nach meinem Vater hat sie sich nur noch Arschlöcher ins Haus geholt. Wie's mir damit geht, ist ihr völlig wurscht, aber das ist mir auch egal, ich will eh nix mehr von ihr. Ich will so schnell wie möglich ins betreute Einzelwohnen."

Grit präsentiert sich in der Anlaufstelle im Mädchennotdienst beim Erstgespräch als sehr autonom. Es wäre viel zu gefährlich für sie, Bedürfnisse an die

Mutter zu artikulieren. Höchstens die kleineren Geschwister tun ihr leid, aber die werden auch schon noch dahin kommen, zu merken, dass sie von dieser Mutter nichts zu erwarten haben. Am liebsten hätte sie sie mitgenommen. Früher hätte sie sich immer um sie gesorgt, aber jetzt ist's genug, jetzt muss sie sich um sich selbst kümmern.

Auch Grit hat das Bild eines idealisierten Vaters internalisiert. In ihren Augen war er gut. Wenn es zu Gewalthandlungen durch den Vater gekommen ist, dann hat die Mutter es verdient. Die aggressiven Gefühle gegenüber einer Mutter, die sich selbst und die Tochter nicht schützen konnte und entweder z. T. selbst gewalttätig wurde oder die Gewalt der jeweiligen Partner bagatellisierte, drohen sie zu überschwemmen.

In diesem Kontext ist eine zumindest vorübergehende Trennung von Mutter und Tochter angezeigt. Auf jeden Fall ist es wichtig, das Signal der Tochter ernst zu nehmen, dass sie sich in diesem Haushalt gefährdet fühlt, auch wenn zu diesem Zeitpunkt die Gewalt nicht unmittelbar gegen sie gerichtet ist. Das Miterleben der häuslichen Gewalt, das kontinuierliche Erleben, dass die Versuche der Mutter, mit einem neuen Partner neue Beziehungsmuster zu leben, scheitern und die Männer sich wieder als manchmal mehr, manchmal weniger gewalttätig entpuppen, bedeutet eine Gefährdung des Kindeswohls auf jeder Ebene:

Unter diesen Umständen kann es zum Teil nur eine Frage der Zeit sein, wann sich die Gewalt des neuen Partners auch unmittelbar gegen die Kinder richtet.

- Das Miterleben der häuslichen Gewalt kann ebenfalls eine traumatisierende Misshandlung bedeuten (siehe Strasser in diesem Band).
- Die Grenze der Tochter, Handlungen als gewaltförmig zu definieren hat sich so abgesenkt, dass sie selbst zu Gewalttätigkeiten neigt und es als positiv darstellt, keinen Schmerz zu empfinden und ihn dementsprechend auch nicht zu fürchten.
- Die Tochter hat keine Chance, eine positive weibliche Identität zu entwickeln, weil sie Weiblichkeit, Frau-Sein immer mit potentieller Opferschaft verbindet.
- Sie kann Beziehungen nur unter der Maßgabe, wer ist hier das Opfer, wer ist die, die alles unter Kontrolle hat, d. h. notfalls auch durch Ausübung von Gewalt, konstellieren.

Unter dieser Voraussetzung ist es wichtig, auf jeden Fall die Mutter zunächst ohne ihren Partner einzuladen, auch wenn dieser aus einem Kontrollbedürfnis heraus auf eine Teilnahme besteht. Ihm sollte ebenfalls ein eigener Termin angeboten werden.

Wenn die Mutter sich als zu gefährdet einschätzt, kann dieser Termin auch heimlich ausgemacht werden. Wir haben erlebt, dass dieses Vorgehen einigen Mitarbeitern/Mitarbeiterinnen der Jugendämter oft schwer zu vermitteln ist. Dies hat mehrere Gründe: Zum einen widerspricht es völlig dem Gebot der

Offenheit und scheint eine Parteinahme vorwegzunehmen, die grundsätzlich abgelehnt wird. Zum anderen gilt es ja als besonders wichtig und notwendig, den Vater oder den Lebenspartner zu gewinnen. Unserer Erfahrung nach ist es vor dem Hintergrund drohender Gewalt gegen die Mutter und auch der Tochter nicht möglich, in einen offenen lösungsorientierten Prozess zu gehen. Von daher ist es dringend notwendig, der Mutter in einem Einzelgespräch die Möglichkeiten der Unterstützung aufzuzeigen. Auch wenn sie zum aktuellen Zeitpunkt nicht in der Lage sein sollte, für sich selbst Hilfe in Anspruch zu nehmen, kann sie in der Regel im Einzelgespräch besser ihre Lebensumstände und ihr Verhältnis zur Tochter artikulieren. Wir haben die Erfahrung gemacht, dass es ihre Offenheit bereits hemmt, wenn der Partner von dem Termin weiß und danach fragen wird, was gewesen ist.

Im Gespräch mit der Mutter muss sich zunächst ein genaues Bild davon gemacht werden, an welchem Punkt der Auseinandersetzung sie sich sowohl mit dem Partner als auch mit der Tochter gerade befindet.

Im Fall von Grit präsentierte sich die Mutter ähnlich „abgeklärt" wie die Tochter. Grit würde sowieso immer lügen, der ginge es nur um ihre Freiheit und *„ich geh ihr am Arsch vorbei"*. Soll sie doch abhauen, *„aber dann soll sie bloß nicht angekrochen kommen, wenn sie auf die Schnauze fällt"*. Die Möglichkeit, „auf die Schnauze zu fallen", ist sehr groß, weil sie sich immer die falschen Freunde aussucht. *„Bestimmt kommt sie bald mit einem dicken Bauch an und will dann meine Hilfe."*

Ohne es zu merken hat Frau Christ ihre eigene Geschichte erzählt. Als sie auf diesen Umstand aufmerksam gemacht wird, kann sie ihre Ängste formulieren, dass ihre Tochter irgendwann einmal auf ein ähnlich „verpfuschtes Leben" zurückblicken muss. Ganz allmählich, in ständiger Absicherung, dass sie sich nicht als Person abgewertet und verurteilt fühlt, fängt sie an, über ihre verschiedenen Beziehungen, die schmerzlichen, z. T. gefährlichen Trennungen, die sie immer wieder viel Kraft gekostet haben, ihre immer wieder neuen Hoffnungen und ihre Enttäuschungen zu sprechen. Auf dieser Grundlage wird es ihr möglich, auch das Aufwachsen ihrer Kinder insgesamt und speziell von Grit mit einem empathischeren Fokus zu betrachten.

Im nächsten gemeinsamen Gespräch tasten sich Mutter und Tochter sehr misstrauisch und voller Angst, sich zu verletzlich zu zeigen, aneinander heran.

Vorher wurde genau mit beiden abgeklärt, welche Inhalte der Einzelgespräche thematisiert werden dürfen. Es geht jetzt wesentlich darum, erst einmal eine neue Kommunikationsebene zwischen Mutter und Tochter zu etablieren, von dem gewohnten Muster Vorwurf – Gegenvorwurf wegzukommen und das Interesse an dem Erleben der anderen zu wecken. Die Mutter sollte lernen zu verstehen, wie ihre Tochter die Gewaltszenen erlebt hat und wie sehr sie dies auch als einen Akt gegen sich selbst wahrnahm: Die Selbstbezogenheit der Mutter, die Angst vor dem Partner. Für Grit war es auch besonders wichtig, dass ihr die Mutter ihre Wahrnehmung des Ausmaßes der Gewalt bestätigte, die ständige Bagatellisierung beendete.

Unter diesen Umständen konnte die Mutter verstehen, dass es der Tochter unmöglich war, in den Haushalt ihrer Mutter mit dem Partner zurückzukehren. Sie machte aber auch deutlich, dass sie sich nicht trennen könne. Von daher musste ihr aufgezeigt werden, dass die Wahrnehmung von Grit, sie entscheidet sich gegen sie und für den Partner, stimmt und Grit ein Recht hat, darüber wütend zu sein und dies betrauert werden muss.

Im Einzelgespräch mit Frau Christ im Anschluss an dieses Gespräch wurde ihr auf der einen Seite erklärt, dass ihr Entschluss weiter mit dem gewalttätigen Partner zu leben, respektiert wird, andererseits wurden aber auch die möglichen Folgen für die kleineren Geschwister angesprochen. Außerdem wurde sie ausführlich über mögliche Hilfsangebote informiert. Nach Absprache mit dem Jugendamt konnte ihr zugesichert werden, dass ihre zuständige Sozialarbeiterin für weitere Gespräche in Bezug auf die kleineren Geschwister offen wäre. Dort kann sie jetzt nach der Offenlegung ihrer Gewalterfahrungen ihre Schwierigkeiten der grundsätzlichen Verhaltensänderungen mögliche Interventionsüberlegungen einbeziehen. Grit wurde in einer Einrichtung untergebracht, die ihren Autonomiebestrebungen mit einer geringen zeitlichen Betreuungsdichte entgegen kam, aber eine qualitativ intensive Beziehungsarbeit anbot. Es wurde in der Übergabe vereinbart, dass die Konfrontation mit der Gewalttätigkeit des idealisierten Vaters erst zum Thema gemacht werden sollte, wenn sie sich mit ihrem neuen Lebensmittelpunkt stabilisiert hätte. Ob dies im Rahmen der Bezugsbetreuung oder nur innerhalb eines therapeutischen Settings möglich sein würde, bleibt abzuwarten.

Häusliche Gewalt aktuell durch den leiblichen Vater

Jasmin (15 Jahre) kam in Begleitung ihrer Lehrerin in den Mädchennotdienst. Es war nicht so richtig auszumachen, ob dies wirklich ihr eigener Wunsch war, oder ob es die Lehrerin nicht mehr ausgehalten hatte, die häufigen Zusammenbrüche ihrer Schülerin mitzuerleben. Jasmin saß zunächst stumm neben der Lehrerin und bat sie, die familiären Hintergründe zu erzählen. Viel hatte sie der Lehrerin auch nicht erzählt, nur, dass sie keinen Raum für sich finden würde, Vater und Mutter sie nicht in Ruhe lassen würden, sie sich gar nicht mehr konzentrieren könne und nachts wegen ihrer Alpträume schlecht schlafen würde. In der Schule würde Jasmin manchmal relativ unvermittelt in Tränen ausbrechen, ihre Leistungen hätten sehr nachgelassen. Die Eltern kämen so gut wie nie zu Elterngesprächen und Elternabenden in die Schule.

Während die Lehrerin sprach, beobachtete Jasmin sehr aufmerksam meine Reaktion. Sie vermittelte das Gefühl, dass jedes Nachfragen genau geprüft würde. Schließlich fragte ich sie, ob sie jetzt auch alleine mit mir reden könne, und erklärte ihr meine Schweigepflicht.

Im Einzelgespräch offenbarte sie sehr vorsichtig und immer wieder von Tränenausbrüchen begleitet, dass der Vater manchmal ganz unvermittelt sehr gewalttätig wäre. Er würde sie selbst, aber auch die Mutter schlagen.

> „Mama schlägt er vor allem, wenn ich was falsch gemacht hab, er sagt dann, sie wäre blöd, dass sie mich nicht im Griff hat."

Manchmal wäre ihr Vater total nett, aber es gäbe immer so eine Angst, dass die Stimmung umschlägt. Die Mutter hätte schon mal in die Erste Hilfe gemusst, weil sie solche starken Prellungen hatte und einmal hätten die Nachbarn auch schon die Polizei geholt.

Ihre Strategie zu Hause wäre, möglichst unsichtbar zu sein, sich schnell in ihr Zimmer zurückzuziehen, Musik zu hören und am Computer zu sitzen. Selbst an den Mahlzeiten wolle sie nicht mehr teilnehmen. Das würde ihren Vater total sauer machen, so dass er ihr jetzt den Computer wegnehmen wolle. Eigentlich wolle sie nicht mehr nach Hause, aber sie hätte keine Kraft mehr und wisse auch nicht, wie es weitergehen könne. Außerdem liebe sie ja ihren Vater und vor allem auch ihre Mutter und wolle keinen Ärger machen.

Im Kontakt mit dem zuständigen Jugendamt wurde vereinbart, dass ihr eine Inobhutnahme mit anschließender Clearingphase angeboten werden könne.

Es fiel J. sehr schwer, ihre Wünsche zu formulieren. Immer wieder kippte sie in der Ambivalenz ihrer Gefühle hin und her. Der Wunsch nach dem Vater und seiner Anerkennung, der Sehnsucht nach den schönen Stunden mit ihm wechselte manchmal innerhalb von Minuten in Wut, Sorge um die Mutter zu Hause und Traurigkeit. Der Auftrag der Tochter an die Gespräche konnte von daher zunächst nur der Wunsch nach Veränderung der Situation sein.

Die Mutter kam allein zum Gespräch und konnte die Gewalttätigkeit des Vaters nicht bestätigen. Sie klagte, dass ihre Tochter lügen würde, wie in vielen anderen Bereichen auch. Im gemeinsamen Gespräch zeigte sie sich hart und beschrieb sehr beschämend für die Tochter, wie diese doch im Grunde dem Vater immer hinterher laufen würde. Sie würde sich nur für seine Unaufmerksamkeit ihr gegenüber rächen. Als der Mutter gemeinsam mit der Mitarbeiterin vom Jugendamt deutlich zu verstehen gegeben wurde, dass der Tochter geglaubt und hier eine Gefährdung des Kindeswohl gesehen würde, brach sie weinend zusammen und konnte ihre eigene Verletzung beschreiben. Es war, als ob sie eine stärkere Autorität gesucht hätte, die sie und ihre Tochter schützen könnte. Es war für sie aber immer noch undenkbar, die jahrelange Abhängigkeit zu durchbrechen und den Weg ihrer Tochter zu gehen, den Mann zu verlassen.

Für die Tochter stellte es zu diesem Zeitpunkt eine große Entlastung dar, nicht mehr dem Druck nach Loyalität mit dem Vater ausgesetzt zu sein. Gleichzeitig beschäftigte sie sich moralisch sehr damit, ob sie ihrem Vater nicht eine zweite Chance geben müsse. Da abzusehen war, dass sie in ihrer Ambivalenz von einem Tag auf den anderen zur Familie zurückkehren könnte, wurde der

Vater allein eingeladen und mit seiner Gewalttätigkeit konfrontiert. Er konnte einräumen, dass er sehr jähzornig sei, bagatellisierte aber die Folgen. Da ihm sein Jähzorn auch schon im Beruf im Wege gestanden hatte, ließ er sich schließlich darauf ein, in einer Spezialberatung Hilfe in Anspruch zu nehmen.

Schließlich kam es zu einem gemeinsamen Gespräch, bei dem die Tochter ihre Absicht, in die Familie zurückzukehren nach intensiver Aussprache mit der Mutter damit verknüpfte, dass sie beide bei dem ersten nächsten Gewaltübergriff gemeinsam gehen würden. Diese neue Solidarität schien unserer Einschätzung nach auf sehr tönernen Füssen zu stehen, da es auch den Eindruck gab, dass die Mutter die Tochter dafür benutzte, Druck auf den Mann auszuüben, da sie sich selbst zu schwach fühlte. Sie schien im Laufe der Gespräche nicht ein adäquates Gefühl für die Bedürfnislage ihrer Tochter entwickelt zu haben. Trotzdem bleibt zu hoffen, dass sich durch das gemeinsame Ziel, die Gewalttätigkeit des Vaters nicht länger zu tolerieren, die häusliche Situation ändert und anderenfalls sich Mutter und Tochter wirklich zu einer Trennung entschließen können.

Ein Mädchen wieder in eine latent gewalttätige Situation auf ihren eigenen Wunsch hin zu entlassen, stellt eine große Anforderung an die Beraterinnen dar. Bei der Entscheidung, dies zuzulassen und einen Sicherheitsplan zu entwickeln, spielen das Alter und der Grad der Reife des Mädchens eine große Rolle. Wir haben die Erfahrung gemacht, dass es aber auch schon bei jüngeren Mädchen (ab 12 Jahre) nicht möglich war, sie zu halten, wenn die Ambivalenz in Bezug auf die Rückkehr in die Familie zu groß wurde. In der Regel inszenieren sie dann Grenzverletzungen und Regelverstöße in der Hoffnung, die Einrichtung verlassen zu müssen.

Für ihr Selbstbild und ihre moralische Integrität spielt oft die Frage der „2. Chance" eine große Rolle. Erst, wenn sie diese gegeben haben und der Misshandler, aber auch die Mutter, diese wieder nicht nutzen, können sie sich den „Egoismus" zugestehen, an sich selbst zu denken und die Familie ohne zu große Schuld- und Verantwortungsgefühle zu verlassen.

Häusliche Gewalt aktuell durch den leiblichen Vater an der Stiefmutter im Kontext von Migration

> „Ich kann nicht mehr. Die Fragen von dem (Mit-) Erleben der Gewalt, der Freiheiten, der Möglichkeiten in der Schule, wen liebe ich, zu wem halte, schwirren so in meinem Kopf rum, dass ich gar nichts mehr weiß".

Emine (15 Jahre) zeigte sich beim Erstgespräch in Begleitung ihres Freundes sehr durcheinander. Sie wolle einfach nicht mehr darauf warten, dass sich der Vater wieder betrinke und dann sie und die Stiefmutter schlage. Sonst wäre er ja nett. Na ja, wenn er spiele, würde er auch furchtbar sauer werden. Die Stiefmutter würde sie eigentlich mögen – vielleicht nicht so wie die Mutter

– aber die würde ja auch nichts machen und außerdem sei sie ebenfalls so streng. Von dem Freund dürfe niemand aus der Familie was wissen. Manchmal würde sie einfach nur zur Mutter zurückkehren wollen, dann wiederum könne sie sich ein Leben dort gar nicht mehr vorstellen. Ihre Mutter sei ihr auch schon so fremd geworden.

Im weiteren Beratungsverlauf stellte sich der Hintergrund der Familie wie folgt dar: Emine lebte 10 Jahre mit ihrer Mutter und der jüngeren Schwester in einem kleinen Ort in der Türkei, während der Vater mit den zwei älteren Geschwistern nach Berlin gezogen und dort wirtschaftlich relativ erfolgreich eine neue Existenz aufgebaut hatte. Als Emine drei war, hatte er sich scheiden lassen und war eine neue Beziehung mit einer Frau mit einem ähnlichen kulturellen Hintergrund eingegangen. Als Emine 10 Jahre alt war entschieden Vater und Mutter, dass sie zu ihm nach Berlin ziehen solle, um ihr bessere schulische Möglichkeiten zu eröffnen. Der Vater schien ein relativ gut strukturierter Mann mit einer Alkohol- und Spielsuchtproblematik zu sein. Die Stiefmutter hat zwei erwachsene leibliche Kinder, die in Berlin leben.

Im ersten Gespräch wurden der Vater und die Stiefmutter ohne Emine eingeladen. Diese Konstellation war notwendig, da der Vater das alleinige Sorgerecht hat. Der Vater bagatellisierte die Gewalt, die Stiefmutter machte deutlich, dass für sie eine gewisse Form der Gewalt zum Alltag und zur erzieherischen Kompetenz gehöre. Dass sie selbst Gewalt von ihren Mann erlebe, berichtete sie nicht von sich aus. Um sie nicht zu gefährden oder in Konflikte zu bringen, wurde sie dies auch nicht gefragt. Sie beschrieben ausführlich, wie schwer es für sie gewesen war, sich in Berlin eine Existenz aufzubauen. Diese Anstrengungen wären nur für die Kinder erfolgt. Sie hätten viele negative Erfahrungen von Ausgrenzung und Rassismus, auch von Behörden, gemacht. Die Frage des Aufenthaltsstatus hätte sie lange begleitet. Jetzt würden sie sich vor allem eine gute Schulbildung für Emine wünschen. Es wäre schrecklich, dass schon Menschen aus der Community mitbekommen hätten, dass Emine nicht mehr zu Hause sei. Dies würde ihre späteren Heiratschancen extrem reduzieren. Während des ganzen Gesprächszeitraums war das Bemühen des Vaters spürbar, bei mir vermuteten Vorurteilen entgegen zu treten. *„Wir sind nicht so, wie ihr denkt“.*

Das zweite Gespräch fand auf Wunsch von Emine allein mit der Stiefmutter statt. Zunächst sah sie sich einer Flut von Vorwürfen ausgesetzt, die von mir und meiner sprachkundigen Kollegin kaum begrenzt werden konnten. Dabei spielte die Frage der Reaktion der Community eine große Rolle. Erst als Emine ihr weinend deutlich machen konnte, wie sehr sie unter der Situation litt und dass sie sich im Grunde nur eine Veränderung des Verhaltens des Vaters auch in Bezug auf die Stiefmutter wünschen würde, konnte diese sich ihr öffnen. Im Verlauf eines weiteren Gesprächs wurde gemeinsam überlegt, wer dem Vater deutlich machen könne, dass er sich ändern müsse, und wie dieser Prozess unterstützt werden könnte. So wurden zu dem nächsten Gespräch ein Bekannter der Familie, der als wichtiger Unterstützer und Kulturmittler in der Anfangszeit der Immigration des Vaters fungiert hatte, und der Vater eingeladen. Die Stiefmutter wollte nicht dabei sein. In Begleitung dieses Bekannten konnte der Vater deutlich leichter an sich heranlassen, dass es nicht um eine Einordung als schlechter türkischer Vater geht, sondern gemeinsam versucht wird, eine Lösung zu finden, die es seiner Tochter möglich macht, wieder zu Hause zu leben, und dass Gewalt auf Dauer auch seine Ehe zerstören wird. Es wurde überlegt, wie der Alkoholsucht begegnet werden könnte, der Bekannte berichtete von guten Erfahrungen innerhalb der Community. Auf eine spezielle Beratung für Männer gegen häusliche Gewalt konnte sich der Vater nicht einlassen. Unter sehr großen Vorbehalten konnte der Vater im Laufe des Prozesses zustimmen, die Tochter bis zu einer wirklichen Verhaltensänderung in der Jugendhilfe zu belassen.

Im Kontext von Migration begegnen wir sehr unterschiedlichen Familienkonstellationen, weshalb Verallgemeinerungen unzulässig sind. Trotzdem ist es wichtig sich bestimmte z. T. auch bei Beratungen in der Mehrheitsgesellschaft notwendige Themen besonders vor Augen zu führen.

- Entfremdung innerhalb einer Familie durch die unterschiedlichen Migrationsgeschichten der einzelnen Familienmitglieder
- Einbezug der Erfahrung von Rassismus , insbesondere der Rolle von Behörden, mit denen man im Beratungsprozess oft identifiziert wird
- Würde bewahren, aber auch Würde einfordern
- Gegenseitige Vorurteile ansprechen
- Welche Werte werden mit Ehrenhaftigkeit verbunden
- Keine Stereotype wie „hier in Deutschland wird nicht geschlagen"
- „Normalität" von Gewalt in Frage stellen, ohne sie mit der Kultur zu verbinden
- Entschuldigen der Gewalt mit kulturellen Normen nicht akzeptieren und einerseits mit dem Hinweis auf international geltende Kinderrechte begegnen, andererseits die Frage von Respekt und Angst thematisieren
- Einbeziehung von Autoritäten aus dem familiären Kontext oder aus der Community in Beratungsprozess
- Rolle der Community mit einbeziehen, auch kritisch hinterfragen
- Loyalität zu der Herkunftskultur zulassen
- Zusammenhalt in der „Fremde" thematisieren, was war notwendig, was stellt sich für die nächste Generation anders dar?
- Hilfe bei der Vereinbarkeit der verschiedenen Sehnsüchte nach individueller und kollektiver Selbstverwirklichung

Diese Aufzählung ließe sich bestimmt erweitern, je nach Erfahrung der jeweiligen Beraterin und ihres speziellen Hintergrundes. Insgesamt ist es unabdingbar, dass es eine interkulturelle Öffnung innerhalb (nicht nur) der sozialen Arbeit bei den freien und öffentlichen Trägern gibt, da nur in der gleichberechtigten Auseinandersetzung eine wirklich interkulturelle Kompetenz erarbeitet werden kann. Auch weil sonst vordergründig nur das Klischee gesehen wird und die etwaigen Vorurteile bestätigt werden, wenn Angehörige der Minderheitsgesellschaft nur als Klienten/Klientinnen gesehen werden. Gleichzeitig liegt es in der Verantwortung jeder Beraterin, auch als Angehörige der Mehrheitskultur angemessen in Kontakt zu gehen und keine Vorbehalte gegen die Arbeit mit Sprach- und Kulturmittlerinnen zu haben.

Für die folgenden Leitlinien sind diese Punkte als Querschnittsthema angemessen mit einzubeziehen.

Leitlinien für die Beratung von Müttern und Töchtern im Kontext häuslicher Gewalt

Diese Leitlinien sind nicht als starre Gesprächsanleitung zu verstehen, sondern als Anregung, Themenbereich anzusprechen/Bereiche zu thematisieren, die für das Erfassen der jeweiligen Mutter-Tochter-Beziehung notwendig sind und je nach Entwicklung des beraterischen Vertrauensverhältnisses betrachtet werden sollten.

Wie in jedem anderen beraterischen Kontext ist es wichtig, dass sich alle Gesprächsbeteiligte gut verständigen können, d. h. sprachkundige Beraterinnen oder Sprachmittlerinnen einbezogen werden, insbesondere, weil Gefühle sonst nicht adäquat verständlich gemacht bzw. erfasst werden können. Zusätzlich ist ein ausreichendes Wissen um die Folgen eines Migrationsprozesses die Grundlage, um ein angemessenes Verständnis für die jeweilige Situation der Familie in den Gesprächen zu entwickeln.

Bedingungen und Themenbereiche für die Vorgespräche mit der Mutter

Zu Beginn des Clearingprozesses sollte das Vorgespräch mit der Mutter zunächst immer in Abwesenheit der Tochter geführt werden, damit Raum für die Perspektive der Mutter ohne Schuldzuweisungen eröffnet wird.

Es sollte versucht werden, die Gespräche getrennt mit den Elternteilen zu führen.

- Wenn es in dieser Krisensituation nicht möglich ist, den Vater oder gewalttätigen Partner von einer Teilnahme an dem Gespräch mit der Mutter abzuhalten, sollte beim gemeinsamen Gespräch auf Folgendes geachtet werden: Wenn in diesem Gespräch die häusliche Gewalt thematisiert wird, kann die Mutter dadurch zusätzlich gefährdet werden, weil sie zu Hause einem massiveren Druck ausgesetzt und nicht geschützt ist. Gleichzeitig sollte sie auch nicht vor ihrem Partner dazu gezwungen werden, die Aussagen der Tochter über die Gewalt des Mannes zu bestätigen oder zu verneinen. In diesen Fällen kann ein zweites Gespräch in Abwesenheit des Vaters auch ohne dessen Wissen verabredet werden.

- Wenn der von der Tochter als Gewalttäter angegebene Partner der Mutter nicht anwesend ist, sollten Fragen nach der Erfahrung häuslicher Gewalt in früheren und aktuellen Beziehungen gestellt werden.
- Gab es Gewaltsituationen im Zusammenhang mit der Zeugung oder der Schwangerschaft der Tochter?
- Die eigene Kindheitserfahrung in Bezug auf das Miterleben häuslicher Gewalt könnte thematisiert werden.
- Es ist wichtig, mögliche Folgen der häuslichen Gewalt für die Töchter und Söhne allgemein und ohne Schuldzuweisungen zu erklären.
- Gemeinsam sollte versucht werden, die Auswirkungen dieser Gewalt auf die jeweilige konkrete Beziehung zwischen Mutter und Tochter zu finden, z. T. an Hand kleiner Szenen verdeutlichen.
- Mögliche Folgen häuslicher Gewalt auf die Erziehungsfähigkeit betroffener Mütter sollten zunächst allgemein beschrieben werden.
- Die konkrete Situation der jeweiligen Mutter ist gemeinsam zu explorieren, dabei müssen auch ihre Versuche, die Töchter und Söhne zu schützen, gewürdigt werden.
- Welche Nischen/Auswege hat sie für sich gefunden? Stellen diese vielleicht gleichzeitig eine Gefahr für die Kinder dar?

Das gemeinsame Gespräch mit Mutter und Tochter

- Der Tochter sollten Informationen über die stattgefundene Gewalt in altersgemäßer Form gegeben werden.
- Was hat die Tochter mitbekommen, welche Szenen hat sie in Erinnerung? Wie bewertet sie diese heute?
- Wie hat die Tochter versucht, die Mutter zu schützen, wann und in welchen Zusammenhängen hat die Tochter ihr Verhalten gegenüber der Mutter geändert?
- In welchen Bereichen haben sich Mutter und Tochter gut verstanden?
- Der Tochter sollte Raum für Loyalität oder Zuneigung gegenüber dem misshandelnden Vater oder Partner gegeben werden.
- Inwieweit gab es ein direktes oder indirektes Schweigegebot, und wie weit haben sich die Mutter und die Tochter daran gehalten, gibt es ein unterstützendes soziales Umfeld? Wie stark ist die Isolation der gesamten Familie oder einzelner Familienangehöriger?
- Es sollte versucht werden, eine gemeinsame „Geschichtsschreibung" zu entwickeln, aber es gibt nicht die Wahrheit.
- Keine Schuldzuschreibungen zulassen, sondern auffordern, jeweils eigene Verletzungen und Kränkungen zu benennen.
- Inwieweit hat sich die Tochter gefährdet und im Stich gelassen gefühlt? Wo hätte sie sich mehr mütterliche Stärke gewünscht?
- In welchen Bereichen wünschen sich Mutter und Tochter Veränderungen? Was können sie beide dazu beitragen?

- Gibt es zum jetzigen Zeitpunkt die Möglichkeit einer angemessenen Kommunikation und emotionalen Beziehung miteinander, oder müssen sie erst mal Abstand zu einander gewinnen? Kann dies gemeinsam ohne Schuldzuweisungen betrauert werden?
- Wenn die Mutter beim misshandelnden Partner bleibt, muss Mutter und Tochter deutlich gemacht werden, wo in diesem Fall die Grenzen für ihre Beziehung liegen. Außerdem muss der Schutz der Tochter bei möglichen Treffen gewährleistet werden.

Wenn ein Mädchen die Familie verlassen hat, ist es oft notwendig, das erste Gespräch gemeinsam mit Mutter und Vater zu führen, um die daraus entstandene Krisensituation für die ganze Familie zu beruhigen und ein Arbeitsbündnis für den Clearingprozess auf den Weg zu bringen. Im weiteren Verlauf werden dann Gespräche mit den Eltern getrennt geführt, bei denen abzuklären ist, ob es ein Veränderungspotential bei dem Vater in Bezug auf die Übernahme von Verantwortung für die Gewalt gibt. Nur auf dieser Grundlage sind weitere gemeinsame Gespräche auch mit der Tochter möglich.

Insgesamt ist es wichtig, sich gerade im Kontext der Krisenintervention der Verantwortung bewusst zu sein, die daraus entsteht, dass sonst z. T. extrem isolierte Familien einen ersten Kontakt mit dem Hilfesystem aufnehmen. Die Krise, die durch die Mädchen und Jungen durch das Verlassen des elterlichen Haushalts auslösen, kann auch für die Mutter eine Möglichkeit bieten, Unterstützung und letztendlich Schutz zu suchen. Da in Krisensituationen erstmal alle Familienangehörigen mehr oder weniger unter Schock stehen und für Beratung offen sind, können mit allen Beteiligten erste, möglichst verbindliche Vereinbarungen zur Veränderung getroffen werden. Von daher gilt hier in besonderen Maße der Blick auf die Krise als Chance.

Birgit Meixner

Krisen- und Beratungsdienst für Kinder und Jugendliche bei häuslicher Gewalt – ein integriertes Angebot der Psychologischen Familien- und Lebensberatung

Die Psychologische Familien- und Lebensberatung der Caritas Waiblingen im Rems-Murr-Kreis (Regierungsbezirk Stuttgart) bietet als Einrichtung der Kinder- und Jugendhilfe in freier Trägerschaft seit 2004 Kindern und Jugendlichen, die im Kontext von häuslicher Gewalt aufwachsen, spezifische Hilfe und Unterstützung an. Begleitend dazu werden Mütter und Väter in die Beratung einbezogen. Im Rahmen von Lebensberatung unterstützt sie weibliche Opfer häuslicher Gewalt.

Im vorliegenden Artikel wird der Krisen- und Beratungsdienst für Kinder und Jugendliche bei häuslicher Gewalt als integriertes Angebot der Psychologischen Familien- und Lebensberatung mit seinen wesentlichen Bausteinen vorgestellt. Es soll auf die Entstehungsgeschichte, das örtliche Netzwerk und die notwendigen Kooperationen eingegangen werden. Der Beitrag reflektiert unsere langjährigen Erfahrungen in der praktischen Arbeit mit betroffenen Kindern und Jugendlichen und im Aufbau vernetzter Kooperationsstrukturen zur Vermittlung und Zuweisung von Kindern in die Unterstützungsangebote.

Entstehung, rechtliche Grundlagen und aktueller Stand

Begonnen hat der Krisen- und Beratungsdienst zunächst als Pilotprojekt im Rahmen des Aktionsprogramms „Kinder als Zeugen und Opfer häuslicher Gewalt" der Landesstiftung Baden-Württemberg 2004-2006. Wissenschaftlich begleitet wurde das Modellprojekt durch Prof. Dr. Barbara Kavemann, Katholische Hochschule für Sozialwesen Berlin, und Dr. Corinna Seith, Universität Zürich, Pädagogisches Institut (vgl. Seith/Kavemann 2010). Erklärtes Ziel des Modellprogramms war die Entwicklung eines Konzepts zum vernetzten Vorgehen aller an der Intervention beteiligten Institutionen und die Entwicklung und Umsetzung spezifischer Unterstützungsangebote für von häuslicher Gewalt betroffene Kinder. Durch die finanzielle Unterstützung kreiseigener und landesweit wirkender Stiftungen konnte das Projekt ab 2006 für weitere 3 Jahre fortgeführt werden. 2009 wurde der Krisen- und Beratungsdienst kreisweit an drei Erziehungsberatungsstellen etabliert und durch den öffentlichen Träger der Kinder- und Jugendhilfe dauerhaft regelfinanziert.

Die wesentlichen rechtlichen Grundlagen, die unsere Arbeit mit Familien im Kontext häuslicher Gewalt legitimieren, ergeben sich aus dem Kinder- und Jugendhilfegesetz (SGB VIII). Psychologische Familienberatungsstellen sind oft erste Anlaufstellen, die bei der Klärung und Bewältigung individueller und familienbezogener Probleme Hilfestellung geben können, wie es im § 28 SGB VIII allgemein formuliert ist. Eltern, Kinder und Jugendliche können in einer familiären Krisensituation eigenständig Kontakt zur Beratungsstelle aufnehmen. Auf ein notwendiges Beratungsangebot in familiären Konflikt- und Krisensituationen weisen auch §§ 16 und 17 SGB VIII hin. Darin wird die präventive Orientierung der Erziehungsberatung, die bereits im Vorfeld krisenhafter Zuspitzungen die Erziehungs- und Konfliktfähigkeit von Eltern stärken soll, angesprochen und ermöglicht. In § 8 SGB VIII wird Kindern und Jugendlichen ein Recht auf eine eigenständige Beratung garantiert und sie können sich in Not- und Konfliktsituationen auch ohne Kenntnis der Sorgeberechtigten Hilfe und Unterstützung holen. § 18 weist auf das Recht der

Kinder auf Beratung im Zusammenhang mit Umgangskontakten zum getrennt lebenden Elternteil hin. Darüber hinaus tragen Erziehungs- und Familienberatungsstellen gemäß dem Schutzauftrag nach § 8 a SGB VIII zur Abwendung einer vorliegenden oder drohenden Kindeswohlgefährdung durch Beratung, Therapie und Arbeit mit dem sozialen Umfeld der Familie bei (vgl. Qualitätsprodukt Erziehungsberatung 1999).

Häusliche Gewalt[3] insbesondere mit wiederholten, verletzungsträchtigen Gewalttaten, eingebunden in ein Muster von Kontrolle und Abwertung, erleiden überwiegend Frauen und Mütter, während die Gewalt von den (sozialen) Vätern ausgeht. Mütter und ihre Kinder sind durch das (Mit)erleben dieser Form von Partnerschaftsgewalt unterschiedlich betroffen. Die Auseinandersetzung als Erziehungsberatungsstelle mit diesem Thema schärfte unseren Blick für die unterschiedlichen Auswirkungen von häuslicher Gewalt auf die einzelnen Familienmitglieder und erforderte die Entwicklung zielgruppenspezifischer Hilfsangebote. Mit diesem fachlichen Diskurs und der Entwicklung spezifischer Unterstützungsangebote bei häuslicher Gewalt betraten wir als Erziehungsberatungsstelle Neuland, da die Beratungsarbeit i. d. R. stark von familienorientierten und -therapeutischen Ansätzen geprägt ist. Der besondere Blick auf die einzelnen Familienmitglieder fügte sich organisch in das Profil unserer Beratungsstelle, verfolgten wir doch schon seit einiger Zeit einen geschlechtersensiblen Ansatz mit spezifischen Gruppenangeboten beispielsweise für (vor-) pubertierende Mädchen und Jungen.

Mittlerweile entwickelten wir mehrere Bausteine innerhalb des Krisen- und Beratungsdienstes, die ineinander greifen, aufeinander aufbauen und auf verschiedene Bedarfslagen reagieren, um so den Bedürfnissen betroffener Kinder und ihrer Eltern gerecht zu werden. Unser Angebot umfasst folgende Bausteine:

- Proaktive Krisenintervention
- Traumazentrierte Weiterbegleitung im Einzelfall
- „Opticus", ein pädagogisch/therapeutisches Gruppenangebot für Mädchen und Jungen im Schulalter
- „Zoff off! – gemeinsam gegen häusliche Gewalt», ein Informations- und Präventionsprojekt an Schulen
- Modul «Kinder als Zeugen und Opfer häuslicher Gewalt» im Rahmen des Gewalt-Sensibilisierungs-Trainings (GST) der Männerinterventionsstelle
- „KUBA», ein Gruppenangebot für gewaltbetroffene Mütter mit Kleinkindern

3 Häusliche Gewalt wird verstanden als körperliche, psychische und sexuelle Gewalt zwischen Erwachsenen, die sich durch eine Partnerschaft miteinander verbunden fühlen oder gefühlt haben. Sie bedeutet eine Verletzung der physischen und/oder psychischen Integrität des Opfers – unabhängig vom Ort des Geschehens. Mit in der Partnerschaft lebende Kinder sind von häuslicher Gewalt immer mit betroffen. Sie erleben die Gewalt zwischen den Erwachsenen in der Zeugenschaft und werden im Kontext häuslicher Gewalt nicht selten selbst misshandelt. Häusliche Gewalt ist ein ernst zu nehmender Indikator für eine Kindeswohlgefährdung.

Im Weiteren beschränke ich mich auf die Beschreibung des zentralen Angebotes unseres Krisen- und Beratungsdienstes, der proaktiven Krisenintervention. Sie ist der Kern, das Herzstück, innerhalb dessen Kontakt zu den von häuslicher Gewalt betroffenen Kindern und ihren Familien aufgenommen wird und alle weiteren Interventionen geplant werden. Auf unsere Opticus-Gruppe (für Kinder), KUBA-Gruppe (für Mütter mit Kleinkindern), das Schulprojekt Zoff off! und das Modul im Gewalt-Sensibilisierungs-Training der Männerinterventionsstelle wird zur Ergänzung am Ende des Beitrags kurz eingegangen.

Arbeiten im Netzwerk

Der Rems-Murr-Kreis (RMK) ist in seinem Bestreben, einen effektiven Opferschutz durch eine aufeinander abgestimmte Kooperation der beteiligten Institutionen zu erreichen, einen konsequenten Weg gegangen.

> „Opferschutz kann nur gelingen, wenn die beteiligten Institutionen weder nebeneinander noch gegeneinander arbeiten, sondern dieselben Ziele verfolgen und miteinander kooperieren."[4]

Es bildeten sich im Zuge der Umsetzung und Ausdehnung der Unterstützungsangebote verschiedene Kooperationsgremien, innerhalb derer Zielvereinbarungen getroffen werden und notwendige Abstimmungsprozesse stattfinden.

Im Beratungsbereich wurden nach fünf Jahren modellhafter Erprobung 2009 alle drei Säulen eines wirksamen Opferschutzes kreisweit etabliert und finanziell abgesichert. Ein Beratungspool aus fünf Mitarbeiterinnen für weibliche Opfer[5] und einem Mitarbeiter für männliche Opfer[6] aus verschiedenen Beratungseinrichtungen im Kreis gewährleisten in allen fünf Polizeirevieren die Unterstützung für die erwachsenen Opfer. Das Angebot des Krisen- und Beratungsdienstes für Kinder und Jugendliche orientiert sich räumlich am Sozialen Dienst des Kreisjugendamtes und wird an zwei Standorten von den kreiseigenen Beratungsstellen für Familien und Jugendliche und an einem Standort von der Psychologischen Familien- und Lebensberatung der Caritas wahrgenommen. Die Täterberatung wird von der Männerinterventionsstelle der Sozialberatung Stuttgart durchgeführt.

Die Beteiligung mehrerer Träger und Beratungspersonen und die Dezentralisierung der Unterstützungsangebote belegen das fachliche und auch politische Bestreben, möglichst viele Einrichtungen in die Thematik häusliche

4 Runder Tisch „Häusliche Gewalt" - Konzeption des Rems-Murr-Kreises zum vernetzten Vorgehen (2007).

5 Caritas Zentrum Waiblingen, Pro familia Waiblingen, Frauenhaus Rems-Murr-Kreis, Haus der Diakonie Waiblingen, Caritas Zentrum Backnang.

6 Pro familia Waiblingen

Gewalt einzubinden, dadurch eine breite Sensibilisierung der Fachöffentlichkeit zu gewährleisten und die Verantwortung für einen effektiven Schutz auf viele Schultern zu verteilen. Interinstitutionelle Kooperationen sind somit schon in der Organisationsform der Unterstützungsangebote strukturell angelegt und erleichtern im Einzelfall die notwendige Abstimmung des Handlungskonzepts. Durch die Dezentralisierung der Beratungsangebote verringern sich die Fahrtwege zu und für Klientinnen sowie bei Bedarf zu weiteren Kooperationspartnern/-partnerinnen.

Seit Einführung des Platzverweisverfahrens im Polizeigesetz Baden-Württemberg (nunmehr als Wohnungsverweis bezeichnetes Verfahren) und des bundesrechtlichen Gewaltschutzgesetzes im Jahr 2002 engagiert sich die Psychologische Familien- und Lebensberatung der Caritas Waiblingen im kreisweiten Netzwerk. Sie ist Mitglied des Runden Tisches „Häusliche Gewalt im RMK“, koordiniert und organisiert den Arbeitskreis „Opferberatung im RMK“ (turnusmäßig) und dauerhaft den Arbeitskreis „Kinder und häusliche Gewalt“, Waiblingen.

Proaktive Krisenintervention für Kinder und Jugendliche

Fallbeispiel

Die 9-jährige Nuria[7] lebte mit Mutter, Vater und ihrer knapp sechs Jahre alten Schwester zusammen. Sie erlebte über Jahre hinweg die Konflikte zwischen ihren Eltern, die immer wieder eskalierten, zu gegenseitigen Beschimpfungen führten und mehrfach in körperlicher Gewalt des Vaters der Mutter gegenüber endeten. Die Gewalthandlungen waren besonders schlimm, wenn der Vater getrunken hatte. Der Vater stammte aus einer wohlhabenden Familie aus Afghanistan. Er kam als politisch Verfolgter nach Deutschland, konnte hier beruflich aber nicht Fuß fassen, sondern bekam nur Gelegenheitsjobs, erlebte lange Phasen der Arbeitslosigkeit und war dadurch in seinem Selbstwert sehr gekränkt. In der Partnerschaft reagierte er extrem eifersüchtig und war zudem mit dem Erziehungsverhalten seiner Frau nicht einverstanden. Die Mutter, italienischer Abstammung, in ihrer Herkunftsfamilie extrem gewalttraumatisiert, war im 5. Monat schwanger, als sie zum ersten Mal die Polizei rief, aus Angst, wieder ihr Kind zu verlieren. Sie hatte das Jahr zuvor in der Schwangerschaft Zwillinge verloren. Der Vater wurde aufgrund polizeilicher Anordnungen der Wohnung verwiesen, die Mutter nahm Hilfe durch die Opferberatung in Anspruch. Diese vermittelte den Beratungsbedarf der Mädchen an den Krisen- und Beratungsdienst für Kinder und Jugendliche. Nach einem telefonischen Erstkontakt mit der Mutter fand der erste Kontakt

7 Alle Namen wurden geändert.

mit den beiden Mädchen in ihrer häuslichen Umgebung statt. Nuria erzählt im ersten Gespräch:

> „Ich kann nicht mehr ruhig schlafen. Papa sagt, es passiert nicht wieder, aber es ist immer wieder passiert. Immer muss ich Papa daran hindern, dass er Mama schlägt. Meine Mama wollte sich schon töten mit Waschmittel oder Shampoo. Da mussten wir alles wegräumen und immer der Mama hinterherlaufen. Ich möchte die blöden Gedanken weghaben, wir haben immer ein trauriges Gesicht. Manchmal weine ich, manchmal auch meine Schwester. Dann streichle ich sie."

Nuria fühlte sich sehr verantwortlich für ihre Familie, sie liebte beide Eltern und ihre größte Sorge war, dass ihre Eltern sich trennen. Gleichzeitig litt sie enorm unter dem Stress zu Hause und dass sie es nicht schaffte, die Gewalt zu verhindern. Sie konnte sehr genau formulieren, was sie bräuchte, nämlich „Ruhe zu Hause", hatte mittlerweile aber schon ein sehr negatives Zukunftsbild und glaubte nicht mehr daran, dass sich etwas ändern würde. Ihr größter Wunsch war, auf die Realschule zu gehen. In der Schule zeigte sie jedoch wenig Kontinuität in den Leistungen und eine große Versagensangst. Es folgten Monate intensiver Arbeit mit der Familie in unterschiedlichen Settings: Einzelgespräche mit den Mädchen, getrennte Gespräche mit Mutter und Vater, gemeinsame Elterngespräche, Familiensitzungen und für Nuria unser spezifisches Gruppenangebot „Opticus". Parallel hatten die Eltern eine Paarberatung in einer anderen Beratungseinrichtung begonnen. Am Ende des Beratungsprozesses hatte sich die familiäre Situation weitgehend konsolidiert, Belastungsanzeichen bei den Mädchen waren deutlich reduziert und es bestand wieder Hoffnung auf eine weitere gemeinsame Zukunft. In einer zufälligen Begegnung Jahre später stellte mir die Mutter stolz ihr viertes Kind, ein drei Monate altes Mädchen, vor. Sie berichtete erleichtert und glücklich, dass sie es als Familie geschafft hätten, es ihnen als Paar gut gehe und ihr Mann eine feste Anstellung gefunden habe. Nuria sei auf der Realschule und die Zweitgeborene könne vielleicht sogar auf das Gymnasium wechseln. Der kleine Karim, mit dem sie damals schwanger war, sei inzwischen 3 Jahre alt und schon im Kindergarten. Und ihr viertes Kind, welches nicht mehr geplant war, würden sie schon auch noch groß bekommen.

Zugangswege

Ein strukturierendes Merkmal Psychologischer Familien- und Lebensberatung ist die Niederschwelligkeit, die Ratsuchenden die Möglichkeit bietet, frühzeitig Hilfe in Anspruch zu nehmen, um eine Zuspitzung von Problemlagen zu verhindern. Jedoch suchen Mütter und Väter selten wegen häuslicher Gewalt Hilfe für ihre Kinder. Dies belegen unsere eigenen statistischen Auswertungen und wurde auch durch die wissenschaftliche Begleitforschung von Interventionsprojekten bei häuslicher Gewalt bestätigt. In vielen Fällen häuslicher

Gewalt ist weder der gewalthandelnde noch der gewalterleidende Elternteil in der Lage, die Situation der Kinder und deren Bedarf an Unterstützung angemessen im Blick zu behalten. Handlungsleitend für uns war die Erkenntnis, dass von häuslicher Gewalt betroffene Kinder und Jugendliche eigene Unterstützungssysteme brauchen. Sowohl in der Krisensituation als auch in der Phase der Verarbeitung benötigen sie eigene Ansprechpersonen, um die Belastungssituation zu bewältigen und eine positive Weiterentwicklung anzuregen.

Eine der zentralen Fragestellungen beim Aufbau des Krisendienstes war somit, wie wir zeitnah zum Gewaltgeschehen Zugang zu betroffenen Kindern und Jugendlichen bekommen würden. Die Klärung dieser Frage konnte nur im Zusammenwirken aller an der Intervention beteiligten Institutionen und Personen erfolgen. Schwerpunkt zu Beginn der Modellphase war der Aufbau des Arbeitskreises «Kinder und häusliche Gewalt». In ihm sind alle wesentlichen Akteure vertreten, die als zuweisende Institutionen und Personen von Bedeutung sind: Opferberatung, Jugendamt, Polizei und Familiengericht. Von großem Vorteil war die gewachsene, in anderen Themenbereichen schon vielfach erfahrene und gelingende Zusammenarbeit mit dem Jugendamt. Das Jugendamt war bereits Kooperationspartner in der Projektphase gewesen, sodass wir die Unterstützungsangebote in enger Kooperation entwickelten und teilweise gemeinsam umsetzten. Von Vorteil für die Zuweisungspraxis erwies sich unsere Beteiligung an der Beratung für weibliche Opfer von häuslicher Gewalt. Das Erleben der Situation von Frauen und Müttern, ihre vorhandenen Einschränkungen aufgrund verschiedenster Verletzungen und ihre zur Verfügung stehenden Ressourcen schulte unseren Blick und ermöglichte einen sensiblen Zugang zu ihnen als verantwortliche Erziehungspersonen. Es kristallisierten sich im Verlauf des Aufbaus und der Etablierung der proaktiven Krisenintervention drei Zugangswege heraus, die ungefähr gleich häufig genutzt werden:

- Mütter melden sich selbst aufgrund von Informationen, die sie von anderen Institutionen, z. B. Polizei, Opferberatung, erhalten haben.
- Die Opferberatung nimmt mit Einwilligung der Mütter Kontakt zum Krisen- und Beratungsdienst für Kinder auf und gibt die Daten zur Kontaktaufnahme weiter.
- Das Jugendamt nimmt nach Meldung durch die Polizei Kontakt mit dem Krisen- und Beratungsdienst für Kinder auf und vermittelt den Hilfebedarf.

Informations- und Datenweitergabe

Der Schutz der Vertrauensbeziehung zu Ratsuchenden ist wesentlich für die Arbeit von Psychologischen Erziehungs- und Familienberatungsstellen. Insbesondere in Gefährdungskontexten, in denen Fragen des Kinderschutzes eine zentrale Rolle spielen, ist der Vertrauensschutz für die Inanspruchnahme von Hilfe von großer Bedeutung. Doch nicht nur für uns, sondern für alle an der Interventionskette beteiligten Institutionen ist die Weitergabe von Informationen und personenbezogenen Daten ein sensibler Bereich, der zwingend einer Klärung und Transparenz bedarf. Es muss sowohl für das Hilfesystem als auch für die Betroffenen klar erkennbar sein, wer an wen welche Informationen weitergibt und zu welchem Zweck. Menschen erklären sich in der Krisensituation oder unter Druck meist mit dem Austausch von Daten einverstanden. Der Umgang damit ist rechtlich zwar geregelt, er betrifft jedoch auch das Selbstverständnis der professionell Handelnden, Betroffenen ein Höchstmaß an Vertraulichkeit und Schutz ihrer Persönlichkeitsrechte zu garantieren. In der Krisensituation, insbesondere bei hohem Bedrohungspotential, kann es sehr hilfreich sein, in Form einer (anonymisierten) Fallkonferenz im Interesse und zum Schutz der Betroffenen mit Jugendamt, Polizei, Opfer- und Täterberatung eine Risikoeinschätzung vorzunehmen. Eine Datenweitergabe ohne Einverständnis der Betroffenen ist grundsätzlich untersagt, es sei denn, höherwertige Rechtsgüter machen eine Weitergabe erforderlich. Dies ist z. B. der Fall, wenn eine erhebliche Gefährdung des Kindeswohls vorliegt, die auf andere Weise nicht abwendbar ist oder wenn wir Kenntnis von geplanten schweren Straftaten erhalten.

Häusliche Gewalt und Kindeswohlgefährdung

Um mehr Sicherheit im Umgang mit Gefährdungssituationen und damit auch mit der Datenweitergabe zu erhalten, beschäftigten wir uns im Arbeitskreis „Kinder und häusliche Gewalt" Waiblingen ausführlich mit der Frage der Kindeswohlgefährdung im Kontext häuslicher Gewalt. Wir gehen davon aus, dass beim Vorliegen folgender Anhaltspunkte eine Kindeswohlgefährdung zwingend abzuklären ist (vgl. Kindler 2002):

- wiederholte und/oder schwere Gewalthandlungen,
- keine Perspektive für eine Verminderung des Gewaltpotentials,
- fehlende Veränderungsperspektive,
- multiple Risiken in der Familie (Kindesmisshandlung, psychische Erkrankung, Suchterkrankung),
- schwerwiegende Belastungsanzeichen bei den Kindern,
- bei Säuglingen und Kleinkindern Anzeichen für einen Zusammenbruch der elterlichen Fürsorge.

Ausgehend vom erst genannten Kriterium informiert die Polizei bei folgenden Interventionen regelhaft das Jugendamt:

- wiederholte Schlichtung,
- Wohnungsverweis,
- Gewahrsamnahme,
- Festnahme.

Krisensituation nach häuslicher Gewalt und kindliche Belastungsreaktionen

Häusliche Gewaltsituationen sind durch eine Destabilisierung des gesamten Familiensystems charakterisiert. Die gesamte Familie befindet sich in der Krise. Sowohl der gewalterleidende Elternteil als auch der gewaltausübende Elternteil ebenso wie die Kinder geraten in einen Zustand, der durch den Verlust des seelischen Gleichgewichts gekennzeichnet ist und mit den vorhandenen Problemlösestrategien oft nicht mehr bewältigt werden kann (vgl. Dross 2001). Häusliche Gewalt als Krisenauslöser kann traumatische Reaktionen hervorrufen. Diese sind bei wiederholter und verletzungsträchtiger Gewalt und bei einem hohen Grad an subjektiv erlebter Hilflosigkeit umso wahrscheinlicher. Laut Heinz Kindler zeigen Studien aus dem angloamerikanischen Raum, dass bei einem hohen Prozentsatz von Kindern (bis zu 90 %) Traumatisierungsanzeichen zu beobachten sind.[8] Die Reaktionen von Kindern und Jugendlichen nach häuslichen Gewalterfahrungen sind sehr unterschiedlich. Je nach Alter und Entwicklungsstand, nach individuellen Gegebenheiten (Persönlichkeit, familiäres und soziales Umfeld), nach ihren Vorerfahrungen und Bewältigungsmöglichkeiten zeigen sie verschiedene Stress- und Belastungsreaktionen in unterschiedlicher Ausprägung. Erste Reaktionen auf Gewalterlebnisse sind häufig erhöhte Schreckhaftigkeit und Ängstlichkeit, anhaltendes Weinen und Anklammern, aber auch die aggressive Form der Abwehr von Gefühlen der Hilflosigkeit und des Kontrollverlusts durch schreien, sich verweigern, um sich schlagen. Noch Wochen und Monate danach können depressive Verstimmungen, Rückzugsverhalten, motorische Unruhe, Schlaf- und Konzentrationsstörungen, somatische und Leistungsbeeinträchtigungen, erhöhte Auto- und Fremdaggressionen beobachteten werden, die dann auch Anzeichen einer klinisch relevanten Posttraumatischen Belastungsstörung oder anderer Traumafolgestörungen sein können.

Krisenverläufe sind auch in ihrer zeitlichen Dimension bei Kindern und Jugendlichen sehr individuell. Häufig wechseln sich Phasen vermehrter Auffälligkeiten mit Phasen scheinbarer Normalität ab, in denen Kinder versuchen, durch Anpassung ihre Eltern zu entlasten. Jedoch gibt es durchaus auch Kinder mit ausreichend vorhandenen Ressourcen, denen eine Bewältigung der Krise leichter gelingt. Durch eine zeitnahe, proaktive Intervention können Kinder und Jugendliche bei der Bewältigung der Krise durch häusliche Gewalt unterstützt werden.

---

8 Umgang nach häuslicher Gewalt aus psychologischer Sicht. Interdisziplinäre Fachveranstaltung der Psychologischen Familien- und Lebensberatung der Caritas und des Arbeitskreises „Kinder und häusliche Gewalt" Waiblingen im Juli 2010.

Verlauf der Krisenintervention

Wir verstehen Krisenintervention als eine Form der psychosozialen Begleitung in Zeiten außergewöhnlicher Belastungen. Sie ist zeitlich begrenzt und endet im günstigsten Fall, wenn die Gewalt beendet ist, Kinder und ihre Mütter als hauptsächlich betreuende Bezugspersonen wieder zu einem hinreichend stabilen seelischen Gleichgewicht gefunden haben und Veränderungsperspektiven für das familiäre System entwickelt wurden. Theoretisch und methodisch greift sie Elemente einer frühen sekundär präventiven Intervention auf, wie sie im Bereich von notfallpsychologischen Interventionen nach einem Psychotrauma entwickelt wurden (vgl. Landolt 2004).

Die proaktive Krisenintervention umfasst ca. drei bis sechs Termine, die in der Regel in einem Zeitraum von zwei bis drei Monaten geleistet werden. Spätestens danach ist zu entscheiden, ob und welche weiteren Hilfen die Kinder und ihre Familien brauchen. Dies kann zum einen eine weiterführende Begleitung der Familie im Rahmen unserer spezifischen Unterstützungsangebote (traumazentrierte Einzelarbeit für Kinder und Jugendliche, Gruppenangebote für Kinder und Mütter) sein. Familien können als weiterführende Hilfen jedoch das gesamte Spektrum an Leistungen unserer Psychologischen Familien- und Lebensberatung in Anspruch nehmen. Bei Bedarf werden Kinder und Jugendliche in ambulante Kinder- und Jugendlichenpsychotherapie vermittelt oder die Kinder- und Jugendpsychiatrie (Gesundheitswesen) einbezogen. Es können auch andere Hilfeformen, wie sie durch den Sozialen Dienst des Kreisjugendamtes (Hilfe zur Erziehung) angeboten werden, zum Einsatz kommen. Die Erfahrung in der Arbeit mit gewaltbelasteten und gewalttraumatisierten Kindern zeigt, dass ca. ein Drittel der Kinder eine weitergehende Unterstützung braucht.

Zeitnahes und proaktives Zugehen

Durch eine zeitnah zum Gewaltgeschehen beginnende Unterstützung versuchen wir, die Auswirkungen der Gefühle von Angst, Hilflosigkeit und Kontrollverlust zu reduzieren und damit Fehlanpassungen entgegenzuwirken. Auch Dr. Barbara Juen, fachliche Leiterin der Kriseninterventionsteams beim Österreichischen Roten Kreuz[9], verweist auf die besondere Weichenstellung in der Akutphase nach einem belastenden Ereignis. Ziel eines raschen Beginns psychosozialer Unterstützung ist es, die Gefahr der Entwicklung einer Posttraumatischen Belastungsstörung und/oder anderer Folge- und Langzeitbeeinträchtigungen zu verringern. Um Kinder zeitnah zum Gewaltgeschehen beraten zu können, gehen wir proaktiv auf die betroffene Familie

9 Krisenintervention bei Kindern und Jugendlichen: Neuere Entwicklungen. Internationale Kriseninterventionstage 2010, Rotes Kreuz Österreich, Universität Innsbruck.

zu. Im konkreten Einzelfall bedeutet dies, dass wir nach Erhalt einer Mitteilung durch die Opferberatung der Mütter oder durch den Sozialen Dienst des Kreisjugendamtes telefonisch Kontakt zu den Müttern aufnehmen. Dieses telefonische Erstgespräch ist ein ganz wesentliches Instrument der proaktiven Krisenintervention (vgl. Gabel 2006). Hierbei kommt es darauf an, die Mütter sensibel und wertschätzend dafür zu bestärken, dass sie ihre Einwilligung zur Datenweitergabe und Kontaktaufnahme gegeben haben. Ihre Zustimmung zu Hilfe und Beratung für ihre Kinder muss erneut abgefragt und bei Zustimmung positiv bekräftigt werden. In diesem Telefonat entscheidet sich innerhalb kürzester Zeit, ob eine erste vertrauensvolle Kontaktaufnahme gelingt und das Beratungsangebot für die Kinder angenommen werden kann. Viele dieser Telefonkontakte sind intensive Kurzberatungen mit hoher fachlicher und persönlicher Präsenz.

Chancen aufsuchender Beratung

Die erste Kontaktaufnahme zu den Kindern gestaltet sich sehr unterschiedlich. Die Wahl des Settings ergibt sich jeweils aus der aktuellen Gesamtsituation der Familie. Eine erste Beratung der Kinder kann sowohl in den Räumen der Beratungsstelle als auch zu Hause stattfinden. In vielen Fällen erfordert die Situation der Mütter, dass der erste Kontakt zu den Kindern im häuslichen Umfeld stattfindet. Aufsuchende Beratung beinhaltet die Möglichkeit, sich räumlich und zeitlich mehr auf die Bedürfnisse der Kinder und ihrer Mütter einzustellen (vgl. Heynen 2006). Sie beinhaltet auch die Chance, den Kontext familiärer Konflikte deutlicher wahrzunehmen und die Gefährdungen der Kinder besser einzuschätzen. Die Wohnumgebung der Kinder, ihre Versorgungssituation, die Einbettung der Familie in das nachbarschaftliche Umfeld beispielsweise geben wichtige Hinweise zur Einschätzung der Gesamtsituation. Problem- und Bedürfnislagen betroffener Kinder werden unmittelbarer erlebt und können in die Hilfegestaltung mit aufgenommen werden. Aufsuchende Arbeit kann im Einzelfall auch bedeuten, dass die Krisenberatung der Kinder zeitlich parallel zur Beratung der Mütter durch die Opferberatung oder den Sozialen Dienst in den Räumen der Opferberatung oder des Kreisjugendamtes stattfindet. Dies entlastet die Mütter und schont ihre Ressourcen.

Familien, in denen Gewalt ausgeübt wird, sind durch vorhandene Hilfsangebote, die im Rahmen der Jugendhilfe, insbesondere im Bereich von Erziehungs- und Familienberatung zur Verfügung stehen, schwer zu erreichen. Mit diesem aufsuchenden Beratungsansatz erreichen wir als Psychologische Erziehungs- und Familienberatungsstelle eine neue Zielgruppe von Familien. Es sind vielfach Familien mit Mehrfachbelastungen, erheblichen Risikofaktoren, schlechter Ressourcenlage und Familien mit Migrationshintergrund. Darin sehen wir eine große Chance, gerade Kindern und Müttern mit geringen materiellen, sozialen und psychischen Ressourcen wirksame Unterstützung zukommen zu lassen.

Aufsuchende Arbeit mit Kindern in Krisensituationen stellt hohe Anforderungen an die Beratungsfachkräfte: an ihre zeitliche und räumliche Flexibilität, an ihre Beharrlichkeit beim Nichtzustandekommen des Erstkontaktes und an ihre Bereitschaft, das Setting jeweils an den Bedürfnissen der Kinder und ihrer Mütter auszurichten. Ihre psychische Belastbarkeit ist insbesondere dann gefordert, wenn das Zuhause der Kinder der Ort des Gewaltgeschehens ist und noch Spuren der Gewalt in der Wohnung zu erkennen sind. Solche konkreten und sichtbaren Lebensumstände der Kinder sind auch für Professionelle nicht immer leicht zu verkraften. Die Gefahr, die nötige Distanz zu verlieren, ist bei aufsuchender Arbeit weitaus größer als im geschützten Rahmen einer Beratungsstelle. Auch die eigene Gefährdung durch die mögliche Anwesenheit des Gewalttäters ist nicht zu unterschätzen. In den Fällen, in denen der gewaltausübende Elternteil weiter in der Familie lebt, ist seine Bereitschaft für die Krisenintervention unbedingt vorher einzuholen. Nicht nur die betroffenen Familienmitglieder müssen sich sicher fühlen, sondern auch die Beratungsfachkräfte.

Prinzipien proaktiver Krisenintervention bei Kindern und Jugendlichen

Psychosoziale Unterstützung muss das Alter und den Entwicklungsstand der Kinder berücksichtigen. Je jünger sie sind, umso wichtiger ist die Einbeziehung der Mütter, denn im Säuglings- und Kleinkindalter regulieren Kinder ihre Emotionen noch überwiegend durch Orientierung an der Befindlichkeit ihrer Bezugspersonen (social referencing). Im Vorschulalter helfen Materialien und Medien (Handpuppen, Sandspiel, Geschichten, Malen) den Kindern, ihre Empfindungen zu verbalisieren und visualisieren. In der Phantasie, im symbolischen Ausdruck berichten sie ihre Erfahrungen und können sich gleichzeitig davon distanzieren (vgl. Meurer 2004). Schulkinder sind schon in der Lage, ihre Emotionen sprachlich zum Ausdruck zu bringen. Sie haben im Schulalter meist unmittelbar nach belastenden Erfahrungen ein großes Bedürfnis, über das Erlebte zu sprechen. Auch zeigen sie aufgrund ihres Entwicklungsstandes und erreichter Autonomie eine große Bereitschaft, Hilfe von außen anzunehmen. Für Jugendliche sind oftmals die Gleichaltrigen wichtiger als Erwachsene. Sie brauchen häufig ihre peers, um Unterstützung annehmen zu können. Diese können auch in die Gespräche mit einbezogen werden und im Setting sehr hilfreich sein. Im Kontakt mit Jugendlichen gilt es offen zu sein für deren altersspezifische, manchmal auch ungewöhnliche Bewältigungsformen, ihren kreativen Ausdruck, aber auch ihre Formen der Abwehr heftiger Emotionen durch Ablenkung oder auch Verleugnung. Das Vorgehen in der Krisenintervention orientiert sich vorrangig an den zentralen Bedürfnissen der Kinder und Jugendlichen nach belastenden Ereignissen.

Krisengespräche haben in erster Linie eine stützende und stabilisierende Funktion. Folgende Prinzipien stehen dabei im Vordergrund:

Entlastung von belastenden Gefühlen

Kinder und Jugendliche übernehmen im Falle häuslicher Gewalt übergroße Verantwortung für das Wohlergehen ihrer Familie. Sie sind oft in ängstlicher Sorge um ihre Mutter:

> „Drei Mal hat er meine Mama geschlagen, einmal hat er sie auf meinem Stuhl mit dem Kreuz so nach hinten gemacht. Ich habe immer geschrien ‚lass sie in Ruh, lass sie in Ruh'. Da hat er mich weggeschuckt. Ich habe mir den Finger eingeklemmt. Meine größte Angst war, dass meine Mama jetzt nicht mehr laufen kann wegen ihrem kaputten Fuß. Ich will ihn nicht mehr sehen. Ich kann jetzt besser schlafen." (Michael, 9 Jahre)

Kinder fühlen sich auch häufig schuldig für das, was in ihrer Familie geschehen ist. Besonders stark sind ihre Schuldgefühle, wenn die Gewalteskalation im Zusammenhang mit Erziehungsproblemen stand. Für kleine Kinder sind Schuldgefühle ein Schutzmechanismus, der ihnen hilft, unerträgliche Gefühle von Ohnmacht und Hilflosigkeit abzuwehren. Es ist wichtig, ihnen behutsam zu vermitteln, dass es nicht ihre Verantwortung ist, wenn Erwachsene gewalttätig werden. Kinder müssen wissen, dass es nicht erlaubt ist, Menschen Gewalt anzutun, dass ihrer Mutter und ihnen selbst Unrecht widerfahren ist und dass es dafür Konsequenzen gibt. Allerdings fühlen sie sich häufig auch für die Konsequenzen verantwortlich, beispielsweise wenn der Vater die Wohnung verlassen musste, insbesondere dann, wenn sie es waren, die Hilfe geholt haben.

Kinder schämen sich für die Gewalt. Dies führt häufig dazu, dass sie sich zurückziehen, ihren gewohnten Aktivitäten nicht mehr nachgehen, keine Freunde mehr treffen und sich mehr und mehr isolieren. Das vermittelte Wissen, dass es viele Kinder gibt, die zu Hause Gewalt erleben, dass Gewalt in jeder Familie vorkommen kann, entlastet sie von einengender Scham und Schuld. Das aktive Zuhören und die Anteilnahme an ihren Erfahrungen holen Kinder aus ihrer sozialen Isolation und schaffen Momente der Begegnung und Bestärkung.

Kinder brauchen Ermutigung, ihre Gefühle wahrzunehmen und zu benennen. Gemeinsam nach Lösungen zu suchen, wie sie auch mit belastenden Gefühlen umgehen können (*„Was kannst du machen, wenn du wieder sehr wütend auf deine Schwester wirst?"*; *„Wer/was kann dir helfen, wenn du Angst beim Einschlafen hast?"*), schafft Zutrauen in ihre eigenen Bewältigungsmöglichkeiten und stärkt ihren Selbstwert. Die Wiederherstellung der Handlungsfähigkeit und die Erfahrung von Selbstwirksamkeit sind zentrale Anliegen einer proaktiven Krisenintervention, auch wenn sie zunächst in kleinen Bestandteilen der Alltagsbewältigung angesiedelt sind. Entlastend wirkt für Kinder auch das Wissen und Erleben, dass ihre Eltern – Mutter und Vater – Hilfe und Unterstützung bekommen – in der Opferberatung bzw. in der Täterberatung.

Eltern fällt es meist schwer, mit ihren Kindern über die erlebte Gewalt zu sprechen. Kinder spüren die Gemütsverfassung ihrer Eltern intuitiv, sind jedoch sehr beunruhigt, wenn sie keine Erklärungen dafür bekommen.

> „Aber dann hat er doch meine Mama gewürgt und er hat auch ein Messer gehabt. Ich habe den Krach gehört und bin zu meiner Mama gelaufen. Ich habe sie gerettet. Und jetzt ruft er die ganze Zeit an, weil er meinen Bruder haben will. Ich geh nicht ans Telefon. Aber ins Telefon kann man ja kein Messer reinstecken. Meine Mama hat Angst, sehr große Angst. Aber wenn ihre Freundinnen da sind, dann nicht mehr ..." (Matthias, 7 Jahre)

Kinder haben in Krisensituationen ein hohes Bedürfnis nach Zuwendung und sozialer Anerkennung und zeigen sich demzufolge im ersten Krisengespräch meist sehr offen und kontaktbereit. Sich als einfühlsame, verständnisvolle und auch strukturierende Gesprächspartner/-in zur Verfügung zu stellen, wirkt entängstigend und ermutigend.

> „Wie immer, wenn Angst weniger werden soll, ist die Beziehung zu einem anderen Menschen, der weiß, wie mit der Situation umgegangen werden kann, fundamental wichtig. Mit einem anderen Menschen zusammen, der selber weniger Angst hat oder auch weniger betroffen ist, fürchtet man sich weniger. Dann kann Entlastung einsetzen [...]".[10]

Den Kindern muss eine hohe emotionale Präsenz und eine gesprächsbereite Haltung signalisiert werden. Sie sollen ermuntert werden, über die beobachtete und erfahrene Gewalt zu sprechen (*„Was ist passiert? Magst du es mir erzählen?"*), dennoch sollte das Gewalterleben nicht der Gesprächseinstieg in der ersten Kontaktaufnahme sein. Hier hat sich ein langsames, zunächst nicht belastungsbezogenes Vorgehen bewährt. Je nach Situation kann das Kind über seine Familie, seine Schulsituation, seinen Freundeskreis und Hobbies befragt werden. Erst wenn Kinder Vertrauen gefasst haben und ein stabiler Kontakt hergestellt wurde, kann eine vorsichtige Rekonstruktion der Gewaltsituation stattfinden. Bei der Exploration der Gewalthandlung ist nicht das tatsächlich Vorgefallene bedeutsam. Im Zentrum der gemeinsamen Betrachtung stehen die Erinnerungen und das subjektive Erleben des Kindes mit all den begleitenden Emotionen (*„Wo warst du, als es passierte? Was hast du gehört, gemacht, gespürt?"*). Die Sprache wiederzufinden, in dem Kinder über das Geschehen sprechen, kann den Verarbeitungsprozess unterstützen. Die Thematisierung und Enttabuisierung der Gewalt, die Erlaubnis, darüber reden zu dürfen, schafft Entlastung. Die Auseinandersetzung mit belastenden Emotionen darf aber keinesfalls forciert werden. Abwehrverhalten der Kinder muss als unverzichtbarer Selbstschutzversuch respektiert werden. Neuere Entwicklungen in

10 Kast, Verena (2004): Geleitwort. In W. Müller, U. Scheuermann (Hrsg.), Praxis Krisenintervention: 7-8.

der Psychotraumatologie[11] betonen die Bedeutsamkeit von positiven Emotionen bei der Bewältigung von Stress und Belastungen. Konkret bedeutet dies, im Kontakt mit den Kindern immer auch angenehme, spaßvolle und lustbetonte Erfahrungen, Betätigungen und Erlebnisweisen zu fokussieren und sie dazu zu ermutigen.

Schutz und Sicherheit

Dem kindlichen Bedürfnis nach Schutz und Sicherheit muss besonders nach Gewalthandlungen Rechnung getragen werden. Die Anwesenheit eines unbeteiligten Erwachsenen (des Beraters/der Beraterin), welche/-r dem Kind mit Gelassenheit und Offenheit begegnet, stärkt ihr instabiles Sicherheitsgefühl. Kinder leiden unter erheblichen Loyalitätskonflikten, die sie im Spannungsfeld häuslicher Gewalt nur schwer bewältigen können. Im Kontakt mit ihnen geht es insbesondere darum, ihre ambivalenten Emotionen, die sie in der Krise Vater und Mutter gegenüber haben, auszuhalten. Gerade im Umgang mit ihren Widersprüchlichkeiten brauchen sie Entlastung und gleichzeitig Unterstützung bei der Beziehungsklärung und Kontaktpflege zu beiden Elternteilen. Auch durch den Wiederaufbau von Alltagsroutinen erfahren Kinder Sicherheit. Durch gewohnte Rituale und Abläufe wird ihre Umgebung zumindest wieder zum Teil vorhersehbar und damit kontrollierbar. Besteht die Gefahr erneuter Eskalationen sollte mit ihnen oder für sie ein altersadäquater Sicherheitsplan entwickelt werden. Kinder müssen wissen, dass sie Hilfe holen dürfen. Kleinen Kindern, die in ihren kognitiven Fähigkeiten noch eingeschränkt sind, jedoch noch auf magische Kräfte vertrauen, helfen in Angst erregenden Situationen auch ein kleiner Plüschlöwe, ein funkelnder Stein oder andere Kraftsymbole zur Angstabwehr.

Für einen wirksamen Schutz der Kinder vor erneutem Gewalterleben zu sorgen, liegt jedoch eindeutig in der Verantwortung der Erwachsenen: der Eltern und den professionellen Helfern/Helferinnen. Von polizeilichen Maßnahmen und zivilrechtlichen Schutzanordnungen, die zum Schutz der Mütter vor Gewalt ausgesprochen wurden, partizipieren auch die Kinder. Darüber hinaus haben Kinder ein eigenständiges Recht auf Gewaltfreiheit in der Erziehung (§ 1361 BGB) und zu ihrem Schutz können kindeswohlgefährdende Erwachsene der Wohnung verwiesen werden (§ 1666a BGB). Insbesondere bei anhaltenden Gefährdungen des Kindeswohls durch fortgesetzte Bedrohungen und/oder Gewalthandlungen ist es von entscheidender Bedeutung, im Verbund aller beteiligten Institutionen einen auf die Kinder abgestimmten, vernetzten Hilfeplan zu erstellen. Eine Kooperation zwischen Polizei, Jugendamt, Familiengericht und den Beratungseinrichtungen ist an dieser Stelle

11 Juen, Barbara (2010): Krisenintervention bei Kindern und Jugendlichen: Neuere Entwicklungen. Internationale Kriseninterventionstage 2010, Rotes Kreuz Österreich, Universität Innsbruck.

unerlässlich, wenngleich in der Praxis nicht immer ganz einfach und in ausreichenden Maße gegeben. Hier gilt es, das Netz an schützenden Interventionen engmaschig zu knüpfen und alle Maßnahmen in der Krisenintervention im Hinblick auf den Schutz der Kinder zu hinterfragen. Gerade weil Kinder in Krisensituationen sich mit Hoffnung und Zuversicht an uns wenden, ist es wichtig, ihnen mit Klarheit und Ehrlichkeit ihre Fragen zu beantworten und keine nicht einhaltbaren Versprechungen zu machen oder unrealistische Perspektiven aufzuzeigen. Sie brauchen dringend das Bild einer hinreichend guten Zukunft, die die Chance auf Besserung ihrer Lebensumstände beinhaltet, um nicht dauerhaft in ein Gefühl der Sinnlosigkeit und des Werteverlustes abzugleiten.

Psychoedukation

Umfassende Informationen über Ziel, Zweck und Ablauf der Krisenintervention ist zur Stabilisierung der Kinder in der Krisensituation enorm wichtig. Schon in der ersten Begegnung müssen sie darüber aufgeklärt werden. In der Krisenintervention den Fokus direkt auf die Kinder und Jugendlichen zu richten, stärkt sie in ihrem Selbstwertempfinden und fördert den Erholungsprozess. Die Kinder brauchen auch Informationen über die Interventionen, die sich an ihre Eltern richten. Zu wissen, welche Aufgaben Polizei, Jugendamt, Rechtsanwälte, Familiengerichte wahrnehmen, gibt Sicherheit und Orientierung. Kinder fühlen sich durch das Wissen, dass auch ihren Müttern und Vätern durch Beratung geholfen wird, sehr entlastet. Nicht zuletzt ist die Information der Kinder und Jugendlichen über die Folgen, die das Gewalterleben für sie gehabt hat, ein wesentlicher Bestandteil von Psychoedukation (vgl. Landolt 2004). Zu wissen, dass ihre möglicherweise veränderten Verhaltensweisen normale Stressreaktionen sind, in denen sich wichtige Gefühle wie Angst, Trauer, Wut oder Schuld ausdrücken, hilft ihnen, sich selbst zu verstehen. Eine Normalisierung ihrer individuellen Gefühle und Reaktionen erleichtert den Zugang zu eigenen Ideen der Bewältigung.

Ressourcenaktivierung und Resilienzförderung

Neuere Ansätze in der Psychotraumatologie richten den Fokus vermehrt auf die Verstärkung vorhandener und den Aufbau neuer Ressourcen zur Bewältigung belastender Ereignisse. Damit sind in unserem Zusammenhang die ganz individuellen Fähigkeiten und Stärken der Kinder gemeint, an denen sie wieder anknüpfen und die sie vielleicht mit Unterstützung sogar ausbauen sollen. Alle wieder gewonnenen und neu erworbenen Kompetenzen erweitern ihre Handlungsspielräume und stärken ihr Erleben von Selbstwirksamkeit und

Selbstwert. Darüber hinaus sind mit Ressourcenaktivierung auch Unterstützungssysteme gemeint, die im sozialen Umfeld der Kinder liegen. Bezugspersonen, protektive Systeme außerhalb der Familie wie Kindergarten, Schule und Freunde helfen Kindern und Jugendlichen durch belastende Ereignisse hindurch. Ressourcenaktivierung bedeutet weiterhin, durch Förderung der Kommunikation und Interaktion der Verunsicherung entgegenzuwirken, die durch die Gewalthandlung in der Bindungsbeziehung zwischen Eltern und Kindern entstanden ist. Durch gemeinsames Tun und neue, positive Erfahrungen soll emotionale Sicherheit wieder aufgebaut und ein vertrauensvoller Umgang miteinander gefördert werden.

Einbezug der Eltern

Der begleitenden Arbeit mit den Eltern kommt innerhalb der Krisenintervention eine bedeutende Rolle zu. Im Vordergrund steht zunächst die Zusammenarbeit mit der hauptsächlich betreuenden Bezugsperson der Kinder – in der Regel die Mutter. In der Arbeit mit den Müttern gilt es, ungünstige Erziehungshaltungen, welche die Verarbeitung des belastenden Gewalterlebens erschweren, zu mindern. Eine Tabuisierung der Gewalt, die Verdrängung des seelischen Leids der Kinder, eine gehemmte Kommunikation aus Angst vor Konflikten und eine Parentifizierung der Kinder als Form der eigenen Bewältigung belastet Kinder und Jugendliche zusätzlich und behindert sie in ihrem Verarbeitungsprozess. Deswegen ist es wichtig, in der Beratung auch die Bedürfnislage der Mütter wahrzunehmen und zu berücksichtigen. Misshandelte Mütter haben – wie Kinder auch – vielfach den Wunsch nach Wiederherstellung der Normalität. Sie unterdrücken deswegen häufig ihre eigenen belastenden Gefühle, um die Kinder zu schonen. Eine eigenständige Beratung der Mütter nach häuslicher Gewalt, die durch die Opferberatung geleistet werden muss und die ganz auf ihr subjektives Erleben und ihre Bedürfnislage fokussiert, ist wesentlicher Bestandteil einer gelingenden Krisenintervention bei den Kindern. Dies ist Voraussetzung dafür, dass Mütter sich wieder mehr auf die Belange ihrer Kinder konzentrieren und einstellen können.

Die Unterstützung der Mütter bei problematischem Verhalten ihrer Kinder, die Aufklärung über ihre individuellen Reaktionsweisen und die Stärkung ihrer Erziehungskompetenzen insbesondere in grenzüberschreitenden Situationen sind weitere Aspekte, um die es in der Arbeit mit den Müttern geht. Ist eine Vertrauensbeziehung zu ihnen entstanden, besteht in der Regel eine große Bereitschaft, sich auf Beratung in Erziehungsfragen einzulassen. In der Krisensituation ist es kontraindiziert, Mütter auf schwerwiegende Erziehungsdefizite, Bindungsprobleme oder andere grundlegend problematische Erziehungshaltungen anzusprechen, außer sie sind aktuell schädlich für die Kinder und bedürfen der sofortigen Intervention.

Elternarbeit im Rahmen der Krisenintervention beinhaltet zum großen Teil die Arbeit mit der Mutter, weil der Vater als gewalthandelnder Elternteil häufig weggewiesen ist (Wohnungsverweis). Dies entspricht auch der fachlichen Erkenntnis, dass Kinder zur psychischen Stabilisierung die Konsolidierung wenigstens einer organisierten Bindungsbeziehung brauchen.[12] Bleibt der Vater in der Familie oder besteht Umgang zu den Kindern, so ist auch er in die Zusammenarbeit baldmöglichst einzubinden. Väter brauchen in erster Linie Aufklärung und Information über die Auswirkungen des Miterlebens von Partnerschaftsgewalt auf die Kinder. Sie sind sich häufig ihrer Bedeutung für die Entwicklung der Kinder sowohl als Modell für Beziehungsgestaltung und Konfliktlösung als auch als notwendige Identifikationsfiguren nicht bewusst. Alle Interventionen im Hinblick auf die Eltern sind auf die Aspekte der Gewaltverhinderung, Stabilisierung und Unterstützung der Kinder und Jugendlichen zu beziehen.

Strukturmerkmale einer proaktiven Krisenintervention

Für eine proaktive Krisenintervention sind folgende strukturellen Merkmale besonders relevant:

- Sie muss zeitnah zum Gewaltgeschehen und zeitlich flexibel auf die Anforderungen der Kinder und ihrer Bezugspersonen reagieren können. Dies setzt genügend zeitliche Ressourcen voraus, die explizit auch dafür einzusetzen sind.
- Sie braucht ein hohes Maß an Methodenflexibilität und Methodenvielfalt. Ein multiprofessionell zusammengesetztes Team mit unterschiedlicher fachlicher Ausrichtung und persönlichen Voraussetzungen gewährleistet Unterstützung in vielfältiger Form. Die Zusammenarbeit im Team ermöglicht es, in schwierigen Situationen gemeinsam tätig, kollegial beraten und emotional entlastet zu werden.
- Krisenintervention setzt ein hohes Maß an Vernetzung und Kooperation voraus. Vernetzte Strukturen ermöglichen erst den Zugang zu betroffenen Kindern. Sie sind bei der Vermittlung weiterführender Hilfen unabdingbar, um Lücken in der Versorgung zu verhindern.
- Professionelle Krisenbegleiter sollten über diagnostische und pädagogische/therapeutische Kompetenzen, psychotraumatologische und entwicklungspsychologische Grundkenntnisse und ein hohes Maß an Kontakt- und Beziehungsfähigkeit verfügen.

12 Kindler, Heinz (2010): Umgang nach häuslicher Gewalt aus psychologischer Sicht. Interdisziplinäre Fachveranstaltung der Psychologischen Familien- und Lebensberatung der Caritas und des Arbeitskreises „Kinder und häusliche Gewalt“, Waiblingen.

Weitere Bausteine im Krisen- und Beratungsdienst

Im Folgenden werden die anderen Bausteine, die im Krisen- und Beratungsdienst im Rahmen unserer Psychologischen Familien- und Lebensberatung angeboten werden, kurz dargestellt. Nur in der Vernetzung und gegenseitigen Ergänzung kommt die Wirksamkeit der einzelnen Unterstützungsangebote zur vollen Entfaltung.

„Opticus" - ein pädagogisches/therapeutisches Gruppenangebot für Mädchen und Jungen im Schulalter

Aufgenommen werden max. sechs Mädchen und Jungen im Alter zwischen sieben und elf Jahren, bei denen sich im Rahmen der Krisenintervention der Bedarf einer längerfristigen therapeutischen Unterstützung gezeigt hat. Wir führen das Gruppenangebot in enger Kooperation mit der kreiseigenen Beratungsstelle für Familien und Jugendliche in Waiblingen durch. Es finden vierzehn wöchentliche Gruppensitzungen von zweistündiger Dauer statt. Je nach Lebensumständen der Kinder kann die Einrichtung eines Fahrdienstes notwendig sein, um eine kontinuierliche Teilnahme zu gewährleisten. Ein wesentliches Ziel in der Gruppentherapie ist, Kindern nach häuslichen Gewalterfahrungen in einem geschützten Raum soziale Kontakte zu ermöglichen und über den Austausch und die Anerkennung in der Gruppe selbstwertstärkende Entwicklungsprozesse anzuregen. Personell wird die Kindergruppentherapie von einem gemischtgeschlechtlichen Therapeutenpaar durchgeführt, um den Kindern durch Übertragungsprozesse alternative und korrigierende Beziehungserfahrungen zu ermöglichen. Gleichzeitig besteht die Chance, modellhaft einen von Achtung und Respekt geprägten Umgang zwischen den Geschlechtern zu erleben. Theoretisch und konzeptuell orientiert sie sich an der Integrativen Gruppentherapie mit Kindern (vgl. Rahm 1997) und am Kinderpsychodrama (vgl. Aichinger/Holl 1997). Bewährt haben sich eine klare Struktur im Ablauf mit Regeln und Ritualen, die den Kindern Halt und Orientierung geben.

„Zoff off! – gemeinsam gegen häusliche Gewalt", ein Informations- und Präventionsprojekt an Schulen in Kooperation mit Schulsozialarbeit, Kreisjugendamt, Opferberatung, Männerinterventionsstelle und Polizei

Im Rahmen des zweiten Aktionsprogramms der Landesstiftung Baden-Württemberg „Gemeinsam für mehr Kinderschutz bei häuslicher Gewalt" entwickelten wir 2007 unter wissenschaftlicher Begleitung unser schulisches Präventionsprojekt (vgl. Seith/Kavemann 2010). Wir wollen damit

Schülerinnen und Schüler über häusliche Gewalt und ihre Folgen aufklären, ihnen den Zugang zu Hilfe und Unterstützung erleichtern und sie in ihrem Recht auf gewaltfreie Erziehung stärken. Lehrkräfte und Schulsozialarbeit, die an der Durchführung aktiv mitwirken, werden für die Problematik sensibilisiert, als Ansprechpersonen für Kinder und Jugendliche im Lebensfeld Schule gewonnen und gleichzeitig über das örtliche Hilfesystem informiert. Auch werden die Eltern im Rahmen eines Klassenpflegschaftsabends über die spezifischen Unterstützungsangebote unterrichtet. Die Projektarbeit mit den Schülerinnen und Schülern sieht eine Befragung zum aktuellen Wissensstand, eine Unterrichtseinheit zum Thema Gewalt allgemein, einen Vormittag zu häuslicher Gewalt, eine Info-Rallye zu den Einrichtungen des Hilfesystems und eine Nachbefragung vor. Mit kindgerechten Informationsmaterialien und altersentsprechend modifizierten methodischen Zugängen sind Kinder und Jugendliche im Rahmen von Schule für das Thema häusliche Gewalt erfahrungsgemäß sehr gut zu erreichen. Schülerinnen und Schüler verfassen am Ende des Projekts gemeinsam einen Brief an ihre Eltern, in dem sie das Thema aus ihrer Sicht als potentiell betroffene Kinder aufgreifen. Mit den Lehrkräften wurde ein Handlungsleitfaden zum Vorgehen bei häuslicher Gewalt erarbeitet.

Modul „Kinder als Zeugen und Opfer häuslicher Gewalt“ im Gewalt-Sensibilisierungs-Training der Männerinterventionsstelle Rems-Murr-Kreis

2009 entwickelten wir auf Initiative und in Kooperation mit der Männerinterventionsstelle einen Baustein in deren Gewalt-Sensibilisierungs-Training (GST). Ziel ist, Teilnehmer am GST, die zu einem hohen Prozentsatz Väter sind oder mit minderjährigen Kindern zusammenleben, über die Auswirkungen von häuslicher Gewalt auf die Kinder zu informieren und sie für deren Perspektive und emotionales Erleben zu sensibilisieren. Die Auseinandersetzung mit ihrem Gewalthandeln aus der Sicht der Kinder konfrontiert sie erneut mit der zerstörerischen Kraft ihres Verhaltens und den Folgen für die Beziehung zu ihren Kindern. Sie werden damit verstärkt in ihrer Verantwortung und ihrer Bedeutung als Väter angesprochen. Den Fokus auch auf Ressourcen und positive Kräfte im Umgang mit ihren Kindern zu lenken, schafft Motivation für neue Erfahrungen. Die positive Resonanz der Teilnehmer bestätigt die angestrebten Ziele und bestärkt die Kooperation zwischen der Männerinterventionsstelle und unserem Krisen- und Beratungsdienst. Als Gasttrainerin mit den direkten Erfahrungen betroffener Kinder im GST mitzuwirken, fördert das Verantwortungs- und Problembewusstsein der Väter und schafft Motivation über die Trainingseinheit hinaus, sich in einer Folgeberatung mit den Bedürfnissen und Belangen der Kinder zu beschäftigen.

„KUBA" – ein Gruppenangebot für Mütter mit Kleinkindern

Der Name steht für kompetent und besonders aufmerksam – Herausforderungen im erzieherischen Alltag, denen Mütter mit kleinen Kindern aufgrund von Stressbelastungen nach häuslicher Gewalt oft nicht nachkommen können. Im Vordergrund dieses Gruppenangebotes für Mütter mit Kindern im Alter zwischen ein und drei Jahren steht die Wahrnehmung wesentlicher Stressereignisse und Stress auslösender Faktoren im Alltag, die Reduzierung durch Problembewältigung und unterstützende Stresshelfer und die Wiederherstellung der Situationskontrolle. Gleichzeitig lernen die Mütter bedeutsame Entwicklungsschritte ihrer Kinder in diesem Alter kennen und werden in der Wahrnehmung ihrer emotionalen Bedürfnisse unterstützt, um so problematischen Entwicklungen vorzubeugen. Mit mehr Gelassenheit und Distanz können neue Ideen und Strategien im Umgang mit Stress erzeugenden Erziehungssituationen im Alltag gefunden werden. Der entlastende Austausch unter den Müttern, die unterstützende Gemeinschaft in der Gruppe von vier bis max. sechs Teilnehmerinnen und interkulturelle Begegnungen wirken der Gefahr sozialer Isolation und multipler Entfremdungen entgegen. Der theoretische und methodische Ansatz ist eine Kombination aus Psychoedukation und Selbsterfahrungsanteilen. Das Gruppenangebot umfasst sechs Sitzungen von zweieinhalbstündiger Dauer und einen gemeinsamen, erlebnisorientierten Abschluss mit den Kindern. Die kontinuierliche Teilnahme wird durch einen bei Bedarf eingesetzten Fahrdienst und eine Kinderbetreuung gewährleistet.

Schlussbemerkung

Psychologische Erziehungs- und Familienberatung gehört im Rahmen der Kinder- und Jugendhilfe zu den ambulanten Hilfen zur Erziehung. Sie verfügt über alle strukturellen und prozessualen Voraussetzungen, die eine proaktive Krisenintervention in Verbindung mit den anderen Bausteinen des Krisen- und Beratungsdienstes erfordert. Sowohl das umfassende Leistungsangebot als auch die fachlichen Standards und Qualitätsmerkmale (individuelle und familienbezogene Ziele, methodische Vielfalt, multiprofessionelles Team, therapeutische Ansätze, flexible Settings) prädestinieren Erziehungs- und Familienberatung für die Arbeit in gewaltgeprägten Familienkontexten. Allerdings erfordert die Lebenssituation vieler Familien einen proaktiven und aufsuchenden Arbeitsansatz, eine sog. Gehstruktur, die in der klassischen Beratungsarbeit noch weitgehend fehlt. Erziehungsberatung muss sich an dieser Stelle auf die Familien zu und in die vernetzten Strukturen des Sozialraumes hinein bewegen. Nur so können Kinder und Jugendliche mit einem durch häusliche Gewalt erhöhten Gefährdungs- und Entwicklungsrisiko erreicht werden. Die besondere Herausforderung ist sicherlich, die methodischen und therapeutischen Ansätze von Erziehungsberatung in andere Kontexte hineinzutragen und sie entsprechend den veränderten Umgebungsbedingungen zu variieren und zu konzeptualisieren. Auch sind Beratungs- und Unterstützungsangebote, die sich an Kinder und Jugendliche direkt richten, aufgrund des überwiegend an Erziehungsberatungsstellen praktizierten familientherapeutischen Ansatzes generell unterrepräsentiert. Möglicherweise sind sie auch durch notwendig gewordene Rationalisierungsmaßnahmen aufgrund der ständig steigenden Inanspruchnahme von Erziehungsberatung eingestellt worden. Hier gilt es, den Blick auf die Notlagen von Kindern und Jugendlichen und ihren Bedarf an eigenständigen und auch zeitintensiveren Hilfen zu richten.

Die Entwicklung des Krisen- und Beratungsdienstes für Kinder und Jugendliche bei häuslicher Gewalt als integriertes Arbeitsfeld an unserer Psychologischen Familien- und Lebensberatungsstelle war für uns folgerichtig. Als spezifisches Aufgabengebiet ist es klar umrissen und abgegrenzt, jedoch in die gesamte Angebotspalette hinein verwoben und kann bei Bedarf auf die vorhandene Infrastruktur der Beratungsstelle zurückgreifen. Der Rems-Murr-Kreis hat mit der Vergabe von Zusatzdeputaten an drei Erziehungsberatungsstellen die notwendigen zeitlichen und personellen Ressourcen zur Verfügung gestellt und somit den Aufbau einer landkreisweiten, kindgerechten Hilfestruktur konsequent verfolgt.

VI. Polizeiliche Intervention und Prävention

Ute Nöthen-Schürmann

Häusliche Gewalt gegen die Kindsmutter als Thema der polizeilichen Prävention - Polizeiliche Intervention als Einstieg in die Hilfe

Noch vor einigen Jahren wurde der Schutz der Privatsphäre vor den Schutz der Gewaltbetroffenen gestellt. Bestehende Gesetze reichten nicht aus, diese Form der Gewalt als sozialschädlich zeitnah zu sanktionieren und für Betroffene, zumeist Frauen und Kinder, wirksamen Schutz zu gewährleisten. Dies fand auch seinen Niederschlag in der polizeilichen Arbeit.

„Familienstreit, Beziehungsstreit , Ruhestörung....".. sind einige der verharmlosenden Überschriften, unter denen in der Vergangenheit die polizeilichen Einsätze im Bereich der Häuslichen Gewalt standen.

Die Polizei sah sich in erster Linie in der Rolle des Streitschlichters von sogenannten „ Familienstreitigkeiten", ohne damit langfristig die Gewalt in den Familien verringern zu können.

Eine konsequente Durchführung der polizeilichen Maßnahmen im Bereich der Gefahrenabwehr und der Strafverfolgung scheiterte häufiger am entgegenstehenden Willen der unter Druck stehenden Gewaltbetroffenen.

Dies löste bei den eingesetzten Polizeibeamtinnen und - beamten unter anderem Gefühle der Hilflosigkeit und Resignation aus. Sie mussten häufig erleben, wie sie über einen längeren Zeitraum, zum Teil in immer kürzeren zeitlichen Abständen, wiederholt bei den gleichen Familien, mit sich steigernder Gewalt konfrontiert wurden. Meist handelte es sich um körperliche und/ oder sexuelle Gewalt von Männern gegen ihre Ehefrauen oder Lebenspartnerinnen, nicht selten vor den Augen und Ohren der gemeinsamen Kinder.

Die nachfolgenden Ausführungen beziehen sich aus diesem Grunde auf diesen Schwerpunkt der Opfer-Täter-Konstellation. An dieser Stelle sei jedoch gesagt, dass in einer weitaus geringeren Zahl der polizeilich bekannt werdenden Fälle häusliche Gewalt auch von Frauen gegen ihre Ehemänner oder Lebenspartner oder zwischen gleichgeschlechtlichen Lebenspartnern ausgeübt wird.

Insbesondere die gewaltbetroffenen Frauen schaffen es oft nicht, sich zeitnah und konsequent aus der gewachsenen Gewaltbeziehung zu lösen und Polizeibeamtinnen und -beamte hatten lange Zeit kein rechtliches

Instrumentarium, diesen Frauen (und ihren Kindern) einen längerfristigen Schutzraum zu verschaffen.

Mit der zunehmenden öffentlichen Diskussion zum Thema Gewalt geriet auch die „Häusliche Gewalt" verstärkt in den Blickpunkt der Gesellschaft und Politik. Das am 1. Januar 2002 in Kraft getretene „Gesetz zur Verbesserung des zivilrechtlichen Schutzes bei Gewalttaten und Nachstellungen sowie zur Erleichterung der Überlassung der Ehewohnung bei Trennung" ist ein wesentliches Resultat dieser Entwicklung.

Zeitgleich wurden neue oder erweiterte gefahrenabwehrenden Eingriffbefugnisse für die Polizeien in den einzelnen Bundesländern erlassen. In Nordrhein-Westfalen bildet seitdem der § 34 a PolG NW eine Rechtsgrundlage, die es der Polizei ermöglicht, die gewalttätige Person ohne richterliche Verfügung für die Dauer von regelmäßig zehn Tagen aus der gemeinsam mit dem Opfer bewohnten Wohnung zu verweisen und ihr für diese Zeit die Rückkehr nach dort zu untersagen.

Maßgeblich für die Wahl dieser polizeirechtlichen Maßnahme ist eine positive Gefahrenprognose über eine bestehende Gefahr für Leib, Leben und/oder Freiheit der gewaltbetroffenen Frauen und Kinder durch den Gewalttäter.[1] Ein ausgesprochenes Rückkehrverbot wird durch die Polizei mindestens einmal in den 10 Tagen kontrolliert.[2] Verstöße werden z. B. mit der Erhebung eines vorher angedrohten Zwangsgeldes geahndet und nicht toleriert.

Beantragt die gewaltbetroffene Frau innerhalb des zunächst festgesetzten Rückkehrverbotes den zivilrechtlichen Schutz nach dem Gewaltschutzgesetz, verlängert sich die Dauer der Wohnungsverweisung bzw. des Rückkehrverbotes um weitere 10 Tage ab Antragstellung. Dies soll dem Zivilgericht eine angemessene Zeitspanne für eine Entscheidung über den Antrag einräumen, in der die gewaltbetroffene Frau weiter polizeilich geschützt ist. Mit Erlass einer richterlichen Anordnung endet automatisch die polizeirechtliche Maßnahme der Wohnungsverweisung und des Rückkehrverbotes.[3]

Bei dem Verstoß gegen die richterliche Anordnung nach dem Gewaltschutzgesetz durch den gewalttätigen Partner wird durch die einschreitende Polizei regelmäßig die Strafbarkeit nach § 4 Gewaltschutzgesetz geprüft und gegebenenfalls geahndet.

Primäres Ziel beim polizeilichen Einschreiten im Bereich der „Häuslichen Gewalt" ist der Schutz der meist gewaltbetroffenen Frauen und Kinder durch eine schnelle und wirkungsvolle Gefahrenabwehr. Flankiert wird dies gegebenenfalls durch eine umfassende Strafverfolgung mit Beweissicherung aller im Beziehungskontext begangenen Straftaten. In diese Fällen hat die Polizei das öffentliche Interesse an der Strafverfolgung zu unterstellen und von

1 § 34 a PolG NW Abs. 1

2 § 34 a PolG NW Abs. 7

3 § 34 a PolG NW, Abs. 5

Amts wegen tätig zu werden. Ein Strafantrag ist durch die gewaltbetroffenen Frauen nicht Voraussetzung für polizeiliches Tätigwerden.

Bei der Durchsetzung der polizeilichen Maßnahmen im Bereich der Gefahrenabwehr und Strafverfolgung ist der Wille der gewaltbetroffenen Personen unerheblich.

Dieser von einer Minderheit psychosozialer Berufsgruppen als Bevormundung der Opfer kritisierte Ansatz soll den gewaltbetroffenen Frauen in dieser Phase der Intervention den Zwang der Entscheidung „gegen den eigenen Partner" als auch die „Sündenbockrolle" nehmen. Die gewaltbetroffenen Frauen können und dürfen sich hinter der durch die Polizei getroffenen Maßnahmen von Wegweisung und Strafanzeige „verstecken" und erst einmal Luft holen.

Dem Täter soll damit deutlich signalisiert werden, dass er die Strafanzeige und das laufende Rückkehrverbot nicht abwenden kann, indem er Druck auf die Frau ausübt und eine scheinbare Versöhnung erzwingt.

Der polizeilichen Arbeit im Bereich der häuslichen Gewalt kommt insgesamt eine zentrale Schlüsselfunktion zu. Auch bereits vor Inkrafttreten des Gewaltschutzgesetzes und der polizeirechtlichen Befugnisse hat die polizeiliche Einsatzwirklichkeit gezeigt, dass viele von häuslicher Gewalt betroffene Frauen irgendwann auch einmal die Polizei zur Hilfe rufen oder um Rat fragen. Sehr häufig ist die Polizei dann als erste staatliche Instanz in der Partnerschaft oder Familie anwesend. Diese polizeiliche Intervention kann der Einstieg in die Hilfe für gewaltbetroffene Frauen und Kinder sein. Es hängt jedoch auch wesentlich vom polizeilichen Vorgehen ab. Die betroffenen Frauen werden so unter Umständen eher in die Lage versetzt, sich aus der zum Teil jahrelang gewachsenen Gewaltbeziehung zu lösen, um sich und ihren bisher auch mittelbar gewaltbetroffenen Kindern die Chance auf ein gewaltfreies Leben zu eröffnen.

Das Zusammenspiel folgender unterschiedlicher polizeilicher Aufgabengebiete bietet den Ansatz zu einer sinnvollen polizeilichen Gewaltprävention:

- *Umfassende Gefahrenabwehr und Schutz* der gewaltbetroffenen Frauen und Kinder, über die Möglichkeit der Wohnungsverweisung mit Rückkehrverbot gegen den Gewalttäter für einen festgelegten, begrenzten Zeitraum;
- *Konsequente Strafverfolgung* gegen den Gewalttäter durch Fertigung und Bearbeitung von Strafanzeigen, als Durchbrechung der Gewaltspirale;
- *Individuelle Opferhilfe* für die gewaltbetroffenen Frauen und Kinder durch Weitergabe von Informationen und Vermittlung an qualifizierte Hilfeeinrichtungen und Fachberatungsstellen;
- *Unterstützung beim rechtlichen Schutz* nach dem Gewaltschutzgesetz durch Fertigung von Unterlagen und Hinweis auf den Rechtsweg.

Dabei stehen immer die gewaltbetroffenen Frauen und Kinder im Mittelpunkt der polizeilichen Bemühungen.

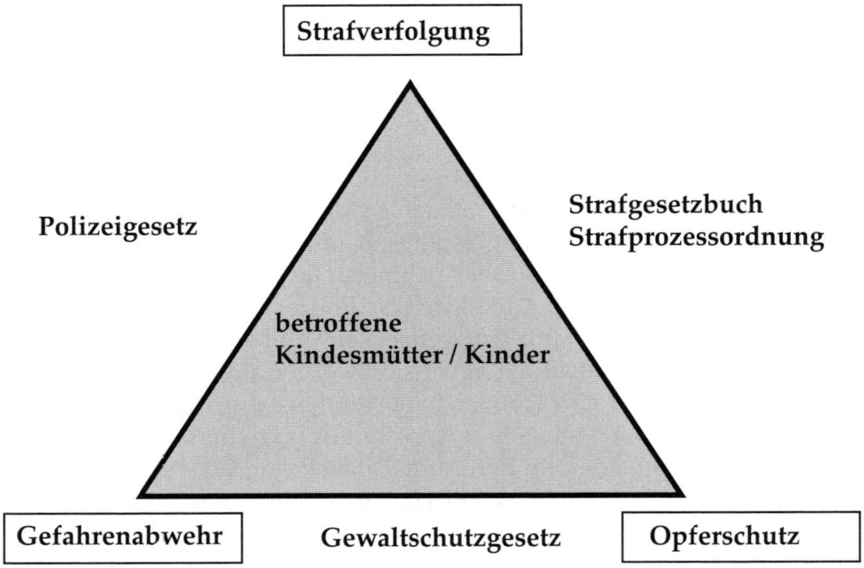

Abb. 1 Zusammenspiel der unterschiedlichen polizeilichen Aufgabengebiete und Rechtsgrundlagen bei häuslicher Gewalt in NW (© Ute Nöthen-Schürmann 2005)

Dies hat auch auf die Abwicklung polizeilicher Einsätze bei häuslicher Gewalt konkrete Auswirkungen. Im Folgenden werden einige der Konsequenzen im Hinblick die Kindesmutter ausgeführt. Da die Kinder in der Regel von den Entscheidungen ihrer Mütter abhängig sind, wird zunächst auf die Situation der Mütter eingegangen.

Das polizeiliche Verhalten gegenüber den gewaltbetroffenen Frauen sollte von Verständnis für die Gesamtsituation geprägt sein, die meist von Gefühlen der Angst und Hilflosigkeit bestimmt wird. Den stark unter Druck stehenden Frauen fallen konkrete Entscheidungen und konsequentes Handeln meist sehr schwer. Das führt in einigen Fällen auch dazu, dass die Frauen an ihrer Lebenssituation nichts ändern und die gewalttätigen Partner nach Ablauf der 10 Tage Rückkehrverbot wieder aufnehmen. Dieser Umstand bedeutet jedoch nicht, dass die polizeiliche Arbeit nutzlos war. Es darf auch nicht dazu führen, dass diesen Frauen deshalb bei einem der nächsten Polizeieinsätze der Schutz durch Wohnungsverweisung und Rückkehrverbot gegen den Gewalttäter versagt wird. Frauen in diesen Lebenssituationen brauchen häufig eine längere Zeit und mehrere Anläufe, bis sie sich aus einer gewachsenen Gewaltbeziehung lösen können. Es ist für viele betroffene Frauen eine Überwindung, die Polizei einzuschalten. In diesem Zusammenhang erfahrenes Einfühlungsvermögen und Verständnis lässt sie jedoch in der nächsten Krisensituation diesen Schritt bereits schneller gehen und den zweiten Schritt einer Fachberatung anschließen. Polizeiliche Hilfe kann in diesem Zusammenhang nur ein Anstoß zur Selbsthilfe sein.

Möchten die gewaltbetroffenen Frauen trotz der Möglichkeit der Wohnungsverweisung und des Rückkehrverbotes nicht in der gemeinsamen Wohnung bleiben, unterstützt die Polizei einen Ortswechsel, zum Beispiel in ein Frauen- und Kinderschutzhaus. Die Frauen verlieren in diesem Fall nicht den möglichen Anspruch auf Finanzierung des Frauenhausaufenthaltes über die Sozialhilfe.

Innerhalb der Strafverfolgung ist die Beweiserhebung vor Ort von erheblicher Bedeutung. Sollte die gewaltbetroffene Frau innerhalb des laufenden Strafverfahrens nicht mehr mitwirken wollen, indem sie zum Beispiel von ihrem Zeugnisverweigerungsrecht gegenüber ihrem Ehemann oder Partner Gebrauch macht, können von der Aussage der Frau unabhängig erhobene Beweise wie zum Beispiel Fotos der vorliegenden Verletzungen und zerstörtem Mobiliar, Zeugenaussagen von Anwohnern und ärztliche Atteste, der Staatsanwaltschaft trotzdem eine Anklage und Verurteilung des Gewalttäters ermöglichen.

Im Rahmen der Informationspflicht gegenüber den gewaltbetroffenen Frauen händigt die Polizei Faltblätter mit Hinweisen auf örtliche Fachberatungsstellen und die Möglichkeit der Antragstellungen nach dem Gewaltschutzgesetz aus. Dieses Informationsmaterial ist in der Regel mehrsprachig vorhanden. Darüber hinaus wird die Frau befragt, ob sie aufsuchende Hilfe durch eine Fachberatungsstelle wünscht und mit der Weitergabe ihrer persönlichen Daten an diese Stelle einverstanden ist. Liegt das Einverständnis vor, wird der Beratungswunsch zeitnah durch die Polizei an die entsprechende Einrichtung übermittelt.[4]

> „... Nordrhein-Westfalen hat sich auf der Grundlage der Erfahrungen anderer Länder bewusst für einen eigenen Weg entschieden und diese modifizierte Form des Pro-Aktiv-Ansatzes gewählt. Er entspricht der bisherigen Beratungspraxis in NRW und achtet das Recht auf Selbstbestimmung. Während die polizeiliche Intervention im öffentlichen Interesse liegt und deshalb vom Willen des Opfers nicht beeinflusst werden darf, kann die Entscheidung des Opfers über seinen Umgang mit dem Gewalterlebnis durch keine staatliche Maßnahme ersetzt werden. Es ist wichtig, die betroffenen Frauen nicht zu bevormunden, sondern ihnen aktiv Hilfemöglichkeiten aufzuzeigen. Ob die betroffenen Frauen diese Chance sofort oder zu einem späteren Zeitpunkt nutzen, ist ihrer eigenen Entscheidung überlassen...".[5]

Die bisherigen Erfahrungen haben gezeigt, dass diese aktive Vermittlung aufsuchender Hilfe und Beratung erfolgreich ist und von den gewaltbetroffene Frauen eher angenommen wird. Zusätzlich wird den Frauen eine schriftliche Dokumentation über den erfolgten Polizeieinsatz ausgehändigt. Diese Unterlage kann bei allen nachfolgenden Kontakten mit Fachberatungsstelle, Rechtsanwälten, Gericht usw. vorgelegt werden. Sie dient als amtlicher Nachweis über den erfolgten Polizeieinsatz, die polizeilichen Maßnahmen und die

4 § 34 a Abs. 4 PolG NW

5 Ministerium für Gesundheit, Soziales, Frauen und Gesundheit NRW, 3. Bericht zum Handlungskonzept der Landesregierung Oktober 2004, S. 78

zugrundeliegende Gefahrenprognose und erleichtert die Einleitung weiterer Maßnahmen durch die oben genannten Stellen. Dies ist für nicht deutschsprachige Frauen eine große Entlastung.

Insbesondere die für die Anträge nach dem Gewaltschutzgesetz zuständigen Richterinnen und Richter bei den Familiengerichten geben die Rückmeldung, dass die polizeilichen Angaben zur positiven Prognose hinsichtlich einer Gefahr für Leib, Leben oder Freiheit die Basis für ihre Entscheidungen bildet.

Die mit einer Gewaltbeziehung der Eltern lebenden Kinder/Jugendlichen sind im Rahmen eines Polizeieinsatzes mit ihren Ängsten und Bedürfnissen zu beachten und in das Einsatzgeschehen mit einzubinden. Das beinhaltet unter anderem eine persönliche Ansprache der anwesenden Kinder/Jugendlichen, die Transparenz der eventuellen polizeilichen Maßnahmen z. B. gegen den Vater, die Vermeidung von Zwangsmaßnahmen gegen ein Elternteil vor den Augen der Kinder und die schriftliche Dokumentation ihrer psychischen und physischen Befindlichkeit.

Die Kinder spielen fast immer eine wichtige Rolle im Entscheidungsprozess für oder gegen eine Trennung der Frauen vom gewalttätigen Ehemann oder Partner. Solange die Kinder nicht selber vom Partner geschlagen werden, glauben viele Mütter, dass die Kinder die ausgeübte Gewalt in der Partnerschaft nicht mitbekommen und deshalb nicht beeinträchtigt sind. Wissenschaftliche Erhebungen der neueren Zeit haben jedoch gezeigt, dass auch bei mittelbar von häuslicher Gewalt betroffene Kindern immer schädigende Auswirkungen feststellbar sind (Kavemann 2000). Damit kann die Polizei in solchen Fällen eine Kindeswohlgefährdung nach dem Sozialgesetzbuch grundsätzlich nicht ausschließen. Für die Gefährdung muss das Kind nicht bereits körperlich, geistig oder seelisch geschädigt sein. Es reicht, dass solch eine Schädigung real befürchtet werden muss.

Die Polizei hat im Rahmen ihrer Zuständigkeiten unter anderem Gefahren abzuwehren, die Minderjährigen drohen. Eine Gefährdung ist polizeilich auch anzunehmen, wenn Minderjährige passive Teilnehmer eines Ereignisses sind, durch das ihnen eine unmittelbare Gefahr für ihr körperliches, geistiges oder seelisches Wohl droht. Dies gilt insbesondere für das Miterleben von Gewalthandlungen in der häuslichen Gemeinschaft.

Auf die Wahrnehmung originärer Zuständigkeiten der Jugendbehörden soll die Polizei durch Benachrichtigung in schriftlicher Form oder durch Hinzuziehung eines vorhandenen Notdienstes hinwirken.

Die Fertigung eines Einsatzberichtes und die Weiterleitung dieser Information der Polizei über Fälle häuslicher Gewalt an die Jugendbehörde ist datenschutzrechtlich kein Problem. Für diese Übermittlung von Daten zwischen Behörden des öffentlichen Bereichs ist in den Landesdatenschutzgesetzen festgelegt, dass es grundsätzlich möglich ist, wenn dies zur Aufgabenerfüllung entweder der übermittelnden oder der empfangenden Stelle erforderlich ist.

Aufgrund der inzwischen konsequenten und sorgfältigen Vorgehensweise innerhalb der polizeilichen Intervention bei häuslicher Gewalt, hat auch die polizeiliche Informationsweitergabe an die Jugendbehörden an Qualität und Quantität zugenommen. Dieser Umstand führte unter anderem regional zur Einrichtungen von speziellen Dienststellen oder Teams innerhalb der Jugendbehörden, die mit erfahrenen sozialpädagogischen Fachkräften die polizeilichen Informationen unverzüglich hinsichtlich einer möglichen Kindeswohlgefährdung auswerten. Dabei erfolgt eine erste Gefährdungseinschätzung nach Eingang der Meldung und ersten Umfeldrecherchen und eine Sicherheitseinschätzung nach zeitnahem Hausbesuch innerhalb der ersten drei Tage und Inaugenscheinnahme aller in diesem Haushalt lebenden Minderjährigen.

Bei einer erkennbaren Gefährdung reichen die direkt anschließenden Maßnahmen der Jugendbehörde von allgemeiner Beratung und Unterstützung durch ein Hilfe- und Schutzkonzept bis hin zu einer Inobhutnahme der Kinder bei akuter Gefährdung.

Die polizeiliche Maßnahme der Informationsweitergabe an die Jugendbehörden wird auch der Kindesmutter transparent gemacht. Neben der möglichen frühzeitigen Krisenintervention und psychosozialen Betreuung betroffener Familien durch die Jugendbehörde, soll dieser erzeugte Druck der Kindesmutter ermöglichen, einen Blick für die Not ihrer Kinder und die damit verbundene Verantwortung zu bekommen.

Mit den neuen gesetzlichen Regelungen im Bereich des Polizei- und Zivilrechtes, wie auch in den Richtlinien zum Strafverfahren soll erreicht werden, dass

- Täter erfahren, dass Gewalt in Beziehungen keine Privatangelegenheit ist und sie zur Rechenschaft gezogen werden,
- Opfer häuslicher Gewalt in dem Bewusstsein gestärkt werden, dass staatliche Stellen Hilfe leisten,
- in der konkreten Situation die Ausübung weiterer Gewalt effektiver verhindert werden kann,
- eine konsequente Strafverfolgung gewährleistet wird,
- durch die Vermittlung der Opfer an Hilfe- und Beratungseinrichtungen ein nachhaltiger Beitrag zum Opferschutz und zur Verhinderung weiterer Gewalttaten geleistet wird.

Neben einem geeigneten und aufeinander abgestimmten Regelwerk bedarf es jedoch auch bestimmter Voraussetzungen innerhalb der Organisation Polizei, um die genannten Ziele erreichen zu können. Dabei geht es in erster Linie um eine Optimierung der fachlichen und sozialen Kompetenz der eingesetzten Polizeibeamtinnen und -beamten, innerhalb ihrer Zuständigkeiten bei der Einsatzbewältigung und Ermittlungstätigkeit in Fällen der Häuslichen Gewalt.

Dies erfordert eine umfassende und kontinuierliche polizeiinterne Aus- und Fortbildung zum Thema, die neben fundierten Rechtskenntnissen, die Täter- und Opferdynamiken in gewachsenen Gewaltbeziehungen berücksichtigt sowie die Auswirkungen vorgelebter Gewalt auf die in der Beziehung lebenden Kinder und Jugendliche aufgreift. Ziel ist auch die erforderliche Handlungssicherheit bei eingesetzten Beamtinnen und Beamten.

Darüber hinaus bedarf es einer Mitwirkung der Polizei in örtlich vorhandenen multiprofessionellen Vernetzungen zur Prävention und Intervention bei Häuslicher Gewalt. Dies ermöglicht die Bündelung von benötigten sozialpädagogischen, erzieherischen, psychologischen, polizeilichen, juristischen und medizinischen Kompetenzen und ist eine Grundvoraussetzung für die abgestimmte Kooperation der unterschiedlichen Institutionen mit ihren spezifischen Aufgaben, Handlungsmöglichkeiten und Grenzen.

Eleonore Tatge

Situationen von Kindern bei Polizeieinsätzen anlässlich häuslicher Gewalt

Allgemeines

> „Verschiedene Studien ... haben gezeigt, dass das Miterleben Häuslicher Gewalt in der Regel eine erhebliche Belastung für Jungen und Mädchen darstellt und gravierende Folgen haben kann ... Langfristig kann sich das (Mit-)Erleben häuslicher Gewalt als soziales Modell für das eigene Verhalten erweisen. Mädchen und Jungen verarbeiten die Gewalterfahrung allerdings unterschiedlich. Als Konsens gilt, dass Jungen sich eher mit dem misshandelnden Vater identifizieren können und bei Mädchen eher eine Identifikation mit der Mutter möglich ist, und dass Jungen und Mädchen durch das Erleben häuslicher Gewalt für Täter und Opferrolle in ihrem späteren Leben gefährdet sind." (Buskotte, 2006: Kinder misshandelter Mütter, Häusliche Gewalt und die Folgen für betroffene Kinder, Landespräventionsrat Niedersachsen).

Resultat dieser Studienergebnisse waren der Aktionsplan der Bundesregierung zur Bekämpfung von Gewalt gegen Frauen (BMFSFJ Dez. 1999), die Verabschiedung des Gewaltschutzgesetzes sowie Änderungen in Bezug auf die Wegweisung des Täters aus der Wohnung in den jeweiligen Polizeigesetzen aller Bundesländer.

Die veränderte Gesetzeslage

Seit dem 01.01.2002 (Inkrafttreten des Gewaltschutzgesetzes) hat sich die Vorgehensweise der Polizei bei Einsätzen anlässlich häuslicher Gewalt völlig verändert. Vor Gesetzesänderung hießen die Einsätze bei der Polizei „Familienstreitigkeiten", eine verharmlosende Bezeichnung! Wenn der Täter bei Eintreffen der Polizei nicht randalierte oder sonst eine Gefährdung von ihm ausging und sich das Opfer mit dem Täter solidarisierte, musste die Polizei ohne sichtbar eingeschritten zu sein, die Wohnung wieder verlassen.

Bei besonderer Gefährdung wurden die Opfer ins Frauenhaus begleitet. Zufriedenstellend war diese Situation auch für die eingesetzten Polizeibeamten nicht, daher waren diese Einsätze sehr unbeliebt!

Seit 2002 entscheidet die Polizei vor Ort über die Gefährdungslage der Opfer und es gibt auch heute viele Situationen, in denen die Opfer zu ihrer Sicherheit ins Frauenhaus verbracht werden müssen. In der Regel ist es jedoch der Täter, der die Wohnung verlassen muss, und diese Maßnahme ist (auch) gegen den Willen des Opfers zu treffen!

Dieser Paradigmenwechsel zeigt gerade den betroffenen Kindern, die häusliche Gewalt miterleben, ein ganz wichtiges gesellschaftliches Signal: Sie erleben Gewalt von Personen, die ihnen Schutz und Fürsorge bieten sollen! Deshalb schreitet die Polizei ein und wer schlägt, muss gehen! Niemand darf geschlagen werden!

Seit 2009 regelt darüber hinaus das Gesetz zur Stärkung der Rechte von Verletzten und Zeugen im Strafverfahren (2. Opferrechtsreformgesetz 2009), dass Polizeibeamte Opfer auf Hilfs- und Unterstützungsmöglichkeiten hinzuweisen haben! Hier wird jeweils deutlich, dass der Gesetzgeber die Opferrechte immer weiter stärkt.

Bundesweit sind die Länderpolizeien an die PDV (Polizeidienstvorschrift) 382 gebunden. Danach sind „Minderjährige...auch dann gefährdet, wenn ihnen in der häuslichen Gemeinschaft durch Vernachlässigung oder Missbrauch der Personensorge eine unmittelbare Beeinträchtigung für ihr körperliches, geistiges oder seelisches Wohl droht. Dies ist regelmäßig der Fall bei häufigen Familienstreitigkeiten mit tätlichen Auseinandersetzungen." Ein Polizeibeamter soll „Minderjährige nur dann befragen, wenn dies notwendig ist, um unaufschiebbare fahndungs- und ermittlungsrelevante Erkenntnisse zu erlangen." Danach ist „das zuständige Jugendamt ... unverzüglich zu unterrichten". Die Vorschrift regelt jedoch eher die Ermittlungstätigkeit der Polizei und ist nicht generell auf Soforteinsätze bei häuslicher Gewalt übertragbar.

Viele Bundesländer haben deshalb über diese Vorschrift hinaus Handlungsanweisungen bzw. Leitlinien für solche Einsätze erstellt. Eine von mir durchgeführte Befragung von Fachkollegen/-kolleginnen erbrachte, dass die diesbezüglichen Vorschriften bundesweit unterschiedlich ausgeprägt sind. So haben die Polizeibeamten bei Soforteinsätzen in den Bundesländern Bremen, Hamburg, Hessen, Mecklenburg-Vorpommern, Niedersachsen, Nordrhein-Westfalen, Saarland und Thüringen zu ermitteln, *ob Kinder in der Familie leben*, um dann unverzüglich das zuständige Jugendamt zu informieren! Dabei sollen sie von einer Gefährdung der Kinder regelmäßig ausgehen, unabhängig davon, ob diese direkt oder indirekt von der Gewalt betroffen sind.

In Baden-Württemberg ist die Meldung an das Jugendamt an das Platzverweisverfahren gekoppelt. In Sachsen ist die Meldung an das Jugendamt bei direkter Betroffenheit der Kinder eine Muss- und bei indirekter Betroffenheit eine Kann-Bestimmung. Bayerische Polizeieibeamten haben zu beurteilen, wie gravierend sie den Fall einschätzen, um dann weitergehende Maßnahmen zum Schutz der Kinder, wie die Verständigung des Jugendamtes, einzuleiten. In Sachsen-Anhalt und Berlin orientiert sich die Polizei an dem Begriff der Kindeswohlgefährdung aus dem KJHG, SGB 8, um das Jugendamt zu informieren. Wobei z. B. für die Berliner und Bremer Polizeibeamten zur Vereinfachung ein Vordruck erstellt wurde, der ausgefüllt an das Jugendamt gesandt wird.

Einige Bundesländer (Brandenburg – in Planung –, Mecklenburg-Vorpommern, Hessen, Rheinland-Pfalz und Saarland) haben in ihrer Handlungsrichtlinie zur häuslichen Gewalt explizite Verhaltensanweisungen für die eingesetzten Beamten gegenüber Kindern festgeschrieben. Danach sind die Beamten (mit unterschiedlichem Wortlaut, aber inhaltlich) gehalten:

- die direkt und auch indirekt betroffenen Kinder/Jugendlichen wahrzunehmen,
- diese anzusprechen und nach dem Namen zu fragen,
- sich selbst namentlich vorzustellen,
- auf ihre Ängste und Bedürfnisse einzugehen,
- diesen zu erklären, was mit ihnen, der Mutter und dem Vater geschehen wird.

Zudem ist dort formuliert, dass Zwangsmaßnahmen im Beisein der Kinder zu vermeiden sind. All diese Maßnahmen sind geeignet, Polizeibeamten den Umgang mit Kindern im Einsatzfalle zu erleichtern, besonders um ihnen ein angemessenes Verständnis für die Situation zu vermitteln. Außerdem erfahren die Kinder von den Polizeibeamten, dass nicht ihr Gefühl, ihr Verhalten, ihre Wahrnehmung, falsch ist, sondern das des Täters!

Die veränderte Gesetzeslage im Polizeialltag

In der Praxis führte die veränderte Gesetzeslage zunächst zu erheblicher Verunsicherung im Polizeialltag. Es gab noch keine Rechtsprechung zur Wegweisung, keine Erfahrungen mit den neuen Möglichkeiten des Einschreitens und zunächst auch keine ausreichenden Handlungsanweisungen. Ein Unsicherheitsfaktor in Niedersachsen war beispielsweise die Datenübermittlung an die Jugendämter. Hier waren Fragen des Datenschutzes aufgeworfen worden und zunächst wurden Daten nur sehr zögerlich weitergegeben. Die Jugendämter mussten ihrerseits Strategien entwickeln, mit der Vielzahl der neu anfallenden Daten fertig zu werden. Viele Dienststellen (in Niedersachsen und anderen Bundesländern) haben diese Problematik inzwischen mit Kooperationsverträgen geregelt. Festzulegen ist dabei, wer wem was wann wohin meldet. Für die eingesetzten Polizeibeamten sind Rückmeldungen von Jugendämtern über getroffene Maßnahmen im Übrigen ein unglaublicher Motivationsschub.

Schwierig war für Polizeibeamte zunächst auch die Festlegung der Anzahl der Tage der Wegweisung. Jedes Bundesland verfügt über eine eigene Regelung (1-14 Tagen sind möglich). Im Bereich der Polizeidirektion Lüneburg haben Verwaltungsgerichtsurteile in der Anfangsphase für Verunsicherung gesorgt. Wegweisungen wurden z. T. aufgehoben oder zeitlich auf max. 3 Tage begrenzt. Nach vielfältigen Gesprächen auf allen Ebenen konnte verdeutlicht werden, dass sowohl innerfamiliäre psychologische als auch ablauforganisatorische Aspekte Berücksichtigung finden müssen und eine zu kurz bemessene Wegweisung nicht zielführend sein kann. Heute werden erfreulich viele polizeiliche Entscheidungen von den Gerichten bestätigt. Hier im Lüneburger Raum hat sich die Zahl von 7-10 weggewiesenen Tagen mit der Ausnahme „eingespielt", dass bei Müttern mit kleinen Kindern die 14 Tage Wegweisung voll ausgeschöpft wird. Die Entscheidung ist insofern begründbar, dass diese Frauen erheblich mehr Aufwand betreiben müssen, um überhaupt Beratung, Gang zum Gericht, usw. möglich zu machen.

Auch mehrfaches Einschreiten bei derselben Familie, gerade jetzt, wo den Opfern Hilfe angeboten wird und sich die rechtlichen Möglichkeiten für die Opfer verbessert haben, stießen und stoßen manchmal noch auf Unverständnis bei den eingesetzten Beamten. Die Erfahrung, dass die Opfer nicht sofort alle angebotenen Unterstützungsmaßnahmen annehmen, haben aber auch die Mitarbeiterinnen von Frauenhäusern immer wieder machen müssen.

Fazit ist jedoch, dass die Polizeibeamten das neue Recht inzwischen souverän und angemessen umsetzen und im hiesigen Bereich von den Beratungsstellen und den Jugendämtern grundsätzlich Lob und Anerkennung in der Form bekommen, dass „die Berichte der Polizei sehr hilfreich, sachlich und für die Arbeit gut verwendbar sind".

Einzelfälle aus dem Bereich Lüneburg

Wenn bei der hiesigen Polizei ein Notruf „häusliche Gewalt" eingeht, wird, soweit möglich, eine gemischt geschlechtliche Besatzung zum Einsatzort entsandt. In der Regel sollen Polizeibeamtinnen die Frauen und Polizeibeamte die Männer zur Sachverhaltsfeststellung befragen. Wenn die Aussagen übereinstimmen oder der Sachverhalt bereits so geklärt werden kann, befragen die Beamten die Kinder nicht. Häufig sind die Kinder während der Tat nicht im Raum gewesen und sind auch bei Eintreffen der Polizei nicht präsent. Kinder werden grundsätzlich nur befragt, wenn es für die Sachverhaltsaufklärung unerlässlich ist.

Einige Kollegen sprechen gar nicht mit den Kindern. Andere erklären den Kindern bei Wegweisungen die Aufgabe der Polizei sowie die Notwendigkeit der Maßnahmen, die sie treffen. Meine Befragung unter den Kollegen nach konkreten Fallbeispielen lässt mich für diese unterschiedliche Vorgehensweise zu der Vermutung gelangen, dass Erfahrungen aus der eigenen Kindheit sowie Erfahrung im Umgang mit Kindern das Motiv für besonders einfühlsames Verhalten ist:

- wenn Polizeibeamte selbst als Kind Opfer häuslicher Gewalt gewesen sind, können sie sich in die Kinder hineinversetzen und möchten ihnen ihr eigenes Schicksal ersparen;

- Polizeibeamte, die eigene Kinder oder sonst viel Umgang mit Kindern haben, haben nicht die Scheu, etwas „falsch" zu machen und die Kinder vielleicht eher zu verschrecken, als ihnen Trost zuzusprechen. Sie wissen, wie ein Kind altersgerecht angesprochen werden kann und finden daher tröstende und unterstützende Worte.

Fallbeispiele

1. Fallbeispiel

Im Landkreis Lüneburg schlug ein Mann seine Frau vor den Augen des 7-jährigen Sohnes. Sie flüchtete sofort nach der Tat zur Nachbarin. Von dort wurde die Polizei gerufen. Nach Eintreffen der Polizeibeamten verblieb das Kind bei der Nachbarin. Nachdem der Täter das Haus verlassen hatte, sind die eingesetzten Beamten zur Nachbarin gegangen, um dem Jungen die polizeilichen Maßnahmen zu erklären.

2. Fallbeispiel

In diesem Fall schlug die alkoholisierte Mutter den völlig hilflosen Vater. Weder die Täterin noch der Vater als Opfer waren in der Lage, zur Sachverhaltsaufklärung beizutragen. Die Täterin leistete Widerstand, wurde aber zur Ausnüchterung aus der Wohnung genommen. Die Fragen der Polizeibeamten musste die 9-jährige Tochter beantworten. In dem ausführlichen Gespräch stellte sich heraus, dass sie in ihrer Familie die „Mutterrolle" übernommen hatte. Sie sorgte, soweit ihr das möglich war, für den 5- jährigen Bruder, war aber auch für die gesamte Haushaltsführung „zuständig". Der Kollege hat ein sehr einfühlsames Gespräch mit ihr geführt und selbstverständlich anschließend das Jugendamt nicht nur schriftlich, sondern persönlich über die Situation informiert.

3. Fallbeispiel

In einer Familie mit Migrationshintergrund hatte der Ehemann/Vater seine Frau und vier seiner fünf Kinder in der letzten Zeit häufiger geschlagen. Am Einsatztag hat die Frau selbst die Polizei gerufen. Ihr Ehemann hatte sie an den Haaren gezogen, die Handgelenke überdreht und sie geohrfeigt und die Kinder (3, 5, 7, 9 Jahre alt) geschlagen und getreten. Da die Kinder bei der Tat gegen die Mutter anwesend waren und auch, weil sie für die Mutter teilweise übersetzen mussten, wurden alle gemeinsam befragt. In dieser Zeit gelang es dem Täter, noch einmal ins Wohnzimmer zu kommen, er wurde jedoch sofort wieder aus dem Zimmer entfernt. Die Aussagen der völlig verängstigten und eingeschüchterten Kinder stimmten mit der Aussage der Mutter überein. Der Vater wurde aus der Wohnung gewiesen und die Familie über Hilfs- und Unterstützungsmöglichkeiten in kindgerechter Form aufgeklärt.

4. Fallbeispiel

Während die Mutter vom Vater geschlagen worden war, war der 8-jährige Sohn anwesend und wurde vom Vater verbal angegriffen. Die eingesetzten Beamten haben zunächst den Täter befragt und ihre Maßnahmen gegen ihn durchgeführt. In dieser Zeit war der Junge bei seiner Mutter. Als die Kollegin mit der Mutter gesprochen hat, wirkte der Junge noch „leicht verstört". Er war einem Gespräch mit ihr jedoch sehr zugänglich und aufgeschlossen. Es war ihm ein Bedürfnis, der Polizeibeamtin den Sachverhalt ausführlich zu schildern, auch wenn ihm das nicht leichtgefallen ist und er zwischendurch weinen musste. Die Beamtin ist diesem Bedürfnis gern nachgekommen.

5. Fallbeispiel

Bei einem vergleichbaren Einsatz (der Vater hatte die Mutter in Anwesenheit der 6- jährigen Tochter geschlagen und beiden Alkohol ins Gesicht geschüttet) haben die Polizeibeamten „nicht weiter mit dem Kind" gesprochen.

6. Fallbeispiel

In einem anderen Fall hat der Ehemann seine Frau geschlagen. Beim Eintreffen der Polizei hat der 3-jährige Sohn im Elternschlafzimmer geschlafen und die 6-jährige Tochter war mit ihrer Mutter im Kinderzimmer. Die Tochter machte auf die Kollegin einen sehr eingeschüchterten und ängstlichen Eindruck. Sie hat kein Wort gesagt und die ganze Zeit nur die Nähe ihrer Mutter gesucht. Die Kollegin hat das Mädchen auch nicht weiter bedrängt.

7. Fallbeispiel

In einer Familie war es häufig zu Übergriffen des Ehemannes gegenüber der Ehefrau gekommen. Der inzwischen erwachsene Sohn hat bei Anwesenheit immer Partei für seine Mutter ergriffen und versucht, den Vater zu beruhigen. Am Einsatztag haben Mutter und Sohn erstmalig entschieden, die Polizei zu rufen.

Während die Mutter bei der Befragung durch die Polizei die Taten des Ehemannes als nicht so gravierend darstellte, hat der Sohn sehr konkrete und ehrliche Angaben über das Ausmaß der Gewalt gemacht. Er hat die rechtlichen Konsequenzen verstanden und betont, dass er die Polizeiliche Wegweisung wichtig findet, damit der Vater sich beruhigt, „einen Schuss vor den Bug" bekommt und vielleicht zukünftig nicht mehr gewalttätig handeln wird. Den eingesetzten Polizeibeamten stellte sich die Situation so dar, dass der Sohn gegenüber seinen Eltern die Rolle des Vermittlers eingenommen und immer wieder versucht hat, seine Mutter zu schützen.

8. Fallbeispiel

Eine Frau mit Migrationshintergrund wurde seit längerer Zeit von ihrem Mann geschlagen und „drangsaliert". Die Frau nutzte die arbeitsbedingte Abwesenheit des Mannes und rief die Polizei und gab bei deren Eintreffen an, dass sie und die Kinder von dem Mann/Vater geschlagen werden. Sie wollte auf jeden Fall selbst das Haus verlassen. Eine Wegweisung des Mannes wollte sie nicht, weil überall in der Umgebung seine Freunde und Verwandten leben. Die Frau wurde mit den Kindern ins Frauenhaus gebracht.
Die Kinder sprachen teilweise kein Deutsch bzw. die, die Deutsch sprachen, schienen traumatisiert. Keines der Kinder reagierte auf die Ansprache der Polizeibeamten. Die Kollegen gingen davon aus, dass die Kinder möglicherweise dachten, „sich zwischen Vater und Mutter entscheiden zu müssen" oder dass sie „ihrer Mutter nicht widersprechen wollten". Eine separate Befragung bzw. ein Gespräch mit den Kindern wurde versucht, war aber nicht möglich.

9. Fallbeispiel

Ein Mann rief bei der Polizei an und teilte mit, dass seine Frau ihn daran hindern würde, das Haus mit einem Kind zu verlassen. Er erklärt bei Eintreffen der Polizei zunächst sehr überzeugend, dass er in großer Sorge sei, da seine Frau psychisch krank sei und er ihr die vier gemeinsamen Kinder nicht allein überlassen könne. Bei der separaten Befragung der Frau wirkte diese auf die eingesetzten Polizeibeamten nicht krank. Statt dessen schien sie keinerlei Vertrauen in staatliche Einrichtungen zu haben. Sie habe die Erfahrung gemacht, dass ihr Mann durch seine Redegewandtheit immer alle überzeuge. Er setze sie ständig unter Druck, u. a. zuletzt damit, dass er während eines Streites das jüngste Kind an sich genommen und ihr gedroht habe „jetzt verlierst du dein 3. Kind" (die Frau soll zwei Fehlgeburten erlitten haben) und dann versucht habe, das Haus mit dem Kind zu verlassen. Das sei der Grund, warum sie versucht habe, ihn daran zu hindern. Den Polizeibeamten stellte sich die Lage so dar, dass ständig massivste psychische Gewalt von dem Mann ausging. Da die derzeitige Gesetzeslage in einem solchen Fall keinerlei Maßnahmen gegen den Täter zulässt, mussten die Beamten diese Familie wieder verlassen; sie haben lediglich von der Möglichkeit Gebrauch machen können, einen sehr ausführlichen Bericht an das Jugendamt zu senden.

10. Fallbeispiel

Bei Eintreffen fanden die Polizeibeamten eine Frau mit ihren beiden Kindern, 5 und 9 Jahre alt, auf der Straße vor dem Haus vor. Nach kurzer Sachverhaltschilderung wurden die Kinder von einem Nachbarn zum nahe liegenden Spielplatz begleitet. Die Frau gab an, dass sie nach Russland zu ihren Verwandten gefahren sei und nach ihrer Rückkehr sei es zum Streit gekommen, denn sie dürfe das Haus nicht verlassen und sei hier völlig isoliert. Im Laufe des Streits habe ihr Mann sie geschlagen und sie habe sich zur Wehr gesetzt. Die Polizeibeamten haben gegenüber dem Mann, der sich noch in der Wohnung befand und erklärte „unsere Familienprobleme lösen wir selbst" eine Wegweisung ausgesprochen. In Begleitung der Beamten verließ er die Wohnung, konnte aber die Familie auf dem Spielplatz sehen und rief laut auf Russisch Todesdrohungen gegenüber der Frau aus. Auch die Kinder konnten diese hören. Nachdem der Mann weggefahren war, haben die Polizeibeamten die Frau und die Kinder in die Wohnung begleitet und sie sehr ausführlich über ihre Rechte aufgeklärt. Da die 9-jährige Tochter für die Beamten ansprechbar war, wurde ihr erklärt, warum die Beamten welche Maßnahmen gegen ihrem Vater unternommen haben und was sie damit erreichen möchten.

Ausblick und Prävention

Wünschenswert wäre in meinen Augen eine bundesweit einheitliche Regelung des polizeilichen Umgangs mit Kindern bei Einsätzen häuslicher Gewalt. Die Bundesländer verfügen jeweils über gute Ansätze, die in die zurzeit gültige Polizeidienstvorschrift zu integrieren wären. Noch wichtiger sind jedoch gute Netzwerkstrukturen vor Ort: Seit 2001 gibt es beim Kriminalpräventionsrat im Stadt und Landkreis Lüneburg den Runden Tisch gegen Gewalt in der Familie (Mitglieder sind: Ärztekammer, Amtsgericht, Beratungs- und Interventionsstelle (BISS), Diakonieverband, Gleichstellungsbeauftragte, Frauen helfen Frauen e. V., Gesundheitsdienste, Kinderschutzbund, Landkreis, Migrationsdienste, Opferhilfebüro, Polizei, Staatsanwaltschaft, Stadt, Universität). Am „Runden Tisch auf Lenkungsebene" sitzen die Behördenleiter bzw. Vereinsvorsitzende. Sie tragen Entscheidungen, unterstützen Ideen und vertreten behördenintern und nach außen sichtbar ihren Standpunkt gegen

Gewalt in der Familie. Auf der „Arbeitsebene“ werden seit der Einführung des Gewaltschutzgesetzes konkrete Einzelfälle in kritischer Form besprochen, und im Laufe der Jahre wurde eine ständige Verbesserung der Zusammenarbeit im Sinne der Opferhilfe erreicht. Der Runde Tisch weist jedes Jahr zum 25.11. (dem Internationalen Tag gegen Gewalt an Frauen) mit einer öffentlichkeitswirksamen Kampagne auf das Thema „Gewalt in der Familie“ hin. Den Opfern häuslicher Gewalt sollen Hilfs- und Unterstützungsmöglichkeiten aufgezeigt werden und eine immer breiter werdende Öffentlichkeit soll sich zur Ächtung von Gewalt in der Familie bekennen. Am 25.11.2007 hat der Runde Tisch beispielsweise das Faltblatt „Eine Information für Kinder nach häuslicher Gewalt – Wenn die Polizei kommt“ für die Bereiche Lüneburg, Lüchow-Dannenberg und Uelzen veröffentlicht (Vergleiche auch Flyer „Zoff daheim“ aus Rheinland-Pfalz). Dieses Faltblatt wurde für Kinder erstellt, die Gewalt in der eigenen Familie erleben. Der Text in kindgerechter Sprache soll Kindern helfen, ihre Situation zu verstehen und es ihnen vereinfachen, sich Hilfe zu holen. Die Idee, ein solches Kinder-Faltblatt zu erstellen, hatten die Mitarbeiterinnen der BISS Cloppenburg/Vechta, und mit freundlicher Genehmigung durfte der Runde Tisch Lüneburg diese aufgreifen. Den Polizeibeamten der Polizeiinspektion Lüneburg/Lüchow-Dannenberg/Uelzen schreibt die aktuelle Dienstverfügung vor, bei Einsätzen häuslicher Gewalt Kindern ab dem lesefähigen Alter bis etwa 12 Jahre ein Faltblatt auszuhändigen. Es ist davon auszugehen, dass Mütter kurz nach einem Polizeieinsatz, bei dem der Täter der Wohnung verwiesen wurde, häufig nicht die Kraft aufbringen können, ihren Kindern die Situation zu erklären. Kinder haben aber viele Fragen. Es wurde versucht, genau diese Fragen zu beantworten:

- Was ist passiert?
- Warum kommt die Polizei?
- Wer schlägt, kriegt die rote Karte!
- Wieso meldet sich die Beratungsstelle?
- Wer kann noch helfen?

Die Telefonnummern der örtlichen BISS-Beraterin, die „Nummer gegen Kummer“ und der Notruf der Polizei sind in dem Faltblatt aufgeführt. Wichtig ist auch der Hinweis, dass, wer immer die Polizei gerufen hat, richtig gehandelt hat, um Kindern Schuldgefühle zu nehmen.

Der Runde Tisch Lüneburg sieht seine Verantwortung darin, einen besonderen Fokus auf betroffene Kinder zu haben, diese über das Faltblatt erreichen und unterstützen zu können und hofft, mit vielfältigen weiteren Aktionen zur Öffentlichkeitsarbeit auf dem richtigen Weg zur Prävention häuslicher Gewalt zu sein.

Christina Fröhlich

„Und wo bleiben wir?“ - Welche Rolle spielen von Partnergewalt betroffene Kinder bei der polizeilichen Intervention?

Dieser Beitrag widmet sich den von Partnergewalt betroffenen Kindern. Er geht der Frage nach, ob und wie sie in polizeilichen Einsätzen bei häuslicher Gewalt durch die Polizisten/Polizistinnen wahrgenommen werden, inwiefern dies polizeiliche Maßnahmen beeinflusst und welche Handlungsspielräume für polizeiliche Maßnahmen in Bezug auf diese Kinder gegeben sind.

Häusliche Gewalt in der polizeilichen Praxis

Aus polizeilicher Sicht hat sich der Blick der Öffentlichkeit und der Forschung stark auf die polizeirechtliche Möglichkeit, den Täter der Wohnung zu verweisen, konzentriert. Kinder wurden eher in Zusammenhang von Kindesmisshandlung, Vernachlässigung oder sexuellem Missbrauch im häuslichen Gewaltrahmen in den Blick genommen. Als direkt oder indirekt Betroffene von Partnergewalt sind sie erst in jüngster Zeit in die öffentliche Aufmerksamkeit gerückt.

Die Erfassung kindlicher Mitbetroffenheit bei Partnergewalt bildet sich sehr begrenzt in der Polizeilichen Kriminalstatistik ab, da sie sich nur unzureichend in strafrechtlich normierten Tatbeständen subsumieren lässt. So werden meist nur die physischen Formen als Einzeltaten durch Körperverletzungen und in selteneren Fällen auch Kindesmisshandlungen erfasst. Psychische Gewalt beispielsweise durch Bedrohungen, Demütigungen, Alleinlassen oder emotionale Kälte wird – wie es bei den erwachsenen Opfern auch der Fall ist – meist gar nicht angezeigt.

In der polizeilichen Kriminalstatistik ist das kindliche Alter erfasst, so dass zumindest quantitative Aussagen über die Belastung einzelner Altersgruppen möglich sind. Ein inner- oder außerfamiliärer Bezug der angezeigten Delikte ist jedoch nicht herstellbar. Nach Albert (2008: 49 f.) kann davon ausgegangen werden, dass Kinder in den meisten Fällen Opfer im innerfamiliären Kontext werden und dass die angezeigten Delikte nur „die Spitze des Eisberges“ darstellen dürften.

In einer Einzelfallanalyse im Zuständigkeitsbereich einer baden-württembergischen Polizeidirektion wurde überprüft, wie sich die in der Literatur herausgearbeiteten Feststellungen gegenüber den praktischen Alltagserfahrungen einer Polizeidienststelle darstellen. Die gewählte Polizeidienststelle eignete sich aufgrund ihres städtischen und ländlichen Zuständigkeitsgebiets, das es ermöglichte, Unterschiede zwischen Stadt und Land herauszuarbeiten. Es handelt sich um die Polizeidirektion Freiburg, die größte Polizeidienststelle Südbadens. In ihren Zuständigkeitsbereich fallen ca. 470.000 Einwohner, aufgeteilt auf den Stadtkreis Freiburg mit etwa 230.000 Einwohnern und auf den Landkreis Breisgau-Hochschwarzwald mit etwa 240.000 Einwohnern. Sie ist aufgeteilt in fünf Polizeireviere, darunter zwei Stadtreviere und drei Reviere im ländlichen Zuständigkeitsbereich. Die Polizeidirektion Freiburg eignete sich auch deshalb, weil sie für den Bereich der „Sachbearbeitung häusliche Gewalt" über eine spezielle Datenbank bzw. ein Einsatztagebuch verfügt, dass Aufschluss über Daten geben kann, die sich nicht in der Polizeilichen Kriminalstatistik abbilden.

Die Untersuchung basierte insbesondere auf durch Interviews erhobene Erfahrungs- und Wissensbestände von Polizisten, einem Mitarbeiter einer lokalen Netzwerkstelle und eines von Partnergewalt mitbetroffenen Jugendlichen.[6]

Polizeiliche Intervention und Dokumentation

Im Folgenden soll ein Handlungsablauf eines Polizeieinsatzes in Baden-Württemberg im Rahmen häuslicher Gewalt dargestellt werden, wie er in den meisten Fällen im polizeilichen Alltag stattfindet. Die schematische Darstellung bildet einen sogenannten Akuteinsatz ab, der ausschließlich von den Streifendiensten der zuständigen Polizeireviere durchgeführt wird.

6 Trotz erheblicher Bemühungen um weitere Interviewpartner in der Gruppe der Kinder und Jugendlichen, konnte nur ein Interview realisiert werden.

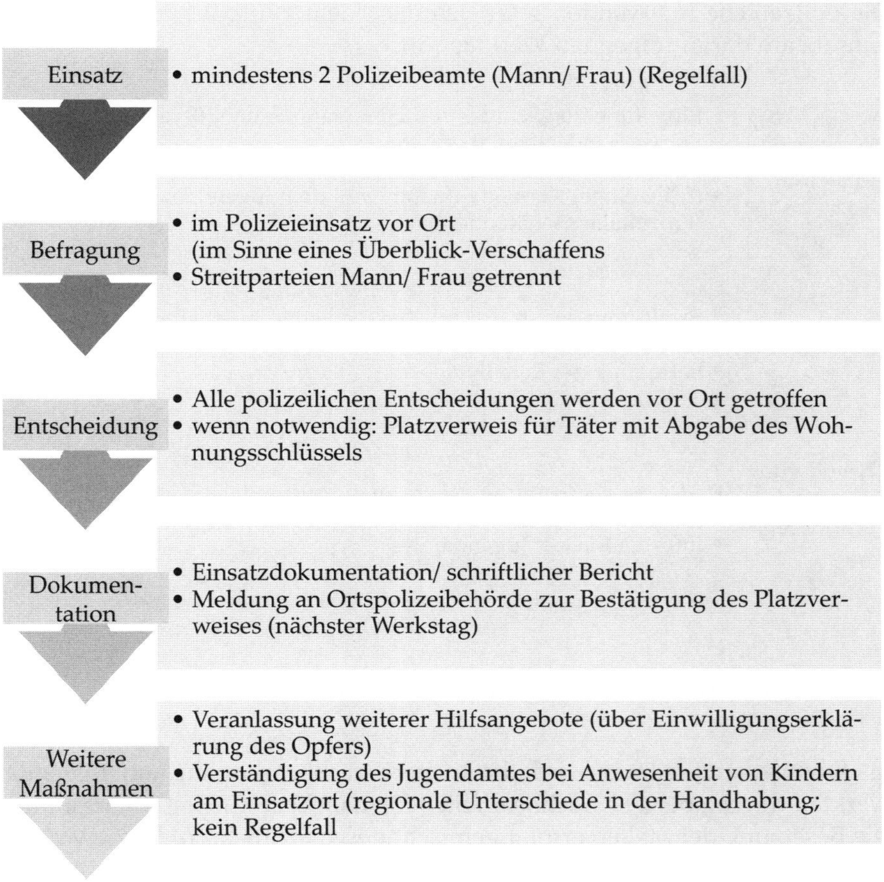

Abb. 1 Ablauf eines Polizeieinsatzes (Entwurf Fröhlich)[7]

7 Fröhlich 2012: 44.

Die polizeiliche Intervention setzt sich nach dem zumeist nächtlichen Akuteinsatz am darauffolgenden Werktag fort:

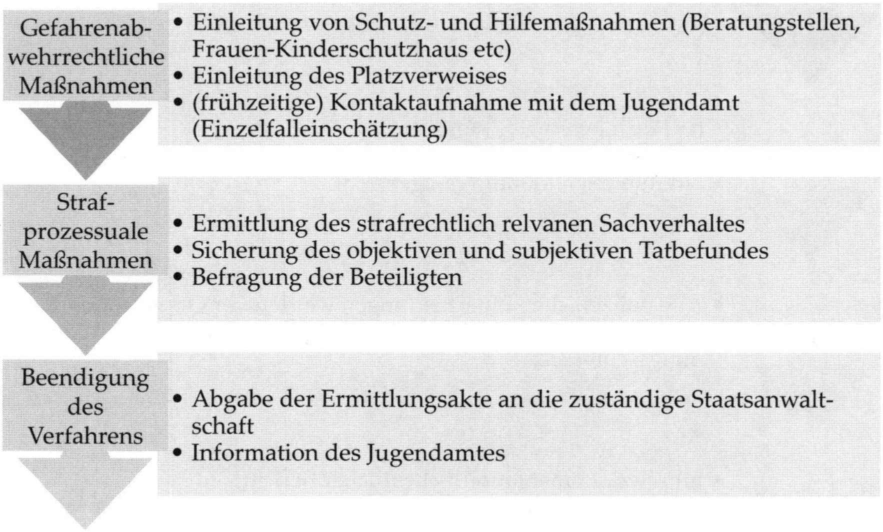

Abb. 2 Ablauf der Sachbearbeitung häusliche Gewalt (Entwurf Fröhlich)

Im Stadtgebiet Freiburg wird die weitere Sachbearbeitung am folgenden Werktag durch spezielle Sachbearbeiter für häusliche Gewalt übernommen. Die Besetzung der Stellen erfolgt gemischt-geschlechtlich, so dass jeweils ein Beamter und eine Beamtin pro Stadtrevier zur Verfügung stehen. Auf den Polizeirevieren im ländlichen Zuständigkeitsgebiet wird die Sachbearbeitung den allgemeinen Ermittlungsaufgaben des Bezirksdienstes zugewiesen, so dass es keine festen Ansprechpartner/-innen für häusliche Gewalt gibt. Aufgrund des immer höher werdenden Frauenteils in der Polizei sind auch die Einsatzteams der Streifendienste bei Einsätzen häuslicher Gewalt regelmäßig gemischt-geschlechtlich besetzt.

Die Ergebnisse der Einzelfallstudie bestätigen, dass bei einer Vielzahl polizeilicher Einsätze wegen häuslicher Gewalt Kinder in das Gewalt- und spätere polizeiliche Einsatzgeschehen involviert sind. In der Literatur genannte Zahlen zur Anwesenheit von Kindern bei polizeilichen Einsätzen in Fällen häuslicher Gewalt mit ca. 53-61 %[8] bestätigten sich in der Einzelfallanalyse nicht. Im Zuständigkeitsgebiet der betreffenden Polizeidienststelle sind bei etwa 25 % polizeilicher Einsätze wegen häuslicher Gewalt Familien involviert.

8 Vgl. Helfferich et al. (2004: 54, 135), die Zahlen für Stuttgart benennt; vgl. BMFSFJ (2004c: 54), Kavemann und Hagemann-White benennen Zahlen für Berlin; vgl. Kury et al. (2005), der Zahlen für Freiburg benennt.

Die durch diese polizeilichen Einsätze betroffenen Kinder stellen nach vorsichtigen Schätzungen am Gesamtanteil einen relativ kleinen Anteil von etwa 1,2 % aller im Zuständigkeitsgebiet wohnhaften Kinder dar (Fröhlich 2012: 83).

Die in der Literatur beschriebene Tendenz, bei Anwesenheit von Kindern am Einsatzort eher einen Platzverweis zu erteilen(BMFSFJ 2004b: 13-16, 36 f.), bestätigte sich in der Untersuchung nicht. Die polizeilichen Interviewpartner geben an, dass Platzverweise eher selten bis überhaupt nicht speziell zum Schutz der Kinder erteilt werden. Berichtet wurde auch von der Tendenz der Mütter, die Täter schneller wieder in die gemeinsame Wohnung zu lassen, wenn Kinder in der häuslichen Gemeinschaft leben (Fröhlich 2012: 86).

Im Zuständigkeitsbereich der Polizeidirektion Freiburg wird immer ein ausführlicher schriftlicher Bericht durch den Streifendienst über einen Einsatz wegen häuslicher Gewalt verfasst, der dem „Sachbearbeiter häusliche Gewalt" als Arbeitsgrundlage für weitere Ermittlungsschritte und zur Prüfung weitere notwendiger Maßnahmen zum Schutz und zur Sicherheit der Betroffenen dient. Darüber hinaus werden wichtige Daten spätestens nach Abschluss der Ermittlungen in ein zentral geführtes elektronisches Tagebuch eingespeist, zu dem alle in die „Sachbearbeitung häusliche Gewalt" einbezogene Beamten im Zuständigkeitsbereich der Polizeidirektion Freiburg Zugriff haben. Ziel dieser Datenbank ist es, den gesamten Komplex der häuslichen Gewalt über die Polizeiliche Kriminalstatistik (PKS) hinausgehend abzubilden und insofern eine breitere Datenbasis zur Verfügung zu stellen.

Die Erfassung der Anwesenheit von Kindern bei einem polizeilichen Einsatz wegen häuslicher Gewalt ist hierbei über zwei Optionen möglich: Zum einen wird geprüft, ob Kinder im gemeinsamen Haushalt ortspolizeilich gemeldet sind, zum anderen wird festgestellt, ob Kinder zum Zeitpunkt des polizeilichen Einsatzes in der Wohnung anwesend waren. Neben der Erfassung der Anzahl der in einem Haushalt lebenden Kinder, erfolgt die Erfassung durch die Zuordnung zu den Altersgruppen „Kinder" und „Jugendliche". Darüber hinaus gehende detailliertere Angaben zum Alter der Minderjährigen werden nicht erfasst. Zwar ist auch die Erfassung von Kindern als Opfer oder Tatverantwortliche einer Straftat möglich, die jeweiligen Rollenzuordnungen können aber nicht automatisch in einen Zusammenhang mit einem Partnerschaftskonflikt der erwachsenen Betroffenen gebracht werden.

Im elektronischen Einsatztagebuch der Polizeidirektion Freiburg werden die im Rahmen einer polizeilichen Intervention getroffene Maßnahmen bei häuslicher Gewalt fast ausschließlich täterorientiert dokumentiert. Die Abbildung des durch eine gewalttätige Auseinandersetzung entstandenen Schadens hat ihren Fokus auf den erwachsenen Opfern (ebd.: 93 f., 101).

Quantitative Ausprägung häuslicher Gewalt in der Polizeidirektion Freiburg

Wie in der Literatur beschrieben zeigt sich ein Abfall der Zahlen im Hellfeld. Für den Zuständigkeitsbereich der Polizeidirektion Freiburg sind die polizeilichen Einsätze bei häuslicher Gewalt im 5-Jahresvergleich 2005-2010 leicht zurückgegangen. Auffällig ist, dass trotz annähernd gleichen Bevölkerungsanteils des städtischen und ländlichen Zuständigkeitsgebietes 70-75 % dieser Einsätze in der Stadt Freiburg und nur 25-30 % im ländlichen Zuständigkeitsgebiet stattgefunden haben (ebd.: 79 f., 98 f.).

Es kann angenommen werden, dass das Dunkelfeld für den ländlichen Zuständigkeitsbereich deutlich über dem des städtischen Zuständigkeitsbereiches liegt. Dieser Rückschluss ist möglich, wenn man die für den Zuständigkeitsbereich der untersuchten Polizeidienststelle erhobenen Platzverweiszahlen analysiert. Demnach ist grundsätzlich ein Rückgang der Zahlen sowohl für den städtischen als auch den ländlichen Zuständigkeitsbereich für den Zeitraum 2005-2010 feststellbar. Im ländlichen Zuständigkeitsgebiet werden allerdings wesentlich mehr Platzverweise erteilt als in der Stadt Freiburg.[9]

Die polizeilichen Interviewpartner vermuten, dass aufgrund auf dem Land vorherrschender tradierter Familiensysteme, einer engeren sozialen Kontrolle in dörflichen Lebensgemeinschaften und längeren Anfahrtswegen polizeilicher Einsatzkräfte die Polizei erst dann gerufen würde, wenn es „ *(...) wirklich fett zur Sache geht (...)*"[10], beziehungsweise die niederschwelligeren Konflikte häuslicher Gewalt eher noch auf andere Weise gelöst würden.

Wie in der Literatur beschrieben, ist häusliche Gewalt ubiquitär und lässt sich weder räumlich noch soziokulturell fest zuordnen. Die polizeilichen Interviewpartner geben an, dass es sich im Zuständigkeitsbereich der Polizeidirektion Freiburg in den meisten Fällen um Formen eskalierender Partnergewalt handelt, bei denen auch Kinder anwesend sind. Die Hauptbelastungszeiten der Konflikte und der polizeilichen Einsätze liegen an den Wochenenden und in den Abendstunden (ebd.: 78 ff.).

Die für die Sichtbarkeit des Phänomens häusliche Gewalt verantwortlichen Fallzahlen der Polizeilichen Kriminalstatistik (PKS) bilden nicht die gesamte Ausprägung ab. Vielmehr finden wesentlich mehr polizeiliche Einsätze wegen häuslicher Gewalt statt, wie es durch das im Zuständigkeitsbereich der Polizeidirektion Freiburg speziell geführte Einsatztagebuch belegt werden kann. So wurden für das Jahr 2010 1196 polizeiliche Einsätze wegen häuslicher Gewalt dokumentiert, aber in nur 645 Fällen kam es auch zu einer Strafanzeige, die im Weiteren in der Polizeilichen Kriminalstatistik ausgewiesen wurden. Die polizeilichen Interviewpartner geben an, dass pro Vorfall durchschnittlich zwei Straftaten angezeigt werden.

---

9 Vgl. Fröhlich 2012: 82: Hier werden konkrete Platzverweiszahlen im 5-Jahresvergleich 2005-2010 für den Zuständigkeitsbereich der Polizeidirektion genannt.

10 Fröhlich 2012: 82.

Der Schwerpunkt der angezeigten Taten liegt auf einfachen Körperverletzungen, die häufig eingebettet sind in Bedrohungsszenarien und Beleidigungshandlungen. In den meisten Fällen sind die Täter immer noch die männlichen Partner, die Opfer sind Frauen und Kinder, wobei grundsätzlich ein Anstieg der wechselseitig begangenen Taten zwischen den erwachsenen Streitparteien zu verzeichnen ist (ebd.: 79 f., 89).

Die Frauen lassen sich nicht mehr so viel gefallen und beenden das Gewaltszenario tendenziell früher, insbesondere auch, um ihre Kinder zu schützen. Hierfür spricht, dass die Vorfälle – wie in der Literatur beschrieben – zum weitaus größten Teil von den Opfern selbst der Polizei gemeldet werden und dass sich polizeiliche Einsätze wegen häuslicher Gewalt meist nur einmal in derselben Familie abspielen. Alle anderen möglichen Personengruppen (Nachbarn, Bekannte, Freunde) melden der Polizei hingegen deutlich seltener einen Sachverhalt häuslicher Gewalt. Kinder haben im Jahr 2010 in nur 1 % der Fälle im Zuständigkeitsbereich der Polizeidirektion Freiburg die Polizei verständigt. In diesen Fällen sind die Kinder meist älter oder bereits Jugendliche (ebd.: 81).

Die interviewten Polizisten geben an, dass der Blick der polizeilichen Sachbearbeitung auf den aktuell bekannt gewordenen Sachverhalt fokussiert ist. Dabei wird selten ermittelt, ob schon früher gewalttätige Auseinandersetzungen – auch mit früheren Partnern – stattgefunden haben. In Bezug auf die häufig sehr lange Dauer solcher häuslicher Gewaltszenarien und des damit verbundenen Schadensausmaßes für die Betroffenen stellt dieses Arbeitsprinzip eine dem Gesamtkomplex häusliche Gewalt nicht gerecht werdende Arbeitsweise dar und führt auch letztlich nicht dazu, das Dunkelfeld weiter aufzuhellen. Als Grund geben die polizeilichen Interviewpartner die tägliche Arbeitsbelastung – gerade innerhalb der Stadt Freiburg – an, die sie zu dieser reduzierten Arbeitsweise zwingen würde (ebd.: 77, 89 f., 100).

Die Interviews belegen, dass das polizeiliche Arbeitsgebiet häusliche Gewalt sowohl inner-, als auch außerhalb der Polizei breit akzeptiert wird. Insofern spiegeln sich auf den ersten Blick die in der Fachliteratur immer wieder beschriebenen Verharmlosungstendenzen hier nicht ab .[11]

Auch wenn der Platzverweis als effektivste Maßnahme bei häuslicher Gewalt bezeichnet werden kann, ist im Zuständigkeitsbereich der untersuchten Polizeidienststelle die sogenannte Gefährderansprache das häufigste Mittel, um die Situation im Akuteinsatz zu beruhigen und zu stabilisieren. Die polizeilichen Interviewpartner schlussfolgern daraus, dass sich der Platzverweis als einschneidende Maßnahme bei allen Beteiligten eingeprägt habe und zwischenzeitlich auch mildere Mittel zum Erfolg führen würden. Funktioniert die Gefährderansprache nicht, führen regelmäßig neben dem mündlichen Platzverweis der polizeirechtliche Gewahrsam und in sehr wenigen Fällen auch die strafprozessuale Festnahme zur Wiederherstellung eines vorläufig sicheren häuslichen Rahmens für die Betroffenen (ebd.: 81).

11 Vgl. Fröhlich 2012: 77 f., 99 f.; vgl. auch BMFSFJ 2004c: 72 f.

Die Anwesenheit und Anzahl, sowie das Alter von Kindern, die bei einem polizeilichen Akuteinsatz wegen häuslicher Gewalt anwesend waren, wird in einem schriftlichen Bericht durch den Streifendienst festgehalten. Über die körperliche und emotionale Befindlichkeit anwesender Kinder wird nur dann etwas mitgeteilt, wenn deren Zustand von den Einsatzbeamten als „auffällig" eingeschätzt wird. Obgleich eine Handlungsanleitung innerhalb der untersuchten Polizeidienststelle existiert, unterscheiden sich die Berichte in Umfang, Qualität und Detailinformationen. Die „Sachbearbeiter häusliche Gewalt" geben an, dass die Berichte in aller Regel zufriedenstellend und ausreichend seien, um sich ein Bild vom polizeilichen Akuteinsatz machen zu können.

Für sie sei es in aller Regel nicht möglich, sich selbst ein Bild vom Zustand des Kindes zu machen. Der erste Eindruck vom Zustand und Befinden eines Kindes durch die Einsatzbeamten im Akuteinsatz ist deshalb die einzige Information, die in die weitere Sachbearbeitung eines Vorfalls bei häuslicher Gewalt eingeht. Er wird dokumentiert, wenn das Kind „Auffälligkeiten" aufweist, die der Einsatzbeamte im Akuteinsatz feststellt und deren Kriterien sich nicht an einem definierten Standard orientieren. In aller Regel findet keine Überprüfung eines speziellen Schutz- und Hilfebedarfs für das Kind statt, wenn die betroffene erwachsene Person – in der Regel die Mutter – hierzu keine Angaben macht. Unterstützung und Hilfe kommen dem Kind nur zugute, wenn auch die betroffene erwachsene Person ein solches Angebot in Anspruch nimmt (ebd.: 83, 103).

Kinder werden als Opfer häuslicher Gewalt deutlich seltener als Erwachsene erfasst. In den meisten Fällen handelt es sich bei den angezeigten Delikten um Körperverletzungsdelikte. Über die Erfassung im elektronischen Einsatztagebuch lässt sich weder ein möglicher Bezug zu einem partnerschaftlichen Konflikt herstellen, noch finden sich genaue Angaben zum Alter der Kinder.[12]

Psychische Gewaltformen zum Nachteil von Kindern werden im Zuständigkeitsbereich der untersuchten Polizeidienststelle in den meisten Fällen nicht angezeigt und regelmäßig auch nicht als ein durch Partnergewalt verursachtes anzeigefähiges Delikt bewertet. Ein polizeilicher Interviewpartner formuliert das folgendermaßen:

> „Psychische Gewalt ist keine Gewalt im strafrechtlichen Sinne. Polizei ist zur Verfolgung von Straftaten zuständig und auch verpflichtet und psychische Gewalt ist unter Umständen hiervon nicht erfasst. Die Kausalität zwischen Tathandlung und psychischer Beeinträchtigung ist halt sehr, sehr schwierig zu dokumentieren oder zu beweisen."[13]

Hinzu kommt, dass Kinder im Zuständigkeitsbereich der Polizeidirektion Freiburg regelmäßig eher nicht als Zeugen zur Sache und insbesondere auch nicht zu ihrem eigenen Gewalterleben gehört werden. Als Grund wird angeführt,

12 Allerdings ist das genaue Alter in den Ermittlungsakten dokumentiert, so dass diese Information für das weitere Strafverfahren zur Verfügung steht.

13 Fröhlich 2012: 88.

dass man die Kinder nicht in eine emotionale Zwickmühle bringen wolle, gegen die eigenen Eltern aussagen zu müssen.

> „(...) Die Kinder, die mussten schon genug leiden unter dem Erlebten und dann meine ich, ist es zu viel verlangt, wenn sie da jetzt auch bei der Polizei noch mal Angaben machen müssten. (...)“[14]

Insofern muss angenommen werden, dass die kindliche Mitbetroffenheit bei Partnergewalt von den Streifenpolizisten im Akuteinsatz und den späteren „Sachbearbeitern häusliche Gewalt“ kaum wahrgenommen wird und sich weitgehend im Dunkelfeld befindet.

Demgegenüber stehen die Aussagen der interviewten Polizisten, die die Folgen für Kinder, die in einen von Partnergewalt geprägten häuslichen Gewaltrahmen leben, generell als gravierend einschätzen. Allerdings führt diese Erkenntnis nicht zu weiteren polizeilichen Schritten, die Mitbetroffenheit der Kinder im konkreten Einzelfall auch abschätzen zu können und gegebenenfalls einen speziellen Hilfebedarf des Kindes erkennen zu können.

> „(...) Für die Kinder spielt insofern eine Rolle, als dass das einfach ganz arme Würmer sind und wie die da drunter leiden müssen und dass das doch einfach furchtbar ist für die Kinder. (....)“

> „(...) Aber darüber hinaus, ja, spielen dann Kinder keine, spielen sie eher eine untergeordnete Rolle, obwohl die Empathie für die Kinder wirklich da ist.“[15]

Es kann nicht angenommen werden, dass es durch die oben beschriebene Arbeitsweise innerhalb der Polizeidirektion Freiburg möglich ist, Aspekte einer Kindeswohlgefährdung bei den betroffenen Kindern durch den von partnerschaftlichen Auseinandersetzungen über längere Zeit geprägten gewalttätigen häuslichen Rahmen zu prüfen.

Wenn Kinder bei einem polizeilichen Einsatz anwesend oder wenn Kinder an einer Wohnanschrift eines polizeilichen Einsatzes wegen häuslicher Gewalt ortspolizeilich gemeldet sind, wird spätestens nach Abschluss der Ermittlungen immer das zuständige Jugendamt informiert und die Prüfung von möglichem Hilfe- und Unterstützungsbedarf für die Kinder dem Jugendamt zugewiesen vgl. ebd.: 94 f.).

An dieser Stelle sollte die Frage erlaubt sein, ob nicht bereits erste Maßnahmen zur Überprüfung eines Unterstützungs- und Hilfebedarfs für die Kinder durch die Polizei selbst durchgeführt und vom Jugendamt dann fortgesetzt werden könnten. Dieses Selbstverständnis ergibt sich nicht zuletzt aus der polizeirechtlich verankerten Pflicht zur Gefahrenabwehr und der explizit formulierten Verpflichtung der Gewaltprävention für Kinder und Jugendliche im

---

14 Fröhlich 2012: 86.

15 Fröhlich 2012: 87.

Rahmen polizeilicher Aufgaben.[16] Polizeiliche Erkenntnisse können als wichtige Entscheidungsgrundlage für das zuständige Jugendamt dienen, auch zeitnah einen kindgerechten Unterstützungs- und Hilfebedarf für die betroffenen Kinder und Jugendlichen in die Wege zu leiten.

Dies erscheint umso bedeutender, als dass die polizeilichen Interviewpartner der Meinung sind, die Kinder würden grundsätzlich wesentlich mehr von den gewaltförmigen partnerschaftlichen Auseinandersetzungen mitbekommen, als von den Eltern einschätzt.

> „Nein, also die...ja gut, ich frag dann schon, ob das Kind was mitbekommen hat oder ob sie meint, dass das Kind was mitbekommen hat. Die Mütter sagen natürlich in aller Regel: Nee, war im Zimmer oder hat mit einer Freundin gespielt. (...) Ich glaube, die Mütter machen sich da selber was vor. Entweder reden sie sich selber ein oder sie möchten`s halt vor der Polizei schönreden und wissen`s eigentlich, dass das Kind das mitbekommt, und es ist ganz klar, dass das Kind das mitbekommt."[17]

Somit kann eben nicht angenommen werden, dass die betroffenen Mütter anerkennen, dass ihre Kinder Hilfe und Unterstützung benötigen. Noch weniger dürften sie dazu in der Lage sein, entsprechende Hilfsmaßnahmen zu initiieren.

Über die Interaktion zwischen Kindern und der Polizei im polizeilichen Akuteinsatz wegen häuslicher Gewalt konnte durch die Interviews kein klares Bild herausgearbeitet werden. Alle Informationen hierzu ergeben sich alleine aus dem schriftlich gefertigten Bericht der Streifendienstbeamten, der dem „Sachbearbeiter häusliche Gewalt" zugestellt wird. Der darin gegebenenfalls dokumentierte persönliche Eindruck des Einsatzbeamten über ein anwesendes Kind muss dabei nicht unbedingt einen Bezug zu einem Gespräch mit dem Kind oder über das Kind haben. Die Kinder – wenn sie nicht gerade schlafen oder gar nicht zuhause sind – sind meist bei den Müttern und werden insofern tendenziell eher von den Polizeibeamtinnen im Zuge der Befragung der Mutter „mitbetreut". Es war im Rahmen der Untersuchung nicht möglich, herauszufinden, ob und wie überhaupt eine Interaktion zwischen einem Kind und der Polizeibeamtin stattfindet (ebd.: 89).

Die polizeilichen Interviewpartner halten weder eine weitergehende Interaktion mit anwesenden Kindern, noch eine genauere Dokumentation über eine stattgefundene Interaktion für notwendig. Sie halten dies im Akuteinsatz auch nicht für leistbar, da zwei Einsatzbeamte bereits genug mit den erwachsenen Konfliktparteien beschäftigt seien (ebd.: 104).

Mütter würden die Interaktion durch Polizisten mit ihren Kindern im polizeilichen Einsatz – wie auch in der Fachliteratur beschrieben – durchaus

---

16 Vgl. Steffen & Hepp 2007: 171-174. Neben dem Verständnis über die Gewaltprävention für Kinder und Jugendliche, das auch auf den sozialen Nahraum einbezieht, ergibt sich die polizeiliche Verantwortung aus polizeilichen Dienstvorschriften wie der PDV 100 und PDV 382.

17 Fröhlich 2012: 87.

begrüßen.[18] Kinder gehen eher nicht von sich aus auf Polizisten zu.[19] Diese Erfahrung schildert auch der interviewte Jugendliche, der sich überhaupt nicht vorstellen konnte, selbst die Polizei zu rufen, obwohl er in einem jahrelang andauernden häuslichen Gewaltrahmen ausharren musste. Er konnte dies insbesondere nicht tun, weil sich die betroffene Mutter ebenso wenig wie Nachbarn, die die regelmäßigen gewalttätigen Ausfälle des Vaters häufig mit anhören konnten, trauten, Hilfe zu rufen (ebd.: 92 f.).

Es kann sicherlich nicht erwartet werden, dass zwei Polizeibeamte im Akuteinsatz ein ausführliches Gespräch mit allen Betroffenen führen können. Leistbar scheint jedoch, dem Kind durch kleine Gesten und eine kurze Ansprache zu zeigen, dass man es wahrgenommen hat und sich davon zu überzeugen, dass es dem Kind gut geht. Darüber hinaus müsste durchaus leistbar und angemessen sein, dass der „Sachbearbeiter häusliche Gewalt" wenigstens den Versuch unternimmt, einen Kontakt zum Kind herzustellen, um das Bild des nächtlichen Akuteinsatzes zu überprüfen und zu komplettieren.

In der polizeilichen Aus- und Fortbildung findet mehrmals jährlich ein zentral angebotenes, mehrtägiges und regelmäßig gut besuchtes Seminar „Gewalt im sozialen Nahraum" statt. In diesem Fortbildungsangebot ist allerdings kein spezielles Training in der Gesprächsführung mit Kindern vorgesehen, wie es in anderen Fortbildungsangeboten – beispielsweise bei den Seminaren zur Sachbearbeitung von Sexualdelikten – fester Bestandteil ist. Die polizeilichen Interviewpartner sehen diesbezüglich auch keine Notwendigkeit, das einschlägige Fortbildungsangebot um ein solches Ausbildungsmodul zu erweitern (ebd.: 90, 100).

Kinder haben im Zuständigkeitsbereich der Polizeidirektion Freiburg nur durch Zufall eine Chance, an speziell für sie entworfenes und an sie gerichtetes Informationsmaterial zu gelangen. Die Einsatzbeamten des Streifendienstes führen derartiges Informationsmaterial nicht mit sich. Die polizeilichen Interviewpartner lehnen es ab, dass kindgerechtes Informationsmaterial im Akuteinsatz mitgeführt und zur Verfügung gestellt werden müsste. Bei den „Sachbearbeitern häusliche Gewalt" ist dieses Informationsmaterial[20] vorhanden und liegt offen aus. Die Kinder gelangen in aller Regel nur dann an dieses Material, wenn die Mutter beispielsweise den Flyer selbst mit nimmt und ihn dem Kind zukommen lässt. Grundsätzlich erwecken die Interviews den Eindruck einer eher hohen Unkenntnis über die Verteilungswege der speziellen Kinderflyer innerhalb und außerhalb der Polizei (ebd.: 90).

18 Vgl. Helfferich et al. 2004: 136; BMFSFJ 2004b: 166; Kavemann 2007: 18 f.

19 Vgl. Mullender&Hague 2002: 85 ff.; Seith 2003: 113; Seith 2007: 117 f.

20 Vgl. Fröhlich 2012: 125 ff.: Dort findet sich ein guter Überblick über kindgerechtes Informationsmaterial. In der Polizeidirektion Freiburg wird ein spezieller Kinderflyer „Gewalt daheim", zur Verfügung gestellt, der von der Stadt Freiburg, der Polizeidirektion Freiburg und FRIG entwickelt wurde. Darüber hinaus gibt es weitaus mehr kindgerechtes Informationsmaterial zu häuslicher Gewalt; an dieser Stelle sei beispielhaft auf die verschiedenen kindgerechten Möglichkeiten des Karlsruher Kinderbüros hingewiesen.

Die Interviews lassen vermuten, dass die befragten Polizeibeamten ein wenig entwickeltes Bewusstseins für einen speziell an Kinder und Jugendliche gerichteten Unterstützungs- und Hilfeangebot haben. Dies belegen sowohl der eher nachlässige Umgang mit kindgerechtem Informationsmaterial und die Tatsache, dass die Kinder im Rahmen polizeilicher Ermittlungen eigentlich gar nicht zu Wort kommen können, selbst wenn sie es wollten.

Die polizeilichen Interviewpartner bewerten die bestehenden Vernetzungsstrukturen zu allen beteiligten Interventionspartnern, die sich mit häuslicher Gewalt befassen (Jugendamt, Beratungsstellen, lokale Netzwerkstelle, allgemeine Polizeibehörde) als sehr gut.

Der Interviewpartner der lokalen Netzwerkstelle schätzt die Kooperation in der Stadt Freiburg ebenfalls als gut ein. Für den ländlichen Zuständigkeitsbereich der Polizeidirektion Freiburg sieht er jedoch noch Verbesserungsbedarf in der Vernetzung. Dies gelte auch für solche Polizeidienststellen in Baden-Württemberg, wo es noch keine festen Ansprechpartner bei der Polizei, bei den Jugendämtern oder den Beratungsstellen gebe (ebd.: 77, 106).

Die polizeilichen Interviewpartner sehen keine Notwendigkeit, sich an einer noch breiteren Vernetzung zu beteiligen. Im Falle betroffener Kinder sehen sie sich auch nicht in der Verantwortung, das Jugendamt stärker als bisher einzubinden. Zwischen beiden Interventionsinstanzen besteht bislang noch kein automatisiertes Feed-back-Verfahren, so dass der polizeiliche Sachbearbeiter keine Rückmeldung erhält, ob, wann und in welcher Form Maßnahmen durch das Jugendamt zum Schutz und zur Sicherheit des Kindes eingeleitet wurden (ebd.: 91, 107 f.).

Die interviewten Polizisten geben übereinstimmend an, dass sich die Polizei im Zuständigkeitsbereich der Polizeidirektion Freiburg an keinen Informationsveranstaltungen oder anderen präventiv orientierten Projekten an Schulen, Kindergärten oder Jugendzentren beteiligt, bei denen Kinder und Jugendliche über häusliche Gewalt und ihre Mitbetroffenheit informiert werden und darüber ins Gespräch kommen könnten. Sie waren sich alle einig, dass dies von Seiten der Polizei nicht mehr zu leisten wäre (ebd.: 91, 108).

Fazit

Polizeiliche Intervention stellt ein adäquates Mittel dar, innerfamiliäre Gewalt zu beenden. Nach wie vor sind die rechtlichen Hürden hoch, von außen auf einen bestehenden Familienverband einzuwirken. Die Qualität des Interventionsprozesses bei häuslicher Gewalt hat grundsätzlich ein stabil hohes Niveau erreicht. In Bezug auf den Umgang mit Kindern als Mitbetroffene eines gewalttätigen Partnerschaftskonfliktes bestehen allerdings noch Defizite. Diese weiter zu reduzieren, setzt ein annähernd gleiches Verständnis von Krisenintervention aller Beteiligten voraus.

Um Kinder und ihre Mitbetroffenheit ernst zu nehmen, müsste man innerhalb der Polizei Arbeitsprozesse in der „Sachbearbeitung häusliche Gewalt" verbessern, Kooperationen mit anderen Interventionspartnern erweitern bzw. optimieren und die Präventionsarbeit ausbauen.

Der Umgang mit Kindern, die im Rahmen von häuslicher Partnergewalt angetroffen werden, sollte in polizeilichen Handlungsanleitungen klar geregelt sein. Die Dokumentation der Berichte, die im Akuteinsatz gefertigt werden, sollten sich in Bezug auf die Kinder an klaren Standards in Bezug auf deren Alter, deren Aufenthaltsort in der Wohnung, deren Verfassung und der Frage, ob und auf welche Weise mit ihnen Kontakt aufgenommen wurde, orientieren.

Die Qualität der Dokumentation bei Vorfällen häuslicher Gewalt in der polizeilichen Sachbearbeitung kann in Bezug auf Kinder noch erweitert werden. So wäre es möglich, neben der Polizeilichen Kriminalstatistik (PKS), deren Erfassungskriterien eng definiert sind und insofern wenig Erweiterungsspielraum lassen, über eine Datenbasis zu verfügen, die die kindliche Mitbetroffenheit bei Partnergewalt genauer abzubilden in der Lage ist.

Es ist wünschenswert und erforderlich, dass sich der polizeiliche Sachbearbeiter bei einem Sachverhalt wegen häuslicher Gewalt, in den Kinder involviert sind, einen persönlichen Eindruck vom Zustand eines Kindes macht und es – im Rahmen des rechtlich Möglichen – auch zu Wort kommen lässt. Nur so kann festgestellt werden, in welcher Form und wie stark ein Kind betroffen ist und ob es spezielle Hilfe und Unterstützung benötigt.

Die polizeilichen Interviewpartner sehen den Einsatz eines dritten Polizeibeamten im Akuteinsatz, der Ansprechpartner für anwesende Kinder sein könnte, als weder erforderlich noch realisierbar an. Der Interviewpartner der lokalen Netzwerkstelle würde eine dadurch erzielte Aufwertung des Kindes als dritte (gleichwertige) Partei durchaus begrüßen.

Aus polizeilicher Sicht wird es immer Schnittmengen in polizeilichen Lagen geben, die sowohl Elemente der Strafverfolgung, der Gefahrenabwehr und der Sozialarbeit umfassen. Eine trennscharfe Abgrenzung ist nicht immer möglich und häufig lebensfremd. Die Frage wäre jedoch, ob nicht bereits zu einem früheren Zeitpunkt, als es heute geschieht, weitere Interventionspartner in die Intervention bei häuslicher Gewalt einsteigen, so dass ein reibungsloserer Übergang geschaffen und die Gefahr von Zeit- und Informationsdefiziten minimiert werden könnte.

Anstelle eines Polizeibeamten könnte die Funktion eines Ansprechpartners für die anwesenden Kinder im Akuteinsatz durch einen Bereitschaftsdienstes des Jugendamtes realisiert werden, der sofort in einem Akuteinsatz wegen häuslicher Gewalt verständigt und direkt an den Einsatzort kommen könnte. Somit wäre gesichert, dass das für das Kindeswohl zuständige Jugendamt sich selbst vor Ort und zeitnah einen Eindruck über anwesende Kinder und deren Zustand verschaffen kann. Die rechtlichen Möglichkeiten des

Jugendamtes erweitern darüber hinaus den Handlungsspielraum im Akuteinsatz.[21] Maßnahmen zum Schutz der Kinder könnten direkt und durch den richtigen Ansprechpartner umgesetzt und die bisher bestehende Lücke an der Schnittstelle Polizei-Jugendamt minimiert werden. Eine solche Vorgehensweise würde voraus setzen, dass bereits bei Bekanntwerden eines Sachverhaltes erfragt werden müsste, ob sich Kinder in der Wohnung aufhalten. Dies könnte über die von Linke&Pathe geforderten Checklisten an polizeilichen Notrufplätzen gewährleistet werden.[22]

Das in Stuttgart initiierte Modell „STOP" berücksichtigt die Belange betroffener Kinder bei häuslicher Gewalt und bietet deshalb die Möglichkeit, bereits zu einem frühen Zeitpunkt den Allgemeinen Sozialen Dienst des Jugendamtes (ASD) in die polizeiliche Intervention einzubinden, wenn Kinder in das häusliche Gewaltgeschehen involviert sind. Daneben bietet das Kinderschutz-Zentrum Stuttgart für betroffene Kinder Hilfs- und Beratungsangebote an.[23]

Mecklenburg-Vorpommern versucht durch den Einsatz von sogenannten (erwachsenen) Kinder- und Jugendberatern einen zeitnahen Kontakt zu von Partnergewalt betroffenen Kindern herzustellen. Bestehende Handlungsanleitungen zwischen der Polizei und den Beratungsstellen regeln den Umgang mit Schnittstellenproblemen transparent und rechtsklar.[24]

Andere Modelle, die einen frühen pro-aktiven Zugang von Hilfs- und Beratungsstellen für die erwachsenen Betroffenen im Blick haben, gab und gibt es in Deutschland bereits: Ein im Jahr 1979 in Niedersachsen durch den damaligen Ministerpräsidenten Schwind realisiertes Projekt „PPS Hannover" setzte auf eine frühe und engere Verzahnung von Polizei und Sozialarbeit. Diese Idee hat heute „BISS" in Niedersachsen zeitnah zu polizeilichen Einsätzen bei häuslicher Gewalt realisiert.[25]

Das Bewusstsein bei der Polizei über die Mitbetroffenheit der Kinder bei Partnergewalt ist zwar vorhanden, führt aber eher wenig dazu, sie auch konsequent in die polizeiliche Intervention einzubeziehen. Denn dies bedeutet auch, dass sich die Polizei stärker an der Prävention und Information für diese Kinder und Jugendlichen beteiligen müsste als es bisher geschieht.

---

21 Das Jugendamt hat beispielsweise auch nicht mit den hohen rechtlichen Hürden der Polizei umzugehen, wenn es mit Kindern sprechen will.

22 Vgl. Linke & Pathe 2007: 260. Derartige Checklisten werden bereits in Berlin eingesetzt.

23 Einsehbar unter http://www.stuttgart.de/item/show/201219, eingesehen 10/2012. Allerdings findet sich in der Handlungsanleitung der Polizei Stuttgart „Häusliche Gewalt - Checkliste für den Streifendienst" nur ein kurzer Hinweis auf den Flyer „STOP". Hinweise zum Umgang mit Kindern im polizeilichen Einsatzgeschehen, die über die in der Polizeidirektion Freiburg üblichen Hinweise hinausgehen würden, finden sich hier nicht.

24 Vgl. Herold 2009: 96 f.; BMFSFJ 2004b: 66.

25 Vgl. zu „PPS Hannover" Wilhelm-Reiss 1980: 405-417 und Driller 1989: 244 ff. Vgl. zu „BISS" Löbmann/Herbers 2005: 56 ff. Ein „Pro aktiver" Zugang zielt auf ein Beratungskonzept als sogenannte „Komm-Struktur" ab und soll einen möglichst lückenlosen Schutz der Betroffenen und eine zeitnahe psychosoziale Versorgung ermöglichen.

Um die Sprachlosigkeit dieser Kinder und Jugendlichen über das Erlebte zu überwinden und sie in ihrer Situation zu entlasten, sollten sie wesentlich stärker als bisher in die Öffentlichkeitsarbeit bei häuslicher Gewalt eingebunden werden. Dabei muss ihnen derselbe selbstverständliche Zugang zu Information ermöglicht werden wie er für die erwachsenen Betroffenen bereits besteht. Sie müssen stärker als bisher informiert und aufgeklärt werden. Sie sollen ihre Rechte und Möglichkeiten kennen und es muss möglich sein, dass sie sich direkt kompetenten Personen anvertrauen, die ihnen Hilfe und Unterstützung anbieten können.

Es ist deshalb notwendig, dass an Orten, an denen sich Kinder und Jugendliche aufhalten, wesentlich mehr Informationsveranstaltungen oder andere Arten von Präventionsarbeit zu häuslicher Gewalt angeboten werden als bisher geschehen. Gerade in Schulen oder Kindergärten, in denen Kinder so viel Zeit verbringen, muss etwas getan werden. Dies bedeutet auch, dass das Schul- und Erziehungspersonal stärker sensibilisiert wird für die Zusammenhänge, Strukturen und die Mitbetroffenheit von Kindern bei häuslicher Gewalt.

Es wäre wünschenswert, dass es geeignete Ansprechpartner für Kinder und Jugendliche an diesen Orten gibt. Vom Interviewpartner der lokalen Netzwerkstelle kam in Anlehnung an das Modell der Kinder- und Jugendberater in Mecklenburg-Vorpommern die Idee, gleichaltrige, beziehungsweise zu einer ähnlichen peer-group gehörende Personen an beispielsweise Jugendzentren, Vereinen und Schulen in dieser Funktion zu installieren. Diese hätten den Vorteil, dass sie dieselbe Sprache wie die betroffenen Kinder und Jugendlichen sprechen und somit die Hemmschwelle des Sich-Anvertrauens für die Betroffenen nicht unüberwindbar wäre.

Das Thema Mitbetroffenheit von Kindern bei Partnergewalt sollte dem öffentlichen und wissenschaftlichen Diskurs noch sehr viel stärker als bisher zugänglich gemacht werden. Die gesellschaftliche Ächtung des Themas häusliche Gewalt und ein seriös geführter öffentlicher Diskurs über die Folgen für die Kinder und die langfristigen Folgen für eine Gesellschaft, können dazu beitragen, die durch Angst, Scham und Stigmatisierung geprägte Hemmschwelle innerhalb eines familiären Rahmens und gerade für die betroffenen Kinder herabzusetzen. So können Kinder und Jugendliche lernen, über das Erlebte zu sprechen und sich geeignete Gesprächspartner zu suchen. Ein weiteres Ziel dieses Diskurses wäre es, die Hemmschwelle, sich institutionellen Ansprechpartnern anzuvertrauen, zu senken. Denn nur dann steigt die Chance, eine häusliche Gewaltsituation zu beenden und professionelle Hilfsmaßnahmen in Anspruch zu nehmen.

VII. Die Folgen für die Kinder als Thema in der Täterarbeit

Christoph Liel / Sigurd Hainbach

Arbeit mit Vätern bei häuslicher Gewalt: Wie berücksichtigen Täterprogramme die Themen Vaterverantwortung und Kindererziehung?

Täterprogramme bei häuslicher Gewalt, wie sie sich in den vergangenen zwanzig Jahren in Deutschland entwickelt haben, zielen auf eine Verringerung des weiteren Schädigungsrisikos durch Bearbeitung der Gewaltproblematik ab. Die Mehrheit der Nutzer solcher Angebote sind Väter. Wenn Kinder in elterliche Auseinandersetzungen involviert sind, besteht für sie ein erhöhtes unmittelbares Schädigungsrisiko, was gewalttätige Väter häufig ausblenden oder bagatellisieren. Die Programme thematisieren deshalb die Gewaltproblematik auch im Zusammenhang mit väterlicher Verantwortung für Kinder. Für problembelastete und in der Erziehungsfähigkeit eingeschränkte Väter werden allerdings ergänzende und auf Kindeswohlgefährdungen und Kindesumgang passgenauer zugeschnittene Angebote benötigt. Der Beitrag erläutert die Arbeitsweise und Standards von Täterprogrammen und stellt drei Beispiele einer Weiterentwicklung bezogen auf Väter vor: (1) ein Väter-Modul für Täterprogramme, (2) ein Programm zur Prävention von Kindesmisshandlung und Vernachlässigung und (3) eine in das Familiengerichtverfahren eingebundene Elternberatung für Fälle häuslicher Gewalt.

Arbeitsweise von Täterprogrammen bei häuslicher Gewalt

Die Arbeit mit Tätern von Partnerschaftsgewalt in spezialisierten Programmen, wie sie seit Mitte der 1970er Jahre in Nordamerika und seit Mitte bis Ende der 1980er Jahre in Deutschland praktiziert wird, zielt darauf ab, die Täter zur Übernahme von Verantwortung und Aufgabe ihres schädigenden Verhaltens zu bewegen. Erreicht werden soll dies durch die Konfrontation Gewalt rechtfertigender und entschuldigender Einstellungsmuster bei den Programmteilnehmern und einer Vermittlung von Handlungsalternativen, die das gewalttätige Verhalten dauerhaft ersetzen sollen. Zwei Ansätze von Täterarbeit greifen diese Beziehungswahrnehmung und Denkweise von Partnerschaftsgewalttätern auf und lassen sich differenzieren anhand ihres Ansatzpunktes beim Einleiten von Veränderung: Der eher psychoedukative

Ansatz thematisiert die Einbindung von Partnerschaftsgewalt in gesellschaftliche Muster männlicher Kontrolle und Machtausübung gegenüber Frauen und wurde durch das „Domestic Abuse Intervention Program (DAIP)" aus Duluth / USA begründet (Pence/Paymar 1993). Ein zweiter eher verhaltensorientierter Ansatz analysiert die individuelle Funktionalität und widersprüchliche Logik des Gewaltverhaltens; bekannter Vertreter ist das Projekt „Emerge Domestic Violence" in Massachusetts / USA (Adams/Cayouette 2002). Beide Ansätze setzen eine Zusammenarbeit mit Einrichtungen der Strafverfolgung, Frauenunterstützung und des Kinderschutzes voraus (Gondolf 2002) und werden in Deutschland weitgehend deckungsgleich praktiziert. Eine gute Verortung von Täterprogrammen in der Interventionskette gegen häusliche Gewalt gilt als wichtiges Wirkungskriterium. Deshalb hat ein dritter Ansatz an Bedeutung verloren, weil er die Kontrolle des Täters durch Kooperationsbeziehungen mit Opferschutzeinrichtungen und Strafverfolgungsbehörden ablehnt und sich auf das Dunkelfeld häuslicher Gewalt konzentriert. Dieser als psychodynamisch bezeichnete Ansatz betont den Unterstützungsaspekt von Täterarbeit und betrachtet häusliche Gewalt besonders als Ausdruck innerpsychischer Verarbeitungsprozesse (z. B. von Opfererfahrungen) (ebd.). In Deutschland wird der Ansatz von der Hamburger Gruppe Männer gegen Männergewalt vertreten (Lempert/Oelemann 1998). Weiterhin wird in Deutschland mit Partnerschaftsgewalttätern auch in der Ehe- und Familienberatung, der Psychotherapie und Psychiatrie gearbeitet. Nicht alle Angebote arbeiten gewaltzentriert, d. h. mit einem auf die Gewaltproblematik abgestimmten Konzept, und folgen einem dieser Ansätze.

Verschiedene Zuweisungswege in ein Täterprogramm bei häuslicher Gewalt lassen Aussagen über die Einstiegsmotivation von Klienten zu. Selbstmelder haben eine höhere Eigenmotivation, oft auch aus Angst vor strafrechtlichen Sanktionen, vor der Trennung der Partnerin und dem Verlust des Umgangs mit ihren Kindern. Häufiger beziehen Täterprogramme in Deutschland ihre Klientel über strafrechtliche Beratungsauflagen. Staatsanwaltschaftliche oder gerichtliche Auflagen gemäß § 153a StPO, der in Deutschland wahrscheinlich überwiegend genutzte Überweisungsweg, gehen mit einer Verfahrenseinstellung einher und sind an enge Erfüllungsfristen von in der Regel 6 Monaten gekoppelt. Deshalb werden besonders Ersttäter mit minderschwerer Gewalt vermittelt. Eine zweite strafgerichtliche Auflagemöglichkeit besteht in einer Strafaussetzung mit Bewährungsauflage (§§ 56 ff. StGB), d. h. die Beratungsauflage wird an eine Bewährungsstrafe geknüpft.

Durch eine Reform des Familienrechts (Reformgesetz über das Verfahren in Familiensachen und in den Angelegenheiten der freiwilligen Gerichtsbarkeit 2009 sowie das Gesetz zur Erleichterung familiengerichtlicher Maßnahmen bei Gefährdung des Kindeswohls 2008) wurden auch familiengerichtliche Auflagemöglichkeiten geschaffen, die für Väter relevant werden können. Diese Beratungsauflagen können in Verfahren zur Regelung des Sorge- und Umgangsrechts (§ 156 I FamFG) und in Verfahren bei Gefährdung des

Kindeswohls (§ 1666 III BGB) ausgesprochen werden. Der Gesetzgeber hat beide Auflagemöglichkeiten zwar mit wenig Sanktionsfolgen bei Nichterfüllung ausgestattet. Sie werden aber in einzelnen Städten genutzt, um Eltern im Familiengerichtverfahren einer gewaltzentrierten Scheidungsberatung zuzuführen (z. B. Elternberatung nach dem Münchner Modell für Fälle häuslicher Gewalt).

Wenn heute von Täterprogrammen bei häuslicher Gewalt gesprochen wird, so werden darunter Beratungsangebote verstanden, die mit einer hohen Programmintegrität arbeiten und eine vereinbarte Zusammenarbeit mit Strafverfolgungsbehörden, Opferschutzeinrichtungen und der Jugendhilfe nachweisen können. Programmintegrität bedeutet, dass die Passung zwischen tatsächlicher Arbeit der Fachkräfte und dem ausgearbeiteten Konzept durch Qualitätssicherungsverfahren überwacht wird. Projekte, die mit diesem Selbstverständnis arbeiten, haben sich in Deutschland auf verbindliche Qualitätsstandards geeinigt und einen Interessenverband gegründet, die Bundesarbeitsgemeinschaft Täterarbeit Häusliche Gewalt e. V. Die Standards der Bundesarbeitsgemeinschaft Täterarbeit (BMFSFJ 2008b), die mit Unterstützung des Bundesministeriums für Familie, Senioren, Frauen und Jugend und unter Einbeziehung der Bundesvertretungen der Frauenhäuser, Frauennotrufe und Interventionsprojekte entwickelt wurden, genießen eine hohe Akzeptanz im Arbeitsfeld. Nicht alle Täterarbeitseinrichtungen verfügen derzeit über ausreichende politische, strukturelle und finanzielle Voraussetzungen, um die Programmstandards vollständig zu erfüllen. Einige Standards werden im Folgenden vorgestellt, um daraus den Status Quo der Arbeit mit Vätern in Täterprogrammen abzuleiten.

Täterprogramme sind kognitiv-verhaltensorientierte Beratungs- und Unterstützungsangebote für männliche Partnerschaftsgewalttäter, die konfrontativ und gewaltzentriert arbeiten (Bundesarbeitsgemeinschaft Täterarbeit Häusliche Gewalt e. V. 2010). Häusliche Gewalt wird nach diesem Verständnis mit Partnerschaftsgewalt gleichgesetzt. Die Gewalttätigkeit gilt als Ausdruck erlernter Denk- und Verhaltensmuster und nicht als Ausdruck eines psychiatrischen Krankheitsbildes (ebd.). Dennoch können bei einem Teil von Partnerschaftsgewalttätern psychopathologische Störungsbilder vorliegen, die ein Ausschlusskriterium für Täterarbeit sein können, weshalb eine sorgfältige Auswahl geeigneter Programmteilnehmer empfohlen wird.

Zur Teilnehmerauswahl legt die Bundesarbeitsgemeinschaft Täterarbeit Häusliche Gewalt e. V. mindestens ein Aufnahmegespräch als Standard fest. Es dient der Prüfung der Zulassungskriterien (z. B. ausreichende Sprachkenntnisse, Tateingeständnis), des Zugangskontextes und tatbezogener Unterlagen sowie dem Abschluss einer schriftlichen Vereinbarung und einer Schweigepflichtentbindung gegenüber der Partnerin und fallbeteiligten Institutionen. Zur Erledigung dieser Aufgaben und Feststellung der Eignung sind mehrere Vorgespräche angemessen, wenn auch nicht verpflichtend. Bei der Durchführung des Täterprogramms ist der Standard Gruppenarbeit mit 5 bis10 Teilnehmern unter Anleitung von zwei Fachkräften. Die Gruppensitzungen finden wöchentlich statt über einen Zeitraum von mindestens sechs Monaten. Ersatzweise ist Einzelberatung möglich, sofern sie einen Ausnahmefall begründet (z. B. bei Schichtarbeit des Klienten oder bei zu wenigen Klienten für eine Gruppe). Für Kriseninterventionen werden die Gruppenarbeit ergänzende Beratungsressourcen empfohlen. Erweist sich ein Teilnehmer entgegen der Eingangseinschätzung während dem laufenden Täterprogramm als ungeeignet (z. B. durch fehlende Mitarbeit oder Veränderung) ist ein Ausschluss nach Einzelfallprüfung vorgesehen. Dieser Standard soll garantieren, dass alle Teilnehmer, die das Programm abschließen, ausreichend profitiert haben.

Innerhalb der Täterarbeit besteht Einigkeit, dass die von der Gewalt betroffene Partnerin zur besseren Einschätzung der Gewaltproblematik angehört und zu ihrem eigenen Schutz und zum Schutz ihrer Kinder über das Programm informiert werden muss. Denn wiederholt werden in der Praxis gefährdende Szenarien beschrieben, in denen die Frau unrealistische Erwartungen bezogen auf die Veränderungsmöglichkeiten ihres gewalttätigen Partners hat oder von ihm mit Falschinformationen manipuliert bzw. unter Druck gesetzt wird. Als Standard ist deshalb vorgesehen, die Partnerin über Programmbeginn, Abbruch/Ausschluss, Abschluss der Mannes und über Gefährdungen zu informieren. Auch besteht Hoffnung, isolierte Frauen mit diesem Vorgehen ins Beratungsnetz zu vermitteln. Der Partnerinnenkontakt kann persönlich oder telefonisch durch das Täterprojekt, durch eine kooperierende Frauenunterstützungsstelle oder durch beide gemeinsam erfolgen.

Bei der Programmgestaltung hat die Bundesarbeitsgemeinschaft Täterarbeit Häusliche Gewalt e. V. den Projekten Spielraum für eine Methodenvielfalt gelassen, denn die Standards definieren lediglich Kerninhalte, ohne ein bestimmtes pädagogisches bzw. therapeutisches Vorgehen bei der Behandlung dieser Inhalte vorzuschreiben.

Kerninhalte von Täterprogrammen nach dem Standard der Bundesarbeitsgemeinschaft Täterarbeit Häusliche Gewalt e. V.

- *Auseinandersetzung mit dem Gewaltbegriff und mit Gewalthandlungen:* Gewalttätige Männer sollen sensibilisiert werden für die unterschiedlichen Formen von Gewalt. Sie sollen ihr eigenes Gewaltverhalten innerhalb der Partnerschaft erkennen und benennen. Ziel ist es, dass sie Gewalt von angemessenem Konfliktverhalten abgrenzen können.
- *Tatrekonstruktion (Gewaltschilderung):* Unverzichtbar ist die detailgenaue Schilderung der Gewaltsituationen/-taten durch den Täter und die Konfrontation mit seinem Gewalthandeln. Ziel ist, dass der Täter seine Motive, seine Verantwortung und seine Handlungsalternativen zu verschiedenen Zeiten des eskalierenden Konfliktes erkennt. Die Tatschilderung beinhaltet den Perspektivenwechsel zu den betroffenen Frauen und Kindern.

- *Auswirkung der Gewalt und Opferfolgen:* Das Täterprogramm richtet einen Fokus auf die kurzfristigen und langfristigen Folgen für die betroffenen Frauen und Kinder (physische und psychische Schädigung, Verletzungen).
- *Gewaltfreie Handlungsstrategien:* Durch Aneignung und Einüben gewaltfreier Handlungsstrategien soll die soziale und kommunikative Kompetenz der Teilnehmer gestärkt werden. Das beinhaltet auch die Fähigkeit, eigene Gefühle und Bedürfnisse erkennen und angemessen ausdrücken zu können.
- *Notfallpläne:* Ein Ausarbeiten, Reflektieren und Anwenden von Notfallplänen dient der Rückfallvermeidung. Jeder Teilnehmer legt individuelle und alltagstaugliche Ausstiegsmöglichkeiten für kritische Konfliktsituationen im sozialen Nahraum fest, reflektiert sie in der Gruppe und wendet sie im Alltag an.
- *Kommunikationsmuster:* Die Männer erhalten die Möglichkeit, aktuelle Konflikte und Themen aus ihren Partnerschaften zu reflektieren. Die Kommunikationsstrukturen der Teilnehmer in ihren Partnerschaften sollen herausgearbeitet und auf eskalationsfördernde Muster überprüft werden.
- *Männer- und Frauenbilder:* Männer sollen lernen, sich mit der eigenen Konstruktion von Männlichkeit, Gewalt, Macht und Ohnmacht auseinanderzusetzen. Sie sollen ihr Verhältnis zu Frauen hinterfragen und nach Maßgabe eines egalitären Partnerschaftsverständnisses verändern.
- *Väterliche Verantwortung:* Die Teilnehmer sollen sich mit ihrer Verantwortung und ihren Grenzen in der Rolle als Vater auseinandersetzen. Die Auswirkungen der Gewalttaten auf die Kinder sollen sie erkennen und die Beziehung zu den Kindern und die Haltung gegenüber der Kindesmutter verbessern.
- *Eigene Opfererfahrungen:* Jeder Mann sollte die Möglichkeit erhalten, Opfererfahrungen zu reflektieren. Ziel ist, den Zugang zu eigenen Gefühlen und die Empathiefähigkeit zu verbessern. Dabei muss den Männern vermittelt werden, dass eigene Opfererfahrungen keine Rechtfertigung für ihr Gewaltverhalten darstellen.

(BMFSFJ 2008b, gekürzt)

Die Standards der Bundesarbeitsgemeinschaft Täterarbeit Häusliche Gewalt e. V. sprechen weitgehend von Männern und ihren (Ex-)Partnerinnen, kaum von Vätern und Müttern, denn der Fokus liegt auf der verübten Gewalt innerhalb der Paardynamik. Das Thema Vaterverantwortung ist eines von mehreren Programminhalten. In der Programmpraxis werden Vaterschaft und Verantwortung für Kinder besonders im Zusammenhang mit der verübten Gewalt problematisiert, denn Väter blenden Zusammenhänge zwischen Partnerschaftsgewalt und kindlicher Belastung häufig aus und begreifen ihre Gewalttätigkeit nicht als Infragestellung der Vaterrolle.

Die Bundesarbeitsgemeinschaft Täterarbeit Häusliche Gewalt e. V. legt in einem Standard zunächst fest, dass Täterprogramme im beschriebenen Umfang bei Gefährdungen des Kindeswohls und Entscheidungen über begleiteten Umgang nicht ausreichen und ergänzende Angebote benötigt werden (BMFSFJ 2008b). In Nordamerika gibt es bereits Programmvorschläge für ergänzende

Angebote, von denen erste Ansätze Erfolg versprechend nach Deutschland übertragen wurden (z. B. das kanadische Caring Dads Programm in Düsseldorf).

Arbeit mit Vätern in Täterprogrammen

Väteranteil in Täterprogrammen

Die deutschen Täterprogramme erreichen einen Teil der gegenüber Partnerinnen gewalttätigen Väter, allerdings existieren darüber kaum Daten. Es liegen zwei Evaluationen über Täterarbeit in deutschen Interventionsprojekten vor (WiBIG 2004; Helfferich et al. 2006). Der Befund der Wissenschaftlichen Begleitung der Interventionsprojekte gegen häusliche Gewalt (WiBIG) berichtet bei 313 Studienteilnehmern einen Väteranteil (biologisch oder sozial) von 72 % (Beckmann und Hafner 2007). In einer zweiten Untersuchung aus Baden-Württemberg wird bei 290 Studienteilnehmern ein Väteranteil (nur biologisch) von 68 % angegeben (Helfferich et al. 2006). Eine Studie über das Rückfallrisiko von Programmteilnehmern (Liel 2012) hat eine Stichprobe von n=46 aus Düsseldorf, München und Rosenheim untersucht. In diesem Befund sind 80 % Väter eigener Kinder und bei 13 % leben zusätzlich weitere Kinder in der Familie. Es empfiehlt sich, eigene Kinder der Väter und Kinder der Partnerin aus einer früheren Beziehung getrennt zu betrachten. Denn das Vorhandensein weiterer Kinder der Partnerin in der Familie gilt als ein empirisch abgesicherter Indikator für eine Erhöhung des Konfliktpotentials in Familien und des Rückfallrisikos bezüglich Partnerschaftsgewalt (Hilton et al. 2010). Die Studie zeigt noch einen weiteren Aspekt: Bei 24 % sind wiederkehrende Konflikte um die Kindererziehung ein von Studienteilnehmern berichteter Gewaltauslöser gewesen (Liel 2012). Es lohnt sich deshalb, die Kindererziehung auch als potentielles Konfliktfeld im Zusammenhang mit der Gewaltausübung zu berücksichtigen.

Gewaltfolgen für Kinder im Fokus

Kinder werden von den Vätern im Zusammenhang mit der verübten Partnerschaftsgewalt sehr unterschiedlich wahrgenommen und in Täterprogrammen thematisiert. Die folgende Aufstellung gibt einen Überblick, welche Gewalt und Verletzungsrisiken Kinder unmittelbar betreffen und in Täterprogrammen eine Rolle spielen können, selbst wenn nicht immer behandlungsbedürftige Verletzungen vorliegen:

- *Gewalt und Verletzungen während der Schwangerschaft:* Vorwürfe von Gewalt gegenüber der schwangeren Mutter, z. B. durch Schläge und Tritte in den Bauch, werden von Vätern eher selten zugegeben.
- *Gewalt und Verletzungen, wenn das Kind auf dem Arm gehalten wird:* Zum Teil entstehen Konflikte und eine Konkurrenz der Eltern um die Erziehung und Versorgung besonders von Säuglingen und Kleinkindern, z. B. reißt der Vater der Mutter das Baby aus dem Arm, weil er es selbst beruhigen will und sich übergangen fühlt. In anderen Fällen hält die Mutter den Säugling während gewalttätiger Auseinandersetzungen vor sich, in der Hoffnung, selbst weniger verletzt zu werden.
- *Gewalt und Verletzungen, während das Kind zu intervenieren versucht:* Kinder mischen sich in elterliche Auseinandersetzungen ein und ziehen Aufmerksamkeit auf sich, um die Eltern abzulenken und den Konflikt zu entschärfen.
- *Gewalt und zielgerichtete Verletzungen des Kindes, um die Partnerin zu kontrollieren* oder *zu bestrafen:* Das so genannte Medea Syndrom – die absichtliche Verletzung der Kinder – ist selten und taucht in Täterprogrammen wahrscheinlich kaum auf. Jedoch gibt es auch Fälle, in denen der Vater das Kind instrumentalisiert, um die Mutter zu ärgern, und es dabei unabsichtlich gefährdet oder verletzt, z. B. indem er das Kind so lange hochwirft, bis es sich den Kopf an einer Lampe stößt.
- *Psychoneuroimmunlogische Beeinträchtigungen des Kindes aufgrund miterlebter Gewalt zwischen den Eltern:* Väter erinnern sich überwiegend nur lückenhaft, wo Kinder während elterlicher Auseinandersetzungen waren, oder sind fest überzeugt, die Kinder hätten geschlafen oder gespielt und nichts mitbekommen. Erst später sichtbare Beeinträchtigungen eines gesunden kindlichen Aufwachsens durch das Miterleben von Partnerschaftsgewalt werden nicht realisiert.

Besonders schwerwiegende Verletzungsfolgen der Kinder werden von Vätern häufig ausgeblendet oder verleugnet. Manchmal äußern Väter in der Beratung, die Mutter habe Verletzungen des Kindes provoziert oder es eigennützig im Konflikt eingesetzt. Denn Bestandteil des Verhaltensproblems von Partnerschaftsgewalttätern sind Rechtfertigungen und Selbstentlastungsstrategien.

Eine väterliche Verantwortung von Partnerschaftsgewalttätern wird in Täterprogrammen aufgegriffen, um bei Vätern (1) eine Einstiegsmotivation zu Beginn herzustellen und (2) die Gewaltproblematik während der Programmteilnahme zu bearbeiten.

Vaterverantwortung als eine mögliche Einstiegsmotivation

Im Erstgespräch kann das eigene Vatersein von Männern unterschiedlich wahrgenommen werden: Väter können die Programmteilnahme als Mittel zum Zweck einsetzen wollen, denn sie haben Angst vor einer Trennung von den Kindern und dem Verlust der Familie oder, sofern sie getrennt leben, sie hegen Hoffnung auf erneuten Kontakt zur Partnerin und Umgang mit den Kindern. Auch können Väter die verübte Gewalt gegen die Partnerin als Widerspruch zu einer verantwortungsbewussten Vaterschaft empfinden und insofern schon eine Eigenmotivation mitbringen. Wie beschrieben, werden Kinder jedoch zunächst oft nicht als relevant für das Gewaltproblem wahrgenommen. In diesen Fällen muss ein innerer Widerspruch zwischen Partnerschaftsgewalt und Vaterschaft erst durch die Beratung erzeugt werden. Eine letzte Gruppe von Vätern zeigt wenig Problemeinsicht und will dem Jugendamt eine Eigenverantwortung oder Unschuld beweisen, um Konsequenzen zu vermeiden.

Vaterverantwortung als zu behandelndes Thema im Täterprogramm

Nach positiver Eignungseinschätzung und Aufnahme des Vaters ins Täterprogramm ist die Vaterverantwortung ein Querschnittsthema der Gruppenarbeit. Die Mehrheit der Väter zeigt eine Haltung, die eine Verantwortung als Vater verleugnet: Die Gewalt schadet in ihrer Wahrnehmung der Partnerin, nicht aber den Kindern. Der Ehrenkodex vieler Männer verbietet meist sogar Gewalt gegen Kinder, Gewalt gegen die Mutter jedoch nicht. Aussagen über Anwesenheit, Erleben und Verhalten der Kinder während der Partnerschaftsgewalt können sie nicht oder nur lückenhaft machen. Werden Störungen und Auffälligkeiten der Kinder wahrgenommen, spielen die Väter sie eher herunter, bringen sie nicht mit der verübten Gewalt in Verbindung, sondern lasten sie der Partnerin an. Fehler der Mutter werden heraus gekehrt und dem Selbstbild eines sorgenden Vaters gegenüber gestellt. Teilweise instrumentalisieren Väter auch Kleinkinder, um sich gegenüber der Partnerin durchzusetzen oder werfen ihr diese Verhaltensstrategie vor. Eine Trennung von den Kindern wird von den Vätern als Willkürakt der Partnerin empfunden und nicht im Zusammenhang mit der Partnerschaftsgewalt betrachtet.

Kristallisationspunkt ist die Tatrekonstruktion und Tatkonfrontation eines jeden Teilnehmers während des Programms. In einem Fall schildert z. B. ein deutscher Vater massive Gewalt, die zur Trennung des Paares geführt hat. Er war bereits vor Geburt des Kindes mehrfach gegenüber der Frau gewalttätig. Seine Schilderung illustriert, dass Väter die verübte Partnerschaftsgewalt oft als Kontrollverlust darstellen und gleichzeitig selbstsicher behaupten, das Kind zu keinem Zeitpunkt gefährdet oder verletzt zu haben. Diese Sicherheit ist nicht nur ein Widerspruch zum empfundenen Kontrollverlust, sondern erweist sich als Illusion. In diesem Fall hat sich aufgestaute Aggressivität des Mannes wie nach einem Dammbruch entladen und hat das Kind unmittelbar gefährdet.

Fallbeispiel Claus: Gewaltschilderung im Täterprogramm

Es gab Konflikte im Vorfeld wegen der Weihnachtsplanung. Er fühlte sich nicht einbezogen und zurück gesetzt. Er konnte wegen einer Weihnachtsfeier von ihr seinen gewohnten Donnerstagsstammtisch nicht wahrnehmen und ging erst am Freitag aus. Er war sauer, einsam, hat sich betrunken und kam erst um 4 Uhr nachts nach Haus. Am Morgen schlief er bis um halb zehn. Er sagt, er war verkatert aber gut gelaunt.

Am Frühstückstisch begann ein Streit. Er war sauer, weil seine Frau Claudia ihm einen Adventskalender gebastelt hatte, er selbst aber mit leeren Händen dastand. Das hatten sie anders abgesprochen. Die eineinhalbjährige Tochter Anja aß ein Ei. Ein Streit war neu für das Kind. Claus schlug mit der Faust auf den Tisch und brüllte *„Jetz is a Rua!"* Er beschimpfte Claudia etwa eine halbe Stunde: *„Blöde Kuh"*, *„Drecksau"*, etc. Irgendwann sagte sie: *„Ich geh jetzt und nehme das Kind mit!"* Das war für ihn der Eskalationsauslöser.

Im Flur packte er sie und setzte sie auf eine Fußbank. *„Anja bleibt da!"* Sie hatte das Kind auf dem Schoß. Er zog sie an den Haaren, hob sie daran hoch, hatte ein Haarbüschel in der Hand. Sie schrie. Er kniete vor ihr, flehte und schlug ihr auf die Oberschenkel. Es war laut. Die Mutter stellte das Kind auf den Boden. Er schob Claudia ins Bad und schüttelte sie. Sie stritten weiterhin darum, dass sie das Kind mitnehmen wollte. Er weiß nicht, wo das Kind in dem Moment war.

Er setze die Gewalt im Treppenhaus fort. Sie hatte das Kind auf dem Arm. Claus schlug ihr mehrfach gegen den Oberarm und stieß ihren Kopf gegen die Wand (Schleudertrauma). Claudia hatte panische Angst. Sie ging dann irgendwann, ohne das Kind mitzunehmen. Er hat danach mit dem Kind gefrühstückt. Anja war nun auch ruhig. Eine halbe Stunde später war die Polizei da.

Weiterentwicklungen der Arbeit mit Vätern

Verschiedene Anstrengungen werden unternommen, Täterprogramme in Hinblick auf Väter zu entwickeln. Denn ein guter Vater sein zu wollen gilt als starkes Motiv für eine Verhaltensänderung von Partnerschaftsgewalttätern, das innerhalb des bestehenden Angebotes und bei bisher unerreichten Tätergruppen genutzt werden könnte.

In Partnerschaften gewalttätige Väter weisen eine Bandbreite hinsichtlich des Schweregrades der ausgeübten Gewalt und des Ausmaßes kindlicher Schädigung auf (Kindler 2010a; Kindler et al. 2006). Bei einem Teil von Vätern beschränkt sich eine minderschwere Gewaltproblematik in der Tat auf Beziehungskonflikte oder Trennungsauseinandersetzungen, die Kinder zwar belasten, aber nicht unbedingt schwerwiegend schädigen. In anderen Fällen steht die Partnerschaftsgewalt in Verbindung mit Einschränkungen der Erziehungsfähigkeit des Vaters im direkten Umgang mit dem Kind oder ist als

Indiz für das Vorliegen weiterer Kindeswohlgefährdungen zu verstehen. Die Gefahr kindlicher Schädigung ist somit vielfach erhöht. Teilweise sind Väter auch nichtkörperlich sehr aggressiv und setzen die psychische Gewalt trotz Trennungen der Partnerin fort, bzw. nutzen eine Abhängigkeit der Expartnerin durch gemeinsame Kinder. Eine international etwas ausführlicher geführte Fachdiskussion tendiert deshalb zu einer auf Kindeswohl und Umgang abgestimmte Behandlung dieser Väter (Edleson/Williams 2007; Bancroft/Silverman 2002). Denn gegenüber der Partnerin gewalttätige Väter weisen häufiger als nicht gewalttätige Väter Einschränkungen ihrer Erziehungsfähigkeit auf, indem sie

- zu rigidem und autoritärem oder unvorhersehbar schwankendem Erziehungsverhalten neigen,
- Kinder häufiger und schwerer bestrafen und schlagen,
- die Erziehungsautorität der Mutter vor den Kindern untergraben,
- Mutter-Kind-Bindungen belasten,
- selbstzentriert sind (z. B. kaum in die Erziehung involviert sind, wenig über die Kinder wissen, sich intolerant gegenüber kindlichen Bedürfnissen verhalten),
- nicht nur die Mutter, oft auch die Kinder manipulieren,
- diskrepantes Verhalten gegenüber den Kindern in der Öffentlichkeit und Zuhause zeigen (unter Beobachtung können sie sich wie gute Väter verhalten)
  (Bancroft/Silverman 2002).

Die Möglichkeiten, mit sehr problembelasteten oder Eigenverantwortung ablehnenden Vätern zu arbeiten, sind mit dem vorgegebenen Zeitkontingent von Täterprogrammen jedoch begrenzt. Für einen Teil von Partnerschaftsgewalttätern sind darüber hinaus den Kindesumgang begleitende und die Erziehungspraxis kontrollierende Maßnahmen indiziert.

Als Perspektive werden drei Projekte vorgestellt, die Täterarbeit bezogen auf die Erziehungsfähigkeit von Vätern weiter entwickeln. Das erste Projekt aus den USA greift den von Fachkräften im Feld geäußerten Bedarf, die Thematik „Vaterverantwortung" in Täterprogrammen systematischer zu behandeln, auf und stellt hierfür ein Curriculum von „Fathering After Violence" Übungen zur Verfügung. Das zweite Projekt aus Kanada, das „Caring Dads" Programm, behandelt Partnerschaftsgewalt im Kontext des Kinderschutzes und richtet sich an Väter mit schädigendem Erziehungsverhalten, das ein Risikopotential für Kindeswohlgefährdung darstellt. Das letzte Projekt aus Deutschland ist eine Kooperation von Täterarbeit und Frauenunterstützung. Das „Münchner Modell für Fälle häuslicher Gewalt" ist eine gewaltzentrierte Elternberatung, die Väter und Mütter eingebunden in das Familiengerichtsverfahren bei der Regelung des Kindesumgangs begleitet.

Fathering After Violence Modul

Die deutsche Täterarbeit befindet sich noch in einer Orientierungsphase über Übungsmodule, die Väter für ihre Verantwortung gegenüber Kindern sensibilisieren. In den USA ist mit „Fathering After Violence" eine Übungskonzeption für diese Aufgabe entwickelt worden, die nach Kenntnis der Autoren bisher nicht in Deutschland erprobt wurde. Auf Initiative des kalifornischen „Family Violence Prevention Fund" wurde ein Paket von Übungen entwickelt, das auf die spezifischen Bedingungen von Täterprogrammen abgestimmt ist (Areán/Davis 2007). In Boston (Massachusetts) wurde das Curriculum an 60 Partnerschaftsgewalttätern erprobt. Das Ergebnis sind drei Übungen zu den Themen Empathie, Vaterrolle und Wiedergutmachung, die die Selbstreflexion von Programmteilnehmern anleiten und Gruppendiskussionen strukturieren sollen (Fleck-Henderson/Areán 2004). Die erste Übung (Empathy Exercise) soll Väter unterstützen, die Partnerschaftsgewalt aus Perspektive ihrer Kinder zu sehen. Nach der Diskussion eines Sets von Kinderzeichnungen, die gewalttätige Väter negativ und positiv darstellen, werden die Programmteilnehmer gebeten, selbst Bilder aus der Perspektive ihrer Kinder zu zeichnen, die in der Gruppe mit einem Fokus auf möglichen kindlichen Verletzungen thematisiert werden. Die zweite Übung (Modeling Exercise) nutzt biographische Vatererfahrungen der Teilnehmer, um die Vaterrolle gegenüber ihren Kindern zu reflektieren. Zunächst sollen die Väter positive und negative Kindheitserlebnisse mit ihren Vätern aufschreiben und danach sollen sie überlegen, welches Vorbild sie ihren Kindern durch respektvolles oder respektloses Verhalten gegenüber der Mutter gegeben haben. Eine dritte Übung (Reparative Framework Exercise) widmet sich der Frage, was die Programmteilnehmer zukünftig tun können, um ihre Kinder zu entlasten. Hierzu wurde ein auf einem realen Teilnehmerinterview basierender Tonbandmitschnitt produziert. Der Vater Michael bzw. Miguel erzählt darin von biographischen Gewalterfahrungen, die er als Kind nur schwer verarbeiten konnte, weil sein Vater leugnete und die Mutter weiter schlug, und von seiner eigenen Gewalttätigkeit als Vater und der schwierigen Erfahrung, die dadurch belastete Beziehung zu seinen Kindern zu verändern. Die Erzählung ist als Grundlage für ein Rollenspiel mit Vätern gedacht, um daraus hilfreiches und schädigendes Verhalten gegenüber Kindern abzuleiten. Die zukünftige Gestaltung der Vater-Kind-Beziehung war für die in Boston untersuchten Programmteilnehmer allerdings so herausfordernd, dass die Entwickler/-innen der Übungen flankierende oder an die Programme anschließende Hilfen für diese Thematik empfehlen. Die letzte Übung war auch nicht für jeden Vater sinnvoll. Denn gerade in Fällen, in denen Partnerschaftsgewalt nicht nachweislich beendet wurde, kann es kontraindiziert sein, mit Vätern an der Wiedergutmachung gegenüber Kindern zu arbeiten.

Caring Dads Programm

Ein sehr strukturiertes und gut ausgearbeitetes Konzept für die Arbeit mit Vätern bei einer Kindeswohlgefährdung ist das Caring Dads Programm, das in der kanadischen Täterarbeit entwickelt wurde und mittlerweile auch in Großbritannien, Schweden und Deutschland eingesetzt wird. Seit 2008 bietet die Beratungsstelle „Gewalt in Familien" der Diakonie Düsseldorf Caring Dads an (Diakonie Düsseldorf 2008) und hat eine deutsche Übersetzung des Programmhandbuchs herausgeben (Diakonie Düsseldorf 2011). Hinsichtlich der Zielgruppe und zu bearbeitender Problemstellungen beschränkt sich das Caring Dads Programm nicht auf Partnerschaftsgewalt sondern bezieht weitere Risiken für Kindesmisshandlung und -vernachlässigung mit ein. Die Väter müssen also nicht notwendigerweise gegenüber einer Partnerin gewalttätig geworden sein, sondern können auch andere Formen schädigenden Erziehungsverhaltens aufweisen, um an Caring Dads teilzunehmen zu dürfen. Voraussetzung ist ein regelmäßiger Umgang mit dem Kind. Zwar lassen einige Methoden die Entwicklungshistorie im Rahmen von Täterarbeit bei häuslicher Gewalt erkennen, das Caring Dads Programm weist aber Unterschiede zu klassischen Täterprogrammen auf. Wichtigster Unterschied ist, dass die Programmatik von den Teilnehmern zunächst kein Schuldeingeständnis und Verantwortungsübernahme bezüglich der ausgeübten Gewalt fordert. Eine Einstellungsänderung soll nicht durch die Rekonstruktion von Gewalt- und Misshandlungsvorfällen, sondern durch Wissensvermittlung über kindliche Entwicklung und Wirkungen von Erziehungsverhalten und die Selbstreflexion eigenen Erziehungsverhaltens erreicht werden. Das Caring Dads Programm nutzt mehr Elemente motivierender Gesprächsführung und ist weniger konfrontativ ausgerichtet.

Für die Eignungseinschätzung von Teilnehmern und die Selbstevaluation der Projekte hat die Entwicklerin Katreena Scott ein umfangreiches Erhebungsinstrumentarium zusammengestellt, das unter anderem die Sichtweise der Mutter vorher und nachher erhebt. Eine enge Zusammenarbeit mit den Einrichtungen des Kinderschutzes, der Frauenunterstützung und der Strafverfolgung ist konzeptionell verankert.

Das Gruppenprogramm besteht aus 17 Gruppensitzungen und ist unterteilt in vier curriculare Module (Goals) (Scott et al. 2006). Ein erstes Modul (1.-3. Sitzung) dient dem Motivations- und Vertrauensaufbau und beinhaltet Übungen zur Vater-Kind-Beziehung (z. B. eigene Vatererfahrungen in Kindheit; Diskrepanz zwischen idealem und realem Vatersein). Das zweite Modul (4.-9. Sitzung) soll ein kindbezogenes Erziehungsverständnis der Teilnehmer fördern durch eine Mischung aus Übungen zur Wahrnehmungsschärfung (z. B. wie gut kenne ich mein Kind, gutes/schlechtes Zuhören, Beziehungsdreieck von Gedanken, Gefühlen und Handlungen) sowie Wissensvermittlung (z. B. sogenanntes Rad der Förderung, Stellung des Vaters in der Familie, Entwicklungsstufen des Kindes). Das dritte Modul (10.-14. Sitzung) thematisiert die väterliche Verantwortung im Zusammenhang mit einer vertieften Auseinandersetzung mit Misshandlung und Vernachlässigung (z. B. sogenanntes Rad fehlender Wertschätzung, Konfliktverhalten unter Eltern, Auswirkungen missbräuchlicher und kontrollierender Erziehungsausübung). Methodisch wird dabei auf einer Ebene von Wissensvermittlung und Selbstreflexion gearbeitet, die das Spektrum von Gefährdungsszenarien für jeden Teilnehmer individuell behandelt, aber eine Bearbeitung konkreter Vorfälle vermeidet. Abschließend widmet sich ein letztes Modul (15.-17. Sitzung) positiven Perspektiven einer guten Vater-Kind-Beziehung (z. B. mit dem Kind über die Gewalt sprechen, richtige Sanktionen, Verhältnis zur Mutter). Das Handbuch gibt für jede Gruppensitzung Übungen, Methoden und Hausaufgaben vor mit einer klaren Zeitstruktur. Zudem gibt es Hinweise zum Vorgehen bei Partnerschaftsgewalt.

Aus Sicht der Wirkungsforschung profitieren Angebote für Eltern bei Kindeswohlgefährdung davon, wenn sie in der Lage sind, Väter einzubinden (Lundahl et al. 2008). Deshalb ist das Caring Dads Programm für die Jugendhilfe interessant, zumal es in Deutschland wenig Ideen gibt, wie eine bisher geringe Einbindung von Vätern besser gelingen könnte. Eine Schwäche des kanadischen Ursprungskonzeptes ist aber, dass das Programm zwar das von Vätern berichtete Erziehungsverhalten problematisiert, aber auf die Einübung von Erziehungstechniken weitgehend verzichtet. Ebenso fehlen Erziehung anleitende und die Vater-Kind-Interaktion kontrollierende Elemente, weil das Programm keine Einzelsitzungen oder Hausbesuche zusätzlich zum Gruppensetting vorsieht. Im Kinderschutz sollte Caring Dads daher wahrscheinlich besser mit weiteren Erziehungshilfen verknüpft werden. Als alleinige Schutz- oder Hilfemaßnahme kann das Caring Dads Programm bei bestehender Kindeswohlgefährdung zwar nicht fungieren, der verhaltens- und einstellungsorientierte Ansatz des Programms ist aber Erfolg versprechend zur Prävention von Misshandlungs- und Vernachlässigungsrisiken (Liel/ Kindler 2009). Das Caring Dads Projekt der Diakonie Düsseldorf könnte daher wegweisend für den deutschen Kinderschutz werden. Die Chance besteht darin, dass diese Praxiserfahrungen und die Evaluation von Gruppendaten Informationen über die Funktionsweise von Caring Dads bei Kindeswohlgefährdungen liefern werden.

Elternberatung nach dem Münchner Modell

Die Beratungsstelle der Frauenhilfe München und das Münchner Informationszentrum für Männer (MIM) bieten seit 2010 im Rahmen des so genannten Münchner Modells in familiengerichtlichen Verfahren, die den Umgang oder das Sorgerecht betreffen, die Möglichkeit zur getrennten geschlechtsspezifischen Elternberatung mit der Perspektive gemeinsamer Elterngespräche. Grundlage ist ein interdisziplinär erarbeiteter Sonderleitfaden, der das

Vorgehen des Familiengerichts und kooperierender Einrichtungen in Fällen häuslicher Gewalt regelt. Im Gegensatz zu anderen Beratungsangeboten soll diese Elternberatung die spezifische Gefährdungslagen bei häuslicher Gewalt berücksichtigen, Mutter und Kinder schützen und stabilisieren und den Vater zu verantwortungsgeleitetem Handeln motivieren. Ein Fokus wird auf die Wirkungen der Partnerschaftsgewalt auf die Kinder und die sich daraus ergebenden Bedarfe gerichtet. Ziel ist es, im Sinne des Kindeswohls eine sichere und tragfähige Lösung zu Sorge und Umgang zu entwickeln.

Eine oft eingeschränkte Erziehungsfähigkeit gewalttätiger Väter, ihre häufige Verantwortungsabwehr und die Schwierigkeit, sie für Täterprogramme zu gewinnen, legen es nahe, diese Väter im Rahmen von familiengerichtlichen Verfahren anzusprechen. Gerade nach Trennungen steigt das allgemeine Risiko für die Partnerinnen, erneut Opfer von Gewalt bis hin zu Tötungsdelikten zu werden (vgl. Heynen in diesem Band). Entsprechend nimmt das Risiko für Kinder zu, Partnerschaftsgewalt mitzuerleben oder selbst Misshandlungen zu erleiden. Selbst wenn die Kinder keine direkte Zeugen von Gewaltausübungen mehr sind, werden sie bei erneutem Umgangskontakt vom Vater oft im Trennungskonflikt gegenüber der Mutter instrumentalisiert, z. B. mit Manipulationsversuchen unter Druck gesetzt oder als Überbringer von Botschaften benutzt. Kinder leiden oft nachhaltig unter dem grenzverletzenden und kontrollierenden Verhalten im Kontext häuslicher Gewalt. Ein gewaltzentriertes Beratungsangebot, das mit Beginn des familiengerichtlichen Verfahrens einsetzt, kann wesentlich zur Entlastung von Kindern beitragen. Dem Vater kann dadurch das Gefühl vermittelt werden, durch Kooperation und Auseinandersetzung mit seiner Gewalt den Kontakt und den Umgang zu seinem Kind zurück gewinnen zu können. Diese Motivation wird gestützt, wenn Richter/-innen die häusliche Gewalt und sich daraus ergebende Gefährdungen für das Kindeswohl problematisieren. Statt den Umgang sofort per Beschluss zu regeln, kann das Gericht die Aufgabe, geeignete Umgangsvereinbarungen zu entwickeln, zunächst an die Elternberatung delegieren. Bedingung für die Elternberatung ist die enge Kooperation der Beratungsstellen mit dem Familiengericht, Jugendamt, der Verfahrensbeistandschaft und den Einrichtungen des Begleiteten Umgangs bzw. der therapeutischen Hilfen für das Kind auf der Grundlage von Schweigepflichtentbindungen der Eltern.

Das Verfahren wird in Gang gesetzt, indem die Beratungsstellen vom Familiengericht oder dem Jugendamt zeitgleich angefragt werden und Gerichtsunterlagen erhalten. Die Vertreterin und der Vertreter der Beratungsstellen sollen möglichst an der ersten Anhörung teilnehmen und ihr Angebot an die Eltern richten. Die Frauenhilfe vereinbart im Gericht einen ersten Termin mit der Mutter, das Münchner Informationszentrum für Männer mit dem Vater.

Die Elternberatung beginnt mit mindestens drei getrennten Einzelgesprächen mit jedem Elternteil. In weiteren Terminen klärt die Frauenhilfe den Bedarf der Kinder an weiterführender Hilfe und Unterstützung. Sofern der Schutz von Mutter und Kindern gewährleistet ist, finden nach den getrennten Gesprächen gemeinsame Elterngespräche mit Fachkräften beider Einrichtungen in den Räumen des Männerzentrums statt. Während der gemeinsamen Gespräche werden auch die getrennten Beratungen fortgesetzt. Die Gespräche mit der Mutter dienen ihrer Stabilisierung und der Reflexion Ihrer Opferrolle. Die Gespräche mit dem Vater sollen ihn nach Möglichkeit zur Teilnahme an einem klassischen Täterprogramm mit 24 Gruppensitzungen motivieren, in dem er seine Gewalt bearbeiten und Umgangskontakte mit den Kindern vor- und nachbereiten soll. Sofern eine Integration ins Täterprogramm nicht möglich ist, werden die Inhalte in Einzelgesprächen behandelt. Vor Beginn der gemeinsamen Elternberatung und bei Abschluss bzw. Abbruch der Elternberatung gehen Berichte an das Jugendamt und das Familiengericht.

Fallskizze Mohammed: Elternberatung nach dem Münchner Modell

Mohammed (30 Jahre, Iraner) kommt auf Empfehlung des Jugendamts wegen häuslicher Gewalt ins Männerzentrum. Er hat seine fünf Jahre jüngere Ehefrau im Verlauf der Ehe mehrfach geohrfeigt und hat wegen Kindesmisshandlung sechs Monate in Untersuchungshaft gesessen.

Er war im Park von einer Zivilstreife in Haft genommen worden, als er auf seinen vierjährigen behinderten Sohn einschlug, der im Kinderwagen saß und weinte. Seine Ehefrau hatte vergeblich versucht, ihn vom Kinderwagen wegzuzerren.

Das Urteil im Strafverfahren ist 1 Jahr Haft, die Strafe wird 3 Jahre zur Bewährung ausgesetzt. Auflagen sind eine Ambulante Alkoholtherapie und ein Antiaggressionstraining.

In der ersten Anhörung beim Familiengericht wegen Sorge und Umgang spricht sich das Jugendamt für eine Elternberatung im Rahmen des Münchner Modells aus. Mutter und Vater willigen ein. Außerdem verhängt das Familiengericht eine Kontaktsperre des Vaters gegenüber den Kindern von einem halben Jahr.

Ergebnisse der ersten Einzelberatung des Vaters: Mohammed fühlt sich mit der Situation (zwei behinderte Kinder, seine Frau spricht kein Deutsch, die iranische Verwandtschaft schneidet die Familie, weil die Behinderungen der Kinder als Fluch gewertet werden) und der Verantwortung als Vater und Ernährer der Familie überfordert, die Familie lebt isoliert, der Vater neigt zur Trunksucht. Der Gewalt an dem Sohn gingen ein Ehestreit und eine schlaflose Nacht am Computer mit übermäßigem Alkoholkonsum voraus.

Im Laufe der Beratung beginnt der Vater sein Alkoholproblem und die Gefährdung für Frau und Kinder ernst zu nehmen und beschließt, seinem Leben mit Unterstützung der verschiedenen Hilfsangebote eine grundlegende Wende zu geben: Er findet eine Wohnung, beginnt eine Psychotherapie, meldet sich für eine ambulante Suchttherapie an, vereinbart die Teilnahme am

Täterprogramm des MIM und erfüllt die Voraussetzung für die Elternberatung im Anschluss an die Suchttherapie. Er verpflichtet sich, das Kontaktverbot seinen Kindern gegenüber über die richterliche Befristung hinaus einzuhalten.

Während der Suchttherapie hält er telefonisch Kontakt zu Täterarbeitseinrichtung und beginnt das Gruppenprogramm. Nach der Suchttherapie beginnt die gemeinsame Elternberatung von Frauenhilfe und Männerzentrum. Mit Unterstützung durch Beraterin, Berater und Dolmetscherin gelingt es, den Umgang mit den Kindern anzubahnen und im Laufe eines halben Jahres von 2 Stunden jedes Wochenende unter Aufsicht der Mutter auf vier Stunden an drei Wochentagen schrittweise auszuweiten. Das Paar setzt sich zum Ziel, wieder zusammen zu leben, ist sich aber einig, dass der Aufbau einer Vertrauensbasis noch einige Zeit in Anspruch nehmen wird und die räumliche Trennung solange beibehalten werden soll. Die Unterstützung durch die gemeinsame Elternberatung wird fortgesetzt.

Die Falldarstellung zeigt Unterschiede der Elternberatung nach dem Münchner Modell gegenüber dem bisherigen familiengerichtlichen Umgang mit Vätern auf:

- Durch die Integration der Beratung in familiengerichtliche Verfahren werden Väter und ihre Familien erreicht, die über andere Wege niemals eine Beratungsstelle aufsuchen würden. Die vom Familiengericht zugewiesenen Väter haben bisher fast ausschließlich einen Migrationshintergrund und bringen zum größten Teil Rollenbilder mit, die eine Dominanz der Väter in der Familie beinhalten und Gewalt gegen Frauen legitimieren. Häufig handelt es sich um Multiproblemfälle.
- Das Ausmaß und die Auswirkungen der Gewalt sowie der sich daraus ableitende spezifische Bedarf der Kinder und Mütter hinsichtlich Stabilisierung und Sicherheit werden im familiengerichtlichen Verfahren deutlich gemacht und den Rechten der Väter gegenüber gestellt. Diese Informationen dienen dem Familiengericht, differenzierte, am Kindeswohl orientierte Entscheidungen treffen zu können.
- Kinder und Mütter werden geschützt, gestärkt und stabilisiert und gewinnen die Sicherheit, an der Gestaltung des zukünftigen Umgangs mitwirken zu können.
- Den Vätern werden Grenzen gesetzt, sie werden mit ihrer Gewalttätigkeit und der Notwendigkeit einer Verhaltensänderung konfrontiert. Einige Väter können in das Täterprogramm des MIM eingebunden werden. Als sehr hilfreiche Voraussetzung erweist sich hier die gezielte richterliche Auflage.
- Die Väter entwickeln ein für viele von ihnen völlig neues Bewusstsein dafür, wie sehr ihre Kinder durch die miterlebte Gewalt beeinträchtigt werden und wie hoch die Gefahr ist, dass sich schädigende Auswirkungen je nach Haltung des Vaters im erneuten Umgang mit den Kindern fortsetzen.

- Umgangsregelungen werden erarbeitet und erprobt und sie orientieren sich an den Bedürfnissen der Kinder nach Kontakt zum Vater im Einklang mit notwendigen Sicherheitsmaßnahmen für Mütter und Kinder.
- In der gemeinsamen Elternberatung ermöglichen die zeitnahen Informationen über den Verlauf des letzten Umgangskontaktes und die Reaktionen der Kinder unmittelbare Korrekturen im Verhalten des Vaters und die Formulierung neuer Ziele und Regeln für die nächsten Umgangskontakte. Ebenso werden erfreuliche Entwicklungen in der Beziehung der Kinder zum Vater hervorgehoben, was zur Stabilisierung eines bereits veränderten Verhaltes führt. Die Möglichkeit, unmittelbar mit einer Lockerung der vorläufigen Umgangsregeln zu reagieren, trägt zu dieser Stabilisierung bei.
- Das Fachwissen der Berater/-innen über Dynamiken und Auswirkungen Häuslicher Gewalt wird in den Anhörungen und bei allen fallbegleitenden Kontakten eingespeist.

Perspektiven

Die Elternberatung nach dem Münchner Modell und das Caring Dads Programm sind zwei vielversprechende Entwicklungen der Täterarbeit in Deutschland bezogen auf Väter. Dennoch sollte nicht außer Acht gelassen werden, dass beides Innovationen in einem noch jungen und wachsenden Arbeitsfeld sind. Eine flächendeckende Versorgung mit Täterprogrammen bei häuslicher Gewalt besteht in Deutschland noch nicht. Es fehlt daher auch noch praktisches und empirisches Wissen darüber, welche Väter mit Interventionen erreichbar sind und wie diese von verschiedenen Angeboten profitieren. Zwar gibt es international einen wachsenden Forschungsstand über die Wirksamkeit von Täterprogrammen zur Rückfallvermeidung von häuslicher Gewalt (z. B. Feder/Wilson 2005; Babcock et al. 2004). In wieweit Programme bei Vätern auch zur Prävention von Kindeswohlgefährdungen geeignet sind, ist aber noch etwas unklar (für eine Forschungsübersicht siehe Lundahl et al. 2006). Dies gilt besonders für Väter, bei denen eine Wiederholung nach bereits bekannt gewordener Kindeswohlgefährdung verhindert werden soll. Gewaltzentrierte Angebote für Väter zur Vorbereitung eines Kindesumgangs sollten deshalb mit anderen Hilfen verknüpft und durch verbindliche Kooperationen in den institutionellen Kinderschutz eingebunden werden. Die Programme können dann Erfolg versprechend sein, um mit Vätern an der Beseitigung auslösender Bedingungen einer Kindeswohlgefährdung zu arbeiten und ihre Erziehungsfähigkeit zu stärken.

VIII. Konsequenzen und Perspektiven

Heinz Kindler / Adelheid Unterstaller

Primäre Prävention von Partnergewalt: Ein entwicklungsökologisches Modell

Einleitung

Weltweit hat Partnergewalt zunehmend als verbreitetes gesellschaftliches Problem Anerkennung gefunden (Alhabib et al. 2010; Pallito/Garcia-Moreno 2012). Partnergewalt verursacht nicht nur enormes Leid bei Opfern, sondern bedroht auch deren Leben und Gesundheit (Kendall-Tackett 2004;Mitchell/ Anglin 2009). Sie stellt eine Hypothek für die nachfolgende Generation dar (Kindler in diesem Band) und führt zu erheblichen gesellschaftlichen Kosten (WHO 2004; Chan/Cho 2010; Niehbuhr et al. 2012).

Staatliche und zivilgesellschaftliche Akteure, die sich dem Ziel, Partnergewalt zurückzudrängen und Opfer zu schützen, verschrieben haben, können bei ihren Bemühungen teilweise auf aussagekräftige Forschungsergebnisse zurückgreifen um lokal angepasste Strategien zu entwickeln. Dies betrifft etwa Wirkungen von Zufluchtsmöglichkeiten und psychosozialer Unterstützung für Opfer (für eine Forschungsübersicht siehe Ramsay et al. 2009; für erfolgreiche Einzelprojekte siehe z. B. Sullivan/Bybee 1999; Bennett et al. 2004), Wirkungen von polizeilichen und strafgerichtlichen Maßnahmen (für eine Forschungsübersicht siehe Maxwell/Garner 2012), gerichtlichen Schutzanordnungen (für eine Forschungsübersicht siehe Benitez et al. 2010) und psychosozialen Interventionen mit Tätern (für eine Forschungsübersicht siehe Gondolf 2012). Zudem rückt die Bedeutung der Verknüpfung verschiedener Maßnahmen (z. B. von polizeilichen Maßnahmen und angebotener Beratung) in sogenannten Interventionsprogrammen (für eine aktuelle experimentelle Studie siehe DePrince et al. 2012) und die bereichsübergreifende Zusammenarbeit zwischen Jugendhilfe-, Rechts- und Gesundheitssystem (z. B. Amiel/ Heath 2003; Kelly/Johnson 2008; Cross et al. 2012) immer mehr in den Mittelpunkt der Diskussion. Im Hintergrund dieser Entwicklung steht die Idee einer gesamtgesellschaftlichen Strategie gegen Partnergewalt, die in verschiedenen Ländern, wenngleich in unterschiedlicher Qualität und Ausführlichkeit, diskutiert und teilweise von demokratisch legitimierten Institutionen verabschiedet wurde (z. B. BMFSFJ 2007a, Council of Australian Governments 2011).

Aufgabe dieses Beitrags ist die Zusammenfassung des Diskussionsstandes zu einem notwendigen Bestandteil einer solchen gesamtgesellschaftlichen Strategie, der allerdings erst in den letzten Jahren vermehrt Aufmerksamkeit erfährt. Die Rede ist von Ansätzen zur primären Prävention von Partnergewalt.

Prävention und Präventionswissenschaft

Um die Chance auf wirksame Prävention zu vergrößern ist eine systematische, empirisch fundierte Herangehensweise in der Regel günstig (Nation et al. 2003). Im Folgenden werden die wichtigsten Begrifflichkeiten und Grundlagen für eine systematische Herangehensweise kurz erläutert, die zum Verständnis des im Anschluss dargestellten Forschungsstandes und darauf aufbauender Perspektiven hilfreich sind.

Im Sozial-, Gesundheits- und Rechtswesen bezeichnet der Begriff der Prävention allgemein Strategien, die darauf abzielen, unerwünschte oder mit Leid verbundene Formen menschlichen Verhaltens oder Erlebens zu verhindern, möglichst rasch zu beenden oder mögliche, noch nicht eingetretene Folgewirkungen abzumildern (für eine Übersicht zu verschiedenen Definitionen von Prävention siehe Bloom 1996). Angewandt auf den Bereich Partnergewalt kann daher von Prävention gesprochen werden, wenn das erstmalige Auftreten gewaltförmigen Verhaltens in Partnerschaften verhindert werden soll, wenn wiederkehrende Gewalt möglichst rasch, vollständig und dauerhaft beendigt werden soll oder wenn möglichen negativen Folgen von Partnergewalt vorgebeugt werden soll (z. B. in der Arbeit mit Kindern, die Partnergewalt miterleben mussten). Die Abgrenzung zum Begriff der Intervention ist unscharf. Nach einer auf Caplan (1961) zurückgehenden, feiner ausdifferenzierten Begrifflichkeit wird von „primärer" Prävention gesprochen, wenn besonders die Anzahl der Personen, die erstmals Gewalt in einer Partnerschaft anwenden oder erleben müssen bzw. die Anzahl der Partnerschaften, in denen erstmals Gewalt auftritt, vermindert werden soll. Primäre Prävention setzt also ein, bevor Partnergewalt in einer Beziehung bzw. in einem Lebenslauf zum Problem wird. Weitergehende begriffliche Unterscheidungen sind verbreitet. So werden etwa in Anlehnung an das amerikanische Institute of Medicine (1994) Maßnahmen primärer Prävention, die sich generell an die Bevölkerung wenden (z. B. Medienkampagnen) als „primäre universelle" Prävention bezeichnet, während bei Programmen, die sich gezielt an Personen richten, die ein erhöhtes Risiko aufweisen, Partnergewalt auszuüben bzw. Partnergewalt erleben zu müssen, von „primärer selektiver" Prävention gesprochen wird.

Prävention hat in ihrer Geschichte ganz generell, aber auch spezifisch bezogen auf Gewalt in Familien (hierzu zählen etwa Kindesmisshandlung, Vernachlässigung, Partnergewalt, sexueller Missbrauch), Phasen mit erhöhtem

Interesse und Optimismus sowie Phasen mit geringem öffentlichen Interesse und weit verbreitetem Pessimismus im Hinblick auf ihre Wirksamkeit erlebt (z. B. Daro/Donnelly 2002). Diese Wechselhaftigkeit lässt sich teilweise verstehen als Ausdruck einer anfänglich häufig schwachen konzeptuellen und empirischen Fundierung von Präventionsansätzen in vielen Anwendungsbereichen, so dass von guten Absichten getragene Wirkungshoffnungen leicht in scharfen Gegensatz zu ersten empirischen Wirksamkeitsanalysen gerieten. In Reaktion auf diese Situation hat sich im Schnittfeld mehrerer Disziplinen (vor allem Medizin, Kriminologie, Psychologie, Pädagogik) eine Präventionswissenschaft herausgebildet (Coie et al. 1993), deren Ziel es ist, Präventionsansätze von Anfang an so zu konzipieren, dass eine möglichst hohe Wirksamkeit zu erwarten ist. Im Rahmen dieser Wissenschaft wurden handlungsfeldübergreifende Konzepte zur Entwicklung und Bewertung von Präventionsansätzen entworfen, die in diesem Beitrag als Hintergrund und Rahmen für die Beschreibung des Forschungsstandes bezüglich der primären Prävention von Partnergewalt dienen. Ein bekanntes, auf Price (1983) zurückgehendes Modell unterscheidet unter anderem eine *generative Phase*, eine *Innovationsphase* und eine *Versuchsphase* bei der Entwicklung bzw. Bewertung von Präventionsansätzen. Aufgabe der generativen Phase ist es, die verfügbare Grundlagenforschung zu Ursachen von Partnergewalt zusammenzufassen, da wirksame Präventionskonzepte meist auf gut begründete Vorstellungen von der Entstehungsweise eines Problems aufbauen (Nation et al. 2003). In der Innovationsphase steht die Ableitung möglicher Ansatzpunkte für Präventionsmaßnahmen aus dem verfügbaren Wissen über die Entstehung von Partnergewalt im Mittelpunkt. In der Versuchsphase geht es um diejenigen Ansatzpunkte, die bereits Gegenstand konkreter Erprobungen von Präventionsmaßnahmen waren. Die hierbei gewonnenen Erfahrungen und Befunde werden im Hinblick auf Wirksamkeit und Tragfähigkeit ausgewertet. Auf den drei genannten Schritten baut im Folgenden auch dieser Beitrag auf.

Die methodische Herangehensweise der Präventionswissenschaft hat in vielen Handlungsfeldern Anwendung gefunden. In mehreren Bereichen wurde darauf aufbauend eine neue Generation von Präventionsprogrammen entwickelt und mit positiven Resultaten evaluiert. Insgesamt ist damit das Vertrauen in die Wirkmöglichkeiten gut begründeter Präventionskonzepte gestiegen (für Forschungsübersichten zur Wirksamkeit der Prävention von Erziehungsschwierigkeiten und kindlichen Verhaltensauffälligkeiten siehe Fingerle/Grumm 2012, zur Prävention von sexuellem Missbrauch siehe Kindler/Schmidt-Ndasi 2011, zur Prävention von Kindesmisshandlung bzw. –vernachlässigung siehe Dodge et al. 2009). Im Bereich der Prävention von Partnergewalt wurden am Konzept der Präventionswissenschaft orientierte Forschungsübersichten unter anderem von Heise (2011) und Staggs/Schewe (2011) vorgelegt.

Forschungsstand zur Entstehung von Partnergewalt: Generative Analyse

Vielfältige Theorien, wie etwa feministische, lern-psychologische, familiensystemische oder psychiatrische Ansätze, haben sich mit Einflüssen auf die Entstehung von Partnergewalt beschäftigt (für zusammenfassende Erörterungen siehe Loeseke et al. 2005; Bell/Naugle 2008) und sind in integrative Verständnisversuche eingeflossen (z. B. Heise 1998; European Commission 2010: 152-178, Kap. 5: Factors at play in the perpetration of violence), die frühere, eher eindimensionale Perspektiven abgelöst haben. Mehrere Annahmen liegen der Integration verschiedener theoretischer Perspektiven auf Partnergewalt in der Regel zugrunde: (1) Partnergewalt entsteht meist aus einem Zusammenwirken mehrerer Faktoren. (2) In unterschiedlichen Einzelfällen tragen verschiedene Kombinationen von Faktoren zur Entstehung von Partnergewalt bei. (3) Systematische Unterschiede in den beteiligten Faktoren ergeben sich auch je nachdem, was genau untersucht wird. Handelt es sich beispielsweise um das Ausüben von Gewalt in Partnerschaften durch Männer, durch Frauen oder um wechselseitige Gewalt? Welche Bandbreite an Gesellschaften oder kulturellen bzw. ethnischen Gruppen und welche Bandbreite an Schweregraden der Gewalt soll einbezogen werden? Für die Ursachenforschung haben diese Punkte unter anderem zur Folge gehabt, dass eine Vielfalt an möglichen Einflussfaktoren auf ihre Bedeutung hin untersucht wurde. Übersichten und sogenannte Meta-Analysen (ein Verfahren zur quantitativen Zusammenfassung von empirischen Forschungsbefunden) haben den derzeitigen Wissensstand zusammengetragen (Stith et al. 2004; Capaldi et al. 2012; aus der Bundesrepublik stammt eine Übersichtsarbeit von Löbman et al. 2003), wobei die Mehrzahl der Forschung sich mit Einflussfaktoren auf eine Gewaltausübung männlicher Partner in heterosexuellen Partnerschaften auseinandersetzt. Einige Übersichtsarbeiten beschäftigen sich aber auch mit Risikofaktoren auf Seiten Gewalt erlebender weiblicher Partner in heterosexuellen Partnerschaften (z. B. Löbman et al. 2003; Stith et al. 2004). Einflussfaktoren auf Gewalt in homosexuellen Partnerschaften sowie auf eine Gewaltausübung weiblicher Partner in heterosexuellen Partnerschaften werden bislang eher selten erörtert (für Übersichten zur bisherigen Befundlage siehe Williams et al. 2008; Baker et al. in press; Finneran/Stephenson in press). Überwiegend werden Einflussfaktoren unabhängig von Häufigkeit, Schweregrad und Chronizität der Gewalt behandelt, einige Arbeit konzentrieren sich jedoch auf wiederholte Gewalt (z. B. Cattaneo/Goodman 2005; Kuijpers et al. 2011) oder schwere, d. h. verletzungsträchtige Gewalt (z. B. Kyriacou et al. 1999) bis hin zu Risikofaktoren einer Tötung des Partners (z. B. Campbell et al. 2007; Dobash/Dobash 2011). Der Informationsgehalt der vorliegenden Forschung im Hinblick auf eine tatsächlich ursächliche Wirkung der untersuchten möglichen Einflussfaktoren ist im Mittel noch nicht sehr hoch, da meist nur geprüft wurde, inwieweit mögliche Einflussfaktoren mit einem Auftreten von Partnergewalt einher gehen. Dies ist zwar eine notwendige Voraussetzung für eine ursächliche Wirkung, stellt aber nur einen von mehreren möglichen Hinweisen auf eine kausale oder nicht kausale Rolle dar (für eine Rahmenkonzeption zur kritischen Prüfung der Ursächlichkeit von Umwelteinflüssen auf belastende Lebensereignisse oder psychische Auffälligkeiten siehe Rutter et al. 2001). Zumindest für einzelne potenzielle Einflussfaktoren wurden mittlerweile aber auch weitere mögliche Belege für eine ursächliche Rolle kritisch geprüft, etwa ob ein möglicher Einflussfaktor tatsächlich bereits zeitlich vor dem Auftreten von Partnergewalt vorhanden ist, wie dies bei wirklichen Ursachen zu erwarten ist. Beispielsweise liegen für die Bedeutung von Suchterkrankungen, Gewalterfahrungen und ausagierende Verhaltensauffälligkeiten in der Kindheit bzw. im Jugendalter, sowie für einige Aspekte der Geschlechtersozialisation entsprechende Studien mittlerweile vor. Hauptsächlich wurden bislang folgende (nicht ganz trennscharfe) Gruppen von möglichen Einflussfaktoren auf ihre Bedeutung bei der Entstehung von Partnergewalt hin untersucht: Gesellschaftliche Geschlechterverhältnisse, männliche Geschlechterrollensozialisation und Männlichkeiten, Merkmale der Lebensgeschichte, Beziehungsfähigkeiten und psychische Gesundheit, Paardynamik und Stressbelastung. Die nachfolgenden Absätze fassen die Befundlage zu jedem dieser Einflussbereiche kurz zusammen.

Gesellschaftliche Geschlechterverhältnisse

Geschlechterverhältnisse können als multidimensionale, dynamische gesellschaftliche Strukturen verstanden werden (für eine Konzeptdiskussion siehe Risman 2004, 2012). Connell (2000) unterscheidet etwa die Aspekte der geschlechtsbezogenen Arbeitsteilung, der geschlechtsbezogenen Macht- und Ressourcenverteilung und der geschlechtsbezogenen Strukturierung von emotionalen und sexuellen Beziehungen. Innerhalb dieses Feldes wurde in der bisherigen empirischen Forschung vor allem der Einfluss einer geschlechtsbezogenen Ungleichverteilung von Macht und Ressourcen auf das Auftreten von Partnergewalt untersucht. Sowohl kulturübergreifend (z. B. Archer 2006), als auch innerhalb verschiedener untersuchter Gesellschaften (z. B. Straus 1994; Vanderende et al. 2012) hat sich hierbei gezeigt, dass weniger Ungleichheit mit einer Abnahme der Gewalt gegen Frauen einhergeht. Weiterhin muss der Stärke informeller männlicher Netzwerke (z. B. männliche Gleichaltrigengruppen), aber auch institutionalisierter männlich geprägter Gruppen (z. B. Vereine, Polizei) eine gewaltbegünstigende Rolle zugeschrieben werden, wenn sie einer Geschlechterhierarchie bzw. einer Gewaltausübung positiv gegenüber stehen (z. B. DeKeseredy 1990), während umgekehrt die Häufigkeit und Verankerung unterstützender Beziehungen zwischen Frauen innerhalb und außerhalb der Familie eher gewaltunterdrückend zu wirken scheint (z. B. Campbell 1992). Mehrere Studien deuten darüber hinaus darauf hin, dass gesellschaftlichen Geschlechterbildern stark zuwider laufende Partnerschaftssituationen (z. B. ökonomisch von der Partnerin abhängiger Mann) ebenfalls mit einer Erhöhung des Gewaltrisikos einhergehen (Anderson 2010). Die Forschung zum Einfluss verschiedener Aspekte der gesellschaftlichen Geschlechterverhältnisse auf die Entstehung von Partnergewalt beschreibt überwiegend Zusammenhänge auf der Grundlage gleichzeitiger Erhebungen, längsschnittliche Analysen oder andere kausal informativere Forschungsansätze liegen kaum vor.

Männliche Geschlechterrollensozialisation und Männlichkeiten

Eine größere Anzahl an Untersuchungen hat sich bereits mit Zusammenhängen zwischen dem Entstehen von Partnergewalt und Aspekten der männlichen Geschlechterrollensozialisation bzw. Männlichkeiten, d. h. lebensgeschichtlich verankerten, sozial überformten Formen der Darstellung und des Auslebens von Männlichkeit (für eine vertiefende Erörterung siehe Connell 1999), befasst. Methodisch sehr unterschiedliche Arbeiten kamen dabei übereinstimmend zu dem Schluss, dass dominanz- und überlegenheitsbezogene, aggressiv getönte, Weiblichkeit abwertende und rigide Bilder von Männlichkeit Partnergewalt in zumindest moderat starkem Umfang begünstigen (für Forschungsübersichten siehe Sugarman/Frankel 1996, Murnen et al. 2002, Moore/Stuart 2005). In den letzten Jahren sind dabei implizite Theorien (z. B. zur Legitimität männlicher Kontrolle und der Bewertung von Gewalt) stärker in den Blick geraten, also verinnerlichte, nicht notwendigerweise bewusste Konstruktionen, die Orientierung geben und das Erleben sowie Handeln beeinflussen und die mittels experimenteller Verfahren (z. B. Reaktionszeiten auf bestimmte Stimuli) unter teilweise Umgehung bewussten Nachdenkens erhoben werden können (z. B. Eckhardt et al. 2012). Einzelne Studien deuten zudem darauf hin, dass sich das Gewaltrisiko bei einer Verbindung von ungünstigen Männlichkeitsvorstellungen mit belastenden, dem Geschlechterbild nicht entsprechenden Lebenssituationen (z. B. Totten 2003) erhöht, ebenso in Verbindung mit einer persönlichkeitsbedingt erhöhten Zurückweisungsempfindlichkeit (z. B. Baumeister et al. 2002). Es liegen zumindest einzelne Längsschnittstudien oder andere kausal informativere Forschungsansätze vor, deren Ergebnisse mit den beschriebenen generellen Befunden übereinstimmen (z. B. Malamuth et al. 1995, Abbey et al. 2004, 2012).

Merkmale der Lebensgeschichte

Insbesondere Kindheitserfahrungen von Misshandlung oder Vernachlässigung, das Miterleben von Partnergewalt in der Herkunftsfamilie und das Auftreten ausagierender bzw. aggressiver Verhaltensauffälligkeiten während der Kindheit wurden im Hinblick auf die Entstehung von Partnergewalt untersucht. In einer Vielzahl von Studien wurde bei Erwachsenen zu einem Befragungszeitpunkt nach Partnergewalt und rückblickend nach der Lebensgeschichte gefragt (für Forschungsübersichten siehe Stith et al. 2000, Delsol/Margolin 2004, für eine deutsche Untersuchung siehe BMFSFJ 2005). Zugleich liegen in diesem Bereich aber auch aussagekräftige Befunde aus mehreren großen, methodisch hochwertigen Längsschnittstudien vor, d. h. die wissenschaftliche Begleitung reichte dort von der Kindheit bis ins Erwachsenenalter. Es war daher sichergestellt, dass ungünstige Kindheitserfahrungen keine rückblickenden Selbsttäuschungen oder Rationalisierungen darstellten. Die wichtigsten längsschnittlichen Ergebnisse entstammen der Dunedin Längsschnittstichprobe (Magdol et al. 1998, Moffitt et al. 2002), der Oregon Jugendstudie (Andrews et al. 2000, Capaldi et al. 2001), der Christchurch Längsschnittstichprobe (Woodward et al. 2002), dem Seattle Social Development Projekt (Herrenkohl et al. 2004), der „Children in the Community" Studie (Ehrensaft et al. 2003), der Cambridge Studie zu delinquenter Entwicklung (Theobald/Farrington 2012) und der Widom Misshandlungs- und Vernachlässigungsstudie (White/Widom 2003). Im Resultat zeigt sich, dass das nachhaltige Erleben eines negativen Modells elterlicher Fürsorge in Form von Misshandlung oder Vernachlässigung die Fähigkeit zur gewaltfreien Gestaltung eigener Partnerschaften erkennbar beeinträchtigt. Gleiches gilt für das chronische Miterleben von Partnergewalt in der Herkunftsfamilie. Auch eine Lebensgeschichte, in der aggressive und regelverletzende Verhaltensauffälligkeiten ohne geeignete erzieherische und pädagogische Antwort bleiben, stellt einen deutlichen Risikofaktor für spätere Partnergewalt dar. Die Befunde gelten für das Ausüben von Partnergewalt, teilweise aber auch für die Bereitschaft in einer gewaltförmigen Partnerschaft auszuharren. Obgleich mehr Jungen bzw. Männer untersucht wurden, scheinen die Zusammenhänge bezüglich des Ausübens von Partnergewalt auch für Mädchen und Frauen zu gelten. Die Ergebnisse sind robust, d. h. sie konnten in Studien aus verschiedenen Ländern mit verschiedenen Methoden und unterschiedlichen Untersuchungszeitpunkten bestätigt werden. Die beobachteten Effektstärken sind schwach bis moderat.

Beziehungsfähigkeiten und psychische Gesundheit

Für mehrere Arten von Einschränkungen in Beziehungsfähigkeiten haben sich Hinweise ergeben, dass diese Partnergewalt begünstigen (für eine Forschungsübersicht siehe Holtzworth-Munroe et al. 1997). Solche Hinweise entstammen überwiegend Studien, die in Partnerschaften gewalttätige und nicht gewalttätige Männer miteinander verglichen haben. Partnergewalt war etwa häufiger bei einer negativ verzerrte Wahrnehmung der Partnerin, insbesondere leicht auslösbaren Gefühlen der Zurückweisung und Verlustangst (für eine Forschungsübersicht siehe Downey et al. 2000, für eine Längsschnittstudie siehe

Fite et al. 2008), weiterhin bei unsicheren inneren Bindungsmodellen (für eine Forschungsübersicht siehe Dutton/White 2012). Ähnliche Befunde ergaben sich für eine eingeschränkte Fähigkeit zur Selbstkontrolle und zur Integration belastender sowie ärgerlicher Gefühle (für eine Forschungsübersicht siehe Norlander/Eckhardt 2005, für eine Längsschnittstudie siehe Moffitt et al. 2000), weiterhin für fehlende soziale Problemlösefähigkeiten (z. B. Holtzworth-Munroe/Anglin 1991). Eingeschränkte Beziehungsfähigkeiten können als ein vermittelndes Glied zwischen belastenden Erfahrungen im Lebenslauf (z. B. erfahrener Misshandlung als Kind) und der Gefahr von Partnergewalt angesehen werden. Es liegen bislang aber nur wenige längsschnittliche Untersuchungen vor, die diese Annahme empirisch überprüft haben. Eine der Ausnahmen stellt eine Studie über zwei Jahre an frisch verheirateten Paaren dar, die bei der ersten Erhebung auch zu Misshandlungserfahrungen in der Kindheit befragt wurden (DiLillo et al. 2009). Bei den Männern, die in der Ehe gewalttätig wurden, zeigten sich vorgängig größere Probleme, Vertrauen zu empfinden, und stärker hervortretende Traumasymptome.

Auch Einschränkungen der psychischen Gesundheit werden teilweise als ursächlich relevanter Aspekt bei der Entstehung von Partnergewalt angesehen. Nach gegenwärtigem Kenntnisstand (z. B. Danielson et al. 1998) liegt der Anteil gewaltausübender Partner mit mindestens einer psychiatrisch relevanten Erkrankung zwischen 30 und 50 Prozent, so dass der Faktor psychische Krankheit auch nur bei diesem Anteil der Fälle potenziell von Bedeutung sein kann. Relativ aussagekräftige Hinweise auf eine tatsächlich ursächliche Rolle liegen insbesondere für den Bereich der Suchterkrankungen (Alkohol und illegale Suchtmittel) vor. Zum einen ist der Zusammenhang robust (z. B. nahezu fünffach erhöhtes Gewaltrisiko bei Männern mit starkem Alkoholkonsum in einer Meta-Analyse: Gil-Gonzalez et al. 2006) und mehrere Längsschnittstudien (z. B. Leonard/Sechak 1996) zeigen, dass die Wahrscheinlichkeit von Partnergewalt nach dem Einsetzen einer Suchterkrankung steigt. Weiterhin ergibt sich aus Tagebuchstudien ein Zusammenhang zwischen Suchtmittelgebrauch und nachfolgenden Gewaltepisoden (z. B. Fals-Stewart et al. 2003). Schließlich zeigen Therapiestudien einen Zusammenhang zwischen erfolgreicher Suchtbehandlung und abnehmendem Gewaltrisiko (z. B. O'Farrell et al. 2003). Allerdings führt kein Suchtmittel per se zur Gewaltausübung, wohl aber wird die Verhaltenskontrolle gemindert und Wahrnehmungsverzerrungen, sowie aggressive Verhaltenstendenzen werden bei einigen Suchtmitteln verstärkt (für eine Forschungsübersicht siehe Leonard 2005). Einen deutlichen Hinweis auf die Bedeutung sozialer Faktoren geben Befunde zum Zusammenhang zwischen Suchtmittelgebrauch und Partnergewalt bei Frauen. Zwar geht auch hier ein zunehmender Suchtmittelgebrauch mit einem höheren Risiko der Gewaltausübung einher, noch sehr viel deutlicher steigt allerdings die Wahrscheinlichkeit Gewalt zu erfahren (z. B. Martino et al. 2004). Andere Beeinträchtigungen der psychischen Gesundheit für die Hinweise auf Zusammenhänge zum Entstehen von männlicher Partnergewalt vorliegen betreffen Depressionen, Angststörungen, posttraumatische Belastungsstörungen, nicht-affektive Psychosen und eine Reihe von Persönlichkeitsstörungen. Die methodische Aussagekraft dieser Studien ist aber geringer als im Bereich der Suchterkrankungen.

Paardynamik

Ereignisse im Verlauf der Beziehungsentwicklung, die die Verfügbarkeit der Partnerin bedeutsam vermindern (z. B. Schwangerschaft, Aufnahme einer Erwerbsarbeit, Trennung) gehen im Mittel der vorliegenden Studien mit einer zumindest schwachen Erhöhung der Gefahr männlicher Partnergewalt einher (für eine Forschungsübersicht siehe Capaldi et al. 2012; speziell zur Häufigkeit von Partnergewalt während der Schwangerschaft siehe Devries et al. 2010). Im Verlauf der Beziehungsentwicklung werden vor einer Verletzung körperlicher Grenzen häufig andere Grenzen ausgetestet, etwa durch eine erhöhte verbale Aggressivität oder eine ausgeprägte psychische Kontrolle der Partnerin (für eine Forschungsübersicht siehe Stith et al. 2004). Für leichtere Formen von Partnergewalt lässt sich zudem zeigen, dass individuell bei beiden Partnern vorhandene, die Beziehung belastende Faktoren erst die Häufigkeit von Paarkonflikten erhöhen und dann im Zusammenspiel mit Gewalt begünstigenden Faktoren (z. B. feindselige Wahrnehmungsmuster) zu einem Umschlag der Auseinandersetzungen in körperliche Gewalt führen (z. B. Marshall et al. 2011). Weibliche Gewaltausübung gegen dem Partner scheint im Mittel dessen Bereitschaft zur Anwendung von Gewalt in späteren Konfliktsituation zu steigern, während umgekehrt männliche Gewaltanwendung teilweise ein gewaltförmiges Selbstverteidigungsverhalten der Partnerin herausfordert. In einigen Fällen entwickeln sich in Beziehungen nach ersten Gewaltvorfällen Kommunikationsmuster, die die Gewalt stabilisieren. Beschrieben wurde etwa ein Muster von Gewalt, Entschuldigung und Werben der Gewalt ausübenden Person, intensiver Versöhnung, allmählicher Entfremdung und Spannungsaufbau mit erneuter Gewalt oder eine Einbettung der Gewalt in ein Forderungs-Rückzugsmuster, entweder um Forderungen oder Rückzugswünschen Nachdruck zu verleihen (z. B. Holtzworth-Munroe et al. 1998). In einer aktuellen Studie fanden Kuijper et al. (2012) einen ebenfalls als Kreislauf interpretierbaren Zusammenhang zwischen posttraumatischen Belastungsanzeichen bei der Partnerin, psychischer Aggression der Partnerin in Konfliktsituationen und nachfolgender körperlicher Gewalt des Partners, die dann wieder traumatisierend wirken kann. Es ist jedoch unklar, inwieweit solche Muster bereits vor ersten Gewaltereignissen einen Beitrag zur Entstehung von Partnergewalt leisten. Partnergewalt führt vielfach, aber nicht immer zu einer Trennung (für eine Forschungsübersicht siehe Walker et al. 2004). In einer Längsschnittstudie von Jacobson et al. (1996) kam es etwa bei 30 % gewalttätiger Paare über 2 Jahre hinweg weder zu einer Trennung noch zu einer Abnahme oder Beendigung der Gewalt. Kommt es zu einer Trennung, so stehen Männer, die zuvor gewalttätig waren, auch in neuen Partnerschaften in einem deutlich erhöhten Risiko, wieder gewalttätig zu werden. Allerdings scheint dieses Risiko geringer als beim Fortbestehen einer Partnerschaft, in der sich bereits wiederholte Gewaltvorfälle ereignet haben (Shortt et al. 2012). Auch ohne vorangegangene Partnergewalt kommt es im zeitlichen Umfeld einer Trennung aber mit zumindest moderat erhöhter Wahrscheinlichkeit zu Gewaltvorfällen, in Fällen mit vorangegangener Gewalt besteht die deutliche Gefahr einer Eskalation der Gewaltintensität (für eine Forschungsübersicht siehe Brownridge 2006).

Stressbelastung

Etwa 20 Studien haben sich bislang mit Zusammenhängen zwischen der Stressbelastung, insbesondere im Beruf, und dem Ausüben von Partnergewalt beschäftigt (für eine Forschungsübersicht siehe Cano/Vivian 2001). Generell scheint demnach eine hohe inner- oder außerfamiliäre Stressbelastung die Ausübung von Partnergewalt in schwachem bis moderatem Umfang zu begünstigen. Zwar fehlen in diesem Bereich Längsschnittstudien, jedoch beschreiben mehrere Studien, auf welche Weise dieser Zusammenhang in einigen Fällen entstehen kann (etwa durch eine Erhöhung der Irritierbarkeit oder einen vermehrten Suchtmittelgebrauch). Melzer (2002) weist darauf hin, dass Männer in Berufen, die nicht nur stressreich sind, sondern auch häufig den Einsatz von Zwang und Gewalt erforderlich machen (z. B. Polizei- und Vollzugsbeamte), als Gruppe ein schwach erhöhtes Gewaltrisiko aufweisen.

Ansatzpunkte für die primäre Prävention von Partnergewalt: Innovationsanalyse

Die Analyse der Faktoren, die nach gegenwärtiger Befundlage an der Entstehung von Partnergewalt beteiligt sein können, führt zu einem differentiellen entwicklungsökologischen Modell.

„Differentiell" bedeutet dabei, dass verschiedene Entwicklungswege in Richtung auf Partnergewalt möglich sind. Beispielsweise gibt es eine Minderheit an Fällen, in denen Beeinträchtigungen der psychischen Gesundheit eine wesentliche Rolle bei der Entstehung von Partnergewalt spielen. In einer anderen Untergruppe scheinen sehr belastende Kindheitserfahrungen einen ungünstigen, Gewalt fördernden Entwicklungsverlauf anzustoßen. In der Forschung spiegelt sich dieser differentielle Aspekt in einer umfangreichen Literatur über Untergruppen von Männern, die Partnergewalt ausüben und denen teilweise besondere Entwicklungswege zugeordnet werden können (für Forschungsübersichten siehe Holtzworth-Munroe 2000, Holtzworth-Munroe/Stuart 1994). Bezüglich der primären Prävention von Partnergewalt spricht dieser Aspekt für ein differenziertes Gesamtkonzept, bei dem universelle Präventionsmaßnahmen durch selektive Angebote ergänzt werden, die sich an Risikogruppen oder Personen bzw. Paare auf Risikopfaden wenden.

„Entwicklungsökologisch" bedeutet zum anderen, dass Einflussfaktoren auf die Entstehung von Partnergewalt nach unserem gegenwärtigen Kenntnisstand auf verschiedenen Ebenen (z. B. gesellschaftliche, familiäre, individuelle Ebene), in verschiedenen Situationen (z. B. Schwangerschaft, Trennung) und Entwicklungskontexten (z. B. Gewalterfahrungen in der Kindheit, Einübung aggressiver Verhaltensmuster in der Kindheit bzw. im Jugendalter) lokalisiert sind und von dort aus ihre Wirkung entfalten. Im Hinblick auf die primäre Prävention von Partnergewalt spricht dies für eine Präventionsstrategie nach dem Prinzip der kumulativen Schutzwirkung (Yoshikawa 1994), d. h. eine Gesellschaft beugt der Entstehung von Partnergewalt umso besser vor, je mehr es ihr gelingt an verschiedenen relevanten Einflussfaktoren wirkungsvoll präventiv anzusetzen.

Aus der vorangegangenen generativen Analyse der möglichen und wahrscheinlichen Einflussfaktoren auf die Entstehung von Partnergewalt ergeben sich mehrere Ansatzpunkte für eine gute begründete Präventionsstrategie:

Ein erster Punkt betrifft dabei die Veränderung gesellschaftlicher Geschlechterverhältnisse und den Wandel weg von Männlichkeitsbildern, die sich stark auf Dominanz, Aggressivität und eine Abwertung von Frauen stützen. Im Hinblick auf beide Punkte besteht erkennbar Handlungsbedarf in der Bundesrepublik, da Deutschland in international vergleichenden Untersuchungen sowohl im Hinblick auf Indizes zur Geschlechtergerechtigkeit (z. B. „gender inequality index", UNDP 2011), als auch im Hinblick auf die Verbreitung feindseliger und sexistischer Einstellungen (z. B. Glick et al. 2000; Glick/Fiske 2012) noch ein ganzes Stück von einer befriedigenden Situation entfernt ist. Verschiedene Autoren haben bei ihren Vorschlägen zur primären Prävention von Partnergewalt einen Schwerpunkt auf politische Maßnahmen zur Förderung der Geschlechtergerechtigkeit (z. B. gesetzliche Regelungen gegen Diskriminierung, Verbesserung der Möglichkeiten zur Vereinbarkeit von familiärer Fürsorgearbeit und Erwerbsarbeit), zur Unterstützung des Wandels von Männlichkeitsbildern (z. B. Förderung von Fürsorge- und Erziehungsarbeit durch Männer, Anregung kritischer Diskurse über Männlichkeit und Gewalt) und einer Verdeutlichung der gesellschaftlichen Ablehnung von Partnergewalt (z. B. Verbesserung der strafrechtlichen Verfolgung von Partnergewalt und des juristischen Schutzes von Opfern, Aufklärungskampagnen zu den negativen Folgen von Partnergewalt, Förderung von Solidarisierungskampagnen gegen Partnergewalt) gelegt (z. B. European Commission 2010; Heise 2011).

Eine zweite Gruppe von Ansatzpunkten für die Prävention von Partnergewalt ergibt sich aus Befunden, wonach manche Risiken für eine spätere

Ausübung von Partnergewalt bereits früh in der Lebensgeschichte wurzeln. Ein Erleben von Kindesmisshandlung oder -vernachlässigung, ein Miterleben von Partnergewalt in der Herkunftsfamilie und eine unzureichende Behandlung klinisch bedeutsamer aggressiver Verhaltensauffälligkeiten in der Kindheit bzw. im Jugendalter erhöhen die Gefahr späterer Partnergewalt bedeutsam. Die Befunde legen nahe, dass die Qualität der Reaktionen von Jugendhilfe und Familiengerichtsbarkeit auf Kindeswohlgefährdung und Partnergewalt in Familien mit Kindern, das Ausmaß qualifizierter Anstrengungen zur Prävention von Kindesmisshandlung, Vernachlässigung und Verhaltensauffälligkeit sowie die Qualität der kinderpsychotherapeutischen und kinderpsychiatrischen Versorgung bei aggressiven Verhaltensausfälligkeiten bedeutsame Größen im Hinblick auf die Prävention von Partnergewalt darstellen. Zwar finden kinderpsychotherapeutische und kinderpsychiatrische Angebote, Maßnahmen des Kindesschutzes und Hilfen für Kinder, die bereits von miterlebter Partnergewalt betroffen sind, ihre Rechtfertigung natürlich in sich, ohne dass ein Verweis auf langfristige Präventionseffekte notwendig wäre. Trotzdem sind solche Folgewirkungen anzunehmen und im Rahmen einer Gesamtbetrachtung, was präventiv gegen Partnergewalt getan werden kann, einzubeziehen.

Mit dem Ausbau früher Hilfen und Anstrengungen zur besseren Vernetzung zwischen Jugendhilfe und Gesundheitswesen (zum Stand des Ausbaus siehe Sann/Landua 2010) sowie einer Reihe von Gesetzesinitiativen zur Verbesserung des Schutzes von Kindern vor Misshandlung, Vernachlässigung und Missbrauch (Meysen/Eschelbach 2012) ist in der Bundesrepublik in den letzten Jahren einiges zur Weiterentwicklung des Kinderschutzes geleistet worden. Gleichwohl ist der Erfolg dieser Bemühungen bislang schwer abzuschätzen. Zwar gibt es Hinweise darauf, dass weniger Eltern Schläge in der Erziehung einsetzen (Bussmann 2004) und eine abnehmende Anzahl an Kindern von sexuellem Missbrauch betroffen ist (Stadler et al. 2012). Es ist aber bislang unklar, ob und gegebenenfalls in welchem Ausmaß die Anzahl der von Partnergewalt, Misshandlung bzw. Vernachlässigung betroffenen Kinder ebenfalls verringert werden konnte, da sich ein bundesweites, wenn auch rudimentäres System zur Erfassung bekannt werdender Gefährdungsfälle erst im Aufbau befindet und Zahlen zum aktuellen Dunkelfeld, im Unterschied etwa zu den Niederlanden (Euser et al. 2010), noch völlig ausstehen. Zudem zeigen Befunde aus anderen Ländern, dass sich die Zahlen zur Verbreitung verschiedener Gefährdungsformen nicht zwangsläufig parallel entwickeln (Jones et al. 2006). Im Hinblick auf frühe Hilfen ist derzeit zum einen unklar, zu welchem Prozentsatz mehrfach belastete Familien tatsächlich erreicht werden, wenn sich auch eine entsprechende Studie in Planung befindet, zum anderen fehlt bislang jeder empirische Beleg dafür, dass die angebotenen Formen von früher Unterstützung (z. B. Familienhebammen) in Deutschland tatsächlich die Rate von Gefährdung betroffener Kinder senken. Darüber hinaus liegt der Schwerpunkt bei der Weiterentwicklung des Kinderschutzsystems in Deutschland bislang sehr stark auf den Aspekten der Fallidentifikation und

Gefährdungsabschätzung. Für die Verhinderung negativer Folgewirkungen dürfte aber die Qualität von nachfolgenden Hilfen und therapeutischen Angeboten für Kinder ebenfalls von großer Bedeutung sein. Hier lassen die vorliegenden Zahlen aber vermuten, dass wiederholte Gefährdungsereignisse bzw. ein Wiederauftreten von Vernachlässigung trotz ambulanter Hilfe teilweise nicht verhindert werden kann und Kinder in Fremdunterbringung häufig nicht ausreichend kinderpsychotherapeutisch versorgt werden (z. B. Kindler et al. 2008, 2011), so dass hier nicht nur Klärungs- sondern erkennbar Handlungsbedarf besteht. In Bezug auf Kinder, die in der Familie bereits Partnergewalt miterleben mussten, kann der Blick zum einen auf Maßnahmen gerichtet werden, die der Unterbrechung der Gewalt dienen. Zum anderen können Unterstützungsangebote für betroffene Kinder betrachtet werden. Maßnahmen zur Unterbrechung von Partnergewalt umfassen beispielsweise Schutzeinrichtungen und Zufluchtsstellen, aber auch familiengerichtliche Maßnahmen, etwa nach dem Gewaltschutzgesetz oder Umgangsregelungen, die verhindern sollen, dass Kinder unmittelbar oder mittelbar unter weiteren gewalttätigen Übergriffen leiden (Kindler et al. 2004). Steffen (2012) sowie Helfferich et al. (2012) haben hier zuletzt den Stand bezüglich gesetzgeberischer Initiativen, der Verfügbarkeit von Schutz- und Hilfeeinrichtungen sowie deren Bekanntheit bilanziert. Nicht belegt ist jedoch, dass es gelungen ist Partnergewalt in der Gesellschaft zurückzudrängen oder im Verlauf günstig zu verändern (z. B. vergleichsweise frühere Hilfesuche). Unterstützungsangebote für betroffene Kinder können an Schutzeinrichtungen (z. B. Frauenhäusern) oder Beratungsstellen angekoppelt sein, aber auch im Rahmen von Hilfe zur Erziehung oder Kinderpsychotherapie erfolgen. In den Frauenhäuser werden Unterstützungsangebote für Kinder nach einer Erhebung von Helfferich et al. (2012) als integraler Bestandteil der Arbeit angesehen, können aber häufig aus Kostengründen nicht oder nicht intensiv angeboten werden. Jenseits der Frauenhäuser existieren unter Umständen lokale Angebote (z. B. Seith et al. 2010), über deren Verbreitung in der Fläche aber wenig gesagt werden kann. Weder innerhalb nach außerhalb der Frauenhäuser wurden Unterstützungsangebote für Kinder in Deutschland bislang hinsichtlich nachhaltiger Wirkungen untersucht.

Was die Prävention und Intervention bei aggressiven Verhaltensauffälligkeiten von Kindern und Jugendlichen angeht, wurden in Deutschland mehrere belegbar wirksame Programme entwickelt oder auf der Grundlage internationaler Vorbilder für eine Anwendung hierzulande angepasst (z. B. Schick 2010; Petermann/Petermann 2012). Die Verbreitung von Angeboten mit Wirksamkeitsbelegen ist jedoch unbekannt. Generell sind Defizite bei der ausreichenden kinderpsychotherapeutischen bzw. kinderpsychiatrischen Versorgung von Kindern mit aggressiven Verhaltensauffälligkeiten unbestritten.

Maßnahmen zur Weiterentwicklung von Kinderschutz und kindertherapeutischer Versorgung definieren sich selbst in der Regel nicht als Prävention gegen Partnergewalt, daher werden sie auch in der Literatur über die primäre Prävention von Partnergewalt, von wenigen Ausnahmen abgesehen (z. B. Smithey/Straus 2004), nur selten angesprochen. Trotzdem könnte ihnen ein erhebliches Wirkungspotenzial innewohnen.

Eine dritte Gruppe von Ansatzpunkten für eine Prävention von Partnergewalt leitet sich ab aus Befunden zu eingeschränkten Beziehungsfähigkeiten bei gewaltausübenden Partnern und einem teilweisen Beginn der Gewalt im Jugendalter in ersten romantischen Beziehungen. Drei Hauptstränge prägen hier die Diskussion. Der erste Strang baut auf entwicklungspsychologischen Erkenntnissen auf, wonach im Jugendalter Paarbeziehungen für junge Frauen und Männer sehr bedeutsam werden und sich auf der Grundlage ihrer bisherigen Bindungs- und Peererfahrungen unterschiedliche Beziehungsfähigkeiten und –defizite herauskristallisieren, die dann auch für das Erwachsenenalter noch bedeutsam sind (für Forschungsübersichten siehe Florsheim 2003; Furman/Collins 2009). Entsprechend ist Partnergewalt auch bereits in romantischen Beziehungen im Jugendalter in Deutschland und in anderen Ländern ein Problem (für eine international vergleichende Studie siehe Straus 2001; für eine Zusammenfassung des Forschungsstandes bezogen auf Deutschland siehe Krahé 2008). Eine Reihe von Autoren und Autorinnen haben daraus den Schluss gezogen, dass die Förderung von Beziehungsfähigkeiten und die Arbeit gegen Partnergewalt frühzeitig, d. h. im Jugendalter, einsetzen sollte (z. B. Wolfe/Jaffe 1999; Capaldi/Langhinrichsen-Rohling 2012). Die dabei gewählten Ansätze richten sich meist an junge Männer wie Frauen, thematisieren zum einen Gewalt, Macht und Kontrolle in Beziehungen und versuchen zum anderen gewaltfreie Kommunikations- und Konfliktfähigkeiten zu fördern. Entsprechende Programme sind in einigen Ländern weit verbreitet (für Übersichten siehe Hamby et al. 2012; Leen et al. 2013), in der Bundesrepublik bislang aber nur örtlich existent (z. B. Köberlein et al. 2010). Der zweite Diskussionsstrang nimmt an, dass im Erwachsenenalter vor einem ersten Auftreten von Partnergewalt bereits eingeschränkte Beziehungsfähigkeiten bestehen bzw. kleinere Grenzverletzungen (z. B. verbale Aggressivität, psychische Kontrolle) einen Leidensdruck bei einem oder beiden Partnern erzeugen können, was manchmal zur Inanspruchnahme von Paarberatung oder einer Teilnahme an Ehevorbereitungskursen führt. Diese Angebote, so die Hoffnung, könnten dann partnerschaftliche Einstellungen und positive Kommunikations- bzw. Konfliktfähigkeiten fördern und Grenzverletzungen sowie Machtungleichgewichte abbauen helfen. Angebote der Paarberatung und Ehevorbereitung sind in der Bundesrepublik, wie in anderen westlichen Demokratien, weit verbreitet und vorliegende Evaluationen (z. B. Klann et al. 2011) sprechen für eine generell gegebene Wirksamkeit. Inzwischen liegen auch einzelne spezifische Auswertungen solcher Angebote mit Paaren vor, bei denen es zu leichteren körperlichen Auseinandersetzungen gekommen ist (Wilde/Doherty 2011; Bradely/Gottman 2012). Inwieweit kompetenzorientierte Angebote generell als Präventionsstrategie Erfolg versprechend erscheinen, ist empirisch offen. Wenn auch solche Effekte mitunter vorhergesagt werden (z. B. Job et al. 2012), ist doch zu bedenken, dass es entsprechend der generativen Analyse zu einfach wäre, Partnergewalt allein als Folge und Ausdruck mangelnder Beziehungskompetenz zu verstehen. Der dritte Strang der Diskussion konzentriert sich schließlich auf zwei Punkte in der Entwicklung von Paarbeziehungen, die sich auf der einen Seite durch ein erhöhtes Gewaltrisiko und auf der anderen Seite durch eine erhöhte Verletzlichkeit möglicher Opfer auszeichnen. Gemeint sind Schwangerschaften und Trennungssituationen. Teilweise wird hier die Schwelle zur sekundären Prävention überschritten, da sich viele der in der Literatur vorfindbaren Überlegungen (z. B. MacMillan et al. 2001) darauf beziehen, von Partnergewalt bereits betroffene Frauen durch die Schulung und Sensibilisierung von Fachkräften (z. B. in der Geburtshilfe oder der gerichtsnahen Familienberatung) sowie routinemäßig eingesetzte Screeningfragen möglichst rasch zu erkennen und dann im Hinblick auf ihre Sicherheit und ihre rechtlichen Möglichkeiten kompetent zu beraten. Die international in der Medizin, Psychologie und Sozialarbeit sehr intensiv geführte Debatte um Screeningfragen bezüglich Partnergewalt (z. B. Hamberger/Phelan 2004, McCloskey/Grigsby 2005) wird mittlerweile auch in der Bundesrepublik vereinzelt aufgegriffen (z. B. Stöckl et al. 2009; Brzank | Blättner 2010). Vor allem im Bereich der frühen Hilfen, also freiwilliger Angebote zur primären Prävention von Entwicklungs- und Erziehungsproblemen in den ersten Lebensjahren, wird aber tatsächlich eine Diskussion darum geführt, ob und gegebenenfalls unter welchen Umständen frühe Hilfe zur Verhinderung oder Unterbrechung von Partnergewalt beitragen können (für eine Übersicht siehe Kindler 2010b).

Weitere Ansatzpunkte für präventive Maßnahmen gegen Partnergewalt ergeben sich, viertens, aus dem Befund, dass bei einer Minderheit gewaltausübender Partner Beeinträchtigungen der psychischen Gesundheit vorliegen, die unbehandelt zur Entstehung von Partnergewalt beitragen können. Wie dargestellt, ist dieser Zusammenhang am besten für suchtkranke männliche Patienten untersucht. Unglücklicherweise sind Suchterkrankungen bei Männern in der Bundesrepublik relativ häufig. Die Lebenszeitprävalenz liegt in der repräsentativen Studie von Jacobi et al. (2004) beispielsweise bei etwas mehr als 15 Prozent. Gleichzeitig erhält nur ca. ein Drittel der Betroffenen eine zumindest minimale Behandlung (Küfner 2010). Diese Situation lässt vermuten, dass eine Verbesserung der Versorgung im Bereich der Suchtberatung und Suchttherapie einiges zur primären und sekundären Prävention von Partnergewalt beitragen könnte. Eine weitere Verbesserung, vor allem im Bereich der sekundären Prävention, könnte vielleicht durch ein regelmäßiges Gewaltscreening im Rahmen von Suchtberatung bzw. –therapie und eine enge Zusammenarbeit mit gewaltzentrierten Beratungsangeboten gegen Partnergewalt erreicht werden. Obwohl Partnergewalt ein häufig im Rahmen von Suchtbehandlungen aufscheinendes Problem darstellt, ist eine solche Verzahnung von Suchtbehandlung und Intervention gegen Partnergewalt aber weder in der Bundesrepublik noch auch in anderen Ländern Standard, auch wenn örtlich kooperative Behandlungsmodelle entwickelt wurden (z. B. Schumacher et al. 2003; Klosterman et al. 2010).

Ein letzter hier erörterter möglicher Ansatzpunkt für Maßnahmen der primären Prävention gegen Partnergewalt ergibt sich aus dem Befund einer mit Partnergewalt teilweise einhergehenden erhöhten außerfamiliären Stressbelastung (z. B. im Beruf). Damit verbindet sich die Vermutung, dass unter äußerer Stressbelastung Partnerkonflikte leichter gewaltförmig eskalieren (Elkins et al. 2013) und auch andere gewaltbegünstigende Verhaltensweisen zunehmen (z. B. Alkoholkonsum). Angesichts weit in die Mittelschicht hinein reichender Abstiegsängste und der realen Verschärfung ökonomischer Not für Teile der Gesellschaft könnte dieser Punkt aktuell an Bedeutung gewinnen, wobei sowohl Erfahrungen von Exklusion (z. B. bei Langzeitarbeitslosen) als auch von Arbeitsverdichtung zu berücksichtigen wären. Allerdings hat die außerfamiliäre Stressbelastung nicht nur mit der ökonomischen Lage von Familien und der Arbeitssituation zu tun, sondern auch mit den sozialen Lebensumständen. Vor allem die sozialen Isolation mancher Migrantenfamilien wird dabei teilweise als gewaltbegünstigender Umstand angeführt, so dass Kontakt- und Vernetzungsangebote für isolierte Paare bzw. Familien als weiterer Ansatzpunkt für primäre Präventionsmaßnahmen erscheinen. Werden weiterhin männlich dominierte Berufsgruppen, die häufig einer sehr hohen Stressbelastung ausgesetzt sind und die im Beruf mitunter Gewalt einsetzen müssen, als Risikogruppe angesehen (z. B. Sheehan 2000; Johnson et al. 2005), so ergeben sich Ansatzpunkte für selektive, arbeitsplatzbezogene Seminare um einen Übertrag von berufsbedingten Stress auf die Familie vorzubeugen.

Analysen zur Wirkung von Maßnahmen der primären Prävention gegen Partnergewalt

Die vorangegangene Innovationsanalyse hat auf der Grundlage einer Forschungsübersicht zu relevanten Einflussfaktoren eine Reihe von Ansatzpunkten für Maßnahmen der primären Prävention gegen Partnergewalt erbracht. Bei mehreren der genannten Punkte werden zwar bedeutsame Auswirkungen auf die Prävention von Partnergewalt erwartet, zugleich befindet sich das Thema der Prävention von Partnergewalt aber nicht im Focus entsprechender Maßnahmen (z. B. allgemeine Programme zur Förderung der Geschlechtergerechtigkeit und zum Wandel von Männlichkeitsbildern, Weiterentwicklung von Jugendhilfe-Interventionen bei Kindeswohlgefährdung, stärkere Beachtung von Partnergewalt im Kindschaftsrecht, Verbreitung von Maßnahmen der primären Prävention gegen Kindesmisshandlung und –vernachlässigung, verbesserte therapeutische Versorgung von Kindern und Jugendlichen mit klinisch bedeutsamen aggressiven Verhaltensauffälligkeiten, Weiterentwicklung und Ausbau des Angebots an Suchtberatung und -therapie). Der Forschungsstand zur generellen Wirksamkeit und zu besonders geeigneten

Formen solcher thematisch unspezifischen Maßnahmen wird an dieser Stelle nicht berichtet. Hierfür wird auf die weiterführende Literatur verwiesen (z. B. zur Wirksamkeit von ambulanten Interventionen bei Kindesmisshandlung bzw. –vernachlässigung: Rubin 2012; Kindler/Spangler 2005; zur Wirksamkeit von primär präventiven Programmen gegen Kindesmisshandlung bzw. -vernachlässigung: Dodge et al. 2009; zur Wirksamkeit von therapeutischen Interventionen bei klinisch bedeutsamen aggressiven Verhaltensauffälligkeiten von Kindern: Farmer et al. 2002; Fossum et al. 2008; Weisz/Kazdin 2010; Henggeler/Sheidow 2012; zur Wirksamkeit von allgemeiner Paarberatung und Ehevorbereitungskursen: Hahlweg et al. 2010; zur Wirksamkeit von Suchtberatung und Suchttherapie: Süß 1995; Walters/Rotgers 2012).

Viele der Programme, die auf die übrigen im vorangegangenen Abschnitt erörterten Ansatzpunkte abzielen, thematisieren dagegen explizit die primäre Prävention von Partnergewalt als zentrales Ziel. Dies gilt beispielsweise für Öffentlichkeitskampagnen zur Stärkung der gesellschaftlichen Ablehnung von Partnergewalt, Gruppenarbeit mit Kindern, die Partnergewalt miterleben mussten und Gruppenarbeit zu positiven, gewaltfreien romantischen Beziehungen im Jugendalter. Der Forschungsstand zur Wirkung dieser Maßnahmen wird in den nachfolgenden Absätzen erörtert.

Öffentlichkeitskampagnen zur Stärkung der gesellschaftlichen Ablehnung von Partnergewalt haben weltweit eine erhebliche Verbreitung erfahren (Heise 2011). Beispiele aus Deutschland sind die 2010 in Berlin durchgeführte Kampagne „Hinter deutschen Wänden“, die Wanderausstellung „Der Blick dahinter“ in Bayern oder die 2012 angelaufene Kampagne „Mut schöpfen“ der Landesarbeitsgemeinschaft der Thüringer Interventionsstellen. Die verwendeten Botschaften unterscheiden sich im Einzelnen, häufig wird aber beispielsweise versucht zu vermitteln, Partnergewalt sei inakzeptabel, sei ein Verbrechen, sei nicht durch die Umstände entschuldbar, sei gefährlich und schade nicht nur dem Opfer, sondern auch in der Familie lebenden Kindern und dem Täter selbst. In der Regel wird über Hilfsmöglichkeiten für Täter und Opfer sowie Handlungsmöglichkeiten für Personen aus dem Umfeld informiert. Stellenweise wird auch allgemein für Geschlechtergerechtigkeit und positive Formen der Konfliktlösung geworben. Kampagnen können sich an eine gesamte landesweite oder lokale Öffentlichkeit wenden, oder aber an bestimmte Gruppen (z. B. die „black cab“ Kampagne für Taxifahrer in London oder die auch in Deutschland durchgeführte Kampagne der türkischsprachigen Zeitung „Hürriyet“. Die Formulierung und Auswahl bestimmter Botschaften wird in der Regel mit Erfahrungswerten begründet (z. B. Ghez 2001), nur selten werden Kampagneninhalte direkt aus vorangegangenen Untersuchungen an der Zielgruppe abgeleitet (z. B. Fawcett et al. 1999) bzw. umfassendere konzeptuelle Überlegungen angestellt, um die Kampagne für verschiedene Teile der Zielgruppe relevant zu machen (z. B. Cismaru/Lavack 2011). Die bislang vorliegenden Evaluationen (für eine Forschungsübersicht siehe Campbell/Manganello 2006) deuten darauf hin, dass Kampagnen gegen Partnergewalt erfolgreich darin sein können öffentliche Zustimmung und Unterstützung zu generieren. Werden bei der Planung einer Kampagne Kooperationspartner gesucht und eingebunden wird die vor allem für die sekundäre Prävention wichtige lokale Vernetzung von Einrichtungen und Institutionen, die sich mit Thema Partnergewalt beschäftigen, häufig erheblich verbessert. Veränderungen in den Einstellungen der Bevölkerung gegenüber Partnergewalt nach Kampagnen wurden bislang nur selten untersucht, einzelne Berichte (z. B. Gadomski et al. 2001) deuten aber auf positive Effekte hin. Ein nachweisbarer Brückenschlag zum tatsächlichen Verhalten in Form einer nachfolgend verringerten Anzahl neuer Fälle von Partnergewalt liegt bislang nicht vor. Wie bei Kampagnen gegen sexuellen Missbrauch zeigt sich aber ein deutlicher sekundärpräventiver Effekt, d. h. bei Interventions- und Beratungsstellen wurden während oder kurz nach Kampagnen mehr Fälle von Partnergewalt neu bekannt, so dass an einer Beendigung der Gewalt gearbeitet werden konnte.

Maßnahmen der Polizei, Strafverfolgung und Justiz allgemein gegen Partnergewalt (z. B. Wegweisung, Ingewahrsamnahme, generelle Bejahung des öffentlichen Interesses bei der Strafverfolgung, Näherungsverbot u. ä.) dienen unmittelbar dem Zweck der Beendigung von Gewalt in konkreten Einzelfällen. Darüber hinaus sind sie in der Regel aber mit der Absicht verbunden in die Gesellschaft hinein zu wirken. Es soll vermittelt werden, dass Partnergewalt ein schwerwiegendes und verwerfliches Verhalten darstellt. Eine Rezeption dieser Botschaft, so die Hoffnung, könnte zu einer Verhinderung neuer Fälle von Partnergewalt beitragen. In der internationalen Forschung gibt es einige Hinweise , wonach wahrgenommene gesetzliche Regelungen Einstellungen in der Bevölkerung gegenüber Partnergewalt beeinflussen (Salazar et al. 2003) und eine zunehmende Härte gesetzlicher Regelungen mit einer Abnahme der Häufigkeit von Partnergewalt einhergeht (z. B. Williams/Hawkins 1989; Dugan 2003). Allerdings sind die vorliegenden Forschungsergebnisse nicht gänzlich einheitlich, auch scheinen nicht alle Bevölkerungsgruppen gleich auf staatliche Strafdrohungen zu reagieren. Bei allzu starren Regelungen kann die Gefahr bestehen, dass Opfer sich nicht an die Polizei wenden (z. B. Iyengar 2009). Zudem sind andere Erklärungen des vorliegenden Zusammenhanges möglich, beispielsweise könnte die Härte gesetzlicher Regelungen nur die ohnehin vorhandene Einstellung in der Bevölkerung gegen Partnergewalt widerspiegeln (für eine aktuelle Erörterung siehe Williams 2005). Trotzdem ist generell ein vorsichtiger Optimismus hinsichtlich einer präventiven Wirkung konsequenten juristischen Vorgehens gegen Partnergewalt gerechtfertigt, wenn neuere US-amerikanische Befunde (Xie et al. 2012) darauf hindeuten, dass gesetzliche Regelungen in ihrer Wirkung sehr davon abhängen, inwieweit Polizei und soziale Dienste ausreichend ausgestattet sind. Aus der Bundesrepublik scheint aber nicht bekannt, inwieweit hier veränderte Maßnahmen der Polizei und Justiz gegen Partnergewalt von der Bevölkerung überhaupt wahrgenommen werden und mit Veränderungen in den Haltungen zu Partnergewalt und in der Häufigkeit von Partnergewalt einhergehen.

In nahezu allen Frauenhäusern und einigen Beratungsstellen existieren Gruppenangebote für Kinder, die Partnergewalt miterleben mussten. Diese Angebote sollen Kinder zuallererst entlasten und bei der Bewältigung ihrer Erfahrungen unterstützen (für eine Übersicht über verschiedene Programmevaluationen siehe Rizo et al. 2011). Mitgedacht wird häufig aber das Ziel, ein späteres Ausüben oder Erdulden von Partnergewalt unwahrscheinlicher zu machen. Ob dies gelingt ist gegenwärtig allerdings noch unklar, da bislang keine Langzeitevaluationen vorliegen. Die vorhandenen Kurzzeitevaluationen deuten aber darauf hin, dass die psychische Belastung und das Ausmaß an Problemverhaltensweisen bei vielen der teilnehmenden Kinder vermindert werden kann, während das Selbstvertrauen gesteigert werden kann. Langfristige Effekte sind demnach zumindest nicht ausgeschlossen, aber auch nicht belegt.

Wenngleich in der Bundesrepublik noch wenig verbreitet, wird Gruppenarbeit mit Jugendlichen zur Förderung von Beziehungsfähigkeiten und zur Stärkung der Ablehnung von Partnergewalt international vielfach als ein bedeutsames Kernelement von primären Präventionsprogrammen gegen Partnergewalt angesehen (z. B. Staggs/Schewe 2011). Mehrere Programme wurden hierzu bereits veröffentlicht (z. B. Wolfe et al. 1996; Foshee/Langwick 2004). Generell beschäftigen sich diese Angebote mit Einstellungen gegenüber Gewalt und Zwang in Beziehungen sowie dem Umgang mit Macht und Konflikten. Neben Informationseinheiten werden vielfach auch Rollenspiele eingesetzt. Einige Programme (z. B. Wolfe et al. 2003) konzentrieren sich auf Jugendliche, die aufgrund von Misshandlungserfahrungen in der Kindheit einem erhöhten Risiko von Partnergewalt ausgesetzt sind. Die Mehrzahl der Programme wendet sich jedoch an unausgelesene Gruppen von Jugendlichen (z. B. Schulklassen). Gegenwärtig liegen etwas mehr als ein Dutzend Wirkungsstudien zu solchen Programmen vor (für eine Forschungsübersicht siehe Whitaker et al. 2006), wobei in jüngerer Zeit mehrere Studien erlauben, Effekte in unterschiedlichen Schulklassen, aber auch in verschiedenen Schulen miteinander zu vergleichen (z. B. Wolfe et al. 2009; Miller et al. 2012). Demnach scheint es den erprobten Programmen über Schulklassen und Schulen hinweg überwiegend zu gelingen, über Partnergewalt zu informieren und die Ablehnung von Gewalt zu stärken. Bei Nacherhebungen nach mehr als einem Jahr gaben teilnehmende Jugendliche (Jungen und Mädchen) seltener als Kontrollgruppen an, Partnergewalt erfahren oder ausgeübt zu haben. Da Langzeitauswertungen noch fehlen, sind diese Programme noch nicht ausreichend untersucht, aber in ihren Ergebnissen bislang sehr ermutigend. In der Bundesrepublik werden Präventionsprogramme in Schulen gegen Partnergewalt ebenfalls zunehmend erprobt. Experimentelle Studiendesigns oder Studien mit Nacherhebungen zum tatsächlichen Ausüben bzw. Erleben von Gewalt in romantischen Beziehungen oder späteren Partnerschaften stehen hierzulande zwar aus. Vorliegende Evaluationen zeigen aber, dass es den untersuchten Präventionsprogrammen gelingt, Kinder bzw. Jugendliche emotional zu erreichen und zu einer Auseinandersetzung mit der Thematik zu bewegen (Kavemann 2008b).

Zusammenfassung und Ausblick

Die Forschungsübersicht zur primären Prävention von Partnergewalt hat gezeigt, dass mittlerweile ein nicht unerheblicher Grundstock an Wissen über die Entstehung von Partnergewalt aufgebaut werden konnte. Aus diesem Wissensbestand ergeben sich vielfältige Ansatzpunkte für präventive Maßnahmen gegen Partnergewalt. Sofern die vorliegende Literatur ein einigermaßen zutreffendes Bild vorhandener Präventionsbemühungen vermittelt, wird nur ein Teil dieser Ansatzpunkte bisher genutzt. Auch bestehen aufgrund fehlender Evaluationen notwendigerweise Unsicherheiten, inwieweit bisher eingesetzte Handlungsstrategien ihr Ziel der primären Prävention von Partnergewalt erreichen. Die wenigen vorliegenden Wirkungsstudien vermitteln aber insgesamt insofern ein hoffnungsvolles Bild, als gezeigt werden konnte, dass die Ablehnung von Gewalt in Beziehungen und die Bereitschaft, Hilfe zu suchen, durch geeignete Interventionen gestärkt werden kann. Als Gesellschaft haben wir gute Gründe, intensiver als bisher in die Prävention von Partnergewalt zu investieren.

Andrea Buskotte

Prävention häuslicher Gewalt mit Kindern und Jugendlichen: Kooperation zwischen Schule, Jugendhilfe und Beratungseinrichtungen

Bundesweite Recherchen zur Prävention häuslicher Gewalt (Bundesministerium für Familie, Senioren, Frauen und Jugend 2007b) haben gezeigt, dass das Thema in der schulischen und außerschulischen Präventionsarbeit bisher nur punktuell eine Rolle spielt. Die Abfragen bei Landesministerien und Facheinrichtungen wie Frauenunterstützungseinrichtungen und Präventionsgremien ließen jedoch gleichzeitig den Schluss zu, dass – regional unterschiedlich – zahlreiche Initiativen und Angebote existieren, in deren Rahmen Unterrichtseinheiten, Projekttage, Ausstellungen, Theaterprojekte und Informationsmaterialien realisiert werden.

Präventionsarbeit zu häuslicher Gewalt ist also kein absolutes Neuland, sie ist jedoch nach wie vor keineswegs ein etabliertes Arbeitsfeld in der Gewaltprävention mit Kindern und Jugendlichen. Aber es gibt gute Voraussetzungen, dass sich das ändert. Die dynamische Entwicklung der gesellschaftlichen und fachlichen Auseinandersetzung mit Gewalt in Paarbeziehungen hat in den letzten Jahren die Situation von Mädchen und Jungen als Zeugen und Opfer der Gewalt gegen Mütter nachdrücklich ins Blickfeld gerückt. Das Wissen um die Folgen des Miterlebens häuslicher Gewalt ist differenzierter und fundierter geworden. Es wurden Projekte entwickelt, um die Folgen häuslicher Gewalt für Kinder abzumildern und um auszuloten, welche vorbeugenden Maßnahmen destruktive Entwicklungen verhindern können. Die Projektevaluationen (Seith/Kavemann/Lehmann 2010 und BIG-Präventionsprojekt 2008) haben wichtige Anregungen und Anhaltspunkte erbracht, die aktuell und künftig dazu beitragen können, das Thema in die gewaltpräventive Arbeit mit Kindern und Jugendlichen einzubetten.

Vor dem Hintergrund der bisherigen Erfahrungen stehen dabei zwei Themenbereiche im Mittelpunkt:

Mädchen und Jungen, die Gewalt zwischen ihren Eltern bzw. gegen ihre Mutter miterleben, benötigen Begleitung und Unterstützung, und sie brauchen Informationen, die ihnen den Zugang zu Hilfe und Unterstützung erleichtern; beides soll verhindern, dass die erlebte Gewalt sich in anhaltenden psychischen Belastungen und Entwicklungsbeeinträchtigungen niederschlägt.

Befragungen von Kindern und Jugendlichen zum Thema häusliche Gewalt (Seith 2006) haben gezeigt, dass viele Mädchen und Jungen mit dem Thema vertraut sind. Sie kennen Situationen von Partnergewalt aus ihrem eigenen Umfeld bzw. aus den Medien, aber sie haben Schwierigkeiten, diese Situationen zu bewerten und einzuordnen. Viele Kinder und Jugendliche sind ambivalent und zurückhaltend bei der Frage, ob und gegenüber wem solche Situationen angesprochen und „öffentlich" gemacht werden können. Vor allem jüngere Kinder haben Bedenken, mit Außenstehenden über Partnergewalt der Eltern zu sprechen. Mädchen und Jungen befürchten Sanktionen der Eltern, wenn sie über die innerfamiliäre Gewalt berichten; sie haben Angst, dass nach einer Offenbarung über ihren Kopf hinweg entschieden wird oder sie gehen davon aus, dass ihnen nicht geglaubt oder ihre Situation nicht verstanden wird. Sie sind loyal gegenüber ihren Müttern und Vätern und wollen vermeiden, dass die Familie durch das Bekannt werden von Gewaltproblemen in ein schlechtes Licht gerät. Kinder sind mehrheitlich davon überzeugt, dass häusliche Gewalt eine „Privatsache" ist und nicht mit Außenstehenden besprochen werden sollte.

Im Allgemeinen sind Eltern die ersten Ansprechpersonen für Probleme von Kindern; bei häuslicher Gewalt jedoch sind Eltern die Ursache dieser Probleme und damit als Helfer/-innen nicht ohne weiteres zugänglich. Umso mehr sind andere Erwachsene, vor allem (professionelle) Bezugspersonen von Mädchen und Jungen, z. B. in Kindertagesstätten und Schulen, für das Thema zu qualifizieren und für die Vermittlung von Hilfen gefordert.

Prävention soll das Auftreten von Gewalt in (späteren oder aktuellen) eigenen Beziehungen junger Menschen verhindern. Mädchen und Jungen sollen lernen, Konflikte – auch in Beziehungen – gewaltfrei zu lösen, respektvoll mit Partnerinnen und Partnern umzugehen und motiviert werden, Gewalt weder zu erdulden noch auszuüben.

Pubertät und Adoleszenz sind ohnehin mit weit reichenden Veränderungen und Verunsicherungen verbunden. Bei Jugendlichen besteht in dieser Zeit ein großes Bedürfnis nach Information und Austausch. Sie sind entwicklungsgemäß sehr offen für Fragen in Bezug auf Beziehungen. Das macht diese Phase besonders für das präventive Arbeiten gegen Gewalt in der Partnerschaft geeignet.

Hinzu kommt, dass viele Jugendliche bereits eigene Erfahrungen mit Gewalt in Beziehungen machen. Umfassende Daten über das Ausmaß von Gewalt in Beziehungen von Jugendlichen liegen für Deutschland zwar kaum vor, denn Forschungen zu „Jugendgewalt" oder „Jugendsexualität" haben Gewalt in Beziehungen nicht im Fokus. Aus wenigen vorhandenen Studien (und Erfahrungen aus der Praxis) lässt sich jedoch schließen: (sexuelle) Gewalt in Paarbeziehungen ist auch unter Jugendlichen verbreitet. So hat eine Studie der Universität Potsdam (Krahé/Scheinberger 2002: 107-153) gezeigt, dass fast zwei Drittel der jungen Frauen zwischen 17 und 20 Jahren bereits sexuelle Erfahrungen – meistens mit Freunden, Ex-Freunden oder Bekannten – gemacht haben, die mit Erpressung, Drohung oder Gewalt einhergingen. Auch die aktuelle Studie „Jugendsexualität 2010" der Bundeszentrale für gesundheitliche Aufklärung – eine Befragung 14- bis 17-Jähriger – hat gezeigt, dass sexuelle Attacken unter Jugendlichen nicht selten sind. 13 Prozent der Mädchen und 3 Prozent der Jungen haben die Frage bejaht: „Hat ein Junge/Mann schon einmal versucht, Sie gegen Ihren Willen zu Sex oder Zärtlichkeiten zu bringen, indem er Sie unter Druck gesetzt hat?" Verursacher dieser Übergriffe sind nach dieser Studie überwiegend (Ex-)Freunde, Mitschüler oder Bekannte. Offenbar ereignen sich solche Übergriffe häufig unterhalb des Radars von Erwachsenen: Ungefähr ein Drittel der Betroffenen hat mit niemandem über diese Erfahrungen gesprochen, etwa die Hälfte hat jemanden aus dem Freundeskreis ins Vertrauen gezogen, nur wenige haben mit den Eltern geredet.

Eine britische Untersuchung über Gewalt in Teenagerbeziehungen (Barter 2010) zeigt, dass in Paarbeziehungen von Jugendlichen nicht nur sexuelle, sondern auch psychische und physische Übergriffe verübt werden. Psychische Gewalt in Form von Kontrolle oder Lächerlich machen haben nach dieser Untersuchung die Mehrzahl der befragten Mädchen und Jungen erlebt. Sexuelle Übergriffe in der Beziehung wurden von einem Drittel der Mädchen und einem Sechstel der Jungen berichtet, körperliche Gewalt durch Beziehungspartner/-innen haben ein Viertel der Mädchen und knapp ein Fünftel der Jungen erlebt. Etwa die Hälfte der betroffenen Mädchen und Jungen hat mit Freundinnen und Freunden darüber gesprochen, nur wenige haben ihre Eltern oder andere Erwachsene ins Vertrauen gezogen, alle anderen haben niemanden eingeweiht. Gleichaltrige sind demzufolge eine wichtige Gruppe für die Unterstützung Betroffener.

Prävention häuslicher Gewalt im Kontext allgemeiner Gewaltprävention

Nicht über die Gewalt sprechen zu wollen oder zu dürfen, stellt für betroffene Mädchen und Jungen eine hohe Barriere auf dem Weg zu Hilfeangeboten dar; insofern ist die offensive Enttabuisierung ein zentraler Aspekt der Prävention häuslicher Gewalt. Kinder und Jugendliche müssen über häusliche Gewalt, ihre Bewertung als Unrecht und als Straftat und über die Hilfemöglichkeiten für Betroffene – vor allem die Hilfemöglichkeiten für die betroffenen Kinder und Jugendlichen selbst – informiert werden. Darüber hinaus sollten sie dazu motiviert bzw. darin bestärkt werden, sich bei Gewalt zwischen den Eltern einer Vertrauensperson mitzuteilen, um Entlastung, Unterstützung und Schutz zu finden.

Ein Schwerpunkt in der Präventionsarbeit mit Jugendlichen liegt in der Thematisierung der eigenen Partnerschaften und den Partnerschaftserwartungen. Dabei sind neben der Wissensvermittlung über die Dynamik von Gewalt in Beziehungen vor allem die Auseinandersetzung mit gesellschaftlichen Rollenzuschreibungen für Männer und Frauen und deren Konsequenzen für die Gestaltung von Paarbeziehungen von Bedeutung.

Prävention häuslicher Gewalt soll…

- über Hilfemöglichkeiten für Erwachsene, Mädchen und Jungen informieren, die Zeugen und Opfer häuslicher Gewalt geworden sind;
- häusliche Gewalt enttabuisieren, ihre Bewertung als Unrecht und ihre Ablehnung verankern;
- Jungen und Mädchen befähigen, Konflikte in ihren Beziehungen gewaltfrei zu lösen;
- das Selbstbewusstsein und die Selbstbehauptungsfähigkeiten von Kindern und Jugendlichen stärken;
- sie dazu anregen, geschlechtsspezifische Rollenbilder kritisch zu reflektieren;
- dabei helfen, einen respektvollen Umgang mit dem eigenen und dem anderen Geschlecht zu verinnerlichen.

Im Wesentlichen decken sich diese Ziele der Prävention häuslicher Gewalt mit den Zielen allgemeiner Gewaltprävention bzw. mit generellen Erziehungszielen. Das Bemühen um gewaltfreien Umgang mit Konflikten, um gegenseitigen Respekt, um die Förderung von Selbstbewusstsein und gewaltfreie Selbstbehauptung bildet die Basis jeder Gewaltprävention. Die Auseinandersetzung mit Beziehungsgewalt kann also als eine spezifische Erweiterung bestehender Gewaltpräventionsmaßnahmen verstanden und konzipiert werden.

Die Schule als ein wesentlicher Lebensraum und Konfliktaustragungsort der Heranwachsenden ist das geeignete Umfeld für die Prävention häuslicher Gewalt. Grundlage ist der Bildungs- und Erziehungsauftrag der Schulen: Sie sollen zur Persönlichkeitsentwicklung und zur Entwicklung sozialer Kompetenzen der Schülerinnen und Schüler beitragen. Vor diesem Hintergrund hat sich in den letzten Jahrzehnten eine vielfältige Praxis schulischer Gewaltprävention entwickelt (Hanke 2007). Thematisch geht es dabei vor allem um Probleme, die physische und psychische Übergriffe unter Kindern und Jugendlichen betreffen, also Gewalt, die von Schüler/-innen ausgeht und sich gegen andere Kinder und Jugendliche richtet. Einschlägige Themen sind z. B. Gewalt an Schulen, Mobbing und allgemeine Jugenddelinquenz. Gewaltprävention in diesem Sinn gehört in vielen Schulen zum Selbstverständnis, hierfür existieren zahlreiche Programme und Projekte. Häusliche Gewalt als Präventionsthema einzuführen, erfordert daher keine grundsätzlich neue Ausrichtung; es erfordert jedoch zusätzliche Überlegungen und konzeptionelle Erweiterungen.

Modellprojekte – Erfahrungen aus der Praxis

Anregungen für die Entwicklung von Präventionskonzepten in der Schule lassen sich vor allem aus Projekten gewinnen, die in den letzten Jahren an verschiedenen Standorten durchgeführt wurden.

BIG Prävention – Kooperation zwischen Jugendhilfe und Schule bei häuslicher Gewalt (BIG 2008)

Das Projekt der Berliner Initiative gegen Gewalt an Frauen e. V. (BIG) richtet sich an Kinder in Grundschulen, ihre Eltern und Lehrkräfte sowie an die Mitarbeiter/-innen der – den Schulen angegliederten – Horte und der zuständigen Jugendämter (vgl. Kreyssig in diesem Band). In Fortbildungen wird Lehrkräften und Erzieher/-innen Grundlagenwissen zu den Folgen häuslicher Gewalt für Kinder vermittelt; zum einem, um sie für die Thematik zu sensibilisieren, zum anderen um Handlungssicherheit und Kenntnisse über das Hilfesystem zu vermitteln. Eltern werden über die Inhalte des Projekts und den Ablauf der Arbeit mit den Kindern informiert und auf Beratungsangebote für Betroffene hingewiesen. In den viertägigen Workshops mit Kindern in den vierten bis sechsten Klassen geht es auf der Ebene primärer Prävention um die Stärkung der Wahrnehmung von Gefühlen und der Empathiefähigkeit, um den Umgang mit Wut und Ohnmacht, um Fairness in

Konfliktsituationen und um den Unterschied zwischen Streit und Gewalt. Sekundärpräventiv geht es darum, das Thema häusliche Gewalt zu benennen und konkrete Hilfemöglichkeiten für betroffene Kinder aufzuzeigen.

In der Evaluation der Modellphase hat sich gezeigt, dass die zentralen Ziele des Projekts erreicht wurden. Alle befragten Mädchen und Jungen kannten den Begriff häusliche Gewalt und andere Formen von Gewalt: sie wussten, bei welchen Personen und Institutionen sie Hilfe bekommen können und zeigten sich insbesondere vom Angebot des Kindernotdienstes beeindruckt. Gezeigt hat sich aber auch, dass viele Kinder ihre Altersgenossen als vertrauenswürdige Gesprächspartner/-innen betrachten, wenngleich ihnen die begrenzten Hilfemöglichkeiten anderer Kinder klar sind.

Darüber hinaus konnte die Evaluation zeigen, dass nicht nur die teilnehmenden Kinder, sondern auch die erwachsenen Zielgruppen das Projekt positiv beurteilen: Die große Mehrheit der Eltern befürworteten die Arbeit, wenige standen dem Angebot neutral gegenüber, Ablehnung wurde nur vereinzelt zum Ausdruck gebracht. Auch die Mitarbeiter/-innen der Jugendämter begrüßten ihre Einbindung in das Projekt. Lehrkräfte schätzen das umfassende Gesamtkonzept und die inhaltliche Anknüpfung des Projekts an das alltägliche Gewalterleben in der Schule positiv ein (vgl. Kavemann in diesem Band).

Aktionsprogramm „Gemeinsam für mehr Kinderschutz bei häuslicher Gewalt"

Eine kindergerechte Aufklärung über häusliche Gewalt und die Erleichterung des Zugangs für Mädchen und Jungen zu Hilfe und Unterstützung war auch das Ziel des Aktionsprogramms in Baden-Württemberg. Im Rahmen dieses Programms wurden an verschiedenen Standorten Präventionsprojekte vorwiegend in Grund- und Hauptschulen von unterschiedlichen schulexternen Einrichtungen (Beratungsstellen, Frauenhäuser, Fachstellen für Prävention) durchgeführt und wissenschaftlich begleitet Seith/Kavemann 2010). Die Auswertung der Projekte zeigte, dass vielen Kindern das Thema häusliche Gewalt bekannt ist und dass sie auf Informationen dazu sehr positiv reagieren. Im Hinblick auf die zentrale Zielsetzung, der Aufklärung über Hilfemöglichkeiten, war die Arbeit erfolgreich: Die meisten Kinder wussten nach der Durchführung des Projekts, dass und beim wem sie Hilfe suchen können.

Darüber hinaus wurde deutlich, dass die Präventionsprojekte in der Regel sehr von einer aktiven Einbindung der Lehrkräfte und Schulsozialarbeiter/-innen profitieren. Sie sind vor allem für jüngere Kinder wichtige Ansprechpartner/-innen in Bezug auf familiäre Probleme und können in dieser Funktion in das außerschulische Hilfesystem fungieren, das z. B. in ländlichen Regionen für Mädchen und Jungen nicht unbedingt eigenständig erreichbar ist. Informierte und fortgebildete Lehrkräfte und Schulsozialarbeiter/-innen können im Anschluss an ein Projekt auch die

Kontinuität und Nachhaltigkeit der Projekte gewährleisten, indem sie die Inhalte im Unterricht und im schulischen Alltag aufgreifen und vertiefen.

Im Hinblick auf konzeptionelle Fragen kommt die Evaluation zu dem Ergebnis, dass die Zielerreichung unbedingt eine klare Benennung des Themas erfordert: „Wird die Präventionsarbeit zu häuslicher Gewalt in ein umfassendes Gewaltpräventionsprojekt eingebunden, so ist darauf zu achten, dass der Inhalt klar behandelt wird; generell lässt unsere Untersuchung den Schluss zu, dass Prävention zu häuslicher Gewalt ohne Einschränkung als eigenständiges Projekt angeboten werden kann." (ebenda: 114)

Insgesamt wurde in beiden Projekten erkennbar, dass es sinnvoll ist und die Nachhaltigkeit der Projektergebnisse fördert, wenn bei der Umsetzung sowohl die schulinternen als auch die externen Fachkräfte einen aktiven Part übernehmen. Lehrkräfte und Schulsozialarbeiter/-innen sind in der Regel weder Kinderschutz-Experten/-Expertinnen noch Experten und Expertinnen für häusliche Gewalt und ihre Folgen; das inhaltliche Know-how zum Thema muss also von schulexternen Fachinstitutionen eingebracht werden. Lehrkräfte und Schulsozialarbeiter/-innen sind aber für viele Mädchen und Jungen wichtige Bezugs- und Vertrauenspersonen und können auch nach dem Ende eines Projekts als Ansprechpartner/-innen in Problemsituationen fungieren.

Prävention gegen häusliche Gewalt generiert in der Regel einen Bedarf an Intervention für Betroffene, der vorab bedacht und konzeptionell berücksichtigt werden muss. Denn bei Präventionsprojekten, die sich an Gruppen von Kindern und Jugendlichen richten, ist es durchaus möglich, dass einige der Mädchen und Jungen Opfer oder Zeugen/Zeuginnen häuslicher Gewalt sind bzw. waren. Sie können durch ein solches Projekt motiviert werden, eigene Gewalterfahrungen und akuten Hilfebedarf zu offenbaren. Präventionsprojekte müssen deshalb in jedem Fall Ressourcen für die Unterstützung und Begleitung betroffener Mädchen und Jungen vorhalten. Schulische Präventionsprojekte sollten – auch vor diesem Hintergrund – regelmäßig die Kooperation mit Fachkräften und Beratungseinrichtungen vor Ort suchen und sicherstellen, dass bei Bedarf professionelle Unterstützung für betroffene Mädchen und Jungen gewährleistet ist.

Wichtig ist auch, im Vorfeld eines Projekts Schulleitungen, Lehrkräfte und Eltern für die Auseinandersetzung mit dem Thema zu gewinnen. Vor- und Nachbereitungen im Kollegium sowie Elternabende sind deshalb ein bedeutsamer Bestandteil der Präventionsarbeit und können die Nachhaltigkeit von Projektinhalten sichern helfen. Informierte und fortgebildete Lehrkräfte können im Bezug auf die Projektinhalte als Verstärker und Multiplikatoren wirken, in dem sie die im Projekt vermittelten Themen in eigenen Aktivitäten umsetzen. Elternabende bieten die Möglichkeit, neben Informationen über das Projekt auch Beratungs- und Schutzmöglichkeiten für Betroffen zu vermitteln.

Bausteine für die Präventionsarbeit mit Jugendlichen

Die beiden Modellprojekte in Berlin und Baden-Württemberg haben interessante Anhaltspunkte dafür geliefert, unter welchen Voraussetzungen die Präventionsarbeit zu häuslicher Gewalt in der Schule gelingen kann. Im Kontext des Berliner Projekts und in einigen weiteren Projekten sind außerdem erste Materialien für die Arbeit mit älteren Kindern und Jugendlichen erarbeitet worden, die in der Präventionsarbeit eingesetzt werden können.

- „ECHT FAIR!“[1], eine Ausstellung für Mädchen und Jungen der Klassenstufen 5 bis 8 wurde von BIG e. V. und dem Präventionsbüro Petze in Schleswig-Holstein konzipiert. Kinder und Jugendliche können sich anhand der interaktiven Ausstellungsmodule mit häuslicher Gewalt und anderen Gewaltsituationen auseinandersetzen, Begleitmaterialien und Info-Flyer für Eltern und Kinder bilden eine Grundlage für die Nachbereitung und Vertiefung des Themas.
- „Sprich mit mir“[2] ist ein Material-Paket des Paritätischen Landesverband Baden-Württemberg, das sich an Lehrkräfte, Schulsozialarbeiter/-innen und Fachkräfte in der Jugendarbeit und Jugendbildung richtet. Die Materialien vermitteln kompakte Informationen über häusliche Gewalt und ihre Folgen für Kinder sowie Handlungsorientierungen für den Umgang mit Kindern und Eltern in Verdachtssituationen. Darüber hinaus sind Anleitungen und Methoden für die praktische Präventionsarbeit mit 12- bis 16-jährigen zusammengestellt worden, die in Schulprojekttagen und Workshops in der Jugendarbeit eingesetzt werden können.
- „Heartbeat – Herzklopfen: Beziehungen ohne Gewalt“[3] ist ein Arbeitspaket zur Prävention von Gewalt in Teenagerbeziehungen, das im Rahmen eines internationalen Projekts erarbeitet und erprobt wurde. Pädagogische Fachkräfte finden in den Materialien neben Hintergrundinformationen umfangreiche methodische Handreichungen für die Prävention mit jugendlichen Mädchen und Jungen rund um das Thema Beziehungen.

Die ersten Beziehungserfahrungen sind für Jugendliche eine wichtige Ressource für Identität und Selbstwertgefühl. Jugendliche probieren sich aus; dabei kommt es beinahe unvermeidlich zu Fehleinschätzungen, zu versehentlichen oder vorsätzlichen Grenzüberschreitungen. Da Jugendliche oft unsicher sind im Hinblick auf die Wahrnehmung und Einordnung von Grenzverletzungen, brauchen sie Orientierungshilfen – z. B. von Erwachsenen – die Normen zu Gewaltfreiheit verdeutlichen und Grenzen markieren. Präventionsarbeit mit Jugendlichen ist stets und ganz besonders bei diesem Thema eine

1 http://www.big-berlin.info.de oder http://www.petze-kiel.de/fair.htm

2 http://www.empowering-youth.de/

3 http://www.tima-ev.de/

Gratwanderung zwischen Akzeptanz von alterstypischem (Risiko-)Verhalten und Schutz vor körperlichen und seelischen Verletzungen.

Beim Einsatz der oben genannten Materialien in der praktischen Arbeit wurde die Erkenntnis einiger Studien bestätigt, dass viele Mädchen und Jungen bei Gewaltproblemen vor allem von Gleichaltrigen Verständnis und Unterstützung erhoffen und eher zurückhaltend darin sind, Erwachsene ins Vertrauen zu ziehen. Diese Erkenntnisse werden in den Materialien explizit aufgegriffen, indem Mädchen und Jungen nicht nur als potentielle Opfer, sondern auch als mögliche Helfer/-innen in Krisensituationen angesprochen und bestärkt werden – mit dem Ziel, als Freundinnen und Freunden den Zugang zu professionellen Beratungs- und Unterstützungseinrichtungen zu bahnen.[4]

Schlussfolgerungen und Perspektiven

Zweifellos bedeutet die Auseinandersetzung mit häuslicher Gewalt eine neue Herausforderung und zusätzliche Arbeitsbelastung für Schulleitungen, Lehrkräfte und Schulsozialarbeiter/-innen. Es ist aber auch zu bedenken, dass Schulen ohnehin direkt mit den Folgen häuslicher Gewalt konfrontiert sind. Diesbezügliche Untersuchungen[5] haben gezeigt, dass häusliche Gewalt betroffene Kinder emotional, sozial und kognitiv belastet. Wer zu Hause Gewalt miterlebt, kann schlechter lernen und fällt darüber hinaus möglicherweise durch Verhaltensstörungen und Probleme im Umgang mit anderen Kindern auf. Systematische Prävention gegen häusliche Gewalt trägt dazu bei, dass Problemsituationen frühzeitig erkannt und bewältigt werden können – mittel- und langfristig kann Prävention also eine Entlastung des Schulalltags bewirken.

Vor diesem Hintergrund ist es sinnvoll, dass Lehrkräfte und Schulsozialarbeiter/-innen Grundwissen über Gewalt in Paarbeziehungen, über die Folgen für Kinder und über das rechtliche und psychosoziale Hilfesystem erwerben, vorzugsweise in (schulinternen) Fortbildungen mit Fachkräften aus dem regionalen Hilfesystem der Jugendhilfe und der Frauenunterstützungseinrichtungen sowie der Polizei und Justiz. In diesen Fortbildungen können Fragestellungen aus der Sicht der Schule praxisnah bearbeitet und konkrete Handlungsorientierungen vermittelt werden (Landespräventionsrat Niedersachsen 2011).

Für die Schaffung und Sicherung der schulischen Rahmenbedingungen sind vor allem die Kultusministerien der Länder verantwortlich. Sie können durch entsprechende Regelungen, die Bereitstellung von Handlungsorientierungen und von Ressourcen für die Fortbildung gute Voraussetzungen für die Präventionsarbeit schaffen. Auf Landesebene können darüber hinaus durch

4 http://www.empowering-youth.de/downloads/praesentation_koeberlein.pdf

5 Das zeigen u. a. die in diesem Band dargestellten Befunde.

Zusammenarbeit von Kultusministerien und anderen für Gewaltprävention zuständigen Ressorts und den Fachinstitutionen konkrete Schnittstellen zu regionalen und landesweiten Präventionsprogrammen identifiziert und genutzt werden. Anregungen für entsprechende Aktivitäten auf Landesebene gibt z. B. der „Aktionsplan gegen häusliche Gewalt" in Schleswig-Holstein. Dort ist das Thema sowohl in die Lehrerausbildung als auch die Fort- und Weiterbildung von Beratungslehrkräften sowie in das Konzept eines landesweit umgesetzten Gewaltpräventionsprogramms integriert.[6]

Schulen sollen und können die Prävention häuslicher Gewalt nicht allein organisieren und verantworten. Sie sind in der Regel auf die Zusammenarbeit mit externen Fachinstitutionen angewiesen – vor allem auf die Kooperation mit Frauenunterstützungseinrichtungen und der Jugendhilfe. Die Umsetzung von Prävention gegen häusliche Gewalt setzt also auch dort geeignete strukturelle Rahmenbedingungen voraus: eine Infrastruktur von Fachstellen, die ausreichende personelle Ressourcen und Sachmittel haben, um Schulen zu unterstützen.

Die vorgestellten Modellprojekte haben die Zielsetzungen und Rahmenbedingen von Prävention gegen häusliche Gewalt differenziert herausgearbeitet und damit eine wichtige Grundlage für die systematische Verankerung des Themas in der Arbeit mit Kindern und Jugendliche geschaffen. Sie zeigen auch, dass Präventionsarbeit gegen häusliche Gewalt eine interdisziplinäre Aufgabe ist, die eine gut vernetzte und abgestimmte Kooperation zwischen Schule, Jugendhilfe, Frauenunterstützungseinrichtungen und weiteren Facheinrichtungen vor Ort voraussetzt. Die Praktikerinnen und Praktiker in diesen Bereichen sind vor diesem Hintergrund gefordert, sich immer wieder über die Grundlagen und Problemwahrnehmungen ihrer Professionen zu verständigen und die gemeinsamen Anliegen und Ziele in der Präventionsarbeit zu identifizieren und in ihre Arbeit zu integrieren.

6 http://www.schleswig-holstein.de/cae/servlet/contentblob/412502/publicationFile/Aktionsplan.pdf

Norbert Struck

Möglichkeiten der Absicherung von Unterstützungsangeboten für Kinder und Jugendliche bei häuslicher Gewalt – Konsequenzen für die Jugendhilfe

Strukturelle Kindeswohlgefährdung bei häuslicher Gewalt

Bei häuslicher Gewalt besteht einerseits eine hohe Wahrscheinlichkeit, dass Kinder selbst unmittelbar Opfer häuslicher Gewalt werden, andererseits sind Mädchen und Jungen immer schwer belastet durch das Miterleben von Gewalt in ihrer Familie (s. Kindler in diesem Band). Das öffentliche Bekanntwerden von häuslicher Gewalt, sei es dadurch, dass eine Frau in ein Frauenhaus geht, sei es dadurch, dass sie um Schutz im Rahmen des Gewaltschutzgesetzes nachsucht, oder sei es auf anderen Wegen, ist deshalb, wenn Kinder beteiligt sind, strukturell immer ein Indikator für eine mögliche Kindeswohlgefährdung und sollte deshalb die Kinder- und Jugendhilfe in ihren präventiven, ihren unterstützenden und ihren schützenden Funktionen aktivieren:

> „Partnerschaftsgewalt ist ein sicherer Indikator für Hilfebedarf nach dem SGB VIII. Dem wird sich auch die Kinder- und Jugendhilfe offensiver zu stellen haben, als sie das möglicherweise noch vor dem Gewaltschutzgesetz getan hat." (Meysen 2004: 66)

Dabei bleibt zunächst offen, wie die Kinder- und Jugendhilfe diese Funktion wahrnehmen soll und welche Leistungen oder Maßnahmen dabei im Einzelfall angezeigt sind. Wichtig ist dabei auch, dass die Aktivitäten der Kinder- und Jugendhilfe nicht den notwendigen Schutz ihrer Mütter vor häuslicher Gewalt konterkarieren. Der Schutz vor häuslicher Gewalt kann nur in koordinierten Konzepten entwickelt werden, in denen nicht etwa Verfahrensregelungen die häufig entscheidend gebotene Schnelle von Handlungen und Maßnahmen torpedieren. Derzeit kann allerdings noch mit Thomas Meysen konstatiert werden:

> „Weder Polizeirecht noch Sozialrecht tragen jedoch diesem Umstand Rechnung, dass Gefahrenabwehrbehörden und Hilfesysteme im Kontext von Partnerschaftsgewalt auf Zusammenarbeit angewiesen sind." (Meysen 2004: 65 f.)

Im Folgenden werde ich zunächst allgemein die Aufgaben der Kinder- und Jugendhilfe im Kontext häuslicher Gewalt, der von Frauen öffentlich gemacht wird, indem sie um Unterstützung nachsuchen, charakterisieren, dann einen knappen Überblick über das System der Hilfen zur Erziehung geben und schließlich die Frage der Erfordernisse rechtlicher und konzeptioneller Weiterentwicklungen der Kinder- und Jugendhilfe diskutieren im Hinblick auf die Fragestellung einer Verbesserung von Prävention, Unterstützung und Schutz von Kindern bei häuslicher Gewalt.

Kinder- und Jugendhilfe zwischen Prävention, Dienstleistung und Schutzauftrag

Die Aufgaben der Kinder- und Jugendhilfe sind grundlegend in § 1 SGB VIII, dem Kern des Kinder- und Jugendhilfegesetzes (KJHG) beschreiben. Dort heißt es u. a.:

> „Jugendhilfe soll ...insbesondere
> 1. junge Menschen in ihrer individuellen und sozialen Entwicklung fördern und dazu beitragen, Benachteiligungen zu vermeiden oder abzubauen,
> 2. Eltern und andere Erziehungsberechtigte bei der Erziehung beraten und unterstützen,
> 3. Kinder- und Jugendliche vor Gefahren für ihr Wohl schützen,
> 4.dazu beitragen, positive Lebensbedingungen für junge Menschen und ihre Familien sowie eine kinder- und familienfreundliche Umwelt zu erhalten oder zu schaffen."

Hier ist also im Gesetz einerseits die präventive Ausrichtung der Kinder- und Jugendhilfe deutlich angesprochen, andererseits ihre Dienstleistungsfunktion, aber auch ihre grundlegende Schutzfunktion. Man kann aber sagen, dass dann im weiteren Gesetzestext die Leistungsfunktionen sehr viel deutlicher ausbuchstabiert werden als die präventiven und die schützenden Funktionen. Das hängt auch damit zusammen, dass das 1991 vom KJHG abgelöste Jugendwohlfahrtsgesetz (JWG) die Leistungen der Jugendhilfe eigentlich nur in zwei Paragraphen kursorisch beschrieb und sich ansonsten vor allem mit Organisationsnormen und Eingriffsbefugnissen befasste. Das KJHG wurde deshalb damals unter die Leitformel „Vom Eingriffsrecht zum Leistungsrecht" gestellt. Diese grundlegende Orientierung hat sich eindeutig als produktiv und sinnvoll erwiesen.[7]

Allerdings zeigte es sich in der Praxis, dass vielerorts Probleme bei der Wahrnehmung des – ja nach wie vor geltenden – Schutzauftrags der Kinder- und Jugendhilfe gab. In den jugendhilferechtlichen Debatten der letzten Jahre ist auf dieses Problem Bezug genommen worden. Im Kinder- und Jugendhilfeweiterentwicklungsgesetz - KICK (BR-Drs. 444/05) wurde deshalb der bessere Schutz von Kindern und Jugendlichen bei Gefahren für ihr Wohl ein Schwerpunkt der Neuregelungen (§§ 8 a, 42 und 72 a). Die damit intendierte größere Rechtsklarheit ist sinnvoll und zu begrüßen.

Die präventiven Aufgaben der Kinder- und Jugendhilfe sind ihrer Natur nach schwer in bundesgesetzlichen Normen zu konkretisieren. Der allgemeine Präventionsauftrag legitimiert zwar jedes sinnvolle Handeln der Kinder- und Jugendhilfe, das dieser Zielvorstellung dient; die Jugendämter oder auch die freien Träger könnten also jede Menge präventiver Angebote oder Strukturen schaffen. Das praktische Problem ist nur, dass angesichts der prekären Situation der öffentlichen Haushalte für Aufgaben, auf die keine individuellen Rechtsansprüche bestehen (vgl. Wabnitz 2005), nur in relativ geringem Umfang Mittel zur Verfügung gestellt werden. Ein Indiz hierfür ist z. B., dass

7 Zum knappen Überblick s. Struck 2002

für die explizit präventiv ausgerichteten Aufgaben der allgemeinen Förderung der Familie in 2009 in Deutschland nur ca. 226 Mio. € ausgegeben wurden. Das sind 0,84 % der Gesamtausgaben der Kinder- und Jugendhilfe.

Im Hinblick auf den Problemkomplex häusliche Gewalt lassen sich die Aufgaben der Kinder- und Jugendhilfe mit Monika Weber (2005: 69) so konkretisieren:

> „Demnach hat Jugendhilfe den Auftrag:
> a. häuslicher Gewalt vorzubeugen (…z. B. durch Informationsveranstaltungen für Eltern, Fortbildungen für Professionelle oder Projektwochen in Schulen),
> b. bestehende Gewalthandlungen so früh wie möglich zu erkennen, zu beenden und den Schutz der betroffenen Kinder und Jugendlichen sicherzustellen (z. B. im Rahmen der Krisenintervention bei einem Polizeieinsatz) sowie
> c. Unterstützung zu bieten bei der Aufarbeitung häuslicher Gewalterfahrungen, um langfristigen Benachteiligungen und Folgeschäden entgegenzuwirken … Dazu gehören einerseits Angebote, welche die nicht-schlagenden Elternteile in ihrer Erziehungsfähigkeit stützen und stärken, andererseits aber auch Angebote für die Kinder selbst. Gruppenangebote für Mädchen und Jungen, die helfen, Erfahrungen von Partnergewalt in ihrem häuslichen Umfeld zu verarbeiten, haben sich hier als sinnvoller Ansatz erwiesen."

Eine kompetente und koordinierte Wahrnehmung dieser Aufgaben setzt voraus, dass es im Gemeinwesen einen institutionellen Ort gibt, an dem das Thema häusliche Gewalt als sozialpädagogisches, politisches und sozialstrukturelles Problem patriarchaler Gewaltverhältnisse verankert ist, einen Ort von dem aus Konzepte der Prävention, der Unterstützung und des Schutzes aufeinander bezogen weiterentwickelt werden. Einen solchen Ort kann die Kinder- und Jugendhilfe im Rahmen ihrer Planungsverantwortung nach § 80 SGB VIII bereitstellen, er kann aber auch an anderen politischen Orten verankert werden, die dann die Kinder- und Jugendhilfe und ihre Planungsprozesse mit einbinden. Entscheidend ist jedenfalls, dass an diesem Ort die politische Dimension des Themas reflektiert wird und dass von ihm systematische Impulse zur Koordination der Handlungsstrategien und Unterstützungs- und Schutzangebote ausgehen.

Zu integrierten Hilfekonzepten bei häuslicher Gewalt gehört z. B. auch die Frage der Erreichbarkeit von Fachkräften des Jugendamtes rund um die Uhr, die keineswegs allerorts zufrieden stellend gelöst ist, sondern häufig erst im Kontext einer systematischen Befassung mit den Problemen häuslicher Gewalt als zu bearbeitendes Problem erkannt wird. Darüber hinaus ist es sinnvoll auch im Kontakt mit Tageseinrichtungen und Schulen zu Absprachen und Verfahren zu kommen, die in Konfliktsituationen schnell und zuverlässig greifen können und nicht erst jeweils im Einzelfall wieder neu erarbeitet werden müssen.[8]

8 Siehe hierzu z. B. die Ergebnisse des Projekts „Prävention von häuslicher Gewalt durch kooperative Arbeitsansätze in Tageseinrichtungen für Kinder" des AWO-Bundesverbandes 2004 und den dort entwickelten Praxisleitfaden

Das System der Hilfen zur Erziehung im SGB VIII[9]

Auf Hilfen zur Erziehung nach den §§ 27 ff. SGB VIII haben Personensorgeberechtigte einen Rechtsanspruch, wenn „eine dem Wohl des Kindes oder Jugendlichen entsprechende Erziehung nicht gewährleistet ist und die Hilfe für seine Entwicklung geeignet und notwendig ist" (§ 27 I SGB VIII). Rechtlich gesehen richten sich also alle Hilfen zur Erziehung an die Personensorgeberechtigten und somit nur indirekt an das Kind oder den Jugendlichen selber. Diese Rechtsgrundlage ist gerade im Kontext häuslicher Gewalt oft problematisiert worden. So z. B. von Luise Hartwig, wenn sie schreibt:

> „Innerfamiliale Gewalt wird deutlich bei Sorgerechtsentscheidungen benannt, bei denen die Jugendhilfe das staatliche Wächteramt wahrnimmt; sie taucht demgegenüber selten auf in Hilfeplanungen, die auf der freiwilligen Beantragung der Mütter oder Eltern beruhen ... Die Familienorientierung der Hilfeformen gemäß SGB VIII §§ 27 ff. , die die Verschränkung des Elternrechts mit dem Kindeswohl generell als gegeben ansieht, erschwert gerade in Fällen innerfamilialer Gewalt eine an den Bedürfnissen der Opfer ausgerichtete Hilfe." (Hartwig 2005: 81)

Da dem Staat in Deutschland außerhalb der Schule kein eigenständiger Erziehungsanspruch zusteht, hat diese Konstruktion, die Eltern zwar Unterstützung anbietet, aber oberhalb der Schwelle der Kindeswohlgefährdung (§ 1666 BGB) nicht mit ihrer Erziehungsverantwortung konkurriert, jedoch starke verfassungsrechtliche Argumente auf ihrer Seite. Sie hat auch die Konsequenz, dass bei der Ausgestaltung der Hilfen im Einzelfall den Personensorgeberechtigten wie auch den Kindern bzw. Jugendlichen rechtlich eine relativ starke Stellung eingeräumt wird durch das Wunsch- und Wahlrecht (§ 5 SGB VIII) und die Regelungen zur Mitwirkung und zum Hilfeplan bei den Hilfen zur Erziehung (§ 36 SGB VIII). Der fachliche Anspruch, der hinter diesen Mitwirkungsregelungen steht, ist der, Hilfen so auszugestalten, dass sie tatsächlich hilfreich sind und auch von den Betroffenen als hilfreich empfunden werden, denn erfolgreiche sozialpädagogische Hilfen sind immer auf die Betroffenen als aktive Koproduzenten/Koproduzentinnen der Hilfe angewiesen. Hilfen müssen auf die subjektiven Lebensweltdeutungen der Betroffenen bezogen sein. In Konstellationen häuslicher Gewalt, in denen sich Frauen mit Kindern an öffentliche Einrichtungen wenden, heißt das auch, dass angebotene Hilfen den Problemdeutungen sowohl der Frauen wie auch der Mädchen oder Jungen angemessen sein müssen und dass der Hilfeplan zwingend auch einen Schutzplan umfassen muss. Es bedeutet weiter, dass solche Hilfeplanung in der Kinder- und Jugendhilfe abgestimmt und koordiniert sein muss mit anderen in der Situation beteiligten Hilfesystemen.

Das SGB VIII benennt einen Kanon von typisierten Hilfen zur Erziehung (§§ 28 – 35 SGB VIII), die allerdings in sich sehr unterschiedlich gestaltet sein können. Aber auch dieser Kanon ist nicht letztlich abgeschlossen. Die Hilfen

9 Vgl. hierzu insgesamt Birtsch/Münstermann/Trede (2001)

sollen zwar „insbesondere nach Maßgabe der §§ 28 bis 35 gewährt" werden (§ 27 II SGB VIII), das heißt aber eben auch, dass auch andere Hilfen möglich und gestaltbar sind, soweit so die im Einzelfall notwendige und geeignete Hilfe gefunden wird.

Diese typisierten Hilfen sind im Einzelnen:

Die ambulanten Hilfen

§ 28 Erziehungsberatung

Erziehungsberatung als Hilfe zur Erziehung kann in Erziehungsberatungsstellen, aber auch in anderen Beratungsdiensten und –einrichtungen erbracht werden, sofern dort „Fachkräfte verschiedener Fachrichtungen" zusammenwirken. Erziehungsberatung als Hilfe zur Erziehung kann also auch z. B. in spezialisierten Beratungsstellen – etwa zum Thema sexuelle Gewalt oder Kinderschutz oder zum Thema Trennung und Scheidung – erbracht werden. Ihre Aufgabe ist die Unterstützung von Kindern, Jugendlichen, Eltern und anderen Erziehungsberechtigten „bei der Klärung und Bewältigung individueller und familienbezogener Probleme und der zugrunde liegenden Faktoren, bei der Lösung von Erziehungsfragen sowie bei Trennung und Scheidung". Damit hat die Erziehungsberatung im Prinzip einen sehr breiten Rahmen von fachlichen und methodischen Arbeitsmöglichkeiten, die von der Beratung im engeren Sinn, über therapeutische Maßnahmen bis hin zu Gruppenangeboten für Kinder und gemeinwesenbezogenen Aktivitäten reichen und sie ist explizit aufgefordert, sich auch den „zugrunde liegenden Faktoren", etwa bei häuslicher Gewalt, zuzuwenden. Für 2003 verzeichnete die Kinder- und Jugendhilfestatistik gut 300.000 Erziehungsberatungen, die sich im Durchschnitt auf eine Dauer von 6 Monaten erstreckten.

Der Zugang zur Erziehungsberatung ist kostenlos. Im Hinblick auf oft längere Wartezeiten bei Beratungsstellen ist es wichtig, dass vor Ort koordinierte Konzepte für die Unterstützung in Fällen häuslicher Gewalt entwickelt werden, in denen auch solche Zugangsfragen erörtert und gelöst werden.

§ 29 Soziale Gruppenarbeit

Die Teilnahme an sozialer Gruppenarbeit soll „älteren Kindern und Jugendlichen bei der Überwindung von Entwicklungsschwierigkeiten und Verhaltensproblemen helfen". Diese Norm lässt ein breites Spektrum an gruppenpädagogischen Unterstützungen zu. Denkbar sind auch Gruppenangebote an ähnlich von häuslicher Gewalt betroffene Mädchen und Jungen und geschlechtsspezifische Angebote. In einer Untersuchung zu einer anderen strukturellen Risikosituation von Kindern und Jugendlichen, nämlich psychischen Erkrankungen von Eltern, kommen Reinhold Schone und Sabine Wagenblaß zu folgender Einschätzung:

> „Explizit kind- und jugendlichenorientierte Begleit- und Unterstützungsangebote, wie sie das KJHG auch vorsieht (…), werden so gut wie gar nicht realisiert. Dabei hat gerade die präventive Gruppenarbeit gezeigt, wie entlastend und unterstützend diese Angebote für die Kinder sein können. Die Jugendhilfe leitet ihre Angebote … eher aus der Tatsache der Erkrankung der Eltern ab, weniger jedoch aus der subjektiven Lebenslage der Kinder und Jugendlichen. Die Unterstützung der Kinder und Jugendlichen bei Be- und Verarbeitungsproblemen, also bei der Entwicklung von Coping-Strategien, steht deutlich im Hintergrund.“ (Schone/Wagenblass 2002: 211 f.)

Für das Jahr 2010 weist die Kinder- und Jugendhilfestatistik nur ca. 8.100 Kinder und Jugendliche in Sozialer Gruppenarbeit aus. Dass darunter nur ca. 2100 Mädchen waren, verweist auf einen geschlechtsspezifischen Bias. Der dürfte vor allem auch damit zusammenhängen, dass das Instrument soziale Gruppenarbeit vor Ort häufig nur im Hinblick auf „Soziale Trainingskurse“ als Teil des Weisungskatalogs nach dem Jugendgerichtsgesetz (JGG) entwickelt wurde. Deshalb steht diese Unterstützungsmöglichkeit häufig gar nicht in geeigneten Formen zur Verfügung. Sie müsste also allererst konzeptionell – im Rahmen einer das Problem der häuslichen Gewalt bearbeitenden Jugendhilfeplanung – konkret entwickelt werden.

§ 30 Erziehungsbeistand, Betreuungshelfer

Die rechtssystematisch und auch praktisch unbefriedigende Verknüpfung von Jugendhilfemaßnahmen und Sanktionsmaßnahmen nach dem JGG zeigt sich auch in dieser Norm. Die Aufgaben von Erziehungsbeistand und Betreuungshelfer werden einheitlich beschrieben. Sie „sollen das Kind oder den Jugendlichen bei der Bewältigung von Entwicklungsproblemen möglichst unter Einbeziehung des sozialen Umfelds unterstützen und unter Erhaltung des Lebensbezugs zur Familie seine Verselbständigung fördern“. Dem Gesetzestext ist nicht zu entnehmen, warum diese individuelle Hilfeform zwei „Namen“ hat. Das ist nur historisch zu erklären. Die Erziehungsbeistandschaft hatte sich im Jungendwohlfahrtsgesetz aus der „Schutzaufsicht“ heraus entwickelt und der Betreuungshelfer entstammt dem Weisungskatalog des § 10 Jugendgerichtsgesetz, das allerdings auch die Erziehungsbeistandschaft in den Katalog der „Erziehungsmaßregeln“ aufgenommen hat (§ 12 Nr. 1 JGG). Vor diesem Hintergrund verwundert es nicht, dass sich auch hier ein deutlicher geschlechtsspezifischer Bias zeigt. Die Kinder- und Jugendhilfestatistik verzeichnet für 2010 21.182 Erziehungsbeistandschaften (davon 7.988 Mädchen) und 5.912 Unterstützungen durch Betreuungshelfer (davon 2.059 Mädchen). Das Unterstützungspotential von Erziehungsbeistandschaften könnte durchaus pädagogisch offensiv entwickelt werden und so eine leistungsfähige Hilfe in verschiedensten Lebenslagen darstellen. Insbesondere die auf das Mädchen oder den Jungen bezogene Konzentration der individuellen Unterstützung kann in vielen Krisensituationen notwendig und geeignet sein.

Auch hier kommt es darauf an, die rechtlich gegebenen Möglichkeiten durch konkrete Gestaltung vor Ort real werden zu lassen.

§ 31 Sozialpädagogische Familienhilfe

Die sozialpädagogische Familienhilfe soll durch intensive, in der Regel auf längere Dauer angelegte, Betreuung und Begleitung einer Familie diese bei ihren Erziehungsaufgaben, bei der Bewältigung von Alltagsproblemen, Krisen und Konflikten sowie im Kontakt mit Ämtern und Institutionen unterstützen. Sie ist mit 81.731 (2010) begonnenen Fällen eine vergleichsweise intensiv genutzte ambulante Hilfeform. Im Hinblick auf die Arbeit mit Familien mit psychisch kranken Eltern bezeichnen Reinhold Schone und Sabine Wagenblass sie kritisch als „eine Art ambulanter >Allzweckwaffe<" (Schone/Wagenblass 2002: 212). Im Kontext häuslicher Gewalt kann die sozialpädagogische Familienhilfe als eine intensive Unterstützungsform im Prinzip durchaus in Betracht kommen. Immerhin findet ca. die Hälfte aller Einsätze der sozialpädagogischen Familienhilfe in alleinerziehenden Familien statt. Voraussetzung dafür ist aber eine gewaltsensible Konzeption, eine hohe Fachlichkeit und das Vertrauen darein, dass diese Unterstützung die Autonomie befördert und sich jeder Bevormundung enthält. Auch dies verweist auf die Möglichkeit, aber auch Notwendigkeit, Unterstützungsmöglichkeiten durch die sozialpädagogische Familienhilfe für Familien, die sich aus Gewaltsituationen herausbegeben haben, konkret zu konzipieren und zu entwickeln.

Die teilstationären Hilfen

§ 32 Erziehung in einer Tagesgruppe

Bisher wurden ambulante Hilfen zur Erziehung beschrieben. Die Tagesgruppe ist demgegenüber eine teilstationäre Hilfe. Ihre im Gesetz beschriebene Aufgabe ist es, „die Entwicklung des Kindes oder Jugendlichen durch soziales Lernen in der Gruppe, Begleitung der schulischen Förderung und Elternarbeit" zu unterstützen und dadurch den Verbleib des Jugendlichen oder Kindes in der Familie zu sichern. Vom Gesetz her kann diese teilstationäre Hilfe auch „in geeigneten Formen der Familienpflege", also als Teilzeitpflege, erbracht werden. In der Praxis ist diese Form jedoch bisher selten. So wurden von den 2010 begonnenen 8.850 Hilfen nur knapp 500 nicht in einer Einrichtung erbracht. Im Hinblick auf das Alter der betreuten Kinder und Jugendlichen ist diese Form der Hilfe im Prinzip nicht festgelegt. In der Praxis gibt es einen Schwerpunkt in der Betreuung der 9–12-jährigen. Auch bei dieser Hilfeform zeigt sich ein deutlicher geschlechtsspezifischer Bias: die 2010 begonnenen Hilfen betrafen zu 73 % Jungen und nur zu 27 % Mädchen (Statistisches Bundesamt 2011).

Tagesgruppen haben sich einerseits aus der Heimerziehung herausdifferenziert, andererseits aber auch aus spezialisierten Kindertageseinrichtungen, insbesondere heilpädagogischen Horten. Die Abgrenzungen zu solchen Angeboten sind fließend. Tendenziell bestehen sie in der besseren materiellen und fachlichen Ausstattung der Tagesgruppenarbeit. Die zeitlichen Zuschnitte der Tagesgruppenangebote können auf den Einzelfall bezogen sehr flexibel arrangiert werden. Im Prinzip kann also auch diese Hilfeform ein intensives Unterstützungsangebot für Frauen mit Kindern sein, die sich einer Gewaltsituation entzogen haben.

Im Gegensatz zu den ambulanten Hilfen zur Erziehung, die kostenfrei sind, werden die Eltern bei der Erziehung in einer Tagesgruppe zu den Kosten herangezogen. Die Träger von Tagesgruppen müssen Entgelt-, Leistungs- und Qualitätsentwicklungsvereinbarungen mit dem örtlich zuständigen Jugendamt (§§ 78 a ff. SGB VIII) abgeschlossen haben, damit die Finanzierung dieser Leistung sichergestellt ist.

Die stationären Hilfen

Die stationären Hilfen werde ich in diesem Kontext nur der Vollständigkeit halber und nur sehr knapp beschreiben. Als sehr stark in das Lebensgefüge einschneidende Maßnahmen sind sie an den Punkten, an denen Frauen mit ihren Kindern sich der Situation häuslicher Gewalt entziehen und also das bisherige Familiengefüge einschneidend verändern, nur unter sehr speziellen Bedingungen ein Mittel der Wahl. Natürlich kann sich im weiteren Prozess auch die Notwendigkeit zu stationären Hilfen ergeben.

§ 33 Vollzeitpflege

Vollzeitpflege kann sowohl eine zeitlich befristete stationäre Hilfe zur Erziehung sein wie auch eine „auf Dauer angelegte Lebensform". Das Spektrum der Formen von Erziehung in Pflegefamilien ist mittlerweile sehr breit. Es reicht von der Bereitschaftspflege in Krisensituationen, über „normale" Pflegefamilien und Formen der Verwandtenpflege bis hin zu professionalisierten

Erziehungsstellen. 2010 wurden 15.251 Pflegeverhältnisse begonnen, etwa zur Hälfte für Jungen und für Mädchen.

§ 34 Heimerziehung, sonstige betreute Wohnformen

Heimerziehung ist die – von der Erziehungsberatung abgesehen – am häufigsten gewährte Hilfe zur Erziehung. 2010 begannen 34.722 Unterbringungen (46,5 % Mädchen). Auch die Heimerziehung hat eine breite Palette von Organisationsformen hervorgebracht, die von Familiengruppen über Wohngemeinschaften und Kinderdörfer bis hin zu großen Komplexeinrichtungen mit eigener Schule und Berufsausbildung gehen.

§ 35 Intensive sozialpädagogische Einzelbetreuung

Schließlich gibt es mit der intensiven sozialpädagogischen Einzelbetreuung noch ein weiteres, sehr offen gestaltbares Instrument, das die soziale Integration und eine eigenverantwortliche Lebensführung von Jugendlichen unterstützen soll. Hierzu zählen z. B. längerfristige erlebnispädagogische Maßnahmen, die teilweise auch im Ausland durchgeführt werden. 2010 wurden 1.793 Einzelbetreuungen begonnen, davon 43 % für Mädchen.

Systematisch gesehen kommt für solche Hilfen auch der § 35 a SGB VIII in Frage, der die Eingliederungshilfen für seelisch behinderte Kinder und Jugendliche beschreibt. Diese Rechtsgrundlage kann dann in Betracht kommen, wenn eine zugrunde liegende seelische Störung des jungen Menschen die Teilhabe an der Gesellschaft behindert oder zu behindern droht. Insbesondere bei durch die Gewalterfahrungen stark traumatisierten und drogenabhängigen Jungen und Mädchen kann der § 35 a SGB VIII in Betracht gezogen werden. Im Prinzip sind jedoch die möglichen Hilfeformen analog zu den Formen der Hilfen zur Erziehung.

Abgesehen von der Erziehung in einer Tagesgruppe stehen diese Hilfeformen auch für junge Volljährige (§ 41 SGB VIII) zur Verfügung.

Für – wohl vorwiegend jüngere – Frauen, die schwanger sind oder für eine Kind unter sechs Jahren zu sorgen haben und sich aus einer Gewaltsituation lösen, kann auch eine gemeinsame Unterbringung mit dem Kind in einer „Gemeinsamen Wohnform für Mütter/Väter und Kinder" nach § 19 SGB VIII in Betracht kommen. Die rechtliche Voraussetzung für diese Hilfe ist, dass sie dieser Unterstützung bei der Pflege und Erziehung ihres Kindes „aufgrund ihrer Persönlichkeitsentwicklung" bedürfen.

Insgesamt kann man angesichts dieser vielfältigen, sich überlappenden Möglichkeiten sagen, dass keine „notwendige und geeignete" Hilfe aus rechtlicher Sicht ausgeschlossen ist. Allerdings ist deren generelle und zeitnahe Verfügbarkeit in der Praxis teilweise ein erhebliches Problem.

Die beschriebenen Hilfen zur Erziehung gibt es also „im Prinzip", aber im Hinblick auf die realen Unterstützungspotentiale von Kindern in Situationen häuslicher Gewalt müssen sie im Hinblick auf ihre konkrete Verfügbarkeit und im Hinblick auf ihre inhaltlich-methodische Ausgestaltung zumeist erst praktisch entwickelt werden. Auch das verweist noch einmal auf die große Bedeutung und zwingende Notwendigkeit einer integrierten kommunalen Strategie für Schutz und Unterstützung von Frauen, Kindern und Jugendlichen bei häuslicher Gewalt, die auch Hilfeangebote für die Täter in abgestimmten Konzepten umfassen sollte.

Präventive Jugendhilfe und strukturelle Risikosituationen

Ich habe eingangs häusliche Gewalt als strukturelle Risikosituation für Kinder und Jugendliche beschrieben. Die Kinder- und Jugendhilfe kennt strukturelle Risikosituationen, auf die sie mit einem spezifischen Leistungsangebot reagiert. Im Falle von Trennung und Scheidung gibt es für Mütter und Väter einen Rechtsanspruch auf Beratung (§ 17 SGB VIII) und für sie und die Kinder einen Anspruch auf Beratung und Unterstützung bei der Ausübung des Umgangsrechts (§ 18 SGB VIII). In einem weiten Sinn kann man auch das Leistungsangebot des § 19 SGB VIII als Reaktion auf eine strukturelle Risikosituation ansehen. Jungen, allein erziehenden Müttern, Vätern und Schwangeren, die sich alleine mit dieser Situation überfordert fühlen, kann diese Hilfe angeboten werden. Kinder sollen vor Gefahren für ihr Wohl geschützt werden, indem ihren Eltern eine frühe, intensive Unterstützung zuteil wird.

Ein derart spezifisches Hilfeangebot gibt es für Frauen und ihre Kinder, die gegen eine Situation häuslicher Gewalt um öffentlichen Schutz und Unterstützung nachsuchen, nicht. Angesichts der Vielzahl denkbarer Konstellationen und Probleme scheint mir das auch sinnvoll. Dennoch stellt sich die Frage, wie die Kinder- und Jugendhilfe sicherstellen kann, dass sie die notwendige Unterstützung erhalten.

Dazu braucht es zum einen – wie oben angesprochen – integrierte Schutz- und Unterstützungsstrategien und -konzepte für die Kommunen. Innerhalb dieser müssen auf jeden Fall die Situation von Kindern in Frauenhäusern und die Finanzierung der Arbeit mit Kindern in Frauenhäusern bearbeitet werden. Die Rahmenbedingungen hierfür sind von Bundesland zu Bundesland sehr unterschiedlich gestaltet. Es scheint sinnvoll, dass auf jeden Fall eine grundlegende Infrastruktur für eine qualifizierte Arbeit mit Kindern in die Frauenhausfinanzierung einbezogen wird, damit in den Frauenhäusern grundlegende Betreuungs- und Erziehungsleistungen erbracht werden können und ein erstes Clearing stattfinden kann, durch das dann Wege zu notwendigen Hilfeangeboten gebahnt werden. Wo dies nicht gegeben ist, muss die Kinder- und Jugendhilfe aus ihrer Verpflichtung heraus, auf strukturelle Kindeswohlrisiken zu reagieren, für eine Kompensation dieses Defizits sorgen und die Kinderarbeit in Frauenhäusern sicherstellen. Dies kann im Prinzip sowohl von der Landesebene aus erfolgen wie auch auf der kommunalen Ebene.

Je nach Konzept – und teilweise auch konkreten Erfahrungen – haben Frauenhäuser eine größere oder geringere Distanz zur Arbeit der Jugendämter. Es gibt allerdings auch Frauenhäuser, die sich in den letzten Jahren erfolgreich selbst um eine Anerkennung als Träger der freien Jugendhilfe nach § 75 SGB VIII bemüht haben. Eine solche Anerkennung erleichtert zumindest die Förderung der Arbeit mit den Kindern aus Mitteln der Kinder- und Jugendhilfe (§ 74 SGB VIII), die Einbeziehung in die Jugendhilfeplanung (§ 80 SGB VIII) und die Mitarbeit im Jugendhilfeausschuss (§ 71 SGB VIII) als Teil des zweigliedrigen Jugendamtes. Es eröffnet Frauenhäusern auch die Option, einzelne als sinnvoll empfundene Leistungselemente der Hilfen zur Erziehung unmittelbar in ihr Leistungsspektrum zu integrieren.

In analoger Weise gilt dieses auch für freie Träger von Interventionsstellen gegen häusliche Gewalt.

Zusammenfassend lässt sich sagen, dass die Kinder- und Jugendhilfe einerseits eine Verpflichtung hat, auf Situationen struktureller Kindeswohlgefährdung zu reagieren, andererseits – rechtlich gesehen – eine Vielzahl denkbarer Unterstützungsangebote zur Verfügung hat. Die Inhalte und Formen dieser Unterstützungsangebote müssen aber in kooperativen Strategien zum Thema häusliche Gewalt auf kommunaler Ebene konkretisiert werden. In diesem Kontext muss auch das Informationssystem der professionellen Helfer/-innen präzisiert werden.

Carol Hagemann-White / Thomas Meysen

Partnerschaftsgewalt und familiäre Gewalt gegen Kinder: kohärente, divergenzsensible staatliche Reaktionen auf Menschenrechtsverletzungen – Strategien in und für Europa

Bei der Suche nach verlässlichen und Erfolg versprechenden Strategien gegen Gewalt haben der europäische Austausch über gute Praxis und die völkerrechtlichen Verbindlichkeiten der Staaten eine wachsende Bedeutung erhalten. Dabei kommen die Schnittstellen zwischen Gewalt gegen Frauen und Gewalt an Kindern immer stärker in den Blick. In diesem Beitrag werden die Gemeinsamkeiten und Unterschiede diskutiert, sowohl im Hinblick auf die beiden Gewaltformen als auch im Rahmen der Entwicklungen in den verschiedenen europäischen Ländern. Ausgehend von der Überzeugung, dass umfassende und in sich stimmige Konzepte notwendig sind, werden die Ergebnisse einer Sichtung der rechtlichen und institutionellen Rahmenbedingungen in Europa mit einer Analyse der Situation in Deutschland zusammengeführt. Gefragt wird, wie Hilfe, Schutz und Strafe bei gleichzeitiger Wahrung der Grundrechte von Frauen und von Kindern gewährleistet werden können, und welche Spannungen und widersprüchlichen Anforderungen dabei ausbalanciert werden müssen. Da nachhaltige Strategien letztlich auf die Täterschaft einwirken sollten, wird abschließend der Bogen zur Prävention gespannt.

Warum Partnerschaftsgewalt und familiäre Gewalt gegen Kinder?

Einordnung als Menschrechtsverletzungen

Gewalt gegen Frauen in Partnerschaften und familiäre Gewalt gegen Kinder haben gemeinsam, dass es sich um Misshandlungen in Nahbeziehungen handelt. Beiden Formen der Gewalt liegt jeweils ein strukturelles Machtgefälle zugrunde, das zur Folge hat, dass individuelle Übergriffe über die unmittelbar zugefügte Verletzung hinaus den Zugang zu Grundrechten aushöhlt oder versperrt. Deshalb sind die Staaten verpflichtet, Gewalt gegenüber Frauen und Kindern nicht zur Privatsache zu erklären, sondern wirksamen Schutz vor und bei Gewalt sowie verlässliche Hilfe zu gewährleisten. Die Herleitung der staatlichen Pflichten hat zwar unterschiedliche Ausgangspunkte, aber eine gemeinsame Basis in den Menschenrechten.

Gewalt gegen Frauen beruht auf gesellschaftlicher Diskriminierung. Diese Verortung macht deutlich, dass diese Verletzungen von Grund- und Menschenrechten den Status und das Wohlergehen sozialer Gruppen und nicht nur von Einzelopfern betreffen. Erfahren Kinder innerhalb ihrer Familie Misshandlung oder Vernachlässigung, ist ebenfalls ihr Grund- und Menschenrecht auf gewaltfreies Aufwachsen (Art. 19 UN-Kinderrechtskonvention) und Förderung ihrer Entwicklung sowie Erziehung zu einer eigenverantwortlichen und gemeinschaftsfähigen Persönlichkeit verletzt (§ 1 Abs. 1 SGB VIII, § 1 Abs. 1 KKG).

Gemeinsam ist Gewalt gegen Frauen und Gewalt gegen Kinder somit die Gefährdung und die unzureichende Gewährleistung von Grundrechten.

Integration der Gewaltbereiche: kohärente, divergenzsensible Strategie

Die Pflicht zur wirksamen Gewährleistung von Grundrechten der Frauen und Kinder bietet somit den konzeptionellen Rahmen, um sowohl die übergreifenden Gemeinsamkeiten als auch die spezifischen Elemente von Partnerschaftsgewalt und familiärer Gewalt gegen Kinder innerhalb eines integrierten Ansatzes einzubeziehen (Europäische Kommission 2010: 230). Strategien zum Abbau der Gewalt erfordern rechtlich bereichsübergreifende komplexe und koordinierte Konzepte sowie wirkungsvolle Verbindungen zwischen Justiz und Sozialsystem. Die nationalen Rechtsordnungen sollten bei der Reaktion auf Partnerschaftsgewalt und familiäre Gewalt gegen Kinder daher einen integrierten, aufeinander abgestimmten umfassenden Ansatz verfolgen, der Maßnahmen in verschiedenen Rechtsbereichen sowie Verwaltungs-, Sozial- und Bildungsmaßnahmen enthält (Europäische Kommission 2010: 215 f.). Die für die EU überarbeiteten und vorgeschlagenen Mindeststandards zur Sicherung der Menschen- und Grundrechte reflektieren die Notwendigkeit eines integrierten Ansatzes (Europäische Kommission 2010a: 22 ff.).

Die Kohärenz des Umgangs mit Gewalt in strukturellen Machtverhältnissen darf die Unterschiede nicht nivellieren. Die Möglichkeit und das Recht zur Selbstbestimmung sind bei Kindern und Jugendlichen notwendig eingeschränkt, woraus andere Schutzpflichten und -notwendigkeiten resultieren als bei Erwachsenen, die über das Schutzbedürfnis vor Gewalt hinaus uneingeschränkt eigenverantwortlich handlungsfähig sind. Eine Integration der Gewaltbereiche in eine übergreifende, kohärente Strategie bedarf daher ausreichender Divergenzsensibilität.

Staatliche Reaktion

Beendigung von Gewalt als gemeinsames Ziel

Kommt es zu Partnerschaftsgewalt oder familiärer Gewalt gegen Kinder, haben Frauen und Kinder im Ausgangspunkt das gleiche Interesse: die Beendigung und den Schutz vor weiterer Schädigung. Die Strategien zur Sicherstellung sind jedoch unterschiedlich.

Beendigung von Partnerschaftsgewalt in Europa

Bei Partnerschaftsgewalt ist EU-weit inzwischen die Entfernung oder erzwungenes Fernbleiben des gewalttätigen Partners das Mittel der Wahl für die kurz- und mittelfristige staatliche Reaktion geworden. Es hat sich eine Vielzahl nationaler rechtlicher Schutzmaßnahmen entwickelt. Unterschieden werden können drei relevante Arten von Schutzverfügungen (Europäische Kommission 2010: 74 f.).

- In allen EU-Mitgliedstaaten außer Lettland ist eine zivilrechtliche einstweilige Verfügung möglich; allerdings ist eine Schutzanordnung, die z. B. den Täter vorläufig aus der Wohnung weist, in Zypern. Griechenland, Estland und Rumänien nur während eines Strafverfahrens möglich. Die Bedingungen sind jedoch unterschiedlich. Gewöhnlich dauert es mehrere Tage, bevor das Gericht eine Verfügung erlässt. Verstößt die gewalttätige Person gegen die gerichtlichen Auflagen, kann dies in den meisten Ländern straf- oder zivilrechtliche Strafmaßnahmen nach sich ziehen. Teilweise setzt die Schutzanordnung bei Ehepaaren eine formale Trennung (Malta) oder nach einer gewissen Frist die Einreichung eines Scheidungsantrags voraus (Frankreich).
- Strafrechtliche Schutzanordnungen, die eine Schutzverfügung während eines Strafverfahrens erlauben, sind weit verbreitet. Da jedoch der Zeitraum zwischen einer Gewalttat und dem Verfahrensbeginn gegen den/die Täter/-in oft recht lang ist und zugleich für die gewaltbetroffene Person der gefährlichste sein kann, führt der fehlende Schutz oft dazu, dass die Opfer eine Einbeziehung der Strafjustiz zu vermeiden versuchen oder verweigern die Aussage.
- Außerdem kennen zahlreiche EU-Mitgliedstaaten Maßnahmen zum sofortigen Schutz, etwa die polizeiliche bzw. behördliche Wohnungsverweisung. In Österreich bereits 1998 eingeführt, ist sie jetzt auch in acht weiteren Mitgliedstaaten möglich (Dänemark, Deutschland, Luxemburg, Niederlande, Österreich, Slowakische Republik, Slowenien, Tschechische Republik, Ungarn). Mit der Wegweisungsverfügung kann die Polizei den Täter vorübergehend der Wohnung verweisen. Die Dauer variiert zwischen zwei Tagen bis vier Wochen und kann in einigen Staaten verlängert werden. Zum Teil kann die Polizei die Wegweisung ungeachtet der Wünsche des Opfers aussprechen. In elf Ländern werden die Wegweisung und das Rückkehrverbot durch die Staatsanwaltschaft oder durch Gerichte im einstweiligen Rechtsschutz „ex parte", also aufgrund einer Glaubhaftmachung durch die gewaltbetroffene Partei und ohne weitere Beweiserhebung ausgesprochen (Belgien, Bulgarien, Finnland. Frankreich, Irland, Italien, Litauen, Malta, Schweden, Spanien, Vereinigtes Königreich), wobei das teilweise sehr schnell möglich ist. Nur wenige Mitgliedstaaten stellen sicher, dass zwischen einer sofortigen polizeilichen bzw. behördlichen und einer gerichtlichen Schutzmaßnahme keine zeitlichen Lücken entstehen (Deutschland, Luxemburg, Österreich). Mehrere EU-Mitgliedstaaten gewährleisten nicht, dass nach Auslaufen der Notfall-Schutzanordnung tatsächlich auch eine gerichtliche Schutzanordnung erlassen wird, wodurch zum Teil erhebliche Schutzlücken entstehen (z. B. Bulgarien, Slowakische Republik, Slowenien, Ungarn).

Beendigung von Kindesmisshandlung und -vernachlässigung

Zur Beendigung von familiärer Gewalt gegen Kinder ist im Hinblick auf die kindliche Entwicklung und seine Bindungen eine differenziertere staatliche

Reaktion erforderlich. Die Herausnahme aus der Familie als Schutzmaßnahme kommt aus Gründen des Kindeswohls nur in Betracht, wenn es sich um die am wenigsten schädliche Alternative handelt (Solnit/Freud/Goldstein 1974: 49 ff.). In den meisten EU-Mitgliedstaaten haben daher Hilfe und Unterstützung Vorrang vor einer Herausnahme bzw. Fremdunterbringung (Belgien, Bulgarien, Deutschland, Finnland, Frankreich, Griechenland, Italien, Luxemburg, Niederlande, Österreich, Polen, Portugal, Rumänien, Slowakische Republik, Ungarn, Zypern) und/oder fordern den geringstmöglichen Eingriff (Belgien, Dänemark, Deutschland, Finnland, Irland, Niederlande, Österreich, Schweden, Ungarn, Vereinigtes Königreich) (Europäische Kommission 2010a: 7).

Ist Schutz durch sofortige Trennung von Kind und schädigenden Personen erforderlich, hat in allen bis auf vier EU-Mitgliedstaaten (Belgien, Frankreich, Griechenland, Portugal) eine Kinderschutzbehörde die Befugnis, das Kind wegzunehmen und in Sicherheit zu bringen. Bei mittel- oder langfristigen Maßnahmen wird regelmäßig eine gerichtliche Anordnung benötigt und nur in fünf EU-Mitgliedstaaten dürfen die Kinderschutzbehörden die weiteren Schutzanordnungen gegen den Willen der Eltern treffen (Dänemark, Finnland, Portugal, Schweden, Zypern). Alle anderen EU-Mitgliedstaaten (außer Griechenland, Luxemburg, Slowenien) sehen bei Widerspruch oder längerer Dauer eine gerichtliche Überprüfung von behördlichen Kinderschutzmaßnahmen vor (Europäische Kommission 2010: 46).

Ächtung der Gewalt und Strafbarkeit

Gewalt in familiären Beziehungen und in Partnerschaften hat ihre Legitimität verloren. Die nationalen Rechtsordnungen nähern sich schrittweise klaren Rechtsnormen an. Körperliche Züchtigung in der Familie ist verboten, häusliche Gewalt wird durch die Möglichkeit von Wegweisungen und Schutzanordnungen geächtet. Gewalt als Mittel der familiären Erziehung von Kindern ist in der Mehrzahl der EU-Mitgliedstaaten ausdrücklich verboten (Ausnahmen Belgien, Estland, Frankreich, Irland, Litauen, Malta, Slowakische Republik, Slowenien, Vereinigtes Königreich, Zypern) (Europäische Kommission 2010a: 5).

Unabhängig von expliziten gesetzlichen Verboten ist internationaler Konsens und Grundprinzip, dass kein Akt von Gewalt gegen Frauen oder Gewalt gegen Kinder entschuldigt oder als rechtlich zulässig toleriert werden darf. Die EU-Mitgliedstaaten haben verschiedene Wege gewählt, dieses Prinzip umzusetzen. Zehn Staaten haben einen spezifischen Straftatbestand (Frankreich, Italien, Österreich, Polen, Portugal, Schweden, Slowakische Republik, Slowenien, Spanien, Tschechische Republik), von denen allerdings nur vier dies als Gewalt (gegen Frauen) in der Paarbeziehung definieren (Frankreich, Portugal, Schweden, Spanien); in allen anderen wird sehr breit Gewalt in der Familie oder gegen nahe stehende Personen sanktioniert. Elf Staaten bestimmen jetzt den häuslichen Kontext als erschwerender Umstand (Belgien, Bulgarien, Griechenland, Frankreich, Italien, Luxemburg, Malta, Niederlande, Rumänien, Spanien, Zypern), wobei nur Frankreich und Spanien die Paarbeziehung benennen. Teilweise wird durch Leitlinien für die Strafverfolgungsbehörden oder für die Strafzumessung klargestellt, dass die allgemeinen strafrechtlichen Regeln uneingeschränkt auch bei Gewalt gegen Frauen oder Gewalt gegen Kinder gelten. Die verschiedenen Regelungsmodelle im Strafrecht sind im Lichte der Traditionen in den jeweiligen Rechtssystemen und den Besonderheiten der jeweiligen Ausprägung der Gewalt zu bewerten und nur begrenzt vergleichend im Sinne eines vorzugswürdigen oder weniger geeigneten Vorgehens zu werten (Europäische Kommission 2010: 216).

Strafbarkeit von Partnerschaftsgewalt

Gewalt in Paarbeziehungen kann nicht ohne weiteres unter die Regelungen des Strafrechts subsumiert werden, da das Strafrecht den einzelnen Vorfall erfasst, während die tätlichen Angriffe bei der Partnergewalt im Einzelfall teilweise gar nicht die Schwelle überschreitet, ab der die Strafjustiz aktiv wird. Innovative Ansätze der letzten Jahre haben deshalb versucht, das bedrückende Muster von Kontrolle und Zwang zu erfassen, in dem die Opfer gefangen sind und das sie ihrer Grundfreiheiten beraubt. Beispiele dafür sind Rechtsbegriffe wie derjenige der „groben Verletzung der Integrität einer Frau" (Schweden) oder „Gewalt aufgrund des Geschlechts", wozu „alle Handlungen körperlicher und seelischer Gewalt, darunter auch Strafhandlungen gegen die sexuelle Selbstbestimmung, Drohungen und Zwang" gehören (Spanien) (Europäische Kommission 2010: 216).

Als – bislang nur in wenigen EU-Mitgliedstaaten erfüllter[10] – Mindeststandard ist zu fordern, dass Gewalt in Paarbeziehungen als fortgesetztes Verhaltensmuster in einem Zusammenhang von Zwang und Kontrolle strafbar sein soll und dass nicht nur Einzelvorfälle geahndet werden können (Europäische Kommission 2010a: 23 Nr. 5). Insgesamt ist zu konstatieren, dass Partnerschaftsgewalt nur als Antragsdelikt verfolgt wird und die Straftatbestände teilweise noch unklar sind. Probleme entstehen insbesondere bei der Einordnung von fortlaufender Missachtung, Nötigung, Freiheitsberaubung und Kontrolle. Die fortwährende verletzende Behandlung ist derzeit wohl nur in Frankreich, Österreich, Schweden und Spanien als ausreichend bestimmter Straftatbestand gefasst.

10 In Deutschland nur in Bezug auf Stalking (vgl § 238 StGB).

Strafbarkeit von Kindesmisshandlung und -vernachlässigung

Mit strafbaren Handlungen gegen Kinder werden die Rechtsordnungen hingegen in aller Regel besser fertig, da auch bei einem fortgesetzten Verhaltensmuster die Schwelle zum Eingreifen des Staates in der Regel mit einer Einschätzung der Gefährdung oder des (erwarteten) Schadens für die Entwicklung des Kindes einhergeht. Im Strafrecht liegt der Schwerpunkt auf der Bestrafung gewisser Handlungen körperlicher Misshandlung oder sexuellen Missbrauchs und weniger von psychischer Misshandlung und Vernachlässigung, obwohl der Schaden für das Kind gleich schwer sein mag (Europäische Kommission 2010: 217; Kindler 2006, 2006a, 2006b; Unterstaller 2006). Bei der Vernachlässigung ergibt die strafrechtliche Behandlung ein uneinheitliches Bild. Es können vier Ansätze unterschieden werden, die sich nicht notwendigerweise gegenseitig ausschließen, sondern teilweise kumulativ Anwendung finden:

- Etwas mehr als die Hälfte der EU-Mitgliedstaaten (15) verlangen den Nachweis erheblicher Schädigung des Kindes (Belgien, Deutschland, Griechenland, Lettland, Litauen, Malta, Niederlande, Österreich, Polen, Rumänien, Schweden, Slowakische Republik, Tschechische Republik, Vereinigtes Königreich, Zypern),
- Die nächstgrößte Gruppe (11) leitet aus der gesetzlichen Pflicht, für das Kind zu sorgen und seinen Bedürfnissen gerecht zu werden, eine Strafbarkeit ab, wenn aus der Verletzung eine Gefahr für die Gesundheit, das Leben oder die körperliche und geistige (bzw. edukative) Entwicklung des Kindes resultiert (Bulgarien, Dänemark, Deutschland, Estland, Finnland, Frankreich, Irland, Luxemburg, Portugal, Rumänien, Ungarn).
- Das fortdauernde Unvermögen eines Elternteils oder einer anderen verantwortlichen Betreuungsperson, die Grundbedürfnisse des Kindes zu befriedigen, wird in einigen EU-Mitgliedstaaten (6) als Straftatbestand definiert (Belgien, Griechenland, Lettland, Malta, Polen, Vereinigtes Königreich).
- Wenige Länder (5) stellen schlicht die Verletzung der gesetzlichen Fürsorgepflicht unter Strafe (Italien, Lettland, Malta, Slowenien, Spanien).

Die letzten beiden Definitionen für die Strafbarkeit von Vernachlässigung führen dazu, dass insoweit deutlich häufiger Mütter verurteilt werden, weil ihnen die Pflichten zugeordnet wird, bspw. das Kind im Alter unter sechs Jahren nicht alleine zu lassen (z. B. Lettland, Ungarn). Fokussieren die Strafrechtsnormen auf die Schädigung oder Gefährdung, ist die – insgesamt überall relativ seltene – Strafbarkeit weniger eindeutig geschlechtsspezifisch verteilt (Europäische Kommission 2010: 51 f.).

Intervention zum Schutz vor und zur Sanktionierung von Gewalt

Beendigung von Gewalt ist Teil umfassender staatlicher Intervention

Gewalt im traditionell hierarchischen Machtgefälle ist nicht mehr zu legitimieren und als menschenrechtlicher Mindeststandard geächtet. Jedoch mit der Ächtung der Gewalt durch Wegweisung des/der gewalttätigen Partners/Partnerin bzw. Elternteils oder durch Herausnahme des Kindes aus der schädigenden familiären Umgebung sind die vielfältigen Bedürfnisse der gewaltbetroffenen Beteiligten nicht befriedigt und das Problem nicht „gelöst". Zum einen müssen Wege gefunden werden, die Gewalt nachhaltig zu beenden; zumal bei Partnerschaftsgewalt Besitzansprüche, Beziehungsverflechtungen und Bindungen oft fortbestehen. Zum anderen wirken auch nach einer Trennung die Belastungen von Frau und Kind nach, bis hin zu Traumatisierung, und bei unzureichender Aufarbeitung bestehen die Risiken fort, dass sich erneut familiäre Strukturen mit Gewaltmustern entwickeln. Gleiches gilt bei einer Anzeige, Festnahme und Strafverfolgung (z. B. Frankreich, Vereinigtes Königreich) oder für gerichtliche Näherungsverbote (z. B. Spanien, § 1 Abs. 1 Satz 3 GewSchG, § 1666 Abs. 3 Nr. 3 und 4 BGB).

Die Pflicht des Staates, Gewalt im Kontext von Machtmissbrauch in Nahbeziehungen wirksam zu beenden und deren Fortsetzung oder Wiederauftreten zu verhindern, schließt daher Maßnahmen zur Empowerment gewaltbetroffener Frauen und Kinder ein und beinhaltet Hilfe bei der Verarbeitung der Gewalterfahrung, Stabilisierung der psychischen Gesundheit, Unterstützung bei der Bewältigung des Alltags und der Rückkehr in ein selbstbestimmtes Leben. Dort, wo Kinder von Gewalt in der Partnerschaft mitbetroffen sind, hat eine Stärkung der Mütter bei der Wahrnehmung ihrer Erziehungsaufgaben ein besonderes Gewicht. Die doppelte Empowerment, zielend auf Selbstmächtigkeit der Frau in der eigenen Lebensgestaltung sowie auf ihre Kompetenzentwicklung im Umgang mit dem Kind, gelingt allerdings nicht immer. Misshandlung und Vernachlässigung des Kindes kann auch von den von Partnerschaftsgewalt betroffenen Müttern ausgehen, was deutlich macht, dass die Bedürfnisse und Interessen von Mutter und Kind nach der Beendigung häuslicher Gewalt nicht notwendig gleichläufig, sondern zwar aufeinander bezogen, aber je individuell zu betrachten sind (Kavemann in diesem Band; Kindler in diesem Band).

In vielen Beziehungen von Partnerschafts- bzw. familiärer Gewalt kommt es nie zur Wegweisung oder Trennung von Eltern und Kind, die Polizei wird nicht gerufen. Zwar kann die Wegweisung Leben retten und Freiheit geben, aber was erwachsene Menschen mit ihrer Freiheit anstellen, ist eine andere Frage. Bei Kindern treten staatliche Schutzpflichten hingegen früher auf den Plan, ist die Selbstbestimmung (noch) eingeschränkt und übernimmt die staatliche Gemeinschaft eine Wächterfunktion im mehrgenerationalen Verhältnis (Art. 6 Abs. 2 Satz 2 GG).

Hilfe und Unterstützung zur Beendigung der Gewalt

Eltern haben menschenrechtlich gesicherten Anspruch auf Hilfe und Unterstützung bei der Wahrnehmung ihres Erziehungsrechts und ihrer Erziehungsverantwortung (Art. 18 UN-Kinderrechtskonvention, § 1 Abs. 3 KKG, § 1 Abs. 3 Nr. 2 SGB VIII, § 1666a Abs. 1 Satz 1 BGB). Das Menschenrecht der Eltern korreliert mit dem Kinderrecht auf Vermeidung einer Trennung von seinen Hauptbezugs- und Bindungspersonen (Art. 9 Abs. 1 UN-Kinderrechtskonvention). Die staatliche Schutzpflicht für Kinder beginnt somit mit dem Angebot von Hilfe an die Eltern, was in den Rechtsordnungen der EU-Mitgliedstaaten zunehmend explizit verankert ist (Belgien, Bulgarien, Dänemark, Deutschland, Finnland, Frankreich, Griechenland, Irland, Italien, Luxemburg, Niederlande, Österreich, Polen, Portugal, Rumänien, Schweden, Slowakische Republik, Ungarn, Vereinigtes Königreich, Zypern) (Europäische Kommission 2010a: 7). Die grundlegenden Beratungs- und Unterstützungsangebote für Eltern stehen allerdings keineswegs in allen Staaten überall und/oder bedarfsgerecht zur Verfügung. So gehören bspw. Erziehungsberatung und Elternbildung in drei Staaten nicht zur Angebotspalette (Griechenland, Polen, Zypern) und Familientherapie fehlt die strukturelle Verankerung in elf Staaten (Bulgarien, Estland, Finnland, Frankreich, Griechenland, Italien, Litauen, Polen, Rumänien, Slowenien) (Europäische Kommission 2010a: 39). Den Standard, ein allgemein zugängliches, rechtzeitiges, auf die unterschiedlichen Bedarfslagen hin ausdifferenziertes Hilfesystem vorzuhalten, erfüllen etliche EU-Staaten nicht (z. B. nicht Bulgarien, Griechenland) (Meysen/Hagemann-White 2011a: 178 ff.).

Die Pflicht der Staaten in Bezug auf Gewalt gegen Frauen beschränkt sich nicht auf den Schutz vor weiteren Misshandlung oder Drohung, sondern umfasst auch Beratung und Unterstützung für die Opfer (Art. 13 ff. Istanbul-Konvention). In Europa ist die erfreuliche Entwicklung zu beobachten, dass dies auch in Bezug auf Gewalt gegen Frauen verstärkt Anerkennung findet. Die Bestandsaufnahme zur Situation der Frauenhäuser, Fachberatungsstellen und anderen Unterstützungsangebote gewaltbetroffener Frauen und deren Kinder in Deutschland hat ergeben, dass sich eine beachtliche Zahl an spezialisierten Fachberatungsstellen für Gewalt gegen Frauen entwickelt hat (Helfferich/Kavemann/Rixen 2012: 76 ff.). Die gesetzlich verabschiedete Einführung eines bundesweiten Hilfetelefons für gewaltbetroffene Frauen (Gesetz vom 07.03.2012, BGBl. I, S. 448) wird den Zugang zu Hilfen erleichtern und indirekt im Sinne eines fortwährenden überregionalen Monitoring möglicherweise dazu beitragen, die regionalen Unterschiede in der Versorgung mit Beratungs- und Unterstützungsangebote sichtbar zu machen und darüber perspektivisch abzubauen sowie Versorgungslücken zu schließen. Bislang ist die Verwirklichung in Deutschland noch als sehr unterschiedlich zu bezeichnen (Helfferich/Kavemann/Rixen 2012: 117 ff.).

Bei einem Vergleich des staatlichen bzw. institutionellen Umgangs mit Partnerschaftsgewalt und Kindesmisshandlung und -vernachlässigung scheinen sich die Linien zu kreuzen. Etwas überspitzt war die Familie früher ein Schutzraum, aus dem sich Staat heraushalten soll und lediglich die Herausnahme des Kindes zu prüfen hatte (was in vielen interventionistisch orientierten Kinderschutzsystemen nach wie vor der Fall ist). Die Frau sollte bleiben und sich um Erhalt von Ehe und Familie kümmern. Jetzt ist die Situation sozusagen umgekehrt: Staat und die helfenden Systeme sollen alles tun, damit das Kind, wenn mit seinem Wohl vereinbar, bleiben kann. Frauen hingegen bekommen als erstes regelmäßig den Rat, sich zu trennen. Die Linien kreuzen sich erneut, wenn die Mutter-Kind-Beziehung in der Risikogesellschaft als letzte unkündbar bleibende Beziehung gilt und nunmehr daran gearbeitet wird, dass dies auch für die Vater-Kind-Beziehung gilt (Beck 1986: 193) – um vielleicht zynisch-einschränkend zu ergänzen, wenn sie auf biologischer Abstammung beruht. Wenn somit die (biologische) Eltern-Kind-Beziehung als unkündbar gilt, läuft der Schutz vor Kontakt mit einem zur Gewalt greifenden Menschen ins Leere.

Die nachhaltige und wirksame Verhinderung weiterer Gewalt ist jedoch keineswegs (nur) Sache der gewaltbetroffenen Partner/-innen oder nicht gewalttätigen Elternteile, sondern – wie der Vergleich mit den Kindern deutlich macht – in erster Linie auch der Gewalttätigen. Ein – allzu oft zu – einseitiger Blick auf Frauen nach einer Beendigung von Partnerschaftsgewalt durch Wegweisung oder Schutzanordnung fördert die Tendenz zu deren Entmündigung. Die „Risikoeinschätzung" (siehe Art. 51 Istanbul-Konvention, § 8a Abs. 1, Abs. 4 SGB VIII) sollte daher nicht nur auf die Gewaltbetroffenen, sondern auch auf die Gewaltausübenden fokussieren. Die – auch mehrfache – „Gefährderansprache" ist im Kinderschutz Selbstverständlichkeit, aber auch bei Partnerschaftsgewalt zeigt sie Erfolge. Bei hoher Gefährdung oder drohender Eskalierung rücken Überwachung und Kontrolle neben der Hilfe stärker in den Vordergrund.

Schützend-helfende Intervention

In der deutschen Kinder- und Jugendhilfe sind mit Erziehungsberatungsstellen (§ 28 SGB VIII) ein flächendeckend, wenn auch nicht überall bedarfsdeckend vorgehaltenes und niedrigschwellig zugängliches Beratungsangebot bei familiärer Gewalt etabliert. Die aufsuchende Einzelfallhilfe der sozialpädagogischen Familienhilfe (§ 31 SGB VIII) hat in den letzten Jahren zahlenmäßig deutlichen Zuwachs erfahren (zu den Entwicklungen Richter 2013). Auch andere Formen ambulanter und teilstationärer Hilfen bei familiärer Gewalt werden vor Ort in einer in der Regel breit gefächerten Palette angeboten (z. B. §§ 16, 17, 27 Abs. 2, §§ 29, 30, 32 SGB VIII).

Im Bereich schützend-helfender Interventionen für gewaltbetroffene Frauen hat sich nach Inkrafttreten des Gewaltschutzgesetzes in der Praxis – aller Finanzierungsschwierigkeiten zum Trotz – die allgemeine Erkenntnis durchgesetzt, dass Wegweisung und Schutzanordnung ohne begleitende Beratung für gewaltbetroffene Frau regelmäßig zu kurz greift, wenn solche nur im Frauenhaus zu erlangen ist. Die von den frauenparteilichen Beratungsangeboten in Zusammenarbeit mit der Polizei entwickelten Konzepte der proaktiven Beratung weisen eine deutliche Konvergenz zum Umgang mit familiärer Gewalt gegen Kinder auf. Sie erfüllen Ansprüche auf Sozialleistungen. Diese sind allerdings allzu unverbindlich formuliert, teilweise auf Arbeitsmarktintegration, statt auf Gewaltprävention und Empowerment orientiert oder erklären die Frauen zum Problem (Helfferich/Kavemann/Rixen 2012: 209 ff.). Die Angebote für gewaltbetroffene Frauen sind in einigen Bundesländern noch gar nicht etabliert und auch im Übrigen keineswegs flächendeckend gewährleistet (ebd.: 117 ff.).

Bei aller in der Praxis vor Ort erlebten Arbeitsüberlast und unzureichenden Kapazitäten scheint Deutschland im internationalen Vergleich jedenfalls nicht schlecht dazustehen. Im Kinderschutz ist die Verhütung von Gewalt gegen Kinder zentrales Element der Familienpolitik aller EU-Mitgliedstaaten, jedoch setzen einige Länder auf einen stark reaktiv geprägten Umgang. Die Mindeststandards einer Etablierung von Hilfe- und Unterstützungsangeboten mit erstens ausreichender Differenzierung, um alle Formen der Kindesmisshandlung abzudecken und alle Konstruktionen von Familie zu erreichen, und zweitens mit sowohl möglichst umfassender als auch rechtzeitiger Verfügbarkeit scheinen lediglich zwölf Mitgliedstaaten zu erfüllen (Belgien, Dänemark, Deutschland, Finnland, Frankreich, Irland, Italien, Niederlande, Österreich, Schweden, Spanien, Vereinigtes Königreich). Die Finanzierung der Leistungen ist in diesen Ländern jedoch nur in vier Staaten gesetzlich gesichert (Dänemark, Deutschland, Niederlande, Österreich). In sieben Ländern sind die Angebote entweder nicht ausreichend differenziert ausgestaltet (Portugal, Rumänien, Slowenien, Ungarn) oder unzureichend vorgehalten (Estland, Luxemburg, Slowakische Republik). Acht EU-Mitgliedstaaten erfüllen derzeit keinen der beiden Standards (Bulgarien, Griechenland, Lettland, Litauen, Malta, Polen, Tschechische Republik, Zypern). Weit verbreitete und allgemein zugängliche Präventionsprogramme, etwa im Bereich Frühen Hilfen, existieren in weniger als der Hälfte der Ländern (Belgien, Dänemark, Deutschland, Finnland, Italien, Malta, Niederlande, Schweden, Slowenien, Vereinigtes Königreich). Vertrauliche Telefon-Hotlines als eine Form Kindern unmittelbar zugänglicher Unterstützung bei Gewalt bieten fast alle EU-Mitgliedstaaten an (außer Polen, Zypern). Die meisten dieser Hotlines sind für alle Arten von Gewalt gegen Kinder zuständig, manche sind jedoch begrenzter und nur 13 sind rund um die Uhr erreichbar (Bulgarien, Frankreich,

Griechenland, Italien, Malta, Österreich, Portugal, Rumänien, Schweden, Spanien, Tschechische Republik, Ungarn, Vereinigtes Königreich) (Europäische Kommission 2010: 53 f.).

Um Partnerschaftsgewalt zu begegnen, ist in siebzehn EU-Mitgliedstaaten eine landesweite Telefon-Helpline für gewaltbetroffene Frauen eingerichtet worden (Ausnahmen Belgien, Deutschland, Lettland, Malta, Niederlande, Polen, Portugal, Rumänien, Tschechische Republik). Diese wird meist betrieben von einer nichtstaatlichen Organisation, ist aber in der Regel vollständig oder teilweise aus öffentlichen Mitteln finanziert. Spezialisierte Schutzunterkünfte sind ein Angebot, das nahezu alle Länder in der EU gewährleisten (Ausnahmen: Lettland, Litauen, Ungarn). Allerdings besteht ein dramatischer Unterschied in der Versorgung zwischen den Ländern der „alten" EU und den Ländern, die seit 2004 beigetreten sind; in letzteren befinden sich insgesamt nur 3,3 % aller Frauenhäuser in der EU (WAVE country report 2011: 28). Ein Problem stellt in den meisten Ländern die dauerhafte und (gesetzlich) gesicherte Finanzierung dar. Ein bedarfsgerechtes Angebot an Plätzen ist die Ausnahme und zudem meist nur regional festzustellen.

In 24 Mitgliedstaaten liefen in oder vor 2010 Aufklärungskampagnen, in denen die Ächtung der Gewalt in Paarbeziehungen und deren strafrechtlich Verfolgbarkeit herausgestellt werden (nicht in Estland, Lettland, Ungarn). Es gab auch einige Kampagnen, die das Recht auf Schutz thematisierten. Primärprävention fand bedeutend weniger Aufmerksamkeit, und viele dieser Interventionen scheinen lokaler Natur und bspw. nicht Teil von Lehrplänen an Schulen oder in der Jugendarbeit zu sein (Europäische Kommission 2010: 77). Beratung oder Therapie für Gewalttätige scheint als schützend-helfende Intervention noch deutlich unterentwickelt zu sein.

Eine weitere Konvergenz ist bei der Etablierung und Institutionalisierung eines multiprofessionellen sowie multiinstitutionellen Vorgehens bei Schutz und Hilfe zu beobachten. Im Kinderschutz erkennen die meisten EU-Mitgliedstaaten die Notwendigkeit der Einbeziehung verschiedener professioneller Akteure sowohl in die Gefährdungseinschätzung als auch beim Anbieten von Unterstützung an und sehen einen einrichtungsübergreifenden Ansatz vor, sei es per Gesetz (Belgien, Dänemark, Deutschland, Finnland, Luxemburg, Österreich, Portugal, Rumänien, Schweden, Spanien, Ungarn, Vereinigtes Königreich, Zypern) oder durch verbindliche Richtlinien (Bulgarien, Estland, Irland, Niederlande, Polen) (ebd.: 46 f.). In Bezug auf Partnerschaftsgewalt wird die Bedeutung von einrichtungsübergreifenden Interventionsprogrammen unterstrichen, im Rahmen derer Polizei, Justiz, Frauenschutzeinrichtungen und andere Fachkräfte systematisch zusammenarbeiten, was sowohl in der Praxis (z. B. Deutschland, Italien, Luxemburg, Niederlande, Vereinigtes Königreich) als auch teilweise in nationalen Gesetzen zu häuslicher Gewalt Eingang gefunden hat (Malta, Polen, Zypern) (ebd.: 78). Beide Bereiche bieten aber sicherlich Potenzial für eine Stärkung der Kooperationsstrukturen.

Nahezu überall debattiertes Thema, aber noch wenig strukturell bearbeitet, ist der Umstand, dass während der Dauer einer gewaltförmigen Paarbeziehung, insbesondere wenn der/die Gewalttätige der/die Partner/-in der Mutter ist, die Mütter mehr oder weniger zu Mittäterinnen werden bzw. das Kind nicht schützen oder abschirmen (können). Dass Müttern in ihrer Elternrolle im Trennungsprozess und danach Unterstützung im Sinne einer spezifisch qualifizierten Erziehungsberatung angeboten wird und wie hierbei die möglicherweise divergierenden Interessen des Kindes angemessen im Blick bleiben sowie in den Hilfeprozess integriert werden können, scheint ein Thema, das sowohl im nationalen als auch internationalen Diskurs seiner grundsätzlichen Bearbeitung harrt.

Strafverfolgung als oder neben Schutz vor Gewalt

Partnerschaftsgewalt und familiärer Gewalt gegen Kinder ist gemeinsam, dass die Gesetze die Taten zwar (nahezu) umfassend unter Strafe stellen, aber dass die Straftaten häufig nicht verfolgt werden. Bei Kindesmisshandlung und -vernachlässigung kann dies als europaweiter Mainstream bezeichnet werden, auch wenn hierbei zu differenzieren ist zwischen sexuellem Kindesmissbrauch und den anderen Formen der Kindesmisshandlung und Estland regelhaft auf strafrechtliche Verfolgung setzt (Meysen/Hagemann-White 2011: 121).

Bei Partnerschaftsgewalt ergibt sich ein differenzierteres Bild: Teilweise wird der Schutz über das Strafrechtssystem sichergestellt und die Strafverfolgung generell vorgesehen (Spanien), teilweise sieht das Strafrecht (z. B. Estland, Österreich) oder aber das Strafverfahrensrecht (Deutschland, Lettland) eine Strafverfolgung von Amts wegen vor, was in der Praxis allerdings selten stringent umgesetzt wird, teilweise ist häusliche Gewalt ein Antragsdelikt (Italien, Lettland, Rumänien, Tschechische Republik) oder erfordert sogar eine Privatklage (Bulgarien, Lettland, Ungarn), teilweise liegt die Strafverfolgung generell im Ermessen der Staatsanwaltschaft (z. B. Niederlande, Vereinigtes Königreich).

Für Deutschland ergibt sich die Besonderheit, dass die einfache Körperverletzung ein „relatives“ Antragsdelikt ist. Sie wird nur auf Antrag verfolgt, es sei denn die Strafverfolgungsbehörden sehen ein besonderes öffentliches Interesse an der Strafverfolgung und leiten diese von Amts wegen ein (§§ 223, 230 Abs. 1 StGB). Nach den Richtlinien für das Strafverfahren und das Bußgeldverfahren (RiStBV) ist ein besonderes öffentliches Interesse insbesondere dann anzunehmen, wenn der/die Täter/-in einschlägig vorbestraft ist, roh oder besonders leichtfertig gehandelt hat, durch die Tat eine erhebliche Verletzung verursacht hat oder wenn – was für den Kontext von der hier behandelten Partnerschaftsgewalt und familiärer Gewalt gegen Kinder gilt – dem Opfer wegen seiner persönlichen Beziehung zum/zur Täter/-in nicht zugemutet werden kann, Strafantrag zu stellen und zusätzlich die Strafverfolgung ein Anliegen der Allgemeinheit ist (Nr. 24 Abs. 1 Satz 1 RiStBV). Für den Bereich häusliche Gewalt gegen Frauen und Kinder ist eine Verweisung auf den Privatklageweg somit regelmäßig nicht mehr zulässig, weil das besondere öffentliche Interesse an der Strafverfolgung zu bejahen ist, wenn nicht der Umstand als beachtlich einzuschätzen ist, dass der/die Verletzte keinen Wert auf Bestrafung legt (Nr. 24 Abs. 1 Satz 2 RiStBV), was zwar die Berücksichtigung der Bedürfnisse und Interessen der gewaltbetroffenen Frauen und Kinder ermöglicht, aber auch bei Frauen teilweise angenommen wird, wenn sich diese nicht äußern will.

Spannungsverhältnis zwischen Schutz und Strafverfolgung

Die Verpflichtung des Staates, Menschenrechtsverletzungen zu verbieten und zu bestrafen, sieht sich besonderen Herausforderungen gegenüber, wenn es in partnerschaftlichen oder familiären Beziehungen zu Gewalt gegen Frauen oder Kinder kommt. Das Spannungsfeld kommt in der UN-Kinderrechtskonvention anschaulich zum Ausdruck, wenn die Vertragsstaaten verpflichtet werden, sowohl Kinder vor Gewalt zu schützen als auch Eltern die erforderliche Unterstützung bei der Erziehung zu gewähren (Art. 18, 19 UN-Kinderrechtskonvention).

- Es ergeben sich drei staatliche Pflichten zur Sicherung der Grund- und Menschenrechte der Frauen und der Kinder und zu ihrem Schutz vor Gewalt:
- Hilfeangebote für die gewaltbetroffenen Kinder und Frauen sowie für (potenziell) gewalttätigen Partner/-innen bzw. Eltern, um eine Umgebung zu schaffen, in der Frau bzw. Kind sicher sind vor Schädigungen;
- Schutz von Frauen und Kindern, die Misshandlung erfahren haben, vor weiterer Schädigung;

Bestrafung von Gewalt in Partnerschaft und Familie bei gleichzeitiger Festlegung und Durchsetzung klarer Grenzen erlaubten Verhaltens.

Diese drei Pflichten – Hilfe, Schutz und Strafe – stehen teilweise in einem Spannungsfeld zueinander. So sind Kinder in einer Weise verletzlich, wie es Erwachsene nicht sind: Anders als Erwachsene sind sie, wenn sie misshandelt oder vernachlässigt werden, nicht in einer Position, autonome Entscheidungen zu treffen, ihre Familie zu verlassen, Hilfe zu suchen oder die Strafverfolgungsbehörden einzuschalten. Haben Eltern misshandelt, ist dem Kindeswohl nicht immer dienlich, das Strafrecht zu bemühen. Dadurch kann das Recht des Kindes gefährdet werden, mit seinen Hauptbetreuungs- und -bindungspersonen sicher zusammenzuleben.

Bei Partnerschaftsgewalt muss der Staat nicht, wie beim Kind, eine Abwägung zwischen Erhalt sowie Kompetenzstärkung der Familie und Strafe treffen, denn die Frau als erwachsener Mensch ist mündig und kann die

Beziehung trotz Strafe fortführen, wenn sie denn will. Ob der Staat mit strafrechtlichen Sanktionen auf Partnerschaftsgewalt reagiert, hängt juristisch maßgeblich von der Schwere des Delikts ab; in der Praxis oft auch von der Mitwirkungsbereitschaft der Frau. Sinnvoll erscheint insoweit die spanische Vorgabe, keine Geldstrafen auszusprechen, denn diese können auf die Frauen zurückfallen, sondern Freiheitsstrafe, ggf. zur Bewährung unter Auflagen, die insbesondere Kontakt- und Näherungsverbote und weitere Schutzmaßnahmen umfassen.

Kinder sind selbst nicht mündig, sodass für sie bei einer Strafverfolgung sorgeberechtigter Eltern regelmäßig ein/eine Ergänzungspfleger/-in bestellt wird, der/die bspw. die Ausübung des Zeugnisverweigerungsrechts ausübt. Die Strafverfolgung steht unter keinen Umständen zur Disposition des Kindes, allerdings hat der Staat die Pflicht, bei der Frage des Ob und Wie einer Strafverfolgung das Kindeswohl vorrangig zu berücksichtigen (Art. 3 Abs. 1 UN-Kinderrechtskonvention). Bei Partnerschaftsgewalt ist umstritten, ob und wann die Frau das Recht haben soll, auf Strafverfolgung zu verzichten. In einigen Ländern ist die problematische Tendenz zu beobachten, dass Schutz und Beratung nur bei Kooperation mit den Strafverfolgungsbehörden gewährleistet wird. Wie bei Kindern entsteht bei Partnerschaftsgewalt das Dilemma, dass bei extrem hoher Gefährdung die Opfer manchmal „zumachen" und die Gefahr verleugnen. Für den Staat stellt sich bei der strafrechtlichen Verfolgung von Partnerschaftsgewalt die Frage, wo die Grenze zu ziehen ist zwischen staatlicher Sanktionierung und autonomer Entscheidung der Frau über ihre Lebensführung. Entscheidend ist, dass das Spannungsverhältnis nicht einfach nach der einen oder anderen Seite hin aufgelöst werden kann.

Interessenabwägung beim Ob und Wann der Strafverfolgung

Bei Gewalt im Rahmen von Familien oder nahen Beziehungen muss sorgfältig überlegt werden, ob und wann die Strafjustiz einzubeziehen ist. Das sieht bei Erwachsenen und Kindern etwas unterschiedlich aus.

Der Vorrang des Kindeswohls (Art. 3 Abs. 1 UN-Kinderrechtskonvention) erlaubt, frühzeitig entsprechend ausgebildete Sozialarbeiter/-innen im Hilfe- und Schutzsystem einzubeziehen und zu prüfen, ob die Situation eine Informationsweitergabe an das Strafverfolgungssystem fordert. Häufig sind Strafermittlung und -verfolgung notwendige Voraussetzung, um Kinder zu schützen – vor allen Dingen bei sexuellem Missbrauch. Häufig kann jedoch eine (zu frühzeitige) Strafverfolgung die Sicherstellung des Schutzes auch erschweren.

Bei Gewalt in Paarbeziehungen bietet das deutsche Strafrecht unterhalb einer gewissen Intensität von Gewalt Möglichkeiten für die Opfer, auf die Strafverfolgung Einfluss zu nehmen. Sofern die Polizei nicht direkt Kenntnis erhält, kann die Frau entscheiden, ob Information überhaupt an das

Strafverfolgungssystem weitergeleitet wird, sie kann erklären, keinen Strafantrag stellen zu wollen, in jedem Falle kann sie auch die Aussage verweigern. Gerade dadurch sind die Opfer jedoch erpressbar, und auch bei ihnen kann Strafverfolgung den Schutz erleichtern. Daher ist eine frühe fachliche Beratung und Unterstützung von großer Wichtigkeit. Da grundsätzlich ein besonderes öffentliches Interesse an der Strafverfolgung bei häuslicher Gewalt besteht (RiStBV), sollte allerdings die Beweissicherung bei einem Polizeieinsatz immer sorgfältig und genau erfolgen, da Versäumtes schwer nachgeholt werden kann. In gravierenden Fällen kann auf dieser Basis eine Verurteilung ohne aktive Beteiligung des Opfers erfolgen.

Erforderlich sind auf jeden Fall Spielräume, damit Fachkräfte gemeinsam mit der gewaltbetroffenen Frau unter Beteiligung des Kindes reflektieren kann, wie, aber auch ob Strafermittlung, -verfolgung und Bestrafung erfolgen sollen. Wenn die Gewalt in (familiären) Nahbeziehungen stattfindet, bietet ein Vorrang des Schutzes den besten Rahmen, um die Pflichten des Staates auszutarieren (zum Spannungsfeld ausführlich Meysen/Hagemann-White 2011a).

Schutz der Interessen von Frauen und Kindern im Strafverfahren

Weitere Spannungen zwischen Strafverfolgung und den Bedürfnissen von gewaltbetroffenen Frauen und Kindern können im Strafverfahren selbst auftauchen. Strafgerichtsbarkeit verfolgt notwendig das Interesse, den staatlichen Strafanspruch durchzusetzen. Dies muss nicht, kann im Einzelfall aber mit den Anforderungen an eine wirksame Hilfe und Unterstützung kollidieren. Die Sicherstellung von Beweisen für die Strafverfolgung kann mit dem Einstieg in die Hilfe kollidieren. Probleme tauchen auf, wenn Strafermittlungen zu Verzögerungen von Maßnahmen zum Schutz oder zu verzögerter Gewährung von Hilfe und Unterstützung führen oder wenn die im Strafverfahren abverlangte Zeugenaussage bei Frau oder Kind zu Angst, Leid oder Loyalitätskonflikten führt, die nicht verarbeitet werden können. Macht die Frau oder das Kind im Strafverfahren von ihrem Zeugnisverweigerungsrecht Gebrauch und verweigert die Aussage, kann es sein, dass eine Verurteilung verhindert oder zumindest erschwert wird – aus Sicht der Strafverfolgungsorgane findet bei unzureichender Reflexion leicht eine Umkehr statt, bei der das Opfer zum Problem wird. Für die Strafverfolgung kann nachteilig sein, wenn Gespräche über die Misshandlung in der Beratung oder Therapie dazu führen, dass die Aussagen von Kindern in einem Strafverfahren nicht mehr als Beweis verwertet werden können.

Wird der Beweissicherung zwecks Strafverfolgung Priorität eingeräumt, kann dies zu einem Perspektivenwechsel führen, weg von Empowerment der Frauen und einem entwicklungsbezogenen Zugang zum Kinderschutz nach der UN-Kinderrechtskonvention, hin zu einer Fokussierung auf vergangene

Taten. Aber über die Auferlegung von Sanktionen kann auch eine stärkere Basis für den Schutz geschaffen werden.

Während sich erwachsene Opfer mitunter dafür entscheiden können, gar nicht erst Anzeige zu erstatten oder nicht auszusagen, stehen Kindern diese Verfahrensrechte nicht selbst zur Verfügung. Wird insbesondere ein Kind, das innerhalb der Familie oder in einem Macht- und Abhängigkeitsverhältnis misshandelt wurde, mit dem Ziel der Strafverfolgung verhört, kann dies zu Angst, Verzweiflung und Schuldgefühlen führen, sofern Strafe nicht das eigene Anliegen des Kindes ist. Es kann zu Verwirrung, Widersprüchlichkeit oder Leugnung kommen. Wenn der/die Täter/-in angeklagt, aber nicht verurteilt wird, macht das Kind die Erfahrung, dass ihm nicht geglaubt wurde, woraus sich schwerwiegende Selbstzweifel entwickeln können. Ähnliches kann auch für Frauen bei der Strafverfolgung von gewalttätigen Partnern/Partnerinne gelten. Das Dilemma, dem die Politik bei einer Priorisierung von Strafverfolgung gegenübersteht, ist somit, dass Ermittlungen, wenn sie zu früh oder nicht ausreichend behutsam durchgeführt werden, dem Kind zusätzlich zur Gewalt, die ihm widerfahren ist, weiteren Schaden zufügen können.

Sowohl für Frauen als auch für Kinder gilt, dass in allen gerichtlichen Verfahren, ob Strafverfahren oder Zivil- oder Familiengerichtsverfahren, der Opferschutz besondere Aufmerksamkeit erfordert. Zusätzliche psychische Schädigung, z. B. durch Mehrfachbefragung ist zu vermeiden, aber auch erzwungene Begegnung mit den Personen, die Gewalt ausgeübt haben. Zudem kann eine an ihrer Seite stehenden, entsprechend qualifizierte Begleitung durch Gerichtsverfahren viel dazu beitragen, dass Opfer aus solchen Verfahren gestärkt und nicht erneut verletzt hervorgehen.

Schutz der Persönlichkeitsrechte bei der staatlichen Intervention zur Beendigung von Gewalt

Während die Erwägungen, ob und wann strafrechtliche Sanktionen anstehen, bei Frauen und Kindern eher divergieren, sind die Erfordernisse des Opferschutzes in gerichtlichen Verfahren recht ähnlich. Es geht dabei einerseits darum, dass gerichtliche Verfahren weder eine erneute Gefährdung noch eine zusätzliche emotionale Belastung und damit eine weitere Schädigung verursachen, andererseits darum, dass Vertraulichkeit, der Schutz persönlicher Daten und die Achtung für die Würde des Opfers im gesamten Verfahren gewahrt werden. Auf europäischer Ebene ist ein wachsendes Bewusstsein dafür festzustellen, dass insbesondere bei Gewalt in Nahbeziehungen weder die Bestrafung des Unrechts noch die Regelung der Rechte aller Familienmitglieder nach einer Trennung oder Herausnahme von den Bedürfnissen und dem Wohl des Opfers absehen kann. Daher ist multiprofessionelle Kooperation ebenso gefordert wie die Einbeziehung und die Unterstützung der Mitwirkung von gewaltbetroffenen Frauen und/oder Kinder. Vorbildlich ist die gesetzliche Regelung in Österreich, wonach das Opfer ein Recht sowohl auf juristische als auch auf qualifizierte psychosoziale Prozessbegleitung hat und der Staat diese Begleitung sicherzustellen und zu finanzieren hat.

Divergierend ist zunächst – auch jenseits der Frage einer Strafverfolgung – das Recht auf Selbstbestimmung. Dies steht dann im Vordergrund, wenn der Staat zum Schutz von Individualrechtsgütern von Kindern und Frauen, wie Leben und Gesundheit, eingreift und nicht im eigenen Interessen an der Durchsetzung des staatlichen Strafanspruchs. Während Kinder bei Gefährdung aus einer Familie herausgenommen werden können (§ 1666 BGB, § 42 SGB VIII) und ihre fehlende Mündigkeit durch Bestellung eines/einer Vormunds/Vormundin bzw. Ergänzungspflegers/-pflegerin die Verantwortung für die Sicherstellung des Schutzes auf Dritte verlagert wird, bleiben Frauen – zumindest in Deutschland – nach Partnerschaftsgewalt weitgehend selbst bestimmt, können sich wieder in Gefahr begeben, auf Hilfe einlassen oder nicht.

Dieser Unterschied ist aber zunehmend als relativ zu sehen. Je nachdem, wie gravierend die Gewalt war und wie stark die Gefahr für Leib und Leben eingeschätzt wird, können Maßnahmen zum Schutz der Frau auch ohne ihre Einwilligung geschehen, um den/die Täter/-in an weiterer Gewalttätigkeit und Verletzungen zu hindern. Die Wegweisung für zehn Tage ist als „Täterorientierte" Maßnahme zugleich ein (wenn auch temporärer) Eingriff in die Lebensgestaltung der misshandelten Partnerin. Zwar sollen alle Maßnahmen auf das Ziel gerichtet sein, die Autonomie der Frau zu stärken bzw. wiederherzustellen, doch hat ihr Entscheidungsrecht Grenzen, zumal sie innerhalb der Gewaltbeziehung meist nicht den Freiheitsraum hat, sich auf die eigenen Bedürfnisse zu besinnen. Hier kann das proaktive Angebot der Beratung helfen.

Es geht jedoch nicht allein um die Entscheidungen von Frauen, wie sie mit ihrer Beziehung umgehen, wenn es in dieser zu Gewalt kommt. Mit dem Perspektivwechsel von Sanktionen zum Schutz als staatliche Verantwortung ist eine Verpflichtung zur Risikoeinschätzung (Art. 51 Konvention des Europarates) entstanden, die eine Analogie zur Einschätzung von Kindeswohlgefährdung nahelegt. Hierfür sind verschiedenen Modelle multiprofessioneller Zusammenarbeit entwickelt worden, die den Austausch von Daten und Erkenntnissen unter Institutionen und Professionellen erlauben und befördern (Vereinigtes Königreich, Belgien, Niederlande). Zwar wird diese Einschränkung oder gar Aufhebung des Datenschutzes rechtlich mit schwerwiegenden Gefahren begründet (Gefahr für Leib und Leben, Verhinderung eines Verbrechens), aber das Ausmaß der Gefahr wird erst in den gemeinsamen Fachkonferenzen eingeschätzt. Die Evaluation hat einerseits festgestellt, dass Frauen oft multiinstitutionelle Strategien als Entlastung erleben und die Gewaltgefährdung danach abnimmt (Robinson 2006). Es gibt aber auch Belege für Entmündigungseffekte (Coy/Kelly 2011). Gerade Frauen, die Gewalt erlitten haben, legen gesteigerten Wert darauf, dass ihre Selbstbestimmung gewahrt bleibt und sie Kenntnis davon haben, wer welche Information über sie erhält (vgl. z. B. Kappler 2012).

Ermächtigt eine Rechtsordnung die Akteure, die mit gewaltbetroffenen Familien zu tun haben könnten, Informationen über die persönlichen Lebensumstände untereinander auszutauschen, sind damit sensible Persönlichkeitsrechte in gravierender Weise tangiert. Anders als in etlichen anderen Staaten ist in Deutschland eine Informationsweitergabe in der Regel nur zulässig, wenn die Person ihr Einverständnis gegeben hat, deren Daten betroffen sind. Und auch dann, wenn Informationen gegen den Willen weitergegeben werden dürfen, so darf dies in aller Regel nicht ohne Wissen geschehen und ist den betroffenen Personen vorher mitzuteilen, welche Informationen wem und aus welchen Gründen übermittelt werden sollen (vgl. § 4 Abs. 3 KKG; DIJuF 2010).

Kinder sind aber auch nicht ohne Selbstbestimmung. Auch ein sehr junges Kinde hat nach der UN-Kinderrechtskonvention das Recht auf Gehör in allen es betreffenden Angelegenheiten, und dessen Ansichten sollen angemessenes Gewicht erhalten, entsprechend dem Alter und der Reife des Kindes (Art. 12 KRK). Das Recht auf Anhörung ist zwar allen Staaten der EU gesetzlich verankert, aber die rechtlichen Rahmenbedingungen für die Einlösung dieses Rechts und die Effektivität der Umsetzung variieren stark; ebenso unterschiedlich sind die Regeln und Verfahren, dem Kind eine rechtliche Vertretung seiner Interessen in Gerichtsverfahren beizuordnen (Meysen/Hagemann-White 2011a: 188 ff.). In Deutschland ist eine Anhörung des Kindes schon im Alter von drei bis vier Jahren durch den/die Richter/-in zwingend vorgesehen und wird auch sehr zuverlässig praktiziert: Ab dem Einschulungsalter hören 95,3 % der Richter/-innen das Kind an (Karle 2010). Hingegen in Schweden oder in etwas abgemilderter Form in England/Wales werden die Kinder so gut wie nie direkt von den Richtern/Richterinnen angehört, um sie vor den Belastungen der Anhörung bei Gericht zu verschonen und werden stattdessen mittelbar durch einen Verfahrensbeistand, der das Kind im gesamten Verfahren begleitet und dessen Interessen vor Gericht vertritt, gehört. Rechtstatsächliche Forschung in Deutschland mit einer Befragung von Kindern hat allerdings gezeigt, dass der psychologische Stress, den die Anhörung bei Kindern erzeugen kann, in den allermeisten Fällen nach vier Wochen wieder ausbalanciert war und dass die Kinder die Möglichkeit, ihre Sichtweisen bei Gericht zu äußern häufig als Erleichterung empfunden haben (Karle 2010).

Dies ist ein bemerkenswerter Befund an europäischer Divergenz, der bislang international so angesprochen noch keine vertiefte Beachtung gefunden hat und einer intensiven Auseinandersetzung harrt (Meysen/Hagemann-White 2010: 188 f.; dies. 2011b). In manchen Ländern scheinen Kinder vor allem als Zeugen/Zeuginnen gehört zu werden. Im Vordergrund steht dann das Bemühen der Erwachsenen, möglichst viel Information für eine sachkundige Entscheidung zu sammeln. In anderen Ländern wird die Anhörung als Möglichkeit der Beteiligung des Kindes verstanden, z. B. müssen Schutzmaßnahmen oder Hilfepläne die Wünsche des Kindes ab einem bestimmten

Alter berücksichtigen. In einigen Ländern sind Entscheidungen fehlerhaft und angreifbar, wenn das Kind nicht vorher gehört wurde, daher müssen diejenigen, die für Planung und Entscheidungen verantwortlich sind, alle Anstrengungen unternehmen, die Sichtweise des Kindes in Erfahrung zu bringen. In wiederum anderen Ländern wird das Recht auf Anhörung als eine Option aufgefasst, die das Kind einfordern kann (Meysen/Hagemann-White 2011b).

Noch komplexer wird die Lage, wenn das Kind häusliche Gewalt gegen die Mutter miterlebt und diese nicht in der Lage oder nicht willens ist, die Gewaltbeziehung zu beenden. Häufig unternehmen misshandelte Mütter enorme Anstrengungen, ihre Kinder vor der Gewalt zu schützen. Nicht immer gelingt ihnen aber, die gewaltförmigen Verhältnisse in der Familie zu beenden, um die Kinder vor einem Miterleben zu schützen. Teilweise ist den Kindern das Zusammenleben mit der Mutter ohne Gefährdung nur dann möglich, wenn die Mutter sich von dem/der gewalttätigen Partner/-in trennt. Der notwendige Schutz der Kinder vor Gefährdungen für ihr Wohl kann die Selbstbestimmung der Mutter daher in Fällen von Partnerschaftsgewalt erheblich einschränken. Lösungen sind oft erst in einem längeren Prozess unter Zusammenarbeit der unterschiedlichen Institutionen möglich.

Genese von Täterschaft und Prävention

Eine integrierte Gesamtsicht

Die Pädagogik und die Soziale Arbeit in Deutschland haben, wie Heinz Kindler (2008) zeigen konnte, eine deutliche Präferenz für qualitative Studien und individuelle Problemgeschichten. Die so verstehbar gemachten Muster bedürfen aber auch der systematischen Prüfung, ob sie quantitativ regelmäßig vorkommen, ehe damit Prävention begründet werden kann. Für quantitative Studien, und erst recht für deren zusammenfassende Auswertung, sind wir weitgehend auf Forschung aus den USA, und z. T. dem UK und Australien angewiesen. Erst in der Zusammenschau der Forschungserträge aus verschiedenen Bereichen schälen sich allgemeine Faktoren und Muster ihres Zusammenwirkens heraus. Eine theoriegeleitete Auswertung der besten verfügbaren Evidenz kann dann Leitlinien für gezielte Prävention ergeben.

Im Rahmen der Machbarkeitsstudie wurde die Forschungslage zur Genese von Täterschaft zusammengetragen (Hagemann-White et al. 2011). Obwohl die Forschungslage sehr unterschiedlich entfaltet ist, erwies es sich aber als machbar und überzeugend, die zahlreichen Variabeln in den vielzähligen Studien über Gewalt gegen Frauen, Gewalt gegen Kinder und Gewalt wegen sexueller Orientierung zu bündeln. Dabei schälten sich 23 Hauptfaktoren heraus, die bereichsübergreifend relevant sind und je nach einzelner Gewaltform mehr oder weniger zutage treten.

Diese Faktoren, die je nach den vorliegenden Erkenntnisse über die Art ihres Wirkens auf der Makro-, der Meso-, der Mikro- oder der ontogenetischen Ebene angesiedelt werden konnten, bildeten das Gerüst für eine umfassende Forschungsübersicht. Je nach Forschungslage wurde für jeden Faktor bei jeder Gewaltform eine Gewichtung vorgenommen – wo dies möglich war, wurde die errechnete Effektstärke aus Meta-Analysen, sonst die bestmögliche Einschätzung herangezogen. Damit war es möglich, ein interaktives Faktorenmodell zur Täterschaft zu entwickeln.

Die Forschung zur Genese von Täterschaft verdeutlicht, dass nur ein Konfluenzmodell von Faktoren auf mehreren Ebenen die Gewalt fördernden Bedingungen erhellt. Sie belegt zudem deutlich, dass der weitaus größte Teil der Täter nicht psychopathologisch determiniert handeln, sondern dass es sich zu einem erheblichen Anteil um erworbenes Verhalten handelt, das auch gezielt verändert werden kann. Über die Feststellung des relativen Gewichts der Faktoren hinaus konnte das Team der Studie auch Pfadmodelle entwickeln, die eine entscheidende Einsicht visuell vermitteln: Für jede Form von Gewaltausübung gibt es mehrere Pfade, in denen die verschiedenen Ebenen der Einflüsse unterschiedlich bedeutsam sind. So greifen z. B. Erklärungen der Gewaltausübung unter Verweis auf (mit)erlebte Gewalt in der Kindheit entschieden zu kurz: Das ist nur ein Muster unter mehreren, und selbst dann führt eine belastete Kindheit nicht direkt zu späteren Gewalt: Eine große Bedeutung hat (besonders für männliche Jugendliche) der Anschluss an adoleszente Gruppen, die Gewalt billigen oder aber eher ablehnen. Eine gut durchdachte Präventionsstrategie muss multifaktoriell und prozessbezogen denken, und kann durchaus gezielt darauf gerichtet sein, diese Wege zu unterbrechen und andere Weichen zu stellen, zumal die Muster des Zusammenwirkens von Faktoren die Wahrscheinlichkeit beeinflusst, ob potenzielle Täter/-innen die eine oder andere Art von Gewalttätigkeit „wählen" oder aber sich von Gewalt distanzieren. Sexuelle und körperliche Gewalt, Gewalt gegen Frauen und Gewalt gegen Kinder haben gemeinsame Wurzeln, entstehen aber auf differenziellen Wegen.

Von der Forschung zur Policy: ein Fazit

Die Stärke des Multi-Ebenen-Modells liegt darin, aufzuzeigen, wo „kritische Eingriffsstellen" sein können, die das Täterschaftsrisiko bei mehreren Gewaltformen verringert. So lässt sich aus der Forschungslage z. B. ableiten, dass besonders bedeutsame Interventionschancen beim Übergang zur Elternschaft sowie im Jugendalter bestehen. Hingegen ist fraglich, ob spezielle Prävention mit identifizierten „Risikogruppen" Vorrang haben sollte, da im Modell sichtbar wird, dass Täter/-innen auf verschiedenen Wegen zu Gewalttätigkeit kommen. Dies spricht für eine breit angelegte Prävention, die zudem nicht so leicht zu Stereotypen und Stigmatisierung führt.

Klare Rechtsnormen haben dabei sicherlich eine generalpräventive Wirkung, die aber nicht überschätzt werden sollte. Teilweise besteht ihr Wert darin, dass sie andere Interventionen und Entscheidungen erlauben. Während Studien im Rahmen von Täterprogrammen eine höhere Rate der erneuten Partnergewalt beobachten, wenn Sanktionen ausblieben (Hagemann-White et al. 2011), stellen breitere Datenanalysen eher in Frage, ob juristische Sanktionen (aller Art) die Täterschaft für die erneute Begehung häuslicher Gewalt nennenswert verringern (Stark 2007: 65-66).

Die systematische Analyse und Modellkonstruktion erlauben Schlussfolgerungen für die ebenfalls systematische Konzipierung von Prävention auf vier Ebenen, wobei die verantwortlichen Akteure benannt werden können. In Großbritannien sich hat ein breites Bündnis mit dem Ziel gebildet, Gewalt gegen Frauen und Mädchen zu beenden (EVAW 2011). Dabei werden die Faktoren des Modells zugrunde gelegt und für jeden Faktor, der Gewalt wahrscheinlicher macht, Wege der Prävention aufgezeigt. Aus einem solchen Blickwinkel gesehen, stehen das entwicklungsökologische Modell der Primärprävention (Kindler/Unterstaller in diesem Band) ebenso wie durchdachte Strategien in der Jugendhilfe (Struck in diesem Band) dann nicht in Konkurrenz zur Opferhilfe, sondern lassen sich in ihrer wechselseitigen Ergänzung verstehen.

Auf diesem Wege können Argumente für die gezielte und effektive Bereitstellung und sinnvolle Investition von Ressourcen in die politischen Entscheidungsprozesse eingebracht werden. Die in diesem Band dargelegten Konsequenzen und Perspektiven stehen auf dem Boden eines übergreifenden Verständnisses für die Gewaltproblematik.

Literaturverzeichnis

Abbey A./McAuslan P. (2004): A Longitudinal Examination of Male College Students' Perpetration of Sexual Assault. In: Journal of Consulting and Clinical Psychology, 72, 747-775

Abbey A./Wegner R./Pierce J./Jacques-Tiura A. (2012) : Patterns of Sexual Aggression in a Community Sample of Young Men: Risk Factors associated with Persistence, Desistance, and Initiation over a 1-year Interval. In: Psychology of Violence, 2, 1-15

Adams, David/Cayouette, Susan (2002): Emerge: A Group Education Model for Abusers. In: Aldarondo/Mederos (2002): 4.1-4.32

Aichinger, Alfons/Holl, Walter (1997): Psychodrama. Gruppentherapie mit Kindern. Mainz: Matthias-Grünewald-Verlag

Aichinger, Alfons/Holl, Walter (2002): Kinder-Psychodrama. Mainz: Matthias-Grünewald-Verlag

Ainsworth, M. D. S. (1977): Feinfühligkeit versus Unfeinfühligkeit gegenüber Signalen des Babys. In: Grossmann (1977): 98-107

Ainsworth, M. D. S./Bell, S. M. (1970): Attachment, Exploration, and Separation: Illustrated by the Behavior of One-year-olds in a strange Situation. In: Child Development, 41, 49-67

Alanen, Leena (1997): Soziologie der Kindheit als Projekt: Perspektiven für die Forschung. In: Zeitschrift für Soziologie der Erziehung und Sozialisation, 2, 162-177

Albert, Isabel (2008): Innerfamiliäre Gewalt gegen Kinder. Frankfurt

Aldarondo, E./Mederos, F. (Eds.) (2002): Programs for Men who Batter: Intervention and Prevention Strategies in a diverse Society. Kingston, NJ: Civic Research Institute

Alhabib S./Nur U./Jones R. (2010). Domestic Violence against Women: Systematic Review of Prevalence Studies. In: Journal of Family Violence, 25, 369-382

Amato, P. R./Keith, B. (1991): Parental Divorce and the Well-Being of Children: a Meta-Analysis. In: Psychol Bull 110, 26-46

Amiel, S./Heath, I. (2003): Family Violence in Primary Care. Oxford: Oxford University Press

Anderson, K. (2010): Conflict, Power, and Violence and Families. In: Journal of Marriage and the Family, 72, 726-742

Andrews J. A./Foster S. L./Capaldi D./Hops H. (2000): Adolescent and Family Predictors of Physical Aggression, Communication, and Satisfaction in Young Adult Couples: A Prospective Analysis. In: Journal of Consulting and Clinical Psychology, 68, 195-208

Appel A. E./Holden G. W. (1998). The Co-Occurence of Spouse and Physical Child Abuse: A Review and Appraisal. In: Journal of Family Psychology, 12, 578-599

Arbeiterwohlfahrt Bundesverband e. V. (Hrsg.) (2004): Projekt PräGT. Ein Praxisleitfaden zur Prävention von häuslicher Gewalt in Kindertagesstätten (Schriftenreihe Theorie und Praxis). Bonn

Arbeitsgruppe Migrantinnen und Gewalt (Hrsg.) (2003): Migration von Frauen und strukturelle Gewalt. Wien: Milena

Arbeitsstelle Kinder- und Jugendkriminalitätsprävention (Hrsg.) (2007): Strategien der Gewaltprävention im Kinder - und Jugendalter. Eine Zwischenbilanz in sechs Handlungsfeldern. München: DJI

Archer J. (2000a): Sex Differences in Aggression Between Heterosexual Partners: A Meta-Analytic Review. In: Psychological Bulletin, 126, 651-680

Archer J. (2000b). Sex Differences in Physical Aggression to Partners: A Reply to Frieze (2000), O'Leary (2000), and White, Smith, Koss, and Figuerodo (2000). In: Psychological Bulletin, 126, 697-702

Archer J. (2006). Cross-Cultural Differences in Physical Aggression Between Partners: A Social-Role Analysis. In: Personality and Social Psychology Review, 10, 133-153

Areán, Juan Carlos/Davis, Lonna (2007): Working With Fathers in Batterer Intervention Programs: Lessons from the Fathering After Violence Project. In: Edleson/Williams (2007): 118-130

Atkinson, L./Zucker, K. J. (Hrsg.) (1997): Attachment and Psychopathology. New York, London: Guilford

Attia, Iman (2006): Bedarfsanalyse für den Kinderbereich des Frauenhauses und Wohnprojekts der Interkulturellen Initiative e. V. im Rahmen der externen Evaluation des entimon-Projekts „Qualitätsmanagement in der Arbeit mit Gewalt betroffenen Migrantinnen". Unveröffentlichtes Manuskript

Babcock, Julia C./Green, Charles E./Robie, Chet (2004): Does Batterers' Treatment Work? A Meta-Analytic Review of Domestic Violence Treatment. In: Clinical Psychology Review 23, 1023–1053

Bacchus, L./Aston, G./Vitolas, C./Jordan, P./Murray, S. (2007): Evaluation of an innovative multi-agency domestic violence service. London. www.kcl.ac.uk

Bacchus, L./Mezey, G./Bewley, S. (2004): Domestic Violence: Prevalence in Pregnant Women and Associations with Physical and Psychological Health. In: Eur J Obstet Gynecol Reprod Biol, 113, 1, 6-11

Bacchus, L./Mezey, G./Bewley, S. (2006): A Qualitative Exploration of the Nature of Domestic Violence in Pregnancy. In: Violence Aainst Women, 12, 6, 588-604

Bacchus, L./Mezey, G./Bewley, S./Haworth, A. (2004): Prevalence of domestic violence when midwives routinely enquiry in pregnancy. In: BJOG: an International Journal of Obstretics and Gynecology, 111, 441-445

Baier, Dirk/Pfeiffer, Christian/Simonson, Julia/Rabold, Susann (2009): Jugendliche in Deutschland als Opfer und Täter von Gewalt. Erster Forschungsbericht zum gemeinsamen Forschungsprjekt des Bundesministeriums des Inneren und des KFN. Forschungsbericht Nr. 107. Hannover: Kriminologisches Forschungsinstitut Niedersachsen e. V.

Bailey, B. A. (2010): Partner Violence during Pregnancy: Prevalence, Effects, Screening and Management. In: International Journal of Women's Health 2, 183-197

Bair-Merritt M./Feudtner C./Localio R./Feinstein J./Rubin D./Holmes W. (2008): Health Care Use of Children Whose Female Caregivers Have Intimate Partner Violence Histories. In: Archives of Pediatrics and Adolescent Medicine, 162, 134-139

Baker N./Buick J./Kim S./Moniz S./Nava K. (2012): Lessons from Examining Same-Sex Intimate Partner Violence. In: Sex Roles. A Journal of Research. New York: Springer

Baldry A. (2007). "It does affect me". Disruptive behaviors in preadolescents directly and indirectly abused at home. In: European Psychologist, 12, 29-35

Baldry, Anna C. (2002): Victimisation of Domestic and Sexual Violence in Western Europe. In: Niuewbeerta (2002): 249-264

Ballif-Spanvill B./Clayton C. J./Hendrix S. B. (2003) : Gender, Types of Conflict, and Individual Differences in the Use of Violent and Peaceful Strategies Among Children Who Have and Have Not Witnessed Interparental Violence. In: American Journal of Orthopsychiatry, 73, 141-153

Bancroft, Lundy/Silverman, Jay G. (2002): Assessing Risk to Children from Batterers. In: Jaffe et al. (2002)

Bancroft, Lundy/Silverman, Jay G. (2002): The Batterer as Parent. Addressing the Impact of Domestic Violence on Family Dynamics. Thousand Oaks: Sage Publications

Bannenberg, B./Rössner, D. (2000): Hallenser Gewaltstudie. Die Innenwelt der Gewalttäter. Lebensgeschichten ostdeutscher jugendlicher Gewalttäter. In: DVJJ-Journal, 2, 121-134

Barker, Francis et al. (Eds.) (1985): Europe and its Others. Vol. 1. Colchester: University of Sussex

Barter, Christine (2010): Partner Exploitation and Violence in Teenage Intimate Relationships. Results from current UK. Vortrag im Rahmen der ResearchConference of the PARITÄTISCHE Baden-Württemberg on 18/6/2010 in Stuttgart: "Prevention of Violence in Intimate Teenage Relationships". online verfügbar unter www.empowering-youth.de/downloads/speech_barter.pdf

Bauer, Annemarie/Gröning, Katharina (1995a): Institutionskonzepte in der Supervision. In: Dies. (1995b): 17-69

Bauer, Annemarie/Gröning, Katharina (Hrsg.) (1995b): Institutionsgeschichten, Institutionsanalysen. Tübingen: edition discord

Baumeister, R. F./Catanese, K. R./Wallace, H. M. (2002): Conquest by Force: A Narcissistic Reactance Theory of Rape and Sexual Coercion. In: Review of General Psychology, 6, 92-135

Beach, S./Heyman, R./Slep, A./Foran, H. (Eds.): Family Problems and Family Violence. New York: Springer

Becker, K. B./McCloskey, L. A. (2002): Attention and Conduct Problems in Children Exposed to Family Violence. In: American Journal of Orthopsychiatry, 72, 83-91

Becker, R./Büchse, A. (2011): Kinder als Betroffene von häuslicher Gewalt. In: ZKJ, no. 8, 292-295

Beckmann, Stefan/Hafner, Gerhard (2006): Fathering after Violence - Evaluationen von sozialen Trainingskursen in Deutschland und internationale Konzepte für Gruppenarbeit zum Abbau von Gewalt gegen Frauen. In: Kavemann/Kreyssig (2006): 400-417

Bell K./Naugle A. (2008). Intimate partner violence theoretical considerations: Moving towards a contextual framework. In: Clinical Psychology Review, 28, 1096-1107

Benitez C./McNiel D./Binder R. (2010): Do Protection Orders Protect? In: Journal of the American Academy of Psychiatry and the Law, 38, 376-385

Benjet C./Borges G./Mendéz E./Fleiz C./Medina-Mora M. (2011): The Association of Chronic Adversity with Psychiatric Disorder and Disorder Severity in Adolescents. In: European Child and Adolescent Psychiatry, 20, 459-468

Bennett L./Riger S./Schewe P./Howard A./Wasco S. (2004): Effectiveness of Hotline, Advocacy, Counseling, and Shelter Services for Victims of Domestic Violence: A Statewide Evaluation. In: Journal of Interpersonal Violence, 19, 558-575

Berghahn, Sabine (1998): Die Verrechtlichung des Privaten. Verraten Feministinnen liberal-bürgerliche Errungenschaften der staatsfreien Privatheit? In: Olympe: Feministische Arbeitshefte für Politik, 8, 44-54

Berliner Initiative gegen Gewalt an Frauen - BIG e. V. (Hrsg.) (2010a): Anregungen zur Verfahrensgestaltung bei Umgangsfällen häuslicher Gewalt, 2. Auflage

Berliner Initiative gegen Gewalt an Frauen – BIG e. V. (Hrsg.) (1996): Berliner Interventionsprojekt gegen häusliche Gewalt. Alte Ziele auf neuen Wegen. Ein neuartiges Projekt gegen Männergewalt an Frauen stellt sich vor. Berlin

Berliner Initiative gegen Gewalt an Frauen – BIG e. V. (Hrsg.) (2010b): Begleiteter Umgang bei häuslicher Gewalt, 5. Auflage

Berliner Initiative gegen Gewalt an Frauen – BIG e. V. (Hrsg.) (2008): BIG Präventionsprojekt – Kooperation zwischen Schule und Jugendhilfe bei häuslicher Gewalt, Modellphase 2006-2008, Abschlussbericht für die Stiftung Deutsche Jugendmarke e. V.

Bielefeldt, Heiner (2009): Frauenrechte im Menschenrechtsdiskurs. In: Zeitschrift für Menschenrechte (ZfM). FrauenMenschenrechte, 3, 1/2009, 7-19

Bingel, I./Selg, H. (1998). Kinder im Frauenhaus. Bamberg: Staatsinstitut für Familienforschung an der Universität Bamberg

Birtsch, Vera/Münstermann, Klaus/Trede, Wolfgang (Hrsg.) (2001): Handbuch Erziehungshilfen. Münster

Bitzker, K. (2009): Körperliche und sexuelle Gewalt gegen Frauen und reproduktive Gesundheit. Dissertation, Charité - Universitätsmedizin Berlin www.diss.fu-berlin.de/diss/receive/FUDISS_thesis_000000009431

Black, Claudia (1993): Mir kann das nicht passieren. Kinder von Alkoholikern als Kinder, Jugendliche und Erwachsene. Wildberg: Bögner Kaufmann Verlag

Bloom M. (1996): Primary Prevention Practices. Thousand Oaks: Sage Publications

Blum-Maurice, Renate (2006): Erziehungspartnerschaft und Kooperation im Hilfesystem. Download: https://www.kindergesundheit-info.de/fuer-fachkraefte/fachinformationen/kongress-dokumentation-ein-guter-start-ins-leben/

Bock, Karin (2002): Die Kinder- und Jugendhilfe. In: Thole (2002): 299-315

Bogat A./DeJonghe E./Levendosky A./Davidson W./von Eye A. (2006): Trauma Symptoms among Infants Exposed to Intimate Partner Violence. In: Child Abuse & Neglect, 30, 109-125

Bohleber, W. (2000): Die Entwicklung der Traumatheorie in der Psychoanalyse. In: Psyche, Zeitschrift für Psychoanalyse und ihre Anwendungen, 54, 797-839

Bojak, B./Akli, H. (Hrsg.) (2005): Die Tötung eines Menschen: Perspektiven, Erkenntnisse, Hintergrund. Frankfurt a. M.: Verlag für Polizeiwissenschaft

Booth, A./Crouter, A. C. (Eds.) (2001): Couples in conflict. Mahwah: Erlbaum

Bosquet Enlow M./Egeland B./Blood E./Wright R. O./Wright R. J. (2012): Interpersonal Trauma Exposure and Cognitive Development in Children to Age 8 Years: A Longitudinal Study. In: Journal of Epidemiology and Community Health, 66, 1005-1010

Bossarte, R. M./Simon, T. R./Barker, L. (2006): Characteristics of Homicide Followed by Suicide Incidents in Multiple States, 2003-04. In: Injury Prevention, 12, 33-38

Bowlby, J. (1958): Über das Wesen der Mutter-Kind-Bindung. In: Psyche, 13, 415-456

Bowlby, J. (1975): Bindung. Eine Analyse der Mutter-Kind-Beziehung. München: Kindler

Bowlby, J. (1976): Trennung. Psychische Schäden als Folge der Trennung von Mutter und Kind. München: Kindler

Bowlby, J. (1983): Verlust - Trauer und Depression. Geist und Psyche. Frankfurt: Fischer

Bowlby, J. (1988): A Secure Base: Clinical Implications of Attachment Theory: Dt. (1995): Elternbindung und Persönlichkeitsentwicklung. Therapeutische Aspekte der Bindungstheorie. Dexter: Heidelberg. London: Routledge

Bowlby, J. (1995): Elternbindung und Persönlichkeitsentwicklung: therapeutische Aspekte der Bindungstheorie. Heidelberg: Dexter

Boy, A./Salihu, H. M. (2004): Intimate Partner Violence and Birth Outcomes: a Systematic Review. In: Int J Fertil Womens Med 49 (4), 159-164

Boychuk-Spears, T. (2002): Children who Witness Homicide and other Violent Crimes: A Practical Guide for Law Enforcement, Child Services and Mental Health Professionals (A Practical Guide Series by Specialized Training Services). San Diego, Calif: Specialized Training Services

Bradley C./Gottman J.M. (2012): Reducing Situational Violence in Low-Income Couples by Fostering Healthy Relationships. In: Journal of Marital and Family Therapy, 38 (supplement s1), 187-198

Braun, K. (1996): Synaptische Reorganisation bei frühkindlichen Erfahrungs- und Lernprozessen: Relevanz für die Entstehung psychischer Erkrankungen. In: Zeitschrift für Klinische Psychologie, Psychiatrie und Psychotherapie, 44, 253-266

Braun, K./Lange, E./Metzger, M./Poeggel, G. (2000): Maternal Separation Followed by early Social Isolation Affects the Development of Monoaminergic Fiber Systems in the Medial Prefrontal Cortex of Octodon Degus. In: Neuroscience, 95, 309-318

Brazelton, T. B./Yogman, M. W. (Eds.) (1986): Affective development in infancy. Norwood: Ablex

Breitenbach, Eva et al. (Hrsg.) (2002): Geschlechterforschung als Kritik, Wissenschaftliche Reihe Band 143. Bielefeld: Kleine Verlag

Brisch, K. H. (1999). Bindungsstörungen - Von der Bindungstheorie zur Therapie. Stuttgart: (9. Auflage 2009), Klett-Cotta, engl. Ausgabe: (2002) Treating Attachment Disorders. From Theory to Therapy. London, New York, Guilford Press; Koreanische Ausgabe (2003). Sigma Press, Seoul /Südkorea. Italienische Ausgabe (2007), Fioriti Verlag Roma/Italien. Japanische Ausgabe (2008). Sheishin Shobo Verlag, Tokyo, Japan

Brisch, K. H. (2003). Bindungsstörungen und Trauma. Grundlagen für eine gesunde Bindungsentwicklung. In: Brisch/Hellbrügge (2003): 105-135

Brisch, K. H. (2005): Einfluss von traumatischen Erfahrungen der Eltern und des Kindes auf die Entwicklung von Aufmerksamkeitsdefizit- und Hyperaktivitätsstörungen (ADHS). Wiss. Symposium der Heckscher Klinik, München, 12. März 2005

Brisch, K. H. (2008): Bindung und Umgang. In: Deutscher Familiengerichtstag (2008): 89-135

Brisch, K. H. (2010a): Die Bedeutung von Bindung und Trauma bei der Entstehung von ADHS. Wiss. Symposium, Stuttgart, 3. März 2010a

Brisch, K. H. (2010b). Die Therapie von frühen Störungen der Entwicklung. In: K. H. Brisch (Hrsg.) Bindung und frühe Störungen der Entwicklung. Stuttgart: Klett-Cotta

Brisch, K. H. (2010c). Posttraumatische Belastungsstörung und Störungen der Aufmerksamkeit und Hyperaktivität. In: D. Kinderschutz-Zentren (Hrsg.) ADHS – Diagnostik und Hilfen für Kinder und Jugendliche und ihre Eltern. Köln: Die Kinderschutz-Zentren, 35-72

Brisch, K. H. (2010d). SAFE® – Sichere Ausbildung für Eltern: Sichere Bindung zwischen Eltern und Kind. Stuttgart: Klett-Cotta http://www.khbrisch.de/61-0-Wiss+Publikationen.html

Brisch, K. H. (2010f): Psychologische Effekte der Vernachlässigung und Misshandlung von Kindern. In: Hauner-Journal, Zeitschrift des Dr. von Hauner'schen Kinderspitals München 41/42,http://www.khbrisch.de/61-0-Wiss+Publikationen.html

Brisch, K. H. (2010g): Auswirkungen Häuslicher Gewalt auf die Entwicklung von Säuglingen und Kleinkindern – Befunde aus der neurobiologischen Forschung. In: Schäfer et al (2010): 19-38

Brisch, K. H. (Hrsg.) (2010e): Bindung und frühe Störungen der Entwicklung. Stuttgart: Klett-Cotta

Brisch, K. H. (Hrsg.) (2011): Bindungsstörungen. Von der Bindungstheorie zur Therapie. Stuttgart

Brisch, K. H./Baum, U./Formichella, A. (2010): Intensivtherapeutisches stationäres Konzept zur Behandlung von Kindern mit ADHS-Störung. Bindung, Trauma und ADHS, München, 10. Juli 2010

Brisch, K. H./Erhardt, I. (2010): SAFE® - Sichere Ausbildung für Eltern. Ein bindungstheoretisch basiertes Präventionsprogramm für werdende Eltern. In: Familiendynamik, 35, 84-85

Brisch, K. H./Erhardt, I./Kern, C. (2010): Video-feedback training for expectant parents to promote parental sensitivity. 12th World Congress of the World Association for Infant Mental Health, Leipzig, 2. Juli 2010

Brisch, K. H./Grossmann, K. E./Grossmann, K./Köhler, L. (Hrsg.) (2002): Bindung und seelische Entwicklungswege - Grundlagen, Prävention und klinische Praxis. Stuttgart: Klett-Cotta

Brisch, K. H./Helbrügge, T. (Hrsg.) (2008): Der Säugling - Bindung, Neurobiologie und Gene. Stuttgart

Brisch, K. H./Hellbrügge, T. (2006): Kinder ohne Bindung. Deprivation, Adoption und Psychotherapie. Stuttgart: Klett-Cotta

Brisch, K. H./Hellbrügge, T. (Hrsg.) (2003): Bindung und Trauma: Risiken und Schutzfaktoren für die Entwicklung von Kindern. Stuttgart: Klett-Cotta

Brisch, K. H./Kern, C./Erhardt, I. (2010): An Early Intervention for Expectant Parents to Promote Attachment Security in Infants, and to Interrupt the Transgenerational Transmission of Trauma. 12th World Congress of the World Association for Infant Mental Health, Leipzig, 2. Juli 2010

Brisch, K. H./Vuksanovic, N./Kern, C. (2010): Trauma und Bindung bei ADHS - Ergebnisse einer Pilotstudie. Bindung, Trauma und ADHS, München, 10. Juli 2010

Brownridge D. (2006): Violence against women postseparation. In: Aggression and Violent Behavior, 11, 614-630

Brückner, Margrit (2005): Soziale Arbeit mit Frauen und Mädchen. Auf der Suche nach neuen Wegen. In: Thole (2005): 367-375

Brückner, Margrit/Böhnisch, Lothar (2001): Geschlechterverhältnisse. Weinheim und München: Juventa

Brückner, Margrit (1987): Die janusköpfige Frau. Frankfurt a.M.: Neue Kritik

Brückner, Margrit (2002): Wege aus der Gewalt gegen Frauen und Mädchen. Frankfurt a. M.: Fachhochschulverlag

Brückner, Margrit (2004): Das Unbewusste in der Zusammenarbeit von Institutionen am Beispiel der Anti-Gewaltarbeit. In: Hörster/Küster/Wolff (2004): 262-276

Brückner, Margrit (2009): Gewalt im Geschlechterverhältnis. Sozialwissenschaftlicher Blick auf Häusliche Gewalt. In: Schweer (2009): 37-52

Brzank P./Blättner B. (2010): Screening nach Gewalt gegen Frauen durch den Partner. Internationale Diskussion und Überlegungen für Deutschland. In: Bundesgesundheitsblatt, 53, 221-232

Brzank, P. (2005): Häusliche Gewalt gegen Frauen: gesundheitliche Versorgung. Das S.I.G.N.A.L.-Interventionsprogramm. Materialien zur Implementierung von Interventionsprogrammen. Gefördert vom Bundesministerium für Familie, Senioren, Frauen und Jugend. Berlin

Brzank, P. (2012): Wege aus der Partnergewalt - Frauen auf der Suche nach Hilfe. Wiesbaden: VS-Verlag

Bundesarbeitsgemeinschaft der Kinderschutz-Zentren e.V. (Hrsg.) (2011): Kinder im Spannungsfeld elterlicher Konflikte. Köln: Die Kinderschutzzentren

Bundesarbeitsgemeinschaft Täterarbeit Häusliche Gewalt e. V. (2010): Standards der Täterarbeit in der Praxis. Eine Orientierungshilfe für zuweisende und zuwendungsgebende Behörden sowie kooperierende Institutionen. Hannover. Online verfügbar unter http://www.bag-taeterarbeit.de

Bundesministerium für Familie, Senioren, Frauen und Jugend (2005). Lebenssituation, Sicherheit und Gesundheit von Frauen in Deutschland. Eine repräsentative Untersuchung zu Gewalt gegen Frauen in Deutschland. Langfassung. Berlin: BMFSFJ

Bundesministerium für Familie, Senioren, Frauen und Jugend (Hrsg.) (2007a): Aktionsplan II der Bundesregierung zur Bekämpfung von Gewalt gegen Frauen. Berlin: BMFSFJ.

Bundesministerium für Familie, Senioren, Frauen und Jugend (Hrsg.) (2004): Gewalt gegen Männer. Personale Gewaltwiderfahrnisse von Männern in Deutschland. Ergebnisse der Pilotstudie. (Nachdruck 2006) www.bmfsfj.de/Forschungsnetz/Forschungsberichte

Bundesministerium für Familie, Senioren, Frauen und Jugend (Hrsg.) (2012): Gewalt in Paarbeziehungen; http://www.bmfsfj.de/RedaktionBMFSFJ/Broschuerenstelle/Pdf-Anlagen/gewalt-paarbeziehung-langfassung,property=pdf,bereich=bmfsfj,sprache=de,rwb=true.pdf

Bundesministerium für Familie, Senioren, Frauen und Jugend (Hrsg.) (2008a): Präventionsmaßnahmen gegen häusliche Gewalt: Was kann Schule machen? - Tagungsdokumentation. Berlin

Bundesministerium für Familie, Senioren, Frauen und Jugend (Hrsg.) (2009): Alleinerziehende: Lebens- und Arbeitssituation sowie Lebenspläne. Ergebnisse einer Repräsentativumfrage im Herbst. Berlin

Bundesministerium für Familie, Senioren, Frauen und Jugend (Hrsg.) (2011): FamFG - Arbeitshilfe zum neu gestalteten Verfahren in Familiensachen und in den Angelegenheiten der freiwilligen Gerichtsbarkeit (FamFG) bei Vorliegen häuslicher Gewalt. Berlin

Bundesministerium für Familie, Senioren, Frauen und Jugend (Hrsg.) (2008b): Standards und Empfehlungen für die Arbeit mit männlichen Tätern in interinstitutionellen Kooperationsbündnissen gegen Häusliche Gewalt. Materialien zur Gleichstellung Nr. 109/2008. Berlin (Erstveröffentlichung in: Sozialmagazin, 33, 30-39)

Bundesministerium für Familie, Senioren, Frauen und Jugend (Hrsg.) (2007b): Prävention von häuslicher Gewalt im schulischen Bereich. Empfehlungen der Bund-Länder-Arbeitsgruppe „Häusliche Gewalt", Berlin (Materialien zur Gleichstellungspolitik Nr. 105/2007)

Bundesministerium für Familie, Senioren, Frauen und Jugend (Hrsg.) (2008c): Deutsche Standards zum begleiteten Umgang. Empfehlungen für die Praxis. München

Bundesverband Frauenberatungsstellen und Frauennotrufe e. V. (Hrsg.) (2007): Handreichung zur Qualitätsentwicklung und Qualitätssicherung in der Beratungsarbeit

Bundeszentrale für gesundheitliche Aufklärung (2010): Jugendsexualität 2010. Repräsentative Wiederholungsbefragung von 14- bis 17Jährigen und ihren Eltern. Köln

Bureau, J./Easterbrooks, A./Lyons-Ruth, K. (2009): Attachment Disorganization and Controlling Behavior in Middle Childhood: Maternal and Child Precursors and Correlates. In: Attachment & Human Development, 11, 265-284

Bürger, U. (2010): Armut und Familienstrukturen in den Herkunftsfamilien der AdressatInnen erzieherischer Hilfen. In: Forum Erziehungshilfen, 16, 5, 266-271

Buskotte, Andrea (2010): Häusliche Gewalt und Kinderschutz: Welche Netze tragen? In: Frauenhauskoordinierung (Hrsg.), Newsletter 3/2010

Bussmann, K. (2004). Evaluating the subtle impact of a ban on corporal punishment of children in Germany. In: Child Abuse Review, 13, 292-311

Butterwege, Christoph/Holm, Karin/Zander, Margherita et al. (2004): Armut und Kindheit. Ein regionaler, nationaler und internationaler Vergleich. 2. Auflage. Wiesbaden: VS Verlag für Sozialwissenschaften

Caldwell, J./Swan, S./Woodbrown, D. (2012): Gender Differences in Intimate Partner Violence Outcomes. In: Psychology of Violence, 2, 42-57

Calvete E./Orue I. (2011): The Impact of Violence Exposure on Aggressive Behavior Through Social Information Processing in Adolescents. In: American Journal of Orthopsychiatry, 81, 38-50

Campbell ,J. C. (1992): Wife Battering: Cultural Contexts versus Western Social Science. In: Counts/Brown/Campbell (1992): 229-249

Campbell, J. C. (1998b): Making the Health Care System an Empowering Zone for Battered Women: Health Consequences, Policy Recommendations, Introduction, and Overview. In: Campbell (1998a): 3-23

Campbell, J. C. (2002): Health Consequences of Intimate Partner Violence. In: Lancet, 359 (9314), 1331-1336

Campbell, J. C. (Ed.) (1998a): Empowering Survivors of Abuse: Health Care for Battered Women and their Children. Thousand Oaks, California

Campbell, J. C./Glass, N./Sharps, P./Laughon, K./Bloom T. (2007): Intimate Partner Homicide: Review and Implications of Research and Policy. In: Trauma, Violence & Abuse, 8, 246-269

Campbell, J. C./Manganello, J. (2006): Changing Public Attitudes as a Prevention Strategy to Reduce Intimate Partner Violence. In: Journal of Aggression, Maltreatment & Trauma, 13, 13-40

Campbell, J. C./Oliver, C. E./Bullock, L. F. C. (1998): The Dynamics of Battering During Pregnancy. Women's Explanations of Why. In: Campbell (1998): 81-89

Cano, A./Vivian, D. (2001): Life stressors and husband-to-wife violence. In: Aggression and Violent Behavior, 6, 459-480

Capaldi, D. M./Dishion, T. J./Stoolmiller, M./Yoerger, K. (2001): Aggression Toward Female Partners by At-Risk Young Men: The Contribution of Male Adolescent Friendships. In: Developmental Psychology, 37, 61-73

Capaldi, D. M./Knoble, N./Shortt, J. W./Kim, H. (2012): A Systematic Review of Risk Factors for Intimate Partner Violence. In: Partner Abuse, 3, 231-280

Capaldi, D. M./Langhinrichsen-Rohling, J. (2012): Informing Intimate Partner Violence Prevention Efforts: Dyadic, Developmental, and Contextual Considerations. In: Prevention Science, 13, 323-328

Caplan, G. (1961): Prevention of Mental Disorders in Children. New York: Basic Books

Carlson, E. B./Putnam, F. W. (1993): An update on the Dissociative Experiences Scale. In: Dissociation, 6, 1, 16-27

Carpenter, G./Stacks, A. (2009): Developmental Effects of Exposure to Intimate Partner Violence in early Childhood: A Review of the Literature. In: Children and Youth Services Review, 31, 831-839

Cassidy, J./Shaver, P. R. (Eds.) (1999): Handbook of Attachment - Theory, Research and Clinical Applications. (2nd Ed. 2008). New York, London: Guilford

Cater, A./Forssell A. (in press): Descriptions of Fathers' Care by Children Exposed to Intimate Partner Violence (IPV) – Relative Neglect and Children's Needs. In: Child & Family Social Work; first published online: 26 JUL 2012 http://onlinelibrary.wiley.com/doi/10.1111/j.1365-2206.2012.00892.x/full

Cattaneo, L. B./Goodman, L. A. (2005): Risk Factors for Reabuse in Intimate Partner Violence. A Cross-Disciplinary Critical Review. In: Trauma, Violence & Abuse, 6, 141-175

Chan, K./Cho, E. (2010): A Review of Cost Measures for the Economic Impact of Domestic Violence. In: Trauma, Violence & Abuse, 11, 129-143

Chan, Y.-C./Yeung, J. (2009): Children living with Violence within the Family and its Sequel: A Meta-Analysis from 1995-2006. In: Aggression and Violent Behavior, 14, 313-322

Chang, J./Theodore, A./Martin, S./Runyan, D. (2008): Psychological Abuse Between Parents: Associations with Child Maltreatment from a population-based Sample. In: Child Abuse & Neglect, 32, 819-829

Chu, A./Lieberman, A. (2010): Clinical Implications of Traumatic Stress from Birth to Age Five. In: Annual Review of Clinical Psychology, 6, 469-494

Cierpka, Manfred (2005): Faustlos – Wie Kinder Konflikte gewaltfrei lösen lernen. Freiburg im Breisgau

Cismaru, M./Lavack, A. (2011) : Campaigns Targeting Perpetrators of Intimate Partner Violence. In: Trauma, Violence & Abuse, 12, 183-197

Clausen, Lars (Hrsg.) (1996): Gesellschaften im Umbruch. Verhandlungen des 27. Kongresses der Deutschen Gesellschaft für Soziologie in Halle an der Saale 1995. Frankfurt am Main

Coelen, Thomas/Evers, Insa. (2008): Evaluation des Modellprojektes „Kinder- und Jugendberatung in Fällen häuslicher Gewalt"der Interventionsstellen Rostock und Schwerin (unveröffentlicht, erfragen über www.fhf-rostock.de)

Cohen, J. (1969): Statistical Power Analysis for the Behavioral Sciences. New York: Academic Press

Coie, J./Watt, N./West, S./Hawkins, D./Asarnow, J./Markman, H./Ramey, S./Shure, M./Long, B. (1993): The Science of Prevention. In: American Psychologist, 48, 1013-1022

Cokkinides, V. E./Coker, A. L./Sanderson, M./Addy, C./Bethea, L. (1999): Physical Violence during Pregnancy: Maternal Complications and Birth Outcomes. In: Obstet Gynecol 93 (5 Pt 1), 661-666

Connell, R. W. (1999): Der gemachte Mann. Konstruktion und Krise von Männlichkeiten. Opladen: Leske+Budrich

Connell, R. W. (2000): Gender. Cambridge: Polity Press

Council of Australian Governments (2011): National Plan to Reduce Violence Against Women and Their Children 2010-2022. Canberra: COAG

Counts, D. A./Brown, J. K./Campbell, J. C. (Eds.) (1992): Sanctions and sanctuary: Cultural perspectives on the beating of wives. Boulder: Westview

Crawford, M./Gartner, R. (1992): Woman Killing. Intimate Femicide in Ontario 1974-1990. Bericht für das ‚Women We Honour Action Committee'. Ontario

Cross, T./Mathews, B./Tonmyr, L./Scott, D./Quimet, C. (2012): Child Welfare Policy and Practice on Children's Exposure to Domestic Violence. In: Child Abuse & Neglect, 36, 210-216

Curry, M./Harvey, M. (1998): Stress Related to Domestic Violence During Pregnancy and Infant Birth Weight. In: Campbell (1998a): 98-108

Dackweiler, Regina-Maria (2009): Frauenrechte sind Menschenrechte: Transnationale Frauenbewegungspolitik zwischen Erfolgsgeschichte und Rückschlägen. Zeitschrift für Menschenrechte, MenschenFrauenrechte. Jahrgang 3, 1/2009, 37-54

Danielson, K. K./Moffitt, T. E./Caspi, A./Silva, P. A. (1998): Comorbidity between Abuse of an Adult and DSM-III-R Mental Disorders: Evidence from a Epidemiological Study. In: American Journal of Psychiatry, 155, 131-133

Daro, D./Donnelly, A. C. (2002): Charting the Waves of Prevention: Two Steps forward, one Step back. In: Child Abuse & Neglect, 26, 731-742

Dauvergne, Mia/Johnson, Holly (2001): Children Witnessing Family Violence. In: Canadian Centre for Justice Statistics, Statistics Canada 21, 6, 1-13

Davies ,P. T./Cummings, M. E. (1998): Exploring Children's Emotional Security as a Mediator of the Link between Marital Relations and Child Adjustment. In: Child Development, 69, 124-139

Davies, P. T./Cicchetti, D./Martin, M. (2012): Toward Greater Specifity in Identifying Associations Among Interparental Aggression, Child Emotional Reactivity to Conflict, and Child Problems. In: Child Development, 83, 1789-1804

DeBoard-Lucas, R./Grych, J. (2011): Children's Perceptions of Intimate Partner Violence: Causes, Consequences, and Coping. In: Journal of Family Violence, 26, 343-354

Decker, M. R./Martin, S. L./Moracco, K. E. (2004): Homicide Risk Factors Among Pregnant Women Abused by Their Partners: Who Leaves the Perpetrator and Who Stays? In: Violence Against Women, 10, 5, 498-513

Dejonghe, E. S./Bogat, A./Levendosky, A./von Eye, A./Davidson, W. S. (2005): Infant Exposure to Domestic Violence Predicts heightened Sensitivity to Adult Verbal Conflict. In: Infant Mental Health Journal, 26, 268-281

DeKeseredy, W. S. (1990): Male Peer Support and Women Abuse: The Current State of Knowledge. In: Sociological Focus, 23, 129-139

Delsol, C./Margolin, G. (2004): The Role of family-of-origin Violence in Men's marital Violence Perpetration. In: Clinical Psychology Review, 24, 99-122

Dennis, T./Buss, K./Hastings P. (Eds.) (2012): Physiological Measures of Emotion From a Developmental Perspective: State of the Science. Monographs of the Society for Research in Child Development 77(2)

DePrince, A./Labus, J./Belknap, J./Buckingham, S./Gover, A. (2012): The Impact of Community-Based Outreach on Psychological Distress and Victim Safety in Women Exposed to Intimate Partner Abuse. In: Journal of Consulting and Clinical Psychology, 80, 211-221

Der Paritätische Wohlfahrtsverband (Hrsg.) (2003): Begleiteter Umgang bei häuslicher Gewalt, Dokumentation zur Fachtagung am 12.06.2003. Berlin

Der Paritätische Wohlfahrtsverband Hamburg e. V. (Hrsg.) (2008): Arbeitshilfe zum Kinderschutz. § 8a SGB VIII in Frauenhäusern und anderen Einrichtungen des Opferschutzes. Hamburg http://www.paritaet-hamburg.de/aktuell/Ah_kischu.pdf, aufgerufen am 26.02.2012

Deutsche Presseagentur DPA (2010): RegioData 0348, Frauenhäuser in Deutschland (vom 05.03.2010)

Deutscher Bundestag (2011): Drucksache 17/66685: Antwort der Bundesregierung auf die Große Anfrage der Abgeordneten Cornelia Möhring, Diana Golze, Matthias W. Birkwald, weiterer Abgeordneter und der Fraktion DIE LINKE – Drucksache 17/5069 – Hilfe und Unterstützung für alle Opfer von häuslicher Gewalt nach dem Gewaltschutzgesetz. Berlin

Deutscher Bundestag (2012): Plenarprotokoll 17/163 vom 2. März 2012: TOP 30 Gemeinsames elterliches Sorgerecht für nicht miteinander verheiratete Eltern. Berlin http://dip21.bundestag.de/dip21/btp/17/17163.pdf, aufgerufen am 09.04.2012

Deutscher Familiengerichtstag (Hrsg.) (2008): Siebzehnter Deutscher Familiengerichtstag vom 12. bis 15. September 2007 in Brühl (Brühler Schriften zum Familienrecht, Band 15). Bielefeld: Gieseking

Deutscher Kinderschutzbund (DKSB), Bundesverband e. V. (1993): DKSB Standpunkte: UN-Übereinkommen über die Rechte des Kindes. Hannover

Deutscher Kinderschutzbund Landesverband NRW e.V. (2006): Standards im Begleiteten Umgang: Eine fachliche Orientierung zum Schutz von Kindern

Deutscher Verein für öffentliche und private Fürsorge e. V. (2011): Diskussionspapier des Deutschen Vereins zur Reform des Unterhaltsvorschussgesetzes (UVG). NDV, Februar 2012, 51-56; http://www.deutscher-verein.de/05-empfehlungen/empfehlungen_archiv/2011/DV%2028-11.pdf

Devries, K./Kishor, S./Johnson, H./Stöckl, H./Bacchus, L./Garcia-Moreno, C./Watts, C. (2010): Intimate Partner Violence during Pregnancy: Analysis of Prevalence Data from 19 Countries. In: Reproductive Health Matters, 18, 158-170

DGGG - Deutsche Gesellschaft für Gynäkologie und Geburtshilfe (2010): Stellungnahme „Häusliche Gewalt". http://www.dggg.de/fileadmin/public_docs/Leitlinien/1-8-4-haeusliche-gewalt.pdf

DGPFG - Deutsche Gesellschaft für psychosomatische Geburtshilfe und Gynäkologie (2003): Leitlinie Häusliche Gewalt gegen Frauen (Entwurf) http://www.dgpfg.de/Default.asp?menu=Leitlinien&chapter=Gewalt

DHHS - Department of Health and Human Services (2003): In Harm's Way: Domestic Violence and Child Maltreatment. http://library.adoption.com/articles/in-harms-way-domestic-violence-and-child-maltreatment.html

Diakonie Düsseldorf – Beratungsstelle Gewalt in Familien (2008): Modellprojekt zur Gewaltprävention in Familien – Vernetzung sozialer Dienste. „Nicht nur wegweisen, sondern einen Weg weisen." Projektabschlussbericht. Düsseldorf

Diakonie Düsseldorf – Beratungsstelle Gewalt in Familien (2011): Caring Dads – Fürsorgliche Väter. Ein Vätertrainingsprogramm. Düsseldorf

Die Kinderschutz-Zentren (Hrsg.) (2010): ADHS. Diagnostik und Hilfen für betroffene Kinder und Jugendliche und ihre Eltern. Köln: Bundesarbeitsgemeinschaft der Kinderschutz-Zentren

DiLillo, D./Peugh, J./Walsk, K./Panuzio, J./Trask, E./Evans, S. (2008): Child Maltreatment History Among Newlywed Couples: A Longitudinal Study of Marital Outcomes and Mediating Pathways. In: Journal of Consulting and Clinical Psychology, 77, 80-692

Dilling, H./Mombour, W./Schmidt, M. H. (1991): Internationale Klassifikation psychischer Störungen. ICD-10 Kapitel V (F). Klinisch-diagnostische Leitlinien. Bern, Göttingen, Toronto: Verlag Hans Huber

Dixon J./Levine M. (Eds.) (2012): Beyond Prejudice. Extending the Social Psychology of Conflict, Inequality and Social Change. Cambridge: Cambridge University Press

Dixon, L./Browne, K. (2003): The Heterogeneity of Spouse Abuse: A Review. In: Aggression and Violent Behavior, 8, 107-130.

Dobash E. & Dobash R. (2011). What were they thinking? Men Who Murder an Intimate Partner. Violence against Women, 17, 111-134

Dodge, K./Coleman, D. L. (2009): Preventing Child Maltreatment: Community Approaches. New York: Guilford

Dong, M./Anda, R. F./Felitti, V. J./Dube, S. R./Williamson, D. F./Thompson, T. J./Loo, C. M./Giles, W. H. (2004): The Interrelatedness of Multiple Forms of Childhood Abuse, Neglect, and Household Dysfunction. In: Child Abuse & Neglect, 28, 771-784

Dorn, A./Kimmich-Laux, D./Richter-Appelt, H./Rauchfuß, M. (Hrsg.) (2011): Die Psyche im Spiegel der Hormone. Beiträge der 40. Jahrestagung der Deutschen Gesellschaft für Psychosomatische Frauenheilkunde und Geburtshilfe e. V. Frankfurt a M.: Mabuse Verlag

Downey, G./Feldman, S./Ayduk, O. (2000): Rejection sensitivity and male violence in romantic relationships. In: Personal Relationships, 7, 45-61

Driller, Ulrich (1989): Praxisbericht über das „Präventionsprogramm Polizei/Sozialarbeiter" (PPS Hannover). In: BewHi 3/89, Fachzeitschrift für Bewährungs-, Gerichts- und Straffälligenhilfe, 244-255

Dross, Margret (2001): Krisenintervention. Göttingen: Hogrefe-Verlag

Dubé, M. (2011) : Enfants exposés à l'homicide conjugal. In: La revue internationale de l'éducation familiale, 29, 107-122

Dugan, L. (2003): Domestic Violence Legislation: Exploring its Impact on the Likelihood of Domestic Violence, Police Involvement, and Arrest. In: Criminology and Public Policy, 2, 283-312

Dungs, S./Gerber, U./Schmidt, H./Zitt, R. (Hrsg.) (2006): Soziale Arbeit und Ethik im 21. Jahrhundert. Leipzig: Evangelische Verlagsanstalt

Dutton, D./White, K. (2012): Attachment Insecurity and Intimate Partner Violence. In: Aggression and Violent Behavior, 17, 475-481

Eckhardt, C./Samper, R./Suhr, L./Holtzworth-Munroe, A. (2012): Implicite Attitudes Toward Violence Among Male Perpetrators of Intimate Partner Violence: A Preliminary Investigation. In: Journal of Interpersonal Violence, 27, 471-491

Edleson, J. L./Williams, O. J. (Eds.) (2007): Parenting by Men who Batter. New Directions for Assessment and Intervention. New York: Oxford University Press

Edleson, Jeffrey L. (2001): Studying the Co-occurrence of Child Maltreatment and Domestic Violence in Families. In: Graham-Bermann/Edleson (2001): 91-110

Edleson, Jeffrey L./Williams, Oliver J. (Eds.) (2007): Parenting by men who batter. New directions for assessment and intervention. New York: Oxford University Press

Edwards, V. J./Holden, G. W./Felitti, V. J./Anda, R. F. (2003): Relationship between Multiple Forms of Childhood Maltreatment and Adult Mental Health in Community Respondents: Results from the Adverse Childhood Experiences Study. In: American Journal of Psychiatry, 160, 1453-1460

Eggers, C./Fegert, J. M./Resch, F. (Hrsg.) (2004): Psychiatrie und Psychotherapie des Kindes- und Jugendalters. Heidelberg

Egle, Ulrich T./Hoffmann, Sven O./Joraschky, Peter (Hrsg.) (2000): Sexueller Mißbrauch, Mißhandlung, Vernachlässigung. Stuttgart

Ehrensaft, M. K./Cohen, P. (2012): Contribution of Family Violence to the Intergenerational Transmission of Externalizing Behavior. In: Prevention Science, 13, 370-383

Ehrensaft, M. K./Cohen, P./Brown, J./Smailes, E./Chen, H./Johnson, J.G. (2003): Intergenerational Transmission of Partnerviolence: A 20-Year Prospective Study. In: Journal of Consulting and Clinical Psychologie, 71, 741-753

El-Sheikh M./Cummings M. E./Kouros C./Elmore-Staton, L./Buckhalt, J. (2008): Marital Psychological and Physical Aggression and Children's Mental and Physical Health: Direct, Mediated and Moderated Effects. In: Journal of Consulting and Clinical Psychology, 76, 138-148

El-Sheikh, M./Harger, J./Whitson, S. M. (2001): Exposure to Interparental Conflict, Children's Adjustment and Physical Health: The Moderating Role of Vagal Tone. In: Child Development, 72, 1617-1636

Eliason, S. (2009): Murder-Suicide: A Review of the Recent Literature. In: Journal of the American Academy of Psychiatry and the Law Online, 37, 3, 371-376

Elkins, S./Moore T./McNulty, J./Kivisto, A./Handsel, V. (2013): Electronic Diary Assessment of the Temporal Association between Proximal Anger and Intimate Partner Violence Perpetration. In: Psychology of Violence, 3, 100-113

Elliott, M. (Hrsg.) (1995): Frauen als Täterinnen. Ruhnmark: Donna Vita

Enzmann, D./Wetzels, P. (2001): Das Ausmaß häuslicher Gewalt und die Bedeutung innerfamiliärer Gewalt für das Sozialverhalten von jungen Menschen aus kriminologischer Sicht. In: Familie, Partnerschaft und Recht, 7, 246-251

Erdheim, Mario (1982): Die gesellschaftliche Produktion von Unbewusstheit. Frankfurt a.M.: Suhrkamp

Erfmann, A. (1998): Auswirkungen sexualisierter Gewalt auf Schwangerschaft und Geburt. Unveröffentlichte Diplomarbeit an der Fachhochschule Kiel, Fachbereich Sozialwesen

Ericksen, J. R./Henderson, A. D. (1992): Witnessing Family Violence: The Children's Experience. In: Journal of Advanced Nursing, 17, 1200-1209

Esquivel-Santove, E./Dixon, L. (2012) : Investigating the true Rate of Physical Intimate Partner Violence: A Review of Nationally Representative Surveys. In: Aggression and Violent Behavior, 17, 208-219

Eth, S./Pynoos, R. S. (1994): Children who Witness the Homicide of a Parent. In: Psychiatry, 57 (4), 287-306

European Commission (2010): Feasibility study to assess the possibilities, opportunities and needs to standardise national legislation on violence against women, violence against children and sexual orientation violence. Luxembourg: Publications office of the European Commission (ec.europa.eu/justice/funding/.../daphne_feasibility_study_2010_en.pdf)

Euser, E./Ijzendoorn van, M. H./Prinzie, P./Bakermans-Kranenburg, M. (2010): Prevalence of Child Maltreatment in the Netherlands. In: Child Maltreatment, 15, 5-17

Evans, S./Davies, C./DiLillo, D. (2008): Exposure to Domestic Violence: A Meta-Analysis of Child and Adolescent Outcomes. In: Aggression and Violent Behavior, 13, 131-140

Fabian, T./Nowara, S. (Hrsg.) (2006): Neue Wege und Konzepte in der Rechtspsychologie. Münster: Lit Verlag

Fagan, A./Wright, E. (2011): Gender Differences in the Effects of Exposure to Intimate Partner Violence on Adolescent Violence and Drug Use. In: Child Abuse & Neglect, 35, 543-550

Fals-Stewart, W./Golden, J./Schumacher, J. A. (2003): Intimate partner violence and substance use: A longitudinal day-to-day examination. In: Addictive Behaviors, 28, 1555-1574

Familiengericht München (2009): Sonderleitfaden zum Münchener Modell des Familiengerichts München für Verfahren, die den Aufenthalt des Kindes, das Umgangsrecht oder die Herausgabe des Kindes betreffen (Version 7.12.2009) http://www.muenchener.anwaltverein.de/Muenchner_Modell/Sonderleitfaden_09_12_07.pdf, aufgerufen am 08.4.2012

Farmer, E./Compton, S./Burns, B./Robertson, E. (2002): Review of the Evidence Base for Treatment of Childhood Psychopathology: Externalizing Disorders. In: Journal of Consulting and Clinical Psychology, 70, 1267-1302

Farrington, D. P. (1999): Conduct disorder and delinquency. In: Steinhausen/Verhulst (1999): 165-181

Fawcett, G./Heise, L./Isita-Espejel, L./Pick, S. (1999): Changing Community Responses to Wife Abuse: A Research and Demonstration Project in Iztacalco, Mexico. In: American Psychologist, 54, 41-49

Feder, Lynette/Wilson, David B. (2005): A Meta-Analytic Review of Court Mandated Batterer Intervention Programs: Can Courts Affect Abusers' Behavior? In: Journal of Experimental Criminology 1, 239–262

Fegert, J. M. (2001a): Parental Alienation oder Parental Accusation Syndrome? (Teil 1). In: Kind-Prax 4, 3-7

Fegert, J. M. (2001b): Parental Alienation oder Parental Accusation Syndrome? (Teil 2). In: Kind-Prax 4, 37 - 68

Fegert, J. M. (2001c): Scheidungskinder. In: Gernert (2001): 404-407

Fegert, J. M. (2011): § 35 a Eingliederungshilfe für seelisch behinderte Kinder und Jugendliche. In: Wiesner (2011): 462-519

Fegert, J. M./Berger, C./Klopfer, U./Lehmkuhl, U./Lehmkuhl, G. (2001): Umgang mit sexuellem Missbrauch. Institutionelle und individuelle Reaktionen. Forschungsbericht. Münster: Votum Verlag

Fegert, J. M./Eggers, C./Resch, F. (Hrsg.) (2011): Psychiatarie und Psychotherapie des Kindes- und Jugendalters, 2. Aufl. Heidelberg: Springer

Fegert, J. M./Wiesner, R. (2002): Nachtrag zu § 35 a, 6-23. In: Wiesner et al. (2002)

Fegert, J. M./Ziegenhain, U. (Hrsg.) (2003): Hilfen für Alleinerziehende. Weinheim: Beltz Votum

Fegert, J. M./Ziegenhain, U./Bolte, D./Künster, A. K. (2010): Frühe Hilfen im Spannungsfeld zwischen allgemeiner Unterstützung und Prävention von Kindeswohlgefährdung, FamPra, Nr. 1

Fegert, J. M/Schnoor, K./Kleidt, S./Kindler, H./Ziegenhain U. (2008): Lernen aus problematischen Kinderschutzverläufen - Machbarkeitsexpertise zur Verbesserung des Kinderschutzes durch systematische Fehleranalyse. Hrsg. vom Bundesministerium für Familie, Senioren, Frauen und Jugend. Berlin

Felitti, V. J. (2002): The Relationship of Adverse Childhood Experiences to Adult Health: Turning Gold into Lead. In: The Permanente Journal, 6, 44–47

Felitti, V. J./Anda, R. F./Nordenberg, D./Williamson, D. F./Spitz, A. M./Edwards, V./Koss, M. P./ Marks, J. S. (1998): Relationship of Childhood Abuse and Household Dysfunction to many of the Leading Causes of Death in Adults. The Adverse Childhood Experiences (ACE) Study. In: American Journal of Preventive Meicine 14 (4), 245-58

Felner, R. D./Jason, L. A./Moritsugu, J. N./Farber, S. S. (Eds.) (1983): Preventive Psychology. New York: Pergamon

Fenske, Uta/Schuhen, Gregor (Hrsg.) (2012): Ambivalente Männlichkeit(en). Maskulinitätsdiskurse aus interdisziplinärer Perspektive. Opladen/Berlin/Toronto: Barbara Budrich

Festinger, Leon (1978): Theorie der kognitiven Dissonanz. Bern: Huber

Fichtner, J. (2010): Verständnis statt Vorwürfe: Hochkonflikt-Trennungen belasten nicht nur Eltern und Kinder, sondern auch Fachleute – was bei Beratungen schief läuft. DJI-Bulletin 89, 15-17

Fichtner, J. (2012): Hilfen bei Hochkonflikthaftigkeit? Forschungsergebnisse zu Merkmalen und möglichen Interventionen in belasteten Nachtrennungsfamilien. In: ZKJ, Zeitschrift für Kindschaftsrecht und Jugendhilfe, 2, 46-54

Fingerle, M./Grumm, M. (2012): Prävention von Verhaltensauffälligkeiten bei Kindern und Jugendlichen. München: Reinhardt

Finneran, C./Stephenson, R. (2013): Intimate Partner Violence Among Men Who Have Sex With Men: A Systematic Review. In: Trauma, Violence & Abuse, 14, 2,168-185

Fischer, Gottfried/Riedesser, Peter (1998): Lehrbuch der Psychotraumatologie. München, Basel: UTB

Fisher, H./Schreler, A./Zammit, S./Maughan, B./Munafo, M./Lewis, G./Wolke, D. (in press): Pathways between Childhood Victimization and Psychosis-like Symptoms in the ALSPAC Birth Cohort. In: Schizophrenia Bulletin, 38, 5, 1063-1073 (first published online April 7, 2011)

Fite, J./Bates, J./Holtzwort-Munroe, A./Dodge, K. A./Nay, S./Pettit, G. (2008): Social Information Processing Mediates the Intergenerational Transmission of Aggrssivieness in Romantic Relationships. In: Journal of Family Psychology, 22, 37-37

Fleck-Henderson, Ann/Areán, Juan Carlos (2004): Breaking the Cycle. Fathering after Violence: Curriculum Guidelines and Tools for Batterer Intervention Programs. Family Violence Prevention Fund. San Francisco

Fleming, A. S./O'Day, D. H./Kraemer, G. W. (1999): Neurobiology of Mother-Infant Interactions: Experience and Central Nervous System Plasticity across Development and Generations. In: Neuroscience and Biobehavioral Reviews, 23, 673-685

Florsheim, P. (2003): Adolescent romantic relations and sexual behaviour: Theory, research, and practical implications. Mahwah: Erlbaum

Focks, Petra (2011a): Geschlecht und Diversität in ihrer Intersektionalität als Herausforderung einer geschlechterbewussten Pädagogik der Kindheit. In: Wustmann/Giener/Karber (2011)

Focks, Petra (2011b): Geschlechterverhältnisse und Menschenrechte - Gender und Queer. In: Modulhandbuch des Master Of Social Work – Soziale Arbeit als Menschenrechtsprofession. Kooperationsstudiengang der KHSB, der ASH und der EHB. Berlin

Focks, Petra (2011c): Bildung von Mädchen und Jungen in Vielfalt. Geschlechterbewusste Pädagogik. In: Jungk/Treber/Willenbring (2011): 73-89

Fonagy, P./Steele, M./Steele, H./Moran, G. S./Higgitt, A. C. (1991): The Capacity for Understanding Mental States: The Reflective Self in Parent and Child and its Significance for Security of Attachment. In: Infant Mental Health Journal, 12, 201-218

Fosco, G./DeBoard, R./Grych, J. (2007): Making Sense of Family Violence. Implications of Children's Appraisals of Interparental Aggression for Their Short- and Long-Term Functioning. In: European Psychologist, 12, 6-16

Foshee, V./Langwick, S. (2004): Safe Dates. An Adolescent Dating Abuse Prevention Curriculum. Center City: Hazelden

Fossum, S./Handegård, B./Martinussen, M./Mørch, W. (2008): Psychosocial Interventions for Disruptive and Aggressive Behavior in Children and Adolescents. A Meta-Analysis. In: European Child and Adolescent Psychiatry, 17, 438-451

Fraedrich, E. M./Lakatos, K./Spangler, G. (2010): Brain Activity During Emotion Perception: the Role of Attachment Representation. In: Attachment & Human Development, 12, 231-248

Fraiberg, S. (1996): Die magischen Jahre: Familiäre Beziehungen in der frühen Kindheit. Hamburg: Hoffmann und Campe

Fraiberg, S. (Hrsg.) (1980): Clinical studies in infant mental health. New York: Basic Books

Fraiberg, S./Adelson, E./Shapiro, V. (1980): Ghosts in the Nursery. A Psychoanalytic Approach to the Problems of Impaired Infant-Mother Relationship. In: Fraiberg (1980): 164-196

Francis, D./Diorio, J./Liu, D./Meaney, M. J. (1999): Nongenomic Transmission across Generations of Maternal Behavior and Stress Responses in the Rat. In: Science, 286, 1155-1158

Frauenhauskoordinierung e. V. (2000): Sonderinfo 2 zum Aktionsplan der Bundesregierung zur Bekämpfung von Gewalt gegen Frauen, Frankfurt/Main

Frauenhauskoordinierung e. V. (2003a): Arbeitsmaterialien: Statistik der Frauenhäuser und ihre Bewohnerinnen, Bewohnerinnenstatistik 2000-2003, Frankfurt/Main

Frauenhauskoordinierung e. V. (2010): Frauenhausbewohnerinnenstatistik 2009

Frauenhauskoordinierung e. V. (2011): Umfrage in Frauenhäusern zu Ausstattung und Angeboten im Kinderbereich (unveröffentlicht)

Frauenhauskoordinierung e. V. (Hrsg.) (2003b): Sonderinfo 6 zum Aktionsplan der Bundesregierung zur Bekämpfung von Gewalt gegen Frauen, Frankfurt/Main

Frauenhauskoordinierung e. V./Bundesverband Frauenberatungsstellen und Frauennotrufe e. V. (Hrsg.) (2010): Handreichung "Frühe Hilfen" im Kontext des Frauenunterstützungssystems bei häuslicher Gewalt. Berlin

Frese, Désirée/Nüsken, Dirk (2008): Häusliche Gewalt – Präventionsmaßnahmen der Bundesländer im Bereich Schule. Hrsg. vom Institut für soziale Arbeit e. V. Münster

Friedman H. (1968): Magnitude of experimental effect and a table for its rapid estimation. In: Psychological Bulletin, 70, 245-251

Friedrich, V./Reinhold, C./Kindler, H. (2004): (Begleiteter) Umgang und Kindeswohl: Eine Forschungsübersicht. In: Klinkhammer/Klotmann/Prinz (2004): 13-39

FRIG (Freiburger Interventionsprojekt gegen Häusliche Gewalt)/SoFFI K (2007) (Hrsg.): Rosenstraße 76 – Wie Jugendliche für eine Auseinandersetzung mit häuslicher Gewalt gewonnen werden können. Erfahrungen mit dem Konzept einer Ausstellungspräsentation und Schlussfolgerungen für die Arbeit mit Jugendlichen zum Thema „Häusliche Gewalt". Freiburg: FRIG; http://www.soffi-f.de/?q=node/21

Fröhlich, Christina (2012): Und wo bleiben wir? Über die Wahrnehmung von Kindern bei polizeilichen Einsätzen und die Anforderungen an die Polizei in Situationen häuslicher Gewalt. Holzkirchen

Fthenakis, W. E. (Hrsg.) (2008): Begleiteter Umgang von Kindern – ein Handbuch für die Praxis. München: C. H. Beck

Furman W./Collins A. (2009): Adolescent Romantic Relationships and Experiences. In: Rubin/Bukowski/Laursen (2009): 341-360

Gabel, Michaele (2006): Proaktive Krisenintervention bei Gewalt in engen sozialen Beziehungen. Ein Leitfaden für Beraterinnen. Sozialdienst katholischer Frauen. Dortmund

Gadomski, A./Tripp, M./Wolff, D./Lewis, C./Jenkins, P. (2001): Impact of a Rural Domestic Violence Prevention Campaign. In: Journal of Rural Health, 17, 266-277

Gazmararian, J. A./Adams, M./Le, S. (1995): The relationsship between pregnancy intendedness and physical violence in miothers of newborns. In: Obstet Gynecol 85, 1031-1038

Gazmararian, J. A./Lazorick, S./Spitz, A. M./Ballard, T. J./Saltzman, L. E/Marks, J. S. (1996): Prevalence of violence against pregnant women. In: Jama 275 (24), 1915-1920

George, C./Solomon, J. (1989): Internal working models of caregiving and security of attachment at age six. In: Infant Mental Health Journal, 10, 222-237

George, C./Solomon, J. (1999): Attachment and Caregiving: The Caregiving Behavioral System. In: Cassidy/Shaver (1999): 649-670

Georgsson, A./Almqvist, K./Broberg, A. (2011): Naming the Unmentionable: How Children Exposed to intimate Partner Violence Articulate Their Experiences. In: Journal of Family Violence, 26, 117-129

Gerber, Christine (2011): Frühe Hilfen und Häusliche Gewalt. Frauenhauskoordinierung e. V. (Hg.): Newsletter Nr. 1/2011, Berlin: 15

Gernert, W. (Hrsg.) (2001): Handwörterbuch für Jugendhilfe und Sozialarbeit. München: Richard Boorberg Verlag

Gershenson, H./Musick, J./Ruch-Ross, H./Magee, V./Rubino, K./Rosenberg, D. (1989): The Prevalence of Coercive Sexual Experience Among Teenage Mothers. Journal of Interpersonal Violence 4 (2), 204-219

Gerth, Ulrich/Menne, Klaus/Roth, Xenia (1999): Qualitätsprodukt Erziehungsberatung. Empfehlungen zu Leistungen, Qualitätsmerkmalen und Kennziffern. Bundeskonferenz für Erziehungsberatung e. V. Fürth

Gerwitz, A./DeGarmo, D./Medhanie, A. (2011): Effects of Mother's Parenting Practices on Child Internalizing Trajectories Following Partner Violence. In: Journal of Family Psychology, 25, 29-38

Ghez, M. (2001): Getting the Message Out: Using Media to Change Social Norms on Abuse. In: Renzetti/Edleson (2001): 417-438

GiG-net (2008) (Hrsg.): Gewalt im Geschlechterverhältnis. Erkenntnisse und Konsequenzen für Politik, Wissenschaft und soziale Praxis. Opladen&Farmington Hills: Verlag Barbara Budrich

Gil-Gonzalez, D./Vives-Cases, C./Àlvarez-Dardet, C./Latour-Pérez, J. (2006) : Alcohol and Intimate Partner Violence: Do we Have Enough Information to Act? In: European Journal of Public Health, 16, 278-284

Gillioz, Lucienne/De Puy, Jacqueline/ Ducret, Véronique/ Belser, Katharina (1997): Gewalt in Ehe und Partnerschaft in der Schweiz - Resultate einer Untersuchung. In: Schweizerische Konferenz der Gleichstellungsbeauftragten (Hrsg.), Beziehung mit Schlagseite. Bern: eFeF: 13-76

Glass, N./Laughon, K./Campbell, J./Block, C R./Hanson, G./Sharps, P. W./Taliaferro, E. (2008): Violence: Recognition, Management and Prevention: Non-fatal strangulation is an important risk factor for homicide of women. In: The Journal of Emergency Medicine, 35, 3, 329-335

Gläßer, U. (2008): Mediation und Beziehungsgewalt: Möglichkeiten, Bedingungen und Grenzen des Einsatzes von Familienmediation bei Gewalt in Paarbeziehungen (1. Aufl.). Baden-Baden: Nomos

Glick P., Fiske S.T., Mladinic A., Saiz J.L., Abrams D., Masser B., Adetoun B., Osagie J.E., Akande A., Alao A., Brunner A., Willemsen T.M., Chipeta K., Dardenne B., Dijksterhuis A., Wigboldus D., Eckes T., Six-Materna I., Exposito F., Moya M., Foddy M., Kim H.-J., Lameiras M., Sotelo M., Mucchi-Faina A., Romani M., Sakalli N., Udegbe B., Yamamoto M., Ui M., Ferreira C. & Lopez L. (2000): Beyond Prejudice as Simple Antipathy: Hostile and Benevolent Sexism Across Cultures. In: Journal of Personality and Social Psychology, 79, 763-775

Glick, P./Fiske, S. (2012): An Ambivalent Alliance: Hostile and Benevolent Sexism as Complementary Justifications for Gender Inequality. In: Dixon/Levine (2012): 70-88

Gloor, D./Meier, H. (2009): „Von der Harmonie zur Trübung" – Polizeiliche (Re-)Konstruktionen von Tötungsdelikten im sozialen Nahraum. Eine qualitativ-soziologische Aktenuntersuchung. Bern: Stämpfli Verlag

Godenzi Alberto (1993): Gewalt im sozialen Nahraum. Basel und Frankfurt/M.: Helbing & Lichtenhahn

Gomolla, A. (2005): Vergessene Opfer: Kinder als Zeugen und Hinterbliebene innerfamiliärer Tötungsdelikte. In: Bojak/Akli (2005): 47-59

Gondolf, Edward W. (2002): Batterer Intervention Systems. Issues, Outcomes and Recommendations. Thousand Oaks: Sage Publications

Gondolf, Edward W. (2012): The Future of Batterer Programs. Reassessing Evidence-Based Practice. Lebanon: Northeastern University Press

Gottesman, I./Hanson, D. R. (2005): Human development: Biological and genetic processes. In: Annual Review of Psychology, 56, 263-286

Graham-Bermann S. A./Edleson, J. L. (Eds.) (2001): Domestic Violence in the Lives of Children. The Future of Research, Intervention, and Social Policy. Washington: American Psychological Association

Graham-Bermann, S. A. (2001): Designing Intervention Evaluations for Children Exposed to Domestic Violence: Applications of Research and Theory. In: Graham-Bermann/Edleson (2001): 237-268

Graham-Bermann, S. A./Brescoll, V. (2000): Gender, Power and Violence: Assessing the Family Stereotypes of the Children of Batters. In: Journal of Family Psychology, 14, 600-612

Graham-Bermann, S. A./Hughes, H. M. (1998): The Impact of Domestic Violence and Emotional Abuse on Children: The Intersection on Research, Theory, and Clinical Intervention. In: Journal of Emotional Abuse, 1, 1-21

Graham-Bermann, S. A./Levendosky, A. A. (1997): The Social Functioning of Preschool-Age Children whose Mothers are Emotionally and Physically Abused. In: Journal of Emotional Abuse, 1, 59-84

Graham-Bermann, S. A./Levendosky, A. A. (2011): How Intimate Partner Violence Affects Children: Developmental Research, Case Studies, and Evidence-Based Intervention. Washington: APA

Graham-Bermann, Sandra A./Edleson, Jeffrey L. (Eds.) (2001): Domestic Violence in the Lives of Children. Washington: American Psychological Association

Grasso, D./Ford, J./Briggs-Gowan, M. (2013): Early Life Trauma Exposure and Stress Sensitivity in Young Children. In: Journal of Pediatric Psychology, 38, 1, 94-103

Green, J./Goldwyn, R. (2002): Annotation: Attachment Disorganisation and Psychopathology: New Findings in Attachment Research and their Potential Implications for Developmental Psychopathology in Childhood. In: Journal of Child Psychology and Psychiatry, 43, 835-846

Greenberg, M./Cicchetti, D./Cummings, E. M. (Eds.) (1990): Attachment During the Preschool Years: Theory, Research, and Intervention. Chicago: University of Chicago Press

Grossmann, K. E. (2003): Emmy Werner: Engagement für ein Lebenswerk zum Verständnis menschlicher Entwicklungen über den Lebenslauf. In: Brisch/Hellbrügge (2003): 15-33

Grossmann, K. E. (Hrsg.) (1977): Entwicklung der Lernfähigkeit in der sozialen Umwelt: Geist und Psyche. München: Kindler

Grych, J. H./Fincham, F. D./Jouriles, E. N./McDonald, R. (2000): Interparental Conflict and Child Adjustment: Testing the Mediational Role of Appraisals in the Cognitive-Contextual Framework. In: Child Development, 71, 1648-1661

Gunzenhauser, N. (Ed.) (1990): Advances in touch: New implications in human development: Summary Publications in the Johnson & Johnson Pediatric Round Table Series. Skillman, NJ: Johnson & Johnson Consumer Products

Hagemann-White, Carol (2005): Brückenschläge zwischen den Geschlechtern und den Generationen in einer gespaltenen Gewaltdiskussion. In: Zeitschrift für Frauenforschung und Geschlechterstudien, 23, 1+2, 3-8

Hagemann-White, Carol (2010): Gewalt in der Paarbeziehung – für die frühen Hilfen ein familiärer Belastungsfaktor neben anderen? In: Schäfer et al. (2010): 10-18

Hagemann-White, Carol et al. (1981): Hilfen für mißhandelte Frauen. Abschlußbericht der wissenschaftlichen Begleitung des Modellprojekts Frauenhaus Berlin. Schriftenreihe des BMFJG Bd. 124. Stuttgart/Berlin/Köln/Mainz: W. Kohlhammer

Hagemann-White, Carol et al. (1997): Strategien gegen Gewalt im Geschlechterverhältnis. In: Hagemann-White/Kavemann/Ohl: 15-116

Hagemann-White, Carol/ Kavemann, Barbara/Ohl, Dagmar (Hrsg.) (1997): Parteilichkeit und Solidarität. Bielefeld: Kleine Verlag

Hagemann-White, Carol/Bohne, Sabine (2009): Versorgungsbedarf und Anforderungen an Professionelle im Gesundheitssystem im Problembereich Gewalt gegen Frauen: Nordrhein-Westfalen, Landtag: Zukunft einer frauengerechten Gesundheitsversorgung in NRW. Bericht der Enquetekommission des Landtags Nordrhein-Westfalen, Wiesbaden

Hahlweg, K./Grawe-Gerber, M./Baucom, D. (2010): Enhancing couples. The shape of couple therapy to come. Göttingen: Hogrefe

Hamberger, L. K./Phelan, M. B. (2004): Domestic Violence Screening and Intervention in Medical and Mental Healthcare Settings. New York: Springer

Hamby, S./Finkelhor, D./Turner, H./Ormrod, R. (2010): The Overlap of Witnessing Partner Violence with Child Maltreatment and other Victimizations in a Nationally Representative Survey of Youth. In: Child Abuse & Neglect, 34, 734-741

Hamby, S./Nix, K./De Puy, J./Monnier, S. (2012) : Adapting Dating Violence Prevention to Francophone Switzerland: A Story of Intra-Western Cultural Differences. In: Violence and Victims, 27, 33-42

Hanke, Ottmar (2007): Strategien der Gewaltprävention an Schulen. In: Arbeitsstelle Kinder – und Jugendkriminaitätsprävention (2007): 104-130

Harding, H./Morelen, D./Thomassin, K./Bradbury, L./Shaffer, A. (2013): Exposure to Maternal- and Paternal-Perpetrated Initmate Partner Violence, Emotion Regulation, and Child Outcomes. In: Journal of Family Violence, 28, 63-72

Harnach, V. (2011): Psychosoziale Diagnostik in der Jugendhilfe (6. überarb.Aufl.). Weinheim und München: Juventa

Harne, L. (2011). Violent Fathering and the Risks to Children. Bristol: Policy Press

Harris-Hendriks, J. (2000): When Father Kills Mother: Guiding Children Through Trauma and Grief. London: Routledge Chapman & Hall

Hartwig, L./Hensen, G. (2003): Sexueller Missbrauch und Jugendhilfe. Möglichkeiten und Grenzen sozialpädagogischen Handelns im Kinderschutz. Weinheim und München: Juventa

Hartwig, Luise (2005): Handlungsorientierungen zum Schutz von Mädchen und Jungen. In: Forum Erziehungshilfen 2/2005, 80-83

Hasselt, V. B. et al. (Eds.) (1988): Handbook of Family Violence. New York: Plenum Press

Hedin, L. W./Grimstad, H./Moller, A./Schei, B./Janson, P. O. (1999): Prevalence of physical and sexual abuse before and during pregnancy among Swedish couples. In: Acta Obstet Gynecol Scand 78 (4), 310-315

Heiliger, A./Hack, E.-K. (Hrsg.) (2008): Vater um jeden Preis? Zur Kritik am Sorge- und Umgangsrecht. München

Heinrichs, N./Saßmann, H./Hahlweg, K./Perrez, M. (2002): Prävention kindlicher Verhaltensstörungen. In: Psychologische Rundschau, 53, 170-183

Heise, L. L. (1994): Gender-Based Violence and Women's Reproductive Health. In: International Journal of Gynecology and Obstetrics, 46, 221-229

Heise, L. L. (1998): Violence against Women: An Integrated, Ecological Framework. In: Violence Against Women, 4, 262-290

Heise, L. L. (2011): What Works to Prevent Partner Violence? An Evidence Overview. London: STRIVE; http://www.dfid.gov.uk/R4D/PDF/Outputs/Gender/60887-PartnerViolenceEvidenceOverview.pdf

Heitmeyer, Wilhelm/Schröttle, Monika (Hrsg.) (2006): Gewalt, Beschreibungen, Analysen, Prävention. Bonn: Bundeszentrale für politische Bildung

Helfferich, C./Kavemann, B. (2004): Forschungsprojekt Platzverweis – Hilfen und Beratung (Projekt Nr. 7.3/2002, im Auftrag des Sozialministeriums Baden-Württemberg). Freiburg: SoFFI K.

Helfferich, C./Kavemann, B./Rixen, S. (2012): Bestandsaufnahme zur Situation der Frauenhäuser, der Fachberatungsstellen und anderer Unterstützungsangebote für gewaltbetroffene Frauen und deren Kinder. Gutachten im Auftrag des BMFSFJ. Deutscher Bundestag Drucksache 17/10500: 27-328

Helfferich, Cornelia (2011): „Auf einmal muss alles ganz schnell gehen". Wie Betroffene eine polizeiliche Intervention erleben und was dies für die Hilfen für Kinder bedeutet. In: Bundesarbeitsgemeinschaft der Kinderschutz-Zentren e.V. (2011): 197-216

Helfferich, Cornelia (2012): Nicht nur kleine Machos – Männlichkeit und Herstellung von Überlegenheit bei 13- bis 15-jährigen Hauptschülern. In: Fenske/Schuhen (2012): 61-82

Helfferich, Cornelia/Barz, Monika (2006): Häusliche Gewalt beenden: Verhaltensänderung von Tätern als Ansatzpunkt. Eine Evaluationsstudie zum Vorgehen und Wirkung von Täterprogrammen im Kontext von Interventionsprojekten gegen häusliche Gewalt in Baden-Württemberg. Stuttgart: Landesstiftung Baden-Württemberg

Helfferich, Cornelia/Kavemann, Barbara (2006): Ethik und Gewalt in Geschlechterbeziehungen. In: Dungs et al. (2006): 539-552

Helfferich, Cornelia/Kavemann, Barbara (2012): Bestandsaufnahme der Situation der Frauenhäuser, der Fachberatungsstellen und anderer Unterstützungsangebote für gewaltbetroffene Frauen und ihre Kinder, Bundestagsdrucksache 17/10500, 16.8.2012, hrsg. vom BMFSFJ

Helfferich, Cornelia/Kavemann, Barbara/Lehmann, Karin (2004): Platzverweis - Beratung und Hilfen. Wissenschaftliche Untersuchung zur Situation von Frauen und zum Beratungsangebot nach einem Platzverweis bei häuslicher Gewalt. Abschlussbericht im Auftrag des Sozialministeriums Baden-Württemberg. Freiburg: SoFFI K. http://www.sozialministerium-bw.de/fm7/1442/Platzverweis-Forschungsprojekt-Abschlussbericht2004.pdf

Helfferich, Cornelia/Pfeiffer, Petra/Rissler, Georg (2009): "Das ist stark – was kann ich, was will ich, was werde ich. Bildungschancen und Geschlechterverständigung von Mädchen und Jungen mit eingeschränkten Bildungschancen. Ein Projekt der Landesstiftung im Rahmen des Programms „Chancen=Gleichheit. Gleiche Chancen für Frauen und Männer". Freiburg: SoFFI F., http://www.soffi-f.de/files/u2/Forschungsbericht_062009_SoFFIF.pdf

Hellbernd, H./Brzank, P./Wieners, K./Maschewsky-Schneider, U. (2004): Häusliche Gewalt gegen Frauen: gesundheitliche Versorgung. Das S.I.G.N.A.L. - Interventionsprogramm. Handbuch für die Praxis, Wissenschaftlicher Bericht. Gefördert mit Mitteln des Bundesministeriums für Familie, Senioren, Frauen und Jugend. Berlin

Hellming, Elisabeth/Sandmeir, Gudrun/Sann, Alexandra/Walter, Michael (2007): Kurzevaluation von Programmen zu Frühen Hilfen für Eltern und Kinder und sozialen Frühwarnsystemen in den Bundesländern. München: Deutsches Jugendinstitut

Henggeler, S./Sheidow, A. (2012): Empirically Supported Family-Based Treatments for Conduct Disorder and Delinquency in Adolescents. In: Journal of Marital & Family Therapy, 38, 30-58

Henry-Huthmacher, C. (Hrsg.) (2008): Schutz des Kindeswohls bei Gewalt in der Partnerschaft der Eltern, Dokumentation der Fachtagung "Schutz des Kindeswohls bei Gewalt in der Partnerschaft der Eltern" am 3.9.2007, Konrad-Adenauer-Stiftung e. V. Sankt Augustin/Berlin

Henschel, Angelika (1993): Geschlechtsspezifische Sozialisation: zur Bedeutung von Angst und Aggression in der Entwicklung der Geschlechtsidentität, eine Studie im Frauenhaus. Mainz: Matthias Grünewald

Herdina-Lindner, Rita (1999): Verletzte Seelen. Der andere Umgang mit Gewalt. Graz/Wien/Köln

Herman, Judith Lewis (1993): Die Narben der Gewalt. Traumatische Erfahrungen verstehen und überwinden. München: Kindler

Herold, Heike (2010): Wie sind Säuglingen und Kleinkinder im Blick? Erfahrungen aus einem Kooperationsprojekt zu Häuslicher Gewalt am Beispiel Mecklenburg-Vorpommern. In: Schäfer et al. (2010): 95-101

Herrenkohl, T. I./Mason, W. A./Kosterman, R./Lengua, L. J./Hawkins, J. D./Abbott, R. D. (2004): Pathways from Physical Childhood Abuse to Partner Violence in Young Adulthood. In: Violence and Victims, 19, 123-135

Herwartz-Emden, Leonie (Hrsg.) (2000): Einwandererfamilien: Geschlechterverhältnisse, Erziehung und Akkulturation. Osnabrück

Hesse, E./Main, M. (1999): Second-Generation Effects of Unresolved Trauma in non Maltreating Parents: Dissociated, Frightened, and Threatening Parental Behavior. In: Psychoanalytic Inquiry, 19, 481-540

Hesse, E./Main, M. (2002) : Desorganisiertes Bindungsverhalten bei Kleinkindern, Kindern und Erwachsenen - Zusammenbruch von Strategien des Verhaltens und der Aufmerksamkeit. In: Brisch/Grossmann/Grossmann/Köhler (2002): 219-248

Hester, Marianne/Pearson, Chris (1998): From periphery to centre. Domestic violence in work with abused children. Bristol: Policy Press

Hester, Marianne/Pearson, Chris/Harwin, Nicola (2000): Making an Impact: Children and Domestic Violence. London: Jessica Kingsley Publishers

Hester, Marianne/Radford, Lorraine (1996): Domestic Violence and Child Contact Arrangements in England and Denmark. The Policy Press, Bristol

Heynen, S. (2000): Vergewaltigt - Die Bedeutung subjektiver Theorien für Bewältigungsprozesse nach einer Vergewaltigung. Weinheim und München: Juventa Verlag

Heynen, S. (2001): Partnergewalt in Lebensgemeinschaften: direkte und indirekte Auswirkungen auf die Kinder. In: Beiträge zur feministischen Theorie und Praxis, 24 Jg., 56/57, 83-100

Heynen, S. (2002): „Da bin ich nicht mehr hingegangen!" - Warum Beratungen aufgrund diskrepanter subjektiver Theorien von Hilfesuchenden und Professionellen scheitern. In F. Engel, F. Nestmann (Hrsg.), Die Zukunft der Beratung. Tübingen: dgvt: 211-230

Heynen, S. (2003a): Erzwungene Schwangerschaft und Mutterschaft durch eine Vergewaltigung. In: Kindesmisshandlung und -vernachlässigung, Interdisziplinäre Fachzeitschrift der DGgKV, 6, 1/2, 98-125

Heynen, S. (2003b): Häusliche Gewalt: Direkte und indirekte Auswirkungen auf die Kinder. Dokumentation der 5. Bundesfachtagung der Bundesgemeinschaft Begleiteter Umgang November 2003 in Köln

Heynen, S. (2004): Prävention Häuslicher Gewalt. Kinder als Opfer häuslicher Gewalt. In: Kerner, H.-J.; Marks, E. (Hrsg.): Internetdokumentation Deutscher Präventionstag. Hannover. http://www.praeventionstag.de/content/9_praev/doku/heynen/index_9_heynen.html

Heynen, S. (2005): Tötungsdelikte im Kontext häuslicher Gewalt und ihre Auswirkungen auf Kinder. In: Jugendhilfe, 43, 6, 312-319

Heynen, S. (2006): Die Arbeit der Psychologischen Beratungsstelle bei häuslicher Gewalt; Möglichkeiten und Grenzen der Mütterberatung und der Arbeit mit gewalttätigen Vätern. In: Kavemann/Kreyssig (2006): 371-382

Heynen, S. (2007a): Langzeitfolgen häuslicher Gewalt und Risiken des Umgangs zwischen gewalttätigem Vater und Kind. Kindesmisshandlung und –vernachlässigung. In: Interdisziplinäre Fachzeitschrift, 10, 2, 65-85

Heynen, S. (2007b): Risiken des Umgangs bei häuslicher Gewalt. In: ajs-informationen, 43, 2, 22-24

Heynen, S. (2010): Moderne Trümmerfamilien? Strukturelle Benachteiligung von Kindern Alleinerziehender und Auswirkungen auf die Jugendhilfe. Kindesmisshandlung und –vernachlässigung: Interdisziplinäre Fachzeitschrift für Prävention und Intervention, 13, 2, 72-81

Heynen, S./Zahradnik, F. (2009): Frühe Hilfen und häusliche Gewalt: Gewalt in Paarbeziehungen als Risikofaktor für die kindliche Entwicklung. Newsletter Frauenhauskoordinierung e. V., No. 3, 2-9

Hibel, L./Granger, D./Blair, C./Cox, M. (2011): Maternal Sensitivity Buffers the Adrenocortical Implications of Intimate Partner Violence Exposure During Early Childhood. In: Development & Psychopathology, 23, 689-701

Hilton, N. Zoe/Harris, Grant T./Rice, Marnie E. (2010): Risk Assessment for Domestically Violent Men. Tools for Criminal Justice, Offender Intervention, and Victim Services. Washington DC: American Psychological Association

Hines, D. A./Saudino, K. J. (2004): Genetic and environmental influences on intimate partner aggression: A preliminary study. In: Violence & Victims, 19, 701-718

Hofmann, A. (1999) : EMDR in der Therapie psychotraumatischer Belastungssyndrome. Stuttgart: Thieme

Holden, G. W. (1998): Introduction: The Development of Research Into Another Consequence of Family Violence. In: Holden/Geffner/Jouriles (1998): 1-18

Holden, G. W./Geffner, R./Jouriles, E. N. (Eds.) (1998): Children Exposed to Marital Violence. Theory, Research, and Applied Issues. Washington: APA Press

Holmes, M./Mayer, L. (2003): Pregnancy. In: Liebschutz/Frayne/Saxe (2003): 191-201

Holmes, M./Resnick, H./Kilpatrick, D./Best, C. (1996): Rape-related pregnancy: Estimates and descriptive characteristics from a national sample of women. In: American Journal of Obstetrics & Gynecology, 175, 2, 320-325

Holtzworth-Munroe, A. (2000): A Typology of Men Who are Violent toward their Female Partners: Making Sense of the Heterogeneity in Husband Violence. In: Current Directions in Psychological Science, 9, 140-143

Holtzworth-Munroe, A./Anglin, K. (1991): The Competency of Responses Given by Maritally Violent Versus Nonviolent Men to Problematic Marital Situations. In: Violence and Victims, 4, 257-269

Holtzworth-Munroe, A./Bates, L./Smutzler, N./Sandin, E. (1997): A Brief Review of the Research on Husband Violence. Part I: Maritally Violent Versus Nonviolent Men. In: Aggression and Violent Behavior, 2, 65-99

Holtzworth-Munroe, A./Smutzler, N./Stuart, G. L. (1998): Demand and Withdraw Communication Among Couples Experiencing Husband Violence. In: Journal of Consulting and Clinical Psychology, 66, 731-743

Holtzworth-Munroe, A./Stuart, G. L. (1994): Typologies of Male Batterers: Three Subtypes and the Differences Among Them. In: Psychological Bulletin, 116, 476-497

Honig, Michael S. (1987): Das Dunkelfeld der Gewalt und der zivilisatorische Auftrag der Professionellen. In: Karsten/Otto (1987): 87-99

Honig, Michael S. (1992): Verhäuslichte Gewalt. Eine Explorativstudie über Gewalthandeln von Familien. Frankfurt a.M.: Suhrkamp

Hornberg, C./Schröttle, M./Bohne, S./Khelaifat, N./Pauli, A. (2008): Gesundheitliche Folgen von Gewalt. Themenheft 42 der Gesundheitsberichterstattung des Bundes, hrsg. vom Robert-Koch-Institut

Hörster, R./Küster, U./Wolff, S. (Hrsg.) (2004), Orte der Verständigung. Beiträge zum sozialpädagogischen Argumentieren. Freiburg: Lambertus

Höynck, T. (2010a): Tötungsdelikte an Kindern – erste Eindrücke aus einem kriminologischen Forschungsprojekt. Verhaltenstherapie, 20, 29-36

Höynck, T. (2010b): Das KFN-Forschungsprojekt "Tötungsdelikte an Kindern": Erste Eindrücke zu Opfermerkmalen und Fallgruppen. In: Meier (2010): 39-61

Höynck, T./Görgen, T. (2006): Tötungsdelikte an Kindern. In: Informationszentrum Sozialwissenschaften (2006): 9-42

Höynck, T./Zähringer, U./Behnsen, M. (2011): Neonatizid: Expertise im Rahmen des Projekts „Anonyme Geburt und Babyklappen in Deutschland – Fallzahlen, Angebote, Kontexte". München: DJI

Huang, C.-C./Wang, L./Warrener, C. (2010): Effects of Domestic Violence on Behavior Problems of Preschool-Aged Children. Do Maternal Mental Health and Parenting Mediate the Effects? In: Children and Youth Services, 32, 1317-1323

Huber, Michaela (2003): Trauma und die Folgen Bd. 1 und Bd. 2. Paderborn

Hughes Honore, M. (1992:) Impact of Spouse Abuse on Children of Battered Women. In: Violence Update, August 1, 9-11

Humphreys, Catherine (1999): Avoidance and Confrontation: Social Work Practice in Relation to Domestic Violence and Child Abuse. In: Child and Family Social Work, 4, 77-87

Humphreys, Catherine (2000): Social Work, Domestic Violence and Child Protection: Challenging Practice. Bristol: Policy Press

Humphreys, Catherine/Mullender, Audrey (2000): Children and Domestic Violence. A Research Overview of the Impact on Children. Dartington, Totness: Research in Practice

Hungerford, A./Wait, S./Fritz, A./Clements, C. (2012): Exposure to Intimate Partner Violence and Children's Psychological Adjustment, Cognitive Functioning, and Social Competence: A Review. In: Aggression and Violent Behavior, 17, 373-382

Hurrelmann, Klaus/Bründel, Heidrun (2003): Einführung in die Kindheitsforschung. Weinheim: Beltz

Hürter, Elisabeth/Hürter Otto (1983): Ergebnisse der wissenschaftlichen Untersuchung der Frauenhilfe München

Huth-Bocks, A. C./Levendosky, A. A./Semel, M. A. (2001): The Direct and Indirect Effects of Domestic Violence on Young Children's Intellectual Functioning. In: Journal of Family Violence, 16, 269-290

Hüther, G. (1996): The Central Adaptation Syndrom: Psychosocial Stress as a Trigger for Adaptive Modifications of Brain Structure and Brain Function. In: Progress in Neurobiology, 48, 569-612

Hüther, G. (1998): Stress and the adaptive self-organization of neuronal connectivity during early childhood. In: International Journal of Developmental Neuroscience, 16, 297-306

Hüther, G. (1999): Stress und die Selbstorganisation verhaltenssteuernder neuronaler Netzwerke. In: Bildung und Erziehung, 52, 273-289

Hüther, G. (2001): Bedienungsanleitung für ein menschliches Gehirn. Mainz

Hüther, G. (2002): Die Folgen traumatischer Kindheitserfahrungen für die weitere Hirnentwicklung, AGSP, Jahrgang 2002

Hüther, G. (2004): Biologie der Angst. Wie aus Streß Gefühle werden. Göttingen

Hüther, G./Leuzinger-Bohleber, M./Brandl, Y. (Hrsg.) (2006): ADHS - Frühprävention statt Medikalisierung. Theorie, Forschung, Kontroversen. Göttingen: Vandenhoeck & Ruprecht

Informationszentrum Sozialwissenschaften (Hrsg.) (2006): Kriminalsoziologie + Rechtssoziologie, Band 2006/2. Bonn: Informationszentrum Sozialwissenschaften

Institute of Medicine (1994): Reducing risks for mental disorders: Frontiers for preventive intervention research. Washington: National Academy Press

Interkulturelle Initiative e. V. (Hrsg.) (2006): Qualität in der Arbeit mit von Gewalt betroffenen Migrantinnen. Ein Projekt der Interkulturellen Initiative e. V., Berlin „Qualitätsmanagement in der Arbeit mit von Gewalt betroffenen Migrantinnen" im Rahmen des entimon-Programms. Autorin: Maria do Mar Castro Varela. Berlin

Interventionsstelle gegen häusliche Gewalt in Rostock (2004): Konzeption. Kinder- und Jugendberatung in Fällen häuslicher Gewalt. Rostock

Interventionsstelle gegen häusliche Gewalt Rostock (2009): Tätigkeitsbericht 2008, hrsg. Von Fraen helfen Frauen e.V. Rostock, zu beziehen unter www.fhf-rostock.de

Ireland, T./Smith, C. (2009): Living in Partner-violent Families: Developmental Links to Antisocial Behavior and Relationship Violence. In: Journal of Youth and Adolescence, 38, 323-339

Iyengar, R. (2009): Does the Certainty of Arrest Reduce Domestic Violence? Evidence from Mandatory and Recommended Arrest Laws. In: Journal of Public Economics, 93, 85-98

Jacobi, F./Wittchen, H.-U./Hölting, C./Höfler, M./Pfister, H./Müller, N./Lieb, R. (2004): Prevalence, Co-morbidity and Correlates of Mental Health Disorders in the General Population: Results from the German Health Interview and Examination Survey (GHS). In: Psychological Medicine, 34, 597-611

Jacobson, N. S./Gottman, J. M./Gortner, E./Berns, S./Shortt, J. W. (1996): Psychological Factors in the Longitudinal Course of Battering: When do the Couples Split up? When Does the Abuse Decrease? In: Violence and Victims, 11, 371-392

Jaffe, J./Beebe, B./Feldstein, S./Crown, C. L./Jasnow, M. D. (2001): Rhythms of Dialogue in Infancy: Coordinated Timing in Development. Monographs of the Society for Research in Child Development: 66, No. 2, Serial No. 265. Boston/Oxford: Blackwell

Jaffe, P. G./Wolfe, D. A./ Wilson, S. K. (1990): Children of Battered Women. Sage Publications, Newbury Park/London/New Delhi

Jaffe, P. G./Wolfe, D. A./Campbell, M. (2012): Growing Up with Domestic Violence. Cambridge und Göttingen: Hogrefe

Jaffe, P./Baker, L./Cunningham, A. (Eds.) (2002): Protecting Children from Domestic Violence: Strategies for Community Intervention. New York, NY: Guilford Press

Jaffee, S. R./Caspi A./Moffitt,T. E./Taylor, A. (2004): Physical Maltreatment Victim to Antisocial Child: Evidence of an Environmentally Mediated Process. In: Journal of Abnormal Psychology, 113, 44-55

Jaffee, S. R./Moffitt, T. E./Caspi, A./Taylor, A./Arsenault, L. (2002): Influence of Adult Domestic Violence on Children's Internalizing and Externalizing Problems: An Environmentally Informative Twin Study. In: Journal of the American Academy of Child and Adolescent Psychiatry, 41, 1095-1103

Janssen, P. A./Holt, V. L./Sugg, N. K./Emanuel, I./Critchlow, C. M./Henderson, A. D. (2003): Intimate Partner Violence and Adverse Pregnancy Outcomes: A Population-Based Study. In: American Journal of Obstretics Gynecology, 188, 5, 1341-1347

Jarchow, Esther (2009): Dynamik von Eskalationsprozessen im Kontext von Beziehungsgewalt – Ergebnisse einer Längsschnittuntersuchung (Wissenschaftliche Analyse im Landeskriminalamt Hamburg). Hamburg

Jaspard, Marie/Condon, Stéphanie (Eds.) (2004): Genre, Violences Sexuelles et Justice. Actes de la journée-séminaire du 20 juin 2003. Document de travail 121, Institut National d'Etudes Démographiques, Paris

Job, A.-K./Baucom, D./Hahlweg, K. (2012): Prevention of Couple Distress and Implications for Child Well-Being: State of the Art and Future Directions. http://www.moffittcaspi.com/ bioessays

Johnson, L. B./Todd, M./Subramanian, G. (2005): Violence in Police Families. In: Journal of Family Violence, 20, 3-12

Johnson, M. P. (2001): Conflict and Control: Symmetry and Asymmmetry in Domestic Violence. In: Booth/Crouter (2001): 95-104

Johnson, V./Lieberman, V. (2007): Variations in Behavior Problems of Preschoolers Exposed to Domestic Violence: The Role of Mothers' Attunement to Children's Emotional Experiences. In: Journal of Family Violence, 22, 297-308

Jones, L./Finkelhor, D./Halter, S. (2006): Child Maltreatement Trends in the 1990s: Why Does Negelct Differ From Sexual and Physical Abuse. In: Child Maltreatment, 11, 107-120

Jones, L./Hughes, M./Unterstaller, U. (2001): Posttraumatic Stress Disorder (PTSD) in Victims of Domestic Violence. In: Trauma, Violence & Abuse, 2, 99-119

Jouriles, E. N./Brown, A./Silver, C./McDonald, R./Rosenfield, D./Leahy, M. (2008): Intimate Partner Violence and Preschoolers' Explicit Memory Functioning. In: Journal of Family Psychology, 22, 420-428

Jouriles, E. N./McDonald, R./Spiller, L./Norwood, W. D./Swank, P. R./Stephens, N./Ware, H./ Buzy, W. M. (2001): Reducing Conduct Problems Among Children of Battered Women. In: Journal of Consulting and Clinical Psychology, 69, 774-785

Jungk, S./Treber, M./Willenbring. M. (Hrsg.) (2011): Bildung in Vielfalt. Inklusive Pädagogik der Kindheit. Freiburg: FEL-Verlag

Jurak, J. (2003): Caught in the crossfire: identifying needs of accompanying children from culturally and linguistically diverse backgrounds in Supported Accommodation Assistance Program services, Department of Family and Community Services; Supported Accommodation Assistance Program (Australia), Canberra

Kalifa-Schor, Geula Ben (2002): Das innere Niemandsland. Migranten-Jugendliche zwischen zwei Welten. In: Rohr/Jansen (2002): 195–210

Karsten, M.-E./Otto, H.-U. (Hrsg) (1987): Die sozialpädagogische Ordnung der Familie. Weinheim/München: Juventa

Katz, L. F./Hessler, D./Annest, A. (2007): Domestic Violence, Emotional Competence, and Child Adjustment. In: Social Development, 16, 513-538

Katz, L. F./Hunter, E./Klowden, A. (2008): Intimate Partner Violence and Children's Reaction to Peer Provocation: The Moderating Role of Emotion Coaching. In: Journal of Family Psychology, 22, 614-621

Katz, L. F./Rigterink, T. (2012): Domestic Violence and Emotion Socialisation. In: Dennis/Buss/ Hastings (2012): 52-60

Kavemann, Babara (2000): Kinder und häusliche Gewalt - Kinder misshandelter Mütter. In: Kindesmisshandlung und Vernachlässigung, 3, 2, 106-122

Kavemann, Barbara (1995): "Das bringt mein Weltbild durcheinander." Frauen als Täterinnen in der feministischen Diskussion sexueller Gewalt. In: Elliott (1995): 13-40

Kavemann, Barbara (2002): Kinder misshandelter Mütter – Anregungen zur Zielgruppenspezifischen Intervention. In: Breitenbach et al. (2002): 265-284

Kavemann, Barbara (2003a): Kinder und Häusliche Gewalt. In: Sozial Extra, 4, 12-17

Kavemann, Barbara (2003b): Kinder und häusliche Gewalt. Wissenschaftliche Begleitung Interventionsprojekte gegen häusliche Gewalt. Universität Osnabrück

Kavemann, Barbara (2003c): Zur Debatte um Männer als Opfer und Frauen als Täterinnen häuslicher Gewalt. In: Frauenhauskoordinierung e. V. (2003b): 52-55

Kavemann, Barbara (2006): Zusammenhang von häuslicher Gewalt gegen die Mutter mit Gewalt gegen Töchter und Söhne – Ergebnisse neuerer deutscher Untersuchungen. In: Kavemann/ Kreyssig (2006): 13-35

Kavemann, Barbara (2008a): Kinder im Kontext häuslicher Gewalt, Untersuchungsergebnisse zu sexualisierter und körperlicher Partnergewalt und den Risiken betroffener Kinder. In: Ulrike Kreyssig, Ulrike (Hrsg.) (2008): Häusliche Gewalt und Frühe Hilfen im Kontext der Frauenhausarbeit; www.frauenhauskoordinierung.de

Kavemann, Barbara (2008b): Wissenschaftliche Begleitung des Modellprojektes „Kooperation zwischen Schule und Jugendhilfe bei häuslicher Gewalt". Endbericht. Berlin: BMFSFJ

Kavemann, Barbara (2008c): Wissenschaftliche Begleitung des Modellprojektes. In: Berliner Initiative gegen Gewalt an Frauen – BIG e. V. (2008): 123-154; http://www.big-praevention.de/ sites/default/files/bak/veroeffentlichungen/broschueren/pdfs/BIG-PraevProjekt2008.pdf

Kavemann, Barbara/Hagemann-White, Carol/Leopold, Beate/Schirrmacher, Gesa et al. (2001): Modelle der Kooperation gegen häusliche Gewalt. Ergebnisse der wissenschaftlichen Begleitung des Berliner Interventionsprojektes gegen häusliche Gewalt (BIG). Hrsg. vom Bundesministerium für Familie, Senioren, Frauen und Jugend, Schriftenreihe Band 193. Stuttgart

Kavemann, Barbara/Kreyssig, Ulrike (Hrsg.) (2006): Handbuch Kinder und häusliche Gewalt. Wiesbaden: VS Verlag für Sozialwissenschaften

Kavemann, Barbara/Leopold, Beate/Schirrmacher, Gesa/Hagemann-White, Carol (2001): Modelle der Kooperation bei häuslicher Gewalt, Schriftenreihe des BMFSFJ Band 193. Stuttgart: Kohlhammer

Kelly, J./Johnson, M. (2008): Differentiation Among Types of Intimate Partner Violence: Research Update and Implications for Interventions. In: Family Court Review, 46, 476-499

Kelly, Liz (1994): The Interconnectedness of Domestic Violence and Child Abuse: Challenges for Research, Policy and Practice. In: Mullender/Morley (1994): 43-56

Kelly, Liz (2005): Moving in the Same or Different Directions? Reflections on Recent Developments in Domestic Violence Legislation in Europe. In: Smeenk/Malsch (2005): 165-190

Kelly, Liz/Seith, Corinna (2005): New Approaches, Same Old Gatekeepers: Are Children Really Free to Participate in Social Research? Paper at international Childhoods 2005 Conference, Oslo, 1.7.2005

Kendall-Tackett, K. (2004): Health consequences of abuse in the family. Washington: APA Press

Kerig, P. K. (1998): Gender and Appraisals as Mediators of Adjustment in Children Exposed to Interparental Violence. In: Journal of Family Violence, 13, 345-363

Kessler, R./McLaughlin, K./Green, J./Gruber, M./Sampson, N./Zaslavsky, A./Aguilar-Gaxiola, S./Alhamzawi, A./Alonso, J./Angermeyer, M./Benjet, C./Bromet, E./Chatterji, S./de Girolamo, G./Demyttenaere, K./Fayyad, J./Florescu, S./Gal, G./Gureje, O./Haro, J./Hu, C./Karam, E./Kawakami, N./Lee, S./Lépine, J./Ormel, J./Posada-Villa, J./Sagar, R./Tsang, A./Ustün, T./Vassilev, S./Viana, M./Williams, D. (2010): Childhood adversities and adult psychopathology in the WHO World Mental Health Surveys. In: British Journal of Psychiatry 197, 378-385

Kinderschutz-Zentrum in Hannover (2011): Jahresbericht 2010. Hannover

Kindler H. (2002): Partnerschaftsgewalt und Kindeswohl. Eine meta-analytisch orientierte Zusammenschau und Diskussion der Effekte von Partnerschaftsgewalt auf die Entwicklung von Kindern: Folgerungen für die Praxis. München: Deutsches Jugendinstitut

Kindler, H. (2006a): Was ist über Folgen von Vernachlässigung bei Kindern bekannt? In: Kindler/Lillig/Blüml et al. (2006): 155-164

Kindler, H. (2006b): Was ist über die Folgen physischer Misshandlung bei Kindern bekannt? In: Kindler/Lillig/Blümel et al. (2006): 171-178

Kindler, H. (2006c): Welcher Zusammenhang besteht zwischen Suchterkrankungen der Eltern und der Entwicklung von Kindern? In: Kindler/Lillig/Blümel et al. (2006): 185-189.

Kindler, H. (2006d): Welcher Zusammenhang besteht zwischen Partnerschaftsgewalt und der Entwicklung von Kindern? In: Kindler/Lillig/Blümel et al. (2006)

Kindler, H. (2006e): Partnergewalt und Beeinträchtigung kindlicher Entwicklung. In: Kavemann/Kreyssig (2006): 36-52

Kindler, H. (2010a): Neuanfang ohne Angst: Kindern von gewalttätigen Ex-Partnern sind besonders schutzbedürftig. Näherungsverbote sind aber nur selten nötig. In: DJI-Bulletin 89, 20-22

Kindler, H. (2010b): Risikofaktor Partnerschaftsgewalt: Chancen und Grenzen von Programmen Früher Hilfe. In: Schäfer et al. (2010): 39-47

Kindler, H./Blümel-Tilli, H./Hainbach, S./Liel, Ch./Zuck, W./Allwang, H. et al. (2006): Gewalt in der Partnerschaft und Soziale Arbeit. In: Sozialmagazin 31 (12), 35-45

Kindler, H./Helming, E./Meysen, T./Jurczyk, K. (2011): Handbuch Pflegekinderhilfe. München: DJI; www.dji.de/pkh

Kindler, H./Helming, E./Meysen, T./Jurczyk, K. (2011): Handbuch Pflegekinderhilfe. München: DJI

Kindler, H./Lillig, S./Blüml, H./Meysen, T./Werner, A. (Hrsg.) (2006): Handbuch Kindeswohlgefährdung nach §1666 BGB und Allgemeiner Sozialer Dienst (ASD). München: Deutsches Jugendinstitut; http://db.dji.de/asd/ASD_Handbuch_Gesamt.pdf

Kindler, H./Lukasczyk, P./Reich, W. (2008): Validierung und Evaluation eines Diagnoseinstrumentes zur Gefährdungseinschätzung bei Verdacht auf Kindeswohlgefährdung (Kinderschutzbogen). In: Zeitschrift für Kindschaftsrecht und Jugendhilfe, 94, 500-505

Kindler, H./Salzgeber, J./Fichtner, J./Werner, A. (2004): Familiäre Gewalt und Umgang. In: Zeitschrift für das gesamte Familienrecht, 51, 1241-1252

Kindler, H./Schmidt-Ndasi, D. (2011): Wirksamkeit von Maßnahmen zur Prävention und Intervention im Fall sexueller Gewalt gegen Kinder. Herausgegeben von Amyna e.V. München: DJI; www.beauftragter-missbrauch.de/file.php/95/Expertise_Amyna.pdf

Kindler, H./Spangler, G. (2005): Wirksamkeit ambulanter Jugendhilfemaßnahmen bei Misshandlung bzw. Vernachlässigung. In: Kindesmisshandlung und –vernachlässigung, 8, 101-116

King, Vera (2002): Die Entstehung des Neuen in der Adoleszenz. Individuation, Generativität und Geschlecht in modernisierten Gesellschaften. Wiesbaden: VS Verlag

King, Vera (2005): Bildungskarrieren und Männlichkeitsentwürfe bei Adoleszenten aus Migrantenfamilien. In: King/Flaake (2005): 57-76

King, Vera/Flaake, Karin (Hrsg.) (2005): Männliche Adoleszenz. Sozialisation und Bildungsprozesse zwischen Kindheit und Erwachsensein. Frankfurt a.M.: Campus

Kitzmann, K. M./Gaylord, N. K./Holt, A. R./Kenny, E. D. (2003): Child Witnesses to Domestic Violence: A Meta-Analytic Review. In: Journal of Consulting and Clinical Psychology, 71, 339-352

Klann, N./Hahlweg, K./Baucom, D./Kroeger, C. (2011): The Effectiveness of Couple Therapy in Germany: A Replication Study. In: Journal of Marital and Family Therpay, 37, 200-208

Klinkhammer, M./Klotmann, U./Prinz, S. (Hrsg.) (2004): Handbuch Begleiteter Umgang. Pädagogische, psychologische und rechtliche Aspekte. Köln: Bundesanzeigerverlag

Klinkhammer, Monika/Prinz, Susanne/Klotmann, Ursula (Hrsg.) (2011): Handbuch Begleiteter Umgang. Pädagogische, psychologische und rechtliche Aspekte. 2. erweiterte Auflage. Köln: Bundesanzeigerverlag

Klosterman, K./Kelley, M./Mignone, T./Pusaten, L./Fals-Stewart, W. (2010): Partner Violence and Substance Abuse: Treatment Considerations. In: Aggression and Violent Behavior, 15, 162-166

Knous-Westfall, H./Ehrensaft, M./MacDonell, K./Cohen, P. (2012): Parental Intimate Partner Violence, Parenting Practices, and Adolescent Peer Bullying. In: Journal of Child and Family Studies, 21, 754-766

Köberlein, L./Sartingen, P./Hahn, S./Krohe-Amann, A./Gaiser, H./Tóth, G./Rösslhumer, M./ Messner, S./Stanic, T. (2010): Heartbeat – Herzklopfen. Beziehungen ohne Gewalt. Stuttgart: Deutscher Paritätischer Wohlfahrtsverband, Landesverband Baden-Württemberg

Köberlein, Luzia (2008): Sprich mit mir. Kinder und Jugendliche gegen häusliche Gewalt. Bildungsmaßnahmen zur Prävention häuslicher Gewalt und zur Unterstützung von Gewaltopfern. Ein Arbeitspaket für Schulen sowie Dienste und Einrichtungen der Jugendhilfe, der Kriminalprävention und des Gewaltschutzes. Teil 1: Grundlegende Informationen sowie Anregungen und Empfehlungen für PraktikerInnen. Stuttgart Deutscher Paritätischer Wohlfahrtsverband, Landesverband Baden-Württemberg

Köberlein, Luzia (2009): Abschlussbericht des EU-Projekts Kinder und Jugendliche gegen häusliche Gewalt, Hrsg. vom DPW Baden-Württemberg; http://www.empowering-youth.de/ downloads/20090609_abschlussbericht.pdf

Koch-Kneidl, Lisa/Wiesse, Jörg (Hrsg.) (2003): Entwicklung nach früher Traumatisierung. Göttingen

Koenen, K./Moffitt, T. E./Caspi, A./Taylor, A./Purcell, S. (2003): Domestic Violence is associated with environmental suppression of IQ in young children. In: Development and Psychopathology, 15, 297-311

Kölch, M./Fegert, J. M. (2008): Die umgangsrechtliche Praxis aus Sicht der Kinder- und Jugendpsychiatrie. FamRZ - Zeitschrift für das gesamte Familienrecht, 55, 17, 1573-1668

Konferenz der Landeskoordinierungsstellen (2006): Bundesweite Standards für Interventionsstellen; http://www.frauenhauskoordinierung.de/index.php?id=348

Koordinierungsstelle gegen häusliche Gewalt, Ministerium für Justiz, Arbeit, Gesundheit und Soziales des Saarlandes (Hrsg.) (2009): Eine Handlungsorientierung für Jugendämter „Kinderschutz und Kindeswohl bei elterlicher Partnerschaftsgewalt", 3. Auflage. Saarbrücken

Koordinierungsstelle gegen häusliche Gewalt, Ministerium für Justiz, Arbeit, Gesundheit und Soziales des Saarlandes (Hrsg.) (2008): Eine Handlungsorientierung für Jugendämter. Kinderschutz und Kindeswohl bei elterlicher Partnerschaftsgewalt. Saarbrücken

Koss, M./White, J./Kazdin, A. (Eds.) (2011): Violence against Women and Children. Vol. 2: Navigating solutions. Washington: APA

Krahé, Barbara (2008). Sexuelle Aggression und Partnergewalt im Jugendalter. In: Scheithauer/ Hayer/Niebank (2008): 128-140

Krahé, Barbara/Scheinberger-Olwig, Renate (2002): Sexuelle Aggression. Verbreitungsgrad und Risikofaktoren bei Jugendlichen und jungen Erwachsenen. Göttingen: Hogrefe

Kreppner, J. M./O'Connor, T. G./Rutter, M./English and Romanian Adoptees (ERA) Study Team (2001): Can Inattention/Overactivity be an Institutional Deprivation Syndrome? In: Journal of Abnormal Child Psychology, 29, 513-528

Kreyssig, Ulrike (2003): Begleiteter Umgang bei häuslicher Gewalt. In: Der Paritätische Wohlfahrtsverband (2003): 29-38

Krüger, Andreas (2008): Psychische Traumatisierung im Kindes- und Jugendalter im Überblick. In: Leitfaden „Häusliche Gewalt". Hinweise zu Diagnostik, Dokumentation und Fallmanagement. Hrsg. Von der Ärztekammer Hamburg in Kooperation mit der HIGAG, dem UKE, der Techniker Krankenkasse und der Kassenärztlichen Vereinigung Hamburg; http:kvhh.de

Krüger, Andreas/Reddemann, Luise (2007): Psychodynamisch Imaginative Traumatherapie für Kinder und Jugendliche / PITT – KID – Das Manual.

Krüsmann, Henrike (2008a): „Stark sein gegen häusliche Gewalt" Bildungsbausteine für die Präventionsarbeit zu häuslicher Gewalt in Kindertagesstätten. Hrsg. von BORA e. V.; http://www.frauenprojekte-bora.de/de/praeventionsarbeit

Krüsmann, Henrike (2008b): Entwicklung eines Curriculums für ErzieherInnen zur pädagogischen Thematisierung von häuslicher Gewalt in Berliner Kindertagesstätten. (Handlungsforschungsprojekt. Master-Studiengang FH Potsdam Modul 8. unveröffentlicht)

Krüsmann, Henrike (2010): Kindertagesstätten stärken in der Arbeit gegen häusliche Gewalt: Prävention von häuslicher Gewalt als Herausforderung an Erzieher und Erzieherinnen. Das Präventionsprojekt PiKiTa . (Masterthesis). http://opus.kobv.de/fhpotsdam/volltexte/2011/197

Küfner, H. (2010): Epidemiologie des Substanzkonsums und der Suchterkrankungen in Deutschland. In: Bundesgesundheitsblatt, 53, 271-283

Kuijpers, K./van der Knaap, L./Lodewijks, I. (2011): Victims' Influence on Intimate Partner Violence Revictimization: A Systematic Review of Prospective Evidence. In: Trauma, Violence & Abuse, 12, 198-218

Kury, H./Obergfell-Fuchs, J. (Hrsg.) (2003): Crime Prevention. New Approaches. Mainz: Weisser Ring

Kury, Helmut/Gartner, Barbara/Obergfell-Fuchs, Joachim (2005): Polizei und Platzverweis – Ergebnisse einer empirischen Untersuchung in Freiburg. In: Kury/Obergfell-Fuchs (2005): 261-284

Kury, Helmut/Obergfell-Fuchs, Joachim (Hrsg.) (2005): Gewalt in der Familie. Für und Wider den Platzverweis. Freiburg im Breisgau

Kyriacou, D./Anglin, D./Taliaferro, E./Stone, S./Tubb, T./Linden, J. A./Muelleman, R./Barton, E./Kraus, J. (1999): Risk Factors for Injury to Women from Domestic Violence. In: New England Journal of Medicine, 341, 1892-1898

Lakatos, K./Nemoda, Z./Birkas, E./Ronai, Z./Kovacs, E./Ney, K./Toth, I./Sasvari-Szekely, M./Gervai, J. (2003): Association of D4 Dopamine Receptor Gene and Serotonin Transporter Promoter Polymorphisms with Infants' Response to Novelty. In: Molecular Psychiatry, 8, 90-97

Lakatos, K./Nemoda, Z./Toth, I./Ronai, Z./Ney, K./Sasvari-Szekely, M./Gervai, J. (2002): Further Evidence for the Role of the Dopamine D4 Receptor (DRD4) Gene in Attachment Disorganization: Interaction of the Exon III 48-bp Repeat and the -521 C/T Promoter Polymorphisms. In: Molecular Psychiatry, 7, 27-31

Lakatos, K./Toth, I./Nemoda, Z./Ney, K./Sasvari-Szekely, M./Gervai, J. (2000): Dopamine D4 Receptor (DRD4) Gene Polymorphism is Associated with Attachment Disorganization in Infants. In: Molecular Psychiatry, 633-637

Lamers-Winkelman, F./De Schipper, C./Oosterman, M. (2012): Children's Physical Health Complaints after Exposure to Intimate Partner Violence. In: British Journal of Health Psychology, 17, 771-784

Landeshauptstadt Hannover, Referat für Gleichstellungsfragen (2011): HAIP – Hannoversches Interventionsprojekt gegen Männergewalt in der Familie, Hannover

Landespräventionsrat Niedersachsen (Hrsg.) (2006): Betrifft: Häusliche Gewalt. Kinder misshandelter Mütter – Handlungsorientierungen für die Praxis. Hannover

Landespräventionsrat Niedersachsen (Hrsg.) (2011): Betrifft: Häusliche Gewalt. Prävention häuslicher Gewalt mit Mädchen und Jungen – Empfehlungen der Expert/innenkommission des Koordinationsprojekts „Häusliche Gewalt". Hannover; www.lpr.niedersachsen.de

Landolt, Markus A. (2004): Psychotraumatologie des Kindesalters. Göttingen: Hogrefe-Verlag

Laughon, K./Steeves, R. H./Parker, B./Knopp, A./Sawin, E. M. (2008): Forgiveness, and Other Themes, in Women Whose Fathers Killed Their Mothers. Advances in Nursing Science, 31 (2), 153–163

Leen, E./Sorbring, E./Mawer, M./Holdsworth, E./Helsing, B./Bowen, E. (2013): Prevalence, Dynamic Risk Factors, and the Efficacy of Primary Interventions for Adolescent Dating Violence: an International Review. In: Aggression and Violent Behavior, 18, 159-174

Leeners, B./Richter-Appelt, H./Schönfeld, K./Neumaier-Wagner, P./Görres, G./Rath, W. (2003): Schwangerschaft und Mutterschaft nach sexuellen Missbrauchserfahrungen im Kindesalter. In: Deutsches Ärzteblatt, 100, 11, 569

Lehmann, Nadja (2001): Migrantinnen in Misshandlungssituationen. In: Frauenrat und Frauenbeauftragte der Alice-Salomon-Fachhochschule für Sozialarbeit/Sozialpädagogik und Pflege/Pflegemanagement (Hrsg.), Quer – denken, lesen, schreiben. Gender/Geschlechterfragen update Ausgabe 04/01. Berlin: 10-13

Lehmann, Nadja (2007): Empowerment gegen häusliche Gewalt. Unveröffentl. Konzept der Interkulturellen Initiative e. V. zur Wissenssicherung und konzeptionellen Weiterentwicklung von Methoden für psychosoziale Einzel- und Gruppenangebote für Migrantinnen und ihre Kinder

Lehmann, Nadja (2008): Migrantinnen im Frauenhaus. Biographische Perspektiven auf Gewalterfahrungen. Reihe: Rekonstruktive Forschung in der Sozialen Arbeit. Opladen& Farmington Hills: Verlag Barbara Budrich

Lehmkuhl, U./Huss, M. (2011): Scheidung, Trennung, Alleinerziehung. In: Fegert/Eggers/Resch (2011): 79-86

Lehtonen, J. (1994). From dualism to psychobiological interaction. A comment on the study by Tenari and his co-workers. In: The British Journal of Psychiatry, 164, 27-28

Leitner, H./Roth, K./Troscheit, K. (2008): Fälle von Kindesvernachlässigung und -misshandlung mit Todesfolge und schwerer Körperverletzung im Land Brandenburg. Eine Untersuchung anhand von Staatsanwaltschaftsakten (2000-2005). Fachstelle Kinderschutz im Land Brandenburg Start gGmbH. Oranienburg

Lempert, Joachim/Oelemann, Burkhard (1998): " … dann habe ich zugeschlagen". Gewalt gegen Frauen. Auswege aus einem fatalen Kreislauf. München: DTV

Lenz, Albert (2007): Intervention bei Kindern psychisch kranker Eltern. Göttingen: Hogrefe Verlag

Lenz, Ilse (Hrsg.) (2008): Die neue Frauenbewegung in Deutschland. Wiesbaden: VS Verlag für Sozialwissenschaften

Leonard, K. E. (2005): Alcohol and Intimate Partner Violence: When Can We Say that Heavy Drinking is a Contributing Cause of Violence? In: Addiction, 100, 422-425

Leonard, K. E./Senchak, M. (1996): The Prospective Prediction of Husband Marital Aggression Among Newlywed Couples. In: Journal of Abnormal Psychology, 105, 369-380

Letourneau, N./Fedick, C./Willms, J. (2007): Mothering and Domestic Violence: A Longitudinal Analysis. In: Journal of Family Violence, 22, 649-659

Levendosky, A./Bogat, A./Huth-Bocks, A./Rosenblum, K./von Eye, A. (2011): The Effects of Domestic Violence on the Stability of Attachment from Infancy to Preschool. In: Journal of Clinical Child & Adolescent Psychology, 40, 398-410

Levendosky, A./Huth-Bocks, A./Shapiro, D./Semel, M. (2003): The Impact of Domestic Violence on the Maternal-Child Relationship and Preschool-Age Children's Functioning. In: Journal of Family Psychology, 17, 275-287

Levine, M. B. (1975): Interparental Violence and ist Effect on Children: A Study of 50 Families in General Practice. In: Medical Science Law, 15, 172-176

Levinson, David (1988): Family Violence in Cross-Cultural Perspective. In: Hasselt et al. (1988): 435-455

Levy, Barrie (Ed.) (1998): Dating Violence. Young Women in Danger. Seal Press, Seattle

Lewandowski, L./McFarlane, J./Campbell, J./Gary, F./Barenski, C. (2004): "He Killed My Mommy!" Murder or Attempted Murder of a Child's Mother. Journal of Family Violence, 19, 4, 211-220

Lewis, T./Kotch, J./Thompson, R./Litrownik, A./English, D./Proctor, L./Runyan, D./Dubowitz, H. (2010): Witnessed Violence and Youth Behavior Problems: A Multi-Informant Study. In: American Journal of Orthopsychiatry, 80, 443-450

Lewis, T./Thompson, R./Kotch, J./Proctor, L./Litrownik, A./English, D./Runyan, D./Wiley, T./Dubowitz, H. (2012): Parent-Youth Discordance about Youth-Witnessed Violence: Associations with Trauma Symptoms and Service Use in a At-Risk Sample. In: Child Abuse & Neglect, 36, 790-797

Liebel, Manfred (2007): Wozu Kinderrechte: Grundlagen und Perspektiven. Weinheim und München: Juventa

Liebel, Manfred (2011): Kinderrechte – aus Kindersicht: Wie Kinder weltweit zu ihrem Recht kommen. Berlin: Lit Verlag

Lieberman, A. F./Pawl, J. H. (1993): Infant-Parent Psychotherapy. In: Zeanah (1993): 427-442

Lieberman, A. F./Van Horn, P./Ozer, E. J. (2005): Preschooler Witnesses of Marital Violence: Predictors and Mediators of Child Behaviour Problems. In: Development and Psychopathology, 17, 385-396

Liebschutz, J./Frayne, S./Saxe, G. (Eds.) (2003): Violence against Women: A Physician's Guide to Identification and Management. Philadelphia: American College of Physicians

Liel, Christoph (2012): Rückfallrisiko von Partnerschaftsgewalttätern. Pilotstudie zur Testung eines Evaluationsinstrumentariums. Evangelische Hochschule. Freiburg

Liel, Christoph/Kindler, Heinz (2009): Selbstevaluation des Caring Dads Programms. Wissenschaftliches Konzept. Deutsches Jugendinstitut e. V. München

Liepold, M. (2005): Survivors, Not Victims: Children of Murdered Parents. In: Children's Voice – Child Welfare League of America, 14, 6

Linder, J. R./Collins, A. W. (2005): Parent and Peer Predictors of Physical Aggression and Conflict Management in Romantic Relationships in Early Adulthood. In: Journal of Family Psychology, 19, 252-262

Linke, Martina/Pathe, Elke (2006): Kinder als Beteiligte im polizeilichen Einsatz bei häuslicher Gewalt. In: Kavemann/Kreyssig (2006): 259-266

Linke, Martina/Plathe, Elke (2006): Kinder als Beteiligte im polizeilichen Einsatz bei häuslicher Gewalt. In: Kavemann/Kreyssig (2006): 259-266

Liotti, G. (1992): Disorganized/Disoriented Attachment in the Etiology of the Dissociative Disorders. In: Dissociation, 4, 196-204

Littlechild, B. (2008): Lassen sich Sozialarbeiter von den Klienten einschüchtern? Gewalttätigkeiten von Klienten gegenüber Fachkräften in der Sozialen Arbeit: Ursachen, Auswirkungen und wirksame Antworten – Fakten aus der Praxis. Sozialmagazin, 33, 6, 12-22

Liu, D./Diorio, J./Tannenbaum, B./Caldji, C./Francis, D./Freedman, A./Sharma, S./Pearson, D./ Plotsky, P. M./Meaney, M. J. (1997): Maternal Care, Hippocampal Glucocorticoid Receptors, and Hypothalamic-Pituitary-Adrenal Responses to Stress. In: Science, 12, 277(5332), 1659-1662

Löbman, R./Greve, W./Wetzels, P./Bosold, C. (2003): Violence Against Women: Conditions, Consequences, and Coping. In: Psychology, Crime & Law, 9, 309-331

Löbmann, Rebecca/Herbers, Karin (2005): Neue Wege gegen häusliche Gewalt. Pro-aktive Beratungsstellen in Niedersachsen und ihre Zusammenarbeit mit Polizei und Justiz. Baden-Baden

Loeseke, D./Gelles, R./Cavanaugh, M. (2005): Current controversies on family violence (2nd Ed.). Thousand Oaks: Sage

Logan, J./Hill, H. A./Black, M. L./Crosby, A. E./Karch, D. L./Barnes, J. D./Lubell, K. M. (2008): Chracteristics of Perpetrators in Homicide-Followed-by-Suicide Incidends: National Violent Death Reporting System-17 US States, 2003-2005. American Journal of Epidemiology, 16, 9, 1056-1064

Logar, Rosa (1999): Halt der Männergewalt – Wegweisende Gesetze aus Österreich. In: Streit – Feministische Rechtszeitschrift 3/1999, 99-110

Lundahl, Brad W./Nimer, Janelle/Parsons, Bruce (2006): Preventing Child Abuse: A Meta-Analysis of Parent Training Programs. In: Research on Social Work Practice 16, 3, 251–262

Lundahl, Brad W./Tollefson, Derrik/Risser, Heather/Lovejoy, M. Christine (2008): A Meta-Analysis of Father Involvement in Parent Training. In: Research on Social Work in Practice 18, 2, 97-106

Lundy, M./Grossman, S. F. (2005): The Mental Health and Service Needs of Young Children Exposed to Domestic Violence: Supportive Data. In: Families in Society, 86, 17-29

Lutz, Helma/Herrera Vivar, Maria Teresa/Supik, Linda (Hrsg.) (2010): Fokus Intersektionalität: Bewegung und Verortungen eines vielschichtigen Konzepts. Wiesbaden: VS Verlag für Sozialwissenschaften

Lyons-Ruth, K. (1996): Attachment Relationships Among Children with Aggressive Behavior Problems: The Role of Disorganized Early Attachment Patterns. In: Journal of Consulting and Clinical Psychology, 64, 64-73

Lyons-Ruth, K./Alpern, L./Repacholi, B. (1993): Disorganized Infant Attachment Classification and Maternal Psychosocial Problems as Predictors of Hostile-Aggressive Behavior in the Preschool Classroom. In: Child Development, 64, 572-585

Lyons-Ruth, K./Block, D. (1996): The Disturbed Caregiving System: Relations Among Childhood Trauma, Maternal Caregiving, and Infant Affect and Attachment. In: Infant Mental Health Journal, 17, 257-275

Lyons-Ruth, K./Bronfman, E./Parsons, E. (1999): Frightened, Frightening, and Atypical Maternal Behavior and Disorganized Infant Attachment Strategies. In: Vondra/Barnett (1999): 67-96

Lyons-Ruth, K./Bureau, J. F./Nemoda, Z./Sasvari-Szekely, M. (2010): Qualität der frühen Zuwendung, Trauma und genetische Vulnerabilität als Prädiktoren von Borderline-Zügen: Eine prospektive Längsschnittanalyse In: Brisch (2010e): 136-160

Lyons-Ruth, K./Connell, D. B./Grunebaum, H. U. (1990): Infants at Social Risk: Maternal Depression and Family Support Services as Mediators of Infant Development and Security of Attachment. In: Child Development, 61, 1, 85-98

Lyons-Ruth, K./Jacobvitz, D. (1999): Attachment Disorganization: Unresolved Loss, Relational Violence, and Lapses in Behavioral and Attentional Strategies. In: Cassidy/Shaver (1999): 520-554

Lyons-Ruth, K./Zoll, D./Connell, D./Grunebaum, H. (1986): The Depressed Mother and her One-Year-Old Infant: Environmental Context, Mother-Infant Interaction and Attachment and Infant Development. In: Tronick/Field (1986): 61-82

Maccoby, E. E. (2000): Parenting and Its Effects on Children: On Reading and Misreading Behavior Genetics. In: Annual Review of Psychology, 51, 1-27

MacMillan, H. L./Wathen, C. N./Canadian Task Force on Preventive Health Care (2001): Prevention and treatment of violence against women: Systematic review and recommendations. London: Canadian Task Force

Magdol, L./Moffitt, T./Caspi, A./Silva, P. (1998): Developmental Antecendents of Partner Abuse: A Prospective-Longitudinal Study. In: Journal of Abnormal Psychology, 107, 375-389

Maikovich, A./Jaffee, S./Odgers, C./Gallop, R. (2008): Effects of Family Violence on Psychopathology Symptoms in Children Previously Exposed to Maltreatment. In: Child Development, 79, 1498-1514

Main, M./Goldwyn, R. (1982): Adult Attachment Interview: Scoring and Classification Manual. Unpublished Manual. University of California, Department of Psychology, Berkeley

Main, M./Hesse, E. (1990a): The Insecure Disorganized/Disoriented Attachment Pattern in Infancy: Precursors and Sequelae. In: Child Development, 64, 572-585

Main, M./Hesse, E. (1990b): Parents' Unresolved Traumatic Experiences are Related to Infant Disorganized Attachment Status: Is Frightened and/or Frightening Parental Behavior the Linking Mechanism? In: Greenberg/Cicchetti/Cummings (1990): 161-182

Main, M./Solomon, J. (1986): Discovery of an Insecure-Disorganized/Disoriented Attachment Pattern: Procedures, Findings and Implications for the Classification of Behavior. In: Brazelton/Yogman (1986): 95-124

Malamuth, N. M./Linz, D./Heavey, C. L./Barnes, G./Acker, M. (1995): Confluence Model of Sexual Aggression to Predict Men's Conflict With Women: A 10-Year Follow-Up Study. In: Journal of Personality and Social Psychology, 69, 353-369

Malchiodi, C. A./Goldmann, L. (1997): Breaking the Silence: A Guide to Helping Children with Complicated Grief - Suicide, Homicide, AIDS, Violence and Abuse: Art Therapy with Children from Violent Homes. East Sussex: Brunner-RoutledgeMaliken, A./Katz, L. F. (2013): Fathers' Emotional Awareness and Children's Empathy and Externalizing Problems: The Role of Intimate Partner Violence. In: Journal of Interpersonal Violence, 28, 4, 718-734

Maliken, Asley, C./Katz, Lynn Fainsilber (2012): Father's Emotional Awareness ans Children's Empathy ans Externalizing Problems: The Role of Intimate Partner Violence, Journal of Interpersonal Violence, online publication 27. August 2012, www.jiv.sagepub.com/

Malmquist, C. P. (1986): Children Who Witness Parental Murder: Posttraumatic Aspects. In: Journal of the American Academy of Child Psychiatry, 25, 3, 320-325

Mark, H./Hellbernd, H. (2011): Medizinische Intervention gegen Gewalt/MIGG – ein Modellprojekt zur Intervention in der Arztpraxis bei Häuslicher und sexualisierter Gewalt. In: Dorn et al. (2011)

Marshall, A./Jones, D./Feinberg, M. (2011): Enduring Vulnerabilities, Relationship Attributions, and Couple Conflict: An Integrative Model of the Occurrence and Frequency of Intimate Partner Violence. In: Journal of Family Psychology, 25, 709-718

Martin, S. E./Clements M. L. (2002): Young Children's Responding to Interparental Conflict: Associations with marital aggression and child adjustment. In: Journal of Child and Family Studies, 11, 231-244

Martin, S. L./Harris-Britt, A./Yun, L./Moracco, K. E./Kupper, L. L./Campbell, J. C. (2004): Changes in Intimate Partner Violence During Pregnancy. In: Journal of Family Violence, 19, 4, 201-210

Martino, S. C./Collins, R. L./Ellickson, P. L. (2004): Substance Use and Vulnerability to Sexual and Physical Aggression: A Longitudinal Study of Young Adults. In: Violence & Victims, 19, 521-540

Mathias, J. L./Mertin, P./Murray, A. (1995) : The Psychological Functioning of Children from Backgrounds of Domestic Violence. In: Australian Psychologist, 30, 47-56

Maughan, A./Cicchetti, D. (2002): Impact of Child Maltreatment and Interadult Violence on Children's Emotion Regulation Abilities and Socioemotional Adjustment. In: Child Development, 73, 1525-1542

Mäurer, U. (2006): Dokumentation über die Abläufe und Zusammenhänge im Todesfall Kevin K. Bremen

Maxwell, C./Garner, J. (2012): The Crime Control Effects of Criminal Sanctions for Intimate Partner Violence. In: Partner Abuse, 3, 469-500

May, Angelika (2010): Ansatzpunkte der Gesundheitsversorgung bei häuslicher Gewalt. In: Schäfer et al. (2010): 75-84

Maywald, J. (2011): Kindeswohlgefährdung. Die Rolle der Kindertageseinrichtung- Anforderungen an Fachkräfte. Eine Expertise hrsg. von der Weiterbildungsinitiative Frühpädagogische Fachkräfte (WIFF). Deutsches Jugendinstitut

McCloskey, K./Grigsby, N. (2005): The Ubiquitous Clinical Problem of Adult Intimate Partner Violence: The Need for Routine Assessment. In: Professional Psychology: Research and Practice, 36, 264-275

McCloskey, L. A. (2001): The "Medea complex" among men: the instrumental abuse of children to injure wives. Violence and Victims, 16, 1, 19-37

McCloskey, L. A./Bailey, J. A. (2000): The Intergenerational Transmission of Risk for child Sexual Abuse. Journal of Interpersonal Violence 15, 1019-1035

McCloskey, L. A./Stuewig, J. (2001): The Quality of Peer Relationships Among Children Exosed to Family Violence. In: Development and Psychopathology, 13, 83-96

McCroy, E./DeBrito, S./Viding, E. (2012): The Link Between Child Abuse and Psychopathology: A Review of Neurobiological and Genetic Research. In: Journal of the Royal Society of Medicine, 105, 151-156

McDonald, R./Jouriles, E. N./Rosenfield, D./Corbitt-Shindler, D. (2011): Predictors of Domestically Violent Men's Aggression Toward Children: A Prospective Study. In: Journal of Family Psychology, 25, 11-18

McDonald, R./Jouriles, E. N./Rosenfield, D./Leahy, M. (2012): Children's Questions About Interparental Conflict and Violence: What's a Mother to Say? In: Journal of Family Psychology, 26, 95-104

McFarlane, J./Campbell, J. C./Sharps, P./Watson, K. (2002): Abuse during pregnancy and femicide: urgent implications for women's health. In: Obstet Gynecol, 100, 1, 27-36

McFarlane, J./Parker, B./Soeken, K. (1995): Abuse during pregnancy: frequency, severity, perpetrator, and risk factors of homicide. In: Public Health Nurs 12, 5, 284-289

McFarlane, J./Parker, B./Soeken, K. (1996): Abuse during pregnancy: associations with maternal health and infant birth weight. In: Nurs Res, 45, 1, 37-42

McFarlane, J./Parker, B./Soeken, K./Bullock, L. (1992): Assessing for abuse during pregnancy. Severity and frequency of injuries and associated entry into prenatal care. In: Jama, 267, 23, 3176-3178

McFarlane, Judith (1998): Violence during Teen Pregnancy: Health Consequences for Mother and Child. In: Levy (1998): 136-141

McFarlane, Judith/ Parker, Barbara/ Soeken, Karen (1995): Abuse during Pregnancy: Frequency, Severity, Perpetrator and Risk Factors of Homicide. In: Public-Health-Nursing, 12, 5, 284-289

Meaney M. (2010). Epigenetics and the Biological Definition of Gene x Environment Interactions. Child Development, 81, 41-79.

Meaney, M. J./Aitken, D. H./Bhatnagar, S./Bodnoff, S. R./Mitchell, J. B./Sarrieau, A. (1990): Neonatal handling and the development of the adrenocortical response to stress. In: Gunzenhauser (1990): 11-23

Meaney, M./Aitken, D./Berkel, C. v./Bhatnagar, S./Sapolsky, R. (1988): Effect of Neonatal Handling on Age-Related Impairments Associated with the Hippocampus. In: Science, 239, 766-768

Mecheril, Paul et al. (2010): Migrationspädagogik. Weinheim und Basel: Beltz Verlag

Meier, B.-D. (Hrsg.) (2010): Kinder im Unrecht. Junge Menschen als Täter und Opfer. Kriminalwissenschaftliche Schriften 27. Münster: Lit Verlag

Meins, E. (1997): Security of Attachment and Maternal Tutoring Strategies: Interaction within the Zone of Proximal Development. In: British Journal of Developmental Psychology, 15, 129-144

Meja, Marita/Winkler-Thie, Simone (2006): Kinder im Frauenhaus – Schutz, Unterstützung, Perspektiven. In: Kavemann/Kreyssig (2006): 243-249

Meltzer, H./Doos, L./Vostanis, P./Ford, T./Goodman, R. (2009): The Mental Health of Children who Witness Domestic Violence. In: Child & Family Social Work, 14, 491-501

Melzer, S. A. (2002): Gender, Work, and Initmate Violence: Men's Occupational Violence Spillover and Compensatory Violence. In: Journal of Marriage and the Family, 64, 820-832

Meurer, Sigrid (2004): "Wenn ich das machen Würde ... wäre ich ja wirklich tot." - Krisenintervention bei Kindern und Jugendlichen. In: Müller/Scheuermann (2004): 195-207

Meysen, T./Eschelbach, D. (2012): Das neue Bundeskinderschutzgesetz. Baden-Baden: Nomos

Meysen, Thomas (2004): Brücken vom Gewaltschutzgesetz zur Kinder- und Jugendhilfe. In: Das Jugendamt 2/2004, 61-70

Meysen, Thomas/Schönecker, Lydia, Kindler, Heinz (2009): Frühe Hilfen im Kinderschutz, Rechtliche Rahmenbdingungen und Risikodiagnostik in der Kooperation von Gesundheits- und Jugendhilfe. Weinheim und München: Juventa

Mezey, G./Bacchus, L./Bewley, S./White, S. (2005): Domestic violence, lifetime traume and psychological health of childbearing women. In: BJOG, 112, 197-204

Michalak, Alice (2008): Kinder im Kontext häuslicher Gewalt – Besondere Anforderungen an die Arbeit im Frauenhaus? Unveröffentl. Diplomarbeit, Hochschule Magdeburg – Stendal

Miller, E./Tancredi, D./McCauley, H./Decker, M./Virata, M./Anderson, H./Stetkevich, N./Brown, E./Moideen, F./Silverman, J. (2012): "Coaching boys into men": A cluster-randomized controlled trial of a dating violence prevention program. In: Journal of Adolescent Health, 51, 431-438

Ministerium für Generationen, Familie, Frauen und Integration des Landes Nordrhein-Westfalen (MGFFI) (2009): Studie Kindeswohlgefährdung – Ursachen, Erscheinungsformen und neue Ansätze der Prävention

Ministerium für Justiz, Arbeit, Gesundheit und Soziales (Hrsg.) (2009): Gewalt gegen Kinder, Früherkennung, Handlungsmöglichkeiten und Kooperation im Saarland, Leitfaden für Ärztinnen und Ärzte. http://www.tk-online.de/centaurus/servlet/contentblob/160724/Datei/17981/Leitfaden%20%22Gewalt%20gegen%20Kinder%22%20.pdf

Ministry of Social Development (2002): Te Rito. New Zealand Family Violence Prevention Strategy. Wellington

Minze, L./McDonald, R./Jouriles, E. (2011): Project Support: Reducing Conduct Problems of Children in Violent Families. In: Müller/Scheuermann (2011): 173-176

Mitchell, C./Anglin, D. (2009): Intimate Partner Violence: A Health-Based Perspective. Oxford: Oxford University Press

Moffitt, T. E./Caspi, A. (1998): Annotation: Implications of Violence between Intimate Partners for Child Psychologists and Psychiatrists. In: Journal of Child Psychology and Psychiatry, 39, 137-144

Moffitt, T. E./Caspi, A./Harrington, H./Milne, B. J. (2002): Males on the Life-Course-Persistent and Adolescence-Limited Antisocial Pathways: Follow-up at Age 26 years. In: Development & Psychopathology, 14, 179-207

Moffitt, T. E./Krueger, R./Caspi, A./Fagan, A. (2000): Partner Abuse and General Crime: How are they the same? How are the different? In: Criminology, 38, 199-232

Moore, J. G. (1975): YoYo Children: A Study of 23 Violent Matrimonial Cases. In: Child Welfare, 8, 557-566

Moore, T. E./Pepler, D. J. (1998): Correlates of Adjustment in Children at Risk. In: Holden/Geffner/Jouriles (1998): 157-184

Moore, T. M./Stuart, G. L. (2005): A Review of the Literature on Masculinity and Partner Violence. In: Psychology of Men & Masculinity, 6, 46-61

Moreno, J. L. (1973): Psychodramatische Behandlung neurotischen kindlichen Verhaltens. In ders: Gruppenpsychotherapie und Psychodrama. Stuttgart

Morley, Rebecca/Mullender, Audrey (1996): Domestic Violence and Children – What do we Know from Research. In: Mullender/Morley (1996): 24-42

Moylan, C./Herrenkohl, T./Sousa, C./Tajima, E./Herrenkohl, R./Russo, J. (2010): The Effects of Child Abuse and Exposure to Domestic Violence on Adolescent Internalizing and Externalizing Behavior Problems. In: Journal of Family Violence, 25, 53-63

Mrug, S./Windle, M. (2010): Prospective Effects of Violence Exposure Across Multiple Contexts on Early Adolescents' Internalizing and Externalizing Problems. In: Journal of Child Psychology and Psychiatry, 51, 953-961

Muhajarine, N./D'Arcy, C. (1999): Physical abuse during pregnancy: prevalence and risk factors. In: Cmaj, 160, 7, 1007-1011

Mullender, A./Kelly, L./Hague, G./Malos, E./Umme I. (2001): Children's needs, coping strategies and understanding of women abuse. Full report of research activities and results. London: Economic & Social Research Council

Mullender, Audrey/Hague, Gill/Umme, Imam/Kelly, Liz/Malos, Ellen/Regan, Linda (2002): Children's Perspectives on Domestic Violence. London: Sage

Mullender, Audrey/Morley, Rebecca (1993): Children Living with Domestic Violence: Putting Men's Abuse of Women and the Child Care Agenda. London: Whiting and Birch

Mullender, Audrey/Morley, Rebecca (Eds.) (1994): Children Living with Domestic Violence: Putting Men's Abuse of Women on the Child Care Agenda. London: Whiting Birch

Müller, U./Schröttle, M. (2004): Lebenssituation, Sicherheit und Gesundheit von Frauen in Deutschland. Eine repräsentative Untersuchung zu Gewalt gegen Frauen in Deutschland. Im Auftrag des Bundesministeriums für Familie, Senioren, Frauen und Jugend. Berlin

Müller, W./Scheuermann, U. (Hrsg.) (2004): Praxis Krisenintervention. Ein Handbuch für helfende Berufe. Stuttgart: Kohlhammer Verlag

Munro, Eileen (2009): Ein systemischer Ansatz zur Untersuchung von Todesfällen aufgrund von Kindeswohlgefährdung. Das Jugendamt - Zeitschrift für Jugendhilfe und Familienrecht, 3, 106-115

Murnen, S. K./Wright, C./Kaluzny, G. (2002): If "Boys will be Boys" then Girls Will Be Victims? A Meta-Analytic Review of the Research That Relates Masculine Ideology to Sexual Aggression. In: Sex Roles, 46, 359-375

Nation, M./Crusto, C./Wandersman, A. (2003): What Works in Prevention: Principles of Effective prevention programs. In: American Psychologist, 58, 449-456

Nationales Zentrum Frühe Hilfen (2010): Lernen aus Fehlern - Nationale und internationale Erfahrungen im Kinderschutz. München

Nave-Herz, Rosemarie (2004): Ehe- und Familiensoziologie. Weinheim: Juventa

Neises, M. (2010): Schwangere in Not - häusliche Gewalt. Vorgehen bei Verdacht auf Misshandlung bzw. häusliche Gewalt. In: Gynäkologe 1

Nicolaidis, C./Curry, M. A./Ulrich, Y./Sharps, P. et al. (2003): Could We Have Known? A Qualitative Analyses of Date from Women Who Survived an Attempted Homicide by an Intimate Partner. In: Journal of General Internal Medicine, 18, 788-794

Niebuhr, D./Salge, S./Brzank, P. (2012): Kosten intimer Partnergewalt gegen Frauen. In: Bundesgesundheitsblatt, 55, 715-727

Niedersächsisches Frauenministerium (Hrsg.) (1996): Männergewalt in der Familie. Neue Wege staatlicher Intervention. Dokumentation der Veranstaltung vom 31.10.1996. Eigenverlag

Niedersächsisches Landesjugendamt (Hrsg.) (2002): Kinder misshandelter Mütter, Dokumentation der Fachtagung vom 30. Oktober 2002. Hannover

Niuewbeerta, P. (Ed.) (2002): Crime victimization in comparative perspective. Results from the International Crime Victims Survey, 1989-2000. Den Haag: Boom Juridische Uitgevers

Norlander, B./Eckhardt, C. (2005): Anger, Hostility, and Male Perpetrators of Intimate Partner Violence: A Meta-Analytic Review. In: Clinical Psychology Review, 25, 119-152

Nöthen-Schürmann, Ute (2006): Häusliche Gewalt gegen die Kindesmutter als Thema der polizeilichen Prävention – Polizeiliche Intervention als Einstieg in die Hilfe. In: Kavemann/ Kreyssig (2006): 266-273

NSW Women's Refuge Resource Centre (2003): An open Door. NSW Women's Refuge Movement. Access and Equity Manual. Redfern/Sydney

Nuber, Ursula (2005): Resilienz: Immun gegen das Schicksal? In: Psychologie Heute 9/2005

O'Conner, T. G./Bredenkamp, D./Rutter, M. (1999): Attachment Disturbances and Disorders in Children Exposed to Early Severe Deprivation. In: Infant Metal Health Journal, 20, 10-29

O'Farrell, T. J./Fals-Stewart, W./Murphy, M./Murphy, C. M. (2003): Partner Violence Before and After Individually Based Alcoholism Treatment for Male Alcoholic Patients. In: Journal of Consulting and Clinical Psychology, 71, 92-102

Oberlies, D. (1995): Tötungsdelikte zwischen Männern und Frauen: eine Untersuchung geschlechtsspezifischer Unterschiede aus dem Blickwinkel gerichtlicher Rekonstruktionen. (Frauen im Recht! Band 1). Pfaffenweiler: Centaurus Verlagsgesellschaft

Oberwittler, D./Kasselt, J. (2011): Ehrenmorde in Deutschland 1996-2005. Eine Untersuchung auf der Basis von Prozessakten. (Polizei + Forschung, Bd. 42, hrsg. vom Bundeskriminalamt). Köln: Wolters Kluwer Deutschland

Oelerich, G./Otto, H.-U./Micheel, H.-G. (Hrsg.) (2003): Empirische Forschung und Soziale Arbeit. Ein Lehr- und Arbeitsbuch. Weinheim: Luchterhand

Olbricht, I. (2004): Wege aus der Angst. Gewalt gegen Frauen. Ursachen, Folgen, Therapien. München

Olofsson, N./Lindqvist, K./Gillander Gådin, K./Bråbäck, L./Danielsson, I. (2011): Physical and Psychological Symptoms and Learning Difficulties in Children of Women Expsoed and Non-Exposed to Violence: a Population-Based Study. In: International Journal of Public Health, 56, 89-96

Överlien, C./Hydén, M. (2009): Children's Actions when Experiencing Domestic Violence. In: Childhood, 16, 479-496

Pallitto, C./Garcia-Moreno, C. (2012): Intimate Partner Violence and its Measurement: Global Considerations. In: Beach/Heyman/Slep/Foran (2012): 15-32

Parens, H. (1993): Toward the Prevention of experience-derived emotional disorders in children by education for parenting. In: Parens/Kramer (1993): 123-148

Parens, H./Kramer, S. (Eds.) (1993): Prevention in mental health. Northvale, New Jersey, London: Jason Aronson Inc.

Parens, H./Scattergood, E./Singletary, W./Duff, A. (1995): Kindliche Aggressionen. München: Kösel

Paritätischer Landesverband (2008): Arbeitshilfe zum Kinderschutz, §8a SGB VIII in Frauenhäusern und anderen Einrichtungen des Opferschutzes. Hamburg

Parker, B./McFarlane, J. (1991): Nursing Assessment of the battered pregnant woman. In: Maternity Child Nursing Journal, 16, 161-164

Parkes, C. M./Stevenson-Hinde, J./Marris, P. (Eds.) (1991): Attachment across the life cycle. London, New York: Tavistock

Pears, K. C./ Capaldi, D. M. (2001): Intergenerational transmission of abuse: a two-generational prospective study of an at-risk sample. In: Child Abuse & Neglect, 25, 1439-1461

Peek-Asa, C./Maxwell, L./Stromquist, A./Whitten, P./Limbos, M./Merchant, J. (2007): Does Parental Physical Violence Reduce Children's Standardized Test Score Performances? In: Annals of Epidemiology, 17, 847-853

Peled, Einat et al. (Eds.) (1995): Ending the Cycle of Violence. Community Responses to Children of Battered Women. Thousand Oaks/London/New Delhi: Sage Publications

Pence, Ellen/Paymar, Michael (1993): Education groups for men who batter. The Duluth Model. New York: Springer

Perel, G./Gil, I. B. (2011): The Mothering Perceptions of Women Abused by Their Partner. In: Violence Against Women, 17, 457-479

Perel, G./Peled, E. (2008): The Fathering of Violent Men. In: Violence Against Women, 14, 457-482

Perkoski, T./Martin, S./Boekamp, J./McConville, D. (2009): Narrative Play in Preschoolers Exposed to Domestic Violence: Emotions and Relationship Representations in a Clinical Sample. Poster Presented at the Biennial meeting of the Society for Research in Child Development, Denver

Perry, B. D. (2001): The Neurodevelopmental Impact of Violence in Childhood. In: Schetky/Benedek (2001): 221-238

Perry, B. D. (2001): Violence and Childhood - How Persisting Fear Can Alter the Developing Child's Brain; http://www.childtrauma.org

Perry, B. D./Pollard, A. R./Blakley, T. L./Baker, W. L./Wigilante, D. (1995): Childhood Trauma, the Neurobiology of Adaptation and Use Dependant Development of the Brain: How States Become Traits. In: Infant Mental Health Journal, 16, 271-291

Petermann, F./Petermann, U. (2012): Training mit aggressive Kindern (13. überarb. Aufl.) Weinheim: Beltz

Petzold, Hilarion (2004): Integrative Therapie. 2. Auflage. Paderborn

Pfeiffer, Christian/Wetzel, Peter/Enzmann, Dirk (1999): Innerfamiliäre Gewalt gegen Kinder und Jugendliche und ihre Auswirkungen. Forschungsbericht Nr. 80. Kriminologisches Forschungsinstitut Hannover

Pfeiffer, Christian/Wetzels, Peter (1996): Im Blickpunkt: Gewalt, neuere Forschungsergebnisse zur Gewalt im sozialen Nahraum. In: Niedersächsisches Frauenministerium (1996)

Plomin, R. (1994): Genetic Research and Identification of Environmental Influences. In: Journal of Child Psychology and Psychiatry, 35, 817-834

Posada, G./Pratt, D. (2008): Physical Aggression in the Family and Preschoolers' Use of the Mother as a Secure Base. In: Journal of Marital and Family Therapy, 34, 14-27

Price, R. H. (1983): The Education of a Prevention Psychology. In: Felner et al.: 290-296

Proksch, R. (2002): Begleitforschung zur Umsetzung der Neuregelungen zur Reform des Kindschaftsrechts. Bundesministerium der Justiz. Bonn

Qvortrup, J./Badry, M./Sgritta, G. et al. (Eds.) (1994): Childhood Matters: Social Theory, Practice and Politics. Aldershot

Qvortrup, Jens/Childhood Matters (1994): An Introduction. In: Qvortrup/Badry/Sgritta et al. (1994): 1-23

Rabitz-Suhr, S. (2010): Dynamik von Eskalationsprozessen im Kontext von Beziehungsgewalt - Ergebnisse einer Längsschnittuntersuchung - (Langfassung Vortrag) Forum KI. Bundeskriminalamt; www.bka.de/nn_193480/DE/Publikationen/ForumKI/ForumKI2010/forumKI2010__node.html?__nnn=true (aufgerufen am 28.06.2012)

Radtke, K./Ruf, M. et al. (2011): Transgenerational Impact of Intimate Partner Violence on Methylation in the Promoter of the Glucocorticoid Receptor. In: Translational Psychiatry, 21. http://www.nature.com/tp/journal/v1/n7/full/tp201121a.html

Rahm, Dorothea (1997): Integrative Gruppentherapie mit Kindern. Göttingen: Vandenhoeck & Ruprecht

Rahm, Dorothea et al. (1993): Einführung in die Integrative Therapie. Paderborn

Ramsay, J./Carter, Y./Davidson, L./Dunne, D./Eldridge, S./Hegarty, K./Rivas, C./Taft, A./Warburton, A./Feder, G. (2009): Advocacy Interventions to Reduce or Eliminate Violence and Promote the Physical and Psychosocial Well-Being of Women Who Experience Intimate Partner Abuse. In: Cochrane Database of Systematic Reviews 2009, Issue 3. Art. No.: CD005043

Reiner, I./Spangler, G. (2010): Adult Attachment and Gene Polymorphisms of the Dopamine D4 Receptor and Serotonin Transporter (5-HTT). In: Attachment & Human Development, 12, 209-230

Reinke, Melanie (2002): Das Recht jedes Kindes auf Schutz vor sexuellem Missbrauch. Marburg

Remschmidt, H./Schmidt, M. H./Poustka, F. (2001): Multiaxiales Klassifikationsschema für psychiatrische Erkrankungen im Kindes- und Jugendalter nach ICD-10 und DSM-IV. Bern: Huber

Renzetti C./Edleson J. L. (Eds.) (2001): Sourcebook on violence against women. Thousand Oaks: Sage

Richter, Helmut/Coelen, Thomas/Peters, Lutz/Mohr, Elisabeth (2003): Handlungspausenforschung - Sozialforschung als Bildungsprozess. Aus der Not der Reflexivität eine Tugend machen. In: Oelerich/Otto/Micheel (2003): 45-62

Risman, B. J. (2004): Gender as a Social Structure. Theory Wrestling With Activism. In: Gender & Society, 18, 429-450

Risman, B. J. (2012): Gender as a Social Structure: Crossing Disciplinary Boundaries to Advance Science and Equality. In: AboutGender. International Journal of Gender Studies, 1, 1-29

Ritter, J./Stewart, M./Bernet, C./Coe, M./Brown, S. A. (2002): Effects of Childhood Exposure to Familial Alcoholism and Family Violence on Adolescent Substance Use, Conduct Problems, and Self-Esteem. In: Journal of Traumatic Stress, 15, 113-122

Rizo, C./Macy, R./Ermentrout, D./Johns, N. (2011): A Review of Family Interventions for Intimate Partner Violence with a Child Focus or Child Component. In: Aggression and Violent Behavior, 16, 144-166

Rogge, Jan-Uwe (1995): Eltern setzen Grenzen. Hamburg

Röhm, Hartwig (1976): Kindliche Aggressivität. Frankfurt am Main

Rohr, Elisabeth/Jansen, Mechtild M. (Hrsg.) (2002): Grenzgängerinnen. Frauen auf der Flucht, im Exil und in der Migration. Gießen: Psychosozial-Verlag

Rosenbaum, A./O'Leary, D. K. (1981): Children: The Unintended Victims of Martial Violence. In: American Journal of Orthopsychiatry, 51, 692-699

Rothman, E./Mandel, D./Silverman, J. (2007): Abusers' Perceptions of the Effect of Their Intimate Partner Violence on Children. In: Violence Against Women, 13, 1179-1191

Roustit, C./Renahy, E./Guernec, G./Lesieur, S./Parizot, I./Chauvin, P. (2009) : Exposure to Interparental Violence and Psychosocial Maladjustment in the Adult Life Course: Advocacy for Early Prevention. In: Journal of Epidemiology and Community Health, 63, 563-568

Rubin K./Bukowski W./Laursen B. (Eds.) (2009): Handbook of Peer Interactions, Relationships and Groups. New York: Guilford

Rubin, A. (2012): Programs and Interventions for Maltreated Children and Families at Risk. Hoboken: Wiley

Rutter, M. (1995): Clinical Implications of Attachment Concepts: Retrospect and Prospect. In: Journal of Child Psychology and Psychiatry, 36, 549-571

Rutter, M. (1997): Nature-Nurture Integration. The Example of Antisocial Behavior. In: American Psychologist, 52, 390-398

Rutter, M./Kreppner, J. M./O'Connor, T. G./English and Romanian Adoptees (ERA) Study Team (2001): Specificity and Heterogeneity in Children's Responses to Profound Institutional Privation. In: British Journal of Psychiatry, 179, 97-103

Rutter, M./Pickles, A./Murray, R./Eaves, L. (2001): Testing Hypotheses on Specific Environmental Causal Effects on Behaviour. In: Psychological Bulletin, 127, 291-324

Rutter, M./Taylor, E./Hersov, L. (Eds.) (1994): Child and Adolescents Psychiatry: Modern Approaches. 3rd. Aufl. Oxford: Blackwell Scientific Publications

Saarland, Ministerium der Justiz (Hrsg.) (2011): Eine Handlungsorientierung für Jugendämter: Kinderschutz und Kindeswohl bei elterlicher Partnerschaftsgewalt (5. Aufl.). Saarbrücken; http://www.saarland.de/SID-3E724395-B171A563/56444.htm, aufgerufen am 26.02.2012

Salazar, L./Baker, C./Price, A./Carlin, K. (2003): Moving Beyond the Individual: Examining the Effects of Domestic Violence Policies on Social Norms. In: American Journal of Community Psychology, 32, 253-264

Salgo, Ludwig (2003): Häusliche Gewalt und Umgang, in: Fegert/Ziegenhain (2003)

Salgo, Ludwig (2008a): Häusliche Gewalt und Umgang. In: Heiliger/Hack (2008): 174-193

Salgo, Ludwig (2008b): Stellungnahme für die Öffentliche Anhörung des Rechtsausschusses des Deutschen Bundestages zum FGG-RG – BT-Drucks. 16/6308 am 13.02.2008

Salisbury, E./Henning, K./Holdford, R. (2009): Fathering by Partner-Abusive Men. In: Child Maltreatment, 14, 232-242

Saltzman, K. S./Holden, G. W./Holahan, C. J. (2005): The Psychobiology of Children Exposed to Marital Violence. In: Journal of Clinical Child and Adolescent Psychology, 34, 129-139

Sann, A./Landua, D. (2010): Systeme früher Hilfen. Ergebnisse der ersten bundesweiten Bestandsaufnahme bei Jugend- und Gesundheitsämtern. In: Bundesgesundheitsblatt, 53, 1018-1028

Sann, Alexandra (2007): Frühe Hilfen und Soziale Frühwarnsysteme, Vortrag beim Fachtag der LIGA und TLS e. V. in Kooperation mit der Fachhochschule Erfurt

Saunders, Alex (1995): It Hurts Me Too. Children's Experiences of Domestic Violence and Refuge Life. London

Sax, Helmut/Hainzl, Christian (1999): Die verfassungsrechtliche Umsetzung der UN-Kinderrechtskonvention in Österreich. Verlag Österreich, Wien

Schäfer, R./Nothhafft, S./Derr, R./Nationales Zentrum Frühe Hilfen (NZFH)/Informationszentrum Kindesmisshandlung/Kindesvernachlässigung (IzKK) (Hrsg.) (2010): Tagungsdokumentation Frühe Hilfen bei häuslicher Gewalt vom 9.-11.10.2009. Materialien zu Frühen Hilfen 3. Köln; http://www.dji.de/bibs/Fruehe_Hilfen_Haeusliche_Gewalt.pdf

Scheithauer, H./Hayer, T./Niebank, K. (Hrsg.) (2008): Problemverhalten und Gewalt im Jugendalter. Stuttgart: Kohlhammer

Scherr, Albert (2005): Männer als Adressatengruppe und Berufstätige in der Sozialen Arbeit. In: Thole (2005): 377-385

Schetky, D./Benedek, E. (Eds.) (2001): Textbook of child and adolescent forensic psychiatry. Washington, D.C.

Schick, A. (2010). Effektive Gewaltprävention. Evaluierte und praxiserprobte Konzepte für Schulen. Göttingen: Vandenhoeck & Ruprecht

Schlang, C. (2006): Tödlich verlaufende elterliche Gewalt. Bonn: Psychiatrie-Verlag

Schmuel, E./Schenker, J. (1998): Violence against women: the physician's role. In: Eur J Obstet Gynecol Reprod Biol, 80, 2, 239-245

Schone, Reinhold/Wagenblass, Sabine (2002): Wenn Eltern psychisch krank sind ... Kindliche Lebenswelten und institutionelle Handlungsmuster. Münster

Schönecker, Lydia (2010): Exkurs: Datenschutzrechtliche Grundlagen der Frauenunterstützungssysteme bei häuslicher Gewalt. In: Frauenhauskoordinierung e. V./Bundesverband Frauenberatungsstellen und Frauennotrufe e. V. (2010)

Schönfeld, K. (2001a): Sexualisierte Gewalt und Geburtshilfe. Bestandsaufnahme aus frauenärztlicher Sicht. http://www.geburtskanal.de/Wissen/S/SexualisierteGewalt_Geburtshilfe.shtml

Schönfeld, K. (2001b): Umgang mit Opfern sexueller Gewalt in der frauenärztlichen Praxis. In: G. Kindermann, T. Dimpfl, Berichtsband des 53. Kongresses der DGGG - Deutschen Gesellschaft für Gynäkologie und Geburtshilfe. Stuttgart, New York

Schore, A. N. (1996): The Experience-Dependent Maturation of Regulatory System in the Orbital Prefrontal Cortex and the Origin of Developmental Psychopathology. In: Development and Psychopathology, 8, 1, 59-87

Schore, A. N. (1997): Early Organization of the Nonliniar Right Brain and Development of a Predisposition to Psychiatric Disorders. In: Development and Psychopatholgy, 9, 4, 595-631

Schore, A. N. (2001a): The Effects of Early Relational Trauma on Right Brain Development, Affect Regulation, and Infant Mental Health. In: Infant Mental Health Journal, 22, 201-269

Schore, A. N. (2001b): Effects of Secure Attachment Relationship on Right Brain Development, Affect Regulation, and Infant Mental Health. In: Infant Mental Health Journal, 22, 7-66

Schreiner, M./Wagenblass, S./Wüst, T. (2010): Ergebnisse der Evaluation des PiB Patenschaftsmodells 2008-2009, HS Bremen und BISA

Schröer, W./Struck, N. /Wolff, M. (Hrsg.) (2002): Handbuch der Kinder- und Jugendhilfe. Weihnheim: München

Schröer, Wolfgang/Struck, Norbert/Wolff, Mechthild (Hrsg.) (2002): Handbuch der Kinder- und Jugendhilfe. Weinheim/München

Schröttle, M./Müller, U./Glammeier, S. (2004): Lebenssituation, Sicherheit und Gesundheit von Frauen in Deutschland: Eine repräsentative Untersuchung zu Gewalt gegen Frauen in Deutschland. Hrsg. vom BMFSFJ. Berlin

Schröttle, Monika (2008): Gewalt gegen Frauen in Paarbeziehungen, Eine sekundäranalytische Auswertung zur Differenzierung von Schweregraden, Mustern, Risikofaktoren und Unterstützung nach erlebter Gewalt. Hrsg. vom Bundesministerium für Familie, Senioren, Frauen und Jugend. Berlin

Schröttle, Monika (2009): Gewalt gegen Frauen in Paarbeziehungen. Eine sekundäranalytische Auswertung zur Differenzierung von Schweregraden, Mustern, Risikofaktoren und Unterstützung nach erlebter Gewalt. Hrsg. vom BMFSFJ. Berlin

Schröttle, Monika (2010): Kritische Anmerkungen zur These der Gendersymmetrie bei Gewalt in Paarbeziehungen. In: Gender, 1, 133-151

Schröttle, Monika/Khelaifat, Nadia (2008): Gesundheit-Gewalt-Migration. Eine vergleichende Sekundäranalyse zur gesundheitlichen und Gewaltsituation von Frauen mit und ohne Migrationshintergrund in Deutschland. Im Auftrag des Bundesministeriums für Familie, Senioren, Frauen und Jugend; http://www.bmfsfj.de/RedaktionBMFSFJ/Broschuerenstelle/Pdf-Anlagen/gesundheit-gewalt-migration-langfassung-studie,property=pdf,bereich=bmfsfj,sprache=de,rwb=true.pdf Kurzzusammenfassung unter: http://www.gendermainstreaming.net/bmfsfj/generator/Kategorien/Publikationen/Publikationen,did=108722.html

Schröttle, Monika/Kheleifat, Nadia (2008): Gesundheit, Gewalt – Migration, BMFSFJ (Hg.) abzurufen unter

Schröttle, Monika/Müller, Ursula/Glammeier, Sandra (2004): Lebenssituation, Sicherheit und Gesundheit von Frauen in Deutschland. Eine repräsentative Untersuchung zu Gewalt gegen Frauen in Deutschland. Hrsg. vom Bundesministerium für Familie, Senioren, Frauen und Jugend. Berlin; (a) Langfassung; (b) Kurzfassung http://www.bmfsfj.de/Kategorien/Forschungsnetz/forschungsberichte,did=20560.html

Schuengel, C./van IJzendoorn, M. H./Bakermans-Kranenburg, M. J./Blom, M. (1997): Frightening, Frightened and/or Dissociated Behavior, Unresolved Loss and Infant Disorganization. Biennial Meeting of the Society for Research in Child Development: Caregiving Correlates and Longitudinal Outcomes of Disorganized Attachments in Infants (Symposium, Chairman: D. Jacobvitz), Washington, D. C., April 1997

Schuengel, C./van IJzendoorn, M. H./Bakermans-Kranenburg, M. J./Blom, M. (1999): Attachment and Loss: Frightening Maternal Behavior Linking Unresolved Loss and Disorganized Infant Attachment. In: Journal of Consulting and Clinical Psychology, 67, 54-63

Schumacher, J. A./Fals-Stewart, W./Leonard, K. E. (2003): Domestic Violence Treatment Referrals for Men Seeking Alcohol Treatment. In: Journal of Substance Abuse Treatment, 24, 279-283

Schwab, D./Vaskovics, L. A. (Hrsg.) (2011): Pluralisierung von Elternschaft und Kindschaft: Familienrecht, -soziologie und -psychologie im Dialog. Opladen: Verlag Barbara Budrich

Schwabe-Höllein, M./Kindler, H. (2006): Partnerschaftsgewalt und Erziehungsfähigkeit. In: T. Fabian & Nowara S. (Hrsg.) Neue Wege und Konzepte in der Rechtspsychologie. Münster: Lit Verlag, 155-166.

Schwarz, Ingrid/Weinmann, Christoph (2006): „Gewalt im Spiel?" – Psychosomatische Gruppentherapie für Mädchen und Jungen mit Erfahrungen von Gewalt zwischen ihren Eltern. In: Kavemann/Kreyssig (2006): 329-344

Schweer, Martin (Hrsg.) (2009): Sex and Gender. Frankfurt: Peter Lang

Schweikert, Birgit/Schirrmacher, Gesa (2001): Sorge- und Umgangsregelungen bei häuslicher Gewalt - Aktuelle Entwicklungen, wissenschaftliche Erkenntnisse und Empfehlungen, Bund-Länder AG „Häusliche Gewalt", Unterarbeitsgruppe „Kinder und häusliche Gewalt", hrsg. vom Bundesministerium für Familie, Senioren, Frauen und Jugend

Schwind, Hans-Dieter et al. (Hrsg.) (1980): Präventive Kriminalpolitik. Beiträge zur ressortübergreifenden Kriminalprävention aus Forschung, Praxis und Politik. Heidelberg

Scott, Katreena/Francis Karen/Crooks, Claire/Kelly, Tim (2006): Caring Dads: Helping Fathers Value their Children. Viktoria, Oxford: Trafford Publishing

Seith, Corinna (2000): Institutionen und Gewalt im Geschlechterverhältnis – Ergebnisse einer quantitativen und qualitativen Untersuchung im Kanton Freiburg. In: Olymp. Feministische Arbeitshefte zur Politik. Männer-Gewalt gegen Frauen: gesellschaftlich, grenzenlos, grauenhaft, 12, 52-64

Seith, Corinna (2003): Öffentliche Interventionen gegen häusliche Gewalt. Zur Rolle von Polizei, Sozialdienst und Frauenhäusern. Frankfurt/Main: Campus

Seith, Corinna (2004): What Counts: Legal Reforms, Data Collection and Decision Making With Respect to Sexual and Domestic Violence in German Speaking Countries. In: Jaspard/Condon (2004): 84-94

Seith, Corinna (2005): (Un-)organised Responses to Domestic Violence – Changes and Challenges in Switzerland. In: Smeenk/Malsch (2005): 165-190

Seith, Corinna (2006): „Weil sie dann vielleicht was Falsches tun" – Zur Rolle von Schule und Verwandten für von häuslicher Gewalt betroffene Kinder aus der Sicht von 9- bis 17-Jährigen. In: Kavemann/Kreyssig (2006): 103-123

Seith, Corinna/Böckmann, Irene/Kelly, Liz (2005): Young People's Perspectives on Domestic Violence: A Comparison of Swiss and British Survey Data. Paper presented at Childhood 2005 conference, Oslo, 29.6.2005

Seith, Corinna/Kavemann, Barbara (2007): „Es ist ganz wichtig, die Kinder da nicht alleine zu lassen" – Unterstützungsnagebote für Kinder als Zeugen und Opfer häuslicher Gewalt. Evaluationsstudie des Aktionsprogramms Kinder als Zeugen und Opfer häuslicher Gewalt der Landesstiftung Baden-Württemberg 2004-2006. Stuttgart. http://www.frauengesundheitsportal.de/themen/angebote/es-ist-ganz-wichtig-die-kinder-da-nicht-alleine-zu-lassenbr-unterstuetzungsangebote-fuer-kinder-als-zeugen-und-opfer-haeuslicher-gewalt/

Seith, Corinna/Kavemann, Barbara (2010): Hilfen und schulische Prävention für Kinder und Jugendliche bei häuslicher Gewalt: Evaluation der Aktionsprogramme „Gegen Gewalt an Kindern" 2004-2008 in Baden-Württemberg (Schriftenreihe der Landesstiftung Baden-Württemberg, 41). Stuttgart http://www.bwstiftung.de/uploads/tx_ffbwspub/Gegen_Gewalt_an_Kindern.pdf

Seith, Corinna/Kavemann, Barbara/Lehmann, Katrin (2010): „Endlich kommt jemand und macht etwas." Schulische Prävention häuslicher Gewalt. Hrsg. von der Landesstiftung Baden-Württemberg. Stuttgart

Shalev, I./Moffitt, T. E./Sugden, K./Williams, B./Houts, R./Danese, A./Mill, J./Arseneault, L./Caspi, A. (2012): Exposure to Violence During Childhood is Associated with Telomere Erosion from 5 to 10 Years of Age: A Longitudinal Study. In: Molecular Psychiatry, 20. April 2012

Sheehan, D. C. (2000): Domestic Violence by Police Officers. Washington: Department of Justice

Shepard, M. F./Falk, D. R./Elliot, B. A. (2002): Enhancing Coordinated Community Responses to Reduce Recidivism in Cases of Domestic Violence. In: Journal of Interpersonal Violence, 17, 551-569

Silverman, R. C./Lieberman, A. F. (1999): Negative Maternal Attributions, Projective Identification, and the Intergenerational Transmission of Violent Relational Patterns. In: Psychoanalytic Dialogues, 9, 161-186

Silverstein, M./Augustyn, M./Young, R./Zuckerman, B. (2009): The Relationship Between Maternal Depression, In-Home Violence and Use of Physical Punishment: What is the Role of Child Behavior? In: Archives of Disease in Childhood, 94, 138-143

Skopp, N./McDonald, R./Jouriles, E. N./Rosenfield, D. (2007): Partner Aggression and Children's Externalizing Problems: Maternal and Partner Warmth as Protective Factors. In: Journal of Family Psychology, 21, 459-467

Skopp, N./McDonald, R./Mank, B./Jouriles, E. N. (2005): Siblings in Domestically Violent Families: Experiences of Interparent Conflict and Adjustment Problems. In: Journal of Family Psychology, 19, 324-333

Smeenk, Wilma/Malsch, Marijke (Eds.) (2005): Family violence and police responses: learning from research, policy and practice in European countries. Aldershot: Ashgate

Smith, M./Rosenheck, R. et al. (2004): Screening for and Detection of Depression, Panic Disorder, and PTSD in public-sector obstetric clinics. In: Psychiatr Serv. Apr. 55, 4, 407-414 http://ps.psychiatryonline.org/article.aspx?volume=55&page=407

Smithey, M./Straus, M. A. (2003): Primary Prevention of Intimate Partner Violence. In: Kury/Obergfell-Fuchs (2003): 239-276

SOG-M-V: Sicherheits- und Ordnungsgesetz 2001, § 41 und Erlass des Innenministeriums „Erlass über polizeiliche Maßnahmen zum Schutz von Opfern häuslicher Gewalt vom 1.3.2002 AZ.: II430-1/200.14.00"

Solomon, J./George, C. (2008): The Measurement of Attachment Security and Related Constructs in Infancy and Early Childhood. In: Cassidy/Shaver (2008): 383-416

Spangler, G. (2010): Bindung und Gene: Bio-psycho-soziale Grundlagen emotionaler (Dys-) Regulation und ihre Bedeutung für die Entwicklung von Verhaltensauffälligkeiten. In: Brisch (2010e)

Spangler, G./Johann, M./Ronai, Z./Zimmermann, P. (2009): Genetic and Environmental Influence on Attachment Disorganization

Spangler, G./Schieche, M. (1998): Emotional and Adrenocortical Responses of Infants to the Strange Situation: The Differential Function of Emotional Expression. In: International Journal of Behavioral Development, 22, 681-706

Speltz, M./DeKlyen, M./Greenberg, M. T. (1999): Attachment in Boys with Early Onset Conduct Problems. In: Developmental Psychopathology, 11, 2, 269-285

Spiller, L./Jouriles, E./McDonald, R./Skopp, N. (2012): Physically Abused Women's Experiences of Sexual Victimization and Their Children's Disruptive Behavior Problems. In: Psychology of Violence, 2, 401-410

Spilsbury, J./Belliston, L./Drotar, D./Drinkard, A./Kretschmar, J./Creeden, R./Flannery, D./Friedman, S. (2007): Clinically Significant Trauma Symptoms and Behavioral Problems in a Community-based Sample of Children Exposed to Domestic Violence. In: Journal of Family Violence, 22, 487-499

Spitzer, M. (2000): Das hast Du von der Mutter - aber nicht geerbt. Nichtgenetische Weitergabe von Charaktereigenschaften über mehrere Generationen im Tierexperiment. In: Nervenheilkunde, 19, 48-87

Spivak, Gayatari C. (1985): The Rani of Simur. In: Barker et al. (1985)

Stadler, L./Bieneck, S./Pfeiffer, C. (2012): Repräsentativbefragung Sexueller Missbrauch 2011; http://www.kfn.de/versions/kfn/assets/fob119.pdf

Stadt Kalsruhe, Sozial- und Jugendbehörde Sozialer Dienst (Hrsg.) (2009): Kindeswohlgefährdung: Handlungsempfehlung für den Sozialen Dienst. Karlsruhe; http://www.karlsruhe.de/b3/soziales/einrichtungen/sodi/kindeswohl, aufgerufen am 26.02.2012

Staggs, S./Schewe, P. (2011): Primary Prevention of Domestic Violence. In: Koss/White/Kazdin (2011): 237-257

Stanley, N. (2011): Children Experiencing Domestic Violence: A Research Review. Dartington: Research in Practice, www.rip.org.uk

Stanley, N./Miller, P./Richardson Foster, H. (2012): Engaging with Children's and Parents' Perspectives on Domestic Violence. In: Child and Family Social Work, 17, 192-201

Statistisches Amt Mecklenburg-Vorpommern (2008): Statistische Berichte; Bevölkerungsstand; Ausländische Bevölkerung in Mecklenburg-Vorpommern (Ausländerzentralregister) 2007; http://www.statistik-mv.de

Steck, P. (2005a): Tödlich endende Partnerschaftskonflikte. In: Kerner, H.-J.; Marks, E. (Hrsg.): Internetdokumentation Deutscher Präventionstag. Hannover. http://www.praeventionstag.de/content/2005_praev/doku/steck/index_10_steck.html

Steck, P. (2005b): Tötung als Konfliktreaktion: eine empirische Studie. In: Bojak/ Akli (2005): 63-88

Steele, M./Hodges, J./Kaniuk, J./Henderson, K./Hillman, S./Bennett, P. (2002): Weitererzählungen von Geschichten als Methode zur Erfassung der inneren Welt des Kindes - Implikationen für die Adoption. In: Brisch/Grossmann/Grossmann/Köhler (2002): 339-352

Steele, M./Moran, G. S./Steele, H./Higgitt, A. C. (1991): The Capacity for Understanding Mental States: The Reflective Self in Parent and Child and its Significance for Security of Attachment. In: Infant Mental Health Journal, 13, 200-216

Steeves, R./Laughon, K./Parker, B./Weierbach, F. (2007): Talking about Talk: The Experiences of Boys who Survived Intraparental Homicide. In: Issues in Mental Health Nursing, 28, 899-912

Steffen, W. (2012): 10 Jahre Gewaltschutzgesetz – Eine Zwischenbilanz. Vortrag im Rahmen der Fachtagung „Betrifft Häusliche Gewalt – 10 Jahre Landesaktionsplan Häusliche Gewalt" des Landespräventionsrates Niedersachsen am 15.10.2012 in Hannover; www.lpr.niedersachsen.de/html/GetDoc.cms?XID=1400

Steffen, Wiebke/Hepp, Reinhold (2007): Strategien polizeilicher Gewaltprävention im Kindes- und Jugendalter. In: Arbeitsstelle Kinder- und Jugendprävention (2007): 169-195

Steindorff, Caroline (Hrsg.) (1994): Vom Kindeswohl zu den Kinderrechten. Strukturreihe Familie und Recht. Weinheim und München: Juventa

Steinhausen, H.-C./Verhulst, F. (Eds.) 1999): Risks and outcomes in developmental psychopathology. Oxford: University Press

Sternberg, K./Baradaran, L./Abbott, C./Lamb, M. E./Guterman, E. (2006): Type of Violence, Age, and Gender Differences in the Effects of Family Violence on Children's Behavior Problems: A Mega-analysis. In: Developmental Review, 26, 89-112

Stewart, D. E. (1994): Incidence of Postpartum Abuse in Women with a History of Abuse During Pregnancy. In: Canadian Medical Association Journal, 151,11, 1601-1604

Stith, S. M./Rosen, K. H./Middleton, K. A./Busch, A. L./Lundeberg, K./Carlton, R. P. (2000): The Intergenerational Transmission of Spouse Abuse: A Meta-Analysis. In: Journal of Marriage and the Family, 62, 640-654

Stith, S. M./Smith, D. B./Penn, C. E./Ward, D. B./Tritt, D. (2004): Intimate Partner Physical Abuse Perpetration and Victimization Risk Factors: A Meta-Analytic Review. In: Aggression and Violent Behavior, 10, 65-98

Stöckl, H. (2009): Partner Violence During Pregnancy and its Risk and Potective Factors in Germany. unveröffentlichte Dissertation, University of Oxford, Nuffield College. Oxford

Stöckl, H./Hertlein, L./Friese, K./Stöckl, D. (2010): Partner, Workplace, and Stranger Abuse during Pregnancy in Germany. In: International Journal of Gynecology & Obstetrics, 111, 2, 136-139

Stöckl, H./Hertlein, L./Himsl, I./Delius, M./Hasbargen, U./Friese, K./Stöckl, D. (2012): Intimate Partner Violence and its Association with Pregnancy Loss and Pregnancy Planning. In: Acta Obstetricia et Gynecologica Scandinavia, 91, 128–133

Stover, C./Connell, C./Leve, L./Neiderhiser,J./Shaw, D./Scaramella, L./Conger, R./Reiss, D. (2012): Fathering and Mothering in the Family System: Linking Marital Hostility and Aggression in Adopted Toddlers. In: Journal of Child Psyhology and Psychiatry, 53, 401-409

Stövesand, Sabine (2007): Mit Sicherheit Sozialarbeit! Gemeinwesenarbeit als innovativer Ansatz zur Prävention und Reduktion von Gewalt im Geschlechterverhältnis. Münster, Hamburg, Berlin: LIT Verlag

Strasser, Philomena (2001): Kinder legen Zeugnis ab. Gewalt gegen Frauen als Trauma für Kinder. Studienverlag Innsbruck Wien, 2. Auflage 2005

Strasser, Philomena (2003a): „Gewalt gegen Frauen in der Familie - ein Trauma für die Kinder". In: Studien zur Kinderpsychoanalyse XIX (2003): 41-83

Strasser, Philomena (2003b): Häusliche männliche Gewalt gegen Frauen in der Migration. In: Beiträge zur feministischen Theorie und Praxis, 26, 63/64, 103-116

Strasser, Philomena (2006): „In meinem Bauch zitterte alles" – Traumatisierung von Kindern durch Gewalt gegen die Mutter. In: Kavemann/Kreyssig (2006): 53-67

Straus, M. A. (1994): State-to-State Differences in Social Inequality and Social Bonds in Relation to Assaults on Wives in the United States. In: Journal of Comparative Family Studies, 25, 7-24

Straus, M. A. (2004): Prevalence of Violence Against Dating Partners by Male and Female University Students Worldwide. In: Violence Against Women, 10, 790-811

Strohhalm e. V. (2006): Auf dem Weg zur Prävention – Handbuch und didaktisches Material für die 3. bis 5. Grundschulklasse. Köln

Struck, Norbert (2002): Kinder- und Jugendhilfegesetz/SGB VIII. In: Schröer/Struck/Wolff (2002): 529-544

Struck, Norbert (2008): Auftrag und Handlungsmöglichkeiten der Kinder- und Jugendhilfe zur Sicherung des Kindeswohls bei Gewalt in der Partnerschaft der Eltern – Kooperation mit dem Frauenschutz. In: Henry-Huthmacher (2008)

Studien zur Kinderpsychoanalyse XIX (2003). Göttingen: Vandenhoeck/Ruprecht

Sturge-Appel, M./Davies, P./Cicchetti, D./Manning, L. (2010): Mother's Parenting Practices as Explanatory Mechanisms in Associations Between Interparental Violence and Child Adjustment. In: Partner Abuse, 1, 45-60

Sturge-Appel, M./Davies, P./Cicchetti, D./Manning, L. (2012): Interparental Violence, Maternal Emotional Unavailability abd Children's Cortisol Functioning in Family Contexts. In: Developmental Psychology, 48, 237-249

Suess, G. J./Grossmann, K. E./Sroufe, L. A. (1992): Effects of Infant Attachment to Mother and Father on Quality of Adaptation in Preschool: From Dyadic to Individual Organization of Self. In: International Journal of Behavioral Development, 15, 1, 43-65

Sugarman, D. B./Frankel, S. L. (1996): Patriarchal Ideology and Wife Assault: A Meta-Analytic Review. In: Journal of Family Violence, 11, 13-40

Sullivan, C. M./Bybee, D. I. (1999): Reducing Violence Using Community-Based Advocacy for Women With Abusive Partners. In: Journal of Consulting and Clinical Psychology, 67, 43-53

Süß, H.-M. (1995): Zur Wirksamkeit der Therapie bei Alkohlabhängigen: Ergebnisse einer Meta-Analyse. In: Psychologische Rundschau, 46, 248-266

Taft, C. T./Murphy, C. M./Kind, L. A./Dedeyn, J. M./Musser, P. H. (2005): Posttraumatic Stress Disorder Symptomatology Among Partners of Men in Treatment for Relationship Abuse. In: Journal of Abnormal Psychology, 114, 259-268

Tailor, K./Letourneau, N. (2012): Forgotten Survivors of Intimate Partner Violence: The Role of Gender and Mothering in Infant Development, In: Infant Mental Health, 33, 294-306

Teicher, M. H. (2010): Frühe Misshandlungs- und Missbrauchserfahrungen: Gene, Gehirn, Zeit und Pathologie. In: Brisch (2010e)

Theobald, D./Farrington, D. (2012): Child and Adolescent Predictors of Male Intimate Partner Violence. In: Journal of Child Psychology and Psychiatry, 53, 1242-1249

Thimm, Karlheinz (2004): Chancen und Schwierigkeiten der Kooperation zwischen Jugendhilfe und Schule. In: Jugendhilfe, 6/2004, 292-306

Thole, Werner (Hrsg.) (2002): Grundriss Soziale Arbeit. (2. Aufl. 2005) Opladen: Leske und Budrich

Tjaden, Patricia/Thoennes, Nancy (2000): Full Report of the Prevalence, Incidence and Consequences of Male-to-Female and Female-to-Male Violence as Measured by the National Institute of Justice. NCJ 183781, US Department of Justice

Totten, M. (2003): Girlfriend Abuse As a Form of Masculinity Construction Among Violent, Marginal Male Youth. In: Men&Masculinities, 6, 70-92

Towe-Goodman, N./Stifter, C./Coccia, M./Cox, M. (2011): Interparental Aggression, Attention Skills, and Early Childhood Behaviour. In: Development and Psychopathology, 23, 563-576

Traub, Angelika/Gauly, Luitgard (2002): Praxiserfahrungen aus der Kindergruppe „Nangilima". In: Niedersächsisches Landesjugendamt (2002)

Tronick, E./Field, T. (Eds.) (1986): Maternal depression and infant disturbances. New directions for child development. San Francisco, CA: Jossey-Bass

Tschöpe-Scheffler, Sigrid (2006): Konzepte der Elternbildung - eine kritische Übersicht. Opladen& Farmington Hills: Verlag Barbara Budrich

Ulich, Michaela (1988): Risiko- und Schutzfaktoren in der Entwicklung von Kindern und Jugendlichen. In: Zeitschrift für Entwicklungspsychologie und pädagogische Psychologie, 1988/20, 146-166

UN-Konvention über die Rechte des Kindes (1992): Übereinkommen über die Rechte des Kindes (in Kraft getreten für die Bundesrepublik Deutschland am 5.04.1992)

United Nations Development Program (UNDP) (2011): Human Development Report: Sustainability and Equity. Country Report: Germany; http://hdrstats.undp.org/images/explanations/DEU.pdf

Van IJzendoorn, M. H./Bakermans-Kranenburg, M. J. (1997): Intergenerational Transmission of Attachment: A Move to the Contextual Level. In: Atkinson/Zucker (1997): 135-170

Van IJzendoorn, M. H./Sagi, A. (1999): Cross-Cultural Patterns of Attachment: Universal and Contextual dimensions. In: Cassidy/Shaver (1999): 713-734

Van IJzendoorn, M. H./Schuengel, C./Bakermans-Kranenburg, M. J. (1999): Disorganized attachment in early childhood: Meta-analysis of precursors, concomitants and sequelae. In: Development and Psychopathology, 11, 225-249

Vanderende, K./Yount, K./Dynes, M./Sibley, L. (2012): Community-Level Correlates of Intimate Partner Violence Against Women Globally: A Systematic Review. In: Social Science and Medicine, 75, 1143-1155

Voisin, D./Hong, J. (2012): A Mediational Model Linking Witnessing Intimate Partner Violence and Bullying Behaviors and Victimization Among Youth. Educational Psychology Review, 24, 479-498

Vondra, J./Barnett, D. (Eds.) (1999): Atypical Patterns of Infant Attachment: Theory, Research, and Current Directions. Monographs of the Society for Research in Child Development. Chicago: University of Chicago Press

Wabnitz, Reinhard Joachim (2005): Rechtsansprüche gegenüber Trägern der öffentlichen Kinder- und Jugendhilfe nach dem Achten Buch Sozialgesetzbuch – SGB VIII. Berlin

Wagner, Petra (Hrsg.) (2008): Handbuch Kinderwelten. Vielfalt als Chance – Grundlagen einer vorurteilsbewussten Bildung und Erziehung. Freiburg im Breisgau: Herder

Wahl, R. A./Sisk, D. J./Ball, T. M. (2004): Clinic-Based Screening for Domestic Violence: Use of a Child Safety Questionnaire. BMC Med. 2. 25

Walker, R./Logan, T.K./Jordan, C.E./Campbell, J.C. (2004): An Integrative Review of Separation in the Context of Victimization: Consequences and Implications for Women. In: Trauma, Violence & Abuse, 5, 143-193

Wallerstein, J. S./Lewis, J. M./Blakeslee, S. (2002): Scheidungsfolgen - Die Kinder tragen die Last. Eine Langzeitstudie über 25 Jahre. Münster: Votum Verlag

Wallerstein, J. S./Lewis, S. (2001): Langzeitwirkungen der elterlichen Ehescheidung auf Kinder – Eine Längsschnittuntersuchung über 25 Jahre. In: Zeitschrift für das gesamte Familienrecht, 48, 2, 65-72

Walper, Sabine (2003): Kontextmerkmale gelingender und misslingender Entwicklung von Kindern in Einelternfamilien. In Fegert/Ziegenhain (2003)

Walper, Sabine (2006): Das Umgangsrecht im Spiegel psychologischer Forschung. In: 16. Deutscher Familiengerichtstag, Bielefeld

Walper, Sabine (2010): Die Trennung kann für Kinder eine Erlösung sein. In: DJI-Bulletin, 89, 10-11

Walters, S./Rotgers, F. (2012): Treating Substance Abuse (3rd Ed.). New York: Guilford

Ware, H. S./Jouriles, E. N./Spiller, L. C./McDonald, R./Swank, P. R./Norwood, W. D. (2001): Conduct Problems Among Children at Battered Women's Shelters: Prevalence and Stability of Maternal Reports. In: Journal of Family Violence, 16, 291-307

WAVE - Women Against Violence Europe (Hrsg.) (2010): Protect - Identifizierung und Schutz hochgefährdeter Opfer geschlechtsspezifischer Gewalt. Ein Überblick. Wien

Weber, Monika (2005): Häusliche Gewalt und die Aufgaben der Jugendämter. Forum Erziehungshilfen 2/2005, 68-73

Weinberg, Dorothea (2010): Psychotherapie mit komplex traumatisierten Kindern – Behandlung von Bindungs- und Gewalttraumata der frühen Kindheit

Weisz, J./Kazdin, A. (2010): Evidence-Based Psychotherapies for Children and Adolescents (2nd Ed.). New York: Guilford Press

Werner, E. E./Smith, R. S. (2001): Journeys from childhood to midlife - Risk, Resilience, and Recovery. Ithaca, New York: Cornell University Press

Werner, I./Lätzer, K. L./Leuzinger-Bohleber, M. (2010): Störungen der frühen Affektregulation: Klinische und empirische Annäherungen an ADHS. In: Die Kinderschutz-Zentren (2010), 149-180

Wetzels, P. (1997): Gewalterfahrungen in der Kindheit: Sexueller Mißbrauch, körperliche Mißhandlung und deren langfristige Konsequenzen. Baden-Baden: Nomos

Wetzels, P./Pfeiffer, C. (1995): Sexuelle Gewalt gegen Frauen im öffentlichen und privaten Raum: Ergebnisse der KFN-Opferbefragung 1992 (Forschungsberichte Nr. 37). Hannover: Kriminologisches Forschungsinstitut Niedersachsen

Whitaker, D. J./Morrison, S./Lindquist, C./Hawkins, S. R./O'Neil, J. A./Nesius, A. M./Mathew, A./ Reese, L. (2006): A Critical Review of Interventions for the Primary Prevention of Perpetration of Partner Violence. In: Aggression and Violent Behaviour, 11, 151-166

Whitaker, R./Orzal, S./Kahn, R. (2006): Maternal Mental Health, Substance Use, and Domestic Violence in the Year after Delivery and Subsequent Behavior Problems in Children at Age 3 Years. In: Archives of General Psychiatry, 63, 551-560

White, H. R./Widom, C. S. (2003): Intimate Partner Violence Among Abused and Neglected Children in Young Adulthood: The Mediating Effects of Early Aggression, Antisocial Personality, Hostility and Alcohol Problems. In: Aggressive Behavior, 29, 332-345

WiBIG (2004a): Gemeinsam gegen häusliche Gewalt. Kooperation, Intervention, Begleitforschung. – Ergebnisse der Wissenschaftlichen Begleitung Interventionsprojekte gegen häusliche Gewalt. Gesamtbericht. Berlin: BMFSFJ; www.wibig.uni-osnabrueck.de

WiBIG (2004b): Neue Unterstützungspraxis bei häuslicher Gewalt. Wissenschaftliche Begleitung der Interventionsprojekte gegen häusliche Gewalt. Abschlussbericht 2000-2004. Gemeinsam gegen Häusliche Gewalt - Band I. Berlin: BMFSFJ, www.wibig.uni-osnabrueck.de

Wibig (2004c): Staatliche Intervention bei häuslicher Gewalt. Wissenschaftliche Begleitung der Interventionsprojekte gegen häusliche Gewalt. Abschlussbericht 2000-2004. Gemeinsam gegen Häusliche Gewalt - Band II. Berlin: BMFSFJ: www.wibig.uni-osnabrueck.de

WiBIG (2004d): Von regionalen Innovationen zu Maßstäben guter Praxis. Wissenschaftliche Begleitung Interventionsprojekte gegen häusliche Gewalt. Abschlussbericht 2000-2004. Gemeinsam gegen häusliche Gewalt - Band IV, Berlin: BMFSFJ, www.wibig.uni-osnabrueck.de

Wichterich, Christa (1998): Die globalisierte Frau. Berichte aus der Zukunft der Ungleichheit. Reinbek bei Hamburg: Rowohlt Verlag

Wiesner, R. (Hrsg.) (2011): SGB VIII Kinder- und Jugendhilfe. Kommentar, 4. Aufl. München: C.H.Beck

Wiesner, R./Mörsberger, T./Oberloskamp, H./Struck, J. (Hrsg.) (2002): SGB VIII Kinder- und Jugendhilfe, Nachtrag zur 2. Auflage. München: C.H. Beck

Wilde, J./Doherty, W. (2011): Intimate Partner Violence Between Unmarried Parents Before and During Participation in a Couple and Relationship Education Program. In: Journal of Couple & Relationship Therapy, 10, 135-151

Wildin, S. R./Williamson, D. W./Wilson, G. S. (1991): Children of Battered Women: Developmental and Learning Profiles. In: Clinical Pediatrics, 30, 299-304

Wilhelm-Reiss, Monica (1980): Sozialarbeit als präventive Maßnahme im Handlungsfeld der Polizei: Modellversuch Hannover. In: Schwind et al. (1980): 405-417

Williams, J./Ghandour, R./Kub, J. (2008): Female Perpetration of Violence in Heterosexual Intimate Relationships: Adolescence Through Adulthood. In: Trauma, Violence & Abuse, 9, 227-248

Williams, K. R. (2005): Arrest and Intimate Partner Violence: Toward a more complete application of deterrence theory. In: Aggression and Violent Behavior, 10, 660-679

Williams, K. R./Hawkins, R. (1989): Controlling Male Aggression in Intimate Relationships. In: Law and Society Review, 23, 591-612

Williams, S./Anderson, J./McGee, R./Silva, P. A. (1990): Risk Factors for Behavioral and Emotional Disorder in Preadolescent Children. In: Journal of American Academy Child and Adolescent Psychiatry, 29, 413-419

Wimmer-Puchinger, B./Baldaszti, E. (2001): Ablauf von Schwangerschaft und Geburt - psychosoziale Aspekte; www.familienhandbuch.de/cms/Familienforschung-Ablauf.pdf

Winkels, Cordula/ Nawrath, Christine (1990): Kinder in Frauenhäusern. Eine empirische Untersuchung in Nordrhein-Westfalen. Hrsg. von der Ministerin für die Gleichstellung von Frau und Mann. Dokumente und Berichte 12. Eigendruck. Düsseldorf

Winker, Gabriele/Degele, Nina (2009): Intersektionalität. Zur Analyse sozialer Ungleichheiten. Bielefeld: transcript

Wolfe, D. A.,/Wekerle, C./Scott, K./Staatman, A.-L./Grasley, C./Reitzel-Jeffe, D. (2003): Dating Violence Prevention With At-Risk Youth: A Controlled Outcome Evaluation. In: Journal of Consulting and Clinical Psychology, 71, 279-291

Wolfe, D. A./Crooks, C. V./Lee, V./McIntyre-Smith, A./Jaffe, P. G. (2003): The Effects of Children's Exposure to Domestic Violence: A Meta-Analysis and Critique. In: Clinical Child and Family Psychology Review, 6, 171-187

Wolfe, D. A./Crooks, C./Jaffe, P. G./Chiodo, D./Hughes, R./Ellis, W./Stitt, L./Donner, A. (2009): A School-Based Program to Prevent Adolescent Dating Violence. A Cluster Randomized Trial. In: Archives of Pediatrics and Adolescent Medicine, 163, 692-699

Wolfe, D. A./Jaffe, P. G. (1999): Emerging Strategies in the Prevention of Domestic Violence. In: Future of Children, 9, 133-144

Wolfe, D. A./Wekerle, C./Gough, B./Reitzel-Jeffe, D./Grasley, C./Pittman, A. (1996): The Youth Relationships Manual. A Group Approach with Adolescents for the Prevention of Woman Abuse and the Promotion of Healthy Relationships. Thousand Oaks: Sage

Woodward, L. J./Fergusson, D. M./Horwood, L. J. (2002): Romatic Relationships of Young People With Childhood and Adolescent Onset Antisocial Behavior Problems. In: Journal of Abnormal Child Psychology, 30, 231-243

World Health Organisation (WHO) (2004): The Economic Dimensions of Interpersonal Violence. Geneva: WHO

Wurdak, M./Rahn, A. (2001): Kinder im Umfeld häuslicher Gewalt – Erfahrungen aus der Arbeit im Frauenhaus und Vorstellung der Jugendhilfemaßnahme „Begleiteter Umgang" und „Kontrollierter Umgang". In: Familie Partnerschaft und Recht, 7, 275-280

Wustmann, C./Giener, A./Karber, A. (Hrsg.) (2011): Kindheit aus sozialwissenschaftlicher Perspektive. Graz: Leykam - Grazer Universitätsverlag

Xie, M./Lauritsen, J./Heimer, K. (2012): Intimate Partner Violence in US Metropolitan Areas: The Contextual Influences of Police and Social Services. In: Criminology, 50, 961-992

Yates, T. M./Dodds, M. F./Sroufe, L. A./Egeland, B. (2003): Exposure to Partner Violence and Child ehavior Problems: A Prospective Study Controlling for Child Physical Abuse and neglect, Child cognitive Ability, Socioeconomic Status, and Life Stress. In: Development & Psychopathology, 15, 199-218

Ybarra, G./Wilkens, S./Lieberman, A. (2007): The Influence of Domestic Violence on Preschoolers Behavior and Functioning. In: Journal of Family Violence, 22, 33-42

Young People and Domestic Violence (2001): Attorney-General's Department: Canberra

Zeanah, C. H. (Hrsg.) (1993): Handbook of infant mental health. New York, London: The Guilford Press

Zeanah, C. H./Emde, R. N. (1994): Attachment Disorders in Infancy and Childhood. In: Rutter/Taylor/Hersov (1994): 490-504

Zeanah, C./Danis, B./Hirshberg, L./Benoit, D./Miller, D./Scott Heller, S. (1999): Disorganized Attachment Associated With Partner Violence: a Research Note. In: Infant Mental Health Journal, 20, 77-86.

Ziegenhain, U./Fegert, J. M. (2004): Frühkindliche Bindungsstörung. In: Eggers/Fegert/Resch (2004): 875-890

Ziegenhain, U./Schöllhorn, A./Künster, A. K./Hofer, A./König, C./Fegert, J. M. (2010): Modellprojekt. Guter Start ins Kinderleben, 1. Auflage, Ulm: Süddeutsche Verlagsgesellschaft Ulm

Zinnecker, Jürgen (1996): Kindersurveys. Ein neues Kapitel Kindheit und Kindheitsforschung. In: Clausen (1996): 783-794

Zinzow, H./Ruggiero, K./Resnick, H./Hanson, R./Smith, D./Saunders, B./Kilpatrick, D. (2009): Prevalence and Mental Health Correlates of Witnessed Parental and Community Violence in a National Sample of Adolescents. In: Journal of Child Psychology and Psychiatry. 50. 441-450

Angaben zu den Autorinnen und Autoren

Brisch, Karl Heinz, Dr. med. habil.: Privatdozent, Facharzt für Kinder- und Jugendpsychiatrie und Psychotherapie, Psychiatrie und Psychotherapie, Psychosomatische Medizin, Nervenheilkunde, Psychoanalytiker für Kinder, Jugendliche, Erwachsene und Gruppen. Ausbildung in spezieller Traumapsychotherapie für Kinder, Jugendliche und Erwachsene. Leitung als Oberarzt der Abteilung für Pädiatrische Psychosomatik und Psychotherapie an der Kinderklinik und Poliklinik im Dr. von Haunerschen Kinderspital der Ludwig-Maximilians-Universität München, Dozent sowie Lehr- und Kontrollanalytiker am Psychoanalytischen Institut Stuttgart. Forschungsschwerpunkt: Bereich der frühkindlichen Entwicklung. Entstehung von Bindungsprozessen und ihren Störungen. Publikationen zur Bindungsentwicklung von Risikokindern sowie zur klinischen Bindungsforschung, Verfassung einer Monographie zur Anwendung der Bindungstheorie in der psychotherapeutischen Behandlung von Bindungsstörungen. Gastprofessor an der University of Auckland/Neuseeland. Deutscher Vorsitzender der Gesellschaft für Seelische Gesundheit in der Frühen Kindheit (GAIMH e. V. – German-Speaking Association for Infant Mental Health).

Brückner, Margrit, Prof. Dr.: Jahrgang 1946, Soziologin und Gruppenanalytikerin/Supervisorin (DGSv), Professorin an der Fachhochschule Frankfurt, Fachbereich Soziale Arbeit und Gesundheit, Veröffentlichungen im Bereich Frauen- und Geschlechterforschung, insbesondere Gewalt gegen Frauen, Frauenprojektebewegung, Care Debatte, das Unbewusste in Organisationen.

Brzank, Petra, Dr.: Jahrgang1960, Dr. P.H., Diplom Soziologin und Magistra Public Health, forscht und lehrt mit dem Schwerpunkt Gender and Health, (häusliche) Gewalt gegen Frauen und Gesundheit, Migration und Gesundheit, Epidemiologie und empirische Methoden; engagiert sich seit 1980 gegen Gewalt an Frauen bspw. in der Begleitforschung von S.I.G.N.A.L., dem ersten Inverventionsprojekt in der Gesundheitsversorgung und promovierte zum Hilfesuchverhalten von Frauen im Kontext von Partnergewalt, wissenschaftliche Mitarbeiterin der AG Gesundheitsschutz bei interpersoneller Gewalt des Fachbereiches Pflege und Gesundheit der Hochschule Fulda, dort u. a. Leitung des Forschungsprojektes TeDaVi zu den (Gewalt-)Erfahrungen Jugendlicher in ihren ersten Liebesbeziehungen.

Buskotte, Andrea: M.A., Jahrgang 1960, seit 1991 Referentin bei der Landesstelle Jugendschutz Niedersachsen mit den Arbeitschwerpunkten Gewaltprävention und Kinderschutz, seit 2002 Leiterin der Koordinierungsstelle „Häusliche Gewalt" beim Landespräventionsrat Niedersachsen, Hannover.

Dürmeier, Waltraud: Jahrgang 1955, Dipl.Sozialpädagogin (FH) und Supervisorin, Geschäftsführerin der Frauenhilfe München gGmbH.

Evers, Insa: Jahrgang 1975, Dipl.Päd., seit 2008 Dozentin am Pädagogischen Kolleg Rostock, Schwerpunkte: Inklusionspädagogik, Allgemeine Pädagogik, Kommunikation, davor langjährige Mitarbeit in verschiedenen Projekten in den Bereichen „Gewalt gegen Frauen" sowie „Interkulturelle Arbeit", 2005–2008 Evaluation des Modellprojektes „Kinder- und Jugendberatung in Fällen häuslicher Gewalt" in den Interventionsstellen Rostock und Schwerin zusammen mit Prof. Dr. Thomas Coelen

Fauth-Engel, Tanja: Jahrgang 1974, Richterin am Amtsgericht Saarbrücken, 2005–2007 tätig in der Koordinierungsstelle gegen häusliche Gewalt beim Saarländischen Ministerium der Justiz.

Fegert, Jörg M., Prof. Dr.: Jahrgang 1956, Facharzt für Kinder- und Jugendpsychiatrie/-psychotherapie, Arzt für psychotherapeutische Medizin, seit 2001 Ärztlicher Direktor der Abteilung für Kinder- und Jugendpsychiatrie/Psychotherapie des Universitätsklinikums Ulm, vorher Geschäftsführender Direktor des Zentrums Nervenheilkunde der Universität Rostock. Seine Arbeits- und Forschungsschwerpunkte sind u. a. Vernachlässigung, Misshandlung, Missbrauch, Frühe Hilfen, psychosomatische Störungen im Kindes- und Jugendalter, das Verhältnis Jugendhilfe - Jugendpsychiatrie, andere sozialrechtliche sowie forensische Fragen als auch Ethik, Recht, Haltung und Werte in der Kinder- und Jugendpsychiatrie und der Psychotherapie (vgl. Leitbild http://www.klinik.uni-ulm.de/ftpdoc/klinik/kjp/leitbild.pdf). Er ist Vizepräsident der DGKJP und Mitglied in zahlreichen Fachbeiräten, u. a. im Fachbeirat des Unabhängigen Beauftragten für Fragen des sexuellen Kindesmissbrauchs und stellvertretender Vorsitzender des Wissenschaftlichen Beirats für Familienfragen beim Bundesministerium für Familie, Senioren, Frauen und Jugend.

Focks, Petra, Prof. Dr.: Jahrgang 1962, Diplom Sozialpädagogin, seit 1996 an der Katholischen Hochschule für Sozialwesen Berlin. Mitbegründerin des Studienschwerpunkts „Geschlechterbewusste Soziale Arbeit" an der KHSB (1997) und des Masterstudiengangs Soziale Arbeit als Menschenrechtsprofession (Kooperationsstudiengang der KHSB, EHB und der ASH-Berlin) und hier seit 2000 verantwortlich für den Bereich Gender/Queer und Menschenrechte. Sie arbeitet in den Studiengängen Erziehung und Bildung (BA), Soziale Arbeit (BA), Soziale Arbeit Berufsbegleitend (BA), Soziale Arbeit als Menschenrechtsprofession (MA) und im Tätigkeitsbegleitenden Masterstudiengang

Soziale Arbeit (Entwicklung und Verantwortung für das Vertiefungsgebiet Bildung und Beratung). Aktuelle inhaltliche Schwerpunkte: Geschlechterbewusste Pädagogik, Geschlechterbewusste Soziale Arbeit, Lebenswelten von Jugendlichen im Zusammenhang mit Gender und Queer, Bildung in der Sozialen Arbeit und Menschenrechte. www. petra-focks.de

Fröhlich, Christina: Jahrgang 1966, Kriminalhauptkommissarin und Dipl. Verwaltungswirtin, seit 1990 bei der Polizei Baden-Württemberg; Master of Arts of Criminology and Police Science an der Ruhr-Universität Bochum. Langjährige Ermittlungserfahrung in den Fachbereichen Kinder und Jugendliche als Opfer und Täter, insbesondere Sexualdelikte, Misshandlung und Vernachlässigung von Kindern und Jugendlichen sowie Sexualdelikte zum Nachteil von Erwachsenen, Tötungsdelikte. Derzeit tätig im Bereich der strategischen Kriminalitätsbekämpfung, Autorin.

Ganser, Klaus: Dipl.Sozialpädagoge, Jahrgang 1964, Kinderschutz-Zentrum in Hannover, zuständig für den Arbeitsbereich Kinder als Opfer häuslicher Gewalt, Weiterbildungen u. a. in Analytischer Kinder- und Jugendlichenpsychotherapie, Systemischer Familientherapie, Psychotraumatherapie, Jungenarbeit.

Hafenbrak, Ingrid: Jahrgang 1954, Heilpädagogin, Erzieherin, Tanzpädagogin, langjährige Berufserfahrungen mit Kindern und Jugendlichen im Kontext häuslicher Gewalt. Von 1993 bis 2007 hauptamtlich tätig im Frauen- und Kinderschutzhaus, seit 2005 aufsuchende Krisenintervention für Kinder nach häuslichem Gewaltvorfall, seit 2007 freiberuflich tätig in den Bereichen Beratung, Fortbildung, Leitung von therapeutischen Kurzzeitaufenthalten.

Hagemann-White, Carol, Dr. phil. habil.: Professorin i. R. für Allgemeine Pädagogik/Frauenforschung an der Universität Osnabrück; Wissenschaftliche Leiterin des „Forschungsinstituts Frau und Gesellschaft" Hannover 1992-1997; Deutsch-schwedischer Humboldtpreis für Forschung 1998. Arbeitsschwerpunkte: Intervention und Prävention bei Gewalt im Geschlechterverhältnis, geschlechtsspezifische Sozialisation, Frauengesundheitsförderung, Gleichberechtigungspolitik; europaweite Evaluation politischer Maßnahmen gegen Gewalt für den Europarat sowie für die Europäische Kommission.

Hainbach, Sigurd: Jahrgang 1953, Diplom-Sozialpädagoge, verh., 2 Kinder, seit 1989 Mitarbeiter und seit 2002 Leiter des Münchner Informationszentrums für Männer e. V., Schwerpunkte Täterarbeit bei häuslicher Gewalt und sexueller Kindesmisshandlung, freiberuflich tätig als Gestalt- und Gesprächstherapeut.

Helfferich, Cornelia, Prof. Dr.: Jahrgang 1951, Professorin für Soziologie an der Evangelischen Hochschule Freiburg, Leiterin des Sozialwissenschaftlichen FrauenForschungsinstituts (SOFFI F.). Forschungsschwerpunkte: Gewalt im Geschlechterverhältnis, Geschlechterbeziehungen in der Jugend, Familie und Familienplanung, Lebenslaufforschung. Methoden Empirischer Sozialforschung, Querschnittsthemen Migration und soziale Ungleichheit.

Durchführung zahlreicher Forschungsprojekte, darunter zusammen mit Barbara Kavemann und anderen Erstellung des Gutachtens zur Finanzierung der Frauenhäuser und der Frauenberatungsstellen für gewaltbetroffene Frauen. Informationen unter www.soffi-f.de.

Hellbernd, Hildegard: Jahrgang 1952, Dipl. Pädagogin und Magistra Public Health (MPH). Als wissenschaftliche Mitarbeiterin am Institut für Gesundheitswissenschaften, Technische Universität Berlin tätig in der Begleitforschung zum S.I.G.N.A.L. – Interventionsprojekt, Entwicklung von Curricula und Trainingsseminaren. Projektleitung des Modellprojekts MIGG (Medizinische Intervention bei Gewalt) in Berlin (2008-2010). Seit 2010 als Referentin in der Koordinierungs- und Interventionsstelle des SIGNAL e.V. tätig. Themenschwerpunkte: Gewalt im Geschlechterverhältnis, Interventions- und Präventionschancen in der Gesundheitsversorgung bei häuslicher und sexualisierter Gewalt.

Herold, Heike: Jahrgang 1958, Pädagogin, seit 2010 Geschäftsführerin Frauenhauskoordinierung e.V., 1998 bis 2010 Landeskoordinatorin im Interventionsprojekt CORA Mecklenburg-Vorpommern, Arbeitsschwerpunkte: interdisziplinäre Kooperation bei häuslicher Gewalt, Konzeptionsentwicklung und Begleitung des Aufbaus erster Interventionsstellen in Deutschland, Sicherstellung Hilfesystem bei Gewalt gegen Frauen

Heynen, Susanne, Dr.: Jahrgang 1960, seit 1994 Mitarbeiterin der Sozial- und Jugendbehörde der Stadt Karlsruhe, zunächst in der psychologischen Beratung beim Psychosozialen Dienst, von 2000-2007 Leiterin des Kinderbüros (Kinderinteressenvertretung, Kinder- und Jugendschutz, Familienbildung, Bündnis für Familie, Frühe Prävention/Frühe Hilfen) und seit 2007 Jugendamtsleiterin. Referentin, Fachautorin und Mitglied in Beiräten zu den Themen Jugendhilfe, Kinderschutz, häusliche und sexualisierte Gewalt. Promotion: Heynen, S. (2000). Die Bedeutung subjektiver Theorien für Bewältigungsprozesse nach einer Vergewaltigung. Weinheim: Juventa.

Kavemann, Barbara, Prof. Dr.: Jahrgang 1949, Dipl. Soziologin, Honorarprofessorin an der Katholischen Hochschule für Sozialwesen Berlin und wissenschaftliche Mitarbeiterin des Sozialwissenschaftlichen FrauenForschungsInstituts Freiburg, arbeitet seit 1978 zu Fragen der Gewalt im Geschlechterverhältnis und der sexualisierten Gewalt gegen Kinder und Jugendliche. Themenschwerpunkte: Unterstützung und Intervention bei häuslicher Gewalt, Kinder im Kontext häuslicher Gewalt, Prostitution, Menschenhandel, sexualisierte Gewalt in Kindheit und Jugend.

Kindler, Heinz, Dr.: Jahrgang 1963, Dipl.Psych. Dr.phil., Fachpsychologe für Rechtspsychologie, wiss. Referent am Deutschen Jugendinstitut, Sachverständiger.

Kreyssig, Ulrike: Jahrgang 1954, Dipl. Pädagogin, Supervisorin (DGSv/SG), Mediatorin und Gestalttherapeutin, langjährige Arbeit im Bereich „Frauen und Sucht"; 1998 bis 2010 Koordinatorin in der Berliner Initiative gegen Gewalt an Frauen (BIG e. V.), Schwerpunkt Kinder und Jugendliche, Konzeptentwicklung, Aufbau und Leitung von BIG Prävention. Seit 1994 zusätzlich freiberuflich tätig als Supervisorin/Lehrsupervisorin, Coach und Mediatorin sowie als Fort- und Weiterbildnerin - seit 2011 ausschließlich in freier Praxis tätig. Weitere Informationen und Veröffentlichungen unter: www.ulrike-kreyssig.de.

Krüsmann, Henrike: Jahrgang 1963, Diplom-Sozialarbeiterin/-pädagogin (FH), Master Soziale Arbeit, Schwerpunkt Familie, sowie Mediatorin, Case-Managerin und insoweit erfahrene Fachkraft § 8a SGB VIII. Seit 2005 Leitung der Ambulanten Hilfen bei BORA e. V. (Wohnhilfen, Hilfen zur Erziehung, Präventionsarbeit in Kindertagesstätten) sowie seit 2010 Koordinatorin bei der Berliner Initiative gegen Gewalt an Frauen (BIG e.V.), Schwerpunkt Kinder und Jugendliche, Lehrbeauftragte an der Fachhochschule Potsdam, Bereich Sozialwesen; freiberuflich tätig: Vorträge und Fortbildung u. a. zu den Themen häusliche Gewalt, Wohnungslosigkeit, Kinderschutz, Mediation, Gewalt.

Lehmann, Nadja, Dr. phil: Sozialwissenschaftlerin, Supervisorin (DGSv), Soz. päd./Soz.arb. (FH), Arbeit im Frauenhaus in Berlin, 2001 Mitbegründung des Interkulturellen Frauenhauses, Wohnprojekt und Beratungsstelle in Berlin, bis heute im Vorstand, Promotion (2006): „Migrantinnen im Frauenhaus. Biografische Perspektiven auf Gewalterfahrungen". Seit 2007: Supervision, Coaching, Organisationsberatung, wissenschaftliche Begleitung, Fortbildung, Lehre, Publikationen in freier Praxis. Weitere Informationen unter: www. nadjalehmann.de

Liel, Christoph: Jahrgang 1973, M.A. und Dipl.-Sozialarbeiter, wissenschaftlicher Referent am Deutschen Jugendinstitut e. V. im Nationalen Zentrum Frühe Hilfen, davor langjährige Berufspraxis mit gewalttätigen Männern (Anti-Aggressivitäts-Trainings, Täterprogramme) sowie Forschung zur Risikoeinschätzung von Partnerschaftsgewalttätern, Sprecher einer Arbeitsgruppe zu Standards der Bundesarbeitsgemeinschaft Täterarbeit Häusliche Gewalt e. V.

Maier, Franziska: Jahrgang 1964, Heilpädagogin, Tanz- und Ausdrucktherapeutin, Motopädagogin, Psychomotoriktherapeutin nach Aucouturier, 1996-2013 Mitarbeiterin im Frauenhaus der Frauenhilfe München, freiberuflich tätig im Bereich Fortbildung, heilpädagogische Maßnahmen, Fachberatung für Kindertagesstätten, persönliches Coaching sowie Tanz und Ausdruckstherapie.

Meixner, Birgit: Jahrgang 1955, Diplom Sozialpädagogin, Kinder- und Jugendlichenpsychotherapeutin, Traumatherapeutin (EMDR) und Mediatorin, seit 1986 tätig an der Psychologischen Familien- und Lebensberatung der Caritas Waiblingen, seit 2004 Schwerpunkt Krisenintervention und Opferberatung bei häuslicher Gewalt, Projektleitung der wissenschaftlich begleiteten Modellprojekte der Stiftung Baden-Württemberg „Kinder als Zeugen und Opfer häuslicher Gewalt“ und „Gemeinsam für mehr Kinderschutz bei häuslicher Gewalt“, tätig in freier Praxis (Psychotherapie, Supervision, Aus- und Fortbildung).

Meysen, Thomas, Dr.: geb. 1967, Jurist, 1994–2000 wiss. Mitarbeiter und wiss. Assistent am Lehrstuhl für Staats- und Verwaltungsrecht der Universität Freiburg i. Br., 1996–2000 Lehrauftrag an der Ev. Fachhochschule Freiburg i. Br., seit 2000 Fachlicher Leiter des Deutschen Instituts für Jugendhilfe und Familienrecht (DIJuF) e. V. in Heidelberg.

Nöthen-Schürmann, Ute: Kriminalhauptkommissarin und Dipl. Verwaltungswirtin, seit 1982 im Polizeidienst des Landes NRW. Langjährige Tätigkeit im Bereich der Strafverfolgung von Sexualstraftaten zum Nachteil von Frauen und Kindern und seit 1996 in der polizeilichen Prävention im Bereich der Gewalt in der Familie und insbesondere im Bereich der sexuellen Gewalt tätig; Opferschutzbeauftragte der Polizei Krefeld und langjähriges Mitglied des Bundesvereins zur Prävention von sexuellem Missbrauch an Mädchen und Jungen e. V.; Referentin und Autorin.

Schüler, Astrid: Jahrgang 1961, Sozialpädagogin/Sozialarbeiterin (fh), Psychosoziale Beraterin (asfh), Supervisorin/Coach (SG), Fortbildnerin, Trennungs- und Scheidungsberaterin, Hypnosystemische Beraterin (i.A.).

Schwarz, Ingrid: Jahrgang 1954, Dipl.-Soziologin, Ausbildung in Psychodrama und Traumatherapie, seit 1998 hauptamtliche Mitarbeiterin im Kinderschutz-Zentrum Stuttgart, freiberuflich tätig im Bereich Supervision und Fortbildung.

Seith, Corinna, Dr. phil.: Leiterin von Forschungsprojekten am Pädagogischen Institut der Universität Zürich, Lehrbeauftragte an den Universitäten Zürich und Marburg sowie Honorary Research Fellow an der London Metropolitan University. Durchführung mehrerer Forschungsprojekte zu Gewalt im Geschlechterverhältnis insbesondere zum Umgang von Institutionen mit häuslicher Gewalt (Polizei, Sozialdienst und Frauenhäuser) und häusliche Gewalt aus Sicht von Kindern und Jugendlichen.

Strasser, Philomena, Mag. Dr.: Jahrgang 1959, Klinische und Gesundheitspsychologin, Psychotherapeutin und Supervisorin in freier Praxis in Salzburg. 10-jährige Frauenhaustätigkeit, Universitätslektorin, Autorin, internationale Fortbildungstätigkeit. Arbeitsschwerpunkt: Traumatisierungsprozesse.

Struck, Norbert: Jahrgang 1953, Dipl. Pädagoge, Jugendhilfereferent beim PARITÄTISCHEN Wohlfahrtsverband - Gesamtverband, stellv. Vorsitzender der Arbeitsgemeinschaft für Jugendhilfe (AGJ).

Tatge, Eleonore: Kriminalhauptkommissarin, seit 1977 Polizeibeamtin und seit 1991 Beauftragte für Kriminalprävention bei der Polizeiinspektion Lüneburg/ Lüchow-Dannenberg/Uelzen.

Unterstaller, Adelheid: Jahrgang 1964, Mag. Pädagogin, seit 1992 Mitarbeiterin bei Amyna e. V., Institut zur Prävention von sexuellem Missbrauch

Voß, Kati: Jahrgang 1969, staatlich anerkannte Sozialpädagogin, seit 2005 als Kinder- und Jugendberaterin der Interventionsstelle gegen häusliche Gewalt und Stalking in Rostock tätig.

Weinmann, Christoph: Jahrgang 1954, Diplom Sozialarbeiter (FH), Kinder- und Jugendlichenpsychotherapeut (Approbation), systemische Familienberatung, Körperpsychotherapeut (Hakomi); von 1985 bis 1992 Tätigkeit im Allgemeinen Sozialen Dienst des Jugendamtes, seit 1992 im Kinderschutz-Zentrum Stuttgart und freiberuflich tätig im Bereich Beratung, Therapie, Supervision.

Wurdak-Swenson, Marion: Jahrgang 1965, Dipl. Sozialpädagogin und Analytische Kinder- und Jugendlichenpsychotherapeutin (VAKJP), zwischen 1995 und 2002 Arbeit mit misshandelten Frauen und ihren Kindern (Beratungsstelle, Frauenhaus, Therapeutische WG), Fortbildung im Bereich Traumabehandlung von Kindern und Jugendlichen, sowie Arbeitsschwerpunkt gewaltfreie Konfliktlösung. Seit 2003 in freier Praxis in Süddeutschland.

Zimmermann, Dorothea: Jahrgang 1959, Dipl. Psychologin, Kinder- und Jugendtherapeutin, Supervisorin, seit 1990 bei Wildwasser e. V. Berlin, seit 1995 Vorstand bei BIG e. V., Fortbildungsarbeit zu den Bereichen, Kinder und häusliche Gewalt, sexuelle Gewalt auch durch Frauen und Mädchen, Trauma.